U0620876

呂思勉全集

9

讀史札記 上

前　言

吕思勉先生的讀史札記，向來爲學術界所推重。一生所撰的札記，總數不下一百多萬。部分札記應編輯索稿，曾在報刊雜誌上刊出。① 一九三七年，吕先生將部分札記（共四十七篇）整理成書，取名爲《燕石札記》，由商務印書館出版。先生自評《燕石札記》："考證尚可取，論晉人清談數篇，今日觀之，不盡洽意。"又説自己"少時讀史，最愛《日知録》、《廿二史札記》，稍長，亦服膺《十七史商榷》、《癸巳類稿》。今自檢點，於顧先生殊愧望塵，於餘家差可肩隨耳"。②二十世紀五十年代初，爲協助華東師範大學校長孟憲承先生編寫《中國教育史》，吕先生特地對中國教育史的史料作了部分的整理考訂，寫了許多教育史方面的札記。這部分教育史的札記，以及部分經濟史的札記，共八十二篇，後來整理成書，取名爲《燕石續札》，由上海人民出版社出版（一九五八年一月出版）。但這些結集出版的札記，只是吕先生札記的很小一部分。

早在一九五七年年底，歷史學家顧頡剛先生就倡議整理吕先生的遺稿，一九六二年三月，由中華書局上海編輯所發起整理出版吕先生的遺稿工作，並約請楊寬、唐長孺、湯志鈞、胡道静、李永圻和吕翼仁等先生組成吕思勉先生遺著整理小組。由於整理校對及謄寫工作的繁重，吕翼仁先生又邀請了吕先生的學生陳楚祥、陳祖釐（式圭）兩先生參加協助。至一九六五年，約九十萬字、共五百二十六篇的《吕思勉讀書札記》整理完畢，其中一百二十四篇采自《燕石札記》和《燕石續札》，部分散見於報刊雜誌，大部分是當時未發表過的遺稿。由於"文革"的影響，交與中華書局上海編輯所的《吕思勉讀史札

① 有關吕先生讀史札記的再版、重印的情況，詳見《吕思勉全集》之《吕思勉先生編年事輯》附録二《吕思勉先生著述繫年》的記録。

② 吕思勉：《三反及思想改造學習總結》，參見《吕思勉全集》之《論學叢稿》下。

記》，直到一九八二年八月才由上海古籍出版社初版。稍後整理出來的部分已刊和未刊的札記，則分别收入上海教育出版社出版的《論學集林》（共一百一十四篇，一九八七年十二月出版）和華東師範大學出版社出版的《吕思勉遺文集》（共八十八篇，一九九七年九月出版）。

二〇〇五年十二月，上海古籍出版社出版“吕思勉文集”的《吕思勉讀史札記（增訂本）》（下文簡稱《增訂本》），彙集了上述已刊和未刊的札記共七百六十三篇。原《論學集林》和《吕思勉遺文集》所收的札記，都有程度不同的删節，《增訂本》刊印時，都做了恢復或增補。吕先生的讀史札記，在臺灣也有翻印本，如《燕石札記》曾收入臺北市世界書局“中國學術名著[第六輯]”“讀書札記叢刊[第二輯]”（一九六三年四月出版），《燕石續札》有臺北市華世出版社的翻印本（一九七五年六月出版），《吕思勉讀史札記》有臺北市木鐸出版社的翻印本（一九八三年九月出版）。

此次將先生的札記收入《吕思勉全集》重印出版，我們對先生的讀史札記做了全面的整理，尤其是將一九八二年八月初版的《吕思勉讀史札記》與找到的吕先生手稿加以校對，發現初版本也有不少删節，現都按手稿增補訂正。又有本是札記而編入論學類的，[①]此次重新補入讀史札記中；有原屬論學一類而編入札記中的，此次也移至别册；[②]又新增補了二篇早期的札記；[③]均按手稿付印。札記中的注文，一律改爲文中夾注，編者按語均作頁下注，其他如行文遣句、概念術語等，都按手稿而未作改動。編排上仍沿襲初版本的方式，按歷史時代的順序分爲五帙：甲帙是先秦部分；乙帙是秦漢部分；丙帙魏晉南北朝部分；丁帙是隋唐以下部分；戊帙是通代部分。總共收入札記七百五十七篇。爲了便於查考，爲各篇札記編了序號，並在目録中篇題後以“＊”號標注其版本出處：標＊的曾刊於《燕石札記》，標*** 的曾刊於《燕石續札》，標***的曾刊於《論學集林》，標**** 曾刊於《吕思勉遺文集》，標***** 的爲《吕思勉讀史札記（增訂本）》所增補，標****** 是此次全集重印時的新增補。未標星號的，均刊於《吕思勉讀史札記》的初版本。《燕石札記》初版時，有吕先生

---

① 計有《古史紀年考》上中下、《荊軻燕丹》、《二世》、《李斯》、《魏武帝》等篇。

② 計有《論經學今古文之别》、《宦學篇》、《論吴越文化》、《漢時亭傳之制》、《儒將》、《三國之校事》、《崔浩論》、《中國户口册籍之法》、《論保甲》、《漢唐邊防之策》、《文明民族與野蠻民族之消長》、《唐宋暨以前的中日交際》等篇，現編入《吕思勉全集》之《論學叢稿》中。

③ 即《論古代工業》和《微廬彭濮考》二篇。

的自序一篇,《吕思勉讀史札記》初版時未刊,《增訂本》用作附録,現仍放在卷首,以明先生撰寫札記的由來與經過。附録一篇,系先生自擬讀史札記的分類及部分編目。先生的分類方法與已刊的《吕思勉讀史札記》不盡相同,用作附録,以供讀者研讀參考。

李永圻　張耕華

二〇一四年七月

目　録

《燕石札記》自序

予小時讀書即有札記，迄於今未廢，閲時既久，積稿頗多。每思改定，依經子史分爲三編，以就正於有道。皮骨奔走，卒卒寡閑。僅因友人主編雜志索稿，或學校生徒質問，發篋整理，間或成篇而已。念全書殺青無期，乃謀陸續刊佈，總名之曰燕石札記。俟積稿清釐略竟，然後分類編次焉。學問之道無窮，淺陋如予，所述寧足觀采。惟半生精力所在，不忍棄擲。千慮一得，冀或爲并世學人效土壤細流之助而已。儻蒙進而教之，俾愚夫不至終寶其燕石則所深幸也。二十五年十月六日，武進吕思勉自識。

甲帙　先　秦

〔一〕盤　古　考[①]

今世俗無不知有盤古氏者，叩以盤古事跡，則不能言，蓋其説甚舊，故傳之甚廣，而又甚荒矣。

盤古故事，見於《五運歷年記》者曰："元氣濛鴻，萌芽兹始，遂分天地，肇立乾坤。啓陰感陽，分布元氣，乃孕中和，是爲人也。首生盤古，垂死化身，氣成風雲，聲爲雷霆，左眼爲日，右眼爲月，四肢五體爲四極五嶽，血液爲江河，筋脈爲地里，肌肉爲田土，髮髭爲星辰，皮毛爲草木，齒骨爲金石，精髓爲珠玉，汗流爲雨澤，身之諸蟲，因風所感，化爲黎甿。"據《繹史》卷一引。見於《述異記》者曰："昔盤古氏之死也：頭爲四嶽，目爲日月，脂膏爲江海，毛髮爲草木。秦漢間俗説：盤古氏頭爲東嶽，腹爲中嶽，左臂爲南嶽，右臂爲北嶽，足爲西嶽。先儒説：盤古氏泣爲江河，氣爲風，聲爲雷，目瞳爲電。古説：盤古氏喜爲晴，怒爲陰。吴楚間説：盤古氏夫妻，陰陽之始也。今南海有盤古氏墓，亘三百餘里，俗云：後人追葬盤古之魂也。桂林有盤古氏廟，今人祝祀。"據《漢魏叢書》本。《繹史》無末十一字。見於《三五曆記》者曰："天地混沌如雞子，盤古生其中。萬八千歲，天地開闢，陽清爲天，陰濁爲地。盤古在其中，一日九變。神於天，聖於地。天日高一丈，地日厚一丈，盤古日長一丈。如此萬八千歲，天數極高，地數極深，盤古極長。後乃有三皇。"據《繹史》卷一引。案《厄泰梨雅優婆尼沙曇》(Aitareya Upanishad)云："太古有阿德摩(Atman)，先造世界。世界既成，後造人。此人有口，始有言；有言，乃有火。此人有鼻，始有息；有息，乃有風。此人有目，始有視；有視，乃有日。此人有耳，始有聽；有聽，乃有空。此人有膚，始有毛髮；有毛髮，乃有植物。此人有心，始有念；有念，乃有月。此人有

---

① 又名《盤古非磐瓠》。

臍，始有出氣；有出氣，乃有死。此人有陰陽，始有精；有精，乃有水。”《外道小乘涅槃論》云：“本無日月星辰，虚空及地，惟有大水。時大安荼生。形如雞子，周匝金色。時熟破爲二段：一段在上作天，一段在下作地。”《摩登伽經》云：“自在以頭爲天，足爲地，目爲日月，腹爲虚空，髮爲草木，流淚爲河，衆骨爲山，大小便利爲海。”《五運歷年記》、《三五曆記》之説，蓋皆象教東來之後，雜彼外道之説而成。《述異記》首數語，即《五運歷年記》之説。秦漢間俗説亦同。此説疑不出秦漢間，任氏誤也。至其所謂先儒説、古説、吴楚間説者，則皆各自爲説，與上諸説不同。

《山海經·海外北經》云：“鍾山之神，名曰燭陰。視爲晝，瞑爲夜。吹爲冬，呼爲夏。不飲，不食，不息；息爲風。身長千里。在無𦞤之東。其爲物，人面，蛇身，赤色，居鍾山下。”《大荒北經》云：“西北海之外，赤水之北，有章尾山。有神，人面蛇身而赤。直目正乘，其瞑乃晦，其視乃明。不食，不寢，不息。風雨是謁。是燭九陰。是謂燭龍。”此二者即一事，皆謂其身生存，不謂已死，《述異記》所謂先儒説及古説者蓋如此。《路史》謂：“荆湖南北，今以十月十六日爲盤古氏生日，以候月之陰晴。”《初三皇紀》。可見《述異記》所謂古説者流傳之久矣。至其所謂吴楚間説者，則盤古氏明有夫妻二人，與一身化爲萬有之説，尤釐然各别。

盤古即盤瓠之説，始於夏穗卿。見所作《古代史》。予昔亦信之，今乃知其非也。盤瓠事跡，見於《後漢書·南蠻傳》，其説云：“昔高辛氏有犬戎之寇，帝患其侵暴，而征伐不克，乃訪募天下：有能得犬戎之將吴將軍頭者，購黄金千鎰，邑萬家，又妻以少女。時帝有畜狗，其毛五采，名曰槃瓠。下令之後，槃瓠遂銜人頭造闕下。羣臣怪而診之，乃吴將軍首也。帝大喜。而計槃瓠不可妻之以女，又無封爵之道，議欲有報，而未知所宜。女聞之，以爲帝皇下令，不可違信，因請行。帝不得已，乃以女配槃瓠。槃瓠得女，負而走。入南山，止石室中。所處險絶，人跡不至。於是女解去衣裳，爲僕鑒之結，著獨力之衣。帝悲思之，遣使尋求，輒遇風雨震晦，使者不得進。經三年，生子一十二人，六男六女。槃瓠死後，因自相夫妻。織績木皮，染以草實。好五色衣服，製裁皆有尾形。其母後歸，以狀白帝。於是使迎致諸子。衣裳班蘭，語言侏離；好入山壑，不樂平曠。帝順其意，賜以名山廣澤。其後滋蔓，號曰蠻夷。外癡内黠，安土重舊。以先父有功，母帝之女，田作賈販，無關梁符傳租税之賦；有邑君長，皆賜印綬，冠用獺皮。名渠帥曰精夫，相呼爲姎徒。今長沙武陵蠻是也。”《水經·沅水注》與此説同而辭較略，云：“今武陵郡夷，即盤瓠之種落也。其狗皮毛，適孫世寶録之。”

夏氏謂漢族古帝，蹤跡多在北方，獨盤古祠在桂林，墓在南海，疑本苗族神話，而漢族誤襲爲己有。案干寶《晉紀》，范成大《桂海虞衡志》，皆謂“歲首祭盤瓠，雜糅魚肉酒飯於木槽，叩槽羣號爲禮”。《文獻通考·四裔考》引。而今粵西巖峒中，猶有盤古廟，以舊曆六月二日爲盤古生日，遠近聚集，致祭極虔；此予昔所以信夏氏之説也。由今思之，殊不其然。凡神話傳説，雖今古不同，必有沿襲轉移之跡，未有若盤古、槃瓠之説，絶不相蒙者。《後漢書注》云：“今辰州盧溪縣西有武山。黄閔《武陵記》曰：山高可萬仞。山半有槃瓠石室，可容數萬人。中有石牀，槃瓠行跡。《水經注》云：“武水源出武山。水源石上，有槃瓠跡猶存矣。”今案山窟前有石羊石獸，古跡奇異尤多。望石窟，大如三間屋。遥見一石，仍似狗形，蠻俗相傳，云是槃瓠像也。”《路史·發揮》云：“有自辰、沅來者，云盧溪縣之西百八十里，有武山焉。其崇千仞。遥望山半，石洞罅啓。一石貌狗，人立乎其旁，是所謂槃瓠者。今縣之西南三十，有槃瓠祠，棟宇宏壯，信天下之有奇跡也。”《注》云：“黄閔《武陵記》云：山半石室，可容數萬人，中有石牀，槃瓠行跡。今山窟前石獸，石羊，奇跡尤多。《辰州圖經》云：隍石窟如三間屋。一石狗形，蠻俗云槃瓠之像。今其中種有四：一曰七村歸明户，起居飲食類省民，但左衽。二曰施溪武源歸明蠻人。三曰山猱。四曰犵獠。雖自爲區别，而衣服趨向，大略相似。土俗以歲七月二十五日，種類四集，扶老攜幼，宿於廟下。五日，祠以牛彘酒鮭，椎鼓踏歌，謂之樣。樣，蠻語祭也。云容萬人，循俗之妄。”自唐迄宋，遺跡依然，足見《後漢書》所謂槃瓠者，實僅指武山一種落。《後漢書》説雖荒唐，中實隱藏實事。如衣服，居處，語言，俗尚，及中國待之之寬典等。獨力、僕鑒，蓋其衣結之名。精夫之精，義雖難解，夫固漢族稱長上之辭，如大夫，千夫是也。姎徒尤確爲漢語。其事託之高辛者。楚之先，爲高辛火正。楚與吴世讎。吴將軍，蓋本謂吴之將軍。復以槃瓠狗種，稱其人爲犬戎，以冠吴將軍上，遂若吴爲其人之氏族矣。《公羊》言“楚王妻娼”，同姓爲昏，楚蓋自有此俗。《廣韻》猥字注引《山海經》云：“猥鉛，南極之夷。尾長數寸。巢居山林。”今經無。《後漢書》述哀牢夷，亦云“衣皆著尾”。濮之先，固亦在荆豫之域，《左氏》：“王使詹桓伯辭於晉曰：巴、濮、楚、鄧，吾南土也。”昭公九年。又云“楚子爲舟師以伐濮”，是也。昭公十九年。將軍，戰國後語。金以鎰計，封以户數，亦皆秦漢時制。然則槃瓠傳説，蓋起於楚，而經秦漢後人之改易，所指固不甚廣，其原亦非甚古也。孰與夫盤古之説，東漸吴會，南踰嶺表，且視爲凡生民之始者哉？《路史》又謂會昌有盤古山；湘鄉有盤古堡；雩都有盤古祠；成都、淮安、京兆，皆有廟祀；又引《元豐九域志》，謂廣陵有盤古冢廟；與所謂荆湖南北，以盤古生日候月陰晴者，固與槃瓠渺不相涉。《述異記》謂："南海中有盤古國，今人皆以盤古爲姓。"則盤古亦自有種落，此當與南海之盤古墓、桂林之盤古祠有關。吴楚間盤古之説，蓋亦同出一原。惟本夫妻二人，故有墓；若一身既化爲萬有矣，又何墓之有焉？豈聞創造天地萬物之神，乃待以衣冠爲冢者哉？然其與槃瓠之説，不可緄而爲一，則又無待再計矣。

《路史》又引《玄中記》云："高辛時，犬戎爲亂。帝曰：有討之者，妻以美女，封三百户。帝之狗曰槃瓠，去三月，而殺犬戎，以其首來。帝以女妻之，不可教訓，浮之會稽，東有海，中得地三百里封之。生男爲狗，女爲美人，是爲犬封氏。《玄中》之書，《崇文總目》曰不知撰人名氏，然書傳所引，皆云郭氏《玄中記》，而《山海經注》狗封氏事，與《記》所言一同，知爲景純。"羅氏因謂槃瓠之説，乃因《山海經》而譌 。今案《海内北經》云："在崑崙墟北有人曰大行伯，把戈。其東有犬封國。"郭《注》云："昔槃瓠殺戎王，高辛以美女妻之，不可以訓，乃浮之會稽東南海中，得三百里地封之。生男爲狗，女爲美人。是爲狗封之民也。"又曰："犬封國曰犬戎國。狀如犬。有一女子，方跪進杯食。有文馬，縞身朱鬣，目若黄金，名曰吉量。乘之壽千歲。"《注》云："黄帝之後卞明，生白犬二頭，自相牝牡，遂爲此國，言狗國也。"郭《注》又云："《周書》曰：犬戎文馬，赤鬣白身，目若黄金，名曰吉黄之乘。成王時獻之。《六韜》曰：文身朱鬣，眼若黄金，項若雞尾，名曰雞斯之乘。《大傳》曰：駮身朱鬣雞目。《山海經》亦有吉黄之乘壽千歲者。惟名有不同，説有小錯，其實一物耳。今博舉之，以廣異聞也。"《大荒北經》云："大荒之中，有山名曰融父山，順水入焉。有人，名曰犬戎。黄帝生苗龍，苗龍生融吾，融吾生弄明，弄明生白犬，白犬有牝牡，是爲犬戎。"《注》云："言自相配合也。"案郭注《海内北經》之犬戎，即本《大荒經》爲説。《書大傳》所云犬戎文馬，即散宜生取之以獻紂者，其爲西北之國可知。《海内北經》"犬封國曰犬戎國"，曰上當有奪字。《經》本不以犬封、犬戎爲一，《注》意尤皎然可明，謂其由一説傳譌，似近武斷。會稽海中，不知果有槃瓠傳説否？即使有之，亦武山種落，播越在東，或則東野之言，輾轉傳布；要不容與盤古之説并爲一談也。

《路史》又引《地理坤鑑》云："盤古龍首人身。"《地理坤鑑》，非必可信之書，然小道可觀，其言亦時有所本。《魯靈光殿賦》曰："圖畫天地，品類羣生。雜物奇怪，山神海靈，寫載其狀，託之丹青。千變萬化，事各繆形。隨色象類，曲得其情。上紀開闢，遂古之初。五龍比翼，人皇九頭。伏犧鱗身，女媧蛇軀。"李善注："《列子》曰：伏羲、女媧，蛇身而人面。"又云："《玄中記》曰：伏羲龍身，女媧蛇軀。"畫壁之技，必自古相傳，匪由新創。古帝形貌，皆象龍蛇，則以文明肇啓，實在江海之會也。會稽、南海，皆尊盤古，固其宜矣。是其年代，必遠在高辛之前，安得與槃瓠之説并爲一談邪？

原刊一九三六年八月十一日《時事新報》副刊"古代文化"第二十一期；一九三九年四月改定，收入《古史辨》第七册

〔二〕 古史紀年考

（上篇）

《史記·三代世表》："太史公曰："五帝三代之記尚矣。自殷以前，諸侯不可得而譜，周以來乃頗可著。孔子因史文，次《春秋》，紀元年，正時日月，蓋其詳哉！至於序《尚書》，則略，無年月。或頗有然多闕，不可録。故疑則傳疑，蓋其慎也。余讀《諜記》，黄帝以來，皆有年數。稽其《曆》、《譜》、《諜》、《終始五德之傳》，古文咸不同，乖異。夫子之弗論次其年月，豈虚哉？於是以《五帝繫諜》、《尚書》，集世紀黄帝以來訖共和，爲《世表》。'"此節所稱古書，凡有五種：記一也。蓋史籍之通名。譜二也。《十二諸侯年表》云："於是譜十二諸侯"。《索隱》引劉杳云："三代系表，旁行斜上，并效周譜。"此語本於桓譚，見《南史·王僧孺傳》、《史通·表曆篇》亦引之。則譜者表之舊體，表者譜之新名。鄭康成作《詩譜》，亦用旁行斜上之體；後世所謂家譜者，雖非《周官》小史所職，然其體例，固當沿自先秦；而皆以譜名，可證也。諜三也。《説文·言部》："諜軍中反間也。"義無所取。段懋堂《注》謂《大史公書》假諜爲牒。案《片部》："牒札也。"亦書籍之通名，非譜録之專號。竊疑諜與葉同從葉聲，故亦同可假爲世字。大史公言《繫諜》，正猶《周官》言《繫世》也。"余讀《諜記》，"蓋言讀《世本》及《史記》。"於是以《五帝繫諜》、《尚書》集世紀黄帝以來訖共和爲《世表》，""集世紀"之世字，蓋係衍文。觀《索隱》釋此句云："按《大戴禮》有《五帝德》及《帝繫篇》，蓋大史公取此二篇之《諜》及《尚書》，集而紀黄帝以來爲《系表》"可見。《吕不韋列傳》云："使其客人人著所聞，集論以爲《八覽》、《六論》《十二紀》，"集論集紀，語法正同也。曆四也。《十二諸侯年表》云："大史公讀《春秋》、《曆》、《譜諜》。"又曰："漢相張蒼，曆譜五德。"又曰："曆人取其年月。"蓋以曆法考古史之年月，即張壽王、劉歆等所用之法也。終始五德之傳，五也。此即《十二諸侯年表》所謂"數家隆於神運"者。《漢書·律曆志》言安陵桮育治《終

始》，言黄帝以來三千六百二十九歲。蓋治《終始》者必言帝王嬗代，因亦考究及其年數矣。五家所説，蓋俱不足憑，故孔子序《尚書》，棄而弗取，而史公亦守其法，紀年斷自共和也。

《韓非·説難》云："《記》曰，'周宣王以來，亡國數十，其臣殺君而取國者衆矣。'"獨言宣王以來，知厲王以前，史記存者已少也。故共和當爲古史存亡一大界。《詩譜》云："夷，厲以上，歲數不明，"則據《大史公書》爲説也。

《自序》云："維三代尚矣，年紀不可考。蓋取之《譜諜》舊聞。本於兹，於是略推，作《三代世表》第一。幽厲之後，周室衰微，諸侯專政。春秋有所不紀，而《譜諜》經略。五霸更盛衰。欲睹周室相先後之意，作《十二諸侯年表》第二。"可見《世表》、《年表》之成，有資於《譜諜》者甚多；而共和以前，年代無考，亦愈可見矣。

《晋世家》云："靖侯以來，年紀可推。自唐叔至靖侯五世，無其年數。"《漢書·律曆志》言："《春秋》殷曆，皆以殷魯自周昭王以下無年數故據周公伯禽以下爲紀。"此即所謂"自殷以前，諸侯不可得而譜，周以來乃頗可著"者。其年代，亦或出共和以前。然史公不爲之表者，蓋以可著之國大少；抑《秦本紀》與《年表》，既已不同；而《始皇本紀》後重敘秦先君立年，又相乖異；即一國所傳，其牴牾不可合如此，况衆國哉？史公不爲之表，亦所謂疑則傳疑也。

（中篇）

史家年紀，雖始共和，然自堯舜以降，歷年大略，儒家固猶能言之。《孟子·公孫丑下篇》曰："五百年，必有王者興。""由周而來，七百有餘歲矣。"《盡心下篇》曰："由堯舜至於湯，五百有餘歲。""由湯至於文王，五百有餘歲。""由文王至於孔子，五百有餘歲。""由孔子而來，至於今，百有餘歲。"二説相合。上溯止於堯舜，蓋《尚書》之傳也。《韓非子·顯學篇》云："殷周七百餘歲，虞夏二千餘歲。而不能定儒墨之真，今乃欲審堯舜之道於三千歲之前，意者其不可必乎？"七百餘歲，實但指周，而兼言殷者，古人足句圓文之例。先言虞夏二千餘歲，后言堯舜在三年歲前者，餘二千即言三千，亦古人語法如是；抑三當爲二，字之誤也。其言堯舜至周，歷年較孟子少長，然上溯同止於堯舜，則知年代可知，略始於此。删書斷自唐虞，固非無因而然也。

劉歆以曆法推古年歲：唐七十，虞五十，夏四百三十二，殷六百二十九，周八百六十七，凡二千有四十八歲。後漢安帝時，尚書令忠，訾其"横斷年數，損夏益周，考之表紀，差繆數百。"見《續漢書·律曆志》。杜預、何承天，亦皆議其術之疏。見《續漢書注》。然其數與孟子所言，相去初不甚遠。由其所據皆儒家言也。張壽王、李信治黄帝調曆，言黄帝至元鳳三年六千餘歲；竇長安、單安國、桮育治終始，言黄帝以來三千六百二十九歲；則相去甚遠，不可合矣。《漢志》言壽王移帝王録；舜禹年歲不合人年。又言化益爲天子，代禹。驪山女亦爲天子，在殷周間。蓋其所據，乃史公所謂言不雅馴者，無怪其與儒書不可合也。然所謂"古文咸不同乖異"者，則可見一斑矣。

以儒家言與百家言相較，儒家所言，似近信史。然如孟子所言，亦辜較之辭耳，其詳不可得而聞也。帝王年代，散見《尚書》者：《堯典》言堯在位七十載而咨四岳。舉舜之後，二十八載乃殂落。又言"舜生三十徵庸，二十在位，五十載陟方乃死。"《無逸》言殷中宗之享國，七十有五年。高宗五十有九年。祖甲三十有三年。自時厥後，罔或克壽，或十年，或七八年，或五六年，或四三年。文王受命惟中身，厥享國五十年。《洛誥》言"惟周公誕保，文武受命，惟七年。"《吕刑》言穆王享國百年。皆史公所謂"或頗有"者也。史記言堯立七十年得舜。二十年而老，令舜攝行天子之政，薦之於天。堯辟位凡二十八年而崩。舜年二十以孝聞。年三十，堯舉之。年五十，攝行天子事。年五十八，堯崩。年六十一，代堯踐帝位。踐帝位三十九年，南巡狩，崩於蒼梧之野。《五帝本紀》。西伯蓋即位五十年。詩人道西伯：蓋受命之年，稱王而斷虞芮之訟；後七年而崩。周公行政七年，反政成王。《周本紀》。皆與《尚書》合：故知史公全用《書》説。

《史記》言武王即位，修文王緒業。九年，上祭于畢。東觀兵，至于盟津。還師歸。居二年，東伐紂，克殷。後二年，問箕子。此即《洪範》所謂"惟十有三祀，王訪於箕子"者。下云："武王病，天下未集，羣公懼，穆卜。周公乃祓齊，自爲質，欲代武王。武王有瘳。後而崩。"此後字，蓋指十四年。則與《書》"文武受命惟七年"合，與《管子・小問》："武王伐殷，克之，七年而崩"亦合。《封禪書》曰："武王克殷二年，天下未寧而崩，"乃約略之辭。正不必如疏家曲解，謂武王之七年，乃并文王崩之歲計之也。

古人言語，多舉成數。非必不知其確數，蓋當時語法然也。高宗享國五十有九年，《史記・魯世家》作五十五，二者必有一誤。若《漢石經》殘碑作百年，則以成數言之。蓋漢師傳經，於此等處，猶不甚計較也。《後漢書・郎顗傳注》引《帝王世紀》曰："高宗養國五十有九年，年百歲也，"則强合二説爲一。《生民詩疏》云："《中候握河紀》云：'堯即政七十年受《河圖》。'注云：'或云七十二年。'"緯書多用今説，蓋七十年爲經文，七十二年則經説也。

《吕覽·制樂篇》云："文王在位五十一年。"《韓詩外傳》卷三云："文王即位八年而地動，已動之後四十三年，凡湁國五十一年而終。"説亦必有所本。

古人於帝王年壽，與其在位年數，似不甚分别。《書》言文王受命惟中身，蓋以其享國年數言之；爲西伯七年而受命，受命七年而崩。厥享國五十年，則以其年壽言之。武王既克殷，西歸，至於周，告周公曰："自發未生，於今六十年。"《史記·周本紀集解》："徐廣曰：此事出《周書》及《隨巢子》。"案見今《周書·度邑篇》。蓋自文王生時起數，然則文王年不過五十左右；武王伐殷，當年三十餘；其崩，亦不過四十。《中庸》言"武王末受命，"亦據其在位之年言之，非據其年壽言也。周公攝政時，年亦不滿四十。如是，則於殪戎殷及東征，情事皆合。若信《大戴禮記》文王十五生武王；《小戴禮記》文王九十七而終，《毛詩》亦云文王九十七而終。武王九十三而終之説，則文王崩時，武王年八十三，克殷時年八十七；周公爲武王同母弟，武王年九十三而崩，周公極少亦當餘七十，而猶能誅紂伐奄，有是理乎？《無逸》歷舉殷先哲王之壽考者，以歆動成王，而於武王之克享遐齡，顧不之及，有是理乎？《無逸》歷舉大王、王季、文王，而惟言文王享國五十年，於武王則不之及，明大王、王季，并壽命不長，武王運祚尤促也。

堯立七十年得舜，蓋亦以其年壽言之，辟位凡二十八年而崩，則堯年九十八。若如《中候握河紀》之説，言七十實七十二，則堯年適百歲。舜年六十一踐帝位，踐帝位三十九年而崩，三十九年，蓋自踐帝位之翼年起計，古人自有此除本計法。如是，舜年亦適百歲。《繹史》引皇甫謐言伏犧、黄帝、少昊在位皆百年，神農百二十，顓頊七十八，帝嚳七十。未知何據。犧、農、黄帝、少昊皆成數，帝嚳亦可云成數，顓頊獨不然。然《史記·五帝本紀集解》《藝文類聚》九，《大平御覽》七十九引《世紀》並同。帝嚳，《集解》、《類聚》引亦同，《御覽》八十引作七十五，又引陶弘景云六十三，《路史》後紀亦作六十三。七十八加六十三，更加摯九年，凡百五十，蓋合三人爲成數也。《大戴記·五帝德》："宰我問於孔子曰：'昔者予聞諸榮伊：黄帝三百年。請問黄帝者，人邪？抑非人邪？何以至於三百年乎？'孔子曰：'生而民得其利百年，死而民畏其神百年，亡而民用其教百年，故曰三百年。'"《文王世子》："文王謂武王曰：'我百，爾九十，吾與爾三焉。'"皆以其年爲本百歲。然則古者帝王在位久者，皆以百年爲言，仍是舉成數之習；特其所謂成數者，乃百而非十，在後世語言中少見，人遂從而怪之耳。《尚書》之言堯舜，蓋先億定其年爲百歲，然後以事迹分隸之。古者三十而有室，四十曰强仕，過三十即可言四十，故舜以三十登庸。相堯亦歷一世，中苞居喪二年，則踐位必六十一。除本計之，則在位三十九年；

自攝政之初數之則五十；而堯之舉舜，不得不在七十時矣。然如此，則堯年止九十八，故又有如《中候》之説，以七十爲七十二也。説雖紛岐，董理之，固可微窺其本。《尚書餘論》云："《大平御覽·皇王部》引《帝王世紀》：'舜年八十一即真，八十三而薦禹，九十五而使禹攝政。攝五年，有苗氏叛，南征，崩於鳴條。'"馬氏《繹史》引《世紀》："'舜以堯之二十一年甲子生，三十一年甲午徵用，七十九年壬午即真，百歲。'誕妄無足辨。"案其以某事隸某年不可信，其百歲之説，仍有所據也。然則堯舜以前，帝王年歲，蓋全不足據。惟運祚短促者，亦必無百歲之名，則凡有百歲之説者，仍可以是而決其運祚之非促耳。

殷中宗享國年數，恐亦據其壽命言。何者？中宗雍己弟，雍己小甲弟，兄弟三人更王，即令兩兄皆短祚，中宗踐位時，亦必非甚少，更閲七十五年，年必將近百歲。此固非人所無，然古言帝王年壽，與其在位年數，既多相懸，則中宗享國年數，謂係據其年壽，究較近情。祖甲，高宗，享國年數，皆近情實，或真係在位之數也。祖甲，今文以爲大甲，此與年歲無關，可以勿論。

《周本紀》言"穆王即位，春秋已五十矣"，又言"穆王立五十五年崩"，則穆王之年，當百有五。此亦非人所無。《僞孔傳》云："穆王即位，過四十矣。"《疏》云："不知出何書。"案《僞傳》多同王肅，肅説或用今文，此言亦必有本。然則穆王之年，僅九十餘耳。《吕刑》言幼子童孫，亦可見穆王之老壽。又厲王立三十年用榮夷公，三十四年，告召公能弭謗。三年而國人相與叛襲王。此三年，不知并三十四年計之？抑自三十五年起計？然相差不過一年，總可云有確實年紀者。史事固彌近彌詳也。

文王受命七年而崩，經師無異説也。劉歆鑿空以爲九年。賈逵、馬融、王肅、韋昭、皇甫謐皆從之。見《詩文王疏》。蓋以《周書文傳》有"文王受命之九年，在鄗召大子發"之語云然。此因文王崩時，武王祕喪伐紂，後復自諱其事，致後人誤將文王之死，移後二年也。別見《惟周公誕保文武受命惟七年》條。

《論衡·年壽》曰："儒者説曰：'大平之時，人民侗長，百歲左右，氣和之所生也。'《堯典》曰：'朕在位七十載，'求禪得舜。舜徵三十歲。在位堯退而老，八歲而終。至殂落，九十八載。未在位之時，必已成人。今計數百有餘矣。又曰：'舜生三十徵用，二十在位，五十載陟方乃死，'適百歲矣。文王謂武王曰：'我百，爾九十，吾與爾三焉。'文王九十七而薨，武王九十三而崩。周公，武王之弟也。兄弟相差，不過十年。武王崩，周公居攝七年，復政退老，出入百歲矣。召公，周公之兄也。至康王之時，尚爲大保，出入百有餘歲矣。聖人稟和氣，故年命得正數。氣和爲治平，故大平之世多長壽人。百歲之壽，蓋人年之正數也。猶物至秋而死，物命之正期也。物先秋後秋，則亦如人死或增百歲，或減百也。先秋後秋爲期，增百減百爲數。物或出地而死，猶人始生而夭也。物或踰秋不死，亦如人年多度百至於三百也。傳稱老子二百餘歲。召公百八十。高宗享國百年，周穆王享國百年，并未享國之時，皆出百三十四十歲矣。"此節推論，殊未得古代傳説真相，仲任固多野言。然古人論事，多雜己意，而不求其真，則於此可見。其於人壽，挾一百年爲正數之成見，亦於此可見也。

（下篇）

古人言數，雖不審諦，未有矯誣誇誕之説也。自讖緯興，乃自曆元以後，悉妄造古帝王年代以實之，而不合人年之弊大起矣；然其説又相牴牾；不可不一理而董之也。

《廣雅·釋天》云："天地闢設，人皇已來，至魯哀公十有四年，積二百七十六萬歲。分爲十紀：曰九頭，五龍，攝提，合雒，連通，序命，循蜚，因提，禪通，流訖。"《書序疏》云："《廣雅》云：自開闢至獲麟，二百七十六萬歲，分爲十紀，則大率一紀二十七萬六千年。十紀者：九頭一也，五龍二也，攝提三也，合雒四也，連通五也，序命六也，循蜚七也，因提八也，禪通九也，流訖十也。"《校勘記》云："流訖，毛本改疏仡。"案《廣雅》作流記，王念孫校改爲疏訖。《廣雅注》引《帝王世紀》曰："自天地闢設，人皇以來，迄魏咸熙二年，凡二百七十二代，積二百七十六萬七百四十五年。"案七百四十五，爲自獲麟之翼年至咸熙二年年數。司馬貞補《三皇本紀》云："《春秋緯》稱自開闢至於獲麟，凡三百二十七萬六千歲。分爲十紀：凡世七萬六百年。當作紀卅七萬七千六百年。"一曰九頭紀，二曰五龍紀，三曰攝提紀，四曰合雒紀，五曰連通紀，六曰序命紀，七曰脩飛紀，八曰因提紀，九曰禪通紀，十曰流訖紀。'二説十紀之名相同，而年數互異。案《續漢書·律曆志》，載靈帝熹平四年，蔡邕議曆法，謂"《元命苞》，《乾鑿度》，皆以爲開闢至獲麟，二百七十六萬歲；"《詩·文王疏》引《乾鑿度》，謂"入天元二百七十五萬九千二百八十歲"文王以西伯受命；則《廣雅》實據《元命苞》、《乾鑿度》以立言。《路史餘論》引《命曆序》，謂"自開闢至獲麟，三百二十七萬六千歲，"則《三皇本紀》所本也。《漢書·王莽傳》："莽改元地皇，從三萬六千歲曆號也。"莽子臨死，莽賜之謚，策書曰："符命文，'立臨爲統義陽王。'此言新室即位三萬六千歲後，爲臨之後者，乃當龍陽而起，"《後漢書·隗囂傳》："移檄郡國，言莽'矯託天命，僞作符書，下三萬六千歲之曆，言身當盡此度，'"即指此。三百二十七萬六千者，三萬六千與九十一相因之數，則《命曆序》實據莽所下曆。《三皇本紀》又云："天地初立，有天皇氏，十二頭，立各一萬八千歲。地皇十一頭，亦各萬八千歲。人皇九頭，凡一百五十世，合四萬五千六百年。”《注》云：“出《河圖》及《三五曆》。”案三統曆以十九年爲章，四章七十六年爲蔀，二十蔀千五百二十年爲紀，三紀四千五百六十年爲元。兩“萬八千，”合爲三萬六千；四萬五千六百，則一元十倍之數；蓋一據三統曆，一據莽所下曆。人皇兄弟九頭，而《廣雅·年紀》，始自人皇；十紀之名，一曰九頭；明司馬氏所稱天皇、地皇，與其所稱人皇，原本非一。《繹史》引《三五曆記》云：“天地混沌如鷄子，盤古生其中。萬八千歲。天地開闢，陽清爲天，陰濁爲地。盤古在其中，一日九變。神於天，聖於地。天日高一丈，地日厚一丈，盤古日長一丈。如此萬八千歲，天數極高，地數極深，盤古極長。”亦合兩“萬八千歲”爲三萬六千，蓋小司馬所稱天皇、地皇出《三五曆》，人皇本《河圖》也。參看《緯書三皇之説》條。

《繹史》又引《春秋元命苞》云：“天地開闢，至《春秋》獲麟之歲，凡二百二十六萬七千年。分爲十紀：其一曰九頭紀，二曰五龍紀，三曰攝提紀，四曰合雒紀，五曰連通紀，六曰敍命紀，七曰循蜚紀，八曰因提紀，九曰禪通紀，十曰疏仡紀。”紀名與《廣雅》、《三皇本紀》同，而年數又异。與《續志》所載《元命苞》之言不符，恐不足據。

《三皇本紀》云：“蓋流訖當黄帝時，制九紀之間。”案《禮記·祭法正義》云：“《春秋命曆序》：‘炎帝號曰大庭氏，傳八世，合五百二十歲。黄帝一曰帝軒轅，傳十世，二千五百二十歲。次曰帝宣，曰少昊，一曰金天氏，則窮桑氏，傳八世，五百歲。次曰顓頊，則高陽氏，傳二十世，三百五十歲。次是帝嚳，傳十世，四百歲。’”《詩·生民疏》云：“鄭信讖緯，以《命曆序》云：‘少昊傳八世，顓頊傳九世，帝嚳傳十世。’”《左氏》文公十八年疏云：“顓頊傳九世，帝嚳傳八世。”均與《祭法正義》不同，未知孰是。合僅四千二百九十年，黄帝傳二千五百二十歲，《校勘記》云：“二千，閩本，宋本作一千，”則更少千歲。加以帝堯至獲麟，安能盈一紀之數？《列子·楊朱篇》云：“大古至於今日，年數固不可勝紀，但伏犧以來三十餘萬歲，”其言似有所本。疑《命曆序》之流仡紀，當以伏犧爲始也。

《禮記》標題下《正義》云：“《易緯通卦驗》云：‘天皇之先，與乾曜合元。群有五期，輔有三名。’”注云：“君之用事，五行代王，代字從今本《通卦》驗增。亦有五期，輔有三名，公卿大夫也。”又云：“遂皇始出握機矩。”《注》云：“遂人，在伏犧前，始王天下也。”則鄭以天皇爲上帝，五期之君爲五帝繼天立治，實始人皇，與《廣雅》同。《三五曆》天皇地皇之説，非其所有也。《正義》又云：“《六藝論》云：‘遂皇之後，歷六紀九十一代至伏犧；’譙周《古史考》，‘燧人次有三姓至伏犧;'其文不同,未知孰是。或於三姓而爲九十一代也。方叔璣注《六藝論》云:'六紀者:九頭紀,五龍紀,攝提紀,合洛紀,連通紀,序命紀,凡六紀也。九十一代者:九頭一,五龍五,攝提七十二,合洛三,連通六,序命四,凡九十一代也。'但伏犧之前,及伏犧之後,年代參差,所説不一。緯候紛紜,各相乖背;且復煩而無用;今並略之。"如《六藝論》之説,則自伏犧至獲麟,尚有四紀,凡百十萬四千年,較列子之説更長矣。譙周之説,見於《曲禮正義》,云:"伏犧以次有三姓,始至女媧。女媧之後五十姓至神農。神農至炎帝,一百三十三姓。"《曲禮正義》又引《六藝論》云:"燧人至伏犧一百八十七代,"又與標題下所引不同。又引宋均注《文燿鉤》曰:"女媧以下至神農七十二姓。"

《書疏》引《雒師謀注》云:"數文王受命至魯公末年,三百六十五歲。"又云:"本唯云三百六十耳。學者多聞周天三百六十五度,因誤而加。徧校諸本,則無五字也。"案《乾鑿度》謂"入天元二百七十五萬九千二百八十歲而文王受命,若益三百六十歲,更益春秋二百四十二年,僅得二百七十五萬九千八百八十二年,較二百七十六萬年,尚少百十八,則《雒師謀注》與《乾鑿度》不同。依《乾鑿度》,文王受命,當在春秋前四百七十八歲也。若依《世經》,則文王受命九年而崩;武王即位十一年;周公攝政七年;其明年,爲成王元年,命伯禽俾侯於魯;伯禽至春秋,三百八十六年;文王受命,在春秋前四百十三年也。

《史記·十二諸侯年表集解》引徐廣曰:"自共和元年,歲在庚申,訖敬王四十三年,凡三百六十五年。共和在春秋前一百十九年。"又《周本紀集解》引徐廣曰:"自周乙巳至元鼎四年戊辰,一百四十四年,漢之九十四年也,漢武帝元鼎四年封周後也。"案《六圖表》,起周元王,訖秦二世,凡二百七十年,元王元年,至赧王五十九年乙巳,凡二百二十一年。依《史記·年表》,共和至赧王,凡五百八十六年;至漢武帝天漢四年,則七百四十五年也。張守節《正義論史例》云:"大史公作史記,起黄帝;高陽,高辛,唐堯,虞舜,夏,殷,周,秦;訖於漢武帝天漢四年,合二千四百一十三年。"張氏此言,自共和以後,當以《史記》本書爲據。共和以前,除舜在位三十九年,見於本書外,《集解》引皇甫謐:"黄帝百,顓頊七十八,嚳七十,摯九,堯九十八。"又引《竹書紀年》:謂"夏有王與無王,用歲四百七十一年。""自湯滅夏,以至於受,用歲四百九十六年。"《正義》引《竹書》曰:"自盤庚徙殷,至紂之滅,七百七十三年,"七百之七,當係誤字。周"自武王滅殷,以至幽王,凡二百五十七年。"《正義》皆無異説,亦未嘗别有徵引,似當同之。若依此計算:則自黄帝至周幽王,合一千六百十八年;東周以下,依《史記》本書計算,至天漢四年,共六百七十四年;合共二千二百九十二年,校二千四百一十三，尚少一百二十一，未知張氏何所依據也。又《水經·瓠子何注》："謂成陽堯妃祠，有漢建寧五年成陽令管遵所立碑，記堯即位至永嘉三年，二千七百二十有一載。"《北史·張彝傳》，言"彝上《歷帝圖》。起元庖犧，終於晋末，凡十六代，一百二十八帝，歷三千二百七十年。"亦未知其何據。

《竹書》出於汲冢，所記即未必信，究爲先秦古書也。然此書真本，恐無傳於後；唐人所據，已爲僞物，更無論明人所造矣。何也？魏史必出於晋，晋史於靖侯以前，已不能具其年數，顧能詳三代之歷年，豈理也哉？況晋又何所受之與？受之周與？周何爲祕之，雖魯號稱秉周禮者，亦不得聞，而獨以畀之唐叔也？且韓亦三晉之一也，何以韓非言唐虞以來年數，其不審諦，亦與孟子同也？豈魏又獨得之晋與？然魏人亦未有能詳言古代年數者？豈晋史又閟之生人，而獨以藏諸王之冢中與？於情於理，無一可通。故《竹書》而有共和以前之紀年，即知其不可信，更不必問其所紀者如何也。

即就其所紀者論之其僞仍有顯然可見者。《路史》引《易緯稽覽圖》曰："夏年四百三十一，殷年四百九十六，"此爲造《竹書》者所本。其改夏年爲四百七十一者？億謂羿之代夏，凡四十年，故云有王與無王也。云"西周二百五十七年"者？《漢書·律曆志》云："春秋殷曆，皆以殷魯自周昭王以下亡年數，故據周公，伯禽爲紀。"《律曆志》謂伯禽四十六年自此以下，依《史記·魯世家》：考公四，煬公六，幽公十四，魏公五十，厲公三十七，獻公三十二，慎公三十，武公九，懿公九，伯御十一，至孝公之二十五年，而犬戎殺幽王，凡二百七十三年。作《竹書》者，謂啟殺益，大甲殺伊尹，蓋抹去周公攝政之七年。更益武王二年，則二百七十五。今本作五十七，蓋七五二字互譌也。輾轉推尋，皆可得其所本，尚可信爲真古物哉？

原刊《古史辨》第七册，一九三九年四月改定

〔三〕　古史時地略説上

古史者，史之闕誤最甚者也，得史前史以相證補，爲益可謂弘多。然史前史之年代，遠較古史爲長；其地域，亦遠較古史爲廣；不審所欲補證者，略在何時何地，而貿然引古跡以相明，則謬矣。如今人或以周口店之遺跡與伏羲氏事相傅會是也。然則欲治古史，不可不先審其所述者略爲何時何地之事明矣。然一言及此，人必以爲甚難，以古史所述，二者皆極茫昧也。

試論其時。最使人違惑者，爲其所説年代之長。《廣雅·釋天》曰："天地辟設，人皇以來，至魯哀公十有四年，積二百七十六萬歲，分爲十紀。”司馬貞《補三皇本紀》曰：“《春秋緯》稱自開闢至於獲麟，凡三百二十七萬六千歲，分爲十紀。”豈不使人驚怖其言，若河漢而無極？今案將古史年代説至極長者，其説皆出緯候；而其所借資者，則爲曆法。《續漢書·律曆志》載靈帝熹平四年蔡邕議曆法：謂《元命苞》、《乾鑿度》皆以爲開闢至獲麟二百七十六萬歲。三統曆以十九年爲章，四章七十六年爲蔀，二十蔀千五百二十年爲紀，三紀四千五百六十年爲元。二百七十五萬九千二百八十者，一元與六百十三相因之數。《路史·餘論》引《命曆序》，謂自開闢至獲麟三百二十七萬六千歲。《漢書·王莽傳》：莽改元地皇，從三萬六千歲曆號也。三百二十七萬六千者，三萬六千與九十一相因之數也。蓋是時之人，以一切演進之跡，皆爲兩間自然之運，而古書述諸演進之跡者，悉傅諸帝王一人之身，緯説好爲侈大，乃借資曆法，假設一天地闢設之年。而以古書中諸帝王分隸其後，則其歷時不得不極長。如《禮記》大題《正義》引《易緯通卦驗》云：“遂皇始出握機矩。”注云：“遂人在伏羲前，始王天下也。”又引《六藝論》云：“遂皇之後，歷六紀九十一代至伏羲。”譙周《古史考》：“遂人，次有三姓至伏羲。”《曲禮正義》引譙周云：“伏羲以次，有三姓始至女媧，女媧之後五十姓至神農，神農至炎帝一百三十三姓。”《祭法正義》又引《命曆序》云：炎帝傳八世，合五百二十歲；黄帝傳十世，二千五百二十歲；《校勘記》云：“監、毛本同，閩本二千作一千，惠棟校宋本同。”少昊傳八世，五百歲；顓頊傳二十世，三百五十歲；帝嚳傳十世，四百歲；則是物也。知其所由來，則知此説原屬假設，本不能據爲典要，亦無人據爲典要，可以置諸不論也。此説雖荒唐，亦有一用處，樹立古史紀年之法是也。史有確實之紀年甚遲，而治古史者所欲求則甚遠，不必史前史，即昔人之所著，其去確實之紀年亦遠矣。以確實之紀年爲元，自此以前，不得不逆計，究極不便。假設一較遠之年爲元，則此弊免矣。

古史所言古人年壽，亦不足據。《大戴記·五帝德》：“宰我問於孔子曰：昔者予聞諸榮伊言：黄帝三百年，請問黄帝者人邪？抑非人邪？何以至於三百年乎？孔子曰：生而民得其利百年，死而民畏其神百年，亡而民用其教百年。”榮伊之言，固不近情；孔子之言，亦豈中理？今案古人述人事跡，大抵先定其壽爲百年，乃以其事分隸之。《史記·五帝本紀》言：“堯立七十年得舜，辟位凡二十八年而崩。”“舜年二十以孝聞。年三十，堯舉之。年五十八，堯崩。年六十一，代堯踐帝位。踐帝位三十九年，南巡狩，崩於蒼梧之野。”古四十而仕，過三十即可言四十，故舜以三十登庸。相堯歷一世，中苞居喪二年，則踐帝位必六十一。自其冀年起計，在位三十九年，適百歲也。然如此，則堯衹得九十八，故又有爲之彌縫者。《詩·生民疏》引《中候握河紀》云"堯即政七十年受河圖。《注》云或云七十二年"是也。此舉其立説最密者，餘類此者尚多。《書·無逸》言殷高宗享國五十有九年，《石經》殘碑作百年。《吕刑》言穆王享國百年，《史記·周本紀》云："穆王即位春秋已五十矣。"又云："穆王立五十五年崩。"言百年者皆舊説也。《禮記·文王世子》：文王謂武王曰："我百，爾九十，吾與爾三焉。"亦以文王之年爲百歲也。此蓋古人好舉成數之習？《漢書·律曆志》譏張壽王言舜、禹年歲不合人年，此亦不免焉。然較諸緯説之弘大不經，相去已不可以道里計矣。

史事不能臆説，亦不能憑記憶以約略言之，故前二説皆不足用。求可信者，必資記載。記載爲史官之職。古代史籍傳諸後世，可爲考校年代之資者，"譜諜獨記世謚"，《史記·十二諸侯年表》語。爲用最微。記言之史，或具一事之年月，而前後不能貫串。惟記事之史，多用編年之體，有歷時甚久者，傳之於後。古史之年代，固可大詳，即或不然，亦可以諸國之史，互相校補，其爲用誠甚大也。《漢書·律曆志》曰："《春秋》、《殷曆》，皆以殷、魯自周昭王以下無年數，故據周公、伯禽爲紀。"即以各國之史互相校補也。《史記·六國表》曰："秦既得意，燒天下《詩》《書》，諸侯史記尤甚，爲其有所刺譏也；《詩》《書》所以復見者，多藏人家，而史記獨藏周室，以故滅。惜哉！惜哉！"此周室二字，當苞諸侯之國言，乃古人言語以偏概全之例；非謂周室能徧藏各國之史也。秦人焚書，於凡《詩》《書》，關係實淺。自漢以降，更無祖龍，而諸史《藝文》、《經籍志》所載之書，皆佚多存少，果何往哉？惟史記在秦時爲官書，使無祖龍之焚，漢代所存，決不止此。考證之方，愈後愈密，史籍之存者多，古史年代之詳明，亦必不止如今日矣，誠可惜也。《史記·三代世表》曰："自殷以前諸侯不可得而譜，周以來乃頗可著。"此所據者爲譜諜。又曰："孔子因史文次《春秋》，紀元年，正時日月，蓋其詳哉。"此所據者，爲編年之史。又曰："至於序《尚書》則略，無年月；或頗有，然多闕，不可録。故疑則傳疑，蓋其慎也。"此所據者，則記事之史也。《史記》紀年起於共和，早於《春秋》所託始者百十有九年。《韓非子·説難》曰："《記》曰：周宣王以來，亡國數十，其臣弑君而取國者衆矣。"《記》謂史記，云周宣王以來，蓋所見者止此。宣王元年，後於共和者十有四年。足見諸家所考得之年代，大略相近，然非此之外遂無可考也。《三代世表》又曰："余讀諜記，黄帝以來皆有年數。稽其曆譜諜終始五德之傳，古文咸不同，乖異。夫子之弗論次其年月，豈虚哉？"此即《十二諸侯年表》所謂"曆人取其年月，數家隆於神運，譜諜獨記世謚"者。譜諜即《世表》所著。數家隆於神運，《表》言"漢相張蒼，曆譜五德"，是其一事。曆人取其年月，若張壽王者即其一人。其所言者固未必可信，然合多種記載，以天象人事互相校勘而求其年，其法固不可謂誤。不能因用之者之不善，并其法而抹殺之。安得謂夫子所弗論次者，遂終於不可論次哉？劉歆所作《世經》，蓋用此法之較善者，觀其所言與古人所傳之都數略相符合可知。《孟子·公孫丑》下篇曰："五百年必有王者興"，"由周而來七百有餘歲矣。"《盡心》下篇曰："由堯、舜至於湯，五百有餘歲；由湯至於文王，五百有餘歲；由文王至於孔子，五百有餘歲；由孔子而來，至於今，百有餘歲。"《韓非子·顯學》篇曰："殷、周七百餘歲，虞、夏二千餘歲。"樂毅報燕惠王書稱昭王之功曰："收八百歲之蓄積。"其説皆略相符合。古人言數，固不審諦，然於其大致，則衆相傳，必不致大謬也。然則其所推得唐七十、虞五十、夏四百三十、殷六百二十九、周八百六十七，合二千有四十六年者，與實際相去，必不能甚遠也。《續漢書·律曆志》：安帝時，尚書令忠，訾歆橫斷年數，損夏益周，考之表紀，差繆數百。此不必非歆之誤，然論無紀年之古史，而所差不過數百，已不爲大誤矣。

然即譜諜亦非絶不足用。何者？人壽長短，自有定限，苟能知其世次之相承，自可推見其年歲之大略，此《世表》所由作也。古代列國譜諜已多無存，故《世表》所次，僅在共主。以後世之事況之，自夏以後，猶元自仁宗以後也；五帝之世，則自成吉思汗至武宗之比也；自此以前諸帝王，則如哈不勒、忽都剌之偶一出現矣。但知哈不勒、忽都剌，誠無從推測其年代；自成吉思汗至武宗，則雖紀年之史料盡亡，仍可據人壽之定限，以爲推測之資也。億定人壽爲百年，誠不可信。然所假定爲百年者，其壽及其執政之時，均不能甚短，則理無可疑。然則黄帝、高陽、高辛三世，假定其在位之年各爲古人所謂一世，似不嫌多，然則三帝合爲九十年，以與二千又四十八年相加，凡得二千一百三十八。自此以上，帝王之名，多出讖緯既興之後，有無殊不可知。即謂可信其有，亦或同時并立，而非前後相承，古各地方演進之深淺不同，故其人之見解新舊亦互異。如許行見解即甚陳舊。蓋其所爲之神農之言，流行於僻陋之區也。使非見於孟子書，著於孟子與其弟子辯論之語，人將疑其不出戰國時矣。然則儒家所言三代之法，夏不必不出於杞，商不必不出於宋，周不必不出於魯，亦或同時并立，非必前後相承也。誠以闕疑爲是。然其事跡符合於社會演進之序者，其人亦決非子虛。儒家以遂人、伏羲、神農爲三皇，而韓非子以有巢氏與遂人氏并舉，《五蠹》。《莊子·盜跖篇》以知生之民與有巢氏之民并舉，"知生"亦即遂人氏也。於行事當有所見，則亦哈不勒、忽都剌之比矣。其人不必同部，然究非如五帝之身相接，則更延長其所占之年，謂其各歷百年，亦不爲過，則合二千一百三十八年，當得二千五百三十八年矣。自周之亡至於今，又歷二千二百有餘歲。然則謂中國古史，始於距今四千五百年至五千年之間，雖不中，當不遠也。

論地域亦有大略可言。東西洋之文明，緣起與傳播皆異。西洋開化，起於歐、亞、非三洲之交，幅員較廣，地形亦較錯雜，故其文化亦多端。希臘、希伯來之異轍，即其顯而易見者也。東洋則中國，蓋其緣起於江河下流，幅員較小，地形亦較畫一。故論中國文明肇基何地乎，溯諸邃古殊難質言，若求諸四五千年之前，則初不難斷。人事可以亟更，法俗不能驟變。古代風俗：食以魚與植物爲主；衣以麻、絲，裁制寬博；居則以上棟下宇，革陶復陶穴之風；錢幣以貝爲主；宗教敬畏龍蛇；皆足證其起於巨川下流與海交會之地，此固世界各國之所同也。古帝王都邑之可考者，始於黄帝邑於涿鹿之阿。以史稱其與炎帝戰於阪泉，又與蚩尤戰於涿鹿，有戰事相證，非如泛言丘邑、陵墓者，可以信口開河也。涿鹿、阪泉，實即一役；蚩尤、炎帝，亦即一人；予别有考。論其地，則服虔謂在涿郡，張晏、皇甫謐謂在上谷，《史記・五帝本紀集解》引。皆以漢世郡縣名相附會，不足據。紂都朝歌，其游樂之地在於沙丘，蓋即武王克殷後狩禽之所。見《周書・世俘》。爾時尚爲獸蹄鳥跡所萃，安得黄帝時乃爲名都？《太平御覽・州郡部》引《帝王世紀》曰："《世本》云：涿鹿在彭城南。"《世本》古書，較可信據，則涿鹿實在今銅山附近也。《史記・五帝本紀》言："嫘祖爲黄帝正妃，生二子，其後皆有天下：其一曰玄囂，是爲青陽，青陽降居江水；其二曰昌意，降居若水。昌意娶蜀山氏女曰昌僕，生高陽。"古南方之水皆稱江。《殷本紀》載《湯誥》曰："東爲江，北爲濟，西爲河，南爲淮。四瀆已脩，萬民乃有居。"可見古所謂四瀆者，特就所居附近之水言之，如宋代之有四河耳。若水，《水經》謂出旄牛徼外，至朱提爲瀘江，乃以蜀山之蜀爲後世巴蜀之蜀，致有此誤。《吕覽・古樂》曰："帝顓頊生自若水，實處空桑，乃登爲帝。"《山海經・海内經》曰："南海之内，黑水、青水之間，有木曰若木，若水出焉。"《楚辭・離騷》曰："飲余馬於咸池兮，總余轡乎扶桑。折若木以拂日兮，聊逍遥以相羊。"《説文・叒部》："叒，日初出東方湯谷。所登榑桑。叒木也。"王棻友曰："《石鼓文》有[illegible]字，蓋叒本作[illegible]。……若字蓋亦作[illegible]，即[illegible]之重文。加凵者？如𣎵字之象根形。是以《説文》之叒木，他書作若木。蓋漢人猶多作[illegible]。是以八分桑字作桒，《集韻》、《類篇》：桑古作[illegible]。《説文》收若字於艸部，从艸右聲，亦似誤。"此説甚精，若水實當作桑水。《東山經》曰："《東次二經》之首曰空桑之山，北臨食水。"又曰："《東山經》之首曰樕螽之山，北臨乾昧，食水出焉，而東北流注於海。"空桑即窮桑，其地當近東海也。《周書・史記》曰："昔阪泉氏用兵無已，誅戰不休，并兼無親，文無所立，智士寒心，徙居至於獨鹿。諸侯叛之，阪泉以亡。"獨從蜀聲，蜀山即獨鹿之山，亦即涿鹿之山也。《御覽・州郡部》又引《帝王世紀》，謂堯之都後遷涿鹿，《世本》謂在彭城，而孟子以舜爲東夷之人，則五帝實迄未易地也。然漢族之肇基，尚不在是。《爾雅・釋言》曰："齊，中也。"《釋地》曰：自齊州以南戴日爲丹穴，北戴北極爲空桐，東至日所出爲太平，西至日所入爲大蒙。可見華族古代自稱其地曰齊州。濟水蓋亦以此得名。《漢書·郊祀志》曰："昔三代之居，皆在河洛之間，故嵩高爲中嶽，而四嶽各如其方。"不居河洛之間，嵩高自非中嶽。《釋地》又曰："中有岱嶽。"其初蓋以泰岱爲中，故封禪告成功者必於是也。古稱異族曰夷、蠻、戎、狄，特以方位言之，若論民族，則東與南，西與北其實是一。故《禮記·王制》："東方曰夷，被髮文身。"此被髮之被，爲髲之借字。下西戎被髮之被，爲辮或作編之借字。"南方曰蠻，雕題交趾。"同不火食。"西方曰戎，被髮衣皮。""北方曰狄，衣羽毛穴居。"同不粒食。法俗不能驟變，前已言之。古於髮飾甚嚴。北人辮髮，南人斷髮，中原束髮，恰成三派。南方之民，古稱曰越，即後世之馬來人。蓋在江淮之域，居漢族之南。河濟之間，直北爲海，向西北則地較荒寒，故其開拓南向，至彭城附近，而與越人遇。三苗實居前行。俘其文身之人，則以爲奴隸。其後本族之有罪者，以爲奴，儕諸異族，即以異族之飾加之，黥刑於是乎興。抑古之刑施諸本族者，本不虧體。至於虧體者，非降敵即間諜。其人既以異族自居，則亦以遇異族之道遇之，此五刑之所由作。中國奴隸社會究起迄於何時，今日尚無定論。三苗其奴隸社會歟？古書傳其事跡多侈而虐，其以是歟？然三苗在當日，實未因俘翦越人而獲利，而轉以其侈而虐，爲姬姓所敗焉。然姬姓亦未能據姜姓之地，終乃并其故居之地而棄之。何哉？古書所言禹治水之事，若《禹貢》等，什九皆出傅會，此在今日，事極易見。禹自道之辭曰："予決九川，距四海，濬畎、澮，距川。"《書·皋陶謨》，今本《益稷》。海爲夷蠻戎狄謂之四海之海，川爲自然水道，畎、澮則人力所成也。孔子之稱禹曰："卑宮室而盡力乎溝洫。"《論語·泰伯》。真實史跡之可考者，如此而已。然自禹以降，遂不聞更有水災，而使後之人興微禹其魚之歎者，何哉？自黄帝至舜，皆居彭城，而《周書·度邑》曰："自洛汭延於伊汭，居易無固，其有夏之居。"《史記·周本紀》：伯陽父謂"伊洛竭而夏亡"，《左氏》言羿"因夏民以代夏政"。襄公四年。而《楚辭·天問》曰："帝降夷羿，革孽夏民。胡射夫河伯而妻彼雒嬪？"皆以夏在河洛之域，何哉？累世沈災，實非一時所克濟。自禹以降，蓋稍西遷以避之。舊居之地，水災深，水利亦饒，水利饒則耕作不待加功，而流於怠惰；水災深，人力又無所施。而新遷之地，則適與相反，故其孟晉，反出舊居之上。西遷以後，故居之地，雖有水患，載籍無傳，歷久亦遂忘之，此後之人所以有微禹其魚之歎也。晉之先爲唐國，周公滅之，以封叔虞。《史記·吳世家》曰："自太伯作吳，五世而武王克殷，封其後爲二：其一虞，在中國；其一吳，在夷蠻。十二世而晉滅中國之虞。中國之虞滅二世，而夷蠻之吳興。"此中虞、吳，當本同字，故以中國、夷蠻别之。北方之虞，初蓋舜後所居也。《國語・晉語》曰："昔少典娶於有蟜氏，生黄帝、炎帝。黄帝以姬水成，炎帝以姜水成，成而異德，故黄帝爲姬，炎帝爲姜，二帝用師以相濟也。"《水經・渭水注》："岐水東逕姜氏城南爲姜水。"阪泉、涿鹿，皆在東方，炎帝所長之姜水，決不能在岐下，蓋其西遷後嘗居於是耳。然則遷三苗於三危，亦非必盡出迫逐，蓋亦因其自遷。後世申、吕、齊、許之祖，皆在西方，亦由是也。《易・繫辭傳》言神農氏"日中爲市"，而《吕覽・勿躬》云"祝融作市"，蓋即一事，傳者異辭。祝融蓋即遂人氏之族，其大者如大彭、偪陽、鄒、莒皆在東方，而西遷之羋姓尤大。羋姓初與鬼方爲昏，鬼方蓋即紂時之九侯，《文王世子》"西方有九國焉"之九國，《詩》"我征自西，至於艽野"之艽野。宋于庭説，見《過庭録》。然則古代自東徂西之族多矣。要之自黄河下流，上溯至涇渭之間，南薄江、漢、淮水，則中國古史所及之區域。其遠於此者，縱有傳聞，必不審諦。睹《紅崖刻石》而以爲殷高宗伐鬼方紀功之辭，則不必審其文字之爲真爲僞，舉其地而已知其非古人遠跡所至矣。

原刊《華東師範大學學報》一九五七年第四期，一九五八年八月出版

〔四〕 古史時地略説下

予作《古史時地略説》，述古事止於夏初，以自此以降，史事稍已明白，不待辭費也。然古代西遷之一支，與留居舊地者，彼此之間，似頗有隔礙，久之而後消釋净盡，則治古史之家，能留意及此者甚鮮。今故不憚辭費，更陳其略焉。

夏室自啓一傳，即有五觀之亂。《周書・嘗麥》曰："其在殷之五子，此即後來盤庚所居。《書・盤庚疏》引鄭玄曰："商家自徙而號曰殷。"蓋其地本名殷也。忘伯禹之命，假國無正，用胥興作亂，遂凶厥國。皇天哀禹，賜以彭壽，思正夏略。"彭壽蓋即舜時之彭祖，以其壽考而稱之。夏室西遷，彭城之地，蓋爲彭祖所據，其後遂爲大彭，東方之名國也。然雖有此相扶翼，仍無救於羿、浞之亂。羿、浞之事，見於《左氏》襄公四年、哀公元年。杜《注》釋其地多在今山東，其説殊不足信。古事傳諸後世者，多出春秋、戰國時人，必以其時之地名述古事。后羿自鉏遷於窮石，《路史・國名紀》作粗，謂粗即《左氏》襄公十一年城柤之柤。案《左氏》襄公十一年無城柤者，於十年有會吴于柤，《路史》引蓋有誤。又謂安豐有窮谷、窮水，即《左氏》昭公二十七年楚師救潛與吴師遇處，爲羿之故國。其説殊較杜《注》爲勝。

又云羿偃姓，《世紀》云："不聞其姓，失之。"《路史後紀》卷十四《夷羿傳》。案《水經·河水注》：大河故瀆，"西流逕平原鬲縣故城西。"《地理志》曰："鬲津也。故有窮后羿國也。"應劭曰："鬲，偃姓，皋陶後。"羅説蓋本諸此。謂窮在平原不足信，以鬲爲偃姓，當有所受之。羿亡而靡奔有鬲氏，蓋欲藉其同姓之力，爲之復讐。其後顧立少康者，蓋以羿身死世殄，無可扶翼。靡固有窮氏之忠臣，非夏后氏之遺老也。《史記·夏本紀》曰："帝禹立而舉皋陶薦之，且授政焉，而皋陶卒，封皋陶之後於英、六，或在許。而後舉益任之政。"然則因夏民以代夏政者，正是次當代爲共主之族，與夏相干。東方諸族之聲勢，猶可想見。少康光復舊物後，夏室仍寂寂無聞。安知東方不有名族，爲諸侯所歸往，特因其事無傳，而夏室譜諜，未盡亡佚，遂若其王位相承勿替邪？

契封商，鄭玄云："國在大華之陽。"《書·帝告序疏》引。與《史記·六國表》以湯起於亳，與禹興於西羌，周以豐鎬伐殷，秦用雍州興，漢之興自蜀漢并舉者，頗相符合。《中候雒予命》謂天乙在亳，東觀於洛，《詩·玄鳥疏》引。其説亦同。然古人言古事，信口開河者甚多，正未可據爲典要。《史記·封禪書》載公孫卿言黄帝事，最使人讀之發笑。其實古人之言，如此者甚多。湯所居，《管子·地數》、《輕重甲》、《荀子·議兵》、《吕覽·具備》、《墨子·非攻下篇》皆作薄，惟其《非命上篇》及《孟子》書作亳。薄、亳蓋古今字。釋爲漢之薄縣者自是。《具備》篇曰："湯嘗約於郼、薄矣。"《慎大覽》曰："湯立爲天子，夏民大説。親郼如夏。"則郼亦湯所嘗居。此即《詩》"韋顧既伐"之"韋"，釋以《續漢志》東郡白馬縣之韋鄉，亦當不誤。湯始征自葛載，其地自在東方。《慎大覽》又曰："末嬉言曰：今昔天子夢西方有日，東方有日，兩日相與鬬，西方日勝，東方日不勝。故令師從東方出於國西以進。"則湯在伐桀時，兵力已軼夏都而西。而克桀之後，"作宫邑於下洛之陽"，《春秋繁露·三代改制質文》篇語。則正夏所居河洛之域也。後世都邑屢遷，迄在今河南北境大河西岸。故居之勢力，可謂深入新遷之地之中心矣。然新遷之前茅，則初不止此。洛陽，"其中小，不過數百里，田地薄"，張良語，見《史記·留侯世家》。實非移殖最佳之境。新遷者既至此，必更渡河西北上。則自至河汾下游，更西渡津浦，則入渭水流域矣。此周人西遷之所届也。渭水流域，地廣而腴，此周之所以强，能還滅殷也。

然牧野之戰，周雖勝殷，初未能據有其地，故仍以之畀武庚，特命管叔居東監之，又據洛邑，使聲援連接耳。武王崩，管叔以殷叛，果與周公不協，而認敵爲友邪？抑爲武庚所脅邪？事不可知。設使其事有成，必不能以管叔代周公，而將爲武庚之光復舊物，則殆無可疑。何則？東方諸國皆助殷，莫助周也。然周人當日兵鋒蓋甚鋭，而東方諸國皆小，《孟子·滕文公》下篇言周公滅國者五十。《周書·作雒解》言凡所征熊、盈族十有七國。惟國小，故國數多也。盈即嬴。故不能終與之抗。周既得志，營洛邑以臨東諸侯。又封魯於奄，太公於爽鳩氏故居，以控制未西遷時之舊地。新國之聲威，至斯可謂極盛。然東方之地，不久仍有起與之抗者，徐偃王是也。偃王之抗周，《史記·秦本紀》、《趙世家》皆云在穆王時，惟《古史考》謂與楚文王同時，見《史記正義》。其説蓋不足據。《後漢書·東夷傳》云："徐夷僭號，乃率九夷以伐宗周，西至河上。穆王畏其方熾，乃分東方諸侯，命徐偃王主之。偃王處潢池東，地方五百里，行仁義，陸地而朝者三十有六國。穆王後得驥騄之乘，乃使造父御以告楚，令伐徐，一日而至。於是楚文王大舉兵而滅之。偃王仁而無權，不忍鬬其人，故致於敗。乃北走彭城武原縣東山下。百姓隨之者以萬數，因名其山爲徐山。"此説與《史記》所本頗同，其説自難盡信。然與《禮記·檀弓》徐容居謂"昔我先君駒王西討濟於河"者相合。其人其事，必非子虚，蓋周公雖滅奄，據《書·費誓》，魯公亦嘗大征淮夷、徐戎，然於奄則魯據之，於徐則初未能據有其地，故閲時而復盛也，然是時東方之文明，已稍落西方之後，非復夏殷間比。故留處之徐，卒爲遷居之楚所敗，然東西相争之形勢仍存，故徐甫敗而齊又繼之而起焉。敵盡而我所資以防敵者，即起而與我争，亦猶漢世異姓諸侯盡而所患者即在吴楚也。世豈有能以一手把持天下者哉？

春秋之世，争霸者爲何方之國乎？曰：南方與北方之國也。南北之名國誰乎？曰南爲楚，北爲晉。此人人所能言，且以爲無疑義者也。非也，南北之争實不如東西之争之烈。何也？案春秋之世，首創霸業者爲齊桓公。齊桓公之得國，在入春秋後三十七年。是時秦尚未盛，晉初興，旋困於内亂，與齊争霸者，惟楚而已。入春秋後六十七年，齊桓公合諸侯於召陵以擯楚，楚服。後十三年入春秋後八十年。而卒，諸子争立，霸業遽隳，宋襄公欲繼之，而爲楚所敗。此猶楚之與徐，固純然東西之争也。入春秋後九十一年，晉文公起，敗楚於城濮。自此西方之國，復分爲南北，歷邲之戰、入春秋後百二十六年。鄢陵之戰、入春秋後百四十八年。蕭魚之會，入春秋後百六十二年。至入春秋後百七十七年，宋向戌爲弭兵之會，而其争始稍澹焉，前後幾九十年，似烈矣。然齊自桓公死後，閲三十七年，頃公立，即復欲圖霸。以徒勇故，有鞌之敗。入春秋後百三十四年。頃公歸國後，七年不飲酒，不食肉，國亦復安，入春秋後百四十一年卒，子靈公立，繼父之志，與晉争。入春秋後百六十八年，晉合諸侯圍之。就《左氏》所載觀之，晉兵勢似甚盛，然《公羊》謂其實未圍齊，則《左氏》之言，不足信也。靈公亦好勇，明年見弒。子莊公立，性質復與父祖同。然入春秋後百七十三年，乘晉有欒氏之亂，出兵伐之，上太行，入孟門，張武軍於熒庭，其兵威或轉有勝於晉圍齊之役也。後二年，入春秋後百七十五年。又見弒，弟景公立。景公之爲人，蓋多欲而侈，故不克大成霸業，然非如頃、靈、莊三世之徒勇，故其國勢反較强。其季年，鄭、衛景從，援范、中行氏以敵趙氏。雖竟未有成，然晉之爲所苦亦甚矣。齊晉之争，始頃公之立，至獲麟之歲，田常執齊政，懼諸侯討之，脩四境之好，乃西約韓、魏、趙氏，前後幾百三十年，實較晉楚之争爲久也。

抑不僅此也。晉楚之争至弭兵之會而澹，而其因此而挑起之吴越，則轉代齊而爲東海之表焉。東方名國，奄滅之後惟徐。然自此以南，諸小邦蓋甚衆。徐偃王敗後，楚之聲勢，蓋益東漸。齊桓公蓋欲收率之以翦楚之羽翼，故召陵會後，濱海而東，陷於沛澤之中，受創頗巨，然其志殊未已，故頻年仍有事於東。徐固大國，蓋亦思倚齊以與楚抗，是以有婁林之役。入春秋後七十八年。經略未竟，齊桓遽逝。爾後齊與楚無争，而晉代之。晉蓋鑒於徐距中原較遠，齊桓公欲援之而無成，故不復援徐以敵楚，惟思通吴以犄楚後而已。然其收效，反遠較援徐爲大，則世運日進，東南方之開化爲之也。通吴之役，據《左氏》在入春秋後百四十七年。至二百十七年而有柏舉之役，吴自此轉鋒北向。至二百三十七年而有艾陵之役，其兵鋒復轉而西。至二百四十一年而有黄池之會，吴爲東方之大長，以屈西方之霸主矣。而睦於楚之越復犄吴後。至入戰國後八年，吴遂爲越所滅。越既滅吴，遷居琅邪，與齊晉會於徐州，而自齊頃公以來，東方與西方争霸之局，至此而告成。

吴、越晚起，國力不如齊楚之堅凝，故越自句踐而後，不聞其與大局有關。《越絶書·外傳·記地傳》稱句踐爲大霸，以下諸君但皆稱霸。大霸蓋能號令中原；但稱霸者，則如秦霸西戎，但爲一方之長而已。戰國時之形勢，仍爲齊、秦、楚及三晉所左右。新興之北燕，關係亦較微焉。齊、秦、楚、三晉中，首起稱霸者爲楚悼王。嘗伐周、圍鄭、伐韓、取負黍。後三晉敗之大梁、榆關，乃厚賂以與秦平。春秋時，晉、楚搆兵，皆因争與國而起，逕相攻擊之事甚少，至楚悼王乃異是。雖竟喪敗，固猶遠在敵境也。楚悼王之立，在入戰國後七十九年，其卒適在其百年，楚自此衰，而三晉中之魏崛起。然其兵鋒非向齊、燕、秦、楚，乃爲同出自晉之趙。入戰國後百二十八年，魏惠王攻拔邯鄲。齊威王救趙，敗魏於桂陵。明年，秦乘機取魏安邑。又明年，魏乃不得已而歸趙邯鄲。入戰國後百三十八年，齊威王卒，子宣王立。明年，魏爲逢澤之會。《戰國策·魏策》言其乘夏車，稱夏王,朝天子,天子皆從。《齊策》言魏拔邯鄲,又從十二諸侯朝天子,其聲勢仍極赫奕。魏蓋因此以爲齊、秦皆服,又明年,復起兵以伐趙。韓救之,不克,與趙皆委國於齊。齊出兵援韓趙,魏亦大起兵以逆之,然大敗於馬陵,長子死焉。三晉中韓本較弱小,趙所圖亦在北,胡地中山。魏既敗,不復能問鼎中原,三晉遂微,而齊、秦、楚并盛。入戰國後百五十七年,齊宣王卒,子湣王立。百六十三年,東方諸國合從以攻秦,楚懷王爲從長。此役未知緣何而起,要是東方諸國輕視秦國之舊習;非如後人所傅會,秦有獨雄之勢,故合從以擯之也。楚懷王之爲人,蓋極昏亂,故有張儀欺楚絶齊之舉,終至與秦搆釁,再戰皆北,天下之重乃歸於齊、秦。入戰國後百八十二年,懷王爲秦所劫,齊歸其太子頃襄王。明年,齊、韓、魏擊秦,敗其軍於函谷關。越二年,入戰國後百八十五年。懷王卒於秦。齊與韓、魏、趙、宋、中山共攻秦,蓋亦藉口於抑强扶弱。然後四年,入戰國後百八十九年。楚卒迎婦於秦,則可見秦雖欺而齊彌不易與也。入戰國後百九十三年,齊稱東帝,秦稱西帝。雖旋去之,然是時七國已分二等,齊、秦爲上,餘五國次之,則形勢可見矣。齊長東方,古來所稱爲文物之地,其聲威自更出秦上。然齊結怨太多,後四年,入戰國後百九十七年。爲燕所破,自此秦遂獨强,無能與之競者矣。戰國起獲麟之明歲,訖秦滅齊,凡二百六十年。其初百年,除楚崛起於其末年外,猶是春秋時之舊形勢。中百年初爲齊魏争霸,次則齊秦争霸;至末六十年,乃成秦人獨雄之局,固猶是東西之争也。觀其結局,西卒成而東卒敗,似誠有如《史記・六國年表》所云:"作事者必於東南,收功實者常於西北"者。然其後項籍用江東之衆,則吴越之民也。劉邦起於豐沛,則淮徐之地,亦可云東卒成西卒敗也。從古東西相争之局,固當至秦亡而後結,不當於秦滅六國時。何也?一統之局始於秦,實定於漢也。

東西相争,歷如是之久者何歟?豈其民族固有異同乎?曰:否。考民族之異同者,莫切於語言。古稱語言之異者,必曰楚夏。然孟子斥許行爲南蠻鴃舌之人,譏陳相爲用夷變夏,而陳相一見許行,即能盡棄其學而學,不聞其有待譯人。又孟子謂戴不勝:"有楚大夫於此,欲其子之齊語也,一齊人傅之,衆楚人咻之,雖日撻而求其齊,不可得矣。引而置之莊、嶽之間數年,雖日撻而求其楚,亦不可得矣。"知當日齊、楚語言,本無大異。《左氏》衛侯見獲於吴,歸效夷言。能暫聞而即效之者,吴謂善伊,謂稻緩,不過如今日南北音讀之殊。凡楚、夏之異,皆如此也。當日東西所異,蓋在文化。殷弟兄相及,而周傳祚嫡長之法甚嚴。《禮記・大傳》曰:"六世親屬竭矣。其庶姓别於上,而戚單於下。昏姻可以通乎?繫之以姓而弗别,綴之以食而弗殊,雖百世而昏姻不通者，周道然也。”可見男系同姓昏姻之禁，實至周而始嚴。此皆社會組織之異。所以然者，殷居東方，爲漢族肇基之地，其人特重農業。農業本女子所發明，廬舍土田，皆女子所有，而男子依附焉。故内昏之戒，主女系而不主男系。兄弟爲一家人，父子則否，傳祚者遂主相及。周遷西北，蓋與戎狄雜處，戎狄事射獵畜牧，高氣力，男權斯張，周人化之，宗法立焉。而昏姻承襲之制，皆異於故居東方時矣。然春秋時，晉嫁女於吴，《左氏》襄公二十年。魯亦娶於吴。《左氏》哀公十二年。又魯自莊公以前，實一生一及。見《史記·魯世家》。吴諸樊、餘昧弟兄相及。餘昧死，弟季札讓位，子僚立，諸樊子光曰：國宜之季子者也。季子不受，則己當立，卒殺僚而代之。亦與殷弟兄相及、既盡還立長兄之子者同。此皆姬姓之國，而還從東方之法者，以少數人厠居多數之中，終不得不爲所化。觀姬姓東還者後如此，而知其初西遷時之不得不變矣。此等同異，蓋亦甚微。故東西方之争戰，初不甚烈。特其風同道一，亦非旦暮間事耳。

原刊《華東師範大學學報》一九五七年第四期，一九五八年八月出版

〔五〕　緯書之三皇説

緯書三皇之説，原本非一。予既著之《古史紀年》條矣，今更引《御覽》、《路史》之文以明之。《御覽》引項峻《始學篇》曰：“天地立，有天皇，十二頭，號曰天靈，治萬八千歲，以木德王。”“地皇十二頭，治萬八千歲。”“人皇九頭，兄弟各三分，人各百歲。依山川土地之勢，財度爲九州，各居其一。乃因是而區别。”此句上疑有奪文。《洞冥記》曰：“天皇十二頭，一姓十二人也。”“地皇十二頭。”於人皇則無説。《三五曆記》曰：“溟涬始牙，濛鴻滋萌，歲起攝提，元氣肇起。有神靈人，十三頭，號曰天皇。”又曰：“有神聖人，十二頭，號地皇。”“有神聖人，九頭，號人皇。”《始學篇》及《洞冥記》，天皇地皇，皆十二頭，《三五曆記》天皇獨十三頭，似誤。然《路史》言地皇十一君。又引《真源賦》曰：“盤古氏後，有天皇君，一十三人。時遭劫火。乃有地皇君，一十一人，各萬八千餘年。乃有人皇君，兄弟九人。結繩刻木。四萬五千六百年。”《補三皇本紀》亦曰“地皇十一頭”，又曰“姓十一人”。姓上當有奪字。則又有以天皇爲十三頭，地皇爲十一頭者，説頗難通。疑天皇既譌爲十三，後人乃減地皇之數以合之。羅氏引《通卦驗》“君有五期，輔有三名”，謂“三輔九翌，并皇是十三人”，則鑿矣。九翌，見下引《河圖括地象》。《通卦驗》之説，《禮記》標題下《正義》引之，《御覽》引《遁甲開山圖》榮氏《注》：“天皇兄弟十二人。”“地皇兄弟十人。”“人皇兄弟九人。”十人，疑亦十二人之奪。《御覽》又引

《帝系譜》曰:“天地初起,即生天皇,治萬八千歲,以木德王。”“地皇,治一萬八千歲,以火德王。”於人皇亦無説。又引《春秋緯》曰:“天皇,地皇,人皇,兄弟九人,分爲九州,長天下也。”《河圖括地象》曰:“天皇九翼,題名旋復。”《春秋命曆序》曰:“人皇氏,九頭。駕六羽,乘雲車,出谷口,分九州。”凡此諸文,顯分兩説。《洞冥記》、《帝系譜》,所本者同;《始學篇》、《三五曆記》,言天皇、地皇亦本之,言人皇則别本《春秋緯》及《括地象》。此説言三皇皆分長九州,而其年亦僅百歲。今其説僅見於《始學篇》人皇下者,以項峻於天皇地皇,亦採如《洞冥記》、《帝系譜》之説。其實此語依《春秋緯》及《括地象》,不僅指人皇也。《御覽》又引馬總言人皇云:“一百六十五代,合四萬五千六百年。”《路史》云:“《三五曆》云:人皇百五十六代,合四萬五千六百年,小司馬氏取之。”今《補三皇本紀》作百五十世,未知其有異同與?抑傳寫譌誤也?

《遁甲開山圖》,專言三皇地理。《御覽》引云:“天皇被跡在柱州崑崙山下。”“地皇興於熊耳、龍門山。”“人皇起於形馬。”《路史》云:“《遁甲開山圖》云:天皇出於柱州,即無外山也。鄭康成云:無外之山,在崑崙東南萬二千里。《水經注》云:或言即崑崙。榮氏云:五龍及天皇,皆出其中。”案《水經·渭水注》:“故虢縣有杜陽山,山北有杜陽谷,有地穴北入,亦不知所極,在天柱山南。”趙《釋》云:“《寰宇記》鳳翔府岐山縣下云:岐山,亦名天柱山。《河圖括地象》曰:岐山,在崑崙山東南,爲地乳,上多白金。周之興也,鸑鷟鳴於山上,時人亦謂此山爲鳳凰堆。注《水經》云:天柱山有鳳凰祠。或云其峯高峻,迴出諸山,狀若柱,因以爲名。一清按《御覽》及程克齋《春秋分記》并引之,今缺失矣。”然則柱州即岐山也。熊耳、龍門,人所共知,無煩贅説。人皇,《路史》正文云:“出刑馬山提地之國。”《注》云:“《遁甲開山圖》云:人皇出於刑馬山提地之國。山今在秦州,伯陽谷水出之。老子之所至。”正文又云:“相厥山川,形成勢集。才爲九州,謂之九囿。”《注》云:“見《雒書》。《春秋命曆序》云:人皇出暘谷,分九河。”正文又云:“别居一方,因是區理,是以後世謂之居方氏。”《注》云:“見《三墳》。又《雒書》云:人皇出於提地之國,兄弟别長九州,己居中州,以制八輔。”則提地之國,語出《雒書》。前《注》引《遁甲開山圖》,當僅云出於刑馬山。提地之國四字,乃涉正文而誤衍也。《水經·渭水注》云:“伯陽谷水出刑馬山之伯陽谷。北注渭水。渭水又東,歷大利,又東南流,苗谷水注之。水南出刑馬山,北歷平作。西北逕苗谷。屈而東,逕伯陽城南,謂之伯陽川。蓋李耳西入,往逕所由,故山原畎谷,往往播其名焉。”即羅氏隱括其語,謂老子所至者也。此説與《雒書》非一,不可混同。《路史》正文又云:“駕六提羽，乘雲祇車。制其八土，爲人立命。”“迪出谷口，還乘青冥。”《注》云：“谷口，古塞門。或云上暘谷。《蜀·秦宓傳》曰：三皇乘祇車，出谷口，謂今之斜谷，樂史從之，妄矣。”案：駕六羽，乘雲車，出谷口，與《御覽》引《命曆序》之言合；制八土即分九州，與《御覽》引《始學篇》、《春秋緯》、《命曆序》之言皆合；則谷口自當指暘谷。《説文·示部》：“祇，地祇，提出萬物者也。”提地之國，蓋取此爲義，則亦當在東方，特未審造緯者之意，以何地當之耳。九河不可分；且亦禹時始有，不當人皇已分；分九河必分九州之誤也。秦宓之語，乃對夏侯纂誇張本州，見《三國·蜀志·秦宓傳》。本非情實，可弗論。

《淮南·原道》云：“泰古二皇，得道之柄，立於中央。”此乃寓言，指陰陽二力，非謂人也。高《注》云：“二皇，伏羲、神農也。”指説陰陽，故不言三也。知其指説陰陽，是矣，又必牽引伏羲、神農，何哉？則以古者三皇之義，本託之於天地人也。《書大傳》云：“遂人以火紀，火，太陽也，故託遂皇於天。伏羲以人事紀，故託戲皇於人。神農悉地力，種穀疏，故託農皇於地。”《白虎通義》云：“伏羲仰觀象於天，俯察法於地，因夫婦，正五行，始定人道。”此今文家相傳之説。定人道最難，故曰“古有天皇，有地皇，有泰皇，泰皇最貴”也。高氏之意，蓋以羲皇妃天，農皇妃地，遂皇妃人，實違舊義。然較之依三萬六千歲之曆而造怪説者，則固有間矣。

原刊《古史辨》第七册，一九四一年六月出版

〔六〕儒家之三皇五帝説

三皇五帝，異説紛如，昔人多莫能董理，此由未知其説之所由來也。歷考載籍，三皇異説有六，五帝異説有三。《史記·秦始皇本紀》：丞相綰等與博士議帝號曰：“古有天皇，有地皇，有泰皇，泰皇最貴。”此三皇之説一也。《尚書大傳》以燧人、伏羲、神農爲三皇，《含文嘉》、《風俗通》引。《甄燿度》、宋均注《援神契》引之，見《曲禮正義》。《白虎通》正説、譙周《古史考》《曲禮正義》。并同，惟《白虎通》伏羲次燧人前。此三皇之説二也。《白虎通》或説，以伏羲、神農、祝融爲三皇，此三皇之説三也。《運斗樞》、鄭注《中候勑省圖》引之，見《曲禮正義》。《元命苞》《文選·東都賦注》引。以伏羲、女媧、神農爲三皇，此三皇之説四也。《尚書·僞孔傳序》、皇甫謐《帝王世紀》、孫氏注《世本》，以伏羲、神農、黄帝爲三皇，此三皇之説五也。緯候家言：或云天皇、地皇各十二頭，萬八千歲；人皇九頭，百歲；或又云四萬五千六百年。或云天皇十三頭，地皇十一頭。又或謂三皇者九頭。或云三皇分

長九州。或云人皇氏出谷口，分九州。或云：天皇被跡在柱州崑崙山下，地皇興於熊耳、龍門，人皇起於刑馬山提地之國。詳見《緯書之三皇説》條。此三皇之説六也。太史公依《世本》、《大戴禮》，以黄帝、顓頊、高辛、唐堯、虞舜爲五帝，譙周、應劭、宋均皆同，《五帝本紀正義》。此五帝之説一也。鄭注《中候勅省圖》，於黄帝、顓頊之間，增一少昊，謂德合五帝座星者爲帝，故實六人而爲五，《曲禮正義》。此五帝之説二也。僞孔、皇甫謐、孫氏以少昊、顓頊、高辛、唐、虞爲五帝，《五帝本紀正義》。此五帝之説三也。案《風俗通義》云："燧人以火紀。火，太陽也，故託燧皇於天。伏羲以人事紀，故託戲皇於人。神農悉地力，種穀蔬，故託農皇於地。天地人之道備，而三五之運興矣。"此蓋《書傳》之義，爲今文家舊説。伏生者，秦博士之一，始皇時，時代較早，異説未興。大泰同音，大亦象人，竊疑泰皇爲大皇音借，大皇實人皇形譌，秦博士之説，與《書大傳》之説一也。女媧本造物之神，漢人與祝融混而爲一，説見《女媧共工》條。故《白虎通》或説與《運斗樞》、《元命苞》之説是一。僞孔三皇之説，根於其五帝之説而來。《後漢書·賈逵傳》：逵奏《左氏》大義長於二傳者曰："五經家皆言顓頊代黄帝，而堯不得爲火德。《左氏》以爲少昊代黄帝，即《圖讖》所謂帝宣也。如令堯不得爲火，則漢不得爲赤。"此古文家於黄帝、顓頊之間增一少昊之由。然以六爲五，於理終有未安。僞孔乃去燧人而升黄帝爲三皇，則五帝仍爲五人，且與《易·繫辭傳》始包犧終堯、舜者相合，此實其説之彌縫而更工者也。僞孔以《三墳》爲三皇之書，《五典》爲五帝之典，據《周官外史疏》，其説實本賈、鄭，然《路史·疏仡紀·帝鴻氏》云："《春秋運斗樞》，以帝鴻、金天、高陽、高辛、唐、虞爲五代。"鄭康成於《書中候》，依《運斗樞》，以帝鴻爲五帝，指爲黄帝，則賈、鄭之言，亦有所本。蓋漢言五德，本取相勝，至末葉乃改取相生，故異説起於是時也。《發揮·論史不紀少昊》曰："梁武遂以燧人爲皇，黄帝、少昊、顓頊、帝嚳、堯爲五帝。謂舜非三皇，亦非五帝，特與三代爲四代。"亦以六人爲五爲不安而改之，特其説與僞孔又異耳。緯候三皇之説，皆因曆法僞造，見《緯書之三皇説》條。其天地人之名，則仍取今文舊義也。三皇五帝之説，源流如此。

問曰：三皇五帝之爲誰某，則既聞之矣。三皇五帝之名，舊有之邪？抑儒家所創也？應之曰：三皇五帝之名，舊有之矣。託諸天地人，蓋儒家之義也。《周官·春官》："都宗人，掌都宗祀之禮。凡都祭祀，致福於國。"《注》："都或有山川及因國無主，九皇六十四民之祀。"《疏》："史記伏羲已前九皇六十四民，并是上古無名號之君，絶世無後，今宜主祭之也。"按《注》以因國無主之祀釋《周官》之都宗人蓋是，以九皇六十四民説周因國無主之祭則非也。《周官》雖戰國時書，然所述必多周舊制。九皇六十四民，見《春秋繁露·三代改制質文》篇。其説：存二王之後以大國，與己并稱三王。自此以前爲五帝，録其後以小國。又其前爲九皇，其後爲附庸。又其前爲民，所謂六十四民也。其説有三王九皇而無三皇。《周官》：外史，"掌三皇五帝之書。"伏羲者，三皇之一，《疏》引史記云"伏羲已前"，明在三皇五帝之前，其説必不可合。鄭蓋但知《周官》都宗人所祀，與《繁露》九皇六十四民，并是絶世無名號之君，遂引彼注此；《疏》亦未知二説之不可合，謂史記所云伏羲已前上古無名號之君，即鄭所云九皇六十四民，遂引以疏鄭也。《史記·封禪書》："管仲曰：古者封泰山禪梁父者七十二家。"又曰："孔子論述六藝傳，略言易姓而王，封泰山禪梁父者，七十餘王矣。其俎豆之禮不章。"而《韓詩外傳》曰："孔子升泰山，觀易姓而王，可得而數者七十餘人，不得而數者萬數也。"《封禪書正義》引。今本無之，然《書序疏》及《補三皇本紀》并有此語，乃今本佚奪，非張氏誤引也。萬蓋以大數言之，然其數必不止七十二可知。數不止七十二，而管仲、孔子皆以七十二言之者，蓋述周制也。七十二家者，蓋周登封之所祀也。曰俎豆之禮不章，言周衰，不復能封禪，故其禮不可考也。春秋立新王之事，不純法古制，然損益必有所因。因國無主之祭，及於遠古有功德於民之人，忠厚之至也，蓋孔子之所因也。然不能無所損益。王制者，孔子所損益三代之制也。《王制》曰："天子諸侯祭因國之在其地而無主後者。"此《周官》都宗人之所掌，蓋孔子之所因也。《繁露》曰："聖王生則稱天子，崩遷則存爲三王，絀滅則爲五帝，下至附庸，絀爲九皇，下極其爲民。有一謂之三代，故雖絶地，廟位祝牲，猶列於郊號，宗於岱宗。"絶地者，六十四民之後，封爵之所不及，故命之曰民。絶地而廟位祝牲，猶列於郊號，宗於岱宗，此蓋周登封時七十二家之祭矣。周制，蓋自勝朝上推八世，謂之三皇五帝，使外史氏掌其書，以備掌故。自此以往，則方策不存，徒於因國無主及登封之時祀之而已。其數凡七十二，合本朝爲八十一。必八十一者，九九八十一；九者數之究，八十一者，數之究之究者也。孔子則以本朝合二代爲三王，又其上爲五帝，又其上爲九皇，又其上爲六十四民，合之亦八十一。必以本朝合二代爲三王者，所以明通三統之義也。上之爲五帝，所以視昭五端之義也。九皇之後，絀爲附庸，六十四家徒爲民，親疏之義也。此蓋孔子作新王之事，損益前代之法，《春秋》之大義。然此於《春秋》云爾，其於《書》，仍存周所謂三皇五帝者，以寓天地人之道備而三五之運興之義。故伏生所傳，與董子所説，有不同也。《古今注》："程雅問於董生曰：古何以稱三皇五帝？對曰：三皇三才也，五帝五常也。"《御覽·皇王部二》引董仲舒答問曰："三皇三才也，五帝五常也，三王三明也，五霸五嶽也。"三才者，天地人也，五常可以配五行。董子之言，與伏生若合符節。故知三皇五帝爲《書》説，三王五帝九皇六十四民爲《春秋》義也。或曰：《繁露》謂湯受命而王，親夏。故虞絀唐謂之帝堯，以神農爲赤帝。周以軒轅爲黄帝，因存帝顓頊、帝嚳、帝堯之帝號，絀虞而號舜曰帝舜，推神農以爲九皇。明九皇六十四民爲周時制也。應之曰：此古人言語與今人不同。其意謂以殷、周之事言之當如此，非謂殷、周時實然也。或曰：《管子》曰："古者封泰山禪梁父者七十二家，夷吾所記，十有二焉。"下歷舉無懷、伏羲、神農、炎帝、黄帝、顓頊、帝嚳、堯、舜、禹、湯、周成王之名，凡十二家，明三皇五帝，即在七十二家之中。應之曰：此亦古今言語不同。上云七十二家，乃舉其都數，下云十二家，則更端歷舉所能記者，不蒙上七十二家言。此以今人語法言之爲不可通，然古人語法如是，多讀古書者自知之也。《莊子・胠篋》篇列古帝王稱號有容成氏、大庭氏、伯皇氏、中央氏、栗陸氏、驪畜氏、軒轅氏、赫胥氏、尊盧氏、祝融氏、伏羲氏、神農氏，多在三皇以前，古人同號者甚多，大庭氏不必即神農，軒轅、祝融亦不必即黄帝、女媧也。《禮記・祭法正義》引《春秋命曆序》："炎帝號曰大庭氏，傳八世，合五百二十歲。黄帝一曰帝軒轅，傳十世，二千五百二十歲。次曰帝宣，曰少昊，一曰金天氏，則窮桑氏，傳八世，五百歲。次曰顓頊，則高陽氏，傳二十世，三百五十歲。次是帝嚳，即高辛氏，傳十世，四百歲。"又《曲禮正義》："《六藝論》云：燧人至伏羲一百八十七代。宋均注《文耀鉤》云：女媧以下至神農七十二姓。譙周以爲伏羲以次有三姓，始至女媧；女媧之後五十姓至神農；神農至炎帝一百三十三姓。"説雖迂怪，然三皇五帝不必身相接，則大略可知，亦足爲《韓詩外傳》"不得而數者萬數"作佐證也。

原刊《古史辨》第七册，一九四一年六月出版

〔七〕伏　羲　考

《易・繫辭傳》："古者包犧氏之王天下也。"《釋文》云："包，本又作庖。鄭云：取也。孟、京作伏。犧，鄭云：鳥獸全具曰犧。孟、京作戲，云伏，服也；戲，化也。"案鄭説非也。《白虎通義・號》篇説伏羲之義曰："下伏而化之，故謂之伏羲也。"《風俗通義》引《含文嘉》曰："伏者，别也，變也；戲者，獻也，法也。伏戲始别八卦，以變化天下；天下法則，咸伏貢獻，故曰伏戲也。"此今文舊説。《禮記・月令疏》引《帝王世紀》曰"取犧牲以共庖廚，食天下，故號曰庖犧氏"，則襲鄭曲説也。此説實本於劉歆。《漢書・律曆志》載歆《世經》曰："作網罟以田漁取犧牲，故天下號曰炮犧氏。"《易》但言"爲網罟以佃以漁"而已，歆妄益以"取犧牲"三字，實非也。

古代帝王，蹤跡多在東方，而其後率傳之於西，蓋因今所傳者，多漢人之説，漢世帝都在西，因生傅會也。而伏羲之都邑，亦不能外此。

《御覽・皇王部三》引《詩含神霧》曰："大跡出雷澤，華胥履之生宓犧。"按《淮南・地形》曰："雷澤有神，龍身人頭，鼓其腹而熙。"《山海經・海内東經》曰："雷澤中有雷神，龍身而人頭，鼓其腹。在吴西。"《史記・五帝本紀正義》引作"鼓其腹則雷"。郭《注》引《河圖》曰："大跡在雷澤，華胥履之而生伏犧。"又曰："今城

陽有堯冢，靈臺，雷澤在北也。”本於《漢志》，蓋相傳之舊説也。《水經・瓠子河注》：“瓠河又左逕雷澤北，其澤藪在大成陽縣故城西北一十餘里，昔華胥履大跡處也。”亦同《漢志》。乃《御覽》又引《遁甲開山圖》曰：“仇夷山，四絶孤立，太昊之治，伏犧生處。”又《水經》：“渭水過陳倉縣西。”《注》曰：“姚睦曰：黄帝都陳，言在此。榮氏《開山圖注》曰：伏犧生成紀，紀徙治陳倉也。”《注》又曰：“成紀水故瀆，東逕成紀縣，故帝太昊庖犧所生處也。”則將伏羲之跡，移至秦、隴之閒矣。案《左氏》昭公十七年曰：“陳，大皞之虚也。”與宋大辰之虚、鄭祝融之虚、衛顓頊之虚并舉，所謂大皞，實爲天帝之名。皇甫謐因此附會，以爲伏犧都陳，已爲非是。《水經・渠水注》：“陳城，故陳國也。伏犧、神農并都之。城東北三十許里，猶有犧城。”今又移諸陳倉，於是并黄帝之都而移之矣。《注》又云：“南安姚瞻以爲黄帝生於天水，在上邽城東七十里軒轅谷。”則因移黄帝之都，又并其生處而移之矣。《注》又曰：“瓦亭水又西南出顯親峽，石巖水注之，水出北山，山上有女媧祠。”案《遁甲開山圖》又曰：“女媧氏没，大庭氏王。次有柏皇氏、中央氏、栗陸氏、驪連氏、赫胥氏、尊盧氏、祝融氏、混沌氏、昊英氏、有巢氏、葛天氏、陰康氏、朱襄氏、無懷氏，凡十五代，襲庖犧之號。自無懷氏已上，經史不載，莫知都之所在。”蓋自女媧以上，無不爲之僞造都邑矣。《遁甲開山圖》，蓋專將帝王都邑，自東移西者也。《路史》曰：女媧出於承匡。《注》曰：“山名，在任城縣東七十里。《寰宇記》云：女媧生處，今山下有女媧廟。”又言“任城東南三十九里又有女媧陵”。女媧本創造人物之神，説見《女媧與共工》條。其後附會，以爲伏羲之妹。《風俗通義》。任城地近雷澤，《寰宇記》之説，蓋由此而生。雖不足據，所託尚較古。然《寰宇記》又謂女媧治中皇山之原，山在金之平利。又《長安志》謂驪山有女媧治處，亦見《路史》引。則皆《遁甲開山圖》等既出後傅會之辭，其爲時彌晚矣。

《楚辭・大招》曰：“伏戲《駕辯》，楚《勞商》只。”《注》曰：“伏戲，古王者也。始作瑟。《駕辯》，《勞商》，皆曲名也。言伏戲氏作瑟，造《駕辯》之曲，楚人因之，作《勞商》之歌，皆要妙之音，可樂聽也。”伏戲遺聲在楚，亦其本在東南之證。

原刊《古史辨》第七册，一九四一年六月出版

〔八〕華　胥　氏

《列子・黄帝》篇言華胥氏之國，其皆爲寓言，固矣。然華胥氏之名，當有

所本，疑即《莊子・馬蹄》篇之赫胥氏也。下文言列姑射山，亦即《逍遥遊》篇之藐姑射山，其證。

〔九〕 有巢燧人考

服虔云："自少皥以上，天子之號以其德，百官之號以其徵。自顓頊以來，天子之號以其地，百官之紀以其事。"《左氏》昭公十七年《注》，《月令》"孟春其帝大皥"《疏》引。案伏犧之義，謂下伏而化之；神農猶今言農業。服説是也。《韓非・五蠹》曰："上古之世，人民少而禽獸衆，人民不勝禽獸蟲蛇。有聖人作，構木爲巢以避羣害，而民説之，使王天下，號曰有巢氏。民食果蓏蜯蛤，腥臊惡臭，而傷害腹胃，民多疾病。有聖人作，鑽燧取火以化腥臊，而民説之，使王天下，號曰燧人氏。"此亦所謂德號者也。《周書・史記》曰："昔者有巢氏，有亂臣而貴。任之以國，假之以權，擅國而主斷。君已而奪之，臣怒而生變，有巢以亡。"此有巢，與韓非所云必非同物，蓋以地號者也。以德號者，其去後世蓋已久遠，民已不能詳記其行事，徒以功德在人，久而不忘，乃即以其德爲其人之稱號耳，安能識其興亡之由乎？《莊子・盜跖》曰："古者禽獸多而人民少，於是民皆巢居以避之，晝拾橡栗，暮栖木上，故命之曰有巢氏之民。古者民不知衣服，夏多積薪，冬則煬之，故命之曰知生之民。"煬亦用火，所稱當與《韓非》同，特無燧人之名耳。

《禮記・月令疏》云："伏羲、神農、黄帝、少皥，皆以德爲號也；高陽、高辛、唐、虞，皆以地爲號也；雖以地爲號，兼有德號，則帝嚳、顓頊、堯、舜是其德號。"案帝嚳、顓頊、堯、舜等，皆徒爲美稱，與巢、燧等有實跡可指者又異，其意已頗近乎後世之號謚。生而稱之，類乎後世之徽號。死而稱之，類乎後世之美謚。然則同一德號，其間又有微别也。

《論衡・正説》曰："唐、虞、夏、殷、周者，土地之名。皆本所興昌之地，重本不忘始，故以爲號，若人之有姓矣。説《尚書》者謂之有天下之代號。功德之名，盛隆之意也。故唐之爲言蕩蕩也，虞者樂也，夏者大也，殷者中也，周者至也。其褒五家大矣，然而違其正實，失其初意。唐、虞、夏、殷、周，猶秦之爲秦，漢之爲漢。秦起於秦，漢興於漢中，故曰猶秦、漢。使秦、漢在經傳之上，説者將復爲秦、漢作道德之説矣。"此亦以後人之見議古人耳，若反諸古俗，則以德爲號者正多也。

祝融列爲三皇之一，共工氏霸九州，皆嘗王天下者也，而其號皆爲官名，則以其功德皆出於其官守，以其官稱之，猶之以其事稱之，亦即所謂德號耳。《左氏》哀公九年，史墨曰："炎帝爲火師。"火師者，火官之長，亦即祝融也。《吕覽·勿躬》曰："祝融作市。"《易》言神農氏"日中爲市"，此祝融即神農，猶以其官稱之也。

《御覽》引《遁甲開山圖》曰："石樓山在琅邪，昔有巢氏治此山南。"《淮南·脩務》："湯整兵鳴條，困夏南巢，譙以其過，放之歷山。"《注》："南巢，今廬江居巢是。歷山，蓋歷陽之山。"《遁甲開山圖》言地理，殊不可信，讀《緯書之三皇説》、《伏羲考》兩條可見。高《注》亦以後世地名言之耳，無確據也。案寒地之民多穴居，熱地之民多巢居；寒地之民，多食鳥獸之肉，熱地之民，多食草木之實。《禮記·禮運》曰："昔者先王未有宫室，冬則居營窟，夏則居橧巢。未有火化，食草木之實，鳥獸之肉，飲其血，茹其毛。未有麻絲，衣其羽皮。後聖有作，然後脩火之利。範金合土，以爲臺榭宫室牖户。以炮以燔，以亨以炙，以爲醴酪。治其麻絲，以爲布帛。"蓋兼南北之俗言之，不徒有冬夏之别也。《莊子》言有巢氏之民，晝拾橡栗，暮棲木上，可見其多食草木之實。《韓子》言其食蜯蛤，可見其在江海之交。又《莊子》言其不知衣服，可見其皆裸袒。此皆可想見其在南方。《春秋命曆序》言人皇氏出暘谷，分九河，人皇即遂人，九河疑九州之誤，已見《緯書之三皇説》條。《御覽》引《古史考》曰："古之初，人吮露精，食草木實，穴居野處。山居則食鳥獸，衣其羽皮，飲血茹毛，近水則食魚鼈螺蛤。未有火化，腥臊多害腸胃。於是有聖人，以火德王。造作鑽燧出火，教人熟食，鑄金作刃。民人大説，號曰燧人。"此説實本《禮運》，而以他説附益之。其言脩火之利，皆以範金與熟食并舉，蓋古之遺言。觀後來範金之技，南優於北，亦可見開化之始於南方。竊疑巢、燧皆當在古揚州之域也。至湯放桀之南巢，則當在兖州，説見《論湯放桀地域考》條。

原刊《古史辨》第七册，一九四一年六月出版

〔一〇〕　神農與炎帝、大庭

《左氏》昭公十八年："宋、衛、陳、鄭皆火。梓慎登大庭氏之庫以望之。"《注》："大庭氏，古國名，在魯城内，魯於其處作庫。"《疏》云："先儒舊説，皆云炎帝號神農氏，一曰大庭氏。服虔云：在黄帝前。鄭玄《詩譜》云：大庭在軒轅之前。亦以大庭爲炎帝也。"案《詩譜序》云："詩之興也，諒不於上皇之世。大庭、軒轅，逮於高辛，其時有無，載籍亦蔑云焉。"但叙大庭於軒轅之前，初未

明言其爲炎帝。《疏》云："大庭，神農之别號。《禮記·明堂位》曰：土鼓，蕢桴，葦籥，伊耆氏之樂也。《注》云：伊耆氏，古天子號。案《郊特牲注》同。《周官·秋官·伊耆氏注》云："古王者號。"《禮運》云：夫禮之初，始諸飲食。《注》云：中古未有釜甑，而中古謂神農時也。《郊特牲》云：伊耆氏始爲蜡。蜡者，爲田報祭。案《易·繫辭》稱神農始作耒耜，以教天下，則田起神農矣。二者相推，則伊耆、神農，并與大庭爲一。"《禮記》標題下《疏》云："鄭玄以大庭氏是神農之别號。案《禮運》云：夫禮之初，始諸飲食，燔黍捭豚，蕢桴而土鼓。又《明堂位》云：土鼓葦籥，伊耆氏之樂。又《郊特牲》云：伊耆氏始爲蜡。蜡即田祭，與種穀相協；土鼓葦籥，又與蕢桴土鼓相當；故熊氏云：伊耆氏即神農也。"説與《詩疏》同。《疏》之所云，僅能明神農、伊耆是一耳，其即大庭，羌無左證。《魯頌譜》云："魯者，少昊摯之墟也。國中有大庭氏之庫，則大庭氏亦居兹乎。"亦未言大庭即神農。疏家之言，似乎無據矣。案《月令》"其帝炎帝"《疏》引《春秋説》云："炎帝號大庭氏，下爲地皇，作耒耜，播百穀，曰神農也。"則大庭、神農爲一人，説出緯候，而鄭與諸儒同本之。疏家不明厥由來，而徒廣爲徵引，是以文繁而轉使人不能無惑也。蕢桴土鼓，既相符會，神農居魯，亦有可徵，以三號爲一人，雖不中，固當不遠。

《史記·周本紀正義》云："《帝王世紀》云：炎帝自陳營都於魯曲阜。黄帝由窮桑登帝位，後徙曲阜。少昊邑於窮桑，以登帝位，都曲阜。《太平御覽·皇王部》引，下多"故或謂之窮桑帝"七字。顓頊始都窮桑，徙商丘。窮桑在魯北。或云：窮桑即曲阜也。又爲大庭氏之故國。又是商奄之地。皇甫謐云：黄帝生於壽丘，在魯城東門之北。居軒轅之丘，《山海經》云此地窮桑之際，西射之南是也。"案謐言炎帝自陳營都於魯者，以炎帝繼大皞，《左氏》昭公十七年梓慎言"陳，大皞之虚"故也。梓慎又言"衛，顓頊之虚，故爲帝丘"，故謐言顓頊自窮桑徙都之。云商丘者，古本以商丘、帝丘是一，至杜預乃分爲二也。《御覽·州郡部一》引《帝王世紀》曰："相徙商丘，於周爲衛。成公夢康叔曰：相奪予享是也。"又曰："相徙商丘，本顓頊之虚，故陶唐氏之火正閼伯之所居也。今濮陽是也。"《史記·鄭世家》："遷閼伯於商丘。"《集解》引賈逵云："商丘在漳南。"《水經·瓠子河注》："河水舊東決，逕濮陽城東北，故衛也，帝顓頊之虚。昔顓頊自窮桑徙此，號曰商丘，或謂之帝丘。本陶唐氏火正閼伯之所居，亦夏伯昆吾之邦，殷相土因之，故《春秋傳》曰：閼伯居商丘，相土因之是也。"蓋依賈説也。《左氏》僖公三十一年，"衛遷於帝丘。衛成公夢康叔曰：相奪予享。公命祀相。寧武子不可，曰：杞鄫何事？"此謂夏后相。《御覽·皇王部》引《世本》云："相徙商丘，本顓頊之虚。"亦以商丘、帝丘爲一。

然《左氏》以陳大皞之虚，衛顓頊之虚，與宋大辰之虚，鄭祝融之虚并舉，大辰必不容説爲人名，則其餘三者，亦當事同一律。《左氏》昭公十年："正月，有星出於婺女。鄭裨竈言於子産曰：七月戊子，晉君將死。今兹歲在顓頊之虚，姜氏、任氏，實守其地。居其維首，而有妖星焉，告邑姜也。”所謂顓頊，亦天帝，非人帝也。昭公八年，楚滅陳。“晉侯問於史趙曰：陳其遂亡乎？對曰：未也。公曰：何故？對曰：陳，顓頊之族也。歲在鶉火，是以卒滅。陳將如之。今在析木之津，猶將復由。”此顓頊亦天帝。杜《注》云“陳祖舜，舜出顓頊”，殊非。下文曰“自幕至於瞽叟，無違命”，乃言陳之先耳。宋本作“陳，顓頊之後”，蓋因《注》而誤也。九年，“陳災。鄭裨竈曰：五年，陳將復封，封五十二年而遂亡。子產問其故。對曰：陳，水屬也，火，水妃也，而楚所相也。今火出而火陳，逐楚而建陳也。妃以五成，故曰五年。歲五及鶉火，而後陳卒亡，楚克有之，天之道也，故曰五十二年。”義正與史趙之言同。然昭公二十九年，蔡墨言少皞氏遂濟窮桑，而定公四年，祝鮀言伯禽封於少皞之虚，則窮桑地確近魯。《史記·封禪書》：“管仲曰：古者封泰山禪梁父者七十二家，而夷吾所記者，十有二焉。昔無懷氏封泰山，禪云云；虙羲封泰山，禪云云；神農氏封泰山，禪云云；炎帝封泰山，禪云云；黄帝封泰山，禪亭亭；顓頊封泰山，禪云云；帝嚳封泰山，禪云云；堯封泰山，禪云云；舜封泰山，禪云云；禹封泰山，禪會稽；湯封泰山，禪云云；周成王封泰山，禪社首。”管子去古較近，所言必非無據。泰山巖巖，魯邦所瞻，魯殆自古帝王之都與？皇甫謐謂自黄帝至顓頊，其都皆在於魯，卻當有所依據也。

《封禪書》又曰：“孔子論述六藝傳，略言易姓而王，封泰山禪乎梁父者，七十餘王矣，其俎豆之禮不章，蓋難言之。”《正義》引《韓詩外傳》云：“孔子升泰山，觀易姓而王可得而數者七十餘人，不得而數者萬數也。”今本無此語，然《書序疏》亦引之；司馬貞《補三皇本紀》，亦有此語。則今本佚奪，非《正義》誤引也。《論衡·書虚》曰：“百王太平，升封泰山。泰山之上，封可見者七十有二；紛綸湮滅者，不可勝數。”然則七十餘乃就其可見者言之，即管子所謂夷吾所記，其不可見者，自不止此。萬數固侈言之，其多則可想矣。陟千里而登封，必非隆古之世小國寡民所克舉，則泰山之下，名國之多可知也。七十二加三皇五帝凡八十，加本朝爲八十一，三皇五帝之書，掌於外史，自此以上，則方策無存，徒列爲因國無主之祀，《三皇五帝》條已言之。《管子治國》云：“昔者七十九代之君，法制不一，號令不同，然俱王天下。”云七十九者？古人好舉成數，故以八十一爲八十，而又除去本朝，則爲七十九矣。《吕覽·察今》曰：“有天下七十一聖。”《求人》曰：“古之有天下也者七十一聖。”則就七十二代中去其一代。《淮南·繆稱》曰：“泰山之上，有七十壇焉，而三王獨道。”則舉成數言之也。《齊俗》曰：“尚古之王，封於泰山，禪於梁父者，七十餘聖。”與《封禪書》并以辜較之辭言之。異口同聲，必非虚語。夫果如後儒之言，封禪爲告成功之祭，登封者之多，安得如是？則疑後世帝王都邑，漸徙而西，然後即事用希，在古則每帝常行，初不繫其成功與否也。然而泰山之下，名國之多，可無疑矣。

姜氏初雖在東，後則稍徙而西。有郃爲姜嫄之國，太王妃曰太姜；武王妃曰邑姜，師尚父雖或曰辟居東海，或曰鼓刀朝歌，而卒佐周文、武以興，其證也。《水經·渭水注》："岐水又東逕姜氏城南，爲姜水。案姜氏城，在今陜西岐山縣南。《帝王世紀》曰：炎帝母女登遊華陽，感神而生炎帝，長於姜水，是其地也。"蓋後來附會之辭也。《溳水注》云："溳水北出大義山，南至厲鄉西，賜水入焉。水源東出大紫山，分爲二水。一水西逕厲鄉南。水南有重山，即烈山也。山下有一穴，父老相傳云是神農所生處也，故《禮》謂之烈山氏。水北有九井，子書所謂神農既誕，九井自穿，謂斯水也。又言汲一井則衆井動。井今湮塞，遺跡髣髴存焉。亦云賴鄉，古賴國也。有神農社。賜水西南流，入於溳，即厲水也。賜、厲聲相近，宜爲厲水矣。"案《禮記·祭法》："厲山氏之有天下也。"《注》："厲山氏，炎帝也，起於厲山。或曰：有烈山氏。"《疏》云："引《春秋左傳》昭二十九年蔡墨辭，云厲山氏，炎帝也，起於厲山者。案《帝王世紀》云：神農氏，本起於烈山，或時稱之，神農即炎帝也，故云厲山氏，炎帝也。云或曰有烈山氏者，案二十九年傳文也。"按《祭法》之文，略同《國語·魯語》。《魯語》作烈山。韋《注》云："烈山氏，炎帝之號也，起於烈山。《禮·祭法》以烈山爲厲山也。"韋氏之意，以烈山、厲山爲一，鄭意似猶不然。然則酈《注》之云，其爲後人附會，不待論矣。烈山，疑即《孟子》"益烈山澤而焚之"之"烈山"，《滕文公》上。乃德號，非地號也。又《管子·輕重戊》云："神農作樹五穀淇山之陽。"淇山蓋即箕山，乃許由隱處，亦姜姓西徙後語也。

《管子》之文，神農與炎帝各别。譙周《古史考》，以炎帝與神農，各爲一人，《左氏》昭公十七年《疏》。蓋本諸此。又侈靡云："故書之帝八，神農不與存，爲其無位，不能相用。"此節之言，不甚可解，然其大意自可見，此神農亦天帝，非人帝也。然則隆古之世，人神之不可分也舊矣。

近人錢賓四穆。云："《左傳》隱公五年，翼侯奔隨。《一統志》：隨城在介休縣東，後爲士會食邑。《續漢書·郡國志》：介休有介山，有緜上聚，之推廟。厲、烈、界皆聲轉相通。《周官》山虞，物之爲厲，鄭《注》，每物有蕃界也。然則界山即厲山、烈山也。《日知録·緜上》條，稱其山南跨靈石，東跨沁源，世以爲之推所隱。漢魏以來，相傳有焚山之事。太原、上黨、西河、雁門之民，至寒食不敢舉火。顧氏頗不信之推隱其地。竊疑相傳焚山之事，即烈山氏之遺説也。"《西周地理考》。此説論烈山之義與予合。惟謂炎帝傳説始晉，似無解於古之封禪者皆在泰山，故予謂炎帝遺説，實始東方，後乃隨姜姓之西遷，流傳及於荆、豫，且入於冀方也。錢氏又云："《左》昭八年，石言於晉魏榆。杜《注》云：晉魏邑之榆地。《地理志》：榆次、界休，同屬太原。吴卓信《補注》引《汲冢周書》云：昔烈山，帝榆罔之後，其國爲榆州。曲沃滅榆州，其社存焉，謂之榆社。地次相接者爲榆次。其地有梗陽，魏戊邑。竊疑梗陽亦姜之音變也。"案《汲冢書》恐不足信。即謂可信，亦傳説遷移，未必榆罔在晉地也。

《御覽》引《帝王世紀》云："神農氏崩，葬長沙。"《路史》引云葬茶陵。又云："地有陵名者，皆以古帝王之墓，竟陵、零陵、江陵之類是矣。"案此足見古代南方陵墓之多，然以爲神農，則未必然也。《宋史·禮志·先代陵廟》：淳熙十四年，"衡州守臣劉清之奏：史載炎帝陵在長沙茶陵，祖宗時給近陵七户守視，禁其樵牧，宜復建廟，給户如故事。"

《吕覽》高《注》云："朱襄氏，古天子，炎帝之别號。"案以大庭、朱襄附會炎帝，猶之以女媧以後十五君附會伏羲，蓋取不甚著名之帝王，附會之於著名者耳。然隆古年代緜遠，割據者多，似不必如此也。

原刊《古史辨》第七册，一九四一年六月出版

〔一一〕炎黄之争考[①]

阪泉、涿鹿之戰，《史記集解》引服虔曰："阪泉，地名。"又曰："涿鹿，山名，在涿郡。""在涿郡"三字，當兼指阪泉言之。又引皇甫謐曰："阪泉在上谷。"張晏曰："涿鹿在上谷。"予昔主服虔之説，謂神農爲農耕之族；黄帝教熊羆貔貅貙虎，遷徙往來無常處，以師兵爲營衛，頗類游牧之族。神農居魯，魯鄰泰山，古代農業，多始山林之間。神農號烈山，蓋即《孟子》所謂益烈山澤而焚之者，謂在湖北隨縣之厲鄉者繆也。河北之地，平曠宜牧，謂黄帝以游牧之族而居此，亦合事情。若上谷則相去太遠，蓋據漢世縣名附會也。《水經·㶟水注》："涿水出涿鹿山。東北流，逕涿鹿縣故城南。黄帝與蚩尤戰於涿鹿之野，留其民於涿鹿之阿，即於是也。其水又東北與阪泉合。水道源縣之東泉。泉水東北流與蚩尤泉會。水出蚩尤城，泉水淵而不流。霖雨并則流注阪泉，亂流東北入涿水。《魏土地記》曰：下洛城東南六十里有涿鹿城。城東一里有阪泉，泉上有黄帝祠。涿鹿城東南六里有蚩尤城。《晉太康地理記》曰：阪泉亦地名也。"要皆附會之説。由今思之，此説仍有未諦。《國語·晉語》云："昔少典娶於有蟜氏，生黄帝、炎帝。"《賈子·益壤》曰："黄帝者，炎帝之兄也。"《制不定》曰："炎帝者，黄帝同父母

① 又名《阪泉涿鹿》。

弟也。"三説符會，《益壤》、《制不定》，雖同出《賈子》，然各有所本，故謂炎黄兄弟不同，古人書率如此，不足怪也。决非偶然。然則炎、黄本同族，風氣相去，必不甚遠。教熊羆貔貅貙虎，不必其爲實事。遷徙往來無常處，好戰之主類然，如齊桓征伐所至即甚廣。設或史乘闕佚，傳者亦將謂其遷徙往來無常處矣。不必其民遂爲游牧之族。且除此二語以外，亦更無黄帝爲游牧之族之徵也。阪泉、涿鹿，蓋當如《世本》説，謂在彭城爲是。《御覽·州郡部一》引《帝王世紀》曰："黄帝都涿鹿，於《周官》幽州之域，在漢爲上谷，而《世本》云：涿鹿在彭城南，然則上谷本名彭城。"其曲解真可發一噱。《路史》亦云："《世本》云：涿鹿在彭城。"《續漢書·郡國志》：上谷郡：涿鹿，《注》："《帝王世紀》曰：黄帝所都。《世本》云在鼓城南。"王應麟《地理通釋》引《世本》亦作鼓，恐誤。《漢書·刑法志注》："鄭氏曰：涿鹿在彭城南。師古曰：彭城者，上谷北别有彭城，非宋之彭城也。"師古蓋誤駁。鄭氏實以涿鹿在宋之彭城南也。

《戰國·魏策》云："黄帝戰於涿鹿之野，而西戎之兵不至，禹攻三苗，而東夷之民不起，以燕伐秦，黄帝之所難也。"此涿鹿在東方之誠證。《賈子·制不定》，又謂炎黄"各有天下之半"，又隱見其一在東，一在西矣。《孟子》言周公相武王，誅紂，伐奄，驅虎豹犀象而遠之。《滕文公》下。而《周書》言武王狩禽，貓虎熊羆，數至千百。《世俘》。則古者東方之地，本多禽獸之區，蓋承水患之後，所謂"獸蹄鳥跡之道，交於中國"也。見《孟子·滕文公》上。奄即魯，固與彭城相近矣。《索隱》引皇甫謐曰："黄帝生於壽丘。"《正義》云："壽丘，在魯東門北。"

《論衡·率性》云："黄帝與炎帝争爲天子，教熊羆貔虎，以戰於阪泉之野。三戰得志，炎帝敗績。"《吉驗》云："傳言黄帝姙二十月而生，生而神靈，弱而能言。長大，率諸侯，諸侯歸之。教熊羆戰，以伐炎帝，炎帝敗績。性與人異，故在母之身，留多十月；命當爲帝，故能教物，物爲之使。"其所本者，與《大戴記》、《史記》略同，然不必即《大戴記》、《史記》也。史公言百家言黄帝，其文不雅馴。此所謂傳，蓋儒家之説，然仍留神話之跡。亦可見據教熊羆貔貅貙虎之文而斷黄帝爲游牧之族者，未免失之早計也。教熊羆貔貅貙虎之説，或因蚩尤牛首而然，見《述異記》一條。

《史記集解》引《皇覽》云："蚩尤冢在東平郡壽張縣闞鄉城中，高七丈。民常十月祀之。有赤氣出，如匹絳帛，民名爲蚩尤旗。肩髀冢，在山陽郡巨野縣重聚。大小與闞冢等。傳言黄帝與蚩尤戰於涿鹿之野，黄帝殺之，身體異處，故别葬之。"《水經·濟水注》引略同。高七丈作七尺。案《續志注》引《皇覽》亦作七丈。地皆與彭城近。《路史》引《啓筮》云："蚩尤登九淖以伐空桑，黄帝殺之於青丘。"案蚩尤叛父，見《少昊考》條。空桑近魯，疑爲神農氏後裔所處，蚩尤滅之，遷於涿鹿，黄帝又滅蚩尤，而因其舊都也。

《史記》謂黄帝與炎帝戰於阪泉之野，又與蚩尤戰於涿鹿之野。前引《論衡・率性》及《大戴記・五帝德》，皆與《史記》所本略同，然有戰於阪泉之文，而無戰於涿鹿之事。《賈子・益壤》云："炎帝無道，黄帝伐之涿鹿之野，血流漂杵，誅炎帝而兼其地，天下乃治。"《制不定》云："黄帝行道，而炎帝不聽，故戰涿鹿之野，血流漂杵。"則蚩尤、炎帝一人，阪泉、涿鹿一役，《史記》蓋兼採兩書，而奪一曰二字也。《周書・史記》謂阪泉氏"徙居至於獨鹿"，疑阪泉爲神農氏或蚩尤舊號，涿鹿則其新居。蚩尤既滅神農氏，後裔遂襲其位號，故傳者混二人爲一，黄帝實祇與蚩尤戰，未嘗與神農氏戰也。《戰國・秦策》亦云："黄帝伐涿鹿而禽蚩尤。"

黄帝遺跡，又有在今陝西境者，蓋出附會。《封禪書》載公孫卿之言，謂："黄帝郊雍上帝，宿三月。鬼臾區號大鴻，死葬雍，故鴻冢是也。其後黄帝接萬靈明廷。明廷者，甘泉也。所謂寒門者，谷口也。黄帝採首山銅，鑄鼎於荆山下。鼎既成，有龍垂胡髯下迎黄帝。黄帝上騎。羣臣後宫從上者七十餘人。龍乃上去。餘小臣不得上，乃悉持龍髯。龍髯拔，墮，墮黄帝之弓。百姓仰望黄帝既上天，乃抱其弓與胡髯號。故後世因名其處曰鼎湖，其弓曰烏號。"明明極不經之語，乃處處牽引地理以實之，真俗所謂信口開河者也。乃《五帝本紀》謂"黄帝崩，葬橋山"。《漢書・地理志》亦云：上郡：膚施，《注》云："有黄帝祠四所。"陽周，《注》云："橋山在南，有黄帝冢。"《武帝紀》：元封元年，"祠黄帝於橋山。"亦見《郊祀志》。蓋帝王之所信，則無冢者可以有冢，而祠祭且因之而起矣。史實之淆亂，可勝道哉！《漢書・王莽傳》："遣騎都尉囂等分治黄帝園位於上都橋畤，虞帝於零陵九疑，胡王於淮陽陳，敬王於齊臨淄，愍王於城陽莒，伯王於濟南東平陵，孺王於魏郡元城。使者四時致祠。"案上都當作上郡。橋畤，師古曰："橋山之上，故曰橋畤也。"

《水經・河水注》："《魏土地記》曰：弘農湖縣，有軒轅黄帝登仙處。黄帝採首山之銅，鑄鼎於荆山之下。有龍垂胡於鼎，黄帝登龍，從登者七十人，遂升於天，故名其地爲鼎胡。荆山在馮翊，首山在蒲坂，與湖縣相連。《晉書・地道記》、《太康記》并言胡，縣也，漢武帝改作湖。俗云：黄帝自此乘龍上天也。《漢書・地理志》曰：京兆湖縣，有周天子祠二所，故曰胡。不言黄帝升龍也。"此等不經之説，酈道元已辨之矣。

《渭水注》云：横水："西北出涇谷峽。又西北，軒轅谷水注之。水出南山軒轅溪。南安姚瞻以爲黄帝生於天水，在上邽城東七十里軒轅谷。皇甫謐云生壽丘，丘在魯東門北。未知孰是也。"又渭水："又東過陳倉縣西。"《注》云："姚睦曰：黄帝都陳言在此。"趙氏一清曰："上云南安姚瞻，此云姚睦，未知即一人也？抑誤字也？"案《路史》引姚睦云"黄帝都陳倉，非宛丘"，則睦似非誤字。然謂黄帝都陳倉，要亦附會之説也。《洧水注》："洧水又東逕新鄭縣故城中。皇甫士安《帝王世紀》云：或言縣故有熊氏之墟，黄帝之所都也。"《史記·五帝本紀集解》引徐廣曰："黄帝，號有熊。"譙周曰："有熊國君。"案《大戴記·帝繫》言昌意産顓頊，顓頊産老童，老童産重黎及吴回，吴回産陸終，陸終氏娶於鬼方氏，産六子，其四曰云鄶人，鄭氏也。重黎、吴回，相繼居祝融之職。《史記·楚世家》言季連之苗裔曰鬻熊，實即祝融異文。其後熊麗、熊狂等，世以熊爲氏。蓋云鄶人亦有祝融之號，或但稱熊，其地遂稱有熊之墟也。實與黄帝無涉。

《五帝本紀》又言：黄帝"披山通道，未嘗寧居。東至於海，登丸山，及岱宗。西至於空桐，登雞頭。南至於江，登熊、湘。北逐葷粥，合符釜山"。空桐，《集解》引韋昭云："在隴右。"雞頭，《索隱》云："後漢王孟塞雞頭道，在隴西。一曰崆峒山之别名。"《正義》云："《括地志》云：空桐山在肅州福禄縣東南六十里。《抱朴子·内篇》云：黄帝西見中黄子，受九品之方，過空桐，從廣成子受自然之經，即此山。《括地志》又云：笄頭山，一名崆峒山，在原州平高縣西百里，《禹貢》涇水所出。《輿地志》云或即雞頭山也。酈元云蓋大隴山異名也。《莊子》云廣成子學道崆峒山，黄帝問道於廣成子，蓋在此。按二處崆峒皆云黄帝登之，未詳孰是。"《路史》云："空同山，在汝之梁縣西南四十里。有廣成澤及廟。近南陽雉衡山。故馬融《廣成贊》云面據衡陰。"案《路史》之説是也。近人錢賓四撰《黄帝故事地望考》，亦主是説。錢氏又云："熊山，即封禪書齊桓南伐至召陵所登，乃盧氏南之熊耳也。《水經》：潩水出河南密縣大騩山。《注》：大騩，即具茨山也。黄帝登具茨之山，升於洪隄山，受《神芝圖》於華蓋童子，即是也。"地亦於雉衡、熊耳爲近。黄帝蹤跡，至此已爲極遠矣，必不能至秦隴也。釜山，《正義》引《括地志》云："釜山在嬀州懷戎縣北三里。"此又因涿鹿在上谷之説而附會。《左氏》昭公四年，司馬侯曰："冀之北土，馬之所生，無興國焉。恃險與馬，不可以爲固也，從古以然。"可破涿鹿在上谷及涿郡之説矣。

吾昔謂炎帝爲耕農之族，好和平，黄帝爲游牧之族，樂戰鬬，其説雖屬武斷，然謂炎、黄之際，爲世變升降之會，則亦不盡誣也。《商君書·畫策》曰："神農之世，男耕而食，婦織而衣，刑政不用而治，甲兵不起而王。神農既殁，以彊勝弱，以衆暴寡，故黄帝内行刀鋸，外用甲兵。"《莊子·盜跖》曰："神農之世：卧則居居，起則于于。民知其母，不知其父。與麋鹿共處。耕而食，織而衣，無有相害之心。此至德之隆也。然而黄帝不能致德，與蚩尤戰於涿鹿之野，流血百里。"又《至樂》曰："吾恐回與齊侯言堯、舜、黄帝之道，而重以燧人、神農之言。"《戰國趙策》曰："宓犧、神農，教而不誅，黄帝、堯、舜，誅而不怒。"

《春秋繁露・堯舜不擅移湯武不擅殺》曰:"今足下以湯、武爲不義,然則足下之所謂義者,何世之王也? 則答之以神農。"皆可見炎、黄之際,世變轉移之亟也。蓋爲暴始於蚩尤,而以暴易暴,實惟黄帝。

炎黄之争,人皆知之,然古又有謂黄帝勝四帝者。《御覽・皇王部四》引《蔣子萬機論》曰:"黄帝之初,養性愛民,不好戰伐,而四帝各以方色稱號,交共謀之。邊城日驚,介胄不釋。黄帝歎曰:夫君危於上,民安於下;主失於國,案失同佚。其臣再嫁。厥病之由,非養寇邪? 今處民萌之上,而四盜亢衡,遞震於師。於是遂即營壘,以滅四帝。向令黄帝若不龍驤虎變,而與俗同道,則其民臣亦嫁於四帝矣。"《萬機論》非可信之書,然《孫子・行軍》篇云:"凡四軍之利,黄帝之所以勝四帝也。"則其説自有所本也。惜其詳不可得聞矣。

原刊《古史辨》第七册,一九四一年六月出版

〔一二〕 少昊考

今文家叙五帝無少昊,而古文家妄增之,予既於《儒家之三皇五帝説》條發其覆矣。然則少昊何人也? 曰:少昊即蚩尤也。

《周書》一書,多存古史,其書傳習頗鮮,故語多詰屈,然轉鮮竄亂與傳譌,實較可信據之書也。《周書・嘗麥》曰:"昔天之初,誕作二后,乃設建典。命赤帝分正二卿。命蚩尤宇於少昊,以臨四方。四,疑當作西。蚩尤乃逐帝,争於涿鹿之阿。九隅無遺,赤帝大懾。乃説於黄帝,執蚩尤,殺之於中冀,名之曰絶轡之野。"案《史記・五帝本紀》言:"軒轅之時,神農氏世衰。諸侯相侵伐,暴虐百姓,而神農氏弗能征。於是軒轅乃習用干戈,以征不享。諸侯咸來賓從。而蚩尤氏最爲暴,莫能伐。炎帝欲侵陵諸侯,諸侯咸歸軒轅。軒轅乃脩德振兵,以與炎帝戰於阪泉之野。三戰然後得其志。蚩尤作亂,不用帝命。黄帝乃徵師諸侯,與蚩尤戰於涿鹿之野,遂禽殺蚩尤。"既言神農氏世衰,諸侯相侵伐,暴虐百姓,弗能征矣,又言其欲侵陵諸侯,未免自相矛盾。蓋《史記》此文,採自兩書,故其名稱不一。炎帝欲侵陵諸侯之炎帝,實即蚩尤,非世衰之神農氏也。參看《炎黄之争考》條。《周書・史記》曰:"昔阪泉氏用兵無已,誅戰不休,并兼無親;文無所立,智士寒心。徙居至於獨鹿。諸侯叛之。阪泉以亡。"獨鹿即涿鹿。阪泉蓋蚩尤舊號。既遷於此,遂亦名其地爲阪泉之野。故阪泉、涿鹿非兩地,其戰亦非二役,而神農、蚩尤,則實有兩人。蚩尤既并神農,代居元后之位,諸書因亦以炎帝稱之,故或又誤爲神農氏也。《周書》之赤帝,蓋即世

衰之神農氏，蚩尤初爲之卿。《禮記・月令疏》曰："東方生養，元氣盛大，西方收斂，元氣便小，故東方之帝，謂之大皞，西方之帝，謂之少皞。"此語當有所本。《左氏》文公十八年《疏》引譙周曰："金天氏，能脩大皞之法，故曰少昊也。"其證也。《鹽鐵論・結和》曰："軒轅戰涿鹿，殺兩皞蚩尤而爲帝。"兩皞者，一大皞，一少皞，所謂二卿也。蚩尤初爲神農氏少皞，既滅神農氏，蓋代居赤帝之位，而别以人爲少皞，涿鹿之戰，與其兩卿俱死也。

褚先生補《史記・建元以來侯者年表》，載田千秋上書曰："父子之怒，自古有之。蚩尤叛父，黄帝涉江。"似蚩尤爲神農氏之子。雖不必信，然其爲同族則真矣。蚩尤之後爲三苗，固姜姓也。姜姓殆内亂而爲姬姓所乘與？

《後漢書・張衡傳》：衡"條上司馬遷、班固所叙與典籍不合者十餘事"。《注》舉其一事曰："《帝系》：黄帝産青陽、昌意。《周書》曰：乃命少皞清。清即青陽也。今宜實定之。"案《周書》之文曰："乃命少昊清，司馬，鳥師，以正五帝之官。故名曰質。天用大成，至於今不亂。"《嘗麥解》。"清司馬鳥師"，文有奪誤，云以正五帝之官，則當有五官，而少昊，司馬，鳥師，僅得三官。衡妄加傅會，非是。《左氏》昭公十七年："郯子來朝。公與之宴。昭子問焉，曰：少皞氏鳥名官，何故也？郯子曰：吾祖也，我知之。昔者黄帝氏以雲紀，故爲雲師而雲名。炎帝氏以火紀，故爲火師而火名。共工氏以水紀，故爲水師而水名。大皞氏以龍紀，故爲龍師而龍名。我高祖少皞摯之立也，鳳鳥適至，故紀於鳥，爲鳥師而鳥名。自顓頊以來，不能紀遠，乃紀於近，爲民師而命以民事。"此文真僞未敢定，即以爲真，亦絶無先後相承之意。《世經》乃云："郯子據少昊受黄帝，黄帝受炎帝，炎帝受共工，共工受大昊，故先言黄帝，上及大昊。稽之於《易》，炮犧，神農，黄帝，相繼之世可知。"乃於炮犧、炎帝之間，增一共工，曰："周人遷其行序，故《易》不載。"又於黄帝、顓頊之間，增一少昊，曰："《考德》曰：少昊曰清。清者，黄帝之子青陽也，名摯。周遷其樂，故《易》不載。序於行。"又并顓頊、帝嚳，亦謂周遷其樂，故《易》不載。穿鑿甚矣。《考德》，師古曰："考五帝德之書也。"蓋即其所僞撰。《左疏》曰："《世本》及《春秋緯》，皆言青陽即是少皞，黄帝之子，代黄帝而有天下，號曰金天氏。"緯書固歆輩所造，《世本》亦其徒所改，或後人依歆説所改也。

《禮記・祭法》云："大凡生於天地之間者皆曰命。其萬物死皆曰折，人死曰鬼，此五代之所不變也。七代之所更立者，禘郊宗祖，其餘不變也。"《注》云："五代，謂黄帝、堯、舜、禹、湯，周之禮樂所存法也。""七代，通數顓頊及嚳也。""少昊氏脩黄帝之法，後王無所取焉。"《疏》云："周有六樂，去周言之惟五代。”“《易緯》及《樂緯》有五莖、六英，是顓頊及嚳之樂。”又云：“《易緯》有黄帝及顓頊以下之樂，無少昊之樂。”則《世經》之言，於緯書亦不盡讎。蓋緯書造者非一手，亦或後人更有改易也。

《左氏》謂少昊名摯，或謂即《周書》名質之轉音。然《周書》“故名曰質”句，意實非謂人名，此按文可見者也。《國語·晉語》：“黄帝之子二十五人，其同姓者二人而已。惟青陽與夷鼓皆爲己姓。”下文又云：“凡黄帝之子二十五宗，其得姓者十四人，爲十二姓：姬、酉、祁、己、滕、箴、任、荀、僖、姞、儇、依是也。惟青陽與蒼林氏同於黄帝，故皆爲姬姓。”其説自相矛盾。《左疏》謂《世本》己姓出自少昊。《路史》作紀姓，則《國語》下一青陽是誤。疑其或處於紀，而因以爲氏也。《御覽·皇王部》引《古史考》：高陽氏，妘姓。高辛氏，或曰房姓。

《史記·五帝本紀》曰：“帝嚳娶陳鋒氏女，生放勳。娶娵訾氏女，生摯。帝嚳崩，而摯代立。帝摯立，不善。崩，而弟放勳立，是爲帝堯。”《御覽·皇王部》引《帝王世紀》曰：“帝摯之母，於四人之中，其班最下，而摯年兄弟最長，故得登帝位。封異母弟放勳爲唐侯。摯在位九年，政軟弱。而唐侯德盛，諸侯歸之。摯服其義，乃率其羣臣，造唐朝而致禪，因委至心願爲臣。唐侯於是知有天命，乃受帝禪，而封摯於高辛氏。事不經見，漢故議郎東海衛宏所傳云爾。”衛宏之言，未必可信。然黄帝之族，似確有一摯其人，在堯之前。其人究係嚳子，抑青陽若夷鼓之後，未可定，要之必爲己姓。後來之紀，當出於此也。

《説文·女部》：“嬴，帝少皞之姓也。”《御覽》及《路史》引《古史考》皆曰：窮桑氏，嬴姓。《左氏》昭公元年，“昔金天氏有裔子曰昧，爲玄冥師。生允格、臺駘。臺駘能業其官。宣汾、洮，障大澤，以處大原。帝用嘉之，封諸汾川。沈、姒、蓐、黄，實守其祀。”二十九年，“少皞氏有四叔，曰重、曰該、曰脩、曰熙，實能金木及水。使重爲句芒，該爲蓐收，脩及熙爲玄冥。世不失職，遂濟窮桑。”昧，不知即脩、熙之後否？錢賓四謂臺駘即有駘氏，見所撰《西周地理考》。則是姜姓也。又《山海經·大荒北經》：“有人一目，當面中生。一曰威姓，少昊之子。”此皆别一少昊，與摯無涉。蓋少昊本司西方之官，人人可爲之也。窮桑，杜《注》云：“地在魯北。”《疏》云：“《土地名》窮桑闕。言在魯北，相傳云爾。”案定公四年，祝鮀言伯禽封於少皞之虚，《史記·魯世家》亦云：“封周公旦於少昊之虚曲阜。”《御覽》六百九十引《田俅子》：“少昊都於曲阜。”則以窮桑爲在魯，説自不誤。《山海經·東山經》：“《東次二經》之首曰空桑之山，北臨食水。”食水者，“《東山經》之首曰樕蟲之山，北臨乾昧，食水出焉，而東北流注於海。”其地當在青、兗之域。又《北山經》：“空桑之山。無草木，冬夏有雪。空桑之水出焉，東流注於滹沱。"郭《注》云："上已有此山，疑同名也。"郝《疏》云："《東經》有此山，此經已上無之。檢此篇，《北次二經》之首曰管涔之山至於敦題之山，凡十七山，今纔得十六山，疑正奪此一山也。經内空桑之山有三：上文奪去之空桑，蓋在莘虢間。《吕氏春秋》、《古史考》俱言伊尹産空桑，是也。此經空桑，蓋在趙代間。《歸藏・啓筮》言蚩尤出自羊水，以伐空桑，是也。"予案古代地名，每隨人而遷徙。空桑恐正隨少昊之族而西遷，臺駘之處大原，即其一證也。予因此悟《史記》"青陽降居江水"，"昌意降居若水"，後人以蜀地釋之者實誤。案《索隱》云："江水、若水皆在蜀，即所封國也。《水經》曰：水出旄牛徼外，東南至故關爲若水。南過邛都，又東北至朱提縣，爲瀘江水。是蜀有此二水也。"《正義》云："《華陽國志》及《十三州志》云：蜀之先，肇於人皇之際。黄帝爲子昌意取蜀山氏，後子孫因封焉。"今案《水經・若水注》云："《山海經》曰：南海之内，黑水之間，有木，名曰若木。若水出焉。又云：灰野之山，有樹焉，青葉赤華，厥名若木。生崑崙山，西附西極也。《淮南子》曰：若木，在建木西。木有十華，其光照下地。故屈原《離騷・天問》曰羲和未陽，若華何光是也。然若木之生，非一所也。黑水之間，厥木所植，水出其下，故水受其稱焉。"《注》所引《山海經》，前一條見《海内經》，黑水下多青水二字。後一條見《大荒北經》，灰野作洞野。郝《疏》云："《文選・甘泉賦》、《月賦》注，《藝文類聚》八十九引，并作灰野。"下云："上有赤樹，青葉赤華，名曰若木。"而"生崑崙西附西極"七字爲郭《注》。郭《注》又云："其華光赤，下照地。"郝《疏》云："《文選・月賦注》引此經，若木下有日之所入處五字。《離騷》云：折若木以拂日。王逸《注》云：若木在崑崙西極，其華照下地。疑郭《注》當在經中。"案以若木爲生崑崙，西附西極，日之所入處者誤。此必非經文也。《離騷》云："飲余馬於咸池兮，總余轡乎扶桑。折若木以拂日兮，聊逍遥以相羊。"其文相承，正言日出時。《天問》王逸《注》亦云："言日未出之時，若華何能有明赤之光華乎?"安得言日入?所引《淮南子》，乃《地形篇》文。其文云："扶木在陽州，日之所曊。建木在都廣，衆帝所自上下。日中無景，呼而無響，蓋天地之中也。若木，在建木西。末有十日，其華照下地。"此文疑有竄亂。《山海經・海外東經》云："下有湯谷。湯谷上有扶桑，十日所浴。在黑齒北，居水中，有大木。九日居下枝，一日居上枝。"《注》云："莊周云：昔者十日并出，草木焦枯。《淮南子》亦云：堯乃令羿射十日，中其九日，日中烏盡死。《離騷》所謂羿焉畢日，烏焉落羽者也。《歸藏・鄭母經》云：昔者羿善射，畢十日，果畢之。汲郡《竹書》曰：胤甲即位，居西河，有妖孽，十日并出。明此自然之異，有自來矣。《傳》曰：天有十日，日之數十。此云九日居下枝，一日居上枝。《大荒經》又云：一日方至，一日方出。明天地雖有十日，自使以次第迭出運照，而今俱見，爲天下妖災，故羿稟堯之命，洞其靈誠，仰天控弦，而九日潛退也。”然則若木自在日出處，安得云日所入乎？王棻友曰：“《石鼓文》有[illegible]字，蓋[illegible]本作[illegible]。若字蓋亦作[illegible]，即[illegible]之重文。加口者？如𣎵字之象根形。是以《説文》之叒木，它書作若木，并非同音假借也。蓋漢人猶多作[illegible]？是以八分書桑字作桒。《集韻》、《類篇》：桑，古作[illegible]，并足徵也。《説文》收若字於艸部，从艸，右聲，亦似誤。”《説文釋例》。此説甚精。然則若水亦當作桑水也。《史記·殷本紀》載《湯誥》曰：“東爲江，北爲濟，西爲河，南爲淮，四瀆已脩，萬民乃有居。”古言四瀆，實主四方，而江在東，則青陽所降，亦當在東方；而昌意所降，則必古空桑之水。今《山經》所載，雖注滹沱，然其始必在《東次二經》所載之山附近，後乃隨民族遷徙而西移也。《史記》言黄帝邑於涿鹿之阿，涿鹿本山名。《周書·王會》，北方有獨鹿，蓋即涿鹿，爲國名或部族名。蜀山者，涿鹿之山，亦即獨鹿之國。蜀山氏女，蓋即蚩尤氏之女；二族初雖兵争，至此復通昏媾也。《山海經·海内經》云：“黄帝妻雷祖，生昌意。昌意降處若水，生韓流。韓流，擢首謹耳，人面豕喙，麟身渠股，豚止。取淖子，曰阿女。生帝顓頊。”郭《注》引《竹書》云：“昌意降居若水，産帝乾荒。乾荒即韓流也，生帝顓頊。”又引《世本》云：“顓頊母，濁山氏之子，名昌僕。”郝氏《箋疏》云：“《大戴禮·帝繫篇》云：昌意取於蜀山氏之子，謂之昌僕氏，産顓頊。郭引《世本》作《濁山氏》，濁、蜀古字通，濁又通淖，是淖子即蜀山氏也。”然則蜀山氏之蜀，乃涿鹿獨鹿之單呼；其字可作濁，亦可作淖；乃望文生義，附會爲後世之蜀地，豈不謬哉？《山海經》世系，較《大戴記》、《史記》皆多一代。古世系本不能無闕奪，不當據《大戴》、《史記》以疑《山海經》也。《竹書》則不足信，其曰乾荒，蓋正因《山海經》之韓流而僞造。

近人蒙文通云：“《山海經·海内經》云：炎帝之妻，赤水之子聽訞，生炎居。炎居生節并。節并生戲器。戲器生祝融。祝融降居於江水，生共工。共工生術器。術器首方顛，是復土穰，以處江水。共工生后土。后土生噎鳴。是祝融者，炎帝之胤也。《世本》：祝融曾孫生伯夷，封於吕，爲舜四岳；許慎以大岳佐夏侯許，爲祖自炎神，《周語》以共工從孫爲四岳，皆見共工、祝融，同祖炎神也。《大荒西經》云顓頊生老童，老童生祝融，是别一祝融，舊説每誤合爲一人。《風俗通義》説：顓頊有子曰黎，爲苗之民。鄭玄注《吕刑》，説苗民爲九黎之君，是應義本於鄭氏。《山海經·大荒北經》曰：顓頊生驩頭，驩頭生苗民，苗民，黎姓。則顓頊疑亦南方民族也。”見所著《古史甄微》第九篇《夏之興替》。予案《大荒西經》又有文曰："大荒之中，有山名曰日月山，天樞也。吴姖天門，日月所入。有神，人面無臂，兩足反屬於頭。山名曰噓。顓頊生老童，老童生重及黎。帝令重獻上天，令黎卬下地。下地是生噎。處於西極，以行日月星辰之行次。""下地是生噎"，郝氏《箋疏》云："此語難曉。《海内經》云：后土生噎鳴。此經與相涉，而文有闕奪，遂不復可讀。"予案"山名曰噓"，山字疑誤。噓似即噎之譌，乃神名。"下地是生噎"，下地字誤重，是生噎之上，又有奪文。噎蓋噎鳴也。《國語·楚語》云："昭王問於觀射父曰：《周書》所謂重、黎實使天地不通者，何也？若無然，民將能登天乎？對曰：非此之謂也。古者民神不雜。及少昊之衰也，九黎亂德。民神雜糅，不可方物。顓頊受之。乃命南正重司天以屬神，命火正黎司地以屬民。使復舊常，無相侵瀆。是謂絶地天通。其後三苗復九黎之德。堯復育重、黎之後不忘舊者，使復典之，以至於夏、商。故重、黎氏世叙天地，而别其分職者也。其在周，程伯休父其後也。當宣王時，失其官守，而爲司馬氏。寵神其祖，以取威於民，曰：重實上天，黎實下地。遭世之亂，而莫之能禦也。不然，夫天地成而不變，何比之有？""重實上天，黎實下地"，即《山海經》所謂"令重獻上天，令黎抑下地"也。《大荒西經》又云："有人，名曰吴回。奇左，是無右臂。"又云："大荒之中有山，名曰大荒之山，日月所入。有人焉，三面，是顓頊之子，三面一臂。"案《説文·了部》："了，尦也。从子無臂。象形。"孑，"無又臂也。从了乚，象形。"孓，"無左臂也。从了亅，象形。"人豈有無臂及一臂者？此三文蓋爲神而作。吴回者，《史記·楚世家》云："楚之先祖，出自帝顓頊高陽。高陽生稱，稱生卷章，卷章生重黎。重黎爲帝嚳高辛居火正，甚有功，能光融天下。帝嚳命曰祝融。共工氏作亂。帝嚳使重黎誅之而不盡，帝乃以庚寅日誅重黎，而以其弟吴回爲重黎後，復居火正，爲祝融。"合此諸文觀之，黎苗確出顓頊，而出於黎之噎，與出於炎帝之噎鳴，又不能謂非一人；然則出於顓頊之祝融，與出於炎帝之祝融，亦不能謂其非一人也。是又何邪？蓋《海内經》所謂炎帝者，即是祝融。祝者，屬也，融者，光融。古者野蠻之族，恒有守火之司，祝融蓋即火正之名，其後因以爲氏。古無所謂共主，部族大者即可稱王。生時既可稱王，死後自可稱帝。居火正之官者，尊稱其祖，自可謂之炎帝。非古神農氏之後也。然出於祝融之四岳姜姓者，則以昌意娶蜀山氏子，其後或從母姓耳。然則蚩尤雖爲黄帝所誅，迄於顓頊之世，其族即已復盛矣。《潛夫論·五德志》謂"顓頊身號高陽，世號共工"。共工亦姜姓。

皇甫謐謂顓頊始都窮桑，蓋以其承少昊言之。云後徙商丘，於帝嚳則云都亳，蓋爲《左氏》"衛顓頊之虚也"一語所誤。《皇覽》謂顓頊、帝嚳，冢皆在東郡濮陽，皇甫謐謂在東郡頓丘廣陽里，見《史記集解》、《索隱》及《御覽》。又見《水經・淇水注》。亦因此附會。可參看《神農與炎帝大庭》條。《吕覽・古樂》，謂帝顓頊生自若水，實處空桑，乃登爲帝，則顓頊仍處空桑，帝嚳亦當襲其跡耳。郯子言少昊摯之立也，爽鳩氏爲司寇；而《左氏》昭公二十年：晏子對齊景公，謂"昔爽鳩氏始居此地，季萴因之，有逢伯陵因之，薄姑氏因之，而後大公因之。"十年："有星出於婺女。鄭禆竈言於子産曰：七月戊子，晉君將死。今兹歲在顓頊之虚，姜氏、任氏，實守其地。《注》："姜，齊姓；任，薛姓。"居其維首，而有妖星焉，告邑姜也。邑姜，晉之妣也，天以七紀。戊子，逢公以登，星斯於是乎出。"皆古代都邑在齊魯之地之證。

原刊《古史辨》第七册，一九四一年六月出版

〔一三〕 女媧與共工

司馬貞《補三皇本紀》云：女媧末年，諸侯有共工氏，任智刑以强，霸而不王。與祝融戰，不勝，而怒，乃頭觸不周山崩，天柱折，地維缺。女媧乃鍊五色石以補天，斷鼇足以立四極，以濟冀州。上當奪"殺黑龍"三字。《注》云："按其事出《淮南子》也。"按《淮南・覽冥》云："往古之時，四極廢，九州裂；天不兼覆，地不周載；火爁炎而不滅，水浩洋而不息；猛獸食顓民，顓，《御覽》引作精，并引高誘《注》曰："精，弱也。"鷙鳥攫老弱。於是女媧鍊五色石以補蒼天，斷鼇足以立四極，殺黑龍以濟冀州，積蘆灰以止淫水。蒼天補，四極正，淫水涸，冀州平，狡蟲死，顓民生。"言女媧治水而不及共工。《原道》云："昔共工之力，觸不周之山，使地東南傾，與高辛争爲帝，遂潛於淵，宗族殘滅，繼嗣絶祀。"《天文》云："昔者共工與顓頊争爲帝，怒而觸不周之山，天柱折，地維絶；天傾西北，故日月星辰移焉。地不滿東南，故水潦塵埃歸焉。"《兵略》亦云："顓頊嘗與共工争矣。"《本經》云："舜之時，共工振滔洪水，以薄空桑，龍門未開，吕梁未發，江淮流通，四海溟涬。民皆上邱陵，赴樹木。舜乃使禹疏三江五湖，闢伊闕，導廛、澗，平通溝陸，流注東海。洪水漏，九州乾，萬民皆寧其性。"言共工致水患而不及女媧。《楚辭・天問》云："康回馮怒，地何故以東南傾。"《注》云："康回，共工名也。《淮南子》言共工與顓頊争爲帝，不得，怒而觸不周之山，天維絶，地柱折，維絶柱折疑互譌。故東南傾也。"《山海經・大荒西經》云："西北海之外，大荒之隅，有山而不合，名曰不周，負子。"郭《注》引《淮南子》同，亦未及女媧。惟《論衡・談天》云："儒書言共工與顓頊争爲天子，不勝，怒而觸不周之山，使天柱折，地維絶，女媧銷煉五色石以補蒼天，斷鼇足以立四極。天不足西北，故日月移焉，地不足東南，故百川注

焉。"《順鼓》云:"傳又言共工與顓頊爭爲天子,不勝,怒而觸不周之山,使天柱折,地維絶。女媧消煉五色石以補蒼天,斷鼇足以立四極。"與小司馬之言同。

古人傳説,每誤合數事爲一,《論衡》之言,蓋蹈此弊,而小司馬又沿其流也。古書言共工者:《史記・律書》云:"顓頊有共工之陳,以平水害。"又《淮南・本經》言"共工振滔洪水,以薄空桑",而《吕覽・古樂》言"帝顓頊生自若水,實處空桑",二者實消息相通。此與《淮南・天文》,皆以爲與顓頊爭者也。《原道》謂與高辛爭。《吕覽・蕩兵》云:"黄、炎故用水火矣,共工固次作難矣,五帝固相與爭矣。"雖不明言何時,亦可想見其在顓頊之世。《書》言舜攝政,"流共工於幽州。"《周書・史記》云:"昔者共工自賢,自以無臣,久空大官,下官交亂,民無所附,唐氏伐之,共工以亡。"《淮南・本經》謂在舜時。《戰國・秦策》:蘇秦言:"禹伐共工。"《荀子・議兵》同。《荀子・成相》云:"禹有功,抑下鴻,辟除民害逐共工。"《山海經・大荒西經》云:不周之山,"有兩黄獸守之。有水曰寒暑之水,水西有濕山,水東有幕山,有禹攻共工國山。"又《海外北經》云:"共工之臣曰相柳氏。九首,以食於九山。相柳之所抵,厥爲澤谿。禹殺相柳,其血腥,不可以樹五穀種。禹厥之,三仞三沮,乃以爲衆帝之臺。在崑崙之北,柔利之東。相柳者,九首人面,蛇身而青。不敢北射,畏共工之臺。臺在其東。臺四方,隅有一蛇,虎色,首衝南方。"《大荒北經》云:"共工臣名曰相繇,九首,蛇身自環,食於九土。其所歍所尼,即爲源澤。不辛乃苦,百獸莫能處。禹湮洪水,殺相繇。其血腥臭,不可生穀。其地多水,不可居也。禹湮之,三仞三沮,乃以爲池。羣帝因是以爲臺。在崑崙之北。"相繇即相柳,此與《海外北經》所言,係一事兩傳。又云:"有係昆之山者,有共工之臺,射者不敢北鄉。"則以爲在堯、舜、禹之世,無以爲與女媧爭者。《國語・周語》載太子晉之言曰:"古之長民者,不墮山,不崇藪,不防川,不竇澤。昔共工棄此道也,虞於湛樂,淫失其身,欲壅防百川,墮高堙庳,以害天下。皇天弗福,庶民弗助。禍亂并興,共工用滅。其在有虞,有崇伯鯀播其淫心,稱遂共工之過。堯用殛之於羽山。其後伯禹念前之非度,釐改制量。共之從孫四嶽佐之。高高下下,疏川導滯,鍾水豐物。封崇九山,決汩九川,陂障九澤,豐殖九藪,汩越九原,宅居九隩,合通四海。克厭帝心。皇天嘉之,祚以天下,賜姓曰姒,氏曰有夏。祚四嶽國,命以侯伯,賜姓曰姜,氏曰有吕。"明自共工至禹,水患一綫相承,説共工者,自以謂在顓頊及堯、舜、禹之世爲得也。

女媧蓋南方之神。《楚辭・天問》云:"女媧有體,孰制匠之?"《注》云:"傳言女媧人頭蛇身,一日七十化。"《淮南・説林》云:"黄帝生陰陽,此黄帝非軒轅氏,陰陽亦非泛言，當指男女形體，與下二句一律。上駢生耳目，桑林生臂手，此女媧所以七十化也。"《説文・女部》："媧，古之神聖女，化萬物者也。"蓋謂萬物形體，皆女媧所制，《御覽・皇王部》引《風俗通》云："俗説：天地開闢，未有人民。女媧摶黄土作人，劇務，力不暇供，乃引繩於泥中，舉以爲人。故富貴者，黄土人也；貧賤凡庸者，絙人也。"説雖不同，亦以生民始於女媧。寖假遂可以補天，立四極矣。然實與水患無關。《論衡・順鼓》曰："雨不霽，祭女媧，於禮何見？伏羲、女媧，俱聖者也，舍伏羲而祭女媧，《春秋》不言。董仲舒之議，其故何哉？俗圖畫女媧之象爲婦人之形，又其號曰女，仲舒之意，殆謂女媧古婦人帝王者也。男陽而女陰，陰氣爲害，故祭女媧求福祐也。傳又言云云，見前引。仲舒之祭女媧，殆見此傳也。"仲任揣測，全失董生之意。雨不霽則祭女媧，蓋古本有此俗，而董生採之，非其所創。其所以採之，則自出於求之陰氣之義，非以傳所云而然也。《史記・夏本紀索隱》引《世本》云："塗山氏女名女媧。"《正義》引《帝繫》云："禹取塗山氏之子，謂之女媧，是生啓也。"此説與謂女媧能治水者又迥别，亦後起之説，非其朔也。

《大荒北經》云：係昆之山，"有人衣青衣，名曰黄帝女魃。蚩尤作兵伐黄帝。黄帝乃令應龍攻之冀州之野。應龍畜水，案畜即蓄稸字，乃積聚之義，積聚者必先收斂，收斂者必順其理，故《記・祭統》曰："順於道不逆於倫，是之謂畜。"蚩尤請風伯、雨師，縱大風雨。黄帝乃下天女曰魃，雨止，遂殺蚩尤。魃不得復上，所居不雨。叔均言之帝，後置之赤水之北。叔均乃爲田祖。魃時亡之。所欲逐之者，令曰：神北行！先除水道，決通溝瀆。"又曰："大荒之中，有山名曰成都載天。有人，珥兩黄蛇，把兩黄蛇，名曰夸父。后土生信，信生夸父。夸父不量力，欲追日景，逮之於禺谷。將飲河而不足也，將走大澤，未至，死於此。應龍已殺蚩尤，又殺夸父，乃去南方處之，故南方多雨。"此説以應龍即魃。去南方處之者，蓋謂夸父。日與魃同類。夸父逐日，魃敵風伯、雨師，皆水火二神之争也。《海外北經》云："夸父與日逐走，入日。謂使日入也。《史記・禮書集解》引作日入，蓋改從後世語法。渴欲得飲，飲於河渭。河渭不足，北飲大澤，未至，道渴而死。棄其杖，化爲鄧林。"兩經所載凡三説：《海外北經》暨《大荒北經》前一説，以爲逐日渴死；其後一説，則以爲與蚩尤同爲應龍所殺。夸父爲后土之子。后土者，《禮記・祭法》云："厲山氏之有天下也，其子曰農，能殖百穀。夏之衰也，周棄繼之，故祀以爲稷。共工氏之霸九州也，其子曰后土，能平九州，故祀以爲社。"《國語・魯語》："昔烈山氏之有天下也，其子曰柱，能殖百穀百蔬；夏之興也，周棄繼之，故祀以爲稷。共工氏之伯九有也，其子曰后土，能平九土，故祀以爲社"。《山海經・海内經》云："禹、鯀是始布土，均定九州。炎帝之妻，赤水之子聽訞郝氏《義疏》云："《補三皇本紀》云：神農納奔水氏之女曰聽詙爲妃，生帝哀，哀生帝克，克生帝榆罔”云云。證以此經，赤水作奔水，聽訞作聽詃，及炎居以下，文字俱異。司馬貞自注云：“見《帝王世紀》及《古史考》。”今案二書蓋亦本此經爲説，其名字不同，或當别有依據，然古典佚亡，今無可考矣。生炎居，炎居生節并，節并生戲器，戲器生祝融。祝融降處於江水，生共工，共工生術器。術器首方顛，是復土穰，以處江水。共工生后土，后土生噎鳴。噎鳴生歲十有二，洪水滔天。鯀竊帝之息壤，以湮洪水，不待帝命。帝令祝融殺鯀於羽郊。鯀復生禹。帝乃命禹卒布土，以定九州。”厲山即神農，與蚩尤、共工，同爲姜姓之國；黄帝、顓頊、高辛、堯、舜、禹則姬姓也；二姓相争之情形，可以想見。祝融，《左氏》、《國語》、《大戴記・帝繫姓》、《史記・楚世家》并以爲顓頊後。《山海經・大荒西經》亦云：“顓頊生老童，老童生祝融。”又云：“顓頊生老童，老童生重及黎。”而《海内經》獨以爲炎帝之後，共工之先。案《左氏》昭公二十九年之言，出於蔡墨。墨之言曰：“有五行之官，是謂五官。木正曰句芒，火正曰祝融，金正曰蓐收，水正曰玄冥，土正曰后土。”“少皞氏有四叔：曰重、曰該、曰脩、曰熙，實能金木及水。使重爲句芒，該爲蓐收，脩及熙爲玄冥，世不失職，遂濟窮桑，此其三祀也。顓頊氏有子曰犁，爲祝融；共工氏有子曰句龍，爲后土；此其二祀也。后土爲社。稷，田正也，有烈山氏之子曰柱，爲稷，自夏以上祀之。周棄亦爲稷，自商以來祀之。”而《國語・楚語》載觀射父之言曰：“有天地神明類物之官，是謂五官。及少皞之衰也，九黎亂德。顓頊受之，乃命南正重司天以屬神，命火正黎司地以屬民，使復舊常，無相侵瀆。其後三苗復九黎之德，堯復育重黎之後不忘舊者，使復典之，以至於夏商。”然則亂德之九黎，與顓頊命其司地之黎，即蔡墨所謂顓頊氏有子曰犁，亦即《大戴記》、《史記》、《大荒西經》以爲顓頊之後者，實同號而異人。後者蓋襲前者之位，故亦同稱爲祝融。實則一爲炎帝、共工之族，一爲顓頊之後也。蔡墨曰：“昔有飂叔安，有裔子曰董父，乃擾畜龍，以服事帝舜。帝賜之姓曰董，氏曰豢龍，封諸鬷川。鬷夷氏其後也。陶唐氏既衰，其後有劉累，學擾龍於豢龍氏，以事孔甲。夏后嘉之，賜氏曰御龍，以更豕韋之後。”《國語・鄭語》：史伯謂鄭桓公曰：“夫黎爲高辛氏火正，故命之曰祝融。夫成天地之大功者，其子孫未嘗不章，虞、夏、商、周是也。虞幕能聽協風，以成樂物生者也；夏禹能單平水土，以品處庶類者也；商契能和合五教，以保於百姓者也；周棄能播殖百穀蔬，以衣食民人者也；其後皆爲王公侯伯。祝融亦能昭顯天地之光明，以生柔嘉材者也。其後八姓，於周未有侯伯。佐制物於前代者，昆吾爲夏伯矣，大彭、豕韋爲商伯矣，當周未有。己姓昆吾、蘇、顧、温、董，董姓鬷夷、豢龍，則夏滅之矣。彭姓彭祖、豕韋、諸稽，則商滅之矣。秃姓舟人，則周滅之矣，妘姓鄅、鄶、路、偪陽，曹姓鄒、莒，皆爲采衛，或在王室，或在夷狄，莫之數也，而又無令聞，必不興矣。斟姓無後。融之興者，其在芈姓乎？”史伯所舉虞、夏、商、周及祝融，亦即蔡墨、觀射父所謂五官；協風成物，當爲木正。平水土爲水正，契當爲金正，故殷人尚白。社稷同功，棄當爲土正。其云豷夷，即蔡墨所云董父之後，墨云以更豕韋，則豕韋雖伯於商，其先實爲夏所替。然則祝融同族，多爲夏所翦滅，謂爲高陽之後，理或未然。竊疑顓頊取於蜀山，實爲蚩尤之後，見《少昊》條。楚以母系言之，實於姜姓爲近，抑或楚之先，實爲少昊之祝融，而非顓頊所使司地以屬民者也。觀《海内經》祝融殺鯀之言，《楚語》三苗復九黎之德，堯復育重黎之後之語，則少皞時之九黎，即《海内經》所稱爲炎帝之後，共工之先者，與姬姓相争，仍甚烈也。黎蓋封地，祝融則官名。顓頊替少昊之祝融，所使繼之者，蓋居其職，并襲其封土，故黎與祝融之稱，二者皆同。惟少昊時之黎，分爲九族，故又有九黎之稱。顓頊所命之火正，則不然耳。然則《堯典》言黎民，殆即九黎之民，援秦人黔首之名以釋之，殆附會而非其實矣。《周語》太子晉諫靈王，鑒於黎、苗之王，亦即《楚語》所謂三苗復九黎之德者。先秦人語，固時存古史之真也。

《韓非·五蠹》曰：“當舜之時，有苗不服，禹將伐之。舜曰：不可。上德不厚而行武，非道也。乃脩教三年，執干戚舞，有苗乃服。共工之戰，鐵銛矩者及乎敵，鎧甲不堅者傷乎體，是干戚用於古，不用於今也。”案所言舜服有苗事，即書所謂“竄三苗於三危”，亦即《楚語》所謂三苗復九黎之德者，蓋當堯、舜之世，九黎之後，又嘗與姬姓争也。共工與姬姓之争，實在有苗之先，《韓子》之文，顧若在其後者。古人輕事重言，此等處固所不計。然言共工兵甲之利，亦可見其爲蚩尤同族矣。三皇或説，一曰伏羲、神農、祝融，一曰伏羲、神農、女媧。見《三皇五帝》條。祝融列爲三皇，可見其嘗霸有天下，與共工同；其又曰女媧者，蓋漢人久將女媧與祝融，牽合爲一也。

少昊氏四叔，何以爲三官？玄冥一官，何以兩人爲之？亦一可疑之端。昭公元年，子産言“昔金天氏有裔子曰昧，爲玄冥師。生允格、臺駘，臺駘能業其官”。昧固祇一人，允格，臺駘，亦祇一人繼其業也。竊疑四叔初必分居四官，且正以居四官故而有四叔之稱。其後祝融爲顓頊所替，言祝融者惟知爲顓頊氏子，而少皞氏四叔之稱，相沿已久，不可改易，乃舉脩及熙而并歸諸玄冥耳。又《國語》言顓頊命南正重司天以屬神，命火正黎司地以屬民，是祝融一官，亦二人爲之也。古未有以二人爲一官者，故《鄭志》答趙商云火當爲北，韋昭亦云然。見《詩·檜譜疏》。然以南北二正爲相對之稱，又無解於《左氏》以祝融爲五官之一矣。案《大戴禮記·帝繫姓》，謂顓頊産老童，老童産重黎及吴回。《史記·楚世家》則云："高陽生稱，稱生卷章，卷章生重黎，重黎爲帝嚳高辛居火正，帝嚳命曰祝融。共工氏作亂，帝嚳使重黎誅之而不盡，帝乃以庚寅日誅重黎，而以其弟吴回爲重黎後，復居火正，爲祝融。"《集解》："徐廣曰：《世本》云：老童生重黎及吴回。譙周曰：老童即卷章。"卷章疑老童字誤，《史記》多稱一世。竊疑重黎實二人；其一爲少昊氏子，一爲顓頊氏子，《大戴》、《世本》以爲一人實誤，惟《史記》之文，猶留竄改之跡。蓋稱生重，亦即老童，顓頊氏命爲火正者也。黎則少昊氏之世居火正者，老童既襲其封土，乃兼稱曰重黎，帝嚳蓋顓頊之誤，云帝嚳使重黎誅之而不盡者，顓頊命老童誅少昊氏之黎而不盡也。云帝乃以庚寅日誅重黎者，非以老童誅共工不能盡而罰殛之，所誅者仍是少昊氏之黎。楚俗本兄弟相及，吴回居火正，不必以其兄之見誅；吴回生季連，季連之裔孫曰鬻融，《大戴記》如此，《史記》作鬻熊。仍是祝融異文耳。《大荒北經》云"顓頊生驩頭，驩頭生苗民，苗民釐姓"，則以三苗爲顓頊後矣。《潛夫論·五德志》云"顓頊身號高陽，世號共工"，則以共工爲顓頊後矣。古世系固多錯亂也。

《左氏》昭公十七年，郯子言黄帝以雲紀，炎帝以火紀，共工以水紀，大皞以龍紀。杜《注》云："共工以諸侯霸有九州者，在神農前，大皞後。"《疏》云："此《傳》從黄帝向上逆陳之，知共工在神農前，大皞後也。"此説未必是，然古以共工與大皞、炎、黄并列，則可知矣。

原刊《古史辨》第七册，一九四一年六月出版

〔一四〕 帝 堯 居 陶

《左氏》襄公二十四年《疏》云："歷檢書傳，未聞帝堯居陶，而以陶冠唐，蓋地以二字爲名，所稱或單或複也。"《漢書·高帝紀贊注》引荀悦則云："唐者，帝堯有天下號；陶，發聲也。"書闕有間，又安知堯之不嘗居陶邪？

〔一五〕 囚 堯 城 辨

晉時汲冢得書，自係實事，然其書之傳於後者，則悉爲僞物，世或以爲真而信之，皆惑也。《史記·五帝本紀正義》引《括地志》云："故堯城，在濮州鄄城縣東北十五里。《竹書》云昔堯德衰，爲舜所囚也。又有偃朱故城，在縣西北十五里。《竹書》云舜囚堯，復偃塞丹朱，使不與父相見也。"案《水經·瓠子

河注》云："瓠河故瀆，又東逕句陽縣之小成陽城北，側瀆。《帝王世紀》曰：堯葬濟陰，成陽西北四十里，是爲穀林。余按小成陽在成陽西北半里許實中，俗喭以爲囚堯城，士安蓋以是爲堯冢也。"然則作《竹書》者，正因堯冢而附會耳。五帝之事，若覺若夢，魏史獨能得其真，且能實指囚之偃之之地，豈理也哉？抑古豈有此史體乎？

原刊《古史辨》第七册，一九四一年六月出版

〔一六〕 丹 朱 傲 辨

《臯陶謨》曰："無若丹朱傲。惟慢遊是好，傲虐是作。罔晝夜頟頟。罔水行舟。朋淫於家，用殄厥世。"《釋文》："傲，字又作奡。"《説文乔部》："奡，嫚也。從百，從乔，乔亦聲。《虞書》曰：若丹朱奡。讀若傲。《論語》：奡盪舟。"俞理初《癸巳類稿》曰："奡與丹朱，各爲一人，皆是堯子。《莊子·盜跖》篇云：堯殺長子。《釋文》引崔云：長子考監明。又《韓非子·説疑》篇云：《記》曰：堯誅丹朱。堯時《書》稱胤子朱，《史》稱嗣子丹朱，朱至虞時封丹，則堯未誅丹朱。又據《吕氏春秋·去私》篇云：堯有子十人。高誘《注》云：《孟子》言九男事舜，而此云十子，殆丹朱爲胤子，不在數中。其説蓋未詳考。《吕氏·求人篇》云：妻以二女，臣以十子。《吕氏》實連丹朱數之，而《孟子》止言九男。《淮南·泰族訓》亦云：堯屬舜以九子。合五書，知堯失一子。《書》又云殄厥世。是堯十子必絶其一，而又必非丹朱也。《管子·宙合》篇云：若覺卧，若晦明，若敖之在堯也。即《史記·夏本紀》若丹朱敖，《漢書·楚元王傳》劉向引《書》無若丹朱敖之敖。房喬《注》云：敖，堯子丹朱。謂取敖名朱，若舉其謚者，尤不成辭。案《説文》言丹朱奡，《論語》已偏舉奡；司馬遷、劉向言丹朱敖，《管子》已偏舉敖；則奡與朱各爲一人，有三代古文爲證，無疑也。《漢書·鄒陽傳》云：不合則骨肉爲仇敵，朱、象、管、蔡是已。漢初必有師説。朱與奡以傲虐朋淫相惡，亦無疑也。故《經》曰奡頟頟罔水行舟，則《論語》云奡盪舟也。《經》曰奡朋淫於家，則鄒陽云骨肉爲仇敵也。《經》曰奡殄厥世，則《論語》云不得其死。《孟子》、《吕氏》、《淮南》十子九男之不同，《莊子》言殺長子，《韓非子》言誅丹朱，皆可明其傳聞不同之致；又得《管子》、《論語》偏舉之文，定知言奡者不是丹朱矣。"予案以奡與丹朱爲兩人，説出宋人吴斗南，趙耘崧《陔餘叢考》引之，謂："羿善射，奡盪舟，解以有窮后羿及寒浞之子，説始孔安國，而朱《注》因之。寒浞之子名澆，《左傳》并不言奡。禹之規戒，若作敖慢之傲，則既

云無若丹朱傲矣，何必又曰傲虐是作乎？”今案古書辭義，重複者甚多，似不宜律以後世文法。況盪者搖也，《左氏》僖公三年，“齊侯與蔡姬乘舟於囿，蕩公”，與《論語》之“盪舟”，當係一義，非罔水行舟之謂。寒浞之子，《離騷・天問》，亦均作澆。然《天問》有“覆舟斟尋”之語，則澆似能用舟師，謂其盪舟，於事爲近。澆、奡同音，未嘗不可通用也。《管子》文義，殊爲難解。强釋之，敖似嶅之借字。《説文・山部》：“嶅，山多小石也。”《爾雅・釋山》作磝。蓋亦可用以稱小石。堯，高也。敖在堯，猶言小石在高山，蓋戒慎之意。覺與卧，晦與明，敖與堯，皆相對之辭，以爲人名，未必然矣。《韓子》云：“堯有丹朱，舜有商均，啓有五觀，商《楚語》作湯。有太甲，武王《楚語》作文王。有管蔡，此五王之所誅者，皆父兄子弟之親也。”亦見《國語・楚語》。《楚語》曰：“此五王者，皆元德也，而有姦子。”鄒陽之説本之，特易商均爲象而已。《莊子》謂堯殺長子，當亦此説，未必更有他義也。《吕覽》、《孟子》、《淮南》十子九男之不同，則古人於此等處，多以意説。去胤子則言九，并胤子則言十；丹朱爲堯長子，古無異説，高誘《注》殆不誤。“堯子丹朱、舜子商均，皆有疆土，以奉先祀，服其服，禮樂如之，以客見天子，天子弗臣。”《史記・五帝本紀》。乃儒家通三統之説，非事實，以此決丹朱之未見殺，誤矣。不得其死，非殄厥世。朋淫於家，更非骨肉爲仇敵。據此謂朱與奡以傲虐朋淫相惡，則幾於妄造史實矣。故俞説實無一是處。然謂奡爲堯長子，不得其死不確；而丹朱、商均亦有如五觀、太甲、管、蔡等争奪相殺之事則真矣。劉知幾《疑古》之篇，究爲千古卓識也。

古人之言，寓言、實事不甚分别，故欲辨其孰爲史實甚難。然亦有可以分别者。《韓非子・外儲説右上》曰：“堯欲傳天下於舜。鯀諫曰：不祥哉！孰以天下而傳之於匹夫乎？堯不聽，舉兵而誅殺鯀於羽山之郊。共工又諫曰：孰以天下而傳之於匹夫乎？堯不聽。又舉兵而誅共工於幽州之都。於是天下莫敢言無傳天下於舜。”《山海經・海外南經》：“三苗國，在赤水東，其爲人相隨。”郭《注》：“昔堯以天下讓舜，三苗之君非之，帝殺之，有苗之民叛入南海，爲三苗國。”不知係誤記此文，抑别有據。然即别有所據，亦此文之類也。《外儲説右下》曰：“潘壽謂燕王曰：王不如以國讓子之。人所以謂堯賢者，以其讓天下於許由。許由必不受也，則是堯有讓許由之名，而實不失天下也。今王以國讓子之，子之必不受也，則是王有讓子之之名，而與堯同行也。”一曰：“潘壽見燕王曰：臣恐子之之如益也。王曰：何益哉？對曰：古者禹死，將傳天下於益，啓之人因相與攻益而立啓。今王信愛子之，將傳國子之，太子之人，盡懷印璽，子之之人，無一人在朝廷者。王不幸棄羣臣，則子之亦益也。”一曰：“燕王欲傳國於子之也，問之潘壽。對曰：禹愛益而任天下於益，已而以啓人爲吏。及老，而以啓爲不足任天下，故傳天下於益，而勢重盡在啓也。已而啓與友黨攻益而奪之天下。是禹名傳天下於益，而實令啓自取之也。此禹之不及堯、舜明矣。今王欲傳之子之，而吏無非太子之人者也，是名傳之，而實令太子自取之也。”《韓子》此文，亦見《戰國・燕策》、《史記・燕世家》，皆不如此之詳。潘壽作鹿毛壽。徐廣曰：一作厝毛。又曰：甘陵縣本名厝。《難三》云：“夫堯之賢，六王之冠也，舜一從而咸包，而堯無天下矣。”《五蠹》曰：“堯之王天下也，茅茨不翦，采椽不斲；糲粢之食，藜藿之羹；冬日麑裘，夏日葛衣；雖監門之服養，不虧於此矣。禹之王天下也，身執耒臿，以爲民先；股無胈，脛不生毛；雖臣虜之勞，不苦於此矣。以是言之，夫古之讓天子者，是去監門之養，而離臣虜之勞也，故傳天下而不足多也。”《説疑》曰：“舜偪堯，禹偪舜，湯放桀，武王伐紂，此四王者，人臣弑其君者也。”《忠孝》曰：“堯爲人君而君其臣，舜爲人臣而臣其君，湯武人臣，而弑其主，刑其尸。”又曰：“瞽瞍爲舜父，而舜放之。象爲舜弟，而舜殺之。放父殺弟，不可謂仁。妻帝二女，而取天下，不可謂義。仁義無有，不可謂明。”《新序・節士》曰：“禹問伯成子高曰：昔者堯治天下，吾子立爲諸侯焉；堯授舜，吾子猶存焉；及吾在位，子辭諸侯而耕，何故？伯成子高曰：昔堯之治天下，舉天下而傳之他人，至無欲也；擇賢而與之其位，至公也。舜亦猶然。今君之所懷者私也。百姓知之，貪争之端，自此始矣。德自此衰，刑自此繁矣。吾不忍見，是以野處也。”皆寓言也。《吕覽・舉難》曰：“人傷堯以不慈之名，舜以卑父之號，禹以貪位之意，湯、武以放弑之謀，五伯以侵奪之事。”《楚辭・哀郢》曰：“堯舜之抗行兮，瞭杳杳而薄天。衆讒人之嫉妬兮，被以不慈之僞名。”《九辯》杳杳作冥冥，衆讒人作何險巇，餘同。《怨世》曰：“高陽無故而委塵兮，唐虞點灼而毁議。”《注》：“言有不慈之過，卑父之累也。”《淮南・氾論》：“堯有不慈之名，舜有卑父之謗，湯、武有放弑之事，五霸有暴亂之謀。”可見其爲設辭矣。惟《韓非・説疑》之文稱《記》曰，《記》爲古史籍之稱，似有記載爲據。又《吕覽・行論》云：“堯以天下讓舜，鯀爲諸侯，怒於堯曰：得天之道者爲帝，得地之道者爲三公。今我得地之道，而不以我爲三公。以堯爲失論，欲得三公。怒甚，猛獸欲以爲亂，比獸之角，能以爲城；舉其尾，能以爲旌。召之不來，仿佯於野，以患帝舜。於是殛之於羽山，副之以吴刀。”《論衡・率性》：“堯以天下讓舜。鮌爲諸侯，欲得三公，而堯不聽。怒其猛獸，欲以爲亂。比獸之角可以爲城，舉尾以爲旌，奮心盛氣，阻戰爲强。”其説雖涉荒怪，然似亦以史事爲據也。

原刊《古史辨》第七册，一九四一年六月出版

〔一七〕 禪讓説平議

堯舜禪讓之説，予昔極疑之，嘗因《史通》作《廣疑古》之篇。由今思之，其説亦未必然也。予昔之所疑者，俞理初《癸巳類稿》合《孟》、《莊》、《韓》、《吕》、《淮南》五書，謂堯失一子；又據《説文》、《管子》、《論語》，謂奡爲堯子，不得其死。予因疑奡爲堯長子，被殺。其説之誤，另見《丹朱傲辨》條。又宋于庭《尚書略説》據《周官疏序》引鄭《尚書注》，暨《尚書大傳》及鄭《注》，謂唐虞四岳有三：始羲和四子，爲四伯；後驩兜、共工、放齊、鯀等八人，爲八伯；其後則《尚書大傳》稱陽伯、儀伯、夏伯、羲伯、秋伯、和伯、冬伯，其一闕焉。鄭《注》以陽伯爲伯夷掌之，夏伯棄掌之，秋伯咎繇掌之，冬伯垂掌之，餘則羲和仲叔之後。宋氏謂伯夷即《左氏》隱公十一年"夫許，大岳之胤也"之"大岳"；《國語·周語》"共之從孫四岳佐禹"，《史記·齊太公世家》"吕尚其先祖嘗爲四岳"之"四岳"，亦即《墨子·所染》，《吕覽·當染》之許由、伯陽，《大傳》之陽伯；由與夷，夷與陽，并聲之轉。伯夷封許，故曰許由。《史記》堯讓天下於許由，正傳會咨四岳巽朕位之語。《路史·發揮·湯遜解》云："其遜四岳也，則許由已在其列矣。許，四岳之祚也。説者又奚必爲異，而以堯之禪爲虚哉?"其《餘論·論許繇》曰："許，四岳之祚也。堯之遜於四岳，則由既在舉矣，豈得云無此人邪?"則許由即四岳，羅氏早見及之矣。予因謂四岳之三即在四罪之中。又共工、三苗皆姜姓，既見流竄，許由亦卒不得位，蓋自炎黄以降，姬姜之争，至唐虞之際而猶烈也。其實鄭以驩兜等四人爲四岳，已臆説無確據，且四罪之中有鯀，亦黄帝之子孫也。以許由不能踐位，而疑爲姬姜之争，更無據矣。又《禮記·檀弓》言舜葬於蒼梧之野，各書皆同。惟《孟子》謂舜生於諸馮，遷於負夏，卒於鳴條。《孟子·萬章》上篇，及史公《五帝本紀》，言堯舜事皆與《書傳》相符，可決爲同用《書》説。《五帝本紀》及《索隱》引《書傳》，皆有就時負夏之文，疑亦當有卒於鳴條之語。《書傳》今已散佚，《史記》則爲後人竄亂。下文云"南巡狩，崩於蒼梧之野，葬於江南九疑，是爲零陵"，非後人竄入，則史公兼存異説也。此説由今思之，仍爲不誤。惟當時又謂鳴條當近霍山，霍山實古南嶽。後人移南嶽於衡山，乃并舜葬處而移之零陵。鳴條爲湯放桀處，疑舜敗逋至此，則殊不然。鳴條實當在《禹貢》兗域，説見《論湯放桀地域考》條。又伯翳、伯益，實爲一人。説見《唐虞之際二十有二人》條。當時余謂《夏本紀》"帝禹立而舉皐陶薦之，且授政焉，而皐陶卒，而后舉益，任之政"，謂禹行禪讓，何以所傳者反父子相繼? 則更不足疑矣。又《淮南子》謂

“有扈氏爲義而亡”，高《注》謂“有扈，夏啓之庶兄，以堯舜舉賢，禹獨與子，故伐啓”；《書甘誓序疏》亦有“堯舜相承，啓獨繼父，以此不服，故伐之”之語，以爲啓之繼世亦有干戈之争。然高《注》實據後人設説，《義疏》當亦相同。有扈爲義，蓋徐偃、宋襄之儔，非奉辭伐罪之謂。至諸子書中論堯、舜、禹事跡，近乎争奪相殺者甚多，然皆屬後人設説，惟《韓非·説疑》引《記》，謂堯有丹朱，而舜有商均，啓有五觀，商有太甲，武王有管、蔡，五王之所誅者，皆父兄子弟之親也；又《吕覽》言鯀難帝舜事，或有史實爲據耳。説亦見《丹朱傲辨》條。昔時所疑，蓋無甚得當者。惟果謂堯、舜、禹之禪繼，皆雍容揖讓，一出於公天下之心，則又不然。《韓子》所引史記之文，即其明證。古代史事，其詳本不可得聞。諸子百家，各以意説。儒家稱美之，以明天下爲公之義；法家詆斥之，以彰姦劫弑臣之危；用意不同，失真則一。昔人偏信儒家之説，以爲上世聖人絶跡後世，其説固非；今必一反之視爲新莽、司馬宣王之倫，亦爲未當。史事愈近愈相類，與其以秦漢後事擬堯舜，自不如以先秦時事擬堯舜也。自周以前，能讓國者，有伯夷、叔齊、吴泰伯、魯隱公、宋宣公、《春秋》隱公三年。曹公子喜時、成公十六年。吴季札、襄公二十九年。邾婁叔術、昭公三十一年。楚公子啓哀公六年。之倫。又有越王子搜，見《莊子·讓王》、《吕覽·貴生》，惟亦係借以明養生之義，其真相不可考。既非若儒家之所云，亦非若法家之所斥。史事之真，固可據此窺測矣。然儒家所説，雖非史事之真，而禪繼之義，則有可得而言者。《書》説之傳者，今惟《大傳》，而亦闕佚已甚。歐陽、夏侯三家，胥無可考。自當以《孟子》爲最完。今觀其説，則先立天子不能以天下與人之義，然後設難以明之。曰孰與之？曰天與之。天與之者，諄諄然命之乎？曰：否。天視自我民視，天聽自我民聽。故舜禹之王，必以朝覲訟獄之歸，啓之繼世亦然也。所謂天與賢則與賢，天與子則與子也。故曰：“唐虞禪，夏后、殷、周繼，其義一也。”然則天之於下民亦厚矣，而何以仲尼不有天下？曰：無天子薦之也。何以益、伊尹、周公不有天下？曰：繼世而有天下，天之所廢，必若桀紂者也。如常山蛇，擊首則尾應，擊尾則首應，亦足以逃難而自信其説矣。當時雖莫能行，而國爲民有之義，深入人心，卒成二千年後去客帝如振籜之局，儒者之績亦偉矣。王仲任謂世士淺論，聖人重疑；《論衡·奇怪》。劉子玄謂因其美而美之，雖有惡不加毁；因其惡而惡之，雖有美不加譽；《史通·疑古》。於古人之説史事最爲得實。康南海託古改制之論，已嫌少過，彼亦輕事重言，用信己見而已。今之論者，舉凡古人之説，一切疑爲有意造作，則非予之所敢知矣。

原刊《古史辨》第七册，一九四一年六月出版

〔一八〕　共工、禹治水

《禮記·祭法》言："共工氏之霸九州也，其子曰后土，能平九州，故祀以爲社。"而《周語》以共工與鯀并列，謂其治水無功。此成敗論人之辭，非其實也。《書·臯陶謨》載禹之言曰："予決九川，距四海，濬畎澮距川。"九者數之極，九川但言其多；四海謂中國之外；云"濬畎澮距川"，則但開通溝瀆耳，初未有疏江道河之事也。此蓋禹治水實跡。《禹貢》篇末云："九州攸同，四隩既宅，九山刊旅，九川滌源，九澤既陂，四海會同。"與《周語》所謂"封崇九山，決汩九川，陂障九澤，豐殖九藪，汩越九原，宅居九隩，合通四海"者，同爲泛言無實之辭，蓋皆相傳舊文。其前分述九州治跡，及道山道水之文，則皆後人所附益也。此等附益之文，參觀諸子，頗有可以互證者。《孟子·滕文公》上篇云："禹疏九河，瀹濟、漯而注諸海，決汝、漢，排淮、泗而注之江。"下篇云："水由地中行，江、淮、河、漢是也。"《管子·輕重戊》云："夏人之王，外鑿二十寅，韘七十湛；疏三江，鑿五湖，道四涇之水，以商九州之高，以治九藪。"《墨子·兼愛中篇》云："古者禹治天下：西爲西河漁竇，以泄渠孫皇之水。北爲防原、泒，注後之邸，呼池之竇；灑爲底柱，鑿爲龍門；以利燕、代、胡、貉與西河之民。東方漏之陸，防孟諸之澤；灑爲九澮，以楗東土之水；以利冀州之民。南爲江、漢、淮、汝，東流之注五湖之處，以利荆楚、于越與南夷之民。"《莊子·天下》曰："墨子稱道曰：昔者禹之湮洪水決江、河而通四夷九州也，名山三百，支川三千，小者無數。禹親自操橐耜而九雜天下之川。"《吕覽·愛類》云："昔上古龍門未開，吕梁未發，河出孟門，大溢逆流，無有丘陵，沃衍，平原，高阜，盡皆滅之，名曰鴻水。禹於是疏河決江；爲彭蠡之障，乾東土；所活者千八百國。"《新書·脩政語上篇》云："環河而道之九牧，鑿江而道之九路，灑五湖而定東海。"《説苑·君道》、《淮南·要略》略同。《淮南·本經》云："龍門未開，吕梁未發，江、淮流通，四海溟涬。舜乃使禹疏三江、五湖，闢伊闕，道廛、澗。"《人間》云："禹鑿龍門，辟伊闕。"《脩務》云："禹沐浴霪雨，櫛扶風，決江疏河，脩彭蠡之防。乘四載，隨山栞木，平治水土，定千八百國。"皆就已所知之地理，極意敷陳，而不計其實，《禹貢》特其尤甚者耳。《説文·川部》云："州，水中可居者。昔堯遭洪水，民居水中高土，故曰九州。"此乃州字本義。后土之所平，禹之所同，皆不過如此。《孟子》述水患情形曰："草木暢茂，禽獸繁殖。五穀不登，禽獸逼人，獸蹄鳥跡之道，交於中國。"《滕文公》上。又曰："龍蛇居之，民無所定。下者爲巢，上者爲營窟。”《滕文公》下。《淮南》云：“民皆上丘陵，赴樹木。”《本經》。又曰：“時天下大雨，禹令民聚土積薪，擇丘陵而處之。”《齊俗》。其言治水之功者：《管子》曰：“民乃知城郭門閭室屋之築。”《輕重戊》。《淮南》曰：“使民得陸處。”《人間》。固無異於后土之所爲。其爲禹之佐者：禹自言之曰：“暨益奏庶鮮食。”“暨稷播奏庶艱食鮮食。懋遷有無化居，烝民乃粒。”《臯陶謨》。《孟子》亦曰：“益烈山澤而焚之。”“后稷教民稼穡。”《滕文公》上。此亦厲山氏之子之所爲耳，柱固先棄而爲稷，厲山亦即烈山也。禹、益、棄之功，何以過於前人哉？而一蒙湛樂淫佚之名，一見稱以明德之遠，則甚矣，世之有成敗而無是非，而書之不可盡信也！

知《禹貢》、諸子所言禹事，皆以意敷陳之辭，則知鴻水之患，實未及於西方。河患情形，古今一也。諸書侈言鑿龍門，通砥柱，辟伊闕，道廛、澗者，以當時人民，避水西遷，所見奇跡，實以龍門砥柱爲大；而西河、伊、雒，又爲有夏之居故耳。《淮南・地形》云：“闔四海之内，東西二萬八千里，南北二萬六千里。水道八千里，通谷。其名川六百，陸逕三千里。禹乃使大章步自東極，至於西極，二億三萬三千五百里七十五步。使豎亥步自北極，至於南極，二億三萬三千五百里七十五步。凡鴻水淵藪，自三百仞以上，二億三萬三千五百五十里。有九淵。禹乃以息土填洪水，以爲名山。掘崑崙虚以下地。”《時則》云：“中央之極，自崑崙東絶兩恒山。日月之所道，江漢之所出，衆民之野，五穀之所宜，龍門、河、濟相貫，以息壤湮洪水之州。莊逵吉云：“《太平御覽》此下有注云：禹以息土湮水，以爲中國九州。州，水中可居也。”東至於碣石，黄帝后土之所司者，萬二千里。”《吴越春秋・越王無余外傳》云：“禹乃案《黄帝中經曆》，蓋聖人所記。曰：在於九山，東南天柱，號曰宛委。赤帝在闕。其巖之巔，承以文玉，覆以盤石。其書金簡，青玉爲字，編以白銀，皆瑑其文。禹乃東巡，登衡嶽，血白馬以祭，不幸所求。禹乃登山，仰天而嘯。因夢見赤繡衣男子，自稱玄夷蒼水使者。聞帝使文命於斯，故來候之。非厥歲月，將告以期，無爲戲吟。故倚歌覆釜之山，東顧謂禹曰：欲得我山神書者，齋於黄帝巖嶽之下三月。庚子，登山，發石，金簡之書存矣。禹退，又齋三月。庚子，登宛委山，發金簡之書。案金簡玉字，得通水之理。復返歸嶽，乘四載以行川。始於霍山，回集五嶽。遂巡行四瀆。與益、夔共謀。行到名山大澤，召其神而問之山川脈理，金玉所有，鳥獸昆蟲之類，及八方之民俗，殊國異域土地里數。使益疏而記之。故名之曰《山海經》。”又云：“於是周行寓内。東造絶跡，西延積石，南踰赤岸，北過寒谷。回崑崙，察六扈，脈地理，名金石。寫流沙於西隅，決弱水於北漢。青泉、赤淵，分入洞穴。通江東流，至於碣石。疏九河於涽淵，開五水於東北。鑿龍門，闢伊闕。平易相土，觀地分州。殊方各進，有所納貢。民去崎嶇，歸於中國。"其敷陳與諸子書同，而又雜以荒怪。然《洪範》云："鯀湮洪水，汩陳其五行，帝乃震怒，不畀洪範九疇，彝倫攸斁。鯀則殛死，禹乃嗣興。天乃錫禹洪範九疇，彝倫攸叙。"《禹貢》云："禹敷土。"《商頌》亦云："禹敷下土方。"實與《淮南王書》、《吴越春秋》，暨前條所引《山經》之言相通。蓋古事之傳於後者，僅有極簡略之辭，如敷土之類。其詳，皆後人以意附會，而薦紳先生之言，與齊東野人之語，遂至於大有逕庭，若能深窺其原，則知其所附會者不同，而其爲附會，初無以異。楚固失矣，齊亦未爲得也。西方史家有言曰："史事者，衆所共信之故事也。"豈不然哉！豈不然哉！

以息壤湮洪水者，謂以土填平低窪之區也。《山海經》言術器復土壤以處江水。復，即《詩》"陶復陶穴"之復，則就平地增高之也。此蓋古代治水誠有之事，抑亦其恒用之法。神話中仍有人事，猶之寓言中之名物，非可僞造也。太子晉言共工墮高堙卑，即取土壤以填低地之事。其云壅防百川，壅者遏絶之；欲堙卑，斯必不免於壅川矣。防者，築爲堤防，《史記》所謂鯀作九仞之城以障水也。然則鯀與共工，徒知壅防湮復，而不知疏道，此其所以終敗，而禹所以克成功與？夫如是，后土安能尸平九州之名，而爲百世所禋祀也？然則禹之所以克享大名者，黄帝之族戰勝共工之族，乃舉洪水之患，治水之勞擾，悉蔽罪焉，而功則皆歸諸禹也；抑禹之時，沈災久而自澹也；不則避水西遷，漸抵河雒，其地本無水患也；三者必居一於是矣，或且兼有之也。其治水之勞，安民之惠，必無以大過於共工可知也。《管子・揆度》曰："共工之王，水處什之七，陸處什之三，乘天勢以隘制天下。"則共工氏實居水鄉，后土之能平九州，猶今荷蘭人之與水争地也，其勞必不讓於禹矣；其爲民之所禋祀也，宜哉。《管子》又曰："至於黄帝之王，謹逃其爪牙，不利其器。燒山林，破增藪，焚沛澤，逐禽獸，實以益人，然後天下可得而牧也。"《揆度》。又曰："黄帝之王，童山竭澤，有虞之王，燒曾藪、斬羣害以爲民利。"《輕重戊》。燒山林、破增藪、焚沛澤者，益烈山澤而焚之也。焚之則山童矣。謹逃其爪牙、不利其器者，以焚燒逐禽獸，不利其器以與之鬬也。前此蓋嘗與之鬬矣，不如焚燒之之善也。竭澤即禹之濬川，斬羣害則其栞木。然則禹治水之法，前人久用之矣。故曰：洪水至禹而平，非沈災之久而自澹，則西遷之業至禹而成也；而共工與鯀皆被惡名，必非其實矣。

《淮南》言"共工振滔洪水，以薄空桑"，空桑在魯，已見《少昊》條。《禹貢》

言九州治跡，惟兗州獨有降丘宅土之文，亦古史實跡之僅存者也。然則西遷之業，必至禹而大成；堯都晉陽，必非事實。《堯典》、《皋陶謨》皆言洪水懷山襄陵，所謂山陵，亦水中州渚耳，非真出孟門之上也。《吕覽》言黄、炎固用水火矣，《蕩兵》。得毋是時水災方甚，戰時多決水以灌敵；而火攻之法，亦或得之烈山澤之餘與？

原刊《古史辨》第七册，一九四一年六月出版

〔一九〕 唐虞之際二十有二人

《史記·秦本紀》："秦之先，帝顓頊之苗裔。孫。苗裔之下孫字之上當有奪文。曰女脩。女脩織。玄鳥隕卵，女脩吞之，生子大業。大業取少典之子曰女華。女華生大費。與禹平水土。已成，帝錫玄圭。禹受，曰：非予能成，亦大費爲輔。帝舜曰：咨爾費，贊禹功。其賜爾皁游。爾後嗣將大出。乃妻之姚姓之玉女。大費拜受，佐舜調馴鳥獸。鳥獸多馴服。是爲柏翳。"《正義》曰："《列女傳》云：陶子生五歲而佐禹。曹大家注云：陶子者，皋陶之子伯益也。按此，即知大業是皋陶。"《索隱》曰："尋檢《史記》上下諸文，伯翳與伯益是一人不疑。而《陳杞世家》，即叙伯翳與伯益爲二，未知太史公疑而未決邪？抑亦繆誤爾？"案《陳杞世家》，叙唐虞之際有功德之臣十一人：曰舜，曰禹，曰契，曰后稷，曰皋陶，曰伯夷，曰伯翳，曰垂、益、夔、龍。《索隱》曰："秦祖伯翳，解者以翳益，則爲一人。今言十一人，叙伯翳而又别言垂、益，則是二人也。且按《舜本紀》叙十人，無翳而有彭祖。彭祖亦墳典不載，未知太史公意如何？恐多是誤。然據《秦本紀》叙翳之功，云佐舜馴調鳥獸，與《舜典》命益作虞，若予上下草木鳥獸，文同，則爲一人必矣。今未詳其所以。"予案《陳杞世家》之文，蓋漏彭祖。所以叙翳又别言益者，以垂、益、夔、龍四字爲句，雖并舉益，實但指垂，此古人行文足句之例，亦或益字爲誤衍也。十一人去舜得十，加十二牧，凡二十二人。《五帝本紀》上文云："禹、皋陶、契、后稷、伯夷、夔、龍、垂、益、彭祖，自堯時而皆舉用，未有分職。"次云命十二牧，下乃備載命禹、棄、契、皋陶、垂、益、伯夷、夔、龍之辭，而終之曰"嗟女二十有二人"，明二十二人，即指十二牧及前所舉十人，特失命彭祖之辭耳。然則翳、益爲一人不疑也。馬融以禹、垂、益、伯夷、夔、龍、四岳、十二牧爲二十二人，鄭玄益殳斨、伯與、朱虎、熊羆而去四牧，見《書疏》及《史記·五帝本紀集解》。皆非矣。

《詩秦譜》："堯時有伯翳者，實皋陶之子，佐禹治水。水土既平，舜命作虞

官，掌上下草木鳥獸。賜姓曰嬴。"則康成亦以翳、益爲一人。

〔二〇〕 唐、虞、夏都邑一

《左氏》昭公元年，子産謂：高辛氏有二子，季曰實沈，遷於大夏，主參，唐人是因，以服事夏、商，及成王，滅唐而封大叔焉。又云："昔金天氏有裔子曰昧，爲玄冥師，生允格、臺駘。臺駘能業其官，宣汾、洮，障大澤，以處大原。帝用嘉之，封諸汾川，沈、姒、蓐、黄，實守其祀。今晉主汾而滅之矣。"七年，又言："昔堯殛鯀於羽山，其神化爲黄熊，以入於羽淵，實爲夏郊，三代祀之。晉爲盟主，其或者未之祀也乎？"《國語・晉語》略同。定公四年，祝鮀謂唐叔，命以《唐誥》，封於夏墟，啓以夏政。是則唐叔所封，必堯、禹之舊都；而晉之所居，實臺駘之故壤矣。

大夏、大原、夏墟，杜《注》皆云晉陽。襄公二十四年《疏》引《釋例》曰："晉、大鹵、大原、大夏、參虚、晉陽六名，大原晉陽縣也。"服虔則云："大夏在汾澮之間。"《史記・鄭世家集解》引。《詩譜》云："唐者，帝堯舊都之地，今曰大原晉陽是。堯始居此，後乃遷河東平陽。成王封母弟叔虞於堯之故墟，曰唐侯。南有晉水，至子燮，改爲晉侯。其封域，在《禹貢》冀州太行、恒山之西，太原、太岳之野。至曾孫成侯，南徙居曲沃，近平陽焉。"又云："魏者，虞舜、夏禹所都之地。"《疏》云："《漢書・地理志》云：太原晉陽縣，故《詩》唐國，晉水所出，東入汾。《史記・晉世家》云：唐在河汾之東，方百里。則堯爲諸侯所居，故云堯始居此。《地理志》：河東郡平陽縣。應劭云：堯都也。則是堯爲天子，乃都平陽，故云後遷河東平陽也。"又引服虔云："堯居冀州，虞、夏因之，不遷居，不易民。"皇甫謐云："堯始封於唐，今中山唐縣是也。後徙晉陽。及爲天子，都平陽。"又云："舜所營都，或云蒲阪，即河東縣是也。""禹受禪，都平陽。或於安邑，或於晉陽。"《疏》又云："《漢書音義》：臣瓚案：唐，今河東永安是也。去晉四百里。"又云："堯居唐，東於彘十里。應劭曰：順帝改彘曰永安。則瓚以唐國爲永安。此二説，《詩》之唐國，不在晉陽，燮何須改爲晉侯？明唐正晉陽是也。"案《史記集解》引《世本》，謂叔虞居鄂。宋忠曰："鄂地今在大夏。"《世本》古書，最可信據。此正《史記》所謂河汾之東者。此外諸説，則皆就後世都邑，以意言之耳。不徒非堯、舜、禹之居，并非唐叔之所封也。服虔渾言在汾、澮之間，不過據後世晉都，略測古代都邑所在耳，未嘗鑿指其地，其失尚小。鄭玄億定堯始居晉陽，後遷平陽；皇甫謐更謂其始封唐縣，牽率附會，絶無古據，專輒甚矣。

《御覽·州郡部》引《帝王世紀》云:"帝堯氏始封於唐,今中山唐縣是也,堯山在焉。唐水在西,北入唐河。南有望都縣山,即堯母慶都之所居也,相去五十里。都山,一名豆山。北登堯山,南望都山,故名其縣曰望都。而《地理志》堯山在唐南山中。張晏以堯山實在唐北。《地理志》堯之都,後徙涿鹿。《世本》云在彭城南。今上谷郡北自有彭城,非宋彭城也。後又徙晉陽,今太原縣也,於《周禮》在并州之域。及爲天子,都平陽,於《詩風》爲唐國。武王子叔虞封焉,更名唐。故吴季札聞《唐》之歌曰:思深哉!其有陶唐氏之遺民乎?"此節文頗錯亂,疑有譌誤。然謂唐都在涿鹿則可知。此即黄帝之舊都。此堯在東方之一證也。

顧亭林《日知録》謂晉之始見《春秋》,其都在翼,霍山以北,自悼公後始開縣邑,因疑自唐叔之封,以至侯緡之滅,并在於翼。今案古代都邑,遷徙不恒,春秋以前,孰能詳録?以《左氏》之無文,疑《世本》之所紀,非也。然謂霍山以北,自悼公之後始開,以此駁堯都永安、晉陽諸説,則甚當。凡開拓,必先肥沃之區,而後瘠薄之地。河汾下流,固較霍山以北爲肥沃。況於有夏之居,尚在河洛,安得唐時開拓,已及永安、晉陽乎?《史記·秦本紀》:飛廉爲紂石北方,還,無所報,爲壇霍太山而報。似殷之末葉,聲威已及霍太山,然未可云開拓也。顧氏又言,《史記》屢言禹鑿龍門,通大夏,齊桓伐晉,僅及高梁,而《封禪書》述桓公之言,以爲西伐大夏,可見大夏必在河東之西南境。此説甚精。近人錢穆闡其説云:"《封禪書》述齊桓公之言曰:西伐大夏,涉流沙,束馬縣車,上卑耳之山。《管子·小匡篇》曰:踰太行與卑耳之谿,拘泰夏,西服流沙、西虞。《齊語》:"踰太行與辟耳之谿拘夏,西服流沙、西吴。"卑耳,《索隱》云:山名,在河東大陽。《水經·河水注》:河水東過大陽縣南,又東,沙澗水注之。水北出虞山,有虞城。《史記·吴泰伯世家》:封虞仲於周之北故夏虚。即大夏。虞山殆即卑耳之山。沙澗水,本或作流沙澗,即齊桓所涉也。"予案《説文·水部》:"沙,水散石也。從水少,水少沙見也。"又:"漠,北方流沙也。"水少沙見,與北方流沙之沙,均非水散石之義。蓋今所謂沙漠者,古祇稱漠,後乃兼稱爲沙漠。漢世正沙字兩義遞嬗之時,《説文》説解,本雜採衆説而成,故其字義不免歧異也。釋古之流沙,自以依古義爲是。錢氏以流沙爲水名,似奇而實確矣。錢氏又云:"《漢志》臨晉縣,應劭《注》,以臨晉水得名。《史記·魏世家》:秦拔我蒲反、晉陽。《括地志》云:晉陽故城,在蒲州虞鄉縣西三十五里。《水經》:涑水所逕,有晉興澤,亦在虞鄉縣西。疑涑水古亦稱晉水。《漢書·地理志》謂武公自晉陽遷曲沃。以太原晉陽説之雖誤,然其語自有所本。《史記·晉世家》謂成王削桐葉以封叔虞。舊説太甲放桐宫在聞喜。聞喜當涑水之陽。《水經·涑水注》，涑水兼稱洮水，即臺駘所宣也。此亦可破據晉水之名謂唐叔受封必在太原之説。然河汾下流，雖有名爲唐又名爲夏虚之地，要爲堯、禹後裔所封。蓋堯遭洪水，使禹治之，用力雖勤，而沈災卒未克濟。自禹以後，都邑乃漸次西遷，而夏都遂在河洛。自三川渡河而北，即爲河汾下流，此固地理自然之形勢也。"錢氏之論，可謂極精。然謂禹之治水，實在蒲解之間，并謂唐、虞故都即在其地，則惑矣。參看《共工禹治水》條自明。

何以知古代西遷，必始於夏也？曰：以《孟子》知之。古書言堯、舜、禹都邑者，幾於紊如亂絲，不可董理。然《孟子》言舜生於諸馮，遷於負夏，卒於鳴條，《離婁》下。要爲較可信據之言。諸馮、負夏，諸家皆無確説，姑勿論；鳴條則實有古據，其地當在兖州，别見《湯放桀》條。《吕覽·簡選》謂湯"登自鳴條，乃入巢門"，云登則地勢必高，正與《堯典》陟方之言合。錢氏乃謂"《吕覽·有始覽》言九山曰會稽、大山，大山即霍太山，會稽則禹會諸侯之處。《吴越春秋》、《越絶書》，皆謂禹到大越，上茅山，大會計，更名茅山曰會稽之山。《周書·世俘解》：吕它命伐越。爲商近畿國，則河北有越。《水經注》：會稽之山，古防山也，亦謂之爲茅山。以茅津、茅城推之，《左氏》文公三年，秦伯伐晉，自茅津濟。《水經·河水注》：河水東過陝縣北，河北有茅城，故茅亭，爲茅戎邑。地望正在大陽。《注》云：大陽之山，亦通謂之薄山。疑即《世本》舜封丹朱於房之房，《尚書》陟方乃死之方。"其説雖巧，然合前後觀之，似不如予説之的也。

錢氏又云："《水經注》：伊水出陸渾縣西南王母澗之北，山上有王母祠，即古三塗山。王母即禹所娶塗山氏女。《山海經》云：南望禪渚，禹父之所化。《水經注》：陸渾縣東有禪渚。則塗山、羽淵，地正相近。鯀取有莘，亦在嵩縣。有莘氏女，採桑伊川，得嬰兒爲伊尹，其證。然則崇即嵩也。禹避舜之子於陽城，《孟子》趙《注》在嵩山下。禹伐有扈，戰於甘，《水經》：甘水出弘農縣鹿蹏山，《注》云：山在陸渾縣故城西北，甘水所逕有故甘城。啓有鈞臺之享，杜《注》謂在河南陽翟縣。此皆夏人蹤跡在今河南者。"予案：夏人西遷，始於何時，雖難質言，然大致必在禹後，鯀時恐尚在東方。故《五帝本紀》云殛鯀於羽山，以變東夷，《大戴記·五帝德》同。《漢志》東海郡祝其，羽山在南，鯀所殛，杜注《左氏》本此，《水經·淮水注》亦引之。雖不中固當不遠。其云在陸渾者，亦夏人西遷而傳説隨之，非其朔也。

《史記·貨殖列傳》云："堯作游成陽，舜漁於雷澤。"《漢書·地理志》本之。此爲言堯、舜地理較古者。《五帝本紀》云："舜耕歷山，漁雷澤，陶河濱，作什器於壽丘，就時於負夏。”《管》、《版法解》：舜耕歷山，陶河濱，漁雷澤。《墨》、《尚賢中》：古者舜耕歷山，陶河濱、漁雷澤。堯得之服澤之陽，舉以爲天子。《下篇》略同。○漁雷澤，《御覽》、《玉海》引作濩澤。《閒詁》曰：“王云：《水經·沁水注》曰：濩澤水，出濩澤城西白㵎渠，東逕濩澤。《墨子》曰舜漁濩澤。《初學記·州郡部》正文出舜澤二字，《注》曰：墨子曰舜漁於濩澤。在濩澤縣西。今本《初學記》作雷澤，與《注》不合，明是後人所改。又《元和郡縣志》河東道下，《太平寰宇記》河東道下，《太平御覽·州郡部九》，《路史·疏仡紀》引《墨子》，并作濩澤。是《墨子》自作濩澤，與他書作雷澤者不同。《下篇》漁於雷澤，亦後人所改。”又云：“《水經·濟水注》云：陶丘，《墨子》以爲釜丘。今檢勘全書，無釜丘之文，疑古本或作陶釜丘。”案《閒詁》之説是也。然文字不同，地望不必遂異；《水經注》之文，不必可以釋古也。《尸子》、《御覽·皇王部》引：舜兼愛百姓，務利天下。其田歷山也，荷彼耒耜，耕彼南畝，與四海俱有其利。其漁雷澤也，旱則爲耕者鑿瀆，儉則爲獵者表虎，故有光若日月，天下歸之若父母。《吕覽》、《慎人》：舜耕於歷山，陶於河濱，釣於雷澤。《書傳》、《索隱》引：販於頓丘，就時負夏。《淮南王書》《原道》：昔舜耕於歷山，期年而田者争處墝埆，以封壤肥饒相讓；釣於河濱，期年而漁者争處湍瀨，以曲限深潭相予。皆同，決非無據。歷山，《淮南》高《注》謂在濟陰城陽，一曰濟南歷城山。《正義》引《孝經援神契》舜生於姚墟，謂在濮州雷澤縣。又引《括地志》同。又謂雷澤有歷山舜井。鄭玄謂雷澤即雷夏，兗州澤。陶河濱，《集解》引皇甫謐謂濟陰定陶西南有陶丘亭，又謂壽丘在魯東門北。負夏，《集解》引鄭玄云“衛地”。《水經·濟水注》：濼水，案即今趵突泉。俗謂爲娥姜水，以泉源有舜妃娥英廟故也。城南對山，山上有舜祠，山下有大穴，謂之舜井。《瓠子河注》：鄄城西南有姚城。雷澤，在大城陽縣故城西北，即舜所漁。西南十許里有小山，謂之歷山。澤東北有陶墟，言舜耕陶所在。《泗水注》：水出卞縣故城東南姚墟西北，世謂之陶墟，舜所陶處也。井曰舜井。墟有漏澤，澤西際阜，俗謂之嬀亭山。劉向謂堯葬濟陰。《漢志》：濟陰城陽有堯冢、靈臺。《皇覽》及郭緣生《述征記》，亦謂堯冢在城陽。《吕覽·安死》：堯葬於穀林。《史記·五帝本紀集解》、《正義》，《水經·瓠子河注》，皆引皇甫謐，謂城陽即穀林，恐不足據。《水經·瓠子河注》，以靈臺爲堯母慶都陵。堯陵之東，又有中山夫人祠，爲堯妃。《五帝本紀正義》引譙周，謂禹以虞封舜子，爲宋州虞城縣。《水經·巨洋水注》：堯水出劇縣南角崩山，東北逕東西壽光二城間，又東北注巨洋。伏琛、晏謨并言堯嘗頓駕於此，故受名焉。《淄水注》引《從征記》：“廣固城北三里有堯山祠，堯因巡守登此山，後人遂以名山。”地皆在古兗域，或距兗域不遠。傳説雖未必可信，然以前後情事揆之，謂堯、舜、禹蹤跡在兗域，固較近於實也。

《詩·曹譜》云：“堯嘗游成陽，死而葬焉。舜漁於雷澤，民俗始化。其遺風重厚，多君子；務稼穡，薄衣食，以致畜積。”説與《史記·貨殖傳》、《漢書·

地理志》同。乃《魏譜》又云："舜耕於歷山，陶於河濱。"《疏》云："《尚書傳》文也。彼《注》云歷山在河東。"則自相違矣。《水經・瓠子河注》云："鄭玄曰：歷山在河東，今有舜井。皇甫謐或言今濟陰歷山是也，與雷澤相比。予謂鄭玄之言爲然。故揚雄《河東賦》曰：登歷觀而遥望兮，聊浮游於河之巖。今雷首山西枕大河，校之圖緯，於事爲允。"案《漢書・地理志》：河東郡蒲阪，"有堯山、首山祠，雷首山在南。"《水經・河水注》："雷首山臨大河，北去蒲阪三十里，《尚書》所謂壺口雷首者也。俗亦謂之堯山。山上有故城，世又曰堯城。"則此等説，西漢末已有，故緯候得採之。然要爲後起之説，不足信也。

《周書・史記》云："樂專於君者，權專於臣；權專於臣，則刑專於民。君娱於樂，臣争於權，民盡於刑，有虞氏以亡。"又云："文武不行者亡。昔者西夏，性仁非兵，城郭不脩，武士無位，惠而好賞，屈而無以賞。唐氏伐之，城郭不守，武士不用，西夏以亡。"此唐、虞、西夏，當爲堯、舜、禹支裔分封者。在河汾下流者，殆即此等國也。

〔二一〕　唐、虞、夏都邑二

《墨子・節葬》云："堯北教乎八狄，道死，葬蛩山之陰。舜西教乎七戎，道死，葬南己之市。禹東教乎九夷，道死，葬會稽之山。"《吕覽・安死》云："堯葬於穀林。舜葬於紀市。禹葬於會稽。"此亦爲言堯、舜、禹地理較古者。

《山海經・海外南經》云："狄山、帝堯葬於陽，帝嚳葬於陰。"《大荒南經》云："帝堯、帝嚳、帝舜，葬於岳山。"《注》云："即狄山也。"郝氏《箋疏》云："司馬相如《大人賦》云：歷唐堯於崇山。《漢書》張揖《注》云：崇山，狄山也，引此經云云。《水經・瓠子河注》亦引此經，而云狄山一名崇山。崇、蛩聲相近，蛩山又狄山之别名也。"案《論衡・書虚》云："堯葬於冀州，或言葬於崇山。"葬於冀州，與北教八狄之説近，狄山之名，蓋由此而得。《論衡》既以爲兩説，則崇山、狄山，似不必牽合也。

紀必在南，故稱南己。《困學紀聞》引薛季宣，謂近莒之紀城，誠難遽斷，要爲近之。何者？古事皆春秋戰國人所傳，必據其時之地名以立説也。《後漢書・王符傳》引《墨子》，作南巴之中，巴、中必己、市之誤。畢校反據舜葬九疑之説，以己爲誤字，傎矣。王念孫謂如是，則不應更作紀，其説是也。且舜葬九疑，説亦本不足據。孟子、史公述堯、舜事，皆用《書》説，以《書傳》互勘可知。《孟子・公孫丑》上篇云"自耕稼陶漁，以至爲帝"，即《史記》之"耕歷山，漁雷澤，陶河濱"也。《離婁》下篇言"遷於負夏"，即《史記》之"就時於負夏"也。《盡心》上篇言"舜居深山之中，與木石居，與鹿豕遊"，蓋亦耕歷山時事。其言卒地，不應獨異。又《索隱》引《書傳》，有"販於頓丘，就時負夏"之文；《初學記》引《書傳》，又有"舜耕於歷山"之語，亦不應獨闕卒於鳴條。《書傳》固闕佚已甚，《史記》亦多遭竄亂。疑史公言舜卒地，本同《孟子》，今本"崩於蒼梧之野，葬於江南九疑，是爲零陵"之説，非史公兼著異聞，則後人所增綴，而正説反爲所删也。《吕覽》高《注》，謂九疑山下，亦有紀邑，固近附會。《書鈔》、《御覽》引《帝王世紀》，謂"舜南征，崩於鳴條，葬於蒼梧九疑山之陽，是爲零陵，謂之紀市"，舉諸説而强揉爲一，則更不足論矣。

《禮記・檀弓》云舜葬於蒼梧之野，《淮南・脩務》云舜南征三苗，道死蒼梧，均未言蒼梧所在。《史記》云葬於江南九疑，亦未言九疑爲何地也。《續漢書・郡國志》謂九疑在營道南；《檀弓》鄭《注》謂蒼梧於周南越之地，今爲郡，而舜卒葬之處，乃遠至今湖南、廣西境矣。《山海經・海内南經》云："蒼梧之山，帝舜葬於陽，帝丹朱葬於陰。"丹朱在丹水之濱，不應在湖南、廣西境。《大荒南經》云：南海之中，有氾天之山，赤水窮焉。赤水之東，有蒼梧之野，舜與叔均之所葬也。注：叔均，商均也。郝《疏》云：舜子不名叔均；《大荒西經》有叔均，爲稷弟台璽之子，《海内經》又有叔均，爲稷之孫，此《經》叔均未審何人。案郝説是也，稷之苗裔亦不應葬南荒中。《海内東經》云："湘水出舜葬東南陬，西環之，入洞庭下。"則湘水不過環繞舜陵，決非如今日之源流千里。《海内經》云："南方蒼梧之丘，蒼梧之淵，其中有九嶷山，舜之所葬。"下云"在長沙零陵界中"，蓋後人注語。山在淵中，亦洲渚之類，決非如今之九疑，蟠結數百里者也。《國語・吴語》：申胥言楚靈王不君，築臺於章華之上，闕爲石郭，陂漢，以象帝舜。《注》云"舜葬九疑，其山體水旋其丘，故壅漢水，使旋石郭以象之"，正與《山經》之説合。《史記・秦始皇本紀》：二十八年，西南渡淮水，至衡山。此衡山當指霍山。《正義》引《括地志》，謂在衡州湘潭縣者，非。浮江，至湘山祠，逢大風，幾不得渡。上問博士曰："湘君何神？"對曰："堯女，舜之妻，而葬此。"爲今洞庭中山無疑。錢賓四有《戰國時洞庭在江北不在江南辯》，見所著《先秦諸子繫年考辨》。其説甚諦。此是戰國前事，至秦、漢，則其説漸移於今之洞庭。《中山經》云：洞庭之山，帝之二女居之。郝《疏》謂《初學記》引作帝女，實帝女化爲瑶草、帝女之桑之類，爲天帝之女。其説是也。觀秦博士之對，則帝之二女，與堯之二女混淆爲一，自江北之洞庭，移於今之洞庭矣。《海内北經》云："舜妻登比氏生宵明、燭光，處河大澤，二女之靈能照此所方百里。一曰登北氏。"亦在北方。又始皇三十七年，出遊至雲夢，望祀虞舜於九疑山；《漢書・武帝本紀》：元封五年，南巡守，至於盛唐，望祀虞舜於九疑。若在零陵，未免太遠，云洞庭最爲近之。《檀弓》云三妃未從，三妃蓋二妃之誤。云未從，正以其死在一地。若舜死零陵，二妃死湘山，相距千里，豈有輦柩從葬之理？是蒼梧、九疑傳説南移之初，猶以爲在今洞庭，不謂在湖南、廣西境也。

《吕覽·召類》云："堯戰於丹水之浦。"《淮南·兵略》同。高《注》云："堯以楚伯受命，滅不義於丹水。"堯爲楚伯，説殊無據。《莊子·徐無鬼》，云舜三徙成都，至鄧之虚而十有萬家。舜徙鄧墟，亦無佐證。《水經》："滍水出南陽魯陽縣西之堯山。"《注》云："堯之末孫劉累以龍食帝孔甲，孔甲又求之，不得，累懼而遷於魯縣，立堯祠於西山，謂之堯山，故張衡《南都賦》曰：奉先帝而追孝，立唐祠於堯山。"蓋堯後有居楚、鄧間者，而堯之傳説隨之，而舜之傳説亦隨之矣。此《海内南經》之説所由來也。然則蒼梧之山，其初尚在漢北。此亦錢説洞庭初在北方之一證也。

《史記·五帝本紀集解》引皇甫謐曰："或曰二妃葬衡山。"《水經·湘水注》云：衡山，"《山經》謂之岣嶁，爲南嶽也，山下有舜廟。"又引王隱言："應陽縣，本泉陵之北部，東五里有鼻墟，言象所封也。山下有象廟，言甚有靈，能興雲雨。"《溱水注》："邪階水，水側有鼻天子城。鼻天子所未聞也。"而《路史》亦以爲象。《史記·五帝本紀正義》引《括地志》云："鼻亭神，在道縣北六十里。故老傳云，舜葬九疑，象來至此，後人立祠，名爲鼻亭神。"《集解》云："傳曰：舜葬蒼梧，象爲之耕；禹葬會稽，鳥爲之田。"語見《論衡·書虚》篇。《吴越春秋》言：禹即位，還大越，更名茅山曰會稽，居靡山，伐木爲邑，鳳皇棲於樹，鸞鳥巢於側，麒麟步於庭，百鳥佃於澤。禹命羣臣：百世之後，葬我會稽之山。禹崩之後，衆瑞并去。天美禹德，使百鳥還爲民田。大小有差，進退有行。一盛一衰，往來有常。禹以下六世而得帝少康。少康恐禹祭之絶祀，乃封其庶子於越，號曰無余。余始受封，人民山居，雖有鳥田之利，租貢纔給宗廟祭祀之費。乃復隨陵陸而耕種，或逐禽鹿而給食。無余傳世十餘，末君微劣，不能自立，轉從衆庶爲編户之民，禹祀斷絶。十有餘歲，有人生而言語，指天向禹墓曰：我是無余君之苗末，我方脩前君祭祀，復我禹墓之祀，爲民請福於天，以通鬼神之道。衆民悦喜，皆助奉禹祭，四時致貢。因共封立，以承越君之後，復夏王之祭，安集鳥田之瑞，以爲百姓請命。《越王無余外傳》。《水經·漸江水注》云：禹崩會稽，因而葬之。"有鳥來爲之耘，春拔草根，秋啄其穢，是以縣官禁民，不得妄害此鳥，犯則刑無赦。"此蓋圖騰遺俗，象耕亦其類耳。後人誤以象爲人名，乃并有鼻之封，而移之道縣矣。然亦可見舜之傳説，逐漸南移也。《漢書·律曆志注》：孟康言：漢章帝時，零陵文學奚景，於泠道舜祠下得白玉琯。《水經·湘水注》，亦言泠道縣界有舜廟，縣南有舜碑，零陵太守徐儉立。又云：衡山，山下有舜廟。南有祝融冢。楚靈王之世，山崩，毀其墳，得《營丘九頭圖》。

《吕覽》九山，曰會稽，太山，王屋，首山，太華，岐山，太行，羊腸，孟門。八山皆在西北，豈得會稽猶在東南？錢氏疑之是也。《史記·夏本紀》曰："或言禹會諸侯江南，計功而崩，因葬焉，命曰會稽。"此即《吴越春秋》之説。或言乃别列一説之辭。然則當時固有謂會稽不在南方者矣，惜其説無可考也。上文言"禹東巡守，至於會稽而崩"，不作疑辭。《管子》言禹封泰山，禪會稽，則會稽距泰山不得甚遠。必如此，乃能合於《墨子》東教九夷之説也。

《國語·魯語》："吴伐越，墮會稽，獲骨焉，節專車。吴子使來好聘，且問之仲尼。仲尼曰：丘聞之：昔禹致羣神於會稽之山，防風氏後至，禹殺而戮之，其骨節專車。客曰：防風何守也？仲尼曰：汪芒氏之君也。守封、嵎之山，爲漆姓。漆，《史記》、《説苑》作釐，《家語》作漆。黄丕烈云：漆乃淶之譌，釐、淶聲近。在虞、夏、商爲汪芒氏，於周爲長狄，今爲大人。"長狄見《左氏》文公十一年，兄弟數人斃於魯、衛、齊、晉，無在南方者；其人亦稱狄而不稱夷，而防風之防，實與陟方之方爲一字。得毋封、嵎之山，即鳴條所在邪？遐哉上已，弗可得而質已，然要不妨姑引一説也。《韓非子·飾邪》亦云：禹朝諸侯之君會稽之上，防風之君後至，而禹斬之。

舜之傳説，亦有在江東者。《五帝本紀正義》云："越州餘姚縣。顧野王云：舜後支庶所封之地。舜姚姓，故云餘姚。縣西七十里有漢上虞故縣。《會稽舊記》云舜上虞人。去虞三十里有姚丘，即舜所生也。"《水經·河水注》："周處《風土記》曰：舊説舜葬上虞。又《記》云：耕於歷山。而始甯、剡二縣界上，舜所耕田於山下，多柞樹，吴越之間名柞爲櫪，故曰歷山。"《漸江水注》："江水東逕上虞縣南，王莽之會稽也。地名虞賓。《晉太康地記》曰：舜避丹朱於此，故以名縣。百官從之，故縣北有百官橋。亦云禹與諸侯會事訖，因相虞集，故曰上虞。二説不同，未詳孰是。"《續漢書·郡國志》：吴郡吴，"震澤在西，後名具區澤。"《注》云："《越絶書》曰：湖周三萬六千頃，又有大雷山、小雷山。周處《風土記》曰：舜漁澤之所。"此説人無信之者。而禹葬山陰，遂爲故實，則以越爲禹後，吴爲泰伯後耳。其實越亦嬴姓，無余之後，絶而復續，安知其必爲禹之苗裔？而泰伯、仲雍之所君臨者，又安知其非重華之遺族邪？吴、虞之爲一字，固不疑也。

《史記·越王句踐世家》言少康庶子之封，二十餘世而至允常。允常者，句踐之父也，豈有距少康僅二十餘世之理？且《史記》不言其名，而《吴越春秋》謂其名曰無余；其後降爲編户，復立者曰無壬，無壬生無曎。則無者號氏，其名實曰余。《水經·漸江水注》，則謂少康封少子杼。杼乃繼少康爲夏后者，酈氏即誤記，不至於是，其言當有所本。然則余即杼，乃後人之億説。越始封之君，其名實不可考也。《吴越春秋》云："無曎卒，或爲夫譚，夫譚生元常。"元常即允常。古"或"與"有"通，"或爲夫譚"，猶云有名夫譚者，其人非親無曎子。《史記》"二十餘世"，或自無壬起計也。無余之名，既不足據，其事跡更無可考。而《漸江水注》又謂秦望山南有樵峴，峴裏有大城，越王無餘之舊都，其不足信明矣。《吴越春秋》謂無余質樸，不設宫室之飾，從民所居。雖亦億度之辭，然於事理頗近。

〔二二〕 唐、虞、夏都邑三

《周書·度邑》云："自洛汭延於伊汭，居易無固，其有夏之居。"此爲言夏代都邑最古者。《漢書·地理志》潁川郡陽翟《注》云："夏禹國。應劭曰：夏禹都也。臣瓚曰：《世本》禹都陽城，《汲郡古文》亦云居之，不居陽翟也。師古曰：陽翟本禹所受封耳，應、瓚之説皆非。"案古代都邑，衹能得其大概，區區校計於數十百里之間，實爲無當。《周官》大司徒之職曰："以土圭之法測土深，正日景，以求地中。日至之景，尺有五寸，謂之地中，天地之所合也，四時之所交也，風雨之所會也，陰陽之所和也。然則百物阜安，乃建王國焉。"《注》云："鄭司農云：土圭之長，尺有五寸。以夏至之日，立八尺之表，其景適與土圭等，謂之地中，今潁川陽城地爲然。"《疏》云："潁川郡陽城縣，是周公度景之處，古跡猶存。案《春秋左氏》，武王克商，遷九鼎於洛邑，欲以爲都。不在潁川地中者，武王欲取河洛之間形勝之所，洛陽雖不在地之正中，潁川地中，仍在畿内。"指陽城度景之處爲周公古跡，自近附會，然司農所説，必古天官家言，陽城爲古名都可知。都洛陽，陽城在畿内；都潁川，陽城不亦在畿内與？古遷徙易，商、周之先皆屢遷，夏人何獨不然？故言夏都，謂大致在今伊洛之域可耳，必欲鑿指爲今某郡某邑，必無當也。況夏代創業未幾，即有五觀之亂，繼以羿、浞之篡，都邑又能保其無移徙邪？

《國語·楚語》云："堯有丹朱，舜有商均，啓有五觀，湯有太甲，文王有管、蔡。"《韓非子·説疑》：湯作商，文王作武王，餘同。《左氏》昭公元年則云："虞有三苗，夏有觀扈，商有姺、邳，周有徐、奄。"似一以人言之，一以地言之。然古地名與氏族名多不别，特後人知其地者，則以爲地名，不知其地者，則以爲氏族名耳。《左氏》杜《注》云："觀國，今頓丘衛縣。"昭元年。衛，本漢東郡觀縣，後漢光武更名，晉屬頓丘郡，北魏曰衛國。《漢志注》引應劭曰：夏有觀扈。《水經·河水注》曰："浮水故瀆，又東南逕衛國邑城北。又東逕衛國縣故城南古斟灌。《巨洋水注》亦云："薛瓚《漢書集注》云：案《汲郡古文》相居斟灌，東郡觀是也。"案觀、灌非一地。《漢志注》引應劭，僅云"夏有觀扈"，酈氏牽合爲一，似非。酈氏又以己意論之曰："余考瓚所據，今河南有尋地，衛國有觀土。《國語》曰啓有五觀，謂之姦子，五觀蓋其名也。所處之邑，其名曰觀。皇甫謐曰衛地，又云夏相徙帝丘，依同姓之諸侯於斟灌、斟尋氏。即《汲冢書》云相居斟灌也。既依斟尋，明斟尋非一居矣。是蓋寓其居而生其稱，宅其業而表其邑。未可以彼有灌目，謂專此爲非；捨此尋名，而專彼爲是。"亦近調停無據。應劭曰：夏有觀扈，即此城也。"《淇水注》云："逕頓丘北。又屈逕頓丘縣故城西。《古文尚書》以爲觀地矣。"杜預、應劭蓋同用《古文書》説。此説似僅據漢世縣名附會，無確據。《周書·嘗麥》曰："其在殷之五子，忘伯禹之命，假國無正，用胥興作亂，遂凶厥國。皇天哀禹，賜以彭壽，思正夏略。"此爲言五觀事最古者。《楚辭》曰："啓《九辯》與《九歌》兮，夏康娱以自縱。不顧難以圖後兮，五子用失乎家巷。"《漢書·古今人表》云："太康，啓子。昆弟五人，號五觀。"《楚語》韋《注》云："啓子，太康昆弟也。"《潛夫論·五德志》云："啓子太康、仲康更立，兄弟五人，皆有昏德，不堪帝事，降須洛汭。"是太康實在五人之内。僞《古文尚書》云"厥弟五人"，則并太康而六矣。此其作僞之伎倆最拙而可笑者也。五人既連太康在内，而《周書》云"遂凶厥國"，則五人必交鬩於夏都，而非或據都城、或據觀相對敵。夏都所在，王符明言之曰洛汭，實與《周書》相合。乃朱亮甫《集訓校釋》改殷爲啓，曰形近而譌。實則啓、殷形并不近，且下文明言"忘伯禹之命"，譌爲夏則可矣，何由譌爲殷乎？蓋殷即後世之亳殷，作書者以當時地名道古事也。啓子都邑之所在，從可知矣。

或曰：戡五子之亂者爲彭壽，非舜時之彭祖，則其後裔，其地當在彭城，此無足疑者也。以觀在衛國，頓丘不且較亳殷爲近乎？是固然。然五觀之後，繼以羿、浞之亂，所争奪者，仍在河洛，以是知五觀之亂，必不能在東方也。何以知羿、浞所争，實在河洛也？案羿、浞之事，見於《左氏》襄公四年及哀公元年。杜《注》釋其地云："寒，國。北海平壽縣東有寒亭。""有鬲，國名，今平原鬲縣。""樂安壽光縣東南有灌亭。北海平壽縣東南有斟亭。""東萊掖縣北有過鄉。戈在宋、鄭之間。""梁國有虞縣。"《疏》云："杜地名言有者，皆是疑辭。"則杜亦本不自信。然言夏事者多據之，遂若羿、浞之亂，緜歷青、豫，喋血千里，合從討伐，軼於桓文矣。其實夏時決無此事也。《左氏》言羿因夏民以代夏政；又引《虞人之箴》，謂其不恢於夏家；又言少康收夏衆以復禹之績；則羿所據者即夏地，所用者即夏民可知。《漢志》北海郡平壽《注》："應劭曰：古斟尋，禹後，今斟城是也。臣瓚曰：斟尋在河南，不在此也。《汲郡古文》云太康居斟尋，羿亦居之，桀亦居之。《尚書序》云太康失邦，昆弟五人，須於洛汭。此即太康所居爲近洛也。又吴起對魏武侯曰：昔夏桀之居，左河、濟，右太華，伊闕在其南，羊腸在其北。河南城爲值之。又《周書·度邑篇》曰：武王問太公曰：吾將因有夏之居，南望過於三塗，北瞻望於有河。有夏之居，即河南是也。"《汲郡古文》及《僞書》，雖不足據，然薛氏論夏居河南，饒有理致。蓋作僞者亦有所本，不能全屬子虚也。謂羿與太康，所居即係一地，亦可見羿所據即夏都矣。五子用失乎家巷，蓋謂降爲編氓，此必失其都邑而後然，不然無是事也。《史記·夏周本紀正義》引《括地志》云："自禹至太康與唐、虞皆不易都城。""故禹城，在洛州密縣界。""故鉏城，在滑州衛城縣東十里。""故鄩城，在洛州鞏縣西南五十八里。"又引《晉地記》云："河南有窮谷，蓋本有窮氏所遷。"固亦以羿與夏之所争，爲在河洛之間也。《史記·夏本紀》曰："禹爲姒姓，其後分封，用國爲姓，故有夏后氏、有扈氏、有男氏、斟尋氏、彤城氏、褒氏、費氏、杞氏、繒氏、辛氏、冥氏、斟戈氏。"斟尋氏，《集解》引徐廣曰："一作斟氏、尋氏。"《索隱》曰："《系本》男作南，尋作鄩，費作弗，而不云彤城及褒。斟戈氏，按《左傳》、《系本》皆云斟灌氏。"然則戈、灌一地，觀、灌非一地也。斟尋蓋即《左氏》昭公二十三年"郊鄩潰"之鄩，地在鞏縣西南，即《括地志》以爲故鄩城所在者也。戈所在不可考，亦不能遠至宋、鄭之間。南、男、任同音。《春秋》桓公五年"仍叔之子"，《穀梁》作"任叔"，疑即后緡所歸，亦即《周書·史記》之南氏也。

《左氏》云："后羿自鉏遷於窮石。"杜《注》云："羿代相，號曰有窮。鉏，羿本國名。"此乃億言之。羿因夏民，夏都不名窮，羿何由忽立有窮之號？則其國本名窮也。窮何地邪？即河南之窮谷邪？則《晉地記》亦以爲羿之所遷，不謂爲羿之本國也。《路史》以安豐有窮谷、窮水，即《左氏》昭公二十七年楚師救潛，與吴師遇於窮者，當羿之本國。《國名記》。其説蓋是。窮、潛地近英、六，爲臯陶之後所封。臯陶與其子益，固禹所嘗授之政者，而戡定五觀之亂之彭壽，其地實在彭城，爲黄帝以來舊都。蓋夏當西遷之初，東方之力猶競，啓雖排益而代之，然一傳之後，復爲東方强族所篡。羿蓋自窮、潛西北出，而據衛城之鉏，其後又據河南之窮谷，至此則深入伊洛之間，而夏民爲其所因，夏政爲其所代矣。《天問》曰："阻窮西征，巖何越焉？"此窮，蓋即《左氏》所謂窮石，其城亦名窮，《左氏》謂羿之子死於其門者也。《淮南地形》謂"弱水出自窮石，至於合黎，餘波入於流沙"。流沙，錢氏以大陽之沙澗水當之，地望頗合。《王制》："西不盡流沙，南不盡衡山，東不盡東海，北不盡恒山，凡四海之内，斷長補短，方三千里，爲田八十萬億一萬億畝。"此語當傳之自古。"盡"即《中庸》"有餘不敢盡"、《左氏》"盡曹地也"僖公三十一年。之盡，今作“儘”。河東之西南隅，固古代開拓所極也。

《左氏》哀公六年引《夏書》曰：“惟彼陶唐，帥彼天常，有此冀方。今失其行，亂其紀綱，乃滅而亡。”《注》云：“滅亡，謂夏桀也。”《疏》云：“此《夏書·五子之歌》第三章也。此多帥彼天常一句，文字小異。賈、服、孫、杜皆不見古文，以爲逸書，解爲夏桀之時，惟王肅云太康時也。”肅與賈、服、孫、杜所言，未知誰得逸書之意。然冀州爲古人通指中國之辭，非即《禹貢》冀州，不能以此定其所在。《疏》説頗爲通達，唐、虞、夏之都，實不相沿襲也。

《水經·河水注》云：“河水又東逕平縣故城北。南對首陽山。《吕氏春秋》曰：夏后孔甲田於東陽萯山，遇大風雨，迷惑，入於民室，皇甫謐《帝王世紀》以爲即東首陽山也，蓋是山之殊目矣。”亦在河洛近境。

《水經注》云：“潁水逕其縣陽城縣。故城南，昔舜禪禹，禹避商均，伯益避啓，并於此也。亦周公以土圭測日景處。縣南對箕山。山上有許由冢。山下有牽牛墟。側潁水有犢泉，是巢父還牛處也，石上犢跡存焉。又有許由廟，碑闕尚存，是漢潁川太守朱寵所立。”又云：陽翟“縣西有故堰，舊遏潁水支流所出也。其故瀆東南逕三封山北，今無水。渠中又有泉流出焉，時人謂之嵎水。東逕三封山東，東南歷大陵。西連山，亦曰啓筮亭。啓享神於大陵之上，即鈞臺也。其水又東南流，水積爲陂，陂方十里，俗謂之鈞臺陂，蓋陂指臺取名也。潁水自堨東逕陽翟縣故城北，夏禹始封於此，爲夏國。”《路史餘論》云：“《淮南·脩務》云：禹生於石。《注》謂脩己感石坼胸而生。今登封東北十里有廟，廟有一石，號啓母石。應劭、劉安、郭璞、李彤、隨巢、王烱、王韶、竇苹等，皆云啓母。歷代崇祀，亦以之爲啓母。又有少室姨神廟，登封北十二里，云啓母之姨。而偃師西二十五，復有啓母小姨行廟。”此等傳説，雖不足信，然亦可見夏代傳説，在嵩嶽附近者實多也。

〔二三〕 唐、虞、夏都邑四

堯、舜、禹傳説，散在各地者尚多，要皆附會之辭，不足信也。《山海經·中山經》有堯山，郝《疏》云：“《初學記》引王韶之《始興記》云：含洭縣有堯山，堯巡守至此，立行臺。”《水經·洭水注》亦云：陶水，“出堯山。山下有平陵，有大堂基，《耆舊》云堯行宫所。”又《沔水注》云：“漢水又東逕嬀虛灘。《世本》曰：舜居嬀汭，在漢中西城縣。或言嬀虛在西北，舜所居也，或作姚虛。故後或姓姚，或姓嬀。”《路史·國名記》引《世本》：“嬀虛在西城西，舜居。”《困學紀聞》二引《世本》：“饒汭，舜所居。”《地理通釋》云：“《世本》舜居鐃汭，在漢中西城，或言嬀虚在西北，舜所居也。”又云：“《通典》金州西城縣有嬀虚，《帝王世紀》謂之姚虚，《世本》曰鐃汭。”案在西城之説，殊不足據。又云：“漢水又東逕長利谷南，入谷有長利故城，舊縣也。漢水又東歷姚方，蓋舜後枝居是處，故地留姚稱。”《河水注》引皇甫謐，謂舜都或言平陽，或言蒲阪，或言潘。《史記・五帝本紀集解》引同。《㶟水注》云：潘城，“或云舜所都也。《魏土地記》曰：下洛城西南四十里有潘城。城西北三里有歷山。山上有虞舜廟。”《滱水注》云：濡水，“出蒲陰縣西昌安郭南。《中山記》曰：郭東有舜氏甘泉，有舜及二妃祠。”《史記・五帝本紀正義》引《括地志》云：“嬀州有嬀水，源出城中。《耆舊傳》云即舜釐降二女於嬀汭之所。外城中有舜井。城北有歷山，山上有舜廟。”又謂“其西又有一井，《耆舊傳》云并舜井也，舜自中出。”《夏本紀正義》引揚雄《蜀王本紀》云：“禹本汶山郡廣柔縣人也，生於石紐。”又引《括地志》云：“茂州汶川縣，石紐山在縣西七十三里。《華陽國志》云：今夷人共營其地，方百里不敢居牧，至今猶不敢放六畜。”《水經・沫水注》略同。又云：“有罪逃野，捕之者不逼。能藏三年不爲人得，則共原之，言大禹之神所祐之也。”《河水注》云：“洮水又東逕臨洮縣故城北。禹治洪水，西至洮水之上，見長人，受黑玉書於斯水上。”又云：大夏川水，“又東北逕大夏縣故城南，《地理志》：王莽之順夏。《晉書・地道記》曰：縣有禹廟，禹所出也。”《江水注》云：江州縣，“江之北岸，有塗山，南有夏禹廟、塗君祠，廟銘存焉。常璩、庾仲雍并言禹娶於此。”又云：“江水又東逕江陵縣故城南，故楚也。秦昭襄王二十九年，使白起拔鄢、郢，以漢南地而置南郡焉。《周書》曰：南，國名也。南氏有二臣，力鈞勢敵，競進争權，君弗能制，南氏用分爲二南國也。按韓嬰叙《詩》云：其地在南郡、南陽之間。《吕氏春秋》所謂禹自塗山，巡省南土者也。”《淮水注》云：“淮水自莫邪山東北逕馬頭城北，魏馬頭郡治，故當塗縣之故城也。《吕氏春秋》曰：禹娶塗山氏女，不以私害公，自辛至甲四日，復往治水。故江淮之俗，以辛壬癸甲爲嫁娶日也。禹墟在山西南，縣即其地也。”《廬江水注》云：“廬山之南，有上霄石，高壁緬然，與霄漢連接。秦始皇三十六年，歎斯岳遠，遂記爲上霄焉。上霄之南，大禹刻石，志其丈尺里數，今猶得刻石之號焉。《耆舊》云：昔禹治洪水至此，刻石紀功。或言秦始皇所勒。歲月已久，莫能辨之也。”嶺表行宫，蓋因堯字而附會；西城嬀虚、嬀州舜井，則因嬀字而附會。《水經・河水注》云：蒲阪，“南有歷山，謂之歷觀。嬀、汭二水出焉，南曰嬀水，北曰汭水。西逕歷山下。《尚書》所謂釐降二女於嬀汭也。孔安國曰：居嬀水之内。王肅曰：嬀汭，虞地名。皇甫謐曰：納二女於嬀水之汭。馬季長曰：水所出曰汭。然則汭似非水名。而今見有二水，異源同歸。"可見流俗之善於附會矣，其所言尚足信哉？禹至臨洮，蓋因秦時長人見臨洮而云然。上霄刻石，傳爲禹跡，正同一理。南、任音同，《春秋》桓公五年"仍叔之子"，《穀梁》作任；疑夏時之有仍，即《周書》之南氏，以其國分爲二，遂附會爲二南，尤滅裂可笑。辛壬癸甲，民俗可徵，以説塗山，似最有據。然禹時遺俗，安能留詒至於元魏？且《書》亦不云禹以辛壬癸甲日娶也，則亦後人附會《尚書》，因生此俗耳，非真沿之自古。《漸江水注》言："浦陽江又東逕石橋，廣八丈，高四丈，下有石井，口逕七尺。橋上有方石，長七尺，廣一丈二尺。橋頭有磐石，可容二十人坐。"《廬江水注》言：西天子鄣，"巖上有宫殿故基者三，以次而上，最上者極於山峯。"《述異記》言："廬山上有康王谷，巔有一城，號爲釗城。傳云此周康王之城。城中每得古器大鼎及弓弩之屬，知非常人之所處也。"然則南方古代大工正多，特以雅記無徵，遂率附諸北方古帝；營道舜陵，會稽禹穴，千載傳爲信史，作如是觀可矣。

〔二四〕夏都考

夏都有二：《漢志》太原郡晉陽《注》云："故《詩》唐國。"《左》定四年，祝佗謂唐叔封於夏虚，啓以夏政。服虔以爲堯居冀州，虞、夏因之。是夏之都，即唐堯舊都也。金氏鶚《禹都考》云："杜預注《左傳》云：夏虚、大夏，今太原晉陽是也。本於《漢志》，其説自確。《水經》云：晉水出晉陽縣西縣壅山。酈道元《注》：縣故唐國也。亦本《漢志》。乃臣瓚以唐爲河東永安，張守節以爲在平陽。不知唐國有晉水，故燮父改唐曰晉。若永安，去晉四百里；平陽，去晉七百里；何以改唐曰晉乎？"愚按臣瓚、張守節之言，蓋泥《史記》唐叔封於河汾之東致誤。不知古人言地理，皆僅舉大概。太原固亦可曰河汾之東也。顧亭林引《括地志》：故唐城，在絳州翼城縣西二十里，堯裔子所封，成王滅之，以封唐叔，以爲唐叔始封在翼。不知《括地志》此文亦誤。故又有唐城，在并州晉陽縣北二里。全謝山已糾之矣。《漢志》潁川郡陽翟《注》云："夏禹國。應劭曰：夏禹都也。臣瓚曰：《世本》禹都陽城。《汲郡古文》亦云居之，不居陽翟也。"《禮記·緇衣正義》："按《世本》及《汲郡古文》皆云禹都咸陽。"咸陽乃陽城之誤。洪氏頤煊謂陽城亦屬潁川郡，與陽翟相近。或禹所都陽城，實在陽翟。金氏鶚駁之，謂"趙岐《孟子注》：陽城在嵩山下。《括地志》：嵩山，在陽城縣西北二十三里。則陽城在嵩山之南，今河南府登封縣是也。若陽翟則在開封府禹州，其地各異。《漢志》於偃師曰殷湯所都，於朝歌曰紂所都，於故侯國皆曰國。今陽翟不曰夏禹所都而曰夏禹國，可知禹不都陽翟矣。"愚案古代命山，所苞甚廣，非如後世但指一峯一嶺言之。又其時去游牧之世近，民習於移徙；宫廟民居，規制簡陋，營構皆易；不恒厥居，事所恒有。稽古都邑，而出入於數十百里之間者，不足較也。《國語·周語》："伯陽父曰：伊洛竭而夏亡。"韋《注》："禹都陽城，伊洛所近。"蓋據《世本》，初説不誤。而金氏引《史記》吴起對魏武侯之言，謂桀都必在洛陽。其拘泥之失，亦與此同也。金氏又謂"《史記·夏本紀》：禹避舜之子於陽城，諸侯皆去商均朝禹，禹於是即天子位。知其遂都陽城，蓋即所避之處以爲都也。"釋"於是"字亦非是。《史記》此文，大同《孟子》。《孟子》及《史記》叙舜事，皆有"之中國踐天子位"語。《集解》引劉熙曰："帝王所都爲中，故曰中國。"雖未知當否，然必自讓避之處後歸建都之處可知。不然，即位之禮，豈可行之草莽之間哉？"於是"二字，指諸侯之朝，不指讓避之地也。予謂夏蓋先都晉陽，後都陽城。陽城之遷，蓋在太康之後。《左》哀六年引《夏書》曰："惟彼陶唐，帥彼天常，有此冀方。今失其行，亂其紀綱，乃滅而亡。"蓋指太康失國之事。《僞五子之歌》曰："太康尸位以逸豫，滅厥德，黎民咸貳。乃盤遊無度，畋於有洛之表，十旬弗反。有窮后羿因民弗忍，距於河。厥弟五人，御其母以從。徯於洛之汭。五子咸怨，述大禹之戒以作歌。"僞《書》此文，將羿好田獵，移諸太康；且誤太康兄弟五人爲厥弟五人，不直一笑。夏之亡，由好樂太過，非以好畋也。《墨子·非樂》："於武觀曰：啓乃淫溢康樂，野於飲食，將將銘莧磬以力，湛濁於酒。渝食於野，萬舞翼翼。章聞於天，天用弗式。"辭雖不盡可解，然夏之亡，由好樂太過，則固隱約可見。《楚辭》曰："啓《九辯》與《九歌》兮，夏康娱以自縱。不顧難以圖後兮，五子用失乎家巷。羿淫遊以佚田兮，又好射夫封狐。固亂流其鮮終兮，浞又貪夫厥家。澆身被服强圉兮，縱欲而不忍。日康娱而自忘兮，厥首用夫顛隕。"綜述太康、羿、浞始末，以好樂屬夏，以好田屬羿，尤極分明。《周書·嘗麥》："其在殷之五子，忘伯禹之命，假國無正，用胥興作亂，遂凶厥國。皇天哀禹，賜以彭壽，思正夏略。"似五子之間，復有作亂争奪之事。與《左》昭元年"夏有觀扈"，《國語·楚語》"啓有五觀"之言合。韋注："五觀，啓子，太康昆弟也。"《漢書·古今人表》"太康，啓子。兄弟五人，號五觀。"《潛夫論·五德志》："啓子太康仲康更立，兄弟五人，皆有昏德，不堪帝事，降居洛汭，是爲五觀。"皆以太康兄弟凡五人，武五同聲，即《墨子》所謂武觀也。然"須於洛汭"，亦見《史記·夏本紀》。即謂《史記》同《書序》處，爲後人所竄。然《潛夫論·五德志》，亦有"兄弟五人，降居洛汭"之言。非撰《僞書》者所億造也。《左》襄四年："后羿自鉏遷於窮石，因夏民以代夏政。"鉏不可考。《淮南子·地形訓》："河水出崑崙東北陬，貫渤海，入禹所道積石山。赤水出其東南陬，西南注南海。丹澤之東。赤水之東。弱水出自窮石，至於合黎，餘波入於流沙。絶流沙，南至南海。洋水出其西北陬，入於南海。羽民之南。凡四水者，帝之神泉，以和百藥，以潤萬物。"此節文字頗錯亂。王引之謂"自窮石以下十三字，爲後人竄改。原文當作弱水出其西南陬。而出自窮石等文，當在下江出岷山諸條間。"王説信否難遽定。然王逸注《楚辭》，郭璞注《山海經》，并引《淮南子》，謂“弱水出自窮石”，則此語雖或簡錯，決非僞竄。“至於合黎”十字，或後人以《禹貢》傍注，誤入正文。《淮南》既云“絶流沙”，不必更衍此十字也。然竊疑《禹貢》“入於流沙”之下，亦奪“南至南海”一類語。《禹貢》雍州，“弱水既西”，其導九川，先弱水，次黑水，次河，次漾，次江。黑水即今長江、黄河上源，出於崑崙，與今所謂河源同；予别有考。導川叙次，蓋自西而東。《集解》引《地記》曰：“弱水西流入合黎山腹，餘波入於流沙，通於南海。”《地記》古書，頗可信據。見予所撰《弱水黑水考》。《集解》引鄭玄曰：“《地理志》：弱水出張掖。”又曰：“《地理志》：流沙，居延西北，名居延澤。”似鄭亦宗《漢志》所謂古文説者。《漢志》：張掖郡居延，“居延澤在東北。《古文》以爲流沙。”然《索隱》又云：“《水經》云：合黎山在酒泉會水縣東北。鄭玄引《地記》，亦以爲然。”合諸《集解》所載鄭引《地記》之説，則鄭初無所偏主矣。《禹貢》、《地記》説弱水，皆僅云西流，不云北向。《古文》以居延澤當之，蓋誤。既云入於南海，而又在黑水西，則弱水必今瀾滄江。瀾滄江東南流，而《禹貢》、《地記》云弱水西流者，其所指上源與今異也。《禹貢》云：“道黑水，至於三危，入於南海。”《集解》引《地記》曰：“三危山在鳥鼠之西南。”弱水在黑水西，窮石亦必在三危之西。然亦不越隴、蜀、青海之境。羿遷窮石，果即此弱水所出之窮石者，則當來自湟、洮之間。其地本射獵之區，故羿以善射特聞，而其部族亦彊不可圉也。太康此時，蓋失晉陽而退居洛汭。少康光復舊物，然曾否定居河北，了無可考。竊疑自太康之後，遂居陽城也。《周官》大司徒：“以土圭之法測土深，正日景，以求地中。日至之景，尺有五寸，謂之地中，天地之所合也，四時之所交也，風雨之所會也，陰陽之所和也。然則百物阜安，乃建王國焉。”《注》：“鄭司農云：土圭之長，尺有五寸。以夏至之日，立八尺之表，其景適與土圭等，謂之地中，今潁川陽城地爲然。”《正義》：“潁川郡陽城縣，是周公度景之處，古跡猶存，故云地爲然也。案《春秋左氏》：武王克商，遷九鼎於洛邑，欲以爲都。不在潁川地中者，武王欲取河洛之間形勝之所，洛都雖不在地之正中，潁川地中，仍在畿内。”司農父子，皆明《三統曆》，所舉當系曆家舊説。《義疏》此言，亦當有所本。此可見陽城附近，確爲歷代帝都所在。而先後營建，出入於數十百里之間，則曾不足較也。然則《漢志》、《世本》，非有異説；應劭、臣瓚，亦不必相非矣。

夏遷陽城之後，蓋未嘗更反河東。故桀時仍在陽城，而伯陽父以伊洛之竭，爲夏亡之徵也。鄭氏《詩譜》云：“魏者，虞舜、夏禹所都之地。”此亦以大較言之。乃造《僞孔傳》者，見戰國之魏，曾都安邑，遂以爲夏都亦在安邑；又不知《史記》所謂“湯始居亳，從先王居”者，先王爲契，亳爲契本封之商，而以爲即後來所都之偃師。見予所撰《釋亳》。於是解先王爲帝嚳，鑿空，謂帝嚳亦都偃師。《史記》云：“湯自把鉞，以伐昆吾，遂伐桀。桀敗於有娀之虚。桀奔於鳴條。”《尚書大傳》云：“湯放桀也，居中野。士民皆奔湯。桀與其屬五百人南徙千里，止於不齊。不齊士民往奔湯。桀與其屬五百人徙於魯。魯士民復奔湯。桀曰：國，君之有也。吾聞海外有人。與五百人俱去。”《周書・殷祝篇》略同。末作“桀與其屬五百人去居南巢。”其跡皆自西而東。今安邑反在偃師之西，其説遂不可通。《左》昭十二年：楚靈王謂子革曰：“昔我皇祖伯父昆吾，舊許是宅。”《國語》：史伯對鄭桓公曰：“昆吾爲夏伯矣。”韋昭云：“昆吾，祝融之孫，陸終第一子，名樊，爲己姓，封於昆吾。昆吾衛是也。其後夏衰，昆吾爲夏伯，遷於舊許。”是則桀時昆吾之地，在今許昌，去陽城極近。故得與桀同日亡。《孟子》曰：“舜生於諸馮，遷於負夏，卒於鳴條，東夷之人也。”《離婁》下。《吕覽・簡選》篇：“殷湯登自鳴條，乃入巢門。”《淮南・主術訓》：“湯困桀鳴條，禽之焦門。”《脩務訓》：湯“乃整兵鳴條，困夏南巢。譙以其過，放之歷山。”則鳴條之地，必與南巢、歷山相近。當在今安徽境。故《孟子》謂之東夷。《書・湯誓》：“伊尹相湯伐桀，升自陑，遂與桀戰於鳴條之野。”陑雖不知何地，度必近接鳴條。《僞傳》乃謂陑在河曲之南，鳴條在安邑之西，遂生繞道攻桀、出其不意之説，費後來多少辯論。皇甫謐又謂“昆吾亦來安邑，欲以衛桀，故同日亡。”又云：“今安邑見有鳴條陌、昆吾亭。”不知暫來衛桀，安暇築邑？遂忘其自相矛盾也。不徒妄説史事，并妄造地名以實之。江艮庭謂“謐無一語可信”，誠哉其不可信矣。西漢經説，多本舊聞。雖有傳譌，初無億造。東漢古文家，則往往以意穿鑿。今日故書雅記，百不一存，無從考見其謬。然偶有可疏通證明者，其穿鑿之跡，則顯然可見。如予所考東漢人繆以倉頡爲黄帝史官，其一事也。詳見予所撰《中國文字變遷考》。魏、晉而後，此風彌甚。即如《左氏》所載，羿代夏政，少康中興之事，據杜《注》，其地皆在山東。設羿所遷窮石，果在隴、蜀之間，則杜《注》必無一是處，惜書闕有間，予説亦無多佐證，不能辭而闢之耳。

原刊《光華季刊》第二卷第一期，一九二六年十月出版

〔二五〕有扈考

《書序》：“啓與有扈戰於甘之野，作《甘誓》。”《僞傳》：“夏啓嗣禹立，伐有扈之罪。”《疏》云：“孟子稱禹薦益於天七年，禹崩之後，益避啓於箕山之陰，天下諸侯不歸益而歸啓，曰吾君之子也，啓遂即天子位。《史記・夏本紀》稱啓

立，有扈氏不服，故伐之。蓋由自堯舜受禪相承，啓獨見繼父，以此不服，故云夏啓嗣禹立，伐有扈之罪。言繼立者，見其由嗣立故不服也。”案《疏》辭非必《僞傳》之意。《淮南·齊俗》曰：“昔有扈氏爲義而亡。”高《注》曰：“有扈，夏啓之庶兄也。以堯舜舉賢，禹獨與子，故伐啓，啓亡之。”馮衍《顯志賦》曰：“訊夏啓於甘澤兮，傷帝典之始傾。”亦此意。蓋經生舊有此説，《義疏》本以立言也。然恐與史實不合。《周書·史記》曰：“弱小在强大之間，存亡將由之，則無天命矣。不知命者死。有夏之方興也，扈氏弱而不恭，身死國亡。”《吴子》曰：“昔承桑氏之君，脩德廢武，以滅其國。有扈氏之君，恃衆好勇，以亡其社稷。”所謂不恭者也。《韓非子·説疑》曰：“昔者有扈氏有失度，讙兜氏有孤男，三苗有成駒，桀有侯侈，紂有崇侯虎，晉有優施，此六人者，亡國之臣也。”失度其公孫强之流乎？

《僞傳》云：“有扈與夏同姓。”《疏》云：“孔、馬、鄭、王與皇甫謐等，皆言有扈與夏同姓，并依《世本》之文。”然皆無爲啓庶兄之説，未知高誘何據也。又《甘誓》、《墨子·明鬼》引其文，而作《禹誓》。畢校云：“《莊子·人間世》云：禹攻有扈。《吕氏春秋·召類》云：禹攻曹、魏、屈驁、有扈，以行其教，皆與此合。”孫氏《閒詁》云：“《吕氏春秋·先己篇》云：夏后柏啓與有扈戰於甘澤而不勝。是《吕覽》有兩説。或禹、啓皆有伐扈之事，故古書或以《甘誓》爲禹誓與？《説苑·政理篇》云：昔禹與有扈氏戰，三陳而不服。禹於是脩教，三年而有扈氏請服，説亦與此合。”案古以後嗣之事繫之先王者甚多，不必作此調停之説也。

《楚辭·天問》：“該秉季德，厥父是臧。胡終弊於有扈，牧夫牛羊？”《注》云：“該，苞也。秉，持也。父，謂契也。季，末也。臧，善也。言湯能苞持先人之末德，脩其祖父之善業，故天祐之，以爲民主也。有扈，澆國名也。澆滅夏后相，相之遺腹子曰少康，後爲有仍牧正，典主牛羊，遂攻殺澆，滅有扈，復禹舊跡，祀夏配天也。”又曰：“有扈牧豎，云何而逢？擊床先出，其命何從？恒秉季德，焉得夫樸牛？”《注》曰：“言有扈氏本牧豎之人耳，因何逢遇，而得爲諸侯乎？言啓攻有扈之時，親於其床上擊而殺之，其先人失國之原，何所從出乎？恒，常也。季，末也。樸，大也。言湯常能秉持契之末德，脩而弘之，天嘉其志，出田獵，得大牛之瑞也。”案此《注》恐非。該與恒當俱是人名。該爲有扈所弊，爲牧牛羊，及有扈敗時，亦弊於牧豎之手，其人名恒，既弊有扈，復得樸牛之瑞也。《史記·秦本紀》：文公二十七年，伐南山大梓，豐大特。《集解》：“徐廣曰：今武都故道有怒特祠。圖大牛，上生樹木，有牛從木中出。後見於豐水之中。"《正義》:"《括地志》云：大梓樹在岐州陳倉縣南十里倉山上。《録異傳》云：秦文公時，雍南山有大梓樹。文公伐之，輒有大風雨，樹生合不斷。時有一人病，夜往山中，聞有鬼語樹神曰：秦若使人被髮以朱絲繞樹伐汝，汝得不困邪？樹神無言。明日，病人語聞。公如其言伐，樹斷。中有一青牛出，走入豐水中。其後牛出豐水中。使騎擊之，不勝。有騎墮地復上，髮解，牛畏之，入不出。故置髦頭。漢、魏、晉因之。武都郡立怒特祠，是大梓牛神也。"案《後漢書・西羌傳》，言爰劍與劓女遇於野，遂成夫婦，女恥其狀，被髮覆面，羌人因以爲俗，則《傳異録》之語，當出羌中。《水經》沔水《注》引《漢中記》曰："自西城涉黄金峭、寒泉嶺、陽都阪，峻崿百重，絶壁萬尋。山豐野牛野羊，騰岩越嶺，馳走若飛，觸突樹木，十圍皆倒。"則南山之地，本多樸牛，無怪羌中之有是説也。然遂依舊説，謂有扈在鄠縣，則恐未然。禹啓時兵力，恐尚不及此。甘恐即周時王子帶封邑，見《左氏》僖公二十四年。在河南，正有夏之居也。

原刊《古史辨》第七册，一九四一年六月出版

〔二六〕　太康失國與少康中興

太康失國，少康中興，爲夏代一大事，而《史記・夏本紀》一語不及，《正義》以此譏其疏略，其實非也。古人著書，各有所本。所本不同者，既不以之相訂補，亦不使之相羼雜，各如其故而傳之，所謂"信以傳信，疑以傳疑"也。《夏本紀》之所據者，蓋《繫世》之倫；《吴世家》載伍子胥之言，則所據者《國語》之類；二者固不同物也。《十二諸侯年表》曰"譜牒獨記世謚"，此蓋《周官》小史所職；國家之行事，固别有史以記之矣。《夏本紀》之不及，又何怪焉！

難者曰："譜牒獨記世謚"，於國家行事，有所不詳，是則然矣。然其關涉君身者，則亦不得而略也。如《秦紀》見《秦始皇本紀》後。獨載其君世系享國年數及葬地，而於厲、躁、簡公、出子之不寧，亦未嘗略，即其明證。今夏后相，身見殺於寒浞；少康始依有仍，後奔有虞，爲之牧正，爲之庖正，其降爲人臣久矣。奮起綸邑之中，祀夏配天，不失舊物，是漢光武、蒙古達延汗之儔也。而《史記》曰"帝相崩，子帝少康立"，一若安常處順，父子相繼者，不亦疏乎？應之曰：太康以降，夏雖中衰，統緒實未嘗絶。至於相之見弑，少康之降爲人臣，則其事尚有可疑也。請陳其説。

《墨子・非樂》:"於武觀曰：啓乃淫溢康樂，野於飲食。將將銘莧磬以力。湛濁於酒，渝食於野。萬舞翼翼。章聞於天，天用弗式。"《楚辭・離騷》:"啓《九

辯》與《九歌》兮，夏康娱以自縱。”又《天問》：“啓棘賓商，《九辯》《九歌》。”《山海經·海外西經》：“大樂之野，夏后啓於此儛九代。《注》：“九代，馬名。儛，謂盤作之令舞也。”郝懿行《箋疏》：“案《九代》，疑樂名也。《竹書》云：夏帝啓十年，帝巡狩，舞《九韶》於大穆之野。《大荒西經》亦云：天穆之野，啓始歌《九招》。招即韶也。疑《九代》即《九招》矣。又《淮南·齊俗訓》云：夏后氏，其樂夏籥《九成》。疑《九代》本作《九成》，今本傳寫形近而譌也。李善注王融《三月三日曲水詩序》引此經云：舞九代馬。疑馬字衍。而《藝文類聚》九十三卷及《太平御覽》八十二卷引此經，亦有馬字。或并引郭《注》之文也。舞馬之戲，恐非上古所有。”乘兩龍，雲蓋三層。左手操翳，右手操環，佩玉璜，在大運山北。《注》：“《歸藏·鄭母經》曰：夏后啓筮：御飛龍登於天，吉。明啓亦仙也。”《箋疏》：“案《太平御覽》八十二卷引《史記》曰：昔夏后啓筮乘龍以登於天，占於皋陶。皋陶曰：吉而必同，與神交通。以身爲帝，以王四鄉。今案《御覽》此文，即與郭《注》所引爲一事也。”一曰大遺之野。”《注》：“《大荒經》云：大穆之野。”又《大荒西經》：“西南海之外，赤水之南，流沙之西，有人珥兩青蛇，乘兩龍，名曰夏后開。開上三嬪於天，得《九辯》與《九歌》以下。《注》：“皆天帝樂名也。開登天而竊以下用之也。《開筮》曰：昔彼《九冥》，是與帝《辯》同宫之序，是謂《九歌》。又曰：不得竊《辯》與《九歌》以國於下。義具見於《歸藏》。”此天穆之野，高二千仞，開焉得始歌《九招》。”《注》：“《竹書》曰：夏后開舞《九招》也。”此啓之所以致亂也。《離騷》王逸《注》曰：“夏康，啓子太康也。”案《離騷》下文又云：“日康娱以自縱”，康娱二字相屬，則逸《注》誤也。孟子言啓賢，能敬承繼禹之道，意但主論禪繼，非史實；且亦無由知啓繼位時非賢君也。《山海經》所載乃神話，與《史記·趙世家》、《扁鵲列傳》所載趙簡子、秦穆公事極相類。啓亦作開者，漢人避景帝諱也。

《周書·嘗麥》：“其在殷之五子，忘伯禹之命，假國無正，用胥興作亂。遂凶厥國。皇天哀禹，賜以彭壽，思正夏略。”《離騷》：“不顧難以圖後兮，五子用失乎家巷。”《天問》：“何勤子屠母，而死分竟地？”揚雄《宗正箴》：“昔在夏時，太康不共。有仍二女，五子家降。”此言太康失邦之事，其亂蓋由於内鬨，猶齊桓死後五子争立也。遂凶厥國，國指夏都，蓋即殷。見《唐虞夏都邑》條。失乎家巷，失同佚，言逃亡民間也。《史記·魯世家》：楚考烈王伐滅魯。頃公亡，遷於下邑，爲家人。魯絶不祀。《晉世家》：魏武侯、韓哀侯、趙敬侯滅晉侯而三分其地，静公遷爲家人，晉絶不祀。此云家人，即《離騷》佚乎家巷之義。五子之亂，蓋得彭壽而復定。雖失故都，仍據他邑爲君如故，故太康、仲康、相得相繼在位。五子交争，而仲康仍得繼太康者，或二人本同黨；或後降於太康；如契丹太祖時諸弟之亂，亦或不與，或降而見釋也。《天問》言死分竟地，或亦有據地自立者，特太康、仲康、相相繼爲正統，故《系本》特記之也。《天問》又云：“眩弟并淫，危害厥兄。何變化以作詐，而後嗣逢長？”王逸《注》謂眩弟指象，似非。眩弟蓋指仲康。相，仲康子；少康，相子，其後相繼有國。後嗣逢長蓋指此，謂仲康危害厥兄，何後嗣反得逢長也。逢，大也，即《洪範》"子孫其逢"之"逢"。少康祀夏配天，不失舊物，是能光大夏業也。勤子屠母，蓋謂愛其子而殺其母，疑即揚雄所云有仍二女事，其詳不可得聞矣。《天問》又曰："彭鏗斟雉帝何饗？受壽永多，夫何久長？"《注》曰："彭鏗，彭祖也。好和滋味，善斟雉羹。能事帝堯，堯美而饗食之。彭祖至八百歲，猶自悔不壽，恨枕高而唾遠也。"彭祖爲舜所命二十二人之一，見《唐虞之際二十有二人》條。彭爲祝融八姓之一，歷唐、虞、夏、商，皆爲强侯，其能爲夏戡亂，亦固其所。《天問》故事，漢世蓋本莫能説，又寖以失傳。王逸自謂稽之舊章，合之經傳，以相發明，事事可曉，實則乖繆甚多。如其釋彭鏗斟雉帝何饗，恐全是望文生義。帝當指天帝。言饗其雉羹，乃報以永壽。釋受壽永多，亦神仙家言。惟彭祖壽考，當本有其説，神仙家乃從而託之。《周書》之彭壽，未審即彭鏗與否。古稱人多以號，亦或因其壽考而稱之爲壽也。

《左氏》襄公四年："昔有夏之方衰也，后羿自鉏遷於窮石，因夏民以代夏政。"《天問》："帝降夷羿，革孽夏民。"此言羿代夏之事。云因夏民以代夏政，則據有夏之故都，且代之號令諸侯矣。然固無害於太康、仲康、相等之自君其民。如衛滿得朝鮮，侵降其旁小邑，服屬真番、臨屯，而箕氏之後，猶王馬韓中也。《天問》言革孽夏民，與《左氏》因夏民之説合。然特乘亂入據耳，非稱兵犯順也。僞《古文尚書》曰："太康尸位以逸豫，滅厥德，黎民咸貳。乃盤遊無度，畋於有洛之表，十旬弗反。有窮后羿因民弗忍，距於河。厥弟五人，御其母以從，徯於洛之汭。"一似夏之喪邦，皆由羿之逞亂者，失其實矣。

《左氏》襄公四年："恃其射也，不脩民事，而淫於原獸。棄武羅、伯因、熊髡、尨圉，而用寒浞。寒浞，伯明氏之讒子弟也。伯明后寒棄之，夷羿收之。信而使之，以爲己相。浞行媚於内，而施賂於外；愚弄其民，而虞羿於田。樹之詐慝，以取其國家。羿猶不悛。將歸自田，家衆殺而亨之。以食其子，其子不忍食諸，死於窮門。靡奔有鬲氏。"《離騷》："羿淫遊以佚田兮，又好射夫封狐。固亂流其鮮終兮，浞又貪夫厥家。"《天問》："胡射夫河伯，而妻彼雒嬪？馮珧利決，封豨是射。何獻蒸肉之膏，而后帝不若？浞娶純狐，眩妻爰謀。何羿之射革，而交吞揆之？"此寒浞篡羿之事，乃有窮氏之内亂，與夏無涉。夏當是時，固仍保其所據之地也。王逸《注》曰："雒嬪，水神，謂宓妃也。傳曰：河伯化爲白龍，遊於水旁。羿見，射之，眇其左目。河伯上訴天帝，曰：爲我殺羿。天帝曰：爾何故得見射？河伯曰：我時化爲白龍，出游。天帝曰：使汝深守神靈，羿何從得犯汝？今爲蟲獸，當爲人所射。固其宜也，羿何罪與？羿又夢與雒水神宓妃交接也。"此説蓋已非其朔。古神話當以雒嬪爲河伯之妻,羿射殺河伯而奪之也。亦可見羿實有河雒之地矣。《左氏》昭公二十八年,載叔向母之言曰:"昔有仍氏生女,黰黑而甚美,光可以鑑,名曰玄妻。樂正后夔取之,生伯封,實有豕心。貪惏無厭,忿纇無期,謂之封豕。有窮后羿滅之。夔是以不祀。"封豕,疑即《天問》之封豨。傳説中或以爲人,或竟以爲豕,謂射殺之而以其膏獻諸上帝也。《禹貢》稱"禹錫玄圭",《檀弓》言"夏后氏尚黑",疑夏以黑爲徽號。此玄妻及前所引眩弟,疑并當作玄。玄妻,即純狐。《楚辭》言羿射封狐,疑夔之族尊豕,禹之族尊狐。案《吴越春秋》言,九尾白狐造禹,禹以爲當王之徵。羿射封豕、封狐,實戕二族圖騰之神。神話中謂狐爲浞妻以報羿也。《孟子·離婁》下篇曰:"逢蒙學射於羿,盡羿之道。思天下惟羿爲愈己,於是殺羿。"下引庾公之斯、子濯孺子事,以明取友必端。則逢蒙、羿之黨,《左氏》所謂家衆也。《淮南·詮言》曰:"羿死於桃棓。"《注》:"棓,大杖,以桃木爲之。以擊殺羿。由是以來,鬼畏桃也。"《説山》云:"羿死桃部不給射。"《注》:"桃部,地名。"莊逵吉云:"桃部即桃棓,"其説是也。羿之死,蓋逢蒙實爲主謀。逢、厖同字,逢蒙殆厖圉之族乎?

《左氏》襄公四年:"浞因羿室,生澆及豷。恃其讒慝詐僞,而不德於民。使澆用師,滅斟灌及斟尋氏。處澆於過,處豷於戈。靡自有鬲氏收二國之燼,以滅浞而立少康。少康滅澆於過,后杼滅豷於戈,有窮由是遂亡。"又哀公元年:"昔有過澆殺斟灌以伐斟鄩,滅夏后相。后緡方娠,逃出自竇,歸於有仍。生少康焉,爲仍牧正。惎澆能戒之。澆使椒求之。逃奔有虞,爲之庖正,以除其害。虞思於是妻之以二姚,而邑諸綸。有田一成,有衆一旅。能布其德,而兆其謀,以收夏衆,撫其官職。使女艾諜澆,使季杼誘豷。遂滅過、戈,復禹之績。祀夏配天,不失舊物。"《離騷》:"澆身被服强圉兮,縱欲而不忍。日康娱以自忘兮,厥首用夫顛隕。"《天問》:"惟澆在户,何求於嫂?《注》:"澆,古多力者也。《論語》曰:澆盪舟。言澆無義,淫佚其嫂。往至其户,佯有所求,因與行淫亂也。"何少康逐犬,而顛隕厥首?《注》:"言夏少康因田獵,放犬逐獸,遂襲殺澆,而斷其頭。"女歧縫裳,而館同爰止。《注》:"女歧,澆嫂也。館,舍也。爰,於也。言女歧與澆淫佚,爲之縫裳,於是共舍而宿止也。"何顛易厥首,而親以逢殆?《注》:"逢,遇也。殆,危也。言少康夜襲,得女歧頭,以爲澆,因斷之,故言易首遇危殆也。"'此言浞滅相及少康中興之事。如《左氏》之言,則夏嘗中絶,然其説有不可盡信者。野蠻時代,十口相傳之説,理亂興亡之事,必以一女子爲之經緯。如《蒙古源流考》之洪郭斡拜濟,《雲龍紀略》之結媽、三妲皆是。見《章氏遺書·文集》卷八。《左氏》之言,看似全係史實,然"逃出自竇"一語,已顯類東野人之言矣。《離騷》云:"及少康之未家兮,留有虞之二姚。"蓋亦有娀佚女之倫。女艾即女歧,與澆淫亂,而少康乘機殺之,所謂諜也。《天問》又云:"女歧無合夫,焉取九子?"《注》云"女歧,神女,無夫而生九子",則亦神話中人物也。古事之傳於後者,人神恒相雜。其後士夫傳述,則人事多而神事少;東野人言,則人事少而神事多。看似殊科,實同一本。《左氏》所載,亦神話之經士夫改定者耳。其原既爲野言,其事即非信史。信后緡真出自竇,女艾真爲間諜,則愚矣。后緡、女艾之事不可盡信,則其餘之語不可盡信可知也。《左氏》之言而不可盡信也,則夏祚曾否中絶,實可疑也。

《史記・夏本紀正義》引《帝王世紀》云:"帝羿,有窮氏,未聞其姓。"而《左》襄四年杜《注》云:"夷氏。"《正義》云:"此傳再言夷羿,故以夷爲氏。"案《吕覽・勿躬》亦稱夷羿。《山海經・海内西經》云:"海内崑崙之虚在西北,帝之下都。崑崙之虚,方八百里。非仁羿莫能上岡之巖。"仁、夷同字。《水經・河水注》云:"大河故瀆。西流逕平原鬲縣故城西。《地理志》曰:鬲津也。故有窮后羿國也。應劭曰:鬲,偃姓,咎繇後。"《路史》謂"羿,偃姓。女偃出臯陶。《世紀》云不聞其姓,失之。"蓋本諸此。竊疑夷爲羿之號,偃則其姓也。有鬲爲羿同姓,靡之往奔,似謀爲羿報讎。其後輔立少康,則因羿子已死,其後或無可立故耳,非必盡忠於夏。杜《注》謂爲夏之遺臣,似失之。《史記・夏本紀》言:"禹舉臯陶薦之,且授政焉,而臯陶卒,而后舉益任之政。"《楚辭・天問》云:"啓代益作后,卒然離孽。"《漢書・律曆志》載張壽王以"化益爲天子代禹"。則偃、姒二姓在當時并爲强族,其勢實代相干。故益雖見排於啓,羿仍能代夏政;其後雖以好田爲浞所篡,而姒、偃合謀,卒覆澆、豷也。《夏本紀》言禹後有有男氏,斟尋氏,斟戈氏。《索隱》曰:"《系本》男作南,尋作鄩。斟戈氏,《左傳》、《系本》皆云斟灌氏。"男、南皆與任同聲。《春秋》桓公五年"仍叔之子",《穀梁》作任叔,疑有仍即有男,與夏同姓。杜《注》云"后緡母家",亦誤也。戈、灌一地,過亦殆即斟尋。寒浞滅是二國,而使二子鎮之爾,亦可見當時同姓之國,恒相援衛矣。

《世紀》又言:羿自"帝嚳以上,世掌射正。至嚳,賜以彤弓素矢,封之於鉏。爲帝司射。歷虞、夏"。案《説文・羽部》:"羿,羽之羿風。亦古諸侯也。一曰射師。"《弓部》:"芎,帝嚳射官。夏少康滅之。《論語》曰芎善射。"《山海經・海内經》:"帝俊賜羿彤弓素矰,以扶下國。"《淮南・本經》:"堯之時,十日并出,焦禾稼,殺草木,而民無所食。猰貐、鑿齒、九嬰、大風、封豨、脩蛇皆爲民害。堯乃使羿誅鑿齒於疇華之野,殺九嬰於凶水之上。繳大風於青丘之澤。上射十日，而下殺猰貐。斷脩蛇於洞庭，禽封豨於桑林。”《世紀》蓋合此諸説以爲一説也。《世紀》又言：“浞因羿之室，生奡及豷。奡多力，能陸地行舟。”同《論語》孔安國《注》。澆、奡二字，可相假借。然盪舟實非陸地行舟。《天問》云：“湯謀易旅，何以厚之？覆舟斟尋，何道取之？”《注》云：“湯，殷王也。旅，衆也。言殷湯欲變易夏衆，使之從己，獨何以厚待之乎？覆，反也。舟，船也。斟尋，國名也。言少康滅斟尋氏，奄若覆舟，獨以何道取之乎？”《天問》文固不次，然特所問因仰見圖畫而發，不依年代先後云爾。非遂毫無倫序。“湯謀易旅”，承前引“惟澆在户”云云下，上下皆言夏事，中忽間以殷湯，似不應陵亂至此。朱子謂湯乃康字之誤，亦近鑿空。宋本《説文》及《集韻類篇》引《論語》，盪并作湯，則《天問》之湯謀，亦即盪謀，謂動謀也。澆蓋能水戰，而少康覆其舟師。罔水行舟，蓋譬喻之語，不徒非澆事，丹朱亦未必實有其事也。《書疏》引鄭玄云“丹朱見洪水時人乘舟，今水已治，猶居舟中，頟頟使人推行之”，妄矣。水雖治，豈遂無水可以行舟邪？參看《丹朱傲辨》條。

《史記·魯世家》：楚考烈王伐滅魯。頃公亡，遷於下邑，爲家人。魯絶不祀。《晉世家》魏武侯、韓哀侯、趙敬侯滅晉侯而三分其地，静公遷爲家人，晉絶不祀。此云家人，即《離騷》佚乎家巷之義。

原刊《古史辨》第七册，一九四一年六月出版

〔二七〕越之姓

《史記·世家》云：“越王句踐，其先禹之苗裔，而夏后帝少康之庶子也，封於會稽，以奉守禹之祀。”《吴越春秋》説同。《漢書·地理志》曰：“粵地，牽牛、婺女之分野也，今之蒼梧、鬱林、合浦、交阯、九真、南海、日南，皆粵分也。其君禹後，帝少康之庶子云，封於會稽。”亦本舊説。臣瓚曰：“自交阯至會稽七八千里，百越雜處，各有種姓，不得盡云少康之後也。按《世本》，越爲芈姓，與楚同祖，故《國語》曰芈姓夔、越，然則越非禹後明矣。又芈姓之越，亦句踐之後，不謂南越也。”案《漢志》所謂其君禹後者，自指封於會稽之越言之，不該百越。臣瓚實誤駁。至謂越爲芈姓，則《左氏》宣公八年《正義》亦據《外傳》而疑越非夏后之後；《正義》：《譜》引《外傳》曰：芈姓歸越。是越本楚之别封也，或非夏后氏之後也。《國語·吴語》韋《解》亦云：“句踐，祝融之後，允常之子，芈姓也。”引《鄭語》及《世本》爲證。《墨子·非攻下篇》：“越王緊虧盧校改爲翳虧，畢、孫二氏并從之。出自有遽，始邦於越。”孫仲容《閒詁》曰：“《楚世家》云：熊渠立少子執疵爲越章王。

《左》僖二十六年，夔子曰：我先王熊摯；《漢書·古今人表》及《史記正義》引宋均《樂緯注》并謂熊摯亦熊渠子；竊疑夔、越同出。此出自有遽，或當云出自熊渠。"案渠、遽古字通，孫説似是；然必謂禹後之説爲誤，亦未必然。閩越王無諸及越東海王摇皆句踐後，而姓騶氏。見《史記》本傳。徐廣曰"騶一作駱"，非也。《漢書》亦作騶，下文有將軍騶力，蓋其同姓。疑越俗或從母姓。句踐先世嘗與羋姓通昏姻，故爲楚之所自出，而云羋姓。然以父系言之，則固禹之苗裔而少康之庶子也。春秋之世，楚越常通婚姻而吴越相攻擊甚烈。夫差之讎越，自以闔廬見殺之故。闔廬、允常之相讎，則其故殊不可知，豈以越出於楚，故助楚以謀吴歟？若然，則楚之用越，正猶晉之通吴矣。

《史記》云："夫餘之後二十餘世，至於允常。"自夏至春秋，年代雖難質言，必不止二十餘世。《正義》引《輿地志》云："越侯傳國三十餘葉，歷殷至周。敬王時，有越侯夫譚，子曰允常，拓土始大，稱王。"三十餘世亦尚嫌其不足，豈其世數實自緊虧計之邪？

《後漢書岑彭傳》："更始遣立威王，張卬與將軍徭偉鎮淮陽。"《注》引《風俗通》曰："東越王徭，句踐之後。其後以徭爲姓。"此則以王父字爲氏之倫，中國所謂庶姓也。

原刊《光華大學半月刊》第三卷第一期，一九三四年十月十日出版

〔二八〕　匈奴爲夏后氏苗裔

《史記·匈奴列傳》曰："匈奴，其先祖，夏后氏之苗裔也，曰淳維。"此非無稽之談也。《索隱》引張晏曰："淳維以殷時奔北邊。"顔師古《漢書注》："以殷時始奔北邊。"蓋本諸此。又引樂産《括地譜》云："夏桀無道，湯放之鳴條，三年而死。其子獯粥妻桀之衆妾，避居北野，隨畜移徙。中國謂之匈奴。"二説未知所本。"避居北野，隨畜移徙"，似因《史記》"居於北蠻，隨畜牧而轉移"之文附會者。然《史記》明言匈奴先祖名淳維，而此謂其名爲獯粥，逕以部名爲人名，則非襲《史記》也。特其所本與《史記》大同耳。然《史記》又云："自淳維以至頭曼，千有餘歲，時大時小，别散分離，尚矣；其世傳不可得而次云。然至冒頓而匈奴最强大，盡服從北夷，而南與中國爲敵國，其世傳國官號乃可得而記云。"玩此數語，便知匈奴爲夏桀之後，説非無據。蓋此數語之意，謂自淳維至頭曼，其世傳雖不可得而次；其時大時小，别散分離之事，雖亦不能盡記；然要皆不如冒頓時之强大，則猶有可知。然則匈奴史事非盡無徵，特其詳不可得而聞耳。以此推之，則其世傳雖不可得而次，固無害其爲夏

后氏之苗裔之確有可徵也。古者繫世之職，掌於史官，雖書闕有間，然其犖犖大者，後之人類能道之，特其世次不能盡具耳。如五帝世次見於《大戴禮記》及《史記》。堯禪舜，舜禪禹，其年歲當略相次，而堯與禹同爲黄帝玄孫，舜乃爲黄帝九世孫，蓋自堯、禹以上其世次并有脱落矣。《殷》、《周本紀》所載世系，殷自契至湯皆具，而《周本紀》曰："封棄於邰，號后稷，别姓姬氏。后稷之興，在陶唐、虞、夏之際，皆有令德。后稷卒，子不窋立。"此三十餘字之間，后稷二字，凡有三解："號曰后稷"之"后稷"指棄；"后稷之興"之"后稷"，括棄以後居稷官者；"后稷卒"之"后稷"則不窋之父也。蓋自棄至不窋之間，其名與世次皆不可考矣。然不得因此遂謂五帝及周之世系皆不足信也。匈奴爲夏后氏之後之可信，理正同此。

原刊《光華大學半月刊》第三卷第一期，一九三四年十月十日出版

〔二九〕說　　商

《詩·商頌譜》云："商者，契所封之地。"《疏》云："商者，成湯一代之大號，而此云商者契所封之地，則鄭以湯取契之所封，以爲代號也。服虔、王肅則不然。襄九年《左傳》曰：閼伯居商丘，相土因之。服虔云：商丘，地名。相土，契之孫。因之者，代閼伯之後居商丘，湯以爲號。又《書序》王肅《注》云：契孫相土居商丘，故湯因以爲國號。《書·湯誓疏》引同。而鄭玄以爲由契封商者。契之封商，見於《書傳》、《史記》、《中候》，其文甚明。經典之言商者，皆單謂之商，未有稱爲商丘者。又相土居商丘以後，不恒厥邑。相土之於殷室，雖是先公俊者，譬之於周，則公劉之儔耳，既非湯功所起，又非王跡所因，何當取其所居，以爲代號也？"《左氏》襄公九年杜《注》云："商丘在宋地。"《疏》引《釋例》曰："宋、商、商丘，三名一地，梁國睢陽縣也。"《疏》又云："《殷本紀》云：帝舜封契於商。鄭玄云：商國在大華之陽。皇甫謐云：今上洛商縣是也。《書·帝告釐沃序疏》引同。如鄭玄意，契居上洛之商，至相土而遷於宋之商，及湯有天下，遠取契所封商，以爲一代大號。服虔云：相土居商丘，故湯以爲天下號。王肅《書序注》云：契孫相土居商丘，故湯以爲國號。案《詩》述后稷云：即有邰家室；述契云：天命玄鳥，降而生商；即稷封邰而契封商也。若契之居商即是商丘，則契已居之，不得云相土因閼伯也。若别有商地，則湯之爲商，不是因相土矣。且經傳言商，未有稱商丘者。《釋例》云：宋之先契佐唐、虞，封於商，武王封微子啓爲宋公，都商丘，是同鄭玄說

也。”案《疏》謂相土以後，不恒厥邑，縣揣無據，已見《自契至於成湯八遷》條。至謂契之封商見於《書傳》、《史記》、《中候》，其文甚明，引《詩》“降而生商”爲證，謂湯之代號，必非取諸相土，則其言甚允。服虔、王肅，當亦不能有異辭。僞孔、杜預多同王肅，而《尚書・湯誓僞傳》謂“契始封商，湯遂以爲天下號”，則王肅之意，殆不以契所封之商在大華之陽；杜預謂契封於商，啓都商丘，亦未嘗以爲兩地；《疏》謂其同於鄭玄，恐非也。上洛、商丘，相去千里，契封何所，固不可不一明辨之。

自來信鄭説者，以《史記・六國表》云“夫作事者必於東南，收功實者常於西北”，以湯起於亳，與禹興西羌、周以豐鎬伐殷、秦用雍州興、漢之興自蜀漢并舉；又緯書有“太乙在亳，東觀於洛”之文；《詩・商頌・玄鳥疏》引《中候格予命》云：“天乙在亳，東觀在洛。”《藝文類聚》及《御覽》引《中候》，咸有其文。《水經・洛水注》云：“黄帝東巡河，過洛，脩壇沈璧，受龍圖於河，龜書於洛，赤文緑字。堯帝又脩壇河洛，擇良即沈，榮光出河，休氣四塞，白雲起，迴風逝，赤文緑字，廣袤九尺，負理平上，有列星之分，七政之度，帝王録記興亡之數以授之。堯又東沈書於日稷，赤光起，玄龜負書，背甲赤文成字，遂禪於舜。舜又習堯禮，沈書於日稷，赤光起，玄龜負書，至於稷下，榮光休至，黄龍卷甲，舒圖壇畔，赤文緑錯，以授舜，舜以禪禹。殷湯東觀於洛，習禮堯壇，降璧三沈，榮光不起，黄魚雙躍，出濟於壇，黑鳥以浴，隨魚亦止，化爲黑玉赤勒之書，黑龜赤文之題也。湯以伐桀。故《春秋説題辭》曰：河以道坤出天苞，洛以流川吐地符，王者沈禮焉。”此説於黄帝亦言東巡，於堯亦言東沈，蓋皆謂其都邑本在河洛之西。緯候妖妄之辭，不足據也。其證據頗古也。予昔亦信是説，由今思之，漢人之言，亦未必不誤。《史記・秦本紀》：甯公二年，“遣兵伐蕩社。三年，與亳戰，亳王奔戎，遂滅蕩社。”《索隱》云：“西戎之君，號曰亳王，蓋成湯之胤。其邑曰蕩社。”《太平御覽・皇王部》引《韓詩内傳》曰：“湯爲天子十三年，百歲而崩，葬於徵；今扶風徵陌是也。”此等皆漢人附會湯興西方之由。案《秦本紀集解》引徐廣曰：“蕩音湯。社一作杜。”《索隱》亦云：“徐廣云一作湯杜，言湯邑在杜縣之界，故曰湯杜也。”《封禪書》：“於社亳有三社主之祠。”《索隱》云：“徐廣云京兆杜縣有亳亭，則社字誤，合作於杜亳。且據文，列於下者皆是地邑，則杜是縣。案：秦甯公與亳王戰，亳王奔戎，遂滅湯社。皇甫謐亦云：周桓王時自有亳王號湯，非殷也。”案《説文》亳下不言湯所都；又諸書多作薄，《周書・殷祝》：“湯放桀而復薄。”《管子・地數》：“湯有七十里之薄。”《輕重甲》：“伊尹以薄之游。”“湯以七十里之薄。”《荀子・議兵》：“古者湯以薄。”《吕覽・具備》：“湯嘗約於郼薄。”皆作薄。《墨子・非攻下》：“屬諸侯於薄。”“十日雨土於薄。”亦作薄。《非命上》：“湯封於亳。”則作亳。畢校亦云：當爲薄。孫仲容《墨子閒詁》謂“惟《孟子》作亳，蓋借音字，後人依改亂之。”然則《秦本紀》之亳王、湯社，究與湯有關係與否，尚未可知；而以此證契封大華，疏矣。《御覽》所引《内傳》之文，絶不似《内傳》之體。

《史記·殷本紀集解》引皇甫謐云:"即位十七年而踐天子位,爲天子十三年,年百歲而崩。"與《御覽》所引文極相似,恐《御覽》誤《世紀》爲《内傳》。《世紀》之言固多荒,然則謂契封上洛,湯興西方,殊近無徵不信也。王静安《説商》云:"商之國號,本於地名。宋之稱商丘,猶洹水南之稱殷虚。《左傳》昭元年,遷閼伯於商丘,主辰,商人是因,故辰爲商星。又襄九年《傳》:陶唐氏之火正閼伯居商丘,祀大火,而火紀時焉。相土因之,故商主大火。又昭十七年《傳》:宋,大辰之虚也。大火謂之大辰,則宋之國都,確爲昭明、相土故地。顧氏《日知録》,引《左氏傳》,孝惠娶於商,哀二十四年。天之棄商久矣,僖二十二年。利以伐姜,不利子商,哀九年。以證宋之得爲商。閻百詩《潛邱劄記》駁之,其説甚辯。然不悟周時多謂宋爲商:《左》襄九年《傳》,士弱曰:商人閲其禍敗之釁,必始於火。謂宋人也。昭八年《傳》:自根牟至於商、衛。謂宋、衛也。案此條襄九年《疏》已引之。《吴語》:闕爲深溝,通於商、魯之間。謂宋、魯之間也。《樂記》:商者,五帝之遺音也。商人識之,故謂之商。"此説頗允。《韓非子·説林上篇》"子圉見孔子於商太宰",《下篇》"宋太宰貴而主斷";《内儲説上篇》"商太宰論牛矢","戴驩,宋太宰",《下篇》亦云"戴驩爲宋太宰";皆商、宋一字之徵。契之初封,蓋在商丘,後遷於蕃,昭明居於砥石,相土復返商丘。《左氏疏》言契居商丘,相土不得云因閼伯,其説似是而非。《左氏》論商主大火,不在溯其初封,故舉相土不舉契也。

《水經·渭水注》曰:"渭水逕鑾都城北,故蕃邑,殷契之所居。《世本》曰:契居蕃。闞駰曰:蕃在鄭西。然則今鑾城是矣。"此乃契封上洛之説既出後附會之辭,不足爲據。王静安曰"疑即《漢志》魯國之蕃縣",見《説自契至成湯八遷注》。頗爲近之。砥石,《書·帝告釐沃序疏》曰:"先儒無言,不知所在。"亦當距商與蕃不遠也。

近人丁山《由三代都邑論其民族文化》曰:"漢常山郡薄吾縣,戰國時謂之番吾,亦作蒲吾,在今平山縣境,即蕃。《史記》青陽降居江水,《大戴記·帝繫》作泜水。《山海經·北山經》:敦與之山,泜水出於其陰,而東流注於彭水。郭《注》:今泜水出中丘縣西窮泉谷,東注於堂陽縣,入於漳水。今《水經·漳水注》無泜水。全氏云:《漢志》:常山郡元氏縣,沮水首受中邱窮泉谷,東至堂陽入横河。又常山郡房子縣贊皇山,石濟水所出,東至於廮陶入泜。以互攝通稱之例言之,頗疑泜與石濟下游,古有泜石水之名,昭明所居,即在其處,當在今隆平、柏鄉、寧晉諸縣間。"予案古代開闢,南先北後,紂都朝歌,臺在沙丘,《漢志》。而《孟子》言紂之罪曰:"壞宫室以爲汙池,棄田以爲苑囿,苑囿汙池,沛澤多而禽獸至。"《滕文公》下。武王狩禽,《周書·世俘》。蓋亦其地。然則沙丘以往,殷、周之際,猶爲榛莽之區,而謂契與昭明,能開拓至今平山、隆平、柏鄉、寧晉之間乎?且《山經》、《大戴》之泜是否一水,又是否《漢志》之泜,亦皆難質言也。

〔三〇〕 自契至於成湯八遷考

《書序》云:"自契至於成湯,八遷。湯始居亳,從先王居。"《僞傳》云:"契父帝嚳都亳,湯自商丘遷焉,故曰從先王居。"《疏》云:"《商頌》云:帝立子生商,是契居商也;《世本》云昭明居砥石;《左傳》稱相土居商丘;及今湯居亳;事見經傳者,有此四遷;其餘四遷,未詳聞也。"又云:"孔言湯自商丘遷焉,以相土之居商丘,其文見於《左傳》,因之言自商丘徙耳。此言不必然也。何則?相土,契之孫也,自契至湯凡八遷,若相土至湯,都遂不改,豈契至相土三世而七遷也?相土至湯,必更遷都,但不知湯從何地而遷亳耳。"案國都一時屢徙,或歷久不遷,皆事所恒有,安得億相土至湯,必更遷移,契至相土,不容亟徙?此言頗不近理。然猶可曰爲矜慎起見也。諸侯不敢祖天子,言湯之先,似無上溯帝嚳之理。且經傳之文,皆後人所追叙,實執筆者之辭,故帝王等稱謂,略有一定。如五帝,古書無稱爲王者;三王,亦無稱爲帝者。安得此言先王,獨指帝嚳?《僞傳》之説,實不可通。然契本封商,不可云遷,而《疏》以當四遷之一,是於此轉無異辭也。未免疑其所不當疑,信其所不當信矣。

揚雄《兖州牧箴》曰:"成湯五徙,卒歸於亳。"是則湯身凡五遷,湯以前衹三遷耳。三遷者,《水經·渭水注》引《世本》曰"契居蕃",一也。蓋自商而徙。《荀子·成相》曰:"契玄王,生昭明,居於砥石遷於商。"言昭明遷商,不與《疏》引《世本》合。遷商蓋實相土事。《成相》多三七言,爲字數所限,故言之不悉。居砥石,是二遷;遷於商,是三遷也。成湯五遷者,《書序》言"湯始居亳",蓋自商而徙,一也。《吕覽·慎大覽》言:武王"立成湯之後於宋,以奉桑林"。桑林爲湯所禱,而在宋,此湯曾居商之證。《吕覽·慎大覽》曰:"湯立爲天子,夏民大説,親郼如夏。"《慎勢》曰:"湯其無郼,武王無岐,賢雖十全,不能成功。"《具備》曰:"湯嘗約於郼、薄矣,武王嘗窮於畢裎矣。"《高義》曰:"郼、岐之廣也,萬國之順也,從此生矣。"《分職》曰:"無費乎郼與岐周,而天下稱大仁,稱大義。"郼即韋。《詩》言"韋顧既伐",蓋湯嘗滅而居之,此爲二遷。《周書·殷祝》曰:"湯將放桀,於中野。《尚書大傳》曰:"湯放桀,居中野。"觀下文,《書傳》是也。"於"當作"居",或上奪"居"字。士民聞湯在野,皆委貨,扶老攜幼奔,國中虚。桀請湯曰:國所以爲國者以有家,家所以爲家者以有人也。今國無家，無人矣。“無人矣”上，當奪“家”字。君有人，請致國。君之有也。“君之有也”上，當奪“國”字。湯曰：否。昔大帝作道，明教士民，今君王滅道殘政，士民惑矣。吾爲王明之。士民復致於桀。言湯致士民於桀。曰：以薄之居，濟民之殘，何必君更？桀與其屬五百人南徙千里，止於不齊。不齊士民往奔湯於中野。桀復請湯。言君之有也。“君”上疑亦奪“國”字。湯曰：否，我爲君王明之。士民復重請之。湯復致士民於桀。桀與其屬五百人徙於魯。魯士民復奔湯。桀又曰：國，君之有也，吾則外人有言。此即《左氏》莊公十四年“寡人出，伯父無裏言”之言，言外人有招我者。《尚書大傳》曰：“吾聞海外有人。”彼以吾道是邪？我將爲之。湯曰：此君王之士也，君王之民也，委之何？湯不能止桀。湯曰：欲從者從君，桀與其屬五百人去居南巢。”此將湯之放桀，附會爲揖讓之文，言湯三讓乃取桀之國也，是三遷也。《春秋繁露・三代改制質文》曰：“湯受命而王，作宫邑於下洛之陽。”此放桀後作新邑，既作之，必嘗居之，是四遷也。《風俗通・三王》篇曰：“湯者，攘也。言其攘除不軌，改亳爲商，成就王道，天下熾盛。”此即揚雄所云成湯五徙，卒歸於亳者，蓋營下洛後復歸於亳也。是五遷也。然則自契至湯八遷，經傳本具，特後人未能深思而熟考之耳。《詩・玄鳥疏》云：“自契至湯八遷者，皇甫謐云史失其傳，故不得詳。”案鄭玄蓋亦無説，故《疏》不之引。

原刊《群雅》第二集第二卷，一九四一年出版

〔三一〕釋　　亳

《史記》曰：“自契至湯八遷。湯始居亳，從先王居。”其後仲丁遷於隞，河亶甲居相，祖乙遷於邢，盤庚渡河南，復居成湯之故居。武乙立，復去亳徙河北。歷代都邑遷徙，蓋無如殷之數者。而亳之所在，異説尤滋。《漢書・地理志》河南郡偃師縣《注》云：“尸鄉，殷湯所都。”《續漢書・郡國志》，偃師縣下亦云“有尸鄉”。《注》引《皇覽》曰：“有湯亭，有湯祠。”《書序疏》：“鄭玄云：亳，今河南偃師縣，有湯亭。”此皆以亳在偃師者也。《漢志》論宋地云：“昔堯作遊成陽，舜漁雷澤，湯止于亳，故其民猶有先王遺風。”山陽郡薄縣下《注》：“臣瓚曰：湯所都。”河南郡偃師縣下又載瓚説曰：“湯居亳，今濟陰縣是也。今亳有湯冢，己氏有伊尹冢，皆相近也。”《續漢書・郡國志》：梁國薄縣，湯所都。《注》：“杜預曰：蒙縣西北有亳城，中有湯冢。”《書序疏》：“皇甫謐云：孟子稱湯居亳，與葛爲鄰，葛伯不祀，湯使亳衆往爲之耕。葛即今梁國甯陵之葛鄉也。若湯居偃師，去甯陵八百餘里，豈當使民爲之耕乎？亳，今梁國穀熟縣是

也。”又《立政》“三亳阪尹”《疏》:“皇甫謐以爲三亳三處之地,皆名爲亳。蒙爲北亳,穀熟爲南亳,偃師爲西亳。”此以薄、亳、蒙、穀熟之地爲亳者也。魏氏源以《史記·六國表》以湯起于亳與禹興于西羌,周之王也以豐鎬代殷,秦之帝用雍州興,漢之興自蜀漢并言;又《雒予命》、《尚書中候》皆有“天乙在亳,東觀於洛”之文;斷“從先王居”之先王爲契。謂湯始居商,《帝告釐沃序疏》:“鄭玄云:契本封商,國在太華之陽。”有天下後,分建三亳:徙都偃師之景亳,而建東亳於商邱,仍西亳於商州。案魏氏説三亳,雖與皇甫謐異,而其立三亳之名,以牽合《立政》“三亳阪尹”之文則同。似非。《立政疏》云“鄭玄以三亳阪尹者,共爲一事,云湯舊都之民服文王者,分爲三邑。其長居險,故言阪尹”,蓋是。此自周初事,不必牽及商代。此又以商之地亦爲亳者也。《書古微·湯誓序發微》。王氏鳴盛《尚書後案》,謂薄縣漢本屬山陽郡,後漢又分其地置蒙、穀熟,與薄并改屬梁國,晉又改薄爲亳,且改屬濟陰,故臣瓚所謂湯都在濟陰亳縣,《尚書胤征》“湯始居亳”《疏》引《漢書音義》。及其所謂在山陽薄縣,司馬彪所謂在梁國薄縣,杜預所謂在梁國蒙縣者,本即一説,孔穎達《書》、《詩》疏皆誤認爲異説;皇甫謐以一亳分爲南北,且欲兼存偃師舊説,以合《立政》三亳之文,實爲謬誤。其説甚確。然謐謂偃師去甯陵八百餘里,不當使民往爲之耕,則其説中理,不容妄難。王氏論古,頗爲精核,惟佞鄭太過。如於此處,必執謂薄非亳;薄非亳,則蒙、穀熟可知。其所據者,謂晉人改薄爲亳,乃以《漢志》謂湯嘗止於是,又其地有湯冢也。然《漢志》僅謂湯嘗遊息於此。劉向云:“殷湯無葬處。”而《皇覽》云:“哀帝建平元年,大司空御史長卿案行水災,因行湯冢。”突然得之,足徵其妄。其説似辨矣。然於“偃師去甯陵八百里,不當使民往爲之耕”之難,不能解也。此難不能解,而必謂薄非亳,則非疑《孟子》不可。尊鄭而排皇甫謐可也,佞鄭而疑《孟子》,則傎矣。王氏於謐説,但謂“其説淺陋,更不足辯”,豈足服謐之心乎? 魏氏謂湯始居商,所舉皆古據。諸侯不敢祖天子;《玄鳥》之頌,及契而不及嚳;先王爲契,尤爲確鑿也。然則亳果安在邪? 予謂古本無今世所謂國名。古所謂國者,則諸侯所居之都邑而已。然四境之内,既皆屬一人所統,則人之稱此國者,亦漸該四境之内言之。於建專指都邑之國,乃漸具今世國名之義焉。都邑可以屢遷,而今世之所謂國名者,不容數變。於是雖遷新邑,仍以舊都之名名之。如晉之新故絳是也。商代之亳,蓋亦如是。《左》襄三十年:“鳥鳴於亳社。”是春秋之宋,其都仍有亳稱也。《史記·秦本紀》:甯公二年,“遣兵伐蕩社。三年,與亳戰,亳王奔戎,遂滅蕩社。”《集解》:徐廣曰:“蕩音湯,社一作杜。”《索隱》:“西戎之君,號曰亳王,蓋成湯之胤。其邑曰蕩社。徐廣云:一作湯杜。言湯邑在杜縣之界,故曰湯杜也。”《封禪書》:“於社亳有三社主之祠。”《索隱》:“徐廣云:京兆杜縣有亳亭,則社字誤,合作於杜亳。且據文,列於下者皆是地邑,則杜是縣。案秦甯公與亳王戰,亳王奔戎,遂滅湯社。皇甫謐亦云:周桓王時自有亳王號湯,非殷也。”是湯後在雍州者,春秋時其都仍有亳稱也。此皆亳不止一處之證。亳既不止一處,則商也,偃師也,薄縣也,固無妨其皆爲亳矣。予蓋以湯用兵之跡證之,而知其始居商,中徙薄,終乃定居於偃師也。何以言之?案《史記》云:"葛伯不祀,湯始伐之。"又云"當是時,夏桀爲虐政,淫荒,而諸侯昆吾氏爲亂。湯乃興師,以伐昆吾。遂伐桀。桀敗於有娀之虚。桀奔於鳴條。夏師敗績。湯遂伐三䡘。伊尹報。於是諸侯服,湯乃踐天子位,平定海内。湯歸至於泰卷陶,還亳"云云。葛,《漢志》陳留郡甯陵《注》:"孟康曰:故葛伯國,今葛鄉是。"今河南甯陵縣是也。昆吾有二:一《左》昭十二年:"楚靈王謂子革曰:昔我皇祖伯父昆吾,舊許是宅。"地在今河南許昌。一哀十七年:"衛侯夢於北宫,見人登昆吾之觀。"《注》:"衛有觀,在古昆吾氏之虚,今濮陽城中。"今河南之濮陽。《國語·鄭語》:史伯對鄭桓公曰:"昆吾爲夏伯矣。"韋昭《注》:"昆吾,祝融之孫,陸終第一子,名樊,爲己姓,封於昆吾。昆吾,衛是也。其後夏衰,昆吾爲夏伯,遷於舊許。"則此時之昆吾,在今許昌,去桀都陽城極近,桀都陽城,見予所撰《夏都考》。故得同日亡也。有娀之虚不可考。鳴條,《吕覽·簡選篇》云:"登自鳴條,乃入巢門。"《淮南·主術訓》云:"湯革車三百乘,困之鳴條,禽之焦門。"注:"焦,或作巢。"《脩務訓》云:"乃整兵鳴條,困夏南巢,譙以其過,放之歷山。"注:"南巢,今廬江居巢是。歷山,蓋歷陽之山。"居巢,今安徽巢縣。歷陽,今安徽和縣。鳴條亦當在今安徽。故舜"卒於鳴條",《孟子》以爲"東夷之人"也。《史記·夏本紀集解》:"鄭玄曰:南夷地名。"《書·湯誓序正義》引同。三䡘者,《續漢書·郡國志》:濟陰郡定陶,"有三䡘亭。"地在今山東定陶縣。泰卷陶者,《集解》:"徐廣曰:一無此陶字。"《索隱》:"鄒誕生卷作坰,又作泂,則卷當爲坰,與《尚書》同。"解《尚書》者以大坰爲今定陶。舊本或旁記其地名,後人轉寫,遂衍斯字也。則泰卷亦今定陶也。《詩》云:"韋、顧既伐,昆吾夏桀。"則湯伐昆吾之先,又嘗伐韋、顧。《郡國志》:東郡白馬縣"有韋鄉"。注:"杜預曰:縣東南有韋城,古豕韋氏之國。"今河南滑縣。《郡縣志》:"顧城,在濮州范縣東,夏之顧國。"今山東范縣。《尚書大傳》:湯放桀,居中野,士民皆奔湯。桀與其屬五百人南徙千里,止於不齊;不齊士民往奔湯。桀與其屬五百人徙於魯;魯士民復奔湯。桀曰:國,君之有也。吾聞海外有人,與五百人俱去。《周書·殷祝》篇略同,末云:"桀與其屬五百人去居南巢。"不齊蓋即齊。魯則周公所封也。縱觀湯用兵之跡:始伐今甯陵之葛;次伐今滑縣之韋,范縣之顧;遂伐今許昌之昆吾,登封之夏桀。一戰而勝,桀遂自齊、魯輾轉入今安徽。湯以其間,更伐今定陶之三䡘。三䡘,蓋桀東方之黨也。其戰勝攻取之跡,皆在今河南、山東。則其所都,必跨今商丘、夏邑、永城三縣境之薄矣。《禮記·緇衣》引《尹吉》曰:“惟尹躬天見於西邑夏。”《注》:“天,當爲先字之誤。”夏之邑在亳西。夏都陽城,薄縣在其東,商與偃師、顧在其西,此則《孟子》“湯居亳,與葛爲鄰”之鐵證也。《孟子》言:“伊尹五就湯,五就桀。”《史記》言:“伊尹去湯適夏,既醜有夏,後歸於亳。”《書大傳》:“夏人飲酒,醉者持不醉者,不醉者持醉者,相和而歌,曰:盍歸于亳?盍歸于亳?亳亦大矣。故伊尹退而閒居,深聽樂聲。更曰:覺兮較兮!吾大命格兮!去不善而就善,何不樂兮?伊尹入告于桀,曰:大命之亡有日矣。桀僩然歎,啞然笑,曰:天之有日,猶吾之有民也。日亡,吾乃亡矣。是以伊尹遂去夏適湯。”所謂先見也。鄭釋先見,謂“尹之先祖,見夏之先君臣”,似迂曲。如此,非謂夏本在亳西不可,則湯始居商之説不可通。吾舊疑西邑夏乃别於夏之既東言之,疑桀嘗自陽城遷居舊許,故得與昆吾同日亡。然此説了無證據,亦不能立。似不如釋尹躬先見即爲尹初就夏之爲直捷也。然湯始居商,後遷偃師,亦自有其佐證。《太平御覽·皇王部》引《韓詩内傳》曰:“湯爲天子十三年,百歲而崩。葬於徵。今扶風徵陌是也。”《韓詩》當漢時,傳授甚盛。劉向治《魯詩》,與《韓詩》同屬今文,《韓詩》果有此説,劉向豈得不知,而云殷湯無葬處乎?然則徵陌湯冢,蓋湯後裔,如《史記》亳王之類;或其先祖耳。然傳者以爲湯冢,則亦湯嘗居關中之證也。《書大傳》謂湯網開三面,而“漢南諸侯聞之歸之四十國”,亦必居關中,乃能通武關之道,如周之化行江漢矣。《盤庚》“不常厥邑,於今五邦”《正義》:“鄭、王皆云:湯自商徙亳,數商、亳、囂、相、耿爲五。”鄭説商國在太華之陽。自商徙亳,即謂其自本封之商,徙居偃師。《春秋繁露·三代改制質文》篇:“湯受命而王,作宫邑於下洛之陽。”亦指偃師言之也。《孟子》謂“伊尹耕於有莘之野,湯三使往聘之”,《史記》則謂“阿衡欲干湯而無由,乃爲有莘氏媵臣,負鼎俎以滋味説湯”。《吕覽·本味》云:“有侁氏女子採桑,得嬰兒于空桑之中,獻之其君。其君令烰人養之,察其所以然,曰:其母居伊水之上,孕,夢有神告之曰:臼出水而東走,毋顧。明日,視臼,出水,告其鄰,東走,十里而顧,其邑盡爲水,身因化爲空桑,故命之曰伊尹。此伊尹生空桑之故也。長而賢。湯聞伊尹,使人請之有侁氏。有侁氏不可。伊尹亦欲歸湯。湯於是請取婦爲昏,有侁氏喜,以伊尹媵女。”“故命之曰伊尹”,黄氏東發所見本作“故命之曰空桑”,蓋是。如今本,文義不相銜接。身化空桑,跡涉荒怪。謂阿衡得氏,由其母居伊水,難可依從。尹之氏伊,蓋由後居伊水,故後人以其母事附會之邪?有莘者,周太任母家,其地在洽之陽,有渭之涘,今陝西郃陽縣是也。伊尹始臣有莘,後居伊水;亦湯初居商,終宅偃師之一證矣。統觀諸説,湯蓋興於關中,此猶周文王之作豐,武王之宅鎬也。其戰勝攻取,則在薄縣,猶周公之居東以戡三監也。終宅偃師,猶武王欲營洛邑,而周公卒成其志也。世之相去五百有餘歲,事不必相師也,而其攻戰之略,後先一揆,豈不詭者！商、周之得天下殆同，特周文、武、周公相繼成之，湯則及身戡定耳。

原刊《光華大學半月刊》第二卷第三期，一九三三年十一月十日出版

〔三二〕 湯弱密須氏

《戰國策·魏策》："王不聞湯之伐桀乎？試之弱密須氏以爲武教，得密須氏而湯知服桀矣。"案伐密須氏爲文王事，此蓋傳譌也。古人輕事重言，往往如此。

〔三三〕 論湯放桀地域考

《史記·夏本紀》云："湯遂率兵以伐夏桀，桀走鳴條，遂放而死。"《殷本紀》云："桀敗於有娀之虚，桀奔於鳴條，夏師敗績。湯遂伐三嵏。"《周書·殷祝》曰："湯放桀於中野。士民聞湯在野，皆委貨扶老攜幼奔，國中虚。桀與其屬五百人南徙千里，止於不齊；不齊士民往奔湯。桀與其屬五百人徙於魯；魯士民復奔湯，桀與其屬五百人去居南巢。"《尚書大傳》略同。惟末句作"桀曰：吾聞海外有人，與五百人俱去"。《墨子·三辯》："湯放桀於大水。"《荀子·解蔽》："桀死於亭山。"《御覽·皇王部》引《尸子》："桀放於歷山。"《吕覽·簡選》："殷湯良車七十乘，必死六千人，戰於郕，登自鳴條，乃入巢門。"《淮南·本經》："湯以革車三百乘伐桀於鳴條，放之夏臺。"《主術》："湯革車三百乘，困之鳴條，禽之焦門。"《注》：焦或作巢。《脩務》："湯整兵鳴條，困夏南巢，譙以其過，放之歷山。"《列女·孽嬖夏末喜傳》："戰於鳴條。桀師不戰，湯遂放桀，與末喜嬖女同舟流於海，死於南巢之山。"《夏本紀正義》云："《淮南子》云：湯敗桀於歷山，與妺喜同舟。浮江，奔南巢之山而死。"今《淮南子》無之。疑兼引此文，而傳寫奪佚。合諸文觀之，則有娀之虚桀初敗處；鳴條再敗處；南巢被禽處；亭山即歷山，亦曰南巢之山，則其被放處也。《墨子·尚賢下篇》言"傅説居北海之洲，圜土之上"，則古放逐人，固有於水中洲上者。《左氏》哀公八年，吴囚邾子於樓臺，洊之以棘，則夏臺即在亭山之上，正洲上之圜土也。參看《婦人無刑》、《圜土即謫作》兩條。《楚辭·天問》云："湯出重泉，夫何罪尤？"則桀囚湯亦於水中。

《山海經·大荒西經》："有人無首，操戈盾立，名曰夏耕之尸。故成湯伐夏桀於章山，克之。斬耕厥前。耕既立，無首，走厥咎，乃降於巫山。"章山疑亭山之誤。郭《注》云"于章，山名"，似非，或亦有譌誤也。

《孟子》曰："舜生於諸馮，遷於負夏，卒於鳴條，東夷之人也。"《離婁》下。其

地迄無確釋。今觀《吕覽》"登自鳴條乃入巢門"之語，則鳴條地勢必高，巢門或亦天然形勝，而非巢國之門與？抑巢固因山爲郭也？予又疑《書序》所謂升自陑者，或即指此。《書序》雖僞，亦當採古籍爲之也。郕當即春秋時之郕國，見隱公五年。《公羊》作成。後漢時爲成縣。《左氏》杜《注》云"東平剛父縣西南有郕鄉"，地在今山東寧陽，於魯頗近。

桀都河洛，其敗顧在齊、魯，殊爲可疑。案《左氏》昭公十一年，叔向言"桀克有緡，以喪其國；紂克東夷，而隕其身"，有緡即有仍，已見《亳》條。《説苑·權謀》曰："湯欲伐桀。伊尹曰：請阻乏貢職，以觀其動。桀怒，起九夷之師以伐之。伊尹曰：未可。彼尚能起九夷之師，是罪在我也。湯乃謝罪請服，復入貢職。明年，又不供貢職。桀怒，起九夷之師。九夷之師不起。伊尹曰：可矣。乃興師伐桀而殘之。"則桀於東方亦頗有威力，《天問》"桀伐蒙山"，儻即《詩》"奄有龜、蒙"之蒙與？宜其敗於魯也。《韓非子·難四》："桀索岷山之女。"岷山亦即蒙山也。

原刊《古史辨》第七册，一九四一年六月出版

〔三四〕湯　冢

《水經·汳水注》曰："崔駰曰：湯冢在濟陰薄縣北。《皇覽》曰：薄城北郭東三里平地有湯冢。冢四方，方各十步，高七尺，上平也。漢哀帝建平元年，大司空史郤長卿案行水災，因行湯冢。以上《史記·殷本紀集解》引略同。惟"湯冢在濟陰亳縣北"句，亦在"《皇覽》曰"之下。"大司空史郤長卿"作"大司空御史長卿"。《索隱》曰："長卿，諸本皆作劫姓。按《風俗通》有御氏，爲漢司空御史，其名長卿，明劫非也。亦有劫彌，不得爲御史。"在漢屬扶風，今徵之迴渠亭有湯池、徵陌是也。然不經見，難得而詳。按秦甯公，《本紀》云二年伐湯，三年與亳戰，亳王奔戎，遂滅湯。然則周桓王時自有亳王號湯，爲秦所滅，乃西戎之國，葬於徵者也，非殷湯矣。劉向言殷湯無葬處爲疑。杜預曰：梁國蒙縣北有薄伐城，城中有成湯冢，其西有箕子冢。今城内有故冢方墳，疑即杜元凱之所謂湯冢者也。而世謂之王子喬冢。冢側有碑，題云仙人王子喬碑，曰：王子喬者，蓋上世之真人，聞其仙，不知興何代也，博問道家，或言潁川，或言産蒙。初建此城，則有斯邱，傳承先民，曰王氏墓。暨於永和之元年，冬十二月，當臘之時，夜上有哭聲，其音甚哀。附居者王伯怪之，明則祭而察焉。時天鴻雪，下無人逕，有大鳥跡，在祭祀處，左右咸以爲神。其後有人，著大冠，絳單衣，杖竹立冢前，呼採薪孺子伊永昌曰：我王子喬也，

勿得取吾墳上樹也。忽然不見。時令泰山萬熹，稽故老之言，感精瑞之應，乃造靈廟，以休厥神。於是好道之儔，自遠方集，或絃琴以歌《太一》，或覃思以歷丹邱。知至德之宅兆，實真人之祖先。延熹八年秋八月，皇帝遣使者奉犧牲致禮，祠濯之敬肅如也。國相東萊王璋，字伯儀，以爲神聖所興，必有銘表，乃與長史邊乾遂樹之玄石，紀頌遺烈。觀其碑文，意似非遠；既在逕見，不能不書存耳。”案《御覽·皇王部》引《韓詩内傳》云：“湯爲天子十三年，百歲而崩，葬於徵，今扶風徵陌是也。”《漢志徵》屬左馮翊，不屬右扶風，韓傳、酈生，未審緣何同誤，足見其辭不諦。徵陌地在關中，果有湯冢，劉向豈得不知？語及湯之卒葬，亦非《内傳》之體。《史記·殷本紀集解》引皇甫謐曰：“即位十七年而踐天子位，爲天子十三年，年百歲而崩。”與《御覽》所引《韓詩》之文略同，恐實《内傳》而《御覽》誤爲《韓詩》也。薄城方冢，蓋舊有湯冢之説，然亦非其實，故劉向不之取。以爲王子喬，道家附會之説，更不必論矣。據碑，口實相傳，祇知爲王氏墓耳，而無王子喬之説也。湯池、徵陌，蓋因西方傳説附會，如禹生石紐之類，不徒非湯，并不必定是《史記·秦本紀》之亳王、湯社也。

又《泗水注》：泡水，“又東逕己氏縣故城北，王莽之己善也。縣有伊尹冢。崔駰曰：殷帝沃丁之時，伊尹卒，葬於薄。《皇覽》曰：伊尹冢在濟陰己氏平利鄉。《史記集解》引《皇覽》同。皇甫謐曰：伊尹年百餘歲而卒，大霧三日。沃丁葬以天子之禮，親自臨哀，以報大德焉。”案《史記》亦有葬伊尹於亳之語，則伊尹葬亳，或較可信，然亦未必《皇覽》所指之伊尹冢也。

〔三五〕　伊尹生於空桑

《吕覽·本味》曰：“有侁氏女子採桑，得嬰兒於空桑之中，獻之其君。其君令烰人養之，察其所以然，曰：其母居伊水之上，孕，夢有神告之曰：臼出水而東走，毋顧。明日，視臼，出水，告其鄰，東走，十里而顧，其邑盡爲水，身因化爲空桑，故命之曰伊尹。”畢校云：“以其生於伊水，故名之曰伊尹，非有譌也。而黄氏東發所見本作故命之曰空桑，以爲地名。且爲之辨曰：此書第五紀云：顓頊生自若水，實處空桑，則前乎伊尹之未生，已有空桑之地矣。盧云：案黄氏所據本非也。同一因地命名，不若伊尹之確。張湛注《列子·黄帝》篇伊尹生於空桑，引傳記與今本同，尤爲明證。”案《史記·殷本記索隱》引《吕覽》云：“有侁氏女採桑，得嬰兒於空桑，母居伊水，命曰伊尹。”則今本似不誤。《水經·伊水注》：“昔有莘氏女採桑於伊川，得嬰兒於空桑中，言其母孕於伊水之濱，夢神告之曰：臼水出而東走。母明視，而見臼水出焉，告其鄰居而走，顧望其邑，咸爲水矣。其母化爲空桑，子在其中矣。莘女取而獻之，命養於庖，長而有賢德，殷以爲尹，曰伊尹也。"則命曰伊尹，又似蒙"殷以爲尹"而言，然酈氏此文，乃隱括諸書而成，非專引《吕覽》也。

《史記正義》引《括地志》云："古莘國，在汴州陳留縣東五里，故莘城是也。《陳留風俗傳》云：陳留外黄有莘昌亭，本宋地，莘氏邑也。"《周本紀》"乃求有莘氏美女"，《正義》又引《括地志》云："古㜪國，城在同州河西縣南二十里。《世本》云莘國，姒姓，夏禹之後，即散宜生等求有莘美女獻紂者。"案《詩》言"纘女維莘"，"在洽之陽，在渭之涘。"《大雅·大明》。而伊水亦在西方，故有人疑伊尹所育之有侁，即文王所昏之莘者。然《吕覽》言伊尹母居伊水之上而東走，則有侁必在伊水之東。《楚辭·天問》曰："成湯東巡，有莘爰極。何乞彼小臣，而吉妃是得？水濱之木，得彼小子。夫何惡之，媵有莘之婦？"東巡所極，恐尚不止陳留，《風俗傳》之言，恐尚係以宋地附會耳。《吕覽》云："湯聞伊尹，使人請之有侁氏。有侁氏不可。伊尹亦欲歸湯。湯於是請取婦爲昏，有侁氏喜，以伊尹媵女。"説與《天問》全合。王逸注云："伊尹母姙身，夢神女告之曰：臼竈生鼃，亟去無顧，居無幾何，臼竈中生鼃。母去，東走，顧視其邑，盡爲大水。母因溺死，化爲空桑之木。水乾之後，有小兒啼水涯，人取養之。既長大，有殊才。有莘惡伊尹從木中出，因以送女也。"此説謂尹母所夢者爲神女，又身溺死，皆與他説殊。然足補他説之闕。蓋戒其毋顧者，正因顧則將爲水所溺也。

〔三六〕 惟尹躬天見於西邑夏解

《禮記·緇衣》引《尹吉》曰："惟尹躬天見於西邑夏，自周有終，相亦維終。"《注》云："天當爲先字之誤。忠信爲周。相，助也，謂臣也。伊尹言尹之先祖，見夏先君臣，皆忠信以自終。"案《孟子》言伊尹五就湯，五就桀；《史記》言伊尹去湯適夏，既醜有夏，復歸於亳。其適夏，即所謂先見也。此《記》上文言戒慎之道，則周當爲周密，言能周密自處，乃得餘終而歸於亳也，鄭義似迂。僞《大甲》曰："惟尹躬先見於西邑夏，自周有終，相亦惟終；其後嗣王，罔克有終，相亦罔終。"實襲鄭義也。

〔三七〕 盤 庚 五 遷

《書序》："盤庚五遷，將治亳殷。"《僞傳》云："自湯至盤庚，凡五遷都。盤庚治亳殷。"《疏》云:"《經》言不常厥邑,於今五邦,故《序》言盤庚五遷。《傳》嫌一身五遷,故辨之,云自湯至盤庚,凡五遷都也。上文言自契至於成湯八遷,并數湯爲八;此言盤庚五遷,又并數湯爲五;故班固云殷人屢遷,前八後五,其實正十二也。此《序》云盤庚將治亳殷,下《傳》云殷,亳之别名,則亳殷即是一都,湯遷還從先王居也。《汲冢古文》云:盤庚自奄遷於殷,殷在鄴南三十里。束皙云:《尚書序》盤庚五遷,將治亳殷,舊説以爲居亳,亳殷在河南。孔子壁中《尚書》云將始宅殷,是與古文不同也。《漢書·項羽傳》云:洹水南殷墟上。今安陽西有殷。束皙以殷在河北,與亳異也。然孔子壁内之書,安國先得其本,亳字摩滅,容或爲宅;治皆作亂,其字與治不類,無緣誤作始字,知束皙不見壁内之書,妄爲説耳。"汲冢書傳於後者,盡係僞物,此與孔壁古文,同爲作僞者所依附,輾轉不可究詰。《疏》所引説,果出束皙與否,亦難斷言也。《太平御覽·皇王部》引《竹書紀年》云:仲丁自亳遷於囂,河亶甲自囂遷於相,祖乙居庇,南庚自庇遷於奄,盤庚自奄遷於北蒙,曰殷,《水經·洹水注》引同。蓋即不滿舊説者所改。其所不滿者,殷人屢遷,前八後五,皆并數湯,故益一南庚;又不以殷爲在河南,故改盤庚所遷爲北蒙也。《史記·殷本紀》述殷遷徙之事曰:"帝仲丁遷於隞;河亶甲居相;祖乙遷於邢;帝盤庚之時,殷已都河北,盤庚渡河南,復居成湯之故居;帝武乙立,殷復去亳,居河北。"《世表》云殷徙河北。仲丁、河亶甲、祖乙、盤庚之事,《書序》全同,惟隞作囂,遷於邢作圮於耿耳。撰《書序》者蓋即據《史記》爲説,否亦據與《史記》同類之書。蓋殷代遷徙,可考者不過如此。《書序》固僞物,然時代究較早,異説尚未甚滋也。

湯滅桀前嘗居郼,已見《自契至於成湯八遷考》條引《吕覽》。高《注》云:"郼讀如衣,今兖州人讀殷氏皆曰衣。"則郼即殷,造《竹書》者謂殷在河北,似亦有據。然夏居洛汭,而《周書》稱殷之五子,胥興作亂,見《夏太康失國少康中興》條。則河洛之間,久有殷名。《盤庚上》"盤庚遷於殷"《疏》云"鄭玄云:商家自徙此而號曰殷。鄭以此前未有殷名也",固未必確,然盤庚後居殷地,則事實也,不必牽引河北爲説,河南固亦殷地也。《世表》亦云盤庚徙河南。

《書序疏》云:"李顒云囂在陳留浚儀縣;皇甫謐云仲丁自亳徙囂,在河北也,或曰今河南敖倉。二説未知孰是。"《御覽·州郡部》引《帝王世紀》曰:"《世本》言太甲徙上司馬,在鄴西南。"果有此説,謐不當謂仲丁自亳徙囂。《吕覽·音初》曰:"殷整甲徙宅西河,猶思故處,實始作爲西音。"錢賓四《子夏居西河辨》引此;又引《史記·孔子世家》:衛靈公問孔子:蒲可伐乎?對曰:可。其男子有死之志,婦人有保西河之志,吾所伐者不過四五人。《索隱》曰:

此西河在衛地，非魏之西河也。及《藝文類聚》六十四、《文選》左太沖《招隱詩》注，并引《尚書大傳》子夏對夫子云“退而窮居河濟之間”，以證子夏居西河，不在龍門汾州，其説甚確。然則《世本》所謂太甲，實河亶甲之誤也。

“祖乙遷於邢”，《書序》作“祖乙圮於耿”。《僞傳》云：“圮於相，遷於耿。”此大不辭。《疏》云：“知非圮毁於耿，更遷餘處。必云圮於相地，遷於耿者，亶甲居於相，祖乙居耿，今爲水所毁，更遷他處，故言毁於耿耳，非既毁乃遷耿也。《盤庚》云不常厥邑，於今五邦；及其數之，惟有亳、囂、相、耿四處而已。知此既毁於耿，更遷一處，盤庚又自彼處而遷於殷耳。《殷本紀》云祖乙遷於邢，馬遷所爲説耳。鄭玄云祖乙又去相居耿，而國爲水所毁，於是脩德以御之，不復徙也。録此篇者，善其國圮毁脩政而不徙，如鄭所言，稍爲文便。但上有仲丁、亶甲，下有盤庚，皆爲遷事作書，述其遷意。此若毁而不遷，《序》當改文見義，不應文類遷居，更以不遷爲義。《汲冢古文》云盤庚自奄遷於殷者，蓋祖乙圮於耿，遷於奄，盤庚自奄遷於殷；亳、囂、相、耿，與此奄五邦者。此蓋不經之書，未可依信也。”《疏》雖斥《竹書》未可依信，然必謂既毁於耿，更遷一處，正造《竹書》者之見解也。不曰遷而曰圮，既已改文見義矣，又責其文類遷居，更以不遷爲義，不幾深文周内乎？竊疑鄭玄所據《書序》作“圮於耿”，僞孔本實作“遷於耿”，後人妄改僞《傳》正文，乃至生此曲説也。邢爲春秋時國名，蓋後人據其時地名以述古事，皇甫謐以河東皮氏縣耿鄉當之，見《疏》。殆非也。

《盤庚序疏》云：“鄭玄云：祖乙居耿，後奢侈踰禮，土地迫近山川，嘗圮焉。至陽甲立，盤庚爲之臣，乃謀徙居湯舊都。又《序注》云：民居耿久，奢淫成俗，故不樂徙。王肅云：自祖乙五世至盤庚，元兄陽甲，宫室奢侈，下民邑居墊隘，水泉瀉鹵，不可以行政化，故徙都於殷。皇甫謐云：耿在河北，迫近山川，自祖辛已來，民皆奢侈，故盤庚遷於殷。”案《漢書・翼奉傳》：“奉以爲祭天地於雲陽、汾陰，及諸寢廟不以親疏迭毁，皆煩費，違古制；又宫室苑囿，奢泰難供，以故民困國虚，無累年之畜，所繇來久，不改其本，難以末正。”乃上疏請遷都成周，首言“盤庚改邑以興殷道”，則以盤庚遷都，爲能革奢淫之俗，經生固舊有此説也。

《史記》曰：“帝盤庚之時，殷已都河北。”又曰：“帝武乙立，殷復去亳，徙河北。”明武乙所徙，即盤庚未遷時之居。《水經・沁水注》：“《韓詩外傳》曰：武王伐紂，到邢邱，更名邢邱曰懷。”今本作懷寧，誤。《荀子・儒效》曰：武王之伐紂也，至懷而壞。《史記》言“紂益廣沙丘苑臺”，又言其“大聚樂戲於沙丘”，沙丘亦邢分。揚子雲《兖州牧箴》曰：“盤庚北遷，牧野是宅。”謂盤庚所居者，即後來紂之所居。

知相以外，古不謂殷在河北更有兩都。自《竹書》出，乃鑿言殷虚爲殷都，於是有朝歌、北蒙之别。以其距沙丘太遠也，《正義》又謂"紂時稍大其邑，南距朝歌，北據邯鄲及沙丘，皆爲離宫别館"，以資調停，可謂心勞日拙矣。《周本紀正義》引《帝王世紀》曰："帝乙復濟河北，徙朝歌，其子紂仍都焉。"亦不同《竹書》之説。

《國語·楚語》：白公曰："昔殷武丁能聳其德，至於神明，以入於河，自河徂亳。"此殷自武丁以前仍居河南之證。《紀年》乃云"自盤庚徙殷，至紂之滅，更不徙都"，蓋由不知河洛爲殷，故造爲此説也。

綜觀殷世，都邑多在河北。《史記·秦本紀》云："蜚廉爲紂石北方，還，無所報，爲壇霍太山而報，得石棺。"則紂時聲威，尚達河東，故西伯雖戡黎，而仍未能勝之。至武王渡孟津，而後克集大勳，豈武乙北遷以後，河南地稍空虚歟？《殷本紀》言：西伯獻洛西之地，以請紂去炮烙之刑。《正義》云："洛水，一名漆沮水，在同州。洛西之地，謂洛西之丹、坊等州也。"其地似非紂之力所能及。此洛疑實是伊洛之洛。然則亳殷之地，至紂時已成殷、周争奪之區矣，此武王之所以卒渡孟津而殪戎殷與？武乙獵於河渭之間，暴雷震死，亦甚似昭王之南征而不復也。

〔三八〕殷兄弟相及

女系社會，恒兄弟相及。蓋兄弟爲一家人，父子非一家人也。《春秋繁露·三代改制質文》云："主天法商而王，立嗣予子，篤母弟。主地法夏而王，立嗣予孫，篤世子。"《公羊》隱公七年："母弟稱弟，母兄稱兄。"《解詁》云："母弟，同母弟；母兄，同母兄。分别同母者，《春秋》變周之文，從殷之質。質家親親，明當親厚，異於羣公子也。"知殷制之必相及矣。

相及之制，同母兄弟盡，則還立長兄之子。今頓卡人（Thonga）及墨西哥之亞兹得族（Aztec）皆然。據林惠祥《文化人類學》。殷人蓋亦如是。故中壬崩，立大丁之子大甲；沃甲崩，立祖辛之子祖丁也。殷自成湯至辛三十王，兄弟相及者多，而還立長兄之子者，惟此二王；自契至湯十四世，則更無相及者；疑史傳世系，或有繆誤也。

殷人兄弟相及之俗，猶有存於後世者。《公羊》莊公三十二年：公子牙謂莊公曰："魯一生一及，君已知之矣。"《史記·魯世家》："叔牙曰：一繼一及，魯之常也。"莊公以告季子。季子曰："夫何敢？是將爲亂乎？"今案《史記·魯世家》，自莊公以前，皆一生一及，則牙之言非誣也。案莊公適夫人哀姜無子，其娣叔姜生閔公。果欲立子，立閔公正也，立孟女之子班實非正。公儀仲子舍其孫而立其子，鄭康成云："公儀蓋魯同姓。"《禮記·檀弓》。而公孫嬰齊，實後歸父。《公羊》成公十五年。則魯居東方，漸殷俗久矣。檀弓問公儀仲子之立子於子服景伯，子服景伯曰："仲子亦由行古之道也。昔者文王舍伯邑考而立武王，微子舍其孫腯而立衍也。"知殷人入周，猶沿故俗。其後宣公命其弟和曰："父死子繼，兄死弟及，天下通義也。"其視二者，猶無所軒輊也。《史記·宋世家》。吴諸樊、餘祭、夷昧、季札同母兄弟四人，欲行相及之制。夷昧卒而季札讓。夷昧之子僚立。諸樊子闔廬公子光。殺而代之。《公羊》載闔廬之言曰："將從先君之命與？則國宜之季子者也。不從先君之命與？則我宜立者也。僚惡得爲君乎？"襄公二十九年。《史記·吴世家》言：光以爲"季子即不受國，光父先立。即不傳季子，光當立"。其告專諸曰："我真王嗣，當立。"《刺客列傳》同。又曰："光曰：使以兄弟次邪，季子當立；必以子乎，則光真適嗣，當立。"此亦殷人同母兄弟盡，還立長兄之子之法。又言季札逃去，吴人曰：王餘昧後立，其子當代。蓋非實録。不然，亦脅於僚云爾，非法也。《世家》又云：諸樊攝行事當國。已除喪，讓位季札。《左氏》亦云：諸樊既除喪，將立季札。襄公十四年。此蓋與魯隱公攝政以待桓公同，特桓公年少，故隱公歸政較晚耳。《史記·魯世家》云："惠公卒，長庶子息攝，當國，行君事。"又云："魯人共令息攝政，不言即位。"又《公羊》隱公三年，亦載宋繆公之言曰："吾立乎此，攝也。"吴居東南，蓋亦沿殷俗。《公羊》云季子弱而才，兄弟同欲立之；襄公二十九年。《史記》云壽夢欲立之；必非其實也。

《公羊》云："魯一生一及。"《史記》作"一繼一及"。案《孟子·萬章》上篇言："唐、虞禪，夏后、殷、周繼。"則繼可該生與及言之。又《禮記·禮運》言："大人世及以爲禮。"則父子相繼，又可云世也。

《公羊》曰："爲人後者爲之子。"成公十五年。蓋"臣繼君，猶子繼父"，文公二年《解詁》。故文公躋僖公，《春秋》譏其"先禰而後祖"也。文公二年。閔公元年《穀梁》曰："親之非父也，尊之非君也，繼之如君父也者，受國焉爾。"《史記·殷本紀》："自中丁以來，廢適而更立諸弟子，弟子或争相代立。"此適字當兼弟與子言。適者，當立之弟與子；諸弟子，則其不當立者也。女系社會之俗，不容以男系社會之俗繩之。殷世廟制，亦必有成法可循，特非後世所知耳。然後世若行相及之法，禮固可以義起。漢成帝議立太子，孔光謂立嗣以親，欲援殷"及王"之例，立中山王，帝謂兄弟不相入廟，卒立哀帝。見《漢書》宣元六王及光本傳。則已拘於周制矣。

《韓詩外傳》曰："五帝官天下，三王家天下。家以傳子，官以傳賢。故自唐、虞以上，經傳無太子稱號。夏、殷之王，雖則傳嗣，其文略矣。至周，始見文王世子之制。”《太平御覽》一百五十九。案又見《初學記》。蓋宗法實至周始嚴也。周重嫡長，而楚國之舉，恒在少者，《左氏》文公元年子上之言。又昭公十三年叔向亦曰：“芈姓有亂，必季實立。”哀公六年，楚昭王在城父，命公子申爲王，不可；則命公子結，亦不可；則命公子啓。杜《注》：“申，子西；結，子期；啓，子閭；皆昭王兄。”知南方諸族，皆不行周法。然行周法之國，亦有兄弟相及，或受國於兄，復致諸其子者。如趙襄子傳代成君。此正見傳子之俗，深入人心，事雖同而心則異，不得妄相比附也。

《史記·魯世家》：“武公與長子括、少子戲西朝周宣王。宣王愛戲，欲立戲爲魯太子。樊仲山父諫曰：廢長立少，不順；不順，必犯王命；犯王命，必誅之。故出令不可不順也。令之不行，政之不立；行而不順，民將棄上。夫下事上，少事長，所以爲順。今天子建諸侯，立其少，是教民逆也。若魯從之，諸侯效之，王命將有所壅；若弗從而誅之，是自誅王命也。誅之亦失，不誅亦失，王其圖之！宣王弗聽，卒立戲爲魯太子。武公歸而卒，戲立，是爲懿公。懿公九年，括之子伯御與魯人攻弑懿公而立。伯御即位十一年，周宣王伐魯，殺伯御，而問魯公子能道順諸侯者以爲魯後。樊穆仲曰：魯懿公弟稱，肅恭明神，敬事耆老，賦事行刑，必問於遺訓，而咨於固實；不干所問，不犯所知。宣王曰：然則能訓治其民矣。乃立稱於夷宫，是爲孝公。自是後，諸侯多畔王命。”《國語》略同。韋《注》曰：“伯御，括也。”疑誤。又竊疑括實前卒，依一生一及之制，懿公當立，伯御犯法而弑之，宣王依魯法而討其罪，仍依魯法立孝公。史所傳樊仲山父、樊穆仲之言，則拘於周法不達殷故者所附會也。

〔三九〕 周先世世系

《周本紀》云：“封棄于邰，號曰后稷，别姓姬氏。后稷之興，在陶唐、虞、夏之際，皆有令德。后稷卒，子不窋立。”此三十四字之中，“后稷”二字，凡有三解：“號曰后稷”之“后稷”，指棄；“后稷之興”之“后稷”，指棄以後不窋以前居稷官者；“后稷卒”之“后稷”，則不窋之父也。《索隱》云：“《帝王世紀》云后稷納姞氏生不窋，而譙周按《國語》云世后稷，以服事虞、夏，言世稷官，是失其代數也。若不窋親棄之子，至文王千餘歲，唯十四代，亦不合事情。”蓋士安以不窋即棄之子，而小司馬駁之也。《正義》引《毛詩疏》云：“虞及夏、殷，共有千二百歲。每世在位皆八十年，乃可充其數耳。命之短長，古今一也，而使十五世君，在位皆八十許載，子必將老始生，不近人情之甚。”其誤與士安同。

《本紀》又云：“不窋末年，夏后氏政衰，去稷不務，不窋以失其官，而奔戎狄之間。不窋卒，子鞠立。鞠卒，子公劉立。公劉雖在戎狄之間，復脩后稷之業。"《匈奴列傳》曰："夏道衰，而公劉失其稷官，變于西戎，邑于豳。"蓋自不窋失官，至公劉迄未復。《匈奴列傳》不敘鞠以前事，故逕云"公劉失其稷官"，所謂"變於西戎"，即《本紀》所云"雖在戎狄之間復脩后稷之業"者也。其説本相符合，乃《正義》云："《周本紀》云不窋失其官，此云公劉，未詳。"亦疏矣。

古代父子祖孫同蒙一號者甚多。《封禪書》："伊陟贊巫咸，巫咸之興自此始。"《索隱》云："《尚書》伊陟贊於巫咸。孔安國云：贊，告也；巫咸，臣名。今此云巫咸之興自此始，則以巫咸爲巫覡。然《楚詞》亦以巫咸主神，蓋太史公以巫咸是殷臣，以巫接神事，太戊使禳桑穀之災，所以伊陟贊巫咸，故云巫咸之興自此始也。"《索隱》文義不甚明白，疑有譌誤，然大意則可知，謂巫咸爲巫覡之名，其興自大戊時。"伊陟贊巫咸"之巫咸，爲臣名，"巫咸之興自此始"之巫咸，爲巫覡，其説是也。又不獨人臣之世其家者也，雖方技之家亦有之。《扁鵲列傳》曰："扁鵲者，勃海郡鄭人也，姓秦氏，名越人，少時爲人舍長。舍客長桑君過，扁鵲獨奇之，常謹遇之。長桑君亦知扁鵲非常人也。出入十餘年，乃呼扁鵲私坐，間與語曰：我有禁方，年老欲傳與公，公毋泄。扁鵲曰：敬諾。乃出其懷中藥與扁鵲：飲是以上池之水，三十日當知物矣。乃悉取其禁方書盡與扁鵲，忽然不見，殆非人也。扁鵲以其言飲藥三十日，視見垣一方人。以此視病，盡見五藏癥結，特以診脈爲名耳。"此言扁鵲得術於長桑君之始末也。下云："爲醫或在齊，或在趙。在趙者名扁鵲。"則汎言受扁鵲之術者，不指秦越人一人。曰"在趙者名扁鵲"，則在他國，固有不名扁鵲者矣。下文言起虢太子者，自稱越人，當係受術於長桑君者。視趙簡子及客齊桓侯者，則無文以知之，不必其爲一人也。乃傅玄以史敘虢太子事次趙簡子下，齊桓侯事又次虢太子下，議之曰："虢是晉獻所滅，先此百二十餘年，此時焉得有虢？"又曰："是時齊無桓侯。"裴駰則曰是田和之子桓公午，欲以是爲調停，亦不達矣。且古國之滅而復建者甚多，如陳、蔡等皆是。庸有其滅見於史而其復建不見者，亦不得謂虢一滅之後，即定無虢也。至以秦越人直趙簡子時傳其術者，自不能及齊桓公；然古人輕事重言，此等傳説，但取一著名之人以實之耳，固不必爲齊桓公，亦不必其定爲田午也。故讀古書，非知古書之義例不可。

〔四〇〕公　劉

《公劉》之詩曰："篤公劉，匪居匪康，迺埸迺疆，迺積迺倉，迺裹餱糧，于橐于橐，思輯用光，弓矢斯張，干戈戚揚，爰方啓行。"《毛傳》曰："公劉居於邰，而遭夏人亂，迫逐公劉。公劉乃辟中國之難，遂平西戎，而遷其民，邑於豳。蓋諸侯之從者，十有八國焉。"《箋》云："厚乎公劉之爲君也，不以所居爲居，不以所安爲安。邰國乃有疆埸也，乃有積委及倉也，安安而能遷，積而能散，爲夏人迫逐己之故，不忍鬬其民，乃裹糧食於囊橐之中，棄其餘而去。公劉之去邰，整其師旅，設其兵器，告其士卒曰：爲女方開道而行。明己之遷，非爲迫逐之故，乃欲全民也。"案《國語·周語》，載祭公謀父之言曰："昔我先王，世后稷，以服事虞夏。及夏之衰也，棄稷不務，我先王不窋，用失其官，而自竄於戎狄之間。"《史記·周本紀》曰："不窋末年，夏后氏政衰，去稷不務，不窋以失其官，而奔戎狄之間。"二説相合。《史記》又曰："不窋卒，子鞠立。鞠卒，子公劉立。公劉雖在戎狄之間，復脩后稷之業。務耕種，行地宜。自漆沮渡渭，取材用，行者有資糧，居者有畜積，民賴其慶，百姓懷之，多徙而保歸焉。周道之興自此始，故詩人歌樂思其德。"此説與孟子對齊宣王所謂"居者有積倉，行者有裹糧也，然後可以爰方啓行"合。《梁惠王》下。知必詩人舊説，自不窋已見迫逐，公劉安得居邰，更何來夏人迫逐公劉，公劉不忍鬬其民之説？《鄭箋》此語，蓋謬以太王避狄事，移之公劉。《史記》又云"公劉卒，子慶節立，國于豳"，則公劉猶未居豳也。毛、鄭之云，幾於妄造史實矣。惟謂諸侯從公劉者十有八國，此語當有所本。當即《史記》所云"百姓懷之，多徙而保歸焉"之事。《疏》云"不知出何文"，蓋亦詩人遺説，而毛氏竊聞之。然不知前後事實，遂至陵亂失次矣。故知無本之學，終不可與道古也。鄭氏初學韓詩，乃舍完具之説，而取枝節之談，可謂下喬入幽矣。

《史記》曰："封棄於邰，號曰后稷，别姓姬氏。后稷之興，在陶唐、虞、夏之際，皆有令德。后稷卒，子不窋立。"此三十四字中，后稷二字，凡有三解："號曰后稷"之"后稷"指棄。"后稷之興"之"后稷"，指棄以後不窋以前居稷官者。"后稷卒"之"后稷"，則不窋之父也。婁敬言：周自后稷封邰，十有餘世，公劉避桀居豳。此后稷指棄言。太子晉謂"自后稷之始基靖民，十五王而文始平之，十八王而康克安之"；衛彪傒謂"后稷勤周，十有五世而興"，皆見《國語·周語》。則指不窋之父言。自不窋以前，周之世系，已無可考。故《左氏》謂"禹不先鯀，湯不先契，文武不先不窋"。文公二年。非不窋親足比鯀，尊足比契，而周先王之可溯者，止於是也。然名號世次，雖不可知，固猶約略知爲十餘世。乃韋注《國語》，以不窋當太康時；《鄭譜》更以公劉當太康時，則謬矣。自虞廷命棄，至於太康之時，安得有十餘世邪？《疏》云："《外傳》稱后稷勤周，十五世而興，《周本紀》亦以稷至文王爲十五世，計虞及夏殷，有千二百歲，每世在位，皆八十許年，乃可充其數耳。命之短長，古今一也，而使十五世君，在位皆八十許載，子必將老始生，不近人情之甚，以理而推，實難遽信。”竟不悟不窋之父與棄非一人，可謂瞽矣。

《吴越春秋·吴太伯傳》云：“拜棄爲農師，封之邰，號爲后稷，姓姬氏。后稷就國爲諸侯。卒，子不窋立。遭夏氏世衰，失官奔戎狄之間。其孫公劉，避夏桀於戎狄，變易風俗，民化其政。”於棄與不窋之父，已不知分别，然云公劉當夏桀時則不誤。蓋得之舊傳，而措辭偶不省也。《史記·匈奴列傳》曰：“夏道衰，而公劉失其稷官，變於西戎，邑於豳。”此約略之辭，故上不溯不窋，下不及慶節。婁敬言公劉居豳同此。此等皆非叙周事，故不爲過，不當與《毛傳·鄭箋》同譏也。然云“其後三百有餘歲，戎狄攻大王亶父”，則亦以公劉在夏末矣。

《史記》曰：“慶節卒，子皇僕立。皇僕卒，子差弗立。差弗卒，子毀隃立。毀隃卒，子公非立。公非卒，子高圉立。高圉卒，子亞圉立。亞圉卒，子公叔祖類立。公叔祖類卒，子古公亶父立。”毀隃，《索隱》云：《世本》作僞榆，此僅字形之異。公非，《索隱》云：《世本》作公非辟方；高圉，《索隱》云：《世本》作高圉侯侔；亞圉，《集解》云：《世本》作亞圉雲都；公叔祖類，《索隱》云：《世本》云太公組紺諸盩，《三代世表》稱叔類；則嫌非一人矣。皇甫謐云：公非，字辟方；雲都，亞圉字；公祖，一名組紺諸盩，字叔類，號曰太公。《索隱》云：“《漢書·古今人表》曰：雲都，亞圉弟。如此，則辟方侯侔，亦皆二人之名，實未能詳。”案《古今人表》以辟方爲公非子，高圉爲辟方子，夷竢、亞圉皆高圉子；如此，則辟方，侯侔，雲都，多出三代。故杜氏《釋例》，以高圉爲不窋九世孫。《路史·發揮》亦主是説，謂公叔組紺，是爲祖類，生諸盩，是爲太公，太公生亶父；自不窋至季歷一十七世。案《酒誥疏》云：“《世本》云：后稷生不窋爲昭，不窋生鞠陶爲穆。鞠陶生公劉爲昭，公劉生慶節爲穆。慶節生皇僕爲昭，皇僕生羗弗爲穆。羗弗生毀榆爲昭，毀榆生公飛爲穆。公飛生高圉爲昭，高圉生亞圉爲穆。亞圉生組紺爲昭，組紺生大王亶父爲穆。亶父生季歷爲昭，季歷生文王爲穆。”則《世本》之意，確不以辟方、侯侔、雲都、諸盩爲異人。《吴越春秋》云：“公劉卒，子慶節立，其後八世而得古公亶父。”此八世係除本計，其間亦不能容辟方、侯侔、雲都、諸盩也。《左氏》昭公十七年云：“余敢忘高圉亞圉。”以高圉亞圉連言，其間亦似不能有侯侔。

〔四一〕畢　郢

《孟子》言文王生於岐周，卒於畢郢。《離婁》下。而《史記》言文王伐崇侯虎而作豐邑，自岐下而徙都豐，明年西伯崩。《周本紀》。二者睽異，何也？案《詩·大雅·皇矣》曰："密人不恭，敢距大邦，侵阮、徂、共。"《毛傳》云：密須氏侵阮，遂往侵共。《鄭箋》則謂阮、徂、共三國犯周，而文王伐之，密須之人，距其義兵。《詩》曰："依其在京，侵自阮疆，陟我高岡。無矢我陵，我陵我阿；無飲我泉，我泉我池。度其鮮原，居岐之陽，在渭之將，萬邦之方，下民之王。"《箋》言"文王但發其依居京地之衆，以往侵阮國之疆。登其山脊，而望阮之兵，兵無敢當其陵及阿者，又無敢飲食於其泉及池水者。"又云："文王見侵阮而兵不見敵，知己德盛而威行，可以遷居，定天下之心，乃始謀居善原廣平之地，亦在岐山之南，居渭水之側，爲萬國之所鄉，作下民之君。後竟徙都於豐。"如《箋》言，明文王作豐以前，嘗居於岐下，此即《史記》所謂自岐下而徙居者也。《疏》云："太王初遷，已在岐山，故言亦在岐山之陽。《周書》稱文王在程，作《程寤》、《程典》；皇甫謐云，文王徙宅於程；蓋謂此也。"案《疏》言文王所居之岐，非即太王所居，是也，言此所營即程則非。伐密須，據《大傳》及《史記》，皆在受命後三年。而《周書·大匡》曰："維周王宅程三年，遭天之大荒，作《大匡》以詔牧其方，三州之侯咸率。"《程典》曰："維三月，既生魄，文王合六州之侯，奉勤於商。"《酆保》曰："維二十三祀，庚子朔，九州之侯，咸格於周，王在酆。"古云九州，猶言天下。三州之侯咸率，猶云三分天下有其一。能合六州之侯，則所謂三分天下有其二也。云九州咸格，則天下皆服矣，此蓋稱王後事。"合六州之侯，奉勤於商"，即《論語》所謂"三分天下有其二，以服事殷"。《泰伯》。《程典》又云"商王用宗讒，震怒無疆，諸侯不娱，逆諸文王"，則《左氏》所謂"紂囚文王七年，諸侯皆從之囚"者也。襄公三十一年。宅程之三年，雖不能知爲何年，然必在作《程典》之前，安得至侵阮之後乃作程乎？故知《義疏》之言爲誤也。《史記·周本紀》言："武王上祭於畢。東觀兵，至於盟津。爲文王木主，載以車，中軍。武王自稱太子發。言奉文王以伐，不敢自專。"《魯世家》言："周公在豐，病將殁，曰：必葬我成周，以明吾不敢離成王。周公既卒，成王亦讓，葬周公於畢，從文王，以明予小子不敢臣周公也。"則畢爲文王墓地，《索隱》謂天星之名，非也。文王蓋卒於郢，葬於畢，故《孟子》連言之。《周書·和寤》曰："王乃出圖商，至於鮮原。"此即詩所謂"度其鮮原"者。武王圖商，仍在鮮原，則豐邑草創，文王雖作之，而不常居，故其卒仍在郢也。

"侵阮、徂、共"，以文義言之，似毛義爲長；又阮、徂、共爲三國，不見古書；此讀者所以多信毛而疑鄭也。按《箋》云："阮也、徂也、共也，三國犯周，而文王伐之，密須之人，乃敢距其義兵。"則敢距大邦，侵阮、徂、共，乃所謂倒句法，曹元弼《復禮堂文集·書周禮從坐法辨》曰："《書·費誓》：汝則有無餘刑，非殺。說者失其辭氣。夫軍令尚嚴，言非殺則非威衆之辭；且既云無餘刑，則非殺可知，何必别云非殺？竊謂此係倒句法，猶云汝非殺則有無餘刑。"案曹說是也。惟非有意倒之，乃言無餘刑之前，漏言非殺，既言之後，乃又從而補之耳。今人語言中，亦往往有此。古書中用者較鮮，故後人不察，然語言中自有此法，不能目爲誤也。下文云："王赫斯怒，爰整其旅，以按徂旅。"《傳》云："旅，師。按，止也。旅，地名也。"《疏》曰："上言侵阮，遂往侵共，蓋自共復往侵旅，以文上不見，故於此言之。"又《傳》既謂密須侵阮，不能謂文王侵自阮疆，《疏》乃又說爲密人來侵周，迂曲甚矣。何若鄭解以遏徂旅爲遏止徂國之兵，侵自阮疆爲往侵阮國之疆之直捷乎？《疏》云："王肅云：無阮、徂、共三國。孔晁云：周有阮、徂、共三國，見於何書？孫毓云：案《書傳》：文王七年五伐，有伐密須、犬夷、黎、邘、崇，未聞有阮、徂、共三國助紂犯周，文王伐之之事。皆以爲無此三國。"而申鄭云："於時書史散亡，安可更責所見？張融云：晁豈能具數此時諸侯，而責徂、共非國也？《魯詩》之義，以阮、徂、共皆爲國名，是則出於舊說，非鄭之創造。《書傳》七年，年說一事，故其言不及阮、徂、共耳。"又引皇甫謐云："文王問太公：吾用兵孰可？太公曰：密須氏疑於我，我可先伐之。管叔曰：不可。其君，天下之明君，伐之不義。太公曰：臣聞先王之伐也，伐逆不伐順，伐險不伐易。文王曰：善。遂侵阮、徂、共，而伐密須。密須之人，自縛其君而歸文王。"《疏》言謐采摭舊文，傅會爲說，其說是也。謐之病，在牽合，不在億造。豈惟謐，凡古書固多如此矣。此文必有所據，所據疑即《魯詩》遺說。疑於我，謂其勢敵於周，故當先伐，可見密須爲大國。阮、徂、共蓋皆小國，故《書傳》不之及也。書闕有間，而《魯詩》能著其說，可見漢初經師之學，自有真傳，不獨恃竹帛矣。鄭君初治《韓詩》，《韓詩》蓋與《魯》合，又可見今文先師之說，同出一原也。毛公之學，自謂子夏所傳，觀其說之支離，而知其言之不讎矣。

然則《書傳》言文王受命後征伐，與《史記·周本紀》不合者，其故安在？《史記》之文，自言出於詩人，豈《詩》三家之說相合，而其與《尚書》家則不能盡合乎？案《書傳》之文，蓋倒亂失次。《史記·本紀》，多用《書》說，其言文王事亦然。下别著之曰"詩人道西伯"，則所以兼存《詩》說。故《史記·周本紀》之文，自"詩人道西伯"以上皆《書》說，正當據以正《書傳》之譌，不得因此反疑《詩書》之說有異同也。《詩·文王序疏》曰："《尚書·周傳》云：文王受命，一年斷虞芮之訟，二年伐邘，三年伐密須，四年伐犬夷，五年伐耆，六年伐崇，七年而崩。《史記·周本紀》曰：西伯陰行善，諸侯皆來決平。虞芮既讓，諸侯聞之曰：西伯蓋受命之君也。此是受命一年之事。又曰：明年伐犬夷。明年伐密須。明年敗耆國。明年伐邗。明年伐崇侯虎而作豐邑。明年西伯崩。此雖伐犬夷與伐耆，伐邗，其年與《書傳》不次，要亦七年崩也。"《禮記・文王世子疏》引《書傳》，又《左氏》襄公三十一年《疏》引至四年伐犬夷皆同。惟《禮記疏》伐邗作伐鬼方耳。《文王序疏》曰："《元命苞》云：西伯既得丹書，於是稱王，改正朔，誅崇侯虎。稱王之文，在誅崇之上。《是類謀》云：稱王制命示王意。《乾鑿度》云：改正朔，布王號於天下。二文皆承伐崇作靈臺之下，伐崇在六年，則亦六年始稱王也。但彼文以伐崇之等，皆是文王大事，故歷言之，其言不必依先後爲次，未可即以爲定。《書傳》稱二年伐邗，三年伐密須，四年伐犬夷。《書序》云：殷始咎周。《注》云：咎，惡也。紂聞文王斷虞芮之訟，後又三伐皆勝，而始畏惡之，拘於羑里。又曰：周人乘黎。《注》云：乘，勝也。紂得散宜生等所獻寶而釋文王，文王釋而伐黎。明年，伐崇。案《殷傳》云：西伯得四友獻寶，免於虎口而克耆。《大傳》曰：得三子獻寶，紂釋文王而出伐黎。其言既同，則黎、耆一物。是文王伐犬夷之後乃被囚，得釋乃伐耆也。《出車》説文王之勞還師云春日遲遲，是四年遣役，五年始反，乃勞之，當勞訖被囚，其年得釋，即以歲暮伐耆，故稱五年伐耆也。天無二日，土無二王，若五年以前，既已稱王改正，則反形已露，紂當與之爲敵，非直咎惡而已。若已稱王，顯然背叛，雖紂之愚，非寶能釋也。又《書序》周人乘黎之下云：祖伊恐，奔告於受，作《西伯戡黎》。若已稱王，則愚者亦知其叛，不待祖伊之明始識之也。且其篇仍云西伯，明時未爲王。是六年稱王，爲得其實。故《乾鑿度》布王號之下注云：受命後五年乃爲改。此是鄭意以爲六年始王也。但文王自於國内建元久矣，無故更復改元，是有稱王之意，雖則未布行之，亦是稱王之跡。故《周本紀》云詩人道西伯，蓋受命之年稱王。皇甫謐亦云受命元年，始稱王矣。正以改稱元年，故疑其年稱王，斯言非無理矣，但考其行事，必不得元年稱王耳。然則六年稱王，七年則崩，是稱王甚晚。《禮記大傳注》云文王稱王早矣者，以殷紂尚存，雖於年爲晚，而時未可稱，故爲早也。"《文王世子疏》云："案緯候之説，文王年九十六始稱王。"案《文王世子》以文王九十七而終，此即受命後六年稱王之説也。《禮記疏》説略同。《左氏疏》云："《周本紀》稱紂囚西伯於羑里，閎夭之徒，求美女、美寶而獻之紂，紂大説，乃赦西伯，賜之弓矢，使之得征伐。其下乃云：虞芮争獄，俱讓而去，諸侯聞之曰：西伯，受命之君也。如馬遷所云，虞芮質獄之前被囚也。鄭玄《尚書注》，據《書傳》爲説，以爲四年囚之，五年釋之。即如所言，被囚不盈一年，此傳不得言紂囚文王七年也。馬遷之言，當得其實。"《詩疏》强申鄭説，然於《史記》所謂詩人之言，亦不敢難，蓋事理所在，自不可誣也。不特此也，鄭注《大傳》，既云“文王稱王早矣”，其注《文王世子》“君王其終撫諸”，亦曰“言君王，則此受命之後也”；則鄭意亦以文王受命即稱王，其注緯候，乃隨文爲説，在鄭或初不相照，而《疏》曲爲之解，可謂碎義逃難矣。《殷傳》、《大傳》之言，即《疏》論《元命苞》等謂以是文王大事，故歷言之，不必依先後爲次者。安得據是而謂被囚必在伐犬夷之後，伐耆之前乎？犬戎，密須，皆近患也，故先伐之。耆在上黨，邘在野王，則出天門，臨河内矣，故祖伊聞之而懼。用兵先後，次序釐然，斷不得如《書傳》所説也。《緜》之詩曰：“混夷駾矣，維其喙矣。”《箋》曰：“是之謂一年伐混夷。”混夷即犬夷。《史記》伐犬夷在二年，而鄭云一年者，受命雖有七年，一年、七年，并無所伐，五伐實自犬夷始，故鄭云一年伐混夷也。觀此，知《書傳》之文，傳者必多到亂，其初必同於《史記》矣。

《書・無逸》曰：“文王受命惟中身，厥享國五十年。”享國五十年，實當作年五十歲，解見《古史紀年考》條。如此，則受命惟中身，頗爲難解。今案紂囚文王七年，文王受命亦七年而崩，則文王在位凡十四歲，受命在其即位後八年，適當其饗國之中數，故曰受命惟中身也。《周書・酆保》言“惟二十三祀”，《小開》曰“惟三十有五祀”，蓋并王季之年數之，猶武王之年自文王受命時起計也。《酆保》曰：“九州之侯，咸格於周。”蓋文王即位後，服周之國來朝。《大開》、《小開》，皆謀開後嗣，而繼以《文儆》、《文傳》。二篇所記，若在《小開》之明年，則自二十三祀至此，適得十四年。紂殺季歷，而《史記・殷本紀》言文王與鬼侯、鄂侯，同爲紂之三公，其本在内，隱約可見。九侯，《史記集解》引徐廣曰：“一作鬼侯，鄴縣有九侯城。”鄂侯，《集解》引廣曰：“一作邘，野王縣有邘城。”蓋皆以近紂都而附會，不足據。九、鬼同音，宋于庭謂即“西方有九國焉”之“九國”，亦即“我征徂西至於艽野”之“艽野”，《過庭録》。其説甚當。鄂，疑《左氏》隱公六年“翼九宗五正頃父之子嘉父逆晉侯於隨，納諸鄂”之“鄂”，其地在河汾之間。然則九侯、鄂侯與周，固皆西方諸侯也。竊疑九侯、鄂侯、王季俱如殷，皆見殺，而文王又被囚，至七年，其臣獻洛西之地乃釋也。洛西之地，《史記正義》以丹、坊等州當之，其地大遠，恐非紂所能有。疑洛實伊洛之洛，洛西，蓋在偃師以西。殷自武乙徙河北，舊都之守稍疏，周人圖取其地，及被囚，迫而獻出，乃改圖而出河東，則《禮記・樂記》所謂“始而北出”者也。戡耆，則據上黨，俯臨河内矣。故祖伊懼而奔告。殷自此，蓋亦稍厚西方之防，故武王又攻其不備，出孟津而臨牧野也。

《新語術事》云:“文王生於東夷,大禹出於西羌。”此語顯與《孟子》背。蓋古人於此等處,不甚審諦,特取東西相對爲文耳。不足據以疑《孟子》也。

〔四二〕 三 恪 解

《左氏》襄公二十五年:子産曰:“昔虞閼父爲周陶正,以服事我先王。我先王賴其利器用也,與其神明之後也,庸以元女大姬配胡公,而封諸陳,以備三恪。”杜《注》云:“周得天下,封夏殷二王後。又封舜後,謂之恪,并二王後爲三國,其禮轉降,示敬而已,故曰三恪。”《疏》:“《樂記》云:武王克殷,未及下車,而封黄帝之後於薊,封帝堯之後於祝,封帝舜之後於陳;下車而封夏后氏之後於杞,投殷之後於宋。《郊特牲》云:天子存二代之後,猶尊賢也;尊賢不過二代。鄭玄以此謂杞宋爲二王之後,薊、祝、陳爲三恪。杜今以周封夏殷之後爲二王後,又封陳并二王後爲三恪。杜意以此《傳》言以備三恪,則以陳備三恪而已。若遠取薊祝,則陳近矣,何以言備?以其稱備,知其通二代而備其數耳。二代之後,則各自行其正朔,用其禮樂,王者尊之深也。舜在二代之前,其禮轉降。恪,敬也。封其後,示敬而已,故曰恪。雖通二代爲三,其二代不假稱恪,惟陳爲恪耳。”案杜《注》調和於《公羊》、《左氏》二家之間,説本依違無據,《疏》更就“備”字曲爲之説,尤非也。《郊特牲疏》引《異義》云:“《公羊》説存二王之後,所以通天三統之義,引此文。《古春秋左氏》説周家封夏殷二王之後,以爲上公。封黄帝、堯、舜之後,謂之三恪。許慎謹案云:治《魯詩》丞相韋玄成、治《易》施犫等説引《外傳》曰:三王之樂,可得觀乎?知王者所封,三代而已。不與《左氏》説同。鄭駁之云:所存二王之後者,命使郊天,以天子之禮,祭其始祖受命之王,自行其正朔服色。恪者,敬也,敬其先聖而封其後,與諸侯無殊異,何得比夏殷之後?”據此,《公羊》通三統,與《左氏》三恪之義自殊,杜《注》曲爲比附,其説自非矣。稱舜後爲三恪,《左氏》既有明文,似《異義》所謂古説者不誤。然《左氏》僖公二十四年:“宋成公如楚,還入於鄭。鄭伯將享之,問禮於皇武子。對曰:宋,先代之後也,於周爲客,天子有事膰焉,有喪拜焉,豐厚可也。”昭公二十五年:會於黄父。趙簡子令諸侯之大夫,輸王粟,具戍人。宋樂大心曰:“我不輸粟。我於周爲客,若之何使客?”客即恪也。則謂宋在三恪之列,《左氏》亦自有明文可據也。《解詁》云:“王者封二王後,地方百里,爵稱公,客待之而不臣也。”又曰:“使統其正朔,服其服色,行其禮樂,所以尊先聖通三統師法之義。恭讓之禮,於是可得而觀之。”隱公三年。此自

《春秋》之義。《郊特牲》之文，即傳説之散見者。《鄭注》云"二或爲三"，非也。然在古代，則天子但於前代之後則敬之，不必限以二，亦不拘以三。古三爲多數之義，云三不必其果爲三也。此猶後世耶律氏盡并八部，尊遥輦於御營九帳之上耳。統其正朔，服其服色，行其禮樂，則古代畿外之國，本不能一統。《曲禮》曰："君子行禮不求變俗，祭祀之禮，居喪之服，哭泣之位，皆如其國之故，謹脩其法而審行之。"則其義"變禮易樂者爲不從，不從者君流；革制度衣服者爲畔，畔者君討"；《王制》。其實僅能行諸畿内耳。《左氏》所記，自爲古之事實；《公羊》所言，則儒家經説；二者正不必牽合也。《郊特牲疏》引熊氏云："周之三恪，越少昊高辛遠存黄帝者，取其制作之人。故《易·繫辭》云：神農氏没，黄帝、堯、舜氏作，義當然也。"牽合彌廣，其無當於經義及古代之事實亦彌甚，皆所謂碎義逃難者也。

〔四三〕 武成取二三策①

《孟子》曰："盡信書，則不如無書。吾於《武成》，取二三策而已矣。仁人無敵於天下，以至仁伐至不仁，而何其血之流杵也？"《盡心》下。此古人見古書變亂史實之辭也。古史之傳於後，經此等改易删削，而失其真者，蓋不知凡幾矣。

《史記》多取《書》説，予已累言之，無待更述。今觀其述殷周間事，多與《周書》相出入，而《尚書》家之變亂史實有可微窺者焉。《周書·克殷》云："周車三百五十乘，陳於牧野。帝辛從。武王使尚父與伯夫致師。王既誓以虎賁戎車馳商師。商師大崩。"如此而已矣，《史記》則曰："紂師雖衆，皆無戰之心，心欲武王亟入；皆倒兵以戰，以開武王。武王馳之，紂兵皆崩，畔紂。"增入紂師倒兵之説矣。《周書·世俘》曰："武王狩禽：虎二十有二，貓二，麋五千二百三十五，犀十有二，氂七百二十有一，熊百五十有一，羆百一十有八，豕三百五十有二，貉十有八，麈十有六，麝五十，麋三十，鹿三千五百有八。"世皆疑其誕而不之信，然此即《孟子》所謂"驅虎豹犀象而遠之"者也。《滕文公》下。《孟子》言紂之罪曰："壞宫室以爲汙池，民無所安息。棄田以爲園囿，使民不得衣食。園囿汙池，沛澤多而禽獸至。"同上。古多曠地，園囿汙池，豈待壞宫室棄田而爲之？齊宣王之囿，方七十里，殺其麋鹿者，如殺人之罪，《孟子》譏其爲阱於國中，《梁惠王》下。亦故山澤之區，禁御之，使芻蕘雉兔者不得往焉耳，未聞其壞宫室棄田而爲之也。紂早於宣王七百餘年，安得有此？蓋紂都朝歌，臺在沙丘，

① 曾改題爲《武王克商》。

《漢書·地理志》。地偏東北，本皆曠廢之區，紂乃因以爲苑囿耳。雖曰禽荒，其惡未至如《孟子》所言之甚也。而武王則尤而效之者也，或且變本加厲焉。顧美其"兼夷狄驅猛獸而百姓寧"，《滕文公》下。天下真無復是非矣。"兼夷狄"者，《孟子》所謂"滅國者五十"，同上。《世俘》所記太公望命御方來等是也。皆云"告以馘俘"，又總計之曰："武王遂征四方。凡憝國九十有九國。馘魔億有十萬七千七百七十有九。俘人三億萬有二百三十。凡服國六百五十有二。"世或又疑其誕。然俘馘本有虛數。憝國九十有九，蓋以九爲數之究而云然。滅國者五十，則舉成數言之。雖不必實，然其數必不少矣。憝云滅云者，破壞其國，殺戮其君；服則望風歸款者也。即謂不然，亦師速而疾略之而已。滅者五十，憝者九十有九，而服者六百五十有二，正不必怪其多矣。不特此也，紂既自燔矣，武王又射之三發，下車擊之以輕吕，斬之以黄鉞，縣之大白之旗。又適二女之所，二女既縊矣，又射之三發，擊之以輕吕，斬之以玄鉞，縣之小白之旗。《克殷》。二女，《史記》云嬖妾；《世俘》則曰："武王燎於周，大師負商王紂縣首白旂，妻二首赤旆，乃以先馘，入燎於周廟。"案殷俗多同有虞，而《孟子》言舜"二女裸"，《盡心》下。或殷俗亦二妻，《世俘》之言是也。親加刃於敵國帝后之尸，其虐，過於邾人之戕鄫子。《春秋》宣公十八年。不歸其元而用之於廟，則秦不果施之於晉惠公，《史記·晉世家》。吴不忍行之於齊國書者也。《左氏》哀公十一年。赧王入秦，頓首獻地，猶獲歸正首丘。《史記·周本紀》。何其仁暴之殊也？大史公曰："論秦之德義，不如魯衛之暴戾。"論周則又居何等焉？

臧哀伯曰："武王克商，遷九鼎於洛邑，義士猶或非之。"《左氏》桓公二年。《克殷》曰："命南宫伯達、史佚遷九鼎三巫。"蓋始遷之三巫，卒又營洛邑而居之也。《世俘》又記其"薦俘殷王鼎"，又云："商王紂，取天知玉琰璲身厚以自焚。凡厥有庶，告焚玉四千。武王乃俾於千人求之。四千庶玉則銷。天知玉五，在火中不銷。凡天知玉，武王則寶與同。凡武王俘商舊玉，億有百萬。"周之所求可知矣。而曰散鹿臺之財，發鉅橋之粟，何其誣也？抑粟帛不可載以行，亦非野人所寶，乃從而破散之邪？

《楚辭·天問》曰："到擊紂躬，叔旦不嘉。"蓋謂武王親加刃於紂之尸，周公不以爲然也。周公之爲人，蓋較武王少知禮義，故攝政七年之後，傳有制禮作樂之事焉。《金縢》册祝曰："乃玄孫不若旦多材多藝，不能事鬼神。"足見武王爲一武夫，一無所知也。《天問》又曰："授殷天下，其位安施？反成乃亡，其罪伊何？"授殷天下，言復封武庚也。其位安施，言武庚敗亡也。反成而亡，言周公東征而歸，屬黨見執，身奔楚也。此周家争奪相殺之事也。《天問》又曰：

"會鼂争盟,何踐吾期？蒼鳥羣飛,孰使萃之?"此即《詩》所謂"維師尚父,時惟鷹揚,涼彼武王,肆伐大商,會朝清明"者。蒼鳥羣飛,亦如烏流幄、魚躍舟之類,以爲瑞應耳。足見周初所傳,本無信史,後人稱誦,悉出文飾,雖詩人所詠,已非其實也。《天問》又曰:"稷惟元子,帝何竺之？投之於冰上,鳥何燠之?"此即《詩・生民》所詠。又曰:"何馮弓挾矢,殊能將之。"則后稷非農師,亦鬬士耳。教民稼穡,樹藝五穀之言,皆因其居稷官而附會者也。而"文王卑服,即康功田功"《書・無逸》。視此矣。又曷怪周人之好殺戮,事攘奪哉?

《賈子・連語》曰:"紂將與武王戰。紂陳其卒,左臆右臆,鼓之不進,皆還其刃,顧以鄉紂也。紂走還於寢廟之上,身鬬而死,左右弗肯助也。紂之官衛,輿紂之軀,棄之玉門之外。民之觀者,皆進蹴之,蹈其腹,蹶其腎,踐其肺,履其肝。周武王乃使人帷而守之。民之觀者,搴帷而入,提石之者,猶未肯止。"此説謂紂卒倒兵同於《書》家,而紂尸爲商民所殘,而武王且有帷守之惠,其諱飾彌工矣。

〔四四〕　太公爲西方人

《史記・齊世家》曰:"太公望吕尚者,東海上人也。其先祖嘗爲四嶽,佐禹平水土,甚有功。虞夏之際封於吕,或封於申,姓姜氏。夏商之時,申吕或封枝庶,子孫或爲庶人,尚其苗裔也。"又曰:"吕尚蓋嘗窮困,年老矣,以漁釣姦周西伯。周西伯獵,遇太公於渭之陽。或曰,太公博聞,嘗事紂,紂無道,去之。遊説諸侯,無所遇,而卒歸周西伯。或曰,吕尚處士,隱海濱。周西伯拘羑里,散宜生閎夭素知而招吕尚。吕尚亦曰吾聞西伯賢,又善養老,盍往焉。三人者爲西伯求美女奇物,獻之於紂,以贖西伯,西伯得以出,反國。"《孟子》言:"太公辟紂,居東海之濱,聞文王作,興曰:盍歸乎來,吾聞西伯善養老者。"《離婁》上。即《史記》吕尚隱海濱,散宜生閎夭招之之説也。《戰國・秦策》姚賈曰:"太公望,齊之逐夫。"亦謂其在東方。又曰:"朝歌之廢屠,子良之逐臣,棘津之讎不庸。"則謂其在河内矣。《尉繚子》曰:"太公望年七十,屠牛朝歌,賣食盂津。"《韓詩外傳》曰:"吕望行年五十,賣食棘津,年七十,居於朝歌。"《説苑尊賢》曰:"太公望,朝歌之屠佐也,棘津迎客之舍人也。"説皆與姚賈同。《吕覽・首時》曰:"太公望,東夷之士也。"説同《孟子》。又曰:"聞文王賢,故釣於渭以觀之。"則與《史記》"以漁釣姦西伯"之説合矣。案《禮記・檀弓》:"太公封於營丘,比及五世,皆反葬於周。君子曰:樂,樂其所自生,禮不忘其本,古之人有言曰:狐死正丘首,仁也。"此太公爲西方人之誠證。東海上人,蓋因其封東方而附會。其遺事或在朝歌,則因太公爲文武師,《史記》言吕尚所以事周雖異,然要之爲文武師。鷹揚之績,著在商郊故也。傳食諸侯,古無是事,謂其遊説無所遇,而卒歸周,乃戰國時人億度之説。后稷生於姜嫄,太王妃曰太姜,武王妃曰邑姜,當時姜姓在西方者實多,正不獨申吕也。

《水經·河水注》:"張甲河右瀆,東北逕廣川縣故城西,又東逕棘津亭南。徐廣曰:棘津在廣川。司馬彪曰:縣北有棘津城,吕尚賣食之困,疑在此也。劉澄之云:譙郡酇縣東北有棘津亭,故邑也,吕尚所困處。余案《春秋左氏傳》,伐巢,克棘,入州來,無津字;杜預《春秋釋地》,又言棘亭在酇縣東北,亦不云有津字;不知澄之於何而得是説。天下以棘爲名者多,未可咸謂之棘津也。又《春秋》昭公十七年,晉侯使荀吴帥師涉自棘津,用牲於洛,遂滅陸渾。杜預《釋地》,闕而不書。服虔曰:棘津,猶孟津也。徐廣《晉紀》,又言石勒自葛陂寇河北,襲汲人向冰於枋頭,濟自棘。棘津在東郡、河内之間,田融以爲即石濟南津也。雖千古茫昧,理世玄遠,遺文逸句,容或可尋;沿途隱顯,方土可驗。司馬遷云:吕望,東海上人也,老而無遇,以釣姦周文王。又云:吕尚行年五十,賣食棘津,七十則屠牛朝歌,行年九十,身爲帝師。皇甫士安云:欲隱東海之濱,聞周文王善養老,故入釣於周。案《史記》以漁釣姦周西伯,與聞西伯善養老而歸周係兩説,謐强合爲一。凡謐之説多如此,古説之爲其所亂者蓋多矣,然正不獨一謐也。今汲水城,亦言有吕望隱居處,起自東海,迄於酆雍,緣其逕趣,趙魏爲密,厝之譙宋,事爲疏矣。"案《秦策》、《韓詩》、《説苑》云棘津,《尉繚》云孟津,則服虔之言,未爲無據。佚事流傳,本多不實,於地理,必取著名者以立言。孟津爲武王伐紂濟師處,以此附會太公,正近情理,必謂其在趙魏,恐未然也。又《清水》"東過汲縣北"《注》云:"縣故汲郡治,晉太康中立。城西北有石夾水,飛湍濬急,人亦謂之磻溪,言太公嘗釣於此也。城東門北側有太公廟,廟前有碑,碑云:太公望者,河内汲人也。縣民故會稽太守杜宣白令崔瑗曰:太公本生於汲,舊居猶存,君與高、國,同宗太公,載在經傳。今臨此國,宜正其位,以明尊祖之義。於是國老王喜、廷掾鄭篤、功曹邠勤等,咸曰宜之,遂立禋祀,爲之位主。城北三十里有太公泉,泉上又有太公廟,廟側高林秀木,翹楚競茂,相傳云太公之故居也。晉太康中,范陽盧無忌爲汲令,立碑於其上。"此可見流俗附會之由。《吕覽》高《注》曰:"太公望,河内人也,於周豐、鎬爲東,故曰東夷之士。"合兩説而强爲之辭,真可發一大噱。

《吕覽・謹聽》曰:"太公釣於滋泉。"《水經・渭水注》曰:"渭水東逕郁夷縣故城南,汧水入焉。渭水之右,磻溪水注之。水出南山兹谷,乘高激流,注於溪中。溪中有泉,謂之兹泉。泉水潭積,自成淵渚,即《吕氏春秋》所謂太公釣兹泉也。今人謂之凡谷。石壁深高,幽隍邃密,林障秀阻,人跡罕交。東南隅有一石室,蓋太公所居也。水次平石釣處,即太公垂釣之所。其投竿跽餌,兩𨂍遺跡猶存。"又渭水"東過霸陵縣北,霸水從縣西北流注之"《注》云:"霸者,水上地名也,古曰滋水矣。秦穆公霸世,更名滋水爲霸水,以顯霸功。"郁夷在今隴州西,霸陵在今咸寧東,而皆以爲太公漁釣之所,可見流俗之善於附會。實則屠釣同爲古人所賤,傳者特以是言太公之困耳。太公蓋誠晚達,然曾屠釣與否,尚難斷言,況欲鑿指其地邪?《天問》曰:"師望在肆昌何識?鼓刀揚聲後何喜?"固不謂太公以漁姦西伯,而其屠亦不得在朝歌也。

〔四五〕　惟周公誕保文武受命惟七年

《詩・文王序疏》云:"伏生、司馬遷以爲文王受命七年而崩;劉歆作《三統曆》,考上世帝王,以爲文王受命九年而崩。班固作《漢書・律曆志》載其説。於是賈逵、馬融、王肅、韋昭、皇甫謐皆悉同之。《帝王世紀》引《周書》,稱文王受命九年,惟暮之春,在鎬,召太子發,作《文傳》。九年猶召太子,明其七年未崩,故諸儒皆以爲九年而崩。"是諸儒之説原於歆,歆之説實原於《周書》也。今案《周書》一字之誤,遂啓後來無限之争,然推其本,則《周書》之所據,實未嘗與《詩》、《書》之説有異同也。司馬遷文王受命七年而崩之説,見《史記・周本紀》,《周本紀》云"詩人道西伯",蓋舉《詩》説也。何則?《史記・周本紀》言文王受命七年而崩。"九年,武王上祭於畢。東觀兵,至於盟津。爲文王木主,載以車,中軍。武王自稱太子發,言奉文王以伐,不敢自專。"自七年至九年,二年矣,故劉歆《世經》,亦謂再期在大祥而伐紂。然《伯夷列傳》曰:"西伯卒,武王載木主,號爲文王,東伐紂。伯夷、叔齊叩馬而諫曰:父死不葬,爰及干戈,可謂孝乎?"豈有再期而猶不葬者?《楚辭・天問》曰:"武發殺殷何所悒?載尸集戰何所急?"《淮南・齊俗》曰:"武王伐紂,載尸而行,海内未定,故不爲三年之喪始。"《注》言始廢於武王也。其非再期大祥時明矣。武王當日,蓋祕文王之喪以伐紂,不克還歸,居二年而又東伐也。所以居二年而復東伐者,非如《史記》所言聞紂昏亂暴虐滋甚,實以已於是時免喪故耳。然則武王觀兵,當在文王受命七年;徧告諸侯東伐,當在九年。後周人自諱其不葬而用兵,乃將其事悉移下二年,然文王死即東兵，猶爲後人所能憶，作《周書》者遂誤將文王之死，移下二年也。載主而行，固古人用兵通禮。

《周書·明堂解》曰："大維商紂暴虐，脯鬼侯以享諸侯，天下患之。四海兆民，欣戴文武。是以周公相武王以伐紂，夷定天下。既克紂六年而武王崩。成王嗣，幼弱，未能踐天子之位。周公攝政，君天下，弭亂。六年而天下大治。乃會方國諸侯於宗周，大朝諸侯。制禮作樂，頒度量，而天下大服，萬國各致其方賄。七年，致政於成王。"此文全與《禮記·明堂位》同，所多者，"既克紂六年而武王崩"一語耳。武王在位凡七年，其死當在受命十四年，若以克殷在九年，則自九年至十四年，固適得六年也。古人記年代固甚疏，然周公誕保文武受命，惟七年，其數甚巧，周人於此，當不得誤記，故《詩》、《書》皆無異説。《周書·武儆》曰："惟十有二祀，四月，王告夢。丙辰，出金枝郊寶《開和》細書，命詔周公旦立後嗣，屬小子誦文及寶典。"此篇乃記武王將殁時事，二當爲四之誤。或曰："作是篇者，明知文王之死，爲人誤移後二年，然不知其自受命七年移至九年，誤謂文王受命七年而崩之説，業經延長二年，乃將文王受命後年歲，縮短至五年，如是，則武王在位七年，其死適當受命之十二年矣。"此雖見巧思，然未免穿鑿，不可從也。

《明堂位疏》云："周公制禮攝政，孔鄭不同。孔以武王崩，成王年十三，至明年攝政，管叔等流言。故《金縢》云：武王既喪，管叔及其羣弟流言於國曰：公將不利於孺子。時成王年十四。即位攝政之元年，周公東征管蔡，後二年，克之，故《金縢》云：周公居東二年，則罪人斯得。除往年，時成王年十六，攝政之三年也。故《詩序》云：周公東征三年，而歸攝政。七年，營洛邑，封康叔而致政，時成王年二十。故孔注《洛誥》，以時成王年二十是也。鄭則以爲武王崩，成王年十歲。《文王世子疏》："鄭注《金縢》云：文王崩後，明年生成王，則武王崩時，成王年十歲。"《周書》以武王十二月崩，至成王年十二，十二月喪畢，成王將即位，稱已小，求攝，周公將代之，管蔡等流言，周公懼之，辟居東都。故《金縢》云：武王既喪，管叔等流言，周公乃告二公曰：我之不辟，無以告我先王。既喪，謂喪服除；辟，謂辟居東都。時成王年十三。明年，成王盡執拘周公屬黨。故《金縢》云：周公居東二年，則罪人斯得。罪人，謂周公屬黨也。時成王年十四。至明年秋，大熟，有雷風之異。故鄭注《金縢》云：秋大熟謂二年之後。明年秋，迎周公而反，反則居攝之元年，時成王年十五。《書傳》所謂一年救亂。明年，誅武庚、管、蔡等，《書傳》所謂二年克殷。明年，自奄而還，《書傳》所謂三年踐奄。四年，封康叔，《書傳》所謂四年建侯衛，時成王年十八也。故《康誥》云孟侯，《書傳》云天子，天子十八稱孟侯。明年，營洛邑，故《書傳》云五年營成周。

六年，制禮作樂。七年，致政於成王，年二十一。明年乃即政，時年二十二也。"案《史記·周本紀》言武王崩，"成王少，周初定天下，周公恐諸侯畔，乃攝行政當國。管叔蔡叔羣弟疑周公，與武庚作亂，畔周"。明流言即在武王崩、成王初立之時，若攝政待諸二年之後，則國事既大定矣，周公有無篡奪之心，亦既爲衆所共見矣，若欲徐圖篡弑，其經營亦既鞏固矣，管叔等顧於此時流言何爲？況謂居喪二年中，成王能自爲政邪？服除何反求攝？謂周制亦如殷，諒陰聽於冢宰，故喪中不待求攝邪？則孔子於子張之問，何不曰殷周皆然，顧曰"古之人皆然"也？《論語·憲問》。《魯世家》曰："管叔及其羣弟流言於國曰：周公將不利於成王。周公乃告太公望、召公奭曰：我之所以弗辟而攝行政者，恐天下畔周，無以告我先王太王、王季、文王。三王之憂勞天下久矣，於今而后成。武王蚤終，成王少，將以成周，我所以爲之若此。於是卒相成王，而使其子伯禽代就封於魯。"此文解"弗辟"二字，何等文從字順？且有卒相成王，而使伯禽就封之事爲證；豈比鄭以喪服除釋"既喪"，辟居東都釋"辟"之牽强邪？且成王而既疑周公矣，疑之而既能執其屬黨矣，豈有倒持干戈，授人以柄，反迎之而請其居攝之理？謂此係設説，周公實挾兵力以入，則自辟居訖復入，爲時三年，武庚、管、蔡安得不以此時力攻東都，而聽其再奠鎬京，養成氣力？且周公甫戡大難，亦何能即出兵以誅武庚、管、蔡也？故鄭之所言，無一而合情理者。《周書·作雒》曰："武王既歸成歲，十二月崩鎬，肂於岐周。周公立，相天子。三叔及殷東徐奄及熊盈以略。周公召公内弭父兄，外撫諸侯。"所謂"一年救亂"也。"元年夏六月，葬武王於畢。二年，又作師旅，臨衛政殷，殷大震潰。降辟三叔。王子禄父北奔。管叔經而卒。乃囚蔡叔於郭淩。"所謂"二年克殷"也。曰："凡所征熊盈族十有七國，俘維九邑。"所謂"三年踐奄"也。曰："俘殷獻民，遷於九畢，俾康叔宇於殷，俾中旄父宇於東。"所謂"四年建侯衛"也。曰："及將致政，乃作大邑成周於土中。"所謂"五年營成周"也。《明堂解》："六年而天下大治，乃會方國諸侯於宗周，制禮作樂，頒度量，而天下大服。"所謂"六年制禮作樂"也。終之曰"七年致政於成王"，所言無不與《書傳》合者，故知《書説》皆原本古史，非憑臆爲説也。

《魯世家》言："武王有疾，不豫，羣臣懼，太公、召公乃繆卜。周公曰：未可以戚我先王。周公乃自以爲質。令史策告太王、王季、文王，欲代武王，藏其策金縢匱中，誡守者弗敢言。及東土既集，周公歸報成王，乃爲詩貽王，命之曰《鴟鴞》。七年，還政於成王。初，成王少時，病，周公乃自揃其蚤，沈之河，以祝於神，曰：王少，未有識，姦神命者乃旦也。亦藏其策於府。成王病有瘳。

及成王用事,人或譖周公,周公奔楚。成王發府,見周公禱書,乃泣,反周公。周公在豐,病,將没,曰:必葬我成周,以明吾不敢離成王。周公既卒,成王亦讓,葬周公於畢,從文王,以明予小子不敢臣周公也。周公卒後,秋,未穫,暴風雷雨,禾盡偃,大木盡拔,周國大恐。成王與大夫朝服以開金縢書,王乃得周公所自以爲功代武王之説,二公及王乃問史百執事,史百執事曰:信有,昔周公命我勿敢言。成王執書以泣,曰:自今後其無繆卜乎?昔周公勤勞王家,惟予幼人弗及知,今天動威,以彰周公之德,惟朕小子其迎,我國家禮亦宜之。王出郊,天乃雨,反風,禾盡起。二公命國人,凡大木所偃,盡起而築之,歲則大熟。"史公此文,全取《尚書金縢》,而周公奔楚一節,則爲《金縢》所弗具。平心論之,成王既能拘執周公之屬黨,豈有聽其反而攝政之理?謂此事在成王用事後,則正合情理。然則鄭之所云,殆亦有所本,特其學無師承,經文既闕,不能借口説以補之,遂誤以此釋《鴟鴞》之詩,而繫之於攝政前耳,口説之足貴如此。

周公奔楚,《索隱》云:"經典無文,其事或别有所出。而譙周云秦既燔書,時人欲言金縢之事,失其本末。乃云成王少時病,周公禱河欲代王死,藏祝策於府,成王用事,人讒周公,周公奔楚,成王發府見策,乃迎周公。又與《蒙恬傳》同,事或然也。"然則譙周亦信周公欲代成王事爲真,而以《金縢》爲不具也。周非守章句之學者,而其言如此,可以知所從矣。

〔四六〕 衛　伯

《詩·旄丘序》云:"責衛伯也。狄人迫逐黎侯,黎侯寓於衛,衛不能脩方伯連率之職,黎之臣子以責於衛也。"《箋》云:"衛康叔之封爵稱侯;今曰伯者,時爲州伯也。"案《史記·衛康叔世家》:"周公殺武庚禄父、管叔,放蔡叔。以武庚殷餘民封康叔爲衛君。康叔卒,子康伯立。康伯卒,子孝伯立。孝伯卒,子嗣伯立。嗣伯卒,子庢伯立。庢伯卒,子靖伯立。靖伯卒,子貞伯立。貞伯卒,子頃侯立。頃侯厚賂周夷王,夷王命衛爲侯。"據此,自貞伯以上,未有侯稱,事甚明白。《索隱》乃云:"《康誥》稱命爾侯於東土。又云孟侯,朕其弟,小子封。則康叔初封已爲侯也。比子康伯即稱伯者,謂方伯之伯耳,非至子即降爵爲伯也。故孔安國曰:孟,長也。五侯之長謂方伯。方伯,州牧也。故五代孫祖恒爲方伯耳。至頃侯德衰,不監諸侯,乃從本爵而稱侯,非是至子而削爵,及頃侯賂夷王而稱侯也。"案列國稱號,時有進退,《史記》多從其本名書之,蓋有所據。《宋微子世家》:"微子開卒,立其弟衍,是爲微仲。微仲卒，子宋公稽立。"《索隱》云："《家語》：微子弟仲思，名衍，一名泄，嗣微子爲宋公，雖遷爵易位，而班級不過其故，故以舊官爲稱。故二微雖爲宋公，猶稱微，至於稽乃稱宋公也。"《家語》固不足據，然謂史之所書，隨其當時稱號則是也。安得於衛忽自亂其例？《詩序》説《詩》義皆非是，其辭則雜採舊記而成。此衛伯二字，必有來歷。正足證《史記》至頃侯乃命爲侯之説也。《衛世家》自貞伯以下稱頃侯、釐侯，兩世皆稱侯。武公佐周平戎有功，周平王命爲公，自此以下皆稱公。成侯貶號爲侯，及子平侯皆稱侯，嗣君更貶號曰君，自此以下四世又皆稱君。

〔四七〕　江漢、常武

《江漢》、《常武》二詩，説者皆以爲宣王時事，竊疑非也。《史記·秦本紀》、《趙世家》并謂穆王西巡狩，樂而忘歸，徐偃王因之作亂。《秦本紀》云：造父爲穆王御，長驅歸周，一日千里以救亂；《趙世家》云：繆王日馳千里馬，攻徐偃王，大破之；而《左氏》昭公四年，椒舉謂穆有塗山之會；則穆王當日兵力實曾至淮徐，二詩所詠，蓋即其事。

《説苑·指武》："王孫厲謂楚文王曰：徐偃王好行仁義之道，漢東諸侯三十二國盡服矣。王若不伐，楚必事徐。文王遂興師伐徐，殘之。徐偃王將死，曰：吾賴於文德而不明武備，好行仁義之道而不知詐人之心，以至於此。"《淮南子·人間訓》亦載此事，而繫之楚莊王。穆王時，楚尚未强，而周室聲威頗振；伐徐之役，楚人或以師從，故後遂附會以偃王爲楚所滅。以當日情勢度之，楚必不能爲是役之主也。

自《説苑》以後，乃有調停其辭，謂穆王之伐徐，實命楚爲之者。《博物志》云："偃王既有國，仁義著聞，欲舟行上國，乃通溝陳蔡之間。得朱弓朱矢，以己得天瑞，遂因名爲弓，自稱徐偃王。《韓非·喻老》："治國者以名號爲罪，徐偃王是也。"則偃王當日確有稱王之事。江淮諸侯皆服從，服從者三十六國。周穆王聞，遣使乘駟，一日至楚，使伐之。偃王仁，不忍鬬害其民，爲楚所敗，逃走彭城武原縣東山下，百姓隨之者以萬數，後遂名其山爲徐山。山上立石室，有神靈，民人祈禱，今皆見存。"《説苑》云偃王敗死，而此云逃走武原東山，蓋所以調停載籍與傳説也，然猶不鑿言爲楚之某王。至《後漢書·東夷傳》乃云："徐夷僭號，率九夷以伐宗周，西至河上。穆王畏其方熾，乃分東方諸侯，命徐偃王主之。偃王處潢池東，地方五百里，行仁義，陸地而朝者三十六國。穆王後得驥騄之乘，乃使造父御以告楚，令伐徐，一日而至。於是楚文王大舉兵而滅之。偃王仁而無權，不忍鬬其人，故致於敗，乃北走彭城武原縣東山下，百姓隨之者以萬數，因名其山爲徐山。"既云周穆王，又云楚文王，則時不相及，遂啓如譙允南者之疑矣。見《史記索隱》引。然云穆王使楚，非；云偃王當穆王時，自實。譙氏不疑彼而疑此，似未諦也。

古書率本傳説，年代人地名多不審諦，然謂其絶無根據，則又不然。《博物志》謂偃王溝通陳蔡之間，《後漢書》謂偃王伐宗周，西至河上，皆隱與《檀弓》容居"昔我先君駒王西討，濟於河"之言合，疑駒王即偃王也。《博物志》謂徐偃王名弓，弓、句聲近，竊疑傳説者譌駒爲弓，因附會爲得朱弓矢之説。溝通陳蔡之間，疑即鴻溝。《博物志》之言而信，則偃王之溝通南北，實在吴人溝通江淮之先矣。

楚之强，自熊渠，《史記·楚世家》謂其當周夷王時。又云厲王暴虐，"熊渠畏其伐楚，亦去其王"。然特去其王號而已。謂周當夷厲以還，猶能聲罪致討於楚，其説實不近情，況越江漢而征淮徐乎？乃《漸漸之石序》云："下國刺幽王也。戎狄叛之，荆舒不至，乃命將帥東征，役久，病於外，故作是詩也。"幽王而能遠征荆舒，豈尚爲切近之申與犬戎所滅哉？《序》蓋因詩有"武人東征"語而附會也。三家説《詩》，多有傳授，猶不免誤，況於小序之馮億穿鑿者乎？其不足信，無俟再計矣。

原刊《光華大學半月刊》第三卷第一期，一九三四年十月十日出版

〔四八〕　西周皆都豐鎬

《詩譜》云："《小雅》、《大雅》者，周室居西都豐鎬之時詩也。"《疏》云："《文王有聲》云作邑於豐，是文王居豐也。又曰考卜維王，宅是鎬京，惟龜正之，武王成之，是武王居鎬也。《世本》云：懿王徙於犬丘。《地理志》云：京兆槐里縣，周曰犬丘，懿王都之。京兆郡，故長安縣也。皇甫謐云：鎬在長安南二十里，然則犬丘與鎬相近，有離宫在焉，懿王蹔居之，非遷都也。"其説是也。《漢書·匈奴列傳》曰："懿王時，王室遂衰，戎狄交侵，暴虐中國，中國被其苦，詩人始作，疾而歌之曰：靡室靡家，玁允之故。豈不日戒，玁允孔棘。至懿王曾孫宣王，興師命將，以征伐之。詩人美大其功，曰：薄伐玁允，至於太原。出車彭彭，城彼朔方。"此所引者，爲《采薇》、《六月》之詩。《序》以《采薇》爲文王遣戍役，《出車》以勞還，《杕杜》以勤歸，於《六月》則説爲宣王北伐。然《出車》之詩曰："王命南仲，往城於方。"《六月》之詩曰："侵鎬及方，至於涇陽。"則諸詩所詠，實一時事。鎬方，《鄭箋》但云"北方地名"，竊疑

方即豐之轉音。懿王時，豐鎬實曾淪陷，故蹔遷犬丘也。《史記·秦本紀》言："非子居犬丘，孝王欲以爲大駱適嗣，而申侯之女爲大駱妻，生子成爲適。申侯乃言孝王曰：昔我先酈山之女，爲戎胥軒妻，生仲潏，以親故，歸周，保西垂，西垂以其故和睦。今我復與大駱妻，生適子成。申駱重昏，西戎皆服，所以爲王，王其圖之。孝王乃分土，以非子爲附庸，邑之秦，使續嬴氏祀，號曰秦嬴；而亦不廢申侯之女子爲駱適者，以和西戎。秦嬴四傳至秦仲，而周厲王無道，西戎反王室，滅犬丘大駱之族。宣王即位，以秦仲爲大夫，誅西戎。西戎殺秦仲。秦仲有子五人，其長者曰莊公。宣王召莊公昆弟，與兵七千人，使伐西戎，破之。於是復予秦仲後及其先大駱地、犬丘并有之，爲西垂大夫。"觀此，知犬丘所繫之重，故懿王親徙鎮之；抑懿王雖失豐鎬，猶能守犬丘，此周之所以未遽亡也。《周書·史記》曰："昔有林氏召離戎之君而朝之，至而不禮，留而弗親，離戎逃而去之。林氏誅之，天下叛林氏。"文王之被囚，閎夭之徒，實求驪戎之文馬以獻紂。《漢書·律曆志》張壽王謂驪山女亦爲天子，在殷周間，則驪戎立國甚古，且頗强盛。與申僇力王室，此西垂之所以獲安。逮申與犬戎合而攻周，而幽王隕滅矣，其敗適在驪山之下，周室興亡之故，夫固可以微窺也。

《水經·渭水注》曰："渭水又東逕鄭縣故城北，鄭桓公友之故邑也。《漢書》薛瓚注言：周自穆王已下，都於西鄭，不得以封桓公也。幽王既敗，虢儈又滅，遷居其地，國於鄭父之丘，是爲鄭桓公，無封京兆之文。余按《史記》，考《春秋》、《國語》、《世本》，言周宣王二十二年，封庶弟友於鄭。又《春秋》、《國語》并言桓公爲周司徒，以王室將亂，謀於史伯，而寄帑與賄於虢儈之間。幽王霣於戲，鄭桓公死之。平王東遷，鄭武公輔王室，滅虢儈而兼其土。故周桓公言於王曰：我周之東遷，晉鄭是依。乃遷封於彼。《左傳》隱公十一年，鄭伯謂公孫獲曰：吾先君新邑於此，其能與許争乎？是指新鄭爲言矣。然班固、應劭、鄭玄、皇甫謐、裴頠、王隱、闞駰及諸述作者，咸以西鄭爲友之始封，賢於薛瓚之單説也，無宜違正經而從逸録矣。"其説亦是也。《穆天子傳》云："天子入於南鄭。"《注》云："《紀年》：穆王元年，築祇宮於南鄭，《傳》所謂王是以獲没於祇宮者也。"《洧水注》云："晉文侯二年，周惠王子多父伐鄶，克之。乃居鄭父之丘，名之曰鄭，是爲桓公。"此蓋瓚説之所由來。《左氏》曰："祭公謀父作《祈招》之詩，以止王心，王是以獲没於祇宮。"祭公謀父，即《國語》載其諫穆王征犬戎之人，隱見《左氏》所謂"穆王欲肆其心，周行天下"者，即指其征伐之事。造《竹書》者，既因緣《左氏》，妄造事實；作《穆天子傳》者，遂變本而加厲，其洧亂史事甚矣。

〔四九〕 周失西畿之年[①]

《詩・六月》:"玁狁匪茹,整居焦穫;《爾雅》"十藪"之一,據郭《注》,在今陝西涇陽縣。侵鎬及方,至於涇陽。"周人嘗命將伐之,至太原而城朔方。《詩》家説此,多以爲宣王時事,然觀《史記・匈奴列傳》,則似在驪山之役以後,疑莫能明也。

《史記・周本紀》及《匈奴列傳》,皆不言宣王時有與玁狁争戰之事。《匈奴列傳》曰:"穆王之後二百有餘年,周幽王用寵姬褒姒之故,與申侯有隙;申侯怒而與犬戎共攻殺周幽王於驪山之下,遂取周之焦穫,而居於涇渭之間,侵暴中國。"又曰:"初,周襄王欲伐鄭,故取戎狄女爲后,與戎狄兵共伐鄭。已而黜狄后,狄后怨。而襄王後母曰惠后,有子子帶,欲立之。於是惠后與狄后、子帶爲内應,開戎狄;戎狄以故得入,破逐周襄王,而立子帶爲天子。於是戎狄或居於陸渾,東至於衛,侵盜暴虐中國。中國疾之,故詩人歌之曰:戎狄是膺;薄伐獫狁,至於太原;出輿彭彭,城彼朔方。"則似詩之所詠,皆周東遷後事。案鎬、方、朔方,説《詩》者皆不能指爲何地;若以爲東遷後事,則鎬即武王所居;方,或豐之轉音也。劉向訟甘延壽疏:"千里之鎬,猶以爲遠。"鎬京與雒邑相去固得云千里,朔方亦當在涇水流域,自鎬京言之,固可云西北也。平王雖不能禦犬戎,特以畏逼東遷,不應一遷之後,西都畿内之地,即盡淪戎狄。據《史記・秦本紀》及《十二諸侯年表》,秦襄公伐戎至岐,在其十二年,當周平王五年;秦文公十六年收周餘民,有之,地至岐,當平王十九年;德公元年卜居雍,後世子孫飲馬於河,可見是時秦東境尚未至河;德公元年乃周釐王五年,東遷後之九十四年也。《六國表》曰:"穆公脩政,東境至河。"據《秦本紀》及《十二諸侯年表》,事在穆公十六年,則周襄王之八年,東遷後之百二十七年矣。周與西都交通之絶,由晉滅虢守桃林之塞而然。虢之滅,在周惠王二十二年,亦在東遷後百十六年。然則自平王東遷後百餘年間,周與西都之交通迄未嘗絶,西都畿内之地,亦未嘗盡爲秦有,命將出師,以征玁狁,固事所可有也。《出車》之詩曰:"王命南仲,往城於方。"《毛傳》:"方,朔方,近玁狁之國也。"案詩又言"天子命我,城彼朔方",所詠當係一事,《毛傳》是也。然則朔方乃近玁狁之地,在周之北。劉向訟甘延壽疏,亦以詩所詠爲宣王時事。然古

---

① 曾改題爲《疑周伐玁狁爲東遷後事》。

人學術，多由口耳相傳，久之乃著竹帛，不審諦處甚多，無妨其言千里之鎬爲是，其言宣王時事爲非也。

〔五〇〕　齊桓公存三亡國

《左氏》僖公十九年：宋司馬子魚曰："齊桓公存三亡國以屬諸侯。"杜《注》曰："三亡國：魯、衛、邢。"非也。《管子·大匡》曰："五年，宋伐杞，桓公欲救之。管仲曰：令人以重幣使之；使之而不可，君受而封之。公乃命曹孫叔使宋。宋不聽，果伐杞。桓公築緣陵以封之，予車百乘，甲一千。明年，狄人伐邢，邢君出，致於齊。桓公築夷儀以封之，予車百乘，卒千人。明年，狄人伐衛，衛君出，致於虚。桓公築楚丘以封之，予車三百乘，甲五千。"《霸形》曰："管子曰：宋伐杞，狄伐邢、衛，今君何不定三君之位哉？桓公曰：諾。因命以車百乘，卒千人，以緣陵封杞；車百乘，卒千人，以夷儀封邢；車五百乘，卒五千人，以楚丘封衛。"然則三亡國者，杞、邢、衛也。故書有據，而杜億説之，非。且魯雖三君死、曠年無君，國曷嘗亡哉？

原刊《群雅》第一集第二卷，一九四〇年五月一日

〔五一〕　長　狄　考

孟子曰："其事則齊桓、晉文，其文則史，孔子曰：其義則丘竊取之矣。"斯言也，實治《春秋》者之金科玉律也。能分别其事與義，則《春秋》作經讀可，作史讀亦可。而不然者，則微特不能明《春秋》之義，於春秋時事，亦必不能了也。

春秋事之可怪者，莫如長狄。文十一年《經》云："叔孫得臣敗狄於鹹。"但云狄而已，而《公羊》及《左》、《穀》皆以爲長狄。《左氏》所載，但云長狄有名緣斯者，獲於宋；有曰僑如者，斃於魯叔孫得臣；僑如之弟焚如獲於晉，榮如獲於齊，簡如獲於衛；鄋瞞由是遂亡而已。無荒怪之説也。《公羊》云"記異"，而不言其所以異。《穀梁》則云"弟兄三人，佚宕中國，瓦石不能害。叔孫得臣最善射者也，射其目，身横九畝，斷其首而載之，眉見於軾"，其荒怪甚矣。

注家之言，《穀梁》范《注》但循文敷衍，無所增益。《左氏》杜《注》亦然。其云"蓋長三丈"，乃本《國語》。《國語》、《左氏》固一家言也。何休之意，則不以長狄爲人，故注"兄弟三人"曰："言相類如兄弟。"又曰："魯成就周道之封，齊、晉霸，尊周室之後。長狄之操，無羽翮之助，别之三國，皆欲爲君。比象周室衰，禮義廢，大人

無輔佐,有夷狄行。事以三成,不可苟指一,故自宣、成以往,弑君二十八,亡國四十。"二十八當作二十,四十當作二十四,見《疏》。《疏》引《關中記》曰:"秦始皇二十六年,有長人十二,見於臨洮,身長百尺,皆夷狄服。天誡若曰:勿大爲夷狄行,將滅其國。"《穀梁疏》引《考異郵》曰:"兄弟三人,各長百尺,别之國,欲爲君。"《漢書·五行志》引《公》、《穀》説,而曰:"劉向以爲是時周室衰微,三國爲大,可責者也。天戒若曰:不行禮義,大爲夷狄之行,將至危亡。其後三國皆有篡弑之禍,近下人伐上之痾也。"又引京房《易傳》曰:"君暴亂,疾有道,厥妖長狄入國。"又曰:"豐其屋,下獨苦。長狄生,主爲虜。"《五行志》又曰:"史記秦始皇帝二十六年有大人長五丈,足履六尺,皆夷狄服,凡十二人,見於臨洮。天戒若曰:勿大爲夷狄之行,將受其禍。後十四年而秦亡。亡自戍卒陳勝發。"其義皆與何休同。

以長狄爲非人,似極荒怪。然束閣三傳,獨抱遺經,以得臣所敗,亦尋常之狄則可;否則以之爲人,其怪乃甚於非人也。記事荒怪,《穀梁》爲甚。然《公羊》謂其"兄弟三人,一者之齊,一者之魯,一者之晉。其之齊者,王子成父殺之;之魯者,叔孫得臣殺之;則未知其之晉者也",其説全與《穀梁》同,特不云其"佚宕中國,瓦石不能害",又不言其長若干而已。然《穀梁》云:"不言帥師而言敗,何也?直敗一人之辭也。一人而曰敗,何也?以衆焉言之也。"范《注》:"言其力足以敵衆。"《公羊》曰:"其言敗何?大之也。其日何?大之也。其地何?大之也。"意亦全同。以得臣所敗爲一人,則非謂其瓦石不能害,身横九畝,斷其首而載之,眉見於軾不可矣。故《公》、《穀》之辭,雖有詳略,其同出一本,蓋無疑也。《穀梁》曰"《傳》曰"云云,蓋據舊傳也。惟《左氏》之説,最爲平正。其曰"富父終甥摏其喉以戈,殺之",特記其殺之之事,非有"瓦石不能害",必"射其目"之意也。詳記齊、魯二國埋其首之處,則杜氏所謂"骨節非常,恐後世怪之",更未嘗有"身横九畝"、"眉見於軾"之説也。雖杜《注》謂"榮如以魯桓十六年死,至宣十五年一百三歲,其兄猶在,《傳》言既長且壽,有異於人",然年代舛譌,古書恒有;此乃杜推《左氏》之意如此,《左氏》之意,初未必如此也。然則《左氏》果本諸國史,記事翔實,而《公羊》、《穀梁》皆不免口説流行之誚邪!

蓋《公羊》所云"記異"者,乃《春秋》之義也。何休所言,則發明《公羊》之所謂異者也,與事本不相干。至《公》、《穀》之記事,與《左氏》之記事,則各有所取。古事之傳於今,有出史官之記載,士夫之傳述者;亦有出於東野人之口,好事者之爲者。有傳之未久,即著竹帛者;亦有輾轉傳述,乃形簡策者。由前之説,其言恒較雅,其事亦較確。由後之説,則其詞多鄙,其事易蕪。《左氏》所資,蓋屬前説;《公》、《穀》所本,則屬後説也。以記事論,《左氏》誠爲近實；然以義論，則公羊子獨得聖人之傳已。

《左氏》之記事，誠近實矣，然長狄究爲何如人，《左氏》未之言也，則請徵之《國語》。《國語·魯語》：吴伐越，墮會稽，得骨專車，使問仲尼。仲尼曰：昔禹致羣神於會稽山，防風氏後至，禹殺而戮之，其節專車。客曰：防風何守？仲尼曰：汪罔國之君也，守封、嵎之山，漆姓，在虞、夏、商爲汪罔氏，於周爲長翟氏，今謂之大人。客又曰：人長之極幾何？仲尼曰：僬僥氏三尺，短之至也。長者不過十之，數之極也。《史記·孔子世家》、《説苑》、《家語·辨物》篇略同。惟《説苑》漆姓作釐姓，又云"在虞、夏爲防風氏，商爲汪芒氏"耳。〇《説文》亦曰"在夏爲防風氏，殷爲汪芒氏"。如此説，則長狄之先，有姓氏及封土可稽；身長三丈，乃出仲尼推論，非謂其人實如是，了無足怪矣。《義疏》《左》文十一年杜《注》"長狄之種絶"孔《疏》。云："如此《傳》文，長狄有種；種類相生，當有支胤。惟獲數人，云其種遂絶，深可疑之。命守封、嵎之山，賜之以漆爲姓，則是世爲國主，緜歷四代，安得更無支屬，惟有四人？且君爲民心，方以類聚，不應獨立三丈之君，使牧八尺之民。又三丈之人，誰爲匹配？豈有三丈之妻，爲之生産乎？人情度之，深可惑也。"又引蘇氏云："《國語》稱今曰大人，但迸居夷狄，不在中國，故云遂亡。"案蘇氏所疑，蓋同孔《疏》，故以是爲解。然竊謂無足疑也。《疏》之所疑，首由不知身長三丈，乃出仲尼推論而非其實；若知此義，自不嫌以三丈之君牧八尺之民，更不疑乏三丈之妻爲之生産矣。次則不知鄋瞞遂亡，惟指防風一族。蓋泰伯、仲雍竄身揚越，君爲姬姓，民則文身，設使當日弟昆，并被異邦戕殺，南國神明之冑，固可云由是而亡。汪芒本守會稽，長狄佚宕兖、冀，蓋由支裔北徙，君臨羣狄，昆弟迭見誅夷，新邑遂無遺種，此亦不足爲怪。至於封、嵎舊守，原未嘗云不祀忽諸也。

民國十年十月八日，予客瀋陽，讀是日之《盛京時報》，有云：北京西城大明濠，因治馬路，開掘暗溝。有工人在下岡四十號民家牆根下，掘得巨人骸骨八具，長約八尺餘，頭大如斗，棄之阬内，行人觀者如堵。監者慮妨工作，乃命工人埋之。該報但云日前，未確記其日。此事衆目昭彰，不容虚構。知史籍所云巨人、侏儒，縱有過當之辭，必非子虚之説矣。長狄之長，何休云百尺，蓋本之《關中記》等書；杜云三丈，本諸《國語》；范云五丈四尺，則就九畝之長計之，并非其實。竊謂《左氏》"富父終甥摏其喉以戈"一語，即所以狀長狄之長，謂恒人舉戈，僅及其喉也。然則長狄之長，斷不能越北京西城所得之骨矣，豈當日北京西城之地，亦古代長狄埋骨之區邪？

夫語增則何所不至？今之歐洲人，皆長於中國人；日本人則短於中國人；

來者既多，日習焉則不以爲異。設使歐人、日人，來者不過一家數口，後遂無以爲繼；數十百年之後，或則同化於我，或則絶世無傳；而吾國於此，亦無翔實之記載，一位傳説者之悠謬其辭；則不一再傳，而歐人爲防風，而日人爲僬僥矣。然則《公》、《穀》記事之繆悠，亦不足怪，彼其所資者則然也。故借長狄之來以示戒，《春秋》之意也。古有族曰防風，其人蓋别一種類，頗長於尋常人，事之實也。曰百尺，曰三丈，曰五丈四尺，事之傳譌，説之有託者也。曰瓦石不能害，弟兄三人即能佚宕中國，致興大師以獲一人，則又身長之《傳》語既增，因而輾轉附會焉者也。一一分别觀之，而《春秋》之義得，而春秋之事亦明矣。故曰：分别其事與義，乃治《春秋》者之金科玉律也。

原刊《光華期刊》第一期，一九二七年十二月出版

〔五二〕 鬼 方 考

《左氏》僖公二十二年，“秦晉遷陸渾之戎於伊川。”三十三年，“遽興姜戎，敗秦師於殽。”襄公十四年，“將執戎子駒支，范宣子親數諸朝，曰：來，姜戎氏！昔秦人迫逐乃祖吾離於瓜州，乃祖吾離被苫蓋，蒙荆棘，以來歸我先君。我先君惠公有不腆之田，與女剖分而食之。對曰：昔秦人負恃其衆，貪於土地，逐我諸戎。惠公蠲其大德，謂我諸戎是四嶽之裔胄也，毋是翦棄。賜我南鄙之田，狐狸所居，豺狼所嗥。我諸戎除翦其荆棘，驅其狐狸豺狼，以爲先君不侵不叛之臣，至於今不貳。昔文公與秦伐鄭，秦人竊與鄭盟而舍戍焉，於是乎有殽之師。晉禦其上，戎亢其下。秦師不復，我諸戎實然。”昭公九年，“周甘人與晉閻嘉争閻田。晉梁丙、張趯帥陰戎伐潁。王使詹桓伯辭於晉曰：先王居檮杌於四裔，以禦螭魅。故允姓之姦，居於瓜州。伯父惠公歸自秦，而誘以來。使偪我諸姬，入我郊甸，則戎焉取之。戎有中國，誰之咎也？”觀此諸文，陸渾之戎、姜戎、陰戎，異名同實，事至明白。駒支自稱四嶽之胄，而周人稱爲允姓之姦，則其人實有二姓。杜《注》謂四嶽之後皆姓姜，又别爲允姓者，説自不誤。惟謂瓜州即敦煌，襄十四、昭九年《注》兩言之。説出杜林，《漢書·地理志》：敦煌，杜林以爲古瓜州，地生美瓜。則不無可疑耳。

河西四郡，乃漢武所開。春秋時，秦國疆域，蓋西不踰河，安得遠跡至敦煌哉？宋于庭謂《詩》“我征自西，至於艽野”之艽野，即“覃及鬼方”及《易》“高宗伐鬼方”之鬼方，又即《禮記·文王世子》“西方有九國焉”之九國。《史記·殷本紀》，以西伯昌、九侯、鄂侯爲三公。《禮記·明堂位》：“脯鬼侯以享鄂

侯。"《正義》曰："鬼侯，《周本紀》作九侯。"蓋西方九國之諸侯，入爲殷之三公。《列子》稱"相馬者九方皋"，九方當即鬼方，以國爲氏。愚案《左氏》昭公二十二年，"晉籍談、荀躒帥九州之戎，以納王於王城。"下言前城人敗陸渾於社。則杜《注》謂九州戎即陸渾戎者不誤。九州即九國，亦即艽野、鬼方，蓋陸渾戎之故國；所謂瓜州，疑亦其地也。

《漢書・賈捐之傳》："武丁、成王，殷、周之大仁也，然地東不過江黄，西不過氐羌。"此以氐羌即武丁所伐之鬼方也。《文選・趙充國頌》李《注》引《世本注》："鬼方，於漢則先零戎是也。"《潛夫論・邊議》篇論羌亂曰："破滅三輔，覃及鬼方。"并以漢時之羌當古之鬼方。干寶《易注》，謂在北方，《周易集解》。蓋誤。

氐羌者，《周書・王會解》："氐羌以鸞鳥。"孔《注》："氐地羌。羌不同，故謂之氐羌。今謂之氐矣。"蓋羌之一種也。《吕覽・義賞篇》高《注》，謂"氐與羌二種夷民"，蓋誤。案經典有但言羌者，《書・牧誓》"及庸、蜀、羌、髳、微、盧、彭、濮人"是也。有兼言氐羌者：《詩・商頌》"昔有成湯，自彼氐羌，莫敢不來享，莫敢不來王"；《大戴記・五帝德》述舜所撫者，析支、渠搜、氐羌是也。羌爲大名，氐爲種别。但言羌者，辭略也。蓋亦指氐羌矣。

《大戴記・帝繫》："陸終氏娶於鬼方氏。鬼方氏之妹，謂之女隤氏。"陸終爲顓頊之後，則鬼方在古代，實與中國相昏姻。故武丁伐之，至於勞師三年；其後又入爲紂之三公也。宜武王以撫有之爲蘿祥矣。《詩》："文王曰咨，咨女殷商。如蜩如螗，如沸如羹。小大既喪，人尚乎由行。内奰於中國，覃及鬼方。"《毛傳》僅訓鬼方爲遠方，未能實指其事。今知鬼方即鬼侯，則知"覃及鬼方"，正指脯鬼侯事也。女隤，《世本》及《風俗通》皆作嬇，《漢書・古今人表》作潰。鬼、貴同音，故魄字亦通作饋。則隤字疑即隗字。《春秋》狄人爲隗姓，戎狄固以方位言，非以種族言。遷古公於岐者，書傳皆稱狄，其地固在秦隴間也。漢隗囂，天水成紀人。魏隗禧，京兆人。秦始皇時有丞相隗狀，當亦秦人也。隗禧，見《三國・魏志・王肅傳》。《國語・鄭語》：史伯謂鄭桓公曰："當成周者，西有虞、虢、晉、隗、霍、楊、魏、芮。"則東遷後猶資其翊衛，周大夫之行役艽野，固無足怪矣。《左》僖二十二年杜《注》，但云"允姓之戎居陸渾，在秦、晉西北"。

《左》昭九年杜《注》："允姓，陰戎之祖，與三苗俱放三危者。"蓋因陰戎、三苗皆姜姓云然。《禹貢疏》："鄭玄引《地記書》云：三危之山，在鳥鼠之西，南當岷山。"《水經注》卷四十引《山海經》，亦云"在鳥鼠山西"。又云："江水東過江陽縣，雒水從三危道廣魏雒縣南，東南注之。"雒縣，今廣漢也。然則三危之脈，實在隴蜀之間。《續書・郡國志》謂首陽有三危，三苗所處，雖不中，當不遠矣。孔晁謂"氐地羌謂之氐羌，今謂之氐"，則漢時所謂氐者，即古所謂氐羌。《漢書・西南夷傳》曰："自莋以東北，君長以十數，冉駹最大。自駹以東北，君長以十數，白馬最大。皆氐類也。"《地理志》，隴西有氐道，廣漢有甸氐道、剛氐道。蜀郡有灕氐道。古所謂鬼方者必去此不遠矣。

陸渾之戎，杜《注》謂在當時之陸渾縣。僖二十二年。又有伊洛之戎，《注》謂雜戎居伊水、雒水之間者。僖十一年。《疏》引《釋例》："河南雒陽縣西南有戎城。"又有蠻氏，《注》云：戎别種也。河南新城東南有蠻城。成公六年。案成公六年侵宋之役，《左氏》以伊雒之戎、陸渾、蠻氏并舉，則自繫三族。然秦晉遷陸渾之戎於伊川，則實與伊雒之戎雜處。《左氏》之伊雒之戎，《春秋》但作雒戎，得毋雒戎在雒，陸渾之戎在伊川，云伊雒之戎者，實兩種既混合後之總稱與？哀公四年，蠻子赤奔晉陰地。陰地之命大夫士蔑，致九州之戎，將裂田以與蠻子而城之，且將爲之卜。蠻子聽卜，遂執之，與其五大夫，以畀楚師於三户。則蠻子所奔者，實陸渾之戎，陸渾以昭十七年爲晉所滅，然其部落自在，故二十二年，籍談、荀躒仍帥其衆以納王也。二者之關係亦極密。莊公二十八年，晉侯娶二女於戎，大戎狐姬生重耳，小戎子生夷吾。杜《注》謂"小戎，允姓之戎"，其言當有所據。獻公是時，未必越秦而遠婚於西垂。又僖二十二年《疏》云："十一年《傳》稱伊洛之戎同伐京師，則伊洛先有戎矣。"疑允姓之戎，本有在伊洛之間者，惠公之處吾離，特使之從其類也。然則蠻氏之戎或亦氐羌之族矣。此皆鬼方之類，播遷而入中國者邪？

氐羌之俗，有與中國類者。《左》莊二十一年，"王以后之鞶鑒與之"。杜《注》云："鞶，帶而以鏡爲飾也。今西方羌胡猶然，古之遺服。"定六年"定之鞶鑒"《注》同。《詩》"在其板屋，亂我心曲"，《毛傳》曰："西戎板屋。"《正義》："《地理志》曰：天水、隴西，山多林木，民以板爲屋。故《秦詩》云在其板屋。然則秦之西垂，民亦板屋。"則衣服居處，西戎與中國，極相類矣。此皆其久相往來之徵，宜高宗之勤兵力於此也。《後漢書》謂巴俗喜歌舞。高祖觀之，曰：此武王伐紂之歌也。乃命樂人習之，所謂巴渝舞也。《尚書大傳》，稱武王伐紂之師，前歌後舞，所用者蓋即巴人？巴亦氐類也。殆果"終撫九國"歟？駒支謂"我諸戎飲食衣服，不與華同；贄幣不通，言語不達"，《左氏》襄公十四年。達亦通也，謂無使命往來，非謂其人不知華語也。不然，安能賦《青蠅》之詩邪？

《三國志注》引《魏略》："氐語不與中國同，及羌雜胡同。"胡者，匈奴。氐與習，故亦通其語。羌則其本語也。《荀子・大略》曰："氐羌之虜也，不憂其係壘也，而憂其不焚也。"《注》："氐羌之俗，死則焚其尸。"《吕覽·義賞》："氐羌之民，其虜也，不憂其係纍，而憂其死不焚也。"《後漢書》謂羌人死則燒其尸。皆氐、羌同族之證。

《山海經·海内經》："伯夷父生西岳。西岳生先龍，先龍是始生氐羌，氐羌乞姓。"西岳疑四岳之誤。乞姓疑亦允姓之譌。又《海内南經》："氐人國，在建木西。其爲人，人面而魚身，無足。"《大荒西經》："有互人之國。炎帝之孫，名曰靈恝。靈恝生互人，是能上下於天。有魚偏枯，名曰魚婦顓頊。死即復蘇。風道北來，天乃大水泉，蛇乃化爲魚，是爲魚婦顓頊。死即復蘇。"《圖讚》："炎帝之苗，實生氐人。死則復蘇，厥身爲鱗。雲南疑當作雨。是託，浮游天津。"靈恝，《注》云："音如券契之契。"與乞姓之乞，音同字異。《山海經》固不足信，亦氐羌姜姓之一佐證。頗疑姜、羌實一字也。

鬼方所在，古人雖不審諦，率皆以爲在西。自《詩序》以《殷武》之詩爲祀高宗，《毛傳》以"撻彼殷武，奮伐荆楚"爲指武丁，乃有以鬼方爲在楚者。今本《竹書紀年》，"武丁三十有二祀，伐鬼方，次於荆"，即據此等説僞造。下又云"三十有四祀，王師克鬼方，氐羌來賓"，遂忘其自相矛盾也。近世鄒叔績，推波助瀾，又據紅巖摩崖石刻，謂鬼方在貴州，則去之愈遠矣。紅崖碑者，在"貴州永甯東六十里紅巖後山諸葛營旁。字大者周尺三四尺，小者尺餘。深五六寸許。共二十五字。土人以其在諸葛營旁，稱爲《諸葛碑》。又傳云：不知刻自何年。諸葛征南，營其下，讀而拜焉，使蠻人護之，故謂之《諸葛碑》。蠻人因歲祀之，以占姓雨瘴疫。其碑在巖上最高處，非緪木叠架，不能上拓。"以上據鄒氏《紅崖碑釋文》。其文詭異而初不古，不知何世好事者所爲。鄒氏一一鉤摹而强釋之，附會爲高宗征鬼方所刻，亦可謂好奇之過矣。鄒氏之説曰："漢之先零羌，即今青海。漢代之羌，有今藏地喀木。故《前漢書·地理志》云：桓水南行羌中，入南海。桓水，即今瀾滄江也。案此説亦誤。羌之種落，又延蔓於武都，越嶲，所謂參狼、白馬、旄牛諸羌是也。以《竹書》、《世本》、《後漢書》證之，鬼方即羌明甚。是則今青海，藏地喀木，及滇蜀之西徼，皆商代鬼方。故虞仲翔謂坤爲鬼方。坤西南，且好寇竊，亦同羌俗也。案虞《注》"繻有衣袽終日戒"云："伐鬼方三年乃克，旅人愬勞。衣服皆敗，鬼方之民，猶或寇竊，故終日戒也。"今雲貴羅羅種，自謂其先出於旄牛，殆亦羌種？其俗有鬼主，見《唐書》、《宋史·南蠻傳》。愈以知羌即鬼方也。案羅羅乃古之濮人，予别有考。羌以父名母姓爲種號，所謂旄牛，或人名，如蒙古始祖孛兒帖赤那，譯言蒼狼之例，非必謂其先爲旄牛所生也。《三國志注》引《魏略》，謂"氐種非一，或號青氐，或號白氐，或號蚺氐，此蓋蟲之類，中國即其服色而名之"，蓋氐羌有圖騰之俗。又部落各别其衣色。青氏、白氏之稱，由衣色而生；旄牛、白馬、蚺氏之名，皆以圖騰而立。圖騰之制，部各不同，斷不能謂漢代之西羌，同於今日之羅羅也。至以鬼主附會鬼方，則尤爲曲説矣。高宗之伐鬼方也，自荆楚深入，始入其地，歷今黔滇審矣。三年克之而還，蓋仍從故道，會諸侯於南岳也。此則其東還過西方而刻石紀功之作。"案鄒氏以羌爲鬼方，是也。乃舉後世羌人所居之地，悉指爲殷時之鬼方，則近於兒戲矣。古者師行日三十里，六軍一萬五千人，如何歷湘、鄂、滇、黔以入青、藏邪？

〔五三〕　山　戎　考

《管子·大匡》篇曰："桓公遇南州侯於召陵，曰：狄爲無道，犯天子令，以伐小國。以天子之故，敬天之命，令以救伐。北州侯莫至，上不聽天子令，下無禮諸侯。寡人請誅於北州之侯。諸侯許諾。桓公乃北伐令支，下鳧之山，斬孤竹，遇山戎。"《小匡》篇曰："北伐山戎，制泠支，斬孤竹，而九夷始聽。海濱諸侯，莫不來服。"又曰："桓公曰：北至於孤竹、山戎、穢貉，拘秦夏。"《霸形》篇曰："北伐孤竹，還存燕公。"《戒》篇曰："北伐山戎，出冬蔥與戎菽，布之天下。"《輕重甲》篇曰："桓公曰：天下之國，莫强於越。今寡人欲北舉事孤竹、離枝，恐越人之至，爲此有道乎？""桓公終北舉事於孤竹、離枝，越人果至。"皆以山戎在北方，與燕及孤竹、令支相近。燕召公封地在今薊縣。《漢志》：遼西郡令支，有孤竹城，《注》引應劭曰："古伯夷國。今有孤竹城。"則今遷安縣也。然《小問》篇曰："桓公北伐孤竹，未至卑耳之谿十里。"《小匡》篇曰："西征，攘白狄之地，遂至於西河。方舟投柎，乘舟濟河。至於石沈，縣車束馬，踰大行與卑耳之貉。拘秦夏。"又曰："北至於孤竹、山戎、穢貉，拘秦夏。""卑耳之貉"之貉，當係谿字之誤。注隨文妄説爲"與卑耳之貉共拘秦夏之不服者"，誤也。穢貉初在今陝西北境，予别有考。然則卑耳之谿，實在西河、大行附近；與漢之令支縣，風馬牛不相及矣。《輕重戊》篇曰："桓公問於管子曰：代國之出何有？管子對曰：代之出，狐白之皮，公其貴買之。代民必去其本，而居山林之中。離枝聞之，必侵其北。"則離枝又在代北，亦非漢令支地也。《穀梁》謂齊桓"越千里之險，北伐山戎，爲燕辟地"，又曰："燕，周之分子也，而貢職不至，山戎爲之伐矣。"莊三十年。其釋齊侯來獻戎捷曰："軍得曰捷，戎，菽也。"三十一年。皆與《管子》合。《史記·匈奴列傳》謂"山戎越燕而伐齊"。又云："山戎伐燕，燕告急於齊，齊桓公北伐山戎。山戎走。"亦以山戎在北方，與燕近。然《公羊》謂其"旗獲而過我"，《疏》云："齊侯伐山戎而得過魯，則此山戎不在齊北可知。蓋戎之别種，居於諸夏之山，故謂之山戎耳。”自來説山戎者,多主《左》、《穀》,鮮措意《公羊》。然《左氏》於齊侯來獻戎捷,但云“諸侯不相遺俘”,無戎菽之説。其説公及齊侯遇於魯濟曰:“謀山戎也,以其病燕故也。”雖似與《穀梁》合。然山戎果去齊千里,何爲與魯謀之?則其消息,反與《公羊》相通矣。《禮記·檀弓》:“孔子過泰山側,有婦人哭於墓者而哀。”《新序》亦記此事,而云“孔子北之山戎”。《論衡·遭虎》篇云:“孔子行魯林中。”《定賢》篇云:“魯林中哭婦。”俞氏正燮謂俱稱林中,殆齊配林之類。《癸巳存稿》。明山戎實在泰山附近,故齊伐之,得旗獲而過魯也。《管子》一書,述齊桓、管仲事,多不可據。即如一孤竹也,忽謂其在燕之外,忽焉伐孤竹所濟卑耳之谿,又近西河、大行,令人何所適從邪?蓋古書本多口耳相傳,齊人所知,則管仲、晏子而已,輾轉增飾,遂不覺其詞之侈也。然謂伐山戎而九夷始聽,則亦見山戎之在東而不在北矣。

杜預《釋例·土地名》,以北戎、山戎、無終三者爲一。昭元年《疏》。僖十年《注》曰:“北戎,山戎。”襄四年《注》曰:“無終,山戎國名。”昭元年《注》曰:“無終,山戎。”莊三十年《注》則曰“山戎,北狄”。《漢志》:“右北平,無終,故無終子國。”地在今薊縣。然襄四年,無終子嘉父使孟樂如晉,請和諸戎。魏絳勸晉侯許之,曰:“戎狄薦居,貴貨易土,土可賈焉。”又曰:“邊鄙不聳,民狎其野,穡人成功。”則無終之地,必密邇晉。故昭元年,荀吴得敗無終及羣狄於太原。若謂在今薊縣,則又渺不相及矣。故《義疏》亦不信其説也。

北戎之見於《春秋》者,僖十年:“齊侯、許男伐北戎。”其見於《左氏》者,隱九年北戎侵鄭;桓六年北戎伐齊。亦絶無近燕之跡。且隱九年鄭伯之患北戎,昭元年魏舒之策無終,皆云“彼徒我車”;而《小匡》篇亦以“北伐山戎,制泠支,斬孤竹,而九夷始聽”,與“中救晉公,禽狄王,敗胡貉,破屠何,而騎寇始服”對舉。胡者,匈奴東胡,貉即濊貉。屠何者,《墨子·非攻中篇》曰:“雖北者且不一著何,其所以亡於燕、代、胡、貉之間者,亦以攻戰也。”孫氏詒讓以且不一著何,當作且,不著何。“一”字疑衍。其言曰:“且,疑柤之借字。《國語·晉語》:獻公田,見翟柤之氛。韋《注》云:翟柤,國名是也。不著何,亦北胡國。《周書·王會》篇云:不屠何青熊。又《王會·伊尹獻令》,正北有且略、豹胡。且略即此且及《左傳》翟柤。豹胡,亦即不屠何。豹、不,胡、何,并一聲之轉。不屠何,漢爲徒何縣,屬遼西郡。故城在今奉天錦州府錦縣西北。柤,據《國語》,爲晉獻公所滅,所在無考。”案孫説近之。古代異族在北徼者多遊牧,雜居内地者則否。胡貉,屠何,爲騎寇,而山戎、令支、孤竹不然,又以知其非一族矣。

戎之名，見於《春秋》者甚多。隱二年，“春，公會戎於潛。”“秋八月庚辰，公及戎盟於唐。”又是年，“無駭帥師入極。”《疏》云：“極，戎邑也。”七年，“冬，天王使凡伯來聘。戎伐凡伯於楚丘，以歸。”桓二年，“公及戎盟於唐。”莊十八年，“夏，公追戎於濟西。”二十四年，“冬，戎侵曹。”二十六年，“春，公伐戎。”其地皆在今山東境。雖不云山戎，亦近魯之地多戎之證也。竊疑山戎占地頗廣，次第爲諸國所并。至戰國時，惟近燕者尚存。後人追述管子之事，不知其時之山戎疆域與後來不同也，則以爲在燕北而已矣。記此事者獨《公羊》不誤，亦足雪口説流行之誣矣。

寫於一九三四年四月前

〔五四〕 山戎考續篇

讀史者多以戰國時之東胡爲春秋時之山戎，此誤也。推厥由來，實緣誤以齊桓公伐山戎所救之燕爲北燕，遂誤以北燕北之東胡與南燕北之山戎，合并爲一矣。

《春秋》莊公三十年冬，公及齊侯遇於魯濟。齊人伐山戎。三十有一年六月，齊侯來獻戎捷。魯濟之會，《公》、《穀》皆不言其與燕有關，惟《左氏》曰：謀山戎也，以其病燕故也。伐山戎之齊人，《公》、《穀》皆以爲齊侯獻戎捷。《公羊》曰：威我也，旗獲而過我也。《穀梁》曰：軍得曰捷，戎菽也。案《説苑·權謀》曰：齊桓公將伐山戎、孤竹，使人請助於魯。魯君進羣臣而謀，皆曰：“師行數千(十)里，入蠻夷之地，必不反矣。”於是魯許助之而不行，齊已伐山戎、孤竹而欲移兵於魯。管仲曰：“不可。諸侯未親，今又伐遠而還誅近鄰，鄰國不親，非霸王之道。君之所得山戎之寶器者，中國之所鮮也，不可以不進周公之廟乎?”桓公乃分山戎之寶，獻之周公之廟。明年，起兵伐莒，魯下令丁男悉發，五尺童子皆至。孔子曰：“聖人轉禍爲福，報怨以德。”此之謂也。則齊桓之伐山戎，確曾與魯謀之，確係桓公親行，而其還亦確曾過魯。《左氏》及《公》、《穀》之言，皆非無據矣。夫魯在齊之南，而北燕在齊之北，山戎所病者，果爲北燕，何爲與魯謀之，而其還亦安得枉道而過魯邪?

以桓公伐山戎，所救之燕爲北燕，始於《穀梁》而實不始於《穀梁》也。《穀梁》曰：燕，周之分子也。貢職不至，山戎爲之伐矣。《史記·齊大公世家》：山戎伐燕，燕告急於齊，齊桓公救燕，遂伐山戎，至於孤竹而還，命燕君復脩召公之政，納貢於周，如成康之時。《燕召公世家》曰：山戎來侵我，齊桓公救燕，遂北伐山戎而還。使燕共貢天子，如成周時。三者如出一口。《穀梁》晚出之書，蓋據傳記，左右採獲，非真有所受之，其以齊侯所獻爲戎菽，實沿《管子·戒》篇"出冬葱與戎菽，布之天下"之文，即其一證。觀《史記》齊燕世家之文，知以桓公所救之燕爲北燕，西漢初年已有此誤，《穀梁》之所採者，蓋亦此等書。然傳記之較古者，固猶未嘗以此燕爲北燕也。

〔五五〕 赤狄、白狄考

狄之見於《春秋》者，或止稱狄，或稱赤狄、白狄。宣十五年："六月癸卯，晉師滅赤狄潞氏。"《注》："潞，赤狄之別種。"《疏》云："狄有赤狄、白狄，就其赤白之間，各自別有種類。此潞是國名，赤狄之内別種一國。夷狄祖其雄豪者，子孫則稱豪名爲種，若中國之始封君也。謂之赤、白，其義未聞，蓋其俗尚赤衣白衣也。"案兩爨蠻亦稱烏白蠻。《唐書》謂"初裹五姓，皆烏蠻也。婦人衣黑繒。""東欽蠻二姓，皆白蠻也。婦人衣白繒。"《疏》蓋據後世事推之。如《疏》意，則凡狄非屬於赤，即屬於白矣，竊謂不然。

赤狄種類見於《春秋》者有三：潞氏及甲氏、留吁是也。宣十六年："晉人滅赤狄甲氏及留吁。"《左氏》云："晉士會帥師滅赤狄甲氏及留吁、鐸辰。"杜《注》"鐸辰不書，留吁之屬"，似以意言之。又成三年："晉郤克、衛孫良夫伐廧咎如。"《左氏》曰："討赤狄之餘焉。"是《左氏》所稱爲赤狄者，較《春秋》多一鐸辰、一廧咎如也。廧咎如，《公羊》作將咎如。至東山皐落氏，則《左氏》亦不言爲赤狄，杜《注》云："赤狄别種也。"《史記·晉世家》：獻公"十七年晉侯使太子申生伐東山"。《集解》："賈逵曰：東山，赤狄別種。"《疏》云："成十三年《傳》，晉侯使吕相絶秦，云白狄及君同州，則白狄與秦相近，當在晉西；此云東山，當在晉東。宣十五年，晉師滅赤狄潞氏，潞則上黨潞縣，在晉之東，此云伐東山皐落氏，知此亦在晉東，是赤狄别種也。"其說似屬牽强。

白狄種類，《春秋》及《左氏》皆未明言。昭十二年，杜《注》曰："鮮虞，白狄别種。""肥，白狄也。"十五年，《注》又曰："鼓，白狄之别。"《疏》云："宣十五年，晉師滅赤狄潞氏，十六年，晉人滅赤狄甲氏及留吁，成三年，晉郤克、衛孫良夫伐廧咎如，《傳》曰：討赤狄之餘焉。是赤狄已滅盡矣；知鮮虞與肥，皆白狄之别種也。"其說之牽强，與前說同。

案《春秋》、《左氏》言赤狄種類，雖似不同，然鐸辰之名，《春秋》無之。"討赤狄之餘焉"，語有兩解：劉炫以爲"廧咎如之國，即是赤狄之餘"。見《疏》。杜預則謂"宣十五年，晉滅赤狄潞氏，其餘民散入廧咎如，故討之"。揆以文義，杜説爲長。以《春秋》、《左氏》於潞氏、甲氏、留吁、鐸辰，皆明言爲赤狄，於廧咎如則不言也。然則《左氏》之意，蓋不以廧咎如爲赤狄。《左》不以廧咎如爲赤狄，而鐸辰爲《春秋》所無，則《春秋》、《左氏》言赤狄，初無歧異矣。然則赤狄自赤狄，白狄自白狄，但言狄者，自屬非赤非白之狄，安得謂凡狄皆可分屬赤狄白狄乎？杜説蓋失之也。

予謂赤狄、白狄，乃狄之兩大部落。其但稱狄者，則其諸小部落。小部落時役屬於大部落則有之，若遂以赤白爲種類之名，謂凡狄皆可或屬諸赤，或屬諸白，則非也。《左》宣十一年云："衆狄疾赤狄之役，遂服於晉。"必赤狄之名，不苞衆狄，乃得如此措辭。若衆狄亦屬赤狄，當云疾潞氏之役，安得云疾赤狄之役乎？此《春秋》及《左氏》凡言狄者，不得以爲赤狄或白狄之明徵也。

然則赤狄、白狄，果在何方乎？曰：赤狄在河内，白狄在圁洛之間。何以知之？曰：以《史記·匈奴列傳》言"晉文公攘戎翟，居於河内、圁洛之間，號曰赤翟、白翟"知之也。居河内者蓋赤狄，居圁洛之間者蓋白狄也。曰：《史記》上云"攘戎翟"，而下云"號曰赤狄、白狄"，明赤狄、白狄爲兩種之總稱，所苞者廣矣。曰：《史記》之言，蓋舉其大者以概其餘，非謂凡狄皆可稱爲赤狄或白狄也。若謂凡狄皆可稱爲赤狄或白狄，則無解於《春秋》之或稱赤狄，或稱白狄，或但稱狄矣。蓋狄在《春秋》時，就大體言之，可區爲二：一在東方，一在西方。在東方者，侵軼於周、鄭、宋、衛、齊、魯之間，其地蓋跨今河北之保定、大名兩道，山西冀寧道之東境，河南之河北道，或且兼及河洛、開封道境。其中以居河内之赤狄爲最大。居西方者，其地蓋跨今山西冀寧道之西境及河東道，陝西之榆林道及關中道，其中以居圁洛之間之白狄爲最大，故史公特舉之也。言《春秋》時狄事者，莫詳於《左氏》，今請舉以爲證。

狄之居東方者，莫張於莊、閔、僖之間。莊三十二年伐邢，閔二年入衛，以齊桓公之威，糾合諸侯，遷邢於夷儀，封衛於楚丘。然及僖十二年，諸侯復以狄難故，城衛楚丘之郛。其明年狄侵衛，又明年侵鄭，則其勢初未弱也。齊桓公之卒也，宋襄公伐齊而納孝公，雖曰定亂，實有伐喪之嫌，諸侯莫能正，惟狄人救之。僖十八年。是時邢附狄以伐衛，《左》"衛侯以國讓父兄子弟及朝衆曰：苟能治之，燬請從焉。衆不可，而從師於訾婁。狄師還。"可見是時狄勢之盛。至二十五年而爲衛所滅，狄雖不能救，然二十年嘗與齊盟於邢，《左氏》曰：爲邢謀衛難也。二十一年狄侵衛，三十一年又圍衛，衛爲之遷於帝丘，狄之勤亦至矣。先是僖公十年："狄滅温。"温者，蘇子封邑，周初司寇蘇忿生之後也。見成十一年。十一年，王子帶召揚拒、泉皋、伊洛之戎以伐周，入王城，焚東門，秦、晉伐戎以救周。晉侯平戎於王。十二年，王討王子帶，王子帶奔齊。齊侯使管夷吾平戎於王，使隰朋平戎於晉。僖十四年秋，狄侵鄭，無傳。十六年："王以戎難告於齊，齊徵諸侯而戍周。"此所謂戎，不知與狄有關否。然及僖二十四年，王以狄師伐鄭，冬，遂爲狄所伐，王出居於鄭。大叔以狄女居於温，則必即九年滅温之狄矣。晉文勤王，取大叔於温，殺之於隰城，王以温錫晉。三十二年："狄有亂，衛人侵狄，狄請平焉。"其在河内者，至是當少衰。然三十年及文四年、九年、十一年迭侵齊，七年伐魯西鄙，十年侵宋，十三年又侵衛，則東方之狄，亦未嘗遂弱也。凡此者，《春秋》及《左氏》皆但稱爲狄，惟文七年侵魯之役，《左氏》云："公使告於晉，趙宣子使因賈季問酆舒，且讓之。"酆舒、潞氏相似，其事由赤狄，然此祇可謂侵魯之狄役屬於赤狄，不能謂侵魯者，即赤狄也。

赤狄見《春秋經》，始於宣公三年之侵齊。四年又侵齊；六年伐晉；七年又侵晉，取向陰之禾。十一年晉侯會狄於欑函，《左氏》云："衆狄服也。""衆狄疾赤狄之役，遂服於晉。"觀文七年，趙宣子之讓酆舒，則知赤狄是時所役屬之狄頗衆，故其勢驟張也。及是黨與攜離，勢漸弱矣。宣十三年雖伐晉及清，及十五年潞氏遂爲晉所滅，晉侯治兵於稷，以略狄土。明年滅甲氏、留吁及鐸辰，成三年又伐廧咎如，以討赤狄之餘焉。赤狄之名，自是不復見。蓋赤狄本居河内，是時强盛，故兼據潞氏、甲氏、留吁、鐸辰之地也。據《左氏》伯宗之言，則潞氏又奪黎侯之地。其本據地河内，未知滅亡或否，然縱幸存，其勢力亦無足觀矣。

東方之狄，自晉滅赤狄後，不見於《春秋》及《左氏》者若干年。至昭、定以降，鮮虞、肥、鼓乃復與晉競。《左》昭十二年，晉荀吴僞會齊師者，假道於鮮虞，遂入昔陽。秋八月壬午，滅肥，以肥子緜臯歸。十三年，晉荀吴以上軍侵鮮虞及中人。十五年，荀吴伐鮮虞，圍鼓，以鼓子鳶鞮歸。既獻而反之，又叛於鮮虞。二十二年六月，荀吴滅之。定三年，鮮虞人敗晉師於平中，獲晉觀虎。四年，晉士鞅、衛孔圉伐鮮虞。五年冬，士鞅圍鮮虞，報觀虎之役也。哀元年，齊、衛會於乾侯，救范氏也。魯師及齊師、衛孔圉、鮮虞人伐晉，取棘蒲。三年，齊、衛圍戚，求援於中山。杜《注》：中山，鮮虞。四年十一月，邯鄲降，荀寅奔鮮虞。十二月，齊國夏會鮮虞，納荀寅於柏人。六年春，晉伐鮮虞，治范氏之亂也。鮮虞、肥、鼓地與潞氏、甲氏、留吁、鐸辰相近，與齊、晉、魯、衛皆有關係，其形勢正與自莊公至宣公時之狄同，《春秋》及《左氏》皆絶不言爲白狄，《穀》昭十二《注》：鮮虞，姬姓，白狄也。《釋》曰：《世本》文。不知杜氏何所見而云然。以予觀之，毋寧謂爲與赤狄相近之羣狄爲較當也。

白狄本國蓋在圁洛之間。然西方之狄，跨據河之東西者亦甚衆，非止一白狄也。晉之建國也，籍談追述其事曰："晉居深山之中，戎狄之與鄰，而遠於王室。王靈不及，拜戎不暇。"昭十五年。是唐叔受封之時，已與此族爲鄰矣。二五之説晉獻公使重耳居蒲，夷吾居屈也，曰："蒲與二屈，君之疆也。疆埸無主，則啓戎心。"又曰："狄之廣莫，於晉爲都。晉之啓土，不亦宜乎？"莊二十八年。則蒲、屈所與爲界者，即狄人也。僖五年，晉侯使寺人披伐蒲，重耳奔狄。明年，賈華伐屈，夷吾將奔狄，郤芮曰："後出同走，罪也。不如之梁，梁近秦而幸焉。"乃之梁。重耳、夷吾蓋皆欲借資於秦以復國，夷吾不果奔狄，仍奔近秦之梁，則狄之近秦可知也。晉文公讓寺人披之辭曰："予從狄君，以田渭濱。"則晉文所奔、夷吾所欲奔而未果之狄，即與蒲、屈爲界之狄，其地自渭濱跨河而東界於蒲、屈也。《左》閔二年"虢公敗犬戎於渭汭"，雖未知即此狄否，然其地則相近矣。僖二年："虢公敗戎於桑田。"《注》："桑田，虢地，在弘農陝縣東北。"重耳之奔狄也，狄人伐廧咎如，獲其二女叔隗、季隗，納之公子。成十三年，吕相絶秦之辭曰："白狄及君同州，君之仇讎，而我之昏姻也。"杜《注》："季隗，廧咎如赤狄之女也。白狄伐而獲之，納諸文公。"杜氏此《注》，殊屬牽强，故《疏》亦游移其辭，不敢强申其説也。凡此等狄，其地皆與白狄近，然《春秋》及《左氏》皆不明言爲白狄，則亦西方之衆狄，與白狄相近者耳。僖八年："晉里克帥師，梁由靡御，虢射爲右，以敗狄於採桑。梁由靡曰：狄無恥，從之，必大克。里克曰：懼之而已，無速衆狄。虢射曰：期年，狄必至；示之弱矣。夏，狄伐晉，報採桑之役也。復期月。"曰"無速衆狄"，明西方狄亦甚衆，如東方赤狄所役屬也。西方之狄，與晉相近，故争鬩頗烈。僖十六年，因晉韩原之败，侵晉取狐廚、受鐸，涉汾及昆都。二十八年，晉作三行以禦狄。三十一年，又作五军以禦狄。三十三年："晉侯败狄於箕，郤缺獲白狄子。"曰獲白狄子，而不言所败者即白狄，盖白狄与他狄俱来也。范文子曰："吾先君之亟戰也有故，秦、狄、齊、楚皆强，不盡力，子孫將弱。"成十六年。以狄與秦、齊、楚并舉，可以見其强盛矣。襄二十六年："子靈奔晉，晉人與之邢，以爲謀主，扞禦北狄。"此等狄人，東爲晉人所攘斥；又秦穆脩政，東境至河，《史記·六國表》。其在渭濱及河東之地，蓋皆日蹙。昭十三年，晉人執季孫意如，使狄人守之。定十四年，晉人圍朝歌。析成鮒、小王桃甲率狄師以襲晉，戰於絳中。蓋皆其服屬於晉者也。《史記》云："秦穆公得由余，西戎八國服於秦。"此《匈奴列傳》文，《秦本紀》云："益國十二，開地千里。"與《韓非子·十過》、《説苑·反質》篇同。《李斯傳》作"并國二十"，二十字疑倒。《漢書·韓安國傳》作"并國十四"，四亦疑二之誤。古文一二三四，皆積畫也。《鹽鐵論·論勇》："秦穆公得百里奚、由余，西戎八國服。"與《匈奴列傳》同。穆公所服，蓋多岐以東之地，即太王所事之獯粥，文王所事之昆夷，及滅幽王之犬戎也。然則同、蒲間之狄，蓋盡爲秦、晉所并矣。白狄居闇洛之間，其地較僻，蓋至魏開河西、上郡而後亡？

白狄之見《春秋》，始於宣公八年與晉伐秦，成九年與秦伐晉。十三年吕相絶秦之辭曰："白狄及君同州，君之仇讎，而我之昏姻也。君來賜命曰：吾與女伐敵。寡君不敢顧昏姻，畏君之威，而受命於吏。君有二心於狄，曰晉將伐女，狄應且憎，是用告我。"《左氏》亦曰："秦桓公既與晉厲公爲令狐之盟，而又召狄與楚欲道以伐晉。"白狄蓋叛服於秦、晉之間者也。《春秋》襄十八年春，"白狄來"。《左氏》云："白狄始來。"蓋至是始通於魯。可見所謂白狄者，惟指闇洛間一族，若凡在西北者，皆可稱白狄，前此似不得迄無往來也。二十八年，白狄朝晉；昭元年，祁午稱趙文子服齊、狄；杜《注》謂指此事，其重視之可知。《管子・小匡》篇謂齊桓公"西征，攘白狄之地，遂至於西河"。《小匡》述事，不甚可信，然白狄之在西河，則因此而得一左證也。《左》僖三十三年，杜《注》："白狄，狄别種也。故西河郡有白部胡。"

《左》襄四年："無終子嘉父使孟樂如晉，因魏莊子納虎豹之皮以請和諸戎。"杜《注》謂無終，山戎國名。其《釋例》又謂山戎、北戎、無終三者是一。案山戎、北戎在東方，別見予所撰《山戎考》。杜氏之云，未知何據。昭元年之《疏》，亦不信之。觀魏絳勸晉侯和戎，謂"戎狄薦居，貴貨易土，土可賈焉"。又曰："邊鄙不聳，民狎其野，穡人成功。"《左》襄公四年。則其地與晉密邇。昭元年："晉荀吴帥師敗狄於大鹵。"《左氏》云："敗無終及羣狄於太原。"則無終即在太原附近，疑亦西方之狄而能役屬羣狄者也。《左》襄五年："王使王叔陳生愬戎於晉。"未知即四年所謂諸戎之一否。

寫於一九三四年四月前

〔五六〕 以畜喻君[①]

《左氏》宣公四年：鄭子公欲弑靈公，子家曰："畜老，猶憚殺之，而况君乎？"成公十七年：晉欒書、中行偃欲弑厲公，韓厥曰："古人有言曰：殺老牛莫之敢尸，而况君乎？"以畜類喻君，人莫不以爲駭，其實無足駭也。畜者，養也。臣之於君，固有孝養之義。古人言養，亦恒以畜類爲喻，不以爲褻也。《論語・爲政》："子游問孝，子曰：今之孝者，是謂能養；至於犬馬，皆能有養；不敬，何以别乎？"《坊記》："子云：小人皆能養其親，君子不敬，何以辨？"孟子曰："繆公之於子

① 曾改題爲《春秋時人以畜比君》。

思也，亟問，亟餽鼎肉。子思不悦。於卒也，摽使者出諸大門之外，北面稽首再拜而不受，曰：今而後知君之犬馬畜伋。”《萬章》下。又曰：“食而弗愛，豕交之也；愛而不敬，獸畜之也。”《盡心》上。雖不以爲然，然可見徒以養言，固恒以畜類爲喻。孟子又謂“理義之悦我心，猶芻豢之悦我口。”《告子》上。芻豢者，牛羊之食，亦未嘗不引伸爲凡食之稱，而以施諸人也。齊景公召太師曰：“爲我作君臣相悦之樂。其詩曰：畜君何尤？畜君者，好君也。”《梁惠王》下，《孟子》此六字即係解釋《詩》義。《集註》謂臣能畜止其君之欲，乃是愛君，非也。《吕覽·適威》引《周書》曰：“民善之則畜也，不善則讎也。”高《注》：“畜，好。”芻豢爲人之所好，好之者必飲食之，故自養義引伸爲好也。固亦施之於君，且以爲歌頌之辭矣。

《左氏》襄公二十一年：“齊莊公爲勇爵，殖綽、郭最欲與焉。州綽曰：二子者，譬於禽獸，臣食其肉而寢處其皮矣。”意雖近於自誇，然未聞以其言爲狎侮，則古人之賤禽獸，固不若後世之甚也。

〔五七〕 餘祭之死

餘祭之死，《春秋》在襄公二十九年，即餘祭之四年也。《史記·十二諸侯年表》，亦於是年書“守門閽殺餘祭，季札使諸侯”。於魯、齊、晉、鄭亦皆書季札來使事。《世家》則但記季札出使而無餘祭見殺之事。至十七年，乃書“餘祭卒，弟餘昧立”。卒、弑既異，先後又差十四年，疑《春秋》及《年表》是也。公子光之弑王僚也，乘蓋餘、燭庸之在楚，季札之使晉。光告專諸曰：“季子雖至，不吾廢也。”則季子在吴，未嘗不爲人所忌。餘祭之見弑，蓋亦乘季子出使而發。然餘祭雖死，而國不能定，故至十七年餘昧乃立也。春秋戰國時，君位曠廢歷年者甚多，周厲王、魯昭公、衛獻公乃其著者。《史記·燕世家》：惠公六年，欲去諸大夫而立寵姬宋，大夫共誅姬宋，惠公懼，奔齊，四年，齊高偃如晉，請共伐燕，入其君。晉平公許，與齊伐燕，入惠公，惠公至燕而死，燕立悼公。《年表》於六年書公出奔，歷七、八、九年，乃爲悼公元年，書惠公歸至卒，則君位曠者四年也。又《管蔡世家》：楚文王虜蔡哀侯以歸，哀侯留九歲，死於楚，凡立二十年，卒，蔡人立其子肸。《年表》見虜在十一年，至其二十一年，乃爲穆侯肸元年，則君位曠者九年矣。皆周厲王、魯昭公、衛獻公之倫也。春秋繫世之書，不記君之見弑，蓋亦習爲故常。《史記·吴世家》不記餘祭之弑，蓋其所本者如此，非漏落也。《禮記·明堂位》鄭《注》，以“君臣未嘗相弑”一語，深詆作者之誣。其實内大惡諱，乃當時史家成例，非孔子所創；而記人更非有意掩飾也。

〔五八〕 楚 之 四 國

《左氏》：昭公十一年，“楚子城陳、蔡、不羹，使棄疾爲蔡公。王問於申無宇曰：棄疾在蔡，何如？對曰：擇子莫如父，擇臣莫如君。鄭莊公城櫟而寘子元焉，使昭公不立。齊桓公城穀而寘管仲焉，至於今賴之。臣聞五大不在邊，五細不在庭；親不在外，羈不在内。今棄疾在外，鄭丹在内，君其少戒。王曰：國有大城，何如？對曰：鄭京、櫟實殺曼伯，宋蕭、亳實殺子游，齊渠丘實殺無知，衛蒲、戚實出獻公，若由是觀之，則害於國。末大必折，尾大不掉，君所知也。”十二年，王謂子革曰：“昔諸侯遠我而畏晉，今我大城陳、蔡、不羹，賦皆千乘，子與有勞焉，諸侯其畏我乎？對曰：畏君王哉！是四國者，專足畏也，又加之以楚，敢不畏君王哉？”《賈子・大都》曰：“昔楚靈王問范無宇曰：我欲大城陳、蔡、葉與不羹，賦車各千乘焉，亦足以當晉矣；又加之以楚，諸侯其來朝乎？范無宇曰：不可。臣聞大都疑國，大臣疑主，亂之媒也。都疑則交争，臣疑則并令，禍之深者也。今大城陳、蔡、葉與不羹，或不充，不足以威晉；若充之以資財，實之以重禄之臣，是輕本而重末也。臣聞尾大不掉，末大必折，此豈不施威諸侯之心哉？然終爲楚國大患者，必此四城也。靈王弗聽。果城陳、蔡、葉與不羹，實之以兵車，充之以大臣。是歲也，諸侯果朝。居數年，陳、蔡、葉與不羹或奉公子棄疾内作難，楚國雲亂，王遂死於乾溪。”案《左氏》昭公十三年，亦言棄疾等帥陳、蔡、不羹、許、葉之師以入楚，則《賈子》是也。杜氏以不羹有東西二城，恐非。

〔五九〕 三 王 五 霸

三皇五帝，無定説也，三王五霸亦然。《白虎通義・號》篇引《春秋傳》曰：“王者受命而王，必擇天下之美號以自號。”釋夏、殷、周皆爲美稱。又云：“五帝德大能禪，成於天下，無爲立號。”又引或説，謂唐、虞、高辛、高陽、有熊皆號。則其所謂三王者，但指夏、殷、周言之，未嘗鑿指其人也。《風俗通義》引《禮號謚記》以夏禹、殷湯、周武王爲三王，又有據《詩》、《書》、《春秋》之説，以文易武者，應氏謂“俗儒新生，不能採綜，多其辨論，至於訟閱”。然應氏力辨武之爲是，文之爲非，亦未有以見其必然也。五霸之説，尤爲紛繁。《白虎通義》第一説曰昆吾、大彭、豕韋、齊桓、晉文。《風俗通義》、《吕覽・先己》高

《注》、《左氏》成公二年杜《注》及服虔《詩譜序疏》主之。第二説曰齊桓、晉文、秦繆、楚莊、吴闔閭，無同之者。第三説曰齊桓、晉文、秦繆、宋襄、楚莊，《孟子·告子》趙《注》、《吕覽·當務》高《注》主之。《荀子·王霸》篇曰："齊桓、晉文、楚莊、吴闔閭、越句踐，是所謂信立而霸也。"則其説又異。《議兵》篇亦以齊桓、晉文、楚莊、吴闔閭、越句踐并舉。又《成相》篇謂穆公强配五霸，亦以穆公在五霸之外。案《國語·鄭語》，以昆吾爲夏霸，大彭、豕韋爲商霸。《穀梁》隱公八年云："交質子不及二伯。"則第一説有據。《太史公自序》云："幽厲之後，周室衰微，諸侯專政，五霸更盛衰。"則五霸必在東周之世，第二三説及《荀子》之説亦有據。《白虎通義》及《風俗通義》疏釋辨論之語，亦皆可通而皆未有以見必然。由其本無定説，故後人以意言之，其説皆有可取也。

《史記·商君列傳》曰："孝公既見衛鞅，語事良久，孝公時時睡，弗聽。罷而孝公怒景監曰：子之客，妄人耳，安足用邪！景監以讓衛鞅。衛鞅曰：吾説公以帝道，其志不開悟矣。後五日，復求見鞅。鞅復見孝公，益愈，然而未中旨。罷而孝公復讓景監。景監亦讓鞅。鞅曰：吾説公以王道而未入也，請復見鞅。鞅復見孝公。孝公善之，而未用也，罷而去。孝公謂景監曰：汝客善，可與語矣。鞅曰：吾説公以霸道，其意欲用之矣。誠復見我，我知之矣。衛鞅復見孝公，公與語，不自知厀之前於席也。語數日不厭。景監曰：子何以中吾君？吾君之驩甚也。鞅曰：吾説君以帝王之道，比三代，而君曰：久遠，吾不能待。且賢君者，各及其身顯名天下，安能邑邑待數十百年以成帝王乎？故吾以强國之術説君，君大説之耳。然亦難以比德於殷周矣。"設此説者，蓋謂秦之爲治，又下於五霸一等也。《白虎通義》曰："德合天地者稱帝，仁義合者稱王。"又引《禮記·謚法》曰："德象天地稱帝，仁義所生稱王。"《管子·禁藏》曰："以情伐者帝，以事伐者王，以政伐者霸。"《霸言》曰："得天下之衆者王，得其半者霸。"《兵法》曰："明一者皇，察道者帝，通德者王。"《吕覽·應同》曰："同氣賢於同義，同義賢於同力，同力賢於同居。帝者同氣，王者同義，霸者同力。"《先己》曰："五帝先道而後德，故德莫盛焉。三王先德而後事，故功莫大焉。五伯先事而後兵，故兵莫强焉。"鼂錯曰："五帝神聖，其臣莫能及。""三王臣主俱賢。""五伯不及其臣。"《漢書·鼂錯傳》。《淮南·泰族》曰："同氣者帝，同義者王，同力者霸。"《公羊》何休曰："德合元者稱皇"，"德合天者稱帝"，"仁義合者稱王"。《公羊》成公八年《解詁》。桓譚《新論》曰："三皇以道治，五帝用德化，三王由仁義，五霸以權智。其説之曰：無制令刑罰謂之皇，有制令而無刑罰謂之帝，賞善誅惡，諸侯朝事謂之王，興兵約盟，以信義矯世謂之霸。"《御覽·皇王部》

引。凡此皆設爲優劣，以明治道之升降，意本不主於人也。

《左氏》成公二年"四王之王也"，《注》曰："禹、湯、文、武。"案三王之説，初僅掍言其爲夏、殷、周，逮進而鑿求其人，則夏禹，殷湯，均無疑義，惟周則爲文爲武，皆有可通，應劭所辨，即在於此。《左氏》文字，予嘗疑其多出傳者之潤飾，此四王，殆即主張以文、武并稱者，所以調和三王爲文爲武之争與？然必非舊説也。《學記》曰："三王四代惟其師。"《明堂位》曰："四代之樂器。"注皆曰虞，夏，殷，周。皆言四代而不言四王。何則？稱名必循衆所習知，古固無稱舜爲王者也。《表記》：子曰："虞夏之道，寡怨於民，殷周之道，不勝其敝。"又曰："虞夏之質，殷周之文，至矣。虞夏之文，不勝其質，殷周之質，不勝其文。"皆以四代并論。《檀弓》：哀公問於周豐曰："有虞氏未施信於民，而民信之，夏后氏未施敬於民，而民敬之。"豐對曰："殷人作誓而民始畔，周人作會而民始疑。"亦以四代并論。然又曰："子言之曰：後世雖有作者，虞帝弗可及也已矣。"仍稱舜爲帝，不稱爲王也。或曰：古三、四字皆積畫，《左氏》之四王，乃三王傳寫之誤。説亦可通。然傳寫似誤四爲三者多，誤三爲四者少也。

《左氏》稱悼公復霸，成公十八年。《國語》亦然。《晉語》。《左氏疏》曰："鄭玄云：天子衰，諸侯興，故曰霸。夏有昆吾，商有豕韋、大彭，周有齊桓、晉文，此最强者也。故書傳通謂彼五人爲五霸耳。但霸是强國爲之，天子既衰，諸侯無主，若有强者，即營霸業，其數無定限也。而何休以霸不過五，不許悼公爲霸，以鄉曲之學，足以忿人。傳稱文、襄之伯，襄承文後，紹繼其業，以後漸弱，至悼乃强，故云復霸。"案以曾爲諸侯之長言之，霸自不止於五，豈惟晉悼，楚靈、齊景，亦可稱霸也。若就五霸説之，晉悼自不得與，此猶共工氏霸九州而不列於五帝也。義各有當，遽以鄉曲之學，横肆詆諆，過矣。

五霸雖多異説，然推創此説者之意，必指東周後之强國言之。何則？五帝不興於三皇之時，三王不起於五帝之世，爲皇帝王霸之説者，原取明世運之遞降，安得五霸之云，獨錯出於三王之代乎？《孟子》曰："五霸，桓公爲盛。"《告子》下。此乃與晉文以下比較言之，猶孔子言"晉文公譎而不正，齊桓公正而不譎"也。《論語·憲問》。夏殷史事，傳者已略，何由知昆吾、大彭、豕韋與齊桓孰盛哉？然則《白虎通》之正説，必《左氏》既出後之説，其爲元文與否，頗可疑也。《穀梁》獨稱二伯，《穀梁》亦古文家言也。

董子《繁露》，以王者之法，必正號，絀王謂之帝，封其後以小國，存二王之後以大國，同時稱帝者五，稱王者三。周人之王，尚推神農爲九皇，絀虞而號舜曰帝，《三代改制質文》。此《春秋》昭五端、通三統之義。諸家之稱三王，不知義同儒家以否，然曰三曰五，義必有取，則可知也。司馬相如《難蜀父老》："上咸五，下登三。"《史記》本傳。蓋即此義。《集解》引韋昭曰："咸同於五帝，登三王之上。"《索隱》云："李奇曰：五帝之德，漢比爲減，三王之德，漢出其上，故云減五登三。此説非也。虞喜《志林》云：相如欲減五帝之一，以漢盈之。然以漢爲五帝之數，自然是登於三王之上也。今本減或作咸，是與韋昭之説符也。"其所謂今本者，蓋後人依韋昭之説改之，李奇、虞喜解并誤，然所據本，固皆作減也。

〔六〇〕中　　山

中山者，春秋戰國間之大國也。《左氏》載中山與晉相競，始於昭公之十二年，而迄於哀公之六年，其間凡四十二年。其後八十二年，而魏文侯滅中山，使太子擊守之。魏文侯十七年。見《史記·魏世家》。其後中山復國。見《樂毅列傳》。自魏文侯滅中山之後三十一年，爲趙敬侯十年，趙與中山戰於房子；其明年，伐中山，又戰於中人。見《趙世家》。越三十四年，而中山君爲魏惠王相。見《六國年表》，在魏惠王二十九年。《魏世家》作二十八年。此時中山雖爲魏弱，然趙武靈王之告公子成曰："先時中山負齊之强兵，侵暴吾地，係累吾民，引水圍鄗，微社稷之神靈，則鄗幾於不守也。先王醜之，而怨未能報也。"見《趙世家》。則其力猶足與趙爲敵，春秋末葉連齊以掎晉之志，未嘗衰也。中山君相魏惠王之後三十五年，爲趙武靈王之十九年，始胡服騎射，以必取胡地、中山爲志。其明年，略中山地，至寧葭。又明年攻中山，中山獻四邑請和。王許之，罷兵。二十三年，攻中山。二十六年，復攻之。二十七年，傳國於惠文王。惠文王三年，乃滅中山，遷其王於膚施。均見《趙世家》。自魯昭公十二年至此，凡二百三十五年，中山之與晉相抗，可謂久矣。

中山之亡，《趙世家》在惠文王三年，而《六國年表》在四年。《表》云："與齊、燕共滅中山。"《燕世家》及《表》皆不載此事，《齊世家》及《表》，皆係湣王二十九年，與《表》作惠文王四年者合。蓋遷其君在三年，而盡服其衆而定其地，實在四年也。趙惠文王四年，爲秦昭王十二年，而《秦本紀》昭王八年，"趙破中山，其君亡，竟死齊。"或以此疑《秦紀》及《六國表》相齟齬。案此不徒與惠文王四年中山滅非一事，即與三年中山君之遷，亦非一事。故《秦紀》昭王十一年，中山尚與齊、韓、魏、趙、宋共攻秦。《史記·秦紀》云："齊、韓、魏、趙、宋、中山五國共攻秦。"《正義》云："蓋中山此時屬趙，故云五國也。"案中山苟爲趙私屬，即不必特舉其名，蓋或五字誤，或衍他字也。《正義》説未安。明其亡竟死齊之後，尚有一君，蓋即遷於膚施者也。

《六國表》云齊湣王佐趙滅中山，《樂毅列傳》亦云齊湣王助趙滅中山；《范雎列傳》：説秦王曰："昔者中山之國，地方五百里，趙獨吞之，功成名立，而利附焉，天下莫之能害也。"則湣王之佐趙，乃燭之武所謂"亡鄭以倍隣"者耳。夫中山去趙近，而去齊遠，其於趙，腹心之患也；武靈王告樓緩曰："今中山在我腹心。"則趙之於中山，亦腹心之患也。連齊以拒趙，在中山策固宜然；撫中山以拒晉，於齊計亦良得。昭、定、哀間之已事及圍鄗之役，資中山以强兵，蓋齊之素計，非漫然而爲之也。棄累世之遺策，滅與國以資隣敵，湣王之所爲若此，欲以求伯，不亦難乎？燕是時亦助趙者。昭王方欲報齊，蓋以此結歡於趙，非徒爲趙用也，與齊湣王之勞民助敵者不同。

范雎云：中山"地方五百里"。中山與燕、趙爲王，齊閉關不通中山之使，其言曰："我，萬乘之國也；中山，千乘之國也。"見《中山策》。然則中山之爲國，蓋魯、衛之倫也。方五百里，在周初爲大國，至春秋以降，則不足數矣。而中山獨累世雄張，爲齊、燕、趙、魏所重，蓋以其地險故。趙武靈王胡服騎射以取中山，非謂中山亦林胡、樓煩之倫，將以輕騎與之馳逐於原野，乃欲以是深入其阻耳。武靈王之告公子成曰："今吾國東有河、薄洛之水，與齊、中山同之，無舟楫之用；自常山以至代、上黨，東有燕、東胡之境而西有樓煩、秦、韓之邊；今無騎射之備，故寡人無舟楫之用，夾水居之，民將何以守河、薄洛之水？變服騎射，以備燕、三胡、秦、韓之邊。"是趙與中山角逐，仍重在平地，其胡服騎射則所以防燕、三胡、秦、韓也。然又曰"今騎射之備，近可以便上黨之形而遠可以報中山之怨"，則以中山地險，惟騎兵乃能深入其阻，一舉而兩利存焉。然其本意，固以備燕、三胡、秦、韓，非以爲中山也。胡服騎射之後，明年而有事於中山，史記其事云："略中山地，至寧葭。"略者師速而疾，蓋猶僅拂其境。是年，使代相趙固主胡，致其兵。明年，又攻中山，趙袑爲右軍，許鈞爲左軍，公子章爲中軍，王并將之；牛翦將車騎，趙希并將胡、代、趙，與之陘；合軍曲陽，攻取丹邱、華陽、鴟之塞，王軍取鄗、石邑、封龍、東垣。中山獻四邑請和。均見《趙世家》。四邑，蓋即鄗、石邑、封龍、東垣。是役也，以趙固有之軍爲三軍，王并將之，以攻中山之邑，而以新練之騎兵，牛翦所將。與所致胡、代之兵，趙希所將。云并將胡、代、趙者，趙爲主軍，胡、代爲客軍，并將是三國之兵也。與之陘，徐廣曰"一作陸"，竊疑作陘爲是。陘者，山絶之名，所謂塞者，蓋在於是。豫許趙希攻下，即以之爲賞也。趙希，或致胡兵之趙固之父兄子弟。攻中山之塞，始深入其阻矣。其後之攻中山，當仍祖是策，故不數年而中山遂亡。惠文王二年，主父行新地，遂出代西，遇樓煩王於西河而致其兵。明年，遂滅中山。

致樓煩之兵，蓋亦所以攻中山也。

《中山策》曰："樂羊爲魏將攻中山，其子時在中山，中山君烹之作羹，致於樂羊，樂羊食之。古今稱之。"甘茂謂秦武王曰："魏文侯令樂羊將而伐中山，三年而拔之。樂羊返而論功，文侯示之謗書一篋。"《史記》本傳，亦見《秦策》。中山之難攻可知，蓋以其險也。《中山策》又曰："魏文侯欲殘中山，常莊談謂趙襄子曰：魏并中山，必無趙矣。公何不請公子傾以爲正妻，因封之中山，是中山復立也。"據《六國表》，襄子之卒，在魏文侯元年前一年。文侯之欲殘中山，得無惡其險，故欲破壞之，使之不復能立邪？樂羊之滅中山，文侯封之以靈壽。樂羊死，葬於靈壽。《史記・樂毅列傳》。則文侯固嘗拔其地以封有功之將，而樂羊亦能撫其封邑之民。然中山無幾卒復國，又百餘年而後亡，則甚矣滅國之不易，而險之果足恃也？吴起曰："在德不在險"，固也，然此亦爲大無道者言之耳，若得中主，恃險固亦足以延命矣。《史記・穰侯列傳》，須賈説穰侯曰："宋、中山數伐割地，而國隨以亡。"四邑之獻，即中山好割地之一證。然僅此一事，不得云數，其前此如是者，蓋多矣。地數割，而猶後亡，亦地險使之也。

趙獻侯十年，中山武公初立。此事既見《趙世家》，又見《六國趙表》。其立也，蓋趙立之也。是年，爲魏文侯十一年，又五年而獻侯卒。其明年，魏遂使太子伐中山，蓋聞趙之喪也。此事亦記於《趙世家》及《六國表》趙下，蓋循趙史記之舊，可見趙視中山之重。

中山武公，徐廣曰：定王之孫，西周桓公之子。而《索隱》以《世本》不言誰之子孫，疑徐廣之言爲無據。然徐廣不得鑿空，蓋自有所據，而小司馬時已無考也。

中山嘗築長城，事在趙成侯六年，亦見《趙世家》。古長城之築，多文明之國，以此防野蠻部族之侵擾，故疑中山亦林胡、樓煩之類者，非也。趙主父使李疵視中山可攻不也，李疵告主父曰："中山之君見好巖穴之士，所傾蓋與車以見窮閭隘巷之士以十數，伉禮下布衣之士以百數矣。"《韓非子・外儲説左上》。案亦見《中山策》。是好文之主也。《説苑・權謀》曰："中山之俗，以晝爲夜，以夜繼日，男女切踦，固無休息，淫昏康樂，歌謳好悲。"是其憙音沈湎，亦文明之國之流矣，非穹廬之君，旃裘之民，所能有也。故以中山爲林胡、樓煩之倫者，非也。諸侯失地名滅同姓名，中山與趙，厥罪惟鈞，而引夷狄以伐中國，則武靈王有罪焉爾矣。

〔六一〕　皇帝説探源

《莊子・天運》："子貢(見老聃)曰：夫三王五帝之治天下不同，其係聲名一也，而先生獨以爲非聖人，如何哉？老聃曰：小子少進。子何以謂不同？對曰：堯授舜，舜授禹，禹用力而湯用兵，文王順紂而不敢逆，武王逆紂而不肯順，故曰不同。老聃曰：小子少進。余語女三皇五帝之治天下：黄帝之治天下，使民心一。民有其親死不哭而民不非也。堯之治天下，使民心親。民有爲其親，殺其殺，而民不非也。舜之治天下，使民心競。民孕婦十月生子，子生五月而能言，不至乎孩而始誰，則人始有夭矣。禹之治天下，使民心變。人有心而兵有順，殺盜非殺，人自爲種而天下耳。是以天下大駭，儒、墨皆起。其作始有倫，而今乎婦女，何言哉？余語女，三皇五帝之治天下，名曰治之，而亂莫甚焉。三皇之知，上悖日月之明，下睽山川之精，中墮四時之施，其知憯於蠣蠆之尾，鮮規之獸，莫得安其性命之情者，而猶自以爲聖人，不可恥乎？其無恥也？子貢蹴蹴然立不安。"《注》曰："子貢本謂老子獨絶三王，故欲同三王於五帝耳。今又見老子通毁五帝，上及三皇，則失其所以爲談矣。"《釋文》云："三王，本或作三皇，依《注》作王是也。餘皆作三皇。"案子貢言禹、湯、文、武而上及堯、舜，老子更上溯及於黄帝，皆在三王五帝之中，未嘗及三皇也。《注》意蓋謂老子通毁五帝，則其所取，必在三皇，亦未嘗謂老子曾舉三皇之名也。此節中三皇字，蓋皆當作三王，而爲後人妄改；然陸德明所見本，已如此矣。上文又載師金之言曰："三皇五帝之禮義法度，不矜於同而矜於治。故譬三皇五帝之禮義法度，其猶柤梨橘柚邪？其味相反，而皆可於口。故禮義法度者，應時而變者也。今取猨狙而衣以周公之服，彼必齕齧挽裂，盡去而後慊。觀古今之異，猶猨狙之異乎周公也。"此節意與下節同。獨舉周公以爲言，亦其所議者爲三王而非三皇之證。疑此節三皇本亦作三王，而爲妄人所改也。

《史記·殷本紀》："伊尹名阿衡。阿衡欲干湯而無由，乃爲有莘氏媵臣，負鼎俎以滋味説湯，致於王道。或曰：伊尹處士，湯使人聘迎之。五反然後肯。往從湯，言素王及九主之事。"後説與《孟子》合，蓋儒家言也。《集解》：劉向别録曰："九主者：有法君、專君、授君、勞君、等君、寄君、破君、國君、三歲社君，凡九品，圖畫其形。"《索隱》謂"所稱九主，載之《七録》，名稱則奇，不知所憑據耳"。案此蓋釋古法戒之圖象，與《史記》所言九主無涉。《索隱》又引或説云："九主，謂九皇也。"以儒家言釋儒家言，庶幾近之。《漢書郊祀志》："天子既聞公孫卿及方士之言：黄帝以上封禪，皆致怪物，與神通，欲放黄帝，以接神人蓬萊，高世，比德於九皇。"則九皇之説，神仙家亦有之，匪獨儒家；蓋古固有是名也。張晏曰："三皇之前，有人皇，九首。"韋昭曰："上古有人皇者九人。"并據讖緯爲説，恐非武帝時所有。人皇九頭，見司馬貞《補三皇本紀》。《注》云："出

《河圖》及《三五曆》，"案所謂天皇地皇者，當出《三五曆》；人皇當出《河圖》；説見《古史紀年》。《管子·輕重戊》："桓公問於管子曰：輕重安施？管子對曰：自理國。虙戲以來，未有不以輕重而能成其王者也。公曰：何謂？管子對曰：虙戲作，造六峜以迎陰陽，作九九之數以合天道，而天下化之。神農作，樹五穀淇山之陽，九州之民乃知穀食，而天下化之。黄帝作，鑽燧生火以熟葷臊，民食之，無兹胃之病，而天下化之。"黄帝蓋燧人之誤。下文又言"黄帝之王，童山竭澤"可知也。《揆度》："齊桓公問於管子曰：自燧人以來，其大會可得而聞乎？管子對曰：燧人以來，未有不以輕重爲天下也。"《輕重戊》列舉古帝，而首虙戲、神農、燧人；《揆度》言自燧人以來；則以三皇爲始王天下，燧人又居三皇之首。亦古本有是説，而非儒家之私言也。

然皇帝二名，雖出先秦之世，究爲後起之説。古者一部族之主謂之君，爲若干部族之共主者謂之王。尊至於王而止矣，不能更有所加也。天下歸往謂之王，此特侈言之，實則各王一域，春秋吴楚并時稱王其證。王與王之間，因彼此關係較疏，其上更無共主，自不能别有名稱。戰國之世，列國皆稱王，關涉較多，强弱漸判，乃謀立一更尊於王之號。於是借天神之名而稱之曰帝，齊、秦并稱東西帝，魏使辛垣衍説趙尊秦爲帝是也。時人之見解如是，於是論古史者，亦於三王之前，更立五帝之號焉。夫尊至侔於天神，亦止矣，不能更有所加矣。然論古史者，猶不以是爲已足也。乃不從尊卑著想，而從先後立義，據始王天下之義，造一皇字，而三皇之名立焉。皇王形異而聲同，可知雖制殊文，實非二語也。太史公論秦始皇，謂其自謂"功過五帝，地廣三王，而羞與之侔"，此非億度之辭，乃屬當時實事。始皇詔丞相、御史曰"其議帝號"，則業以帝者自居，而猶欲更議其號，即所謂羞與之侔也。帝且不嗛，何有於王？丞相等議曰："昔者五帝，地方千里，其外侯服夷服，諸侯或朝或否，天子不能制。今陛下興義兵，誅殘賊，平定天下，海内爲郡縣，法令由一統，自上古以來未嘗有，五帝所不及。臣等謹與博士議曰：古有天皇，有地皇，有泰皇，泰皇最貴。臣等昧死上尊號，王爲泰皇。"亦以其功過五帝，而别覓一名以尊之也。始皇曰"去泰著皇，採上古帝位號，號曰皇帝"者，一以帝爲戰國以來最尊之號，衆所共喻，著之以適時俗；一亦以皇之與王，文雖殊而義則一，稱皇，自不知文字者聞之，一若名號未更者。故必著帝以異於先古之王，又必著王以異於戰國以來之所謂帝也。尊莊襄王曰太上皇，不曰太上皇帝者，以其不君天下。然則帝者諦也，取其審諦以治天下，猶上帝之居高而臨下土耳。張晏曰："五帝自以德不及三皇，故自去其皇號。三王又以德不及五帝，自損稱王。秦自以德褒二行，故兼稱之。"《漢書·百官公卿表注》引。一若皇帝二名,古固有之者,真億説也。

原刊《古史辨》第七册,一九四一年六月出版

〔六二〕 管子論王霸

《管子·霸言》曰:"强國衆,合强以攻弱以圖霸;强國少,合小以攻大以圖王。强國衆而言王勢者,愚人之智也;强國少而施霸道者,敗事之謀也。"又曰:"强國衆,先舉者危,後舉者利;强國少,先舉者王,後舉者亡。戰國衆,後舉可以霸;戰國少,先舉可以王。"此殷周之所以成王業,而齊桓、晉文止於稱霸也。蓋强國少,則服一强而號令已施於天下。强國多,不可勝誅;戰雖勝,猶慮有畜全力以乘吾後者;則不得不善藏其鋒。强國少,衆小國皆可脅而服焉。强國多,地醜德齊,齊盟且思狎主,況欲南面而朝之乎?晉不能於齊,楚不能於秦,晉、楚之力,豈讓殷周,終不能代周而興者,世異而所直之敵不同也。然此爲春秋以前言之也。戰國之世,衆小國稍盡,大國壤地相接,惟以吞噬爲事,秦始皇卒并六國爲一,又非作《管子》書者所逆睹矣。

〔六三〕 中國未經游牧之世

言社會演進者,多謂人之求口實,必自漁獵進於游牧,自游牧更進於農耕。其實不然。自漁獵徑進於農耕者,蓋不少矣,中國即其一也。

謂中國曾經游牧之世者,多以伏羲氏爲牧民之君長,此爲劉歆、鄭玄、皇甫謐所誤也。《易·繫辭傳》云:"古者包犧氏之王天下也,仰則觀象於天,俯則觀法於地;觀鳥獸之文,與地之宜;近取諸身,遠取諸物;於是始作八卦,以通神明之德,以類萬物之情。作結繩而爲網罟,以佃以漁,蓋取諸離。"《經典釋文》云:"包,本又作庖。鄭云取也。孟、京作伏。犧,鄭云:鳥獸全具曰犧。孟、京作戲,云伏服也,戲化也。"案《白虎通義·號篇》云:"下伏而化之,故謂之伏羲也。"《風俗通義》引《含文嘉》云:"伏者,别也,變也。戲者,獻也,法也。伏戲始别八卦,以變化天下,天下法則,咸伏貢獻,故曰伏戲也。"蓋今文舊説,孟、京所用。《漢書·律曆志》曰:"作網罟以田漁取犧牲,故天下號曰炮犧氏。"蓋鄭説所本。《易》但言田漁,歆妄益取犧牲三字,實非也。《禮記·月令正義》引《帝王世紀》曰:"取犧牲以共庖廚,食天下,故號曰庖犧氏。"則又以庖字之義,附會庖廚,失之彌遠矣。《太平御覽》引《詩緯含神霧》曰:"大跡出雷

澤，華胥履之生伏羲。"《易·繫辭傳疏》引《帝王世紀》曰："有大人跡，出於雷澤，華胥履之，而生包犧。"《淮南子·地形》曰："雷澤有神，龍身人頭，鼓其腹而熙。"《山海經·海内東經》曰："雷澤中有雷神，龍身而人頭，鼓其腹。《史記·五帝本紀正義》引作"鼓其腹則雷"。在吴西。"此吴即虞字，可見雷澤即舜所漁也。《魯靈光殿賦》曰："伏羲鱗身，女媧蛇軀。"李善《注》引《列子》曰："伏羲、女媧，蛇身而人面。"又引《玄中記》曰："伏羲龍身，女媧蛇軀。"古者工用高曾之規矩，殿壁畫像，亦必有所受之，則古神話以伏羲在沼澤之區不疑也。《管子·輕重戊》曰："伏羲作九九之數，以合天道。"八卦益以中宫，是爲九宫。明堂九室，取象於是。明堂之制，四面環水，蓋湖居之遺制。伏羲之社會，從可推想矣。伏羲所重，蓋在於漁，故《易》稱其作結繩而爲網罟。網以取魚，罟則并舉以浹句耳。尸子云："燧人之世，天下多水，故教民以漁；宓犧氏之世，天下多獸，故教民以獵。"似不甚合，然亦不云其曾事牧也。作結繩爲網罟，疑即一事。説者以結繩爲未有文字時記事之法亦非。又有以黄帝爲游牧之世之君長者，以《史記·五帝本紀》有"教熊、羆、貔貅、貙、虎"之語也。此亦本非畜牧之事。然其上文不言其"治五氣藝五種"乎？又以其言黄帝"遷徙往來無常處，以師兵爲營衛"也，然其上文不又言其"邑於涿鹿之阿"乎？古人隨意衍説，其辭多不審諦，要在參稽互證，博觀約取，安可據彼單辭，視爲定論也？

中國與游牧民族遇，蓋起戰國之世。春秋時侵齊、魯又侵鄭者有山戎，亦曰北戎；侵晉者有赤、白狄；皆在今河南、北及山東境。其在今陝、甘境者，則《史記》所謂"自隴以西，有綿諸、緄戎、翟豲之戎；岐、梁山、涇、漆之北，有義渠、大荔、烏氏、朐衍之戎"者也。《史記》將此等盡入之《匈奴傳》中，後人遂皆視爲匈奴之倫，此實大誤。匈奴乃騎寇，此則所謂山戎。山戎猶後世言山胡、山越，乃諸部之通稱，非一族之專號。山戎之與我遇也，皆彼徒我車，與後世西南諸族，則頗相似矣，於匈奴乎何與？騎寇之名，昉見《管子·小匡篇》，此篇雖述管子事，實戰國時人作也。篇中言桓公破屠何。孫詒讓《墨子閒詁》謂即《周書·王會》之不屠何。《非攻》云：且不一著何亡於燕、代、胡、貉之間。且當作祖，不一著何，則不屠何之衍誤，後爲遼西之徒河縣。其説似之。綿亘燕、代、胡、貉之間，蓋當時一大族矣。自此以西爲林胡、樓煩，後爲趙所懾服。又其表則爲匈奴，趙徒攘斥之，而未能懾服之，至秦、漢世，遂收率游牧之族，大爲北邊之患焉。《史記》云："燕有賢將秦開，爲質於胡，胡甚信之。歸而襲破走東胡。東胡卻千餘里。燕築長城，自造陽至襄平，置上谷、漁陽、右北平、遼西、遼東郡以拒胡。"五郡之表，不得皆爲東胡。東胡，漢初居匈奴東，冒頓襲破之。其後匈奴單于庭直代、雲中，左方王將居東方，直上谷。上谷似即東胡舊地也。此等皆戰國時北方騎寇。古所謂大行之脈，起今河南、北、山西三省之交，東北行,蔽河北省之北垂,至於海,蓋皆山戎之所居,爲中國與北方游牧民之介,山戎之居,地險不易入,其民貧,亦無可略。斯時游牧之族,部落尚小,亦無力逾山而南。中國之文明,實在此和平安静之區,涵育壯大也。

或曰:子言騎寇雖見管子書,實説戰國時事,似矣。然孔子稱管仲之功曰:"微管仲,吾其被髪左衽矣。"何也?《論語·憲問》。曰:安見《論語》中遂無戰國時人語邪?不特此也。中庸:"子路問强。子曰:南方之强與?北方之强與?抑而强與?""衽金革,死而不厭,北方之强也,而强者居之。"所説亦戰國後情形也。又曰:"今天下,車同軌,書同文,行同倫。"則彌可見爲秦始皇一統後語矣。《國語·齊語》謂齊桓公築五鹿、中牟、蓋與、牡丘,以衛諸夏之地,所拒者亦不過山戎、彔翟而已。韋《注》説。《左氏》謂齊侯伐山戎,以其病燕,所病者南燕,非北燕也。别有考。

亞里士多德謂人之謀生,不外畜牧、耕稼、劫掠、捕魚、田獵五者。見所著《政治論》第一編第八章。吴頌皋、吴旭初譯本。劫掠之技,起自田獵之世,蓋以施諸物者移而施諸人也。然田獵之世,口實實少,不能合大羣,故其侵略之力不强,至游牧之世,則異是矣。中國自秦、漢以後,屢爲異族所苦,實以居其朔垂者爲游牧之民故也。然中國可謂善禦游牧民者矣。夫西洋之有希臘、羅馬,猶東洋之有中國也。今西方之希臘、羅馬安在哉?其在東方,則中國猶是中國人之中國也。此文明之扞城也。豈易也哉?或曰:中國當皇古之世,亦嘗有牧人征服漁人之事。觀古代牛、羊、犬、豕爲貴者之食,魚鱉爲賤者之食可知。此説蓋是?但其爲時甚早,其事跡,書傳已無可考矣。

原刊《華東師範大學學報》一九五八年第一期,
一九五八年一月十五日出版

〔六四〕　農業始於女子

今社會學家言:農業始於女子。求諸吾國古籍,亦有可徵者焉。《周官·天官》内宰:"上春,詔王后帥六宫之人,而生穜稑之種。"《注》:"古者使后宫藏種。"是藏種職之女子也。《穀梁》桓公十四年:"曰:甸粟而内之三宫,三宫米而藏之御廩。"文公十三年:"宗廟之禮,君親割,夫人親舂。"《國語·楚語》曰:"天子禘郊之事,必自射其牲,王后必自舂其粢。諸侯宗廟之事,必自射牛,刲羊,擊豕,夫人必自舂其盛。"《周官·地官》:舂人有女舂抌。槀人有女槀。《秋官》司厲:"其奴,男子入於罪隸,女子入於舂槀。"是粟米之成,又由於女子也。《天官》九嬪:"凡祭祀,贊玉齍。《注》:"玉敦,受黍稷器。"贊后薦徹豆籩。"世婦:"掌祭祀賓客喪紀之事。帥女官而濯摡，爲齍盛。及祭之日，涖陳女宫之具。凡内羞之物。”《春官》内宗：“掌宗廟之祭祀，薦加豆籩。及以樂徹，則佐傳豆籩。賓客之饗食亦如之。”大宗伯：“凡大祭祀，王后不與，則攝。薦豆籩，徹。”《禮記·郊特牲》曰：“鼎俎奇而籩豆偶，陰陽之義也。”《禮·有司徹》曰：“宰夫羞房中之羞於尸侑主人主婦，皆右之。司士羞庶羞於尸侑主人主婦，皆左之。”《注》曰：“房中之羞，其籩則糗餌粉糍，其豆則酏食糝食。庶羞，羊臐豕膮，皆有胾醢。房中之羞，内羞也。内羞在右，陰也。庶羞在左，陽也。”《聘禮》：“醯醢百瓮，夾碑十以爲列，醯在東。”《注》：“醯谷，陽也。醢肉，陰也。”《疏》：“醯是釀穀爲之，酒之類，在人消散，故云陽。醢是釀肉爲之，在人沉重，故云陰也。大宗伯云：天産作陰德，地産作陽德。《注》云：天産六牲之屬，地産九穀之屬，以六牲之陽，九穀爲陰，與此醯是穀物爲陽違者，物各有所對。六牲動物，行蟲也，故九穀爲陰。《郊特牲》云：鼎俎奇而籩豆偶，陰陽之義也，又以籩豆醯醢等爲陰，鼎俎肉物揔爲陽者，亦各有所對。以鼎俎之實，以骨爲主，故爲陽；籩豆穀物，故爲陰也。《有司徹注》，又以庶羞爲陽，内羞爲陰者，亦羞中自相對。内羞雖有糝食是肉物，其中有糗餌粉糍食物，故爲陰，庶羞肉物，故爲陽也。”案醯爲陽，肉爲陰，即“凡飲養陽氣，凡食養陰氣”之義。《疏》以消散沉重爲説，是也。是古之祭饗，男子所共皆肉食，女子所共皆穀食疏食也。《祭統》曰：“祭也者，必夫婦親之，所以備外内之官也。官備則具備。水草之菹，陸産之醢，小物備矣。三牲之俎，八簋之實，美物備矣。昆蟲之異，草木之實，陰陽之物備矣。凡天之所生，地之所長，苟可薦者，莫不咸在，示盡物也。”蓋古者男女分業，非夫婦親之，則不能備物，此其所以“既内自盡，又外求助”也。《左氏》隱公三年曰：“苟有明信，澗溪沼沚之毛，蘋蘩薀藻之菜，筐筥錡釜之器，潢汙行潦之水，可薦於鬼神，可羞於王公。《風》有《采蘩》、《采蘋》，《雅》有《行葦》、《泂酌》，昭忠信也。”《關雎》之詩曰：“參差荇菜，左右流之。”毛《傳》曰：“后妃有關雎之德，乃能共荇菜，備庶物，以事宗廟。”《采蘩傳》曰：“公侯夫人執蘩菜以助祭。神饗德與信，不求備焉，沼沚溪澗之草，猶可以薦。王后則荇菜也。”蘋蘩薀藻，乃水處之民所食，而亦其所以祭也。《禮記·昏義》曰：“古者婦人先嫁三月，祖廟未毁，教於公宫，祖廟既毁，教於宗室。教成祭之，牲用魚，芼之以蘋藻。”《公羊》哀公六年：“陳乞曰：常之母有魚菽之祭。”是古獵爲男子之業，耕漁皆女子之事也。獵以習戰鬥，則禮尚焉；耕漁較和平，則賤之而人君弗親；見《左氏》隱公五年臧哀伯諫觀魚。蓋人之好殺伐久矣。

《曲禮下》曰：“凡摯：天子鬯，諸侯圭，卿羔，大夫雁，士雉。庶人之摯匹。《注》：“説者以匹爲鶩。”婦人之摯，椇、榛、脯、脩、棗、栗。”《公羊》莊公二十四年：“大夫宗婦覿用幣。用者，不宜用也。然則曷用？棗栗云乎，腶脩云乎。”《左氏》亦載御孫之言曰：“男贄，大者玉帛，小者禽鳥，以章物也。女贄，不過棗栗脯脩,以告虔也。”夫“居山以魚鱉爲禮,居澤以鹿豕爲禮,君子謂之不知禮”,《禮記·禮運》。則贄必各用其所有。而男贄以禽鳥,女贄以椇榛棗栗,可見其一事獵,一事農矣。女贄亦以腶脩者,腶脩女子所制,非其從事於田牧也。又古者五母雞,二母彘,爲田家之畜;又家從豭省聲。鄉飲酒之禮用犬;而昏禮,舅姑入室,婦以特豚饋;知田家孳畜,亦女子所有事,而男子主行獵,故與犬特親也。夫獵物者莫猛於犬;而人類殺伐之技,亦無不自弋獵禽獸來。當草昧之世,人與犬實相親也。曾幾何時,而人以屠狗爲業矣。而人與人且相戕相賊矣。“兵猶火也,弗戢將自焚也”,豈徒施於人者爲然哉? 横渠曰:“民吾同包,物吾與也。”世豈有殺朋友以食弟昆,而可稱爲仁人者乎? 抑豈有不反戕其弟昆者乎? 大雄氏之戒殺,有旨哉!

〔六五〕 論古代工業

古者工業皆由官辦,後世則聽人民自爲,此亦足徵智巧之日進也。古代工業必由官辦者,何也? 以其時技巧未精。故《考工記》曰:“粵無鎛,燕無函,秦無廬。胡無弓車。粵之無鎛也? 非無鎛也,夫人而能爲鎛也。燕之無函也,非無函也,夫人而能爲函也。秦之無廬也,非無廬也,夫人而能爲廬也。胡之無弓車也,非無弓車也,夫人而能爲弓車也。”《注》:“言其丈夫人人皆能作是器,不須國工。”此特日用最切又不煩智巧者耳。若其器較難,爲用較狹者,則皆不能自爲。故曰:“智者創物,巧者述之,守之世,謂之工。百工之事,皆聖人之作也。”下文又曰:“爍金以爲刃,凝土以爲器,作車以行陸,作舟以行水,此皆聖人之所作也。”蓋此兩語之注。《易·繫辭傳》亦曰:“備物致用,立成器以爲天下利,莫大乎聖人。”《穀梁》成元年:“丘甲,國之事也。丘作甲。非正也。丘作甲之爲非正,何也? 古者立國家,百官具,農工皆有職以事上。古者有四民:有士民,有商民,有農民,有工民。夫甲,非人人之所能爲也。丘作甲,非正也。”《周官·小司徒》:“九夫爲井,四井爲邑,四邑爲丘。”丘作甲者,使一丘之民皆作甲也。古列國并立,戰事繁多,甲之爲用亦廣,然非人人所造,他有待智巧之物,皆是類矣。

職是故,古於工政頗重。《考工記》曰:“國有六職,百工與居一焉。”《曲禮》曰:“天子之六工,曰土工、金工、石工、木工、獸工、草工,典制六材。”鄭《注》以爲殷制。《考工記》又曰:“有虞氏上陶,夏后氏上匠,殷人上梓,周人上輿。”《注》:“官各有所尊、王者相變也。”可見其由來久矣。《考工記》所載:“凡攻木之工七,攻金之工六,攻皮之工五,設色之工五,刮摩之工五,摶埴之工二。”《注》

曰:"其曰某人者,以其事名官也。其曰某氏者,官有世功,若族有世業,以氏名官者也。"此所謂巧者述之,守之世。《淮南子・本經訓》:"周鼎著倕。"《注》:"倭。堯之巧工也。周鑄鼎,著倕象於鼎。"此殆所謂聖人,如學校之有先聖也。管理百工者,謂之工師。《荀子・王制篇》:序官,"論百工,審時事,辨功苦,尚完利,便備用,使雕琢文采,不敢專造於家,工師之事"是也。《月令》:季春,"命工師,令百工,審五庫之量,金、鐵、皮、革、筋、角、齒、羽、箭、幹、脂、膠、丹、漆,毋或不良。百工咸理,監工日號?毋悖於時,毋或作爲淫巧,以蕩上心"。季秋,"霜始降,則百工休"。孟冬,"命工師效功,陳祭器,按度程,毋或作爲淫巧,以蕩上心。必功致爲上。物勒工名,以考其誠。功有不當,必行其罪,以窮其情"。蓋工師之所以課督其下者如此。《中庸》曰:"來百工則財用足。""日省月試,既廩稱事,所以勸百工也。"蓋物非加以人工,則不可用。《考工記》曰:"天有時,地有氣,材有美,工有巧,合此四者,然後可以爲良。"故有國有家者,百工之事孔亟,不得不謀所以招懷之也。

古重工政如此。宜其工業甚精而日進矣,亦未必然,何也?曰凡事必日竭智巧。思改作而後能精。工既設,官隨之以賞罰,則必奉行故事?以顧考成。故"工用高曾之規矩",古人傳爲美談。《檀弓》曰:"季康子之母死,公輸若方小,斂,般請以機封,將從之,公肩假曰:不可。夫魯有初,公室視豐碑,三家視桓楹。般爾以人之母嘗巧,則豈不得以其母以嘗巧者乎?則病者乎?噫!弗果從。"新發明之事,皆不許試用。其不能精進也宜矣。又其業守之以世,子孫之材性,不必盡與父祖同,則有長於上而不得自效,苦其事而不得去者,束縛馳驟,將敗績厭覆是懼,何暇致遠,此政治爲之也夫!工用高曾之規矩,非徒以考成,亦以防侈靡也。《月令》一再言:"毋或作爲淫巧,以蕩上心",所以防人君之侈靡也。《荀子》言"雕琢文采,不敢造於家",所以防卿大夫之侈靡也。《管子》曰:"菽粟不足,末生不禁,民必有飢餓之色,而工以雕文刻鏤相稺也,謂之逆。布帛不足,衣服無度,民必有凍寒之傷,而女以美衣錦繡綦組相稺也,謂之逆。"《重令》。此漢景帝"雕文刻鏤傷農事,錦繡綦組害女紅"詔語所本,所以防庶民之侈靡者尤急。故《王制》稱:作"奇技、奇器,以疑衆,殺","不以聽"。《墨子・魯問》:"公輸子削竹木以爲鵲,成而飛之,三日不下。公輸子自以爲至巧。子墨子謂公輸子曰:子之爲鵲也,不如匠之爲車轄,須臾劉三寸之木,而任五十石之重。故所爲巧,利於人謂之巧,不利於人謂之拙。"徒講實用,則智巧之途塞矣。又古人最重樸質,《禮記・郊特牲》曰:"酒醴之美。玄酒明水之尚,貴五味之本也。黼黻文繡之美,疏布之尚,反女功之始也。莞簟之安，而蒲越稾鞂之尚，明之也。大羹不和，貴其質也。大圭不琢，美其質也。丹漆雕几之美。素車之乘，尊其樸也，貴其質而已矣。所以交於神明者，不可同於所安褻之甚也，如是而後宜。"然則圖便安、矜技巧則爲不敬，爲忘本，而知巧之士益無途以自奮矣。此則風俗限之者也。此皆古代工政雖重，而工業不必其精而日進之由也。

工業之由官辦變爲民業，何也？曰有二端焉。一由需用日繁，官不能給。孟子之詰白圭曰："萬室之國。一人陶，則可乎？曰：不可，器不足用也。"《孟子·告子》下。明古立工官，皆度民用之多少以造器。人口之增加無限，生計之程度日高，工官所造，勢不能比例俱增。器用安得給足。故古四民之中，久有工。《管子》問："工之巧，出足以利軍伍，處可以修城郭補守備者幾何人？"《問篇》。此皆名不籍於官，餼不廩於上，故其有無多寡不可知，而必有待於問矣。一亦由奇巧之物，官不肯造，則人民之需用者，不能不迫而自爲。《管子》曰："今爲末作奇巧者，一日作而五日食。農夫終歲之作，不足以自食也。"《治國》。《史記》亦謂"用貧求富，農不如工"。《貨殖列傳》。工人獲利之厚，正以其技藝之精也。此皆官辦之工業所以漸變爲民業也。

工業官辦之意，漢世猶有之。《漢書·地理志》：懷、河内郡。宛、南陽郡。東平陵、濟南郡。奉高、泰出郡。雒縣廣漢郡。咸有工官。皆古制之僅存者也。史稱"孝宣之治，信賞必罰，綜核名實，政事文學法理之士，咸精其能，至於技巧工匠器械，自元、成間鮮能及之"。《漢書·宣帝紀》。陳承祚《上諸葛氏集表》亦曰"工械技巧，物究其極"。蓋官用之物，由官造者猶多，非如後世冬官，徒有考工之名而已。

寫於一九二〇年代

〔六六〕　古代商業情形[①]

商業之始，其起於各部落之間乎？孟子之詰彭更曰："子不通工易事，以羡補不足，則農有餘粟，女有餘布。"其詰陳相曰"一人之身，而百工之所爲備，如必自爲而後用之，是率天下而路也。"《孟子·滕文公下》。此爲商業之所由起。然古代部落，率皆共産，力之出不爲己，貨之藏不於己。取公有之物而用之，以己所有之物資人，皆無所謂交易也。惟共産限於部落之内，與他部落固不然，有求於他，勢不能無以爲易，而交易之事起矣。往來日數，交易日多，則敦

① 又改題爲《古代商業緣起情形》。

樸日漓，嗜欲日啓，而私産之習漸萌。私産行，則人與人之相資，亦必有以爲易，此則商業之所由廣也。

老子曰："郅治之極，鄰國相望，雞犬之聲相聞，民各甘其食，美其服，安其俗，樂其業，至老死不相往來。"《鹽鐵論》曰："古者千室之邑，百乘之家，陶冶工商，四民之求，足以相更，故農民不離畎畝而足乎田器，工人不斬伐而足乎陶冶，不耕而足乎粟米。"《水旱》。《管子》曰："市不成肆，家用足也。"《權修》。可見古者一部落之中，及此部落與他部之間，交易皆極少，然生事愈進，則分工愈密。分工愈密，則彼此之相資益深，而交易遂不期其盛而自盛，故《管子》又謂"聚者有市，無市則民乏"矣。《乘馬》。《管子·乘馬》曰："方六里命之曰暴。五暴命之曰部。五部命之曰聚。"

陳相曰："從許子之道，則市賈不二，國中無僞，雖使五尺之童適市，莫之或欺。布帛長短同，則賈相若。麻縷絲絮輕重同，則賈相若。五穀多寡同，則賈相若。屨大小同，則賈相若。"《孟子·滕文公上》。不論精麤但論多少。戰國時人，斷無從發此奇想。蓋古自有此俗，而農家稱頌之。許行治農家言，因亦從而主張之也。交易之初，情狀奚若，據此可以想見矣。

《易·繫辭傳》謂"日中爲市"，"交易而退"，此蓋擇定時定地爲之，今之所謂作集也，斯時交易，蓋盛於農隙之時，《酒誥》曰："妹土嗣爾股肱純，其藝黍稷，奔走事厥考厥長，肇牽車牛，遠服賈。"僞《孔傳》曰："農功既畢，始牽車牛，載其所有，求易所無"，故《郊特牲》謂"四方年不順成，八蜡不通"，"順成之方，其蜡乃通"也。稍進，乃有常設之市，在於野田墟落之間，《公羊》何《注》所謂"因井田而爲市"，宣十五年。《陔餘叢考·市井》曰："市井二字，習爲常談莫知所出。《孟子》在國曰市井之臣，注疏亦未見分析。《風俗通》曰：市亦謂之市井，言人至市有粥賣者。必先於井上洗濯香潔，然後入市也。顔師古曰：市，交易之處；井，共汲之所，總言之也。按《後漢書·循吏傳》：白首不入市井。《注》引《春秋》井田記云，因井爲市，交易而退，故稱市井。此説較爲有據。"愚謂此説與《公羊》何《注》蓋係一説。市之設，所以便農民，而設市之處，則因衆所共汲之井，顔説亦此意也。管子所謂"聚而有市"者也。孟子曰："有賤丈夫焉，必求龍斷而登之，以左右望而罔市利"，《公孫丑下》。《注》："龍斷堁斷而高者也。"明其貿易行之野田墟落之間，所居高則易望見人，人亦易望見之，故一市之利爲所罔矣。更進，乃有設肆於國中者。《管子》曰："百乘之國，中而立市，東西南北，度五十里。一日定慮，二日定載，三日出竟，五日而反，百乘之制輕重，毋過五日。百乘爲耕，田萬頃爲户，萬户爲開，口十萬人，爲分者萬人，爲輕車百乘，爲馬四百匹。千乘之國，中而立市，東西南北度百五十餘里，二日定慮，三日定載，五日出竟，十日而反，千乘之制，輕重毋過一旬，千乘爲耕，田十萬頃爲户，十萬户爲開，口百萬人,爲當分者十萬人,爲輕車千乘,爲馬四千匹。萬乘之國,中而立市,東西南北度五百里。三日定慮,五日定載,十日出竟,二十日而反。萬乘之制,輕重毋過二旬,萬乘爲耕,田百萬頃爲户,百萬户爲開,口千萬人,爲當分者百萬人,爲輕車萬乘,爲馬四萬匹。"《揆度》。此雖辜較之言,然其所規畫,欲以一國之人,則審矣。古者建都,必中四境之内,曰中國,而立市即在國都之中,《考工記》所謂"匠人營國,面朝後市"者,此物也。故孟子曰:"在國曰市井之臣"也。《萬章下》。市井二字,初蓋指野田墟落間之市。後乃以爲市之通稱。

古代之商,非若後世之易爲也。古代生計,率由自給,生事所須,不資異國,其有求於異國者,必其遭遇災禍,以致空無,庚財不聞,乞粜莫與,交易所得,資以續命,匪徒曰不得不可以爲悦而已,而其時之貿易,不如今日之流通。我所求者,何方有之,何方較賤,所持以爲易者,何方有之,何方較貴,非若今日安坐可知,憶度可得,皆有待於定慮之豫,決機之果者也。故白圭曰:"吾治生産,猶伊尹、吕尚之謀,孫吴用兵,商鞅行法"是也。"是故智不足與權變,勇不足以決斷,仁不足以取予,强不能有所守,雖欲學吾術,終不告之矣。"《史記・貨殖列傳》。然則豪商駔賈其有才智,不始晚近,自古昔則然矣。故曰:"商之爲言章"也《白虎通》、《漢書・食貨志》"大司農中丞耿壽昌,以善爲算,能商功利,得幸於上"。師古曰"商,度也。"鄭商人弦高,能矯命以卻秦師,《左傳》僖公三十三年。其賈於楚者,又密慮欲出荀罃,《左傳》成公三年。其明徵矣。子産之告韓宣子曰:"昔我先君桓公,與商人皆出自周,庸次比耦,以艾殺此地,斬之蓬蒿藜藿,而共處之。世有盟誓,以相信也。曰:爾無我叛,我無强賈,毋或匄奪,爾有利市寶賄,我弗與知。"《左傳》昭公十六年。所以重商如此。其甚者以肇造之國,貨財或有闕乏,必恃商人致之也。衛國破壞,文公通商,卒致殷賑,亦同此理。《左傳》閔公二年。

曷言古者生事所須,不資異國也?《史記・貨殖列傳》曰:"百里不販樵,千里不販粜。"又曰:"夫神農以前,吾不知已。至若《詩》《書》所述,虞夏以來,耳目欲極聲色之好,口欲窮刍豢之味,身安逸樂,而心夸矜執能之榮使。俗之漸民久矣,雖户説以眇論,終不能化。""夫山西饒材、竹、穀、纑、旄、玉、石;山東多魚、鹽、漆、絲、聲色,江南出枏、梓、薑、桂、金、錫、連、丹沙、犀、瑇瑁、珠璣、齒革;龍門、碣石北,多馬、牛、羊、旃裘、筋角;銅、鐵則千里往往山出棋置,此其大較也。皆中國人民所喜好,謡俗被服飲食奉生送死之具也。"此亦其所喜好而已,謂必待以奉生送死,非情也。《周書》曰:"商不出則三寶絶。"三言其多,曰寶則亦非生活所必資矣。聲子之説子木也,曰:"晉卿不如楚,其大夫則賢,皆卿材也。如杞、梓、皮革,自楚往也。雖楚有材,晉實用之。"《左傳》襄公五年。杞、梓、皮革，固非宫室器用所必資，亦其所喜好而已。當時商人所販粥者如此，故多與王公貴人爲緣，故子貢"廢作鬻財，""結駟連騎，束帛之幣以聘享諸侯，所至，國君莫不分庭，與之抗禮。"《史記·貨殖列傳》。晁錯論漢之商人，猶謂其"交通王侯，力過吏勢"，《漢書·食貨志》。夫固有以中其所欲，非獨以其富厚也。然生事日進，分工愈密，交易愈盛，則其所恃以牟利者，不必皆王公貴人，而顧在於平民。其術一時穀物之輕重而廢居焉，一備百物以待取求。《管子》曰："歲有四秋，農事作爲春之秋。絲纊作爲夏之秋，五穀會爲秋之秋。紡績緝縷作爲冬之秋。見《管子·輕重乙》。物之輕重，相什而相伯。"又曰："君朝令而求夕具，有者出其財，無有者賣其衣屨"是也。《輕重甲》。故曰："君躬犁墾田，耕發草土，得其穀矣。民人之食，有人若干步畝之數，然而有餓餒於衢閭者，穀有所藏也。君鑄錢立幣，民通移，人有百十之數，然而民有賣子者，何也？財有所并也。"《輕重甲》。管子所欲摧抑者，正此等人。故曰："歲有凶穰，故穀有貴賤。令有緩急，故物有輕重。然而人君不能治，故使蓄賈游市，乘民之不給，百倍其本。分地若一，强者能守；分財若一，智其能收。智者有什倍人之功。愚者有不賡本之事。然而人君不能調，故民有相百倍之生也。夫民富則不可以禄使也，貧則不可以罰威也。法令之不行，萬民之不治，貧富之不齊也。"故曰："使萬室之都，必有萬鍾之藏，藏繈千萬。使千室之都，必有千鍾之藏，藏繈百萬。春以奉耕，夏以奉耘，耒耜器械，種饟糧食，畢取贍於君。故大賈蓄家，不得豪奪吾民矣。"《國蓄》。漢代之抑商，蓋由此也。

計然曰："夫粜，二十病農，九十病末。末病則財不出，農病則草不闢矣。上不過八十，下不過三十，則農末俱利。"《史記·貨殖列傳》。然則斯時粜價，輕重相去，蓋四而又半之焉。而李悝爲魏文侯作盡地力之教，農民之生穀，石以三十錢計，然則農夫所得，最下之價耳，上此則利皆入於商人矣。此農家則流，所以欲重農而抑商耶，亦勢有所激也。古農家言，非徒道耕稼之事。許行爲神農之言，而譏切時政，其明徵矣。《管子》書最雜，昔人隸之道家或法家，實可入雜家。《輕重》諸篇亦皆農家言也。

上所言乃古代之豪商駔儈，其尋常者初不能然，古者行曰商，處曰賈。商須周知四方物産登耗，又周行異國，多歷情僞，其才智自高。賈即不能然，然猶有廛市以處。至求壟斷之賤丈夫，則又其下焉者矣。《周官》有販夫販婦，蓋亦此曹也。又廛人掌斂總布，杜子春云："總當爲儳，謂無市立持者之税也。"鄭玄不從，而注肆長叙其總布取之，又《詩有瞽箋》："簫，編小竹管，如今賣餳者所吹也。"《疏》："《史記》稱伍子胥鼓腹吹簫，乞食吴市，亦爲自表異也。"此即《説文》所謂"衒,行且賣"也。此并壟斷而不能得,又下之者矣。

原刊《光華大學經濟雜志》創刊號,一九三〇年一月出版

〔六七〕 讀馬爾薩斯人口論

《論語》:孔子曰:"丘也,聞有國有家者,不患寡而患不均,不患貧而患不安。"曰"丘聞",則是古語,而孔子引之也。歐洲自希臘時,已有憂人庶而地不足以容之者。馬爾薩斯之人口論,成於近世,實原於古昔也。中國自古無以此爲慮者。中國人好言井田。行井田,田不給授,尤爲巨患,而言治者訖亦慮不及此,何哉?曰:患必迫於目前,而後人以爲憂。中國井田之制,蓋行於古代,其時方患土滿。至後世,人滿之患,或見於一隅,然所謂計口授田者,徒有其名而已,人滿之患,不易徵實;且合全國而言之,固未嘗無調劑之方,患不切,故慮有所不及也。曷言乎古以土滿爲患也?且井田之制,至春秋戰國時,固已不可問矣。然其時患土滿者,猶比比也。《韓非子》曰:"今人有五子不爲多。子有五子,大父未死,而有二十五孫。是以人民衆而貨財寡,事力勞而供養薄。"徧檢書傳,以人滿爲患者,惟此而已。外此則皆以土滿爲患者也,則以韓地"險惡山居"故也。古之用兵,不守關隘;《春秋大事表》有此論。越國鄙遠,習爲恒事,《癸巳類稿·越國鄙遠義》。皆土曠人希之證。邲之戰,在鄭之郊,而樂伯致師,麇興於前;趙旃見逐,棄車走林。《孟子》曰:"牛山之木嘗美矣。以其郊於大國也,斧斤伐之。"知列國都邑,多在山林之間也。且韓子所謂事力勞而供養薄者,渠必由於民之庶哉?"齊桓公之平陵,見年老而自養者。問其故。對曰:吾有子九人。家貧無以妻之。吾使傭而未反也。桓公取外御者五人妻之。"《說苑·貴德》。知古之患貧者,在人少,無以力作,不在人多,無以爲食。韓子所謂大父未死,而有二十五孫者,使有制民之産之君,授之以田宅,皆給足之民也。故《墨子·非攻》,極言土地所有餘,人民所不足,以攻戰爲不利也。夫人事不善,皆可救正。人庶而地不足以容,則限於天而無如何。實人患之最深者也。古之人慮不及此,不亦淺乎?曰今有人焉,五色以盲其目,五音以聾其耳,五味以爽其口,馳騁田獵以狂其心;而憂百齡之後目不明,耳不聰,口不知味,心不睿聖也,可謂知乎?由今之道,無變今之俗,日爭奪相殺之不暇,安能至於人庶而地不足以容?

原刊《光華大學半月刊》第四卷第四期,
一九三五年十一月二十五日出版

〔六八〕 管子輕重一

世皆以《管子・輕重》,徒爲富國之謀,甚者以爲損下益上之計,其實非也。《輕重》諸篇,皆言平均之道。蓋古者財利之分賦,其權本操之人君;其後王公大人,日以淫侈,寖至不能舉其職,而駔儈之勢日張;人君既不克裁制,而淫侈愈甚,患貧亦愈甚,轉致寬假於駔儈,而益虐取於下民,民生遂蹙焉不可終日。《輕重》諸篇,亦相時勢之所宜,欲使分財布利之權,復歸於上,以拯救煢獨,裁抑富人耳。故曰:"天以時爲權,地以財爲權,人以力爲權,君以令爲權。"《山權數》。《揆度》:"五穀者,民之司命也;刀幣者,溝瀆也;號令者,徐疾也。"此與《禮記》"天生時而地生財,人其父生而師教之,四者君以正用之"之言合。正同政。《禮運》。今之言生計者,以租庸贏爲利之本,古之言生計者,以時財力爲利之本,其説亦頗相類。而古必兼政令言之,則不徒致謹於其生,亦且致謹於其分。使歐人而知此義,則不致舉國之利,皆入於駔儈,而重煩言羣學者之勞心焦思矣。

《國蓄》曰:"人君挾其食,守其用,據有餘而制不足。"《揆度》曰:"民重則君輕,民輕則君重,此乃財餘以滿不足之數也。"又曰:"富能奪,貧能予,乃可以爲天下。"又述《神農》之教曰:"無食者予之陳,無種者貸之新,故無什倍之賈,無倍稱之民。"《輕重甲》曰:"今欲調高下,分并財,散積聚。不然,則世且兼并而無止,蓄餘藏羨而不息,貧賤鰥寡獨老,不與得焉。"其意在均平,躍然可見。《輕重乙》曰:"奪然後予。"蓋天下之財,必賴天下之力生之;若待人君耕而食之,織而衣之,則惟日不足矣。然則當財利分賦,既已不均之後,而欲有所予者,其勢固不能不先有所奪。故如《輕重》諸篇之言,非武健嚴酷也,更非損下以益上也,乃謀財有餘以滿不足也。《易》曰:"地中有山謙,君子以裒多益寡,稱物平施。"輕重之家有焉。

當時所謂兼并者,蓋以商賈之人爲多;積聚則卿大夫之家爲多。《國蓄》曰:"君引錣量用,耕田發草,上得其數矣;民人所食,人有若干步畝之數矣,計本量委則足矣;然而民有飢餓不食者何也?穀有所藏也。人君鑄錢立幣,民庶之通施也,人有若干百千之數矣;然而人事不及,用不足者何也?利有所并藏也。"藏字疑衍。《輕重甲》:"今君躬犂墾田,耕發草土,得其穀矣。民人之食,有人若干步畝之數,然而有餓餒於衢閭者,何也?穀有所藏也。今君鑄錢立幣,民通移,人有百十之數,然而民有賣子者,何也?財有所并也。"即言兼并積聚之害也。

《山權數》言"丁氏之家粟,可食三軍之師",而《輕重丁》言"大夫多并其財而不出，腐朽五穀而不散”，此并兼積聚之在於封君者也。并其財而不出，蓋謂積幣而不散。“財幣欲其行如流水”，積而不散，本無利可圖，然能使民間錢幣之數減少，亦有害也。治之之策：一以寶爲質而假其邑粟，《山權數》所言是也；一則滅其位，杜其門，迫之使不得不散，《輕重丁》所言是也。《輕重甲》曰：“君請縞素而就士室，朝功臣世家遷封食邑積餘藏羨跱蓄之家曰：城脆致衝，無委致圍，天下有慮，齊獨不與其謀。子大夫有五穀菽粟者勿敢左右，請以平賈取之子。與之定其券契之齒，釜鏂之數，不得爲侈弇焉。困窮之民，聞而糴之，釜鏂無止，遠通不推，國粟之賈坐長而四十倍。君出四十倍之粟以振孤寡，牧貧病，視獨老。窮而無子者，靡得相鬻而養之，勿使赴於溝澮之中。若此，則士争前戰爲顔行，不偷而爲用。輿死扶傷，死者過半。”此則官立法，强積聚之家以平賈糶其粟也。

封君之積聚，亦徒爲積聚耳，商賈則操奇計贏，資本隨周轉而增殖，其剥民尤甚。《國蓄》曰：“歲有凶穰，故穀有貴賤；令有緩急，故物有輕重。”《七臣七主》曰：“政有緩急，故物有輕重；歲有敗凶，故民有義當作羨。不足；時有春秋，故穀有貴賤。”此物賈升降之原也，而其利皆入於商賈。《輕重乙》曰：“歲有四秋。物之輕重相什而相伯。”《山國軌》曰：“泰春，泰夏，泰秋，泰冬，此物之高下之時也；此民之所以相并兼之時也。”《揆度》曰：“今天下起兵加我，民棄其耒耜，出持戈於外，然則國不得耕，此非天凶也，此人凶也。君朝令而夕求具，民肆其財物與其五穀爲讎，厭而去，賈人受而廩之；然則國財之一分在賈人。師罷，民反其事，萬物反其重，賈人出其財物，國幣之少分廩於賈人。若此，則幣重三分，財物之輕重三分，賈人市於三分之間，國之財物盡在賈人，而君無筴焉。民更相制，君無有事焉。”所言即其事也，三分，謂君民與賈人也。《輕重甲》曰：“今君之籍取以正，同政。萬物之賈，輕去其分，皆入於商賈，此中一國而二君二王也。”其權力之大可想。《輕重丁》曰：“桓公曰：四郊之民貧，商賈之民富，寡人欲殺商賈之民，以益四郊之民，爲之奈何？”可見商人之兼并農人，由來舊矣。

《國蓄》曰：“利出於一孔者，其國無敵；出二孔者，其兵不詘；出三孔者，不可以舉兵；出四孔者，其國必亡。先王知其然，故塞民之養，隘其利途。故予之在君，奪之在君；貧之在君，富之在君。”此等議論，皆後人所目爲武健嚴酷，而訾其損下益上者也。殊不知當時事勢，人民之利害，實與國君合，而與豪暴背馳。封建之所以卒廢，商賈所以世爲人之所賤者以此。先秦諸子，固無欲芻狗其民，以媚説其君者也。

《輕重丁》言：“城陽大夫，嬖寵被絺綌，鵝鶩含餘秣；齊鐘鼓之聲，吹笙篪，同姓不入，伯叔父母遠近兄弟皆寒而不得衣，飢而不得食。及滅其位，杜其門而不出，則功臣之家，皆爭發其積藏，出其資財，以予其遠近兄弟；以爲未足，又收國中之貧病孤獨老不能自食之萌，皆與得焉。故桓公推仁立義，功臣之家，兄弟相戚，骨肉相親，國無飢民。此之謂繆數。”蓋老有所終，幼有所長，鰥寡孤獨廢疾者皆有所養；大同之世，本有此制，小康之世，猶沿襲焉。至於亂世，君卿大夫日以淫侈，然後其遺規寖以廢墜也。此亦民失其養之一大端。效晏子惠流三黨，見稱百世；即陳氏厚施，民亦未嘗不蒙其利也。

〔六九〕管子輕重二

凡理天下之財者，必能通天下之有無。有無之差，一以時，一以地，商人之獲利，即由此也。《輕重乙》：“桓公問於管子曰：衡有數乎？管子對曰：衡無數也。衡者，使物一高一下，不得常固。桓公曰：然則衡數不可調邪？管子對曰：不可調。調則澄，澄則常，常則高下不貳，高下不貳，則萬物不可得而使固。”此言物賈之變動，乃事勢之自然也。又曰：“歲有四秋。物之輕重相什而相伯。”此物賈之異以其時者也。又曰：“昔狄諸侯，畝鍾之國也，故粟十鍾而錙金；程諸侯，山諸侯之國也，故粟五釜而錙金。”此物賈之異以其地者也，善爲天下者，必合異時異地而劑其平。使豐饒者不至有餘，空無者不至不足；樂歲不至狼戾，而凶年不至流離也，然則物不可調而可調也。此則以人事彌天行之闕，而民養生送死無憾矣。

《王制》曰：“三年耕，必有一年之食；九年耕，必有三年之食。以三十年之通，雖有凶旱水溢，民無菜色，然後天子食，日舉以樂。”此即所謂合異時而劑其平者也。輕重之家，亦知此義。《管子·國蓄》曰：“歲適美，則市糶無予而狗彘食人食；歲適凶，則市糴釜十繦而道有餓民。然則豈壤力固不足而食固不贍也哉？夫往歲之糶賤，狗彘食人食，故來歲之民不足也。”可謂言之深切著明矣。交易未興之世，無由合異地以相劑，惟有自營積貯，以備緩急，故有耕九餘三之制。交易既興，則不然矣。故《管子》又曰：“物適賤，則半力而無予，力當作㓛，十一也。民事不償其本；物適貴，則什倍而不可得，民失其用。然則豈財物固寡而本委不足也哉？夫民利之時失，而物利之不平也。故善者委施於民之所不足，操事於民之所有餘。夫民有餘則輕之，故人君斂之以輕；民不足則重之，故人君散之以重。斂積之以輕，散行之以重，故君必有什倍之利，而財之櫎可得而平也。”蓋交易既興，則積貯之制雖廢，而商人之買賤賣貴，已不翅爲酌盈劑虛之謀。特其挹彼注茲，乃爲牟利起見，故凡民之受其害者，無以異於天災，或且加烈焉。言輕重者，知通工易事之既興，必不能返諸自爲而後用之之世也，則與其遏其貿易，迫其積貯，《郊特牲》曰："四方年不順成，八蠟不通，以謹民財也。順成之方，其蠟乃通，以移民也。"蓋古者農家交易，多以穀粟。用有餘，食將不足，故年不順成，則禁其通商也。移，鄭讀爲羨，實即《管子》通移之移，不改字，義亦可通。毋寧即其貿易之間，爲之酌盈劑虛，損有餘以補不足焉，是則輕重家之旨也。故輕重者，交易既興後之積貯；積貯者，交易未興時之輕重。其爲法雖異，而其用意則同，皆所以馭天行之無常，而使之有常者也。

《山權數》曰："王者歲守十分之參，三年與少半成歲。三十一年而藏十一年與少半。藏參之一不足以傷民，而農夫敬事力作。故天毁埊凶旱水泆，民無入於溝壑乞請者也。此守時以待天權之道也。"《揆度》曰："一歲耕五歲食，粟賈五倍。一歲耕六歲食，粟賈六倍。二年耕而十一年食。"《事語》曰："歲藏一，十年而十也。歲藏二，五年而十也。穀十而守五，綈素滿之，五在上。故視歲而藏，縣時積歲，國有十年之蓄。富勝貧，勇勝怯，智勝愚，微勝不微，有義勝無義，練士勝敺衆，凡十勝者盡有之。故發如風雨，動如雷霆，獨出獨入，莫之能禁止，不待權輿。"皆合異時而劑其豐歉，與耕九餘三之意同。

欲調劑各地之盈虛者，必先明於一地之盈虛。《山國軌》、《山至數》之所言，則其事也，《山國軌》欲考各縣各鄉之田若干，餘食若干，女工若干，餘衣若干，山田間田不足者若干。有餘者置公幣以糴其餘，不足者置公幣以滿其准。《山至數》言一縣必有一縣中田之筴，一鄉必有一鄉中田之筴，一家必有一家直人之用。又言幣乘馬之法：以方六里爲一區，而計其田之美惡。穀之多寡貴賤，及其用幣之數，穀與幣相當之數。此皆欲明各地方之情形，以爲酌劑之本者也，蓋耕九餘三之制，藏有餘以待不足，善矣，然物不産於其地者，終不能得其用；而磽確之地，雖勤力而猶不能自活者，遂不可以居人，合各地而劑其盈虛，則無此患矣。《山至數》言："有山處之國，有氾下多水之國，有山地分之國，有水泆之國，有漏壤之國。山處之國，常藏穀三分之一；氾下多水之國，常操國穀三分之一；山地分之國，常操國穀十分之三；水泉之所傷，水泆之國，常操十分之二；漏壤之國，謹下諸侯之五穀，與工雕文梓器以下天下之五穀。"《輕重乙》言："畝鍾之國，粟十鍾而錙金；山諸侯之國，粟五釜而錙金。"皆因地利之不同，知其所産之多寡，以謀調劑之方者也。夫能合各地方而劑其盈虛，則真爲普天之下所仰賴，而不愧爲天下之主矣。古之所謂王道者如此。

合各地方以謀相贍，亦自古有之，庚財、乞糴是也；特其事不可常恃，故貿易之事，必繼之而起。《山權數》曰："湯七年旱，禹五年水。湯以莊山之金、禹以歷山之金鑄幣，而贖民之無糧賣子者。”《國蓄》曰：“玉起於禺氏，金起於汝漢，珠起於赤野，東西南北距周七八千里；水絶壤斷，舟車不能通。先王爲其途之遠，其至之難，故託用於其重，以珠玉爲上幣，以黄金爲中幣，以刀布爲下幣。三幣，握之則非有補於煖也，食之則非有補於飽也，先王以守財物，以御民事，而平天下也。”知合各地方以酌盈劑虚，由來舊矣。惜乎乘時御宇之君，莫能行輕重斂散之事，使其權盡操於駔驓，而無糧賣子者，受人禍或轉烈於天行耳。此則每讀《管子》之書，不禁掩卷而三歎者也。

〔七〇〕 管子輕重三

《洪範》八政：一曰食，二曰貨。《漢書·食貨志》曰：“食，謂農殖嘉穀可食之物；貨，謂布帛可衣，及金刀龜貝，所以分財布利，通有無者也。”蓋民以食爲天，在古代必出於自給，而其餘百物，則或仰給於外來，故總稱爲貨，與食對舉也。《管子·輕重》亦然。《揆度》曰：“五穀者，民之司命也；刀幣者，溝瀆也。”《國蓄》曰：“五穀食米，民之司命也；黄金刀幣，民之通施也。”《輕重乙》曰：“五穀粟米者，民之司命也；黄金刀布者，民之通貨也。”《國蓄》又曰：“凡五穀者，萬物之主也。穀貴則萬物必賤，穀賤則萬物必貴。兩者爲敵，則不俱平。”《輕重甲》曰：“粟重黄金輕，黄金重而粟輕，兩者不衡立。”《乙》曰：“粟重而萬物輕，粟輕而萬物重，兩者不衡立。”皆是。

是故當時之貿易，實爲以穀與萬物相易；而泉幣之初興，尤依附於穀粟，故《山國軌》言“幣若干而中用，穀若干而中幣”；又欲令“貲家假幣，皆以穀准幣，直幣而庚之”。《山至數》亦言“以幣准穀而授禄”也。

斯時民間之爲用，亦錢穀并行。故《國蓄》言“使萬室之都，必有萬鍾之藏，藏繦千萬；使千室之都，必有千鍾之藏，藏繦百萬”，《輕重丁》亦言“凡稱貸之家，出泉三千萬，出粟數千萬鍾”也。布帛之爲用亦甚多，故《輕重甲》言：“君朝令一怒，布帛流越而之天下。”

穀與萬物，相爲輕重，而時人之見解，則多重穀而輕他物，故《山至數》言：“彼守國者，守穀而已矣。”因欲貯穀於國中，而徠諸侯之穀，其言曰：“彼諸侯之穀十，使吾國穀二十，則諸侯穀歸吾國矣；諸侯穀二十，吾國穀十，則吾國穀歸於諸侯矣。故善爲天下者，謹守重流，而天下不吾洩矣。”《輕重乙》言：“昔者紀氏之國，强本節用者，其五穀豐滿而不能理也，四流而歸於天下，適足爲天下虜。”又言：“滕魯之粟釜百，則使吾國之粟釜千，滕魯之粟，四流而歸我。”《輕重丁》言：

“昔者癸度居人之國，必四面望於天下。天下高亦高。天下高，我獨下，必失其國於天下。”凡以戒粟之外流也。《輕重乙》又曰：“桓公曰：皮幹筋角竹箭羽毛齒革不足，爲此有道乎？管子曰：惟曲衡之數爲可耳。桓公曰：行事奈何？管子對曰：請以令爲諸侯之商賈立客舍，一乘者有食，三乘者有芻菽，五乘者有伍養，天下之商賈，歸齊若流水。”可見其視穀粟以外之物，不妨仰給於國外也。《輕重戊》言魯、梁、萊、莒、楚、衡山之事皆寓言，亦皆重粟之理。

《輕重乙》曰：桓公曰：“吾欲殺正商賈之利，而益農夫之事，爲此有道乎？”管子請重粟之賈，釜三百，“若是，則田野大辟，而農夫勸其事矣。”桓公曰：“重之有道乎？”管子對曰：“請以令與大夫城藏，使卿諸侯藏千鍾，令大夫藏五百鍾，列大夫藏百鍾，富商蓄賈藏五十鍾，内可以爲國委，外可以益農夫之事。”《輕重丁》曰：“桓公曰：糴賤，寡人恐五穀之歸於諸侯。寡人欲爲百姓萬民藏之，爲此有道乎？管子曰：今者夷吾過市，有新成囷京者二家，君請式璧而聘之。桓公曰：諾。行令半歲，萬民聞之，舍其作業而爲囷京以藏菽粟五穀者過半。”此鼂錯貴粟之論所本也。

當時民間相易，蓋多以穀粟布帛，而泉幣則上之所爲，故上得挾此以御輕重。《國蓄》言“穀賤則以幣予食，布帛賤則以幣予衣，視物之輕重而御之以准”是也。以珠玉爲上幣，以黄金爲中幣，以刀布爲下幣。珠玉金銅，皆非凡民所有，故制幣之權，操之於君。《山國軌》曰：“斂萬物，應之以幣，幣在下，萬物皆在上。”《山至數》曰：“君有山，山有金，以立幣。以幣准穀而授禄，故國穀斯在上。”又曰：“士受貲以幣，大夫受邑以幣，人馬受食以幣，則一國之穀資在上，幣資在下。”皆推行錢幣之策也。

人君挾幣以御萬物，其所重者仍在穀。故《山至數》言“穀十藏於上，三游於下”；又欲“國穀三分，二分在上”。

珠玉黄金，皆非平民所能有，而挾之可以御輕重者，以當時之封君，藏粟甚多故也。《山權數》言以寶爲質，而假丁氏之粟即其事。當時商人，所以能交通王侯、力過吏勢者以此。子貢貨殖，所以所至國君，無不與之分庭抗禮也。

後世之言理財者，每好言藏富於民，而實不得其解。藏富於民之語，昉見《管子》。《管子·山至數》曰：“王者藏於民，霸者藏於大夫，殘國亡家藏於篋。桓公曰：何謂藏於民？請散：棧臺之錢，散諸城陽；鹿臺之布，散諸濟陰。君下令於百姓曰：民富君無與貧，民貧君無與富。故賦無錢布，府無藏財，貲藏於民。歲豐，五穀登，五穀大輕，穀賈去上歲之分，以幣據之。穀爲君，幣爲下。國幣盡在下，幣輕，穀重上分。上歲之二分在下，下歲之二分在上，則二歲者四分在上;則國穀之一分在下,穀三倍重。邦布之籍,終歲十錢。人家受食,十畝加十,是一家十户也。出於國穀筴而藏於幣者也。以國幣之分,復布百姓,四減國穀,三在上,一在下,復筴也。"然則藏富於民,乃謂散幣以聚穀,非謂上於人民之生計,一無所知,徒以寡取爲仁,而聽其自相兼并也。苟一無所知而聽其自相兼并也,則所謂"民知而君愚,下貧而君富"者也。見《山權數》。

〔七一〕 管子輕重四

《管子》輕重之筴,意蓋欲以輕税斂也。當時正税之外,有所取於民,皆謂之籍。故《山至數》言"輕賦税則倉廩虚,肥籍斂則械器不奉";《輕重甲》:"不籍吾民,何以奉車革?不籍吾民,何以待鄰國?"又言:"皮幹筋角之徵甚重。重籍於民而貴市之。"又言:"弓弩多�者,而重籍於民。"《輕重丁》言"寡人多務,欲衡籍富商蓄賈稱貸之家,以利貧萌"也。《國蓄》曰:"租籍者,所以强求也;租税者,所慮而請也。"蓋經常之税,謂之租税;按田而別有所取,謂之租籍。下文又云:"以室廡籍,謂之毁成;以六畜籍,謂之止生;以田畝籍,謂之禁耕;以正人籍,謂之離情;以正户籍,謂之養贏。"《輕重甲》:"桓公曰:寡人欲籍於室屋。管子對曰:不可。是毁成也。欲籍於萬民。管子對曰:不可。是隱情也。欲籍於六畜。管子對曰:不可。是殺生也。欲籍於樹木。管子對曰:不可。是伐生也。"以田畝籍,蓋即所謂租籍。正人正户之正,與直通。《山至數》:"一縣必有一縣中田之筴,一鄉必有一鄉中田之筴,一家必有一家直人之用。"直人即正人,蓋謂中人,故有征役者。《輕重甲》:"民無以與正籍者,與之長假。"不與正籍,蓋不役之人也。以正人籍,口數將有蔽匿,故曰隱情;以正户籍,則重取於有役之家,無役者顧邀寛免,故曰養贏也。或曰:"羸當作贏,謂疲弱者獲免,而正户益困。"義亦可通。○《輕重乙》:"租税者,君之所宜得;正籍者,君之所强求。"此正字别是一義,與正人正户之正不同。

以室廡、六畜、田畝、正人、正户籍,蓋謂以是爲民貧富之准而斂之,猶後世以丁貲定户等矣。其政甚苛,故管子欲有國者取贍於物價輕重之間,而減廢此等苛税也。《國蓄》所謂"人君御穀物之秩相勝,而操事於其不平之間,故萬民無籍而國利歸於君"也。又曰:"天子籍於幣,諸侯籍於食。中歲之穀,糶石十錢。大男食四石,月有四十之籍。大女食三石,月有三十之籍。吾子食二石,月有二十之籍。歲凶穀貴,糶石二十錢,則大男有八十之籍,大女有六十之籍,吾子有四十之籍。是人君非發號令收嗇而户籍也。彼人君守其本委謹,而男女諸君吾子,無不服籍者也。"此言穀由官賣,凡食穀者,即不翅人人納税也,蓋租税之取民也顯,則民怨之;官賣穀之取利也隱,則民不覺;所謂見予之形，不見奪之理，此爲政之微權也。

《地數》曰："武王立重泉之戍，令曰：民自有百鼓之粟者不行。民舉所最粟以避重泉之戍，而國穀二十倍，巨橋之粟亦二十倍。武王以巨橋之粟二什倍而市繒帛，軍五歲毋籍衣於民；以巨橋之粟二什倍而衡黄金百萬，終身無籍於民。准衡之數也。"此言以官粟市雜物，而免賦斂也。《山國軌》曰："有莞蒲之壤，有竹箭檀柘之壤，有氾下漸澤之壤，有水潦魚鼈之壤。今四壤之數，君皆善官而守之，則籍於財物，不籍於人。"此言凡共用之物，皆設官治理，則不待賦斂於民也。此所謂不籍而富國也。

粟爲民之所有，取之雖多，猶可竭蹶以應上之求；非凡民所能自爲者，則不得不求之商賈，而商人因以剥削農人矣。《揆度》曰："君朝令而夕求具，國之財物，盡在賈人。"是大事也。《國蓄》曰："今人君籍求於民，令曰十日而具，則財物之賈什去一；令曰八日而具，則財物之賈什去二；令曰五日而具，則財物之賈什去半；朝令而夕具，則財物之賈什去九。先王知其然，故不求於萬民，而籍於號令也。"籍於號令，則所謂操重斂散之權者也。故輕重家言，不過欲奪商賈之利，歸之農夫而已矣，其意實在重農也，故吾疑爲農家言也。

官買物未嘗不可求之商人，然商人仍取之於平民；而其取之也，必乘其急，而抑其賈；如此，則利盡歸於商賈矣。故寧以穀易他物，使穀有所渫，而其賈亦昂也。《輕重丁》言："君幣籍而務，則賈人獨操國趣；君穀籍而務，則農人獨操國固。"此之謂也。

籍字本義，蓋爲凡取民之稱。《孟子》言"助者藉也"，亦即此字。其初所取，蓋僅穀粟，故殷人田税，以此爲名。其後取於民之物日多，乃又以與賦税對舉也。《山至數》言："皮革筋角羽毛竹箭器械財物，苟合於國器君用者，皆有矩券於上。"可見其取民之苛矣。

〔七二〕 讀商君書①

井田之廢，昔人皆蔽罪於商鞅，此謬也。商君一人，安能盡壞三代之成法？且秦之法，鞅壞之矣，六國之法，壞之者誰乎？此弗思之甚者也。朱子言開爲破壞鏟削之意，而非創置建立之名。又謂阡陌之地，切近民田，必有陰據以自私，而税不入於公上者。是以《秦紀》、《鞅傳》皆云爲"田開阡陌封疆而賦

① 又題《讀朱子〈開阡陌辨〉》，曾改題爲《井田之廢》。

税平。”蔡澤亦曰：“決裂阡陌，以静生民之業而一其俗。”以見商君之開阡陌，實爲救時之政。善矣。然於六國之井田，何以破壞，不能言也。予謂井田之廢，實由地狹人稠，而田不給於授。何也？人口之增，數十百年則自倍。戰争雖酷，所以奉生者雖觳，皆不足以沮之。此徵諸已事而可知者也。三代建國，近者數百年，遠者千餘歲。邦域之中，安能無地狹人稠之患？《商君書》曰：“地方百里者，山陵處什一，藪澤處什一，溪谷流水處什一，都邑蹊道處什一，惡田處什二，良田處什四，以此食作夫五萬。其山陵，藪澤，溪谷可以給其材。都邑、蹊道足以處其民。先王制土分民之律也。今秦之地，方千里者五，而穀土不能處二。田數不滿百萬。其藪澤溪谷、名山、大川之材物貨寶，又不盡爲用。此人不稱土也。秦之所與鄰者三晉也。所欲用兵者韓魏也。彼土狹而民衆。其宅參居而并處。其寡萌賈息，民上無通名，下無田宅，而恃奸務末作以處。人之復陰陽澤水者過半。此其土之不足以生其民也，似有過秦民之不足以實其土也。”《徠民》。當時列國衆寡不均之形可見。人情安土而重遷，《論語》：“小人懷土。”孔曰：“重遷。”寧尺寸墾闢於故鄉，而不肯移殖新地，蓋自古如此。且欲遷移，必有道路之費，室廬之築，口實播種之資，小民亦不足以語此。道遠既不能自達，達焉亦無以爲衛。有土之君，又域民而不欲其去。則惟有鏟削阡陌，填塞溝洫矣。朱子謂井田之制，水陸占地，不得爲田者頗多。商君惜地利之有遺，是以奮然不顧，悉行墾闢。予謂墾闢之舉，不足於食之民，必能自爲之；墾田多則賦税廣，有土之君，亦必利而陰許之。或且倡率之；正不待商君也。特前此非法所許。至商君，乃公許之；且覈其陰據自私者，以入於上耳。孟子謂“暴君污吏，必慢其經界。”夫固出於自利之私，亦或因民欲田宅而不得，坐視其破壞而不能禁也。

然就一國言之，井田之破壞，庸或出於不得已；而合全局言之，則當日神州，仍以土滿爲患。謂必鏟削阡陌，填塞溝洫，而後耕地可以給足，又不然之論也。古代議論，無不以土滿爲患也。古人患土滿之論甚多，試略舉數事爲徵。《論語》：“子適衛，冉有僕。子曰：庶矣哉！曰：既庶矣，又何加焉？曰：富之。既富矣，又何加焉？曰：教之。”此與子胥論越，“十年生聚，十年教訓”同意。必先有其民，然後治與教有所施。故孟子謂“雞鳴狗吠相聞，達乎四竟，而齊有其民矣，地不改闢矣，民不改聚矣，行仁政而王，莫之能御也。”“葉公問政：子曰：近者説，遠者來。”其答樊遲，謂好禮，好義，好信，則“四方之民，襁負其子而至。”孟子説齊宣王：謂“王發政施仁，則耕者皆欲藏於王之野，商賈皆欲藏於王之市，行旅者皆欲出於王之塗。”《管子》謂“有地牧民者，務在四時，守在倉廪。國多財則遠者來，地闢舉則民留處。”皆以徠民爲急。梁惠王糜爛其民而戰之，然謂“鄰國之民不加少，寡人之民不加多”，大有悵恨之意焉。知寡弱爲列國之公患也。《吕覽》曰：“吴起謂荆王曰：荆所有餘者地也，所不足者民也。今君王以所不足，益所有餘，臣不得而爲也。於是令貴人往實廣虚之地。皆甚苦之。荆王薨，貴人皆來，尸在堂上。貴人相與射吴起。"《貴卒》。吴起之死，與商君同一可哀。微此篇，無以知其見嫉於貴人之故矣。此可見移民之難。此耕地之所以不足，而井田之所以破壞也。非真合中國計之，而田猶不給於授也。

"寡萌賈息"，孫詒讓謂當作"賓萌貸息"。賓萌即客民，對下民爲土著之民也。《吕覽·高義》：墨子曰：翟度身而衣，量腹而食，比於賓萌。高《注》曰：賓，客也。萌，民也。貸息，謂以泉穀貸與貧民而取息。言韓魏國貧，有餘資貸息者，皆外來之客民；其土著之民，則皆上無通名，下無田宅，而恃奸務末作以處。明客民富而土著貧也。朱師轍曰："《左氏》：寡我襄公。《注》：寡，弱也。謂小民無地可耕，多事商賈，以求利息。孫校非。"予案此解自以朱説爲直捷。然客民富而土著貧，戰國時確有其事。韓非謂"公家虚而大臣實，正户貧而寄寓富，耕戰之士困，末作之民利者可亡也"是也。《亡征》。商君欲以故秦事敵，而使新民作本。又曰："今王發明惠，諸侯之士來歸義者，今使復之。三世無知軍事。秦四竟之内，陵阪丘隰，不起十年征者。於律也，足以造作夫百萬。"可見當時待新民之優。故民既乏田宅，又從征戍，此其所以貧歟？觀商君之欲厚待新民，而知徠民之不易矣。此井田所由破壞與？"復陰陽澤水"之復，即《詩》"陶復陶穴"之復。言爲復於山之南北，及澤水之地也。嚴可均疑其有誤，殊疏，朱師轍曰："處"，斷絶也。復，借爲瘦。瘦，病也。言民上不能通名於朝，下無田宅，而恃奸務末作，爲人治疾病，相陰陽澤水，猶今醫卜星相之流。治病未聞稱處，巫醫在古國賤業，亦未聞稱末作。相陰陽，觀流泉，乃司空之職，《漢·志》刑法之學，豈得謂之奸務？其曲解甚矣。三晉地狹人稠，至於如此，而《商君書》猶以民之不西爲慮，亦可見徠民之難矣。

原刊《光華大學半月刊》第四卷第四期，
一九三五年十一月二十五日出版

〔七三〕　買田宅、請田宅

《史記·廉頗藺相如列傳》：趙括之母上書言括不可使將，曰：始妾事其父時，大王及宗室所賞賜者，盡以與軍吏士大夫；受命之日，不問家事。今括一旦爲將，王所賜金帛，歸藏於家；而日視便利田宅可買者買之。又《蕭相國世家》曰：黥布反，上自將擊之，數使使問相國何爲。客有説相國曰：上所爲數問君者，畏君傾動關中。今君胡不多買田地、賤貰貸以自汙？相國從其計。上罷布軍歸，民道遮行上書，言相國賤彊買民田宅數千萬。言田宅皆曰買，是田宅已屬私家。又《白起王翦列傳》言：始皇起翦攻荆，自送至灞上，翦行請美田宅園池甚衆。既至關,使使還請善田者五輩。曰請,是田宅猶屬公家也。《趙世家》:簡子賜扁鵲田四萬畝。烈侯曰:夫鄭歌者槍、石二人,吾賜之田,人萬畝。亦見公家有田之多。此等固皆傳者之辭,未必當時實事;然傳者之辭,亦必依附實事,但皆務爲夸侈耳。觀此諸文,可見當時田宅之分屬公私也。

《荀子・議兵篇》言魏氏之取武卒,"中試則復其户,利其田宅。是數年而衰,而未可奪也。"可見是時,田宅與奪,尚有由公家者。

〔七四〕 買道而葬

《禮記・檀弓》:"季子皋葬其妻,犯人之禾。申詳以告,曰:請庚之。子皋曰:孟氏不以是罪予,朋友不以是棄予,以吾爲邑長於斯也,買道而葬,後難繼也。"舊説以子皋爲倚勢虐民,非也。此事可見井田廢、阡陌開之漸。夫使阡陌完整,營葬者安得犯人之禾?營葬而犯人之禾,蓋以阡陌剗削,喪車不能通行故耳。開阡陌乃違法之事,當時依法整頓,勢蓋已不能行,然猶難公然許爲合法。邑長犯人之禾而庚之,則許爲合法矣。關涉土地之案件,又將如何辦理,故曰後難繼也。"以吾爲邑長於斯也",乃讀而非句。言以吾爲邑長於斯,買道而葬,後難爲繼,故孟氏不以是罪予,朋友不以是棄予;非謂爲邑長可倚勢虐民也。

〔七五〕 古振貸一

大同之世,人無所謂饑寒也。何也?人不獨親其親,不獨子其子;貨惡其棄於地也,不必藏於己,力惡其不出於身也,不必爲己。故遭凶荒,舉族困於飢寒者有之矣;滿堂而飲酒,一人鄉隅而飲泣,則未之前聞。至於貨力爲己,各親其親,各子其子之世,斯不然矣。而人有待於振濟矣。

然振濟之始,仍是屬之於族。《管子・問》篇:"問國之棄人,何族之子弟也?""問鄉之貧人,何族之别也?""問宗子之收昆弟者,以貧從昆弟者幾何家?"《入國》篇九惠之教,孤子不能自生者,屬之其鄉黨知識故人。士民死上事,死戰事者,亦使其知識故人受資於上而祠之。《禮記・檀弓》曰:"未仕者不敢税人,如税人,則以父兄之命。"《注》曰:"不專家財也。"《論語・先進》:"子路問聞斯行諸?子曰:有父兄在,如之何其聞斯行之?"包氏釋以"振窮救乏之事",蓋以此也。何者?振救人者以其族之財,而族之財則其父兄主之故也。《左氏》言陳氏厚施，凡公子、公孫之無禄者，私分之邑。昭公十年。有邑，斯其族之人皆獲振救矣。此興滅國、繼絶世之所以爲美談也。

世運愈降，族不必皆有資財；有資財者，亦或爲其長所專有；乃有待振救於族外者。《論語》："原思爲之宰，與之粟九百，辭。子曰：毋！以與爾鄰里鄉黨乎？"《雍也》。是其事也。斯時能振救人者，仍多有土之君。《説苑·臣術》：晏子對景公曰："賴君之賜，得以壽三族；及國交游，皆得生焉。"又曰："以君之賜，臣父之黨，無不乘車者；母之黨無不足於衣食者；妻之黨無凍餒者；國之簡士，待臣而舉火者數百家。"又曰："以君之賜，澤覆三族，延及交游，以振百姓。"簡士蓋即交游，先及族黨，次及士，次及凡民也。《管子·問》篇："羣臣有位事官大夫者幾何人？外人來游在大夫之家者幾何人？""問鄉之良家，其所牧養者，幾何人矣？"亦是物也。

〔七六〕古振貸二

言振救者，以《管子》九惠之教爲最備。九惠者："一曰老老，二曰慈幼，三曰恤孤，四曰養疾，五曰合獨，六曰問疾，七曰通窮。八曰振困，九曰接絶。"案《孟子》言："老而無妻曰鰥，老而無夫曰寡，老而無子曰獨，幼而無父曰孤。此四者，天下之窮民而無告者。"《梁惠王》下。而《管子·揆度》言："匹夫爲鰥，匹婦爲寡，老而無子者爲獨。子弟師役而死者，父母爲獨。"《輕重己》言："無妻無子，謂之老鰥；無夫無子，謂之老寡。"則鰥、寡與老鰥、老寡有異。《王制》言孤、獨、矜、寡，皆有常餼，説與《孟子》同，皆僅指老鰥、老寡。合獨之教曰："凡國都皆有掌媒。丈夫無妻曰鰥，婦人無夫曰寡。取鰥寡而合和之，予田宅而家室之，三年然後事之。"此蓋《周官》媒氏之職。所以處徒鰥寡而未老者，爲《孟子》、《王制》所不及矣。《管子·問篇》曰："問獨夫、寡婦、孤寡、疾病者，幾何人也？"此孤寡二字，蓋但指孤者言。兼言寡，蓋浹句以圓文也？獨夫、寡婦，蓋偏舉一端以相備。獨夫亦無妻，寡婦亦無子。《王制》又言："瘖、聾、跛躄、斷者、侏儒，百工各以其器食之。""八十者一子不從政，九十者其家不從政，廢疾非人不養者，一人不從政。"略與《管子》老老、養疾相當，而慈幼、問疾、通窮、振困、接絶，皆非所及。然非遂無其事也。通窮之教曰："若有窮夫婦無居處，窮賓客絶糧食，居其鄉黨，以聞者有賞，不以聞者有罰。"此蓋《周官》以肺石達窮民之義。《大司寇》。《孟子》言許行踵門而告滕文公"願受一廛而爲民"，《滕文公》上。即無居處之類。蓋小國之君，躬聽其事，《周官》、《管子》，皆治大國之法，則責諸其長也。孔子絶糧於陳蔡之間,“使子貢至楚,楚昭王興師迎孔子,然後得去。”《史記・孔子世家》。儻亦窮賓客之流乎？九惠之政,振困、接絶而外,皆有專掌其事者在國都。然養孤屬之其鄉黨知識故人,而掌孤數行問之。士人之疾甚者,掌病以告,上身問之。周官鄉師,以歲時巡國及野,而賙萬民之艱阨,以王命施惠。皆小國寡民之遺制也。《左氏》哀公二年,子西言闔廬:“天有菑厲,親巡其孤寡而共其乏困。”吴雖驟强,本實小國,君民易親,儻非虚語邪？

〔七七〕 古 振 貸 三

《管子・問》篇:“問理園圃而食者幾何家?”蓋無田,故恃園圃以爲食也。又曰:“人之開田而耕者幾何家?”蓋田不給授,從事新開。辟草萊、開阡陌,其此曹乎？又曰:“士之身耕者幾何家?”“餘子仕而有田邑,今入者幾何人？士之有田而不使者幾何人？吏惡何事？士之有田而不耕者幾何人？身何事?”此皆有田者,故但課其勤惰。又曰:“君臣有位而未有田者幾何人?”“官承吏之無田餼而徒理事者幾何人?”“外人之來從而未有田宅者幾何家?”蓋當授田而未授者。又問:“國子弟之游於外者幾何人?”蓋無田以授之,故去國而他適也。觀此,知其時之人,能否自給,尚以有田無田爲斷,而其有待於振救者可知矣。

《管子》又曰:“問國之伏利,其可應人之急者,幾何所也?”此所謂利,即《國語》榮夷公好專利之利,蓋利之在山澤者。名山大澤不以封,故至凶荒札喪之時,猶可應人之急,如五穀不熟而取疏食是也。《左氏》襄公九年,“晉侯歸,謀所以息民。魏絳請施舍。輸積聚以貸。自公以下,苟有積者盡出之。國無滯積,亦無困人。公無禁利,亦無貪民。”蓋以積聚貸,又弛山澤以與民。其所謂利,亦《國語》榮夷公好專利之利也。自封禁之者日多,而民之待振救者亦益衆矣。

〔七八〕 古 振 貸 四

待振救者太衆,雖有仁君,不能給也。“子貢曰:如有博施於民而能濟衆,何如？可謂仁乎？子曰:何事於仁！必也聖乎！堯舜其猶病諸!”《論語・雍也》。蓋謂此也。於是乎有貣貸。貣者當復,則更可以振他人,而受振者衆矣。若更分所新生,以爲利息,但使受者不供自用,而更以之振他人,亦不翅初受振者後更振人,受振者將益多,所生之利亦益博,此自然之妙用也。然貸者安能如此，皆徒欲取諸貣者以自利，而盤剥之事興矣。

出貸之始，亦爲有土之君。《管子·問》篇："問貧士之受責於大夫者幾何人？"則是物也。士蓋戰士，故能受責於大夫。又，"問邑之貧人，債而食者幾何家？"則不必盡然矣。此等貣貸，蓋多以粟？故《問》篇又"問人之貸粟米有别券者幾何家"也。《左氏》：文公十六年：宋飢，公子鮑竭其粟而貸之；襄公九年晉侯謀所以息民，魏絳請輸積聚以貸；詳見上條。昭公三年言陳氏厚施，以家量貸，而以公量收之，皆是物也。襄公二十九年，"鄭子展卒，子皮即位。於是鄭飢而未及麥，民病。子皮以子展之命餼國人粟，户一鍾，是以得鄭國之民。故罕氏常掌國政，以爲上卿。宋司城子罕聞之，曰：鄰於善，民之望也。宋亦飢，請於平公，出公粟以貸。使大夫皆貸。司城氏貸而不書，爲大夫之無者貸。宋無飢人。叔向聞之，曰：鄭之罕，宋之樂，其後亡者也。二者其皆得國乎？民之歸也，施而不德，樂氏加焉，其以宋升降乎？"二事并舉，則子皮於鄭人，亦必貸之而非與之也。昭公二十五年，伐季氏。入之。平子登臺而請，弗許。子家子曰："君其許之。政自之出久矣。隱民多取食焉，爲之徒者衆矣。日入慝作，未可知也。"當時有土之君，以此取媚於國人者蓋多矣。晉文公歸國而"棄責"；《國語·晉語》。馮諼爲孟嘗君收責於薛，"矯命以責賜諸民"；《戰國·齊策》。皆是也。然究不敵爲藺絲者之衆，而欒桓子之"假貸居賄"，亦見《晉語》。乃習爲恒事矣。

〔七九〕 古振貸五

生計益進，則出貸之事，漸自封君移於富民。《管子·國蓄》曰："使萬室之都必有萬鍾之藏，藏繦千萬；使千室之都必有千鍾之藏，藏繦百萬。春以奉耕，夏以奉耘；耒耜、械器、種饟、糧食，畢取贍於君。故大賈蓄家，不得豪奪吾民矣。"藏繦蓋出大賈，藏粟則出蓄家。商賈多資錢幣，遇出舉之利大於興生時，自可舍興生而事出舉。《史記·貨殖列傳》之子錢家，蓋本自商賈出。邴氏貰貸、行賈徧郡國，亦二者兼之也。《周書·文酌》云："大農假貸。"蓋蓄家之倫。

大賈蓄家，專以牟利爲事，封君則耽於逸樂，故其勢浸不敵。《管子·輕重丁》：桓公曰："大夫多并其財而不出，腐朽五穀而不散。"管子"請以令召城陽大夫而請之"。桓公曰："何哉？"管子對曰："城陽大夫，嬖寵被絺綌，鵝鶩含餘秫，齊鐘鼓之聲，吹笙篪，同姓不入；伯叔父母，遠近兄弟，皆寒而不得衣，飢而不得食。"此當時有土之君，競於奢侈，雖富厚而轉患不足之情形也，尚安能與大賈蓄家競哉？輕重之義，一言蔽之，則裁抑大賈蓄家而扶翼封君耳。觀其所欲扶抑，而其盛衰强弱可知矣。

封君之出貸，亦兼用錢粟。《國策》之馮諼，《史記》作馮驩。據《孟嘗君列傳》，馮驩之前，爲之收責者，尚有一魏子。其説曰："孟嘗君相齊，其舍人魏子爲孟嘗君收邑入，三反而不致一入。孟嘗君問之，對曰：有賢者，竊假與之，以故不致入。孟嘗君怒而退魏子。居數年，人或毁孟嘗君於齊湣王曰：孟嘗君將爲亂。及田甲劫湣王，湣王意疑孟嘗君，孟嘗君乃奔。魏子所與粟賢者聞之，乃上書言孟嘗君不作亂，請以身爲盟，遂自剄宫門以明孟嘗君。"此以粟爲貸。又曰："孟嘗君時相齊，封萬户於薛。其食客三千人，邑入不足以奉客，使人出錢於薛。歲餘不入，貸錢者多不能與其息，客奉將不給。""乃進馮驩而請之。"則以錢爲貸者也。此等説自不足信，然當時必有此等事，乃得造作此等説也。

〔八〇〕古振貸六

出舉之初，昔人多視爲不義，乃欲復之於振濟。《管子・輕重丁》曰："桓公曰：峥丘之戰，民多稱貸，負子息，以給上之急，度上之求。寡人欲復業産，此何以洽？管子對曰：惟繆數爲可耳。桓公曰：諾。"乃"令表稱貸之家，使八使者式璧而聘之"。"稱貸之家皆折其券而削其書，發其積藏，出其財物，以振貧病"。又曰："桓公曰：寡人多務，令衡籍吾國之富商、蓄賈、稱貸家，以利吾貧萌，農夫不失其本事。反此有道乎？管子對曰：惟反之以號令爲可耳。桓公曰：行事奈何？管子對曰：請使賓胥無馳而南，隰朋馳而北，甯戚馳而東，鮑叔馳而西，視四方受息之氓。四子已報。管子請以令召稱貸之家，君因酌之酒。稱貸之家，決四方子息之數，使無券契之責。"此皆當時之人之所願欲也，然豈可致哉？當時之封君，不徒出舉也，亦或入舉。齊公子商人"驟施於國，而多聚士，盡其家，貸於公、有司以繼之"是也。《左氏》文公十四年。此猶貸於公、有司。《漢書・諸侯王表》言：周衰，"有逃責之臺。"服虔曰："周赧王負責，無以歸之，主迫責急，乃逃於此臺，後人因以名之。"服説必有所據，此則貣於富民矣。不能强取，而守民間貣貸之法，可見富民權力之長，尚可變其稱貸爲振濟乎？

赧王借債，不必皆供私用，雖謂爲公侯之濫觴可也。設使周久不亡，富人之權力更長，稱貸是求焉，收税是求焉，富人漸以其意左右政事，而如歐洲所謂憲政者之基立矣。

〔八一〕母　財

本錢之語甚古。《管子·國蓄》：言知者有什倍人之功，愚者有不賡本之事。不賡本，謂母財不復，不能再行生利，俗所爲折本是也。《輕重甲》曰：事再其本，則無賣其子者；事三其本，則衣食足；事四其本，則正籍給；事五其本，則遠近通，死得藏。《揆度》言再其本，民無饘者賣其子，三其本，若爲食，四其本，則鄉里給，五其本，則遠近通，然後死得葬矣。説雖微異，其意皆同。

〔八二〕釋　官

《曲禮》曰："在官言官，在府言府，在庫言庫，在朝言朝。"《注》曰："官謂板圖文書之處，府謂寶藏貨賄之處也，庫謂車馬兵甲之處也，朝謂君臣謀政事之處也。"然則官字古義與今不同，今所謂官，皆爲政事所自出，古則政出於朝，官特爲庋藏之處，與府庫同耳。蓋古者政簡，不須分司而理，故可合謀之於朝。後世政治日繁，勢須分職，而特設之機關遂多，各機關必皆有文書，故遂以藏文書之處之名名之也。

官既爲庋藏文書之處，則處其間者不過府史之流，位高任重者未必居是。《論語》："冉子退朝。子曰：何晏也？對曰：有政。"《論語·子路》。荀子入秦，"及都邑官府，其百吏肅然。入其國，觀其士大夫，出於其門，入於公門，出於公門，歸於其家"，《荀子·强國》。其證也。然則司政令者不居官，居官者不司政令，故官在古代不尊，所尊者爲爵。《儀禮·士冠禮》曰："以官爵人，德之殺也。死而謚，今也。古者生無爵，死無謚。"《檀弓》謂士之有誄，自縣賁父始。誄所以作謚，明古者大夫有謚，士無謚。生無爵，則死無謚，明大夫爲爵，士不爲爵也。《王制》曰："司馬辨論官材，論定然後官之，任官然後爵之，位定然後禄之。"官之者任以事，是爲士，爵之禄之則命爲大夫也。《曲禮》曰："四十曰强，而仕。"《士冠禮》曰："古者五十而後爵。"則任事十年，乃得爲大夫矣，所謂"任官然後爵之"也。《檀弓》又曰："仕而未有禄者，君有饋焉曰獻，使焉曰寡君，違而君薨，弗爲服也。"《王制》云："士禄以代耕，而此曰未有禄者。"《曲禮》又曰："無田禄者，不設祭器；有田禄者，先爲祭服。"禄指土田言，故代耕所廩，不爲禄也。《檀弓》：工尹商陽曰："朝不坐，燕不與，殺三人，亦足以反命矣。"《注》："朝燕於寢，大夫坐於上，士立於下。"坐於上爲有位，立於下爲無位，必爵爲大夫，然後有田，則所謂位定然後禄之也。古者國小民寡，理一國之政者，亦猶今理一邑之事者耳，勢不得甚尊。至於國大民衆而事繁，則其勢非復如此矣。則凡居官任事者，皆有以殊異於齊民矣。上下之睽，自此始也，故曰德也。

〔八三〕　三公、四輔、五官、六官、家宰

言古官制者，今文家曰三公、九卿，古文家曰三公、三孤、六卿，而又有四輔、五官之名，孰爲是？曰：皆是也，皆有所據。今文家所謂三公，任職者也。古文家之三公及四輔，天子之親臣也。五官與今文家之三公，同爲任職之臣，或舉其三，或舉其五，各有所象耳。五官加一家宰，則爲六官矣。

四輔、三公，見《禮記·文王世子》及《管子·幼官》。幼官不言其名。《文王世子》舉其名曰師、保、疑、丞。師、保者三公之二，疑、丞者四輔之二，《記》錯舉之也。《尚書大傳》曰："古者天子必有四鄰：前曰疑，後曰丞，左曰輔，右曰弼。"是爲四輔之名。《大戴·保傅》曰："昔者周成王幼，在襁褓之中，召公爲太保，周公爲太傅，太公爲太師。保，保其身體；傅，傅其德義；師，道之教訓。此三公之職也。於是爲置三少，皆上大夫也。曰少保，少傅、少師，是與太子燕者也。"《賈子·保傅》篇同。與太子燕，《賈子》建、潭本作天子，是也。此即古周禮説之三公、三孤。其三太，即《文王世子》及《管子》之三公也。又曰："學禮曰：帝入東學，上親而貴仁，則親疏有序而恩相及矣。帝入南學，上齒而貴信，則長幼有差而民不誣矣。帝入西學，上賢而貴德，則聖智在位而功不匱矣。帝入北學，上貴而尊爵，則貴賤有等而下不逾矣。帝入太學，承師問道，退習而端《賈子》作考。於太傅，太傅罰其不則而達其不及，則德智長而理道得矣。"東學者左輔所在，南學者前疑所在，西學者右弼所在，北學者後丞所在，入太學所承之師，則太師也。退習而考於太傅，不言太保者，辭不備。觀下"免於保傅之嚴"，又以二者并言，則可知矣。然則太師與疑、丞、輔、弼，在五學者也。太傅與太保，則左右王於退習之際者也。又曰："明堂之位曰：篤仁而好學，多聞而道慎，天子疑則問，應而不窮者，謂之道。道者，導天子以道者也，常立於前，是周公也。誠立而敢斷，輔善而相義者，謂之充。充者，充天子之志者也，充，《賈子》作輔。志作意。常立於左，是太公也。潔廉而切直，匡過而諫邪者，謂之弼。弼者，弼天子之過者也，常立於右，是召公也。博聞而彊記，接給而善對者，謂之承。承者，承天子之遺忘者也，常立於後，是史佚也。"此即《書傳》之四輔。疑作道者，有所惑曰疑，釋其惑亦曰疑，所謂"疑之言擬"，《周官·司服注》。正道

之義也。輔者輔之爲善，充亦充其善，與弼其過相對，名異而意同也。《管子·君臣》曰："四正、五官，國之體也。"《説苑·君道》曰："明君在上，慎於擇士，務於求賢，設四佐以自輔。"四正、四佐，亦即四輔。四輔、三公，皆天子之親臣，故《孝經》曰"天子有争臣七人，雖無道不失其天下"也。《禮記·禮運》曰："宗祝在廟，三公在朝，三老在學。王前巫而後史，卜、筮、瞽、侑，皆在左右。王中，心無爲也，以守至正。"三公在朝者，司馬、司徒、司空之倫，任職者也。三老在學，師、傅、保之倫也。前巫、後史，卜、筮、瞽、侑，亦即四輔之類。所述蓋王居明堂之禮。古者事簡，無衆官，政皆出於明堂，是時相王者三公、四輔之倫，蓋皆無所統。故古文家猶謂三公無官屬，坐而論道也。

今文之三公曰司馬、司徒、司空。此亦即五官，特僅舉其三耳。五官之説：《曲禮》曰："司徒、司馬、司空、司士、司寇，典司五衆。"《左氏》昭公十七年郯子之言曰："祝鳩氏，司徒也。鴡鳩氏，司馬也。鳲鳩氏，司空也。爽鳩氏，司寇也。鶻鳩氏，司事也。五鳩，鳩民者也。"司事即司士，鳩民即典司五衆之謂也。《春秋繁露·五行相勝》曰："木者司農也。火者司馬也。土者，君之官也，其相曰司營。金者司徒也。水者司寇也。"司營即司空，司農即司事，農者民事也。《淮南子·天文訓》曰："何謂五官？東方爲田，南方爲司馬，西方爲理，北方爲司空，中央爲都。"田即司農，理即司寇，都即司徒也。《左氏》昭公二十九年，蔡墨曰："木正曰句芒，火正曰祝融，金正曰蓐收，水正曰玄冥，土正曰后土。"名雖異，其象五行則同。《周官》及《大戴》之《盛德》篇，特多一冢宰，又以宗伯易司農耳。宗伯典禮，禮於五行爲火，其方在南，以此易東方之農師，實不如《繁露》等説之當。《管子·五行》曰："黄帝得蚩尤而明於天道，得大常而察於地利，得奢龍而辨於東方，得祝融而辨於南方，得大封而辨於西方，得后土而辨於北方。黄帝得六相而天地治，神明至。蚩尤明乎天道，故使爲當時。大常察乎地利，故使爲廩者。奢龍辨乎東方，故使爲土師。祝融辨乎南方，故使爲司徒。大封辨於西方，故使爲司馬。后土辨乎北方，故使爲李。是故春者土師也，夏者司徒也，秋者司馬也，冬者李也。"土師疑即農師，廩者疑即司空。當時蓋主歷象之官，以易《周官》之冢宰，亦各有所取耳。

漢初因秦置丞相，後用經生説，改爲大司徒，而以太尉爲司馬，御史大夫爲司空，皆稱公，爲相職，因有疑今文義三公外無宰相者。案《王制》言"冢宰齋戒受質"，别於三官。又曰"百官各以其成質於三官"，而三官"以百官之成質於天子"。《論語》曰："君薨，百官總己以聽於冢宰。"《憲問》。明百官分屬三官，冢宰則無所不統。三公以外，别有冢宰，較然甚明也。《荀子·序官》，列舉官名，凡十有三：曰宰爵，曰司徒，曰司馬，曰太師，曰司空，曰治田，曰虞師，曰鄉師，曰工師，曰傴巫、跛擊，擊疑當作毉。曰治市，曰司寇，曰冢宰。去冢宰及司馬、司徒、司空凡九官，或謂即九卿。此誠難質言，然數適相合，亦可備一説。此説而確，則冢宰在三公之外，愈明白矣。冢宰始蓋主飲食之官，後遂總統宮内，《禮記・祭統》："宮宰宿夫人。"注："宮宰，守宮官也。"此即《周官》天官之職。而爲羣吏之長。《儀禮・特牲饋食禮注》。宮、府之别，後世有之，古則皆君主私人耳，故遂於百官無所不統也。冢宰既總統宮内，兼長羣吏，財用自其所管，古國用與天子私奉養，蓋亦不分，故亦冢宰所制。《王制》："冢宰制國用。""季氏富於周公，而求也爲之聚斂而附益之。"《論語・先進》。求，季氏宰也。叔孫穆子寵豎牛，"使爲政。"爲政者，爲之宰也。其後牛絶其飲食以死。《左氏》昭公四年。知宰雖總統宮事，猶侍食飲，故陳子亢謂疾則"當養者莫若妻與宰"也。《檀弓》。天子、諸侯、大夫，後而體制迥殊，其初一耳。觀諸侯、大夫之事，固足以明王室之初矣。《左氏》宋有六卿，又有太宰、少宰；成公十五年。魯羽父請殺桓公，以求太宰；隱公十一年。亦在三卿之外，《論語》有太宰問於子貢，《檀弓》有陳太宰嚭，《韓非》有商太宰。皆《王制・周官》冢宰之職。《荀子・王霸》曰："論一相以兼率之，使臣下百吏，莫不宿道鄉方而務，是夫人主之職也。"又曰："能當一人而天下取，失當一人而社稷危。"又曰："君者，論一相，陳一法，明一指，以兼覆之，兼炤之，以觀其盛者也。"一人一相，皆指冢宰。《君道》又曰："天子三公，諸侯一相。"非謂天子無相，諸侯無三官，互言之耳。

問曰：司馬、司徒、司空各主一官，與司寇等均耳，今文家獨取此爲三公，得毋武斷乎？曰：否。三官所職，視他官爲要，固考諸經文而可徵，亦古文家所不違也。《立政》、《梓材》，皆以三官并舉。《酒誥》有圻父、農父、宏父，僞《孔傳》亦以司馬、司徒、司空釋之。僞《孔》古文者流，非今文之與也。《左》昭四年叔孫穆子之葬，季孫"使杜洩舍路。不可，曰：夫子受命於朝而聘於王，王思舊勳而賜之路，復命而致之君，君不敢逆王命而復賜之，使三官書之。吾子爲司徒，實書名。夫子爲司馬，與工正書服。孟孫爲司空以書勳。今死而弗以，是棄君命也。書在公府而弗以，是廢三官也"，尤古文以司徒、司馬、司空爲三卿之鐵證矣。何邵公曰："古者諸侯有司徒、司空，上卿各一，下卿各二。司馬事省，上下卿各一。"襄公十一年。崔氏謂："司徒兼冢宰，司馬兼宗伯，司空兼司寇。司徒下小卿二：曰小宰，曰小司徒。司空下小卿二：曰司寇，曰小司空。司馬下小卿一，曰小司馬。"《左》僖二十二年，宋既有大司馬，又有司馬，説或有徵，則司寇等職，未嘗不可攝以三官，或屬之三官也。六卿之名，古無聞焉。惟《甘誓》有“乃召六卿”、“嗟六事之人”之語。鄭注《書傳》曰：“后稷、司徒、秩宗、司馬、作士、共工。”仰即據古周禮爲説，難信。《管子·立政》曰：“將軍大夫以朝。”《墨子·尚同》曰：“擇其國之賢者，置以爲左右將軍、大夫。”以將軍大夫并言，猶以卿大夫連舉。將軍有左右，則《老子》所謂“偏將軍居左，上將軍居右”也。《非攻》曰：“昔者晉有六將軍。”晉固有六卿。明六卿爲六將軍，與司馬等官無涉。撰《周官》者誤以六官爲六卿，亦其瀆亂不驗之一驗也。宋六卿之名爲右師、左師、司馬、司徒、司城、司寇，見《左氏》文公七年、十六年、成公十五年、哀公二十年，亦與《周官》不合。

《異義》之古周禮説，撰僞《古文尚書》者取以入《周官》篇。攻之者或謂其誤據《大戴》、《賈子》，以太子官屬爲天子之官。或又謂鄭注《周官》“鄉老二鄉則公一人”云：“王置六卿，則公有三人也。三公者，内與王論道，中參六官之事，外與六卿之教。”又其注《君奭序》“召公爲保、周公爲師”曰：“此師、保爲《周禮》師氏、保氏大夫之職。”可見鄭不主六卿之上，别有三公三孤。然《異義》所舉古周禮説，確與僞《周官》同。《周官》朝士，“建外朝之法”，“左九棘，孤、卿、大夫位焉”，“面三槐，三公位焉”，亦明謂公、孤在卿之外。公、孤之名，見於他處者，尚有宰夫、司服、典命、巾車、司常、射人、司士、太僕、弁師、小司寇等。《保氏序官疏》引《鄭志》：“趙商問：案成王《周官》：立太師、太傅、太保，兹惟三公。即三公之號，自有師、保之名。成王《周官》，是周公攝政三年事，此周禮是周公攝政六年時，則三公自名師、保，起之在前，何也？鄭答曰：周公左，召公右，兼師保，初時然矣。”趙商所云成王《周官》，蓋即《異義》所謂古周禮説，而亦造僞《古文尚書》者所取材也。

古人設官，各有所象。《白虎通義》曰：“内爵所以三等何？法三光也。”“商質者主天，夏文者主地，《春秋》變周之文，從殷之質，故立三公、九卿、二十七大夫、八十一元士、二百四十三下士，三三相承以法天。其五官則象五行，所以法地之文也。諸侯之國，三卿、五大夫。三卿法三光，五大夫象五行也。”《洪範》曰：“王省惟歲，卿士惟月，師尹惟日。”卿士謂三公、九卿。師尹惟日者，大夫合元士、下士，凡三百五十一，當朞之日也。此質家法天之明證。周家主地，蓋立五官。故《史記·周本紀》云：古公“作五官有司”。然則《曲禮》等書所言，蓋是周制。鄭顧以爲殷制，偏其反矣。五行之官益一，明乎天道之當時，是爲六官。冢宰兼統百官，不可以一職名也。造《周官》者以冢宰易當時，亦其瀆亂不驗之一驗也。

原刊《光華期刊》第四期，一九二九年一月一日出版

〔八四〕 周官五史

《周官》大史之職："掌建邦之六典，以逆邦國之治；掌法以逆官府之治；掌則以逆都鄙之治。凡辨法者考焉，不信者刑之。凡邦國都鄙及萬民之有約劑者藏焉，以貳六官。正歲年以序事，頒之於官府及都鄙，頒告朔於邦國。此即《月令》之類，備載一年中當行之事，及其行之之時。大祭祀，戒及宿之日，與羣執事讀禮書而協事。祭之日，執書以次位常。辨事者考焉，不信者誅之。大會同朝覲，以書協禮事。及將幣之日，執書以詔王。大師，抱天時，與大師同車。大遷國，抱法以前。大喪，執法以涖勸防。凡喪事考焉。小喪，賜謚。凡射事，飾中，舍算，執其禮事。"具見其爲禮與法之府。而小史、内史、外史、御史之職，其爲大史之僚屬，又極易見也。如此，其典籍安得不多？其員額安得不廣？其先但爲四輔之一，居明堂中侍王者，其後安得不出居於外耶？

外史："掌書外令。掌達書名於四方。若以書使於四方，則書其令。"此亦内史書王命之類。蓋時愈晚，事愈繁，分職愈詳。故其初記言專於右史者，後又析爲内外也。疏家既引《周官》以證《禮記》，而偏舉内史，似非。

記事之史，體極簡嚴；記言之史，則體較恢廓；求諸《周官》，亦可喻其故焉。史官主知天道，故馮相、保章，皆屬大史。馮相氏："掌十有二歲、十有二月、十有二辰、十日、二十有八星之位；辨其序事，以會天位。"蓋司天道之常。保章氏："掌天星，以志星辰日月之變動，以觀天下之遷，辨其吉凶。"則司天道之變。常事不書，變事不可不記。執簡之始，蓋專記日食星隕等事。此本不待煩言，其後記人事者亦遂沿其體，此其所以簡嚴。古重言辭，書諸簡牘蓋其變。既重言辭，則其所書者，亦必如其口語；雖有潤飾，所異固無多也。此其體之所以日益恢廓也。

記言之史，體既恢廓，其後凡敘述詳盡者皆沿之。以其初本以記言辭；又古簡牘用少，傳者或不資記録，而以口耳相授受也，則仍謂之語。《禮記·樂記》：孔子謂賓牟賈曰："且女獨未聞牧野之語乎？"此記武王之事者稱語也。《史記》本紀、列傳，在他篇中述及多稱語。《秦本紀》述商鞅説孝公變法曰："其事在《商君》語中。"《孝文紀》述大臣誅諸吕，謀召立代王曰："事在《吕后》語中。"《禮書》述鼂錯事曰："事在《袁盎》語中。"《陸賈傳》述其使尉佗事曰："事在《南越》語中。"皆是。○《朱建傳》：漢已誅布，聞平原君諫不與謀，得不誅。曰："語在《黥布》語中。"而布傳無其事；蓋古人著書，多直録舊文，不加點定。史公所據朱建黥布兩傳，非出一家，故其文如是也。○《始皇本紀》述趙高與二世、李斯陰謀殺扶蘇、蒙恬曰：

“語具《李斯傳》中。”疑後人所改，亦或當時已有稱傳者，不始太史公。《蕭相國世家》述吕后用何計謀誅淮陰侯曰：“語在《淮陰》事中。”《留侯世家》述良解鴻門之危曰：“語在《項羽》事中。”事語二字，疑後人所互易。可知紀傳等爲後人所立新名，其初皆稱語。然則《論語》者，孔子及其門弟子之言行之依類纂輯者；《國語》則賢士大夫之言行，分國纂輯者耳。故吾謂《國語》實《尚書》之支流餘裔也。不惟《國語》，《晏子春秋》及《管子》之《大中小匡》諸篇，凡記賢士大夫之言行者，皆《國語》類也。亦不惟《論語》，諸子書中，有記大師巨子之言行者，皆《論語》類也。

記録之意在傳其人之言行者，謂之語。《易》所謂“多識前言往行，以畜其德”者也。若以其事有關家國之大而記之，則謂之故。故之始，蓋主典禮，其後則記行事者亦羼雜焉。《左氏》定公十年，齊侯將享公，孔子謂梁丘據曰：“齊魯之故，吾子何不聞焉？事既成矣，而又享之，是勤執事也。且犧象不出門，嘉樂不野合；享而既具，是棄禮也；若其不具，用秕稗也。用秕稗君辱，棄禮名惡。子盍圖之？”此即朝覲會同之禮，《周官》大史所掌。不曰禮而曰故者，禮據成憲言，故據成事言也。《史記·儒林傳》載公孫弘之言曰：“治禮次治掌故，以文學禮義爲官，遷留滯。”徐廣曰：“一云次治禮學掌故。”未知孰是。然禮與故爲文學大宗可見。襄公二十六年，聲子通使於晉，還，如楚，令尹子木與之語，問晉故焉。聲子歷舉楚材晉用之事以對。公扈子知叔術之事，而《公羊》謂其習乎邾婁之故。昭公三十一年。此則行事有關家國之得失者矣。《左氏》昭公元年，叔向出，行人揮送之。叔向問鄭故焉，且問子皙。知國家之行事若典章，賢士大夫之言行，并爲時人所重也。

史主記載，言、事皆然，故亦通謂之志。《周官》小史：“掌邦國之志。”鄭司農云：“《春秋傳》所謂《周志》，《國語》所謂《鄭書》之屬。”案《周志》見《左氏》文公二年。狼瞫引其辭曰：“勇則害上，不登於明堂。”《鄭書》亦見《左氏》襄公三十年。子産引其辭曰：“安定國家，必大焉先。”皆《尚書》類也。外史：“掌四方之志。”《注》云：“若魯之《春秋》，晉之《乘》，楚之《檮杌》。”則記事之史矣。案小史所掌，蓋縣内諸侯之史；外史所掌，則外諸侯之史也。外史又掌三皇五帝之書，則異代之史也。《注》云：“楚靈王所謂《三墳》、《五典》。”未知信否。然《禮記·禮運》：孔子曰：“大道之行也，與三代之英，丘未之逮也，而有志焉。”《注》曰：“志，謂識，古文。”説自不誤。何則？三代之英，指禹、湯、文、武、成王、周公，皆確有其人；大道之行，亦當如此；皆讀前人之記識而知之也。《莊子》：“《春秋》經世，先王之志。”《天下》。志亦當作記識解。此《春秋》不必鑿指記事之史。蓋志亦史籍通稱，猶漢人言史記也。記、志一語。古稱志，漢人稱史記，特辭有單複耳。漢人亦但言記，則志之異文也。

《史記·六國表》曰："秦既得意，燒天下《詩書》，諸侯史記尤甚。《詩書》所以復見者，多藏人家；而史記獨藏周室，以故滅。"此周室二字，當苞凡諸侯之國言；乃古人言語，以偏概全之例，非謂衰周能徧藏各國之史，其餘諸國則獨有其本國之史也。戎夫習於遂事，倚相能讀《三墳》、《五典》、《八索》、《九丘》，皆當時良史熟於古記之證。

《周官》誦訓："掌道方志，以詔觀事。"《注》曰："説四方所識久遠之事，以告王觀博古所識。若魯有大庭氏之庫，殽之二陵。"訓方氏："誦四方之傳道。"《注》曰："傳道，世世所傳説往古之事也。爲王誦之，若今論聖德堯舜之道矣。"此亦古史也。又曰："正歲，則布而訓四方，而觀新物。"此所布者，即其爲王所誦，訓方氏蓋身歷四方而布之，因以觀新物也。《禮記·郊特牲》曰："大羅氏，天子之掌鳥獸者也，諸侯貢屬焉。羅氏致鹿與女，而詔客告也，以戒諸侯曰：好田好女者亡其國。"此即誦傳道訓四方之事，特非躬往巡歷耳。所觀新物，亦必反告於王。假令筆之於書，則又當時之外國史也。小行人之職："若國札喪，則令賻補之；若國凶荒，則令賙委之；若國師役，則令槁襘之；若國有福事，則令慶賀之；若國有禍烖，則令哀弔之；凡此五物者，治其事故，及其萬民之利害爲一書，其禮俗政事教治刑禁之逆順爲一書，其悖逆暴亂作慝猶犯令者爲一書，其札喪凶荒戹貧爲一書，其康樂和親安平爲一書。凡此物者，每國辨異之，以反命於王，以周知天下之故。"亦訓方民觀新物之意也。

小史之職："奠繫世，辨昭穆。若有事，則詔王之忌諱。"鄭司農云："繫、世，謂帝繫、世本之屬是也。小史主定之，瞽矇諷誦之，先王死日爲忌，名爲諱。"瞽矇之職云："諷誦詩，世奠繫。"杜子春云，"世奠繫，謂帝繫、諸侯卿大夫世本之屬是也。小史主次序先王之世，昭穆之繫，述其德行；瞽矇主誦詩，并誦世繫，以戒勸人君也。故《國語》曰：教之世，爲之昭明德而廢幽昏焉，以休懼其動。"康成謂"諷誦詩。主謂廞作柩謚時也。諷誦王治功之詩以爲謚，世之而定其繫，謂書於世本也。"案如子春及後鄭意，瞽矇所誦，即小史所定，則小史不徒譜其世次而已，必兼述其行事，其説當有所據。何則？繫、世雖經秦火而亡，其體例必相沿勿失。《隋志》家譜、家傳，分爲二門，蓋伊古相沿之例。譜以記世次，傳以詳言行。竊疑《大戴記》之《帝繫姓》，乃古繫、世之遺，《五帝德》則瞽矇所諷誦者也。如康成意，瞽矇所諷誦，初非受諸史官，然讀誄爲大史之職；卿大夫之喪，小史亦賜謚讀誄；則天子諸侯大夫之行事，史官固未嘗不記識之矣。

誄者，累也，累列其生時之事也。《禮記·檀弓》："公叔文子卒。其子戍請謚於君。君曰：昔者衛國凶飢，夫子爲粥與國之餓者，是不亦惠乎？昔者衛國有難，夫子以其死衛寡人，不亦貞乎？夫子聽衛國之政，脩其班制，以與四鄰交，衛國之社稷不辱，不亦文乎？故謂夫子貞惠文子。”此累列生平行事之式。《祭統》載衛孔悝之鼎銘曰：“六月丁亥，公假於大廟。公曰：叔舅。乃祖莊叔，左右成公。成公乃命莊叔，隨難於漢陽，即宮於宗周，奔走無射。啓右獻公。獻公乃命成叔，纂乃祖服。乃考文叔，興舊耆欲，作率慶士，躬恤衛國。其勤公家，夙夜不解。民咸曰休哉。公曰：叔舅，予女銘，若纂乃考服。悝拜稽首曰：對揚以辟之。”其累列先代之美，亦與誄之用意同，故《荀子》曰：“銘誄繫世，敬傳其名。”《禮論》。繫、世以記統緒，銘、誄以詳德善功烈勳勞，此家譜、家傳分編并重之所由來也。

《楚語》載申叔時之言曰：“教之《春秋》，而爲之聳善而抑惡焉，以戒勸其心；教之世，而爲之昭明德而廢幽昏焉，以休懼其動；教之《詩》，而爲之導廣顯德，以耀明其志；教之《禮》，使知上下之則；教之《樂》，以疏其穢而鎮其浮；教之令，使訪物官；教之語，使明其德，而知先王之務，用明德於民也；教之故志，使知廢興者而戒懼焉；教之訓典，使知族類，行比義焉。”詳味其辭，則《春秋》重褒善貶惡，世主記君主賢愚，語主傳先世行事，志主記列國興亡。戎夫告武王者志也；孔子詔賓牟賈者語也；其所筆削者《春秋》。《書・無逸》載周公戒成王，備舉殷周列王，所謂教之世者歟？《史記》之本紀、世家、世表、年表，蓋合繫、世及《春秋》而成；而閒傅之以語；傳則本於語及銘誄之屬者也。

原刊《光華大學半月刊》第三卷第八期，
一九三五年四月二十五日出版

〔八五〕 毁譽褒貶

史之權在於褒貶，褒貶即毁譽也。然毁譽之權，實惟風氣淳樸之世，爲能有之。《孝經》曰：“身體髮膚，受之父母，不敢毁傷，孝之始也；立身行道，揚名於後世，以顯父母，孝之終也。”《祭義》曰：“亨孰羶薌，嘗而薦之，非孝也，養也。君子之所謂孝也者，國人稱願然曰：幸哉，有子如此，所謂孝也已。衆之本教曰孝，其行曰養。養可能也，敬爲難。敬可能也，安爲難。安可能也，卒爲難。父母既没，慎行其身，不遺父母惡名，可謂能終矣。”《内則》曰：“父母雖没，將爲善，思遺父母令名，必果；將爲不善，思遺父母羞辱，必不果。”其重名也如此，此良史之所以有權也。

臧孫紇之出也，其人曰：其盟我乎？臧孫曰：無辭。將盟臧氏，季孫召外史掌惡臣而問盟首焉。對曰：盟東門氏也，曰：毋或如東門遂，不聽公命，殺適立庶。盟叔孫氏也，曰：毋或如叔孫僑如，欲廢國常，蕩覆公室。季孫曰：臧孫之罪，皆不及此。孟椒曰：盍以其犯門斬關？季孫用之。乃盟臧氏曰：毋或如臧孫紇，干國之紀，犯門斬關。臧孫聞之，曰：國有人焉。誰居？其孟椒乎！《左氏》襄公二十三年。一盟誓之辭，其不能妄施如此，知輿論之有權，而史官之不敢曲筆，其故亦可思矣。

則有欲顯其名於史策者，石尚是也。《穀梁》定公十四年。有身爲不義，歿世猶以爲恥，而欲掩之者，寧惠子是也。《左氏》襄公二十年。有恥其先人之惡者，司馬華孫是也。《左氏》文公十五年。魯莊公之如齊觀社也，曹劌諫曰："君舉必書；書而不法，後嗣何觀？"《左氏》莊公二十三年。齊桓公之欲聽子華也，管仲諫曰："諸侯之會，其德刑禮義，無國不記。記姦之位，君盟替矣；作而不記，非盛德也。"《左氏》僖公七年。蓋人君之可以名動又如此，此良史之所以有權也。

然曰作而不記，則當春秋之時，已有掩其實而不書者矣。又有曲筆以亂其實者：《魯春秋》去夫人之姓曰吴，其死曰孟子卒是也。《禮記·坊記》。守死不渝，其人有幾！薰隧之盟，公孫黑與焉，使大史書其名，且曰七子，《左氏》昭公元年。則知史之可以威劫矣。此董狐、《左氏》宣公二年。南史《左氏》襄公二十五年。所由見重於世與？《左氏》文公十八年，襄仲殺惠伯。杜《注》曰："惠伯死不書者，史畏襄仲，不敢書殺惠伯。"未知有據與，抑以意言之也？

毁譽雖有懲勸之功，然亦有弊。何者？奇節懿行，惟有人倫之鑒者，爲能知之。若中庸之人，則其所知者，中庸之行而已，是可以貌爲也，是可以襲取也，於是非之無舉，刺之無刺，同流合污之鄉原出焉。古者國小，人民寡，又皆重去其鄉，所謂國人，則今一邑之人耳；十目所視，十手所指，安所逃之？毁譽所加，利害榮辱隨其後，此其懲勸之所以有功。然而嶔奇磊落之士，爲流俗之所不容者，亦不知其凡幾矣。鮑焦之無從容而死，安知其不以是與？

曾子所謂"國人稱願然曰幸哉有子如此"者，其人則騎款段馬之鄉里善人耳。夫以曾子之至大至剛，易簀之際，猶浩然欲行其心之所安，豈屑爲違道要譽之舉？然而儒生之制行，雖有其真，而不能禁巧僞者之不託其跡。鄉里之士，能知中行之德乎？抑將舍狂狷而取鄉原也？世惟中庸之人，不知有異己之美；亦惟中庸之人，必欲毁異己者使與己同。率一世而惟巧僞之崇，此嶔奇磊落之士所由激而爲矯枉之舉也。魏晉間士之毁棄禮法，殆於有激而然與？

以是時鄉原之力方大也。然而其所獎飾者，則可知矣。不然，魏武曷爲求負俗之士哉？

原刊《光華大學半月刊》第三卷第八期，
一九三五年四月二十五日出版

〔八六〕 守藏室之史

《史記·老子列傳》曰："周守藏室之史也。"又《張丞相列傳》："秦時爲御史，主柱下方書。"《索隱》曰："周、秦皆有柱下史，謂御史也。所掌及侍立，恒在殿柱之下，故老聃爲周柱下史，今蒼在秦代，亦居斯職。"案《漢書·百官公卿表》：御史大夫有兩丞：一曰中丞，在殿中蘭臺，掌圖籍祕書。張蒼所居，蓋即此職。《王莽傳》：居攝元年，置柱下五史，秩如御史。聽政事，侍旁，記疏言行。此蓋柱下名官之始。張蒼雖主柱下方書，官未必以柱下名，故《史記》但稱爲御史也。御史職甚親近，老子若居是官，可謂得時則駕，不必隱而著書矣。守藏室之史，當别是一官，不當附會爲柱下史也。

方書，《漢書注》引如淳曰"方，版也，謂事在版上者"，正圖籍祕書之類。又列或説曰："主四方文書也。"似近望文生義，而師古是之。《史記索隱》引姚氏亦云："下云明習天下圖書計籍，主郡上計，則方爲四方文書者是也。"恐未必然。《周官》：凡四方之事書，内史讀之。亦不屬御史。

《漢書·功臣侯表》：山都貞侯王恬啓，漢五年，爲郎中柱下令。師古曰："柱下令，今主柱下書史也。"此亦無主書明文，似皆據莽制附會。

《左氏》僖公二十四年："晉侯之豎頭須，守藏者也。其出也，竊藏以逃，盡用以求納之。"老子爲之史之守藏室，蓋亦如是，乃藏財賄之地也。

原刊《光華大學半月刊》第三卷第六期，一九三五年出版

〔八七〕 左 右 史

《玉藻》："動則左史書之，言則右史書之。"《注》："其書，《春秋》、《尚書》其存者。"《疏》："《春秋》是動作之事，故以《春秋》當左史所書。左陽，陽主動，故記動。《尚書》記言語之事，故以《尚書》當右史所書。右是陰，陰主静故也。《周禮》有五史：有内史、外史、大史、小史、御史。無左史、右史之名者，熊氏云：按《周禮》大史之職云：大師，抱天時，與太師同車；又襄二十五年《傳》曰：

大史書曰：崔杼弑其君；是大史記動作之事，在君左廂記事，則大史爲左史也。按《周禮》内史，掌王之八枋。其職云：凡命諸侯及孤卿大夫，則策命之。僖二十八年《左傳》曰。王命内史叔興父，策命晉侯爲侯伯。是皆言誥之事。是内史所掌，在君之右，故爲右史。是以《酒誥》云：矧大史友内史友。鄭《注》：大史内史，掌記言記行，是内史記言，大史記行也。此論正法。若其有闕，則得交相攝代。故《洛誥》史佚命周公伯禽。服虔《注》文十五年《傳》云：史佚，周成王大史。襄三十年，鄭使大史命伯石爲卿。皆大史主爵命，以内史闕故也。以此言之，若大史有闕，則内史亦攝之。按《覲禮》賜諸公奉篋服，大史是右者，彼亦宣行王命，故居右也。此論正法。若《春秋》之時，則特置左右史官。故襄十四年左史謂魏莊子，昭十二年楚左史倚相。《藝文志》及《六藝論》云：右史記事，左史記言。與此正反，於傳記不合，其義非也。”《左氏序疏》亦曰：“左是陽道，陽氣施生，故令之記動；右是陰道，陰氣安静，故使之記言。《藝文志》稱左史記言，右史記動，誤耳。”《後漢書·荀淑傳》：孫悦，奏所著《申鑒》曰：“古者天子諸侯有事，必告於廟。朝有二史，左史記言，右史記事。事爲《春秋》，言爲《尚書》。”與《藝文志》同。案《周書·史記》：“維正月，王在成周。昧爽，召三公左史戎夫曰：今夕朕寤，遂事驚予。乃取遂事之要戒，俾戎夫主之，朔望以聞。”下文歷述皮氏、華氏等所以亡，蓋皆《春秋》之記。此左史記動，《春秋》爲其書之徵。《禮記·祭統》：“古者明君，爵有德而禄有功，必賜爵禄於大廟，示不敢專也。故祭之日，一獻，君降，立於阼階之南，南鄉。所命者北面。史由君右，執策命之。再拜稽首受書以歸，而舍奠於其廟。”此右史記言，《尚書》爲其書之徵也。史官之職，原出明堂，蓋朝夕侍王。其後典籍日多，主其事者，出外别爲一官，是爲大史氏。其居中者，則别之曰内史。然亦多不别者。蓋屬官之所爲，皆得統於其長；且列國容有不别者也。《疏》以爲“相攝代”，恐非。

曷言乎史官之職，原出明堂也？案《禮運》曰：“宗祝在廟，三公在朝，三老在學。王前巫而後史；卜筮瞽侑，皆在左右。王中心無爲也，以守至正。”此所述者，蓋王居明堂之禮。《大戴記·保傅》曰：“明堂之位曰：篤仁而好學，多聞而道慎，天子疑則問，應而不窮者，謂之道。道者，導天子以道者也，常立於前，是周公也。誠立而敢斷，輔善而相義者，謂之充。充者，充天子之志者也，常立於左，是太公也。潔廉而切直，匡過而諫邪者，謂之弼。弼者，弼天子之過者也，常立於右，是召公也。博聞而强記，接給而善對者，謂之承。承者，承天子之遺忘者也，常立於後，是史佚也。”承即所謂後史。合前後左右言之，則所謂四輔也，《内則》養老有惇史，養老亦明堂中事。皆史官原出明堂之證。

曷言乎典籍日多，掌其事者遂别居於外也？史官爲典籍之府，見於古書者甚多。《左氏》昭公二年，韓宣子適魯，“觀書於大史氏”，此大史蓋以官爲氏者。襄公二十三年，“將盟臧氏，季孫召外史掌惡臣而問盟首焉。”外史，《左氏序疏》謂以其居於外而名之，固近於鑿。然亦必不在殿内。昭公十五年，王謂籍談曰：“昔而高祖孫伯黡，司晉之典籍，以爲大政，故曰籍氏。及辛有之二子董之，晉於是乎有董史。女，司典之後也，何故忘之？”蓋典籍之司，成爲專職久矣。此終古、向摯、屠黍之流，所以能載圖法以出亡；見《吕氏春秋·先識覽》。屠黍事亦見《説苑·權謀》，作屠餘。而王子朝之敗，亦奉周之典籍以奔楚也。《左氏》昭公二十六年。《周官》大史，“大遷國，抱法以前。”所謂法者，蓋所該甚廣，鄭《注》偏舉司空營國之法以當之，固矣！

《左氏序疏》曰：“《周禮》諸史，雖皆掌書，仍不知所記《春秋》，定是何史。蓋天子則内史主之，外史佐之。諸侯蓋亦不異。但春秋之時，不能依禮。諸侯史官，多有廢闕。或不置内史，其策命之事，多是大史，則大史主之，小史佐之。劉炫以爲《尚書》周公封康叔，戒之《酒誥》。其《經》曰：大史友，内史友。如彼言之，似諸侯有大史内史矣。但偏檢記傳，諸侯無内史之文。何則？《周禮》内史職曰：凡命諸侯及孤卿大夫，則策命之。僖二十八年《傳》。説襄王使内史叔興父策命晉侯爲侯伯，是天子命臣，内史掌之。襄三十年《傳》，稱鄭使大史命伯石爲卿，是諸侯命臣，大史掌之。諸侯大史，當天子内史之職，以諸侯兼官，無内史故也。鄭公孫黑强與薰隧之盟，使大史書其名；齊大史書崔杼弑其君；晉大史書趙盾弑其君；是知諸侯大史主記事也。南史聞大史盡死，執簡以往，明南史是佐大史者，當是小史也。若然，襄二十三年《傳》，稱季孫召外史掌惡臣，言外史，則似有内史矣。必言諸侯無内史者，閔二年《傳》，稱史華龍滑與禮孔曰：我大史也；文十八年《傳》，稱魯有大史克；哀十四年《傳》，稱齊有大史子餘；諸國皆言大史，安得有内史也？季孫召外史者，蓋史官身居在外，季孫從内召之，故曰外史。猶史居在南，謂之南史耳。南史、外史，非官名也。”案《酒誥》已有内史之名，知大史内史，分立甚早。其偏檢記傳，諸侯無内史之名者，以屬官所爲，皆可統於其長。齊大史既死，南史執簡以往，則知掌史職者非一家；昭十五年《疏》引《世本》云：“黡生司空頡，頡生南里叔子，子生叔正官伯，伯生司徒公，公生曲沃正少襄，襄生司功大伯，伯生侯季子，子生籍游，游生談，談生秦。”以其官名觀之，自頡以下，蓋無復司典籍者，而辛有之後董之。蓋世官之制漸替，主一事者，多非一氏矣。辛有，見僖二十二年。杜《注》云：“董狐其後。”董狐見宣二年，上距平王東遷百六十餘年矣，則辛有之二子世其官亦百有餘年。季氏專召外史之掌惡臣，則知一家之中，尚有分曹治事者；典籍繁而故事衆，勢固不得不然也。《王制》曰：“大史典禮，執簡記，奉諱惡。”以《周官》之文稽之，奉諱惡當屬小史,而《王制》并屬諸大史,亦以屬官所爲,統於其長也。華龍、禮孔之自稱,諸侯命臣之稱大史,蓋亦如此。正不必鑿言諸侯兼官無内史也。又《左氏》所載公孫黑等事,正大史執簡記之證,云不知《春秋》定自何史,亦似非。

《左序疏》又曰:"《藝文志》云:古之王者,世有史官,君舉必書,所以慎言行,昭法戒。左史記言,右史記事,事爲《春秋》,言爲《尚書》,帝王靡不同之。《禮記·玉藻》云:動則左史書之,言則右史書之。雖左右所記,二文相反,要此二者皆言左史右史。《周禮》無左右之名,得稱左右者,直是時君之意,處之左右,則史掌之事,因爲立名。故《傳》有左史倚相,掌記左事,謂之左史;左右非史官之名也。"案《周官》六國時書,不能以説古制。疏家附會,殊不足信。倚相能讀《三墳》、《五典》、《八索》、《九丘》,蓋其所主,實與戎夫相類,正見其一脈相承也。

言爲《尚書》,事爲《春秋》,班、鄭説同。《玉藻疏》云:"《春秋》雖有言,因動而言,其言少也。《尚書》雖有動,因言而稱動,亦動爲少也。"案《春秋》文體,見於《公羊》莊公七年及《禮記·坊記》者,皆與今《春秋》同。蓋孔子脩《春秋》,雖别有其義,而其文字體裁,一仍舊貫,所謂其文則史也。《四庫書目提要》云:"晉史之書趙盾,齊史之書崔杼及寧殖,所謂載在諸侯之籍者,其文體皆與經合。"可爲因仍舊貫之證。又云:"墨子稱《周春秋》載杜伯,《燕春秋》載莊子儀,《宋春秋》載祐觀辜,《齊春秋》載王里、國中里,覈其文體,皆與《傳》合。"則非《春秋》文體之朔,蓋其初必如今之《春秋》者,乃謂之《春秋》;其後則凡記事之書,皆以《春秋》名之耳。《左氏》本非《春秋》之傳。《史記·十二諸侯年表》,稱爲《左氏春秋》。吕不韋之書,多記前人行事,國家典故;今所謂《晏子春秋》者,專記晏子言行,亦皆以《春秋》名,正以此也。然則《春秋》之朔,似不容兼有記言之文。《疏》云"因動而言",似未審諦。至謂《尚書》因言稱動,而動爲少,説自不誤。蓋記事之史,體至簡嚴,而記言者不容不略著其事,以明其言之所由發,亦自古已然也。

《曲禮》曰:"天子建天官,先六大:曰大宰、大宗、大史、大祝、大士、大卜,典司六典。"大宰等官,必不容略無僚屬,大史何獨不然。此亦諸史當屬大史,而古書所述大史之職,不必皆其所躬親之一證也。

原刊《光華大學半月刊》第三卷第七期,一九三五年三月二十五日出版

〔八八〕　夫人選老大夫爲傅

《公羊》襄公三十年,"宋災,伯姬存焉。有司復曰:火至矣,請出。伯姬曰:

不可。吾聞之也，婦人夜出，不見傅、母不下堂。傅至矣，母未至也，逮乎火而死。”《注》：“禮：后夫人必有傅、母，所以輔正其行，衛其身也。選老大夫爲傅，選老大夫妻爲母。”《詩・南山疏》云：“《内則》云：女子十年不出，傅姆教之執麻枲，治絲繭，則傅是姆類，亦當以婦人老者爲之矣。何休云：選老大夫爲傅，大夫妻爲姆，以男子爲傅，書傳未有云焉。且大夫之妻，當自處家，無由從女而嫁，使夫人動則待之。何休之言，非禮意也。”案今《内則》但云“女子十年不出，姆教婉娩聽從，執麻枲，治絲繭”，無傅字。《詩疏》之云，未知何據。《曾子問》：孔子曰：“古者男子，外有傅，内有慈母。”所謂慈母者，《内則》言人君養子之禮曰：“異爲孺子室於宫中。擇於諸母與可者，必求其寬裕慈惠，温良恭敬，慎而寡言者，使爲子師；其次爲慈母；其次爲保母；皆居子室。”此與大師、大傅、大保相當。師、保皆内外名同，傅獨變言慈者，《郊特牲》：“夫也者，夫也；夫也者，以知帥人者也。”《注》：“夫或爲傅。”則傅之義屬於丈夫，不可以名婦人，故變傅言慈也。《内則》言“十年出就外傅”，意謂傅在外，非謂内又有傅也。然則以婦人爲傅，則書傳未有云焉爾。《詩疏》誤記《記》文，因生曲説，不亦繆乎？

《穀梁》説伯姬之事曰：“伯姬之舍失火。左右曰：夫人少避火乎？伯姬曰：婦人之義，傅母不在，宵不下堂。左右又曰：夫人少避火乎？伯姬曰：婦人之義，保母不在，宵不下堂。遂逮乎火而死。”《列女・貞順傳》曰：“左右曰：夫人少避火。伯姬曰：婦人之義，保、傅不俱，夜不下堂，待保、傅來也。保母至矣，傅母未至也。左右又曰：夫人少避火。伯姬曰：婦人之義，傅母不至，夜不下堂。遂逮於火而死。”并以傅爲婦人。足徵《穀梁》之晚出。《漢書・外戚恩澤侯表》：扶平侯王崇，爲傅婢所毒薨。《王商傳》：耿定上書，言商與父傅通。師古曰：“傅，謂傅婢也。”蓋漢時始有以傅稱婢者。乃稱男子之爲傅者曰傅父，以與之相對。《張騫傳》言烏孫昆莫有傅父是也。《武帝本紀》：建元三年，“濟川王明坐殺太傅、中傅，廢遷防陵。”應劭曰：“中傅，宦者也。”亦不必非傅婢矣。然貴婦人仍有男子爲之侍從。審食其、周信爲吕后舍人是也。皆見《漢書・高惠高后文功臣表》。《東方朔傳》：昭平君醉殺主傅。《注》引如淳曰：“禮有傅姆。説者又曰：傅者，老大夫也。漢使中行説傅翁主也。”又説引漢事以證古義，足見其事之未絶。《公羊》僖公十年云：“卓子者，驪姬之子也，荀息傅焉。”又云：“申生者，里克傅之。”成公十五年云：“叔仲惠伯，傅子赤者也。”《文王世子》云：“立大傅、少傅以養之。大傅在前，少傅在後。入則有保，出則有師。”然則師不共處於燕息之時，保不相隨於動作之際，惟傅則出入常偕。故其禍福之相關，亦最切也。

《内則》云:“國君世子生,卜士之妻,大夫之妾,使食子。”此即《公羊》昭公三十一年所謂“君幼,大夫之妾,士之妻,以子入養”者,所謂食母也。《内則》云:“大夫之子有食母,士之妻自養其子。”蓋國君世子,食母之外,又有師、慈、保三母,大夫之子,徒有食母,士則并食母而無之,等級分明。然則君夫人有傅、保,亦固其所。《葛覃》之詩曰:“言告師氏。”則后夫人亦有師也。伯姬不待師者,師道之教訓,非附隨之保其身體者,故動不待之也。夫人出必與傅、母俱,而傅以男子爲之,亦猶后世貴家女出,兼有男女僕從耳,其無足怪。

古周禮説,以大師、大傅、大保爲三公,坐而論道。此乃誤竊《考工記》“坐而論道,謂之王公”之文。其實彼言王者謂天子,公者謂諸侯,皆非謂人臣也。三大、三少,據《大戴記・保傅》,則東宫官耳。故《記》言“太子既冠成人”,則“免於保傅之嚴”也。然《大戴記》言天子亦有三公者,幼而師焉、傅焉、保焉,及長,猶以舊恩而不去側,夫固事理所可有。抑三大、三少,實侍從之臣,不應太子有之,而天子無之也。然則夫人之有師、傅、保,亦不足怪也。《大戴記》曰:三大,“三公之職也。”三少,“皆上大夫也。”則選老大夫爲傅,選老大夫妻爲母,於法正合。而曰男子不可爲傅,古之媵,不亦兼有臣妾歟?又曰大夫妻當自處家,然則國君世子之三母,皆無家之婦人歟?

食母即乳母,見《内則》及《禮經・喪服》鄭《注》。又《士昏禮注》曰:“姆,婦人年五十無子,出而不復嫁,能以婦道教人者,若今時乳母矣。”其實此正何君所謂老大夫妻,乃師保之倫,非食母也。《内則》曰:“食子者三年而出。”蓋其職徒在食之,故子能食食則去,非如三母,日輔正其行而衛其身也。褚先生補《滑稽列傳》曰:武帝少時,東武侯母常養帝。帝壯時,號之曰大乳母。曰養則非徒食之,然亦號曰乳母,蓋人君養子之禮久廢,雖太子亦徒有食母也。無怪鄭玄之不辨三慈矣。

《禮經・喪服齊衰章》:“慈母如母。”“《傳》曰:慈母者何也?《傳》曰:妾之無子者,妾子之無母者,父命妾曰:女以爲子。命子曰:女以爲母。若是則生養之終其身,如母,死則喪之三年,如母,貴父之命也。”《注》曰:“此主謂大夫、士之妾,妾子之無母,父命爲母子者。”《小功章》:“君子子爲庶母慈己者。”“《傳》曰:君子子者,貴人之子也。爲庶母何以小功也?以慈己加也。”《注》引《内則》三母及大夫之子有食母。又曰:“其可者賤於諸母,謂傅、姆之屬也。其不慈己,則緦可矣。不言師、保,慈母居中,服之可知也。”《曾子問》:“子游問曰:喪慈母如母,禮與?孔子曰:非禮也。古者男子外有傅,内有慈母,君命所使教子也,何服之有?昔者魯昭公少喪其母,有慈母良。及其死也,公弗忍也，欲喪之。有司以聞曰：古之禮，慈母無服。今也君爲之服，是逆古之禮而亂國法也。若終行之，則有司將書之以遺後世，無乃不可乎？公曰：古者天子練冠以燕居。公弗忍也，遂練冠以喪慈母。喪慈母，自魯昭公始也。"《注》謂："禮所云者，乃大夫以下父所使妾養妾子。""子游意以爲國君亦當然。"孔子"言無服，此指謂國君之子也"。魯有司曰古之禮慈母無服，"據國君也。"《南史·儒林·司馬筠傳》載梁武帝之説，謂子游所問，是師、保之慈，非三年、小功之慈，"鄭玄不辨三慈，混爲訓釋"，"後人致謬，實此之由"，其説是也。《曾子問》此節，自"何服之有"以上，爲孔子之言。"昔者魯昭公"以下，别爲一事，而記者類記之。《疏》謂孔子引昭公之事以答子游者，誤也。昭公與孔子同時，喪慈母果始昭公，子游無緣不知其非禮而有待於問。子游之問，蓋自爲當時有喪師、保之慈者而發。昭公所喪，自爲三年、小功之慈。鄭《注》以昭公三十乃喪齊歸，謂此非昭公，王肅《家語》遂億改爲孝公，作僞伎倆，真堪發噱。古人著述，輕事重言，記者之辭，誠未必不誤，然《左氏》妄取《國語》，以爲編年，又安見所言之必可信邪？梁武帝謂"三母義同師、保，師、保無服，故此慈亦無服。又此三母，非謂擇取兄弟之母。若是兄弟之母，先有子者，則是長妾，長妾之禮，實有殊加，何容次妾生子，退成保母？又多兄弟之人，於義或可，若始生之子，便應三母俱闕邪？"其言殊爲允當。亦足見何君選於老大夫、老大夫妻之説之確也。《喪服小記》曰："爲慈母後者，爲庶母可也，爲庶祖母可也。"此亦喪服三年之慈。擇及庶祖母，則其年之長可知。蓋古於教養之責，必付諸老成者，内外皆然也。亦選於老大夫、老大夫妻之一旁證也。

《左氏》説宋伯姬事曰："宋伯姬卒，待姆也。君子謂宋共姬女而不婦。女待人，婦義事者也。"亦可見女子之傅、母，即男子保、傅之倫。女待人，婦義事，猶言成人則免於保、傅之嚴耳。《列女·母儀·魯季敬姜傳》曰："仲尼曰：女知莫如婦，男知莫如夫。"亦此義。

《左氏》哀公二十三年，"宋景曹卒。季康子使冉有弔，且送葬。曰：以肥之得備彌甥也，有不腆先人之産馬，使求薦諸夫人之宰，其可以稱旌繁乎？"此夫人之宰，亦必男子爲之。

原刊《文哲》創刊號，一九三九年一月一日出版

〔八九〕　以夷隸守王門

《周官》師氏，"凡國之貴游子弟學焉。"《注》曰："游，無官司者。"蓋古使年

長者任政,年少者執兵也。師氏之職,“凡祭祀、賓客、會同、喪紀、軍旅,王舉則從。聽治亦如之。使其屬帥四夷之隸,各以其兵、服守王之門外,且蹕。朝在野外,則守内列。”此實王最切近之護兵,而以四夷之隸充之者,古同族人不甚肯相殘,夷隸則於吾族之人無所愛,且除豢養之者無所依,故肯爲之致死。執其兵,服其服,已足震慴本族人矣。此暴君之所以喜用之歟,可以覘世變矣!

漢司隸校尉,《漢書·百官公卿表》曰“周官”。此後來之説,武帝時《周官》未行,未必有取焉也。然亦必有所承,疑以徒隸壓伏良人,春秋、戰國時,各國多有此習。

〔九〇〕 車　服

《坊記》曰:“君不與同姓同車,與異姓同車不同服。”《韓非子·外儲説右下》亦云。案《左氏》定公五年曰:“(楚昭)王之在隨也,子西爲王輿服,以保路,國於脾洩。聞王所在,而後從王。”此車服不可混淆之一證也。此習蓋原於行軍校獵之際。師之耳目,在於旗鼓,車服等亦猶之旗鼓也。乾時之戰,“秦子、梁子以公旗辟於下道,是以皆止。”莊公九年。熒澤之戰,“衛侯不去其旗,是以甚敗。”閔公二年。邲之戰,“王見右廣,將從之乘。屈蕩户之,曰:君以此始,亦必以終。”宣公十二年。鄢陵之戰,“郤至三遇楚子之卒,見楚子必下,免冑而趨風。楚子使工尹襄問之以弓,曰:方事之殷也,有韎韋之跗注,君子也。識見不穀而趨,無乃傷乎?”成公十六年。郤至見客,免冑承命。案哀公十六年,楚白公之亂,“葉公亦至,及北門。或遇之,曰:君胡不冑?國人望君,如望慈父母焉。盜賊之矢若傷君,是絶民望也。若之何不冑?乃冑而進。又遇一人曰:君胡冑?國人望君,如望歲焉。日日以幾,若見君面,是得艾也。民知不死,其亦夫有奮心,猶將旌君以徇於國;而又掩面以絶民望,不亦甚乎?乃免冑而進。”冑者面不可見,此亦軍行時惟以車服等爲别之故也。旌君以徇於國,與鄭莊伐許,穎考叔取蝥弧以先登意同,見隱公十一年。皆是物也。古一姓之興,必易服色,殊徽號,亦以此。

〔九一〕 篡立者諸侯既與之會則不復討

《左氏》宣公元年:“會於平州,以定公位。”杜《注》云:“篡立者,諸侯既與之會,則不得復討。臣子殺之,與弑君同。故公與齊會而位定。”成公十六年:“曹人請於晉曰:自我先君宣公即世,國人曰:若之何憂猶未弭,而又討我寡君?以亡曹國社稷之鎮公子,是大泯曹也。先君無乃有罪乎?若有罪,則君列諸會矣。君惟不遺德刑,以伯諸侯,豈獨遺諸敝邑？敢私布之。”《注》云：“諸侯雖有篡弑之罪,侯伯已與之會,則不復討。前年會於戚,曹伯在列,盟畢乃執之;故曹人以爲無罪。”《疏》云:“春秋之世,王政不行,賞罰之柄,不在天子。弑君取國,爲罪雖大,若已列於諸侯會者,則不復討也。其有臣子殺之,即與弑君無異,未必禮法當然,要其時俗如是。”見隱四年衛人殺州吁於濮。一似當時列國之間,有共認之法者,其實不然也。襄仲之殺惡及視而立宣公,本得請於齊而後爲之。齊大且近,故魯人不能討。至晉之於曹,則身爲伯主,列諸會而又討之,近於狐埋狐搰,故曹人以爲言。若會曹者爲他國,未必能引爲口實也。衛州吁欲求寵於諸侯,以和其民,使請伐鄭於宋。杜《注》亦云:“諸篡立者,諸侯既與之會,則不復討,故欲求此寵。”然是役也,宋既以欲除公子馮而許之矣。陳、蔡方睦於衛,故有宋公、陳侯、蔡人、衛人伐鄭之舉。“秋,諸侯復伐鄭。宋公使來乞師,公辭之。羽父請以師會之,公弗許,固請而行。”則是時近衛之國,既皆附和之矣。使求寵於諸侯而果可以定其位如魯宣公者,州吁其將遂成。而《左氏》又云:“州吁未能和其民,厚問定君於石子,石子曰：王覲爲可。曰：何以得覲？曰：陳桓公方有寵於王,陳、衛方睦,若朝陳使請,必可得也。厚從州吁如陳。石碏使告於陳曰：衛國褊小,老夫耄矣,無能爲也。此二人者,實弑寡君,敢即圖之。陳人執之,而請涖於衛。”二人遂皆見殺。然則以號稱方睦、摟之以伐鄭之國,旋即從其大夫之請而討之,所謂與之會則不復討者安在?《左氏》又載衆仲之言曰:“夫州吁,阻兵而安忍。弑其君而虐用其民,不務令德,而欲以亂成。”則所謂求寵於諸侯者,特欲藉與國之衆多,以立威於國内耳。阻兵者負實力,求寵者炫虚聲,所謂以和其民者,乃正欲免國内之討,而豈所懼於諸侯也？故杜氏之説,不徒非《春秋》之義,古代列國之禮法;抑并非當時之俗,《左氏》之意也。

石碏謂“王覲爲可”,而石厚問“何以得覲”,似篡弑之徒,得他國之承認頗難者。然昭公二十年:“齊侯使公孫青聘於衛。既出,聞衛亂,使請所聘。公曰：猶在竟内,則衛君也。乃將事焉。”則失國之君,爲諸侯所不認;而篡國者爲其所認,亦極易事耳。要之篡弑之徒,除非國中之臣子力能討之,或國外之諸侯力能征之,否則晏然竊據其位者多矣。諸侯既不能討之,豈能終不與之交涉？所謂列於會而後定,一若列國間有公法存焉者,固子虚烏有之談也。

〔九二〕　釋“興滅國,繼絶世”

興滅國,繼絶世,此古貴族相扶持相救恤之道也。古之人有行之者：子越椒之亡也，箴尹克黄使於齊，歸復命，而自拘於司敗。楚莊王曰："子文無後，何以勸善？使復其所，改命曰生。"《左氏》宣公四年。其後平王殺鬥成，然滅養氏之族，亦使鬥辛居鄖。《左氏》昭公十四年。衛人討寗氏之黨，石惡出奔晉，衛人立其從子圃以守石氏之祀，《左氏》曰禮也。《左氏》襄公二十八年。此皆行諸國内者也。其行諸國外者：楚莊王縣陳，以申叔時之言而復之。《左氏》宣公十一年。其後靈王滅陳、蔡，又遷許、胡、沈、道、房、申，平王即位，亦皆復之。《左氏》昭公十三年。王又使然丹誘殺戎蠻子嘉，遂取蠻氏，既而復立其子。昭公十六年。晉之滅偪陽，亦使周内史選其族嗣，納諸霍人。襄公十年。雖魯僖公猶能伐邾取須句而反其君，僖公二十二年。而齊桓公存三亡國，以屬諸侯，《左氏》僖公十九年。宋司馬子魚之言。不必論矣。《樂記》：孔子告賓牟賈稱牧野之語曰："武王克殷反商，未及下車，而封黄帝之後於薊，封帝堯之後於祝，帝舜之後於陳；下車而封夏后氏之後於杞，投殷之後於宋。"古之人之所稱美者，固專在於是。《管子・霸言》："夫明王之爲天下正理也，按强助弱，圉暴止貪，存亡定危，繼絶世。此天下之所載也，諸侯之所與也，百姓之所利也，是故天下王之。"蓋治人者，不能食力，恒藉庶民輸租税以養之。亡國敗家，則生無以爲養，而祭祀不能備禮，故子文泣言"鬼猶求食，若敖氏之鬼，不其餒而！"《左氏》宣公四年。紀季以酅入於齊，請復五廟以存姑姊妹。《公羊》莊公三年。而臧武仲之以防求爲後於魯，曰："紇之罪不及不祀"也。《左氏》襄公二十三年。夫興滅國，繼絶世，非甚難之事也。雖强暴之國，猶有能行之者。《史記・秦本紀》：莊襄王元年，"東周君與諸侯謀秦，秦使相國吕不韋誅之，盡入其國。秦不絶其祀，以陽人地賜周君，奉其祭祀。"周在是時，久夷於列國矣，無所謂共主也。孟子曰："三代之得天下也以仁，其失天下也以不仁。"是時周雖尚存，特列國之一耳，久不能號令天下，即不能謂之王矣。古之所謂國者，與後世不同。後世所謂國，乃一國之民共食息生長之地，古者則君若貴戚，據其土，奴其民，强其出租税以奉己者爾。亡國敗家，在衣租食税者，則流離失所，人民固無與也。故以今所謂愛國主義繩古人，乃大繆也。今世所謂國家之興亡者，乃民族之興亡耳。然古者夷蠻戎狄其於中國風俗之異，猶未若今世古民族相去之遠也。故古雖言攘夷狄亦不甚激。然則視滅國爲不義者，亦謂奪人之土地人民，使其生無以爲養，而祭祀亦不能備禮耳。若秦之於周，齊之於紀，其於貴族相扶持相救恤之道，未有虧也。然而其事有難言者，蓋奪人之國、滅人之家，真由伐罪弔民者少，其實皆利其土地人民耳。既利其土地人民，而仍以封其族嗣，或以與吾有功之人，《左氏》襄公十年："晉荀偃、士匄請伐偪陽，而封宋向戌焉。逼陽既滅，以與向戌。向戌辭曰：君若猶辱鎮撫宋國，而以偪陽光啓寡君，羣臣安矣，其何貺如之？若專賜臣，是臣興諸侯以自封也，其何罪大焉？

敢以死請。乃予宋公。”蓋君臣之間，亦不能無争奪矣。争城争地者何利焉？故興滅繼絶之事，雖若史不絶書，實則其事殊罕，是以傳爲美談。而其所興所繼者，亦終不可以久也，此封建之所由廢也。

次於興滅繼絶而爲貴族間相扶持相救恤之義者，則爲不臣寓公。《禮記·郊特牲》曰：“諸侯不臣寓公，故古者寓公不繼世。”《公羊》桓公七年：“夏，穀伯綏來朝，鄧侯吾離來朝，皆何以名？失地之君也。其稱侯朝何？貴者無後，待之以初也。”《穀梁》義同。何君云：“穀鄧本與魯同，貴爲諸侯；今失爵亡土，來朝託寄也，義不可卑；故明當待之如初，所謂故舊不遺，則民不偷。無後者，施於所奔國也。獨妻得配夫，衣食於公家，子孫當受田而耕故云爾。”春秋之時，弑君三十六，亡國五十二，諸侯奔走不得保其社稷者，不可勝數。欲一一錫之土田，勢不可得，故禄之，尊禮之止於其身也。然而并此亦有不可得者，宋昭公之將見殺也，蕩意諸曰：“盍適諸侯。”公曰：“且既爲人君，而又爲人臣，不如死。”《左氏》文公十六年。楚靈王之辱於乾溪也，右尹子革曰：“若亡於諸侯，以聽大國之圖君也。”王曰：“大福不再，只取辱焉。”昭公十三年。則當時諸侯能以寓公之禮待失地之君者，蓋少矣。甚至有不能存其身，如魯之於子糾者，《穀梁》莊公二十九年：“九月，齊人取子糾，殺之。外不言取，言取，病内也。取，易辭也，猶曰取其子糾而殺之云爾。十室之邑，可以逃難；百室之邑，可以隱死；以千乘之魯，而不能存子糾，以公爲病矣。”成吉思汗之逃泰赤兀也，隱於……被鸖毆叢草猶能覆之。此貴族之所以日夷爲皂隸也。

《孟子》：“萬章曰：士之不託諸侯，何也？孟子曰：不敢也。諸侯失國而後託於諸侯，禮也；士之託於諸侯，非禮也。萬章曰：君餽之粟，則受之乎？曰：受之。受之，何義也？曰：君之於氓也，固周之。曰：周之則受，賜之則不受，何也？曰：不敢也。曰：敢問其不敢，何也？曰？抱關擊柝者，皆有常職以食於上；無常職而賜於上者，以爲不恭也。”《萬章下》。又，“陳子曰：古之君子，何如則仕？孟子曰：所就三，所去三。迎之致敬以有禮，言將行其言也，則就之；禮貌未衰，言弗行也，則去之。其次，雖未行其言也，迎之致敬以有禮，則就之；禮貌衰，則去之。其下，朝不食，夕不食，飢餓不能出門户，君聞之曰：吾大者不能行其道，又不能從其言也，使飢餓於我土地，吾恥之。周之，亦可受也，免死而已矣。”《告子下》。觀此知窮而可以寄食於人者，惟諸侯大夫爲然，士則非任事無以得食，故曰：興滅繼絶，不臣寓公，皆古者貴族相扶持相救恤之道也。古貴族失守封土，亦有託於大夫者。如子鮮託於木門是也，見《左氏》襄公二十七年。

古之所謂亡國者與後世異。後世所謂亡國，指喪其主權言之；古則專指有國之君能否奉其祭祀，故苟有片土焉以畀之，則雖盡喪其主權，自古人言之，猶可謂之不亡也。《尚書大傳》曰："古者諸侯始受封，則有采地，百里諸侯以三十里，七十里諸侯以二十里，五十里諸侯以十五里。其後子孫雖有罪黜，其采地不黜，使其子孫賢者守之，世世以祠其始受封之人，此之謂興滅國繼絶世。"蓋自君國子民之義言之，周至於盡入其國，秦亦既蕩焉無存矣。然自奉其祭祀之義言之，則有陽人一邑，猶不可謂之滅亡，故曰秦之所爲，於興滅國繼絶世之義無虧也。許、胡、沈、道、房、申在楚靈王時，其地已盡爲楚所奪，然不曰亡而曰遷，以其祭祀未絶，故平王之復之，亦曰復而不曰封也。不寧惟是，昭公十八年，"楚左尹王子勝言於楚子曰：許於鄭，仇敵也，而居楚地，以不禮於鄭。晉鄭方睦，鄭若伐許，而晉助之，楚喪地矣。君盍遷許？冬，楚子使王子勝遷許於析實白羽"。然則許雖復國，仍居楚地，其去靈王時亦一間耳。哀公元年："楚子、陳侯、隨侯、許男圍蔡。"杜預《左氏注》曰："定六年鄭滅許，此復見者，蓋楚封之。"案此亦或如秦之於周，滅其國，仍賜之以采地，不必其爲復封也。

人臣出亡，亦有受封於他國者：如吴掩余、燭庸奔楚，楚子大封而定其徙是也。《左氏》昭公三十年。然其能得此於異國者，蓋視亡國之君爲尤寡。

晉人之滅虞也，執虞公及其大夫井伯以媵秦穆姬，而脩虞祀，且歸其職貢於王。《左氏》僖公五年。此則徒徼福於鬼神，免天子之誅責，而失興滅繼絶之義矣。

〔九三〕　古者君臣之義上

古者君臣之義，蓋嘗數變矣。其初也，君之於其臣，猶賃庸而使之也。《禮記·表記》曰："子言之：事君先資其言，拜自獻其身，以成其信。是故君有責於其臣，臣有死於其言。故其受禄不誣，其受罪益寡。"又曰："子曰：事君大言入則望大利，小言入則望小利，故君子不以小言受大禄，不以大言受小禄。"《燕義》曰："臣下竭力盡能以立功於國，君必報之以爵禄。"皆斤斤於功勞酬賞之間。而《少儀》曰："事君者，量而後入，不入而後量。凡乞假於人，爲人從事者亦然。"更明以賃庸之道言之。蓋所謂臣者，其初皆拔自賤族，王者不臣妻之父母，始封之君不臣諸父昆弟，天子不純臣諸侯，諸侯不臣寓公，可見君權未張之時，所臣者實皆賤族。族人不敢以其戚戚君，已爲後起之事矣。原不過乞假從事之流。其後關係日深，恩意周浹，一如家人；而君之與臣，又或意氣相得，乃以父子、朋友之道，推而行之。至此，則賃庸之意稍變矣，然猶私而非公。又其後，君與臣，同以社稷爲重，臣非復其君之私昵；君之畜臣，亦不以使令奔走，圖己身之便安爲事，君與臣，乃成爲一國之公僕。事雖未必能如此，而義理則如此。而君臣之義，迥非其故矣。

古者羣道未備，人與人之關係，限於親族之中；其出於親族之外者，乃亦以是推之。北族好畜義兒，而遼、金與中國和親，不曰兄弟，則曰伯叔父，其故即由於此。臣之始，服役於君之家；其事君，當如子之事父，此理之自然者也。臣之受令於君，既猶乞假，自必斤斤於酬賞；然又有不敢私有其財之義，即由以父子之道推之。《坊記》："父母在，不敢有其身，不敢私其財也。故天子四海之内，無客禮，莫敢爲主焉。故君適其臣，升自阼階，即位於堂，示民不敢有其室也。"亦見《郊特牲》。《燕義》曰："君席阼階之上，居主位也。"兩兩比況，最爲明白。《内則》曰："子婦無私貨，無私畜，無私器，不敢私假，不敢私與。婦或賜之飲食、衣服、布帛、佩帨、茝蘭，則受而獻諸舅姑。舅姑受之則喜，如新受賜。若反賜之，則辭，不得命，如更受賜，藏以待之。婦若有私親兄弟，將與之，則必復請其故賜，而後與之。"《儀禮・聘禮》："君使宰賜使者幣。"鄭《注》即援是以爲言，其説是也。《曲禮下》曰："大夫私行，出疆必請，反必有獻。"又曰："士私行，出疆必請，反必告。"《疏》曰："出與大夫同，還與大夫異，士德劣，故不必有獻。"此言殊含糊。《曲禮》又曰："士有獻於國君，他日，君問之曰：安取彼？再拜稽首而後對。"《疏》曰："須問者，士卑德薄，嫌其無有也。"此即不必有獻之故。蓋即"婦或賜之，獻諸舅姑"之義。"定公從季孫假馬，孔子曰：君之於臣，有取無假。"《公羊》定公八年《解詁》。蓋即子婦無私畜之義。《左氏》成公十七年：郤至曰："受君之禄，是以聚黨；有黨而争命，罪孰大焉？"襄公二十六年："孫林父以戚如晉。"《左氏》譏之曰："臣之禄，君實有之。義則進，否則奉身而退。專禄以周旋，戮也。"《論語・憲問》："子曰：臧武仲以防求爲後於魯，雖曰不要君，吾不信也。"皆自此義推之也，然而賃庸之本志荒矣。

朋友之間，所惡者，無信也。而君與臣之間，亦最貴信，即由以朋友之道推之也。荀息之對晉獻公曰："使死者反生，生者不愧乎其言，則可謂信矣。"《公羊》美其不食言。《左氏》亦曰："君子曰：《詩》所謂白圭之玷，尚可磨也；斯言之玷，不可爲也，荀息有焉。"僖公九年、十年。解揚之對楚莊王也，曰："君能制命爲義，臣能承命爲信，信載義而行之爲利。義無二信，信無二命，受命以出，有死無霣，又可賂乎？臣之許君，以成命也；死而成命，臣之禄也。寡君有信臣，下臣獲考，死又何求？"《左氏》宣公十五年。皆所謂以死其言者也。荀息、解揚之於其君！亦猶羊角哀、左伯桃之於其友，劉孝標《廣絶交論注》引《烈士傳》。而程嬰、公孫杵臼，則二者兼之者也。《史記・趙世家》。朋友之間，意氣固有厚薄，君臣之間亦然，豫讓國士衆人之論是也。《史記・刺客列傳》。"工尹商陽與陳棄疾追吴師，及之，斃一人。又及，又斃二人。止其御曰：朝不坐，燕不與，殺三人，亦足以反命矣。"《禮記·檀弓下》。亦豫讓之志也。

人之秉彝，無時而或泯者也。戰勝之族，初克戰敗之族，蓋亦嘗視之如土苴矣。觀夏后氏用貢法，最可見之。其後彼此之關係稍深，戰勝之族之天良，亦稍以發見，則君與民之利害稍相同，馴至民所恃以生之社稷，君亦與爲存亡焉。《曲禮》曰："國君去其國，止之曰：奈何去社稷也？大夫曰：奈何去宗廟也？士曰：奈何去墳墓也？"又曰："國君死社稷，大夫死衆，士死制。"《禮運》亦曰："國有患，君死社稷謂之義，大夫死宗廟謂之變。"《公羊》曰："國滅，君死之，正也。"襄公六年。又莊公十三年《解詁》曰："諸侯死國不死邑。"蓋二者久合爲一體矣。人臣至此，亦不復以君之私暱自居。齊莊公之見弑也，晏子曰："君民者，豈以陵民？社稷是奉。臣君者，豈爲其口實？社稷是養。故君爲社稷死則死之，爲社稷亡則亡之；若爲己死而爲己亡，非其私暱，誰敢任之？"《左氏》襄公二十五年。"衛獻公出奔，反於衛，及郊，將班邑於從者而後入。柳莊曰：如皆守社稷，則孰執羈靮而從？如皆從，則孰守社稷？君反其國而有私也，毋乃不可乎？弗果班。"《檀弓下》。《左氏》僖公二十八年：寧武子監衛人，亦曰："不有居者，誰守社稷；不有行者，誰扞牧圉。""衛有太史曰柳莊，寢疾，公曰：若疾革，雖當祭必告。公再拜稽首請於尸曰：有臣柳莊也者，非寡人之臣，社稷之臣也。聞之死，請往。不釋服而往，遂以襚之。"《檀弓下》。皆其言之最明白者也。孟子曰："有安社稷臣者，以安社稷爲説者也。"《盡心上》。《少儀》曰："爲人臣下者，有諫而無訕，有亡而無疾，頌而無諂，諫而無驕，怠則張而相之，廢則埽而更之，謂之社稷之役。"與夫便嬖使令，固不可同年而語矣。

《説文·臤部》："臤，堅也。从又，臣聲。"此與堅，實即一字。《石部》："硻，餘堅也。从石，堅省聲。"亦即从臣聲也。磬，古文作硜，段懋堂曰："《論語》曰：鄙哉硜硜乎。又云：硻硻然小人哉。其字皆當作硻。"案亦可作臤也。此可見臣字之初，有小與堅之義。小者，臣之始，本不過便嬖使令之流；堅則當守信之謂也。磬與硜，初爲一字，後乃分别，以磬爲樂器之名，硜狀其聲，觀《樂記》"石聲磬"，《史記·樂書》作硜，可見。

臣道始於賃庸，至後世，其遺跡仍有可見者。孟子曰："仕非爲貧也，而有時乎爲貧。"又曰："辭尊居卑，辭富居貧，惡乎宜乎？抱關擊柝。"又曰："抱關擊柝者，皆有常職以食於上，無常職而食於上者，以爲不恭也。"萬章曰："君餽之粟則受之乎？"曰："受之。""受之何義也？"曰："君之於氓也，固周之。"以上皆見《萬章下》。陳子曰："古之君子，何如則仕？"孟子曰："所就三，所去三。迎之致敬以有禮，言將行其言也，則就之；禮貌未衰，言弗行也，則去之。其次，雖未行其言也,迎之致敬以有禮,則就之;禮貌衰,則去之。其下,朝不食,夕不食,飢餓不能出門户。君聞之,曰:吾大者不能行其道,又不能從其言也,使飢餓於我土地,吾恥之。周之,亦可受也,免死而已矣。"《告子下》。皆以君當畜臣,臣不可無事而食爲言。彭更曰:"士無事而食,不可也。"《滕文公下》。公孫丑曰:"詩曰:不素餐兮,君子之不耕而食,何也?"王子墊問曰:"士何事?"《盡心上》。亦皆以無事而食爲疑者,猶夫《表記》、《燕義》、《少儀》諸篇之言也。

〔九四〕　古者君臣之義下

臣能守信,善矣;然徒知守信,而不論其事之是非,則亦不足爲訓。里克之將殺奚齊也,謂荀息曰:"君殺正而立不正,廢長而立幼,如之何?"荀息無以對也。徒曰:"君嘗訊臣矣,臣對曰:使死者反生,生者不愧乎其言,則可謂信矣。"《公羊》僖公十年。即徒知守信,而不問其義不義者也。《左氏》僖公九年:荀息曰:"吾與先君言矣,不可以貳。能欲復言,而愛身乎?"使荀息當日,毅然守正,而不從其君之逆命,晉國豈比數世亂哉?乃若里克,亦徒以嘗爲申生傅,而爲之報仇而已,非能知居正之義也。《左氏》:僖公九年:荀息曰:"人之欲善,誰不如我?我欲無貳,而能謂人已乎?"可見荀息、里克正是一流人物。人人各徇其私,則忠信也而愈亂。"此非禮之禮,非義之義",大人所以弗爲也。《孟子·離婁下》。《左氏》宣公二年:晉靈公使鉏麑賊趙宣子,"晨往,寢門辟矣。盛服將朝,尚早,坐而假寐。麑退,歎而言曰:不忘恭敬,民之主也。賊民之主,不忠;棄君之命,不信;有一於此,不如死也。觸槐而死。"此亦小忠小信,所謂"非禮之禮,非義之義"者也。《檀弓下》:"齊大飢,黔敖爲食於路,以待餓者而食之。有餓者蒙袂輯屨,貿貿然來。黔敖左奉食,右執飲,曰:嗟來食。揚其目而視之,曰:予惟不食嗟來之食,以至於斯也。從而謝焉,終不食而死。曾子聞之曰:微與?其嗟也可去,其謝也可食。"聖賢之處生死之間,自與一節之士不同矣。故曰:"可以死,可以無死,死傷勇。"

晉惠公之卒也,"懷公命無從亡人。狐突之子毛及偃從重耳在秦,弗召。冬懷公執狐突,曰:子來則免。對曰:子之能仕,父教之忠,古之制也。策名委質,貳乃辟也。今臣之子,名在重耳,有年數矣;若又召之,教之貳也。父教子貳,何以事君?"《左氏》僖公二十三年。徒知貳之爲戮,而不計所忠之當否?亦猶夫荀息之志也。

且如季氏之當去,凡爲魯人,誰不知之?乃南蒯之謀去季氏也,其鄉人譏其家臣而君圖。《左氏》昭公十二年。其後事敗奔齊。子韓晳又謂其以"家臣而欲張公室,罪莫大焉。"昭公十四年。其背公黨私如此,此定於一尊之義,所由不可不亟講與?

陽虎之欲殺季孫也,臨南爲御,謂臨南曰:"以季氏之世世有子,子可以不免我死乎?”臨南許諾,乃以季孫如孟氏,《公羊》定公八年。此感於季氏之世世有之,非知陽虎欲弑季孫之爲不義也。使其世世豢於陽虎,則亦將爲之成濟矣。人人效其小信,而不知大義,此世事之所以紛紜也。

白公之縊也,其徒微之。生拘石乞而問焉,對曰:“余知其死所,而長者使余勿言。”曰:“不言將烹。”對曰:“此事也,克則爲卿,不克則烹,固其所也。”乃烹石乞。《左氏》哀公十六年。石乞可謂信矣。然而楚之亂,石乞之徒爲之也。

戰國時有肥義者,其爲人,猶之春秋時之荀息也。漢初有貫高者,其爲人,猶之春秋時之石乞也。周昌力争毋廢太子。其後使爲趙王傅。吕后召王,昌嘗弗遣。及王死,昌謝病不朝。其爲人,亦里克、荀息之流也。

豈惟國内,《雜記》曰:“内亂不與焉,外患勿辟也。”《公羊》亦曰:“君子辟内難而不辟外難。”莊公二十七年。列國之所以多戰事,亦商君所謂“勇於公戰”者爲之也。以大一統之義言之,則亦孟子所謂“善戰者服上刑”而已。《離婁上》。《表記》:“子曰:事君可貴可賤,可富可貧,可生可殺,而不可使爲亂。子曰:事君軍旅不辟難,朝廷不辭賤。處其位而不履其事,則亂也。故君使其臣,得志則慎慮而從之;否則孰慮而從之。終事而退,臣之厚也。《易》曰:不事王侯,高尚其事。”《注》曰:“使,謂使之聘問、師役之屬也。終事而退,非己志者,事成則去也。”此説非也。事成乃去,則不義之事已遂矣,亂矣。“小邾射以句繹來奔,曰:使季路要我,吾無盟矣。使子路。子路辭。季康子使冉有謂之曰:千乘之國,不信其盟,而信子之言,子何辱焉?對曰:魯有事於小邾,不敢問故,死其城下可也。彼不臣而濟其言,是義之也。由弗能。”《左氏》哀公十四年。“魯欲使慎子爲將軍,孟子曰:一戰勝齊,遂有南陽,然且不可。徒取諸彼以與此,然且仁者不爲,況於殺人以求之乎?君子之事君也,務引其君以當道,志於仁而已。”《告子下》。此豈聘問師役之不義者,可以强使之哉?《表記》曰:“唯天子,受命於天,士受命於君。故君命順,則臣有順命;君命逆,則臣有逆命。”《荀子·臣道》曰:“從命而利君謂之順,從命而不利君謂之諂;逆命而利君謂之忠,逆命而不利君謂之篡。不恤君之榮辱,不恤國之臧否,偷合苟容,以持禄養,交而已耳,謂之國賊,君有過謀過事,將危國家,殞社稷之懼也,大臣父兄有能進言於君,用則可,不用則去,謂之諫。有能進言於君,用則可,不用則死,謂之争。有能比知同力,率羣臣百吏,而相與强君撟君;君雖不安,不能不聽,遂以解國之大患,除國之大害,成於尊君安國,謂之輔。有能抗君之命,竊君之重,反君之事,以安國之危,除君之辱,功伐足以成國之大利,謂之拂。故諫,争,輔,拂之人,社稷之臣也,國君之寶也,明君所尊厚也,而闇主惑君,以爲已賊也。伊尹、箕子，可謂諫矣；比干、子胥，可謂争矣；平原君之於趙，可謂輔矣；信陵君之於魏，可謂拂矣。傳曰：從道不從君，此之謂也。”夫知從道不從君，而闇主惑君之獲行其志者寡矣，而人民利，社稷安矣。然徒爲一國之社稷計，猶非道之至者也。《公羊》莊公二十四年《解詁》曰：“不從得去者，所以申賢者之志，孤惡君也。”夫惡君孤，則其亡也速矣。此與無德欲速亡之義何以異？見《吕覽・長利》。豈不廓然而大公也哉？何君謂此爲孔子所謂“以道事君”者，其信然與？“所謂大臣者，以道事君，不可則止。”見《論語・先進》。

《荀子・臣道》又曰：“事暴君者，有補削，無撟拂。迫脅於亂時，窮居於暴國，而無所避之，則崇其美，揚其善，違其惡，隱其敗。言其所長，不稱其所短。”此非爲持禄養交計也，所以全賢者之軀也。賢者之生也，非爲一人，抑非爲一國，所以爲天下生民也。不忍一時之悻悻，以亡其身，不亦寡慮矣乎？《史記・宋微子世家》述殷太師之言曰：“今誠得治國，國治身死不恨。爲死終不得治，不如去。遂亡。”《管子・宙合》曰：“賢人之處亂世也，知道之不可行，則沈抑以辟罰，静默以侔免，非爲畏死而不忠也。夫强言以爲僇，而功澤不加。進傷爲人君嚴之義，退害爲人臣者之生，其爲不利彌甚。故退身不舍端，脩業不息版，以待清明，故微子不與於紂之難。”與《史記》之言，若合符節。案《微子世家》述微子、箕子、比干三人之事，而《論贊》引《論語》殷有三仁之文，蓋本儒家口説。其述太師之言，殆亦尚書家傳微子之意邪？《管子》此篇，其爲儒家口説無疑也。然則《左氏》譏泄冶，“民之多辟，無自立辟”，宣公九年。亦不必非孔子之言矣。

衛寧喜之將納獻公也，使人謂獻公，獻公曰：“子苟納我，吾請與子盟。”喜曰：“無所用盟，請使公子鱄約之。”獻公謂公子鱄。公子鱄辭。獻公怒曰：“黜我者非寧氏與孫氏，凡在爾。”公子鱄不得已而與之約。已約，歸至，殺寧喜。公子鱄挈其妻子而去之，將濟於河，携其妻子而與之盟，曰：“苟有履衛地食衛粟者，昧雉彼視。”《公羊》襄公二十七年。此事與小邾射不信魯國之盟，而信季路之要頗相類。季路不從康子，而公子鱄見迫於獻公，則其事殊也。鱄之深絶獻公，不可謂不合於義。《解詁》責其“守小信而忘大義，拘小介而失大忠”，似失之刻。

〔九五〕　君臣朋友

《假樂》之詩曰：“之綱之紀，燕及朋友。”《毛傳》曰：“朋友，羣臣也。”此古義也。《史記・廉頗藺相如列傳》：趙宦者令繆賢曰：“臣嘗從大王與燕王會境上,燕王私握臣手,曰:願結友。”至戰國末造,以燕之僻陋,而猶知此義。可見《孟子》所言孟獻子、魯繆公、晉平公之事,必非虚語矣。見《萬章》下。

《唐書·吐蕃列傳》曰:“其君臣自爲友,五六人曰共命。”秦穆公之於三良也,飲酒樂。公曰:生共此樂,死共此哀。三良許諾。公薨,遂皆自殺以殉。此所謂共命者也。可見未演進時,中國之風俗,與四夷相類者頗多。

《曲禮》曰:“父母存,不許友以死。”則許友以死者多矣。服虔注《左氏》云:“古者始仕,必先書其名於策,委死之質於君,然後爲臣,示必死節於其君也。”《史記·仲尼弟子列傳索隱》引。此亦許友以死之類也。古人有罪不逃刑,此乃許君以死,而又守信,使之然也。如晉之慶鄭是。事見《左氏》僖公十五年。子游曰:“事君數,斯辱矣。朋友數,斯疏矣。”《論語·里仁》。左儒曰:“君道友逆,則順君以誅友。友道君逆,則率友以違君。”《説苑·立節》。皆以君臣與朋友并言。然則若杜蕢之於晉平公者,亦朋友責善之道地。見《禮記·檀弓》下。《左氏》作屠蒯。見昭公九年。

《檀弓》云:“魯人有周豐也者,哀公執摯請見之,而曰:不可。公曰:我其已夫!使人問焉。”《士相見禮疏》曰:執摯者,或平敵,或以卑見尊。尊無執摯見卑之法;哀公執摯見己臣,謂下賢,非正法也。案此亦以朋友之道行之也,而周豐曰不可,可見孟子謂魯繆公見子思,問千乘之國以友士,而子思不悦,非虚語矣。亦見《萬章》下。而哀公猶不肯已,而使人問焉,此亦足見哀公之下賢。嘗謂春秋時,與强臣不協者多賢君。而史記之多不美之辭者,乃强臣訾毁之辭,非實録也。如魯昭公如晉,自郊勞至於贈賄,無失禮。見《左氏》昭公五年。此豈年十九猶有童心,比葬易哀者之所能乎?襄公三十一年。其取於同姓,安知其非欲結强援,以除季氏也。且如晉平公,亦賢君也。觀其於杜蕢、亥唐之争,不賢而能之乎?溴梁之盟,在於平公之世,亦會公室將卑爾,而豈平公之過哉?

曰:中心好之,欲飲食之,朋友之道也。《燕禮》所陳是也。《雜記》曰:“卿大夫疾,君問之無算;士壹問之。君與卿大夫,比葬不食肉,比卒哭不舉樂;爲士,比殯不舉樂”。《喪大記》曰:“君於大夫疾,三問之”。《荀子·大略》亦曰:“君於大夫,三問其疾,三臨其喪;於士,一問一臨”。此言無算者,三但言其多耳,非必限之以三也。此亦非後世之所能也。

朋友戒褻狎,君臣亦然,故曰:“諸侯非問疾弔喪而入諸臣之家,是謂君臣爲謔”。《禮記·禮運》。又《荀子·大略》:“諸侯非問疾弔喪不之臣之家”。

〔九六〕 朋友之道

人之相結也,志或存於相利,是商賈之行也,君子羞之矣。然生死之交,其始之相結也，或未始不由於相利，此猶終成高世之行者，其人德之始，或亦由好名使然，故行之方始者，未易測其所終；而君子之設科也，往者不追，來者不拒，以是心至，罔不受之，所謂有教無類也。《論語・顔淵》："司馬牛憂曰：人皆有兄弟，我獨無。子夏曰：君子敬而無失，與人恭而有禮，四海之内，皆兄弟也；君子何患乎無兄弟也？"《子路》："樊遲問仁。子曰：居處恭，執事敬，與人忠。雖之夷狄，不可棄也。"《衛靈公》："子張問行。子曰：言忠信，行篤敬。雖蠻貊之邦，行矣；言不忠信，行不篤敬，雖州里，行乎哉？"《大戴記・曾子制言上》："曾子門弟子或將之晉，曰：吾無知焉。曾子曰：何必然？往矣。有知焉謂之友，無知焉謂之主。且夫君子，執仁立志，先行後言，千里之外，皆爲兄弟。苟是之不爲，則雖汝親，庸孰能親汝乎？"此皆兢兢自靖，意非存於相利也。然又曰："人之相與也，譬如舟車然，相濟達也。己先則援之，彼先則推之。是故人非人不濟，馬非馬不走，土非土不高，水非水不流。"則明以相利爲懷矣。由此觀之，《禮記・儒行》言朋友之道，極之於"爵位相先，患難相死"，"久相待，遠相至"，其始，亦未嘗不由於遊士之相結，如女之入宫者，相要以苟見接，毋相忘者也。人之意氣相得，願相爲死，非可得之立談之間，即無從期之訂交之始；而性情特厚，惟求無愧於心，無負於人者，亦非可以旦夕遇之；恒人之相結，始未有不期於相利者。終或超出於利害生死之外，則其情皆由於馴致，猶之始以脩名而立行者，終或至於獨立不懼，遁世無悶也。孔子曰："端衣玄裳，冕而乘路者，志不在於食葷；斬衰簡屨，杖而歠粥者，志不在於飲食"。《大戴記・哀公問》。飾雖在外，猶足以變易其中，況於躬行實踐，始雖僞，有不徐致其情者乎？君子之接人也，惟勉其行之不飭，而不責其衷之不誠；其自律也，不敢謂心實無他，而不恤其行之有玷。自宋儒創誅心之論，乃不徒責人之行，而必深責其心。行誠不可不本於心，然過重存心，或反至略其制行；於是僞飾者得以依託，謹願者或反見屏矣。教既不廣，而其後之横決，轉有不忍言者。夫高世之行，絶俗之心，道德之士，豈不當以之自勉？亦豈不可與人共勉？然而可與二三人共勉者，不必其可與千百人共勉。宋明之講學者，聚徒至於千百，是當以接衆人之道接之，而亦以接二三人之道接之，此所以教似廣而無其實，而終且至於横決也。

《論語・顔淵》：樊遲問辨惑。子曰："一朝之忿，忘其身以及其親，非惑與？"此與《孟子・盡心下》篇所謂"殺人之父，人亦殺其父；殺人之兄，人亦殺其兄；然則非自殺之也一間耳"之言同。以古重復仇，故以利害動之也。聖賢之言，不皆自出，亦多因襲成説。諺語流傳，原不過如此耳。

所知與朋友不同。古言所知，猶今言相識耳。《禮記·檀弓》曰：“師，吾哭諸寢；朋友，吾哭諸寢門之外；所知，吾哭諸野”，厚薄顯然不同；而曾子謂“有知焉謂之友”，則以待朋友之道待所知矣。厚人以求自親，所謂所求乎朋友先施之，抑亦行過乎恭之意也。《王制》七政，以賓客與朋友并列，二者亦顯非一倫。《論語·鄉黨》曰：“朋友死，無所歸，曰於我殯”，而《檀弓》曰：“賓客至，無所館，夫子曰：生於我乎館，死於我乎殯”，是亦以待朋友之道待賓客矣。古蓋自有此俗，故異邦羈旅之士，可先施以求之於人也。

〔九七〕　立君以法誅獨夫以衆[①]

立君之法，莫嚴於《公羊》。《左氏》襄公三十一年，穆叔曰：“大子死，有母弟則立之，無則長立，年鈞擇賢，義鈞則卜，古之道也。”昭公二十六年，王子朝告諸侯曰：“昔先王之命曰：王后無適，則擇立長，年鈞以德，德鈞以卜；王不立愛，公卿無私，古之制也。”此所謂古，皆指周之先世言之。案古代君位傳授，蓋有三法。孔子曰：“唐虞禪，夏后、殷、周繼，其義一也。”《孟子·萬章上》。是“禪”與“繼”爲相對之稱。然《公羊》莊公三十二年，公子牙曰：“魯一生一及。”《史記·魯世家》作一繼一及。《解詁》曰：“父死子繼曰生，兄死弟繼曰及。”是繼之中，又“生”與“及”之别也。人情兄弟之愛，每不敵父子之親，難保有宋太宗之事；又兄弟年或相近，幼者無登位之望，或不免於篡弑；故“生”之法優於“及”。同是生也，立適勝於立庶，以其易得外家之夾輔也。立長勝於立少，以君位早定，可無季康子之事，見《左氏》哀公三年。且長君利統率也。然年鈞以德，仍不免於以意出入；德鈞以卜，則更聽諸不可知之數矣。《禮記·檀弓下》：“石駘仲卒，無適子，有庶子六人，卜所以爲後者。”《左氏》昭公十三年：楚“共王無冢適，有寵子五人，無適立焉。乃大有事於羣望，而祈曰：請神擇於五人者。”定公元年：子家曰：“若立君，則有卿大夫士與守龜在。”知以卜定君位，古確有是事也。然迷信甚深之世，龜筮所示，庸或莫之敢違。至於“天道遠，人道邇”，爲衆所著知，則龜筮之從，亦不足戢争奪之心矣。而異母之子，又可同時而生，争端究未盡泯也。《公羊》之法曰：“立適以長不以賢，立子以貴不以長。”何君《解詁》曰：“適，謂適夫人之子，尊無與敵，故以齒。子，謂左右媵及侄娣之子，位有貴賤，又防其同時而生，故以貴也。《禮》：適夫人無子，立右媵；右媵無子，立左媵；左媵無子，立嫡侄娣；嫡侄娣無子，立右媵侄娣；右媵侄娣無子，立左媵侄娣。

---

① 又改題爲《春秋立君之法》。

質家親親，先立娣；文家尊尊，先立侄。嫡子有孫而死，質家親親，先立弟；文家尊尊，先立孫。其雙生也，質家據見，立先生；文家據本意，立後生；皆所以防愛争。"隱公元年。其立法可謂密矣。隱公四年："衛人立晉。"《傳》曰："立者何？立者，不宜立也。其稱人何？衆立之之辭也。然則孰立之？石碏立之。石碏立之，則其稱人何？衆之所欲立也。衆雖欲立之，其立之非也。"案《周官》小司寇有詢立君之法。《左氏》僖公十五年，子金教郤缺："朝國人，而以君命賞。且告之曰：孤雖歸，辱社稷矣，其卜貳圉也。"昭公二十四年："晉侯使士景伯莅問周政，士伯立於乾祭，而問於介衆。"哀公二十六年，越人納衛侯，文子致衆而問焉。蓋皆其事。石碏之立晉，度亦必有是舉，故以衆欲爲辭。然而《春秋》非之者，以衆之不足恃，時或與一二人等故也。然文公十八年："莒弑其君庶其。"《傳》曰："其稱國以弑何？稱國以弑者，衆弑君之辭。"《解詁》曰："一人弑君，國中人人盡喜，故舉國，以明失衆當坐絶也。"則無不與之之辭矣。蓋立君爲衆，隱公四年《解詁》。衆立之而非者，以衆不能知所當立；或雖知之，而不能自達其意也。至衆所欲誅，庸亦有不當於理者；然君人者，本應審輿情以爲舉措；事雖善而拂於輿情者，亦宜先立信而後行之；一意孤行，本非君人之道。且上之肆虐久矣，違道而拂衆者究多，得道而違衆者究少，故寧順輿情而絶之也，亦足見春秋立法之周矣。

〔九八〕　内亂不與焉，外患弗闢也[①]

《禮記·雜記下》："内亂不與焉，外患弗闢也。"案《史記·吴太伯世家》：闔廬乘季札使晉，弑王僚而立。"季子至，曰：苟先君無廢祀，民人無廢主，社稷有奉，乃吾君也，吾敢誰怨乎？哀死事生，以待天命；非我生亂，立者從之；先人之道也。復命，哭僚墓，復位而待。"即《雜記》之所云也。闔廬之謀弑僚也，告專諸曰："季子雖至，不吾廢也。"蓋當時君臣之間，義自如此，人人知之也。晉欒書、中行偃之執厲公也，召士匄，士匄辭；召韓厥，韓厥辭，曰："昔吾畜於趙氏，孟姬之讒，吾能違兵。古人有言曰：殺老牛莫之敢尸，而況君乎？二三子不能事君，焉用厥也？"《左氏》成公十七年。古者臣之事君，不過如此，爲己死而爲己亡，非其親暱，固莫之敢任矣。子思曰："今之君子，進人若將加諸膝，退人若將隊諸淵，毋爲戎首，不亦善乎？"《禮記·檀弓下》。言雖爲戎首，亦未

---

① 曾改題爲《臣之事君》。

大傷於義也。故孟子亦曰:"君之視臣如草芥,則臣視君如寇仇"也。《離婁下》。《左氏》宣公四年:鄭子公欲弒靈公,謀於子家。子家曰:"畜老猶憚殺之,而況君乎?"其言與韓厥同,亦不悖義。及子公反譖子家,子家遂懼而從之,則非之死不變之操矣。故《左氏》載君子之言,譏其"仁而不武無能達",明其初志固不悖於義也。

〔九九〕 尊王與民貴之義相成

春秋有尊王之義,昧者輒與尊君并爲一談,疑其與民貴之義相背,此誤也。君所治者皆國内之事;王則爲天下所歸往,所治者乃列國之君,不及其民也。故五官之長,九州之伯,於外曰公曰侯,於其國則皆曰君。《禮記·曲禮下》。何君《公羊解詁》,謂"王者諸侯皆稱君"是也。隱公元年。君惡其虐民,列國則求其有共主,可以正其相侵。凡列國之内,臣弒其君,子弒其父,若虐民而無所忌憚者,亦宜有以威之。《左氏》襄公二十七年:"子罕曰:凡諸侯小國,晉、楚所以兵威之,畏而後上下慈和,慈和而後能安靖其國家,以事大國,所以存也。無威則驕,驕則亂生,亂生必滅,所以亡也。"此不盡虚辭,古時蓋實有此等情形也。故尊王之義與民貴,殊不相背,且適相成也。

孔子曰:"天無二日,民無二王。"《禮記·曾子問、喪服四制》作土無二王。此特願其如是,其實不必能如是也。大抵一方之中,有若干國歸往之者,則稱爲王,春秋吴、楚皆稱王,其先徐偃王亦嘗稱王以此,《史記·楚世家》曰:"熊渠甚得江漢間民和,乃興兵伐庸、揚、粤至於鄂,熊渠曰:我蠻夷也,不與中國之號謚。乃立其長子康爲句亶王,中子紅爲鄂王,少子執疵爲越章王,皆在江上楚蠻之地。"此乃楚自王蠻夷,於中國無與,故中國初不過問。《史記》又云:"及周厲王之時暴虐,熊渠畏其伐楚,亦去其王。"熊渠三子皆爲王,無反自稱君之理。所謂去其王號者,非去三子之王號,蓋自去其王號也。即謂不然,熊渠三子,固已并時稱王矣,足征王非不可有二也。其後越滅於楚,《越世家》云:"諸族子争立,或爲王,或爲君,濱於江南海上,服朝於楚。"爲王而仍可服朝於人,足見所謂王者,特爲一方所歸往,不必其尊無二上也。戰國齊、魏嘗相王,五國又嘗相王以此。

《楚世家》又云:"楚伐隨。隨曰:我無罪。楚曰:我蠻夷也,今諸侯皆爲叛,相侵或相殺,我有敝甲,欲以觀中國之政,請王室尊吾號。隨人爲之周,請尊楚。王室不聽。還報,楚熊通怒,乃自立爲武王,與隨人盟而去。""周召隨侯,數以立楚爲王。楚怒,以隨背己,伐隨。"武王之稱王,隨人蓋誠以王事之,故周人數其罪。隨蓋又辭服於周，請不王楚，故楚又怒其背己也。《齊、晉世家》皆謂齊頃敗於鞌，欲尊晉爲王，而景公不敢。齊之於晉，蓋欲以隨奉楚者奉之。竊疑熊渠亦曾稱王，以臨中國諸侯，而史失載也。《田敬仲完世家》："擊魏，大敗之桂陵。於是齊最强，於諸侯，自稱爲王，以令天下。"云令天下侈辭，然戰國時之小國，稱王固猶足以令之也。

《穀梁》曰："黄池之會，吴子進乎哉，遂子矣！吴，夷狄之國也。祝髮文身，欲因魯之禮，因晉之權，而請冠端而襲。其借於成周，以尊天王，吴進矣！吴，東方之大國也，累累致小國以會諸侯，以合乎中國。吴能爲之，則不臣乎？吴進矣！王，尊稱也；子，卑稱也；辭尊稱而居卑稱，以會乎諸侯，以尊天王。"哀公十三年。此言吴於是役，自去其王號，以尊周也。熊渠之去其王號，蓋亦如此。與中國接時去王，其在蠻夷無妨仍稱王號，猶越諸族子服朝於楚，猶王江南海上也。大抵自王其地者，必距其所服朝者甚遠，而其所王，亦必爲蠻夷；故北方之大國，未有敢自稱王者也。

五國之相王也，趙武靈王獨不肯，曰："無其實敢處其名乎？令國人謂己曰君。"《趙世家》。謙言無他國歸往之者，獨能自治其國也。衛嗣君獨有濮陽，乃貶號曰君，《衛世家》。以此。《韓世家》：宣惠王十一年，"君號爲王。"前此亦但自君其國而已。

爲他國所歸往者，臨其所歸往之國曰王，於其國則稱君，名之因實而不同者，如是而已。公、侯、伯、子、男等皆美稱，語其實則皆無以異也。春秋以前，天子稱王，中國諸侯隨其尊卑而有五等之號。戰國時齊、魏諸國皆稱王，服屬之小國仍稱公侯，其所封之大夫則徒稱君，如孟嘗君、望諸君之類是也。《衛世家》云，三晉强，衛如小侯屬之。成侯時，衛更貶號曰侯。蓋前此雖如小侯，猶襲公號；故史自聲公以上皆稱公，成侯以下乃改稱侯也。嗣君更貶號曰君者，自比於田文、樂毅等也。《孟嘗君列傳》曰："齊襄王立，而孟嘗君中立於諸侯，無所屬。"則進而魯、衛比矣。《樂毅列傳》報燕惠王書曰："先王以爲慊於志，故裂地而封之，使得比小國諸侯。"曰"比小國諸侯"，明猶未有侯稱也。《趙世家》：烈侯六年，"魏、韓、趙皆相立爲諸侯，追尊獻子爲獻侯。"《田敬仲完世家》："太公乃遷齊康公於海上。三年。康公十六年。太公與魏文侯會濁澤，求爲諸侯。魏文侯乃使使言周天子及諸侯，周天子許之。康公之十九年，田和立爲齊侯，列於周室。"知當時三晉與齊雖曰强大，即諸侯之稱，猶不能自擅也。

列國之君，稱公、侯、伯、子、男，臨之者稱王。至列國皆稱王，則臨乎其上者，不能不更有他稱，乃採古有天下者之號，而稱之曰帝，齊、秦爲東西帝，辛垣衍欲令趙帝秦是也。秦始皇既并天下，詔丞相御史更名號。丞相御史等别上尊號爲泰皇，棄戰國時帝字弗用。始皇則去泰著皇，而仍用帝字焉。其實帝亦天下未一時之稱。丞相等議,固明言昔者五帝,地方千里,其外侯服、夷服,諸侯或朝或否,天子不能制矣;始皇盡廢封建,而仍襲戰國時臨於諸王之帝號,其實更之而未盡也。然言語嘗取習熟,帝之名,蓋戰國時人久知之矣;皇則博士稽古所稱,未必人人知之;始皇所以欲兼採帝字者以此。自此以後,遂以帝爲君天下之稱,而王爲獨王其國之號。趙高之弑二世也,召諸大臣公子曰:"秦故王國,始皇君天下,故稱帝;今六國復自立,秦地益小,乃以空名爲帝,不可;宜爲王如故,便。"則此時之王,猶之昔日之君,此時之帝,猶之昔日之王矣。秦既滅,諸侯相王,皆爲王,乃獨以帝尊楚懷王。漢滅楚列爵二等,君天下者亦曰帝。

夫名之尊卑隨實而變,王嘗爲君天下者之號矣,戰國以降乃變爲自君其國之稱。試問是時之稱王者,敢以天下之所歸往自居乎?敢自比於天無二日乎?然則無其實者,雖舉林蒸天帝皇王后辟公侯之名盡以歸之,猶之其爲匹夫也。清社之屋也,袁世凱有愚德焉,乃使虜之孺子仍皇帝之名,曰是固不失其尊榮矣。不學無術甘爲虜臣妾者,亦遂以是尊之曰是猶皇帝也。而不知在民國,君國者曰總統,皇帝之名猶之古之三恪,曰以外國之君待之則亦寓公而已,而猶以是爲尊,祇見亡國之士夫無一讀書人而不足與語也。

〔一〇〇〕布衣死節

《史記·田單列傳》曰:"燕之初入齊,聞畫邑人王蠋賢,令軍中曰:環畫邑三十里無入。已而使人謂蠋曰:齊人多高子之義,吾以子爲將,封子萬家。蠋固謝。燕人曰:子不聽,吾引三軍而屠畫邑。王蠋曰:忠臣不事二君,貞女不更二夫,齊王不聽吾諫,故退而耕於野。國既破亡,吾不能存。今又劫之以兵,爲君將,是助桀爲暴也。與其生而無義,固不如烹。遂經其頸於樹枝,自奮絶脰而死。齊亡,大夫聞之曰:王蠋布衣也,義不北面於燕,況在位食禄者乎?乃相聚,如莒求諸子,立爲襄王。"案布衣本無死節之義,蠋所以必死者,以敵人劫之以爲將。公山不狃曰:"君子違不適仇國。未臣而有伐之,奔命焉,死之可也。"《左氏》哀公八年。今蠋曰:"齊王不聽吾諫,故退而耕於野",則固嘗仕齊矣。以湣王之暴,故無舊君反服之義;然倒戈助敵,則已甚矣;況於所謂燕人者,自蠋視之,亦桀也;助桀爲虐,其可乎?是爲君爲民,兩有不可,所謂進退惟谷者也。而燕人顧劫之以屠畫邑,則蠋安得而不死?孟子曰:可以死,可以毋死,死傷勇。宋明之末,乃有布衣之士,亦抗節以爲高者。夫國破家亡，所得以恢復者，人民也。若人民皆自經於溝瀆，則異族真得志矣，此不好學之蔽也。

忠臣不事二君，貞女不更二夫。在後世，幾於人人能言之。其實此亦可明一義耳。士君子懷才抱道，欲拯斯民於水火，雖爲伊尹之五就湯五就桀，固無所嫌，安得執此小諒乎？即以對君論，子思有"毋爲戎首，不亦善乎"之談。《禮記・檀弓下》。孟子有"寇讎何服之有"之論。《孟子・離婁下》。非禮之禮，非義之義，大人弗爲，豈得執效忠於一姓之小諒哉？若乃胡虜既亡，猶有亡民族之大義，而甘爲之效忠者，則直是之喪心病狂矣。女子之於其夫，亦何渠不如是。衣不暖，食不飽，鞭撻加於身，是寇讎也；寇讎也，雖爲戎首，不亦宜乎，又何不更二夫之有？

〔一〇一〕 荆軻燕丹

《史記》云：曹沫"以勇力事魯莊公。莊公好力。"記其盟齊桓於柯事，與《公羊》畧同。《國策》亦作曹沫《穀梁》作曹劌。《左氏》於柯之盟，不記魯劫盟事。而長勺之戰，記劌之謀，與持匕首以劫人者，殊不相類。故有疑沫與劌非一人者。然《吕覽・貴信》記劫齊桓事，與《公羊》大同，而亦作曹劌，則沫、劌確係一人。予謂史公所傳刺客，皆非椎埋之流，觀於荆卿而可知也。

《史記》言荆卿好擊劍，亦言其好讀書。又云："其爲人沈深好書，其所遊諸侯，盡與其賢豪長者相結。"而嘗"以術説衛元君"。則遊士挾道術者也。蓋聶目攝，去不敢留；句踐怒叱，默而逃去；絶非不膚撓不目逃之流。其所善田光，鞠武稱其智深勇沈。高漸離，燕亡，變姓名爲人庸保，久之乃出，目已矐而猶思報秦，皆非逞血氣之勇者。田光度形已不逮，則自殺以激荆卿，尤能善用其勇之徵也。不徒田光、高漸離也，太子丹以見陵之怨，欲批秦王之逆鱗，則鞠武止之；不忍於樊於期，則武以爲不當結一人之交，不顧國家之大害；欲西約三晉，南連齊楚，北媾於單于，以爲後圖。其老謀深算又何如？太子丹雖曰："太傅之計，曠日彌久，心惛然恐不能須臾。"然其告荆軻曰："今計舉國不足以當秦，諸侯服秦，莫敢合從。丹之私計，以爲誠得天下之勇士使於秦，闚以重利；秦王貪，其勢必得所願矣。誠得劫秦王，使悉反諸侯侵地，若曹沫之與齊桓公，則大善矣；則不可，因而刺殺之，彼秦大將擅兵於外，而内有亂，則君臣相疑，以其間，諸侯得合從，其破秦必矣。"亦非徒奮短兵以求快意者。知

《史記》云：丹以秦王遇之不善，乃怨而亡歸，歸而求報者，爲淺之乎測丈夫矣。荆軻既受命，必得樊於期首及督亢地圖；既得之，又欲待其客與俱；其慎重亦可想見。《史記》載魯句踐之言曰："嗟乎，惜哉！其不講於刺劍之術也！"《鹽鐵論》亦曰："荆軻懷數年之謀，而事不就者，尺八匕首，不足恃也。秦王操於不意，列斷賁育者，介七尺之利也。"似乎行刺之不成，技與器皆不無遺憾，亦非得實之言。荆軻固云："事所以不成者，以欲生劫之，必得約契以報太子也，"否則以軻之勇，輔之以秦舞陽，豈不足以劫秦政？夫諸侯之爲秦弱舊矣，合從之無成亦屢矣。即使當時列國有報秦之志，堅相約結，亦不敢必其有成，況於冀秦之君臣相疑，而於其間馳使以謀合從乎？喪君有君，事在旦夕，合謀結約，非經年累月不能成；成而能堅，堅而有勝與否，猶不可必。夫以秦之暴戾，太子豈不知其食言易如反手，顧望其爲齊桓公乎？抑秦之臣，豈有如管仲者哉？顧以爲刺殺之不如劫之使反諸侯侵地者，固知燕之君臣，處勢窮力竭時，未嘗不深量於彼我之間也。而軻之必欲生劫秦王，其意亦從可知矣。夫豈椎埋者流哉。推此言之，專諸、聶政所以剸刃於敵人之腹者，非寡慮也，其志固在於殺之也；荆軻必欲生劫其敵，以至於敗，非失計也，其志固不在於殺之也。孟子曰："禹、稷、顔子，易地則皆然。"吾於曹、荆、專、聶亦云。成而爲曹沫，不成而爲荆軻，則其所遭直者不同，而非其人有智愚勇怯之異也。若以成敗爲優劣？則尤淺之乎測丈夫矣。

人雖至殘，肯自殺其子者卒罕。燕王之奔遼東，雖愚夫，亦能數日而知死處矣。必非殺太子丹而獻其頭，可以幸免，亦愚夫知之矣。丹所不忍於樊於期者，而其父竟忍於丹，又狂夫猜之矣。公子嘉能以代存趙於既亡之後，度亦賢公子也，豈勸人以不仁不知之事哉？乃嘉以是勸燕王，而燕王亦竟從之，何也？豈丹亦慷慨引決如樊於期，而嘉與燕王亦含垢忍恥，將别有所圖乎？秦燒天下《詩》《書》，諸侯史記尤甚，爲其有所刺譏也。遼東遺事，誰復知之？所傳之至今者，則其文畧不具之《秦記》耳。然則仁人志士，賫志九原，而其行事不白於後世者衆矣。

以秦舞陽之勇，年十三，殺人，人不敢忤視，而奉圖至陛，至於色變，彼豈有所愛於身哉？誠以所繫者重，慮其無成也。聶政言"多人不能無生得失，生得失則語洩。"所慮者亦在此。然則臨事而泰然，泰山崩於前而色不變者，不徒不愛其身，並無所顧慮於事之成敗矣。孟子曰："君子創業垂統，爲可繼也。若夫成功，則天也。君如彼何哉？强爲善而已矣！"《孟子·梁惠王》。君子亦爲其所得爲者而已矣，成敗利鈍，非所計也。其成也歟哉，天也，吾不貪天之功。

其敗也歟哉？亦天也，吾無所怨於命。故曰："道之將行也與？命也；道之將廢也與？命也。公伯寮其如命何？"《論語·憲問》。此則所謂浩然之氣矣。其所行者，雖若一人之敵，其志則三軍可奪帥，而此不可奪也。其所行，若行險以徼幸，推其心，則居易以俟命也。夫是之謂大勇。

原刊《光華大學半月刊》第三卷第二期，一九三四年十月二十五日出版

〔一〇二〕　民與政相關之切

左氏成公二年："新筑人仲叔於奚救孫桓子，桓子是以免。既，衛人賞之以邑，辭，請曲縣繁纓以朝。許之。仲尼聞之，曰：惜也，不如多與之邑。惟器與名，不可以假人，君之所司也。名以出信，信以守器，器以藏禮，禮以行義，義以生利，利以平民，政之大節也。若以假人，與人政也。政亡，則國家從之，弗可止也已。"邑之不惜，而曲縣繁纓是愛，自今人思之，殊不可解；然苟通觀前後，則自知其言之切也。魯昭公之將去季氏也，樂祁策之曰："魯君必出。政在季氏三世矣，魯君喪政四公矣，無民而能逞其志者，未之有也。"子家懿伯亦曰："舍民數世以求克，事不可必也。且政在焉，其難圖也。"及難既作，平子請亡，弗許。子家子曰："君其許之。政自之出久矣，隱民多取食焉，爲之徒者衆矣，日入慝作，弗可知也。"昭公二十五年。此可見君與民相關之切，民與政相關之切也。民與政相關之切，何哉？晏子論齊之將爲陳氏曰："齊舊四量：豆、區、釜、鍾。四升爲豆，各自其四，以登於釜。釜十則鍾。陳氏三量，皆登一焉，鍾乃大矣。以家量貸，而以公量收之。山木如市，弗加於山；魚、鹽、蜃、蛤，弗加於海；民參其力，二入於公，而衣食其一。公聚朽蠹，而三老凍餒。國之諸市，屨賤踴貴。民人痛疾，而或燠休之。其愛之如父母，而歸之如流水，欲無獲民，將焉辟之？"昭公三年。又曰："陳氏雖無大德，而有施於民。豆、區、釜、鍾之數，其取之公也薄；其施之民也厚。公厚斂焉，陳氏厚施焉，民歸之矣，《詩》曰：雖無德與女，式歌且舞。陳氏之施，民歌舞之矣。後世若少惰，陳氏而不亡，則國其國也已。"昭公二十六年。蓋古者利源皆總於上，而民多待施於上，故有篡奪之志者，恒借此以收民心。"公子商人驟施於國，而多聚士。盡其家，貸於公有司以繼之。"文公十四年。"公子鮑禮於國人。宋飢，竭其粟而貸之。年自七十以上，無不饋詒也；時加羞珍異，國之材人，無不事也；親自桓以下，無不恤也。"文公十六年。皆是物也。子產言陳之將亡也，曰："政多門。"襄公三十年。多門則各有黨與，君不得不弱，而大夫不得不傲矣。齊景公聞晏子之言

曰:“是可若何?”對曰:“唯禮可以已之。在禮:家施不及國,民不遷,農不移,工賈不變,士不濫,官不滔,大夫不收公利。”昭公二十六年。孔子曰:“冕弁兵革,藏於私家,非禮也,是謂脅君。大夫具官,祭器不假,聲樂皆具,非禮也,是謂亂國。”《禮記·禮運》。誠坊其漸也。秦後子有車千乘而懼選,《左氏》昭公元年。衛公叔戍以富而見惡,定公十三年。豈無故哉?衛獻公之求入也,乃曰:“苟反,政由寧氏,祭則寡人。”襄公二十六年。何其愚乎?

叔向策子干之無成也,曰:“有謀而無民,有民而無德。”昭公十三年。是知自外而欲求入者,亦以民爲之本也。欒盈之入於曲沃也,“胥午伏之,而觴曲沃人。樂作,午言曰:今也得欒孺子,何如?對曰:得主而爲之死,猶不死也。皆歎,有泣者。爵行,又言。皆曰:得主何貳之有?”其得人心如此,此其所以幾危范氏也,然而盈卒以敗者,欒王鮒爲范宣子畫曰:欒氏多怨。子爲政,欒氏自外。子在位,其利多矣。既有利權,又執民柄,將何懼焉?襄公二十三年。猶是得民與不得民之分也,所謂寡固不可以敵衆也。孟子曰:“天時不如地利,地利不如人和。三里之城,七里之郭,環而攻之而不勝;夫環而攻之,必有得天時者矣;然而不勝者,是天時不如地利也。城非不高也,池非不深也,兵革非不堅利也,米粟非不多也;委而去之,是地利不如人和也。”《公孫丑下》。故曰:“鑿斯池也,築斯城也,與民守之,效死而民弗去,是則可爲也。”《梁惠王下》。然則民苟去之,則其不可爲也審矣。效死而民弗去者,趙襄子之守晉陽其驗也,孟子豈欺我哉?

《論語·子路》:“冉子退朝,子曰:何晏也?對曰:有政。子曰:其事也;如有政,雖不吾以,吾其與聞之。”《疏》云:“案昭二十五年《左傳》曰:爲政事,庸力行務,以從四時。杜預曰:在君爲政,在臣爲事。杜意據此文。”是君所行爲政,臣所行爲事也。政與事之别,《大戴記·少閒》詳之。《少閒》曰:“君時同於民,布政也。民時同於君,服聽也。大猶已成,發其小者。還猶已成,終其近者。將持重器,先其輕者。先清而後濁者,天地也。天政曰正,地政曰生,人政曰辨。苟本正,則華英必得其節以秀孚矣。此官民之道也。”“天政曰正”,指天生時言之。“地政曰生”,指地生財言之。“人政曰辨”,謂人之分職也。人各有其分職,是謂官民,此政定於君。爲下者,但服聽焉而已矣。參見《聖人之大寶曰位》條。政失則人皆失其分職,不能因天之時,以分地之利,而養生送死之道有憾矣。故曰:上失政,大及人,小及畜役也。孔子又論失政曰:“疆藪未虧,人民未變,鬼神未亡,水土未絪,糟者猶糟,實者猶實,玉者猶玉,血者猶血,酒者猶酒,優繼以湛,政出自家門,此之謂失政也。非天是反,人自反。臣故曰:君無言情於臣，君無假人器，君無假人名。"此可與《左氏》所載論新築人之言，互相發明也。

〔一〇三〕 民各有心

《左傳》昭公四年："鄭子産作丘賦，國人謗之，子寬以告，子産曰：民不可逞，度不可改。《詩》曰：禮義不愆，何恤於人言？吾不遷矣。"可謂之死不變，强哉矯矣，而渾罕譏之，何也？渾罕之言曰：政不率法，而制於心；民各有心，何上之有？其言，亦可深長思者也。蓋民之所以從其上者，匪由畏威，實由心服。畏威者有時而窮，心服則唯所投之，無不如志矣。凡民守舊者多，率舊章以臨之，易得其信服；否則每爲所腹誹，或陽奉而陰違，得隙則叛，此變法者之所以多敗也。韓非之言曰："工人數變業，則失其功；作者數摇徙，則亡其功。一人之作，日亡半日，十日則亡五人之功矣。萬人之作，日亡半日，十日則亡五萬人之功矣。"又曰："凡法令更則利害易，利害易則民務變，務變之謂變業。故以理觀之，事大衆而數摇之，則少成功；藏大器而數徙之，則多敗傷；烹小鮮而數撓之，則賊其澤；治大國而數變法，則民苦之；是以有道之君，貴静不重變法，故曰：治大國若烹小鮮。"《解老》。夫民務變猶惡之，況於人各有心，莫同於上乎？是十人而亡十人之功，萬人而亡萬人之功也。雖若有所爲，實則一無所得也。故凡陷於危亡而不自知者，皆由眩於有爲之名，而不察下所以應之之實也。

《左傳》昭公二十九年：趙鞅鑄刑鼎，仲尼譏之，曰：晉國將守唐叔之所受法度，以經緯其民。夫趙鞅所著，亦范宣子所爲刑書，非其所自爲也；而仲尼譏之者，蓋唐叔之法度，爲日久，入人深；宣子之刑書，爲日短，入人淺，民之信之者不侔也。此率舊章者所以多得衆，然弊積而莫能革，亦自此始矣。君子是以知言治之難也。

〔一〇四〕 韓起辭玉

《左氏》昭公十六年：韓宣子聘於鄭。宣子有環，其一在鄭商。宣子謁諸鄭伯，子産弗與。乃買諸賈人，既成賈矣。商人曰：必告君大夫。韓子請諸子産，子産又拒之。韓子遂辭玉。他日，又私覿於子産，以玉與焉。曰：子命起舍夫玉，是賜我玉而免吾死也，敢藉手以拜。讀者於此，徒善子產能知禮，宣子能改過耳。杜《注》語。

然觀子產報宣子之辭曰："昔我先君桓公與商人皆出自周，庸次比耦，以艾殺此地，斬之蓬蒿藜藋而共處之。世有盟誓，以相信也。曰：爾無我叛，我無强賈。毋或匄奪，爾有利市寶賄，我勿與知，恃此質誓，故能相保，以至於今。今吾子以好來辱，而謂敝邑，强奪商人，是教敝邑背盟誓也，毋乃不可乎？"則宣子之謁諸鄭伯，蓋正欲使之强賈匄奪。其後雖云成賈，或仍爲虚辭，商人出其玉而價不可得；或雖得之而不免後禍，故必欲告諸君大夫也。《潛夫論·斷訟篇》謂當時貴戚豪富，高負千萬，不肯償責，小民守門，號哭啼呼，曾無怵惕慚怍哀矜之意。漢世如此，春秋時可知，況又以大國之卿，而臨小國乎？《左氏》一書，皆出士大夫之手。諺有之曰：人莫知其子之惡，莫知其苗之碩。凡人於其黨之惡，固未有能深知之者。抑其書多晉人語，於其君大夫之惡，亦不敢質言也。觀此，知《公羊》所謂定、哀多微辭者，事勢使然，毫不足異。《左氏》此事，不知本諸何人，其辭則婉而彰矣。書貴善讀，徒觀其表，而善韓子之改過，安知古人之深意乎？然通觀全書，當時士大夫出使之暴横，猶有可見者。楚公子圍聘於鄭，且取於公孫段氏，伍舉爲介。將入館，鄭人惡之，使行人子羽與之言，乃館於外。既聘，將以衆逆，子產患之，又使子羽辭，伍舉知其有備也，乃請垂櫜而入。昭公元年。公子棄疾如晉，過鄭，禁芻牧採樵不入田，不樵樹，不採蓺，不抽屋，不强匄。誓曰：有犯命者，君子廢，小人降，舍不爲暴，主不慁賓，往來如是。則"鄭三卿皆知其將爲王。"昭公六年。合此兩事觀之，當時使者之横暴，可以想見。戎伐凡伯於楚丘。隱公七年。楚子使道朔將巴客以聘於鄧，鄧南鄙鄾人，攻而奪之幣，殺道朔及巴行人，桓公九年。亦未必其罪之果在攻伐者矣。

巫臣之通吴也，以兩之一卒適吴，舍偏兩之一焉。《疏》引沈氏云："聘使未有將兵車者，今此特將兵車，爲方欲教吴戰陳，故與常不同。"成公七年。案當時諸侯爲會，尚有不以兵車者，聘使自無將兵車之理。然君行師從，卿行旅從，謂其毫無兵衛，則又不然也。晉之以邾愬而討魯也，叔孫婼如晉，晉人執之，韓宣子使邾人聚其衆，將以叔孫與之，叔孫聞之，去衆與兵而朝，昭公二十三年。則其衆固亦有兵。棄疾之所禁，正此曹也。然從者肆暴猶可；宣子乃身欲强奪，一之爲甚，而至於再，不亦難乎？

〔一〇五〕封地大小

今文言五等之封：大國方百里，次國七十里，小國五十里；而《周官》大司徒：諸公之地封疆方五百里，諸侯四百里，諸伯三百里，諸子二百里，諸男百里。大小不同者何？曰：《王制》、《周官》等言封國大小，若九州封國之數，皆學者虛設之辭，非謂當時實有此事，自不能斠若畫一；然謂其虛設之辭，絶無事實若成法以爲依據，則又不然也。大抵列國疆域，愈古愈小，愈至後世愈大。事實如此，而制度因之，學者虛設之辭又因之，此今古文之説不同之所由也。曷言之？《吕覽·慎勢》曰："王者之封建也，彌近彌大，彌遠彌小，海上有十里之諸侯。"羅泌《路史》謂此制在神農時未必然，然其爲遠古之制，則有徵矣。《易·訟卦》："九二不克訟，歸而逋其邑，人三百户無眚。"《疏》云："三百户者，鄭注《禮記》云：小國下大夫之制。又鄭注《周禮》小司徒云：方十里爲成，九百夫之地，溝渠城郭道路三分去其一，餘六百夫，又以田有不易，有一易，有再易，定受田三百家，即同則。此三百户者，一成之地也。"案此則夏少康所謂"有田一成有衆一旅"者。《左氏》哀公元年。古以之建國，而春秋時則僅以爲下大夫之封矣，《論語》"奪伯氏駢邑三百"是也。《憲問》。孟子曰"今滕絶長補短將五十里"也，《滕文公》上。是今文家所言小國之地也。《漢書·百官公卿表》曰：縣大率方百里，其民稠則減，稀則曠。鄉亭亦如之，皆秦制也。秦、漢之縣，多古國名。蓋皆古國爲大國所滅者。楚縣尹稱公，其所治之地，固與前此之大國侔。抑陳、蔡、葉、不羹等，亦皆舊國也。此今文家所言大國之地也。孟子之告慎子曰："今魯方百里者五。"《告子》下。《禮記·明堂位》曰："成王封周公於曲阜，地方七百里。"《管子·輕重丁》："管子問於桓公曰：敢問齊方幾何里？桓公曰：方五百里。"《史記·漢興以來諸侯年表》曰："周封伯禽、康叔於魯、衛，地各四百里，太公於齊兼五侯地。"《漢書》："周公、康叔建於魯、衛，各數百里。太公於齊，亦五侯九伯之地。"則《周官》公侯之封也。孟子曰："海内之地方千里者九，齊集有其一。"《梁惠王》上。子産曰："今大國地多數圻矣。"《左氏》襄公二十五年。此古之王畿，春秋戰國時最大之國，其國已不受號令於人，故言裂土分封規模未有能如是者。《周官》乃戰國時書；戰國時次於七國者爲魯、衛等國。列國之臣受封地稱君者，蓋最小亦當如古之大國，故《周官》所擬之制度因之也。足見制度因於事實，學説依於事實及制度矣。漢初封國，大者或五六郡，連城數十，則過於魯、衛，擬於齊、楚矣。

古之封國小，後世之封國大，非無土以爲封也。古者曠土固多矣，然其封國大者止於百里，小且至於十里者，其人民之數止於如是，則其封土亦不得不止於如是也。《穀梁》曰："古者天子封諸侯，其地足以容其民，其民足以滿城而自守也。"襄公二十九年。民固寡也，而多與之土，徒擁其名何益？《管子·事語》曰:"天子之制壤方千里,齊諸侯方百里負海,子七十里,男五十里。"《輕重乙》曰:"天子中立,地方千里,《小問》同。兼霸之壤三百有餘里,佌諸侯度百里負海,子男者度七十里。"此即《吕覽》彌近彌大彌遠彌小之説,非徒曰"如胸之使臂,臂之使指",《輕重乙》篇語。取其"本大而末小"也。《左氏》桓公二年:師服曰:"吾聞國家之立也,本大而末小,是以能固。"中原地闢而民聚,負海土曠而人希,夫固不得不然。孟子曰:"天子之地方千里;不千里,不足以待諸侯。諸侯之地方百里;不百里,不足以守宗廟之典籍。周公之封於魯,爲方百里也;地非不足,而儉於百里。太公之封於齊也,亦爲方百里也;地非不足也,而儉於百里。"《告子》下。事勢固有使之欲大不能欲小不可者也。

〔一〇六〕巡守朝聘

巡守者,古果有之乎?謂其有之,以古者交通之不便,道路之多虞,君行師從,日不過三十里,安能一歲之中,東西南北,馳驅數千里乎?《書疏》云:"鄭玄以爲每岳禮畢而歸,仲月乃復更去。若如鄭言,當於東巡之下,即言歸格,後以如初包之,何當北巡之後,始言歸乎?且若來而復去,計程不得周徧,此事不必然也。"不必然,《校勘記》引盧文弨云"當作必不然",是也。北巡之後,始言歸格,是否足證中未嘗歸,姑弗深論;若以程途計,豈不歸遂往,便可周徧乎?經生家言,此等處最可笑。謂其無之,經傳何以言之鑿鑿也?曰:此王仲任所謂語增者也。謂其無之固不可,謂其有之又不可也。巡守者,古固有其事,特如後世諸侯行邑,方伯行國之類耳。至於合九州之土,以爲封域,謂岱宗爲今太山,南嶽爲今衡、霍,西嶽爲陝西之華山,北嶽爲河北之恒山,而謂天子能越五歲若十二歲,一馳驅於其間,則固必無之事。此蓋後世疆域既擴,而言治制者,猶欲以古者行於百里之國若一州之地之法,推而致之,遂不覺其扞格而不可通也。然其説之有所依據,則固可以微窺。《白虎通義·巡狩》篇曰:"天道時有所生,歲有所成。三年一閏,天道小備,五歲再閏,天道大備,故五年一巡守。三年,二伯出述職黜陟;一年,物有所終始,歲有所成,方伯行國,時有所生,諸侯行邑。"案孟子述晏子之言曰:"天子適諸侯曰巡守;巡守者,巡所守也。諸侯朝於天子曰述職;述職者,述所職也。無非事者,春省耕而補不足,秋省斂而助不給。夏諺曰:吾王不遊,吾何以休?吾王不豫,吾何以助?一遊一豫,爲諸侯度。"《梁惠王》下。《告子》下篇亦曰:"春省耕而補不足,秋省斂而助不給。"此即所謂"時有所生,諸侯行邑"者。蓋古之天子,原不過後世之諸侯;而當時之諸侯,則後世之邑大夫耳。此巡守之制之最早者也。其後邦畿稍廓,而至於千里，則當略如春秋時之晉、楚、齊、秦。斯時之天子，巡行其境内，固猶非不可行。齊景公問於晏子曰：吾欲觀於轉附朝儛，遵海而南，放於琅邪，吾何脩而可以比於先王觀也？《梁惠王》下。則齊之先君，固有行是者矣。晉、楚、齊、秦之君，雖無天子之號，論其實，固古者邦畿千里之天子也。《左氏》昭公五年：薳啓强曰："小有述職，大有巡守。"本兼該凡大小言之，不專指天子諸侯也。封域更廣，則有并此而不能行者，周初周、召之分陝是也。周、召之分陝，蓋在文王化行江、漢之後，周南、召南之地，皆歸於周。周君不能徧行，乃不得不屬其事於介弟，此猶蒙古憲宗命忽必烈治漠南，阿里不哥治漠北耳。蒙古自成吉思汗西征以後，地跨歐、亞，謂其大汗，猶能隔若干年，則一巡視其全境，事豈能行？然當其僅有斡難河源若漠北之地，而謂其酋長，不能以歲時巡歷所部，可乎？故以古者有巡守之制，而謂後世猶能行之；與以後世之不可行，而疑古者并無其事，皆非也。天子之能躬自巡守，蓋迄於邦畿千里之時。過此以往，則事不可行，而亦本無其事。故《堯典》五載一巡守、《周官》十有二歲王巡守殷國之説，徒聞其言，書傳未有載其事者。《史記·五帝本紀》云：黄帝東至於海，登丸山，及岱宗；西至於空桐，登雞頭；南至於江，登熊、湘；北逐葷粥，合符釜山。其所至之地，不得如注家所言之遠，然已逾於《禹貢》一州之封域矣。此由黄帝尚在遊牧之世，故能馳驅如是之遠，後世即不能行矣。别有考。

凡羣經之所言之制度，所以按之事實而格不相入者，皆由其以千里若數百里之國之制，而欲推之於提封萬里之世也。《公羊解詁》曰"古者諸侯非朝時不得踰竟"，隱公二年。蓋以"出入無度，禍亂姦宄，多在不虞"；隱公四年。故"君出疆，以三年之戒，以椑從。君、大夫、士一節也"；《禮記·曾子問》。"世子率輿守國，次宜爲君者，持棺絮從"。昭公二十年《解詁》。《穀梁》曰"知者慮，義者行，仁者守，有此三者，然後可以出會"；《穀梁》隱公二年。又桓公十八年。《荀子·大略》篇曰："諸侯相見，卿爲介，以其教出畢行，使仁居守。"案教出，當作教士。其難之也如是，安得僕僕道途，五年一朝乎？《左氏》曰"凡君即位，卿出并聘"；文公元年。又曰："凡諸侯即位，小國朝之，大國聘焉。"襄公元年。蓋事勢之所能行者，不過如此。而凡違禮而送葬，《公羊》之義：天子崩，諸侯奔喪會葬；諸侯薨，有服者奔喪，無服者會葬。夫人亦然。見文公六年、定公十五年《解詁》。此亦古制，行於寰内者也。畿外勢不可行。春秋時，如叔孫得臣之葬襄王，叔鞅之葬景王，皆無所脅，協於事勢者也。如成公之葬晉景公，襄公之葬楚康王，則脅於威，不得已而爲之者矣。非時而徵朝，《左氏》襄公二十二年：晉人徵朝於鄭。皆春秋以降之相脅以威，而非其朔也。觀子家與趙宣子之書，《左氏》文公十七年。公孫僑對晉人徵朝之辭，則知當時之小國，深以是爲苦矣。《左氏》莊公二十一年，王巡虢守；而鄭武公、莊公亦再世爲王卿士，《左氏》隱公三年。凡巡守述職之能行者，皆近畿之地也。

近畿之地，事本未嘗不行；遠畿之地，雖欲行之，勢固有所不可。巡守朝覲如是，職貢亦然。《禮記·月令》：季冬之月，"乃命大史，次諸侯之列，賦之犧牲，以共皇天上帝社稷之饗。乃命同姓之邦，共寢廟之芻豢。命宰歷卿大夫至於庶民土田之數，而賦犧牲，以共山林名川之祀。"此即《周官》大行人所謂"侯服歲一見，其貢祀物"者，蓋皆行之寰内諸侯耳。於此可悟凡《月令》等所謂諸侯者，大抵皆指寰内諸侯言之。《月令》：季秋之月，"合諸侯，制百縣，爲來歲受朔日。與諸侯所税於民輕重之法，貢職之數，以遠近土地所宜爲度，以給郊廟之事，無有所私。"此等政令，亦止能行於寰内。經傳言天子諸侯之關係，若以爲在數百千里之内，則無不可通。若以爲言邦畿以外，九州以内之諸侯，則無一可通者矣。故知按諸事實而格不相入者，非制度與事實本相齟齬，乃由學者皆欲以邦畿千里之制，推之於九域一家之日也。

〔一〇七〕霸國貢賦

春秋之世，霸國之誅求，亦可謂無藝矣。鄭子産曰："小適大有五惡：説其罪戾，請其不足，行其政事，共其職貢，從其時命。不然，則重其幣帛，以賀其福而弔其凶，皆小國之禍也。"《左氏》襄公二十八年。今案當時職貢之數，皆大國制之，而小國聽焉。《左氏》文公四年："曹伯如晉會正。"《注》："會受貢賦之政也。"襄公四年："公如晉聽政。"八年："公如晉朝，且聽朝聘之數。"五月，"會於邢丘，以命朝聘之數，使諸侯之大夫聽命。"是其事也。貢賦之多少，視其國之大小，亦視所貢之國之大小。襄公十一年："季武子將作三軍。叔孫穆子曰：政將及子，子必不能。"《注》："政者，霸國之政令。《禮》：大國三軍。魯次國，而爲大國之制，貢賦必重，故憂不能堪。"二十七年弭兵之盟，"季武子使謂叔孫以公命，曰：視邾、滕。"《注》："兩事晉、楚則貢賦重，故欲比小國。"此貢賦多少，隨其國之大小之説也。哀公十三年，黄池之會，"吴人將以公見晉侯，子服景伯對使者曰：王合諸侯，則伯帥侯牧以見於王；伯合諸侯，則侯帥子、男以見於伯。自王以下，朝聘玉帛不同，故敝邑之職貢於吴，有豐於晉，無不及焉，以爲伯也。今諸侯會，而君將以寡君見晉君，則晉成爲伯矣，敝邑將改職貢。"此貢賦多少，視所貢之國大小之説也。然霸國之制，多從其重，故平丘之盟，子産争承，曰："昔天子班貢，輕重以列；列尊貢重，周之制也。卑而貢重者，甸服也。鄭，伯男也，而使從公侯之貢，懼弗給也。"昭公十三年。卑而貢重者，豈獨一鄭，無子産以争之，則不競亦陵矣。當時貢賦之法，不可詳知，然罔不用幣。

昭公十年：鄭子皮如晉葬平公，將以幣行。子産曰：喪焉用幣？用幣必百兩，百兩必千人。幾千人而國不亡？子皮固請以行。既葬，諸侯之大夫欲因見新君。叔向辭之，子皮果盡用其幣。夫因送葬以見新君，非禮也，諸侯之大夫，寧不之知？然而皆欲行之者，蓋亦以道路煩費，憚於再役也。而晉人卒不之許，求省而反益費，亦可見事大國之難矣。用幣之費如此，其他可以類推，安得不疾首蹙頞，視之爲禍乎？春秋時，列國用幣，頗爲煩費。故晉人輕魯幣而益敬其使，《左氏》以爲美談。范宣子重幣而鄭以爲静，趙文子薄幣而諸侯以爲説也。見襄公十四、二十四、二十五年。又齊桓之霸，亦薄諸侯之幣。詳見《管子書》。《皮幣》一條引之，可以參看。況乎其又有出於職貢之外者也。平丘之盟，子產争承之辭又曰："行理之命，無月不至。"叔侯亦言："魯之於晉也，職貢不乏，玩好時至，公卿大夫相繼於朝，史不絶書，府無虚月。"襄公二十九年。此即所謂從其時命者也。成公六年：晉遷於新田，季文子如晉賀。昭公八年，叔弓如晉賀虒祁，游吉亦相鄭伯以如晉。"史趙見子大叔曰：甚哉，其相蒙也！可弔也，而又賀之？子大叔曰：若何弔也？其非惟我賀，將天下實賀。"昭公三年，子大叔言："昔文、襄之霸也，君薨，大夫弔，卿共葬事；夫人，士弔，大夫送葬。"三十年，游吉言："先王之制：諸侯之喪，士弔，大夫送葬；惟嘉好聘享三軍之事，於是乎使卿。"《公羊》言弔喪之法，與《左氏》異，乃古法行諸鄰國者也。春秋時，所交者廣，則如文、襄之制，諸侯已疲於奔命矣。參看《巡守朝聘》條。然是年游吉之葬晉頃公，以非卿爲晉人所詰。晉人之言曰："悼公之喪，子西弔，子蟜送葬。"而游吉對曰："晉之喪事，敝邑之間，先君有所助執紼矣。"晉景公之喪，魯成公親弔，晉人止之，使送葬。成公十年。楚康王之喪，襄公及陳侯、鄭伯、許男皆送葬。襄公二十九年。甚有如昭公三年，游吉如晉葬少姜者。此所謂"重其幣帛，以賀其福而弔其災"者也。春秋時，又有問疾之舉。《左氏》昭公元年：晉侯有疾，鄭伯使公孫僑如晉聘，且問疾。二十年：齊侯疥，遂痁。期而不瘳，諸侯之賓問疾者多在，亦弔災之類也。吴之入楚也，胡子盡俘楚邑之近胡者。楚既定，胡子豹又不事楚，曰：存亡有命，事楚何爲？多取費焉。遂爲楚所滅。定公十五年。據《左氏》所記，一似胡子無禮以自取戾者。然多費非小國所堪，亦情實也。凡春秋時，所謂恃某國而不事某國，以致於亡者，蓋皆此類矣。如江、黄等。哀哀小國，復何以自處哉？

《穀梁》莊公三十二年："宋公、齊侯遇於梁丘。梁丘在曹、邾之間，去齊八百里，非不能從諸侯而往也。辭所遇，遇所不遇，大齊桓也。"此言齊桓之身勤諸侯，而不煩諸侯以自助也。然自齊桓而外，能行之者蓋寡矣。凡霸國之征戍，無不牽率列國者，孟子所謂"摟諸侯以伐諸侯"也。《告子》下。又有役使之事，如齊之城鄫，《左氏》僖公十六年。晉之城杞，襄公二十九年。晉强諸侯輸王粟具戍人以納王，昭公二十五年。而城成周，定公元年。諸侯皆有違言。蓋霸國尸其名，諸侯盡其力，宜其嘖有煩言矣。況又有大煩諸侯，而霸國之大夫，顧求賂而罷，若召陵之會者乎！定公四年。此皆子産所謂"行其政事"者也。鄭伯之請衛侯而歸也，使子西如晉聘，辭曰："寡君來煩執事，懼不免於戾，使夏謝不敏。"君子曰："善事大國。"襄公二十六年。此所謂"説其罪戾"者也。桓公二年："七月，杞侯來朝，不敬。杞侯歸，乃謀伐之。""九月，入杞，討不敬也。"小國虔事大國，反以賈禍如此。哀公七年："公會吴於鄫。吴來徵百牢，子服景伯對曰：先王未之有也。吴人曰：宋百牢我，魯不可以後宋。且魯牢晉大夫過十，吴王百牢，不亦可乎？景伯曰：晉范鞅貪而棄禮，以大國懼敝邑，故敝邑十一牢之。君若以禮命於諸侯，則有數矣。若亦棄禮，則有淫者矣。周之王也，制禮，上物不過十二，以爲天子之大數也。今棄周禮，而曰必百牢，亦惟執事。"此所謂"請其不足"者也，而卒不見聽於吴。子産所謂五禍，豈虚也哉？

襄公四年之如晉聽政也，"晉侯享公。公請屬鄫，晉侯不許。孟獻子曰：以寡君之密邇於九讎，而願固事君，無失官命。鄫無賦於司馬。爲執事朝夕之命敝邑，敝邑褊小，闕而爲罪，寡君是以願借助焉。晉侯許之。"五年："穆叔覿鄫大子於晉，以成屬鄫。""九月，盟於戚。穆叔以屬鄫爲不利，使鄫大夫聽命於會。"六年："莒人滅鄫，鄫恃賂也。""晉人以鄫故來討，曰：何故亡鄫？季武子如晉見，且聽命。"二十七年：弭兵之會，"季武子使謂叔孫以公命，曰：視邾、滕。既而齊人請邾，宋人請滕，皆不與盟。叔孫曰：邾、滕，人之私也。我列國也，何故視之？宋、衛，吾匹也。乃盟。"定公元年：城成周，"宋仲幾不受功，曰：滕、薛、郳，吾役也。薛宰曰：宋爲無道，絶我小國於周，以我適楚，故我常從宋。晉文公爲踐土之盟，曰：凡我同盟，各復舊職。若從踐土，若從宋，亦唯命。仲幾曰：踐土固然。薛宰曰：薛之皇祖奚仲，居薛以爲夏車正。奚仲遷於邳，仲虺居薛，以爲湯左相。若復舊職，將承王官，何故以役諸侯？仲幾曰：三代各異物，薛焉得有舊？爲宋役，亦其職也。"蓋春秋之時，小國屬於大國者，則不列於會盟；見霸主，必由所屬之國爲介。輸之賦，助之役，而屬之之國，亦當保護之，使不受兵。此當時之公法也。襄公十四年，戎子駒支對晉人之辭曰："殽之師，晉御其上，戎亢其下。自是以來，晉之百役，與我諸戎，相繼於時，以從執政，猶殽志也，豈敢離逷？"又曰："我諸戎飲食衣服，不與華同，贄幣不通，言語不達，何惡之能爲？"夫春秋時，以夷而通上國者多矣，蓋其民雖爲夷，其君與大夫，固神明之胄也。戎何獨不然。則其不通於諸侯，亦晉人爲之耳，此亦猶宋之於薛也。然真能保護之者實少，雖齊、晉之於江、黄猶然。蓋越國而鄙遠固難，千里而救亂，亦非易事也。許暱楚而不事鄭，而楚遷之於城父，又遷之於白羽；昭公九年、十八年。蔡從吴而不事楚，吴遷之於州來；哀公二年。亦以此。夫以楚之力威鄭，宜若有餘矣，而春秋時許屢見阨於鄭。夫差之强，亦豈不足以庇蔡，乃至以兵劫遷之。則知當時之大國，多不肯爲小國自勤其民也。魯之於鄫，亦以懼晉討，故以屬之爲不利耳。否則納其貢賦，坐視其亡而不恤矣，哀哀小國，復何所託命哉？黄池之會，子服景伯謂吴人曰："魯賦於吴八百乘，若爲子男，則將半邾以屬於吴，而如邾以事晉。"哀公七年：邾茅夷鴻請救於吴，曰："魯賦八百乘，君之貳也。邾賦六百乘，君之私也。"可見邾人所賦於吴者甚重。

〔一〇八〕 五 侯 九 伯

有一州之伯，有分陝之伯。《王制》曰："千里之外設方伯，五國以爲屬，屬有長；十國以爲連，連有帥；三十國以爲卒，卒有正；二百一十國以爲州，州有伯。"此一州之伯也。又曰："八州、八伯、五十六正、百六十八帥、三百三十六長。八伯各以其屬，屬於天子之老二人，分天下以爲左右，曰二伯。"此分陝之伯也。其實分陝之伯，亦自一州之伯來。蓋古之王者，邦畿千里；其有會盟征伐，亦及於千里之内，而猶未足稱王者，則謂之爲伯。昆吾爲夏伯，大彭、豕韋爲商伯，所由來舊矣。周人興於雍州，而王季、文王皆稱西伯，《詩·大雅·旱麓箋》："殷王帝乙之時，王季爲西伯。"《疏》引《孔叢》："羊容問子思曰：古之帝王，中分天下，而二公治之，謂之二伯。周自后稷封，爲王者之後，至大王、王季、文王，此爲諸侯矣，奚得爲西伯乎？子思曰：吾聞諸子夏曰：殷王帝乙之時，王季以九命作伯於西，受圭瓚秬鬯之賜，故文王因之，得專征伐。此諸侯爲伯，猶周、召分陝，亦以周、召之君爲伯乎？"《疏》云："鄭不見《孔叢》之書，其言帝乙之時，或當别有所據，故《譜》亦然。《尚書·西伯戡黎注》云：文王爲雍州之伯，在西，故謂之西伯。則以文王爲州牧。"案《孔叢》牽合《周官》，自不足據，然謂帝乙之時，王季作伯於西，則當有所本。故鄭與之不同也。此猶晉人雖霸中原，秦繆仍爲西戎之長，其與東方大彭、豕韋，亦各不相妨，無所謂東西分霸之制。王肅《孔叢》以西伯爲二伯之伯，自不如鄭氏以爲一州之牧也。見《書·西伯戡黎疏》。東西二伯之興，其當殷之末世乎？當文王與紂之事邪？蓋自南郡南陽之間，《水經注·江水》引韓嬰叙《詩》云："其地在南郡南陽之間，即所謂周南也。"皆歸文王之化；而周之所長率者，非復一州之地矣，蓋倍於其初興之時矣，所謂三分天下有其二也。《論語·泰伯疏》引鄭説：以爲"雍、梁、荆、豫、徐、揚歸文王，其餘冀、青、兖屬紂"。説似精確，實於史事不合。蓋古之所以天子者，所治之地，略方千里，伯主亦然，王、伯特異其名耳。周興雍州，其所長率已略與王者邦畿相當，及服荆州，則二千里矣。較之殷紂，不啻倍之。以殷周之地相衡，是文王三分有二，而紂有其一也。淮夷、徐戎助武庚以抗周，曷嘗歸文王；豫州歸周，亦無確據。武王伐紂，庸、蜀、羌、髳從焉。其國是時，亦不必在梁州之域。予别有考。故鄭説實似是而非也。於是一伯不能專制，乃使周公、召公分治之，此猶蒙古憲宗命世祖主漠南，阿里不哥主漠北也。自是以降，言伯者多雜二制言之。《禮記·曲禮》曰："五官之長曰伯，是職方。"此分陝之伯也。《公羊》隱公五年："天子三公稱公，王者之後稱公，其餘大國稱侯，小國稱伯、子、男。天子三公者何？天子之相也。天子之相，則何以三？自陝而東者，周公主之；自陝而西者，召公主之；一相處乎內。"與《曲禮》"五官之長曰伯"、"於外曰公"、"九州之長，入天子之國曰牧"、"於外曰侯"、"其在東夷北狄西戎南蠻，雖大曰子"之説合，蓋皆周制也。鄭主《周官》，凡不合《周官》者，輒目爲殷制，大非。五官之長，即《公羊》所謂"一相處乎内"者。分陝之職雖廢，相之在内而職方者則如故。猶行中書省雖廢，中書省自在也。故二相爲增設之内官，非外官。又曰"九州之長，入天子之國曰牧"，此一州之長也。牧爲所受於天子之職，非其本名。猶後漢光武以莎車王賢爲西域都護也。《堯典》曰："乃日覲四岳羣牧。"又曰："咨十有二牧。"《左氏》宣公三年，王孫滿曰："昔夏之方有德也，貢金九牧。"可見一州之長，自天子之國言之皆曰牧。蓋自其長諸侯言之則曰伯，自其所受於天子之職言之則曰牧。牧與伯名異而實同。《楚辭·天問》云："伯昌號衰，秉鞭作牧。"王逸《注》云：文王爲雍州伯，《詩疏》引此，以申鄭説，是也。《史記·五帝本紀》謂黄帝"置左右大監，監於萬國"，似二伯之制，古已有之；其實黄帝時事，所傳未必能如是之詳，亦後人推周制言之耳。《王制》之文，亦猶是也。周衰，令不行於畿外，豐鎬舊都，亦鞠爲茂草，分陝之職，自是而廢。而一州之伯，則猶時有受命爲之者。《史記·楚世家》：成王"使人獻天子，天子賜胙，曰：鎮爾南方，夷越之亂，無侵中國"。此即命爲荆州之伯也。下文又云："於是楚地千里。"可見當時所謂州牧，亦即所謂伯主者，其所長之地，略同於王畿也。其後齊桓、晉文之受策命，亦不過如是，特其所摟而伐者更廣耳。齊桓、晉文所受命，與齊太公、楚成王無以異。其所長之諸侯，實不止一州之地，則世變爲之也。《史記·越王句踐世家》曰："句踐已平吴，乃以兵北渡淮，與齊、晉諸侯會於徐州，致貢於周。周元王使人賜句踐胙，命爲伯。句踐已去，渡淮南，以淮上地與楚，歸吴所侵宋地於宋，與魯泗東方百里。當是時，越兵横行於江淮東，諸侯畢賀，號稱霸王。"此猶齊桓、晉文之業。《秦本紀》曰：獻公"二十一年，與晉戰於石門，斬首六萬，天子賀以黼黻。"又云："孝公元年，河山以東强國六，淮泗之間，小國十餘。周室微，諸侯力政，争相并。秦僻在雍州，不與中國諸侯之會盟，夷翟遇之。"則猶之僅伯西戎也。

《左氏》僖公四年：管仲對楚使曰："昔召康公命我先君大公曰：五侯九伯，女實征之，以夾輔周室。賜我先君履：東至於海，西至於河，南至於穆陵，北至於無棣。"此亦一州之長也。而服虔云：五侯，公、侯、伯、子、男。九伯，九州之長。大公爲王官之伯，掌司馬職，以九伐之法，征討邦國，故得征之。見《詩·旄丘序箋》。杜預亦主其説。鄭玄又謂"五侯，侯爲州牧也；九伯，伯爲州伯也；一州一牧，二伯佐之。太公爲王官之伯，二人共分陝而治，自陝以柬，當四侯半，一侯不可分，故言五侯九伯”。則誠如《左氏疏》所譏，事無所出，且校數煩碎，非復人情，宜乎先儒無用之者矣。然《毛詩・旄丘序疏》申鄭，譏服説無異天子，何夾輔之有，亦不能謂其無理。推服、鄭之意，蓋謂五侯九伯，如即釋爲五等之爵之侯伯，則太公所長，不過一州，無緣得涉南海而問罪於楚，故必爲是曲説。而不知太公受命，征討所及，不過南至穆陵，管仲已自言之也。經生家言，多以碎義逃難，而失人情；服、鄭惟均，亦不必彼此相譏也。

〔一〇九〕　姬姓日也，異姓月也

《左氏》成公十六年：“吕錡夢射月，中之。占之，曰：姬姓日也，異姓月也，必楚王也。”此周人之妄自尊大也。蓋古以日爲君象，月爲臣象。自黄帝戰勝炎帝以來，爲天子者皆姬姓，故遂妄自尊大也。隱公十一年：“滕侯薛侯來朝，尊長。滕侯曰：薛庶姓也，我不可以後之。公亦使羽父請於薛侯曰：周之宗盟，異姓爲後。君若辱貺寡人，則願以滕君爲請。”定公四年：衛子魚述踐土之盟曰：“其載書云：王若曰：晉重、魯申、衛武、蔡甲午、鄭捷、齊潘、宋王臣、莒期。”齊、宋大國，齊大師之後，宋先代之後，猶後於鄭、蔡，可見周人之薄待異姓。襄公二十九年：“知悼子合諸侯之大夫以城杞，子大叔見大叔文子，與之語。文子曰：甚乎其城杞也。子大叔曰：若之何哉？晉國不恤周宗之闕，而夏肄是屏，其棄諸姬，亦可知也已。諸姬是棄，其誰歸之。吉也聞之，棄同即異，是謂離德。《詩》曰：協比其鄰，昏姻孔云。晉不鄰矣。其誰云之？”城濮之戰，晉文公曰：“若楚惠何？”欒貞子曰：“漢陽諸姬，楚實盡之。思小惠而忘大恥，不如戰也。”僖公二十八年。吴之入郢也，鬥辛與其弟巢以王奔隨，吴人從之，謂隨人曰：“周之子孫，在漢川者，楚實盡之，天誘其衷，致罰於楚，而君又竄之，周室何罪？”定公四年。然則凡諸姬之子孫，互爲朋黨，坐視他姓之禍患而不顧，有是理乎？楚靈王謂子革曰：“昔我先王熊繹，與吕級、王孫牟、燮父、禽父并事康王，四國皆有分，我獨無有。”子革曰：“齊王舅也，晉及魯、衛，王母弟也。楚是以無分，而彼皆有。”《左氏》昭公十二年。《周官・秋官》司儀：“詔王儀，南鄉見諸侯，土揖庶姓，時揖異姓，天揖同姓。”《周官》雖戰國時書，然以《周官》爲名，則周之遺制也。《注》曰：“庶姓，無親者也。異姓，昏姻也。”蓋薛與楚，皆周之所謂庶姓者也。“周之東遷，晉、鄭焉依。”似同姓能屏藩王室矣;然秦文公收岐以東之地,猶獻之周。啓南陽使周之封畿日蹙者,晉也。射王中肩者,鄭也。齊,昏姻也;五霸桓公爲盛,而首止之盟,王使周公召鄭伯,曰:"吾輔女以從楚,輔之以晉,可以少安。"僖公五年。其後襄王又出狄師以代鄭。僖公二十四年。鞍之戰,"晉侯使鞏朔獻齊捷於周。王弗見,使單襄公辭焉,曰:夫齊,甥舅之國也,而大師之後也。寧不亦淫從其欲,以怒叔父?抑豈不可諫誨?"《左氏》成公二年。其意又右齊而左晉,蓋終逼周者,兄弟甥舅也,非庶姓無親者也。"楚人失之,楚人得之",孔子譏其不廣,況乎以一姓壅天下之利哉?然而大人世及以爲禮,則各親其親,各子其子,其所由來者亦舊矣。漢高後内任外戚,外封建同姓,卒之安劉氏者,平、勃也;戡七國之亂者,亞夫也;庶姓亦何負於有天下者哉?

各親其親各子其子之烈也,由宗法之嚴始也。宗法莫嚴於周人,故其歧視異姓亦最甚。公山不狃謂叔孫輒曰:"今子以小惡而欲覆宗國,不亦難乎?"哀公八年。子贛謂公孫成曰:"利不可得,而喪宗國,將焉用之?"哀公十五年。皆是物也。然而虞公亦曰:"晉吾宗也,豈害我哉"已。僖公五年。

〔一一〇〕屬　人

《左氏》昭公二十一年:"翟僂新居於新里,既戰,説甲於公而歸。華妵居於公里,亦如之。"《注》謂翟僂新"居華氏地而助公戰,妵華氏族,故助華氏。《傳》言古之爲軍,不岧小忿。"蓋古人視此爲當然之道,故無所用其忿也。此今政治學所謂屬人者也。

〔一一一〕古人不重生日

《禮記·内則》記子生之禮曰:"三月之末,擇日,妻以子見於父。父執子之右手,咳而名之。夫告宰名。宰辯告諸男名。書曰:某年某月某日某生,而藏之。宰告閭史。閭史書爲二,其一藏諸閭府,其一獻諸州史。州史獻諸州伯。州伯命藏諸州府。"此古言記人生日之始。《春秋》桓公六年,書"九月丁卯,子同生",亦是物也。然《左氏》昭公二十九年曰:"公衍、公爲之生也,其母偕出。公衍先生。公爲之母曰:相與偕出,請相與偕告。三日,公爲生,其母先以告。公爲爲兄。"是古人於子之生,徒據其入告之先後,以定其長幼,而不復究其生於何日,又何其疏也?邃古之時,候草木榮落以紀歲時,視月之盈缺而知晦朔，既未定四時而成歲，又無紀年之法，自無所謂某年某月某日。絳縣人之自言其年也，曰："臣小人也，不知紀年。臣生之歲，正月甲子朔，四百有四十五甲子矣。"《左氏》襄公三十年。不言年，亦不言月，而徒以所積甲子計，蓋古之遺俗，非故爲是以惑人也。率是俗者，又安能知人生於某年某月某日乎？《内則》之所記，《春秋》之所書，蓋後來之事，亦惟貴族能行之，古人不重生日，蓋由此也。

《史記·孟嘗君列傳》曰："初，田嬰有子四十餘人，其賤妾有子名文。文以五月五日生。嬰告其母曰：勿舉也。其母竊舉生之。及長，其母因兄弟而見其子文於田嬰。"是古貴族之家，妾媵竊舉一子，至於既長，而其君猶不能知，其隔絶可謂已甚，無怪庶孽之生，不能確知其日矣。案《内則》云："妻將生子，及月辰，居側室，夫使人日再問之。作而自問之。妻不敢見，使姆衣服而對。至於子生，夫復使人日再問之。夫齊，則不入側室之門。三月之末，妻以子見於父，妻遂適寢。"妾亦生子三月，然後入御。"庶人無側室者，及月辰，夫出居羣室。"蓋古者婦人産乳，與其夫隔絶頗嚴，故其夫不易知其子之生日。貴族之家，妾媵衆多，虚僞尤甚，自更易蒙蔽矣。

《章實齋文集·節鈔王鳳文雲龍記略》有云："不知歲月，耕種皆視花鳥。梅花歲一開，以紀年。野靛花十二年一開，以紀星次。竹花六十年一開，以紀甲子。名杜鵑花爲催工，開則宜耕。擺夷興自阿苗，計其世，當東周之末。十一月梅開賀新年，疑周正也。及明初，段保爲長，始教人識字。如借貸書契，必曰：限至某花開時，或曰：限至某鳥鳴時，其舊俗也。"如此等人，能確言某事在某年某月某日乎？遊歷家言：印第安人不知以年計人之長幼。有所謂級友者，視爲長幼同，不過約計而已。《禮記·曲禮》曰："問天子之年，對曰：聞之始服衣若干尺矣。問國君之年，長，曰：能從宗廟社稷之事矣；幼，曰：未能從宗廟社稷之事也。問大夫之子，長，曰：能御矣；幼，曰：未能御也。問士之子，長，曰：能典謁矣；幼，曰：未能典謁也。問庶人之子，長，曰：能負薪矣；幼，曰：未能負薪也。"此等辭令，後世言禮之家，必以爲不敢斥言，故依違以對，其實正是古者不知紀年之遺俗。《論語》言"可以託六尺之孤"，《泰伯》。而《周官》鄉大夫之職，言"國中自七尺以及六十，野自六尺以及六十有五皆征之"；計庶民之長幼，與國君之子同辭，即其誠證。《史記·秦始皇本紀》：十六年，"南陽假守騰，初令男子書年"，前此之不書年，亦率舊俗，而非政令之寬嚴有異也。

原刊《光華大學半月刊》第五卷第十期，一九三七年六月三日出版

〔一一二〕 古人周歲增年

錢大昕《十駕齋養新録·絳縣人七十三年》條云："絳縣人生於文公十一年，至襄公三十年，當爲七十四年，而《傳》稱七十三年者，古人以周一歲爲一年，絳縣人生正月甲子朔，於周正爲三月，至是年周正二月癸未，尚未及夏正月朔故也。仲尼生於襄廿一年，至哀十六年卒，亦是七十四年，而賈逵《注》云七十三年，正以未周歲故，與絳縣人記年一例。《史記·倉公傳》：臣意年盡三年，年三十九歲也，蓋倉公生於冬末。"又《孔子生年月日》條云："《史記》謂(孔子)生於襄廿二年，年七十三，則以相距之歲計之。"近錢穆撰《孔子卒年考》云："狄子奇云：周歲增年之説，似未可泥。魯襄公生於成公十六年，至九年爲十二歲，是不以周歲增年也。絳縣老人生於魯文公十一年，至襄公三十年，計當七十四歲，而師曠止云七十三年，是以周歲增年也。狄氏論魯襄，確矣。至絳縣老人，師曠曰：魯叔仲惠伯會郤成子於承匡之歲也，七十三年矣。謂是歲距前七十三年，非謂老人七十三歲。《春秋》昭二十四年，仲孫貜卒，服虔引賈逵云：是歲孟僖子卒，屬其子使事仲尼，仲尼時年三十五。以周歲增年計，自魯襄二十一年至此，僅得三十四，則賈氏亦以相距之歲計。竊疑賈逵以《公穀》載孔子生而《左氏》無之，故據《公穀》爲説；而云年七十三，則本之《史記》，未曾細覈。《左》昭二十年《疏》：服虔云：孔子是時四十一。四乃三字之誤，則服虔亦自以相距之歲計。狄氏又謂《孔子世家索隱》云：孔子以魯襄二十一年生，至哀十六年爲七十三，若襄公二十二年生，則孔子年七十二，是以周歲增年也。然《索隱》之説，遠在賈後，安知其不誤據賈？烏從據《索隱》而逆定賈氏以周歲增年？又惡從據賈氏而逆定古人以周歲增年哉？"愚案：以周歲增年，或以相距之歲計，古人蓋自有此兩法，錯雜用之，至勞後人之推校也。晉吏之與絳縣人疑年也，絳縣人曰："臣小人也，不知紀年。臣生之歲，正月甲子朔，四百有四十五甲子矣，其季於今，三之一也。"非故爲是難曉之語以惑人，蓋當曆法未明時，從候草木之榮枯以紀歲，斯時之人，蓋不知某年以某日始，以某日終，而以甲子紀日之法，則已知之，故於人之生，不能紀其歲，而徒累其日以爲計。此自太古時事，春秋時非復如此，然習俗每沿之甚久，故絳縣人猶不知紀年也。吏不知而問諸朝，則以是時朝市中人，已習用紀年之法，不復能據日數以推知其年之故。士文伯曰"然則二萬六千六百有六旬"，此語不必牽涉曆法，但以六十因四百四十五，得二萬七千，其最後一甲子，尚僅歷三之一，減去四十日，則爲二萬六千六百六十日矣。史趙曰“亥有二首六身”，亥疑傳寫之誤。故書當係一算式：二首即二萬，六身即六千；下二如身，謂其下二位亦爲六，猶今作二六六六耳。《左氏》之記是事，蓋以見鄉僻之人，猶有率古俗而與朝市中人不相中者。然此俗實非僅春秋時，至漢世猶有之。倉公言三十九歲，必盡三年，是其證。漢光武起兵時年二十八，崩年當六十三，而《紀》云六十二，二若非三之誤，則亦猶沿古俗也。此法計算殊爲不便，故曆法通行後稍棄之，皆以相距之年計矣。

古人計數之法，有并本與除本之不同，亦足使後人疑不得實。《詩・天作箋》云：“居之一年成邑，二年成都，三年五倍其初。”《疏》云：“鄭注《禹貢》，以爲堯之時土廣五千里，禹弼成五服，土廣萬里。王肅難鄭云：禹之時土廣三倍於堯。計萬里爲方五千里者四，而肅謂三倍，則除本而三。此云五倍，蓋亦除本而五，并本爲六也。”案《禮記・曲禮》：“生與來日，死與往日。”《注》：“與，猶數也。生數來日，謂成服杖以死明日數也。死數往日，謂殯斂以死日數也。”《儀禮・士喪禮》“三日成服”《注》引《曲禮》“生與來日”，《疏》云：“《喪大記》云三日不食，謂通死日不數成服日，故云三日不食。《孝經》三日而食者，是除死日數，故云三日而食也。”與來日即除本計，與往日即并本計也。古上溯高祖下逮玄孫爲九世，是并本計。然《檀弓》“叔孫武叔之母死”《注》云“武叔，公子牙之六世孫”，《疏》引《世本》云“桓公生僖叔牙，牙生戴伯兹，兹生莊叔得臣，臣生穆叔豹，豹生昭子婼，婼生成子不敢，敢生武叔州仇”，則亦除本計矣。《史記》謂孔子生於襄公二十二年，而與賈逵據《公羊》生於襄公二十一年者，同云年七十三，疑亦并本、除本，計法不同也。

《左氏》昭公元年，祁午謂趙文子曰：“子相晉國，以爲盟主，於今七年矣。”《注》云：“襄二十五年始爲政，以春言，故云七年。”《疏》云：“殷周雖改正朔，常以夏正爲言，此春正月，故爲七年，年末醫和則云八年。”案此但援今人所謂足七年之例釋之可耳，亦不必牽涉曆法。

原刊《光華大學半月刊》第五卷第十期，一九三七年六月三日出版

〔一一三〕　合男女頒爵位必當年德義

社會學家言：淺演之世，無所謂夫婦。男女妃耦，惟論行輩。同輩之男，皆其女之夫；同輩之女，皆其男之妻。我國古代似亦如此。《大傳》：“同姓從宗合族屬，異姓主名治際會。名著而男女有别。其夫屬於父道者，妻皆母道

也。其夫屬於子道者，妻皆婦道也。謂弟之妻爲婦者，是嫂亦可謂之母乎？名者，人治之大者也。可無慎乎？”曰“男女有别”，曰“人治之大”，而所致謹者不過輩行，《注》：“異姓，謂來嫁者也。主於母與婦之名耳。”可見古者無後世所謂夫婦矣。蓋一夫一妻，起於人類妒忌專有之私。人之性，固有愛一人而終身不變者，亦有不必然者。故以一男而拘多女，以一女而畜衆男，已不能答，而又禁其更求匹耦，則害於義。若其隨遇而合，不專於一；於甲固愛矣，於乙亦無惡，則亦猶友朋之好，并時可有多人耳；古未爲惡德也。職是故，古人於男女配合，最致謹於其年。《禮運》曰：“合男女，頒爵位，必當年德。”《荀子》曰：“婦人莫不願得以爲夫，處女莫不願得以爲士。”《荀子·非相》。“老婦士夫”，“老夫女妻”，則《易》譬諸“枯楊生華”，“枯楊生稊”，言其鮮也。夫合男女而惟致謹於其年，而不必嚴一夫一妻妃合之制，則同輩皆可爲婚矣。《釋親》：“長婦謂稚婦爲娣婦，娣婦謂長婦爲姒婦。”此兄弟之妻相謂之辭也。又云：“女子同出，謂先生爲姒，後生爲娣。”孫炎云：“同出，謂俱嫁事一夫者也。同適一夫之婦，其相謂乃與昆弟之妻之相謂同。”可見古者無後世所謂夫婦矣，娣姒之稱，或謂據夫年長幼，或謂據身年長幼，迄無定論。實緣兩義各有所主。據夫年長幼者，昆弟之妻相謂之辭也。據身年長幼者，同出者相謂之辭也。古無後世所謂夫婦，則亦無昆弟之妻相謂之辭矣。古之淫於親屬者，曰烝，日報《漢律》：“淫季父之妻曰報”，見《詩·雄雉序疏》。皆輩行不合之稱。其輩行相合者，則無專名，曰淫，曰通而已。淫者，放濫之詞。好色而過其節，雖於妻妾亦曰淫，不必他人之妻妾也。通者，《曲禮》曰：“嫂叔不通問。”又曰：“内言不出於梱，外言不入於梱。”内言而出焉，外言而入焉，則所謂通也。《内則》曰：“禮始於謹夫婦。爲宫室，辨内外，深宫固門，閽寺守之。男不入，女不出。”自爲宫室辨内外以來，乃有所謂通，前此無有也。《匈奴列傳》曰：“父死，妻其後母；兄弟死，皆取其妻妻之。”父死妻其後母，不知中國古俗亦然否。妾皆幼小。則父之妾，或與子之行輩相當也。兄弟死，皆取其妻妻之，則亦必如是矣。象以舜爲已死，而曰“二嫂使治朕棲”是也。父子聚麀，《禮記》所戒。新臺有泚，詩人刺焉。至衛君之弟，欲與宣夫人同庖，則齊兄弟皆欲與之，《柏舟》之詩是也。然則上淫下淫，古人所深疾；旁淫則不如是之甚。所以者何？一當其年，一不當其年也。夫婦之制既立矣，而其刺旁淫，猶不如上下淫之甚，則古無後世所謂夫婦，男女耦合，但論行輩之徵也。今貴州仲家苗，女有淫者，父母伯叔皆不問；惟昆弟見之，非毆則殺；故仲家女最畏其昆弟云。亦婚姻但論行輩之遺俗也。

合男女貴當其年乎？不貴當其年乎？則必曰貴當其年矣。自夫婦之制立，而後男女妃合，有不當其年者，此則後人之罪也。俞理初有《釋小篇》，論妾之名義，皆取於幼小，其説甚博，猶有未備者。《易·説卦》：兑爲少女，爲妾。《内則》："妾將御者，齊漱澣，慎衣服。櫛縱，笄總，拂髦。"髦者，事父母之飾，惟小時有之，亦妾年小之徵。《曲禮》："諸侯之妻曰夫人，大夫曰孺人。"鄭《注》：孺，屬也，《書·梓材》"至於屬婦"，僞孔訓爲妾婦，蓋本下妻之稱。故韓非以貴夫人與愛孺子對舉也。《八姦》。古者諸侯娶，二國往媵，皆有侄娣。侄者何？兄之子也。娣者何？弟也。待年父母國，不與嫡俱行，明其年小於嫡。諸侯正妻之外，又有孺子。大夫則無有，故逕號其妻曰孺人。諸侯妻之外又有妾，皆由其據高位，故得恣意漁少艾也。《詩》曰："婉兮孌兮，季女斯飢。"言季不言孟；妙之本字爲眇，由眇小引申爲美妙；皆古人好少女之證。男子之性，蓋無不好少女者。率其意而莫之制，而世之以老夫拘女妻者多矣。《祭統》曰："祭有昭穆。""凡賜爵，昭爲一，穆爲一。昭與昭齒，穆與穆齒。"此亦古人重行輩之徵。《公羊》僖二十五年《解詁》曰："齊魯之間，名結婚姻爲兄弟。"《曾子問》婿之伯父致命女氏曰：某之子有父母之喪，不得嗣爲兄弟是也。結婚姻稱兄弟，亦其行輩相當之徵。

〔一一四〕　娶於異姓所以附遠厚别義

《郊特牲》曰："娶於異性，所以附遠厚别也。"此古同姓之所以不昏也。《左氏》載鄭叔詹之言曰："男女同姓，其生不蕃。"《左傳·僖公二十三年》。子産之言曰："内官不及同姓。美先盡矣，則相生疾。"後人恒以爲是爲同姓不昏之由。然據今之治遺傳學者言，則謂近親婚姻，初不能致子孫於不肖。所慮者，男女體質相類，苟有不善之質，亦必彼此相同，子姓兼受父母之性，其不善之質，益易顯耳。若其男女二者，本無不善之質，則亦初無可慮。其同善質者，子姓之善性，亦將因之而益顯也。至於致疾之説，則猶待研究，醫學家未有言之者也。然則古人之言，何以來邪？其出於迷信邪？抑亦有事實爲據邪？謂其出於迷信。其言固以子姓蕃殖與否及疾病爲據，擬有事實可徵也。謂有事實爲徵，則"晉公子，姬出也，而至於今"一語，已足破叔詹之説矣。然則古人之言，果何自來邪？同姓爲昏之禁，何由持之甚嚴邪？予謂古者同姓不昏，實如《郊特牲》所言，以附遠厚别爲義；而其生不蕃，則相生疾諸説，則後來所附益也。何則？羣之患莫大乎争，争則亂。妃色，人所欲也。争色，致亂之由也。同姓爲昏則必争，争則戈干起於骨肉間矣。《晉語》："同姓則同德，同德則同心，同心則同志，同志雖遠，男女不相及；畏黷故也。黷則生怨，怨亂毓災，災毓滅姓。是故娶妻避同姓，畏亂災也。”此爲同姓不昏最重之義。古人所以謹男女之别於家庭之中者以此。《坊記》：“孔子曰：男女授受不親。御婦人則進左手。姑姊妹，女子子，已嫁而反，男子不與同席而坐。寡婦不夜哭。婦人疾，問之，不問其疾。以此坊民，民猶淫佚而亂於族。”亂於族，則《晉語》所謂黷也。古者防範甚嚴，淫於他族本不易。有之，雖國君往往見殺。如陳佗、齊莊是也。鄒扈樂淫於魯宫中，則以其爲力人也。又曰：“禮，非祭男女不交爵。以此坊民，陽侯猶殺繆侯而竊其夫人。”陽侯、繆侯，固同姓也，此亂於族之禍也。蓋同姓之争色致亂如此。大爲之坊猶然，而況乎黷乎？此古人所以嚴同姓爲昏之禁也。同姓不昏，則必昏於異姓。昏於異姓，既可坊同姓之黷，又可收親附異姓之功，此則一舉而兩得矣。此附遠厚别，所以爲同姓不昏之真實義也。然則其生不蕃，則相生疾之説，果何自來哉？曰：子孫之盛昌，人之所欲也。凋落，人之所惡也。身，人之所愛也。疾，人之所懼也。以其所甚惡、甚懼，奪其所甚欲，此主同姓不昏之説者之苦心。抑同姓爲昏之禁，傳之既久，求其説而不得，乃附會於此，亦未可知也。《月令》：仲春之月，“先雷三日，奮木鐸以令兆民，曰：雷將發聲，有不戒其容止者，生子不備，必有凶災。”生子不備，猶云其生不蕃；必有凶災，猶云則相生疾；皆以是恐其民也。楚子反將取夏姬。巫臣曰：“是不祥人也。是夭子蠻，殺御叔，弑靈侯，戮夏南，出孔儀，喪陳國，何不祥如是？人生實難，其有不獲死乎？”子反乃止。《左傳》成公二年。蓋愛身之情，足以奪其好色之心如此。叔向之母妒，叔虎之母美而不使。其子皆諫其母。其母曰：深山大澤，實生龍蛇。彼美，余懼其生龍蛇以禍汝。汝敝族也，國多大寵，不仁人間之，不亦難乎？余何愛焉？《左傳》襄公二十二年。蓋古人懼遺傳之不善，足以爲禍又如此。此其生不蕃，則相生疾諸説，所以能奪人好色之心，而禁其亂於族也邪？抑子孫之蕃衍，恃乎宗族之盛昌。宗族之盛昌，恃乎族人之輯睦。因争致亂，夫固足以召亡。又娶於異姓，則一人不能致多女。古惟諸侯娶一國，二國往媵。納女於天子，乃曰備百姓。管氏有三歸，則孔子譏其不儉矣。淫於同族，則可致多女。致多女，固可以致疾，晉平公其一也。其致疾之由在淫，不在所淫者之爲同姓也。然兩事既相附，因誤以由於此者爲由於彼，亦有所恒有也。

〔一一五〕 昏年考

古書言昏年者：《書傳》、《禮記》、《公羊》、《穀梁》、《周官》，皆以男三十而娶，女二十而嫁。《墨子》、《節用》。《韓非》《外儲説右下》。則謂丈夫二十，婦人十五。《大戴》又謂大古五十而室，三十而嫁。中古三十而娶，二十而嫁。《本命》。《異義》：《大戴禮》説，三十而室，二十而嫁，天子庶人同禮。《左氏》説，天子十五而生子；三十而娶，庶人禮也。案國君十五而生子，見《左》襄九年。諸説紛紛者何？曰：女子十四、五可嫁，男子十五、六可娶，生理然也。果何時娶，何時嫁，則隨時代而不同。大率古人晚，後世較早？則生計之舒蹙爲之也。《家語》："哀公曰：男子十六精通，女子十四而化，則可以生民矣。而禮，男必三十而有室，女必二十而有夫也，豈不晚哉？孔子曰：夫禮言其極，不是過也。男子二十而冠，有爲人父之端；女子十五許嫁，有適人之道。於此而往，則是婚矣。"《本命解》。男子十六精通，女子十四而化，説與《素問》合。何君《公羊解詁》曰："婦人八歲備數，十五從嫡，二十承事君子。"《隱公七年》。八歲者，齔之翌年。十五者，化之明歲。准是以言，則二十當云二十二。而云二十者，舉成數也。許慎曰："姪娣十五以上，能共事君子，可以往。二十而御。"《穀梁》隱公七年《注》。説亦與何君同。王肅述毛，謂男自二十以及三十，女自十五以及二十，皆得嫁娶，《摽有梅·疏》。其説是也。王肅又謂"男年二十以後，女年十五以後，隨任所當，嘉好則成。不必以十五六女，妃二十一二男。雖二十女配二十男，三十男妃十五女，亦可。"亦通論也。王肅又引禮子不殤父，而男子長殤，止於十九，女子十五許嫁不爲殤，證亦極確。毛謂"三十之男，二十之女，禮未備則不待禮，會而行之，所以蕃育人民也。"亦以三十、二十爲極。王肅述毛，得毛意也。然則古者以蕃育人民爲急。越王勾踐，棲於會稽，而謀生聚，至令男二十不娶，女十七不嫁，罪其父母。而其著爲禮，不以精通能化之年；顧曰二十、三十，太古且至三十、五十者，何也？曰：蕃民，古人之所願也。然精通而取，始化而嫁，爲古人財力所不逮，是以民間恒緩其年。此爲法令所無可如何。然曰二十、三十，曰三十、五十，則固已爲之極矣。爲之極，則不可過，猶蕃民之意也。何以知其然也？《説苑》曰："桓公至平陵，見年老而自養者，問其故。對曰：吾有子九人，家貧，無以妻之，吾使傭而未返也。桓公取外御者五人妻之。管仲入見，曰：公之施惠，不亦小矣？公曰：何也？對曰：公待所見而施惠焉，則齊國之有妻者少矣。公曰：若何？管仲曰：令國丈夫三十而室，女子十五而嫁。"《貴德》。蓋古者嫁取以儷皮爲禮。儷皮者兩麋鹿皮也。《聘禮注》。漢武帝時，嘗以白鹿皮爲幣，值四十萬。白鹿皮固非凡鹿皮比；古時鹿皮，亦不必如漢代之貴。又漢武之爲皮幣，使王侯宗室，朝覲聘享，必以薦璧乃得行，則亦强名其值，猶今紙幣之署若干萬耳；尤非民間用之比。又用儷皮爲士禮，未知庶人以下亦然否？然古皮幣亦諸侯聘享所用，價不能甚賤。假不用之者,《曲禮》言取妻者"爲酒食以召鄉黨僚友",亦民間所不可少矣。"古者庶人糲食藜藿,非鄉飲酒膢腊祭祀無酒肉。賓婚相召,則豆羹白飯,綦膾熟肉",《鹽鐵論·散不足篇》。已不易辦矣。管仲非桓公以御女賜平陵之民,而謂施惠當限嫁娶之年,豈有是一令,民間即饒於財哉?有是令,則不可過,不可過,則雖殺禮而莫之非也。《周官》:媒氏"仲春之月,令會男女。於是時也,奔者不禁。若無故而不用令者罰之。"仲春則奔者不禁者,古以九月至正月爲婚期;仲春而猶不克昏,則其乏於財可知;乏於財,故許其殺禮。奔者,對聘而言。不聘即許其殺禮,非謂淫奔也。無故而不用令者,謂非無財,亦奔而不聘也。所謂聘者,則下文云:"入幣純帛無過五兩"是也。大司徒荒政十有二,十曰多昏,《注》:"不備禮。"亦此意也。賈生曰:"秦人家貧子壯則出贅。"諸書或言貧不能嫁。皆嫁娶不易之徵。太古男三十而娶,女二十而嫁。中古則三十、二十。《論衡》曰:"男三十而娶,女二十而嫁,法制雖設,未必奉行。何以效之?以令不奉行也。"《齊世篇》。曹大家十四而適人,則漢世嫁取,早於古人矣。故漢惠帝令女子十五不嫁五算也。然則世愈降,則昏年愈早。蓋民生降而益舒,故禮易行也。然墨子謂聖王之法,丈夫年二十毋敢不處家,女子年十五毋敢不事人。聖王既殁,民欲蚤處家者,有所二十處家;其欲晚處家者,有所四十處家。以其早與晚相踐,後聖王之法十年。此爲三十有室,二十而嫁,知古人制禮,必因習俗,非苟爲也。則後世嫁娶,反視古人爲晚。豈古者質樸,禮簡,嫁取易;後世迎婦送女愈侈,故難辦邪?非也。墨子背周道,用夏政;其所述者,蓋亦蕃育人民之法,禹遭洪水行之。猶勾踐棲於會稽,而謀生聚耳,非經制也。若其述當時之俗,民之蚤晚處家者,有二十年之差。民之貧富固不齊,就其晚者,固猶視三十有室之年爲遲矣。國君十五而生子,亦以饒於財,得蚤娶也。故曰:婚年之蚤晚,以民之財力而異也。《漢書·王吉傳》:"以爲世俗聘妻送女無節,則貧人不及,故不舉子。"則後世昏年之早,亦竭蹶赴之,不必其財力果視古代爲饒也。但以大體言之,則後人生計程度,總視古人爲高耳。

蚤昏善邪?晚昏善邪?《尚書大傳》謂"男三十而取,女二十而嫁,通於織紝紡績之事,黼黻文章之美。不若是,則上無以孝於舅姑,而下無以事夫養子。"王吉亦謂"世俗嫁取大早,未知爲人父母之道而有子,是以教化不明,而民多夭"。今學術日進,人之畢業大學者,非二十四五不可;教子養子之道,亦愈難明;則是嫁取愈當晚也。然人之知妃色,亦在二七二八之年。强之晚昏。或至傷身而敗行。若謂不知爲父母之道,則將來兒童,必歸公育。今人一聞兒童公育之論,無不色然駭者。以爲"愛他人之子,必不如其愛己之子;而父母愛子之心，出於自然；母尤甚；强使不得養其子，是使爲父母者無所用其愛也”。是亦不然。今者教育之責，父母多不自尸而委諸師，豈師之愛其弟子，逾於父母之愛其子？而爲父母者，欲其子之善，不若欲其子之壯佼之切乎？教育亦專門之學，非盡人的能通；又繁瑣之事，非盡人所克任故也。然則育子亦專門之業，亦繁瑣之事，其非盡人所能通，所克任，而當委諸專司其事之人，將毋同？父母之愛其子，與凡仁愛之心，非有異也，視所直而異其施耳。今之世，委赤子於途，則莫或字之，或且戕賊之，父母之卵翼之，宜也。世界大同，人人不獨子其子。今日爲父母之愛，安知不可移諸他途？豈慮其無所用而戕其身邪？

嫁娶之時：《繁露》云：“霜降逆女，冰泮殺内。”《循天之道篇》。《荀子》同。《大略篇》。王肅謂自九月至正月，引《綢繆》三星之象爲證，見《疏》。其説是也。所以然者，“霜降而婦功成，冰泮而農業起”。亦王肅説。古人冬則居邑，春即居野，秋冬嫁取，於事最便，所謂循天之道也。《周官》仲春“奔者不禁”，乃貧不能具禮者，許其殺禮。王肅以爲蕃育法，亦是也。《毛傳》於《東門之楊》，言“男女失時，不逮秋冬”，則其意亦同董、荀。王肅述毛，得毛意也。鄭玄好主《周官》而不諦，誤其失時殺禮之法爲正法，并《邶》詩“士如歸妻，迨冰未泮”語意明白者，而亦曲釋之，非也。

〔一一六〕 釋　夫　婦

夫婦二字，習用之。詁曰：“夫，扶也。”“婦，服也。”其義甚不平等，然非夫婦二字之初詁也。夫婦之本義，蓋爲“抱負”，其後引伸爲“伴侣”。何以言之？《史》、《漢・高帝紀》有武負，《陳丞相世家》有張負。如淳曰：“俗謂老大母爲阿負。”司馬貞曰：“負是婦人老宿之稱。”然《高帝紀》以王媪、武負并言，則負必小於媪。師古曰：“劉向《列女傳》云：魏曲沃負者，魏大夫如耳之母也。此則古語謂老母爲負耳。王媪，王家之媪也。武負，武家之母也。”予謂媪爲老婦之稱；母不必老，凡主婦皆可稱之，猶男子之稱父也。然則王媪爲老婦；武負、張負，特其家之主婦耳。正婦字之轉音也。今用婆字，亦具二義。俗稱老婦爲老太婆，即如淳所謂老大母。吴俗稱妻曰家主婆，則古書皆作家主婦也。《爾雅・釋魚》：“鰝鮬，鱖婦。”王氏筠曰：“今稱爲鱖婆。”知二字之相淆久矣。古以南爲陽，北爲陰。亦以人身之胸腹爲陽，背爲陰。故南鄉而立，則曰：“左聖，鄉仁，右義，背藏。”《禮記・鄉飲酒義》。南訓任，男亦訓任。北訓背，負亦訓背，《秦策注》。可知婦、背本一字。《方言》：

“抱，耦也。”則抱有夫義。抱、負雙聲，《淮南·説林注》：“背，抱也。”夫婦亦雙聲，夫婦抱負，正一語也。《老子》：“萬物負陰而抱陽，沖氣以爲和。”負陰而抱陽，猶言婦陰而夫陽。沖氣以爲和，則夫婦合而生一子矣。古言抱負，猶今言正負。正負各得其體之半，故孳乳爲半字。《儀禮》：“夫妻牉合”，正言其爲一體也。物之正負，不能相離，故又孳乳爲伴字。《説文》：“扶，并行也。”讀若伴侶之伴。《説文》無侶字，伴訓大，讀若當出後人沾注。然其語自有所本。扶蓋伴侶之伴之正字也。《漢書·天文志》：“晷：長爲潦，短爲旱，奢爲扶。”《注》：“鄭氏曰：扶當爲蟠，齊魯之間聲如酺。晉灼曰：扶，附也。小人佞媚，附近君子之側也。”《通卦驗》：“晷，進爲贏，退爲縮，稽爲扶。扶者，諛臣進，忠臣退。”鄭《注》：“扶亦作扶。”《集韻》亦云：“古扶字作扶。”并文音義，多同本文，可知夫扶實一字。故訓夫之言扶，猶曰夫之言扶耳。諸侯之妻曰夫人，亦此義。不然，豈凡婦皆待其夫扶之，獨諸侯則當待其婦扶之乎？物之正負，既不可離，即恒相依附。故負訓恃，亦訓依。夫訓附，亦訓傅。《詩》：“夫也不良。”毛《傳》：“夫，傅相也。”《郊特牲》：“夫也者，夫也。”《注》：“夫或爲傅。”《方言》：“北燕朝鮮洌水之間，謂伏雞曰抱。”皆附著之意也。

〔一一七〕原　妾

社會學家言畜妾之由：曰女多男少也。曰男子好色之性，不以一女子爲已足也。曰男子之性，好多漁婦女也。曰女子姿色易衰，其閉房亦較男子爲早也。曰求子姓之衆多也。曰女子可從事操作，利其力也。曰野蠻之世，以致多女爲榮也。徵諸我國書傳，亦多可見之。《周官》：職方氏，揚州，其民二男五女。荆州，一男二女。豫州，二男三女。青州，二男二女。兖州，二男三女。雍州，三男二女。幽州，一男三女。冀州，五男三女。并州，二男三女。其數未必可信。然據生物學家言：民之生，本男多於女。而其死者亦衆。故逮其成立，則女多於男。脱有戰争，則男女之相差尤甚。吾謂戰争而外，力役甚者，亦足殺人。又女子恒處家，希觸法網。刑戮所及，亦恒少於男。天災流行，捍之者多死，亦戰争類也。古代女子皆能勞作，非若後世待豢於人。溺女等風，古必無有。試觀古書多言生子不舉，未嘗偏在於女，可知也。然則男少女多，古代亦必不免矣。惟男女雖有多少，初不得謂當藉畜妾以調劑之。古代人畜妾，亦未必有調劑男女多少之意，只是以快淫欲耳。《墨子》謂“當今之君，大國拘女累千，小國累百，是以天下之男，多寡無妻，女多拘無夫。”齊宣王曰：“寡人有疾，寡人好色。”孟子告以“大王好色”，“内無怨女，外無曠夫。"皆以怨、曠并言。則當時之民,怨女固多,曠夫亦不少矣。拿破侖曰:"一男子但有一女子則不足,以其有姅乳時也。"《内則》:妻將生子,及月辰,居側室。三月之末,見子於父,乃後適寢。妾亦三月見子,而後入御。《漢律》:姅變者不得侍祠。《説文解字》。即拿破侖之説也。班氏《女誡》謂"陽以博施爲貴,陰以不專爲美。"此男權盛時,好漁色之男子所創之義也。《素問》謂女子二七而天癸至,七七而天癸竭。丈夫二八天癸至,七八天癸竭。《上古天真論》。則女子閉房之歲,早於丈夫者殆十年。韓非曰:"丈夫年五十,而好色未解也;婦人年三十,而美色衰矣。以衰美之婦人,事好色之丈夫,則身死,見疏賤,而子疑不爲後。此後妃夫人,所以冀其君之死者也。"《韓非子・備内》。古制三十而娶,二十而嫁,女小於男者十年,殆以此歟?然三十而美色衰,五十而好色未解,雖小十年,終不相副。況三十二十,特辜較言之,課其實,男女之年,未必相差至是。此亦男子之所以好廣漁色邪?若夫求子姓之多,則詩人以則百斯男頌文王其事也。古重傳統,統系在男,則無子者不得不許其畜妾,不許畜妾,則不得不許其棄妻更取,而無子爲七出之一矣。《詩》又曰:"摻摻女手,可以縫裳。"毛《傳》:"婦人三月廟見,然後執婦功。"《箋》曰:"未三月,未成爲婦。裳,男子之下服。賤,又未可使縫。魏俗使未三月婦縫裳,利其事也。"然則坐男立女之風,正不待盛唐詩人而後興歎矣。多妻淫佚,義士所羞。此非流俗所知。流俗方以是爲美談耳。西南之夷,有八百媳婦者,傳言其酋有妻八百,與《周官》之侈言女御,何以異邪?然則社會學家所言畜妾之由,征諸吾國,靡不具之。人類之所爲,何其異時異地而同揆也?

〔一一八〕　飲食進化之序

野蠻之人,多好肉食,然後卒改食植物者,實由人民衆多,禽獸不足之故。《禮運》曰:昔者先王未有火化,食草木之實,鳥獸之肉,飲其血,茹其毛。疏曰:"雖食鳥獸之肉,若不能飽者,則茹食其毛,以助飽也。若漢時蘇武,以雪雜羊毛而食之,是其類也。"茹毛飲血四字,讀書者往往隨意讀過,不加細想,一經研究,實有飲食進化之理存焉。

《詩・豳風》:"九月築場圃。"箋云:"耕治之以種菜茹。"疏曰:"茹者,咀嚼之名。以爲菜之别稱,故書傳謂菜如茹。"案:毛言茹,菜亦言茹,則古人之食菜,乃所以代茹毛也。《墨子・辭過》曰:"古之民未知爲飲食時,素食而分處。故聖人作誨,男耕稼樹藝,以爲民食。其爲食也,足以增氣充虚,强體適腹而已矣。”孫氏閒詁曰：“素食，謂食草木。《管子·七臣七主》曰：‘果蓏素食當十石。’素，疏之叚字。《淮南子·主術訓》云：‘夏取果蓏，秋畜疏食。’疏，俗作蔬。《月令》：‘取疏食。’鄭注云：‘草木之實爲疏食。’《禮運》説上古，云：‘未有火化，食草木之實。’即此素食也。”愚案《周官·太宰》“九職”：“八曰臣妾，聚斂疏材。”注：“疏材，百草根實可食者。”委人：“掌斂野之賦”，“凡疏材木材，凡畜聚之物。”《管子》謂“萬家以下，則就山澤。”《八觀》。可見疏食之利之溥矣。疏，本訓草木之實，草木之實，較之穀食爲麤，故引申爲麤疏。凡穀之不精者，亦以疏食稱之。《雜記》：“孔子曰：吾食於少施氏而飽，少施氏食我以禮。吾祭，作而辭曰：‘疏食不足祭也。’吾飧，作而辭曰：‘疏食也，不足以傷吾子。’”疏曰：“疏麤之食，不可强飽。以致傷害”是也。《吕覽·審時》曰：“得時之稼，其臭香，其味甘，其氣章。百日食之，耳目聰明，心意睿智，四衛變强。”注：“四衛，四枝也。”“凶氣不入，身無苛殃。黄帝曰：‘四時之不正也，正五穀而已矣。’”穀食精者之勝麤，猶其麤者之勝疏食，亦猶疏食之勝鳥獸之毛也，此飲食進化之由也。

原刊《社會期刊》創刊號，一九二九年出版

〔一一九〕 古代貴族飲食之侈

古代貴族平民，生活程度，相去頗遠。今先就飲食一端論之。《左傳》莊公十年：“齊師伐我，公將戰。曹劌請見。其鄉人曰：肉食者謀之，又何間焉？”杜《注》曰：“肉食，在位者。”《正義》曰：“昭四年《傳》説頒冰之法，云：食肉之禄，冰皆與焉。大夫命婦，喪浴用冰。蓋位爲大夫，乃得食肉也。”《詩》：“牧人乃夢，衆維魚矣。”“大人占之，衆維魚矣，實維豐年。”《箋》曰：“魚者，庶人之所以養也。今人衆相與捕魚，則是歲熟相供養之祥。”故《孟子》以“不違農時，五穀不可勝食”，“數罟不入污池，魚鱉不可勝食”并言也。《王制》言“六十非肉不飽”，《孟子》言“七十可以食肉。”然孔子告子路：“啜菽飲水，盡其歡，斯之謂養”，則亦非貧者所能必得矣。平民與士大夫之食，禮之所定，相去如此。然論其實，則尚有不止此者。

《墨子·辭過》曰：“古之民，未知爲飲食時，素食而分處。故聖人作，誨男耕稼樹藝，以爲民食。其爲食也，足以增氣充虚，强體適腹而已矣。故其用財節，其自養儉，民富國治。今則不然，厚斂於百姓，以爲美食芻豢，蒸炙魚鱉。大國累百器，小國累十器，前方丈，《孟子·盡心》：“食前方丈。”趙注：“極五味之饌，食列於前，方一丈。”目不能徧視，手不能徧操，口不能徧味。冬則凍冰，夏則飾饐。人君爲飲食如此,故左右象之,是以富貴者奢侈,孤寡者凍餒,雖欲無亂,不可得也。”

今案人君之食,《周官》膳夫舉其凡,曰:“凡王之饋:食用六穀,膳用六牲,飲用六清,羞用百有二十品,珍用八物,醬用百有二十甕。”食醫職云:“掌和王之六食、六飲、六膳、百羞、百醬、八珍之齊。”

六穀者:稌、黍、稷、粱、麥、苽,皆嘉穀也。《内則》:“飯:黍、稷、稻、粱、白黍、黄粱、稰穛。”下言白黍,則上謂黄黍。下言黄粱,則上謂白粱也。孰穫曰稰,生穫曰穛。《正義》曰:“《玉藻》:諸侯朔食四簋:黍、稷、稻、粱。此則據諸侯,其天子則加以麥、苽爲六。”

六牲者:馬、牛、羊、犬、豕、雞。

六清者:水、漿、醴、涼、醫、酏。鄭《注》:據漿人也,酒正無水涼二物。鄭云:“無厚薄之齊,故酒正不辨矣。”《内則》:“飲:重醴、稻醴清糟、黍醴清糟、粱醴清糟,或以酏爲醴、黍酏、漿、水、醷、濫。”疏:“稻、粱、黍之醴,各有清糟,皆相配重設,故曰重醴。”《周官》:漿人共王之六飲無糟,而共後夫人致飲於賓客有之。蓋亦該於醴中也。“或以酏爲醴”《注》云:“釀粥爲醴”,即《周官》之醫。“黍酏”,即《周官》之酏。“漿”,即《周官》之漿。“水”,即《周官》之水,“濫”《注》云:“以諸和水也,以《周禮》六飲校之,則濫,涼也。”《疏》云:“漿人《注》涼,今寒粥,若糗飯雜水也。則此以諸和水,謂以諸若糗飯之屬和水也。諸者,衆雜之辭。”《釋文》曰:“乾桃乾梅皆曰諸”,疑《釋文》是也。酏爲《周官》所無,司農以爲即醫,鄭《注》曰梅漿。

羞即庶羞,出於牲及禽獸,以備滋味。鄭《注》云:“《公食大夫禮》、《内則》:下大夫十六,上大夫二十,其物數備焉。天子諸侯,有其數,而物未得盡聞。”《疏》云:“此經云百有二十者,是天子有其數。掌客云上公食四十,侯伯三十二,子男二十四,是諸侯有其數也。”今案《内則》云:“膳、膷、臐牛。醢、臐羊。膮、臐豕。醢、鄭云:衍字。牛炙醢、熊氏云:豕、牛、羊之下,即其肉之醢。牛胾醢、牛膾、羊炙、羊胾醢、豕炙醢、豕胾、芥醬、魚膾、雉、兔、鶉、鴽。”《公食大夫禮》:作鴽。自魚膾以上十六豆,爲下大夫之禮。雉、兔、鶉、鴽,則上大夫所加,此公食大夫所設也。《内則》又云:“牛脩一,鹿脯二,田豕脯三,麋脯四,麕脯五,麋六,鹿七,田豕八,麕九,皆有軒,雉十,兔十一,皆有芼,爵十二,鴽十三,蜩蟬也。十四,範蜂也。十五,芝栭十六,庾蔚曰:無華葉而生者曰芝栭。蔆十七,椇十八,棗十九,栗二十,榛二十一,柿二十二,瓜二十三,桃二十四,李二十五,梅二十六,杏二十七,柤梨之不臧者。二十八,梨二十九,薑三十,桂三十一。”鄭云:三十一物,皆人君食燕所加也。《内則》又云:食:《注》:“目,人君燕食所用也。”皇氏云:蝸一,苽食二,雉羹三,麥食四,脯羹五,雉羹六,析稌細析稻米爲飯。七,犬羹八,兔羹九,和糝不蓼,《注》:“凡羹齊宜,五味之和,米屑之糝,蓼則不矣。”《疏》:“此等之羹,宜以五味調和,米屑爲糝,不須加蓼。”濡豚十,包苦實蓼,《注》:“凡濡,謂烹之,以汁和也。苦,苦荼也,以包豚,殺其氣。”濡雞十一,醢醬實蓼,濡魚十二,卵醬實蓼,《注》:“卵讀爲鯤,鯤,魚子。”濡鱉十三,醢醬實蓼,腵脩十四,蚳醢十五,《注》:“蚳,蚍蜉子也。”《釋文》:“蚳,蟻子也。”脯羹重出，兔醢十六，麋膚十七，魚醢十八，魚膾十九，芥醬二十，麋腥二十一，腥，生肉，上麋層謂熟也。醢二十二，醬二十三，桃諸二十四，梅諸二十五，卵鹽二十六。大鹽。鄭云：“二十六物，似皆人君燕所食也。《疏》云：按《周禮·掌客》云：諸侯相食，皆鼎簋十有二，其正饌與此不同。其食臣下，則《公食大夫禮》，具有其文，與此又異，故疑是人君燕食也。”《周官》百有二十品，雖不得盡聞，亦可以見其概矣。

珍，鄭《注》云：“淳熬，淳母，炮豚，泡牂，擣珍，漬，熬，肝膋。”亦見《内則》。

醬，鄭云：“醯醢。”即醢人職云：“王舉則共醢六十甕。以五齊、七醢、七菹、三臡實之”，醯人云：“王舉則共齊、菹、醯物六十甕”者也。五齊者：昌本、昌蒲根，切之四寸爲菹。脾析、牛百葉。蜃、大蛤。豚拍、鄭大夫、杜子春皆以拍爲膊，謂脅也；或曰：豚，拍，肩也。深蒲、鄭司農云：薄蒻入水深，故曰深蒲。或曰：桑耳。七醢：醓、蠃、螷蝓。蠯、小蛤。蚳、蛾子。魚、兔、雁。七菹：韭、菁、茆、鳬葵。葵、芹、菭、荀。三臡：麋、鹿、麇。“凡醯醬所和，細切爲齏，全物若牒爲菹。菜肉通。”“作醢及臡者，必先膊乾其肉，乃後莝之，雜以粱曲及鹽，漬以美酒，涂置甀中百日，則成矣。”此與八珍，作之皆極費時者也。

王日一舉，《注》：以朝食。燕食奉朝之餘饍。燕食，謂日中及夕食也。《注》又云：後與王同庖。《疏》云：“不言世子，則世子與王别牲。”鼎十有二物，皆有俎。《疏》云：“趙商問：王日一舉，鼎十有二，是爲三牲備焉。商案《玉藻》：天子日食少牢，朔月太牢，禮數不同，請聞其説。鄭答云：《禮記》後人所集，據時而言，或以諸侯同天子，或以天子與諸侯等。禮數不同，難以據也。王制之法，與禮違者多，當以經爲正。”案《周官》六國時書，《玉藻》所述蓋較古，愈近愈侈也。

齊則日三舉。有小事而飲酒，謂之稍事，此康成説。司農以爲非日中大舉時而間食。設薦脯醢。其内羞，則醢人所供四籩之實，醢人所供四豆之食也。朝事之籩八：曰麷、熬麥也。曰蕡、麻子也。曰白、熬稻米也。曰黑、熬黍米也。曰形鹽、司農曰：築鹽爲虎形。康成曰：鹽之似虎者。曰膴、牒生魚肉爲大臠。曰鮑、曰鱐。乾魚也。饋食之籩：曰棗、曰栗、曰桃、曰乾穛、曰榛實。乾穛即乾梅，《疏》云：當别有乾桃。濕梅、棗亦宜有乾者，凡八也。加籩，以蔆、芡、栗、脯四物爲八籩。司農云：栗當爲脩，司農之。意以栗與饋食之籩同也。羞籩二：曰糗餌、曰粉餈、見《内則》。朝事之豆八：曰韭菹、曰醓醢、曰昌本、曰麋臡，曰菁菹、曰鹿臡、曰茆菹、曰麇臡。饋食豆八：曰葵菹、曰蠃醢、曰脾析，蠯醢、曰蜃、曰蚳醢、曰豚拍、曰魚醢。加豆之實八：曰芹菹、曰兔醢、曰深蒲、曰醓醢、曰箈菹、曰雁醢、曰笋菹、曰魚醢。羞豆之實二：曰酏食、日糝。亦見《内則》。

“列之方丈，目不能徧視，手不能徧操，口不能徧味。冬則涷冰，夏則餇饐”，信矣。

案《王制》曰："羹食，自諸侯以下，至於庶人，無等。"《注》曰："羹食，食之主也，庶羞乃異耳。"《疏》曰："此謂每日常食。"《左傳》隱公元年：穎考叔有獻於公，公賜之食，食舍肉。公問之，對曰："小人有母，皆嘗小人之食矣，未嘗君之羹，請以遺之。"杜《注》曰："宋華元殺羊爲羹享士，蓋古賜賤官之常。"《疏》曰："《禮》公食大夫，及《曲禮》所記大夫士與客燕食，皆有牲體殽胾，非徒設羹而已。此與華元享士，惟言有羹，故疑是賜賤官之常。"愚案孔子稱顔回"一簞食，一瓢飲。"其自述則曰："飯疏食，飲水。"《鄉黨》記孔子之行，則曰："雖疏食菜羹，必祭。"《孟子》言："簞食豆羹，得之則生，弗得則死。"《檀弓》言："黔敖左奉食，右執飲。"墨子稱堯，"黍稷不二，羹胾不重，飯於土熘，啜於土形。"《節用中》。《韓非子·十過》："堯飯於土簋，飲於土鉶。"《史記·李斯傳》："二世曰：堯飯土匭，啜土鉶。"《韓詩外傳》："舜飯乎土簋，啜乎土型。"《史記·自序》：墨家亦尚堯、舜道，言其德行曰："食土簋，啜土刑，糲粱之食，藜藿之羹。"凡古人之言食，無不以羹食并舉者，元凱之言，雖億度，固事實也。《曲禮》曰："凡進食之禮：左肴右胾，食居人之左，羹居人之右。膾炙處外，醯醬處內。葱渫處末，酒漿處右。以脯脩置者，左朐右末。"《管子·弟子職》曰："凡彼置食：鳥獸魚鱉，必先菜羹。羹胾中列，胾在醬前。其設要方。飯是爲卒，左酒右醬。"《曲禮》所加，不過肴胾、膾炙、醯醬、葱渫、酒漿。《弟子職》所加不過酒、醬及肉。一爲大夫、士與賓客燕食之禮，一爲養老之禮矣。食以羹食爲主，信不誣也。《弟子職》謂："凡彼置食，其設要方。"蓋古人設食之禮如所云，設之方不數尺耳。而當時之王公大人，設食至於方丈，其侈固可見矣。《內則》又曰："大夫，燕食，有膾無脯，有脯無膾，士不貳羹胾。"《疏》曰："謂士燕食也。若朝夕常食則下云：羹食，自諸侯以下，至於庶人，無等。"

飲食愈後則愈侈。墨子用夏政，孔子言"禹菲飲食"，而墨子亦病時人之侈於食，可見夏時之儉。《內則》曰："大夫無秩膳。大夫七十而有閣。天子之閣，左達五，右達五。公侯伯於房中五。大夫於閣三。士於坫一。"《注》曰："秩，常也。""五十始命，未甚老"，故必七十而後有秩膳也。"閣，以板爲之，庋食物。"五者："三牲之肉及魚腊。"此則較常人少侈耳，尚未至食前方丈也。

古代外交之禮，亦可見其飲食之侈。據《聘禮》，客始至，則設飧。飪謂孰。一牢，在西，鼎九，牛、羊、豕、魚腊、腸、胃、膚、鮮魚、鮮腊。膚，豕肉也。羞鼎三，膷、臐、膮，即陪鼎。腥，一牢，在東，鼎七，無鮮魚鮮腊。此中庭之饌也。其堂上之饌八：八豆、醓醢、昌本、麋臡、菁菹、鹿臡、葵菹、蝸醢、韭菹。八簋。黍、稷。六鉶、牛、羊、豕。兩簠、粱、稻。八壺。稻酒、粱酒。西夾六：六豆，六簋，四鉶，兩簠，六壺。六豆無葵菹、蝸醢、餘實與前同。門外，米禾皆二十車，薪芻倍禾。上介，飪，一牢，在西，鼎七，羞鼎三，堂上之饌六，西夾無。門外，米禾皆十車，薪芻倍禾。衆介，皆少牢，鼎五。羊、豕、腸、胃、魚臘。堂上之饌：四豆，四簋，兩鉶，四壺，無簠。既見而歸飪餼。牲：殺曰饔，生曰餼。《周官·司儀注》："小禮曰飧，大禮曰饔餼。"則五牢，飪，一牢，鼎九，腥，二牢，鼎七。堂上：八豆，八簋，六鉶，兩簠，八壺。西夾：六豆，六簋，四鉶，兩簠，六壺。饌於東方，亦如之。東夾室。醯醢百甕，甕受斗二升。餼二牢，米百筥。黍、粱、稻、稷。門外，米三十車，車秉有五籔，凡二十四斛。禾三十車，車三秅，凡千二百秉。薪芻倍禾。上介三牢，飪、一牢，鼎七，羞鼎三，腥一牢，鼎七。堂上之饌六，西夾亦如之。筥及甕如上賓。餼，一牢。門外米禾視死牢。牢十車。薪芻倍木。士介四人，皆餼大牢，米百筥。夫人歸禮。堂上籩豆六，脯醢。筥黍清皆兩壺。稻、黍、粱、酒，皆有清白，筥言白，清指粱，各舉一也。大夫餼賓，大牢，米八筐。黍粱各二，稷四。筐，五斛。上介亦如之。衆介，皆少牢，米六筐。公於賓，一食再饗，燕與羞雁鶩之屬。假獻始獻四時新物，《聘義》所謂時賜，無常數。上介，一食一饗。大夫於賓，一饗一食。上介，若食若饗。既致饔，旬而稍。謂廩食也。行聘禮一旬之後，或逢凶變，或主人留之，不得時反，即有稍禮。宰夫始歸乘禽，雁鶩之屬，日如其饔餼之數。士，中日則二雙。《周官·掌客》：王合諸侯而饗禮，公、侯、伯、子、男盡在，兼享之則具十有二牢，庶具百物備。王巡守殷國，國君饍以牲犢。令百官，百牲皆具。從者：三公視上公，鄉視侯伯，大夫視子男，士視諸侯之卿，庶子視大夫。凡諸侯之禮，諸侯自相待，天子待諸侯亦同。上公五積，侯伯四，子男三，皆視飧牽，謂所共如飧，而牽牲以往，不殺也。一積視一飧，飧五牢，五積則二十五牢。又云視飧，則有芻薪禾米等。三問皆脩，侯伯再，子男一。羣介、行人、宰、史，皆有牢。飧五牢，侯伯四，子男三。食四十，庶羞器。侯伯三十二，子男二十四。簠十，稻粱器。侯伯八，子男六。豆四十，菹醢器。侯伯三十二，子男二十四。鉶四十有二，羹器，鄭云：宜爲三十八。侯伯二十八，子男十八。壺四十，酒器。侯伯三十二，子男二十四。鼎、牲器。簋黍稷器。十有二，侯伯子男同。牲三十有六，鄭云：牲當爲腥。侯伯二十七，子男十八。饔餼：九牢，侯伯七，子男五，其死牢如飧之陳。牽四牢，侯伯三，子男二。米百有二十筥，侯伯百，子男八十。醯醢百有二十罋，侯伯百，子男八十。車米視牲牢，牢十車，車秉有五籔，侯伯三十車，子男二十。車禾視死牢，牢十車，車三秅，侯伯四十車，子男三十。芻薪倍禾。乘禽日九十雙，侯伯七十，子男五十。殷膳中膳。致太牢，以及歸，三饗，三食、三燕，侯伯再，子男一。凡介、行人、宰、史，皆有飧饔餼，以其爵等，爲之牢禮之陳數。惟上介有禽獻。夫人致禮。八壺、八豆、八籩，侯伯同，子男六。膳大牢，致饗大牢，子男不饗。食大牢，卿皆見以羔。膳大牢，侯伯特牛。侯伯子男，各有差等。卿大夫士，不從君而來聘者，如其介之禮待之。大行人：上公之禮，禮九牢，《注》："禮，大禮，饔餼也，三牲備爲一牢。"侯伯七，子男五。三享，王禮，再祼，《注》再飲公也。侯伯子男同。而酢，《注》報飲王也。子男不酢。饗禮九獻，侯伯七，子男五。食禮九舉。司農云：舉，舉樂也。後鄭曰：舉牲體九飯也。《疏》云：此經食禮九舉與饗禮九獻相連，故以爲舉牲體，其實舉中，可以兼樂。侯伯七，子男五。出入五積，《注》：謂饋之芻米也。侯伯四，子男三。《疏》云：在路供賓，來去皆五積。三問，三勞，《注》問，問不恙也。勞，苦倦之也。皆有禮，以幣致之。侯伯再，子男一。侯伯子男，亦各有差等。蓋其一食之費，足當平民終歲之飽矣。《聘義》曰："古之用財者，不能均如此。然而用財如此其厚者，言盡之於禮也。盡之於禮，則內君臣不相陵，而外不相侵。故天子制之，而諸侯務焉耳。"此固然。然其時王公大人之食用，與平民相去之遠，則可見矣。

《玉藻》：天子"皮弁，以日視朝，遂以食，日中而餕。《注》：餕，朝食之餘也。奏而食。《注》：奏，奏樂也。日少牢，朔月大牢。五飲：上水、漿、酒、醴、酏"。諸侯"朝服，以日視朝於內朝，……退適路寢聽政。使人視大夫，大夫退，然後適小寢。釋服。又朝服以食，特牲三俎，祭肺。《注》：食必復朝服，所以敬養身也。三俎：豕、魚、臘。夕深衣，祭牢肉。《注》：祭牢肉，異於始殺也。天子言日中，諸侯言夕，天子言餕，諸侯言祭牢肉，互相挾。朔月少牢五俎、四簋。《注》：五俎，加羊與其腸胃也。朔月四簋，則日食粱稻各一簋而已。子卯，稷食菜羹。《注》：忌日貶也。夫人與君同庖。《注》：不特殺也。《疏》：舉諸侯，天子可知。君無故不殺牛，大夫無故不殺羊，士無故不殺犬豕。《注》：故，謂祭祀之屬。《疏》：言祭祀之屬者，若待賓客饗食，亦在其中。案此三語，亦見《王制》。又曰：無故不食珍，庶羞不逾牲。君子遠庖廚，凡有血氣之類，弗身踐也"。《注》：踐當爲翦，翦猶殺也。所言與《周官》大同小異。如《周官》天子日食大牢，則無故得殺牛矣。

《玉藻》又曰："年不順成，則天子素服，乘素車，食無樂。"又言諸侯之禮曰："至於八月不雨，君不舉。年不順成，君衣布搢本，關梁不租，山澤列而不賦，土功不興，大夫不得造車馬。"《王制》曰："以三十年之通，雖有凶旱水溢，民無菜色，然後天子食，日舉，以樂。"《曲禮》曰："歲凶，年穀不登，君膳不祭肺，馬不食穀，馳道不除，祭事不縣，大夫不食粱，士飲酒不樂。"此蓋隆古共産社會，同甘共苦之遺制。三代制禮，猶有存者，特不能盡守耳。後世去古愈遠，遺意寖淪。"朱門飽粱肉，路有凍死骨"，視爲固然，曾無愧恧。不惟大同之世之人，所夢想不到；即視三代守禮之貴族，亦有愧色矣。

原刊《社會期刊》創刊號，一九二九年出版

〔一二〇〕原　酒

《史記》謂紂以酒爲池。《正義》引《六韜》，云："紂爲酒池，回船糟丘而牛飲者，三千餘人爲輩。"此其池當大幾何，其酒當得幾許，不問而知其誕謾矣。然其説亦有所本。《禮運》述太古之俗，"污尊而抔飲"。鄭《注》云：污尊，鑿地爲尊也；抔飲，手掬之也。《周官》萍氏："掌國之水禁，几酒《注》：苛察沽買過多及非時者。謹酒《注》：使民節用酒也。禁川游者。"夫鑿地而飲，則所飲者水也。几酒、謹酒與掌水禁同官，尤邃初酒與水無別之明證。蓋大上僅飲水，後乃易之以酒也。何以知其然也？古之飲者必以羣。《酒誥》曰："羣飲，女勿佚，盡執拘以歸於周，予其殺。"夫當酒禁甚嚴之世，寧不可杜門獨酌，以遠罪戾，而必羣飲以遭執殺之刑哉？則習之不可驟改也。《禮器》："周禮其猶醵與。"《注》：王居明堂之禮，仲秋乃命國醵。《周官》酒正："掌酒之政令，以式法授酒材，凡爲公酒者亦如之。"《注》謂鄉射飲酒，酒正授以式法及酒材，使自釀之。族師："春秋祭酺。"《注》謂：族長無飲酒之禮，因祭酺，而與其民以長幼相獻酬焉。《疏》曰：知因祭酺有飲酒之禮者，鄭據《禮器》、《明堂禮》，皆有醵法。然則醵之由來尚矣。蓋部落共産之世，合食之遺俗也。夫當部落共産之世，其尚不能造酒，而惟飲水也審矣。斯時之聚食，蓋或就水邊，或則鑿地取水。至後世猶襲其風，羣飲者必在水邊。其初鑿地取水後雖易以酒，亦或鑿地盛之。故几酒與掌水禁同官，而紂亦作大池，以示其侈也。云牛飲者三千人爲輩，固《論衡》所謂語增之流；然其説固有所本，非盡子虚也。《易・序卦》言"飲食必有訟"，蓋由羣飲沈湎，以致争鬥，非争食也。漢世賜民牛酒，蓋實授以酒，古給公酒之遺。其賜民酺，則聽其合錢聚飲，古所謂醵也。

或曰：焉知酒之興，必後於部落共産之世乎？曰：有徵焉。《禮運》言"汙尊抔飲"與"燔黍捭豚"、"蕢桴土鼓"并舉。又曰：昔者先王未有火化，食鳥獸之肉，飲其血，茹其毛。後聖有作，然後脩火之利。以炮，以燔，以亨，以炙，爲醴酪。《疏》曰："未有火化，據伏羲以前。以燔捭豚，即是有火。燔黍捭豚，汙尊捭飲，指神農，以《明堂位》云，土鼓葦籥，伊耆氏之樂。《郊特牲》曰：伊耆氏始爲蜡，焉説以伊耆氏爲神農。今此云蕢桴土鼓，故知謂神農也。"《士昏禮疏》云：汙尊抔飲，謂神農時，雖有黍稷，未有酒醴。後聖有作，以爲醴酪，據黄帝以後。案《禮運》言"汙尊抔飲"與"以爲醴酪"對舉，此疏是。《禮運・疏》謂：汙尊，乃鑿池汙下而盛酒，恐非。然亦可證後來有鑿池盛酒之事。然則酒醴之作，蓋在黄帝以後也。凡酒，稻爲上，黍次之，粟次之。《聘禮注》。五齊三酒，俱用秫、稻、曲、櫱，鬯酒用黑黍《周官》酒正《疏》。皆有資於農産。神農時，農事初興，農産未盛，未必能以之爲酒。謂酒起黄帝以後，近於實也。

《戰國策》曰：儀狄作酒，禹飲而甘之。遂疏儀狄而絶旨酒，曰：後世必有以酒亡其國者，則夏時酒尚不甚通行。《明堂位》曰："夏后氏尚明水，殷尚醴，周尚酒。"《注》：此皆其時之用耳，言尚非。案《禮器》、《郊特牲》，皆言"玄酒之尚"，《郊特牲》作"玄酒明水之尚。"《士昏禮疏》曰："相對，玄酒與明水别。通而言之，明水亦名玄酒。"《玉藻》曰："凡尊，必尚玄酒。惟君面尊，惟饗野人皆酒。"《注》蜡飲不備禮。《疏》：饗野人，謂蜡祭時也。野人賤，不得比士，又無德，又可飽食，則宜貪味，故惟酒而無水也。案如予説，玄酒所以和酒而飲。饗野人之酒蓋不多，故無待於和也。見下。則古祭祀飲食，皆尚玄酒。《士昏禮》：酌玄酒。三屬於尊。《疏》云："明水，若生人相禮，不忘本，亦得用。"康成所知者，作記者無由不知。則所謂尚者，正即康成所謂用耳。《疏》云：《儀禮》設酒尚玄酒，是周家亦尚明水也。《禮運》云：澄酒在下，則周世不尚酒。

《周官》酒正，有五齊、三酒、四飲。五齊者：泛齊、醴齊、盎齊、緹齊、沈齊。《注》云：自醴以上尤濁，盎以下差清。三酒者：一曰事酒，《注》云：即今醳酒。《疏》云：冬釀春成。二曰昔酒，《注》云：今之酋久白酒，所謂舊醳。《疏》云：久釀乃熟，故以昔酒爲名。對事酒爲清，對清酒爲白。三曰清酒。《注》：今中山冬釀接夏而成。《疏》云：此酒更久於昔，故以清爲號。四飲者：一曰清，即漿人醴清。二曰醫，即《内則》所謂或以酏爲醴，謂釀粥爲醴。三曰漿，四曰酏。鄭曰："五齊之中，醴恬，與酒味異。"《疏》曰："恬於餘齊，與酒味稍殊，故取入六飲。其餘四齊，味皆似酒。"蓋四飲最薄，五齊次之，三酒最厚。《疏》云：五齊對三酒。酒與齊異，通而言之，五齊亦曰酒。四飲去水最近。五齊醴以上近水，盎以下近酒。而古人以五齊祭，三酒飲。《周官・酒正》、《疏》："五齊味薄，所以祭；三酒味厚，人所飲。"其陳之也：則玄酒爲上，醴酒次之，三酒在下。《禮運》："玄酒在室，醴醆在户，粢醍在堂，沈酒在下。"《坊記》："醴酒在室，醍酒在堂，澄酒在下。"醴即醴齊，醆即盎齊，粢醍即緹齊，澄即沈齊，酒即三酒。《玉藻》："五飲：上水，漿、酒、醴、酏。"《注》："上水，水爲上，餘其次之。"可見酒味之日趨於厚矣。

知酒味之日趨於厚，則知古人初飲酒時，其酒實去水無幾。酒之厚者，或和水而飲之，未可知也。《周官》漿人六飲有涼。司農曰："涼，以水和酒也。"康成不從，未知何故。《疏》謂"和水非人所飲"，則以後世事度古人矣。果古無和水而飲者，司農豈得億爲之説耶？

案古人飲酒之器：《韓詩》説："一升曰爵，二升曰觚，三升曰觶，四升曰角，五升曰散。觥亦五升。"《古周禮》説："爵一升，觚三升。獻以爵而酬以觚，一獻而三酬，則一豆矣。"亦見《考工記・梓人》。《毛詩》説："金罍大一石，觥大七升。"許慎云："一獻三酬當一豆。若觚二升，不滿一豆。觥罰有過。一飲而盡七升過多。"鄭駁之云:"觶字角旁氏、汝、潁之間師讀所作。今禮角旁單。古書或作角旁氏,角旁氏,則與觚字相近。學者多聞觚,寡聞抵。寫此書亂之而作觚耳。又南郡太守馬季長説:一獻而三酬則一豆。豆當爲斗,與一爵三觶相應。"《禮器》:"宗廟之祭,貴者獻以爵,賤者獻以散,尊者舉觶,卑者舉角。五獻之尊。門外缶,門内壺。君尊瓦甒。"鄭《注》爵、散、觶、角與《詩》同。《注》又曰:"壺大一石,瓦甒五斗,缶大小未聞也。"《正義》:"壺大一石,瓦甒五斗者,《漢禮器制度》文。此瓦甒即燕禮公尊瓦大也。《禮圖》:瓦大受五斗,口逕尺,頸高二寸;逕尺,大中,身鋭,下平。瓦甒與瓦大同,以小爲貴,近者小則遠者大。缶在門外,則大於壺矣。"《周官》、《疏》引《漢禮器制度》亦云:"觚大二升,觶大三升。"《詩·疏》引《禮圖》:"罍大一斛,觥大七升。"古十斗爲斛,即漢所謂一石。然則古酒器大小,惟觥未能定;缶不可知;自爵至罍,《韓詩》、《毛詩》、《周禮》、《禮圖》、《禮器制度》略同。《論語》:"觚不觚。"馬曰:"一升曰爵,二升曰觚",亦同。據器之大小,可以考古人飲酒之多寡矣。《韓詩》説諸爵名之義曰:"觚,寡也,飲當寡少。觶,適也,飲當自適也。角,觸也,不能自適,觸罪過也。散,訕也,飲不能自節,爲人所謗訕也。"又曰:"觚、觶、角、散,總名曰爵。其實曰觴,觴者餉也。觥亦五升,所以罰不敬。觥、廓也,所以著明之貌。君子有過,廓然明著。非所以餉,不得名觴。"《玉藻》曰:"君子之飲酒也,受一爵而色灑如也,二爵而言言斯,三爵而油油以退。"然則古人飲酒,不過三爵。過三爵,則不能自持矣。古權量於今不逮三之一,其飲酒之多寡,略與今人等也。乃《考工記》曰:"食一豆肉,飲一豆酒,中人之食。"淳于髡之説齊王曰:"臣飲一斗亦醉,一石亦醉。"雖諷諫之辭,不必盡實,亦不容大遠於情。知必有和水飲之之法,故能如是也。

《射義》曰:"酒者,所以養老也,所以養病也,求中以辭爵者,辭,養也。"孟子謂曾子養曾皙,曾元養曾子,必有酒肉。《曲禮》曰:"五十不致毁,六十不毁,七十惟衰麻在身,飲酒食肉處於内。"《周官》酒正:"凡饗士庶子,饗耆老孤子,皆共其酒,無酌數。"《注》:"要以醉爲度。""凡有秩酒者,以書契受之。"《注》:"所秩者,謂老臣。"《王制》曰:"九十日有秩。"此所謂所以養老也。《曲禮》又曰:"居喪之禮:頭有創則沐,身有瘍則浴,有疾則飲食肉。"《檀弓》曰:"曾子曰:喪有疾,食肉飲酒,必有草木之滋焉,以爲薑桂之謂也。"《周官·疾醫》:"以五味、五穀、五藥養其病。"《瘍醫》亦曰:"以五味節之。"《注》:五味:醯、酒、飴、蜜、薑、鹽之屬。《酒正》:"辨四飲之物,二曰醫。"《注》:"醫,《内則》所謂或以酏爲醴,凡醴濁,釀酏爲之,則少清矣。"醫字從毆從酉,疑正指其以酒爲養。此所謂所以養病也。酒者,興奮之劑,古人以爲可以養神。《郊特牲》曰:"凡飲,養陽氣也。"又曰:"凡食,養陰氣也。"《疏》曰:"飲是清虚,食是體質。"《周官·酒正·注》曰:"王致酒,後致飲,夫婦之義。”飲較酒興奮之用少也。射與角抵等事，其初不必如後來之有禮，敗者或致創夷，故宜以是飲之。《投壺》曰：“當飲者皆跪。奉觴曰賜灌，勝者跪曰敬養。”此所謂所以辭養也。夫以酒養人，厚薄必適如其量。不然，是困之已。人之飲酒，多寡不同。而相餉之爵，大小若一，明亦必和水飲之，而後其禮可行也。

以酒爲養生之物，則宜有以勝争飲者，古蓋亦有此俗。《戰國策》陳軫曰：有遺其舍人一卮酒。舍人相謂曰：數人飲此不足，請遂畫地爲蛇，蛇先成者獨飲之。此以勝争飲者也。禮戒争而教讓，故以飲敗者爲常耳。又酒以爲養，而又以爲罰不敬之具者，所以愧恥之也。此亦可見古人之貴禮而賤財，厚厲人之節，而重加之以罰矣。此文成後，讀《觀堂集林》卷三，有《説盉》一篇，明玄酒所以和酒，古人之酒，皆和水而飲，足與鄙説相發明。惟多引骨甲文，不佞甚不信之耳。

原刊《社會期刊》創刊號，一九二九年出版

〔一二一〕 衣服之法

《大戴記》曰：“端衣玄裳，冕而乘路者，志不在乎食葷；斬衰簡屨，杖而歠粥者，志不在於飲食。”《哀公問五義》。此言服其服可以作其志也，文生情者也。《小戴記》曰：“君子衰絰則有哀色，端冕則有敬色，甲胄則有不可辱之色。”《表記》。此其有其德斯可以稱其服也，情生文者也。情生文必積而致，文生情當勉而爲，故衣服不可以無法。

衣服之法如之何？曰：不離其本而已矣。《墨子》曰：“聖人之爲衣服，適身體和肌膚而足矣。非榮耳目而觀愚民也。當是之時，堅車良馬，不知貴也，刻鏤文采，不知喜也。……故民衣食之財，家足以待水旱凶飢者何也，得其所以自養之情，而不感於外也。是以其民儉而易治，其君用財節而易贍也……當今之主……其爲衣服，非爲身體，皆爲觀好，是以其民淫僻而難治，其君奢侈而難諫也。”《辭過》。得其自養之情而不感於外，此養生之精義也。故九流之論，無不相通者。

〔一二二〕 諒　　闇

子張曰：“高宗諒闇，三年不言，何謂也？”子曰：“何必高宗，古之人皆然。君薨，百官總己以聽於冢宰，三年。”《論語·憲問》。案《喪服大記》曰：“父母之喪，居倚廬，非喪事不言。既葬，與人立，君言王事，不言國事。大夫士言公事，不言家事。君既葬，王政入於國。既卒哭而服王事。大夫士既葬，公政入於家。既卒哭，弁絰帶，金革之事無辟也。既練，居堊室，不與人居。君謀國政，大夫士謀家事。”蓋古之居喪者，於凡事皆無所與。古者君與民相去近，而國事亦簡，是以能守其舊俗也。臣有大喪，君三年不呼其門，《公羊》宣公元年。亦以此。至於後世，則金革之事有不暇辟者也，禮從俗而變，亦事之不得不然。正不必譏後人之短喪也。

〔一二三〕冰　鑒

今人入夏率以冰藏食物，此古人久有之。《周官》天官有凌人，掌冰。正歲十有二月，令斬冰，春始治鑒，凡内外饔之膳羞鑒焉，凡酒漿之酒醴亦如之，祭祀共冰鑒，賓客共冰。《注》曰：鑒如甀，大口，以盛冰，置食物於中，以御温氣。《疏》曰：漢時名爲甀，即今之甕是也。此即今之冰箱也。

然其取之甚虐。《豳風》曰：二之日，鑿冰沖沖。三之日，納於凌陰。《左傳》昭公四年：申豐曰：古者日在北陸而藏冰，西陸朝覿而出之。其藏之也，深山窮谷，固陰沍寒，於是乎取之。其出之也，朝之禄位，賓食喪祭，於是乎用之。食肉之禄，冰皆與焉。大夫命婦，喪浴用冰。祭寒而藏之，獻羔而啓之，公始用之，火出而畢賦，自命夫命婦，至於老疾，無不受冰。山人取之，縣人傳之，輿人納之，隸人藏之。今藏川池之冰，棄而不用云云。然則古之取冰，必竭民力以求之深山窮谷，又必窮其力以傳之、納之、藏之。至春秋時，乃徒取之於川池。此世運之漸進，虐政之漸減，民困之稍抒；而申豐反以爲致雹之由，而稱《七月》之卒章爲藏冰之道，亦可謂傎矣。

用冰之始，蓋當漁獵之世，藏生物於深山窮谷固陰沍寒之地，則不變壞。故其後雖不居山谷，猶勞民力以致之。因此并推之人體，故凌人大喪共夷槃冰，命夫命婦喪浴用冰也。然孔子不云乎：桓司馬自爲石椁，三年而不成，若是其靡也，死不如速朽之爲愈也。然則竭民力以取冰，而傳之、而納之、而藏之，亦不如速朽之爲愈矣；況乎爲冰鑒以縱口腹之欲乎？

原刊《中華文史論叢》第一輯，一九八三年二月出版

〔一二四〕墳　墓

顧亭林曰：古王者之葬，稱墓而已。春秋以降，乃有稱丘者。趙肅侯、秦

惠文、悼武、孝文三王始稱陵，至漢則無帝不稱陵矣。《日知録·陵》。案古之葬，蓋本有二法：《易》曰："古之葬者，厚衣之以薪，葬之中野，不封不樹。"《繫辭傳》。此葬於平地者也。《孟子》言："上世嘗有不葬其親者；其親死，則舉而委之於壑；他日過之，狐狸食之，蠅蚋姑嘬之"，乃歸，"反虆梩而掩之"。《滕文公》上。此葬於山中者也。《淮南子》言：禹之時，"死陵者葬陵，死澤者葬澤。"《要略》。況上古之世，奉生送死，又不如禹之時之美備者乎？農耕者葬於中田，游獵者葬於山壑，亦固其所。《檀弓》曰"易墓非古也"；又言"季子臯葬其妻，犯人之禾"；成子高曰"我死，則擇不食之地而葬我焉"；此皆葬於中田者。公叔文子升於瑕丘，曰："樂哉斯丘也，死則我欲葬焉。"則擇丘陵之地以營葬矣。《注》言"刺其欲害人良田"，非也。《吕覽》曰："葬淺則狐狸扣之，深則及於山泉。故凡葬必於高陵之上，以避狐狸之患，水泉之溼。"《節喪》。則古之葬者，實以丘陵爲安，然非凡人之力所及，故不得不就近地而營葬焉。《吕覽》又言："古之人有藏於廣野深山而安者。"可見其葬原有兩法也。

言葬者既以高陵爲安，故公置之墓地，多在於是。"晉卿大夫之墓地在九原"。《檀弓》"是全要領以從先大夫於九京也"《注》。又云："京蓋字之誤，當爲原。"案下文"趙文子與叔譽觀乎九原"，《經》文亦作原，而此節《釋文》云："京音原。下同。下亦作原字。"《疏》云："知京當爲原者，案《韓詩外傳》云：晉趙武與叔向觀於九原。"則下節《經》文，本亦作京而或依鄭《注》改之。德明所見本，猶未盡改，《義疏》所據，亦爲未改之本；否則《經》文下節可據，不待引《韓詩》爲證矣。《新序·雜事》："晉平公過九原而歎。"亦作原。《左氏》襄公二十五年：楚蔿掩"辨京陵"。杜《注》曰"别之以爲冢墓之地"是也。人君所葬，或本非丘陵；或雖因丘陵，而猶以爲未高大，則以人力增築之事起，踵事增華，遂有如吴闔閭，秦始皇帝之所爲者矣。

上古之不封不樹，非徒制度之簡陋，亦以葬地距所居本近，不待識别也；不然，封樹不甚勞人，豈古之人所不能爲哉？"孔子既得合葬於防，曰：吾聞之：古也墓而不墳。今丘也，東西南北之人也，不可以弗識也。於是封之，崇四尺。"《檀弓》。墨子制葬埋之法，曰："壟足以期其所。"《節葬》。皆是物也。《吕覽》言："葬於山林，則合乎山林，葬於阪隰，則同乎阪隰。"《安死》。蓋就不封不樹之俗推言之。後世士大夫之墓，蓋無不封樹者。故《禮記·月令》：孟冬，"飭喪紀，辨衣裳，審棺槨之厚薄，塋丘壟之大小高卑厚薄之度，貴賤之等級。"《周官·春官》冢人，亦"以爵等爲丘封之度，與其樹數"也，秦穆公之距蹇叔也，曰："中壽，爾墓之木拱矣。"《左氏》僖公三十二年。伍子胥之將死也，曰："樹吾墓檟。檟可材也，吴其亡乎！"《左氏》哀公十一年。亦卿大夫之墓無不封樹之一證也。《詩·小弁》曰："行有死人，尚或墐之。"《毛傳》曰："墐，路冢也"，路人而猶爲之冢,亦取其可識也。《周官·秋官》蜡氏:"若有死於道路者,則令埋而置楬焉。"其用意與爲冢同。

〔一二五〕 桐棺三寸非禹制

《墨子·節用》曰:"古者聖王制爲節葬之法,曰:衣三領,足以朽肉;棺三寸,足以朽骸;堀穴深不通於泉流,不發洩畢氏云:"流疑當爲氣。"則止。"《節葬》曰:"古聖王制爲葬埋之法,曰:棺三寸,足以朽體;衣衾三領,足以覆惡;下毋及泉,上毋通臭;壟若參耕之畝則止矣。"又曰:"禹葬會稽之山,衣衾三領,桐棺三寸;土地之深,下毋及泉,上毋通臭;既葬,收餘壤其上,壟若参耕之畝則止矣。"又曰:"子墨子制爲葬埋之法,曰:棺三寸,足以朽骨;衣三領,足以朽肉;掘地之深,下無菹漏,氣無發洩於上;壟足以期其所則止矣。"今案此葬埋之法,蓋墨子斟酌時俗所制;云古聖王所制,又云禹之行事如此,皆託辭也。《禮記·檀弓》曰:"有虞氏瓦棺,夏后氏堲周,殷人棺槨。"鄭《注》言:有虞氏始不用薪,上陶;火熟曰堲,燒土冶以周於棺,或謂之土周,由是也;槨,大也,以木爲之。《淮南·氾論》曰:"有虞氏用瓦棺,夏后氏堲周,殷人用槨。"高《注》言:"禹世無棺槨,以瓦廣二尺,長四尺,側身累之以蔽土,曰堲周。"如鄭意,夏后氏有棺,堲周所以爲槨;如高意;夏后氏無棺,堲周即所以爲棺。今案《檀弓》言"殷人棺槨",明以木爲棺槨,并始於殷;《淮南》言"殷人用槨",則以虞夏雖未以木爲棺,已有瓦棺、堲周之制,惟槨實始於殷,故主槨言之,非謂夏后氏以木爲棺;二説自當以高爲是也。或曰:《檀弓》又曰:"周人以殷人之棺槨葬長殤,以夏后氏之堲周葬中殤下殤,以有虞氏之瓦棺葬無服之殤。"《曾子問》曰:"下殤,土周葬於園。"此鄭以土周即堲周所本也。然則瓦棺而無槨,無服之殤之葬也;木以爲棺,堲周以爲槨,中殤下殤之葬也;棺槨皆以木爲之,則長殤之葬也。等級分明,隆殺以辨,安得謂堲周之制,更無木制之棺與?不知周承殷之後,而以燒土爲槨,夏當殷之前,即以燒土爲棺,事不相妨;正不必因周用堲周之有棺,而疑夏之堲周必爲槨也。部族長技,各有不同。虞夏蓋專尚陶,用木爲棺槨,實始於殷;不然,既以木爲之棺,何不遂爲之槨,而又必燒土以周之也?此又以理推之,而見高説之可信者也。然則夏時實未能以木爲棺,安有桐棺三寸之事?趙鞅之誓衆也,曰:"若其有罪,絞縊以戮;桐棺三寸,不設屬辟。"《左氏》哀公二年。延陵季子之葬其子也,"其坎深,不至於泉"。《檀弓》。然則墨子所據,自是當時穀薄之制,既背周道而用夏政,遂乃傅之於禹耳。其實禹時養生送死之制，較墨子所制，爲更薄陋也。

《郊特牲》曰：“禮之所尊，尊其義也。失其義，陳其數，祝史之事也。故其數可陳也，其義雖知也。知其義而敬守之，天子之所以治天下也。”其説則美矣，然禮家所言之義，未必皆禮之初意也，《檀弓》曰：“孔子曰：之死而致死之，不仁而不可爲也；之死而致生之，不知而不可爲也。是故竹不成用，瓦不成味，木不成斲，琴瑟張而不平，竽笙備而不和，有鐘磬而無簨虡。其曰明器，神明之也。”又曰：“孔子謂爲明器者，知喪道矣，備物而不可用也。哀哉，死者而用生者之器也，不殆於用殉乎哉？塗車芻靈，自古有之，明器之道也。孔子謂爲芻靈者善，謂爲俑者不仁，不殆於用人乎哉？”《孟子》亦曰：“仲尼曰：始作俑者，其無後乎？爲其象人而用之也。”《梁惠王》上。《淮南子》曰：“魯以偶人葬而孔子歎。”《繆稱》。又見《説山》。《荀子》亦曰：“卒禮者，以生者飾死者也。大象其生，以送其死也。故如死如生，如亡如存，終始一也。始卒，沐浴鬠體飯唅，象生執也。不沐則濡櫛，三律而止；不浴則濡巾，三式而止。充耳而設瑱，飯以生稻，唅以槁骨，反生術矣。設褻衣，襲三稱，搢紳而無鉤帶矣。設掩面儇目，鬠而不冠笄矣。書其名，置於其重，則銘不見而柩獨明矣。薦器則冠有鍪而無縰，甕廡虚而不實，有簟席而無牀笫，木器不成斲，陶器不成物，薄器不成内，笙竽具而不和，琴瑟張而不均，輿藏而馬反，告不用也。具生器以適墓，象徙道也。略而不盡，貌而不功。趨輿而藏之，金革轡靷而不入，明不用也。象徙道，又明不用也。是皆所以重哀也，故生器文而不功，明器貌而不用。”《禮論》。一似古人之制禮，真有深意存乎其間者。然既曰事死如事生，事亡如事存矣，又何惜乎器而必文而不功，貌而不用也？既惜其器，則不如無器之爲愈也。然則所謂文而不功，貌而不用者，亦古者技藝未精，所制之器，本不過如此。後世生人所用之器，雖日益美備，而事死之禮，則相沿莫之敢變，正如祭之尚玄酒大羹，路車越席耳。既拘於舊俗而莫敢廢，又沿襲舊器而莫敢革，因生致死不仁、致生不知之説，坊民之倍死忘生，而亦以儆夫以死傷生者也。其説則美矣，然豈禮之初意哉？塗車摶土而俑刻木，竊疑一與瓦棺堲周并行，一與棺椁并起，固由時代不同，亦虞夏與殷，制器各有專長也。

《檀弓》又曰：“仲憲言於曾子曰：夏后氏用明器，示民無知也。殷人用祭器，示民有知也。周人兼用之，示民疑也。曾子曰：其不然乎？其不然乎！夫明器，鬼器也；祭器，人器也。夫古之人，胡爲而死其親乎？”其實示民疑者，即致死不仁、致生不知之説，曾子意存於厚，然其言，殊不如仲憲得孔子之意也。夏后氏用明器，殷人用祭器，周人兼用之，亦見喪禮前後相因，并日趨於美備。

《荀子》又曰:“禮者,謹於吉凶,不相厭者也。紸纊聽息之時,忠臣孝子,亦知其閔已,然而殯斂之具未有求也。垂涕恐懼,然而幸生之心未已,持生之事未輟也。卒矣,然後作具之,故雖備,家必踰日,然後能殯,三日而成服。然後告遠者出矣,備物者作矣。故殯久不過七十日,速不損五十日。是何也?曰:遠者可以至矣,百求可以得矣,百事可以成矣。其忠至矣,其節大矣,其文備矣。然後月朝卜日,月夕卜宅,然後葬也。”《禮論》。然則殯葬之期,亦度其事之宜耳。離乎事而言禮者,未之有也。《左氏》隱公元年:“天子七月而葬,同軌畢至。諸侯五月,同盟至。大夫三月,同位至。士踰月,外姻至。贈死不及尸,弔生不及哀。豫凶事,非禮也。”此即《荀子》遠者可以至,吉凶不相厭之説也。《淮南·齊俗》曰:“禹遭洪水之患,陂塘之事,故朝死而暮葬。”則凶荒之時,不能備禮,戚友亦莫相弔贈,亦有不拘以時者,古人所以有報葬及久而不葬者也。報葬及久而不葬,皆見《禮記·喪服小記》。報,《注》云:“讀爲赴疾之赴。”案《公羊》隱公三年,稱不及時之葬爲渴葬。

原刊《光華大學半月刊》第五卷第八期,
一九三七年四月二十日出版

〔一二六〕墓　祭

禮家言古不祭墓,謂葬埋所以藏其形,祭祀所以事其神也。《荀子·禮論》:“葬埋,敬藏其形也;祭祀,敬祀其神也;銘誄繫世,敬傳其名也。”夫不以形魄爲重,則可戢厚葬之風,不至殫財幣以送死,而反使死者遭發掘之慘,其意則誠善矣,然謂古不祭墓,則非其實也。《易》曰:“古之葬者,厚衣之以薪,葬之中野,不封不樹。”《繫辭傳》。此蓋農耕之民,即其所耕作之地以爲葬,猶《禮記·曾子問》言下殤葬於園耳。其距所居蓋甚近,祭於墓與祭於家,無甚區别,故古無祭墓廬墓之事,而非其不重形魄,以形魄爲無知也。户口漸繁,耕地漸虞不足,度地居民之法亦稍詳,則民居與墓地,不得不離,而祭墓廬墓之事,稍以起矣。

《禮記·檀弓》曰:“延陵季子適齊,於其反也,其長子死,葬於嬴博之間。既封,左袒,右還其封,且號者三,曰:骨肉歸復於土,命也;若魂氣,則無不之也。”劉向言嬴博去吴,千有餘里,季子不歸葬,《漢書》本傳。似古人之於形魄,誠以爲無足重輕矣。然《禮記·檀弓》又曰:“太公封於營丘,比及五世,皆反葬於周。君子曰:樂,樂其所自生;禮,不忘其本。古之人有言曰:狐死正丘首,仁也。”則又何也?《曲禮》曰:“國君去其國,止之曰:奈何去社稷也?大夫曰:奈何去宗廟也?士曰:奈何去墳墓也?”觀此知士不必有廟。《檀弓》曰:“子路去魯,謂顔淵曰:何以贈我?曰:吾聞之也:去國則哭於墓而後行;反其國不哭,展墓而入。"《史記·范雎列傳》：雎責須賈曰："昔申包胥爲楚卻吴軍，楚王封之以荆五千户，包胥辭不受，爲丘墓之寄於荆也。今雎之先人丘墓亦在魏，公前以雎爲有外心於齊而惡雎於魏齊，公之罪一也。"《田單列傳》："單縱反間曰：吾懼燕人掘吾城外冢墓，僇先人，可爲寒心。燕軍盡掘壟墓，燒死人。即墨人從城上望見，皆涕泣，俱欲出戰，怒自十倍。"古人之重丘墓如此。"曾子問曰：宗子去在他國，庶子無爵而居者，可以祭乎？孔子曰：祭哉。請問其祭如之何？孔子曰：望墓而爲壇，以時祭。若宗子死，告於墓，而後祭於家。"《禮記·曾子問》。奔喪者不及殯，先之墓。《禮記·奔喪》。謂古人以神不棲於丘墓，徒爲無知之形魄所寄，可乎？麗姬之欲陷申生也，"謂君曰：吾夜者夢夫人趨而來，曰：吾苦畏，胡不使大夫將衛士而衛冢乎？公曰：孰可使？曰：臣莫尊於世子，則世子可。故君謂世子曰：麗姬夢夫人趨而來，曰：吾苦畏，女其將衛士而往衛冢乎？世子曰：敬諾。築宫。宫成，麗姬又曰：吾夜者夢夫人趨而來，曰：吾苦飢。世子之宫已成，則何爲不使祠也？"《穀梁》僖公十年。曰苦畏而使士衛其冢，則古人謂神依於墓之證也。所築之宫，蓋即漢世之園寢。《吕覽》言："世之爲丘壟也，其高大若山，樹之若林，其設闕庭，爲宫室，造賓阼也若都邑。"《安死》。其所由來者舊矣。《史記·孔子世家》言："孔子葬魯城北泗上。""故所居堂，弟子内，後世因廟，藏孔子衣冠琴車書。""魯世世相傳，以歲時奉時奉祠孔子冢。"蓋即於是，非真祭於丘墓之間也。然其不能爲廟者，則不得不祭於丘墓之間矣。伊川之被髮而祭於野，《左氏》僖公二十二年。齊人之祭於東郭墦間《孟子·離婁》下。是也。《論衡·四諱》曰："古禮廟祭，今俗墓祀。"蓋謂此也。其《薄葬》又曰：世俗"閔死獨葬，魂孤無副，丘墓閉藏，穀物乏匱，故作偶人，以侍尸柩；多藏食物，以歆精魂"。俑與遣奠，固皆古禮。然則謂魂無不之，而棄其形魄於遠，乃古人無可如何之事，而非其謂神之必不棲於是也。《韓詩外傳》曰："曾子曰：椎牛而祭墓，不如雞豚之逮親存也。"夫能椎牛，其祭亦不菲矣，猶有祭於墓者，則知祭墓非古俗所無。《周官·春官》冢人"祭墓爲尸"，固不必六國時俗矣。

苦畏而將士以衛其冢，此廬墓之禮所由起也。孔子之葬也，弟子皆畢心喪三年，然後去，子貢廬於冢上，凡六年。《史記·孔子世家》。案亦見《孟子·滕文公》上。無衛士又無弟子者，即不得不作偶人以爲之侍；以偶人爲未足而加隆焉，則廬墓之事起矣。廬墓盛於漢世，固不免於矯詐而沽名，然謂其俗不原於古，固不可也。

然古人雖重視形魄，欲敬藏之，而當其臨利害之際，則亦有卓然不惑者。

楚昭王之失國而秦救之至也,“吴師居麇。子期將焚之,子西曰:父兄親暴骨焉,不能收,又焚之,不可。子期曰:國亡矣,死者若有知也,可以歆舊祀,豈憚焚之?焚之而又戰,吴師敗,吴子乃歸。”《左氏》定公五年。此與延陵季子之事,可以參觀。古人雖兼重形魄,然及其不能兩全之際,其重神,固尤甚於其重形也。

原刊《光華大學半月刊》第五卷第八期,一九三七年四月二十日出版

〔一二七〕　死於兵者不入兆域

《周官·春官》冢人:“凡死於兵者,不入兆域。”《注》曰:“戰敗無勇,投諸塋外以罰之。”觀下文“凡有功者居前”之文,其説似當矣。然《左氏》襄公二十九年,“齊人葬莊公於北郭。”杜《注》:“兵死不入兆域,故葬北郭。”君豈以戰陳爲勇乎?且莊公死於弒逆,非戰敗也。戚之戰,趙鞅誓於師曰:“若其有罪,絞縊以戮,桐棺三寸,不設屬辟,素車樸馬,無入於兆。”《左氏》哀公二年。雖曰戰敗,其人仍死於刑戮也。邲之役,楚莊王“欲還,嬖人伍參欲戰。令尹孫叔敖弗欲,曰:戰而不捷,參之肉其足食乎?參曰:若事之捷,孫叔爲無謀矣;不捷,參之肉將在晉軍,可得食乎?”《左氏》宣公十二年。戰而死於兵,非無勇也,較諸奔北者如何?《論衡·四諱》曰:俗諱被刑爲徒,不上丘墓。父母死,不送葬;若至墓側,不敢臨葬。甚失至於不行弔,傷見他人之柩者。仲任云:“不能知其不可之意。”然所諱者被刑,非戰敗也。康成之言,於是爲億測矣。

原刊《光華大學半月刊》第五卷第八期,一九三七年四月二十日出版

〔一二八〕　厚　　葬

墨家言薄葬,然儒家亦非主厚葬也。《禮記·檀弓》曰:“夫子居於宋,見桓司馬自爲石槨,三年而不成。夫子曰:若是其靡也,死不如速朽之爲愈也。”又曰:“后木曰:喪,吾聞諸縣子曰:夫喪,不可不深長思也,買棺外内易。我死則亦然。”《注》曰“此孝子之事,非所託”,蓋譏之也。然而卒不能止厚葬之俗者,何也?則當時之制度,牽於流俗,以厚葬爲榮,薄葬爲辱;而儒者又狃於當時之制度,未能一舉而正之也。《檀弓》又曰:“君即位而爲椑,歲一漆之,藏焉。”此與漢天子即位而爲陵;句驪婚嫁畢,便稍營送終之具者何異?蓋流俗之情,雖亦以爲魂升魄降,《禮運》:孔子言禮之初曰:“及其死也,升屋而號,告曰皋某復,然後飯腥而苴孰,故天望而地藏也。體魄則降,知氣在上,故死者北首,生者南鄉,皆從其初。”離魂與魄而

二之，固野蠻人之思想也。而又不敢決形魄之無知，迷信之情愈澹，則愈懷疑於鬼神，而愈重視形魄。則恒思有以厚之，其不能遂者，限於力耳。力所能及，則無弗爲矣。變本加厲，遂有以此眩耀生人，而轉忘其本意者。《吕覽》曰："今世俗大亂之主，愈侈其葬，非爲乎死者慮也，生者以相矜尚也。侈靡者以爲榮，儉節者以爲陋。"《節喪》。其極言厚葬之禍也，曰："民之於利也，犯流矢，蹈白刃，涉血盩肝以求之。雖聖人猶不能禁。"況於"死者彌久，生者彌疏；生者彌疏，守者彌怠"；同上。又況"自古及今，未有不亡之國"也？《安死》。此非難明之理，而亦著見之事也，然而卒莫能戢其觀世示富之心。豈不哀哉！

語曰：矯枉者必過其直。過其直，猶恐枉之不見矯也；況於不及其直也？《荀子》曰："天子棺槨十重，諸侯五重，大夫三重，士再重。皆有衣衾多少厚薄之數，皆有翣菨文章之等，以敬飾之。天子之喪，動四海，屬諸侯；諸侯之喪，動通國，屬大夫；大夫之喪，動一國，屬脩士；脩士之喪，動一鄉，屬朋友；庶人之喪，合族黨，動州里。刑餘罪人之喪，不得合族黨，獨屬妻子；棺槨三寸，衣衾三領；不得飾棺，不得晝行，以昏殣；凡緣而往埋之。反，無哭泣之節，無衰麻之服，無親疏月數之等；各反其平，各復其始；已葬埋，若無喪者而止。夫是之謂至辱。"《禮論》。晉趙鞅之誓師也，曰："若其有罪，絞縊以戮，桐棺三寸，不設屬辟，素車樸馬，無入於兆。"《左氏》哀公二年。其以厚葬爲榮，薄葬爲辱如是，民安得不踰侈以相高也？流之不可止者，必由於不能塞其原。故曰：儒家非厚葬而終不能止厚葬之俗者，以其狃於當時之制度，未能一舉而正之也。

然則儒家之制非，而墨家之法善與？是亦不然。夫積古相沿之俗，非一朝之所能革也審矣。峻其法以禁之，革其事，不能革其心也。不能革其心，則督責之力一衰，其事且將變本而加厲。故儒家貴道之以德，齊之以禮，而不貴道之以政，齊之以刑。厚葬雖非義乎，不强人以所難從，先爲之禮，去其泰甚，正其事而徐俟其心之自變焉，固亦未爲非計。然而以身教者從，以言教者訟；其所令，反其所好，而民不從矣。"夫子制於中都，四寸之棺，五寸之槨。"亦見《檀弓》。"顔淵死，顔路請子之車以爲之槨。子曰：才不才，亦各言其子也。鯉也死，有棺而無槨，吾不徒行以爲之槨。以吾從大夫之後，不可徒行也。"《論語·先進》。然則夫子之所以送其子者，不及其所定之制也。"顔淵死，門人欲厚葬之。子曰：不可。門人厚葬之。子曰：回也，視予猶父也，予不得視猶子也。非我也，夫二三子也。"亦見《先進》。距顔路而顔路不敢非，責門人而門人莫敢懟，其所以自處者，固有以大服乎人心也。墨者夷之，葬其親厚，而猶欲以墨之道易天下，則必不行矣。《孟子·滕文公》上。夫夷子豈以爲非是而不貴也，然而葬其親厚，則墨子之道，流俗之情，必有交戰於中而不能自決者矣。子曰："人之過也，各於其黨。觀過，斯知仁矣。"《論語·里仁》。"程子曰：君子常失於厚，小人常失於薄；君子過於愛，小人過於忍。"《集注》。人子而不忍儉其親，未爲大惡也，而民之從其意不從其令者，未嘗以是恕也。況夫情無以異於流俗，徒欲責人之守法，而己顧以踰侈爲快者乎？

《墨子·節葬》，《吕覽·安死》，言古之薄葬者，皆稱堯、舜、禹。劉向諫起昌陵，更列黄帝、殷湯、文、武、周公、秦穆公、樗里子、孔子、延陵季子。《漢書》本傳。其盡信與否不可知，然宋文公卒，始厚葬，而君子譏華元、樂舉之不臣，《左氏》成公二年。《史記·宋世家》亦云："君子譏華元不臣。"則春秋以前，敢於違禮厚葬者，蓋亦寡矣。禮制未亡，而人莫敢自恣也。及戰國之世，則有難言者矣。然其甚者，尤莫過於吴闔閭、秦惠文、武、昭、嚴襄五王，則又何也？曰：儉，德之共；侈，惡之大；必嘗學問、積經歷而後知之，否則徒知以侈爲貴耳。是固流俗之情也。吴與秦，皆儉陋之邦也。以儉陋之邦，接富厚之國，而無嘗學問，積經歷之人，則必以富厚相高，以儉陋爲媿矣。則必以侈靡踰制者，奉其所尊，厚其徒黨矣。商鞅以大築冀闕、營如魯衛驕趙良，《史記》本傳。其務飾外觀可見。《吕覽》之言，蓋爲秦人發也。然而不韋賓客之爲秦謀，則可謂忠矣。蘇秦通於燕易王母，恐誅，乃説燕王，詳爲得罪於燕而亡走齊，説湣王厚葬以明孝，高宫室苑囿以明得意，欲破敝齊而爲燕。《史記》本傳。安知當時諸侯賓客，不有欲禍吴、秦者，而以是破敝之也？然而燭客之姦，亦必資於嘗學問、積經歷，固非吴、秦之臣所及矣。

《荀子》書晚出，論多偏激不中理，其言厚葬亦是也。《荀子》之言曰："世俗之爲説者曰：太古薄葬，棺厚三寸、衣衾三領，葬田不妨田，故不掘也。亂今厚葬飾棺，故抇也，是不及知治道，而不察於抇不抇者之所言也。凡人之盜也，必以有爲；不以備不足，則以重有餘也。而聖王之生民也，皆使當厚，優猶知足，而不得以有餘過度，故盜不竊，賊不刺；狗豕吐菽粟，而農賈皆能以貨財讓。風俗之美，男女自不取於途，而百姓羞拾遺。雖珠玉滿體，文繡充棺，黄金充椁，加之以丹矸，重之以曾青，犀象以爲樹，琅玕、龍兹、華覲以爲實，人猶且莫之抇也。亂今然後反是。上以無法使，下以無度行。若是，則上失天性，下失地利，中失人和。故百事廢，財物詘，而禍亂起。王公則病不足於上，庶人則凍餒羸瘠於下。於是焉桀紂羣居，而盜賊擊奪以危上矣。雖此倮而薶之，猶且必抇也，安得葬薶哉？"《正論》。其言似辯矣，獨不知珠玉滿體，文繡充棺者，何以使民知足也？《老子》曰："民之飢，以其上食税之多。"何謂飢，蓋難言之矣。有多食税者以與之相形，民未有不自以爲飢者也。《孟子》曰："萬取千焉，千取百焉，不爲不多矣。苟爲後義而先利，不奪不饜。"《梁惠王》上。有萬焉，未有以千自足者也；有千焉，未有以百自足者也。然而世皆以厚葬爲能尊其所尊，親其所親，是則宦官宫妾之見也。

原刊《光華大學半月刊》第五卷第八期，一九三七年四月二十日出版

〔一二九〕殉　葬

殉葬之風，何自起乎？曰：其所由來者舊矣。《檀弓》曰："陳子車死於衛，其妻與其家大夫謀以殉葬。定，而後陳子亢至。以告，曰：夫子疾，莫養於下，請以殉葬。"此隆古留詒之思想也。觀羊角哀、左伯桃之事可知。春秋士大夫，雖不能斷然持無鬼之論，然疑信於其有無之間者多矣，不能革故俗，未必創此陋制也。故曰：殉葬之風，其所由來者舊矣。

《左氏》成公二年："宋文公卒，始用殉。"《史記・秦本紀》亦言："武公卒，初以人從死。"似前此無其事者，何也？蓋殉葬古有此俗，至周時多以爲非，故知禮之國莫敢行；而儉陋之國，又莫之能行也。陳子亢之距子車之妻與其家大夫也，曰："以殉葬，非禮也。雖然，則彼疾，當養者，孰若妻與宰？得已，則吾欲已；不得已，則吾欲以二子者之爲之也。於是弗果用。"《檀弓》又曰："孔子謂爲明器者，知喪道矣，備物而不可用也。哀哉，死者而用生者之器也，不殆於用殉乎哉？其曰明器，神明之也。塗車芻靈，自古有之。孔子謂爲芻靈者善，謂爲俑者不仁，不殆於用人乎哉？"《孟子・梁惠王》上："仲尼曰：始作俑者，其無後乎？爲其象人而用之也。"夫象人及用生者之器則何害，然而孔子深惡之者，所謂防其漸也。又曰："陳乾昔寢疾，屬其兄弟，而命其子尊己曰：如我死，則必大爲我棺，使吾二婢子夾我。陳乾昔死。其子曰：以殉葬，非禮也，況又同棺乎？弗果殺。"《左氏》文公六年："秦伯任好卒，以子車氏之三子奄息、仲行、鍼虎爲殉，皆秦之良也。國人哀之，爲之賦《黄鳥》。君子曰：秦穆之不爲盟主也，宜哉。"又曰："君子是以知秦之不復東征也。"宣公十五年："魏顆敗秦師於輔氏，獲杜回，秦之力人也。初，魏武子有嬖妾，無子。武子疾，命顆曰：必嫁是。疾病，則曰：必以爲殉。及卒，顆嫁之，曰：疾病則亂，吾從其治也。及輔氏之役，顆見老人結草以亢杜回，杜回躓而顛，故獲之。夜夢之曰：余，而所嫁婦人之父也。爾用先人之治命，余是以報。"當時之人之視用殉，以爲慘酷不仁如是，宜其敢行之者少也。

《墨子・節葬》言:"天子殺殉,衆者數百,寡者數十;將軍大夫殺殉,衆者數十,寡者數人。"所謂天子,蓋指當時大國。秦當武公時,東竟猶未至河,未足與大國侔也,而從死者六十六人;穆公則從死者百七十七人,侔於墨子之所謂天子矣。《史記・秦本紀正義》引應劭云:"秦穆公與羣臣飲,酒酣,公曰:生共此樂,死共此哀。於是奄息、仲行、鍼虎許諾。及公薨,皆從死。《黄鳥》詩所爲作也。"此蓋三家遺説。當時許諾者必不止此三人,説詩者但舉此三人耳。蓋戎翟故有此俗,故君以是要其臣,臣亦以是許其君也。然則秦人之用殉,不盡由於其君之侈虐。然《史記》又言"獻公元年止從死",則亦知其非禮而改之矣。《秦始皇本紀》:"葬始皇酈山。二世曰:先帝後宫非有子者,出焉不宜。皆令從死,死者甚衆。"蓋自此以前,後宫無子者皆出也。

《左氏》昭公十三年,楚靈王縊於申亥氏,"申亥以其二女殉而葬之"。雖造次顛沛之際,而殉葬之禮不廢,可見其俗由來甚久,深入人心也。

原刊《光華大學半月刊》第五卷第八期,一九三七年四月二十日出版

〔一三〇〕蚩尤作兵

《吕覽・蕩兵》曰:"人曰蚩尤作兵,蚩尤非作兵也,利其械矣。未有蚩尤之時,民固剥林木以戰矣。"是自古相傳,以蚩尤爲作兵之人也。《路史》引《世本》云:"蚩尤作五兵。"漢高祖之起兵也,祠黄帝,祭蚩尤於沛廷。《漢書・高帝紀》。馬援兄子嚴將北軍、羽林、衛護南單于,勅過武庫,祭蚩尤。《後漢書・援傳》。蓋相傳之舊典也。"祠兵"見《春秋》莊公八年,《左》、《穀》皆作"治兵"。《公羊》曰:"出曰祠兵,入曰振旅,其禮一也,皆習戰也。"《公羊解詁》曰:"祠兵,壯者在前,難在前;振旅,壯者在後,復長幼,且衛後也。"《穀梁》曰:"出曰治兵,習戰也。入曰振旅,習戰也。"《爾雅・釋天》曰:"出爲治兵,尚威武也;入爲振旅,反尊卑也。"其義實同。然此皆以後來軍旅之禮言之,非其朔也。《解詁》又曰:"兵不徒使,故將出兵,必祠於近郊,陳兵習戰,殺牲饗士卒。"此蓋其禮之朔。猶明、清初用火礮時,以爲有神,封爲紅衣大將軍而祀之云爾。《周官・春官》肆師:"凡四時之大甸獵,祭表貉則爲位。"《注》:"貉,師祭也。貉讀爲十百之百。於所立表之處爲師祭,造軍法者,禱氣勢之增倍也。其神蓋蚩尤,或曰黄帝。"此其禮之朔也。所以兼祠黄帝者,蚩尤爲黄帝所滅,其後或服屬黄帝;又蚩尤故盛强,黄帝亦或席其舊名,以劫制天下,故其事跡頗相混。《管子・地數》曰:"黄帝問於伯高曰:吾欲陶天下而以爲一家,爲之有道乎?伯高對曰:山之見其榮者,君謹封而祭之,距封十里而爲一壇。是則使乘者下行,行者趨。若犯令者,罪死不赦。然則與折取之遠矣。脩教十年,而葛盧之山發而出水,金從之。蚩尤受而制之,以爲劍鎧矛戟。是歲,相兼者諸侯九。雍狐之山發而出水,金從之。

蚩尤受而制之，以爲雍狐之戟、芮戈。是歲，相兼者諸侯十二。”又《五行》篇言：“黄帝得六相而天地治，神明至，蚩尤明乎天道，故使爲當時。”《御覽·皇王部》引《龍魚河圖》曰：“黄帝攝政，前有蚩尤，兄弟八十一人，并獸身人語，銅頭鐵額，食沙石子；造立兵杖刀戟大弩，威振天下。黄帝仁義，不能禁止蚩尤，遂不敵，乃仰天而歎。天遣玄女，下授黄帝兵信神符，制伏蚩尤，以制八方。蚩尤殁後，天下復擾亂不寧。黄帝遂畫蚩尤形像，以威天下。天下咸謂蚩尤不死，八方萬邦，皆爲殄伏。”傳説雖不足據，亦必略有所本也。

《易·繫辭傳》述黄帝、堯、舜之事曰：“弦木爲弧，剡木爲矢。弧矢之利，以威天下。”則北方之兵，用木而已，所謂“剥林木以戰”也。《禮記·内則》言國君世子生三日，射人以桑弧蓬矢六，射天地四方。《注》：“桑弧蓬矢，本大古也。”亦古以木爲兵之一證。南方則不然，《左氏》僖公十八年：“鄭伯始朝於楚，楚子賜之金，既而悔之，與之盟，曰：無以鑄兵。故以鑄三鐘。”《荀子》言楚人“宛巨鐵鈍，慘如蠭蠆。”《議兵》。《漢書·地理志》言吴越之士，輕死好用劍。其以金爲兵久矣。周穆王及管子皆有贖刑之制。見《贖刑》條。蓋皆以兵不給用而然。古有寓兵於農之説，後人多誤謂以農夫爲戰士，其實古無稱執兵之人爲兵者。寓兵於農，乃謂以農器爲兵器，《六韜·農器》篇所述是其事。《管子》言“美金以鑄戈劍矛戟”，謂以銅爲兵；“惡金以鑄斤斧鉏夷鋸欘”，謂以鐵爲農器也。《小匡》。則北方頗乏銅矣。故楚子矜重之也。《周官·秋官》職金：“掌受士之金罰貨罰，入於司兵。”《周官》戰國時書，則戰國時猶有此制。

《水經·資水注》：“茱萸江東逕益陽縣北，又謂之資水。水南十里，有井數百口，淺者四五尺，或三五丈，深者亦不測其深。古老相傳，昔人以杖撞地，輒便成井。或云古人採金沙處，莫詳其實也。”《續漢書·郡國志》武陵郡益陽《注》引《荆州記》曰：益陽“縣南十里有平岡，岡有金井數百，淺者四五尺，深者不測。俗傳云：有金人以杖撞地，輒成井。”又云：“承水出邵陵縣界邪薑山，東北流，至重安縣，逕舜廟下，又東合略塘。相傳云：此塘中有銅神，今猶時聞銅聲於水，水輒變緑，作銅腥，魚爲之死。”又《漸江水注》：“石帆山西連會稽，東帶若邪溪，《吴越春秋》所謂歐冶涸以成五劍。溪水下注太湖，湖水自東亦注江通海。東有銅牛山，其間有炭瀆。”皆南方銅礦夙開之證。

《吴越春秋》與《越絶書》爲一家言。《越絶外傳》有《記寶劍》之篇，載薛燭論巨闕之辭曰：“寶劍者，金錫和銅而不離。今巨闕已離矣，非寶劍也。”其論純鈞曰：“當造此劍之時，赤堇之山破而出錫，若邪之溪涸而出銅。”《山海經·中山經注》引此。又云：“汲郡冢中，得銅劍一枝，長三尺五寸，乃今所名爲干將劍。汲郡亦皆非鐵也，明古者通以錫雜銅爲兵器也。”金錫和銅，此今人所謂青銅器也。衛聚賢云：“今江蘇之無錫縣，舊説周、秦間本産錫。語云：有錫争，無錫平。漢乃以無錫名縣。古南方之錫，蓋取於是。”予案衛説是也。無蓋發語詞，以爲有無之無，乃後人附會。《周官·秋官》職金：“入其金錫於兵器之府。”則北方制兵亦用青銅。《外傳》又言：楚王令風胡子之吴，使干將作鐵劍三：一曰龍淵，二曰泰阿，三曰工布。晉、鄭聞而求之，不得。興師圍楚，三年不解。楚王引泰阿之劍，登城而麾之。三軍破敗，士卒迷惑，流血千里。楚王大説，曰：“此劍威邪？寡人力邪？”風胡子對曰：“劍之威也，因大王之神。”楚王曰：“夫劍，鐵耳，固能有精神若此乎？”風胡子對曰：“時各有使然。軒轅、神農、赫胥之時，以石爲兵，斷樹木，爲宫室，死而龍藏。龍同壠。言以劍徇葬。夫神，聖主使然。至黄帝之時，以玉爲兵，以伐樹木，爲宫室，鑿地。夫玉亦神物也，又遇聖主使然。死而龍藏。禹穴之時，以銅爲兵，以鑿伊闕，通龍門，决江導河，東注於東海，天下通平，治爲宫室，豈非聖主之力哉？當此之時，作鐵兵，威服三軍，天下聞之，莫敢不服。此亦鐵兵之神，大王有聖德。”玉亦石也，肅慎氏楛矢石砮，是兼用木石爲兵，蓋古北方多如此。

《吴越春秋·闔閭内傳》云：闔閭使干將作名劍二。干將採五山之鐵精，六合之金英，候天伺地，陰陽同光，百神臨觀，天氣下降，而金鐵之精不銷。干將不知其由。莫邪曰：“夫神物之化，須人而成。今夫子作劍，得無得其人而後成乎？”干將曰：“昔吾師作冶，金鐵之類不銷，夫妻俱入冶爐中，然後成物。至今後世即山作冶，麻絰葌服，然後敢鑄金於山。今吾作劍不變化者，其若斯邪？”莫邪曰：“師知爍身以成物，吾何難哉？”於是干將妻乃斷髮翦爪，投於爐中。使童女童男三百人，鼓橐裝炭，金鐵乃濡，遂以成劍。陽曰干將，陰曰莫邪。干將匿其陽，出其陰而獻之。闔閭既寶莫邪，復命於國中作金鉤。令曰：能爲善鉤者，賞之百金。吴作鉤者甚衆，而有貪王之重賞也，殺其二子，以血釁金，遂成二鉤，獻於闔閭，詣宫門而求賞。王曰：“爲鉤者衆，而子獨求賞，何以異於衆夫子之鉤乎？”作鉤者曰：“吾之作鉤也，貪而殺二子，釁成二鉤。”王乃舉衆鉤以示之：“何者是也？”王鉤甚多，形體相類，不知其所在。於是鉤師向鉤而呼二子之名：“吴鴻、扈稽，我在於此，王不知汝之神也。”聲絶於口，兩鉤俱飛，著父之胸。吴王大驚，曰：“嗟乎，寡人誠負於子，乃賞百金。”觀此，知當時造鉤專用銅，造劍則已用鐵矣。神物須人而成，此物成之所以必釁也。

僞《古文尚書·説命》曰：“惟甲胄起戎。”僞《傳》云：“甲，鎧；胄，兜鍪也。”《疏》曰：“經傳之文，無鎧與兜鍪，蓋秦、漢以來，始有此名。《傳》以今曉古也。古之甲胄皆用犀兕，未有用鐵者。而鍪鎧之字皆從金，蓋後世始用鐵耳。”《費誓疏》云：經典皆言甲冑，秦世以來，始有鎧兜鍪之文。古之作甲用皮，秦、漢以來用鐵。鎧鍪二字皆從金，蓋用鐵爲之，而因以作名也。《周官·夏官》司甲注：甲，今之鎧也。《疏》：古用皮謂之甲，今用金謂之鎧，從金爲字也。此亦見鐵之爲用日廣。

《戰國策·趙策》：襄子至晉陽，召張孟談曰："吾銅少，若何？"張孟談曰："臣聞董子之治晉陽也，公宫之室，皆以鍊銅爲柱質，請發而用之，則有餘銅矣。"此可見戰國之時，猶以銅爲兵。然朱亥袖四十斤鐵椎椎殺晉鄙，《史記·信陵君列傳》。而張良得力士，爲鐵椎，重百二十斤，以狙擊秦皇帝於博浪沙中，《留侯世家》。則以鐵爲兵者，亦不乏矣。《范雎蔡澤列傳》：秦昭王曰："吾聞楚之鐵劍利而倡優拙。"楚猶如此，他國更可無論也。

蘇秦之説韓宣王也，曰："天下之强弓勁弩，皆從韓出。谿子、少府時力、距來者，皆射六百步之外。韓卒超足而射，百發不暇止，遠者括蔽洞胸，近者鏑掩心。韓卒之劍戟，皆出於冥山、棠谿、墨陽、合膊、鄧師、宛馮、龍淵、太阿，皆陸斷牛馬，水截鵠鴈。當敵則斬堅甲鐵幕，革抉㕹芮，無不畢具。以韓卒之勇，被堅甲，蹠勁弩，帶利劍，一人當百，不足言也。"《史記》本傳。《鹽鐵論·論勇》篇云："世言强楚勁鄭，有犀兕之甲，棠谿之鋋也。"又曰："楚、鄭之棠谿、墨陽，非不利也；犀冑、兕甲，非不堅也。"夫韓即鄭，而鄭則古祝融之虚也。然則北方軍械之精，亦仍由蚩尤之族傳之矣。

賈誼説漢文，收銅勿令布，而曰以作兵器，則前漢之兵，尚多以銅爲之。然《後漢書·鮮卑傳》載蔡邕之言曰："關塞不嚴，禁網多漏，精金良鐵，皆爲賊有，兵利馬疾，過於匈奴。"則後漢之兵，已兼用銅鐵矣。三國崔鑒冶銅爲農器，則農器亦有以銅爲之者。古專用爲兵，而後世兼以爲他器，此銅之所由日貴歟？

〔一三一〕 三　革

《管子·小匡》、《荀子·儒效》皆有定三革偃五兵之文。《齊語》則云："定三革，隱五刃。"韋昭云：三革，甲、冑、盾也。尹知章曰："車、馬、人皆有革甲曰三革。"案此説恐非。《考工記》曰："函人爲甲，犀甲七屬，兕甲六屬，合甲五屬。"蓋所謂三甲者也。

〔一三二〕 宋 襄 公

宋襄公泓之戰，《公羊》善之，《左》、《穀》非之。僖公二十二年。《左氏》曰："明恥教戰，求殺敵也，傷未及死，如何勿重？”“雖及胡耇，獲則取之，何有於二毛？”此純係戰國時人議論，以多殺爲主，可以勿論。《穀梁》謂“道之貴者時，其行勢也”，議論似較正。然宋襄是戰，初非因持正而敗；而其持正，亦非真不度時勢也。《左氏》僖公三十三年：“晉陽處父侵蔡。楚子上救之，與晉師夾泜而軍。陽子患之，使謂子上曰：子若欲戰，則吾退舍，子濟而陳。不然紓我。乃駕而待。子上欲涉，大孫伯曰：不可。晉人無信，半涉而薄我，悔敗何及，不如紓之。乃退舍。陽子宣言曰：楚師遁矣。遂歸。楚師亦歸。”曰晉人無信，則他國未必皆無信，此子上之所以欲涉。泓之戰，宋既成列，而楚人猶濟，蓋亦以此也。宋雖不鼓不成列，然以逸待勞，豈有必敗之理？所以敗者：《孫子》曰：“諸侯自戰其地者爲散地。”《九地》。《戰國策·中山策》，武安君論楚之敗曰：“當此之時，秦中士卒，以軍中爲家，將帥爲父母，不約而親，不謀而信，一心同功，死不旋踵。楚人自戰其地，咸顧其家，各有散心，莫有鬬志，是以能有功也。”此《孫子》之注脚也。春秋時用兵，侵伐者多勝，禦敵者多敗，載在《左氏》，斑斑可考。宋之敗蓋亦以此。然以偏戰禦敵而克捷者，亦非無之，故謂宋襄以守禮而敗，絶非情實。謂其守禮爲不度時勢，則更以成敗論人，而又曲加傅會者矣。

行軍務於多殺，其禍至戰國時始烈，其論亦至戰國時始盛。古之所謂義兵者，散見羣經諸子中；《吕覽·懷寵》、《淮南·兵略》，言之尤詳。雖時異勢殊，其事不可復見，要不可謂古無其事。且即在晚近，亦未嘗絶跡也。齊桓之霸也，“邢遷如歸，衛國忘亡。”《左氏》閔公二年。蕭魚之役，“赦鄭囚，皆禮而歸之；納斥候，禁侵掠。”襄公十一年。雖古之義兵，亦何以過？《孟子》曰：“鄭人使子濯孺子侵衛，衛使庾公之斯追之。子濯孺子曰：今日我疾作，不可以執弓，吾死矣夫！問其僕曰：追我者誰也？其僕曰：庾公之斯也。曰：吾生矣。其僕曰：庾公之斯，衛之善射者也；夫子曰吾生，何謂也？曰：庾公之斯學射於尹公之他，尹公之他學射於我。夫尹公之他，端人也，其取友必端矣。庾公之斯至，曰：夫子何爲不執弓？曰：今日我疾作，不可以執弓。曰：小人學射於尹公之他，尹公之他學射於夫子。我不忍以夫子之道，反害夫子。雖然，今日之事，君事也，我不敢廢。抽矢，扣輪，去其金，發乘矢而後反。”《離婁》下。《左氏》則曰：“尹公佗學射於庾公差，庾公差學射於公孫丁。二子追公。公孫丁御公。子魚曰：射爲背師，不射爲戮，射爲禮乎？射兩軥而還。尹公佗曰：子爲師，我則遠矣。乃反之。公孫丁授公轡而射之，貫臂。”襄公十四年。此亦《左氏》爲六國時書，務殺而不重禮之證。《檀弓》曰：“工尹商陽與陳棄疾追吳師，及之。

陳棄疾謂工尹商陽曰：王事也，子手弓而可。手弓，子射諸。射之，斃一人。韔弓。又及，謂之，又斃二人。每斃一人，掩其目。止其御曰：朝不坐，燕不與，殺三人，亦足以反命矣。孔子曰：殺人之中，又有禮焉。"曷嘗以多殺爲貴哉？邲之戰，"晉人或以廣隊不能進，楚人惎之脱扃。少進，馬還，又惎之拔旆投衡。乃出，顧曰：吾不如大國之數奔也。"當兩軍交戰之時，而教敵人以遁逃，以致反爲所笑，其事殊不近情。故有訓惎爲毒，以"惎之"、"又惎之"絶句者。然如是，則晉人顧曰之語，不可解矣。讀《公羊》還師佚寇之文，則知莊王之不欲多殺，故其下得教敵人以遁逃。《左氏》下文又曰："晉之餘師不能軍，宵濟，亦終夜有聲。"蓋亦見莊王之寬大。杜《注》謂"言其兵衆，將弗能用"，殆非也。宣公十二年。《左氏》書雜取而成，議論多戰國時人語，其記事猶或出舊聞。如宣公二年論狂狡曰："失禮違命，宜其爲禽也。戎昭果毅以聽之之謂禮，殺敵爲果，致果爲毅。易之，戮也。"竟以殺人爲禮。然其記齊桓、晉悼、楚莊之事，則猶是古之遺言矣。邲之戰，莊王不肯爲京觀，而《吕覽》言"齊攻廩丘，趙使孔青將死士而救之。與齊人戰，大敗之。齊將死，得車二千，得尸三萬，以爲二京"，《不廣》。於此亦可見春秋戰國時之變遷。在春秋時，惟齊莊公嘗封少水，《左氏》襄公二十三年。則好勇之徒，不足論也。

《左氏》云："凡諸侯有四夷之功，則獻於王，王以警於夷。中國則否，諸侯不相遺俘。"莊公三十一年。此亦同族間不尚殺戮之一事。宣公十五年、十六年，晉皆獻狄俘於王。城濮之戰，亦獻楚俘。僖公二十八年。蓋猶夷狄遇之。襄公十年，"以偪陽子歸，獻於武宫，謂之夷俘。"杜《注》曰："諱俘中國，故謂之夷。"鞌之戰，獻齊捷於王，成公二年。遂爲王所責矣。然齊伐山戎，子司馬子譏其操之已蹙，《公羊》莊公三十年。則於異族，實亦未嘗歧視也。

昭公八年，《穀梁》言蒐狩之禮曰："車軌塵，馬候蹄，揜禽旅。御者不失其馳，然後射者能中。過防弗逐，不從奔之道也。面傷不獻，《注》："嫌誅降。"不成禽不獻。《注》："惡虐幼小。"禽雖多，天子取三十焉，其餘與士衆，以習射於射宫。射而中，田不得禽，則得禽；田得禽，而射不中，則不得禽。是以知古之貴仁義而賤勇力也。"隱公五年云："戰不逐奔，誅不填服。"即此所謂"過防弗逐"，"面傷不獻"也。王良之論嬖奚也，曰："吾爲之範我馳驅，終日不獲一；爲之詭遇，一朝而獲十。詩云：不失其馳，舍矢如破。我不貫與小人乘。"《孟子·滕文公》下。即此所謂"射而中，田不得禽則得禽；田得禽，而射不中則不得禽"也。《郊特牲》曰："季春出火，爲焚也。然後簡其車賦，而歷其卒伍；而君親誓社，以習軍旅。左之右之，坐之起之，以觀其習變也。而流示之禽，而鹽諸利，以觀其不犯命也。求服其志，不貪其得，故以戰則克，以祭則受福。”即此“禽雖多，天子取三十焉，其餘與士衆”之道也。田獵之重禮如是，而況於争戰乎？

《禮器》：“孔子曰：我戰則克，祭則受福，蓋得其道矣。”即《郊特牲》之所云也。以教民爲制勝之術，論者多迂之。其實軍實之相去，并時之國恒無幾，所争者，仍在民心之和不和耳。孟子告梁惠王曰：“王如施仁政於民，省刑罰，薄稅斂，深耕易耨，壯者以暇日脩其孝弟忠信，入以事其父兄，出以事其長上，可使制梃以撻秦楚之堅甲利兵矣。”《梁惠王》上。而《吕覽》曰：“世有言曰：鋤櫌白梃，可以勝人之長銚利兵，此不通乎兵者之論。”《簡選》。其言似相背而實非也。近世中國之敗於外國，豈不曰兵之利弗與哉？然而外人以鎗砲來，中國人未嘗挾弓矢戈矛而戰之也。咸豐戊午庚申之際，歐人即願以軍械資勝清，亦有願售諸太平天国者，彼此皆弗省。其後曾紀澤乘小汽輪歸湘，湘人猶欲焚之。法越戰後，經營海軍，頗有端緒矣，而以那拉氏造頤和園，盡移其費，以供土木，艦械遂無新增，致有甲午之敗。民國以來，軍人之所浪費者，豈不足當東瀛積年之儲，而至二十六七年之間，猶以士卒之血肉，當人之砲火也。嗟乎！果人爲之乎，抑械爲之也？不特此也，“城非不高也，池非不深也，兵革非不堅利也，米粟非不多也，委而去之”，《孟子·公孫丑》下。則數見不鮮矣！《論語》曰：“足食，足兵，民信之矣。必不得已而去，於斯三者何先？曰：去兵。必不得已而去，於斯二者何先？曰：去食。自古皆有死，民無信不立。”《顔淵》。信哉斯言也。《左氏》言晉文之霸也，曰：“晉侯始入而教其民，二年欲用之。子犯曰：民未知義，未安其居。於是乎出定襄王，入務利民，民懷生矣，將用之。子犯曰：民未知信，未宣其用。於是乎伐原以示之信。民易資者，不求豐焉，明徵其辭。公曰：可矣乎？子犯曰：民未知禮，未生其共。於是乎大蒐以示之禮，作執秩以正其官，民聽不惑，而後用之。出穀戍，釋宋圍，一戰而霸，文之教也。”僖公二十七年。其言楚莊之霸也，曰：“楚自克庸以來，其君無日不討國人而訓之，於民生之不易，禍至之無日，戒懼之不可以怠。在軍，無日不討軍實而申儆之，於勝之不可保，紂之百克而卒無後。訓之以若敖、蚡冒，篳路藍縷以啓山林。箴之曰：民生在勤，勤則不匱。”宣公十二年。而管子作内政寄軍令，使“人與人相保，家與家相愛；少相居，長相游；祭祀相福，死喪相恤，禍福相憂，居處相樂，行作相和，哭泣相哀。夜戰其聲相聞，足以無亂；晝戰其目相見，足以相識；驩欣足以相死”，《小匡》。更無論矣。人莫不愛其身家，故“死徙無出鄉，鄉田同井，出入相友，守望相助，疾病相扶持”，《孟子·滕文公》上。實戰守之本也。“孔子過泰山側，有婦人哭於墓者而哀。夫子式而聽之，使子路問之曰：子之哭也，壹似重有憂者？而曰：然。昔者吾舅死於虎，吾夫又死焉，今吾子又死焉。夫子曰：何爲不去也？曰：無苛政。夫子曰：小子識之，苛政猛於虎也。"《檀弓》下。夫死於虎與死於兵則奚擇？死於兵者，猶或以爲國殤而哀之，死於虎則人莫之恤矣，然而民三死而弗去。苟如是，復何使之而不可也。故曰："有國有家者，不患寡而患不均，不患貧而患不安；蓋均無貧，和無寡，安無傾。"《論語·季氏》。然後知"鑿斯池也，築斯城也，與民守之，效死而民弗去"之可致也。《孟子·梁惠王》下。趙簡子之於晉陽，則其效也。晉文之於原，《左氏》僖公二十五年。荀吴之於鼓，昭公十五年。皆未嘗豫而徒襲而取之者也，而史家猶播爲美談，況於"好惡不愆"於素者乎？"民知所適"而"事無不濟"也宜矣。荀吴述叔向語。申叔時之責子反曰："德、刑、詳、義、禮、信，戰之器也。德以施惠，刑以正邪，詳以事神，義以建利，禮以順時，信以守物。民生厚而德正，用利而事節，時順而物成。上下和睦，周旋不逆，求無不具，各知其極。故《詩》曰：立我烝民，莫匪爾極。是以神降之福，時無災害，民生敦厖，和同以聽，莫不盡力以從上命，致死以補其闕。此戰之所由克也。今楚，内棄其民，而外絶其好；瀆齊盟而食話言；奸時以動，而疲民以逞。民不知信，進退罪也。人恤所底，其誰致死？"成公十六年。可謂知戰之本矣。子曰："言忠信，行篤敬，雖蠻貊之邦，行矣。言不忠信，行不篤敬，雖州里，行乎哉？"《論語·衛靈公》。觀諸葛亮之服南蠻，而知信之不可棄也。以區區之蜀，蹈涉中原，抗衡上國，使魏之君臣爲之旰食，有以也哉！

鞌之戰，齊侯"每出，齊師以帥退，入於狄卒，狄卒皆抽戈楯冒之，以入於衛師。衛師免之"。杜《注》曰："狄、衛畏齊之强，故不敢害齊侯。"非也。鄢陵之戰，"晉韓厥從鄭伯，其御杜溷羅曰：速從之。其御屢顧，不在馬，可及也。韓厥曰：不可以再辱國君。乃止。郤至從鄭伯，其右茀翰胡曰：諜輅之，余從之乘，而俘以下。郤至曰：傷國君有刑。亦止。"晉亦畏鄭之强乎？是役也，"郤至三遇楚子之卒，見楚子必下，免胄而趨風。楚子使工尹襄問之以弓，曰：方事之殷也，有韎韋之跗注，君子也。識見不穀而趨，毋乃傷乎？"《左氏》成公十六年。邲之役，"楚許伯御樂伯，攝叔爲右，以致晉師。晉人逐之，左右角之。樂伯左射馬而右射人，角不能進，矢一而已。麋興於前，射麋麗龜。晉鮑癸當其後，使攝叔奉麋獻焉，曰：以歲之非時，獻禽之未至，敢膳諸從者。鮑癸止之，曰：其左善射，其右有辭，君子也。既免。"鞌之戰，邴夏欲射韓厥，曰："射其御者，君子也。公曰：謂之君子而射之，非禮也。"君子如此，而況於國君乎？

大抵春秋時争戰，惟夷狄較爲野蠻。《穀梁》僖公三十三年：晉人及姜戎敗秦師於殽。不言戰而言敗,何也?狄秦也。其狄之何也?秦越千里之險入虚國,進不能守,退敗其師徒,亂人子女之教,無男女之别。《注》:"謂入滑之時縱暴亂也。"秦之爲狄,自殽之戰始也。《公羊》定公四年:"吴入楚。吴何以不稱子?反夷狄也。其反夷狄奈何?君舍於君室,大夫舍於大夫室,蓋妻楚王之母也。"此等事,蓋當時號稱禮義之國所不敢爲。《左氏》哀公七年:魯入邾,"處其公宫。衆師晝掠。邾衆保於繹。師宵掠,以邾子益來,獻於亳社,囚諸負瑕。"則幾於秦、吴之所爲矣。故茅夷鴻卒致死焉。春秋列國争戰,惟秦穆嘗止晉惠於韓;僖公十五年。而句踐與其夫人,亦入臣妾於吴;而會盟之際,則惟楚執宋公以伐宋;僖公二十一年。而其他諸國,皆逡巡而有所不敢,有以也。《檀弓》曰:"吴侵陳,斬祀殺厲。師還出竟。陳太宰嚭使於師。夫差謂行人儀曰:是夫也多言,盍嘗問焉?師必有名,人之稱斯師也者,則謂之何?太宰嚭曰:古之侵伐者,不斬祀,不殺厲,不獲二毛。今斯師也,殺厲與?其不謂之殺厲之師與?曰:反爾地,歸爾子,則謂之何?曰:君王討敝邑之罪,又矜而赦之,師與?有無名乎?"觀太宰嚭之言,知斬祀殺厲,非夷狄敢爲之者猶少也,而獨責宋襄爲不知戰,可乎?然而聞太宰嚭之言,吴王亦有悔心矣。

大同之世云遥,講信脩睦之風遂渺,然而小康之世,亦未嘗不重民命,惜民力也。是以師出不踰時;《公羊》隱公六年《解詁》。《詩·小雅·何草不黄》鄭《箋》同。《穀梁》隱公五年:"伐不踰時。"行不過三十里;《詩·小雅·六月》"我服既成,於三十里"毛《傳》:"師行三十里。"五十不爲甸徒;《禮記·祭義》。三十受兵,六十還之;《白虎通義·三軍》篇:"年卅受兵何?重絶人世也。師行不必反,戰不必勝,故須其有世嗣也。年六十歸兵何?不忍并鬭人父子也。《王制》曰:六十不與服戎。"《春秋》刺道用師;《公羊》僖公二十六年。重乞師;《公羊》僖公二十六年。《穀梁》成公十三年義同。又桓公十四年:"宋人以齊人、蔡人、衛人、陳人伐鄭。以者,不以者也。民者,君之本也。使人以其死,非正也。"惡一出兵爲兩事;《公羊》僖公二十五年《解詁》。追齊師弗及而止,則嘉其得用兵之節;《公羊》僖公二十六年《解詁》。救成而不敢進,則許其量力而弗責;《公羊》襄公十五年《解詁》。子之所慎:齊,戰,疾。子路曰:子行三軍,則誰與?子曰:暴虎馮河,死而無悔者,吾不與也。必也臨事而懼,好謀而成者也。《論語·述而》。皆此意也。至於戰國之世,則大不然矣。孟子曰:"争地以戰,殺人盈野;争城以戰,殺人盈城。"《離婁》上。"魯欲使慎子爲將軍。孟子曰:不教民而用之,謂之殃民;殃民者不容於堯舜之世。徒取諸彼以與此,然且仁者不爲,況於殺人以求之乎?"《告子》下。蓋其視民命如草芥矣,此其所以謂"善戰者服上刑"也。《離婁》上。不特此也,師之出也,"久者數歲,速者數月",《墨子·非攻》下。非復"不踰時"之舊矣。魏氏之試武卒,"衣三屬之甲,操十二石之弩，負矢五十個，置戈其上，冠軸帶劍，贏三日之糧，日中而趨百里”，《荀子·議兵》。非復“日三十里”之程矣。《周官·地官》鄉大夫之職：“國中自七尺以及六十，野自六尺以及六十有五，皆征之。”無所謂“五十不爲甸徒”者矣。《孫子》曰：“主不可以怒而興師，將不可以愠而致戰；合於利而動，不合於利而止。怒可以復喜，愠可以復説；國亡不可以復存，死者不可以復生。”《火攻》。豈不以愛惜民命爲言，然純以利害立論矣。乃至《韓子》曰：王良愛馬，爲其可以馳驅；句踐愛人，乃欲用以戰鬬。《備内》。則真以百姓爲芻狗矣。世變之劇，不亦深可畏哉！

《公羊》言楚莊入鄭，“親自手旌，左右撝軍，退舍七里。將軍子重諫曰：南郢之與鄭，相去數千里，諸大夫死者數人，厮役扈養死者數百人。今君勝鄭而不有，無乃失民臣之力乎？莊王曰：古者杅不穿，皮不蠹，則不出於四方，是以君子篤於禮而薄於利，要其人而不要其土。”宣公十二年。知春秋時用兵，雖久役，死者初不甚多。而其動也不純以利，因亦無取償於敵國之意也。至戰國則又不然矣，阬降斬級，動以萬計。孟子言齊之入燕也，“殺其父兄，係累其子弟，毁其宗廟，遷其重器。”《梁惠王》下。墨子言當時之用兵也，曰：“入其國家邊竟，芟刈其禾稼，斬其樹木，墮其城郭，以湮其溝池。攘殺其牲牷，燔潰其祖廟，剄殺其萬民，覆其老弱，遷其重器，卒進而柱乎鬬。曰：死命爲上，多殺次之，身傷者爲下，又況失列北橈乎哉？罪死無赦。”《非攻下》。《天志下》略同。陳軫謂秦之伐也，“主必死辱，民必死虜。”《戰國·齊策》。魯仲連謂秦“權使其士，虜使其民”。《趙策》。蓋法俗相沿，有所不忍爲、不敢爲者，至是則無不忍焉敢焉者矣。孟子曰：“不仁哉梁惠王也！仁者以其所愛及其所不愛，不仁者以其所不愛及其所愛。梁惠王以土地之故，糜爛其民而戰之，大敗，將復之，恐不能勝，故驅其所愛子弟以殉之，是之謂以其所不愛及其所愛也。”《盡心》下。事勢之流，相激使然，曷足怪乎？

兵争之烈，雖至戰國而甚，然春秋時已開其端矣。殽之戰，匹馬隻輪無反者。《公羊》僖公三十三年。《穀梁》同。龍門之戰，民死傷者滿溝。《公羊》桓公十二年《疏》引《春秋説》。“邾婁復之以矢，蓋自戰於升陘始也。魯婦人之髽而弔也，自敗於臺駘始也。”《禮記·檀弓》。案升陘之戰，在僖公二十一年，臺駘之戰，在襄公四年。此多殺之漸也。“晉侯圍曹，門焉，多死。曹人尸諸城上，晉侯患之，聽輿人之謀曰：稱舍於墓。師遷焉。曹人兇懼，爲其所得者棺而出之。因其兇也而攻之。”《左氏》僖公二十八年。陳之從楚伐鄭也，“當陳隧者，井堙木刊。”襄公二十五年。此肆虐之漸也。夫人孰好多殺？亦孰樂肆虐？然争之甚而惟勝之求，終必有不擇術而爲之者。争之烈,不必以兵之衆也,而兵之衆,終爲争之烈。抑且争之烈,終必至盡驅其民以赴戰場而後已。而好生之德,有不可復言者矣。用師之衆,戰國爲甚。然而鞌之戰,縣地五百里,侵車東至海;《穀梁》成公二年。晉人納捷菑於邾,長轂五百乘,縣地千里;文公十四年。《公羊》、《左氏》皆云八百乘。亦自春秋已開其端矣。

《戰國·齊策》:"蘇秦説齊閔王曰:戰者,國之殘也,而都縣之費也。殘費已先,而能從諸侯者寡矣。彼戰者之爲殘也:士聞戰,則輸私財而富軍市,輸飲食而待死士,令折轅而炊之,殺牛而觴士,則是路君之道也。中人禱祝,君翳釀,通都小縣,置社有市之邑,莫不止事而奉王,則此虚中之計也。夫戰之明日,尸死扶傷,雖若有功也,軍出費,中哭泣,則傷主心矣。死者破家而葬,夷傷者空財而共藥,完者内酺而華樂,故其費與死傷者鈞。故民之所費也,十年之田而不償也。軍之所出,矛戟折,鐶弦絶,傷弩,破車,罷馬,亡矢之大半。甲兵之具,官之所私出也,士大夫之所匿,廝養士之所竊,十年之田而不償也。天下有此再費者,而能從諸侯者寡矣。攻城之費,百姓理襜蔽,舉衝櫓,家雜總,身窟穴,中罷於刀金。而士困於土功,將不釋甲,期數而能拔城者爲亟耳。上倦於教,士斷於兵,故三下城而能勝敵者寡矣。"《中山策》:武安君(對秦昭王)曰:"長平之事,秦軍大尅,趙軍大破,秦人歡喜,趙人畏懼。秦民之死者厚葬,傷者厚養,勞者相饗,飲食餔餽,以靡其財。趙人之死者不得收,傷者不得療,涕泣相哀,勠力同憂,耕田疾作,以生其財。今王發軍雖倍其前,臣料趙國守備,亦已十倍矣。"又曰:"今秦破趙軍於長平,不遂以時乘其振懼而滅之,畏而釋之,使得耕稼以益蓄積,養孤長幼以益其衆,繕治兵甲以益其强,增城浚池以益其固。主折節以下其臣,臣推體以下死士。至於平原君之屬,皆令妻妾補縫於行伍之間,臣人一心,上下同力,猶句踐困於會稽之時也。"觀二子之言,則戰勝者之禍,有不可勝道者,而戰敗者無論矣。然因其敗而善用之,又未嘗不可以爲福也,故曰:"其亡其亡,繫於苞桑。"《易·否卦·九五爻辭》。

宋向戌爲弭兵之會,"如晉,告趙孟,趙孟謀於諸大夫。韓宣子曰:兵,民之殘也,財用之蠹,小國之大菑也;將或弭之,雖曰不可,必將許之。弗許,楚將許之,以召諸侯,則我失爲盟主矣。晉人許之。如楚,楚亦許之。如齊,齊人難之。陳文子曰:晉、楚許之,我焉得已?且人曰弭兵,而我弗許,則固攜吾民矣,將焉用之?"可見列國皆以兵爲患。子罕乃曰:"凡諸侯小國,晉、楚所以兵威之,畏而後上下慈和,慈和而後能安靖其國家,以事大國,所以存也。無威則驕,驕則亂生,亂生必滅,所以亡也。天生五材,民并用之,廢一不可,誰能去兵。兵之設久矣,所以威不軌而昭文德也。聖人以興,亂人以廢。廢興存亡昏明之術，皆兵之由也。而子求去之，不亦誣乎？”《左氏》襄公二十七年。“聖人以興，亂人以廢”，乃儒家義兵之論。《左氏》竊之，而未深明其旨。小國賴晉、楚威之，晉、楚失道，誰威之乎？“天生五材，民并用之，廢一不可”，信矣。然兵之設，豈爲殺人也哉？

《公羊》貴偏戰而賤詐戰。“偏，一面也。結日定地，各居一面，鳴鼓而戰，不相詐。”桓公十年《解詁》。“詐謂陷阱奇伏之類。”哀公九年《解詁》。泓之戰，宋襄即能守斯義者也。莒人以慶父之尸求賂，季子待之以偏戰，《春秋》大之。僖公元年。宋皇瑗取鄭師於雍丘，哀公九年。鄭軒達詐反，取宋師於嵒，則疾而略之。哀公十三年。《解詁》曰：“苟相報償，不以君子正道。”即晉人伐楚以救江，猶惡其諼。文公三年。堂堂之陳，正正之旗，豈徒講權謀形勢者所與知哉？《公羊》曰：“觕者曰侵，精者曰伐。戰不言伐，圍不言戰，入不言圍，滅不言入，書其重者也。”《解詁》曰：“將兵至竟，以過侵責之。服則引兵而去；侵責之不服，推兵入竟，伐擊之，益深。”莊公十年。然則切入境時，即應聲罪致討。《吕覽·懷寵》所謂“至於國邑之郊，先發聲出號”是也。《穀梁》曰“苞人民、毆牛馬曰侵，斬樹木、壞宫室曰伐”；隱公五年。《左氏》曰“有鐘鼓曰伐，無曰侵，輕曰襲”；莊公二十九年。蓋并非《春秋》意矣。《公羊》莊公二十八年、文公十五年并云惡以至日伐，《解詁》曰：“用兵之道，當先至竟侵責之，不服，乃伐之；今日至，便以今日伐之，故曰以起其暴也。”亦與此意相發明。

〔一三三〕 六國之兵

荀子論六國之兵曰：“齊人隆技擊。其技也，得一首者，則賜贖錙金，無本賞矣。是事小敵毳，則偷可用也；事大敵堅，則涣焉離耳。是亡國之兵也。兵莫弱是矣，是其去賃市傭而戰之幾矣。魏氏之武卒，以度取之；衣三屬之甲，操十二石之弩，負服矢五十个，置戈其上，冠軸帶劍，赢三日之糧，日中而趨百里。中試則復其户，利其田宅。是數年而衰，而未可奪也；改造則不易周也；是故地雖大，其税必寡。是危國之兵也。秦人：其生民也陿阸，其使民也酷烈；劫之以勢，隱之以阸，忸之以慶賞，鰌之以刑罰，使天下之民所以要利於上者，非鬭無由也。阸而用之，得而後功之；功賞相長也，五甲首而隸五家。是最爲衆强長久，多地以正，故四世有勝，非幸也，數也。”《議兵》。案魯仲連言：“秦者，棄禮義而上首功之國也。”《集解》引譙周曰：“秦用衛鞅計，制爵二十等，以戰獲首級者計而受爵。是以秦人每戰勝，老弱婦人皆死，計功賞至萬數。天下謂之上首功之國。”《史記·魯仲連列傳》。《商君書·境内篇》云：“人得一首則復。得三十三首以上，盈論，百將屯長，賜爵一級。”“有爵者乞無爵者以爲庶子，級乞一人。”“爵五大夫，皆有賜邑三百家，有賜税三百家。”“能得甲首一者，賞爵一級，益田一頃，益宅九畝，除庶子一人。”即譙周之所云也。其所爲與齊何以異？而計功賞至萬餘，田宅安得給，而國安得不患貧哉？然而異於齊、魏者，齊賜贖錙金而止，無本賞，本賞蓋指田宅。則農民不勸，惟市井輕俠之人應之，故荀子譏其賃市傭而戰之也。魏能拔其民之壯者以爲兵，而不能使其民自厲於戰，故其兵之强者，遠不如秦之多。夫使舉國之民皆習於戰，則不待改造而周；而驅一國之民皆歸之於南畝，則又不慮其税之寡。故秦之兼天下，農戰爲之也。

張儀説韓王曰：“山東之士，被甲蒙胄以會戰，秦人捐甲徒裼以趨敵，左挈人頭，右挾生虜。夫秦卒與山東之卒，猶孟賁之與怯夫。”其説魏王曰：“楚雖有富大之名而實空虚；其卒雖多，然而輕走易北，不能堅戰。悉梁之兵南面而伐楚，勝之必矣。”孫子謂田忌曰：“彼三晉之兵，素悍勇而輕齊，齊號爲怯。”皆見《史記》本傳。是秦兵最强，三晉次之，齊、楚最弱。《漢書·地理志》論各地方風氣去戰國時不遠，其强弱與之相應。似兵之强弱，實與風土有關，不盡繫於政治之得失。然當桓公、莊王之時，齊、楚之兵，曷嘗不方行天下，强不可圉哉？五方風氣之不同，雖聖人不能使之齊一，然忸之以慶賞，鰌之以刑罰，而謂不能造數萬精强之衆，豈理也哉？管子之作内政寄軍令也，曰：“使卒伍之人，人與人相保，家與家相愛；少相居，長相游；祭祀相福，死喪相恤，禍福相憂，居處相樂，行作相和，哭泣相哀。夜戰其聲相聞，足以無亂；晝戰其目相見，足以相識；驩欣足以相死。”《小匡》。此豈徒恃刑罰慶賞而用之乎？乃其後至於賃市傭而戰之，此豈風氣之罪也哉？

《淮南子》言七國之用兵也，曰：“攻城濫殺，覆高危安。掘墳墓，揚人骸。大衝車，高重京。除戰道，便死路。犯嚴敵，殘不義。百往一反，名聲苟盛也。是故質壯輕足者，爲甲卒千里之外，家老羸弱悽愴於内。廝徒馬圉，軵車奉饟，道路遼遠，霜雪亟集，短褐不完，人羸車弊，泥塗至膝，相攜於道，奮首於路，身枕格而死。所謂兼國有地者，伏尸數十萬，破車以千百數，傷弓弩矛戟矢石之創者，扶舉於路。故世至於枕人頭，食人肉，葅人肝，飲人血，甘之芻豢。”《覽冥》。蓋其虐用其民如此。而又重之以首功之法，虐及於老弱婦人。嗟乎！戰國之世，生民尚安有孑遺哉？

〔一三四〕女子從軍

後世女子罕從征戰，偶有其事，人遂詫爲異聞；若返之於古，則初無足異也。《商君書·兵守》篇曰:“壯男爲一軍,壯女爲一軍,男女之老弱者爲一軍,此之謂三軍也。壯男之軍,使盛食厲兵,陳而待敵。壯女之軍,使盛食負壘,陳而待令;客至而作土以爲險阻,及耕格阱,發梁撤屋,給從從之,不洽而熯之,朱師轍《解詁》曰:“當作給徙徙之,不給而熯之。”使客無得以助攻備。老弱之軍,使牧牛馬羊彘,草水之可食者,收而食之,以獲其壯男女之食。”《墨子·備城門》篇曰:“守法:五十步丈夫十人,丁女二十人,老小十人。”又曰:“廣五百步之隊,案同術。丈夫千人,丁女子二千人,老小千人。”又曰:“諸作穴者五十人,男女相半。”蓋兵亦役之一,古役固男女皆與也。《周官·地官》小司徒:“上地家七人,可任也者家三人。中地家六人,可任也者二家五人。下地家五人,可任也者家二人。”《注》曰:“可任,謂丁强任力役之事者。出老者一人,其餘男女强弱相半其大數。”則女子從役,漢人猶知其義矣。《商君書·竟内》篇,皆言稽衆寡以備師役之事,而曰“四竟之内,丈夫女子,皆有名於上,生者著,死者削”,亦以此也。

《史記·田單列傳》謂單“身操版插,與士卒分功,妻妾編於行伍之間。令甲卒皆伏,使老弱女子乘城。”《平原君列傳》:李談説以“令夫人以下,編於士卒之間,分功而作”。而武安君言趙不可伐,亦曰:“至於平原君之屬,皆令妻妾補縫於行伍之間。”《戰國·中山策》。知墨子、商君皆非凴億之談也。楚之圍漢王滎陽也,漢王夜出女子滎陽東門被甲二千人,《史記·項羽本紀》。知其時之女子,猶可調發。《左氏》哀公元年:楚子圍蔡,“蔡人男女以辨。”《注》曰:“辨,别也。男女各别,係纍而出降。”襄公二十五年:齊人“男女以班”,班即辨也。陳侯“使其衆男女别而纍,以待於朝”,别亦即班也。出降必異男女,以其平時本各爲軍也。《周書·大武》曰:“三斂,一男女比。”蓋亦謂各爲一軍矣。

《商君書》曰:“慎使三軍無相過。壯男過壯女之軍,則男貴女而姦民有從謀,而國亡。喜與其恐有蚤聞,案此句有譌。勇民不戰。壯男壯女過老弱之軍,則老使壯悲,弱使强憐;悲憐在心,則使勇民更慮,而怯民不戰。故曰:慎使三軍無相過,此盛力之道。”《兵守》篇。案古之爲軍者,使壯男壯女各爲軍,而男女之老弱者各爲一軍,則其視丁壯老弱之差,甚於男女之異也。野蠻人之分黨,固多以其年齒。然則三軍之法,由來舊矣。

《書·費誓》曰:“馬牛其風,臣妾逋逃,勿敢越逐。”《疏》曰:“古人或以婦女從軍,故云臣妾逋逃也。”則廝徒中亦有婦女矣。

《三國·魏志·武帝紀》:興平二年,吕布“從東緡與陳宫將萬餘人來戰,時太祖兵少,設伏,縱奇兵擊,大破之。”《注》引《魏書》曰:“於是兵皆出取麥，在者不能千人，屯營不固。太祖乃命婦人守陴，悉兵拒之。”則女子從軍，漢末猶有之也。又《蜀志·楊洪傳》：“先主争漢中，急書發兵，諸葛亮以問洪，洪曰：漢中，益州咽喉，存亡之機會，若無漢中則無蜀矣，此家門之禍也。方今之事，男子當戰，女子當運，發兵何疑？”此雖不令女子當前敵，亦未嘗不與於發興也。

原刊《光華附中第二十二屆畢業紀年刊》，一九三九年出版

〔一三五〕守　險

《左氏》僖公三十年：秦晉圍鄭，鄭使燭之武見秦伯，曰：“越國以鄙遠，君知其難也，焉用亡鄭以倍鄰？”俞理初曰：“越國鄙遠，春秋戰國時最多。此言晉大國，數欺秦，秦難越之以鄙遠，明他國不難也。至晉文公卒，秦潛師欲得鄭，是謂晉襄無能爲，欲循越國鄙遠之事。”《癸巳類稿·越國鄙遠義》。案越國鄙遠之所以多，以春秋列國不守關塞。顧復初《春秋大事表》論之甚明。其所由然，則以此時地廣人希，山林之地，未盡開拓，率爲戎狄所據故也。古之所謂險者，皆專指國都而言。故《易》言“王公設險以守其國”，《坎彖辭》。孟子言“固國不以山谿之險”，《公孫丑》下。戒人勿以是爲險，明時人以此爲險者尚多。鄭莊公曰：“制，巖邑也，虢叔死焉。”《左氏》隱公元年。恃險而亡，即恃其城之險而已。《穀梁》曰：“夏陽者，虞、虢之塞邑也；滅夏陽而虞、虢舉矣。”僖公二年。雖非都城，然恃一邑以爲屏蔽，亦制之類也。城濮之役，晉侯患楚，子犯曰：“戰也。戰而捷，必得諸侯；若其不捷，表裏山河，必無害也。”《左氏》僖公二十八年。平公言晉有三不殆，國險爲其一。司馬侯諍以“四嶽、三塗、陽城、大室、荆山、中南，九州之險也，是不一姓。”昭公四年。魏武侯浮西河而下，中流，顧而謂吴起曰：“美哉乎山河之固，此魏國之寶也！”起對曰：“在德不在險。昔三苗氏左洞庭，右彭蠡，德義不脩，禹滅之。夏桀之居，左河濟，右泰華，伊闕在其南，羊腸在其北，脩政不仁，湯放之。殷紂之國，左孟門，右太行，常山在其北，大河經其南，脩政不德，武王殺之。”《史記·吴起列傳》。皆非專指都邑所在。劉敬説漢高祖曰：“秦地被山帶河，四塞以爲固，卒然有急，百萬之衆可具也。因秦之故，資甚美膏腴之地，此所謂天府者也。”《劉敬列傳》。“左右大臣多關東人，多勸上都雒陽：雒陽東有成皋，西有殽黽，倍河，向伊雒，其固亦足恃。留侯曰：雒陽雖有此固，其中小，不過數百里，田地薄，四面受敵，此非用武之國也。夫關中左殽函，右隴蜀，沃野千里，南有巴蜀之饒，北有胡苑之利。阻三面而守，獨以一

面東制諸侯。諸侯安定,河渭漕輓天下,西給京師;諸侯有變,順流而下,足以委輸。此所謂金城千里,天府之國也。劉敬説是也。"《留侯世家》。則兼人力物力言之,規模彌恢廓矣。此戰守形勢之變,實亦社會情形今古不同之所致也。

《鹽鐵論·險固》:大夫言:"楚自巫山起方城,屬巫、黔中,設扞關以禦秦。秦包商、洛、崤、函,以禦諸侯。韓阻宜陽、伊闕,要成皐、太行,以安周鄭。魏濱洛築城,阻山帶河,以保晉國。趙結飛狐、句注、孟門,以存荆、代。燕塞碣石,絶邪谷,繞援遼。齊撫阿、甄,關榮、歷,倚泰山,負海、河。梁關者,邦國之固,而山川社稷之寶也。"而文學駁之曰:"《傳》曰:諸侯之有關梁,非升平之興,蓋自戰國始也。"此足爲顧復初之説之證。然屈完對齊桓公曰:"楚國方城以爲城,漢水以爲池,雖衆無所用之。"《左氏》僖公四年。即設扞關之漸;晉使詹嘉守桃林,文公十三年。女寬守闕塞,昭公二十六年。亦韓阻宜陽、伊闕之漸也。故凡事必以漸興。

隆古之世,兵争烈而生事觳,設都專務守險。其後道路漸通,通工易事益盛,則都邑漸移於平地矣。劉敬言周公營成周雒邑,以爲此天下之中,諸侯四方納貢職道里均,有德易以王,無德易以亡。凡居此者,欲令周務以德致人,不欲依阻險,令後世驕奢以虐民。《劉敬列傳》。乃儒家之説,非事實也。平夷之地,無險可凴,脱有兵争,乃專恃人力所築之城以爲衛。孟子説滕文公,所謂"鑿斯池也,築斯城也,與民守之"是也。《梁惠王》下。人力所設之險,終不如天然之險;亦且人力有限,不能徧設。故春秋時大舉侵伐,無不直傅國都,列城罕能堅拒;即戰國時猶然,特其時列國拓土較廣,國中大都邑較多,故攻取較難耳。此實非固圉之道。而大兵一至,列城望風而靡,人民爲敵係虜,禾稼爲敵蹂踐,屋舍爲敵焚燒,甚至於井堙木刊,元氣久而不復,尤非衛民之道。事勢所逼,而設關守隘之事起焉。諸侯之會於魯濟而伐齊也,齊侯禦諸平陰,塹防門而守之,廣里。夙沙衛曰:"不能戰,莫如守險。"《注》:"謂防門不足爲險。"弗聽。晉師卒入平陰,遂從齊師。夙沙衛連大車以塞隧而殿。殖綽、郭最曰:"子殿國師,齊之辱也。子姑先乎!"乃代之殿。衛殺馬於隘以塞道,二子遂爲州綽所得。魯、衛請攻險,晉人蓋弗聽,故齊大子與郭榮謂其"師速而疾,略也",以止齊侯之行。齊是時蓋恃夙沙衛之塞隧以全其師,亦恃守險者與都城相犄角,故晉人弗敢攻也。《左氏》襄公十八年。齊侯之圍成也,孟孺子速徼之,齊侯去之。速遂塞海陘之道而還。襄公十六年。《注》:"海陘,魯隘道。"邾人之城翼也,還,將自離姑。公孫鉏曰:"魯將御我。"欲自武城還,循山而南。徐鉏、丘弱、茅地曰:"道下,遇雨,將不出,是不歸也。"遂自離姑。武城人塞其前,斷其後之木而弗殊。郲師過之，乃推而蹷之。遂取郲師，獲鉏、弱、地。昭公二十三年。此皆以人力塞往來之路，與夙沙衛之所爲同。至晉禦秦師於崤，僖公三十三年。吴要楚於臯舟之隘，襄公十四年。則因天然之險矣。

《擊鼓》之詩曰："爰居爰處，爰喪其馬。於以求之，於林之下。"《箋》曰："求不還者及亡其馬者，當於山林之下。軍行必依山林，求其故處近得之。"《疏》引肄師云："祭兵於山川。"《注》云："蓋軍之所依止也。"案邲之戰，趙旃使二子下，指木曰"尸女於是"，其事也。是役也，晉師在敖、鄗之間。而趙旃致師，楚王乘左廣以逐，旃棄車而走林，足見驅馳雖於平地，屯止必依山林矣。《左氏》宣公十二年。鄢陵之戰，楚師薄於險，亦由是也。成公十六年。《易·師》六四："師左次，无咎。"《注》曰："行師之法，欲右背高，故左次之。"《疏》曰："此兵法也。故《漢書》韓信云：兵法欲右背山陵，前左水澤。"城濮之戰，楚師背酅而舍，蓋其事。

後世都邑雖稍移於平地，然喪敗之時，仍依山爲固。夫椒之敗，"越子以甲楯五千保於會稽"是也。《左氏》哀公元年。《注》："上會稽山也。"吴之潰也，"吴王帥其賢良，與其重禄，以上姑蘇。"云上，蓋亦山名。《史記·越世家》云："越遂復棲吴王於姑蘇之山。"韋昭曰："姑蘇宫之臺也，在吴閶門外，近湖。"《國語·越語》。恐非。魯昭公之伐季氏也，平子登臺以請；公山不狃、叔孫輒之襲魯也，定公與三子入於季氏之宫，登武子之臺；見《左氏》昭公二十五年，定公十二年。此皆倉卒之際，暫避敵鋒，亦非所以禦大敵也。

古約戰多於平地。秦、晉河曲之役，臾駢欲薄諸河，胥甲、趙穿當軍門呼曰："不待期而薄人於險，無勇也。"文公十二年。可見偏戰之必在平地矣。鞌之戰，齊師敗績，逐之三周華不注；與鄢陵之戰，楚師之薄於險，因皆不獲登山以自固，是兵行雖依山陵，約戰必於平地也。隱公四年："諸侯之師敗鄭徒兵。"《注》云："時鄭不車戰。"蓋以國都無所用車之故。宣公十二年，楚子圍鄭，鄭人卜巷出車，亦由是也。

《春秋》僖公三年："徐人取舒。"《左氏疏》曰："諸侯相滅亡者，多是土壤鄰接，思啓封疆。今檢杜《注》，徐在下邳，舒在廬江，相去甚遥，而越境滅國，無傳無注，不知所以。"案俞理初所舉證甚多，實尚其犖犖大者，若細疏之，則尚不止此。且滅國而不有者亦多矣，疏家之言，殊滅裂也。

〔一三六〕交　綏

《左氏》文公十二年："乃皆出戰，交綏。"杜《注》曰："《司馬法》曰：逐奔不遠,從綏不及。逐奔不遠則難誘,從綏不及則難陷。然則古名退軍爲綏。秦、晉志未能堅戰,短兵未至争而兩退,故曰交綏。"《正義》曰:"《魏武令》引《司馬法》云:將軍死綏。舊説:綏,卻也,言軍卻,將當死。綏必是退軍之名。綏訓爲安。蓋兵書務在進取,恥言其退,以安行即爲大罪,故以綏爲名焉。"然則交綏乃不戰而退。而世以爲戰無勝負之稱,誤矣。《公羊》於是年及文公七年令狐之戰,皆曰:"何以不言師敗績? 敵也。"《解詁》曰:"俱無勝負。"昭公十七年楚、吴長岸之戰,亦曰:"詐戰不言戰,此其言戰何? 敵也。"《解詁》曰:"俱無勝負,不可言敗,故言戰也。"然則戰無勝負者,正當以敵爲稱耳。

〔一三七〕國　士

豫讓曰:范、中行氏衆人遇我,我故衆人報之;知伯國士遇我,我故國士報之。《史記·刺客列傳》。國士,謂國中戰鬬之士,即《左氏》成公十六年所謂"國士在且厚",哀公八年所謂"不足以害吴,而多殺國士"者也。古之精兵,皆萃於國都,而王卒尤强。《左氏》桓公八年,季梁謂隨侯曰:"楚人尚左,君必左,無與王遇。且攻其右,右無良焉,必敗。偏敗,衆乃攜矣。"少師不能用其謀,卒致敗績。鄢陵之戰,苗賁皇言於晉侯曰:"楚之良,在其中軍王族而已。請分良以擊其左右,而三軍萃於王卒,必大敗之。"成公十六年。聲子謂"晉人從之,楚師大敗",襄公二十六年。即用是謀以制勝者也。是役也,郤至以"王卒以舊",爲楚六間之一,其王卒蓋亦不盡精良。然子反謂"臣之卒實奔",則王卒猶未敗也。哀公八年,吴爲邾故伐魯,微虎欲宵攻王舍。季孫雖以或人之言止微虎,然吴子聞之,猶一夕三遷。哀公十一年,齊之伐魯也,季氏之甲七千,冉有以武城人三百爲己徒卒,次於雩門之外,五日而後右師從之,蓋藉精强以作士氣。及戰,冉有用矛於齊師,故能入其軍。師獲甲首八十,齊人不能師。其所帥,蓋亦國士之選矣。魯旋會吴伐齊,戰於艾陵。齊、吴之上軍皆敗,吴王卒助之,乃大敗齊師。哀公十一年。可見吴亦如楚,國士萃於中軍也。

定公九年:"晉車千乘在中牟。衛侯將如五氏,卜過之,龜焦。衛侯曰:可也。衛車當其半,寡人當其半,敵矣。乃過中牟。中牟人欲伐之,衛褚師圃亡在中牟,曰:衛雖小,其君在焉,未可勝也。"可見雖小國,公卒亦甚精强也。《詩·常武疏》曰:"諸侯三軍,分爲左右,可得有中軍焉。天子六軍,而得有中軍者,亦當分之爲三,中與左右各二軍也。《春秋》桓五年,蔡人、衛人、陳人從王伐鄭,《左傳》曰:王爲中軍,虢公林父將右軍,周公黑肩將左軍。是天子之軍分爲左右之事也。”案《吴語》：句踐伐吴，“中分其師，以爲左右軍，以其私卒君子六千人爲中軍。”則君爲中軍，乃列國行軍之常，初不必天子而後如是。而國君亦自有其私屬。衛侯所謂寡人當其半者，即指此私屬言，非謂挺身以當晉師也。然則人君之私屬，力侔於與國之車矣。《書·甘誓》：“大戰於甘，乃召六卿。”孫星衍《尚書·今古文注疏》云：“鄭注《周禮》大司馬云：天子六軍，三三而居一偏。賈誼《新書》云：紂將與武王戰，紂陳其卒，左臆右臆。是天子親征，王爲中軍，六卿左右之也。”

《大戴記·虞戴德》曰：“諸侯相見，卿爲介，以其教士畢行。”《荀子·大略》同，士誤作出。教士，謂曾經教習之士。《管子·小匡》言作内政寓軍令，而曰“君有此教士三萬人，以横行於天下”者也。《兵法》篇五教之法：“一曰教其目以形色之旗，二曰教其身以號令之數，三曰教其足以進退之度，四曰教其手以長短之利，五曰教其心以賞罰之誠。”此乃胥卒伍而教之，即《周官》大司馬之職，非於其人有所去取也。然人固有强弱之殊，其後遂有所簡汰。《吴子·圖國》曰：“强國之君，必料其民：民有膽勇氣力者，聚爲一卒；樂以進戰效力，以顯其忠勇者，聚爲一卒；能踰高超遠，輕足善走者，聚爲一卒；王臣失位，而欲見功於上者，聚爲一卒；棄城去守，欲除其醜者，聚爲一卒。此五者，軍之練鋭也。有此三千人，内出可以決圍，外入可以屠城矣。”《史記·越世家》言：“句踐發習流二千，教士四萬人，君子六千人，諸御千人。”習流，蓋水軍；教士，《吴越春秋》作俊士，蓋《吴子》所謂有膽勇氣力，樂以進戰效力，能踰高超遠，經足善走者。《左氏》言檇李之戰，句踐使罪人三行，屬劍於頸而自剄，以亂吴師之目；定公十四年。雞父之戰，吴亦以罪人三千，先犯胡、沈與陳，昭公二十三年。則《吴子》所謂王臣失位若棄城去守之倫也。此已開謫發之先聲矣。君子、諸御，蓋王之貴臣親臣，其所率，即所謂國士也。《越語》言“吴王帥其賢良，與其重禄，以上姑蘇”，蓋亦越君子、諸御之類。

《禮記·月令》：孟夏之月，“命太尉，贊桀俊，遂賢良，舉長大。”孟秋之月，“命將帥選士厲兵，簡練桀俊。”桀俊，即《吴越春秋》所謂俊士，《國語》所謂賢良也。然則凡諸美稱，其初皆指戰士言之，可見古人之好鬭矣。舉長大，《疏》引王肅云：“舉形貌壯大者。”蓋形貌壯大者，多有勇力，此亦簡選之一道也。《荀子》言魏氏之武卒，以度取之；《議兵》。《六韜》武車士，武騎士，皆取四十以下，長七尺五寸以上者，是其制。

《史記》又言越伐吴之後，四年復伐之。吴士民罷弊，輕鋭盡死於齊、晉，越大破吴，因留圍之，三年而棲吴王於姑蘇之山。士民，謂凡卒伍，輕鋭則其選鋒也。《吕覽·古樂》言：“武王即位，以六師伐殷，六師未至，以鋭兵克之於牧野。”蓋以六國時制附會古事。然《六月》之詩曰：“元戎十乘，以先啓行。”《毛傳》曰：“夏后氏曰鉤車，先正也；殷曰寅車，先疾也；周曰元戎，先良也。”《疏》曰：“夏后氏曰鉤車，殷曰寅車，周曰元戎，《司馬法》文也。先疾，先良，《傳》因名以解之。”則以精鋭爲前驅，三代久有之矣。《吕覽・簡選》曰：“吴闔廬選多力者五百人，利趾者三千人，以爲前陳。”《墨子・非攻》言闔廬之士，奉甲執兵，奔三百里而舍。《荀子・議兵》言魏氏之武卒，“衣三屬之甲，操十二石之弩，負服矢五十个，置戈其上，冠冑帶劍，贏三日之糧，日中而趨百里。”皆所謂良與疾者也。《史記・秦本紀》言：“惡來有力，飛廉善走，父子俱以材力事殷紂。”蓋良與疾，爲戰陳之所尚久矣。

《管子・問》篇：“士之急難可使者幾何人？吏之急難可使者幾何人？問兵官之吏，國之豪士，其急難足以先後者幾何人？”此平時料民之法也。《墨子・備水》：“先養材士，爲異舍，食其父母妻子以爲質。”此將帥簡士之法也。《史記》言李牧居代，先使邊士習騎射，“乃具選車得千三百乘，選騎得萬三千匹，百金之士五萬人，彀者十萬人。”《廉頗藺相如列傳》。此教其民而後簡而用之之法也。《左氏》襄公三年：“楚子重伐吴，爲簡之師。”《注》：“簡，選練。”此出軍時簡選之法。二十五年：子彊以私卒誘吴，曰“簡師陳以待我”。此臨戰時簡選之法。哀公二十七年：晉荀瑶伐鄭，陳成子救之，屬孤子，三日朝；設乘車兩馬，繫五邑焉，召顔涿聚之子晉，使服車而朝。此亦所謂簡之師也。違穀七里，穀人不知，其整如此。宜荀瑶之避之矣。

《國語・吴語》：句踐伐吴，“命有司大徇於軍，曰：有父母耆老而無昆弟者，以告。王親命之曰：我有大事，子有父母耆老，而子爲我死，子之父母將轉於溝壑，子爲我禮已重矣。子歸，殁而父母之世。後若有事，吾與子圖之。明日，徇於軍，曰：有兄弟四五人皆在此者，以告。王親命之曰：我有大事，子有昆弟四五人皆在此，事若不捷，則是盡也。擇子之所欲歸者一人。明日，徇於軍，曰：有眩瞀之疾者，以告。王親命之曰：我有大事，子有眩瞀之疾，其歸若已。後若有事，吾與子圖之。明日，徇於軍，曰：筋力不足以勝甲兵，志行不足以聽命者歸，莫告。”此振作士氣之術，而汰弱留强之道亦寓焉。《史記・信陵君列傳》：既殺晉鄙，“下令軍中曰：父子俱在軍中，父歸；兄弟俱在軍中，兄歸；獨子無兄弟，歸養。得選兵八萬人，進兵擊秦。”亦是道也。得精强之兵，而又免於多殺，亦用兵之仁術矣。

《左氏》哀公十七年：“越伐吴，爲左右句卒。”《注》：“句卒，鉤伍相著，别爲左右屯。”案莊公四年：“楚武王荆尸，授師孑焉以伐隨。”《注》曰：“揚雄《方言》：孑者，戟也。楚始於此參用戟爲陳。”《疏》曰：“郭璞云：取名於鉤孑也。戟是擊刺之兵，有上刺之刃，又有下鉤之刃，故以鉤孑爲名。”句卒疑亦取義於此。謂能擊刺之卒，猶言劍客也。此亦必簡選之士。

古王卒固特精，而在君之左右者，尤必特有勇力。泓之戰，宋襄公傷股，門官殲焉。《左氏》僖公二十二年。《祈父》之詩曰：“祈父，予王之爪牙，胡轉予於恤，靡所止居。”鄭《箋》曰：“此勇力之士責司馬之辭也。我乃王之爪牙，爪牙之士，當爲王閑守之衛，女何移我於憂，使我無所止居乎？六軍之士，出自六鄉，法不取於王之爪牙之士。”此可見王卒之别有其人也。門官必在公之左右者也。驂乘者左必善射，右必有勇力，蓋簡材武之士以衛將帥最古之法。《周官・夏官》司右：“凡國之勇力之士，能用五兵者屬焉。”亦簡拔材士之職也。又“環人掌致師”，《注》曰：“環，猶卻也。以勇力卻敵。”“古者將戰，先使勇力之士犯敵焉。”此摧鋒陷陳之選，其所屬，亦必簡選之士也。

《孟子》言：“武王之伐殷也，革車三百兩，虎賁三千人。”《盡心》下。《吕覽》則言：“武王虎賁三千人，簡車三百乘。”《簡選》。案《周官》：“虎賁氏掌先後王而趨以卒伍，軍旅會同亦如之。舍則守王閑。王在國則守王宫，國有大故則守王門，大喪亦如之。”則虎賁蓋王之親衛也。

古人君多能養士者，在春秋時，則齊莊公、欒盈其最也。亦皆能食其報。《左氏》於此二人多貶辭，則以其書出自三晉，不足據也。平陰之役，夙沙衛連大車以塞隧而殿。殖綽、郭最曰：子殿國師，齊之辱也。子姑先乎！乃代之殿。衛殺馬於隘以塞道，二子遂爲州綽所得，《左氏》襄公十八年。寺人之不可用如此。然寺人而能殿師，亦見齊莊之多士矣。殖綽、郭最，非不能鬭而死，蓋不欲輕死也。齊侯之報平陰也，《左氏》備載諸臣之名，《注》謂見其廢舊臣，任武力。襄公二十三年。諸臣有所表見者，申鮮虞奔晉，僕賃於野，以喪莊公；襄公二十七年。盧蒲癸、王何卒殺慶舍；襄公二十八年。皆國士之節也。華周、杞梁仗節死綏，襄公二十三年。無論矣，乃其妻亦烈女。見《孟子・告子》下、《禮記・檀弓》、《列女・貞順傳》。莊公之死也，盡節者有賈舉、州綽、邴師、公孫敖、封具、鐸父、襄伊、僂堙；乃至司祭之祝佗父，侍漁之申蒯，在外之鬷蔑，亦皆不肯苟免，可不謂之多士矣乎？觀申鮮虞出奔時之從容，其愛其身以有爲可知，豈有殖綽、郭最甘爲降虜者乎？殖綽後歸衛，伐茅氏，殺晉戍三百人，孫蒯追之，弗敢擊，亦可見其勇。事見襄公二十六年。州綽晉臣，而爲莊公死，此豫讓所謂國士遇我，國士報之者也。樂王鮒謂范宣子曰：盍反州綽、邢蒯，勇士也。宣子曰：彼欒氏之勇也，余何獲焉？王鮒曰：子爲彼欒氏，乃亦子之勇也。襄公二十一年。君子違不適讎國，鮒可謂淺之乎測丈夫矣。欒氏之臣，爲宣子所殺者，曰箕遺、黄淵、嘉父、司空靖、邴豫、董叔、郈師、申書、羊舌虎、叔羆；奔齊者，州綽、邢蒯而外，又有知起、中行喜。自州綽外，其志行多不可考。然觀胥午之觴曲沃人也，“樂作，午言曰：今也得欒孺子，何如？皆曰：得主而爲之死，猶不死也。”襄公二十三年。則其多死士可知，諸臣之志行，亦從可想矣。此等死士，欲有所圖者恒求之。伍員之於專設諸，昭公二十年。白勝之於熊宜僚，哀公十六年。皆是。石乞寧死而不肯言白公所在，亦義士也。或爲後人所稱道，或爲後人所譏評，亦有幸有不幸而已矣。《史記・衛世家》：“釐侯卒，太子共伯餘立。共伯弟和，有寵於釐侯，多予之賂。和以其賂賂士，以襲攻共伯於墓上，共伯入釐侯羨，自殺。”和立。此亦猶公子光之於王僚也。

此等勇士，往往深沈有謀，非徒年少椎鋒也。盧蒲癸其徵也。秦伯終用孟明，增脩國政，卒以勝晉而霸西戎。然其初爲之勞師襲遠，不虞二陵之難，亦椎鋒之士也。子期之將死也，曰：“昔者吾以力事君，不可以弗終。”抉豫章之木以殺人而後死。哀公十六年。子期楚賢相，然亦以力聞矣。不特此也，微虎欲宵攻王舍，私屬徒七百人，三踴於幕庭，卒三百人，有若與焉。哀公八年。其後齊伐魯，戰於郊，齊師自稷曲，師不踰溝。樊遲曰：“非不能也，不信子也。請三刻而踰之。”如之。衆從之。而冉有用矛於齊師。哀公十一年。則孔門弟子殆無不能從行陳者。又不特此也，《列子》曰：“孔子之勁，能拓國門之關，而不肯以力聞。”《説符》。《列子》雖僞書，此語當有所本。然則孔子身亦能武矣。儒者之貴禮讓也，所以免争奪相殺之禍也，而豈曰選耎見侮不敢校哉？

《郊特牲》曰：“春饗孤子，秋食耆老。”《周官・天官》外饔：“邦饗耆老孤子，則掌其割亨之事。饗士庶子亦如之。”《注》曰：“孤子者，死王事者之子也。士庶子衛王宫者，若今時之饗衛士矣。”《疏》曰：“云邦饗耆老者，謂死事者之父祖。”《管子・問篇》：“問死事之孤，其未有田宅者有乎？問死事之寡，其餼廩何如？”則古於死事者之家，皆有特惠，陳成子之所爲，亦猶行古之道也。漢世之羽林孤兒，猶其遺法。

《吴子》料民，以踰高超遠、輕足善走爲一科。輕足善走，紂之飛廉，吴王之利趾其選也。踰高超遠，魏犨之距躍三百、曲踴三百其選乎？《左氏》僖公二十八年。杜《注》曰：“距躍，超越也。曲踴，跳踴也。”微虎之三踴，蓋曲踴之類。《史記・王翦列傳》：“使人問軍中戲乎？對曰：方投石超距。”超距則距躍之類也。投石者，《左氏》謂“齊高固入晉師，桀石以投人”，其事也。《左氏》成公二年。又十六年，“叔山冉搏人以投，中車折軾。”則以倉卒之間，無石可用故也。知投亦爲古之一技。《集解》曰：“徐廣曰：超，一作拔。駰案《漢書》云甘延壽投石拔距，絶於等倫。張晏曰：《范蠡兵法》，飛石重十二斤，爲機發，行三百步，延壽有力，能以手投之。”此説似泥。桀石自爲一技，不論石之重輕也。《左氏》桓公五年，“旝動而鼓。”《疏》云：“賈逵以旝爲發石，一曰飛石，引《范蠡兵法》作飛石之事以證之。《説文》亦云建大木，置石其上，發其機以追閩本、監本、毛本作磓。敵，與賈同也。”以此釋《左氏》亦非。《左》襄十年：“荀偃、士匄帥卒攻偪陽，親受矢石。”《疏》曰：“服虔云：古者以石爲箭鏑。若石是箭鏃，則猶是矢也，何須矢石并言？杜言在矢石間，則不以石爲矢也。《周禮》職金：凡國有大故而用金石，則掌其令。鄭玄云：用金石者，作槍雷之屬。雷即礌也。兵法：守城用礌石以擊攻者。”是殆所謂飛石之類歟？

《韓非子・外儲説左下》：“少室周者，古之貞廉潔慤者也，爲趙襄主力士。與中牟徐子角力，不若也，入言之襄主以自代也。襄主曰：子之處，人之所欲也，何爲言徐子以自代？曰：臣以力事君者也。今徐子力多臣，臣不以自代，恐他人言之而爲罪也。一曰：少室周爲襄主驂乘，至晉陽，有力士牛子耕，與角力而不勝。周言於主曰：主之所以使臣騎乘者，以臣多力也，今有多力於臣者，願進之。”曰以力事君，則子期之類也。驂乘蓋車右之職。

〔一三八〕致　師

《周官・夏官》：環人，掌致師。《注》曰：“環，猶卻也，以勇力卻敵。”又曰：“古者將戰，先使勇力之士犯敵焉。”案“致”之義，一爲達之使往，一爲引之使來。致師之事，見於《左氏》者，皆意在引敵出戰，宣公十二年楚樂伯、晉趙旃，成公二年齊高固，襄公二十四年晉張骼、輔躒。即兵法致人而不致於人之“致”也。初不以此決勝負，然古自有以數人之格鬬決勝負者。《隋書・流求傳》曰：“國人好相攻擊。諸洞各爲部隊，不相救助。兩陣相當，勇者三五人出前跳噪，交言相駡，因相擊射。如其不勝，一軍皆走，遣人致謝，即共和解。”《春秋》僖公元年：“公子友帥師敗莒師於麗，獲莒挐。”《穀梁》曰：“内不言獲，此其言獲，何也？惡公子之紿。紿者奈何？公子友謂莒挐曰：吾二人不相説，士卒何罪？屏左右而相搏。公子友處下，左右曰：孟勞。孟勞者，魯之寶刀也。公子友以殺之。”《史記・項羽本紀》：“項王謂漢王曰：天下匈匈數歲者，徒以吾兩人耳。願與漢王挑戰，決雌雄，毋徒苦天下之民父子爲也。”即公子友謂莒挐之言也。《集解》引李奇曰：“挑，身獨戰，不復須衆也。”又引臣瓚曰：“挑戰，擿嬈敵求戰，古謂之致師。”前説於項王、季友之事爲合，後説於《左氏》所載諸事爲合。竊疑古亦有如流求勝負決於一二人之格鬬者。後雖勝敗決於全軍，然以一二勇士與敵決鬬之俗猶存，其意則變爲擿嬈敵求戰，又或敵來而卻之也。《左氏》僖公二十八年："晉侯夢與楚子搏，楚子伏己而盬其腦，是以懼。子犯曰：吉。我得天；楚伏其罪，吾且柔之矣。"杜《注》謂"子犯審見事宜，故權言以答夢"，其説是也。古相搏蓋以處下者爲負，即《穀梁》所謂公子友處下者也。《穀梁》之言，未合經義，然自出舊聞。或以相搏安得帶刀疑之。然趙旃之致師也，屈蕩搏之，得其甲裳；又鄢陵之戰，叔山冉搏人以投，中車折軾。戰鬬之際，夫豈無兵？竊疑古相搏之法，不許用兵，彼此皆能遵守，是以莒挐不虞季友之佩孟勞，而傳者惡季友之紿也。

《左氏》昭公二十一年：公子城遇華豹，"城還。華豹曰：城也！城怒而反之。將注，豹則關矣。豹射，出其間。城與其御子禄之間。將注，則又關矣。曰：不狎，鄙。抽矢。城射之，殪。"《注》曰："狎，更也。"《疏》曰："城謂豹：汝頻射我，不使我得更遞，是爲鄙也。豹服此言，故抽矢而止。"又哀公十六年：許公爲遇子伯季子，"曰：與不仁人争，明無不勝。必使先射。射三發，皆遠許爲。許爲射之，殪。"相射以得更遞爲常，蓋亦古戰鬬之法。《疏》謂華豹不達軍禮，非也。

《三國·魏志·吕布傳注》引《英雄記》曰："郭汜在城北。長安城。布開城門，將兵就汜，言：且卻兵，但身決勝負。汜、布乃獨共對戰，布以矛刺中汜，汜後騎遂前救汜，汜、布遂各兩罷。"此亦公子友、莒挐之所爲也。衆共前救，已非獨身挑戰之法矣。又《許褚傳》："太祖與遂、超等單馬會語，左右皆不得從，唯將褚。超負其力，陰欲前突太祖，素聞褚勇，疑從騎是褚。乃問太祖曰：公有虎侯者安在？太祖顧指褚，褚瞋目盼之。超不敢動，乃各罷。"負力而欲於會語之間突人，雖得志，心爲勇士所羞矣。

〔一三九〕　古師行多侵掠

《穀梁》曰："古者大國過小邑，小邑必飾城而請罪，禮也。"襄公二十五年。此非謂大國來侵，謂其兵之過竟者耳。《左氏》成公六年："晉伯宗、夏陽説等侵宋，師於鍼，衛人不保。説欲襲衛，曰：雖不可入，多俘而歸，有罪不及死。"八年："鄭伯將會晉師，門於許東門，大獲焉。"《注》曰："過許，見其無備，因攻之。"則春秋時，此等乘機侵略之事甚多。隱公七年，"戎伐凡伯於楚丘以歸。"《公羊》、《左氏》皆以爲戎狄，《穀梁》以爲衛人，未知孰是，然其爲要遮劫奪則一也。《左氏》桓公九年："巴子使韓服告於楚，請與鄧爲好。楚子使道朔將巴客以聘於鄧。鄧南鄙鄾人攻而奪之幣，殺道朔及巴行人。"戎伐凡伯，蓋亦利其幣也。亦可謂野蠻矣。

〔一四〇〕兵　食

《論語·顔淵》:"子貢問政。子曰:足食,足兵,民信之矣。子貢曰:必不得已而去,於斯三者何先?曰:去兵。子貢曰:必不得已而去,於斯二者何先?曰:去食。自古皆有死,民無信不立。"《管子·權脩》曰:"地之守在城,城之守在兵,兵之守在人,人之守在粟。"此二説實相發明。各明一義,不相背也。

〔一四一〕古水戰

古水戰以南方爲精。春秋時,吴、楚二國,水戰甚多。《左氏》襄公二十四年,楚子爲舟師以伐吴;昭公十九年,楚子爲舟師以伐濮;二十四年,楚子爲舟師以略吴疆;則人君且躬親其役矣。《史記·張儀列傳》:"儀説楚王曰:秦西有巴蜀。大船積粟,起於汶山,浮江以下,至楚三千餘里。舫船載卒,一舫載五十人,與三月之食,下水而浮,一日行三百餘里。里數雖多,然而不費牛馬之力,不至十日而距扞關。"《蘇秦列傳》:蘇代言秦告楚曰:"蜀地之甲,乘船浮於汶,乘夏水而下江,五日而至郢。漢中之甲,乘船出於巴,乘夏水而下漢,四日而至五渚。"蓋舟行則士逸。吴之伐楚也,捨舟淮汭;《左氏》定公四年。其伐齊也,溝通江淮;哀公九年。又使徐承帥舟師自海入齊;哀公十年。越之伐吴也,亦使范蠡、后庸率師沿海泝淮,以絶吴路;《國語·吴語》。蓋亦以此也。《吴子·應變》:"武侯問曰:吾與敵相遇大水之澤,傾輪没轅,水薄車騎,舟楫不設,進退不得,爲之奈何?起對曰:此謂水戰。無用車騎,且留其傍,登高四望,必得水情;知其廣狹,盡其淺深,乃可爲奇以勝之。敵若絶水,半渡而薄之。"《管子·輕重甲》:"桓公曰:天下之國,莫强於越。今寡人欲北舉事孤竹、離枝,恐越人之至,爲此有道乎?管子對曰:君請遏原流,大夫立沼池,令以矩游爲樂,則越人安敢至?桓公曰:行事奈何?管子對曰:請以令隱三川,立員都,立大舟之都。大身之都有深淵,壘十仞。令曰:能游者賜千金。疑當作十金。未能用金千,齊民之游水不避吴、越。桓公終北舉事於孤竹、離枝。越人果至,隱曲蔷以水齊。管子有扶身之士五萬人以待。戰於曲蔷,大敗越人。此之謂水豫。"北方之所謂水戰,如此而已矣。

《左氏》僖公十三年:晉薦饑,使乞糴於秦。秦輸粟於晉,自雍及絳相繼，命之曰汎舟之役。則秦人久能以船運粟，然未聞其舫船載卒也。《史記・白起傳》："與趙將賈偃戰，沈其卒二萬人於河中。"似爲北方舟戰之始。

春秋時，吴、楚陸戰，吴多勝，水戰則楚多勝，蓋以居上流故也。昭公十七年："吴伐楚。陽匄爲令尹，卜戰，不吉。司馬子魚曰：我得上流，何故不吉。"果敗吴於長岸，是其徵也。然《墨子・魯問》曰："昔者楚人與越人舟戰於江，楚人順流而進，迎流而退。見利而進，見不利則其退難。越人迎流而進，順流而退。見利而進，見不利則其退速。越人因此若勢，亟敗楚人。公輸子自魯南游楚，焉始爲舟戰之器，作爲鉤强之備，退者鉤之，進者强之，量其鉤强之長而制爲之兵。楚之兵節，越之兵不節，楚人因此若勢，亟敗越人。"則自然之勢，上流不足專恃，而又可以械器彌其闕。云公輸般爲楚制器，不足信；然楚人之有是器則實矣。此亦見水戰之日精也。

附：戰船之弊①

昔日戰船之弊，大者有二：官吏侵漁，工匠偷減，造不如法，一也。無事時不加修理，日益敝壞，二也。水師之用，固不僅在船，而有事時船不可用，或且無船，則率由於此。

〔一四二〕　丘　　甲

《春秋》成公元年："作丘甲。"《穀梁》曰："丘甲，國之事也。丘作甲，非正也。丘作甲之爲非正，何也？古者立國家，百官具，農工皆有職以事上。古者有四民：有士民，有商民，有農民，有工民。夫甲，非人人之所能爲也。"《公羊解詁》義同。《左氏》杜《注》謂使丘出甸賦，則《春秋》何不云賦而云甲乎？或曰：甲既非人人所能爲，而安得使之？不知古甲皆用革；非人人所能爲，謂爲之不能功耳，非謂竟不能成其物也。惟僖公十五年晉作州兵，兵非工民不能爲，或當斂其財，如哀公十二年之用田賦耳。杜《注》顧云使州長各繕甲兵，恐兩失之也。

古者兵甲皆藏於官。《左氏》隱公十一年：鄭將伐許，授兵於大宫；閔公二年：狄伐衛，將戰，國人授甲者皆曰使鶴，是也。漢世猶有欲禁民藏弓弩者；而羌人久降伏，其叛也，至於執鏡以象兵。知兵之散在民間者不多，揭竿斬木非

---

① 戰船之弊，原書寫於《古水戰》文末，現用作附録。

虚語。此秦皇之所以能收天下兵。若如後世，銅鐵徧佈民間，其可勝斂邪？

漢世盜發，多先劫庫兵。案藏甲兵之處曰庫，自古已然。《左氏》襄公二十六年，“齊烏餘襲我高魚，有大雨自其竇入，介於其庫”，是也。亦曰軍府。成公七年：“晉人以鍾儀歸，囚諸軍府”，是也。又曰武守。襄公九年，“宋災，樂喜使工正出車，備甲兵，庀武守”，是也。然則秦、漢時制度，猶多沿自古昔也。

古之兵，非特民間無有而已，即大夫家亦然。《禮運》曰：“冕弁兵革，藏於私家，非禮也，是謂脅君。”《公羊》曰：“家不藏甲，邑無百雉之城。”定公十二年。此古制也。春秋時，此制浸壞。故齊之陳、鮑，授甲以攻欒、高；《左氏》昭公十年。楚之郤宛，陳甲兵以觀子常；昭公二十七年。而宋之皇非我，亦授甲以攻大尹。哀公二十六年。陳乞誑諸大夫曰：“吾有所爲甲，請以示焉。”《公羊》哀公六年。駟赤謂叔孫氏之甲有物，《左氏》定公十年。《注》：“物，識也。”案此即物勒工名之法。則非徒藏之，又能自造之矣。然在外之臣，猶不能操兵而入國，故白公欲作亂，必詭稱以戰備獻焉。《左氏》哀公十六年。

欒武子謂楚莊王：“在軍，無日不討其軍實而申儆之。”《左氏》宣公十二年。《注》曰：“軍實，軍器。”則古於軍實，視之蓋甚重。晁錯引《兵法》曰：“器械不利，以其卒予敵也。”《漢書》本傳。《吕覽》曰：“世有言耰鉏白梃可以勝人之長銚利兵，此不通乎兵者之論。”《簡選》。自系平心之説。孟子言制梃以撻秦楚之堅甲利兵，《梁惠王》上。特極言之而已。即使有勝，亦仁之勝不仁，非白梃之勝長銚利兵也，固不容以辭害意。

〔一四三〕 軍 與 師

《白虎通·三軍》篇：“國有三軍何？所以戒非常，伐無道，尊宗廟，重社稷，安不忘危也。何以言有三軍也？《論語》曰：子行三軍，則誰與？《詩》云：周王於邁，六師及之。三軍者何？法天地人也。以爲五人爲伍，五伍爲兩，四兩爲卒，五卒爲旅，五旅爲師，五師爲軍。二千五百人爲師，萬二千五百人爲一軍，三軍三萬七千五百人也。五旅爲師下舊本誤。《漢魏叢書》本據《太平御覽》卷二百九十八改正。《傳》曰：一人必死，十人不能當；百人必死，千人不能當；千人必死，萬人不能當；萬人必死，横行天下。雖有萬人，猶謙讓自以爲不足，故復加二千人，因法月數。月者，羣陰之長也。十二月足以窮盡陰陽，備物成功，萬二千人，亦足以征伐不義，致天下太平也。《穀梁傳》曰：天子有六軍，諸侯上國三軍,次國二軍,下國一軍。"此文爲後人所竄亂。《管子·小匡》篇,述管子作内政寄軍令之制曰:"五人爲伍,軌長率之;十軌爲里,故五十人爲小戎,里有司率之;四里爲連,故二百人爲卒,連長率之;十連爲鄉,故二千人爲旅,鄉良人率之;五鄉一師,故萬人一軍,五鄉之師率之。君有此教士三萬人,以横行於天下。"是古制實以萬人爲軍;復加二千人,乃其特異之制。《白虎通》所謂師,即《管子》所謂旅。其言軍制,當與《管子》大同小異。今爲妄人以《周官》改之,并其三軍法天地人之説,亦不可得聞矣。

《説文》以四千人爲軍,《一切經音義》引《字林》同,此古説之僅存者也。兵數不論多少,戰時皆分爲三軍,見《詩·常武疏》。如是,萬二千人,三分之,軍適得四千人也。《公羊》隱公五年《解詁》曰:"二千五百人稱師。《禮》:天子六師,方伯二師,諸侯一師。"二千五百人爲師,亦妄人所改,原文當云二千人爲師。如是,則方伯之國,亦四千人。《穀梁》古文説與《周官》同,故《白虎通》更引之以備異説。今本《穀梁》云:"古者天子六師,諸侯一軍。"襄公十一年。説反合也。

《詩》言"六師及之",《大雅·棫樸》。而《毛傳》云"天子六軍",則軍師二字,可以通用。《箋》云"二千五百人爲師。今王興師行者,殷末之制,未有《周禮》。《周禮》五師爲軍,軍萬二千五百人",非也。《疏》云:"鄭之此言,未是定説。《鄭志》:趙商問此箋,引《常武》整我六師,宣王之時,又出征伐之事,不稱六軍而稱六師,不達其意。答曰:師者衆之通名,故人多云焉。欲著其大數,則乃言軍耳。此正答《常武》六師,而不申此箋之意,是其自持疑也。又臨碩并引《詩》三處六師之文,案謂《棫樸》、《常武》,及《瞻彼洛矣》"以作六師"。以難《周禮》。鄭釋之云:春秋之兵,雖累萬之衆皆稱師。《詩》之六師,謂六軍之師。總言三文六師皆云六軍,是亦以此爲六軍之意也。又《易·師卦注》云:多以軍爲名,次以師爲名,少以旅爲名。師者,舉中之言。然則軍之言師,乃是常稱,不當於此獨設異端。又《甘誓》云:乃召六卿。《注》云:六卿者,六軍之將。《公劉箋》云:邰后稷上公之封,大國三軍。《大誓注》云:六軍之兵東行。皆在《周禮》之前,鄭自言有六軍三軍之法,何故於此獨言殷末?當是所注者廣,未及改之耳。"鄭之穿鑿附會,自語相違,雖《疏》亦不能爲之曲諱矣。《魯頌》"公徒三萬",《閟宫》。與《齊語》"萬人爲一軍"合。《箋》云:"萬二千五百人爲軍。大國三軍,合三萬七千五百人,言三萬者,舉成數也。"與《棫樸箋》同病。

《説文》:"軍,圜圍也。"《廣雅》曰:"軍,屯也。"此爲軍字之本義。《左氏》成公十六年:"鄭子罕宵軍之,宋、齊、衛皆失軍。"言子罕宵圍之,宋、齊、衛皆崩潰不復能屯駐也。興師命將，雖無定法，然戰争既烈，徵發漸廣，則多以命卿爲將，故軍字漸成卿所將衆之專稱。《公羊》襄公十一年："作三軍。三軍者何？三卿也。作三軍何以書？譏。何譏爾？古者上卿下卿，上士下士。"《左氏》所載，晉之軍制屢變。莊公十六年，王命曲沃伯以一軍爲晉侯。閔公元年，作二軍。僖公二十七年，作三軍。三十一年，作五軍。文公六年，舍二軍。成公三年，作六軍。襄公十四年，舍新軍。而文公六年，以趙成子、欒貞子、霍伯、臼季皆卒，舍二軍；成公三年，以賞鞌之功，韓厥、趙括、鞏朔、韓穿、荀騅、趙旃皆爲卿，作六軍；襄公十四年，知朔生盈而死，盈生六年而武子卒，彘裘亦幼，皆未可立，新軍無帥，則舍之；皆其明證。鄭氏謂師者衆之通名，欲著其大數則言軍；又謂多以軍爲名，次以師爲名，少以旅爲名；失其本義矣。古者"君行師從，卿行旅從"，師即《管子》所謂五鄉之師，旅則鄉良人之所率也。然則《管子》言師旅之名，實較《周官》爲古。

《管子》又言五鄙之法曰："制五家爲軌，軌有長；六軌爲邑，邑有司；十邑爲率，率有長；十率爲鄉，鄉有良人；三鄉爲屬，屬有帥；五屬一大夫。"案《小匡》之文，略同《齊語》。《齊語》曰："制鄙。三十家爲邑，邑有司；十邑爲卒，卒有卒帥；十卒爲鄉，鄉有鄉帥；三鄉爲縣，縣有縣帥；十縣爲屬，屬有大夫。五屬，故立五大夫，各使治一屬焉；立五正，各使聽一屬焉。"而《管子》下文云："五屬大夫退而脩屬，屬退而脩連，連退而脩鄉，鄉退而脩卒，卒退而脩邑，邑退而脩家。"則上文當作十邑爲卒，三鄉爲連，十連爲屬，今本有奪誤也。屬之衆凡九萬人。《莊子·德充符》云："勇士一人，雄入於九軍。"疑即此制。《釋文》引崔、李云："天子六軍，諸侯三軍，通爲九軍也。"又引簡文云："兵書以攻九天，收九地，故謂之九軍。"恐皆非也。《左氏》襄公九年："二師令四鄉正敬享。"此鄉正，疑即《齊語》屬立一正之正。

《周書·武順》："五五二十五曰元卒，一卒居前曰開，一卒居後曰敦，左右一卒曰閭，四卒成衛曰伯，三伯一長曰佐，三佐一長曰右，三右一長曰正，三正一長曰卿，三卿一長曰辟。"其法與《管子》又異。故知古制軍之法甚多，《周官》所言，特其一耳。後人遇古書言軍制者，輒以《周官》之法釋之，宜其齟齬而不可通也。

〔一四四〕五　　兵

《墨子·節用上》："其爲甲盾五兵何？"《閒詁》："《周禮》司兵云：掌五兵五盾，又軍事建車之五兵。鄭衆注云：五兵者，戈、殳、戟、酋矛、夷矛。鄭康成云：步卒之五兵，則無夷矛而有弓矢。《司馬法·定爵》篇云：弓矢圍，殳矛守，戈戟助。凡五兵，當長以衛短，短以救長。案五兵古説多差異，惟鄭君與《司馬法》合，當爲定論。此甲、盾、五兵并舉。而衛宏《漢舊儀》説五兵有甲鎧；《周禮》肆師賈《疏》引《五經異義·公羊》説、《穀梁》莊二十五年范甯《注》、《曾子問》孔《疏》引《禮記隱義》、揚雄《太玄經·玄數》，説五兵并有盾，皆非也。"愚案《淮南·時則》："春其兵矛，夏其兵戟，注："戟或作弩也。"六月其兵劍，秋其兵戈，《御覽》引作鉞。冬其兵鎩。"或是《墨子》所謂五兵。

〔一四五〕私　屬

《左氏》宣公十一年：楚莊王讓申叔時曰："夏徵舒爲不道，弑其君，寡人以諸侯討而戮之；諸侯、縣公、皆慶寡人，女獨不慶寡人，何故？"《疏》曰："《經》無諸侯，而云以諸侯討之、諸侯皆慶者，時有楚之屬國從行也。十二年邲之戰，《經》不書唐，而《傳》云唐侯爲左拒；昭十七年長岸之戰，《經》不書隨，而《傳》言使隨人守舟；明此時亦有諸侯，但爲楚私屬，不以告耳。"案此説太拘。古封建郡縣之制錯行，人臣有世繼者，則曰諸侯；而不然者，則曰縣公而已矣。古卿大夫皆有私屬，如宣公十七年：郤子請伐齊，晉侯弗許，請以其私屬，又弗許；襄公二十五年：子彊、息桓、子捷、子駢、子盂以其私卒先擊吴師，是也。僖公二十八年："子玉使伯棼請戰，王怒，少與之師，惟西廣、東宫與若敖之六卒實從之。"《注》曰："六卒，子玉宗人之兵六百人。"宣公十二年："楚熊負羈囚知罃，知莊子以其族反之。"《注》云："族，家兵。"此即所謂私屬，蓋如遼之"頭下軍州"，其衆固亦可從王事。此等卿大夫，世其家者，固亦可稱諸侯也。楚既僭稱王矣，其縣尹稱公，卿大夫又何不可稱諸侯乎？《周官》有都司馬、家司馬之職，特聽於國司馬而已，其兵固不屬於國也。

縣亦有强弱。昭公十二年：楚靈王謂"今我大城陳、蔡、不羹，賦皆千乘"；五年：薳啓彊言晉"十家九縣，長轂九百"，縣亦千乘，皆大國之賦也。成公六年：知莊子等謂"成師以出，而敗楚之二縣，何榮之有焉"，則縣不及千乘可知。

〔一四六〕教　士

《禮記·王制》："有發，則命大司徒教士以車甲。"案《大戴記·千乘》曰："司馬司夏，以教士車甲。"此篇多與《王制》相發明。《王制》之司徒，蓋司馬之誤。

〔一四七〕原　兵[①]

客有遊倮羅者，曰：其人無不帶兵，然止以禦異類；人與人争，止於辨析是非而已，無相詈駡者，而鬬毆無論矣。故雖人人帶兵，無相殺傷之事。《墨子》曰："古者聖人，爲猛禽狡獸暴人害民，於是教民以兵行，日孫詒讓曰："疑當爲曰。"帶劍，爲刺則入，擊則斷，旁擊而不折，此劍之利也。甲，爲衣則輕且利，動則兵且從，孫詒讓曰："兵字無義，疑當作弁，與兵形近而誤。弁者，變之假字。"此甲之利也。"《節用中》。《淮南王書》曰："爲鷙禽猛獸之害傷人而無以禁御也，而作爲之鑄金鍛鐵，以爲兵刃。"《氾論》。古人豈欺我哉！

《考工記》曰："攻國之兵欲短，守國之兵欲長。攻國之人衆，行地遠，食飲飢，且涉山林之阻，是故兵欲短。守國之人寡，食飲飽，行地不遠，且不涉山林之阻，是故兵欲長。"晁錯引《兵法》曰："兩陳相近，平地淺草，可前可後，此長戟之地也，劍楯三不當一。萑葦竹蕭，草木蒙蘢，枝葉茂接，此矛鋋之地也，長戟二不當一。曲道相伏，險阸相薄，此劍楯之地也，弓弩三不當一。"可見短兵利險阻，長兵利平地。《淮南王書》又曰："古之兵，弓劍而已，槽矛無擊，脩戟無刺。"可見古者主用短兵。其主用短兵也，蓋以獵獸於山林，非以殺人於平地也。

《考工記》："戈柲六尺有六寸，殳長尋有四尺，車戟常，酋矛常有四尺，夷矛三尋。"劍：上制長三尺，中制二尺五寸，下制二尺。可見古兵以劍爲最短，而上士、中士、下士各以形貌大小帶之，又可見惟劍爲人人所有也。《左氏》新里之戰，齊烏枝鳴曰："用少，莫如齊致死。齊致死，莫如去備。彼多兵矣，請皆用劍。"昭公二十一年。欒氏之復入於晉也，范宣子謂鞅曰："矢及君屋，死之！鞅用劍以帥卒。"襄公二十三年。《漢書》謂吴越之士，輕死，好用劍。《地理志》。孟子曰："夫撫劍疾視，曰彼惡敢當我哉！此匹夫之勇，敵一人者也。"《梁惠王》下。滕文公曰："吾他日未嘗學問，好馳馬試劍。"《滕文公》上。"莒子庚輿虐而好劍，苟鑄劍，必試諸人。"《左氏》昭公二十三年。然則公戰私鬬皆用劍，而輕俠自喜，賊虐好殺者尤尚焉。至此則劍爲殺人之具矣。

《莊子·説劍》："王曰：夫子所御杖，長短何如？"此劍隨人形貌而分長短

---

① 曾改題爲《兵器長短》。

之徵。"大冠若箕,脩劍拄頤",明劍之脩不過拄頤。"挾於旁稱劍",蓋劍本以挾於旁得名也。季札之初使,北過徐君。徐君好季札劍,口弗敢言。季札心知之,爲使上國,未獻。還至徐,徐君已死,乃解其寶劍,繫之徐君冢樹而去。《史記·吴太伯世家》。此可見古貴族之重劍也。

《公羊》曰:"萬者何?干舞也。"宣公八年。《解詁》曰:"干謂楯也。能爲人扞難而不使害人,故聖王貴之,以爲武樂。"此亦由墨子之非攻而上守禦歟?

原刊《光華附中第二十二届畢業紀年刊》,一九三九年出版

〔一四八〕軍　志

古《軍志》之語,多爲人所誦習。《左氏》宣公十二年,孫叔引《軍志》曰:"先人有奪人之心。"昭公二十一年,宋廚人濮亦引之,又益一語曰:"後人有待其衰。"然則文公七年,趙宣子謂"先人有奪人之心,軍之善謀也;逐寇如追逃,軍之善政也","逐寇如追逃",亦當爲《軍志》中語矣。又僖公二十八年,楚成王引《軍志》曰:"允當則歸。"又曰:"知難而退。"又曰:"有德不可敵。"凡三語。

《管子·兵法》曰:"《大度之書》曰:舉兵之日而竟内不貧,戰而必勝,勝而不死,得地而國不敗,爲此四者若何?舉兵之日而竟内不貧者,計數得也;戰而必勝者,法度審也;勝而不死者,教器備利而敵不敢校也;得地而國不敗者,因其民也。"此爲經傳之體,亦《軍志》之類也。曰書者,古兵家或蒐古史之文以爲鑑,觀今之《周書》,確有若干篇類《尚書》,然就其宗旨言之,則實爲兵家言,是其證也。《左氏》僖公二十五年,王與晉文陽樊、温、原、欑茅之田。"陽樊不服,圍之。倉葛呼曰:德以柔中國,刑以威四夷,宜吾不敢服也。此誰非王之親姻,其俘之也!乃出其民。"《史記·樗里子傳》:"秦惠王八年,伐曲沃,盡出其人,取其城,地入秦。"《索隱》:"《年表》云:十一年,拔魏曲沃,歸其人。"周赧王之入秦,獻其邑三十六、口三萬也,周民遂東亡。《周本紀》。則得地而不能因其民者多矣。宜太史公歎《司馬兵法》,"閎廓深遠,雖三代征伐,未能竟其義,如其文也。"《司馬穰苴列傳》。然《自序》曰:"《司馬法》所從來尚矣,太公、孫、吴、王子能紹而明之,切近世,極人變。"《律書》。此即《六國表》所謂"近己而俗變相類,議卑而易行",而譏舉秦而笑之,不敢道,爲與耳食無異者也。則《穰苴列傳》謂"穰苴區區爲小國行師,何暇及《司馬兵法》之揖讓"者,又非篤論矣。《自序》又云:"自古王者而有《司馬法》,穰苴能申明之。"《司馬穰苴列傳》。則穰苴之書,闡明舊説者亦不少。古人著書,多述成説,罕申己見,故《史記》一書,論穰苴

之語，亦若彼此歧異也。

太史公稱《司馬兵法》之揖讓，蓋其所言多軍禮，故《班志》出之兵家，入之禮家。魏絳之戮揚干也，曰："臣聞師衆以順爲武，軍事有死無犯爲敬。"晉悼公曰："吾子之討，軍禮也。"《左氏》襄公三年。古兵書既多禮家言，魏絳之所聞，亦未必非《軍志》中語矣。

〔一四九〕騎　　射

《日知録》曰："春秋之世，戎翟之雜居中夏者，大抵皆在山谷之間，兵車之所不至。齊桓、晉文僅攘而卻之，不能深入其地者，用車故也。中行穆子之敗翟於大鹵，得之毁車崇卒；而知伯欲伐仇猶，遺之大鍾以開其道；其不利於車可知矣。勢不得不變而爲騎。騎射，所以便山谷也；胡服，所以便騎射也；是以公子成之徒，諫胡服而不諫騎射。意騎射之法，必有先武靈而用之者矣。"卷二十九《騎》條。今案武靈王之所欲者，曰繼簡、襄之業；簡、襄之所欲者，則并代以臨胡貉而已。此騎寇，非山戎也。武靈王之攻中山，雖使趙希將胡代之兵，牛翦將車騎，然特五軍之二，非恃是以攻取。兵書言車騎步之長短者，莫古於《六韜》。大抵車利平地，忌險阻山澤汙下沮洳；騎雖不盡然，亦慮敵爲深溝阬阜；惟徒兵則依丘陵險阻以抗車騎，無則爲行馬木蒺藜以自固；三者之長短可知，豈有攻山國而可用騎者哉？

《容齋四筆》云：崇寧中，李復爲熙河漕使。時邢恕經略涇原，納許彦圭之説，欲用車戰，朝廷委復造戰車三百兩。復疏言："古者征戰有禮，不爲詭遇，多在平原廣野，故車可行。今盡在極邊，戎狄乘勢而來，雖鷙鳥飛翥，不如是之迅捷，下塞駐軍，各以保險爲利。其往也，車不及期，居而保險，車不能登；歸則敵多襲逐，争先奔趨，不暇回顧，車安能收？"此車易而騎之理，乃以與匈奴、突厥等馳逐於廣漠之鄉，非與苗、瑶等争尺寸之得失於山谷之間也。古山戎多，騎寇少。《管子》言桓公"禽狄王，敗胡貉，破屠何，而騎寇始服"，《小匡》。乃戰國時語，非當時實事。《戰國·趙策》言："趙武靈王破原陽，以爲騎邑。牛贊進諫曰：國有固籍，兵有常經。變籍則亂，失經則弱。今王破原陽，以爲騎邑，是變籍而棄經也。且習其兵者輕其敵，便其用者易其難。今民便其用而王變之，是損君而弱國也。故利不百者不變俗，功不什者不易器。今王破卒散兵，以奉騎射，臣恐其攻獲之利，不如所失之費也。王曰：今重甲循兵，不可以踰險。"此其欲變服之由。蓋古者師行不遠，非如武靈之斥土於無窮之門也。然則胡服非徒以便騎射也。而觀牛贊之言，則趙之諸臣亦非徒諫胡服矣。

《左氏》隱公九年："北戎侵鄭，鄭伯禦之，患戎師，曰：彼徒我車，懼其侵軼我也。"然則古車徒亦互有短長，不必恃騎也。《周官》大司馬曰："險野，人爲主；易野，車爲主。"《周官》亦戰國時書，然猶不言騎，知騎非六國所深尚也。蘇秦言六國之兵皆有騎，然不皆胡服，知胡服非徒便騎射也。古建國必依山谿，故傅國都不利車戰。《左氏》隱公四年："諸侯之師，敗鄭徒兵。"《注》曰："時鄭不車戰。"蓋以其地不利出車也。故宣公十二年，楚子圍鄭，鄭人卜巷出車。文公十二年秦晉河曲之戰，"秦行人夜戒晉師曰：兩軍之士皆未慭也，明日請相見也。臾駢曰：使者目動而言肆，懼我也，將遁矣。薄諸河，必敗之。胥甲、趙穿當軍門呼曰：不待期而薄人於險，無勇也。乃止。"此可見偏戰必於平地，此古之所以上車也。鞌之戰，"齊師敗績，逐之，三周華不注"；鄢陵之戰，"楚師薄於險"。蓋兵敗乃依山林以自固。

《管子·兵法》：九章："三曰舉龍章則行水，四曰舉虎章則行林，五曰舉鳥章則行陂，六曰舉蛇章則行澤，七曰舉鵲章則行陸，八曰舉狼章則行山，九曰舉韓章則載食而駕。"此七者，惟舉韓章是用車耳。《左氏》定公六年："子期以陵師敗於繁陽。"《注》曰："陵師，陸軍。"《疏》曰："南人謂陸爲陵，此時猶然。《釋地》云：高平曰陸，大陸曰阜，大阜曰陵，是陵、陸，大小之異名耳。"《管子·地圖》曰："凡兵，主者必先審知地圖。轘轅之險，濫車之水，名山通谷經川，陵陸丘阜之所在，苴草林木蒲葦之所茂，必盡知之。"凡此皆與易野異，車固不可用，騎亦非所宜也。

《史記·廉頗藺相如傳》："李牧居代鴈門，備匈奴。習射騎。具選車千三百乘，選騎萬三千匹，百金之士五萬人，彀者十萬人。"此用騎特多，亦以所備者爲騎寇故也。

〔一五〇〕象　　魏

《左氏》哀公三年："司鐸火。季桓子至，御公立於象魏之外。命藏《象魏》，曰：舊章不可亡也。"杜《注》："《周禮》，正月縣教令之法於象魏，使萬民觀之，故謂其書爲《象魏》。"案此注未審。魏，闕名；象，乃刑典之名。象縣於魏，因稱魏爲象魏，古有之矣；以此而稱象爲象魏，未之前聞，即後世語法，亦無是也。必欲釋之，祇可援足句圓文之例耳。竊疑"命藏象魏"之魏字實衍，杜乃隨文曲釋之也。象之始當爲刑象，蓋畫刑人之狀，以怖其民，《堯典》所謂"象以典刑”也。其後律法寖繁，文字之用亦廣，則變而縣律文，《周官》所謂治象、教象、政象、刑象也。《周官》六官，其薦者五，惟《春官》無縣象之事，其餘皆有之。《詩抑疏》。冬官掌度地居民，實不掌工事，其與人民關涉甚多，《冬官》之文而存，亦必有縣象之事矣。

原刊《光華大學半月刊》第五卷第六期，一九三七年三月十六日出版

〔一五一〕　五刑之屬三千

《吕刑》云：“墨罰之屬千，劓罰之屬千，剕罰之屬五百，宫罰之屬三百，大辟之罰，其屬二百，五刑之屬三千。”《周官》司刑：“墨罪五百，劓罪五百，宫罪五百，刖罪五百，殺罪五百。”雖減於《吕刑》，猶二千五百。古代風氣誠樸，簡策繁重，法文之煩，安得如是？苟如是，李悝撰諸國法爲《法經》，又安得止於六篇也？曰：三千若二千五百云者，乃辜較之辭，非實數也。古者出於禮則入於刑，而禮之節目，殊爲繁碎。故曰：“禮儀三百，威儀三千。”夫威儀至於三千，而出於禮者咸入於刑，則固可云五刑之屬三千。抑威儀三千，亦辜較之辭，非審諦之數也。古言多則云三，以其數之繁，不可以百計，則云千；以千計而猶覺其多，則曰三千云爾。云墨罰之屬千，劓罰之屬千，剕罰之屬五百，宫罰之屬三百，大辟之罰其屬二百者，約計五刑之屬，墨、劓當各居都數三之一；剕、宫、大辟合三之一；其中剕之屬又居其半，宫與大辟，又當若三比二云爾。皆非實數也。《周官》五刑之屬各五百，豈有罪之輕重懸殊，而施於人，其數顧相等者邪？益知其以意言之而非實録也。

《司刑注》曰：“夏刑大辟二百，臏辟三百，宫辟五百，劓墨各千，周則變焉；所謂刑罰世輕世重者也。”《疏》云：“夏刑以下，據《吕刑》而言。案《吕刑》剕辟五百，宫辟三百，今此云臏辟三百，宫辟五百，此乃轉寫者誤，當以《吕刑》爲正。”案鄭此《注》，不得别有所據，《疏》言是也。

原刊《光華大學半月刊》第五卷第六期，一九三七年三月十六日出版

〔一五二〕　象　　刑

象刑之説，荀子深非之，《正論》。此未達於古今之變者也。荀子曰：“殺人者死，傷人者刑，是百王之所同也，未有知其所由來者也。”其實肉刑之原，出於戰陳，乃行於部族與部族之間；在本部族中，固無操兵刃以斷割人者也。

五刑之名，昉見《堯典》，然未嘗列舉其名。其見於《吕刑》者，爲墨、劓、剕、宫、大辟。見於《周官》司刑者，爲墨、劓、宫、刖、殺。《注》言"周改臏作刖"，未知何據。恐即據《周官》與《吕刑》不同而言之，凡鄭《注》固多如是。案《國語・魯語》：臧文仲言："刑五而已，無有隱者。大刑用甲兵，其次用斧鉞；中刑用刀鋸，其次用鑽笮；薄刑用鞭撲。大者陳之原野，小者致之市朝。五刑三次，是無隱也。"三次，即《堯典》之三就，可見《堯典》之五刑，與《魯語》是一。大者陳諸原野，指戰陳言，又可見肉刑原於兵争，始僅施諸異部族也。

《吕刑》曰："苗民弗用靈，制以刑，惟作五虐之刑曰法。"《墨子・尚同中篇》亦曰："聖王制五刑以治天下，苗民制五刑以亂天下。"五刑始於苗民，説當可信。苗民者，九黎之君，蚩尤之後。蚩尤乃始作兵者，蓋嘗威行於南方。南方之民，本以雕題爲俗，蚩尤蓋得其人以爲奴隸。其後本族有罪者，亦以爲奴隸而儕諸異族，因亦如異族雕其題以别之，是爲黥。又其後，則并制臏、宫、劓、殺之法。古代鑄兵，南勝於北。故春秋時，鄭伯朝於楚，楚子賜之金，既而悔之，與之盟，曰：無以鑄兵；《左氏》僖公十八年。而吴以干將莫邪之利聞天下。微江、淮、荆州，蚩尤固無所取是。《周官》五隸：蠻、閩、夷、貉皆異族，而罪隸爲罪人。《堯典》："帝曰：臯陶，蠻夷猾夏，寇賊姦宄，女作士，五刑有服。"五刑初施諸異族，後乃貤及罪人，亦隱隱可見也。司刑鄭注："今東西夷或以墨劓爲俗，古刑人亡逃者之世類與？"不悟五刑之制放自異族，而轉謂異族效中國之刑人，可謂因果顛倒矣。《後漢書・西羌傳》：羌無弋爰劍，"與劓女遇於野，遂成夫婦。女恥其狀，被髮覆面，羌人因以爲俗。"此劓女之劓，實其飾也，蓋康成所謂西夷以墨劓爲俗者。至東夷之文身者，則不可勝舉矣。

《周官》司刑之爲刑，與《吕刑》僅剕刖小異。掌戮則曰："墨者使守門，劓者使守關，宫者使守内，刖者使守囿，髡者使守積。"《注》："鄭司農云：髡當爲完，謂但居作三年，不虧體者也。玄謂此出五刑之中，而髡者，必王之同族不宫者。宫之爲翦其類，髡頭而已。"案《説文・而部》："耏，罪不至髡也。"《漢書・高帝紀》：七年，"令郎中有罪，耐以上請之。"應劭曰："輕罪不至於髡，完其耏鬢，故曰耐。"《禮運疏》云："古者犯罪，以髡其鬚，謂之耐罪。"段懋堂《説文注》云："髡者，鬄髮也。不鬄其髮，僅去須鬢，是曰耐，亦曰完。謂之完者，言完其髮也。"《刑法志》：有司之議廢肉刑也，曰："諸當髡者，完爲城旦舂；當黥者，髡鉗爲城旦舂。"《列女・辨通・齊大倉女傳》曰："自是之後，鑿顛者髡，抽脅者笞，刖足者鉗。"然則耐輕於髡；髡所以代黥，非以代宫。漢初去古近，刑之相代，必有所受之。司農讀髡爲完；康成謂髡施諸王族不宫者；殆非是。然不改髡字則是矣。掌戮之意，蓋并舉刑人所職，耐名爲完，古人殆不以爲刑也。髡之初，蓋亦施諸奴隸。《少牢饋食禮》："主婦被錫。"《注》："被錫，讀爲髲鬄。古者或剔賤者刑者之髮，以被婦人之紒爲飾，因名髲鬄焉。"《詩·采蘩》："被之僮僮。"《毛傳》："被，首飾也。"《箋》引《禮記》"主婦髲髢"。《周官》追師"掌爲副編次"，《注》亦曰："次，次第髮長短爲之，所謂髲髢。"《詩疏》云："主婦髲鬄，在《少牢》之經，《箋》云《禮記》，誤也。""《少牢注》讀被錫爲髲鬄者，以剔是翦髮之名，直云被錫，於用髮之理未見，故讀爲髲鬄。鬄，剔髮以被首也。"案"鬄剔髮以被首也"，疑當作"髲鬄，剔髮以被首也"。《疏》引《左氏》哀公十七年：衛莊公登城望戎州，見己氏之妻髮美，使髡之，以爲吕姜髢。後卒以是見弒。蓋無故而刑人，故爲人所怨。髡之始，蓋以蠻隸斷髮，因而施諸本族之奴隸者也。蠻隸斷髮雕題，吾族之犯罪，儕異族爲奴隸者，重則鑿其顛，輕則剔其髮。雖輕重不同，其緣起則一，故掌戮以髡與墨、劓、宫、刖并舉，而漢有司猶議以髡代黥也。

古於刑人，畏惡特甚，後世則稍衰。《曲禮》曰："刑人不在君側。"《祭統》曰："古者不使刑人守門。"而《周官》墨、劓、宫、刖者，咸有所守，是其徵也。《公羊》曰："君子不近刑人；近刑人，則輕死之道也。"《穀梁》曰："禮：君不使無恥，不近刑人，不狎敵，不邇怨。賤人非所貴也，貴人非所刑也，刑人非所近也。"襄公二十九年。《公羊》又曰："盜殺蔡侯申。弒君賤者窮諸人，此其稱盜以弒何？賤乎賤者也。賤乎賤者孰謂？謂罪人也。"《解詁》曰："罪人者，未加刑也。"哀公四年。則當刑而未刑者，亦不敢近矣。《王制》曰："公家不畜刑人，大夫弗養，士遇之塗，弗與言也。屏之四方，不及以政，示弗故生也。"則不近刑人者。又不獨人君矣。其畏惡之至於如是，知其初必與異族相雜，慮其蓄怨而報復也。《吕覽·音初》曰："夏后氏孔甲，田於東陽萯山，天大風晦盲，孔甲迷惑，入於民室。主人方乳。或曰：后來，是良日也，之子是必大吉。或曰：不勝也，之子是必有殃。后乃取其子以歸，曰：以爲予子，誰敢殃之？子長成人，幕動坼橑斧斫斬其足，遂爲守門者。孔甲曰：烏乎！有疾，命矣夫！乃作爲《破斧之歌》。實始爲東音。"據此，則刖者守門，由來舊矣。然或偶行之，未以爲法。抑古書述事多不審，此未必果夏時事也。然云東音，説當不誣。古東夷、南蠻，僅因居處不同而異其名，其種族實是一，亦足爲五刑始於南方之徵也。

刑皆施諸異族，則其施諸本族者如何？曰：笞撻而已，放流而已。語曰：教笞不可廢於家。古者一部族之民猶一家，上之施於下者，固不過如是。即其罪大惡極，不可與處者，亦不過屏之部族之外而止，猶子放婦出也。操兵刃以斷割人，部族中固無是事。舊時雲南彝族人，無不佩刀者。然皆以禦野獸，同族相爭，莫或拔刀相向。彼豈無暴戾者？故無是事，則莫敢作是想也。皇古風俗之淳，奚翅今之彝族哉？《堯典》曰："流宥五刑，鞭作官刑，撲作教刑，金作贖刑。"蓋本族之麗於刑者，或宥之以流，或許其納贖；其未麗於刑者，則止於鞭撲而已，此肉刑初用猶未至於濫之情形也。

《堯典疏》引《周官》條狼氏誓大夫曰敢不關，鞭五百；《左氏》鞭徒人費、圉人犖，子玉使鞭七人，衛侯鞭師曹三百。此皆所謂“鞭作官刑”者也。《學記》曰：“夏楚二物，收其威也。”此則所謂“撲作教刑”者也。季氏負捶於魯昭公；見《公羊》昭公三十一年《解詁》。《疏》云：“《春秋説》文。”廉頗負荆於藺相如；魏齊使舍人笞擊范雎，折脇摺齒；皆見《史記》本傳。可見古者鞭撲之刑，行用甚廣。《穀梁》宣公十八年：“邾人戕鄫子於鄫。戕，猶殘也。捝，殺也。”《注》：“捝，謂捶打殘賊而殺。”案鄫子之死，《公羊》但云“殘賊而殺之”。《解詁》曰：“支解節斷之。”蓋先捝殺之，後又支解之以爲徇，參看《轘》條。《公羊》言之不具也。《新序·節士》云：“掠服無罪，百姓怨。”蓋官刑至後來，寖以施諸訊鞫，如路温舒所謂“捶楚之下，何求不得”者矣。然其初當無是也。

《堯典》又曰：“流共工於幽州，放驩兜於崇山，竄三苗於三危，殛鯀於羽山。”此所謂“流宥五刑”者邪？幽州、崇山、三危、羽山，究在何處，殊難質言，然必不能甚遠。《大學》曰：“惟仁人放流之，屏諸四夷，不與同中國。”一似放流之刑，必極之四海者。然《周官》大司寇之職曰：“凡害人者，寘之圜土而施職事焉，以明刑恥之。其能改過，反於中國，不齒三年。”此圜土豈在四夷乎？然則中國猶言國中。不與同中國者，亦如《王制》移之郊，移之遂，終乃屏之遠方耳。所謂遠方，亦郊遂之外，非真在夷蠻戎狄之地也。不然，放流者何以自達？而放流之者，亦將何以致之邪？《史記·五帝本紀》曰：“流共工於幽陵，以變北狄；放驩兜於崇山，以變南蠻；遷三苗於三危，以變西戎；殛鯀於羽山，以變東夷。”其説蓋出《書傳》，乃後之人侈言之耳。抑四凶皆貴人，放流雖遠，猶足自達，若平民則必無以達矣。《左氏》昭公元年，鄭放遊楚於吴。子産數之曰：“宥女以遠，勉速行乎，無重而罪。”則春秋時，放大夫者猶不甚遠。鄭之放遊楚，及楚放陳公子招於越，齊放高止、盧蒲嫳於北燕，皆罕有之事也。《周官》又曰：“其不能改而出圜土者殺。”殺之蓋以其逃亡。《周官》晚出之書，用刑稍酷；抑寘之圜土者，亦幾儕於奴隸，故逃亡而即殺之。若《王制》則屏之遠方止矣。然《周官》於圜土嘉石，猶皆不遽施刑，此可見古昔刑人，其難其慎，亦可想見其本不施諸同族也。

刑至後來，雖亦施於本族，然仍限於平民可儕異族爲奴隸者，貴族則否。何者？貴族終不可儕異族爲奴隸也。故其有罪，止於放流。《公羊》宣公元年《解詁》曰：“古者刑不上大夫，有罪放之而已。”堯之於共工，得毋名曰流，其實放邪？《周官》小司寇：“以八辟麗邦法，附刑罰：一曰議親之辟，二曰議故之辟，三曰議賢之辟，四曰議能之辟，五曰議功之辟，六曰議貴之辟，七曰議勤之辟，八曰議賓之辟。"《疏》云："案《曲禮》云：刑不上大夫。鄭《注》云：其犯法則在八議，輕重不在刑書。若然，此八辟爲不在刑書。若有罪當議；議得其罪，乃附邦法而附於刑罰也。"案以《周官》牽合《曲禮》非是。然議而後可麗邦法，附刑罰，則大夫之無刑可知。《周官》之法，蓋刑上於大夫之漸也。《文王世子》曰："公族：其有死罪，則磬於甸人。其刑罪，則纖剸，亦告於甸人。公族無宫刑。"《注》："縊殺之曰磬。纖讀爲鍼。鍼，刺也。剸，割也。刺割，臏、墨、劓、刖。"然則公族之異於平民者，死罪不殊其體，刑罪無宫而已，餘皆與庶民同矣。此刑法畫一，等級平夷之漸也。

然則所謂象刑者，可知已矣。象刑者，風俗寖薄，等級稍平，刑將施於本族，而猶未忍遽施，乃立是法以恥之者也。《周官・秋官》司圜曰："掌收教罷民。凡害人者，弗使冠飾，而加明刑焉。"明刑者，大司寇之職曰："凡害人者，寘之圜土而施職事焉，以明刑恥之。"《注》曰："明刑，書其罪惡於大方版，著其背。"司救之職云："凡民之有衺惡者，三讓而罰，三罰而士加明刑，恥諸嘉石，役諸司空。"《注》曰："加明刑者，去其冠飾，而書其衺惡之狀，著之背也。"又掌囚之職曰："及刑殺，告刑於王，奉而適朝。士加明梏，以適市而刑殺之。"《注》："鄉士加明梏者，謂書其姓名及其罪於梏而著之也。"此亦明刑之類，皆所以戮之也。《司圜注》曰："弗使冠飾者，著墨幪，若古之象刑與?"案《書大傳》云："唐虞之象刑，上刑赭衣不純，中刑雜屨，下刑墨幪。"又《尸子》言："有虞氏之誅，以幪巾當墨，以草纓當劓，以菲屨當刖，以艾韠當宫，以布衣無領當大辟。"此皆刑將施於本族，而猶未忍遽施之遺跡。《墨子・尚賢下》曰："昔者傅説，居北海之洲，圜土之上，衣褐帶索，庸築於傅巖之城。"則圜土嘉石皆古法，或唐，虞已有之。明刑雖若無所苦，而囚繫其身，苦役其力，亦足以懲之矣，而荀子譏其殺人不死，傷人不刑，惠暴寬賊而非惡惡，何其闇於事也? 司圜曰："凡圜土之刑人也不虧體，其罰人也不虧財。"不虧體即象刑。不虧財者，金作贖刑。本無刑，焉用贖? 知其爲古之遺制也。《玉藻》曰："垂緌五寸，惰遊之士也。《注》："惰遊，罷民也。"玄冠縞武，不齒之服也。"《注》："所放不帥教者。"此亦象刑之意。《玉藻》所述，多王居明堂禮，可知其爲古制，知象刑爲古之所有也。

《禮經・鄉射・大射》，司射皆搢撲。鄉射升堂告賓，大射告公則去之，降，搢撲反位。《鄉射禮》云："射者有過則撻之。楚撲，長如笴，刊本尺。"此即《堯典》所謂"撲作教刑"；亦即《臯陶謨》所謂"侯以明之，撻以記之"者也。《臯陶謨》又曰："書用識哉，欲并生哉。"書識，蓋明刑所由昉。《周官》司市："小刑憲罰，中刑徇罰，大刑撲罰。”憲罰亦明刑之類。徇罰所以戮之，意亦與明刑同。其附於刑者歸於士，知虧體之刑，與鞭撲明刑，迥然異物也。

《新唐書·吐蕃傳》曰：“重兵死，以累世戰歿爲甲門。敗懦者垂狐尾於首示辱，不得列於人。”案此古所謂不齒也。《回鶻黠戛斯傳》曰：“臨陳橈、奉使不稱、妄議國若盜者，皆斷首；子爲盜，以首著父頸，非死不脱。”此亦明刑之意，華夷淺演之世，法俗可以參觀。

《孝經緯》云：“三皇無文，五帝畫象，三王肉刑。”《司圜疏》引。《孝經説》云：“三皇設言民不違，五帝畫象世順機，三王肉刑揆漸加，應世黠巧姦僞多。”《公羊》襄公二十九年《解詁》。此漢人之言，蓋并緣《堯典》“象以典刑”之文而附會。其實《堯典》之“象以典刑”，當即《周官》之縣法象魏，謂所用之刑，當以縣象所有爲限，非謂畫衣冠異章服以爲戮也。然漢師之言，亦有所本。《淮南王書》曰：“神農無制令而民治，唐虞有制令而無刑罰。”《氾論》。此即三皇無文、五帝畫象之説。《管子》曰：“佁，堯之時，其獄一踦腓一踦屨而當死。今周公斷指滿稽，斷首滿稽，斷足滿稽而死，民不服。”《侈靡》。此即五帝畫象、三王肉刑之説。知舊有是言也。象刑固古所可有，謂必在唐虞時，初無確據，然《書》始《堯典》，而因於是著其説，亦《春秋》託始之義爾。儒家初不講史學，不容以後世考據家之見繩之也。

刑之用於家者，止於教笞，極於放逐，此自情理宜然，古今一揆。然古者國法未立，家長之權無限，亦有濫殺其家人者。《左氏》昭公二十一年，司馬歎曰：“吾有讒子而弗能殺，吾又不死，抑君有命，可若何？”可見父之殺子，當時視之，恬不爲怪矣。其後人權稍尊，則國法以立。《白虎通義·誅伐》篇曰：“父殺其子當誅何？以爲天地之性，人爲貴，人皆天所生也，託父母氣而生耳；王者以養長而教之，故父不得專也。”《説苑·建本》：“曾子蕓瓜，而誤斬其根。曾晳怒，援大杖擊之。曾子僕地。有頃蘇。孔子聞之，告門人曰：參來，勿内也。曾子自以無罪，使人謝孔子。孔子曰：女聞瞽叟有子名曰舜？舜之事父也，索而使之，未嘗不在側；求而殺之，未嘗可得。小箠則待，大箠則走，以逃暴怒也。今子委身以待暴怒，立體而不去，殺身以陷父不義，不孝孰是大乎？女非天子之民邪？殺天子之民罪奚如？”即設説以明《白虎通》所言之義者也。董仲舒説漢武帝“去奴婢，除專殺之威”，見《漢書·食貨志》。知古家庭之中，專殺之事多矣。然以大體言之，施於本族者，終不能甚酷。故肉刑之原，非溯諸戰陳不可也。士師爲戰士之長，實司刑殺，亦可見其原於戰陳。見《鄭鑄刑書上》條。

漢文帝廢肉刑之詔曰：“蓋聞有虞氏之時，畫衣冠異章服以爲戮，而民弗犯。"《武帝紀》元光元年。《哀帝紀》永光二年詔，亦稱是語。所稱即今文《書説》也。《論衡·四諱》曰："俗諱被刑爲徒，不上丘墓。古者用刑，形毁不全，乃不可耳。方今象刑。象刑重者，髡鉗之法也。若完城旦以下，施刑，施，疑當作弛。采衣系躬，冠帶與俗人殊，何爲不可？"然則象刑之法，漢固頗行之矣。漢刑罰固不中，姦固不得，然非以行象刑故也。抑行象刑，刑罰雖不中，姦雖或不得，然民之刻肌膚，斷支體，終身不息者究少焉。然則漢文不誠仁君？而緹縈之上書，不亦仁人之言其利溥哉？自漢文廢肉刑後，屢有議復之者。終以其事酷虐，莫之敢尸。民之獲宥者，蓋不知凡幾矣。信經術之有益於治道也。而荀子之言，則何其刻急也？其或者漢人託之與？

原刊《光華大學半月刊》第五卷第六期，一九三七年三月十六日出版

〔一五三〕 投畀豺虎

《詩·巷伯》："取彼譖人，投畀豺虎。豺虎不食，投畀有北。有北不受，投畀有昊。"案野蠻之世，往往有獄不能聽，而質諸不可知之神。《南史·林邑傳》："國不設刑法，有罪，使象蹋殺之。"又《扶南傳》："於城溝中養鰐魚，門外圈猛獸。有罪者，輒以餧猛獸及鰐魚，魚獸不食爲無罪，三日乃放之。"獸爲唐人避諱之字，猛獸即猛虎也。投畀豺虎，疑亦古之刑法。有北似指地言之，與有昊相對。投畀有北，投畀有昊，蓋詛諸天地，求其降罰也。《毛傳》云"北方荒涼而不毛"，則以爲流放，恐未是。

《説文·廌部》："廌，解廌，獸也。似山牛，一角。古者決訟，令觸不直者。"段《注》删山字，云："《玉篇》、《廣韻》及《太平御覽》所引皆無山也。"然又引《論衡》云："獬豸者，一角之羊，性識有罪。皋陶治獄，有罪者令羊觸之。"案《墨子·明鬼下》云："齊莊君之臣，有王里國、中里徼者，訟三年而獄不斷。乃使人共一羊，盟齊之神社。讀王里國之辭，既已終矣，讀中里徼之辭。未半也，羊起而觸之，殪之盟所。"此羊即解廌。羊本無知，共之神社乃有知，後遂傅會，謂其性識有罪，且億言其形一角，謂非凡羊耳。山牛二字，蓋羊之誤分，《玉篇》、《廣韻》、《御覽》所據，蓋已爲誤本，因億删山字，而段從之，似爲未諦。

有獄不能斷，顧聽諸不可知之神，自后世之人觀之，將無不笑其拙。然而未可笑也。古之聽訟者，悉其聰明，致其忠愛以盡之，疑獄，氾與衆共之。古之人固淳樸而少訟，其輿論又皆直道而行。夫如此，罪猶不能得，而獄猶有所怨者，蓋亦寡矣。如是而猶不能斷，是誠疑獄也。人力既盡，而聽諸不可知之

天，又何責焉？而豈如後世：吏莫肯求獄之情，或且以恩怨賄賂橈法；輿論亦無復直道，明知有罪，莫肯證舉，明知冤枉，莫肯申理哉？嗟乎！民之生於古，與其生於後世者，其幸不幸之相去，蓋不可以道里計矣！而顧笑古人之愚，哀其無告，而自幸其生於文明之世也，豈不哀哉？

《説文·豸部》："豻，胡地野狗。从豸，干聲。"其或體從犬。引《詩》曰：宜犴宜獄。今《毛詩》亦作豻。《釋文》云："《韓詩》作犴，云鄉亭之繫曰犴，朝廷曰獄。"案《説文·㹜部》："獄，从㹜从言。二犬所以守也。"則犴自當從犬。蓋古之獄，以犬守之也。社會學家言："人之好狗者，每易犯罪。以獵人性最殘忍，狗常與獵人爲伍，好狗者性必近於獵人也。"以犬守人，必田獵之羣之遺俗也。棄人用犬，雖猛何爲？

原刊《光華大學半月刊》第五卷第五期，一九三七年一月九日出版

〔一五四〕九　　刑

《左氏》昭公六年，叔向詒子產書曰："夏有亂政而作《禹刑》，商有亂政而作《湯刑》，周有亂政而作《九刑》，三辟之興，皆叔世也。"而文公十八年，季文子曰："先君周公制周禮曰：則以觀德，德以處事，事以度功，功以食民。作誓令曰：毁則爲賊，掩賊爲藏，竊賄爲盜，盜器爲姦。主藏之名，賴姦之用，爲大凶德，有常無赦，在《九刑》不忘。"杜《注》曰："誓令以下，皆《九刑》之書。"人因疑季文子之言，與叔向不合。其實誓令之文，止於"盜器爲姦"；自"主藏之名"以下，皆文子之言也。《周書·嘗麥》："令大正正《刑書》九篇。"疑即所謂《九刑》者。鄭注《堯典》，以正刑五，加之流、宥、鞭、撲、贖爲九刑；賈、服以正刑一，加之以八議爲九刑，見《周官·司刑疏》，附會不足據。

"主藏之名，賴姦之用"，爲《九刑》所不赦，則賊盜之有常審矣。"毁則爲賊"四語，雖誓令之辭，度《九刑》之文，亦必相類也。昭公十四年，叔向曰："己惡而掠美爲昏，貪以敗官爲墨，殺人不忌爲賊。《夏書》曰：昏、墨、賊殺，皋陶之刑也。"《大戴記·千乘》："作於財賄六畜五穀曰盜。誘居室家及幼子曰不義。子女專曰媟。飭五兵及木石曰賊。以中情出，小曰閒，大曰講。交構之構。利辭以亂屬曰讒。以財投長曰貨。"其辭亦與叔向、季文子所舉相類，此最古之律文也。《夏書》之文，蓋即所謂《禹刑》。湯之《官刑》，見《墨子·非命上篇》，殆亦所謂《湯刑》者也。

《晉書·刑法志》，言李悝撰次諸國法，著《法經》。云撰次，則是集諸國之

法次序之，而非悝之所自爲也。叔向言子産制參辟。參辟，當即上文之三辟。然則鄭刑書中，實有《禹刑》、《湯刑》、《九刑》之文矣，而惜乎其不可考也。

《周官》朝士："凡盜賊軍鄉邑及家人，殺之無罪。"《注》："鄭司農云：謂盜賊羣輩若軍，共攻盜鄉邑及家人者。殺之無罪，若今時無故入人室宅廬舍，上人車船，牽引人欲犯法者，其時格殺之無罪。"《疏》："家人者，先鄭舉漢《賊律》云：牽引人欲犯法，則言家人者，欲爲姦淫之事，故攻之。"此當即《戴記》所謂"誘居室家"者也。云及幼子者，蓋誘其母并及其子；亦或有但誘其子者，蓋欲以爲奴也。

原刊《光華大學半月刊》第五卷第五期，一九三七年一月九日出版

〔一五五〕 鄭人鑄刑書上

《左氏》昭公六年，鄭人鑄刑書。叔向詒子産書深譏之。子産復書曰："吾以救世也。"鑄刑書何以可救世？後人之説，不過謂風俗日薄，聖哲之上，明察之官，忠信之長，慈惠之師，不可必得，不得不明著其文，俾衆周知，使不敢以意出入而已。此固其一端，然而未盡也。讀書貴通觀前後，觀於後世刑法之敝，而子産之所爲鑄刑書者可知；而吾國法典之所由成，亦可知矣。

《晉書·刑法志》言：秦漢舊律，起自魏文侯師李悝。悝撰次諸國法，著《法經》，所著六篇而已，商君受之以相秦。漢承秦制，蕭何益《興》、《廐》、《户》三篇，合爲九篇。叔孫通益律所不及傍章十八篇，張湯《越宫律》二十七篇，趙禹《朝律》六篇，合六十篇。又漢時決事，集爲《令甲》以下三百餘篇。及司徒鮑公，撰《嫁娶辭訟決》爲《法比》，都目凡九百六卷。世有增損，錯糅無常。後人生意，各爲章句。凡斷罪所當由用者，遂至二萬六千二百七十二條，七百七十三萬二千二百餘言。文書盈於几閣，覽者不能徧睹，姦吏之得上下其手，蓋由此也。然陳羣等《魏律序》，謂"舊律難知，由於篇少；篇少則文荒，文荒則事寡，事寡則罪漏；是以後人稍增，更與本體相離"。然則錯亂之弊，雖生於繁，實原於簡。蓋緣人事日繁，律文不能與之相應，徒咎用法者之不善，實耳食之談也。本此以上觀春秋，其弊殆如出一轍。

叔向曰："先王議事以制，不爲刑辟。"又曰："夏有亂政而作《禹刑》，商有亂政而作《湯刑》，周有亂政而作《九刑》；三辟之興，皆叔世也。"然則三代盛時，果刑錯不用乎？抑法也者，設於此以待彼。世可百年無犯法之人，而國不可一日無法，不爲刑辟，果何以爲治乎？蓋刑之所誅，有兩大端：一爲俗所不

容，所謂出於禮者入於刑也。一則上有所求，而下不能副，凡令不行禁不止者皆是。俗固衆所周知，無待於教。所惡於不教而誅者，則上之所求耳。故古所謂法者，皆力求人之周知。其原於俗者，謂之禮，不謂之法。凡縣象佈憲之事皆是。然此等事，果能使人周知法律乎？縣象之説，始見於《堯典》之"象以典刑"，蓋畫刑人之狀，以恐怖人。後乃改縣律文，《周官》所謂縣法者是也。夫區區魏闕，所縣幾何？雖又有憲禁及徇以木鐸之事，佈憲及屬民讀法之舉，然法文既繁，終非此等事所能盡；抑法有待於讀，則其爲人民所不易曉，又可知矣。讀爲紬繹之義，蓋如今之講解也。《周官》州長：以正月之吉，屬民讀法，正歲又讀焉，歲時祭州社又讀焉。黨正：以四時孟月吉日，屬民讀法，正歲又讀焉，春秋祭禜又讀焉。族師：以月吉屬民讀法，春秋祭酺亦如之。閭胥：凡春秋祭祀、役政、喪紀之數，聚衆庶，既比則讀法。其讀之甚繁，知其法之不易曉也。於此而隨之以刑，雖曰教之，猶不教也，況於議事以制，聽其高下在心乎？其不得不明著其文，使知某罪當某刑，而據之以諍於其上者，勢也。然則刑法之公佈，一由於俗之日薄，一亦由於政之日苛，而其大原，則尤在於社會演進，人事日益繁複也。夫豈爲治者所能逆？叔向曰："民知有辟，則不忌於上。"又惡知夫子産之所求者，正在於是乎？

然如子産之所爲，遂足使民皆曉然於法，而吏不得上下其手乎？吾又知其不能也。何也？以當時之法既繁，而如子産之所爲，其所能著者亦甚少也。古之所謂法者，實分守於諸官。凡犯法者，皆爲有罪，然犯法與否，及其所犯何法，則非守其法之官不得知。以除諸官成法之外，别無如後世之所謂律者也。《周官》大司寇："凡諸侯之獄訟，以邦典定之；凡卿大夫之獄訟，以邦法斷之；凡庶民之獄訟，以邦成弊之。"邦典、邦法，即大宰之六典、八法；邦成即小宰之八成。一曰聽政役以比居，二曰聽師田以簡稽，三曰聽閭里以版圖，四曰聽稱責以傅别，五曰聽禄位以禮命，六曰聽取予以書契，七曰聽賣買以質劑，八曰聽出入以要會，皆關涉人民之事也。别有所謂士之八成者，掌於士師。一曰邦汋，二曰邦賊，三曰邦諜，四曰犯邦令，五曰撟邦令，六曰爲邦盜，七曰爲邦朋，八曰爲邦誣，則施諸戰士之法。士師之初，蓋戰士之長，故治戰士之法屬焉。此可見古者治人之法，分屬諸官，不統於一也。是諸侯、卿大夫、庶民犯法與否，司寇不能知，必有待於大宰、小宰也。又大司寇以五刑糾萬民：一曰野刑，上功糾力；二曰軍刑，上命糾守；三曰鄉刑，上德糾孝；四曰官刑，上能糾職；五曰國刑，上願糾暴。官刑見於大宰。鄉八刑見於大司徒：一曰不孝之刑，二曰不睦之刑，三曰不婣之刑，四曰不弟之刑，五曰不任之刑，六曰不恤之刑，七曰造言之刑，八曰亂民之刑。自一至六，蓋不脩六行者。考察德行道藝之責，屬於族黨州鄉之師。則官刑鄉刑，又當質諸天地二官也。又大司徒以荒政十有二聚萬民，三曰緩刑，十有二曰除盜賊。而士師之職："若邦凶荒，則以荒辯之法治之，令移民，通財，糾守，緩刑。”緩刑文同大司徒。糾守，《注》曰“備盜賊”，亦即其所謂除盜賊也。《注》又曰：“辯當爲貶。”引朝士“若邦凶荒札喪寇戎之故，則令邦國都家縣鄙慮刑貶。”則一荒政也，司徒、士師、朝士實兼守其法矣，然則士師者，行刑之官，非司法之官也。蓋古者政簡而刑清，諸官各司其事，有犯其法者，皆爲有罪，輕者自治之，重者則歸諸士師，所謂附於刑者歸於士也。不虞耳目之淆亂也。後世則事日繁而法亦隨之，寖至爲人民所不能曉，諸官各據其法以治民，安得不紛然淆亂？況又一事兼屬諸官，權限不清乎？如是而使之各率其意以治民，民尚有所措手足乎？

“議事以制”之議，與義通，謂度其宜也。制者，折也，斷也。議事以制，謂臨事度其宜而斷之也。《表記》曰：“義者，天下之制也。”與此制同，皆動字。此等釋法任情之舉，縱得其人，猶不免於輕重出入，況人不可必得乎？昭公二十九年，趙鞅、荀寅鑄刑鼎，著范宣子所爲刑書焉。仲尼非之曰：“晉其亡乎？失其度矣。夫晉國，將守唐叔之所受法度，以經緯其民，卿大夫以序守之。民是以能尊其貴，貴是以能守其業。貴賤不愆，所謂度也。文公是以作執秩之官，爲被廬之法，以爲盟主。今棄是度也，而爲刑鼎。民在鼎矣，何以尊貴？貴何業之守？貴賤無序，何以爲國？”其意亦謂民犯法者，當各由其官議之，而不當著之刑鼎，而不知其事之不可行也。

仲尼又訾趙鞅、荀寅曰：“宣子之刑，夷之蒐也，晉國之亂制也，若之何以爲法？”夷之蒐，事在文公六年。左氏以爲趙宣子，而是年又云范宣子。《注》云：“范宣子所用刑，乃夷蒐之法。”其信否姑弗論。要之趙鞅、荀寅之前，晉已嘗一改刑法矣。而據叔向之言，則三代已有《禹刑》、《湯刑》、《九刑》。知刑書之作，由來已久，《左氏》所載叔向、仲尼之言，特當時一派議論，未可據爲是非之準也。《左氏》文公六年紀事，即於趙宣子無貶辭。

《韓非·定法》曰：“韓者，晉之别國也。晉之故法未息，而韓之新法又生；先君之令未收，而後君之令又下。申不害不擅其法，不一其憲令，則姦多故。”魏亦晉之别國，度其情形，亦必與韓相類，故李悝急爲魏文侯制法，然其篇少文荒猶如是。子産、趙鞅又在悝前，其所定法，安得較悝爲詳，則亦著其大要而已。然其用意則一也。豈惟子産、趙鞅，制《禹刑》、《湯刑》、《九刑》者，其意蓋亦如是也。則知法家之原起亦舊矣。

《韓非·八説》曰：“書約而弟子辯，法省而民訟簡。是以聖人之書必著論，明主之法必詳事。”顧千里曰：“民訟簡，當作民萌訟，與弟子辯相對。”其説是也。知律之病簡，由來舊矣。而李悝所著，傷於篇少，商君又沿而弗革，則作始者勢有未皇，不得不有待於後人之彌縫匡救也。叔向顧非子產之所爲，可謂泥古而不知變矣。

《曲禮》下曰："入竟而問禁，入國而問俗。"此古人之文，所謂互相備者，非謂入竟可不問俗，入國可不問禁也。故孟子謂齊宣王曰："臣始至於竟，問國之大禁，然後敢入。"《梁惠王》下。禁者上之所爲，俗者民之所習，予所謂法所誅之兩大端也。俗之未敝也，不待有以守之，民自率由而弗敢越，及其既敝，則有弁髦視之者矣。俗足以約束其民，雖無刑政民猶治；及其約束之力既衰，則雖日飭刑政而猶弗能勝，叔向所由慮民之棄禮而徵於書也。然俗之變自有其由，又豈不爲刑辟所能逆挽邪？

原刊《光華大學半月刊》第五卷第五期，一九三七年一月九日出版

〔一五六〕　鄭人鑄刑書中

《周官》士師之職云："以五戒先後刑罰，毋使罪麗於民。一曰誓，用之於軍旅。二曰誥，用之於會同。三曰禁，用諸田役。四曰糾，用諸國中。五曰憲，用諸都鄙。"《墨子·非命上》亦曰："先王之書，所以出國家佈施百姓者憲也，所以聽獄制罪者刑也，所以整設師旅，進退師徒者誓也。"此五者，蓋當時上所以約束其下之舉舉大端。誓與誥皆僅用諸一時；糾爲司察矯正之名，其所糾者，蓋亦衆所共知，如大司徒以鄉八刑糾萬民是。無待詔告；惟禁與憲，皆上之所求，而非下所素習，故憲之佈之，特爲殷勤也。

憲禁之文，見於《周官》者：《天官》小宰，以宫刑憲禁於王宫。内宰，正歲，憲禁令於王之北宫。《地官》小司徒，令羣吏憲禁令。鄉大夫，正歲，令羣吏考法於司徒，各憲之於其所治之國。司虣，掌憲市之禁令。《秋官》小司寇，令羣士，乃宣佈於四方，憲刑禁。案《春官》無佈憲之事，以其所司與人民無涉也。《冬官》亡，《夏官》小司馬文闕，否則亦當有佈憲之事。士師，正歲，帥其屬而憲禁令於國及郊野。佈憲。掌憲邦之刑禁。正月之吉，執旌節，以宣佈於四方。而憲邦之刑禁。以詰四方邦國，及其都鄙，達於四海。憲謂表而縣之，《小宰注》。蓋所以使衆共見；又或徇以木鐸，則所以使衆共聞；小宰，正歲，帥治官之屬，而觀治象之法。徇以木鐸，曰：不用法者，國有常刑。小司徒，正歲，則帥其屬而觀教法之象。徇以木鐸，曰：不用法者，國有常刑。小司寇，正歲，帥其屬而觀刑象。令以木鐸，曰：不用法者，國有常刑。又案小司馬文闕。士師，掌國之五禁之法，以左右刑罰。一曰宫禁。二曰官禁。三曰國禁。四曰野禁。五曰軍禁。皆以木鐸徇之於朝，書而縣於門閭。《秋官》司烜氏，中春，以木鐸修火禁於國中。咸有其文。而《秋官》訝士，凡邦之大事，聚衆庶，則讀其誓禁，縣士，若邦有大役，聚衆庶，則各掌其縣

之禁令。方士，凡都家之大事，聚衆庶，則各掌其方之禁令。當亦如訝士讀之，特文有異同耳。則又非徒使之聞知，并進而教之矣。佈憲之法，見於《管子》之《立政》。《立政》曰：正月之朔，百吏在朝，君乃出令，佈憲於國。五鄉之師，五屬大夫，皆受憲於太史。大朝之日，五鄉之師，五屬大夫，皆身習憲於君前。太史既佈憲，入籍於太府。憲籍分於君前。五鄉之師，出朝，遂於鄉官，致於鄉屬，及於游宗，皆受憲。憲既佈，乃反致令焉，然後敢就舍。憲未佈，令未致，不敢就舍。就舍謂之留令，罪死不赦。五屬大夫，皆以行車朝。出朝，不敢就舍，遂行。至都之日，遂於廟。致屬吏，皆受憲。憲既佈，乃發使者致令，以佈憲之日，蚤宴之時。憲既佈，使者以發，然後敢就舍。憲未佈，使者未發，不敢就舍。就舍謂之留令，罪死不赦。憲既佈，有不行憲者，謂之不從令，罪死不赦。考憲而有不合於太府之籍者，侈曰專制，不足曰虧令，罪死不赦。《周官》大司徒，"施教法於邦國都鄙，使之各以教其所治民"；鄉大夫，"受教法於司徒，退而頒之於其鄉吏，使各以教其所治"；其佈之之法，與《管子》不同，其用意則一也。禁專施於一事，故有宫禁、官禁、國禁、野禁、軍禁之不同，憲則所該頗廣。蓋國之舊典，隨時審正施行者。何以知其然？以佈憲在歲首，《周官·天官》大宰，"正月之吉，始和，佈治於邦國都鄙。乃縣治象之法於象魏，使萬民觀治象，挾日而斂之。"《注》："正月，周之正月，吉謂朔日。大宰以正月朔日，佈王之治事於天下。至正歲，又書而縣於象魏，振木鐸以徇之，使萬民觀焉。小宰亦帥其屬而往。"《疏》："必知乃縣是正歲建寅之月者，下小宰所以佐大宰，彼云正歲縣之，與此乃縣爲一事。"《注》《疏》所言，未知確否，然佈治在正月之吉，則《周官》本文明白也。而《月令》，天子與公卿大夫共飭國典，在季冬之月也。國典果屬常行，何待歲飭？歲飭之，則必有異於舊者矣。蓋成法甚繁，擇其切於時用者而佈之，否則格置之矣。《管子·小匡》所謂"脩舊法，擇其善者而嚴用之"也。然宣佈所不及者，人民苟或觸犯，是否舉不論罪，亦殊可疑。何也？以上之所求於下者甚多，而佈憲之所能及者必較少也。

憲據舊章增損，其隨事臨時制之者則曰令。《立政》所謂"凡將舉事，令必先出"也。《墨子》言"古之聖王，發憲出令，設爲賞罰以勸賢"，《非命上》。《韓非》謂"憲令著於官府"，《定法》。皆以憲令并舉，足徵其爲上所施於下之兩大端，蓋猶後世言法令也。令僅施於一事，其賞罰，蓋亦專爲一事而設。《管子》曰："凡將舉事，令必先出。"又曰："其賞罰之數，必先明之。"憲爲舊章，則犯之者亦有舊法可援，所謂國有常刑也。著常刑者，其書亦曰刑，如《禹刑》、《湯刑》、《九刑》是也。亦或稱爲法。《左氏》昭公七年，陳無宇述楚文王《僕區之法》曰："盜所隱器，與盜同罪。"《韓非·外儲説右上》曰："荆莊王有《茅門之法》，曰：羣臣、大夫、諸公子入朝，馬蹏踐霤者，理斬其輈，戮其御。"皆有治罪之文。陳無宇又引周文王之法曰"有亡荒閲"，未及治罪之方，蓋言之不具耳。子産、趙鞅之所著，則是物也。令雖臨時所制，亦戒數變，故《韓非·亡徵》，謂法禁變易，號令數下者可亡。

原刊《光華大學半月刊》第五卷第五期，一九三七年一月九日出版

〔一五七〕 鄭人鑄刑書下

范宣子所爲刑書,《左氏》明言其著之刑鼎,至鄭人之刑書,則未言其著之何物。然史墨譏荀寅"擅作刑器";士文伯亦譏子産"火未出而作火,以鑄刑器";則晉鄭所制,殆爲同物。昭公六年杜《注》云:"刑器,鼎也。"雖出億測,説當不誤。襄公九年,宋樂喜使樂遄庀刑器,《疏》云:"當書於器物,官府自宰之,不知其在何器也。或書之於版,號此版爲刑器耳。"案有所盛乃可稱器,以版爲器,似未必然,恐宋之刑書,亦著之於鼎也。定公九年,鄭駟歂殺鄧析而用其竹刑。竹刑當著之簡策。然非以喻之人民也。

刑書必著於鼎,蓋亦有由。《周官·秋官》司約:"凡大約劑書於宗彝。小約劑書於丹圖。若有訟者,則珥而辟藏,其不信者服墨刑。若大亂,則六官辟藏,其不信者殺。"《注》:"大約劑,邦國約也。書於宗廟之六彝,欲神監焉。小約劑,萬民約也。丹圖,未聞。或有彫器簠簋之屬,有圖象者與?《春秋傳》曰:斐豹,隸也,著於丹書,今俗語有鐵券丹書,豈此舊典之遺言與?"案《左氏》載斐豹之言曰:"苟焚丹書,我殺督戎。"又載范宣子之言曰:"而殺之,所不請於君焚丹書者,有如日。"襄公二十三年。苟爲鐵券,如何可焚?明所著者爲簡牘之倫也。然俗語亦必有本,蓋自有著之鐵券者。蓋欲其貞於久,故著之金石。丹書且然,而況刑書?大司寇之職曰:"凡邦之大盟約。涖其盟書,而登之於天府。"《注》:"天府,祖廟之藏。"司盟之職曰:"掌盟載之法。凡邦國有疑會同,則掌其盟約之載,及其禮儀。北面詔明神。既盟則貳之。盟萬民之犯命者,詛其不信者,亦如之。"《左氏》定公十三年,荀躒言於晉侯曰:"君命大臣,始禍者死,載書在河。"即盟諸明神之事也。古之人篤於教,刑法之始,參以神權,刑書必著於鼎,蓋由是昉,後遂習爲故常也。

原刊《光華大學半月刊》第五卷第五期,一九三七年一月九日出版

〔一五八〕 戮　　尸

古者刑人,蓋以警衆。故曰:"爵人於朝,與衆共之;刑人於市,與衆棄之。"《禮記·王制》。《周官·秋官》掌戮,凡殺人,踣諸市,肆之三日,意亦如是,又云:"刑盜於市。"非欲殘其尸也。《左氏》襄公二十八年:"齊人遷莊公殯於大寢,以其棺尸崔杼於市。國人猶知之,皆曰:崔子也。"昭公二年:鄭公孫黑縊,"尸

諸周氏之衢，加木焉。"《注》："書其罪於木，以加尸上。"其意之所在，顯然可見。然殺機既啓，亦有殘賊已死之人以爲快者。齊懿公掘邴歜之父而刖之，文公十八年。叔孫舒等伐衛，掘褚師定子之墓而焚之是也。哀公二十六年。是故仲尼惡始作俑者。

《左氏》宣公十年："鄭人討幽公之亂，斲子家之棺而逐其族。"《注》曰："斲薄其棺，不使從卿禮。"案古人視送終之禮甚重。《荀子·禮論》曰："死之爲道也，一而不可得再復也。臣之所以致重其君，子之所以致重其親，於是盡矣。故事生不忠厚，不敬文，謂之野；送死不忠厚，不敬文，謂之瘠。君子賤野而羞瘠。故天子棺椁十重，諸侯五重，大夫三重，士再重。然後皆有衣衾多少厚薄之數，皆有翣菨文章之等，以敬飾之。使生死終始若一，一足以爲人願，是先王之道，忠臣孝子之極也。天子之喪，動四海，屬諸侯；諸侯之喪，動通國，屬大夫；大夫之喪，動一國，屬脩士；脩士之喪，動一鄉，屬朋友；庶人之喪，合族黨，動州里。刑餘罪人之喪，不得合族黨，獨屬妻子；棺椁三寸，衣衾三領；不得飾棺，不得晝行，以昏殣；凡緣而往埋之。反，無哭泣之節，無衰麻之服，無親疏月數之等；各反其平，各復其始；已葬埋，若無喪者而止。夫是之謂至辱。"其視飾終之禮之重如此，無怪鄭人之欲追正子家也。然其意亦在於辱之而已，非欲殘其尸也。

又襄公三年："晉侯之弟揚干亂行於曲梁，魏絳戮其僕。"《疏》曰："《周禮》司寇之屬，有掌戮之官。鄭玄云：戮，猶辱也。既斬殺，又辱之。其職云：掌斬殺賊諜而膊之。凡殺其親者焚之。殺王之親者辜之。殺人者踣諸市，肆之三日。鄭玄云：膊，謂去衣磔之。焚，燒也。辜，謂磔之。踣，僵尸也。肆，猶申也，陳也。彼膊、焚、辜、肆，皆謂陳以示人，然則此言戮者，非徒殺之而已，乃殺之以徇諸軍。昭四年，楚戮慶封，負之斧鉞，以徇於諸侯，先徇乃殺之也。成二年，韓獻子既斬人，郤子使速以徇，是殺之而後徇也。此戮即彼徇之謂也。文十年，楚申舟抶宋公之僕以徇。或曰：國君不可戮也。彼抶以徇，亦稱爲戮。下云至於用鉞，當是殺之乃以徇也。"案《左氏》成公二年："齊侯伐我北鄙，圍龍。頃公之嬖人盧蒲就魁門焉。龍人囚之。齊侯曰：勿殺，吾與而盟，無入而封。弗聽，殺而膊諸城上。"意蓋亦以辱齊，故齊侯怒而親鼓也。襄公六年："宋子蕩以弓梏華弱於朝。子罕曰：專戮於朝，罪孰大焉。"則徒辱之而已。此戮之本義也。《論語·憲問》："子服景伯曰：夫子固有惑志於公伯寮，吾力猶能肆諸市朝。"亦謂殺而後戮之。

原刊《光華大學半月刊》第五卷第七期，一九三七年三月三十日出版

〔一五九〕 轘

古有轘刑,其意,蓋欲裂其體以爲徇。觀《左氏》襄公二十二年,楚“轘觀起於四竟”可見也。《史記·商君列傳》:“秦發兵攻商君,殺之於鄭黽池。秦王車裂商君以徇。”《蘇秦列傳》:“秦且死,乃謂齊王曰:臣即死,車裂臣以徇於市。”其車裂皆在死後,可見其意在於徇。

《左氏》桓公十八年:“齊人殺子亹而轘高渠彌。”《疏》云:“《周禮》條狼氏,誓僕右曰殺,誓馭曰車轘,然則周法有此刑也。”案《墨子·號令》:“歸敵者,父母妻子同産皆車裂。”《周官》用諸誓馭,《墨子》用諸守禦,疑其初亦軍刑。《左氏》宣公十一年:楚殺陳夏徵舒,轘諸栗門。此與《墨子》之法,疑皆徇諸四門也。

《韓非子·人主》:“昔關龍逢説桀而傷其四支。”言傷四支,似臏刖之刑,然諸書皆言桀殺關龍逢,則亦轘刑也。蓋徇之以拒諫也。

《公羊》宣公十八年:“邾婁人戕鄫子於鄫。戕鄫子於鄫者何?殘賊而殺之也。”《解詁》曰:“支解節斷之,故變殺言戕。”豈亦徇之以立威邪?

原刊《光華大學半月刊》第五卷第七期,一九三七年三月三十日出版

〔一六〇〕 婦人無刑

《吕刑》云:“苗民弗用靈,制以刑,惟作五虐之刑曰法,殺戮無辜,爰始淫爲劓、刵、椓、黥。”“劓、刵、椓、黥”,《書疏》云:歐陽大小夏侯作“臏、宫、劓、割頭、庶剠。”見卷二《虞書》標目下。案庶字未詳。案《説文·攴部》:“斀,去陰之刑也。《周書》曰:刖劓斀黥。”《説文》所稱,當係古文,則今本之刵乃誤字。改臏爲刵,苗民所制,遂與穆王所訓不合矣。予因此悟《康誥》之刑人、殺人、劓刵人,刵亦當作刖。殺指大辟,刑指宫,黥罪最輕,故不之及。《康誥》曰:“汝陳時臬司師,兹殷罰有倫。”又曰:“汝陳時臬事,罰蔽殷彝。”《荀子》亦曰:“刑名從商。”《正名》。然則五刑之名,蓋自唐迄周,未之有改。何者?《堯典》言“五刑有服,五服三就”,而《國語·魯語》言:“刑五而已。大刑用甲兵,其次用斧鉞;中刑用刀鋸,其次用鑽笮;薄刑用鞭撲。大者陳之原野,小者致之市朝,五刑三次。”三次即三就,知《堯典》之五刑,與《魯語》之五刑是一。《國語》韋《注》曰:“割劓用刀,斷截用鋸,亦有大辟。鑽,臏刑;笮,黥刑。”《周語》:内史過言:“有斧鉞刀

墨之民。"《注》曰："斧鉞，大刑也。刀墨，謂以刀刻其額而墨涅之。"與《魯語注》自相違異。竊疑斧鉞指大辟；《周語》所謂刀，《魯語》所謂刀鋸者，指宫、劓、刖；《周語》所謂墨，《魯語》所謂鑽笮者，指黥。知《魯語》之五刑，與《吕刑》之五刑亦合。所異者，《堯典》又言："流宥五刑。鞭作官刑，撲作教刑，金作贖刑。"其所謂五刑者，與《吕刑》皆僅指《魯語》之中刑；而《魯語》則兼苞大刑與薄刑爲五耳。然所苞雖有廣狹之殊，所用實無古今之異。唐法當爲虞夏所沿，殷周又無二致，則五刑自苗民始制以來，歷代實未之有改也。

《左氏》襄公十九年："婦人無刑；雖有刑，不在朝市。"案《韓非子·内儲説下》，載荆王劓其美人，《外儲説左下》，又載梁車刖其姊。則婦人非無刑。抑古者刑人於市，與衆棄之，惟公族而後刑於隱者，婦人無刑則已，苟有刑，安得不在朝市乎？且既曰"婦人無刑"，又曰"有刑不在朝市"，語亦自相矛盾。予反覆思之，乃知"婦人無刑"爲古語，"雖有刑不在朝市"，則爲《左氏》者所加以非齊莊公者，其言實無所據；而古謂婦人無刑，則因其所謂刑者專指宫，而婦人宫刑，止於幽閉故也。

刑之義爲斷。漢人恒言曰："死者不可復生，刑者不可復屬。"亦曰："斷者不可復屬。"黥本僅刻其肌膚，劓刖雖斷其體，所斷亦小，惟宫刑受創較深，故初所謂刑者，乃專屬之也。《周官·司刑》鄭《注》曰："宫者，丈夫則割其勢，女子閉於宫中，若今宦男女也。"《吕刑》僞《孔傳》亦曰："宫，淫刑也，男子割勢，婦人幽閉。"《疏》云："漢除肉刑，除墨、劓、剕耳，宫刑猶在。近代反逆緣坐，男子十五以下不應死者皆宫之，大隋開皇之初，始除男子宫刑，婦人猶閉於宫。"《孝經·五刑章疏》略同。《周官·司刑疏》云："宫刑至唐乃赦。"《校勘記》云："閩本同，誤也。《漢制考》及監、毛本唐作隋。"案《文獻通考》言：景帝元年，詔言孝文皇帝除宫刑，出美人，重絶人之世也。知文帝并宫刑除之。至景帝中元年，赦徒作陽陵者死罪，欲腐者許之，而宫刑乃復用。則謂文帝未除宫刑者非是。然自文帝十三年除宫刑，下逮景帝中元年，僅十有八年，宫刑之復，或尚不始是歲，特可考者始於是歲耳。舊法不得遂亡。《左氏》僖公十五年："穆姬聞晉侯將至，以太子罃、弘，與女簡璧，登臺而履薪焉。"《注》曰："古之宫閉者，皆居之臺以抗絶之。"《疏》引哀八年《傳》，稱邾子又無道，吴子囚諸樓臺，栫之以棘，謂"以此二文，知古之宫閉者，皆居之於臺以抗絶之"。《正義》雖唐世所脩，實多沿隋舊，故并大隋字樣，亦未刊落。《堯典》"鞭作官刑"。《疏》亦曰："大隋造律，方使廢之。"康成、元凱，及造《僞傳》、作《義疏》者，皆親見幽閉之刑，則婦人無刑，決非虚語。蓋肉刑原於戰陳，古於異族丁男，多施殺戮，而於婦女則多原宥邪？抑閹割女子之術，非古人所知也？

《周官》大司馬:“以九伐之法正邦國,暴内陵外則壇之。”《注》:“壇,讀如同墠之墠。《王霸記》曰:置之空墠之地。玄謂置之空墠,以出其君,更立其次賢者。”此即吴人之所以待邾子,與《左氏》杜《注》,亦可參觀也。

《書疏》引鄭注《尚書》曰:“刵,斷耳。劓,截鼻。椓謂椓破陰。黥謂羈黥人面。”《僞傳》亦曰:“截人耳鼻,椓陰,黥面。”知所據本刖雖誤刵,猶在劓上。以此知《説文》所據本,必不誤。《詩》曰:“矯矯虎臣,在泮獻馘。”《泮水》。《左氏》僖公二十二年:“鄭文夫人芈氏、姜氏勞楚子於柯澤,楚子使師縉示之俘馘。”知馘亦戰陳之際,施諸敵人。後來施諸本族以否不可知,要未嘗爲五刑之一。鄭玄注書,每沿誤本,妄爲之説。且如四始,《史記・孔子世家》曰:“《關雎》之亂,以爲《風》始;《鹿鳴》爲《小雅》始;《文王》爲《大雅》始;《清廟》爲《頌》始。”蓋《魯詩》説也。今《詩序》曰:“《關雎》,《風》之始也”,既已同於三家矣,則《雅》、《頌》之始亦必同。下文“是謂四始”之上,蓋有奪文。而鄭即隨文説《風》、《小雅》、《大雅》、《頌》爲四始,不亦支離滅裂之甚邪?王鳴盛《尚書後案》引王鈢《嘯堂集古録》載周侯鏄鐘。亦有刖劓之文,足徵《説文》之是,乃反指爲傳寫之誤。王氏一生佞鄭不足責,陳樸園固蒐討今文書説者,乃亦欲改三家之説以從鄭,見《今文尚書經説考》。抑何不思之甚也!

《山海經・東山經》:“凡《東山經》之首,自樕螽之山以至於竹山,凡十二山,三千六百里。其神狀皆人身龍首。祠:毛用一犬祈,聃用魚。”郭《注》:“以血塗祭爲聃也。《公羊傳》云:蓋叩其鼻以聃社。音鈞餌之餌。”郝氏《箋疏》云:“《玉篇》云:以牲告神,欲神聽之曰聃。説與郭異。據郭《注》,聃疑當爲衈。《玉篇》云:耳血也。《禮記・雜記》:衈皆於屋下。鄭《注》云:衈,謂將刲割牲以釁,先滅耳旁毛薦之。郭引《公羊傳》者,僖十九年文;然《傳》云蓋叩其鼻以血社,不作衈字。《穀梁》正作叩其鼻以衈社。范寧《注》云:衈者,釁也。是郭此注當由誤記,故竟以《穀梁》爲《公羊》耳。”愚案《穀梁》之文,多襲《公羊》。竊疑《公羊》之血社,實衈社之誤。《左氏》僖公三十三年,孟明視曰“君之惠,不以纍臣釁鼓”,知古釁鼓用敵俘。衈社蓋亦其類。此本非刑,亦不以施諸異族之爲奴者,故亦無緣貤及本族也。人之五刑之中,其誤不足疑矣。

原刊《光華大學半月刊》第五卷第七期,一九三七年三月三十日出版)

〔一六一〕 贖　　刑

《吕刑》曰:“苗民弗用靈。制以刑。惟作五虐之刑曰法。”知五刑之制,昉自苗民，而中國效之，贖刑疑亦如是。奚以言之？案《管子·中匡》曰："甲兵未足也，請薄刑罰，以厚甲兵。於是死罪不殺，刑罪不罰，使以甲兵贖。死罪以犀甲一戟，刑罰以脅盾一戟。過罰以金鈞。無所計而訟者，成以束矢。"又《小匡》曰："齊國寡甲兵，吾欲輕重罪而移之於甲兵。制重罪入以兵甲犀脅二戟，輕罪入蘭盾鞈革二戟，小罪入以金鈞。分宥薄罪，入以半鈞。無坐抑而訟獄者，正三禁之而不直，則入一束矢以罰之。美金以鑄戈劍矛戟，試諸狗馬；惡金以鑄斤斧鉏夷鋸欘，試諸木土。"《淮南·氾論》："齊桓公將欲征伐，甲兵不足，令有重罪者出犀甲一戟，有輕罪者贖以金分，訟而不勝者，出一束箭。百姓皆説。乃矯箭爲矢，鑄金而爲刃，以伐不義而征無道，遂霸天下。"觀此，知《周官》大司寇束矢鈞金之法，實與《堯典》之金作贖刑、穆王之訓夏贖刑是一。蓋皆爲足兵起見也。《管子·地數》曰："葛盧之山發而出水，金從之。蚩尤受而制之，以爲劍鎧矛戟。是歲，相兼者諸侯九。雍狐之山發而出水，金從之。蚩尤受而制之，以爲雍狐之戟、芮戈。是歲，相兼者諸侯十二。"《吕覽·蕩兵》曰："未有蚩尤之時，民固剥林木以戰矣。"知以金爲兵，實始蚩尤。《左氏》僖公十八年："鄭伯始朝於楚，楚子賜之金。既而悔之。與之盟，曰：無以鑄兵。"知春秋時鑄兵之技，北方猶不逮南，贖刑之法，固非蚩尤莫之能制矣。

《管子》贖刑之法，小罪以金鈞，薄罪半鈞。鈞三十斤，是薄罪亦十五斤也。《吕刑》之制，墨辟百鍰，劓辟惟倍，剕辟倍差，宫辟六百鍰，大辟千鍰。鍰六兩，則墨辟踰於《管子》之小罪，而大辟十倍之也。古二十四銖爲兩，十六兩爲斤，則周大辟之罰，以金之重計之，當秦半兩錢萬，漢五銖錢二萬三千餘。錢幣之價，誠不必與金同，然當圜法初立時，民信未孚，往往計金之重，以定錢價，二者相去，亦不能甚遠。《史記·貨殖列傳》言："糶二十病農，九十病末。上不過八十，下不減三十，則農末俱利。"然則周大辟之贖，直漢糶最上時穀三百石。《漢書·食貨志》載李悝盡地力之教，言："一夫挾五口，治田百畝，歲收畝一石半，爲粟百五十石。"若以粟一石當穀二石，則罄農夫一歲所得也，夫豈平民所能堪？故《淮南王》言齊桓制贖刑之法而百姓大説，此百姓必王之親若有爵者，非凡民也。穆王之法亦當然。刑不上大夫，至此蓋徒成虚語矣。

通工易事愈繁，則貿易愈廣，而錢幣之用亦愈溥，凡物皆可以之爲代。《周官·秋官》："司厲，掌盜賊之任器、貨賄，辨其物，皆有數量，賈而揭之，入於司兵。"注："鄭司農云：任器、貨賄，謂盜賊所用傷人兵器，及所盜財物也。"又職金："掌受士之金罰貨罰，入於司兵。"《注》："貨，泉貝也。"《管子·君臣下》："千里之内，束布之罰，一畝之賦，盡可知也。"《注》："束，謂帛也，布，謂錢也。”皆兵器與貨賄并重，則寖失初意矣。然《書疏》言“古之贖罪者皆用銅，漢始改用黄金”，則究以足兵爲重也。

《墨子·非樂上》：“湯之《官刑》有之曰：其恒舞於宫，是謂巫風。其刑，君子出絲二衛。”衛蓋緯之借。以物爲罰，自古有之，蓋北方本不饒金也。

原刊《光華大學半月刊》第五卷第七期，一九三七年三月三十日出版

〔一六二〕 圜土即謫作

《周官》大司寇：“以圜土聚教罷民。凡害人者，寘之圜土而施職事焉，以明刑恥之。其能改過，反於中國，不齒三年。其不能改而出圜土者殺。”司圜：“掌收教罷民。凡害人者，弗使冠飾而加明刑焉。任之以事而收教之。能改者，上罪三年而舍，中罪二年而舍，下罪一年而舍，其不能改而出圜土者殺。雖出，三年不齒。”云反於中國，則是圜土在邊竟也。《墨子·尚賢下》：“昔者傅説，居北海之洲，圜土之上，衣褐帶索，庸築乎傅巖之城。”云北海之洲者，古以夷、蠻、戎、狄爲四海，語增以爲真濱海，乃以其所居之地爲洲，此不足信，然其在邊竟則實矣。《正月》之詩曰：“民之無辜，并其臣僕。”《毛傳》曰：“古者有罪，不入於刑，則役之圜土，以爲臣僕。”即《周官》之制也。《管子·揆度》：“力足，游蕩不作，老者譙之，當壯者遣之邊戍。”《史記·商君列傳》：“秦民初言令不便者，有來言令便者。衛鞅曰：此皆亂化之民也。盡遷之於邊城。”游蕩不作，即所謂罷民。亂化之民，則商君比之害人者爾。古征戍亦役之一，秦漢時用兵多，乃變謫作爲謫戍耳。然亦非始皇所創也，圜土即謫作也。而鼂錯乃以是深罪始皇，若以爲始作俑者，非其實也。

原刊《光華大學半月刊》第五卷第七期，一九三七年三月三十日出版

〔一六三〕 父子兄弟罪不相及

《左氏》昭公二十年，苑何忌引《康誥》曰：“父子兄弟，罪不相及。”今《康誥》無其文。蓋《傳》辭也。案連坐之罪，古者無之。《甘誓》曰：“予則孥戮女。”《湯誓》曰：“予則孥戮女，罔有攸赦。”此已爲軍刑。然鄭《注》引《周禮》：“其奴男子入於罪隸，女子入於舂槀”，《湯誓疏》。則亦止於奴之而已，非殺其身也。《禮記·檀弓》：“齊莊公襲莒於奪，杞梁死焉。其妻迎其柩於路而哭之哀。莊公使人弔之。對曰：君之臣不免於罪，則將肆諸市朝而妻妾執。”執即爲奴之謂，非謂刑殺。

《説苑・尊賢》:“晉文侯行地登隧,大夫皆扶之。隨會不扶。文侯曰:會,夫爲人臣而忍其君者,其罪奚如?對曰:其罪重死。文侯曰:何謂重死?對曰:身死,妻子爲戮焉。”以戮爲死,非古義矣。蓋緣秦以來有族誅之法,耳濡目染,忘其本來也。《牧誓》曰:“勗哉夫子,爾所弗勗,其於爾躬有戮。”雖軍刑,亦止及其身。祁奚之言叔向曰:“猶將十世宥之,以勸能者。”《左氏》襄公二十一年。則以功德而宥其親族者有之矣,以愆咎而戮及親族,軍刑外未之前聞,況於刑殺之乎?古有以謀叛而族誅者,此乃慮其復讎,非欲治其罪也,故出奔則可以免,如成虎是也。見《左氏》昭公十二年。

《史記・秦本紀》文公二十年,“法初有三族之罪”。《集解》引張晏曰:“父母、兄弟、妻子也。”又引如淳曰:“父族、母族、妻族也。”案費誓:“汝則有無餘刑,非殺。”《疏》引王肅云:“父母、妻子,同産皆坐之,無遺免之者,故謂無餘之刑;然入於罪隸,亦不殺之。”又引鄭玄云:“無餘刑非殺者,謂盡奴其妻子,不遺其種類,在軍使給厮役,反則入於罪隸舂槀,不殺之。”案王肅之説,即張晏之説也。拏不兼父母兄弟言,恐不如鄭説之確。僞《大誓》:“罪人以族。”《僞傳》云:“一人有罪,刑及父母、兄弟、妻子”,與肅説同。《商君書・賞刑》:“守法、守職之吏,有不行王法者,罪死不赦,刑及三族。”此刑字,亦當兼奴戮言之,不必皆爲虧體之刑也。

《史記・廉頗藺相如列傳》:趙括之母,請趙王毋用括,趙王不聽。括母因曰:“王終遣之,即如有不稱,妾得無隨坐乎?”王許諾。其後括敗,趙王以母先言,竟不誅也。《三國・魏志・武帝紀》:建安八年五月己酉令,引此事,爲“古之將者,軍破於外,而家受罪於内”之徵,蓋軍刑之連及親族,由來舊矣。孔子曰:“射不主皮,爲力不同科,古之道也。”況於軍之出,不必皆有可勝之道乎?而以一切之法劫之,至於戮及無辜,亦可哀矣,固知争奪相殺者,不能復顧仁義也。

《荀子・榮辱》論鬬者忘其身云:“室家立殘,親戚不免乎刑戮。”此似内政,與軍法無關,然事勢之流,相激使然。後雖用諸内政,溯其始,要不能謂不出於軍刑也。

《吕覽・開春論》:“晉誅羊舌虎,叔向爲之奴而朡。”《注》:“奴,戮也。律坐父兄,没入爲奴。《周禮》曰:其奴男子入於罪隸,此之謂也。朡,繫也。”《漢書・楚元王傳》:申公、白生諫王戊不聽,“胥靡之。”《注》:“應劭曰:《詩》云:若此無罪,淪胥以鋪。胥靡,刑名也。晉灼曰:胥,相也。靡,隨也。古者相隨坐輕刑之名。”師古曰:“聯繫使相隨而服役之,故謂之胥靡。猶今之役囚徒,以鎖聯綴耳。”此正《吕覽》所謂朡者也。《叙傳》曰:“嗚乎史遷,薰胥以刑。”

《注》："晉灼曰：《齊》、《韓》、《魯詩》作薰。薰，帥也。從人得罪相坐之刑也。"《後漢書・蔡邕傳》："下獲熏胥之辜。"《注》："《詩・小雅》曰：若此無罪，勳胥以痡，勳，帥也；胥，相也；痡，病也。言此無罪之人，而使有罪者相帥而病之，是其大甚。見《韓詩》。"然則《詩》之所刺，亦僅相隨苦役耳。《左氏》昭公二十七年："子常殺費無極與鄢將師，盡滅其族。"《左氏》戰國時書，疑所言不盡實也。

原刊《光華大學半月刊》第五卷第七期，一九三七年三月三十日出版

〔一六四〕　救父殺夫，助夫殺父

《左傳》桓公十五年，"祭仲專，鄭伯患之，使其婿雍糾殺之。將享諸郊。雍姬知之，謂其母曰：父與夫孰親？其母曰：人盡夫也，父一而已，胡可比也？遂告祭仲曰：雍氏舍其室，而將享子於郊，吾惑之，以告。祭仲殺雍糾，尸諸周氏之汪。"是雍姬殺其夫以救其父也。襄公二十八年，"盧蒲癸、王何卜攻慶氏，……盧蒲姜謂癸曰：有事而不告我，必不捷矣。癸告之，姜曰：夫子愎，莫之止，將不出，我請止之。癸曰：諾。十一月乙亥，嘗於大公之廟，慶舍莅事，盧蒲姜告之，且止之，弗聽，曰：誰敢者？遂如公"，卒見殺。是盧蒲姜助其夫以謀殺其父也。又定公十四年，蒯聵使戲陽速殺南子，則爲子欲殺其母者。

〔一六五〕　父爲子隱，子爲父隱

《論語・子路》："葉公語孔子曰：吾黨有直躬者，其父攘羊，而子證之。孔子曰：吾黨之直者異於是，父爲子隱，子爲父隱，直在其中矣。"古之爲法者，上之所求於下，不必其有利於民，或且賊民以自利焉；縱不如是，民之恃法以自安者淺，恃其以情相聯繫以爲安者深，故聖人不肯求法之必行，而使其民相糾告，知其所獲者小，所喪者大也，聖之至也。

《宋書・何尚之傳》："義熙五年，吴興武康縣民王延祖爲劫，父睦以告官。新制：凡制，身斬刑，家人棄市。睦既自告，於法有疑，時尚之父叔度，爲尚書，議曰：設法止姦，本於情理。非一人爲劫，闔門應刑；所以罪及同産，欲開其相告，以出爲惡之身。睦父子之至，容可悉共逃亡，而割其天屬，還相縛送，螫毒在手，解腕求全，於情可愍，理亦宜宥。睦既糾送，即餘人無應復告。并全之。"立法以劫其民，至於如是，亦可哀矣。《蔡廓傳》："宋台建爲侍中，建議以

爲鞫獄不宜令子孫下辭，明言父祖之罪，自今家人與囚相見，無乞鞫之訴，使民以明伏罪，不須責家人下辭。朝議咸以爲允，從之。”此即頗有合平恕之理矣。廓少子興宗，“爲廷尉卿，有解士先者，告申坦昔與丞相義宣同謀。時坦已死，子令孫，時作山陽郡，自繫廷尉。興宗議曰：若坦昔爲戎首，身今尚存，累經肆眚，猶應蒙宥。令孫天屬，理相爲隱。況人亡事遠，追相誣訐，斷以禮律，義不合關。若士先審知逆謀，當時即應啓聞，包藏積年，發因私怨；況稱風聲路傳。實無定主，而干黷欺罔，罪合極法。”此則不徒平恕，且足以大畏姦狡矣。

原刊一九四七年五月十二日天津《民國日報》副刊“史與地”

〔一六六〕 比 伍 相 及

比伍相及之法，其初蓋亦軍刑。《康誥疏》謂“子弗祇服厥父事”云云，即父子兄弟，罪不相及。案此數語絶無罪不相及之意，《疏》言非也。自當如予説謂係《傳》文爲是，參看《傳説記》條。又言子非及父，理所當然，而《周官》隣保，以比伍相及，趙商疑而發問。鄭答云：《周禮》大平制，此居殷亂。《周官・大司寇疏》：“趙商問族師職曰：四閭爲族，八閭爲聯，使之相保相受，刑罰慶賞相及。在《康誥》曰：父不慈，子不孝，兄不友，弟不恭，不相及也。族師之職，鄰比相坐；《康誥》之云門内尚寬，不知《書》、《禮》是錯，未達指趣。答曰：族師之職，周公新制禮，使民相拱敕之法；《康誥》之時，周法未定，天下又新誅三監，務在尚寬，以安天下。先後量時，各有云爲，乃謂是錯也？”説殊不然，《墨子・尚同下》：“聖王皆以尚同爲政，故天下治。何以知其然也？於先王之書也。《大誓》之言曰：小人見姦巧，乃聞不言也，發，罪鈞。”魏默深謂此乃紂創之以監謗，《書古微・太誓補亡中》。説亦無據。《繁露・王道》云：“梁内役民無已，其民不能堪，使民比地爲伍，一家亡，五家殺，刑。”《公羊解詁》亦云：“梁君隆刑峻法，一家犯罪，四家坐之。”僖公十九年。《疏》云：《春秋説》有此文。蓋連坐之制，由來舊矣。《周官》族師職云：“五家爲比，十家爲聯；五人爲伍，十人爲聯；四閭爲族，八閭爲聯；使之相保相受，刑罪慶賞，相及相共。”比長職云：“五家相受相和親，有罪奇衺則相及。”隣長職云：“掌相糾相受。”士師職云：“掌鄉合州黨族閭比之聯，與其民人之什伍，使之相安相受，以比追胥之事，以施刑罰慶賞。”《周官》雖戰國時書，其所祖述，固皆古制。即《管子》之軌里連鄉，亦屬此制。《小匡》。特時會晚則操之者愈蹙，故《管子》僅言祭祀相福，死喪相恤，禍福相憂，居處相樂，行作相和，哭泣相哀。《周官》已以相糾與相受并舉，《商君》尤專重相司耳。《韓非・制分》曰：“去微姦之道奈何？其務令相闚其情者也。使相闚奈何？曰：里相坐而已。告過者免罪受賞，失姦者必誅連刑，如此，則姦類發矣。姦不容細，私告任坐使然也。”其言尤爲峻急。《商君書·賞刑》云：“周官之人，知而訐之上，自免於罪；無貴賤，尸襲其官長之官爵田禄。”則又推諸什伍之外矣。古之居民，蓋有二法：一如《周官》之比閭族黨，《管子》之軌里連鄉，與什伍之制相應，蓋軍人更屯聚者也。一如《尚書大傳》所述：八家而爲隣，三隣而爲朋，三朋而爲里，與井田之制相應，蓋農耕之民，不入行伍者。相司連坐之制，皆起於什伍，故知其初亦軍刑也。

原刊《光華大學半月刊》第五卷第七期，一九三七年三月三十日出版

〔一六七〕　與於青之賞必及於其罰

《左氏》昭公二十年：衛侯告寧於齊，且言子石。齊侯將飲酒，徧賜大夫，曰：二三子之教也。苑何忌辭曰：“與於青之賞，必及於其罰。在《康誥》曰：父子兄弟，罪不相及。況在羣臣？臣敢貪君賜，以干先王？”罪不相及，人人知之。賞不可相及，聞者或不能無疑，而不知以法家之義言之，則二者之不可惟鈞也。《荀子·君子》曰：“古者刑不過罪，爵不踰德，故殺其父而臣其子，殺其兄而臣其弟。刑罰不怒罪，爵賞不踰德，分然各以其誠通。是以爲善者勸，爲不善者沮。刑罰綦省，而威行如流。亂世則不然。刑罰怒罪，爵賞踰德。以族論罪，以世舉賢。故一人有罪，而三族皆夷。德雖如舜，不免刑均，是以族論罪也。先祖當賢，後子孫必顯，行雖如桀紂，列從必尊，此以世舉賢也。雖欲無亂，得乎哉？”以族論罪，以世舉賢，其失維鈞，此《左氏》苑何忌語之注脚也。

原刊《光華大學半月刊》第五卷第七期，一九三七年三月三十日出版

〔一六八〕　命夫命婦不躬坐獄訟

《周官》小司寇：“凡命夫命婦，不躬坐獄訟。”此與“刑不上大夫”同意。蓋古者平民貴族，界限森嚴，命夫命婦，固非獄吏小人之所得而治也。《左氏》僖公二十八年，衛侯與元咺訟，鍼莊子爲坐；襄公十年，王叔之宰與伯輿之大夫瑕禽坐獄於王庭；昭公二十三年，晉人執叔孫婼，使與邾大夫坐，叔孫曰：“列國之卿當小國之君，固周制也。邾又夷也，寡君之命介子服回在，請使當之，不敢廢周制故也。”乃得不坐。并《周官》之注脚。

貴族與平民，界限甚嚴；然同爲貴族，則不以其位之高下，而有所左右袒；故上下之訟，上不必勝，下不必負。衛侯與元咺、王叔與伯輿之訟，其明徵也。鄭之放子南也，子産曰："直鈞，幼賤有罪。"《左氏》昭公元年。不曰不論曲直，罪在幼賤也。瑕禽曰："下而無直，則何謂正矣。"《左氏》襄公十年。尤覺言之侃侃。

《小司寇注》曰："不身坐者，使其屬若子弟。"此今訴訟之代理人也。衛侯之與元咺訟也，既使鍼莊子爲坐，又使甯武子爲輔，士榮爲大士。《疏》云："以其主獄事，故亦使輔之。"蓋以其習於法律之故，則似今之律師矣。衛侯不勝，殺士榮，刖鍼莊子；蓋以尊者不可加刑，猶商君治秦，太子犯令，而刑其師傅，非以其爲坐爲輔也。然猶執衛侯，歸之京師，寘諸深室，則尊者僅得免刑，拘繫之罪，亦在所不免矣。

僖公二十八年杜《注》并引王叔之宰與伯輿之大夫坐獄事，曰："各不身親，蓋今長吏有罪，先驗吏卒之義。"案衛青之責李廣也，史云大將軍長史急責廣之幕府對簿，然廣曰："諸校尉無罪，乃我自失道，吾今自上簿。"則長史實未嘗責廣自行。賈生曰："古者大臣，有坐不廉而廢者，不謂不廉，曰簠簋不飾；坐汙穢淫亂，男女亡别者，不曰汙穢，曰帷薄不脩；坐罷耎不勝任者，不曰罷耎，曰下官不職。"蓋其後僅爲遜辭，其初則所驗問者，誠皆其下執事也。"成王有過，則撻伯禽"，義亦如是。

《尚書·立政》曰："文王罔攸兼於庶言、庶獄、庶慎，惟有司之牧夫。是訓用違，庶獄庶慎，文王罔敢知於兹。"崔東壁曰："文王之不兼庶獄，謂庶人之輕獄，非士大夫之大獄也。孟子曰：訟獄者不之堯之子而之舜，不之益而之啓。是古者諸侯之獄，皆天子自治之也。王叔陳生與伯輿争政，王叔之宰與伯輿之大夫瑕禽，坐獄於王庭；叔孫昭子朝而命吏曰：婼將與季氏訟，書辭無頗；是古者卿大夫之獄，皆其君自治之也。邢侯與雍子争鄐田，叔魚蔽罪邢侯，邢侯殺叔魚與雍子於朝；梗陽人有獄，魏戊不能斷，以獄上；是古者位相埒則不能治其獄，必尊者而後能治卑者之獄也明矣。自秦始重獄吏之權，無論丞相大臣，皆使治之，而李斯以謀反誣服矣。唐高宗時，人告長孫無忌謀反，許敬宗文致而上之，高宗猶以元舅之故，不忍殺，而敬宗不可；夫元舅誠不可以謀反貸死，顧無忌實未嘗謀反，高宗何不親鞫之乎？至明置錦衣獄，其禍尤烈，楊漣、左光斗諸人皆忠直大臣，一入獄中，覆盆莫告，榜掠至無完膚，卒以獄斃。若此者，豈非人主不自理之過與？"《豐鎬考信别録》。案古者卑不治尊，實由平民貴族等級森嚴之故。漢武論魏其、武安之獄曰："俱宗室外家，故廷辯之。不然，一獄吏所決耳。"謂此也。自秦以降，階級漸夷，雖丞相亦知獄吏之尊，實有平夷之美；然上下之隔絶愈甚，而冤獄益多，亦其遠不逮古者；故古今之刑法，亦互有得失也。

〔一六九〕 獄之遲速

《書·康誥》曰："要囚，服念五六日，至於旬時，丕蔽要囚。"此古者政簡刑清之世之遺法也。《史記·匈奴列傳》曰："獄久者不滿十日；一國之囚，不過數人。"蓋風氣誠樸之世恒如此。《周官》小司寇："以五刑聽萬民之獄訟，附於刑，用情訊之，至於旬乃弊之。"朝士之職："凡得獲貨賄人民六畜者，委於朝，告於士，旬而舉之。"《周官》固晚出之書，然其弊獄及舉得獲之物，皆以旬爲限，猶是古之遺制也。

風俗彌薄，疆理彌恢，則有司之治獄益難，而人民之赴訴愈遠，獄訟遂有稽留之弊。《周官》鄉士之辨獄訟，旬而職聽於朝；遂士二旬；縣士三旬；方士則三月而上獄訟於國：此皆因其地之遠，而其斷弊不得不遲者也。夫法不出於一，不可也。然地既大，路既遠，舉獄訟之大且難者，而欲悉聽諸中朝，則其事不得不遲；而稽延之弊，遂自兹而起矣。《周官》訝士，"掌四方之獄訟，諭罪刑於邦國，凡四方之有治於士者造焉。四方有亂獄，則往而成之。"《注》曰："如今郡國遣吏詣廷尉議"，"吕步舒使治淮南獄。"夫如是，尚安能守其旬時而蔽之舊，使獄囚不過數人哉？然吏之舞文弄法者則少矣。諭罪刑於邦國，蓋告以犯何罪當用何刑也，則各地錯雜之法，漸趨於一矣。此亦有畫一之美也。故曰：後世之刑法，與古者互有得失也。

《周官》朝士："凡士之治有期日：國中一旬，郊二旬，野三旬，都三月，邦國朞。期内之治聽，期外不聽。"蓋以閲時久則事狀不明，情僞不易悉，故限之以期日也。然國中限以一旬，而邦國至於朞月，其事狀尚可考，而情僞尚可悉乎？然欲舉邦國之獄，而悉成諸士，勢固有不得不然者；後世遠年疑獄，久懸而莫能決，亦由地大而最高審斷不能以時舉行故也。故任各地方各自爲政，則慮下吏之弄法舞文，而法律亦各徇其俗而不畫一。一統之於中朝，則不免執一切之法，以御不齊之俗，而法遂不厭於人心，而久延而冤曲不得伸，凶暴莫能懲，其弊尤難徧疏舉也。故曰：古今之法，互有得失也。

《論語·顏淵》："子曰：片言可以折獄者，其由也與？"亦貴其速也。故與"無宿諾"并舉。《集解》引孔，謂不須兩辭，可以偏信一言，其繆甚矣。

《月令》孟夏："斷薄刑，決小罪，出輕繫。"仲夏："挺重囚，益其食。"可見獄有留繫矣。鄉士、遂士、縣士之職：司寇斷獄、弊訟，既成，士師協日而刑殺。可見誅戮之不可久稽。然《月令》以孟秋戮有罪；仲秋命有司，申嚴百刑，斬殺必當；季秋乃趣獄刑，毋留有罪。《管子》亦曰"始寒盡刑"，《幼官》。則刑有不能協日而行者矣。司馬法曰："賞不踰時，雖爲善者之速得利也。"夫爲善者不可不速得利，則爲惡者不可不速受懲。自獄有淹繫，刑或踰時，而爲惡者之受懲緩矣，尚何以快人心而收懲一儆百之效也？故獄之淹滯，終非美事也。然非至各地方風俗畫一，政治之情形大變，司法之制，有不易即改者，故法之弊亦風俗爲之也。《小司寇》："歲終，則令羣士計獄弊訟，登中於天府。"蓋立程限，今年之事，不得延至明年也。

《公羊》宣公元年："古者大夫已去，三年待放。"《解詁》曰："古者疑獄三年而後斷，自嫌有罪當誅，故三年不敢去。"《墨子·明鬼下》"昔日齊莊君之臣，有所謂王里國、中里徼者，訟三年而獄不斷"，蓋即所謂疑獄也。此乃罕有之事，尋常獄訟，不得援以爲例。

〔一七〇〕 舜爲天子皋陶爲士瞽瞍殺人

《孟子·盡心》："桃應問曰：舜爲天子，皋陶爲士，瞽瞍殺人，則如之何？孟子曰：執之而已矣！然則舜不禁與？曰：夫舜，惡得而禁之？夫有所受之也。然則舜如之何？曰：舜視棄天下，猶棄敝蹝也。竊負而逃，遵海濱而處，終身訢然樂而忘天下。"此儒家斟酌於公私之間，恩義曲盡之道也。《記》曰："門内之治恩掩義，門外之治義斷恩。"《喪服四制》。善言治者，不以門内之恩，害門外之義；亦不以門外之義，奪門内之恩。蓋人羣之公義，不得不信；而世運未至於大同，則各親其親之心，亦爲人人所同具，故以是斟酌於二者之間，而求其曲當也。此章讀者或疑之，其實以其義推之羣經，均無不合。《論語》："葉公語孔子曰：吾黨有直躬者，其父攘羊，而子證之。孔子曰：吾黨之直者異於是，父爲子隱，子爲父隱，直在其中矣。"《子路》。夫以子證父則不可，人或證其父，則非其子所得而爲之諱矣。《公羊》曰："父母之於子，雖有罪，猶若不欲其服罪然。"文公十五年。不欲其服罪者，其心，非能使之不服罪也。此舜之所以竊負而逃，而不能禁皋陶之執也。《公羊》又曰："鄭伯克段於鄢，克之者何？殺之也。殺之則曷爲謂之克？大鄭伯之惡也。"《解詁》曰："明鄭伯爲人君，當如《傳》辭，不當自己行誅殺，使執政大夫當誅之。《禮》：公族有罪，有司讞於公，公曰：宥之。及三宥，不對。走出，公又使人赦之。以不及反命。公素服，不舉，而爲之變，如其倫之喪；無服，親哭之。”隱公元年。三宥而有司不對，此即所謂皋陶執之者。《王制》曰：“三公以獄之成告於王，王三又，然後致刑。”三宥之文，亦見《周官》司刺，蓋古之遺法。人君之於其族，亦依成法宥之耳，非能特赦之也。此亦所謂舜不得而禁之者也。季子之於公子牙也，不以爲國獄，不欲其服罪之心也。其於慶父也，緩追逸賊，歸獄鄧扈樂而不變，竊負而逃之義也。然以君臣之義，誅不得辟兄，則又舜之不得禁皋陶也。《公羊》莊公三十二年，閔公元年、二年。故曰：孟子之言，推之羣經而無不合也。

抑不獨經義。石碏之殺石厚也，使其宰獳羊肩涖焉，此即何君所謂“使執政大夫當誅之”者也。然卒不得不殺厚，則猶季子之誅不避兄也。《左氏》隱公四年。叔向治國制刑，不隱於親，三數叔魚之惡，不爲末減，而仲尼稱爲古之遺直。《左氏》昭公十四年。當官而行，勢不得隱，亦季子之誅不辟兄也。《史記·循吏列傳》曰：“石奢者，楚昭王相也。行縣，道有殺人者，相追之，乃其父也。縱其父而還自繫焉。使人言之王曰：殺人者，臣之父也。夫以父立政，不孝也；廢法縱罪，非忠也；臣罪當死。王曰：追而不及，不當伏罪，子其治事矣。石奢曰：不私其父，非孝子也；不奉主法，非忠臣也。王赦其罪，上惠也；伏誅而死，臣職也。遂不受令，自刎而死。”夫其縱父，則舜之竊負而逃也。然孟子謂舜可遵海濱而處，而石奢必還自繫、不受令、伏劍而死者，其所處之位異也。《史記》又曰：“李離者，晉文公之理也。過聽殺人，自拘當死。文公曰：官有貴賤，罰有輕重；下吏有過，非子之罪也。李離曰：臣居官爲長，不與吏讓位；受禄爲多，不與下分利；今過聽殺人，傅其罪下吏，非所聞也。辭不受令。文公曰：子則自以爲有罪，寡人亦有罪邪？李離曰：理有法：失刑則刑，失死則死。公以臣能聽微決疑，故使爲理，今過聽殺人，罪當死。遂不受令，伏劍而死。”李離自以爲有罪，而不謂其君有罪者，君故不以弊獄爲責，然則皋陶之父而殺人，苟縱之，亦必如石奢之自繫，而不得如舜之遵海濱而處矣。然則羣經之義，亦當時賢士大夫所共知，蓋孔子亦因俗之合於義者，著之於經爾，非必有所創也。

《左氏》襄公二十二年：“楚觀起有寵於令尹子南，楚人患之，王將討焉。子南之子棄疾爲王御士，王每見之，必泣。棄疾曰：君三泣臣矣，敢問誰之罪也？王曰：令尹之不能，爾所知也，國將討焉，爾其居乎？對曰：父戮子居，君焉用之？洩命重刑，臣亦不爲。王遂殺子南於朝，轘觀起於四竟。子南之臣謂棄疾：請徙子尸於朝，曰：君臣有禮，唯二三子。三日，棄疾請尸。王許之。既葬，其徒曰：行乎？曰：吾與殺吾父，行將焉入？曰：然則臣王乎？曰：棄父事讎，吾弗忍也。遂縊而死。"夫康王之欲殺子南，猶皋陶之欲執瞽瞍也，而何以棄疾不竊負而逃也？曰：觀子南既死，其徒猶欲犯命取殯，則其力能抗王可知，勸其行，必不從矣，此棄疾之所以弗告也；自殺以全臣子之義也。亦可哀矣。

〔一七一〕毋　赦

儒家之言曰："眚災肆赦。"《書·堯典》。又曰："赦小過。"《論語·子路》。而法家之言曰："小忠必赦。"《韓非子·飾邪》。二者果孰是？曰：皆是也。儒家之言，就犯罪者一人言之也。法家之言，則爲公衆言之也。就犯罪者一人而言之，凡有過者，不必其皆惡；即惡矣，亦或迫於勢不得已；又或偶然失足，後知悔悟；凡若此者，以情理言之，固可哀矜；舍之，使得改過自新，持法者固應爾也。然若其持法也，乃以警衆爲重，而不暇爲一二人計，則法家之言，有可深長思者。《管子》曰："民無重罪，過不大也。民無大過，上無赦也。上赦小過，民多重罪，積之所生也。"《法法》。《商君書》曰："行刑重其輕者，輕者不生，則重者無從至矣，此謂治之於其治也。行刑重其重者，輕其輕者，輕者不止，則重者無從止矣，此謂治之於其亂也。"《説民》。爲公衆計，不爲一二人計，則所謂"凡赦者，小利而大害者也，故久而不勝其禍；毋赦者，小害而大利者也，故久而不勝其福"者，確有至理。《管子·法法》。夫豈不知其有小害，勢有所不暇顧也。《禮記·王制》曰："凡執禁以齊衆，不赦過。"夫執禁齊衆時之過，與平時之過，有何異焉？然而不赦之者，爲齊衆計，勢固不得不然也。此言可以通儒、法之郵。

《周官》大司寇："掌建邦之三典，一曰刑新國用輕典，二曰刑平國用中典，三曰刑亂國用重典。"視所施而異其輕重，蓋亦度齊衆之宜。《荀子》曰："刑稱罪則治，不稱罪則亂。故治則刑重，亂則刑輕。犯治之罪固重，犯亂之罪固輕也。《書》曰：刑罰世輕世重，此之謂也。"《正論》。不度時勢之殊，而以罪之輕重固爾，失其義矣。

原刊一九四七年五月九日上海《益世報》副刊"史苑"

〔一七二〕以吏爲師

《史記·秦始皇本紀》：李斯焚書之議曰："若有欲學法令，以吏爲師。"《集解》引徐廣曰："一無法令二字。"案《李斯傳》亦無之，疑此二字乃注語，諸本或奪，或溷入正文也。此語爲史公元文與否不可知，要不失李斯之意。或謂若有欲學，指凡學問言；又或謂吏即博士，以此爲秦未嘗滅學之徵，則翩其反而矣。

"欲學法令，以吏爲師"，説見《商君書·定分》篇。此篇之意，欲置官吏知法令之謂者，以爲天下正。諸官吏及民，有問法令之所謂者，皆明告之。不告，以其所問法令之罪罪之。其言曰："一兔走，百人逐之。賣者滿市，盜不敢取，由名分已定也。今法令不明，其名不定，天下之人得議之。其議人異而無定，是法令不定，以下爲上也。先聖人爲書而傳之，後世必師受之，乃知所謂之名；不師受之，而人以其心意議之，至死不能知其名與其意，故聖人必爲法令置官也。置吏也，爲天下師，所以定名分也。"蓋欲收解釋法令之權，歸之於上耳。

《禮記·王制》曰："析言破律，亂名改作，執左道以亂政，殺；作淫聲、異服、奇技、奇器以疑衆，殺；行僞而堅，言僞而辯，學非而博，順非而澤以疑衆，殺；假於鬼神、時日、卜筮以疑衆，殺；此四誅者，不以聽。"《荀子·宥坐》曰："孔子爲魯攝相，朝七日而誅少正卯。門人進問曰：夫少正卯，魯之聞人也，夫子爲政而始誅之，得無失乎？孔子曰：居，吾語女其故。人有惡者五，而盜竊不與焉。一曰心達而險，二曰行辟而堅，三曰言僞而辯，四曰記醜而博，五曰順非而澤。此五者有一於人，則不得免於君子之誅；而少正卯兼有之。故居處足以聚徒成羣，言談足以飾邪營衆，强足以反是獨立，此小人之桀雄也，不可不誅也。是以湯誅尹諧，文王誅潘止，周公誅管叔，太公誅華仕，管仲誅付里乙，子産誅鄧析、史付。此七子者，皆異世同心，不可不誅也。"《説苑·指武》篇略同，此即《王制》之注脚也。《吕覽·離謂》曰："鄭國多相縣以書者，子産令無縣書，鄧析致之；子産令無致書，鄧析倚之；令無窮，則鄧析應之亦無窮，是可不可無辨也。"又曰："子産治鄭，鄧析務難之。與民之有獄者約：大獄一衣，小獄襦袴。民之獻衣襦袴而學訟者，不可勝數；以非爲是，以是爲非，是非無度，而可與不可日變；所欲勝因勝，所欲罪因罪；鄭國大亂，民口讙譁。子産患之，於是殺鄧析而戮之。民心乃服，是非乃定，法律乃行。"夫是非可否，明著於法律者，豈鄧析所能違？鄧析所爲，亦貿其名實，以法之所誅爲無罪，法所不問者爲有誅耳。此正所謂"析言破律，亂名改作"者也。以此傳諸鄧析不必實，然春秋戰國時，必有此等事，則無疑矣。故儒、法二家，同以爲患也。

商君之意，欲"天子置三法官：殿中置一法官，御史置一法官及吏，丞相置一法官。諸侯郡縣皆各爲置一法官及吏。皆此秦一法官，郡縣諸侯，一受寶來之法令學問并所謂吏民知法令者，皆問法官。故天下之吏民無不知法者。吏明知民知法令也，故不敢以非法遇民。遇民不脩法，則問法官，法官即以法之罪告之，民即以法官之言正告之吏。吏知其如此，故吏不敢以非法遇民，民又不敢犯法”。此所謂法官，非躬行法，而爲行法之吏所稟承，故曰爲天下正。今之論者，但知司法與行政當分，而解釋法律，則悉由司法官，司法官猶得上下其手。若如《商君書》所言，則行政官雖兼司法，而亦不能自恣，而遇民不法者，民得告之法官，則又不啻今之平政院矣。其法雖與歐西立憲之國異，其用意固相通也。李斯所謂“欲學法令，以吏爲師”者，不知其吏亦如此否？然即謂其意如是，其事亦必未行，故《史記》不載，他書亦無及之者也。漢世法令之弊，在於郡國承用者駁，或罪同而論議，姦吏因緣爲市，惜乎未有以商君之説正之者也。然曹魏之世，因諸家章句大繁，而詔專用鄭氏，雖未嘗收解釋之權於上，亦有一其解釋之意矣。

《周官·天官》大宰：“掌建邦之六典，以佐王治邦國。以八法治官府，以八則治都鄙。”《春官》大史：“掌建邦之六典，以逆邦國之治，掌法以逆官府之治，掌則以逆都鄙之治。凡辨法者考焉，不信者刑之。”御史：“掌邦國都鄙及萬民之治令，以贊冢宰，凡治者受法令焉。”此即商君欲於殿中、御史、丞相各置一法官之意；訝士諭罪刑於邦國，亦即其爲諸侯郡縣各置法官之意。蓋考核諸司是否守法，其權固操之自上，而於法律或有不明，亦當問之於上，故戰國時之成法；《商君書》與《周官》，同爲六國時物，故其用意亦頗同也。

商君欲使人人皆知法令，與叔向之諍刑書，仲尼之非刑鼎，用意大異。然其言曰：“吏不敢以非法遇民，民又不敢犯法，如此，天下之吏民，雖有賢良辨慧，不能開一言以枉法；解釋法律之權，操之於吏，而鄧析之徒絶跡矣。雖有千金，不能以用一銖。故知詐賢能者，皆作而爲善，皆務自治奉公，民愚則易治也。此所生於法明白易知而必行。”又曰：“夫微妙意志之言，上知之所難也。夫不待法令繩墨而無不正者，千萬之一也。故聖人以千萬治天下。故夫知者而後能知之，不可以爲法，民不盡知。賢者而後知之，不可以爲法，民不盡賢。故聖人爲法，必使之明白易知。名正，愚知徧能知之。爲置法官，置主法之吏，以爲天下師，令萬民無陷於險危。故聖人立而天下無刑死者，非不刑殺也，行法令明白易知，爲置法官，吏爲之師，以道之知，萬民皆知所避就；避禍就福，而皆以自治也。”然則刑期無刑之意，實儒、法二家之所同，特其所由之路異耳。以時勢揆之，則法家之言爲切矣。《吕覽·淫辭》：“惠子爲魏惠王爲法，已成，以示諸民人。民人皆善之。”則戰國時之爲法，無不求人民能知之者，與春秋時人見解大異矣。然仍有其不可行者，法家之所恃以致無刑者，曰人能知法；其所恃以使人能知法者，曰法明白易知。然羣治演進，則人事隨之而繁；人事既繁，而法令隨之而雜，其勢有不得不難知者。試觀今之法令，夫豈人人所能知，而亦曷嘗有一章一篇之可省乎？故法令如牛毛，而非人人所能知，而不足以饜人心，而不能收勸懲之效，皆世變爲之，非爲法者之過也。

李悝撰次諸國法，爲《法經》六篇，商君受之以相秦。六篇者：《盜》、《賊》、《網》、《捕》、《雜》及加減。其後蕭何益以《興》、《廄》、《户》三篇，叔孫通益律所不及旁章十八篇，張湯有《越宫律》二十七篇，趙禹有《朝律》六篇。漢律至此，遂有六十篇矣。益以漢時決事，集爲《令甲》以下三百餘篇，及司徒鮑公《嫁娶辭訟決》爲《法比》，都目凡九百六卷。《晉書·刑法志》。文書盈於几閣，典者不皆徧睹，此漢世之有心人，所由無不以删定律令爲急者也。張湯、趙禹之屬不足論，蕭何以清浄爲治，叔孫通亦儒者，豈肯使法令如牛毛？然於秦律皆有所增益，明《法經》原出李悝以前，悝撰次諸國法爲之，而非悝所自爲。已不足周當時之用，增益者亦出於勢不得已也。增益則文繁；文繁，衆必不能盡省矣，又況其不易知乎？

〔一七三〕　復　　讎

《禮記·檀弓》：“子夏問於孔子曰：居父母之讎如之何？夫子曰：寢苫，枕干，不仕，弗與共天下也。遇諸市朝，不反兵而鬭。曰：請問居昆弟之讎如之何？曰：仕弗與共國，銜君命而使，雖遇之不鬭。曰：請問居從父昆弟之讎如之何？曰：不爲魁，主人能，則執兵而陪其後。”《周官·地官》調人：“凡和難，父之讎，辟諸海外；兄弟之讎，辟諸千里之外；從父兄弟之讎不同國。君之讎眂父，師長之讎眂兄弟，主友之讎眂從父兄弟。”《疏》云：“趙商問：天下尚不反兵，海内何爲和之？鄭答曰：讎在九夷之東，八蠻之南，六戎之西，五狄之北，雖有至孝之心，能往討不乎？”案古所謂天下者，非真謂普天之下，乃謂中國政教所及耳。秦始皇分天下爲三十六郡，桂林、南海、象、閩中，初不在其内也。明當時所謂天下，限於四海之内也。《詩》曰：“普天之下，莫非王土。”夷蠻戎狄亦非疆理所及也。

《禮記·曲禮》：“父之讎，弗與共戴天，兄弟之讎不反兵，交游之讎不同國。”《注》：交游，或爲朋友。《大戴記·曾子制言上》：“父母之讎，不與同生；兄弟之讎，不與聚國；朋友之讎，不與聚鄉；族人之讎，不與聚隣。”《公羊》莊公四年《解詁》：“《禮》：父母之讎，不同戴天；兄弟之讎，不同國；九族之讎，不同鄉黨；朋友之讎，不同市朝。”所言大致略同。《二戴記》、《解詁》所謂國，蓋指郭以内言，較市朝鄉黨爲廣。《周官》晚出，其時交通較便，聲聞所及益廣，故兄弟之讎，所不同者，擴及千里；從父昆弟之讎，則同於昔者之兄弟也。世運愈進，交通愈便，聲聞所及愈廣，報讎者有雖數千里而弗釋者矣，若范雎之於魏齊是也；而如漢高之於田横，則雖亡之海外，亦弗獲免矣。

弗仕者，仕則有公事，不得專顧其私以復讎爲事也。《檀弓》曰：滕成公之喪，使子叔敬叔弔，進書，子服惠伯爲介。及郊，爲懿伯之忌不入。惠伯曰：政也，不可以叔父之私，不將公事。遂入。亦見《左氏》昭公三年。此所謂銜君命而使，雖遇之不鬬者也。伍子胥之干闔廬也，闔廬將爲之興師，子胥曰：“諸侯不爲匹夫興師。且臣聞之：事君猶事父也，虧君之義，復父之讎，臣不爲也。”《公羊》定公四年。《穀梁》同。蓋君非一臣之君，勢不得舉一國以殉一人。故臣仕於君有不得資其力以復讎者。若枉道而資其力，則虧君之義矣，又古之義士所不爲也。此有父母之讎者所以弗仕也。然如伍子胥者，其所讎乃爲萬乘之君；范雎之所讎，則千乘之君蔽之，有非資國君之力不能報者。此虧君之義以釋私怨者，所由接跡於後世與？伍子胥不肯虧君之義，以復父之讎；范雎以一人之私怨，挾秦力以窮魏齊，而秦王亦舉國以殉之，可以覘世變矣。

葛伯讎餉之事，《孟子·藤文公下》。論者恒疑之；然大同之世，力惡其不出於身也，不必爲己，代耕之事，固古之遺俗，不足疑也；即爲匹夫匹婦復讎，亦不足怪，何者？古代部族林立，部族與部族之交涉，猶今日國與國之交涉也。今日此國之人，有見殺於彼國者，豈不亦責諸其國，而不問其人與。特不能皆爲之興師耳。此則時異勢殊，利害交錯，不能專殉一事，使之然也。然而匹夫匹婦，含憤而不獲申者衆矣。然後知伊尹思天下之民，匹夫匹婦，有不與被堯舜之澤者，若己推而内之溝中，《孟子·萬章上》。非徒存虚願也；當時之時勢，誠可使匹夫匹婦，無不被其澤也，何也？其羣小，其事簡，利害關係未甚錯雜，爲君相者誠可以顧及其人民，使之生得其養，死得其葬。苟有冤屈，無不獲理也。至於後世，牧民者雖有無窮之心，而爲事勢所限，可若何。禹思天下有溺者，由己溺之也；稷思天下有饑者，猶己饑之也；《孟子·離婁下》。亦當時之事勢，可以振天下之饑溺者。張子見餓殍輒咨嗟，對案不食者累日。其心，禹稷之心也；欲買田一方，試井之，卒不可得，尚何以振天下之饑溺者哉？

子胥之復讎，處心積慮，則可謂深矣。艱難其身，則可謂甚矣。抑如白公者，以子西不爲之復讎，而至於作難，《左氏》哀公十六年。雖曰虧君之義，亦不可謂之不烈。嚴仲子求匹夫以報國相；秦昭王以萬乘之力，爲范睢窮魏齊，平原君身見止而不肯出之，虞卿解相印而與之亡，侯嬴緩頰，信陵懷慙，魏齊猶以其初難見之也，怒而自剄。當時游俠之徒，意氣之盛，可以想見。如姬父爲人殺，資之三年，《史記·信陵君列傳》。《索隱》："舊解資之三年謂服齊衰也。今案：資者，畜也。謂欲爲父報讎之資畜於心已得三年也。"愚按舊解是也。三年言其久爾，亦不必三年而遂釋也。終以信陵君爲之報讎，冒死爲竊兵符，其視寵娥，亦何多讓焉？此借交報讎者之所以滿於天下與！蓋自俠累見殺，而刺萬乘之君若刺褐夫，而諸侯有不足嚴者矣。然如白公、嚴仲子者，不恤一身之忿，險危大人，雖微二子者楚不國，不之恤也。而如范睢、虞卿、平原、信陵、侯嬴、如姬之徒，其所行不同，而不免於虧君之義則同。事勢之流相激使然，曷足怪乎？然而復讎之風，有不可長者矣。

復讎之風，初皆起於部落之相報，雖非天下爲公之義，猶有親親之道存焉。至於范睢，一飯之德必償，睚眦之怨必報，《史記》本傳。則徒以一身之私矣。鄭伯將以高渠彌爲卿，昭公惡之，固諫，不聽。昭公立，懼其殺己也，弒昭公而立公子亹。公子達曰："高伯其爲戮乎，復惡已甚矣。"《左氏》桓公十七年。則并以除害而弒君矣。此亦所謂事勢之流相激使然者也。至此而復讎之風，益不可長矣。

以復讎之風之不可長也，而限制之法漸生。"父不受誅，子復讎可也；父受誅，子復讎，推刃之道也。"此以義之是非爲正者也。"復讎不除害，朋友相衛而不相迿。"《公羊》定公四年。《解詁》："迿，出表辭，猶先也。不當先相擊刺，所以伸孝子之恩。"案亦所以限制爲人復讎者，使不得踰其分也。《檀弓》之"不爲魁"亦此義。此限止其事，使不得過當者也。國君一體，故賢齊襄復九世之讎，而家則不得援以爲例，猶必以上無天子、下無方伯爲限，則幾於尊國法而絶私報矣。《公羊》莊公四年。此《春秋》之義也。《周官》所著，蓋當時所行之法，"調人掌司萬民之難而諧和之"，其意本在防其相報，故"凡過而殺傷人者，以民成之，鄭司農云："以民成之，謂立證佐成其罪也。一說：以鄉里之民，共和解之。"案一説是也。鳥獸亦如之"。凡和難者，皆使之辟。"弗辟，然後與之瑞節而以執之。凡殺人，有反殺者，邦國交讎之。凡殺人而義者，不同國，令弗讎，讎之則死。凡有鬭怒者成之，不可成者則書之，先動者誅之。"鄭司農云："成之謂和之也。和之猶今二千石以令解讎怨，後復相報移徙之。"此調人遺法存於漢世者。又朝士，"凡報仇讎者，書於士，殺之無罪。"皆以其時復讎爲難之風方盛，《左氏》文公二年，"狼瞫見黜，其友曰：吾與女爲難。"古人不恤逞一朝之忿者，往往如此。不能絶，不得已而姑爲之限，以去其太甚者也。

《論語·憲問》:“或曰:以德報怨,何如?子曰:何以報德?以直報怨,以德報德。”或謂此或人爲老氏之徒,此深求而反失之者也。此或人之言,不過指當時復讎之事耳。然則孔子亦不主不報怨也,此自當時事勢使然。《顔淵》:“樊遲問辨惑,子曰:一朝之忿,忘其身以及其親,非惑與?”此即孟子所謂“好勇鬬狠,以危父母”者。《萬章》下。孟子又曰:“吾今而後知殺人親之重也,殺人之父,人亦殺其父;殺人之兄,人亦殺其兄;然則非自殺之也,一間耳。”《盡心》下。《集注》謂:“言吾今而後知者,必有所爲而感發也。”其實此亦當時風氣如此,不必特指一事也。

《史記·范雎蔡澤列傳》:鄭安平進雎於王稽,詐言其人有讎,不敢晝見。可見復讎風氣之盛,所謂不反兵者,非虚言也。聶政不肯受嚴仲子百鎰之金,即《禮記》所謂“父母存,不許友以死”者。

《左氏》襄公二十二年:“鄭游眅將歸晉,未出竟,遭逆妻者,奪之以館於邑。其夫攻子明,殺之,以其妻行。子展廢良而立大叔。求亡妻者,使復其所。使游氏勿怨,曰:無昭惡也。”此以政令禁止民相讎報者也。文公六年:“賈季奔狄,宣子使臾駢送其帑。夷之蒐,賈季戮臾駢,臾駢之人欲盡殺賈氏以報焉。臾駢曰:不可,吾聞敵惠敵怨,不在後嗣,忠之道也。夫子禮於賈季,我以其寵報私怨,無乃不可乎?介人之寵,非勇也;損怨益讎,非知也;以私害公,非忠也。釋此三者,何以事夫子?盡具其帑,與其器用財賄,親帥扞之,送致諸竟。”敵惠敵怨,不在後嗣,復讎不除害之義也。不肯介人之寵,朋友不相迫之義也。不肯損怨益讎,不以一朝之忿忘其身以及其親也。不肯以私害公,不虧君之義也。臾駢幾於能以德報怨矣。臾駢之人以賈季一人之失,而欲盡殺賈氏,何其甚也?孟子曰:“仁者以其所愛及其所不愛,不仁者以其所不愛及其所愛。梁惠王以土地之故,糜爛其民而戰之,大敗,將復之,恐不能勝,故驅其所愛子弟以殉之,是之謂以其所不愛及其所愛也。”《孟子·盡心》下。亦不過一念之推耳,是以君子貴懲忿窒欲也。

《周官》:“凡殺人而義者。”鄭《注》謂:“父母兄弟師長嘗辱焉而殺之者。”此臾駢之人,所以以駢見戮而欲盡殺賈氏也。夏侯惇年十四,就師學,人有辱其師者,惇殺之。漢魏間人猶時有此事。

《管子·大�》:“君謂國子,凡貴賤之義,入與父俱,出與師俱,上與君俱,凡三者,遇賊不死,不知賊,則無赦。”以此義推之,則復讎不徒非所禁,不復讎者且犯義當誅矣。《春秋》之義,君弒,賊不討,不書葬,以爲無臣子也。《公羊》隱公十一年。子沈子曰:“君弒,臣不討賊,非臣也;不復讎,非子也。葬,生者之事也。《春秋》君弒,賊不討，不書葬，以爲不繫乎臣子也。"案不繫乎臣子者，猶言非其君父也，乃絶之於君父云爾。又隱公四年："衛人殺州吁於濮，其稱人何？討賊之辭也。"《解詁》云："明國中人人得討之，所以廣忠孝之路。"《檀弓》："邾婁定公之時，有弑其父者。公曰：寡人嘗學斷斯獄矣：臣弑君，凡在官者殺無赦；子弑父，凡在宫者殺無赦。"蓋古之爲羣也重統率。君也，父也，師也，皆一羣統率之人，故其尊之也如此；猶後世軍行失主將者，部曲重誅也。

《曲禮疏》："《異義》：《公羊》説：復百世之讎。古周禮説：復讎之義，不過五世。許慎謹按：魯桓公爲齊襄公所殺，其子莊公與齊桓公會，《春秋》不譏。又定公是魯桓公九世孫，孔子相定公，與齊會夾谷，是不復百世之讎也。從周禮説。鄭康成不駁，即與許慎同。凡君非理殺臣，《公羊》説：子可復讎；故子胥伐楚，《春秋》賢之。《左氏》説：君命天也，是不可復讎。鄭駁《異義》，稱子思云：今之君子，退人若將隊諸淵，無爲戎首，不亦善乎？子胥父兄之誅，隊淵不足喻，伐楚使吴首兵，合於子思之言也。是鄭善子胥，同《公羊》之義也。"案郜之狩，《春秋》諱齊侯稱"人"。《傳》曰："前此者有事矣，後此者有事矣，則曷爲獨於此焉譏？於讎者將壹譏而已，故擇其重者而譏焉，莫重乎其與讎狩也。於讎者則曷爲將壹譏而已？讎者無時焉可與通；通則爲大譏；不可勝譏，故將壹譏而已；其餘從同。"《公羊》莊公四年。安得謂莊公與齊桓公會，《春秋》不譏？引夾谷之會，以非復百世之讎也。僖公元年："九月，公敗邾婁師於纓。"《解詁》："有夫人喪，不惡親用兵者，時惡邾婁人以夫人與齊，於喪事無薄故也。"哀姜且然，况桓公乎？抑《春秋》誅意不誅事，故乾時之戰，復讎者在下，則不與公。莊公九年。桓公之書葬，《傳》曰：賊未討，何以書葬？讎在外也。讎在外則何以書葬？君子辭也。《解詁》曰：時齊强魯弱，不可立得報，故君子量力；且假使書葬，於可復讎而不復乃責之，諱與齊狩是也。《公羊》桓公十八年。《穀梁》義同。然則《春秋》雖賢復讎，亦未嘗不量力，安得魯與齊會，一一譏之乎？許慎疾今學如讎，康南海語。見《新學僞經考》。然其無識妄斷率如此。至其從《左》義而非子胥，更不足辨也。

〔一七四〕 決 鬥 復 讎

事有可行於古，不可行於今者，風俗之異也。西方兩男争一女，往往以決鬥定之，勝者取女以去，敗者甘服無辭焉；心即不樂，不敢爲枉道以求報也。夫鬥者求勝而已，所由之道何擇焉？然而莫肯爲者，風氣未開，人自不出於其途也。今中國以兩男而争一女者亦多矣，使以決鬥定其勝負，勝者取女以去，豈可一日安乎？此無他，風氣之異也。然初守成法而不敢踰者，久而終必至惟勝之求。而所由之道，一切皆非所計而後已。此事勢相激使然，雖有大力，莫之能遏者也。古之用兵，必守軍禮，不斬祀，不殺厲，不重傷，不禽二毛。其後終至於禽獮草薙，繫虜老弱，焚燒宫室，無所不爲者以此。觀於小，固可以知大也。

《春秋》之義，復讎不除害，此亦古代之風氣，有以限止人，使不出於過當不直之途者也。然而其後亦有不能保守者矣，族誅之法，蓋由是而起也。方□□□之肆意殺人也，所至必行其所謂清鄉者，有穀五石者殺，有銀三百元者殺，曾爲官吏者殺，曾入軍伍者殺，而卜筮巫祝之流無論矣。其殺人也，鼓勵鄉民以行之，已殺其家一人，必又鼓鄉民盡殺其家而後已，曰將來彼謀報復，爾家將無噍類也。嗚呼！復讎不除害之道，猶有存焉。而復讎之事，猶可行乎？君子觀於此，而知風氣之變遷之烈也。

〔一七五〕 斷獄重情

古之聽訟，所以異於後世者何與？曰：古者以其情，後世則徒以其事而已矣。人之所以能相與羣居而不亂者，以其相親愛；其不然者，則以其相怨怒。而人之所以相親愛相怨怒者，非以其利不利也，而特以其心之欲相利抑欲相賊。親戚朋友，敝吾之物，雖若丘陵，弗怒也；苟有意欲相賊者，則雖簞食豆羹，或至於挺劍而起矣。夫人，不能無羣居者也。利於羣居者謂之善，不利於羣居者謂之惡，此無待再計也。有相利之心，則足以使人相親愛；有相賊之心，足以使人相怨怒。而無其情而有其事者不然。則刑罰之所誅，乃意而非事，亦昭昭矣。此《春秋》聽獄之所以重志也。《大學》："子曰：聽訟吾猶人也，必也使無訟乎？此十四字亦見《論語·顔淵》。無情者不得盡其辭，大畏民志，此謂知本。"蓋謂此也。

古之斷獄，所以能重其情者，以其國小民寡而俗樸，上下之情易得而其誠意易相孚也。《左氏》莊公十年："齊師伐我，公將戰，曹劌請見。問何以戰？公曰：衣食所安，弗敢專也，必以分人。對曰：小惠未徧，民弗從也。公曰：犧牲玉帛，弗敢加也，必以信。對曰：小信未孚，神弗福也。公曰：小大之獄，雖不能察，必以情。對曰：忠之屬也，可以一戰。"所謂"必以情"者，《王制》曰："凡制五刑，必即天論，郵罰麗於事。凡聽五刑之訟，必原父子之親，立君臣之義以權之。意論輕重之序，慎測淺深之量以别之。悉其聰明，致其忠愛以盡之。"蓋其推原其犯罪之由，而究度其究爲罪與非罪如是其悉也。《論語》曰："孟氏使陽膚爲士師，問於曾子。曾子曰：上失其道，民散久矣。如得其情，則哀矜而勿喜。”《子張》。《孟子》曰：“鄒與魯鬨，穆公問曰：吾有司死者三十三人，而民莫之死也。誅之，則不可勝誅；不誅，則疾視其長上之死而不救，如之何則可也？孟子對曰：凶年饑歲，君之民，老弱轉乎溝壑，壯者散而之四方者，幾千人矣；而君之倉廩實，府庫充，有司莫以告，是上慢而殘下也。曾子曰：戒之戒之！出乎爾者，反乎爾者也。夫民今而後得反之也。君無尤焉！”《梁惠王》下。深推其犯罪之由，而洞燭乎其不得已之故，所謂得其情也。得其情，哀矜之心必有惕然不能自已者矣，刑罰安得不中？然此惟國小民寡而俗樸之世爲能。若如後世，敦樸既瀉，詐僞百出，犯罪者不必窮民，或多大猾，微論其情不易得；即能得之，而以朽索馭六馬，懍懍乎防其奔逸之不暇，雖明知其窮而可矜，安能恤之？而於大猾，則有孰視而莫敢誰何者矣，而孰能治之！舉世皆知法律之誅求，乃其事之表面，而非心之意也，在上者雖有哀矜之心，亦豈有詳刑之效哉？

《周官·秋官》小司寇：“以五聲聽獄訟，求民情，一曰辭聽，二曰色聽，三曰氣聽，四曰耳聽，五曰目聽。”此所求其罪狀，無或有枉。司刺：“掌三宥三赦之法。壹宥曰不識，再宥曰過失，三宥曰遺忘。壹赦曰幼弱，再赦曰老旄，三赦曰惷愚。”此皆確有其人，確有其事，既得其罪狀之後，又深念其是否如是者也。《王制》曰“必察小大之比以成之”，則慮蔽獄之人，性質或有寬嚴，又或有一時之喜怒，故必擇前此之成案，以相比較也。此皆悉其聰明，致其忠愛之道也。《管子·霸形》：“孤幼不刑。”《戒》篇：“老弱勿刑，三宥而後弊。”夫一人之聰明，必不如萬人之聰明也，是故“疑獄，氾與衆共之，衆疑，赦之”。《王制》。《周官》三刺之法，一曰訊羣臣，二曰訊羣吏，三曰訊萬民。小司寇。又見司刺。《孟子》“左右皆曰可殺”，即所謂“訊羣臣”；“諸大夫皆曰可殺”，即所謂“訊羣吏”；“國人皆曰可殺”，即所謂“訊萬民”。《梁惠王》下。蓋古之遺制也。《南史·扶桑傳》曰：“貴人有罪，國人大會。坐罪人於坑，對之宴飲分訣若死别焉。以灰繞之，其一重則一身屏退，二重則及子孫，三重則及七世。”扶桑蓋濊貉之族浮海而東者。濊貉法俗，類中國者極多，予别有考。抑人羣演進之程度相同，其法俗亦往往相類，正不必論其淵源之所自而已足相證明矣。

聽獄者之誅事而不誅意，果何自始哉？曰：一由風俗日瀉，民思僥倖，《王制》所以云“凡作刑罰，輕無赦”也。一由是非利害，日益錯雜而難明，《王制》所以有“不以聽”之“四誅”也。《王制》曰：“析言破律，亂名改作，執左道以亂政，殺；作淫聲異服奇技奇器以疑衆，殺；行僞而堅，言僞而辯，學非而博，順非而澤以疑衆，殺；假於鬼神時日卜筮以疑衆，殺；此四誅者不以聽。”《注》曰：“爲其爲害大而辭不可明。”案犯法者有二：一不忍於社會之壓力而悍然犯之，如《莊子·則陽》篇柏矩所哭之辜人是。此僅圖苟免其身，乃尋常所謂犯罪。一不以社會之是非爲然，而欲反之，則不逞之徒矣。《王制》此四誅，皆其流亞也。一由衆心不同，不可理喻，而不得不取一切之法，《王制》所謂“凡執禁以齊衆，不赦過”也。蓋風氣稍變，德與禮之用窮，而不得不專恃法。夫法之與德禮，其初本一也，而後卒至於分歧者，則以民俗漸瀉，表裏不能如一也。人藏其心，不可測度，何以窮之？其不得不舍其意而誅其事，亦勢也。故人不能皆合乎禮，而必有刑以驅之，而法之爲用由是起。其初猶兼問其意也，卒至於盡舍其意而專誅其事，而法之體由是成。

《王制》又曰："有旨無簡，不聽。"《注》："簡，誠也。有其意，無其誠者，不論以爲罪。"此謂明知其有犯罪之意，能得其犯罪之情。而不能得其犯罪之實據者，蓋不徒誅意而兼重事矣。因民情不易得，而不敢專據之以蔽罪也，亦法律變遷之漸也。

民情不易得，則蔽獄不免失實，而不得不力求其輕，故曰："附從輕，赦從重。"《王制》。《左氏》：聲子謂子木曰："善爲國者，賞不僭而刑不濫。賞僭則懼及淫人，刑濫則懼及善人。若不幸而過，寧僭無濫。與其失善，寧其利淫，無善人則國從之。《詩》曰：人之云亡，邦國殄瘁。無善人之謂也。故《夏書》曰：與其殺不辜，寧失不經。懼失善也。《商頌》有之，曰：不僭不濫，不敢怠皇，命於下國，封建厥福。此湯所以獲天福也。"襄公二十六年。"附從輕，赦從重"，原不失祥刑之意，不幸而有過，勢亦不得不然，然去不僭不濫者則遠矣，終不得不謂爲過也，此風氣之瀉爲之也。語曰："無赦之國，其刑必平。"予亦曰："無輕附之國，其俗必樸。"

〔一七六〕 龜茲刑法與中國類

肉刑之廢也，欲復之者頗多，其所持議，亦有多端；而曰使淫者下蠶室、盜者刖其足，則永無淫放穿窬之患矣，亦其一説也。此似是而實不可通。《周書·異域傳》：龜茲，其刑法殺人者死，劫賊則斷其一臂，并刖一足。其用意正與中國古制相類。凡民族之初制，恒相類也，以其直情而逕行也。

〔一七七〕 扶桑國法

儒家説治古無肉刑，後人疑之，非也。古必虧體而後稱刑，虧體必其創之不可復者，此惟兵刃足以致之，而兵刃惟用諸戰陳，故曰："大刑用甲兵，其次用斧鉞；中刑用刀鋸，其次用鑽笮。"《國語·魯語》。地治之官，所施諸民者，止於圜土嘉石，而附於刑者必歸於士。士固戰士之稱，士師則士之長也。《梁書·諸夷傳》：扶桑，"其國法有南北獄，若犯輕者入南獄，重罪者入北獄。有赦，則赦南獄，不赦北獄。在北獄者，男女相配，生男八歲爲奴，生女九歲爲婢，犯罪之身，至死不出。貴人有罪，國人大會，坐罪人於阬，對之宴飲分訣若死别焉。以灰繞之，其一重則一身屏退，二重則及子孫，三重則及七世。"其罰皆貤及子孫，可謂酷矣，然終無虧體之刑也。扶桑者，貉族之浮海而東者也，其法俗多類殷，予别有考，然足證治古無肉刑之説矣。

原刊一九四七年五月十二日天津《民國日報》副刊"史與地"

〔一七八〕 地　平　綫

《詩·周頌·噫嘻》："終三十里。"《毛傳》曰："終三十里，言各極其望也。"疏引王肅云："三十里天地合。"此即今所謂地平綫也。天子種之離宫别館旁極望焉，亦即《毛傳》："各極其望"之極望。

〔一七九〕 地　　圖

《周官》地圖有數種：大司徒之職："掌建邦之土地之圖，與其人民之數。以天下土地之圖，周知九州之地域廣輪之數，辨其山林川澤丘陵墳衍原隰之名物，而辨其邦國都鄙之數，制其畿疆而溝封之。"職方氏："掌天下之圖，以掌天下之地，辨其邦國都鄙四夷八蠻七閩九貉五戎六狄之人民，與其財用九穀六畜之數要，周知其利害。"此皆徧及天下，故鄭《注》以司空郡國輿地圖、司空輿地圖相況。鄭注大司徒云："土地之圖，若今司空郡國輿地圖。"注職方氏云："天下之圖，如今司空輿地圖。"《疏》云："職方兼主夷狄。夷狄中漢時不置郡國，惟置校尉掌之。"似鑿。鄭特措詞偶異耳。其所重者，蓋凡能生利之地，與其人民之數。土訓："掌道地圖，以詔地事。《注》："道，説也。説地圖九州形勢，山川所宜，告王以施其事也。若云荆揚地宜稻，幽并地宜麻。"道地慝，以辨地物，而原其生，以詔地求。《注》："地慝，若障蠱然也。辨其物者，别其所有所無，原其生，生有時也。以此二者告王之求也。地所無及物未生，則不求也。""謂此。遂人："以土地之圖，經田野，造縣鄙形體之法。五家爲鄰，五鄰爲里，四里爲酇，五酇爲鄙，五鄙爲縣，五縣爲遂，皆有地域溝樹之。"則其一地域中之圖。合若干地域，則成一國之圖；合若干國，則成天下之圖矣。小宰之職云："聽閭里以版圖。"《注》引鄭司農云："版，户籍；圖，地圖也。聽人訟地者以版圖決之。司書職曰：邦中之版，土地之圖。"小司徒云："地訟，以圖正之。"司會："掌國之官府郊野縣都之百物財用，凡在書契版圖者之貳，以逆羣吏之治，而聽其會計。"司書："掌邦中之版，土地之圖，以周知出入百物，以叙其財。"亦皆注意於民生，故及生財用之地。司險："掌九州之圖，以周知其山林川澤之阻，而達其道路。設國之五溝五涂而樹之林以爲阻固，皆有守禁，而達其道路。國有故，則藩塞阻路而止行者，以其屬守之，惟有節者達之。"此則專司道路者，掌固、司險所職，特一在國、一在野爲異。《序官注》："國曰固，野曰險。"司險有圖，掌固可知；不言者，文不具，或舉一以見兩也。

古所謂地圖者，未必其測量甚精、大小準確也，然於實用所資之事則必具。内宰之職："掌書版圖之法，以治王内之政令，均其稍食，分其人民以居之。"《注》："版，謂宫中閽寺之屬，及其子弟録籍也。圖，王及后世子之宫中吏官府之形象也。"冢人："掌公墓之地，辨其兆域而爲之圖。"墓大夫："掌凡邦墓之地域，爲之圖。"卝人："掌金玉錫石之地。若以時取之，則物其地圖而授之。"是凡一極小之區域，皆有圖也。據圖可辨山林、川澤、丘陵、墳衍、原隰、冢墓及金、玉、錫、石所在，則其記載頗詳正，不僅著其廣輪，略備名山大川矣。遂人所造，小宰、小司徒所據以聽訟者，當如後世魚鱗册之圖，内宰、冢人、墓大夫、卝人之所爲，後世轉無可比擬矣。

列國分主之世，一國所以得有他國之地圖者，蓋由臣伏之國之進獻。《史記·燕世家》："太子丹使荆軻獻督亢地圖於秦，因襲刺秦王。"《索隱》曰："督亢之田，在燕東，甚良沃。"案古田地通言，凡言地圖者，皆謂土田之圖，非今所謂地圖。《索隱》之言是也。有土田必有耕之之人，故版圖恒連言。《史記·蕭相國世家》："沛公至咸陽，諸將皆争走金帛財物之府分之，何獨先入收秦丞相御史律令圖書藏之。漢王所以具知天下阸塞、户口多少、强弱之處、民所疾苦，以何具得秦圖書也。"此圖書即指版圖言。曰"知天下阸塞"者，蓋司險之所爲，曰"知民所疾苦"者，蓋即土訓之所詔。誦訓："掌道方志，以詔觀事。掌道方慝，以詔辟忌，以知地俗。"《注》："説四方所識久遠之事，以告王觀，博古所識，若魯有大庭氏之庫、殽之二陵。方慝，四方言語所惡也。不辟其忌，則其方以爲苟於言語也。知地俗，博事也。"此蓋陳《詩》以觀民風之流，亦有裨於知民疾苦。秦有天下，則天下之版圖咸歸之矣。蘇秦之説趙肅侯曰："臣竊以天下之地圖案之，諸侯之地，謂田也。五倍於秦。"張儀之説秦惠王曰："據九鼎，案圖籍，挾天子以令於天下，天下莫敢不聽。"皆見《史記》本傳，下文説秦武王亦再言挾天子、按圖籍。戰國時之周未必能有天下之圖籍，蘇秦更未必有天下之地圖可按，蓋爲縱横家之書者爲之辭，未必當時之口語也。

《藺相如傳》："秦王恐其破璧，乃辭謝固請，召有司案圖，指從此以往十五都與趙。"此指秦邦域内之圖，雖未必當時情事，然在理則可有。

《逸周書・程典》："慎地必爲之圖，以舉其物，物其善惡，度其高下，利其陂溝，愛其農時，脩其等列，務其土實，差其施賦，設得其宜，宜協其務，務應其趣。"所謂地圖，亦全以有裨農事爲旨，可與《周官》參觀。

〔一八〇〕五　　嶽

五嶽之名，《爾雅》似有兩説，然實係一説也。《釋山》曰："河南華，河西嶽，河東岱，河北恒，江南衡。"又云："泰山爲東嶽，華山爲西嶽，霍山爲南嶽，恒山爲北嶽，嵩高爲中嶽。"前説雖無五嶽之名，《詩・崧高疏》謂"《釋山》發首陳此五山，不復更言餘山，明有爲嶽之理"，其説是也。衡山之名，蓋由來已久，且所苞甚廣。凡山之東西緜亘者，皆可稱衡，不徒不必指今之衡山，并不必定指霍山也。然以霍山爲衡山之主峯，爲時必較早，以今之衡山當之，必較後。何者？淮南自古與北方交接多，湖南則至春秋時尚未開闢也。《詩疏》云："《傳》言四嶽之名，東嶽岱，南嶽衡，《爾雅》及諸經傳多云泰山爲東嶽，霍山爲南嶽者，皆山有二名也。若然，《爾雅》云江南衡，《地理志》云衡山在長沙湘南縣；張揖《廣雅》云天柱謂之霍山，《地理志》云天柱在廬江灊縣，則在江北矣。而云衡、霍一山二名者，本衡山一名霍山，漢武帝移嶽神於天柱，又名天柱亦爲霍，故漢魏以來衡、霍别耳。郭璞《爾雅注》云：霍山，今在廬江灊縣西南，别名天柱山，漢武帝以衡山遼曠，移其神於此，今其土俗人，皆呼之爲南嶽。南嶽本自以兩山爲名，非從近也。而學者多以霍山不得爲南嶽，又言從漢武帝始乃名之；如此言，爲武帝在《爾雅》前乎？斯不然矣。竊以璞言爲然，何則？孫炎以霍山爲誤，當作衡山，案《書傳・虞夏傳》及《白虎通》、《風俗通》、《廣雅》并云霍山爲南嶽，豈諸文皆誤？明是衡山一名霍也。"案《書傳》明出武帝前，足徵郭璞謂霍有嶽名非始武帝之確，然謂衡一名霍則誤矣。當云：衡山所苞甚廣，前世以霍山爲其主峯，後乃移其名於湘南也。然衡山之名可移，霍山之名則不可移。至疑灊在江北，與《爾雅》江南之説不合，則衡山所苞既廣，《爾雅》之言，初不專指一峯，正無足疑也。

然以霍山爲南嶽，猶非其朔也。《漢書・郊祀志》曰："昔三代之居，皆河洛之間，故嵩高爲中嶽，而四嶽各如其方。"可見五嶽之名，隨世而變。《爾雅·釋地》云:"中有岱嶽。"《淮南·地形》云:"東方之美者,有醫母閭之珣玗琪焉;東南方之美者,有會稽之竹箭焉;南方之美者,有梁山之犀象焉;西南方之美者,有華山之金石焉;西方之美者,有霍山之珠玉焉;西北方之美者,有崐侖之球琳琅玕焉;北方之美者,有幽都之筋角焉;東北方之美者,有斥山之文皮焉;中央之美者,有岱嶽以生五穀桑麻,魚鹽出焉。"高《注》釋諸山之名,均未必與古合,而岱嶽爲今泰山,則無可疑。四嶽緣起,蓋由巡守,《白虎通》、《風俗通》皆以桷釋嶽,爲考功德明黜陟之義。中嶽則由祭天,《記》所謂因名山以升中於天也。《禮器》。巡守之制,後來以泰山爲東嶽,今之衡山或霍山爲南嶽,華山爲西嶽,恒山爲北嶽,則一歲之中,馳驅且不可徧,更無論省方觀民矣。此實述經傳者以當時地理附會古制之失。語其實,古所謂巡守者,必在邦畿之内;其時之邦畿,且未必有千里之廣。夏諺所謂"一遊一豫"者,乃正當時巡守之事耳。然則西嶽之初,必在泰山之四面,距泰山不甚遠也。《淮南》述九域之山,與《周官》職方同。五嶽就五方言之,言四鎮則兼四隅耳。四鎮,其初亦不得如《周官》所言之遠也。鄭注大宗伯,與王肅注《書》,服虔注《左氏》,同取岱、衡、華、恒、崧高之説,見《詩疏》。而注大司樂,又據職方,可見鄭意亦謂五嶽隨世而殊也。

郭璞云"讖緯皆以霍山爲南嶽",而《詩疏》引《孝經鉤命決》云南嶽衡,則其所謂衡者,亦指霍山而言也。讖緯雖不足據,然起哀、平之世,古文説尚未出,古讖辭雖多妖妄,緯説仍取今文,經説之亡佚者,賴之而可考焉。然則先漢經説,固皆以霍山爲南嶽也。

四嶽既分主四方,其官似當以四人爲之。《堯典》言四嶽,恒若一人者,其時疆域小,主四方之官,不妨其皆在朝;抑《堯典》之言,亦出追述,不復能知堯之所咨及舉鯀者爲何人也。《崧高》毛《傳》云"堯之時,姜氏爲四伯,掌四嶽之祀,述諸侯之職",亦渾言之。《疏》云:"《周語》説堯使禹治水,四嶽佐之,帝嘉禹德,賜姓曰姒,氏曰有夏;祚四嶽國爲侯伯,氏曰有吕。此一王四伯,韋昭云:一王,謂禹也。四伯,謂四嶽也。爲四嶽伯,故稱四伯。是當堯之時,姜氏爲四伯也。《周語》唯云四嶽,不言名字,其名則《鄭語》所云伯夷能禮於神以佐堯者也。《堯典注》云:堯之末年,庶績多闕,羲和之子則死矣,於時分四嶽置八伯,四嶽四時之官,主方嶽之事。然則堯時四嶽,内典王朝之職,如周之六卿;外掌諸侯之事,如周之牧伯;故又述諸侯之職。然述職者,述其所主之方耳,其掌四嶽之祀者,則四嶽皆掌之,由掌四嶽,故獨得四嶽之名。"韋、鄭之説,固無確據,《疏》説似尤牽强也。

〔一八一〕 弱水、黑水

《禹貢》諸水，最難解者，爲弱水、黑水，讀《淮南・地形》而知其説矣。《地形》説崑崙云："疏圃之池，浸之黄水。黄水三周復其原，是謂丹水，飲之不死。河水出崑崙東北陬，貫渤海，入禹所導積石山。赤水出其東南陬，西南注南海，丹澤之東。赤水之東，弱水出自窮石，至於合黎，餘波入於流沙；絶流沙，南至南海。洋水出其西北陬，入於南海，羽民之南。凡四水者，帝之神泉，以和百藥，以潤萬物。"此篇述八殥，八紘，八極，皆自東北而東，而東南，而南，而西南，而西，而西北，而北，述四水當亦然。然則弱水必出西南。今本乃後人據《禹貢》所改也。"丹澤之東"、"羽民之南"皆注語，"赤水之東"則衍文。下文述八殥，西南方曰丹澤，注語蓋明赤水入海處。又言海外三十六國，自西南至東南有羽民，則弱水出西南，東南流至南海也。飲之不死，以和百藥，以潤萬物，乃荒誕之言。此四水本不當鑿求所在。河雖實有其水，然《禹貢》云道河積石，則所知者殆積石耳，積石以上，無可言矣。此篇言入禹所道積石山，則所言者積石以上也，亦無可究詰矣。作《禹貢》者，於西南地理，本不審諦，蓋據故記姑妄言之，而後人必欲指其實爲何水，亦惑矣。上文云"水有六品"，又云"何謂六水？曰河水，赤水，遼水，黑水，江水，淮水"。水有六品者，下文云"山爲積德，川爲積刑"，"丘陵爲牡，谿谷爲牝"，陽數九，陰數六，故山有九而水有六也。六水蓋於四水之外，益以江、淮，然而遼水即弱水，黑水即洋水也。下文云遼出砥石，知非高《注》所謂出碣石、直遼東西南入海之遼。砥石爲昭明所居，窮石則后羿所遷，其地斷不在《禹貢》冀州之東，雍州之西也。

〔一八二〕 歸　　虚

《山海經・大荒東經》云："東海之外大壑，郝疏云：大壑上當奪有字，《藝文類聚》九卷引有。少昊之國。少昊孺帝顓頊於此。"案少昊乃西方之神，不應在東，蓋經文簡錯，而大壑下説，則奪佚矣。郭《注》云："《詩含神霧》曰：東注無底之谷。謂此壑也。《離騷》曰：降望大壑。"案見《遠遊》篇。《莊子・天地》曰："諄芒將東之大壑，適遇苑風於東海之濱。苑風曰：子將奚之？曰：將之大壑。曰：奚爲焉？曰：夫大壑之爲物也，注焉而不滿，酌焉而不竭，吾將遊焉。"《列子・湯問》：夏革曰："渤海之東，不知幾億萬里，有大壑焉，實惟無底之谷。其下無底，名曰歸虛。"《山海經》之説，大致亦不外此也。

《大荒南經》曰："大荒之中，有山，名曰融天，海水南入焉。"又曰："大荒之中，有山，名曰天臺高山，海水出焉。"《大荒北經》曰："大荒之中，有山，名曰先檻郝《疏》云：《藏經》本作光檻。大逢之山，河濟所入，海北注焉。"又曰："大荒之中，有山，名曰北極天櫃，郝《疏》云：《藏經》本作櫃。海水北注焉。"又曰："大荒之中，有山，名不句，海水入焉。"郝《疏》云：《藏經》本水下有北字。大逢之山，郭《注》云："河濟注海，已復出海外，入此山中也。"此語蓋以《經》下文云"其西有山，名曰禹所積石"而致誤。《海内西經》云："河水入渤海，又出海外，入禹所道積石山。"禹所道積石，非即禹所積石之山。即令是一，而河入積石，濟則否，亦祇得謂經文簡錯耳。古蓋謂四方之水，皆有所歸，不獨東。然中國水皆東流，又惟東方之海，得諸目擊，故言之尤親切有味也。

大壑雖大，然舉天地間水，窮日夜注之，終亦必有盈時。真無底，則將超乎對色明空之外，非古人之所知矣。《吕覽·君守》曰："東海之極，水至而反，夏熱之下，化而爲寒。"則亦以水爲循環者矣。此哲學之興，足彌神話之缺者也。

《楚辭·悲回風》云："依風穴以自息兮，忽傾寤以嬋媛。"則古謂風亦有穴，蓋不知風爲氣之動，而謂其别爲一物也。

《墨子·經説下》云："無南者。"孫氏《閒詁》云："古天官家不知有南極，故於四方，獨以南爲無窮。"《莊子·天下》篇：惠施曰："南方無窮而有窮。"蓋名家有持此義者。予案以南方爲無窮，蓋蓋天家之説。蓋天家以北極爲中心，則四方皆南。如此，亦應四方之水，皆有所歸也。

〔一八三〕 涇洛諸戎

《史記·匈奴列傳》所述北狄，匈奴、林胡、樓煩而外，居涇、洛者爲一支，居圁、洛者爲一支，東胡、山戎又爲一支。居涇、洛者，以犬戎及義渠爲大；居圁、洛者，以赤白狄爲大；赤白狄及山戎，已有考，今考其居涇、洛之一支如下：

《史記》云："自隴以西，有緜諸、緄戎、翟豲之戎；岐、梁山、涇、漆之北，有義渠、大荔、烏氏、朐衍之戎。"緄戎即犬夷，上文所謂"周西伯昌伐畎夷氏"者也。《緜》之詩，"昆夷駾矣"，《説文·馬部》駾字下引同今詩，《口部》呬字下，則引作"犬夷呬矣"。《皇矣》之詩曰："串夷載路。"《鄭箋》：串夷即混夷。《正義》："《書傳》作畎夷，蓋畎混聲相近，後世而作字異耳。或作犬夷，犬即畎字之省也。"《采薇序》："西有昆夷之患。"《正義》引《尚書大傳注》：犬夷，昆夷也。

又《史記索隱》引韋昭謂畎夷，"《春秋》以爲犬戎"，《正義》引韋昭謂緄戎，"《春秋》以爲犬戎"，又云："顔師古云：混夷也。"然則犬也，畎也，昆也，混也，緄也，串也，皆一音之異譯。《山海經》謂："黄帝生苗，苗生龍，龍生融，融生吾，吾生并明，并明生白，白生犬，犬有二牡，是爲犬戎。"《史記·索隱》引。《漢書·匈奴列傳注》引，則作"黄帝生苗龍，苗龍生融吾，融吾生弄明，弄明生白犬，白犬有二牝牡，是爲犬戎。"昆夷、獫狁，系一種人。猶漢時既稱匈奴，亦稱胡也。《孟子》"文王事昆夷"，"太王事獯粥"，乃變文言之耳。《詩序》"文王之時，西有昆夷之患，北有玁狁之難"，竟以爲兩族人，誤矣。《出車》之詩曰："赫赫南仲，玁狁於襄。"又曰："赫赫南仲，薄伐西戎。"又曰："赫赫南仲，玁狁於夷。"玁狁在西北，可稱戎，亦可稱狄，詩取協韻也。《箋》云："此時亦伐西戎；獨言平玁狁者，玁狁大，故以爲始以爲終。"已不免拘滯序析玁狁、昆戎而二之，益鑿矣。

此族强盛最早，《尚書大傳》謂文王囚於羑里，散宜生之犬戎氏取美馬以獻紂；又謂文王受命一年伐混夷。見《緜詩箋》。《箋》云："混夷見文王之使者將士衆過己國，則惶怖驚走奔突，入柞棫之中而逃，甚困劇也。"《正義》："《帝王世紀》云：文王受命四年，周正丙子，混夷伐周。一日三至周之東門，文王閉門脩德而不與戰。王肅同其説以申毛義。"案文王受命後征伐先後，諸書互有異同，今不必深考。鄭、王是非，更可弗論。要之，混夷在當時，爲周强敵也，則當周初已嶄然見頭角矣。《史記》云："後十有餘年，武王伐紂而營雒邑，復居於酆、鄗，放逐戎夷涇、洛之北，以時入貢，命曰荒服。其後二百有餘年，周道衰，而穆王伐畎戎，得四白狼四白鹿以歸。自是之後，荒服不至。於是周遂作《甫刑》之辟。"上云"命曰荒服"，下云"荒服不至"，則武王之所放，即穆王之所伐。《周本紀》載祭公謀父諫穆王之辭，曰："先王之制，邦内甸服，邦外侯服，侯衛賓服，夷蠻要服，戎狄荒服。甸服者祭，侯服者祀，賓服者享，要服者貢，荒服者王。今自大畢、伯士之終也，犬戎氏以其職來王，天子曰予必以不享征之，且觀之兵，毋乃廢先王之訓，而王幾頓乎？吾聞犬戎樹敦，率舊德而守終純固，其有以御我矣。"古人輕事重言，所載言辭，類經後人潤飾，不必當時情實。犬戎蓋自武王時服於周，其後稍以桀驁，故穆王征之也。因此而作《吕刑》之辟者，金作贖刑，所以足兵也。周與犬戎之强弱，可以微窺矣。

穆王之後二百餘年，而有驪山之禍。是役也，《周本紀》曰："申侯與繒、西夷犬戎攻幽王。"《秦本紀》則云："西戎犬戎與申侯伐周。"然則是時西方戎甚多，而犬戎爲大。案當時所謂西戎者，《周本紀》及《匈奴列傳》述之皆不甚詳，惟《秦本紀》載其情形最悉，以秦之先世與西戎爲緣也。秦爲伯益之後。伯益，舜妻之以姚氏之玉女，固遥遥華胄也。然伯益之子曰若木，其玄孫費昌，子孫已或在中國，或在夷狄，則其與西戎爲緣舊矣，伯益又有子曰大廉，大廉玄孫曰中衍，中衍之後曰胥軒。申侯告周孝王之言曰："昔我先酈山之女爲戎胥軒妻，生中潏。以親故，歸周，保西垂。西垂以其故和睦。"案《左氏》言："晉伐驪戎，驪戎男女以驪姬。"則驪戎實周同姓之國，中潏不啻周之所自出，故能爲周保固西垂也。中潏之子曰蜚廉，雖與其子惡來俱事紂，然蜚廉又有子曰季勝，季勝生孟增，幸於周成王。孟增之孫曰造父，實爲周穆王御而西巡守。古書言穆王、造父事，多誕謾不足信，億其實則造父蓋以其爲中潏之後，能得西戎之和，故能御穆王以西征也。造父以寵，別封於趙城，自是其族與西戎少交涉。而惡來之玄孫曰大駱，有子曰非子，居犬丘，周孝王召使主馬於汧渭之間，馬大蕃息。孝王欲以爲大駱適嗣。而申侯之女爲大駱妻，生子成爲適。申侯言於孝王，孝王乃分土，邑非子於秦，而亦不廢申侯之女子爲駱適者，以和西戎。觀此知申與西戎關係之深，此其所以能摟犬戎以弑幽王也。自中潏至大駱父子爲周保固西垂者，蓋三百年，其根據地爲犬丘，在今陝西興平縣，在涇、渭二水之間，此時之戎，蓋猶在涇、洛以北。非子之曾孫曰秦仲，值周厲王時，西戎始叛，犬丘大駱之族，爲戎所滅，則戎始渡涇水而南，非復武王放逐時之舊壤矣。自是大駱之適嗣滅，轉藉其支庶之分封於秦者，與戎相枝拄。秦仲爲戎所殺，子莊公始破戎。宣王并與以犬丘之地，仍爲西垂大夫，傳子襄公。襄公之七年，而周幽王爲犬戎所滅。案莊公三子，其長男世父。世父曰："戎殺我大父仲，我非殺戎王，則不敢入邑。"遂將擊戎，而讓其弟襄公。《史記》云："襄公二年，戎圍犬丘世父，世父擊之，爲戎人所虜。歲餘，復歸世父。"又云："周避犬戎難，東徙雒邑。襄公以兵送周平王，平王封襄公爲諸侯，賜之岐以西之地。曰：戎無道，侵奪我岐、豐之地。秦能攻逐戎，即有其地。"竊疑當時世父居犬丘，襄公居秦，故稱犬丘世父。世父之見獲於戎而復歸，不知仍歸其犬丘之地否。然及驪山之禍作，則犬丘之地，必復入於戎。故《匈奴列傳》謂其"遂取周之焦穫而居於涇渭之間"也。且戎即復歸世父地，世父亦必已弱而不克御戎；不然，犬戎之地，爲周之藩籬者數百年矣，以世父之孝且勇，犬戎安能長驅至於驪山哉？且使犬丘而猶有嬴秦之族，平王必不僅以岐以西之地賜襄公也。以岐以西賜襄公，而曰"能攻逐戎即有其地"，明東兵至於岐且不易也。自驪山之役以前，史皆但曰戎，不曰犬戎；至是役，乃曰西夷犬戎，曰西戎犬戎。蓋前此戎無强部，故自大駱以後能撫綏之，至此而大畢、伯士樹敦之後復强，爲諸戎率，將遂非嬴、趙之族所能馭也。襄公十二年伐戎，至岐而卒。《年表》。《本紀》同。子文公立。文公十六年，伐戎，戎敗走，始收周餘民有之，地至岐，岐以東獻之周。文公營邑於汧渭之間。孫寧公繼立，居平陽，滅蕩社。子武公伐彭戲氏，至華山下，伐邽、冀戎，初縣之。又縣杜、鄭，滅小虢。武公卒，弟德公立，居雍。梁伯、芮伯來朝。德公三子，宣公、成公、穆公以次立。宣公與晉戰河陽，勝之。穆公元年，自將伐茅津。其後再置晉君，虜惠公而歸之，惠公獻其河西地，而秦地始東至河。蓋自文公以後，專意於東略，其於西戎似少寬。然《左氏》閔公二年，虢公敗犬戎於渭汭，此所謂渭汭者，必不在渭水上流，則當時涇渭之域，殆全爲犬戎所據，秦文公以後之東略，乃正所以挫戎勢也。穆公三十四年，戎王使由余於秦，秦人間而降之。三十七年，用其謀伐戎王，益國十二，開地千里，此戎王不知其爲何戎，然自此以後，則戎遂弱，其地僅限於隴以西，如上《史記》所云者矣。

《漢書・楊敞傳》："惲報孫會宗書曰：安定山谷之間，昆戎舊壤。"此即《史記》所謂"自隴以西，有緜諸、緄戎、翟豲之戎"之緄戎也。

《六國表》：厲共公六年，義渠來賂，繇諸乞援；二十年，公將師與緜諸戰；惠公五年，伐諸繇。《本紀》皆不載。繇諸疑緜諸之誤，諸繇則誤而又倒也。

翟豲之戎，《漢書》作狄豲。師古曰："皆在天水界，即緜諸道及貆道是也。"意以狄豲爲一。《索隱》引《地理志》："天水有緜諸道、狄道。應劭以豲戎邑。"則以翟、豲爲二。《續漢書・郡國志》漢陽郡，隴州刺史治，有大坂，名隴坻；豲坻聚又有豲道。《注》："《史記》秦孝公西斬戎王。"案事見《秦本紀》。孝公元年，"西斬戎之豲王。"

義渠者，諸戎之最强者也。試就《本紀》及《六國表》列其事如下：

厲共公六年，義渠來賂。《表》。《紀》無。

三十三年，伐義渠，虜其王。《紀》。《表》同。

躁公十三年，義渠來伐，至渭南。《紀》。《表》作侵至渭陽。

惠文王七年，義渠内亂，庶長操將兵定之。《表》。《紀》無。《周書・史記》："嬖子兩重者亡。昔者義渠氏有兩子，異母皆重。君疾，大臣分黨而争，義渠以亡。"案昭王時，義渠之亡，其君先爲宣太后所詐殺，不以疾終，此所云疑指此時事也。

十一年，縣義渠，《紀》。《表》無。義渠君爲臣。《紀》。《表》同。

《張儀列傳》：義渠君朝於魏。犀首聞張儀復相秦，害之。犀首乃謂義渠君曰：道遠不得復過，請謁事情。曰：中國無事，秦得燒掇焚杅君之國；有事，秦將輕使重幣事君之國。其後五國伐秦，會陳軫謂秦王曰：義渠君者，蠻夷之賢君也，不如賂之，以撫其志。秦王曰：善。乃以文繡千純，婦女百人遺義渠君。義渠君致羣臣而謀曰：此公孫衍所謂邪？乃起兵襲秦，大敗秦人李伯之下。《索隱》云:“按《表》:秦惠王後元七年,楚、魏、齊、韓、趙五國共攻秦,是其事也。”案此事采自《戰國策》。《戰國策》乃縱横家之書,多設辭,非事實。義渠當時未必能越秦而朝魏也。

後十年,伐取義渠二十五城。《紀》。《表》十一年:侵義渠,得二十五城。《匈奴列傳》:“其後義渠之戎築城郭以自守,而秦稍蠶食,至於惠王遂拔義渠二十五城。”

武王元年,伐義渠。《紀》。《表》無。

《匈奴列傳》:“秦昭王時,義渠戎王與宣太后亂,有二子。宣太后詐而殺義渠戎王於甘泉,遂起兵伐殘義渠。”案此事《紀表》皆不載。《范雎列傳》載昭王謝雎之辭曰:“寡人宜以身受命久矣,會義渠之事急,寡人旦暮自請太后;今義渠之事已,寡人乃得受命。”范雎之見秦王,《傳》謂在昭王四十一年;其明年,宣太后亦薨矣。

自厲共公六年,至昭王四十一年,凡二百有七年,義渠與秦之相持,不可謂不久矣。

大荔,《漢志》謂在臨晉,《續漢書·郡國志》、徐廣、《括地志》皆因之,其地實不在岐、梁山涇、漆之北。案《秦本紀》:厲共公十六年,壍河旁,以兵二萬伐大荔,取其王城。《六國表》作塹阿旁,伐大荔,補龐戲城。《集解》:徐廣曰:臨晉有王城。《續漢書·郡國志》:臨晉有王城。《注》曰:《史記》曰:秦厲恭公伐大荔,取其王城,即此城也。《括地志》謂朝邑縣東三十步故王城,大荔近王城邑。案王城爲凡列國稱王者所居之城,安知其必屬大荔。《六國表》:孝公二十四年,秦、大荔圍合陽。《表》。《紀》無。合陽誠近臨晉,然是時勞師遠役者甚多,不能以此謂大荔之必在臨晉也。竊疑大荔本國亦當在義渠附近。

烏氏,漢爲縣,屬安定。《貨殖列傳》云:“烏氏倮畜牧,及衆,斥賣,求奇繒物,間獻遺戎王;戎王什倍其償,與之畜。畜至用谷量馬牛。”此所謂戎王,蓋即烏氏戎之君長也。

惟朐衍事無可考見。

〔一八四〕　微盧彭濮考

《書·牧誓》:“及庸、蜀、羌、髳、微、盧、彭、濮人。”釋地者多不能得其所在。今案庸即春秋時之庸。《左氏》杜注,在上庸縣。今湖北竹山縣。蜀亦即後世之蜀。羌族蔓延甚廣,從武王伐紂者,當在隴蜀之間,别見予所撰《鬼方考》。微、盧、彭、濮,亦皆見於《左氏》。惟髳不能確知所在耳。《左氏》:桓公十二年,“伐絞之役，楚師分涉於彭。羅人欲伐之"。杜《注》："彭水，在新城昌魏縣。"今湖北之鄖陽，即《牧誓》之彭也。明年，"楚屈瑕伐羅。及鄢，亂次以濟。及羅，羅與盧戎兩軍之。大敗之"。《釋文》云："廬如字，本或作盧，音同。"則德明所據本，盧戎作廬戎。文公十四年，公子燮、公子儀以楚子出，將如商密，盧戢黎及叔麇誘而殺之。十六年，楚大饑。庸人帥羣蠻以叛楚。麇人帥百濮聚於選，將伐楚。自廬以往，振廩同食。使廬戢黎侵庸。杜《注》："廬，今襄陽中廬縣。戢黎，盧大夫。"此廬蓋即盧戎舊地，是時屬楚爲邑。晉中廬故址，在今湖北南漳縣東。鄢水，杜《注》謂在襄陽宜城縣，今湖北之宜城。羅，《釋例》謂是時在宜城山中。宜城南漳密邇，宜可合禦楚師。《書》："西旅獻獒。"《正義》曰："西方之戎，有國名旅者。"其説當有所本。旅盧音同，春秋時之盧戎，蓋即從武王伐紂之盧，亦即獻獒之旅也。《括地志》：金州，有古盧國，則在今陝西安康縣。文十一年，楚子伐麇，熊大心敗麇師於防渚。潘崇復伐麇，至於錫穴。此麇當即十六年帥百濮將伐楚之麇。《十三州志》：房陵。即春秋防渚。今湖北房山縣。錫穴，《釋文》云："或作錫。"《十道志》：鄖鄉本漢錫縣，古麇國也。《御覽·州郡部》引。蓋即錫穴，今湖北鄖鄉縣也。《釋例》謂麇在當陽，去防渚、錫穴太遠。羅泌謂在當陽者爲麇，在漢錫縣者當作麋，其説蓋是。麇麋形近易譌。哀公十四年，"逢澤有介麋焉"，《釋文》謂麋又作麇，其證。《穀梁》莊公二十八年，"築微"，《左氏》作麋，則麋微音同通用之證也。麋，亦即《牧誓》之微也。然則微、盧、彭三國，皆與庸相近。其地，皆在漢中、襄、鄖一帶，適當周人自武關東出之路。其能從武王以伐紂，亦固其所。濮爲種族之名，散布之地甚廣。《釋例》謂建寧郡南有濮夷，晉建寧，今雲南曲靖縣。蓋就當時種落言之，而牧野所從，則不在此。《左氏》昭公九年，王使詹桓伯辭於晉曰："自武王克商以來，巴、濮、楚、鄧，吾南土也。"巴即春秋時之巴國，今四川之閬中縣。鄧，在今河南鄧縣。楚封丹陽，後人多誤謂今秭歸。據宋氏翔鳳所考，地實在今商縣之南，南陽之西，丹、析二水入漢處。《過庭錄·楚鬻熊居丹陽武王徙郢考》。濮與此三國並舉，其地亦必相近，故《國語》"楚蚡冒始啟濮"，韋昭謂爲"南陽之國"也。《論語》文王爲西伯，"三分天下有其二，以服事殷"。三分有二，鄭玄謂指雍、梁、荆、豫、徐、揚言之。而韓嬰敍《詩》，謂周南之地，在南陽、南郡之間。則牧野之役，武王實合西南諸族以伐紂也。濮爲種族之名，非指一國。故杜《注》謂庸亦百濮夷。然則微、盧、彭諸國，亦未必非濮矣。楚初封丹陽，熊繹徒荆山，在今南漳縣。武王遷郢，其所啟，蓋皆濮地也。

寫於一九三四年四月前

〔一八五〕 古匈奴居地

《史記·匈奴列傳》備載自古北狄事跡，蓋以匈奴亦北狄之一，故連類而并及之，以見古代北方之異族甚多，而匈奴亦其一，非謂此諸部落，皆即後來之匈奴也。諸部落有在今陝、甘境者，有在今山東西、河南北四省之交者，亦有在今河北省東北境者。匈奴則初在今河北、山西之腹部，後乃退居今綏遠境内者也。

匈奴與獫狁、獯粥爲同音異譯，諸家皆言之。《史記》云："唐虞以上有山戎、獫狁、葷粥，葷粥字系注。居於北蠻。"《集解》、《索隱》引應劭《風俗通》曰："殷時曰獯粥，改曰匈奴。"又引晉灼曰："堯時曰葷粥，周曰獫狁，秦曰匈奴。"引韋昭曰："漢曰匈奴。葷粥其别名。"案《詩·采薇》毛《傳》曰："玁狁，北狄也。"《箋》曰："北狄，今匈奴也。"《孟子·梁惠王》下趙《注》曰："獯粥，北狄强者，今匈奴也。"《吕覽·審爲》高《注》曰："狄人獫允，今之匈奴也。"又《漢書·韋賢傳》載王舜、劉歆上議曰："臣聞周室既衰，四夷并侵，獫狁最强，於今匈奴是也。"異口同辭，必非無據矣。《史記·五帝本紀》謂黄帝北逐葷粥，邑於涿鹿之阿。涿鹿，《集解》引服虔云："山名，在涿郡。"蓋是。又引張晏曰："在上谷。"則因漢時上谷有涿鹿縣云然耳。黄帝之邑，恐不能遠至今之察哈爾境也。此匈奴自古即在今河北省之徼也。晉灼謂堯曰葷粥，周曰獫狁，秦曰匈奴，此特以大體言之，其實三者既係譯音，即無正字，故古書亦有作匈奴者，《周書·王會》及《伊尹朝獻》是也。《王會》：匈奴在北方臺西。與之并列者：有大夏、犬戎；臺東有高夷、獨鹿、孤竹、不令支、不屠何、東胡、山戎；其正北方，則有義渠、央林、渠叟、樓煩。《獻令》：匈奴在正北，與之并列者：有空同、大夏、莎車、豹胡、代翟、樓煩、月氏、孅犂、其龍、東胡。此等至後世事跡多有可考。高夷，孔云即高句驪，蓋是。犬戎、義渠，後來在陝甘境。月氏在甘肅西北。渠叟即渠搜，如《禹貢》所列，當在今青海。莎車，漢世在西域，此時蓋皆在河北、山西，古冀州之域，後世乃隨漢族之開拓而遷徙也。孤竹、不令支、不屠何、東胡，後世猶在今河北、熱河境。山戎亦在今河南北、山東西之間，予别有考。《史記》云："晉北有林胡、樓煩之戎。"林胡，蓋即《王會》央林之林。央不可考。空同者，《五帝本紀》云：黄帝"西至於空桐"。《集解》引韋昭曰："在隴右。"然《史記·趙世家》謂襄子取於空同氏，則仍在今山西境内耳。豹胡，據孫詒讓説，即不屠何之轉音，見所撰《墨子閒詁》。代，蓋即襄子所滅。《五帝本紀》之涿鹿，《索隱》云："或作濁鹿。"蓋與此獨鹿是一，居此山之族也。孅犂、其龍者，《漢書·匈奴傳》謂冒頓“北服渾窳、屈射、丁零、隔昆、龍、新䔣之國”。新䔣，《史記》作薪犂，即孅犂；龍，即其龍之龍，《漢書》無“其”字，蓋奪；渾窳一、屈射二、丁零三、隔昆四、龍五、新䔣六，凡六國，師古曰“五小國”，誤也。孅犂、其龍，此時當亦在今河北、山西境，後乃隨漢族之開拓而北走者也。《孟子》云：“太王事獯粥。”《吴越春秋》亦云：“古公積德行義，爲狄人所慕，獯粥戎姤而伐之。”錢君賓四撰《西周地理考》，謂周本居今山西，後乃西徙而入陝西。其説信否，予尚未敢斷；如其信也，固可證予匈奴在古冀州境内之説；即謂不然，於予説亦無背。蓋獯粥之衆，容有分支入陝，或盛强時曾侵略至陝，固無害於其本據之在晉也。匈奴本據雖在山西，然必在中國封略之外，非春秋時之所謂狄；蓋春秋時之所謂狄，其程度頗高，見予所著《北狄考》。固遠非匈奴所逮也。匈奴至戰國時，始與中國有交涉。惠文君後七年，韓、趙、魏、燕、齊帥匈奴共攻秦，見《史記·秦紀》。而趙將李牧常居代、雁門備匈奴；《史記·李牧列傳》。蘇秦之説燕文侯曰：“燕北有林胡、樓煩。”《史記·蘇秦列傳》。而鞠武謂太子丹：願“疾遣樊將軍入匈奴以滅口，請西約三晉，南連齊、楚，北購於單于”；《史記·刺客列傳》。始足爲中國患，亦足爲中國重矣。《説苑·君道》：燕昭王問於郭隗曰：“寡人地狹人寡，齊人削取（《樂毅列傳注》引作取薊）八城，匈奴驅馳樓煩之下。”

《史記》云：“唐虞以上，有山戎、獫狁、葷粥居於北蠻，隨畜牧而轉移。”山戎未必事畜牧，參看予所撰《山戎考》。惟林胡、樓煩、孅犂等皆游牧之族，與匈奴最近，特大小不侔耳。

樓煩，漢爲縣，屬雁門，地當在今代縣之北。然戰國時樓煩之地，初不止此。蘇秦謂“燕北有林胡、樓煩”，《趙世家》武靈王謂樓緩曰：“我先王因世之變，以長南藩之地，屬阻漳滏之險，立長城，又取藺、郭狼，敗林人《正義》：“即林胡也。”於荏，而功未遂。今中山在我腹心，北有燕，東有胡，西有林胡、樓煩、秦、韓之邊。”又曰：“今吾欲繼襄主之跡，開於胡、翟之鄉。”今案襄子滅代，又得霍泰山山陽侯天使朱書曰：“余將賜女林胡之地。至於後世，且有伉王，赤黑，龍面而鳥噣，鬢麋髭頿，大膺大胸，脩下而馮，左衽界乘，奄有河宗，至於休溷諸貉，南伐晉别，北滅黑姑。”所謂伉王，蓋指武靈，左衽即指其變服事也。武靈王又謂公子成曰：“吾國東有河、薄洛之水，與齊、中山同之，無舟檝之用。自常山以至代、上黨，東有燕、東胡之境，而西有樓煩、秦、韓之邊，今無騎射之備。故寡人無舟檝之用，夾水居之民，將何以守河、薄洛之水；變服騎射，以備燕、三胡、秦、韓之邊。《索隱》：“林胡、樓煩、東胡，是三胡也。”且昔者簡主不塞晉陽以及上黨，而襄主并戎取代以攘諸胡，此愚智所明也。”然則代以外爲林胡、樓煩，乃襄子未竟之功也。武靈王胡服之後,二十年,西略胡地,至榆中,林胡王獻馬;二十六年,攘地北至燕、代,西至雲中、九原;二十七年,傳國惠文王,自號爲主父,欲令子主治國,而身胡服將士大夫西北略胡地;惠文王二年,主父行新地,遂出代,西遇樓煩王於西河而致其兵。然則自代以北,雲中、九原、榆中、西河,皆林胡、樓煩之地也。《匈奴列傳》謂冒頓南并樓煩、白羊河南王,然元朔二年衛青出雲中擊樓煩、白羊王於河南,遂取河南地築朔方,復繕蒙恬所爲塞。則自頭曼至元朔時,河南之地,雖迭經漢與匈奴之争奪,而樓煩部落故無恙也,故河南亦故樓煩地也。南并樓煩白羊河南王,《史記索隱》引如淳曰:"白羊王居河南。"意以白羊爲樓煩諸王之一。《漢書》顔師古《注》曰:"二王之居在河南。"則以樓煩、白羊各爲部落也。然白羊自古未聞有此部落,恐當以如説爲得。

《匈奴列傳》言:趙武靈王"北破林胡、樓煩,築長城,自代并陰山下,至高闕爲塞,而置雲中、雁門、代郡",而《李牧傳》言其"常居代、雁門備匈奴",則此三郡者,代與林胡、樓煩之地;此三郡以外,則匈奴地也。匈奴是時去中國較遠,故未爲趙所吞并,而後得以自强。

《李牧傳》曰:"滅襜襤,破東胡,降林胡。"襜襤之襤,《集解》引徐廣曰:"一作臨。"又引如淳曰:"胡名也,在代北。"而《匈奴列傳索隱》又引如淳曰:"林胡即儋林,爲李牧所滅。"案諸篇不言林胡,即言林人,未有兼言儋者,明襜襤與林胡爲二,合爲一名非也。然此説與《李牧傳》所引,亦相矛盾,蓋傳寫有誤,非如説本誤也。

《淮南·原道》曰:"雁門之北,狄不穀食,賤長貴壯,俗尚氣力,人不弛弓,馬不解勒。"《淮南》雖漢時書,然多戰國以前語,至此乃筆之於書,古人著書體例則然也。雁門以北,在戰國以前,爲林胡、樓煩之地,此數語蓋即指此二族言之,可證其爲游牧之族也。李斯《諫逐客書》曰:"乘纖離之馬。"纖離即《王會》之孅犂,此族蓋亦事畜牧,與匈奴同俗。

古人著述,有據相傳誦習之辭筆之於書者,亦有以當時習熟之語易古人之言者,但取其意不失而已,不拘拘於其辭句也。《中庸》自爲孔門相傳之説,然其筆之於書則頗晚。昔人謂孔孟之書,言山多舉泰岱,以爲鄒魯之人所習見也;《中庸》獨言華嶽,以此知爲秦漢時書,此可證其辭爲秦漢人所爲耳,亦不能謂爲盡秦漢人所爲,特其中有秦漢時人之辭耳。不能謂其説非孔門相傳之舊也。然因此卻可借《中庸》篇中語,以證戰國時事。《中庸》:"子路問强。子曰:南方之强與?北方之强與?抑而强與?寬柔以教,不報無道,南方之强也,君子居之。衽金革,死而不厭,北方之强也,而强者居之。"此所謂南方,指中國;北方之强，則《淮南王書》所謂雁門以北之俗也。近人或謂南方之强指江域，北方之强指河域，則武斷甚矣。當時河域，乃冠帶之國，禮義之邦，安有所謂衽金革死而不厭者？而吴楚之俗，亦祇聞其票輕善用劍耳，曷嘗有所謂寬柔以教不報無道者邪？衽金革，死而不厭，惟匈奴等游牧之族爲然，居於腹地之戎狄，則已異於是矣。

〔一八六〕 發、北 發

《史記・五帝本紀》："南撫交阯、北發，西戎、析支、渠搜、氐、羌，北山戎、發、息慎，東長、鳥夷。"《索隱》："此言帝舜之德皆撫及四方夷人，故先以撫字總之。北發當云北户，南方有地名北户。又按《漢書》：北發是北方國名，今以北發爲南方之國，誤也。此文省略，四夷之名錯亂，西戎上少一西字，山戎下少一北字，長字下少一夷字，長夷也，鳥夷也，其意宜然。今案《大戴禮》亦云長夷，則長是夷號；又云鮮支、渠搜，則鮮支當此析支也。"案謂"此文省略，四夷之名錯亂"，是也。謂北發當作北户，發當作北發，則非也。《周書・王會》，西面正北方有發人。《管子・輕重甲》："發、朝鮮不朝，請文皮毤服而以爲幣乎？一豹之皮，容金而金也，然後八千里之發、朝鮮可得而朝也。"是北方確有國名發也。《大戴記・少閒篇》云："昔虞舜以天德嗣堯，布功散德制禮。朔方幽都來服。南撫交趾，出入日月，莫不率俾。西王母來獻其白琯。粒食之民，昭然明視。民明教通於四海。海外肅慎、北發、渠搜、氐、羌來服。"海外以下，下述禹、湯、文之功并同。與此文互有詳略。言海内，以《大戴記》爲詳，《史記》僅及交趾，而《記》尚有朔方幽都及西王母；言海外，則《史記》爲詳，析支、山戎、發、長、鳥夷，《大戴》均未之及。然《大戴》之意，自以肅慎在北，北發在南，渠搜、氐、羌在西，北發與發，實非一國也。《漢書・武帝紀》：元光元年五月，詔賢良曰："德及鳥獸，教通四海，海外肅昚、北發、渠搜、氐、羌來服。"文與《大戴記》同，絶未言北發爲北方之國，未知《索隱》何所見而云然。以《大戴記》與《史記》互勘，似乎彼此均有奪誤。《史記》云"南撫交阯"，蓋專指南方言之，其上下未必不有朔方幽都、西王母等句也。《索隱》云"以撫字總之"，已嫌專輒。師古曰："北發，非國名也，言北方即可徵發渠搜而役屬之。瓚説近是。"獨以此四字爲句，然則上文"海外肅昚"四字何解歟？亦可謂疏矣。臣瓚曰："《孔子三朝記》云：北發渠搜，南撫交阯，此舉北以南爲對也。"案《困學紀聞》以《千乘》、《四代》、《虞戴德》、《誥志》、《小辨》、《用兵》、《少閒》七篇當《三朝記》，則臣瓚所引，亦即《少閒》篇之文，其誤與師古同。又案《墨子・節用》中:"古者堯治天下,南撫交阯,北降幽都,東西至日所出入,莫不賓服。"《韓非子・十過》:"昔者堯有天下,其地南至交阯,北至幽都,東西至日月之所出入者,莫不賓服。"賈誼《新書・脩政語上》:"堯撫交阯,北中幽都。"《淮南子・脩務》:"堯北撫幽都,南道交阯。"《説苑・反質》:"堯地南至交阯,北至幽都,東西至日所出入。"咸與《戴記》大同小異。是彼此爲相傳誦悉之辭,《史記》獨舉交阯,必有奪誤也。

古人所舉四方地名,遠近亦有次序。《爾雅・釋地》:"東至於泰遠,西至於邠國,南至於濮鉛,北至於祝栗,謂之四極。觚竹、北户、西王母、日下,謂之四荒。"四極者,中國聲教之所極;四荒,則荒忽無常矣。此北户與西王母,皆在海内,蓋即《大戴記》及《史記》所云交阯者。舉交阯,則不必言北户矣。必不能與海外之肅慎、北發、渠搜、氐、羌爲倫也。《索隱》謂北發當云北户,亦不考之談也。《吕覽爲欲》:"有一欲,則北至大夏,南至北户,西至三危,東至扶木,不敢亂矣。"大夏者,伶倫取竹之所;三危,則舜竄三苗之所也。其不在海,亦可知。

〔一八七〕越　裳

世之言越裳氏者,多以爲在今越南之地,此爲王莽所誤也。賈捐之棄珠崖之對曰:"武丁、成王,殷、周之大仁也,然地東不過江、黄,西不過氐、羌,南不過蠻荆,北不過朔方,是以頌聲并作,視聽之類咸樂其生,越裳氏重九譯而獻。以至乎秦,興兵遠攻,貪外虚内,務欲廣地,不慮其害。然地南不過閩越,北不過太原。"《漢書》本傳。尋賈氏之言,越裳必尚較閩越爲近。若謂在今後印度半島,未免不近情理矣。

以越裳在今越南之地者,蓋本於《後漢書》。《後漢書・南蠻傳》曰:"交阯之南,有越裳國。周公居攝六年,制禮作樂,天下和平,越裳以三象重譯而獻白雉,曰:道路悠遠,山川岨深,音使不通,故重譯而朝。成王以歸周公,公曰:德不加焉,則君子不饗其質;政不施焉,則君子不臣其人;吾何以獲此賜也?其使請曰:吾受命吾國之黄耇,曰:久矣,天之無烈風雷雨,意者中國有聖人乎?有則盍往朝之。周公乃歸之於王。"《注》曰:"事見《尚書大傳》。"古人引用,多不盡仍原文。此事散見古書甚多,陳恭甫《尚書大傳輯校》輯之甚備。《後漢書》而外,咸無"交阯之南"四字,知非伏生原文矣。《後漢書》上文曰:"《禮記》稱南方曰蠻,雕題交阯。其俗男女同川而浴,故曰交阯。其西有噉人國,生首子輒解而食之,謂之宜弟。味旨,則以遺其君,君喜而賞其父。取妻美,則讓其兄。今烏滸人是也。"引《禮記・王制》,雜以《注》文。其噉人之國,見《墨子・魯問》篇,辭句亦有異同。不知爲此辭者所據《墨子》與今本異,抑引用改易,然"今烏滸人是也"六字,則必爲此辭者所加,"其西"二字,亦必其所改,承上文"故曰交阯"言之也。"交阯之南"四字,亦同一例。

《漢書・平帝紀》:"元始元年春正月,越裳氏重譯獻白雉一,黑雉二,詔使三公以薦宗廟。羣臣奏言:大司馬莽功德比周公,賜號安漢公,及太師孔光等皆益封。"此事亦見《莽傳》,但云"風益州令塞外蠻夷獻白雉"而已,知越裳之名,必莽妄被之也。《後漢書・光武紀》:建武十三年,"日南徼外蠻夷獻白雉、白兔";《章帝紀》:元和元年,"日南徼外蠻夷獻生犀、白雉";《南蠻傳》:建武十三年,"南越徼外蠻夷獻白雉、白兔";"肅宗元和元年,日南徼外蠻夷究不事人邑豪獻生犀、白雉",皆無越裳之名。《論衡・恢國》篇亦云越裳,蓋東漢人已受其欺矣。

越裳之地,當不遠乎魯。何也?曰:其事傳諸周公,一也。其所貢者爲白雉,而夏翟爲《禹貢》徐州之貢,二也。《周頌譜正義》引《大傳》,越裳作越常,陳恭甫謂舊本如此。竊疑《魯頌》"居常與許,復周公之宇",常即越裳。越爲種族之名,常其邑名。以越冠裳,猶之《史記・楚世家》謂熊渠封少子爲越章王,而其地後亦稱故鄣耳。《左氏》越有常壽過,疑即此國人。《毛傳》謂常爲魯南鄙,其地當近海濱,故以無别風淮雨,占中國之有聖人也。

别風淮雨,見《文心雕龍》。按《文心雕龍・練字》篇云:"《尚書大傳》,有别風淮雨;《帝王世紀》云列風淫雨。别列淮淫,字似潛移。淫列義當而不奇,淮别理乖而新異。傅毅制誄,已用淮雨,固知愛奇之心,古今一也。"陳恭甫疑彦和見誤本《大傳》,此恭甫誤也。别風即颶風,後人不知,乃易貝爲具。凡風皆有定向,惟别風不然,一若東西南北,同時并作者。東與西相背,南與北相背,故曰别。名之曰具,義亦可通,但古無是語耳。《輯校》云:"《御覽・天部》一本引作天之無烈風,東西南北來也。下六字當是注文誤入《傳》。"是矣,而不悟此六字正是别風之義,轉以彦和所見爲誤本,不亦千慮之一失乎?淮雨蓋匯雨之省,言雨四面而至,意與别風之東西南北來同也。

越裳,《漢書注》引張晏曰:"越不著衣裳,慕中國化,遣譯來著衣裳,故曰越裳也。"附會可笑。師古曰:"王充《論衡》作越嘗,此則不作衣裳之字明矣。"《賈捐之傳注》。《魯頌》鄭《箋》云:"常或作嘗,在薛之旁。六國時齊有孟嘗君,食邑於薛。"《鄭箋》果是,則其地距魯甚近;而《御覽》引《大傳》云重譯,《文選》應吉甫詩《注》引作重三譯,王元長文《注》引作重九譯,賈捐之亦云九譯,則仲任所謂語增者耳。抑三與九亦但言其多,非如後世文字之必爲實數,不能因此遂斷爲遠國也。

〔一八八〕揚　越

《史記・南越尉佗列傳》:"秦時已并天下,略定揚越。"《漢書》作粤。《集解》引張晏曰:"揚州之南越也。"顔師古亦曰:"本揚州之分,故曰揚粤。"案此説恐非也。《楚世家》云："熊渠甚得江漢間民和，乃興兵伐庸、揚粤，至於鄂。"此與《索隱》所引《戰國策》，謂"吴起爲楚收揚越"者，并非揚州之分。《楚世家索隱》云："有本作揚雩，音吁，地名也。今音越。譙周亦作揚越。"案雩、吁、粤同從於聲；古粤、越恒相假借。《方言》曰："揚，雙也。燕、代、朝鮮、洌水之間曰盱，或謂之揚。"《釋言》曰："越，揚也。"《禮記·聘義》鄭《注》同。"叩之其聲清越以長"《注》。《樂記注》則曰："揚，越也。""非謂黄鐘大吕弦歌干揚也"《注》。然則揚、越仍係一語。重言之，乃所以博異語，猶華、夏本一語而連言之耳。博異語見《禮記·内則》"封之刳之"《注》。不特此也，即吴、越二字，亦係一音之轉。吴，大也。《方言》十三。于，亦大也。《方言》一。《淮南·原道》："于越生葛絺。"《注》："于，吴也。"《荀子·勸學》："于越夷貉之子。"《注》："于越，猶言於越。"然則吴之與越，於越之與揚越，亦皆同言異字耳。《公羊》定公五年，"於越者，未能以其名通也；越者，能以其名通也。"《解詁》曰："越人自名於越，君子名之曰越。"蓋諸夏之與蠻夷，有單呼累呼之别耳。

又不特吴、越也，即虞、吴亦爲一字。周之封虞仲與周章，非有二號，故《史記》分别言之曰："自太伯作吴，五世而武王克殷，封其後爲二：其一虞，在中國。其一吴，在夷蠻。十二世而晉滅中國之虞，中國之虞滅二世，而夷蠻之吴興。"此中虞、吴字，非并作虞，則并作吴，故須分别言之。"其一虞在中國，其一吴在夷蠻"，虞、吴二字，當係後人所加，元文當作"其一在中國，其一在夷蠻"。若如今本，字形既有别異，尚何必如此措辭哉？《詩·絲衣》："不吴不敖。"《史記·武帝本紀》引作"不虞不驁"。越字在古爲民族之名。太伯、仲雍之居南方，蓋即其所治之民以爲號，而封之者因之。既以之封周章，則又變爲國名，故其支派之受封於北方者，雖所君臨者非越民，而亦以吴爲號也。

《漢書·地理志》："太伯初奔荆蠻，荆蠻歸之，號曰句吴。太伯卒，仲雍立。至曾孫周章，而武王克殷，因而封之。又封周章弟中於河北，是爲北吴。後世謂之虞。"案《吴越春秋》，虞仲作吴仲。《公羊》定公四年，晉士鞅、衛孔圄帥師伐鮮虞。《釋文》："虞本或作吴。"《尚書大傳》曰："西方者，鮮方也。"《詩·瓠葉》："有兔斯首。"《鄭箋》曰："斯，白也。今俗語斯白之字作鮮。齊、魯之間聲近斯。"然則西方之名，原於鮮白。鮮、西一字。鮮虞獨言西吴，疑本虞仲之後，爲晉所滅，支庶播遷，君臨白狄者，故《世本》謂鮮虞爲姬姓也。中山武公初立，事在趙獻侯十年，見《趙世家》及《六國表》。其時入戰國已久。然《春秋》昭公十二年。晉伐鮮虞，《公》、《穀》皆責其伐同姓，則鮮虞之爲姬姓舊矣，非以武公之立也。武公，徐廣曰："西周桓公之子。桓公者，考王弟而定王子。"《索隱》以《世本》不言，疑爲無據。然徐廣於此，不得鑿空，蓋自有所據，而小司馬時已無考耳。竊疑西吴之胤，或先此而絶，而西周公之後人承其緒也。

《孟子》曰："舜生於諸馮，遷於負夏，卒於鳴條，東夷之人也。"《離婁》下。而《史記·五帝本紀》曰："舜，冀州之人。"下文"舜耕歷山，漁雷澤，陶河濱，作什器於壽丘。就時於負夏"，無一爲冀州之地者。竊疑此語遭後人竄亂，非《史記》原文；否則與下文各有所本。冀州二字，但爲中國之義，非《禹貢》所謂冀州也。《正義》云："越州餘姚縣，顧野王云：舜後支庶所封。舜，姚姓，故曰餘姚。縣西七十里，有漢上虞故縣。《會稽舊記》云：舜上虞人；去虞三十里有姚丘，即舜所生也。周處《風土記》云：舜東夷之人，生姚丘。《孝經援神契》云：舜生於姚墟。"緯候之言，當有古據；漢世縣名，亦必非無因。竊疑歷山即湯放桀之處，與鳴條地正相近。説者或云在河東，或云在濮州，或云在嬀州，均無當也。有虞氏之虞，亦即吴耳。《墨子·尚賢》上："古者堯舉舜於服澤之陽。"孫仲容《閒詁》曰："服澤疑即負夏。"案孫説近之，然則負夏亦澤名，鄭云"衛地"，恐非是。

名有原同而流異者，夷、裔，華、夏，虞、吴，揚、越皆是也。揚、越既爲一語，則揚州猶言越州，亦以民族之名爲州名耳。然既爲州名，即自有其疆理，不得謂越人所居之處，皆可稱爲揚州。《禹貢》所載，蓋實東周時境域，然猶不及今閩廣。故知以《南越傳》之揚越爲取義於揚州者必非。《貨殖列傳》曰："合肥受南北潮，皮革鮑木輸會也，與閩中于越雜俗。九疑、蒼梧以南，至儋耳者，與江南大同俗，而揚越多焉。"此揚越與于越，各有地分，截然不可相溷。蓋其語原雖同，而自春秋以后，于越遂爲封於會稽之越之專稱耳。《自序》："漢既平中國，而佗能集揚越，以保南藩，納貢職。"亦以揚越言之，不曰于越。按其地分，似自《禹貢》荆州而南者，皆稱揚越；而在揚州分者，顧不然也。

〔一八九〕 大九州考①

《史記·孟荀列傳》言：鄒衍"以爲儒者所謂中國者，於天下乃八十一分居其一分耳。中國名曰赤縣神州。赤縣神州内自有九州，禹之序九州是也，不得爲州數。中國外如赤縣神州者九，乃所謂九州也。於是有裨海環之，人民禽獸莫能相通者，如一區中者，乃爲一州。如此者九，乃有大瀛海環其外，天地之際焉"。此亦有舊説爲本，非衍新創也。《淮南·地形》曰："何謂九州？

① 曾改題爲《鄒衍大九州説》。

東南神州曰農土，正南次州曰沃土，西南戎州曰滔土，正西弇州曰并土，正中冀州曰中土，西北台州曰肥土，正北泲州曰成土，東北薄州曰穩土，正東陽州曰申土。”又曰：“九州之大，純方千里。九州之外，乃有八殥，亦方千里：自東北方，曰大澤，曰無通；東方曰大渚，曰少海；東南方曰具區，曰元澤；南方曰大夢，曰浩澤；西南方曰渚資，曰丹澤；西方曰九區，曰泉澤；西北方曰大夏，曰海澤；北方曰大冥，曰寒澤。凡八殥八澤之雲，是雨九州。八殥之外，而有八紘，亦方千里：自東北方，曰和丘，曰荒土；東方曰棘林，曰桑野；東南方曰大窮，曰衆女；南方曰都廣，曰反户；西南方曰焦僥，曰炎土；西方曰金丘，曰沃野；西北方曰一目，曰沙所；北方曰積冰，曰委羽。凡八紘之氣，是出寒暑，以合八正，必以風雨。八紘之外，乃有八極：自東北方，曰方土之山，曰蒼門；東方曰東極之山，曰開明之門；東南方曰波母之山，曰陽門；南方曰南極之山，曰暑門；西南方曰編駒之山，曰白門；西方曰西極之山，曰閶闔之門；西北方曰不周之山，曰幽都之門；北方曰北極之山，曰寒門。凡八極之雲，是雨天下；八門之風，是節寒暑；八紘八殥八澤之雲，以雨九州而和中土。”此蓋舊説。謂有大瀛海環其外者，陸地盡於此矣。鄒衍則易其名爲裨海，謂又有如是者八，陸地乃窮，有大瀛海環其外，而真爲天地之際也。九州名義，多無可考，然泲州似以濟水得名，弇州或即商奄之奄，則冀州當在濟水之南、商奄之東也。九山曰會稽、泰山、王屋、首山、太華、岐山、太行、羊腸、孟門，九塞曰大汾、澠阨、荆阮、方城、殽阪、井陘、令疵、句注、居庸，此皆非其朔，蓋後人沿其目而易其名。九山當布列在九州，九塞則爲九州邊界。九藪曰越之具區、楚之雲夢、秦之陽紆、晉之大陸、鄭之圃田、宋之孟諸、齊之海隅、趙之鉅鹿、燕之昭余，則已在八殥之地矣，觀具區大夢之名，列於九藪又列於八澤可知也。然則所謂九州者，乃在齊之西，燕趙之南，宋鄭秦晉之東，楚越之北耳。鄒衍所謂禹之序九州者蓋如此。《禹貢》所述九州，已苞八殥八紘之地，當衍所謂如赤縣神州者九而有餘矣。《王制》曰：“凡四海之内九州，州方千里。”《淮南》曰：“九州純方千里。”可見其所謂九州者，僅當《王制》之一州。然則舉九州而九之，乃衍新創之説；謂中國外又有如赤縣神州者八，合中國而九。則固舊説也。

紘，高《注》云：“維也。維落天地而爲之表，故曰紘也。”按《覽冥訓》云：“往古之時，四極廢，九州裂，天不兼覆，地不周載，火爁炎而不滅，水浩洋而不息。女媧鍊五色石以補蒼天，斷鼇足以立四極。蒼天補，四極正，淫水涸，冀州平。”四極即八極也。獨言四正爲四極，兼四隅言之，則曰八極耳。天下之雨，來自八極，故四極正則淫水涸也。

九州之地皆曰土，八殯之地有八澤，八紘亦曰土、曰野，是中國與夷狄，以澤爲界也，此蓋島居之世之遺習。島居時，以所居之土爲州，此外爲澤，又其外復爲陸地，然爲他人之地矣，於此可窺見九州之説之起原。古無島字，洲即島，洲、州本一字也。《漢書·地理志》云："堯遭洪水，褱山襄陵，天下分絶爲十二州。"注："師古曰：九州之外，有并州、幽州、營州，故曰十二。水中可居者曰州。洪水汎大，各就高陸，人之所居，凡十二處。"宋祁曰："《注》文，南本無九州以下十五字，景本無《注》末凡十二處四字。"然則所謂九州者，推原其朔，則島居之民，分其衆爲九部耳。井田之法，以方里之地，畫爲九區，而明堂亦有九室，皆是物也。《周官》量人，掌建國之法，以分國爲九州；《考工記》匠人，亦九分其國，皆九州古義也。

原刊《學術》第四輯，一九四〇年五月出版

〔一九〇〕　南　　交

鄭康成曰："夏不言曰明都，三字摩滅也。"《尚書堯典疏》。案《大戴禮》："昔虞舜以天德嗣堯，朔方幽都來服，南撫交趾。"《少閒篇》。《墨子》："昔者堯治天下，南撫交趾，北降幽都。"《節用》中。俱以交阯與幽都對舉，則南方初無所謂明都可知。《爾雅》："觚竹、北户、西王母、日下，謂之四荒。"《史記·舜紀》："南撫交阯、北發。"《索隱》："北發當云北户，南方有地，名北户。"《淮南子·地形》篇作反户，高誘《注》："在日之南，皆爲北鄉户，故反其户也。"《南史·林邑傳》："其國俗居處爲閣，名曰干闌，門户皆北向。"可知北户之俗，南方確有之。而交趾在其北，羲叔所宅，必即今越南地矣。

〔一九一〕　嵎夷即倭夷説

《堯典》"宅嵎夷"，《史記·五帝本紀》作郁夷；《毛詩·小雅》"周道倭遲"，《韓詩》作威夷，《漢書》作郁夷。説者因謂日本即古嵎夷。此説似怪，然實不盡誣也。人類學家言：日本種族，十之六爲馬來，二爲蝦夷，中國人與通古斯皆僅十之一。馬來人古稱越，亦作粵，有斷髮文身之俗，日人亦然。且日人言語，亦有與馬來同者，其出於馬來族無疑也。《禮記·大傳》曰："繫之以姓而弗别，綴之以食而弗殊，雖百世而昏姻不通者，周道然也。"楚則有妻妹之俗，見《公羊》桓公二年。日本古俗亦然。漢魏後，南洋羣島皆馬來族所居，其程度殊不高於日本人，或且不逮焉，必不能啓發日本。且日本與中國之交往，亦北方早而南方遲；則謂啓發日本之馬來人，自中國往而不自南洋往，又理之可信者也。《尚書正義》云："夏侯等書，宅嵎夷爲宅嵎銕。"《説文・山部》："崵，首崵山也，在遼西。一曰嵎鐵，崵谷也。"説經者因謂今文家謂嵎夷在遼西，此殊不然。"一曰"乃别列一説之辭，不與上文相蒙。不徒夏侯等家不謂嵎夷在遼西，即《説文》所列之或説，意亦未必謂然。何者？暘谷之暘，諸書或作湯，無作崵者；爲此説者之意，蓋謂暘谷之暘，亦當作崵，而非謂遼西之崵山即《尚書》之暘谷也。暘谷究在何處，雖難質言，謂在山東，情事頗近。自山東絶海至日本固不易，然冀、遼之地，久爲華人繁殖之區，試觀方言，自燕到朝鮮語言多同可知，自朝鮮至日本，則非難事矣。況民族之遷移，亦間有出於常理之外，而不可以測度者邪。

〔一九二〕　天地之化百物之産

《禮記・郊特牲》曰："萬物本乎天，人本乎祖。"天之生物，乃使氣成爲物。《易》所謂"精氣爲物"，物之相生，則以形更成是形，其爲事不同。《周官・大宗伯》曰："以禮樂合天地之化，百物之産。"化者，天之生物之名；産者，物之生物之名也。注曰："能生非類曰化，生其種曰産。"物固非天地之類。疏引"田鼠化爲鴽，雀雉化爲蛤蜃之等"以釋化，仍是物生物之事，非是。《乾・彖辭》曰："乾道變化，各正性命。"疏曰："變，謂後來改前，以漸移改。化，謂一有一無，忽然而改。"《月令》："田鼠化爲鴽。"疏曰："《易》乾道變化，謂先有舊形，漸漸改者，謂之變。雖有舊形，忽改者謂之化。及本無舊形，非類而改，亦謂之化。"本無舊形，一有一無，即天地之化之化，與田鼠化爲鴽之化，不同義也。

〔一九三〕　形而上者謂之道、形而下者謂之器義

《易・繫辭傳》曰："形而上者謂之道，形而下者謂之器。"近人每執此二語，謂中國人重空言而輕實事，此大繆也。道者，事物之所以然，《韓非・解老》曰："道者，萬物之所以然也，萬理之所稽也。理者，成物之文也。道者，萬物之所成也。"案然，成也。稽，同也。無形跡可見，故曰形而上，猶言成形之先；曰形而下，則猶言成形之後耳。此乃天事，非人事。《周易正義・八論》之一云："易之三義，惟在於有，然有從無出，理則包無。故《乾鑿度》云：夫有形者生於無形，則乾坤安從而生？故有太易，有太初，有太始，有太素。太易者，未見氣也。太初者，氣之始也。

太始者，形之始也。太素者，質之始也。氣、形、質具而未相離，謂之渾沌。渾沌者，言萬物相渾沌而未相離也。視之不見，聽之不聞，循之不得，故曰易也。是知《易》理備包有無。而《易》象惟在於有者，蓋以聖人作《易》，本以垂教，教之所備，本備於有。故《繫辭》云形而上者謂之道，道即無也；形而下者謂之器，器即有也。"此言最得《易》義。形而上，形而下，乃就物之可見、可聞、可循與否而錫之名，非意有所貴賤於其間也。不徒未嘗賤器也，《繫辭傳》又曰"見乃謂之象，形乃謂之器，制而用之謂之法"，且盡力於制器以共民用矣。

《左氏》僖公十五年，韓簡曰："物生而後有象。"其所謂象，亦即《易》之所謂象也。象雖可聞見，猶不必其可循，《繫辭傳》曰"縣象著明，莫大乎日月"，則其徵也。若此者皆在天，古天官家言，自地以上皆爲天。在地者則不然。故曰："在天成象，在地成形。"成形者皆可共用，共用之謂器。凡器，皆可如其形，制爲笵，以更作之時曰法。故曰："成象之謂乾，效法之謂坤。"又曰："法象莫大乎天地。"而包犧作卦，《易》稱其"仰則觀象於天，俯則觀法於地"也。夫如器之形以制笵，以更成是器，不過能使固有之器增多而已，不能更得新器也。能取法於天則不然。《禮記·郊特牲》曰："地載萬物，天垂象。取材於地，取法於天，是以尊天而親地也。"取法於天者，依意想之所及，而制以爲法；如是，則共用之器，日出而不窮。《韓子》曰："諸人之所以意想者，皆謂之象。"《解老》。其理，觀《繫辭傳》"蓋取"一節可明。風行水上《涣》，制舟楫者取焉，不待言而喻也。服牛乘馬取諸《隨》，取其動而説也。臼杵取諸《小過》，《小過》上雷下山，上動，下任之以重也。弧矢取諸《睽》，《睽》上火下澤，火澤之行相違，猶射者引弦嚮己，矢激而外出也。上澤下天《夬》，夬者，決也，以五剛乘一柔，必決，決則殊矣，物之殊者仍可合之，知其故爲一體，此書契之所由作也。要之如器以制，法器有限；因象而制，法器無窮。故曰："以制器者尚其象。"又曰："爻也者，效此者也，象也者，像此者也。"象者，物之所固有，像則人像之，故從人，非俗字也。

象之不可窮，猶形之不可窮也；於是能以一象廣攝衆義之説尚焉。《易》之始，不過占筮之書，而聖人有取焉，蓋以是也。故曰："書不盡言，言不盡意。然則聖人之意，其不可見乎?"又曰："聖人立象以盡意"；又曰："聖人有以見天下之賾，而擬諸其形容，象其物宜，是故謂之象"；又曰："極其變，遂通天下之象"也。《易》道至廣，皆攝諸象。故曰："彖也者，言乎象者也"，又曰："知者觀其彖辭，則思過半矣。""其稱名也小，其取類也大"，則以一象廣攝衆義之謂也。象雖若虚縣無薄乎，器之成恒必由之。故曰“象事知器”。事不違理，知象則器寓焉。《管子》曰：“一者，本也，二者，器也。”《五行》。又曰：“原始計實，本其所生，知其象則索其器。”《白心》。太史公曰：“《易》本隱以知顯，《春秋》推見至隱。”謂其合本末爲一也。

《管子·七法》曰：“治民有器，爲兵有數，勝敵國有理，正天下有分。則、象、法、化、決塞、心術、計數。根天地之氣，寒暑之和，水土之性，人民、鳥獸、草木之生，物雖不甚多，皆均有焉而未嘗變也，謂之則。義也，名也，時也，似也，類也，比也，狀也，謂之象。尺寸也，繩墨也，規矩也，衡石也，斗斛也，角量也，謂之法。漸也，順也，靡也，久也，服也，習也，謂之化。予奪也，險易也，利害也，難易也，開閉也，殺生也，謂之決塞。實也，誠也，厚也，施也，度也，恕也，謂之心術。剛柔也，輕重也，大小也，實虚也，遠近也，多少也，謂之計數。”其言足與《易》相發明。則謂自然之理，其予人以可知者謂之象。人效法之，有所制作，謂之法。化者，使人與事習也。決塞者，上之所以使下也。心術，上之所以自處也。計數，上臨事之所察也。法本於象，故曰：“不明於象，而欲論材審用，猶絶長以爲短，續短以爲長。”法出於象，故亦自然不可改易。《法法》之篇曰：“不法法，則事毋常，法不法，則令不行。”不法法者，謂不以法爲法也。法不法者，謂其所法者非法也。不合乎則。《周書·大匡曰》：“明堂所以明道，明道惟法法。”與《管子》所謂法法者同。朱右曾《集訓校釋》依陸麟書改爲“明道惟法，明法惟人”，誤矣。《孟子》曰：“離婁之明，公輸子之巧，不以規矩，不能成方圓；師曠之聰，不以六律，不能正五音；堯舜之道，不以仁政，不能平治天下。”《離婁》上。此不法法則事毋常之義。又曰：“今有仁心仁聞，而民不被其澤，不可法於後世者，不行先王之道也。”“爲高必因丘陵，爲下必因川澤，爲政不因先王之道，可謂智乎？”此法不法則令不行之義。非謂法出於先王，謂先王之法則法之法者也。雖荀子之法後王，意亦由是。《左氏》昭公四年，渾罕譏子産曰：“政不率法，而制於心；民各有心，何上之有？”政之不可制於心，以法之出於自然之則也。

《洪範》五事，思曰睿，睿作聖。《周官》鄉三物，一曰六德：知、仁、聖、義、忠、和。鄭《注》曰：“聖，通而先識也。”聖之本義，實以知識言，非以德行言。《荀子》曰：“不先慮，不早謀，發之而當，成文而類，居錯遷徙，應變不窮，是聖人之辯者也。”《非相》。又曰：“道出乎一。曷謂一？曰執神而固。曷謂神？曰盡善浹洽之謂神。萬物莫足以傾之之謂固。神固之謂聖人。聖人也者，道之管也。天下之道管是矣，百王之道一是矣。”《儒效》。又曰：“多言則文而類。終日議其所以，言之千舉萬變，其統類一也。是聖人之知也。"《性惡》。又曰："所謂大聖者，知通乎大道，應變而不窮，辨乎萬物之情性者也。大道者，所以變化遂成萬物也。情性者，所以理然不取舍也。是故其事大辨乎天地，明察乎日月，總要萬物於風雨。繆繆肫肫，其事不可循。若天之嗣，其事不可識。百姓淺然，不識其鄰。若此則可謂大聖矣。"《哀公》。皆可見聖之本義。《論語・子罕》："太宰問於子貢曰：夫子聖者與？何其多能也？子貢曰：固天縱之將聖，又多能也。"顯分聖與多能爲兩事。《雍也》："子貢曰：如有博施於民而能濟衆，何如？可謂仁乎？子曰：何事於仁！必也聖乎！堯舜其猶病諸！"蓋尋常所謂相仁偶者，原不過及於與接爲構之人，博施濟衆，爲量彌恢，則非思無不過者不克濟其事，故以聖言之。《孟子》曰："智，譬則巧也；聖，譬則力也。猶射於百步之外也，其至，爾力也；其中，匪爾力也。"《萬章》下。力之深入而克竟其功，亦仍就思無不通之義引伸之也。古之言聖，雖非如後世之高不可攀，然其尊之亦甚至。而《繫辭傳》曰："備物致用，立成器以爲天下利，莫大乎聖人。"其重之也如此，而曷嘗有輕視制器之意哉？

〔一九四〕　君子上達，小人下達；往者不可諫，來者猶可追

《春在堂隨筆》云：戴子高嘗爲《論語注》，專以公羊家師説説《論語》，亦一家之學也。偶檢舊櫝，得手書一通，録《注》中義六十三事，質之於余，因擇其尤平易者識之，所録者凡十條，曰：因不失其親，因讀曰姻，姻，外親也。姻非五服之親，然猶必不失其親，以其亦有宗道。《雜記》曰："外宗爲君夫人，猶内宗也。外宗爲姑姊妹之女舅之女及從母。又曰：井有人焉，井穽之假字，又曰：君子上達，言作君作師，上通天道。小人下達，言務工作，力田野，下通物性而已。又曰：往者不可諫，來者猶可追。往，往世也。諫，猶正也。來，來世也，言來世之治，猶可追乎？明不可追。莊子述此歌曰：往世不可追，來世不可待。皆愜心貴當。下學言務工作，下學而上達，亦謂因事而悟道也。曲園云：余因子高解往者不可諫，而悟來者猶可追之義。《周官・追師・注》：追，猶治也。猶可追，言猶可治也。夫子删《詩》、《書》，定《禮》、《樂》，贊《周易》，脩《春秋》，爲後世法，皆所以治來世也。公羊子曰：制春秋之義，以俟後聖，以君子之爲，亦有樂乎此也。深得孔子之意，而皆自楚狂一言發之，楚狂之功大矣。"予案曲園説追字之義是也，而其説猶可追之義則非。猶可追，言不可追

也,乃反詰之辭。

〔一九五〕 君子有勇而無義爲亂,小人有勇而無義爲盜

《論語·陽貨》:“子路曰:君子尚勇乎?子曰:君子義以爲上,君子有勇而無義爲亂,小人有勇而無義爲盜。”古書語法,往往有互相備者,此言君子爲亂則爲盜亦在其中,小人爲盜則爲亂亦在其中是也。但此章則不然。蓋古所謂作亂者,乃指干犯名分,殺逐在上者而奪其位,而盜之本義,爲略取財物。古代等級森嚴,小人不易乘君子之位。君子雖不必皆富,然究與小人有别,略取財物,非其志之所存。即欲奪人之所有者,亦必代居其位而後可,其事即爲亂而非盜矣。故作亂之事,小人殆不能爲之,而君子亦無所謂爲盜也。

《春秋》書盜殺者四:襄公十年,“盜殺鄭公子騑、公子發、公孫輒”。《左傳》曰:“書曰盜,言無大夫焉。”昭公二十年,“盜殺衛侯之兄縶”,《左氏》於三十一年論之,謂“齊豹爲衛司寇,守嗣大夫,……若艱難其身,以險危大人,……是以書之曰盜。……以懲不義”。然據二十年紀事,則齊豹之司寇與鄄,皆已爲縶所奪,當殺縶時,豹固微者也。哀公四年“盜殺蔡侯申。”《左傳》云:“公孫翩逐而射之,入於家人而卒。”《杜注》曰:“翩,蔡大夫。”《公羊》曰:“罪人。”《公羊》蓋得其實。十三年,盜殺陳夏區夫《公》、《穀》、《左》皆無傳,而四年《穀梁》云:“微殺大夫謂之盜。”范寧《集解》云:“十三年冬,盜殺陳夏區夫是”,蓋爲夏區夫發。又定公八年,“盜竊寶玉大弓。”《公羊》曰:“盜者孰謂?謂陽虎也。陽虎者,曷爲者也?季氏之宰也。季氏之宰,則微者也。”此外急壽及子臧之死,《左氏》亦咸謂之盜。見桓公十六年,僖公二十四年。蓋實使微者殺之。鄭三卿及衛縶之死,其君皆爲之出奔。又鄭子產卒,子大叔爲政,不忍猛而寬;鄭國多盜,取人於萑蒲之澤,至興徒兵以攻殺之,盜乃少正。見昭公二十年。吴之入郢也,楚子入睢濟江,入於雲中,盜政之,至以戈擊王,王奔鄖。定公四年。其勢力亦不可謂不大。古書記人民作亂之事甚鮮,或以爲古者德化洽,生計饒,不至於亂也。又或以爲古者設治密,兵力足,人民不易爲亂,皆非也。古之史官主記貴族之事,民間之盜賊與貴族關係較少,故不之及耳。觀鄭所謂萑蒲及楚雲中之盜,可知盜賊之徒黨并不少,勢力并不弱。《莊子·盜跖》述當時之富人謂其“内則疑劫請之賊,外則畏寇盜之害,内周樓疏,外不敢獨行”,可知其無日不在戒備中也。而《左傳》亦咸稱爲盜,蓋當時言語如是也。

《論語·學而》:“有子曰:其爲人也孝弟,而好犯上者,鮮矣;不好犯上,而

好作亂者，未之有也。”蓋犯上者，作亂之履霜，而作亂其堅冰也。其與殺越人於貨者，所志迥不相侔審矣。《泰伯》篇：“子曰：勇而無禮，則亂。”又曰：“好勇疾貧，亂也。人而不仁，疾之已甚，亂也。”《陽貨》篇曰：“好勇不好學，其蔽也亂。”其皆指君子言可知。《左傳》文公二年，“狼瞫怒，其友曰：盍死之？瞫曰：吾未獲死所。其友曰：吾與汝爲難。瞫曰：周志有之：勇則害上，不登於明堂。死而不義，非勇也。……子姑待之。”今《周書·大匡》篇曰：“勇如害上，如同而。則不登於明堂。”明堂非小人所登，其言亦爲君子而發。狼瞫如聽其友而爲難，即有子之所謂犯上，更甚則爲作亂矣。

古之人，蓋貴賤莫不尚勇，故子貢問孔子：“君子亦有惡乎？”子曰：“惡勇而無禮者。”又曰：“賜也亦有惡乎？”子貢曰：“惡不孫以爲勇者。”《論語·陽貨》。孔子戒樊遲，一朝之忿，忘其身以及其親。《論語·顔淵》。而孟子告公都子，數世俗所謂不孝者五，好勇鬬狠，以危父母，居其一焉。《離婁下》。夫如是，安得不尚遜順。《祭義》稱：虞、夏、殷、周，未有遺年者。又稱：孝弟之道，發諸朝廷，行乎道路，至乎州巷，放乎獀狩，備乎軍旅，於衆義死之，而弗敢犯也。而大學又以是爲教。又曰：“天子有善，讓德於天；諸侯有善，歸諸天子；卿大夫有善，薦於諸侯；士庶人有善，本諸父母，存諸長老。”《坊記》言：“善則稱人，過則稱己”；“善則稱君，過則稱己”；“善則稱親，過則稱己”。豈好爲是柔弱之道以靡其民氣哉？當時之情勢，固有不得不然者也。不然，其争奪相殺不可以一朝居也久矣。

〔一九六〕　往者不悔，來者不豫

語曰：“人所追悔者既往，所希冀者未來，所悠忽者見在。”又曰：“勘破去來今，非佛無可做；不問去來今，隨地皆成佛。”世皆以爲名言。《禮記·儒行》曰：“往者不悔，來者不豫。”《注》曰：“雖有負者，後不悔也；其所未見，亦不豫備，平行自若也。”已具二諺之理矣。人之多悔多豫，皆由不能安於義命；不能安於義命，則患得患失之情生；患得患失之情一生，而往者不可勝悔，來者不可勝豫矣。其實往者已往矣，隳甑不可復完，悔之何益？而指窮於爲，世事之變化無方，亦何可豫也，徒自苦焉而已。抑且患得患失，則神情眩惑，未有不措置乖方者，是以悔既往，豫未來，正所以失見在而又生將來之悔也。有所悔，必又有所豫，是使悔且豫者相引於無窮，而終不獲一日之安也，不亦徒自苦乎？故曰：“仁，人之安宅也；義，人之正路也；曠安宅而弗居，捨正路而弗由，哀哉！"

〔一九七〕釋　仁

道之高者必通，通者必合人我，忘利害。苟猶有人我利害之見存，未有能合天道者也。

孔門之言道，莫高於仁。孔子曰："道二，仁與不仁而已矣。"《孟子·離婁上》。又曰："苟志於仁矣，無惡也。"《論語·里仁》。又曰："君子而不仁者有矣夫，未有小人而仁者也。"《論語·憲問》。其言之決絶如此；然則所謂仁者，果何如哉？

子曰："民之於仁也，甚於水火。水火，吾見蹈而死者矣；未見蹈仁而死者也。"《論語·衛靈公》。孟子曰："不仁者可與言哉？安其危而利其菑，樂其所以亡者。不仁而可與言，則何亡國敗家之有？"又曰："三代之得天下也以仁，其失天下也以不仁，國之所以廢興存亡者亦然。今惡死亡而樂不仁，是猶惡醉而强酒。"《離婁上》。其言仁之有利無害，決然如此。然孔子又曰："志士仁人，無求生以害仁；有殺身以成仁。"《論語·衛靈公》。則是爲仁者不免於殺身也。然則非泯利害之見，不足以言仁也審矣。子曰："仁者必有勇。"《論語·憲問》。言其能臨利害而不惑也。又曰："仁者不憂"，《論語·子罕》。言其本不欲利，故無不利之時；無不利之時，自無可憂也。然則聖人非能教人得世俗之所謂利也，能教其祛欲利之心耳。《論語·顏淵》："司馬牛問君子，子曰：君子不憂不懼。曰：不憂不懼，斯謂之君子矣乎？子曰：内省不疚，夫何憂何懼。"苟不仁，則不免損人以利己，損人以利己，則内省疚而憂懼隨之矣。斯言看似平易，而行之實艱。

墨子言兼愛，而孟子詆爲無父，似言仁不能無等差矣。然"仲弓問仁，子曰：己所不欲，勿施於人"，《論語·顏淵》。恕之事也。孟子亦曰："强恕而行，求仁莫近焉，"《盡心上》。此豈尚有人我可分乎？《中庸》曰："仁者，人也，親親爲大；義者，宜也，尊賢爲大，親親之殺，尊賢之等，禮所生也。"所以不得不言親親，不得不言尊賢，且不得不有殺有等；乃各親其親，各子其子，以賢勇知，以功爲己之世，事勢不得不然，而豈道之本然哉？然則墨者夷之謂"愛無差等，施由親始，"《孟子·滕文公上》。其説實不背於儒。儒墨之道，可通爲一也。儒家辟墨千言萬語，皆自小康之世言之，若大同之世，則蕩蕩平平，本無差等也。夫惟不分人我者，人莫能與之敵，何也？苟欲敵之，是自爲敵也。故曰："仁不可爲衆也夫！國君好仁，天下無敵！"《孟子·離婁上》。

孔子曰："仁遠乎哉？我欲仁，斯仁至矣！"《論語·八佾》。又曰："有能一日用其力於仁矣乎？我未見力不足者。"《里仁》。其言之之易如此。然忘人我，泯利害，則人所視爲至難者也。何哉？人之本心，本無人我之分，利害之見。所以有之者，皆事勢使然也。故曰："仁義禮智，非由外鑠我也，我固有之也。"《孟子·告子上》。惟君子能全其仁於事勢萬難之際，亦惟君子能革易斯世，使事勢無阻。凡人皆克全夫仁也，不知革易斯世，而欲望人人克全夫仁，則以賁育、烏獲責孺子矣。此後世儒者之失，孔孟無此説也。

仁之道大如此，顧其言之，亦有時若甚淺近者。子曰："巧言令色，鮮矣仁。"《論語·學而、陽貨》兩見。又曰："剛毅木訥近仁。"《子路》。又曰："仁者其言也訒。"《顔淵》。然則但謹於辭色之間，遂足以爲仁矣乎？非也。仁者必無人我之見存，無人我之見，尚何自炫以取媚於人之有？務自炫以取媚於人，則其人我之見深矣，是則與於不仁之甚者矣。遠不仁，斯近仁矣。故曰："我未見好仁者，惡不仁者，好仁者，無以尚之。惡不仁者，其爲仁矣，不使不仁者，加乎其身。"《里仁》。惡不仁不可遂云仁，然求仁之端也。抑以道仁與不仁之義言之，則又不可謂之不仁也。然則巧言令色之不仁，審矣。故《集注》謂"聖人辭不迫切。言鮮，則絶無可知"也，可不深自警哉！

〔一九八〕釋　因

因之道，諸子百家言之詳矣。雖儒家，亦不能不以此爲務也。因之道，有施之天者，"作大事必順天時，爲朝夕必放於日月，爲高必因丘陵，爲下必因川澤"是也。《禮記·禮器》。《孟子·離婁上篇》亦曰："爲高必因丘陵，爲下必因川澤。"有施之治民者，"因民之所利而利之，擇可勞而勞之"是也。《論語·堯曰》。有施之敵者，"因重而撫之"，"亡者侮之，亂者取之"是也。《左氏》襄公十四年："晉中行獻子曰：史佚有言曰：因重而撫之。仲虺有言曰：亡者侮之，亂者取之，推亡固存，國之道也。"又三十年："子皮曰：仲虺之志云：亂者取之，亡者侮之，推亡固存，國之利也。"又案《周書·武稱》："距險伐夷，并小奪亂，□強攻弱，而襲不正，武之經也。伐亂、伐疾、伐疫、武之順也。賢者輔之，亂者取之，作者勸之，怠者沮之，恐者懼者欲者趣之，武之用也。"與《左氏》所引史佚仲虺之言相出入，蓋古兵家言。大抵人之力，至大而不可遂。故曰："以欲從人則可，以人從欲鮮濟。"《左氏》僖公二十年臧文仲之言。又昭公四年，子産對楚靈王曰："求逞於人不可，與人同欲盡濟。"韓子曰："使匠石以千歲之壽，操鈞，視規矩，舉繩墨，而正大山；使賁育帶千將而齊萬民；雖盡力於巧，極盛於壽，大山不正，民不能齊。"《大體》。可謂言之深切著明矣。《孟子》曰："惡於智者，爲其鑿也。若禹之行水也，則無惡於智矣。禹之行水也，行其所無事也;如智者亦行其所無事,則智亦大矣。"《離婁下》。行其所無事者,因之謂也。所因者有事焉,因之者未嘗有事也。惟未嘗有事,乃能有成,此因之精義也。

自然之德在於信,信則必可知也。故曰:"天之高也,星辰之遠也,苟求其故,千歲之日至,可坐而致也。"惟其信也,故逆之必敗,順之則必有成,此隨順萬物之義所由來也。《管子》曰:"有道之君,其處也若無知,其應物也若偶之。"《心術》。此君人者,治國之術也。莊子述慎到之説曰:"推而後行,曳而後往,至於若無知之物而已。"《天下》。此匹夫自處之道也。而其要,盡於莊周"無建己之患"五字。惟無建己,故無用知之患,而能動静不離於理也。此即孔子所謂"無可無不可",《論語·微子》。其所以致之者,則"毋意毋必毋固毋我"也。《論語·子罕》。然則治人之道,與脩己之道,無二致焉。故曰:"吾道一以貫之也。"《管子》亦曰:"君子之處也若無知,言至虚也。其應物也若偶之,言時適也。若影之象形,響之應聲也。故物至則應,過則捨矣,捨矣者,言復所於虚也。"

惟能因也,故或見利而不爲,以違於道者,似利而實非利也。《管子·白心篇》所言是也。《白心篇》曰:"建當立,有以靖爲宗,以時爲寶,以政爲儀,和則能久。非吾儀,雖利不爲;非吾當,雖利不行;非吾道,雖利不取;上之隨天,其次隨人。人不倡不和,天不始不隨。"以政爲儀,非吾儀,雖利不爲,法家所以戒釋法而任心治也。故儒、法二家之道,實亦相通。

〔一九九〕釋大順

儒家之言治,莫高於大順。大順之説,見於《禮運》。其説曰:"四體既正,膚革充盈,身之肥也。父子篤,兄弟睦,夫婦和,家之肥也。大臣法,小臣廉,官職相序,君臣相正,國之肥也。天子以德爲車,以樂爲御;諸侯以禮相與;大夫以法相序;士以信相考;百姓以睦相守;天下之肥也,是謂大順。大順者,所以養生送死事鬼神之常也。故事:大積焉而不苑,并行而不繆,細行而不失,深而通,茂而有間,連而不相及也,動而不相害也,此順之至也。故明於順,然後能守危也。故禮之不同也,不豐也,不殺也,所以持情而合危也。故聖王所以順,山者不使居川,不使渚者居中原,而弗敝也。用水火金木飲食,必時。合男女,頒爵位,必當年德。用民必順,故無水旱昆蟲之災,民無凶饑妖孽之疾。故天不愛其道,地不愛其寶,人不愛其情。故天降膏露,地出醴泉,山出器車,河出馬圖。鳳皇麒麟,皆在郊棷;龜龍在宫沼;其餘鳥獸之卵胎,皆可俯而窺也；則是無故。先王能脩禮以達義，體信以達順，故此順之實也。"言治至此，可謂豪髮無遺憾矣。論者或曰：西京儒者，不言祥瑞。言祥瑞者，西漢末葉，王莽之徒之爲之也。是不然，董仲舒對策曰："陰陽調而風雨時，羣臣和而萬民殖，五穀孰而草木茂。天地之間，被潤澤而大豐美；四海之内，聞盛德而皆徠臣；諸福之物，可致之祥，莫不畢至，而王道終矣。"非以瑞應爲治之至者乎？不言者，當時之治，固不足以言瑞應。且宣帝之世，言鳳皇降者，固連翩矣。安知當時儒者，無導諛貢媚之徒，特無傳於後邪？且經典之言瑞應者，非獨《禮運》也。《禮器》曰："因名山以昇中於天，因吉土以饗帝於郊。昇中於天，而鳳皇降，龜龍假；饗帝於郊，而風雨節，寒暑時。是故聖人南面而立，而天下大治。"《樂記》曰："夫古者，天地順而四時當，民有德而五穀昌，疾疢不作，而無妖祥，此之謂大當。"《大戴記・誥志》曰："聖人有國，則日月不食，星辰不孛，海不運，河不滿溢，川澤不竭，山不崩解，陵不弛，川谷不處，深淵不涸；於是龍至不閉，鳳降忘翼，鷙鳥忘攫，爪鳥忘距，蜂蠆不螫嬰兒，蟁虻不食天駒，雒出服，河出圖。"《論語・子罕》："子曰：鳳鳥不至，河不出圖，吾已矣夫！"皆與《禮運》相出入。抑非獨儒家也，《管子・小匡》曰："昔人之受命者，龍龜假，河出圖，洛出書。"《莊子・馬蹄》曰："至治之世，其行填填，其視顛顛。當是時也，山無蹊隧，澤無舟梁；萬物羣生，連屬其鄉；禽獸成羣，草木遂長，是故禽獸可係羈而遊，烏鵲之巢，可攀援而窺。"其言與《二戴記》、《論語》，同出一本，亦顯而易見也。是何邪？是古人之知識短淺，不知人事而欲徼福於不可知之數邪？非然也。《祭統》曰："福者，備也。備者，百順之名也。無所不順者謂之備。"然則大順云者，亦人事無所不盡，天瑞無所不臻之謂耳。瑞應之來，若由於天，而實由於人。何也？如其三年耕，則有一年之畜；九年耕，則有三年之畜；以三十年之通，雖有凶旱水溢，民無菜色。如此，雖有水旱，謂有水旱得乎？古昔情形，非有史官記録，特口相傳述耳。十口相傳，不能審諦。小康之治既作，大同之世云遥，乃有强者脅弱，衆者暴寡，知者詐愚，勇者苦怯，疾病不養，老幼孤獨，不得其所之事，追懷古昔，乃覺其苦樂之懸殊，而津津樂道之。然於古昔之事，知之不審諦也，則以爲天瑞之駢臻云爾。且人雖至仁，安能感物，然古言瑞應，必極之於鳳凰降龜龍假者，《荀子・王制》曰："養長時則六畜育，殺生時則草木殖，聖王之制也。草木榮華滋碩之時，則斧斤不入山林；黿鼉魚鱉鰌鱣孕别之時，罔罟毒藥不入澤；汙池淵沼川澤，謹其時禁，故魚鱉優多，而百姓有餘用也。斬伐養長，不失其時，故山林不童，而百姓有餘用也。故禽獸草木之滋殖，亦人事爲之也。"自後世言之，則曰"摘巢毁卵,則鳳凰不翔;刳胎焚夭,則麒麟不至。"《公羊》宣公元年《解詁》。一若非人事所致,而德化所感云爾,亦不審諦之辭也。然則所謂瑞應者,其説固不審諦,其言則非無由矣。此諸家之所以共傳之與?

儒家之無善治也,自其以大同之義,附諸小康之治始也。蓋郅治之極,必依於仁。《禮運》曰:"仁者順之體也。"仁者,不分人我之謂也。亦既知有人我矣,則終不能盡相人偶之道,而克全夫仁。人雖至仁,安能及物。所謂盡物性者,亦不過養長生殺得其時,使足供人用而無乏耳。此惟不獨親其親,不獨子其子,貨惡其棄於地也,不必藏於己;力惡其不出於身也,不必爲己之世爲能然。至於各親其親,各子其子,貨力爲己之世,則人我分而争奪起,人與人相處之道必不能盡。人與人相處之道不能盡,則人之所以處置夫物者,亦必不能盡其道矣。稍以陵夷,終至大壞,此山林之所以童,而川澤之所以竭也。而儒者乃以脩禮達義,體信達順,望諸世及以爲禮,城郭溝池以爲固之大人。《經解》曰:"天子者,與天地參,故德配天地,兼利萬物,與日月并明,明照四海,而不遺微小。"《中庸》曰:"聲名洋溢乎中國,施及蠻貊,舟車所至,人力所通,天之所覆,地之所載,日月所照,霜露所墜,凡有血氣者,莫不尊親。"皆《禮運》所謂"天子以德爲車,以樂爲御";《禮器》所謂"聖人南面而立"也。董仲舒遂推言之曰:"爲人君者,正心以正朝廷,正朝廷以正百官,正百官以正萬民,正萬民以正四方;四方正,遠近莫敢不壹於正,而亡有邪氣姦其間。"以是致瑞應而爲王道之終,其言之甚美,而不悟所操者之非其具也。此道家之言之所以爲得實與?所謂大同之治者,古人蓋皆知其有此一境,而莫能審其在於何時。乃皆以意附會道家主無君之治,故所附會者,較得其實。《禮運》記者,記禮之運,而始於大同。蓋非不知此義者,其以大同之治,責望於世及之君,豈亦望其漸致小康,以爲後圖與?定哀多微辭,下士笑大道,弗可知已!

〔二〇〇〕 釋"三年無改於父之道"

經義有以互證而益明者,《論語·學而》:子曰:"父在觀其志,父没觀其行,三年無改於父之道,可謂孝矣。"似以從親爲孝者。然《禮記·坊記》説是語云:"君子弛其親之過而敬其美。"則所謂三年無改者,謂其父之道之美者也。然則父在觀其志者,觀其能志於美也;父没觀其行者,觀其能敬其美也;非謂不論其爲美與惡,而皆無改焉也。惡豈惟不可因循,蓋有改之惟恐不速者矣,所謂弛其過也。古人言語,頗與後世不同,詳略之異,亦其一端。如"三年無改於父之道”，自然指其美者言。此在古代，蓋不待言而可明，故記者不更分別。然在後世，則此等處，必明言其爲父之美。此自古今語法不同，彼此不足相非。然以後世之語法度古人，則必有覺其不可通，或致誤解者。《集注》引尹氏曰：“如其道，雖終身無改可也；如其非道，何待三年？然則三年無改者，孝子之心，有所不忍故也。”游氏曰：“三年無改，亦謂在所當改，而可以未改者耳。”彌縫匡救，用心亦可謂深矣。而未知一參考《戴記》則可明。故曰：“吾嘗終日不食，終夜不寢，以思，無益，不如學也。”孝子之心，有所不忍，其説最不可通。子曰：“好仁者，無以尚之；惡不仁者，其爲仁矣，不使不仁者，加乎其身。”又曰：“道二：仁與不仁而已矣。”夫過舉，則必其不仁者也。仁者居之，必不可一息安也。視其父之陷於不仁，必不可一息忍也。是可忍也，孰不可忍也。而忍無弛其親之過乎？豈有弛其親之過而反有所不忍者乎？後世人君，政事有不便於民者，新君即位，每以遺詔罷之，合於道矣。

〔二〇一〕　釋“唯女子與小人爲難養也”

《論語·陽貨》：“子曰：唯女子與小人，爲難養也，近之則不孫，遠之則怨。”斯言也，讀者惑焉。人有善惡，男女一也，安得舉天下之女子，而悉儕諸小人？曰：此所謂女子，乃指女子中之小人言，非謂凡女子也。小人猶言臣，女子猶言妾耳，古臣妾恒并稱。《禮經·喪服》：爲貴臣貴妾皆緦；《禮記·曲禮》：“國君不名卿老世婦，大夫不名世臣侄娣，士不名家相長妾”；皆是。《檀弓》曰：“陳子車死於衛，其妻與家大夫謀以殉葬。定，而後陳子亢至。以告，曰：夫子疾，莫養於下，請以殉葬。子亢曰：以殉葬，非禮也。雖然，則彼疾，當養者，孰若妻與宰？得已，則吾欲已；不得已，則吾欲以二子者之爲之也。”《周書·武稱》曰：“美男破老，美女破舌。”《戰國·秦策》引同。舌當作后，則又以妻與宰并稱焉。《曲禮》：“列國之大夫，於其國曰寡君之老”，而“夫人自稱於天子曰老婦”，老婦亦猶言老耳。人君外有三公，内有三母，夫人亦有師傅保，傅以老大夫爲之。夫人之有臣，亦猶國君之有妾也。

《檀弓》：“文伯之喪，敬姜據其床而不哭，曰：昔者吾有斯子也，吾以將爲賢人也，吾未嘗以就公室。今及其死也，朋友諸臣未有出涕者，而内人皆行哭失聲，斯子也，必多曠於禮矣夫！”《國語·魯語》：“公父文伯卒，其母戒其妾曰：吾聞之：好内女死之，好外士死之。今吾子夭死，吾惡其以好内聞也。二三婦之辱共先者祀，請無瘠色，無洵涕，無掐膺，無憂容，有降服，無加服，從禮而静，是昭吾子也。”亦以臣妾并舉。

〔二〇二〕 一貫與致一

有一貫之道，有致一之道。一貫之道，以知之者言也；致一之道，以行之者言也。一貫之道，孔子告子貢者是也。《論語·公冶長》：“子謂子貢曰：女與回也孰愈？對曰：賜也，何敢望回！回也，聞一以知十；賜也，聞一以知二。”《衛靈公》：“子曰：賜也，女以予爲多學而識之者與？對曰：然、非與？曰：非也。予一以貫之。”蓋子貢平日致力於研求衆理，而得其會通，及其將届貫通之時，孔子乃呼而告之也。對曰：“然。非與？”乃設爲問答之辭，古書多如此，非子貢之真未悟也。致一之道，《荀子·勸學》言之最精。其言曰：“百發失一，不足謂善射；千里跬步不至，不足謂善御；倫類不通，仁義不一，不足謂善學。學也者，固學一之也。一出焉，一入焉，涂巷之人也。其善者少，不善則多，桀、紂、盜跖也。全之盡之。然後學者也。君子知夫不全不粹之不足以爲美也，故誦數以貫之，思索以通之，爲其人以處之，除其害者以持養之。使目非是無欲見也，使耳非是無欲聞也，使口非是無欲言也，使心非是無欲慮也。及至其致好之也，目好之五色，耳好之五聲，口好之五味，心利之有天下。是故權利不能傾也，羣衆不能移也，天下不能蕩也。生乎由是，死乎由是，夫是之謂德操。”此孔子所謂“知之者，不如好之者；好之者，不如樂之者”也。《論語·雍也》。“使目非是無欲見，使耳非是無欲聞，使口非是無欲言，使心非是無欲慮”，蓋所謂勉强而行之。及其“目好之五色，耳好之五聲，心利之有天下”，則所謂及其成功者矣。子曰：“天地絪緼、萬物化醇；男女構精，萬物化生。”《易》曰：“三人行，則損一人；一人行，則得其友；言致一也。”《易·繫辭》。其形容致一之篤如是，此其所以能力行而有諸己也。

孟子曰：“舜生於諸馮，遷於負夏，卒於鳴條，東夷之人也；文王生於岐周，卒於畢郢，西夷之人也；地之相去也，千有餘里；世之相後也，千有餘歲；得志行乎中國，若合符節，先聖後聖，其揆一也。”《離婁下》。此即本篇所謂“見而知之”、“聞而知之”者，以知言之也。“滕文公爲世子，將之楚，過宋而見孟子。孟子道性善，言必稱堯舜。世子自楚反，復見孟子。孟子曰：世子疑吾言乎？夫道，一而已矣。成覸謂齊景公曰：彼丈夫也，我丈夫也，吾何畏彼哉？顔淵曰：舜何人也？予何人也？有爲者亦若是。公明儀曰：文王我師也，周公豈欺我哉？”《滕文公上》。此則勉之以自古相傳之道，必可力行而有之於身，可謂詔之以致一之功也。

既知一言可以貫萬物矣。《管子》:“聞一言以貫萬物,謂之知道。”而求一直截之語,懸以爲鵠,以行之於待人接物之閒,則孔子所以告曾子者是也。《論語・里仁》:“子曰:參乎,吾道一以貫之。曾子曰:唯。子出,門人問曰:何謂也?曾子曰:夫子之道,忠恕而已矣。”孔子所以告曾子者,似與告子貢者不同。然《衛靈公》:“子貢問曰:有一言而可以終身行之者乎?子曰:其恕乎?己所不欲,勿施於人。”《公冶長》:“子貢曰:我不欲人之加諸我也,吾亦欲無加諸人。子曰:賜也,非爾所及也。”其所以相詔相勉者,猶之告曾子之言曰:“道一”而已也。

〔二〇三〕 中　　和

中庸曰:“致中和,天地位焉,萬物育焉。”少嘗讀而疑之,以爲人之力,安能位天地,育萬物,毋乃言之夸乎?及讀《繁露・循天之道》篇,然後知其義也。《中庸》者,言禮而本之天道者也。其言致中和而天地位,萬物育,乃言天道,非言人事也。《繁露》之言曰:“循天之道,以養其身,謂之道也。天有兩和,以成二中,歲立其中,用之無窮。是北方之中,用合陰,而物始動於下;南方之中,上疑奪是字。是,正也。用合陽,而養始美於上。其動於下者,不得東方之和不能生,中春是也。其養於上者,不得西方之和不能成,中秋是也。”“中者,天下之所終始也;而和者,天地之所生成也”;此皆言天事也。其言人事,則曰:“泰實則氣不通,泰虛則氣不足,熱勝則氣寒,寒勝則氣□,泰勞則氣不入,泰佚則氣宛至,怒則氣尚,喜則氣散,憂則氣狂,懼則氣懾;凡此十者,氣之害也。而皆生於不中和。故君子怒則反中而自説以和,喜則反中而收之以正,憂則反中而舒之以意,懼則反中而實之以精。”此皆自致於和之術。蓋《中庸》主於治心,故但言喜、怒、哀、樂;《繁露》此篇,兼言養身,故并及實、虛、熱、寒、勞、佚也。

悟道必由於積漸,一人如是,一羣亦然。羣所共喻之義,未有不本於日用行習,徐徐擴而充之者。中國之民,邃古即以農爲業。農業與天時,相關最切,故其民信天最篤。一切人事,無不以之傅合天道,後來陳義雖高,然其初起之跡,固猶有不可掩者,《中庸》則其一也。《中庸》言:“天之生物,必因其材而篤焉。故栽者培之,傾者覆之”,此即其原出農業之羣之顯證。其言“惟天下至誠,爲能盡其性”,而又以至誠之德,歸諸天地。美天之高明而能覆物,地之博厚而能載物,美其無息，稱其不貳。義雖稍隱，仍可微窺。其稱致曲之德曰："曲能有誠，誠則形，形則著，著則明，明則動，動則變，變則化"，此爲人所當盡之道而其義仍在於法天。《易》言"在天成象，在地成形"；"縣象著明，莫大乎日月"，所謂"誠則形，形則著，著則明"也。"日月運行，一寒一暑"，所謂"明則動"也。"句者畢出，萌者盡達"，所謂動則變，變則化也。終之曰："不見而章，不動而變，無爲而成"，則孔子所謂"天何言哉？四時行焉，百物生焉"也。一言蔽之，言道皆法天地，而天地之德，在其能生物而已。

故其言曰："喜怒哀樂之未發，謂之中；發而皆中節，謂之和"，此言人事也。又曰："中也者，天下之大本也；和也者，天下之達道也；致中和，天地位焉，萬物育焉"，則舉天道以詔人事也。《繁露》先言天道，後言人事；《中庸》先言人事，後舉天道以明之，其言雖殊，其義一也。因《中庸》此處，未曾顯言天道，後人遂謂天地位，萬物育，皆由於人之能履中蹈和，則其義不可通，而若不免於夸誕矣。《禮運》曰："故天秉陽，垂日星；地秉陰，竅於山川，和而後月生也。"《注》："秉，猶持也。言天持陽氣施生，照臨天下也。竅，孔也。言地持陰氣，出納於山川，以舒五行於四時。比氣和，乃後月生而上配日。"《祭義》曰："日出於東，月生於西，陰陽長短，終始相巡，以致天下之和。"其言和皆主天事，固可與《中庸》互證也。《周官》大宗伯曰："以天産作陰德，以中禮防之。以地産作陽德，以和樂防之。"《周官》六國時書，仍知中和之德，本於天地。足徵此爲古者人人共喻之義也。

物之循環無端者，原不能强指其一處而謂之中。然其用既相反而相成，則其彼此更代之際，自與他處有異。此其相際之處，即禮家之所謂中矣。《易·泰卦》九三："無平不陂，無往不復。"《象》曰："無往不復，天地際也。"董子曰："天地之道，雖有不和者，必歸之於和，而所爲有功。雖有不中者，必止之於中，而所爲不失。是故陽之行，始於北方之中，而止於南方之中。陰之行，始於南方之中，而止於北方之中。陰陽之道不同，至於盛而皆止於中，其所始起，皆必於中。是故中者，天地之大極也。極所以有至與中二義。日月之所至而卻也，長短之隆，不得過中，天地之制也。兼和與不和，中與不中而時用之，盡以爲功。是故時無不時者，天地之道也。"陽之行始於北方之中，陰之行始於南方之中，此喜、怒、哀、樂未發時所當正之位也。陽之行止於南方之中，陰之行止於北方之中，此喜、怒、哀、樂既發後所當中之節也。未發時不能正其位，則既發後必不能中其節矣。此正本、謹始、慎獨諸義所由來也。"發而皆中節"之"節"，即《樂記》"大禮與天地同節"之"節"。"謂之和"之"和"，即《樂記》"大樂與天地同和"之"和"。此禮樂之所以相須而成，而《中庸》之所以爲禮家言也。

"長短之隆，不得過中"，此即《易》盈虚消息之義。《豐》之《彖辭》曰："日中則昃，日盈則食，天地盈虚，與時消息，而況於人乎？況於鬼神乎？"《繫辭傳》曰："日往則月來，月往則日來，日月相推而明生焉。寒往則暑來，暑往則寒來，寒暑相推而歲成焉。往者屈也，來者信也，屈伸相感，而利生焉。"《蠱》之《彖辭》曰："終則有始，天行也。"《剥》之《彖辭》曰："君子尚消息盈虚，天行也。"《復》之《彖辭》曰："反覆其道，七日來復，天行也。"皆以天道言之，亦足見古昔之哲學，無不以法天爲之本也。

法天者既法其消息盈虚，故無久而不變之義。"革"之《彖辭》所謂"天地革而四時成，湯武革命，順乎天而應乎人也"。物不可以不革，而此不可不革之道，則久而不革，此《易》所以兼變易不易二義。《恒》之《彖辭》曰："天地之道，恒久而不已也。"而又繼之曰："利有攸往，終則有始也。日月得天而能久照，四時變化而能久成。"以此，恒變而不已者，莫如四時。故"損益盈虚"，貴於"與時偕行"。《損・彖辭》。而"亢龍有悔"，在於"與時偕極。"《乾・彖辭》。

天有四時，地有五行，其事相成也。四時既以運行爲義，五行何獨不然。故曰："五行之動，迭相竭也。"《禮運注》："竭，猶負載也。言五行運轉，更相爲始也。"《疏》："猶若春時木王，則水爲終謝，迭往王者爲負竭，夏火王則負竭於木也。"此五德終始之義所本。

《中庸》之道，既歸本於法天；而其所法者，爲天地生物之功用；則此二字之義，自當如鄭目録，以庸爲用，謂其記中和之爲用。程伊川曰："不偏之謂中，不易之謂庸。"義則精矣，非記者之意也。通篇皆極稱中，無更言庸者，二字非平列可知。

人之心，恒陶鑄於其羣。故一時一地之人之議論，枝節雖異，根本必同，先秦諸子則是也。先秦諸子皆言法天，皆貴變易，皆主循環，即由中國之文明，植根於農業。農業與天時，相關最切之故。然諸家於循環變化之道，言之甚備；而於變化之分際，則未有詳哉言之如儒家之中庸者，此禮家之所以有獨至之處歟。《管子・形勢》曰："往者不至，來者不極。"此二語頗足與《中庸》相發明。《管子》固多儒家言也。

人之情，諸書所言亦不一。《禮運》以喜、怒、哀、懼、愛、惡、欲爲七情。《大戴記・文王官人》以喜、怒、欲、懼、憂爲五性。《周書・官人》作五氣。《左氏》昭公二十五年，載子大叔述子産之言，以好、惡、喜、怒、哀、樂爲六志。《管子・内業》言憂、樂、喜、怒、欲、利。惟《心術》亦言喜、怒、哀、樂，與《中庸》同。案《周書・度訓》曰："凡民生而有好有惡，小得其所好則喜，大得其所好則樂，小遭其所惡則憂，大遭其所惡則哀。"其言最爲明白。蓋人之性，惟有好惡二端，各以其甚否分爲大小，猶天有陰陽，分爲大少也。言五性，蓋所以配五行；六志則子産明言其生於六氣；《禮運》之言七情，蓋所以配四時及三光，其下文云："以四時爲柄"，"以日星爲紀"，"月以爲量"也，雖因所配者不同而異其辭，要之以天道爲本。

〔二〇四〕無　爲

世皆以無爲訾道家，謂其無所事事，非也。諸子百家無不貴無爲者。他家姑勿論，《論語》："子曰：無爲而治者，其舜也與？夫何爲哉，恭已正南面而已矣！"《衛靈公》。《中庸》亦曰："不見而章，不動而變，無爲而成。"此非儒家之顯言無爲者乎？爲與化同音，本一語。兩間品物之成，無不由於變化者。《易》曰："乾道變化，各正性命。"《乾・彖辭》。又曰："水火相逮，雷風不相悖，山澤通氣，然後能變化。"《説卦》。《樂記》曰："地氣上齊，天氣下降，陰陽相摩，天地相蕩，鼓之以雷霆，奮之以風雨，動之以四時，暖之以日月，而百化興焉。"又曰："和故百物皆化。"又曰："化不時則不生。"《左氏》昭公七年傳："子産曰：人生始化曰魄。"此化字皆即爲字也。《中庸》曰："動則變，變則化。"《管子・侈靡》曰："天地不可留，故變。化故從新。"物之施以人力，望其變化者，尤莫如五穀。《禮・雜記》：子貢觀於蜡，孔子曰：賜也樂乎？對曰：一國之人皆若狂，賜未知其樂也。子曰："百日之蜡，一日之澤，非爾所知也。張而不弛，文武不能也。弛而不張，文武弗爲也。一張一弛，文武之道也。""文武弗爲"之"爲"，即賈生諫"放民私鑄，姦錢日多，五穀不爲"之"爲"。《漢書・食貨志》，今本作五穀不爲多。多字後人妄增。言弛而不張，雖文武，不能使物變化而有成也。人之生必資於物。品物繁廡，實爲生民之福。祭之義在於求福，福之本義爲備，而《鳧鷖》之詩曰："公尸燕飲，福禄來爲"；《祭統》曰："賢者之祭也，不求其爲"，皆推本於物之變化而有成。最可見爲字之本義。人之生必資於爲如此，顧以無爲爲貴，何哉？變化之事多端，而其道則貞於一。必守此道而無失，而後其變化可遂歲月日時無易，則百穀用成其證。故曰："無爲而物成，是天道也。"《哀公問》。《論語・陽貨》：子曰："天何言哉，四時行焉，百物生焉，天何言哉！"即此義。又曰："天地之道，可一言而盡也。其爲物不貳，則其生物不測。"《中庸》。然則無爲者，正所以成其無不爲也。天道如此，人事亦然。《管子》曰："過在自用，罪在變化，變化則爲生，爲生則亂矣"，此爲之謂也。又曰："與時變而不化，應物而不移，日用之而不化"，則無爲之謂也。《心術》。《禮運》曰："宗祝在廟，三公在朝，三老在學。王前巫而後史，卜筮鼓侑，皆在左右。王中，心無爲也。以守至正。”“發於其心，害於其事；發於其事，害於其政。”政之爲，正自其心之爲始也。此無爲而治之真詮也，此無爲之所以貴也。

〔二〇五〕竭　力

《論語·學而》：“子夏曰：事父母，能竭其力。”朱舜水先生曰：“竭力二字，受用無窮。竭力以事君，必忠；竭力以事親，必孝；竭力以讀書脩己，則必爲賢爲聖；人之所以不肖者，皆不能竭其力者也，或竭其力於無用之地耳。”予謂凡事對人多盡一分心，反己即少一分愧悔，亦不必論其所對者爲何人也。要而言之，先人後己而已矣。息息以先人後己爲心，自無不能竭其力者，亦斷無竭力於無用之地之理；而行之者亦自覺心安理得，親切有味，愉快無已也。此無他，以仁存心而已矣。孔子曰：“道二：仁與不仁而已矣。”不亦簡而易行乎？

〔二〇六〕釋“指窮於爲”

《莊子·養生主》：“指窮於爲薪，火傳也；不知其盡也。”郭《注》：“爲薪，猶前薪也。”以爲詁前，古無此訓。郭《注》不應荒繆至此。殊有可疑。《釋文》亦曰：“指窮於爲薪，如字，絶句。爲，猶前也。”然《釋文》亦未必無竄亂也。《釋文》引崔云：“薪火，爝火也。”則崔實以爲字斷句。指者，向方之謂。爲者，變化之謂。《荀子·儒效》云：“宇中六指謂之極”，此爲指字之確詁。《王霸》云：“明一指”，言但明於一理也。《淮南·氾論》云：“今世之爲武者則非文也，爲文者則非武也，文武更相非，而不知時世之用也。此知隅曲之一指，而不知八極之廣大也。”《齊俗》：“至是之是無非，至非之非無是，此真是非也。若夫是於此而非於彼，非於此而是於彼者，此之謂一是一非也。此一是非，隅曲也。夫一是非，宇宙也。”以隅曲與宇宙對言，可知隅曲二字方義。《説苑·善説》：“視天地曾不若一指”，則以一指與天地對舉也。此即《荀子》所謂明一指者。人之所爲，必有其所欲得；猶之行路者，必有其所欲至；故指字引伸爲歸趨之稱。《管子·樞言》曰：“疾之疾之，萬物之師也；爲之爲之，萬物之時也；强之强之，萬物之指也。疾之以趨事言，爲之以治事言，强之以終事言也。”此即《莊子》“指窮於爲”之指。指窮於爲者，言人之所蘄至者，永無可至之時，皆隨世事之紛紜，而失其初意耳。蓋人之志所欲得者，雖可譬諸行路之所欲至，究與行路不同。行路者，遇平夷無阻之時，固可直趨其所欲至之地，如所謂空中鳥跡，即遇山川之險，亦仍可踰越之，而終至於其所欲至。至於作事，則其終始之時日既長，中間之變化又大，必無能如行路之曲折以達者。且如俄國之革命，豈不欲合全世界，而造成一勞力者專制之局哉？然國外之鼓動，未及成功，而國内之設施，先已不得不參用勞心者矣。又如孫中山之革命，亦欲國民革命與社會革命并行。然自國民軍既入南京，國内外時勢之艱難，遂不得不暫置社會革命於不問。蓋蘇俄及國民政府之所爲，皆與其初意大有出入矣。夫豈不欲至其初所欲至哉，勢固有所不可，然則蘇俄及中國之國民政府，果將稅駕何所乎，此甚難言。或竟如今日，應付目前之時勢尚且不給，更無從顧及其初意，未可知也。時異勢殊，久之，則初意不復可欲矣。抑豈獨將初意擱置而已；行至中途，或自覺其初計之未安而自變革焉，未可知也。此所謂"指窮於爲"也。喻之以薪，薪之焚，乃火之傳，固非其盡之所爲也。"不知其盡也"之"盡"同燼。火之傳，以喻人之作爲賡續不已，盡，以喻其既往也。火之傳，與其既焚之燼無涉，猶之今日之我，乃隨今日所直之時勢而謀因應之方，與已往之我無涉也。故曰："薪，火傳也；不知其盡也。"崔以爲字絶句是。以薪火爲爝火亦非。薪字當絶。《天下篇》曰："指不至，至不絶。"言人之趨向皆不得達，而人欲無窮，恒有引之使鄉前者，即使所欲已得，亦更有所欲者以繼其後也。《公孫龍子》曰："物莫非指，而指非指。指也者，天下之所無也。物也者，天下之所有也。"《指物論》。言天下本無所謂方鄉，只有實物。蓋恒人之意，恒以空時間爲實有；有空間而物乃充塞其中，有時間而物乃變化其中，殊不知人之覺有空時間，正因物之充塞變化故，明於物理者，則知其不然矣。《莊子·齊物論》曰："以指喻指之非指，不若以非指喻指之非指也。以馬喻馬之非馬，不若以非馬喻馬之非馬也。天地一指也，萬物一馬也。"即《公孫龍子》指物之論。特一用共名稱物，一偏舉一馬耳。以指喻指之非指，不若以非指喻指之非指者，强執一方鄉，謂人曰：此非方鄉，其人終不能明。引之博觀宇宙，而指無物有之義明矣。以馬喻馬之非馬，不若以非馬喻馬之非馬者，强執一物而曰是非此物，聞者必不能明，與之博觀萬物之變化，知朽腐可化爲神奇，神奇復化爲朽腐，而彼出於是，是亦因彼之義明矣。《公孫龍子》未必古書，然爲之者，於指字之義訓固不誤。子玄深通名理，且其注因於子期，不應昧昧若是，故疑其非元文也。

〔二〇七〕釋大略

《逸周書·周祝》曰："時之行也順無逆，爲天下者用大略。"此大略二字，當爲大道之義。用大略，猶言遵大路而行也。遵大路者不極細逕，故引伸爲總攝大綱，不務苛碎之稱，《管子》所謂“鳥飛準繩”也。見《宙合篇》。

《禮運》言郅治之極也，曰：“事大積焉而不苑，并行而不謬，細行而不失，深而通，茂而有間，連而不相及也，動而不相害也，此順之至也。”可謂無一事之不得其當矣。無一事之不當，然後無一夫之不獲。否則“一夫不耕，或受之饑；一女不織，或受之寒”。丘山之禍，未有不起於毛髮之微者。“伊尹思天下之民，匹夫匹婦，有不與被堯舜之澤者，若己推而内之溝中”，《孟子·萬章上》。其不遺微細如此。故事之不容但循大略，審矣。然《管子》美“鳥飛準繩”以爲大人之義，何哉？蓋古者設治甚密，米鹽靡密之事，自有司其職者，故爲治者但總攝大綱即得也。後世民治，掃地無餘，切於民生日用之事，非廢墜，即錯亂。如此而欲總舉大略，以求苟安，充其量亦不過與天下安而已矣，不能安天下也。王仲任《治期篇》，謂治亂非人主所能爲，乃深得其實矣。

〔二〇八〕 釋知之極

《莊子》曰：“吾生也有涯，而知也無涯，以有涯隨無涯，殆已。”《養生主》。欲蔽聰塞明，委心任運，以全其生。《荀子》曰：“以可以知人之性，求可以知物之理，而無所疑止之，則没世窮年，不能徧也。其所以貫理焉，雖億萬已，不足以浹萬物之變，與愚者若一。學，老身長子，而與愚者若一，猶不知錯，夫是之謂妄人。故學也者，固學止之也。惡乎止之，曰：止諸至足。曷謂至足？曰：聖也，聖也者，盡倫者也；王也者，盡制者也；兩盡者，足以爲天下極矣。故學者以聖王爲師。”《解蔽》。則欲强立一境焉以自畫，皆非也。夫人之求知，心之欲也。强抑其心，使之不與物接，以是爲養生，吾見其戕賊其身而已矣。若曰：有能“盡倫盡制”者，吾可以之爲極焉。則未學，安知其爲“盡倫盡制”乎？故曰：二子之説皆非也。

二子之蔽，皆由誤謂理在於外，睹夫事物之紛紜也，倫理之繁賾也，怵於終身求之，有不能盡，乃欲爲是暴棄之計，自畫之圖；而不知所謂理者，皆在於吾心，而非在於外也。今有二人，同室而處，甲之所知者，乙弗知也；乙之所慕者，甲弗慕也；假有丙丁戊己，其相異也亦然。謂其所直之境有異可乎？故曰：理在吾心也。然人之心，又非自由也。處危弱之國，則思爲守御之謀；直凶饑之歲，則欲作富民之計；孔子不言生老病死，釋迦不言井田封建，所居之國異也，所直之時異也。然則人所求知，乃其所求之大小多少一視乎其所處之境，一視乎其人心力之强弱。若曰：外境有定，欲求盡知，則生民以來，未有其人。若懷是計，是爲狂易，豈徒愚昧而已。莊、荀二子之論，自謂能爲求知者立之極，而不知其陷於大愚也。

朱子《大學補傳》曰："人心之靈，莫不有知；而天下之物，莫不有理。惟於理有未窮，故其知有不盡也。是以大學始教，必使學者即凡天下之物，莫不因其已知之理而益窮之，以求至乎其極。至於用力之久，而一旦豁然貫通焉；則衆物之表裏精麤無不到，而吾心之全體大用無不明矣。此謂物格，此謂知之至也。"其言深切著明，乃昧者必欲詰其豁然貫通，將在何日，此則因人而異，豈能刻期以計哉？人所求知，本非無限，就其所求者，而旦旦用力焉；久之，必自覺有此一境，此無論所求者爲何事而皆可以共喻者。若其爲學數十年，仍覺茫無把握，則非由於外境之繁，而實緣其心力之弱。遇此等人，自可教以陸子之法，先發其本心之明，大綱提挈來，然後細細理會去。雖大綱已提挈在手，而細細理會之功，仍不可輟；固不當如莊子之自棄，亦不宜如荀子之自畫也。若用王陽明之法，以良知爲主，隨時磨練而即以是爲行爲之準則，則尤能將朱、陸二子之道，打成一橛。故學至朱、陸二子出，而沈潛高明者，皆可得所遵循；至王子出，而鈍根利根皆出一途，澈上澈下更無二致矣；若莊、荀二子之論，則直是淺陋可笑。世每震於先秦諸子之名而不敢議，而不知諸子書中，精絶處固多，麤淺者亦不少，此是時代爲之，不宜菲薄古人，然亦不宜輕信也。

〔二〇九〕命　訓[①]

吾讀《逸周書·命訓篇》，而知世風之日變也。《命訓篇》曰："天生民而成大命，命司德正之以禍福，立明王以順之，曰：大命有常，小命日成。成則敬，有常則廣，廣以敬命，則度至於極。夫司德司義而賜之福禄，福、禄在人，能無懲乎？若懲而悔過，則度至於極。言見人得福禄，而己不然，因而自悔其過也。夫或司不義而降之禍，在人，在人上當奪禍字。能無懲乎？若懲而悔過，則度至於極。夫民生而醜，不明，無以明之，能無醜乎？若有醜而競行不醜，則度至於極。夫民生而樂生，無以穀之，能無勸乎？若勸之以忠，則度至於極。夫民生而惡死，無以畏之，能無恐乎？若恐而承教，則度至於極。六極既通，六間具塞。"極者，盡其所受之謂。凡物皆受命於天，自天之生物言之曰大命，自一物言之曰

① 曾改題爲《司命與天命》。

小命。命各有其短長之數,時曰度,盡其度而無所慊。時曰至於極,極其度之道有六。反是者爲六間,故曰"六極通則六間塞"也。

司德,蓋即漢人所崇奉之司命也。《禮記·祭法注》:"司命主督察三命。"《疏》:"案《援神契》云:命有三科:有受命以保度,度,今本作慶,誤。見下注。有遭命以謫暴,有隨命以督行。受命謂年壽也,遭命謂行善而遇凶也,隨命謂隨其善惡而報之云。"《白虎通·壽命》所言,與此略同,且云:"若言怠棄三正,天用勦絶其命矣。又欲使民……無滔天;滔天則司命舉過,言則用以弊之。"其敬畏之情可想,然其由來則甚古。《管子·法法》曰:"凡人君之德行威嚴,非獨能盡賢於人也。曰人君也,故從而貴之,不敢論其德行之高卑,有故爲其殺生急於司命也。"《莊子·至樂》曰:"莊子至楚,見髑髏因而問之,夜半,髑髏見夢。莊子曰:吾使司命復生子形,爲子骨肉肌膚,反子父母妻子,閭里知識,子欲之乎?"知古謂人之死生,悉由司命也。知司命即司德者,古言天地之生物曰道,物有所受於天地曰德。《易·繫辭傳》曰:"天地之大德曰生。"《管子·心術》曰:"虛無無形謂之道,化育萬物謂之德。""德者,道之捨。物德以生。"《莊子·天下》亦曰:"物得以生之謂德。"《中庸》曰:"苟不至德,至道不凝焉。"《易·鼎》之《象辭》曰:"君子以正位凝命。"《莊子·則陽》曰:"非相助以德,相助以消也。"以德與消對言。而《易·升》之《象辭》曰:"地中生木升,君子以順德,積小以高大。"知行道有得,爲德字後起之義,其初但言有所得而已。故受氣於天地亦曰德也。《抱朴子·對俗》引《玉鈐經》曰:"上天司命之神,察人過惡。其行惡事,大者司命奪紀,小過奪算。"《微旨》曰:《易内戒》及《赤松子經》及《河圖記命符》皆云:"天地有司過之神,隨人所犯輕重,以奪其算。算減則人貧耗疾病,屢逢憂患;算盡則人死。諸應奪算者,有數百事,不可具論。又言身中有三尸,三尸之爲物,雖無形,而實魂靈。鬼神之屬也,欲使人早死。此尸當得作鬼,自放縱遊行,饗人祭酬,是以每到庚申之日,輒上天白司命,道人所爲過失。又月晦之夜,竈神亦上天白人罪狀,大者奪紀,紀者,三百日也;小者奪算,算者,三日也。"司命即司過,自其察人過惡言之曰司過;自其主人壽命言之曰司命;隨所指而異其文,其實一也。道家之言,雖荒誕,必有所本。習俗不能驟變,其爲衆所共信者,尤必傳之自古,故知《周書》、《管子》、《莊子》及《抱朴子》所引諸書,所言是一事也。

《書·西伯戡黎》曰:"西伯既戡黎,祖伊恐,奔告於王,王曰:烏乎,我生不有命在天!祖伊反曰:烏乎,乃罪多參在上,乃能責命於天!"《左氏》文公十三年:"邾文公卜遷於繹,史曰:利於民而不利於君。邾子曰:苟利於民,孤之利也。左右曰：命可長也，君何弗爲？邾子曰：命在養民，死之短長，時也。遂遷於繹。”觀紂與邾文公之意，皆不以所行之善惡，與壽命之長短有關。此等見解，殆最古舊。邾文公雖春秋時人，然其見解，固不妨沿之自古。同一時代中人，見解新舊不同，此事之恒見者也。其後，則以爲天鑒其善惡而損益之。《無逸》一篇，歷舉殷周哲王，享國長久；其耽樂者，則亦罔或克壽，言之最深切。《墨子·明鬼下》曰：“昔者鄭穆公當晝日中，處乎廟，有神入門而左；鳥身，素服三絶，面狀正方。鄭穆公見之，乃恐懼奔。神曰：無懼，帝享女明德，使予錫女壽十年有九，使若國家蕃昌，子孫茂，毋失。鄭穆公再拜稽首，曰：敢問神名？曰：予爲句芒。”此言天錫人年壽最明白者。孫詒讓云：“實當爲秦穆公。”詳見《閒詁》。《墨子·節葬下》曰：“若苟貧，是粢盛酒醴不净潔也；若苟寡，是事上帝鬼神者寡也；若苟亂，是祭祀不時度也；今又禁止事上帝鬼神，爲政若此，上帝鬼神始得從上撫之曰：我有是人也，與無是人也孰愈？曰：我有是人也，與無是人也，無擇也。則上帝鬼神降之罪，厲之禍，罰而棄之，則豈不亦乃其所哉！”蓋古視天之生殺禍福人，惟其所欲，是以可嚴威也。墨子背周道，用夏政，其所言，蓋夏時人之見解也。其後則不然矣。《禮記·禮運》曰：“夫禮，必本於大一，分而爲天地，轉而爲陰陽，變而爲四時，列而爲鬼神，其降曰命。”此其言生物之本也。所謂大一，果何物哉？《易》曰：“大哉乾元，萬物資始，乃統天。”《乾·彖辭》。何君《公羊解詁》曰：“元者，氣也。無形以起，有形以分，造起天地，天地之始也。”隱公元年。《易説》曰：“有大易，有大初，有大始，有大素。大易者，未見氣也；大初者，氣之始也；大始者，形之始也；大素者，質之始也。氣形質具而未相離，謂之渾沌。”《周易正義·八論第一》引《乾鑿度》。元氣初分，輕清上爲天，重濁下爲地。《莊子·天地篇釋文》引《易説》。又引《禮統》云：“天地者，元氣之所生，萬物之祖也。”《後漢書·班固傳》引同。《論衡·談天》：説易者曰：“元氣未分，渾沌爲一。”儒書又言“溟涬濛澒，氣未分之類也。及其既分離，清者爲天，濁者爲地”。然則天地之生，亦一氣之鼓蕩而已矣。彼自行乎其所不得不行，止乎其所不得不止，而於我何德焉？亦何賞罰之有？《莊子·至樂》曰：“莊子妻死。惠子吊之。莊子則方箕踞，鼓盆而歌。惠子曰：與人居，長子老身；死，不哭，亦足矣；又鼓盆而歌，不亦甚乎？莊子曰：不然。是其始死也，我獨何能無概然？察其始而本無生；非徒無生也，而本無形；非徒無形也，而本無氣。雜乎芒芴之間，變而有氣，氣變而有形，形變而有生，今又變而之死，是相與爲。句。爲，化也。春秋冬夏四時行也。人且偃然寢於巨室，而我噭噭然隨而哭之，自以爲不通乎命，故止也。”所謂命者如此。豈有善惡賞罰之可言哉？是以墨子非之也。孔子五十而知天命，《論語·爲政》。亦知此義而已。曰：“君子有三畏，畏天命。"《論語·季氏》。以其禍福切於身，不得不慎也。曰："不知命，無以爲君子。"《論語·堯曰》。以不知命，則無以隨順外緣也。"子罕言利，與命與仁"，《論語·子罕》。以命之理微，非恒人所能解也。《莊子》曰："達生之情者，不務生之所無以爲；達命之情者，不務知之所無可奈何。"《達生》。孟子曰："夭壽不貳，脩身以俟之，所以立命也。"又曰："莫非命也，順受其正。"又曰："君子行法以俟命而已矣。"皆見《盡心》。其所以自處者雖殊，其所抱之見解則一。故孟子亦曰："莫之爲而爲者天也，莫之致而致者命也。"《萬章上》。夫如是，則命者，乃自然之數，必至之符，自有其定則可求，故窮理盡性，可以至於命也。《易·繫辭傳》。又何賞罰勸懲之足道哉？

《吕覽》曰："生，性也；死，命也。"《知分》。《孝經説》曰："性者，生之質；命者，人所稟受度也。"《中庸注》引。此度即《周書》"度至於極"之"度"也。《樂記注》亦曰："性之言生也；命，生之長短也。"凡古之言命，無不指生之長短者；其後乃推之於窮通，子夏曰："死生有命，富貴在天"是也。《論語·顔淵》。此"天"字與"命"字，異文同義，特變文以避復耳，古書文例如此。《孟子曰》："求之有道，得之有命，是求無益於得也，求在外者也。"《孟子·盡心上》。又曰："口之於味也，目之於色也，耳之於聲也，鼻之於臭也，四肢之於安逸也，性也，有命焉，君子不謂性也"，《盡心下》。亦皆以爲無如何之事。"孔子進以禮，退以義，得之不得曰有命"，《孟子·萬章上》。亦安於其無可如何而已，不曰行義可以徼福也。

《洪範》六極，與《周書》六極，名同而實異。《洪範》之六極："一曰凶短折，二曰疾，三曰憂，四曰貧，五曰惡，六曰弱"，皆殃咎也；而《周書》之六極，則爲克盡天年之義。故《洪範》之六極，乃度未至而極之，而《周書》則塞六間以求極其度者也。故《周書》之六極，實兼《洪範》之五福言之。然《洪範》之五福六極，皆天所爲也。五福："一曰壽，二曰富，三曰康寧，四曰攸好德，五曰考終命。"攸好德，蓋謂生而美好，亦天所爲也。其餘四者，爲天所爲易明。《周書》則曰："夫天道三，人道三。天有命，有禍，有福。人有醜，有紼絻，有斧鉞。以人之醜，當天之命；以紼絻當天之福；以斧鉞當天之禍；六方三述，其極一也。"《命訓解》。天道不可專任，而不得不濟之以人事矣。至於後世，則其言命，又有異焉者。《禮記·祭法疏》引《援神契》曰："命有三科，有受命以保度，度，今本作慶，誤也。依《白虎通義》、《左氏膏肓》改正。《中庸注》引《孝經説》，亦曰：命者，人所稟受度也。見前。有遭命以謫暴，有隨命以督行。"受命，謂年壽也；遭命，謂行善而遇凶也；隨命，謂隨其善惡而報之。此爲漢人常道之説，《白虎通義》、《壽命》。《左氏膏肓》《公羊》襄公二十九年、《左氏》成公十七年《疏》引。皆主之，《論衡·命義》亦具引焉。《白虎通義》説隨命曰："欲使民務仁立義，闕無滔天，滔天則司命舉過，言則用以弊之。”此即《周書》命司德正之以禍福之説也；然有遭命則無隨命矣。《論衡》之説。案遭命之説，亦非始於漢。《莊子·秋水》：孔子謂子路曰：“我諱窮久矣，而不免，命也。求通久矣，而不得，時也。當堯、舜而天下無窮人，非知得也；當桀、紂而天下無通人，非知失也；時勢適然”，即遭命之説也。其實并不待《莊子》，《論語·雍也》：“伯牛有疾，子問之，自牖執其手，曰：亡之，命矣夫！斯人也，而有斯疾也。”《憲問》：“公伯寮訴子路於季孫，子曰：道之將行也與？命也。道之將廢也與？命也。公伯寮其如命何？”所謂命，皆遭命也。蓋立説必隨時勢，福善禍淫，本非天道，實乃人事。政俗愈壞，則其言之不驗者愈多。事實昭彰，非可諱飾，故立説者亦不得不隨之而變也。夫威權惟莫知其然而然者爲大，若紂與邾文公者，徒知命之短長由於天，而不知天之短長之之故也，此天之最可嚴威者也。然如是，則不足以資勸懲，乃立爲賞善罰惡之説，而又無如其事之不效何？乃又欲即其或效或不效者以恐之。《周書》曰：“正人莫如有極，道天莫如無極。道天有極則不威，不威則不昭；正人無極則不信，不信則不行”；《命訓解》。即是説也。然人之所以嚴威自然者，正以其信。自然而不信，則亦同於人事矣。《白虎通義》謂必滔天之過，司命乃舉之。《抱朴子》則曰：“天地爲物之至大者，於理當有精神，有神則宜賞善而罰惡。但其體大而網疏，不必機發而響應耳。”《微旨篇》。皆所以釋天之報施之或爽或不爽者也。夫如是，安能使人不生僥幸之心。況夫既有不效者，即其效者，人亦將以爲偶合，而不以爲天之有知乎！

人所受於天自然之度，必善保之，然後能至於其極，此理之不疑者也。《左氏》成公十三年，載劉康公之言曰：“民受天地之中以生，所謂命也。是以有動作禮義威儀之則，以定命也。”此即《周書》所謂敬命也。《禮記·坊記》：“君子禮以坊德，刑以坊淫，命以坊欲。”《注》曰：“命，謂教令”，疑誤。命以坊欲，亦定命敬命之義也。然既有遭命矣；敗績之軍，死者蔽草；飢饉之歲，餓者滿道；其間豈無命未合死之人，其如國命勝人命何？《論衡》之説。雖善自保何益？況人固有自放於醇酒婦人，以求速死者乎？莊子欲使司命生髑髏也，而髑髏深矉蹙額曰：吾安能棄南面王樂，而復爲人間之勞乎？既已俗流失政敗壞矣，亦安能使人自愛其生哉？

受命、遭命、隨命，漢人謂之三命。案《周書》所謂天道三者，亦可謂之三命也，特名同而實異，亦如《周書》之六極，與《洪範》之六極耳。竊疑《周書》六極之名，本沿之自古，特易其説。漢人之於三命也亦然。《論衡》仍受命、遭命、隨命之名，而易其説，即其一證也。亦見《命義篇》。蓋欲喻諸人者，因舊名易，創新説難，抑人之心思，有所緣則易入，故立説必因夫舊也。君子有終身之憂,《禮記》以言忌日,《檀弓》、《祭義》。《孟子》以待橫逆,《離婁下》。果孰爲本義哉?此《詩》之所以無達詁,《易》之所以無達占與?

〔二一〇〕 天志與明鬼

事之將成者,非人力所能强毁也;其將壞者,亦非人力所能强支也;若所謂迷信之説是也。

墨子背周道,用夏政,當東周迷信漸破之世,而欲逆挽之爲夏代之忠,其志則大矣,其事則不可行也。試觀其所謂明鬼者,皆與執無鬼者辯難之辭,又謂諸侯正長賤人之所以不義,皆由惑於鬼神之有無,不明於鬼神之能賞罰致之,即可見其時不信鬼神者之衆。於斯時也,而欲以隻手挽狂瀾,豈可得邪?夫迷信破,則人必自任其耳目。墨子乃謂衆人之耳目不足信,而多舉《詩》、《書》之辭,以張其説。殊不知人不自任其耳目,則迷信之説,本不得破。人而自任其耳目矣,《詩》、《書》之與鬼神,其爲無徵於吾之耳目一也,又安能執途之人而起其信邪?

迷信之所以漸破,其故有三:一由知天行之有常也。《左氏》僖公十六年:"隕石於宋五,六鷁退飛過宋都。周内史叔興聘於宋。宋襄公問焉,曰:是何祥也?吉凶焉在?退而告人曰:君失問,是陰陽之事,非吉凶所生也。吉凶由人。"昭公二十一年:"秋七月。壬午朔,日有食之。公問於梓慎曰:是何物也?禍福何爲?對曰:二至二分,日有食之,不爲災。日月之行也,分同道也,至相過也。"襄公九年:"晉侯問於士弱曰:吾聞之:宋災,於是乎知有天道,何故?對曰:商人閲其禍敗之釁,必始於火,是以日知其有天道也。公曰:可必乎?對曰:在道。國亂無象,不可知也。"昭公元年:"晉侯有疾。卜人曰:實沈臺駘爲祟。子産曰:抑此二者,不及君身。山川之神,則水旱癘疫之災,於是乎禜之;日月星辰之神,則雪霜風雨之不時,於是乎禜之;若君身,則亦出入飲食哀樂之事也;山川星辰之神,又何爲焉?"皆曉然於天與人之不相干。是以鄭裨竈請用瓘斝玉瓚以禳火。子産弗與。既火,裨竈曰:"不用吾言,鄭又將火。"子産又弗與,曰:"天道遠,人道邇,非所及也,何以知之?"《左氏》昭公十七十八年。《左氏》曰:"遂不與,亦不復火。"《穀梁》曰:"人有謂鄭子産曰:某日有災。子産曰:天者神,子惡知之,是人也。同日爲四國災也。"即此一事之傳訛也。知者謂不與亦不復火,愚者則謂子産此語在火前,因以言者爲神人也。然可見其傳説之非無根,子産弗用瓘斝玉瓚,確有其事。"鄭大水,龍鬬於時門之外洧淵,國人請爲禜焉。子産弗許。曰:吾無求於龍,龍亦無求於我。”《左氏》昭公十九年。蓋深知其事之不相干，自不肯爲無益之舉也。一由以神爲聰明正直，不可干以私也。神不聰明正直，不爲人所信，既聰明正直矣，自不可干以私，此人心之所同然也。《左氏》莊公三十二年：“有神降於莘。虢公使祝應、宗區、史嚚享焉。神賜之土田。史嚚曰：虢其亡乎！神聰明正直而壹者也。虢多涼德，其何土之能得？”昭公二十六年：“齊有彗星，齊侯使禳之。晏子曰：無益也，只取誣焉。天道不慆，不貳其命，若之何禳之？”皆其事也。是以季氏旅於泰山，子曰：“曾謂泰山，不如林放乎？”王孫賈問曰：“與其媚於奥，寧媚於竈，何謂也？”子曰：“不然。獲罪於天，無所禱也。”《論語·八佾》。子疾病，子路請禱。子曰：“丘之禱久矣。”《述而》。“齊侯疥，遂痁，期而不瘳。諸侯之賓問疾者多在。梁丘據與裔款言於公曰：君盍誅於祝固、史嚚以辭賓。晏子曰：祝有益也，詛亦有損。聊攝以東，姑尤以西，其爲人也多矣，雖其善祝，豈能勝億兆人之詛？”《左氏》昭公二十年。楚昭王有疾，卜曰：河爲祟。王弗祭。王曰：“三代命祀，祭不越望，江、漢、睢、漳，楚之望也。禍福之至，不是過也。不穀雖不德，河非所獲罪也。”卒之歲，“有雲如衆赤鳥，夾日以飛，三日。楚子使問諸周大史。周大史曰：其當王身乎？若禜之，可移於令尹司馬。王曰：除腹心之疾，而置諸股肱，何益？不穀不有大過，天其夭諸？有罪受罰，又焉移之？遂弗禜。”《左氏》哀公六年。此皆以人所謂義者度神，遂不肯干之以非義也。三則由於所謂迷信者，其事之不可信日甚也。《韓非子》曰：“今巫祝之祝人曰：使若千秋萬歲。千秋萬歲之聲聒耳，而一日之壽，無征於人，此人之所以簡巫祝也。”《顯學》。《史記·太史公自序》曰：“陰陽四時八位十二度二十四節，各有教令，順之者昌，逆之者不死則亡，未必然也。”此爲凡迷信之説所以不見信於人之本。夫巫祝之無驗，古今一也；而何以古人信之，而後世之人不信，此非必古之人顧而可欺也。古者風氣誠樸，不知欺人，則巫祝無矯誣之事。巫祝無矯誣之事，則其人先已可信，而人皆直道而行，又足使爲善者獲福，而爲惡者獲禍。因人事之夾持，而“神福仁而禍淫”之説，亦若可信焉。士貞伯語。見《左氏》成公五年。後世風俗稍薄，人與人日相欺，而巫祝亦遂肆爲矯誣。夫欺人者，未有能使人信之者也。“屈建問范會之德於趙武。趙武曰：其祝史祭祀，陳信不愧。”《左氏》昭公二十年。而季梁謂隨侯，“今民餒而君逞欲，祝史矯舉以祭。”《左氏》桓公六年。晏子亦曰：“若有德之君，其言忠信於鬼神。其適遇淫君，其言僭嫚於鬼神。”《左氏》昭公二十年。由此觀之，當時祝史之矯誣，蓋習爲故常矣。蹶由對楚子曰：“國之守龜，其何事不卜。一臧一否，其誰能常之。城濮之兆，其報在邲。”《左氏》昭公五年。此卜筮者之自解説其無驗也。“晉獻公欲以驪姬爲夫人，卜之不吉，筮之吉。公曰：

從筮。卜人曰：筮短龜長，不如從長。"《左氏》僖公四年。此卜筮之自相違，又自相争也。《史記·滑稽列傳》："西門豹爲鄴令，會長老，問民所疾苦，長老曰：苦爲河伯取婦。豹問其故，對曰：鄴三老廷掾，常歲賦斂百姓，收取其錢，得數百萬，用其二三十萬，爲河伯取婦，與祝巫共分其餘。"此則公然爲虎狼於民間矣，安得不有西門豹出，投之於河乎？

春秋戰國之世，風氣如此，則迷信之事，安得而不破，是以有謂"智者役使鬼神，而愚者信之"者，管子是也。《輕重丁》。有"務民之義，敬鬼神而遠之"者，孔子是也。見《論語·雍也》。又《先進》："季路問事鬼神，子曰：未能事人，焉能事鬼。敢問死，曰：未知生，焉知死。"《述而》："子不語，怪力亂神。"《荀子·天論》：傳曰："萬物之怪書不説"，置諸不論不議之列者，乃儒家之宗旨也。而仁人君子，主張天與民一體，以爲民請命者尤多。《泰誓》曰："天視自我民視，天聽自我民聽。"《孟子·萬章上篇》引此非必用初書辭，實後來儒者之説也。自西漢今文師以前，引經皆經傳不别，見《經傳説記條》。季梁曰："夫民，神之主也。是以聖王先成民而後致力於神。"《左氏》桓公六年。史嚚曰："國將興，聽於民；將亡，聽於神；神依人而行。"《左氏》莊公三十二年。宫之奇曰："鬼神非人實親，惟德是依。故《周書》曰：皇天無親，惟德是輔。"又曰："黍稷非馨，明德惟馨。"又曰："民不易物，惟德繄物。如是，則非德，民不和，神不享矣！"《左氏》僖公五年。榮季曰："非神敗令尹，令尹其不勤民，實自敗也。"《左氏》僖公二十八年。雖墨子亦曰："順天意者兼相愛，交相利，必得賞；反天意者别相背，交相賊，必得罰。""順天意者義政，反天意者力政。"《墨子·天志》。又謂"吏治官府不潔廉，男女之爲無别者"，"爲淫暴寇亂盜賊"者，必爲鬼神所罰也。然所謂"深溪、博林、幽澗、無人之所"，"有鬼神視之"。"鬼神之罰，不可恃富貴、衆强、勇力、强武堅甲利兵"者，見《明鬼篇》。衆之耳目，不可欺也。其志則大矣，其説將何以見信乎？

夫知天行之有常，則凡祭祀等事，所以事鬼神者，其實皆人事也，其理至易見也。故《荀子》論祭，謂"君子以爲人道，百姓以爲鬼事"也。《禮論》。曾子曰："慎終追遠，民德歸厚矣。"《論語·學而》。曾子在孔門，最爲醇謹，拘舊俗，而其言猶如此，況其意氣之發舒者乎？《墨子》曰："今潔爲酒醴粢盛，以敬慎祭祀，若使鬼神誠有，是得其父母姒兄而飲食之也，豈非厚利哉？若使鬼神誠亡，是乃費其所爲酒醴粢盛之財耳。自夫費之，非特注之污壑而棄之也。内者宗族，外者鄉里，皆得如具飲食之，雖使鬼神誠亡，此猶可以合歡聚衆，取親於鄉里。"《明鬼》。亦仍疑惑於有無之間，而屑屑計財之不妄費耳。己則不信，而何以使人共信？

當時非遂無迷信之人也,《大戴記·四代》曰:"鬼神過節妨於政。"《管子·權脩》曰:"上恃龜筮,好用巫醫,則鬼神驟祟。"《韓非·亡征》曰:"用時日,事鬼神,信卜巫而好祭祀者,可亡也。"《飾邪》曰:"龜筴鬼神,不足舉勝;左右背鄉,不足以專戰;然而恃之,愚莫大焉。"《史記·孟子荀卿列傳》謂:"荀卿嫉濁世之政,亡國亂君相屬,不遂大道,而營於巫祝,信禨祥。"其所言皆春秋戰國間事,然此等人,亦所謂聊復爾爾者。謂其誠篤信之,恐未必然也。如臧文仲非必愚者,而孔子譏其作虚器,縱逆祀,祀爰居。見《左氏》文公二年。作虚器,謂居蔡山節藻棁也。見《論語·公冶長》。凡宗教爲衆所尊信者,必多自革教義而同於俗。佛教戒肉食,其行於西藏者不然,其明證矣。其能得王公大人之信心者尤然。八思巴能使元世祖無滅宋,毋距海都,毋亡乃顔乎?能使之棄大都之宫室而還於穹廬乎?豈惟不能,蓋有順其志而曲爲之説者矣。當時時日龜筮鬼神祭祀之説,所以王公大人所尊信者,以其順於志而從其欲也。而墨子乃致使之躬監門之養而行大禹之事,彼縱信之能決然以行之乎?不能行,則得自寬恕,自寬恕則得自解説,而天鬼之説破矣。在春秋戰國時,蓋惟所謂蠻夷者,迷信較甚。狄之滅衛也,囚史華龍滑與禮孔以逐衛人,二人曰:我大史也,實掌其祭,不先,國不可得也。乃先之。《左氏》閔公二年。吴人囚景伯以還,及户牖,謂太宰曰:魯將以十月上辛有事於上帝先王,季辛而畢。何世有職焉,自襄以來,未之改也。若不會,祝宗將曰:吴實然。大宰嚭言於王,乃歸景伯。《左氏》哀公十三年。此根敦珠巴之所以能捨住出家也。彼其風俗固異於中國也,然如忽必烈者,非八思巴之所能左右也,而况於中國之大人乎。

《淮南·氾論》曰:"天下之怪物,聖人之所獨見;利害之反覆,知者之所獨明達也。同異嫌疑者,世俗之所眩惑也。夫見不可布於海内,問不可明於百姓,是故因鬼神禨祥而爲之立禁。世俗言曰:饗大高者,彘爲上牲;葬死人者,裘不可以藏;相戲以刃者,大祖軵其肘;枕户樕而卧者,鬼神蹠其首。夫饗大高而彘爲上牲者,非彘能賢於野獸麋鹿也,而神明獨饗之,何也?以爲彘者,家人所常畜而易得之物,故因其便以尊之。裘者,難得貴賈之物也,無益於死者,而足以養生,故因其資以讋之。夫以刃相戲,必爲過失;過失相傷,其患必大,故因大祖以累其心。夫户牖者,風氣之所從往來。而風氣者,陰陽相捔者也,離者必病,故托鬼神以伸誡之也。凡此之屬,皆不可勝著於書策竹帛,而藏於官府者也,故以禨祥明之。爲愚者之不知其害,乃借鬼神之威,以聲其教,所由來者遠矣。而愚者以爲禨祥,而很者以爲非,唯有道者能通其志。""很者以爲非"一語,最可玩味。夫淮南之説,乃世俗所謂神道設教者也。神道設教之本義,實非如此,乃後人誤解也。其意亦若無惡於天下，見一節之利者，且競稱焉。然徒能束縛愚者，而使很者益得自恣，此則老子所謂"聖人不死，大盜不止"者也。誰曾見厲鬼之能報怨乎？然俗固有厲鬼能報怨之説。爲此説者之意，豈不曰吾以儆夫狠者，使不敢陵虐愚者哉？然曷嘗見狠者之遂戢，徒聞弱者知盡能索，以爲死後猶可以圖報，乃益輕自殺耳。故儆强暴扶愚弱者，惟有人事，未聞明鬼神禨祥，可以收治世之效者也，夫强暴者聞之，豈不或儆？然而明著之利害見於前，而虚無之禍福垂於後。在明智者，必顧明著之利害，而不惑於虚無之禍福矣。縱或有以累其心，然累很者一，累愚者必十，是以鬼神禨祥，徒足爲强很者驅除難也。是以抑强扶弱，惟有人事。墨子豈不見古者尊天右鬼之世，人莫或别相背，交相賊，而慕欲復之乎？而不知是時天鬼之所以見信者，人羣之直道未衰，有以夾持之。使所謂福仁禍淫者，若可信也；非天道也，非鬼道也，乃人事也。而豈有倡天志明鬼之説可以挽周末之文勝，而反之於忠乎？

凡事之爲人所信者，未有可以人意左右之者也。可以人意左右之，是人役也。人役也，而人尊之乎？《墨子·迎敵祠、號令》兩篇，巫舍必近公社，望氣者舍必近太守。守獨知巫卜望氣之情，巫祝吏與望氣者，必以善言告民。妄爲不善言。驚恐吏民者，謹微察之，斷罪勿赦。然則是守與巫祝望氣者比，以欺吏民。而巫祝望氣者又惟守之聽也。守且將尊信巫祝望氣者乎？抑豈有一城皆愚，而守獨知者哉？

故曰：自然之爲人所敬畏也，以其信也。刑賞之爲人所敬畏、欲其亦如自然也，惟有使其信亦如自然而已矣。此人之所爲，非天道也，非鬼道也。人事之所不及而欲借天鬼以愚民，民必不信之矣。何也？天鬼固不爾也。記曰："不誠無物。"《中庸》。吾亦曰：不誠無政。

〔二一一〕戒　殺

戒殺之義，儒家罕言。然非不言也，《大戴記·曾子大孝》："夫子曰：伐一木，殺一獸，不以其時，非孝也。"《小戴記·祭義》，曾子曰："樹木以時伐焉，禽獸以時殺焉。"夫子曰："斷一樹，殺一獸，不以其時，非孝也。"又《曾子制言上》："殺六畜不當及親，吾信之矣。"盧《注》：凡殺有時，禮也。此猶得曰爲節用起見也。《保傅》曰："於禽獸，見其生，不食其死；《賈子》作"不忍其死"。聞其聲，不嘗其肉；故遠庖廚，所以長恩，且明有仁也。"孟子亦引此義以告齊宣王。見《梁惠王上》。則其爲出於惻隱之心，更無疑義矣。殺動物而食其肉，本爲最不道之事，豈有大聖大賢，而見不及此之理？不言者，其時之時勢，未足以語此也。不然，今日之西藏人，亦不斷肉食，寧得消佛志亦不戒殺，許肉食邪。

〔二一二〕形　法　家

《漢書·藝文志》論形法之學，謂其“形人及六畜骨法之度數，器物之形容，以求其聲氣貴賤吉凶。猶律有長短，而各征其聲；非有鬼神；數自然也。”此今哲學家所謂唯物論也。董子《春秋繁露·同類相動篇》，説與之同。《同類相動篇》云：“今平地注水，去燥就濕；均薪施火，去濕就燥；百物去所與異而從所與同，故氣同則會，聲比則應，其驗皦然也。試調琴瑟而錯之，鼓其宫則他宫應之，鼓其商而他商應之，五音比而自鳴，非有神，其數然也。”知此，則可以制物而用之矣。故曰：“陽陰之氣，因可以類相益損也。明於此者，欲致雨則動陰以起陰，欲止雨則動陽以起陽，故致雨非神也，而疑於神者，其理微妙也。”又曰：“琴瑟報彈其宫，他宫自鳴而應之，此物之以類動者也。其動以聲而無形，人不見其動之形，則謂之自鳴也。又相動無形，則謂之自然。其實非自然也，有使之然者矣。”《藝文志》駁形法家之論曰：“然形與氣相首尾，亦有有其形而無其氣，有其氣而無其形，此精微之獨異也。”蓋形法家欲凡事求之於形，而作《藝文志》者不以爲然也。夫謂物有有其氣而無其形，是矣。謂徒有其氣者，不可以定則求，則不然也。如董子之説，相動無形者，亦有其定則可求；則宇宙之間，惟是物類相感應而非如古人所謂有鬼神者以使之。自此而精求之，積古相傳之迷信，真可破除。物理化學等，且可以此發明矣。然卒不能然者何也？曰：此仍誤於以形法之理，推之於無形之物大早，而未能就有形之物，精密試驗，以植其基也。蓋物之能相動者，非徒以其質，亦必以其量。平地注水，去燥就濕；均薪施火，去濕就燥，固也。然必濕至若干度，而後水之就之之形可見；燥至若干度，而後火之就之之形可見乎？抑地濕至若干度，則水之濕之速率如何；薪燥至若干度，則火之燥之之速率爲如何；地燥若干度，水之濕之，加難若干度；薪濕若干度，火之燥之，加難若干度乎？凡此，皆可精密測驗而知之。能如此，則物性之從違，不但可知其大概，并可知其確實，真可駕馭之以爲用矣。有形之物既得，無形之物，自可本此法以施之，而物理化學等，真可發明矣。不此之務，遽以此理推諸無形之物，無形之物，無可測驗也；遂不得不但論其質，不論其量。董子遂推之以論美祥妖孽，曰：“帝王之將興也，其美祥先見；其將亡也，妖孽亦先見，物故以類相召也。”然則德美至若干度，而可致若干大之美祥；德惡至若干度，則將至如何甚之妖孽乎？不能言也。則不得不籠統其辭，而仍入於玄虚之論矣。故中國物理、化學等學之不能發明，實由徒引其端，而未能更精求之之故，而其徒引其端，而不能精求之，則由其推諸無可實驗之物太早，而未能就有形之物，實驗之以植其基也。

抑形法家所言之數，可謂數字之本義。而董子所言之數，則失其本義者也。數字之本義，本謂一二三四等，古人之言數，亦皆如此。《莊子・天下篇》："以法爲分，以名爲表，以參爲驗，以稽爲決，其數一二三四是也。"《周書・周祝》："左名左，右名右，視彼萬物數爲紀。"《管子・七法篇》曰："不能治其民，而能强其兵者，未之有也。能治其民矣，而不明於爲兵之數，猶之不可。"所謂數者："剛柔也，輕重也，大小也，實虚也，遠近也，多少也。"皆較計其量之辭，形法家之言亦如此。故曰："律有長短，而各徵其聲。"不曰律有銅有玉有竹，而各徵其聲也。今謂百物去所與異而從所與同，則但計其質而不計其量矣。如是求之，則無由更進一步。故中國形下之學之不能發明，實由好推論高遠者之太多，而能從事於實驗者之太少也。

〔二一三〕 鬼谷先生

《史記・蘇秦列傳》云："蘇秦者，東周雒陽人也。東事師於齊，而習之於鬼谷先生，出遊數歲，大困而歸。"衡以文義，鬼谷自當在齊。《集解》引徐廣曰："潁川陽城有鬼谷，蓋是其人所居，因爲號。"蓋以其時陽城有鬼谷，故引以釋之。然曰"蓋"，亦疑辭也。《索隱》曰："扶風池陽、潁川陽城，并有鬼谷墟，蓋是其人所居，因爲號。"雲池陽有鬼谷者，《甘茂列傳》：蘇代説秦王曰："甘茂非常士也，其居於秦，累世重矣。自殽塞及至鬼谷，其地形險易，皆明知之。王不若重其勢、厚其禄以迎之，使彼來，則置之鬼谷，終身勿出。"此鬼谷，《集解》亦引徐廣曰："在陽城"，自非。《索隱》曰："在關内雲陽。"按漢雲陽縣，在今陝西淳化縣西北，池陽縣在今陝西涇陽縣西北，其地密邇。《索隱》此所云，與其《蘇秦列傳》所云者，其實是一，然皆不足以釋蘇秦所事之鬼谷先生也。

或曰：潁川距雒陽近，蘇秦雖東師於齊，而習之則在潁川之鬼谷先生也。亦嘗聞古人事師，有憚其遠而别就近者習之之例乎？東師事於齊者，言其所事非一師，而獨於鬼谷先生爲習耳，若求師於鄉里。張儀魏人，太史公曰："三晉多權變之士。"夫言從衡强秦者，大抵皆三晉之人也。儀何不求師於鄉里，而亦與蘇秦俱師事鬼谷先生乎？又"鬼谷"二字不必爲地名。《索隱》云："《樂臺》注《鬼谷子書》云：蘇秦欲神祕其道，故假名鬼谷。"其説固近億測，然不以鬼谷爲地名,亦未嘗非是也。《甘茂列傳》殿本《考證》:張照曰:"按《戰國策》作槐谷,補注曰:《春秋後語注》。槐里之谷,今京兆始平之地,與此異。"案謂槐里之谷者似是。以後世地名釋古書恒易誤。《索隱》、《集解》,亦有此失也。

〔二一四〕 金粟生死

《商君書·墾令》曰:"使商無得糴,農無得糶。農無得糶,則窳惰之農勉疾。商不得糴,則多歲不加樂;多歲不加樂,則饑歲無裕利;無裕利則商怯;商怯則欲農。窳惰之農勉疾,商欲農,則草必墾矣。"因欲貴酒肉之價,重其租,令十倍其樸。又欲重關市之賦,使農惡商,商有疑惰之心。農戰亦欲去遊士、商賈及技藝。似商工皆其所廢矣。然《去强篇》曰:"金生而粟死,粟死而金生。一作粟生而金死,金死而粟生。疑當作粟生而金死,粟死而金生;或金生而粟死,金死而粟生。本物賤,事者衆,買者少,農困而姦勸;其兵弱,國必削至亡。金一兩生於竟内,粟十二石死於竟外;粟十二石生於竟内,金一兩死於竟外。國好生金於竟内,則金粟兩死,倉府兩虚,國弱;國好生粟於竟内,則金粟兩生,倉府兩實,國强。"《外内》云:"欲農富其國者,竟内之食必貴,而不農之征必多,市利之租必重。則民不得無田,無田不得不易其食。食貴則田者利,田者利則事者衆。食貴糴食不利,而又加重征,則民不得無去其商賈技巧而事地利矣。""故爲國者,邊利盡歸於兵,市利盡歸於農。邊利歸於兵者强;市利歸於農者富。故出戰而强,入休而富者,王也。"則商君非欲繩商,特欲使糶貴而利農耳。以粟易金於竟外,亦非所禁也。

〔二一五〕 補損以知足

《論語·季氏》,子曰:"丘也,聞有國有家者,不患寡而患不均,不患貧而患不安。蓋均無貧,和無寡,安無傾。"曰丘聞,則是古有此語,而孔子引之也。《易》曰:"地中有山,謙,君子以裒多益寡,稱物平施。"《周書·度訓》曰:"天生民而制其度,度小大以正,權輕重以極,明本末以立中,立中以補損,補損以知足。"知古之言治,無不以均平爲義者。夫天下之有待於治,以其不均也;若本均矣,何待於治;治而不均,又焉用治也?而世乃以保其不均爲爲治之道,是則殺越人於貨者,據高位而肆攘奪而已矣。《老子》曰:"天之道,其猶張弓與?高者抑之,下者舉之,有餘者損之,不足者補之。天之道,損有餘以補不足;人之道則不然，損不足以奉有餘。”不道早老，豈可以久存哉。亦終必亡而已矣。

〔二一六〕 禮運、禮器

《荀子·富國》篇曰：“足國之道，節用裕民，而善臧其餘。節用以禮，裕民以政。”“禮者，貴賤有等，長幼有差，貧富輕重皆有稱者也。”“由士以上，則必以禮樂節之；衆庶百姓，則必以法數制之。量地而立國，計利而畜民，度人力而授事。使民必勝事，事必出利，利足以生民。皆使衣食百用，出入相揜，必時臧餘，謂之稱數。”“輕田野之税，平關市之征，省商賈之數，罕興力役，無奪農時；如是，則國富矣。夫是之謂以政裕民。”然則政以生利言之，禮以用財言之也。《大學》曰：“生財有大道：生之者衆，食之者寡；爲之者疾，用之者舒；則財恒足矣。”《孟子·盡心》上曰：“易其田疇，薄其税斂，民可使富也。食之以時，用之以禮，財不可勝用也。”亦以生與食、爲與用分言，知古人之言財利，恒如此也。《禮運》、《禮器》，二篇相承。《禮運》言“山者不使居川，不使渚者居中原，而弗敝也。用水火金木飲食，必時。合男女，頒爵位，必當年德”，皆《荀子》所謂分民之事。《禮器》曰：“居山以魚鼈爲禮，居澤以鹿豕爲禮，君子謂之不知禮。故必舉其定國之數，以爲禮之大經。禮之大倫，以地廣狹。禮之薄厚，與年之上下。是故年雖大殺，衆不匡懼。則上之制禮也節矣。”下文言禮之義，則曰時爲大，順次之，體次之，宜次之，稱次之；言禮之數，則曰有以多爲貴者，有以少爲貴者，有以大爲貴者，有以小爲貴者，有以高爲貴者，有以下爲貴者，有以文爲貴者，有以素爲貴者，皆《荀子》所謂等差之事。辜較言之，亦可謂《禮運》言政，《禮器》言禮也。若合而言之，則《禮運》所言，亦得謂之爲禮。古無該兩事之共名，固多即以其别名之一爲之也。

節用者，足國之大端也。生之者衆，而食之者愈衆；爲之者疾，而用之者愈疾，國未有能贍者也。故曰：“節以制度，不傷財，不害民。”《節卦彖辭》。又曰：“凡民之爲姦邪竊盜，歷法妄行者，生於不足。不足生於無度量也。無度量，則小者偷惰，大者侈靡，而不知足。”“故有姦邪竊盜歷法妄行之獄，則飾度量也。”《大戴記·盛德》。夫人之欲惡多端，而資生爲急。《禮運》曰：“飲食男女，人之大欲存焉。死亡貧苦，人之大惡存焉。”不足，則飲食男女之欲不得遂，而死亡貧苦之禍不可避矣；則必爲姦邪竊盜，歷法妄行矣；是不可以力勝也。故古之言教化者，皆在既富之後。所謂禮者，非教以飾衣冠，美宫室，侈飲食，以飾耳目之觀，縱口腹之欲，乃正謂節之使不得過耳。故七十者食肉，五十者衣帛，而隆三年之喪，禮也。生不歌，死無服，桐棺三寸而無椁，亦禮也。行厚葬久服於死陵者葬陵、死澤者葬澤之日，而事雕幾組縢刻鏤於國家靡敝之年，則君子謂之不知禮矣。故曰："禮，國之幹也。"《左氏》僖公十一年，周内史過之言。又曰："壞國喪家亡人，必先去其禮。"《禮運》。

禮之壞也，則自在上者之逞其淫欲始也。《樂記》曰"樂者爲同，禮者爲異"，又曰"樂者敦和，率神而從天。禮者别宜，居鬼而從地"。禮所以爲别爲異者，《管子·心術》曰："禮者，因人之情，緣義之理，而爲之節文者也。故禮者，謂有理也。理也者，明分以喻義之意也。故禮出乎義，義出乎理，理因乎宜者也。"蓋"天高地下，萬物散殊"。《樂記》。物所自具之德不同，斯其當處之分自異。審其德而各協其宜，所謂義也。故曰：禮也者，義之實也。"協諸義而協，則禮雖先王未之有，可以義起也。"《禮運》。夫義之所以使物各殊其分，而制之以爲禮者，原欲使之各協其宜，非欲厚於此而薄彼也。故曰："夫禮，貴者敬焉，老者孝焉，幼者慈焉，少者友焉，賤者惠焉。"《大戴記·曾子制言上》。此即孔子"老者安之，朋友信之，少者懷之"之義。《論語·雍也》。原欲使宇宙之間，無一物不得其所。然而强者脅弱，衆者暴寡，知者詐愚，勇者苦怯，其所利者，則制爲禮焉，以爲是天理之宜也，而不知其大悖於理也。何者？禮樂不可以孤行，有樂以和之，而後禮之别異者，非厚此而薄彼。不然，則其所謂義者苦矣。故曰："禮之用，和爲貴。"《論語·學而》有子之言。别宜其言，而脅弱、暴寡、詐愚、苦怯其實，惡在其爲可行也。然而後世之所謂禮者，固多如此矣；曷怪老子以爲"忠信之薄而亂之首"乎！

顔淵問仁，子曰："克己復禮爲仁。一日克己復禮，天下歸仁焉。"顔淵曰："請問其目？"子曰："非禮勿視，非禮勿聽，非禮勿言，非禮勿動。"《論語·顔淵》。孔子所以貴禮如是其甚者，以其爲義之實；人人踐乎義之實，則物無不得其所矣，安得不謂之仁？然而其所謂禮者，果協於義則可矣；如其不然，而克己以復之，則是非强陵弱勿視，非衆暴寡勿聽，非知詐愚勿言，非勇苦怯勿動也，是大亂之道也。故曰："非禮之禮，非義之義，大人勿爲。"《孟子·離婁》下。故曰："仁之實，事親是也；義之實，從兄是也；智之實，知斯二者，弗去是也；禮之實，節文斯二者是也；樂之實，樂斯二者。"《孟子·離婁》上。知不足以知之，而以非義之義爲義，而强爲之節文，而强天下之人以從之，則必有愀然不樂者矣。何也？失其分不協其宜也。語曰：滿堂而飲酒，一人鄉隅而悲泣，則一堂爲之不樂。况飲酒者一人，而悲泣者滿堂乎？後世之所謂禮者，多此類也。世顧以爲天經地義而固守之，甚矣其可哀也！

甚矣夫，人之不知也，忘禮之大用，而屑屑於儀文之末也！魯昭公如晉，自郊勞至於贈賄，無失禮。晉侯謂女叔齊曰："魯侯不亦善於禮乎?"對曰："魯侯焉知禮!"公曰："何爲？自郊勞至於贈賄，禮無違者，何故不知?"對曰："是儀也，不可謂禮。禮，所以守其國，行其政令，無失其民者也。今政令在家，不能取也。有子家羈，弗能用也。姦大國之盟，陵虐小國，利人之難，不知其私。公室四分，民食於他，思莫在公，不圖其終。爲國君，難將及身，不恤其所。禮之本末，將在此乎在，而屑屑焉習儀以亟，言善於禮，不亦遠乎?"《左氏》昭公五年。善哉言乎！子大叔見趙簡子，簡子問揖讓周旋之禮焉。對曰："是儀也，非禮也。"簡子曰："敢問何謂禮?"對曰："吉也聞諸先大夫子産曰：夫禮，天之經也，地之義也，民之行也。"又曰："禮，上下之紀，天地之經緯也，民之所以生也，是以先王尚之。"同上昭公二十五年。齊侯與晏子坐於路寢，公歎曰："美哉室，其誰有此乎?"晏子曰："敢問何謂也?"公曰："吾以爲在德。"對曰："如君之言，其陳氏乎！陳氏雖無大德，而有施於民。豆區釜鍾之數，其取之公也薄，其施之民也厚。公厚斂焉，陳氏厚施焉，民歸之矣。《詩》曰：雖無德與女，式歌且舞。陳氏之施，民歌舞之矣。後世若少惰，陳氏而不亡，則國其國也已。"公曰："善哉！是可若何?"對曰："惟禮可以已之。在禮，家施不及國。民不遷，農不移，工賈不變，士不濫，官不滔，大夫不收公利。"公曰："善哉，我不能矣！吾今而後知禮之可以爲國也。"對曰："禮之可以爲國也久矣，與天地并。君令臣共，父慈子孝，兄愛弟敬，夫和妻柔，姑慈婦聽，禮也。君令而不違，臣共而不貳，父慈而教，子孝而箴，兄愛而友，弟敬而順，夫和而義，妻柔而正，姑慈而從，婦聽而婉，禮之善物也。"公曰："善哉！寡人今而後聞此禮之上也。"對曰："先王所稟於天地，以爲其民也，是以先王上之。"同上二十六年。然則禮之大用，在於經國安民，而不在於揖讓周旋之末。春秋時人，猶多知之。然而相習於以揖讓周旋爲禮，而忘經國安民之略者，則人之度量相越之不可强也。《管子·形勢》篇曰："道之所言者一也，而用之者異。有聞道而好爲家者，一家之人也。有聞道而好爲鄉者，一鄉之人也。有聞道而好爲國者，一國之人也。有聞道而好爲天下者，天下之人也。有聞道而好定萬物者，天地之配也。"聞道而好爲國者亦寡矣，而況於天下乎，皆一家一鄉之士而已矣！夫如是，故不揣其本而欲齊其末，不知率今之禮，凡物皆失其位而乖於分也；而曰是天之經也，地之義也，民之行也，誹之者戮，叛之者誅，然則戕賊人以爲仁義，是以飲酒者寡，悲泣者衆也。然而一鄉一家之士莫之見，雖處一堂之上，若有藩籬之限，而曰飲酒之禮固如是也，豈不哀哉！

《禮運》曰："聖人耐以天下爲一家，以中國爲一人者，非意之也；必知其情，辟於其義，明於其利，達於其患，然後能爲之。何謂人情？喜、怒、哀、懼、愛、惡、欲七者，弗學而能。何謂人義？父慈，子孝，兄良，弟弟，夫義，婦聽，長惠，幼順，君仁，臣忠十者，謂之人義。講信脩睦，謂之人利。争奪相殺，謂之人患。故聖人之所以治人七情，脩十義，講信脩睦，尚辭讓，去争奪，捨禮何以治之？飲食男女，人之大欲存焉。死亡貧苦，人之大惡存焉。故欲、惡者，心之大端也。人藏其心，不可測度也；美惡皆在其心，不見其色也；欲一以窮之，捨禮何以哉？"此言治天下者，必以人得其欲而去所惡爲歸。然人藏其心，不可測度，人人而問其所欲，勞而不可徧，而亦卒不能得其誠；故莫如先明於衆之所公好公惡也。此真知本之言也。然而其所謂人義者，果可以謂之義，而使人皆得所欲、去所惡而其情無拂鬱不平，則難言之矣。大抵善處人我之間者，惟無人我之見者爲能之。若既知有人我之别矣，而曰我當力求我所以自處，與所以待人之道，而使之各協其宜，其實未有不自利而戕賊人者。一人如是，人人應之，輾轉相及，而争奪相殺之禍作矣。争奪相殺，非起於兵刃相接之日，早起於分别人我之初。分别人我，即争奪相殺之至微者也。雖曰至微，積之久則成著矣。涓涓弗絶，終成江河；豪毛弗拔，將尋斧柯，信乎！至治之極，非人不獨親其親、不獨子其子不足以當之。而《禮運》之所謂十義者，已落第二義也。《記》者記禮之運也，不亦慨乎其言之哉！

〔二一七〕殷因於夏周因於殷

董仲舒對策："孔子曰：'殷因於夏禮，所損益可知也；周因於殷禮，所損益可知也；其或繼周者，雖百世可知也。'"此言百王之所用以此三者矣。夏因於虞而獨不言所損益者，其道如一而尚同也。觀夏因於虞句，則知上文，當以殷因於夏，周因於殷句絶。其或繼周句法，固亦一律也。今讀《論語》者，以"殷因於夏禮"，"周因於殷禮"爲句，失之，《後漢書·魯恭傳》："故曰：'殷因於夏禮，周因於殷禮，所損益可知。'"蓋妄人於殷因於夏下，增一"禮"字。《禮記·禮器》曰："三代之禮一也，民共由之。或素或青，夏造殷因。"

〔二一八〕天生時而地生財

《禮運》曰："故天生時而地生財，人其父生而師教之，四者君以正用之；故君者，立於無過之地也。”言其不當有過擧也。此可見吾國之文化，本於農業也。農業之所致謹者爲天時，其所用者則爲地利；因天之時，盡地之利，而使萬物各得其宜，則人與人之相處，咸得其道矣。夫非人與人相處，咸得其宜，固無以使物盡其利；抑出其力於身，而使物盡其利，正人與人相偶之道也。故一言道，而人之所以對天地萬物以今語言之，則謂之對自然也。《禮運》曰：“昔先王之制禮也，因其財物而致其義焉爾。”物以共人用，協於人之用，則爲物得其宜，是爲盡物性。及對人對己者，無不寓焉。其事殊，其道一也。故曰：“惟天下至誠爲能盡其性。能盡其性，則能盡人之性；能盡人之性，則能盡物之性；能盡物之性，則可以贊天地之化育；可以贊天地之化育，則可以與天地參矣。”《中庸》。《荀子・天論》曰：“天有其時，地有其財，人有其治，夫是之謂能參。”所謂贊天地之化育者，《禮運》下文言之，曰：“天降膏露，地出醴泉，山出器車，河出馬圖。鳳皇麒麟，皆在郊棷；龜龍在宮沼；其餘鳥獸之卵胎，皆可俯而窺也。”人知未開之世，庸以是爲天錫之瑞。治化既蒸，則知爲人事之所致矣。故曰：“則是無故。猶言無他故。先王能脩禮以達義，體信以達順，故此，順之實也。”蓋公産業農之小羣，其於萬事萬物，固可據理措置。使無一不得其當。所謂大順也。“山者不使居川，不使渚者居中原，而弗敝也。用水火金木飲食，必時。合男女，頒爵位，必當年德”，則其義也。事物皆得其當，則災不足以爲害，而天行之有益於人者，則無不得其利焉。如有凶荒之備，則不畏水旱之災。耕穫無失其時，則不至雨暘時若而南畝仍荒棄也。於是惟覺天地之有惠於已，而不知其戕賊人也，故古人尊天親地之情甚深，而無暑雨祁寒之怨，非其時之天地，異於後世之天地也。人之所以與天地參者固殊焉。故今人但譏古人之迷信，殊非是。當是之時，所以定人之所當爲者則曰禮。故曰：“天時有生也，地理有宜也，人官有能也，物曲有利也。”《禮器》。古人之重禮以此。而豈如後世小儒，規規於儀文之末哉？

《大戴記・武王踐阼》曰：“牖之銘曰：隨天之時，以地之財，敬祀皇天，敬以先時。”《虞戴德》曰：“順天作刑，地生庶物；是故聖人之教於民也，率天如如，而也。祖地，能用民德。是以高舉不過天，深慮不過地，質知而好仁，能用民力。此以三常之禮明而名不蹇。禮失則壞，名失則惛，是故上古不諱，正天名也。天子之官四通，正地事也。天子御珽，諸侯御荼，大夫服笏，正民德也。斂此三者而一舉之，戴天履地，以順民事。”又曰：“天事曰明，地事曰昌，人事曰比兩以慶。違此三者，謂之愚民。愚民曰姦，姦必誅，是以天下平而國家治，民亦無貸。”又曰：“昭天之福，迎之以祥；作地之穡，制之以昌；興民之德，守之以長。”《誥志》曰“天曰作明，日與惟天是戴；地曰作昌，日與維地是事；人曰作樂，日與惟民是嬉。”“天生物，地養物，物備興而時用常節曰聖人。”又曰：“天作仁，地作富，人作治，樂治不倦，財富是節，是故聖人嗣則治。”《少閒》曰：“天政曰正，地政曰生，人政曰辨。”又曰：“時天之氣，用地之財，以生殺於民。”《左氏》載子大叔之言曰：“則天之明，因地之性。”昭公二十五年。《荀子·禮論》曰：“天地者，生之本；先祖者，類之本；君師者，治之本。”《周書·周祝》曰：“地出物而聖人是時，雞鳴而人爲時，觀彼萬物，且何爲求。故天有時，人以爲正；地出利，而民是争；人出謀，聖人是經。”《管子·形勢解》曰：“明主上不逆天，下不壙地，故天予之時，地生之財。亂主上逆天道，下絶地理，故天不予時，地不生財。故曰：其功順天者，天助之；其功逆天者，天違之。”《宙合》曰：“天不一時，地不一利，人不一事。”《吕覽·任地》曰：“天下時，地生財，不與民謀，無失民時。”其説皆與《禮運》同。知此爲古人言治之大義，故諸家皆有味乎其言之也。

孟子曰：“齊人有言曰：雖有智慧，不如乘埶；雖有鎡基，不如待時。”以乘埶與待時并言，尤可見爲政之道，本於力農也。《禮運》曰：“在埶者去。”《注》：“埶，埶位也。”案埶與蓺本一字。農業不能違時，尤不可失時，故曰：“爲之爲之，萬物之時也。”《管子·樞言》。《禮器》曰：“是故天時雨澤，君子達亹亹焉。”《注》：“達，猶皆也。亹亹，勉勉也。”此言乘時雨而致力於農功也。又曰：“聖人能輔時，不能違時。知者善謀，不如當時。精時者日少而功多。是以聖王務具其備，而慎守其時。以備待時，以時興事。”《管子·霸言》。由此推之，則有“先天而天弗違，後天而奉天時”之義焉；《易文言》。有“天與不取，反受其咎”之義焉。《漢書·蕭何傳》引《周書》。至於禮，時爲大，深觀人事之變，而隨時更張，以協其宜。而禮之義，極於天而蟠於地矣。

〔二一九〕 孟施舍似曾子，北宫黝似子夏

孟子曰：“北宫黝之養勇也，不膚撓，不目逃，思以一豪挫於人，若撻之於市朝。不受於褐寬博，亦不受於萬乘之君。視刺萬乘之君，若刺褐夫，無嚴諸侯。惡聲至，必反之。孟施舍之所養勇也，曰：視不勝，猶勝也。量敵而後進，慮勝而後會，是畏三軍者也。舍豈能爲必勝哉？能無懼而已矣。孟施舍似曾子，北宫黝似子夏。”《公孫丑上》。今案《大戴記》所載《曾子》諸篇，皆兢兢自守之言。然《制言》上篇曰：“富以苟，不如貧以譽；生以辱，不如死以榮。辱可避，避之而已矣；及其不可避也，君子視死若歸。”中篇曰：“君子直言直行，不宛言而取富，不屈行而取位。仁之見逐，智之見殺，固不難。詘身而爲不仁，宛言而爲不智，則君子弗爲也。”《大孝》曰：“戰陣無勇，非孝也。”亦見《小戴記·祭義》。

《論語・泰伯》："曾子曰：可以托六尺之孤，可以寄百里之命，臨大節而不可奪也，君子人與？君子人也。"又曰："士不可以不弘毅，任重而道遠，仁以爲己任，不亦重乎？死而後已，不亦遠乎？"具見其凜然不可犯之概，不過既嘗學問，不爲撫劍疾視之小勇而已。子夏似北宫黝，度其勁毅之氣，必尚有過於曾子者，然諸書皆不載其勇武之風，亦不載其尚勇之論，使無孟子此語，誰復知之？故知書闕有間，古人之言論風采，不傳於後世者多矣。今人每每摭拾遺佚，輒曰某人如何？某事如何？多見其好專斷也。

孟子言我四十不動心，而公孫丑曰："若是，則夫子過孟賁遠矣。"然則孟賁四十，尚未能成其勇也。人之筋力，踰四十則稍衰矣，故曰："古之道，五十不爲甸徒"，《禮記・祭義》。然則孟賁之以勇稱，非以其筋力，亦以其能不動心也。秦舞陽年十三，殺人，人不敢忤視；而與荆軻入秦，至陛，色變振恐。彼豈有所畏於死哉？無養氣之功也。荆軻之筋力亦何以尚於秦舞陽？而能鎮定將事，至於圖窮而匕首見，則其養之有素矣。古所謂刺客者，若曹沫、專諸、豫讓、聶政、荆軻、高漸離之徒，皆以一身取君相於萬衆之中，雖有勇力，夫豈足恃？觀北宫黝孟施舍之言，然後知其所恃者，非敵之可勝，而爲己之無懼。惟無懼，然後視刺萬乘之君，若刺褐夫。雖不能必勝，而終有克捷之時。若其量敵而後進，慮勝而後會，則必怯懦而不敢發，《史記・廉頗藺相如列傳》贊語。而敵永無可勝之日矣。故百戰而百敗者，非敵之强，乃己之懦也。觀北宫黝孟施舍之言，荆軻秦舞陽之事，而知古之勇士，亦自有其學養，而非徒恃天稟矣。

孟子又曰：昔者曾子謂子襄曰：子好勇乎？吾嘗聞大勇於夫子矣。自反而不縮，雖褐寬博，吾不惴焉。自反而縮，雖千萬人，吾往矣。此曾子養勇之術，而亦夫子之真傳也。《檀弓》記曾子易簀之事，疾病之時，不肯絲毫苟且。又《論語・泰伯》載"曾子有疾，召門弟子曰：啓予手，啓予足。詩云：戰戰兢兢，如臨深淵，如履薄冰，而今而後，吾知免夫，小子。"其一言一行，兢兢業業，不敢或失如此。此其所以爲自反而縮之道也。《檀弓》又曰："子夏喪其子而喪其明，曾子弔之。……曾子哭，子夏亦哭，曰：天乎！予之無罪也。曾子怒曰：商，女何無罪也。吾與女事夫子洙泗之間，退而老於西河之上，使西河之民，疑女於夫子，爾罪一也。喪爾親，使民未有聞焉，爾罪二也。喪爾子，喪爾明，爾罪三也。而曰女何無罪與？子夏投其杖而拜曰：吾過矣！吾過矣！吾離羣而索居，亦已久矣夫！"夫字當屬此句，今俗誤。此可見曾子與子夏，以集義之道，交相責難，即其以養勇之道，交相責難也。子夏之尚勇，可推想而得者，惟此而已矣。

子路有聞，未之能行，惟恐有聞。《論語·季子》。此勇之大者也。惟曾子亦然。《曾子·立事》曰："人言不善而不違，近於説其言；説其言，殆於以身近之也；殆於以身近之，殆於身之矣。人言善而色葸焉，近於不説其言；不説其言，殆於以身近之也；近當作遠。殆於以身近之，殆於身之矣。"其言如是，其見善與不善，必當機立斷，定其從違取捨可知也。此所謂"見善如不及，見不善如探湯也。"《論語·季氏》。故曰："見義不爲，無勇也。"《論語·爲政》。抑此亦"君子見幾而作，不俟終日之義也。"《易·繫辭傳》。

《史記·管晏列傳》："管仲曰：吾嘗三戰三走，鮑叔不以我爲怯，知我有老母也。公子糾敗，召忽死之，吾幽囚受辱，鮑叔不以我爲無耻，知我不羞小節而耻功名不顯於天下也。"此言似與"戰陣無勇，非孝"之義相背者；然能勇者，必能有所忍。不忍一朝之忿，而以身殉之，正是孔子所謂"匹夫之諒"耳。《論語·憲問》。

〔二二〇〕曾子大孝

言道者莫高於能通，立教者莫善於能攝。凡於一種德行，鑽研有素、身體力行已久者，必能以此一德，徧攝諸德。縣一德以爲教，而人之所以爲人之道，靡不該焉，曾子之言孝則是也。《大戴記·曾子大孝》一篇，分孝爲三等，曰"大孝尊親，其次不辱，其下能養"，又曰"大孝不匱，中孝用勞，小孝用力"。於是直養而已，不足言孝。而居處、事君、涖官、朋友、戰陳，下至伐一木，殺一獸，靡不該焉。此以事言之也。以理言，則括以"父母全而生之，子全而歸之"兩語。欲求其全，則"一舉足而不敢忘父母，一出言而不敢忘父母"。欲求其全而歸之，則非終其身不可。而"養可能也，敬爲難；敬可能也，安爲難；安可能也，久爲難；久可能也，卒爲難"之義立矣。《小戴記·内則》曾子曰："孝子之身終。終身也者，非終父母之身，終其身也。是故父母之所愛亦愛之，父母之所敬亦敬之，至於犬馬盡然，而況於人乎？"終其身，即全而歸之之義。愛敬及於犬馬，則推之至於至微，即一舉足一出言而不敢忘父母之義也。言孝至此，可謂豪髮無遺憾。孔門《孝經》之作，必託諸曾子，有以也。

然此篇"仁者，仁此者也；《小戴》此下有"禮者履此者也"六字。義者，宜此者也；忠者，忠此者也；《小戴》無此六字。信者，信此者也；禮者，體此者也；行者，行此者也；《小戴》無此十二字。强者，强此者也。樂自順此生，刑自反此作"，"夫孝者，天下之大經也。《小戴》無此九字，而有"曾子曰"三字。夫孝，置之而塞於《小戴》作"乎"。天地。衡《小戴》作"溥"。《疏》云："定本作傅。"之而衡於《小戴》作"横乎"。四海，施諸後世而無朝夕。推而放諸東海而準，推而放諸西海而準，推而放諸南海而準，推而放諸北海而準，《詩》云：自西自東，自南自北，無思不服。此之謂也”兩節，疑是他篇簡錯。曾子言孝，雖所該者廣，然特以之徧攝諸德而已。其言仍多就行爲指點，不作此誇張語也。《大戴》此篇，亦見《小戴·祭義》。其前有《樂記》一段，可爲此篇嘗與他篇相錯之證。此兩節蓋係脱簡錯入。“夫孝者天下之大經也夫孝”十一字，《小戴》記之“曾子曰夫孝”五字，疑係既簡錯後億補，其原文所指何事，則不可知也。

〔二二一〕子　張

《論語·子張》：“子游曰：吾友張也，爲難能也，然而未仁。曾子曰：堂堂乎張也，難與并爲仁矣。”於子張頗有貶辭。又《爲政》：“子張學干禄，子曰：多問闕疑，慎言其餘，則寡尤；多見闕殆，慎行其餘，則寡悔；言寡尤，行寡悔，禄在其中矣。”似子張之爲人，失於務外，而於言行之間，未能深致檢點者；然《禮記·檀弓》：“子張病，召申祥而語之曰：君子曰終，小人曰死，吾今日其庶幾乎？”其自守之密，與“曾子有疾，召門弟子曰：啓予手，啓予足，《詩》云：戰戰兢兢，如臨深淵，如履薄冰，而今而後，吾知免夫”者；曾無以異。《論語·泰伯》。然則古人操守之功，正不得以論者偶有貶辭而致疑矣。

〔二二二〕忠　欲

《管子·樞言》：“日益之而患少者惟忠，日損之而患多者惟欲”，以“忠”與“欲”爲相對之辭。“忠”蓋“專一”之謂也，儒家“夏尚忠”之“忠”字，當如此解。

〔二二三〕辭　色

《論語·學而》：“子曰：巧言令色，鮮矣仁。”夫徒以辭色説人，似亦非大惡；然而夫子惡之深者，人與人相處之道在誠，反於誠者爲僞，人人以辭色説人，則相欺之本也；相欺也，作始也簡，將畢也鉅，將無所不至矣。《表記》：“子曰：君子不以辭盡人，故天下有道，則行有枝葉；天下無道，則辭有枝葉；是故君子於有喪者之側，不能賻焉，則不問其所費；於有病者之側，不能饋焉，則不問其所欲；有客不能館，則不問其所舍；故君子之接如水，小人之接如醴，君子淡以成，小人甘以壞。”又曰：“君子不以口譽人，則民作忠；故君子問人之寒則衣之，問人之饑則食之，稱人之美則爵之。”又曰：“口惠而實不至，怨菑及其身；是故君子與其有諾責也，寧有已怨。”所舉君子之行，亦若平平無奇者，然試默察當世，有一人不與是相反者與？試反躬自省，其能免於是與？故曰：“知之非艱，行之惟艱。”《表記》又曰：“子曰：君子不以色親人；情疏而貌親，在小人則穿窬之盜也與？”讀之令人悚然。夫舉世皆以色親人，則是舉世皆穿窬之盜也。合穿窬之盜而成羣，夫焉得不亂？

語曰：“逢人輒有求，故覺萬事非。”夫有求於人者，非爵禄之謂也，亦非聲色貨利之謂也，只是求見好於人而已。試思堂堂七尺軀，彼丈夫也，我丈夫也，吾何畏彼哉？而何以每見人，輒有此一副求見好之意也？抑口惠而實不至，怨菑及其身，徒以辭色親人，少有閲歷者，皆知其不可久，而何以每一見人，此一副求見好之意，又不能自克也？無他，爲習俗纏繞，不能自拔而已，故曰：“棖也欲，焉得剛？”《論語·公冶長》。《詩》曰：“天之方懠，無爲夸毗。”《毛傳》曰：“夸毗體柔人也。”《大雅·板》。張子渠横曰：“苟能除去了一副當世習便自然脱灑也”，《語録》。此之謂也。

《表記》又曰：“情欲信，辭欲巧。”情既信矣，則其辭之巧，乃所以爲文也。文非無實，固無惡焉。《大學》曰：“與國人交，止於信。”信即有其實之謂也。亦即“情欲信”之“信”也。

《表記》又曰：“子曰：恭近禮，儉近仁，信近情；敬讓以行此，雖有過，其不甚矣。”“恭近禮，信近情”，其理易明。謂“儉近仁”者，何也？豈仁者必惡衣菲食，敝車羸馬與？非也。且世之飾其車馬，美其服食者，非必以是爲安也；其意不過欲上人耳。夫好上人，則與於不仁之甚者也。彼爲矯飾之行者，意非欲以服用下人，乃正欲以矯飾上人耳，故君子弗取也。

〔二二四〕 知　　力

《商君書·算地》曰：“聖人非能以世之所易，勝其所難也，必以其所難，勝其所易。故民愚則知可以勝之，世知則力可以勝之；臣愚則易力而難巧，世巧則易知而難力，故神農教耕而王天下，師其知也；湯武致强而征諸侯，服其力也，今世巧而民淫，方效湯武之時，而行神農之事，以隨世禁，故千乘惑亂。此其所加務者過也。”斯言也，可謂審於世變矣。入愚陋之羣，而以知勝之者，有之矣，遇知巧之國，而以知勝之者，未之有也。泰伯君荆蠻，箕子化朝鮮，莊蹻王滇，尉佗長越，漢族古代，所以所鄉無敵者，斯時之蠻夷方愚陋，不足與中國敵也，及其稍以開化，而不能同化，則事勢一變矣。而中國猶以故意遇之，不能自强而以力勝，此魏晉以後，夷狄之禍，所由史不絶書歟？

〔二二五〕 哀樂禍福

《大戴記·禮察》："世主欲民之善同，而所以使民之善者異。或道之以德教，或驅之以法令，導之以德教者，德教行而民康樂；驅之以法令者，法令極而民哀戚。哀樂之感，禍福之應也。"案此篇以湯武與秦王相比較，蓋録《賈子》書。否亦漢初儒者之言。蓋實見當時人心怨怒，爲秦之所以亡；故引殷、周、秦事，以明禮與法之得失也。君子戒違道以干譽，然衆情不可逆，而衆不可以理喻，是亦一道也。法家不知此義，操之已蹙，遂至身死而國亡，如商鞅與秦皇所爲是也。君子非不知衆情之不可苟從也，然其力既不可逆，則斟酌於輕重緩急之間者，亦自有其道。必如何，然後不至苟順衆情而違於道，又不至激而生變，必有非漫然者矣。世每輕視民力，以爲不足畏，就一時一事觀之，似亦無以爲難。而不知民力之鬱而必發，其道多端，壅於此者，或決於彼，固不可以一時一事論也。今有拂輿情而犯衆怒者，時之未至，勢之未極，似乎衆皆疾視，而莫如之何；一旦時會至，衆怨皆作，則枯木朽株，盡爲難矣。匹夫行諸鄉黨之間且如此，況於治一國乎？故曰："君子信而後勞其民；未信，則以爲厲己也。"《論語·子張》。未信時之所爲，豈必其誠爲厲民，然民皆以爲厲己，固非家置一喙所能解狙公賦芧。政術之然，不得指爲違道以干譽也。此篇言哀樂之感，即爲禍福之應，真能洞燭隱微，非身歷禍患者不能道也。

〔二二六〕 賊人者必自賊

社會學家言：凡食人之族必食犬，蓋其初皆以田獵爲食者也。獵人之養生也至難，必十六英方里之地，乃足以養一人，故其口實甚觳，而至於人相食，然亦田獵之事，有以養成其殘賊之心也。故曰：賊人者必自賊。

吾嘗謂觀於牧畜，而可知《春秋》三世之義。犬，亂世之畜也。助其主而賊人，其主乃以所餘者食之。牛、馬，昇平世之畜也。用其力以事耕耘，引重致遠，而非以伐賊他物矣。猫，太平世之畜也。人與猫自相愛，非必欲其捕鼠，則非利其力也。猫之親媚人，亦出自其性，非以人之食之也。主或他適，猫亦不隨，則其親媚人亦自有限，非如犬之以身爲殉也。犬忠於主而戕賊他物，則惡德矣。終見賊於人，亦可謂賊人者必自賊也。

《管子·山權數》曰："若歲凶旱水泆，民失本，則脩宫室臺榭，以前無狗，後無彘者爲庸。"足見古者畜狗與畜彘同其普徧。然有狗屠而無彘屠，則食狗殆尤甚於食彘也。犬助人以戕他物，終乃爲人所伐，亦可謂賊人者必自賊也。

〔二二七〕參天兩地

《易·繫辭傳》曰：參天兩地而倚數。《疏》曰：古之奇耦，亦以三兩言，且以兩是耦數之始，三是奇數之初，不以一目奇者。張氏云：以三中含兩，有一以包兩之義。明天有包地之德，陽有包陰之道，故天舉其多，地言其少也。説不以一目奇，殊爲牽强。《周書·武順》曰：人有中曰參，無中曰兩，兩争曰弱，參和曰强。男生而成三，女生而成兩，五以成室，室成以生民，民生以度。謝氏曰：有中無中，謂男女形體。朱右曾集訓校釋引。其説是也。合三兩而爲五，即男女之合。故曰五以成室，室成以生民。《説文》㐅，陰陽在天地間交午也。古文作×，×象交午，上下兩畫，則天地也。《繫辭傳》又曰：天數五，地數五，五位相得而各有合，天數二十有五，地數三十，凡天地之數，五十有五，此所以成變化而行鬼神也。萬物本乎天，天本乎祖，兩間之物爲天地所生，猶之人爲父母所生也。精氣爲物，遊魂爲變，遊魂即鬼神，特無形可見耳。其爲天地所生，與凡有形可見之物同，此猶人之室成而生民，故其數必皆以五也。天數二十有五，地數三十者，男女構精，婦人妊子，天地氣合，萬物資生於坤也。午，《説文》曰：啎也，與五古實一字。《説文》又説其形曰：此與矢同意。王氏筠曰：午蓋古文杵字。見《説文句讀》。按其説是也。杵動而臼承之，亦有男女交接之象矣。

〔二二八〕聖人之大寶曰位

問曰：《繫辭傳》曰："天地之大德曰生，聖人之大寶曰位，何以守位曰仁，《釋文》曰"人，王肅、卞伯玉、桓玄明、僧紹作仁"，則本作人也。何以聚人曰財，理財正辭、禁民爲非曰義。"一若理財聚人，皆爲在上者保其禄位計者，何也？曰：位之始，非以爲一人一家富貴計也。《管子》曰："天下不患無臣，患無君以使之；天下不患無財，患無人以分之。故知時者可立以爲長，無私者可置以爲政。審於時而察於用，而能備官者，可奉以爲君也。"《牧民》。蓋能力作者易得；能規畫全局、定各人之職事者難求。是以苟得其人，必使之當指揮統率之任。指揮統率者之有其位而不可失，猶之胼手胝足者之當各安其職而不可荒也。聖人之所以能盡其職，以利其羣者，實惟其所處之位是賴。使聖人而失其位，而爲胼手胝足之事，亦無以踰於農夫耳，或且不逮也。故曰："聖人之大寶曰位"也。《管子》又曰："聖人之所以爲聖人者，善分民也。聖人不能分民，則猶百姓也。於己不足，安得名聖。"《乘馬》。可以參稽而明其義矣。

《禮記・禮運》曰："故天生時而地生財，人其父生而師教之，四者君以正用之，正同政。故君者，立於無過之地者也。故君者所明也，非明人者也；君者所養也，非養人者也；君者所事也，非事人者也。故君明人則有過，養人則不足，事人則失位。""天生時而地生財"，即《易》所謂"天地之大德曰生"也。正用四者，惟不失其位是賴。故君之不可失其位，非以爲己也，以爲羣也，此君之本職然也。然自并耕而食、饔飧而治之風既渺，而君之利其位而忘其職者衆矣。然此乃末流之失，非其本義然也。《管子》又曰："天不一時，地不一利，人不一事，是以著業不得不多，人之名位不得不殊。"《宙合》。名位之殊，本無貴賤，故孟子謂"天子一位，公一位，侯一位，伯一位，子男同一位，凡五等。"《萬章》下。天子亦與臣下同列也。

〔二二九〕 心學之原

《禮記・禮運》："故宗祝在廟，三公在朝，三老在學。王前巫而後史，卜筮瞽侑，皆在左右。王中，心無爲也，以守至正。"此言帝王治心之學之最早者也。竊謂心學之原，與宗教殊有關係。《祭統》曰："齊之爲言齊也。齊不齊以致齊者也。是故君子非有大事也，非有恭敬也，則不齊。不齊，則於物無防也，嗜欲無止也。及其將齊也，防其邪物，訖其嗜欲，耳不聽樂。故《記》曰：齊者不樂。言不敢散其志也。心不苟慮，必依於道；手足不苟動，必依於禮。是故君子之齊也，專致其精明之德也。故散齊七日以定之，致齊三日以齊之。定之之謂齊。齊者，精明之至也，然後可以交於神明也。"夫心學之精微，原不盡係於形體。然齊莊於外者，必能精明於内。至於心不苟慮，手足不苟動，而其精明有不待致而致者矣。《祭義》述齊之效曰："齊三日，乃見其所爲齊者。"專精如是，又何求而不得哉？推所求於思其居處，思其笑語，思其志意，思其所樂，思其所嗜之外，而鬼神來告之矣。

〔二三〇〕 楊朱之政治學説

先秦諸子之學，無不志存救世者，獨楊朱則不然。其自私自利，至於拔一毛利天下而不爲；而孟子謂"楊朱墨翟之言盈天下"，又謂"逃墨必歸於楊，逃楊必歸於儒"，其勢力之雄厚，至於如此，深可怪也。己飢己溺，勞心苦思，胼手砥足，或待教而後能。自私自利，何待於教。而楊朱之説，風靡一世如此，何哉？楊朱事跡，散見周秦諸子者頗多，皆不及其學説，惟《列子》有《楊朱》篇，述其説頗詳。胡適之謂當時時勢，自可産生此種學説而信之；梁任公謂周秦之際，決無此等頽廢思想而疑之。予謂二説皆非也。楊朱之學，實出道家。道家有養生之論，其本旨，實與儒家脩齊治平一以貫之之理相通；然推其極，遂至流於狹義之爲我與頽廢。所謂作始也簡，將畢也鉅，此學問所以當謹末流之失也。然楊朱之意，本在救世，所謂"爲我"，亦爲一種治術，而非自私自利之謂，則無疑也。

道家養生之論，老子已言之，如曰"貴以身爲天下，若可寄天下；愛以身爲天下，若可託天下"是也。"若"同"乃"。此語諸子之言養生者多引之。《莊子》之《繕性》、《讓王》，《吕覽》之《貴生》、《不二》，《淮南》之《精神》、《道應》、《詮言》諸篇，發揮此義，最爲透徹。《讓王》篇曰："堯以天下讓許由，許由不受；又讓於子州支父，子州支父曰：以我爲天子，猶之可也。雖然，我適有幽憂之病，方且治之，未暇治天下也。夫天下至重也，而不以害其生，又況他物乎？唯無以天下爲者，可以託天下也。""天下至重而不以害其生"，則與楊子之"拔一毛利天下不爲"近矣，而顧曰"可託天下"，何也？蓋道家之意，以爲人生於世，各有其所當由之道，即各有其所當處之位。人人能止乎其位，則無利於人，亦無害於人，而天下可以大治。若其不然，一出乎其所當處之位，則必侵及他人之位；人人互相侵，則天下必亂，固不問其侵之之爲善意惡意也。此亦道家所以齊是非之一理。惟如此，故謂仁義非人性，伯夷盜跖，失性則均也。道家之言治，所以貴反性命之情者以此。人人反其性命之情，則能各安其位矣。故道家之言養生，其意原欲以治天下。《不二》篇曰："楚王問爲國於詹子，詹子對曰：何聞爲身，不聞爲國。詹子豈以國可無爲哉？以爲爲國之本，在於爲身；身爲而家爲，家爲而國爲，國爲而天下爲。故曰以身爲家，以家爲國，以國爲天下。此四者異位同本。故聖人之事，廣之則極宇宙，窮日月，約之則無出乎身者也。"可謂言之深切著明矣。天下、國、家與身，異位同本，理頗難明，《淮南・精神訓》論之最好，其説曰："知其無所用，貪者能辭之；不知其無所用，廉者不能讓也。夫人主之所以殘亡其國家，損棄其社稷，身死於人手，爲天下笑，未嘗非爲非欲也。夫仇由貪大鐘之賂而亡其國，虞君利垂棘之璧而禽其身，獻公艷驪姬之美而亂四世，桓公甘易牙之和而不以時葬，胡王淫女樂之娱而亡土地。使此五君者，適情辭餘，以己爲度，不隨物而動，豈有此大患哉!”此從消極方面言之也。若從積極方面言之，則其説見於《詮言訓》。《詮言訓》曰：“原天命，治心術，理好憎，適情性，則治道通矣。原天命則不惑禍福，治心術則不妄喜怒，理好憎則不貪無用，適情性則欲不過節。不惑禍福，則動静循理；不妄喜怒，則賞罰不阿；不貪無用，則不以欲用害性；欲不過節，則養性知足。凡此四者，弗求於外，弗假於人，反己而得矣。”“適情辭餘，以己爲度”，乃養生論之真諦；“原天命，治心術，理好憎，適情性”，即所謂反其性命之情也。惟反其性命之情者，乃可以養生；亦惟反其性命之情者，乃能爲天下。故曰：“惟無以天下爲者，可以託天下也。”世之不明此理者，每謂天下之治，有待人爲；殊不知如是，則吾已出乎其位。出位即致亂之原，雖一時或見其利，而將來終受其弊。故桀紂之亂在目前，而堯舜之亂在千世之後。何則？古之人好争，好争則亂，於是以禮讓爲教。夫以禮讓治當時之亂則可矣，然講禮讓太過，其民必流於弱。中國今日，所以隱忍受侮，不能與異族競者，則禮讓之教，入人太深爲之也。然如德意志，承霸國之餘業，席累勝之遺烈，志欲併吞天下，囊括歐洲，終亦以過剛而折。夫其今日之摧折則其前此之軍國主義之訓練爲之也。而其前此之盛强，則亦以此。故凡出乎其位之事，雖得利於一時，未有不蒙禍於將來者。佛説世人所爲，“如以少水，而沃冰山，暫得融解，還增其厚”，理正由此。今中國自傷其弱，而務求强，其將來難保不爲從前之德意志。歐洲之人，經大戰之創痛，而思休養生息。其將來，又安保不爲今日之中國。然則謂中國今日之弱，乃前此之教禮讓者致之；德意志今日之摧折，乃前此之唱軍國主義者致之，固無不可。即謂中國將來之失之過剛，仍係昔之教禮讓者貽之禍。歐洲將來之失之過弱，仍係前此唱競争者種之因，亦無不可也。一事之失，輾轉受禍，至於如此。然則孰若人人各安其位，不思利人，亦不思利己之爲當哉！故《列子》載楊朱之言曰：“善治外者，物未必治；善治内者，物未必亂。以若之治外，其法可以暫行於一國，而未合於人心；以我之治内，可推之於天下。”又曰：“古之人，損一豪利天下，不與也；悉天下奉一身，不取也。人人不損一豪，人人不利天下，天下治矣。”夫人人不損一豪，則無堯舜；人人不利天下，則無桀紂。無桀紂，則無當時之亂；無堯舜，則無將來之弊矣，故曰天下治也。楊子爲我之説如此，在哲學上，亦有甚深之根據，或以自私自利目之，則淺之乎測楊子矣。《淮南·氾論訓》曰："全性保真，不以物累形，楊子之所立也。"可見楊子爲我之義，出於道家之養生論。

然則楊朱之説，即萬物各當其位之説，原與儒家相通。然所謂位者，至難言也。以人人論，則甲所處之位，非乙所處之位；以一人論，則今所處之位，非昔所處之位。以位之萬有不同，所謂當其位者，亦初無一定形跡。"禹稷顔子，易地則皆然"，"窮則獨善其身，達則兼善天下"，皆是理也。然則處乎君師之位者，即以一夫不獲爲予辜，亦不爲出其位；遭值大亂之時，又懷救世之志者，即如孔子之周流列國，亦不爲出其位。若但執七尺之軀爲我，以利此七尺之軀爲爲我，而執此爲當處之位，則謬矣。然智過其師，乃能傳法。一種學説，推行既廣，必不能無誤解其宗旨之人，此楊氏之末流所以流於無君，而孟子所以闢之也。然則如《楊朱》篇所載之頽廢思想，乃楊學之末流，固非楊子之咎，而亦不得謂楊氏之徒無此失也。《列子》固係僞書，其所謂《楊朱》篇者，亦或不可信。然《莊子·盜跖》篇設爲跖告孔子之辭曰："今吾告子以人之情：目欲視色，耳欲聽聲，口欲察味，志欲盈人。上壽百歲，中壽八十，下壽六十，除病瘦、瘐之誤。瘐即瘉。瘉，病也。死喪、憂患，其中開口而笑，一月之中，不過四五日而已矣。天與地無窮，人死者有時；操有時之具，而託於無窮之間，忽然無異騏驥之馳過隙也。不能説其志意，養其壽命者，皆非通道者也。丘之所言，皆吾之所棄也。亟去走歸，無復言之。子之道，狂狂汲汲，詐巧虚僞事也，非所以全真也，奚足論哉！"與《列子·楊朱》篇所謂"徒失當年至樂，不能自肆於一時，重囚纍梏，何以異哉"、"生則堯舜，死則腐骨；生則桀紂，死則腐骨。腐骨一矣，孰知其異？且趣當生，奚遑死後"者，又何以異？跖之言曰"不能説其意志，養其壽命者，皆非通道"，曰"子之道非所以全真"，皆足見其所持，爲道家養生論之流失也。《列子》此篇，蓋有真有僞，其真者蓋剽自先秦古籍，而僞者則張湛之徒所推衍也。

原刊《政治學報》第三卷，一九三三年五月二十日出版

〔二三一〕 名他人之學

《史記·信陵君列傳》："諸侯之客進兵法，公子皆名之，故世俗稱《魏公子兵法》。"案《項羽本紀》，謂羽於兵法不肯竟學，而《漢書·藝文志》兵形勢家有《項王》一篇，疑亦他人之兵法，而項王名之者。項羽百戰百勝，固由其天才之高，亦必不得略無法度。漢高祖征英布，望布軍置陳如項籍而猶惡之，則籍兵

法之精可見。竊疑羽少時未肯竟學，逮起兵後，又未嘗不得進兵法者之教也。此古所謂學於其臣者歟？

後人著述，多務求名，古人則不然，乃有不自名而求人名之者。趙賓好小數書，後爲《易》，持論巧慧，《易》家不能難，皆曰非古法也，云受孟喜，喜爲名之，即其一事。或務自著其名，甚者竊人之所有；或不自名而求人名之，其事若相反而實相符，凡以顯其學而已。然不自名而求人名之者，徒欲顯其學；務自著其名，甚或竊人之所有者，實欲顯其身，其公私貪廉，究未可同日語也。或曰：身持其學，以譁世取寵，顯其學，非即所以顯其身歟？此以言乎趙賓之倫則可矣，古之求人名其學者，安必其皆如是。

古或以神農、黄帝、伊尹、太公名其學，論者率訾爲作僞以欺人，實亦未必然也。且如魏公子，孰不知其非講兵法或著書之人？然兵法之家，猶願得公子以名其學者，非曰此兵法爲魏公子所發明，亦非曰此言兵法之書爲魏公子所著，特以魏公子號多士，又嘗有破秦之功，兵法而曾御於其門，則必經多家之品平，且嘗試之而有效，易爲人所信從耳。此如今人著書之求人鑒定，本亦非謂書即其人所作也。

孟子謂公孫丑曰："子誠齊人也，知管仲、晏子而已矣。"今《管子》書極雜，《晏子》書亦兼儒、墨二家，非管、晏之學如是，蓋亦所謂名之者也。名之者固無妨於雜，《吕覽》、《淮南》是也。以《吕覽》、《淮南》隸雜家，而《管》、《晏》則否，此向、歆論學之未審，而班氏誤仍之耳。不然，世豈有欲欺人而多存矛盾之論，授人以入室之戈，如今《管》、《晏》之書者哉？

原刊《齊魯學報》第二期，一九四一年七月出版

〔二三二〕 古　學　制

古之學，有在於國者，亦有在於鄉者。在國者有大、有小，皆曰學。在鄉者或曰校，或曰庠，或曰序，皆不以學名也。《孟子·滕文公》上曰："設爲庠、序、學、校以教之。庠者，養也；校者，教也；序者，射也。夏曰校，殷曰序，周曰庠；學則三代共之，皆所以明人倫也。"言三代之學，皆無異稱也。《荀子·大略》，以"立大學"與"設庠序"對舉。《漢書》董仲舒《對策》，亦曰："古之王者，立大學以教於國，設庠序以化於邑。"凡漢人言語，猶大抵如此。

國中之學，緣起即在王宫之中。蔡邕之《明堂論》，言之最審。邕之言曰："明堂者，天子太廟，所以崇禮其祖，以配上帝者也。取其宗祀之貌，則曰清廟；取其正室之貌，則曰太廟；取其尊崇，則曰太室；取其向明，則曰明堂；取其

四門之學，則曰太學；取其四面周水圓如璧，則曰辟雍；異名而同事，其實一也。《易傳·太初》篇曰：太子旦入東學，晝入南學，暮入西學。案此據《續漢書·祭祀志》引。《玉海》百十一引作夕入西學，暮入北學。此文疑有奪誤。在中央曰太學，天子之所自學也。《禮記·保傅》篇曰：帝入東學，上親而貴仁；入西學，上賢而貴德；入南學，上齒而貴信；入北學，上貴而尊爵；入太學，承師而問道。與《易傳》同。案《保傅》今見《大戴記》及《賈子》。魏文侯《孝經傳》曰：太學者，中學，明堂之位也。《禮記》古大明堂之禮曰：膳夫於是相禮。日中出南闈，見九侯，及問於相；日側出西闈，視五國之事；日闇出北闈，視帝節猶。案亦奪出東闈。《爾雅》曰：宮中之門謂之闈。王居明堂之禮，又別陰陽門，南門稱門，西門稱闈。故《周官》有門、闈之學。師氏教以三德，守王門；保氏教以六藝；守王闈；然則師氏居東門、南門，保氏居西門、北門也。知掌教國子，與《易傳》、《保傅》、王居明堂之禮，參相發明，爲四學焉。”觀此，便知大小學皆與王宮是一。蓋吾國古者，亦嘗湖居，如歐洲之瑞士然。故稱人所居之處曰州，與洲殊文，實一語也。洲島同音，後來又造島字。以四面環水言之則曰辟，《説文》：“璧，瑞玉圜也。”説者皆謂虒玉之名，以稱周環之水。竊疑辟字本有周環之義，故有還辟之稱，後乃虒以名圜玉也。以中央積高言之則曰雍。《史記·封禪書》：“或曰：自古以雍州積高，神明之隩，故立畤郊上帝，諸神祠皆聚云。”案雍依《説文》爲借字，其本字當作邕。説解曰：“四方有水，自邕成池也。”斯時自衛之力尚微，非日方中及初昃猶明朗時，不敢出湖外，故其開門必向南西。漢時，公玉帶上明堂圖，水環宮垣，上有樓，從西南入，亦見《封禪書》。蓋有所受之，非意爲之也。少壯執戈，子弟職司守衛，其居實在門側，故小學亦設於其地焉。《爾雅》：“門側之堂謂之塾。”《周官》師氏之職，“凡國之貴遊子弟學焉。”《注》曰：“遊，無官司者。”蓋古使年長者任政，年少者充兵。四十而後仕，則未及四十，皆無官司，當執戈任守衛之職也。然子弟之居於此，則初不待其能執干戈之年，蓋自出就外傅時即然矣，故小學亦設於其地。若正室，則古人言數，習於用三，三三而九，故井田以方里之地畫爲九區，而明堂亦作九室。王者蓋自居中央；一切政事，須在室中處理者，古人理事，居室中者較後世爲少。如獄訟，惟男女之陰訟，聽之勝國之社，餘則皆在衆著耳目之地，如棘木之下矣。《豳風》之詩曰：“穹室熏處，塞向墐户，嗟我婦子，曰爲改歲，入此室處。”非風雨寒暑而居室，古人亦較後世爲少也。則環其四周，更作八室；王時省方至此，竊疑《虞書》“闢四門，明四目，達四聰”之語，實當以此釋之，乃謂人君出所居之外而聽政耳。亦即《禮記·保傅》、古大明堂之禮所説，聽政視學，實無別也。此但就四正室言之，若兼及四隅，則爲大乙行九宮之説矣。而太子以隨王練習政務，亦時至焉。此當與羣臣接，羣臣皆其父之臣，不敢慢也；惟至中宮，則視膳問安，所接不過内豎，無待加禮；故曰“天子設四學，當入學而太子齒”也。《禮記祭義》。一切政事，萃於王宮之中，蓋惟極樸陋之世爲然，其後則稍益分出。然遺意猶存，故小學仍在公宫南之左；大學雖在郊，猶作池以環之，稱爲辟雍，諸侯則減其半以示詘於天子，而稱之爲泮宫也。《禮記·王制》曰："天子命之教，然後爲學。小學在公宫南之左，大學在郊。"此雖説諸侯，然古天子諸侯之國，相去實不甚遠，亦未必有異也。下文云"天子曰辟雍，諸侯曰泮宫"，言其異名而不言其異地可證。此辟雍乃人力所成，故諸侯得殺其制，以示詘於天子。半璧曰璜，段氏《説文解字注》，謂黌字緣之而作，其説是也。此與璧先有周環之義而後取以名玉者不同。以辟字自有周環之義，黌字别無他義也。禮貴反本脩古，不忘其初，故初出於自然之事，後亦多以人力放爲之。《靈臺》之詩，兼言靈囿、靈沼，其爲遊觀之地無疑，然再言"於樂辟雍"，則以苑囿與宫殿，後雖分，初亦合，故猶襲其名也。苑囿得襲辟雍之名，而學校無惑矣。斯時東南西北四學，蓋仍備設之，惟中央爲天子之居，出郊後則不復設，故曰"天子設四學"。康成以周設四代之學説之，則誤矣。康成之誤，蓋由據《明堂位》推論而起。《明堂位》曰："米廩，有虞氏之庠也。序，夏后氏之序也。瞽宗，殷學也。頖宫，周學也。"此蓋魯爲東方文教之地，偶有虞、夏、殷三代之遺，而又自立當代之學耳，非有意兼立前代之學也。抑《明堂位》之言，不免誇侈，據以論魯事，且不可信，况又推以論周事乎？《王制》曰："有虞氏養國老於上庠，養庶老於下庠；夏后氏養國老於東序，養庶老於西序；殷人養國老於右學，養庶老於左學；周人養國老於東膠，養庶老於虞庠。"觀上下、東西、左右之名，即可知其皆在一學之内。下文又云"虞庠在國之西郊"，一似與東膠異處者，蓋後來沾識之語，不足信也。

鄉學，詳别之，又有在鄉與在里之異。孟子曰"庠者養也"，乃行鄉飲酒禮之地；又曰"序者射也"，乃行鄉射禮之地；此皆在鄉。又曰"校者教也"，此則真教學之地，在里。《公羊》宣公十五年《解詁》曰："在田曰廬，在邑曰里。一里八十户。八家共一巷，中里爲校室。選其耆老有高德者，名曰父老；其有辯護伉健者爲里正。十月事訖，父老教於校室。八歲者學小學，十五者學大學。"此説校制最審。《漢書·食貨志》，説古井田之制，與《解詁》大同，而所引證之書不同，蓋今古學之異也。《漢志》之言曰："於里有序而鄉有庠，序以明教，庠則行禮而視化焉。""冬，民既入"，"餘子亦在於序室。八歲入小學，學六甲五方書計之事，始知室家長幼之節；十五入大學，學先聖禮樂，而知朝廷君臣之禮。"曰序室與《解詁》言校室不同者，古人言語麤略，於庠序校等名，隨意用之，不求其審。若求其審，則序射、校教，自係一語，《漢志》實不如《解詁》之確也。《禮記·學記》曰："古之教者，家有塾。"鄭《注》曰："古之仕焉而已者，歸教於閭里。朝夕坐於門。門側之堂謂之塾。"此又是一説。案《解詁》又云："吏民春夏出田，秋冬入保城郭。田作之時，春，父老及里正，旦開門坐塾上，晏出後時者不得出，暮不持樵者不得入。"《漢志》略同，見下。此乃田時勸農之事，非農隙教學之事；所坐者亦閭側之塾，不得云家；有門側之塾，有巷首之塾。門側之塾,《學記》所謂"家有塾"者也,此惟士大夫家有之。巷首之塾,《學記疏》曰:"周禮二十五家爲閭,同共一巷。巷首有門,門邊有塾。謂民在家之時,朝夕出入,恒就教於塾。"此説强申鄭《注》非是。其説閭字,必牽合《周官》,亦失之鑿。然謂巷首有門,門邊有塾,説自不誤。此門即名爲閭。《戰國·齊策》:王孫賈之母謂賈曰:"汝朝出而晚來,則吾倚門而望汝,暮出而不還,則吾倚閭而望汝",即此。秦有閭左之戍;《後漢書·齊王縯傳》曰:"使天下鄉亭,皆畫伯升象於塾,旦起射之。"則秦漢時其制猶存也。則此説亦非是。《書·洛誥疏》曰:"伏生《書傳》稱禮:致仕之臣,教於州里,大夫爲父師,士爲少師,朝夕坐於門塾,而教出入之子弟。"此與《學記》鄭《注》符合,然恐爲疏家所亂,非《書傳》元文。故知何君之説最確也。《解詁》又言:校室之教,"其有秀者,移於鄉學;鄉學之秀者,移於庠;庠之秀者,移於國學,學於小學;諸侯歲貢小學之秀者於天子,學於大學;其有秀者,名曰進士;行同而能偶,别之以射,然後爵之。"《漢志》則云:"其有秀異者移鄉,學於庠序;庠序之異者移國,學於少學;諸侯歲貢少學之異者於天子,學於大學,命曰造士;行同能偶,則别之以射,然後爵命焉。"如《解詁》之説,則鄉學與庠,又分二級,疑出傳寫之誤,當依《漢志》,移鄉即學於庠序。此兼言庠序,明鄉有庠亦有序,前云"於里有序而鄉有庠"不審也。《學記》於"古之教者家有塾"之後,繼之以"黨有庠,術有序,國有學",庠序亦是一級。言"黨有庠,術有序",蓋所謂各舉一邊,實則術亦有庠,黨亦有序也。此所言者。實爲古人登進次第。里之秀者移鄉,即《周官》州長、黨正,考民之德行道藝,以贊鄉大夫廢興。庠之秀者移國,則《王制》鄉論秀士昇之司徒。諸侯歲貢小學之秀者,則《王制》司徒論選士之秀者而昇諸學。其有秀者,名曰進士,行同能偶,别之以射,然後爵之,則《王制》大樂正論造士之秀者以告於王,而昇諸司馬,司馬論進士之賢者以告於王;亦即《射義》之諸侯貢士,天子試之於射宫。今文,士自出於鄉至此,皆在學校中迴翔,古文則舉無其事,但云鄉大夫獻賢能之書於王而已。蓋今文爲儒家適傳,重教化,《周官》則六國時陰謀之書,故但言選政也。然其言古人登用,凡分三級,則二説皆同。蓋由事實如此,故立言者不得有異。三級者:自家出於鄉,一也;自鄉入於國,二也;自國達於王,三也。大學王之所居,故昇諸學即達於王也。《王制》言養老之禮曰:"五十養於鄉,六十養於國,七十養於學。"亦依此分三級。

鄉人出於家入於庠序,出於庠序乃入於國;而貴族之入小學者,出於家即入於國,則其家塾之等級,與庠序相當也。《禮記·内則》曰:"子能食食,教以右手。能言,男唯、女俞。男鞶革,女鞶絲。六年,教之數與方名。七年,男女不同席,不共食。八年,出入門户及即席、飲食,必後長者,始教之讓。九年,教之數、日。十年,出就外傅,居宿於外,學書記。衣不帛,襦袴。禮帥初,朝夕學幼儀,請肄簡、諒。十有三年,學樂,誦詩,舞勺。成童,舞象,學射御。二十而冠,始學禮,可以衣裘帛,舞大夏。惇行孝弟,博學不教,内而不出。三十而有室,始理男事。博學無方,孫友視志。"此所言者,蓋貴族受教爲學始末。自九年以前,皆日用淺近、易知易行之事。與《漢志》所云六甲五方書計之事、室家長幼之節相當。貴族平民,當無所異。十年以後之教,蓋受之塾中,必非平民之僅入冬學者所克比擬。《漢志》云"十五入大學,學先聖禮樂,而知朝廷君臣之禮",蓋誤以貴族所受,貤及平民,失於分别也。然平民所受教育之善,實有不讓貴族者。孟子言井田之法曰:"謹庠序之教,申之以孝弟之義,頒白者不負戴於道路矣。"《梁惠王》上。乍觀之,似係以空言垂教。然《漢志》述井田之法曰:"春將出民,里胥平旦坐於右塾,鄰長坐於左塾,畢出然後歸,夕亦如之。入者必持薪樵,輕重相分,班白者不提挈。"《王制》云:"道路,男子由右,婦人由左,車從中央。父之齒隨行,兄之齒雁行,朋友不相踰。輕任并,重任分,班白者不提挈。"《祭義》云:"行,肩而不并,不錯則隨,見老者則車徒辟。斑白者不以其任行乎道路。"所言皆同物。《漢書·地理志》云:"瀕洙、泗之水,其民涉渡,幼者扶老而代其任。俗既薄,長老不自安,與幼少相讓,故曰:魯道衰,洙、泗之間,齗齗如也。"亦可見其曾實行。則孟子所云者,固係實踐之條規。孟子之告畢戰曰:"死徙無出鄉,鄉田同井。出入相友,守望相助,疾病相扶持,則百姓親睦。"《滕文公》上。"輕重相分,班白者不提挈",正"出入相友"之事,然則"守望相助,疾病相扶持",亦必有其當踐之條規,特書闕有間,不可盡知耳。即日用之間而教之以仁讓,夫豈貴族之學禮樂,徒用心於周旋昇降者所能逮?孔子曰:"先進於禮樂,野人也;後進於禮樂,君子也。如用之,則吾從先進。"《論語·先進》。有以也哉!此以踐履言也。至於行禮視化,使民得諸觀感者,則莫如鄉飲、鄉射之切。讀《禮記》之《鄉飲酒義》、《射義》可見。此庠序之教也。然《文王世子》言行一物而三善皆得者,惟世子之齒於學;《樂記》言散軍而郊射,而貫革之射息,亦何異於鄉飲、鄉射?《祭義》曰:"鄉里有齒,而老窮不遺,强不犯弱,衆不暴寡,此由大學來者也。"蓋有其由。此孟子所以言庠、序、學、校,皆所以明人倫也。

然則大學之爲用,亦無以異於庠序乎?此又不然。蓋在後世,宗教與學術恒分,而在古昔則恒合。吾國古代之大學,固宗教之府也。俞理初有《君子小人學道是弦歌義》,言古樂之外無所謂學。文見《癸巳存稿》。略曰:"虞命教胄子,止屬典樂。周成均之教,大司成、小司成、樂胥皆主樂,《周官》大司樂、樂師、大胥、小胥皆主學。子路曰:何必讀書然後爲學?古者背文爲誦,冬讀書,爲春誦夏絃地,亦讀樂書。《周語》:召穆公云:瞍賦,矇誦,瞽、史教誨。《檀弓》云:大功廢業,大功誦。通檢三代以上,書樂之外,無所謂學。《内則》學義,亦止如此;漢人所造《王制》、《學記》,亦止如此。"案《左氏》昭公九年曰"辰在子卯,謂之疾日,君徹燕樂,學人舍業",亦俞説之一證。其説甚創而確,然初未抉其原。《王制》、《文王世子》,説大學之教，皆分爲詩、書、禮、樂四科。禮、樂所以事神，詩者樂之歌辭，書則教中典籍耳。《王制》言"天子將出征，受成於學"；"出征執有罪，反釋奠於學"。明明師武臣力之事，何乃行諸弦歌雅頌之鄉，即可知古之所謂學者，決非後世之所謂學；而其所釋奠者，亦決非後世所謂先聖先師。《學記》曰："君之所不臣於其臣者二：當其爲尸，則弗臣也；當其爲師，則弗臣也。大學之禮，雖詔於天子，無北面，所以尊師也。"《樂記》曰："食三老、五更於大學，天子袒而割牲，執醬而饋，執爵而酳，冕而總干。"亦以其人爲教中尊宿，故尊之如此耳。迷信深重之世，教徒實居率將之地，故其人多能用智；而好深思者，亦能騖心於玄遠。先秦諸子之學，可謂"各引一端，崇其所善"。《漢書·藝文志》語。然惟涉及實際則爾，其騖心玄遠，及於宇宙之高深，心性之微眇者，則諸家皆無異辭。果其閉門造車，豈皆出而合轍？知必所本者同。所本者何自來？捨大學固莫屬也。《墨子·經上》《下》、《經説上》《下》、《大》《小取》六篇，爲古哲學科學所萃。墨子之學，出於史角；史角者，魯惠公請郊廟之禮於周天子，天子使往，《吕覽·當染》。固大學中人也。各引一端之説，雖能各極高深，然厚於此者必薄於彼，勢不能無所偏蔽。非有君人南面之學，無以用之。《學記》曰："師也者，所以學爲君也。"又曰："能爲師，然後能爲長；能爲長，然後能爲君也。"又曰："師無當於五官，五官弗得不治。"又曰："君子曰：大德不官，大道不器。"其爲君人南面之學可知。《莊子·天下》曰："天下之治方術者多矣，皆以其有爲不可加矣。古之所謂道術者，果惡乎在？曰：無乎不在。"又曰："古之人其備乎？配神明，醇天地，育萬物，和天下，澤及百姓，明於本數，係於末度，六通四闢，小大精麤，其運無乎不在。天下大亂，賢聖不明，道德不一，天下多得一，察焉以自好。譬如耳、目、鼻、口，皆有所明，不能相通。猶百家衆技也，皆有所長，時有所用，雖然，不該不徧，一曲之士也。"惟無所不苞者，乃能無所偏蔽。哲學之與科學，夫固各有所長也。此等高義，蓋非盡人所能領受。然古代大學之教澤，仍有所被甚廣者。蓋迷信深重之世，事神之道必虔，故禮樂之具必設，其後迷信稍澹，則易爲陶淑身心之具矣。梁任公嘗遊美洲，每星期，必入其教堂，觀其禮拜，聽其音樂，謂可以寧静六日紛擾之身心也。子夏曰"仕而優則學，學而優則仕"，《論語·子張》。此志也。古去草昧之世近，人皆剛狠好鬭，非禮樂無以馴擾之。《周官》大司徒，"以五禮防萬民之僞而教之中，以六樂防萬民之情而教之和"，雖六國陰謀之書，猶知此義也。欲以禮樂教人者，身漸漬於禮樂，必不可以不深，故設教以此爲尤亟。《論語·憲問》："子路問成人。子曰：若臧武仲之知，公綽之不欲，卞莊子之勇，冉求之藝，文之以禮樂，亦可以爲成人矣。"四子實高世之材，過人之行，必文之以禮樂而後可以爲成人，可見禮樂之重。《學而》："子曰：弟子：入則孝，出則弟，謹而信，汎愛衆，而親仁。行有餘力，則以學文。""則以學文"之文，即"文之以禮樂"之文。自弟子至於成人，壹是皆以禮樂爲重，亦古學校設教之遺意也。

門人與弟子，是一是二，昔人議論紛如。予謂門人者，居於門側之塾者也。蓋年較小，如互鄉、闕黨之童子是也。弟子則年較長，可以昇堂，尤親者則入室。漢人教授尚如是，觀《講學者不親授》一條可明。

原刊《華東師範大學學報》一九五七年第三期，
一九五七年七月十五日出版

〔二三三〕　古哲學之傳[①]

《管子・宙合》曰："天地苴萬物，故曰萬物之橐。宙合之意，上通於天之上，下泉於地之下，外出於四海之外，合絡天地，以爲一裹。散之至於無間，不可名而山，是大之無外，小之無内，故曰有橐天地，其義不傳。"案此篇爲經傳合居一簡者。篇首諸語爲經，其下乃逐節釋之。此釋天地萬物之橐、宙合有橐天地二語。謂其義不傳也，此"傳"字，即《公羊》"主人習其讀而問其傳"之"傳"，謂師徒相傳授，其義不傳，猶《公羊》言無聞焉爾。《墨子・辭過》："聖人有傳天地也，則曰，上下四時也；則曰陰陽人情也；則曰男女禽獸也；則曰牝牡雄雌也；真天下之情，雖有先王，不能更也。"此則其義之有傳者也。可見古代學術，自有其傳授。

〔二三四〕　宦

《漢書・藝文志》言：九流之學，皆出王官之一守。此非漢世去古近，劉向、歆父子又博極羣書不能道。近世胡適之力駁之，乃於古事全無所知之瞽説也，而亦有人附和之，異矣。

古書言歷代學制，頗爲詳備，必不能皆屬子虛，然從未聞有一人焉，學於學校，而出其所學以致用者，何也？此語習焉不察，則不以爲異，一經揭出，未有不瞿然而驚者也。然無足異也。何也？古代之實學，固得之於宦，而非得之於學也。

---

① 曾改題爲《古代學術傳授》。

理事不違，人之求之，則不能無所先後。《學記》曰："凡學，官先事，士先志。"先志者先求明其理，先事則先求習於事者也。《曲禮》曰："宦學事師，非禮不親。"以宦與學對舉。《疏》引熊氏曰："宦謂學仕官之事。"即官先事之謂也。九流皆從事於宦者也。章太炎曰："官人守要，而九流究宣其義，及其發舒，王官所弗能與。"其説最近於實。冰寒於水，非水固無以成冰也。

《論語·先進》："子路使子羔爲費宰。子曰：賊夫人之子。子路曰：有民人焉，有社稷焉，何必讀書，然後爲學？"此重宦輕學之見。"子曰：是故惡夫佞者"，則謂學自有其用，而疾夫當世之佞者，徒能隨事應付，而絶無遠大之規，猶賈生言移風易俗，非俗吏之所能爲，俗吏之所務，在於刀筆筐篋也。《陽貨》："子之武城，聞絃歌之聲。夫子莞爾而笑，曰：割雞焉用牛刀？子游對曰：昔者偃也聞諸夫子曰：君子學道則愛人，小人學道則易使也。子曰：二三子！偃之言是也。前言戲之耳。"此儻夫子所謂爲政不可不學之道邪？此固非凡俗所知。《左氏》襄公三十年，子皮欲使尹何爲邑。子産曰：少，未知可否。子皮曰：使夫往而學焉，夫亦愈知治矣。亦子路之見也。昭公十八年言原伯魯不説學，當亦如此。其所謂學，固與宦對舉之學，非該宦言之之學也。

子夏曰："仕而優則學，學而優則仕。"《論語·子張》。所謂仕，即宦也。理事不違，學之雖可分先後，固不容畸有重輕。然當時之所謂宦者，未必皆能學仕官之事也。宦之義爲養。《檀弓》曰："陳子車死於衛。其妻與其家大夫謀以殉葬。定而後陳子亢至。以告曰：夫子疾，莫養於下，請以殉葬。子亢曰：以殉葬，非禮也。雖然，則彼疾。當養者孰若妻與宰？得已，則吾欲已；不得已，則吾欲以二子者之爲之也。於是弗果用。"此所謂養，即宦也。《史記·吕不韋列傳》：諸客求宦爲嫪毐舍人者千餘人。正以司奉養之事，故必居於其舍耳。《漢書·惠帝紀》：帝之立，賜中郎、郎中滿六歲爵三級，四歲二級，宦官尚食比郎中，爵五大夫、吏六百石以上及宦皇帝而知名者有罪當盜械者，皆頌繫。此宦官及宦皇帝者，即太子家之舍人也。應劭以閹寺釋宦官非。《後漢書·宦官傳》曰："中興之初，宦者悉用閹人。"則先漢固多士人矣。後世宦於士大夫家者曰門生，即古之舍人也。宦而徒以奉養人爲事，而不能習於官事，此其所以寖爲人所輕歟？

《漢書·馬宫傳》云："本姓馬矢，宫仕、學，稱馬氏。"《樓護傳》云："長者咸愛重之。共謂曰：以君卿之才，何不宦、學乎？"以仕、宦與學對舉，猶是古義。

原刊《華東師範大學學報》一九五七年第三期，

一九五七年七月十五日出版

〔二三五〕富　　教

先富後教之義，孟子闡之最明。《梁惠王》上篇曰："明君制民之産，必使仰足以事父母，俯足以畜妻子；樂歲終身飽，凶年免於死亡；然後驅而之善，故民之從之也輕。今也制民之産，仰不足以事父母，俯不足以畜妻子；樂歲終身苦，凶年不免於死亡；此惟救死而恐不贍，奚暇治禮義哉？"言民不富則不可教也。《滕文公》上篇曰："后稷教民稼穡，樹藝五穀；五穀熟而民人育。人之有道也，飽食暖衣，逸居而無教，則近於禽獸。聖人有憂之，使契爲司徒，教以人倫。"言教必繼富之後也。《王制》曰："食節事時，民咸安其居，樂事勸功，尊君親上，然后興學。"亦同斯旨。《論語·先進》：冉有曰："方六七十，如五六十，求也爲之，比及三年，可使足民。如其禮樂，以俟君子。"言富之之時，尚未暇施教也。《尚書大傳》曰："耰鉏已藏，祈樂已入，《注》："祈樂，當爲新穀。"歲事已畢，餘子皆入學。距冬至四十五日，始出學，傅農事。"是雖設學，亦如今之冬學也。《周書·糴匡》篇曰：成年，"餘子務藝"，年儉，"餘子務穡"。《墨子·七患》篇曰："凶饑存乎國，士不入學。"是雖設學，遇饑年即罷，而致力於救荒也。

〔二三六〕六　　藝

六藝傳自儒家，而《七略》別之九流之外，吾昔篤信南海康氏之説，以爲此乃劉歆爲之；歆欲尊周公以奪孔子之席，乃爲此，以見儒家所得，亦不過先王之道之一端，則其所崇奉之《周官經》，其可信據，自在孔門所傳六藝之上矣。由今思之，殊不其然。《七略》之別六藝於九流，蓋亦有所本。所本惟何？曰：《詩》、《書》、《禮》、《樂》，本大學設教之舊科，邃古大學與明堂同物，《易》與《春秋》，雖非大學之所以教，其原亦出於明堂；儒家出於司徒，司徒者主教之官，大學亦屬焉，故其設教，仍沿其爲官守時之舊也。

古有國學，有鄉學。國學初與明堂同物，別見《學制》條。《王制》曰："樂正崇四術，立四教，順先王《詩》、《書》、《禮》、《樂》以造士，春秋教以《禮樂》，冬夏教以《詩書》。"《詩》、《書》、《禮》、《樂》，追原其朔，蓋與神教關係甚深。《禮》者，祀神之儀；《樂》所以娱神；《詩》即其歌辭；《書》則教中典册也。古所以尊師重道，執醬而饋，執爵而酳，袒而割牲，北面請益而弗臣，蓋亦以其爲教中尊宿之故。其後人事日重，信神之念日澹，所謂《詩》、《書》、《禮》、《樂》，已不盡與神權有關，然四科之設，相沿如故，此則樂正之所以造士也。惟儒家亦然。《論語》："子所雅言，《詩》、《書》、執《禮》。"《述而》。言《禮》以該《樂》。又曰"興於《詩》，立於《禮》，成於《樂》"，《泰伯》。專就品性言，不主知識，故不及《書》。子謂伯魚曰："學《詩》乎？""學《禮》乎？"季氏。則不舉《書》而又以《禮》該《樂》。雖皆偏舉之辭，要可互相鉤考，而知其設科一循大學之舊也。

《易》與《春秋》，大學蓋不以是設教，然其爲明堂中物，則亦信而有徵。《禮記·禮運》所言，蓋多王居明堂之禮，而曰："王前巫而後史，卜筮瞽侑，皆在左右。"《春秋》者史職，《易》者，巫術之一也。孔子取是二書，蓋所以明天道與人事，非凡及門者所得聞。子貢曰："夫子之文章，可得而聞也，夫子之言性與天道，不可得而聞也。"《論語·公冶長》。文章者，《詩》、《書》、《禮》、《樂》之事；性與天道，則《易》道也。孔子之作《春秋》也，"筆則筆，削則削，子夏之徒不能贊一辭。"《史記·孔子世家》。子夏之徒且不能贊，況其下焉者乎？《孔子世家》曰："孔子以《詩》、《書》、《禮》、《樂》教，弟子蓋三千焉，身通六藝者七十有二人。"此七十有二人者，蓋於《詩》、《書》、《禮》、《樂》之外，又兼通《易》與《春秋》者也。《孔子世家》曰："孔子晚而喜《易》，讀《易》，韋編三絶，曰：假我數年，若是，我於《易》則彬彬矣。"與《論語·述而》"加我數年，五十以學《易》，可以無大過矣"合。疑五十而知天命，正在此時。孔子好《易》，尚在晚年。弟子之不能人人皆通，更無論矣。

六藝之名，昉見《禮記·經解》。《經解》曰："孔子曰：入其國，其教可知也。其爲人也，温柔敦厚，《詩》教也；疏通知遠，《書》教也；廣博易良，《樂》教也；絜静精微，《易》教也；恭儉莊敬，《禮》教也；屬辭比事，《春秋》教也。故《詩》之失愚，《書》之失誣，《樂》之失奢，《易》之失賊，《禮》之失煩，《春秋》之失亂。"《淮南子·泰族》："《易》之失也卦，《書》之失也敷，《樂》之失也淫，《詩》之失也辟，《禮》之失也責，《春秋》之失也刺。"曰其教，則其原出於學可知也。《繁露·玉杯》曰："君子知在位者之不能以惡服人也，是故簡六藝以贍養之。《詩》、《書》序其志，《禮》、《樂》純其美，《易》、《春秋》明其知。"云以贍養在位者，則其出於大學，又可知也。《繁露》又曰："六學皆大，而各有所長。《詩》道志，故長於質；《禮》制節，故長於文；《樂》詠德，故長於風；《書》著功，故長於事；《易》本天地，故長於數；《春秋》正是非，故長於治人。"《史記·滑稽列傳》及《自序》，辭意略同。《滑稽列傳》曰："孔子曰：六藝於治一也。《禮》以節人，《樂》以發和，《書》以道事，《詩》以達意，《易》以神化，《春秋》以道義。"《自序》曰："《易》著天地陰陽四時五行，故長於變；《禮》經紀人倫，故長於行；《書》記先王之事，故長於政；《詩》記山川谿谷禽獸草木牝牡雌雄，故長於風；《樂》樂所以立，故長於和；《春秋》辨是非，故長於治人。是故《禮》以節人，《樂》以發和，《書》以道事，《詩》以達意，《易》以道化，《春秋》以道義。撥亂世，反之正，莫近於《春秋》。"此孔門六藝之大義也。賈生《六術》及《道德説》，推原六德，本諸道、德、性、神、明、命，尤可見大學以此設教之原。古代神教，固亦自有其哲學也。

《易》本隱以之顯，《春秋》推見至隱，二者相爲表裏，故古人時亦偏舉。《荀子・勸學》曰："學惡乎始？惡乎終？曰：其數則始乎誦經，終乎讀《禮》。其義則始乎爲士，終乎爲聖人。真積力久則入，學至乎没而後止也。故《書》者，政事之紀也；《詩》者，中聲之所止也；《禮》者，法之大分，羣類之綱紀也。故學至乎《禮》而止矣，夫是之謂道德之極。《禮》之敬文也，《樂》之中和也，《詩》《書》之博也，《春秋》之微也，在天地之間者畢矣。"古人誦讀，皆主《詩》《樂》。詳見《癸巳存稿・君子小人學道是弦歌義》。始乎誦經，終乎讀《禮》，乃以經該《詩》、《樂》，與《禮》并言，猶言興於《詩》，立於《禮》也。下文先以《詩》、《書》并言，亦以《詩》該《樂》。終又舉《春秋》而云在天地之間者畢，可見《春秋》爲最高之道。不言《易》者，舉《春秋》而《易》該焉，猶《史記・自序》，六經并舉，側重《春秋》，非有所偏廢也。《孟子》一書，極尊崇《春秋》，而不及《易》，義亦如此。《荀子・儒效》"《詩》言是其志也，《書》言是其事也，《禮》言是其行也，《樂》言是其和也，《春秋》言是其微也"，與《賈子書・道德説》"《書》者此之著者也，《詩》者此之志者也，《易》者此之占者也，《春秋》者此之紀者也，《禮》者此之體者也，《樂》者此之樂者也"，辭意略同，而獨漏《易》，可見其係舉一以見二，非有所偏廢也。《漢書・藝文志》："六藝之文：《樂》以和神，仁之表也；《詩》以正言，義之用也；《禮》以明體，明者著見，故無訓也；《書》以廣聽，知之術也；《春秋》以斷事，信之符也。五者，蓋五常之道，相須而備，而《易》爲之原。故曰《易》不可見，則乾坤或幾乎息矣，言與天地爲終始也。至於五學，世有變改，猶五行之更用事焉。"以五經分配五行，雖不免附會，然其獨重《易》，亦可與偏舉《春秋》者參觀也。

《莊子・徐無鬼》："女商曰：吾所以説吾君者，横説之則以《詩》、《書》、《禮》、《樂》，從説之則以《金版六弢》。"《金版六弢》，未知何書，要必漢代金匱石室之倫，自古相傳之祕籍也。《太史公自序》："余聞之先人曰：伏羲至純厚，作《易》八卦；堯舜之盛，《尚書》載之，禮樂作焉；湯武之隆，詩人歌之；《春秋》采善貶惡，推三代之德，褒周室，非獨刺譏而已也。"上本之伏羲、堯、舜、三代，可見六藝皆古籍，而孔子取之。近代好爲怪論者，竟謂六經皆孔子所自作，其武斷不根，不待深辯矣。《論衡・須頌》："問説《書》者，欽明文思以下，誰所言也？曰：篇家也。篇家誰也？孔子也。"此亦與《史記》謂孔子序《書傳》之意同，非謂本無其物，而孔子創爲之也。不可以辭害意。

《莊子・天下》曰："以仁爲恩，以義爲理，以禮爲行，以樂爲和，薰然慈仁，謂之君子。"又曰："古之人其備乎？配神明，醇天地，育萬物，和天下，澤及百姓。明於本數，係於末度，六通四辟，小大精麤，其運無乎不在。其明而在度數者，舊法世傳之史，尚多有之；其在於《詩》、《書》、《禮》、《樂》者，鄒魯之士、搢紳先生，多能明之。《詩》以道志，《書》以道事，《禮》以道行，《樂》以道和，《易》以道陰陽，《春秋》以道名分。其數散於天下而設於中國者，百家之學，時或稱而道之。”以仁爲恩指《詩》，以義爲理指《書》，所謂薰然慈仁之君子，即學於大學之士也。此以言乎盛世。至於官失其守，則其學爲儒家所傳，所謂鄒魯之士、搢紳先生者也。上下相銜，“詩以道志”二十七字，決爲後人記識之語溷入本文者。《管子·戒》篇。“博學而不自反，必有邪。孝弟者，仁之祖也。忠信者，交之慶也。内不考孝弟，外不正忠信。澤其四經，而誦學者，是亡其身者也。”尹《注》：“四經，謂《詩》、《書》、《禮》、《樂》。”其説是也。古所誦惟《詩》、《樂》，謂之經，後引伸之，則凡可誦習者皆稱經。《學記》：“一年視離經辨志。”經蓋指《詩》、《樂》，志蓋指《書》，分言之也，《管子》稱四經，合言之也。可見《詩》、《書》、《禮》、《樂》，爲大學之舊科矣。舊法世傳之史，蓋失其義，徒能陳其數者。百家之學，皆王官之一守，所謂散於天下，設於中國，時或稱而道之者也。亦足爲《詩》、《書》、《禮》、《樂》出於大學之一旁證也。《商君書·農戰》：“《詩》、《書》、《禮》、《樂》、善、脩、仁、廉、辯、慧，國有十者，上無使守戰。”亦以《詩》、《書》、《禮》、《樂》并舉。

《詩》、《書》、《禮》、《樂》、《易》、《春秋》，自人之學習言之，謂之六藝；自其書言之，謂之六經。《經解》及《莊子·天運》所言是也。《天運》曰：“孔子謂老聃曰：丘治《詩》、《書》、《禮》、《樂》、《易》、《春秋》六經。老子曰：夫六經，先王之陳跡也，豈其所以跡哉？”亦可見六經確爲先王之故物，而孔子述之也。《莊子·天道》：“孔子西藏書於周室，繙十二經以説。”十二經不可考，《釋文》引説者云：“六經加六緯。”“一説《易》上下經并十翼。”又一云“《春秋》十二公經。”皆未有以見其必然也。

六藝有二：一《周官》之禮、樂、射、御、書、數，一孔門之《詩》、《書》、《禮》、《樂》、《易》、《春秋》也。信今文者，詆《周官》爲僞書，信古文者，又以今文家所稱爲後起之義；予謂皆非也。《周官》雖六國陰謀之書，所述制度，亦必有所本，不能凴空造作也。《吕覽·博志》：“養由基、尹儒，皆文藝之人也。”文藝，一作六藝。文藝二字，古書罕見，作六藝者蓋是。由基善射，尹儒學御，稱爲六藝之人，此即《周官》之制不誣之證。予謂《詩》、《書》、《禮》、《樂》、《易》、《春秋》，大學之六藝也；禮、樂、射、御、書、數，小學及鄉校之六藝也。何以言之？曰：《周官》大司徒“以鄉三物教萬民而賓興之。三曰六藝，禮、樂、射、御、書、數”，此鄉校之教也。“保氏養國子以道，乃教之六藝：一曰五禮，二曰六樂，三曰五射，四曰五馭，五曰六書，六曰九數”，此小學之教也。《論語》：“子曰：吾何執？執御乎？執射乎？吾執御矣。”《子罕》。謙，不以成德自居，而自齒於鄉人也。六藝雖有二義，然孔門弟子，身通六藝，自係指大學之六藝而言。不然，當時鄉人所能，孔門能通之者，必不止七十二人也。

《管子·山權數》：管子曰：有五官技。"桓公曰：何謂五官技？管子曰：《詩》者，所以記物也；時者，所以記歲也；《春秋》者，所以記成敗也；行者，道民之利害也；《易》者，所以守凶吉成敗也；卜者，卜凶吉利害也。民之能此者，皆一馬之田，一金之衣，此使君不迷妄之數也。六家者，即見其時，使豫，先蚤閒之日受之。故君無失時，無失策；萬物興豐無失利；遠占得失，以爲末教。《詩》記人無失辭，行殫道無失義，《易》守禍福凶吉不相亂，此謂君棅。"上云五官，下云六家，蓋卜、易同官也。此與《詩》、《書》、《禮》、《樂》、《易》、《春秋》，大同小異。蓋東周以後，官失其守，民間顧有能通其技者，管子欲利田宅美衣食以蓄之也。此亦王官之學，散在民間之一證。

《新學僞經考》曰：史遷述六藝之序，曰《詩》、《書》、《禮》、《樂》、《易》、《春秋》，西漢以前之説皆然，蓋孔子手定之序。劉歆以《易》爲首，《書》次之，《詩》又次之，後人無識，咸以爲法。此其顛倒六經之序也。以此爲劉歆大罪之一。《史記經説足證僞經考》、《漢書藝文志辨僞下》。案《漢志》之次，蓋以經之先後。《易》本伏羲，故居首；《書》始唐堯，故次之；以爲顛倒六經之序，殊近深文。謂《詩》、《書》、《禮》、《樂》、《易》、《春秋》之序，爲孔子手定，亦無明據。予謂《詩》、《書》、《禮》、《樂》，乃大學設教之舊科，人人當學，故居前；《易》、《春秋》義較深，聞之者罕，故居後。次序雖無甚關係，然推原其朔，自以從西漢前舊次爲得也。

原刊《光華大學半月刊》第一卷第三期，一九三二年十一月十四日出版

〔二三七〕原　易

宋人以圖書言《易》，清之治漢學者力排之，其實此乃漢人舊説也。《漢書·五行志》載劉歆之言曰："虙犧氏繼天而王，受《河圖》，則而畫之，八卦是也。禹治洪水，得《雒書》，法而陳之，《洪範》是也。"八卦五行，原出圖書，説始於此。張衡《東京賦》："龍圖授羲，龜書畀姒。"《三國·魏志注》載辛毗等勸進表："河洛之書，著於《洪範》。"皆出劉歆之後。《論衡·正説》曰："説《易》者皆謂伏羲作八卦，文王演爲六十四。夫聖王起，河出圖，洛出書；伏羲王，《河圖》從河水中出，《易》卦是也；禹之時，得《洛書》，書從洛水中出，《洪範》九章是也。故伏羲以卦治天下；禹按《洪範》，以治洪水。古者烈山氏之王得河圖，夏后因之曰《連山》。烈山氏之

王得河圖，殷人因之曰《歸藏》。伏羲氏之王得河圖，周人曰《周易》。疑奪"因之"二字。其經卦皆六十四。文王、周公因《彖》十八章究六爻。世之傳説《易》者，言伏羲作八卦，不實其本，則謂伏羲真作八卦也。伏羲得八卦，非作之；文王得成六十四，非演之也。演作之言，生於俗傳。苟信一文，使夫真是幾滅不存。既不知《易》之爲河圖，又不知存於俗何家《易》也。"伏羲畫卦，文王重卦，西漢以前無異説。見下。仲任此言，蓋因《周官》大卜三易，"其經卦皆八，其别皆六十有四"之文，以駁今學家之説也。"河出圖，洛出書，聖人則之"，見《易大傳》。"子曰：鳳鳥不至，河不出圖，吾已矣夫！"見《論語》，《子罕》。"山出器車，河出馬圖"，見《禮記·禮運》。皆僅以爲瑞應，未嘗謂與八卦有關。劉歆鑿言畫卦係則《河圖》，陳範係法五行，業已穿鑿無據，然猶僅云則之法之而已。《論衡·自然》曰："或曰：太平之應，河出圖，洛出書，不畫不就，不爲不成。天地出之，有爲之驗也。張良遊泗水之上，遇黄石公授太公書，蓋天佐漢誅秦，故命令神石，爲鬼書授人，復爲有爲之效也。曰：此皆自然也。夫天安得以筆墨而爲圖書乎？天道自然，故圖書自成。晉唐叔虞、魯成季友生，文在其手，故叔曰虞，季曰友。宋仲子生，有文在其手，曰爲魯夫人。三者在母之時，文字成矣，而謂天爲文字，在母之時，天使神持錐筆墨刻其身乎？自然之化，固疑難知。外若有爲，内實自然。是以太史公紀黄石事，疑而不能實也。"則竟謂八卦五行，具於圖書，而伏羲等特從而謄録之矣。自謂得理之衷，而不知其荒怪更甚也。

《易大傳》曰："古者包犧氏之王天下也，仰則觀象於天，俯則觀法於地；觀鳥獸之文，與地之宜；近取諸身，遠取諸物；於是始作八卦，以通神明之德，以類萬物之情。"《含文嘉》曰："伏犧德合上下，天應以鳥獸文章，地應以《河圖》、《洛書》。伏犧則而象之，乃作八卦。"《周易正義·八論》引。説本於此。則而象之，即"觀象於天，觀法於地"之意，亦即"河出圖，洛出書，聖人則之"之意，乃取其義，非襲其文也。《易》之卦畫，蓋由來甚舊，其原當出於邃古之世。一以象男陰，一以象女陰。其後推而廣之，則凡物有陽剛之性者，皆表之以一；有陰柔之性者，皆表之以一。此已略有抽象及分類之意。然畫形衹有兩種，無以盡物性之紛紜，乃又推而廣之，以一與一相妃，重之而至於三，古以三爲多數。則☰可以表純陽，☷可以表純陰；☵可以表内剛外柔，☲可以表内柔外剛；☱、☴、☶、☳等，亦各有所象；向之於物，衹可分爲兩類者，今乃可分爲八類，則於物情益悉矣。《説卦·乾》爲天爲父，《坤》爲地爲母云云，蓋即此時之遺説，所謂"以類萬物之情"也。曰"以通神明之德"者？"物得以生謂之德"。《莊子·天下》。

人受氣於天，受形於地，所謂德也。萬物皆一氣所成，積陽爲天，積陰爲地，元與爲人之沖氣非異物，《禮運》曰："體魄則降，知氣在上。"《祭義》曰："骨肉斃於下陰爲野土，其氣發揚於上爲昭明。"昭明之氣即知氣，天之屬也。骨肉則體魄，地之屬也。合此二氣以成萬物，則所謂"萬物負陰而抱陽，沖氣以爲和"也。故萬物之情得，而神明之德，亦可通矣。此等説，自今日觀之，誠亦了無足異，然在當日，必博觀萬彙，遺其形而求其理，而後能得之，故《易大傳》盛稱之也。古代有所創造，率以歸諸其時之帝王。八卦誠不必伏犧所畫，要必出於伏犧之世，如《周易》之出於周室者然。此於古代哲學，大有關係。以爲仰觀俯觀近取遠取所得，於理甚通；以爲録自《河圖》，則了無意義矣。古學家之好怪如此，後人顧或以純正稱之，不亦翩反矣乎？《隋書·經籍志》論圖讖曰："起王莽好符命，光武以圖讖興，遂盛行於世。漢時，又詔東平王蒼正五經章句，皆命從讖。俗儒趨時，益爲其學，篇卷第目，轉加增廣。言五經者，皆憑讖爲説。唯孔安國、毛公、王璜、賈逵之徒獨非之，相承以爲祆妄，亂中庸之典。故因漢魯恭王、河間獻王所得古文，參而考之，以成其義，謂之古學。當世之儒，又非毁之，竟不得行。魏代，王肅推引古學，以難其義。王弼、杜預從而明之，自是古學稍立。至宋大明中，始禁圖讖"云云，一似讖專與今學爲緣者，殊不知讖所由起之王莽，即附會古學之始祖也。專好引讖之鄭玄，名爲兼用今古，實則偏重古學者也。今學似語怪，古學似不然者，如《詩傳》稱聖人皆無父，感天而生；而《毛傳》釋《生民》詩獨言從祀高禖，不取履大人跡之説是。此好古學者所藉口也。殊不知此等乃古説而《詩》家傳之，與讖書之造作妖言者大異。古學家不知此説，正見其學無傳授耳。

西漢人説《易》者：《史記·周本紀》曰："西伯蓋即位五十年。其囚羑里，蓋益《易》之八卦爲六十四卦。"《自序》："昔西伯拘羑里，演《周易》。"《報任安書》："文王拘而演《周易》。"《孔子世家》曰："孔子晚而喜《易》，序《彖》、《繫》、《象》、《説卦》，《文言》。"《日者列傳》曰："伏羲作八卦，周文王演三百八十四爻。"《漢書·藝文志》曰："《易》曰：宓犧氏仰觀象於天，俯觀法於地，觀鳥獸之文，與地之宜，近取諸身，遠取諸物，於是始作八卦，以通神明之德，以類萬物之情。至於殷、周之際，紂在上位，逆天暴物，文王以諸侯順命而行道，天人之占，可得而效，於是重《易》六爻，作上下篇。案此亦今文《易》説也。《易大傳》曰："於稽其類，其衰世之意邪？"又曰："《易》之興也，其於中古乎？作《易》者，其有憂患乎？"又曰："《易》之興也，其當殷之末世，周之盛德邪？當文王與紂之事邪？"皆與此説合。故知西漢人謂伏羲畫卦，文王重卦，皆係相傳舊説也。孔氏爲之《彖》、《象》、《繫辭》、《文言》、《序卦》之屬十篇。此語譌誤。見下。故曰：《易》道深矣，人更三聖，世歷三古。"《揚雄傳》載雄《解難》之辭曰："宓犧氏之作《易》也，緜絡天地，經以八卦。文王附六爻。孔子錯其象而彖其辭。"《論衡·謝短》曰："先問《易》家：《易》本何所起？造作之者爲誰？彼將應曰：伏羲作八卦，文王演爲六十四，孔子作《彖》、《象》、《繫辭》，三聖重業，《易》乃具足。”皆與《正説》所引説《易》者之言，如出一口。又《正義・八論》引《乾鑿度》曰：“垂皇策者犧，卦道演德者文，成命者孔。”《通卦驗》曰：“蒼牙通靈昌之成，孔演命，明道經。”説亦并同。其時古文説未出也，然則伏羲畫卦，文王重卦，孔子繫辭，殆西漢以前之公言也。此説揆以理，證以事，有不可通者。《易》爲筮書，其緣起當甚古，不應至文王時始行重卦。《乾鑿度》曰“垂皇策者犧”，則伏犧固以《易》筮矣，豈專筮八卦邪？古學家以三《易》分屬三代，或歸諸神農、黄帝，固無確據，然《禮運》載孔子之言曰：“我欲觀殷道，是故之宋，而不足徵也，吾得《坤乾》焉。”《坤乾》謂指八卦，自不如謂指六十四卦之首《坤》者爲得。《公羊疏》一引《春秋説》曰：“孔子欲作《春秋》，卜得《陽豫》之卦。宋氏曰：夏、殷之卦名也。”緯多用今文説，亦今文家謂文王之前已有重卦之一證。卜筮二字，對文則别，散文則通。龜書不稱卦，此非指龜卜也。則文王重卦之説，有可疑也。《彖》、《象》、《説卦》，皆不類春秋時物，今即措勿論，《卦》、《爻辭》亦斷難指爲孔子作。一則文義相去太遠，一則前此筮者，不應竟無繇辭也。則孔子繫辭之説，亦有可疑者也。

案《淮南・要略》云：“八卦可以識吉凶，知禍福矣，然而伏羲爲之六十四變，周室增以六爻。”文王重卦，先漢諸儒，既無異辭，《淮南》亦出漢初，不應獨立異説。今案《孔子世家》云：“序《書傳》。”又曰：“序《彖》、《繫》、《象》、《説卦》、《文言》。”序者，次序之謂，原不謂其辭爲孔子所自作。然則《彖》、《繫》、《象》、《説卦》、《文言》，蓋皆《周易》之舊，孔子特序而存之爾。《周本紀》益八卦爲六十四卦，與《日者列傳》演三百八十四爻之語，蓋辭異而意同，乃主爻辭言，非謂前此衹有八卦，至此乃有六十四卦，三百八十四爻也。《易》之爻辭，誠未必文王作，然古人於一代文物，既皆以歸諸其時之帝王，則以《周易》之爻辭爲文王作，亦猶之道家言之稱黄帝，兵家言之稱太公耳，其無足怪。文王重卦之疑既釋，孔子繫辭之難，亦可隨之而解。何者？謂《彖》、《繫》、《象》、《説卦》、《文言》，皆孔子所作，則不可通；謂爲固有之物，而孔子從而序之，則本無可疑也。故今學家相傳之説，實極平正也。

《易正義・八論》云：“《彖》、《象》等十翼之辭，以爲孔子所作，先儒更無異論。但數十翼亦有多家。既文王《易經》本分爲上下二篇，則區域各别，《彖》、《象》、《釋卦》，亦當隨經而分，故一家數十翼，云：《上彖》一、《下彖》二、《上象》三、《下象》四、《上繫》五、《下繫》六、《文言》七、《説卦》八、《序卦》九、《雜卦》十。鄭學之徒，并同此説。故今亦依之。”案數十翼，云有多家，可見鄭學之徒，所説未爲定論，惜乎疏家之未徧舉也。今之《繫辭》，據《釋文》，王肅本實有傳字。案《太史公自序》，引一致百慮，同歸殊塗之語，稱《易大傳》；又今《繫辭》中屢稱繫辭及辭，皆指卦爻等辭言；則王肅本是也。傳爲孔門弟子所作，皆記孔子之言，不得爲孔子所序。先漢舊説，既以《彖》、《繫》、《象》、《説卦》、《文言》，并歸孔子，則此即所謂十翼。《繫》苞卦爻辭言，與《彖》、《象》俱分上下，合《説卦》、《文言》，其數正十也。《漢志》云："孔子爲之《彖》、《象》、《繫辭》、《文言》，《序卦》之屬十篇。"序疑説字之譌。《儒林傳》云：費直《易》"無章句，徒以《彖》、《象》、《繫辭》十篇《文言》解説上下經"。十篇二字，疑當在文言下，而奪説卦二字也。《序卦》、《雜卦》亦傳之屬，不當云孔子作。《雜卦》取備列卦名，以便記誦；《序卦》以見卦之次第。《漢志》：施、孟、梁丘三家經十二篇。竊疑如予十翼之説而加此兩篇也。二篇亦傳，而總稱經十二篇者，古經傳本不嚴别，但論其爲誰作，則傳不當附之孔子耳。

《論衡・謝短》、《正説》皆云宣帝時，河内女子得《易》，而《易》益一篇，説不足信，見《大誓後得》條。《隋志》以《説卦》當之，益繆矣。《漢志》明言秦燔書，《易》爲卜筮之事，傳者不絶，豈有失其一篇之理？即如古文家言，亦不過云或脱去無咎悔亡而已。《法言・問神》："或曰：《易》損其一也，雖惷知闕焉，至《書》之不備過半矣，而習者不知，惜乎《書序》之不如《易》也。曰：彼數也，可數焉故也。如《書序》，雖孔子，亦末如之何矣。"此乃設辭，言《書序》之不如《易》，非謂《易》真有闕也。

三《易》之説：《易・八論》曰："杜子春云：《連山》伏犧，《歸藏》黄帝。鄭玄《易贊》及《易論》云：夏曰《連山》，殷曰《歸藏》，周曰《周易》。"而其注《周官》，但引杜子春之説。答趙商云："非無明文，改之無據，故著子春説而已；近師皆以爲夏、殷、周。"見《周官疏》。竊疑《論衡・正説》之文，第二烈山氏，當作黄帝氏號，即康成所謂近師之説。推其本，以《連山》屬神農，《歸藏》屬黄帝；語其末，則以《連山》屬夏，《歸藏》屬殷也。《周易》本於伏犧，明見《易大傳》，子春以《連山》屬伏犧，似非是；此説以神農號烈山氏，而以連山歸之，似較近理。康成釋《連山》曰："似山出納氣變也。"釋《歸藏》曰："萬物莫不歸而藏於其中。"《大卜注》。《八論》曰："鄭釋云：連山者，象山之出雲，連連不絶。"《三國・魏志・高貴鄉公紀》："博士淳于俊曰：似山出内氣，連天地也。"俊亦爲鄭學者也。皆以義言之。案《易緯》云："因代以題周。"見《八論》。則以《連山》屬神農，似較鄭義爲得。然黄帝無《歸藏》之稱，後人稱黄帝爲歸藏氏，正以漢人以《歸藏易》屬諸黄帝耳。則鄭説亦未嘗不可用也。要皆無明據耳。

鄭氏謂《連山》首《艮》，未知何據。其謂殷《易》首《坤》，蓋據《禮運》"吾得《坤乾》"言之。《禮運注》云："其書存者有《歸藏》。"則鄭時確有其書，然《漢志》不載。《正説》云："不知存於俗何家《易》。"則當時俗所謂《易》者，不止一家。筮術通行民間,理固宜然也。然則《連山》當時或亦有書,首《艮》之言,亦目驗而知之歟?《漢志》不載者,民間卜筮之書,中祕固不能盡備歟? 抑在蓍龜家《蓍書》二十八卷中歟?《漢志》無《歸藏》,而《隋志》有之,其通行民間之《易》,復登中祕者歟? 抑後人所僞造歟? 皆不可知矣。

今學家説經,誠亦不能無誤,然多本之傳説。傳説雖誤,自有其逕路可尋,依其逕而求之,而真象可見矣。古學家之説,則多出於億度。億度之説,往往偏據一端;就此一端觀之,似亦甚爲有理,而一經博考,往往繆以千里,此考據之所以終不能作爲事實也。況乎漢代古學家之億度,尚未足以語於考據邪? 予昔撰《中國文字變遷考》,考見倉頡爲黄帝史官之説,全出東漢人附會,絶不足信,即其一事。以神農號烈山氏,而以《連山易》屬之;因殷《易》首《坤》,乃釋《歸藏》之義爲萬物莫不歸藏於其中;又因道家重陰,又多自託於黄帝,乃以《歸藏》屬之,以與《連山》之屬神農相耦;皆若是而已矣。即鄭亦自言其無據矣。東漢以後,異説紛紛,具見於《易・八論》。王輔嗣等以爲伏犧重卦,蓋即《論衡》之説。鄭玄等以爲神農重卦,蓋因神農承伏犧後,故以重卦歸之。孫盛以爲夏禹重卦,蓋以三《易》分屬三代,而禹爲三代首出之君也。舊説以爲文王重卦,故以《卦辭》、《爻辭》并歸之。馬融、陸績,分别《卦辭》文王,《爻辭》周公,亦即《論衡》"文王、周公因《彖》十八章究六爻"之説。蓋以三《易》之説,出於《周官》,而《周官》古學家以爲周公之書故也。凡諸異説,一一可以推厥由來,知其所由來,而其出於附會可見矣。

〔二三八〕 易 大 義

《易正義・八論》引《乾鑿度》曰:"易一名而含三義:所謂易也,變易也,不易也。"此《易》之大義也。道家自稱爲君人南面之學,而譏諸家皆僅效一節之用,其言曰:"無成勢,無常形,故能究萬物之情。"又曰:"聖人不朽,時變是守。"其實此乃變易一義耳。《漢書・藝文志》,以《詩》、《書》、《禮》、《樂》、《春秋》爲五常之道,相須而備,而《易》爲之原,與天地相終始。五學世有變改,猶五行之更用事,則儒家亦自有君臣矣。今人亦張變易之説,力攻昔人言天經地義之誣。其實天下事自其變者而觀之,則不舍晝夜;自其不變者而觀之,則亘古如兹。執必變之事以爲不變之道固非,然因此遂謂不變之道爲無有則亦繆不然。試問所謂變易者,爲變乎? 爲不變乎? 故知崇一端之論者皆偏,變易必兼不易言之,義始該備也。

易者簡易，謂莫之爲而爲，莫之致而致也。淺演之世，恒謂天地萬物，皆有一神焉以主之，是爲有爲之法。有爲之法，不能無息，正猶機之不能恒動。莫之爲而爲，莫之致而致，則不然矣。所謂通精無門，藏神無穴，不煩不擾，澹泊不失也。此有神與無神之别也。

康成依《易緯》作《易贊》及《易論》。及釋《周易》，則不用緯説，而云："易道周普，無所不徧。"蓋其釋三《易》，不以《連山》、《歸藏》爲代名，故云然。然如所説，則周字之義，已具於變易中矣。何待更爲辭費？故知舊説不可易也。

原刊《群雅》第一集第二卷，一九四〇年五月一日

〔二三九〕 論今文易

關於《易經》，余個人尚有一意見。余以爲中國古代學問無論何家，其根源蓋無不相同，至少亦極接近，世無憑空創造之學説，必有其淵源可尋，古代學術蓋皆以《易經》等書爲根據，故胡謂并不駁易圖之誤，衹能證其爲道家所出耳。方東樹所著《漢學商兑》反對漢學頗有偏見，但自謂河圖洛書，衹能證明非出儒家，不能謂其與不合，其言甚是，故吾意儒道不能分也。根據此理，可知古時各家學説，蓋完全相通，漢之今文《易》今雖全佚，依此道亦可輯出其一部分，余曾思得一著手處，即《淮南子》有《原道訓》一篇，據《漢書注》，此爲淮南子易九師所著成，頗似漢之今文《易》，因其與《易緯》多相同也。《易緯》誠係假書，惟必有所本，造《易緯》時古文尚未出世，故除荒誕處不足信外，殆全與今文《易》相合，《易緯》既似今文《易》，而《原道訓》似《易緯》，是即《原道訓》爲今文《易》矣。若假定《原道訓》爲今文《易》之經説，自此出發，合此者輯出之，則今文《易》或有重現之望，亦未可知。

〔二四〇〕 左氏不傳春秋上

《史記·十二諸侯年表》云："孔子明王道，干七十餘君，莫能用，故西觀周室，論史記舊聞，興於魯而次《春秋》，上記隱，下至哀之獲麟，約其辭文，去其煩重，以制義法，王道備，人事浹。七十子之徒口受其傳指，爲有所刺譏褒諱挹損之文辭不可以書見也。魯君子左丘明懼弟子人人異端，各安其意，失其真，故因孔子史記具論其語，成《左氏春秋》。鐸椒爲楚威王傅，爲王不能盡觀《春秋》，採取成敗，卒四十章，爲《鐸氏微》。趙孝成王時，其相虞卿上採《春

秋》,下觀近世,亦著八篇,爲《虞氏春秋》。吕不韋者,秦莊襄王相,亦上觀尚古,删拾《春秋》,集六國時事,以爲《八覽》、《六論》、《十二紀》,爲《吕氏春秋》。及如荀卿、孟子、公孫固、韓非之徒,各往往捃摭《春秋》之文以著書,不可勝紀。漢相張蒼曆譜五德,上大夫董仲舒推《春秋》義,頗著文焉。太史公曰:儒者斷其義,馳説者騁其辭,不務綜其終始;曆人取其年月,數家隆於神運,譜牒獨記世謚,其辭略,欲一觀諸要難。於是譜十二諸侯,自共和訖孔子,表見《春秋》、《國語》學者所譏盛衰大指著於篇,爲成學治古文者要删焉。"此語出於武帝之世,今古學之争未興以前,實堪考見《春秋》信史。漢博士謂左氏不傳《春秋》;而治古學者,如劉歆、陳元之徒,執之甚固。近人信今文説者,謂史公《自序》云"左丘失明,厥有《國語》",其《報任安書》亦云;下文又曰"左丘明無目",則宋祁所見越本、王念孫所見景祐本及《文選》,皆無明字;《讀書雜志》。而《論語》巧言令色足恭一章,《集解》録孔安國《注》,則此章亦出《古論》;《新學僞經考》。因謂有左丘而無左丘明,有《國語》而無《春秋左氏傳》。予昔亦持此説,由今思之,古學家僞造《春秋左氏傳》,必不至誤所託者之姓名。稱名不具,古所時有;《十二諸侯年表》之文,亦無僞竄確據;則謂"有左丘而無左丘明"者殆非,然謂"有《國語》而無《春秋左氏傳》",則殆是也。

同一時代之人,所著之書,體例必大略相似。知史事之可貴,如實叙述,以詒後人,殆先秦之人所未知;其時著書,引用史事,大抵雜以已見者耳。諸子書引史事,明著《春秋》之名者有三:周、燕、宋、齊之《春秋》,見於《墨子》;《桃左春秋》,見於《韓非》;又《韓非》、《管子》,皆引《春秋》之記云云,皆以明義,非以記事。此外不明言爲《春秋》,而按其文,可知爲出於《春秋》者甚多,其體例大抵相同。鐸椒、虞卿、公孫固之書已亡,吕不韋、荀卿、孟子、韓非之書具在,可覆按也;《史記·虞卿列傳》:"不得意,乃著書,上採《春秋》,下觀近世,曰《節義》、《稱號》、《揣摩》、《政謀》,凡八篇。以刺譏國家得失,世傳之曰《虞氏春秋》。"似亦《吕氏春秋》類也。皆所謂斷其義,騁其辭,不務綜其終始者也。若有如今之《左氏》者,則固已綜其終始,具其年月世謚矣。史公安得一筆抹殺,自專要删之功。孔子生其時,見地安得獨異。然今《春秋》體例,實與孟、荀、管、韓、墨翟、吕不韋之書大異,何哉?曰:借史事以明義有兩法:一則明著其説,一則著其事而隱其説。由前之説,孟、荀、管、韓、墨翟、吕不韋之書以之;由後之説,孔子之《春秋》以之。《春秋》雖改舊史之文,其體例實一仍《不脩春秋》之舊,子女子所謂以《春秋》爲《春秋》也。孔子之脩《春秋》,所以獨隱其説者,蓋以其興於魯,所刺譏褒諱挹損者,皆其邦之大夫,主人得以習其讀而問其傳,故不得不微其辭也。鐸椒爲楚威王傅,採取成敗,以備王之鑑觀,蓋亦多引本國事，故其書以"微"稱，然則鐸氏之志，其猶孔氏之志歟？惜其書之不可見也。《漢書・藝文志》有《鐸氏微》三篇。又有《左氏微》二篇，《張氏微》十篇，《虞氏微傳》二篇，蓋皆妄人所爲。

古史記多稱語，史公此文稱丘明所著曰《左氏春秋》，而其《自序》及《報任安書》稱爲《國語》。此文前稱諸家所著書多曰《春秋》，而後以《春秋》、《國語》并舉，則《左氏春秋》一名《國語》，猶《吕氏春秋》一名《吕覽》也。《國語》者，記君卿大夫之事，異乎東野人之言，所謂"國聞"也。"爲成學治古文者要删焉"，《集解》："徐廣曰：一云治國聞者也。"案"國聞"二字罕見，非僞竄者所能造，恐"古文"二字係傳譌，"國聞"二字則原文也。傳必與經相附麗，獨《左氏》不然，且孔子之脩《春秋》，其文雖沿自史官，其義法則實爲一家所獨具，非口受其傳指不能知；弟子果安意失真，即具論其語何益。今案弟子之傳《春秋》，蓋獨傳其義。傳其義者，固非全不論事，然所重不在此，特取足以説明其義而止矣。如是輾轉傳述，義雖仍在而事則易以失真，故因孔子史記而具論之。所慮其失真者，在史事而不在孔子所脩《春秋》之義法也。其所論者，雖爲孔氏之史記，其書則全與《春秋》無涉，故曰"左氏不傳《春秋》"也。

或曰："古語字有二解：稱史記固曰語，稱人之言語亦曰語，如《論語》、《家語》是也。《禮記・文王世子》："語曰：樂正司業，父師司成，一有元良，萬國以貞。"此語必不能謂爲記事之語，亦《論語》、《家語》之類也。安知史公所謂具論其語者，爲史記之語而非言語之語乎？《左氏春秋》或與《國語》爲兩書，《國語》所記之事，雖多與《春秋》相同，其書實與《春秋》無涉；至《左氏春秋》，則實與孔子之書相附麗，《春秋》有一條者，《左氏》亦必有一條，所謂因孔子史記也。史記二字即指《春秋》言。具論其語，或所論者，竟爲孔子之言語，故可正弟子之安意而失真。如是，則《左氏春秋》實可稱爲《春秋》之傳，然其書已亡，劉歆等乃又據《國語》造作也。"此説亦似有理，然有不可通者。謂語爲孔子之語，則所謂刺譏褒諱挹損之文，既已筆之於書矣，孔子所微，其辭弟子所不敢顯然著之於傳者，丘明獨敢奮然爲之，何其勇也？若謂語即史記，丘明具論之，一一與孔子所脩《春秋》相附，如《韓非》之《儲説》者，然則其書當附麗於《春秋》，不當自爲一書稱《左氏春秋》或《國語》矣，故此説亦不中情也。

〔二四一〕　左氏不傳春秋中

《東塾讀書記》云："漢博士謂左氏不傳《春秋》；晉王接謂《左氏》自是一家

書，不主爲經發。近時劉申受云：《左氏春秋》猶《晏子春秋》、《吕氏春秋》也；冒曰《左氏春秋傳》，則東漢以後之以譌傳譌者矣。澧案：《漢書・翟方進傳》云：方進雖受《穀梁》，然好《左氏傳》。此西漢人明謂之《左氏傳》矣。或出自班孟堅之筆，冒曰《左氏傳》與？然翟方進受《穀梁》而好《左氏》，《穀梁》是傳，則《左氏》非傳而何哉？《左傳》記事者多，解經者少，漢博士以爲解經乃可謂之傳，故云左氏不傳《春秋》。然伏生《尚書大傳》，不盡解經也，左氏依經而述其事，何不可謂之傳？且左氏作《國語》，自周穆王以來，分國而述其事；其作此書，則依《春秋》編年，以魯爲主，以隱公爲始，明是《春秋》之傳；如《晏子春秋》、《吕氏春秋》，則雖以譌傳譌，能謂之《春秋晏氏傳》，《春秋吕氏傳》乎？"《東塾讀書記》卷十。愚案：謂《左氏》記事與經相附，是也，然記事與經相附，不可遂爲之傳也。傳自當以解經爲主，而所謂解經，非必句梳字櫛，但汎言義理者皆是，且尤爲可貴。伏生《書傳》，正是其例。《左氏》記事，以魯爲主，蓋其書與《不脩春秋》，同出於魯人，亦或本與《國語》爲一書，劉歆析爲編年，而改其語氣也。以隱公爲始，似與《春秋》相附矣，然則何不以獲麟爲終乎？又安知魯之有史，或其史之記年，非始於隱公乎？《翟方進傳》語，不徒其詞出於後人，即其事之可信與否，亦難質言也。

陳氏亦信《左氏》有後人附益之説，而引《公羊》之子沈子、子司馬子爲況，則又非也。《公羊》之子沈子、子司馬子，皆傳《春秋》之學者，在孔門爲後學，在漢世爲先師，一脈相承，確有傳授，與無所受而以意爲説者，安得强同？陳氏又以《左氏》一書，言日月例者惟二條，斷其爲依放《公》、《穀》；書法不通者，如公子遂、叔孫僑如之舍族，强説爲尊夫人，斷其爲後人所附益，則甚確。然此皆引傳文以解經者之所爲，《漢書・楚元王傳》。見下。并不得以插注其處者爲劉氏段相況也。杜氏《集解序》云："古今言《左氏春秋》者，引《公羊》、《穀梁》，適足自亂。"《孔疏》叙云："前漢傳《左氏》者，有張蒼、賈誼、尹咸、劉歆，後漢有鄭衆、賈逵、服虔、許惠卿之等，各爲詁訓，然雜取《公羊》《穀梁》，以釋《左氏》。"案張蒼、賈誼、尹咸等，傳《左氏》書否，殊不可知；即謂知之，亦所謂傳訓詁之流耳。引傳文以解經者，必始於劉歆；東漢治《左氏》者，皆襲其法，至杜氏乃破之也。觀此知以記事重《左氏》者，乃後起之説，其初自謂非解經即不足爲傳，故有此矯揉造作也。

俞理初《癸巳類稿》云："《漢書・藝文志》云《春秋古經》十二篇，《左氏傳》三十卷，此官書，就所得經傳各本也；其經十一卷，則兩家立學官書，與《左氏》無涉。《儒林傳》云賈誼爲《左氏傳訓故》，又云平帝時立《左氏春秋》。《楚元王傳》：初，《左氏傳》多古字古言，學者傳訓故而已；及歆治《左氏》，引傳文以解經，轉相發明，由是章句義理備焉。是今傳附經三十卷本，非西漢官本，乃劉歆引傳解經本也。《後漢書》云：賈逵父徽受業於歆，逵傳父業。《南齊書·陸澄傳》云：澄謂王儉曰：太元取服虔而兼取賈逵經者，服傳無經，雖在注中，而傳又有無經者故也。今留服去賈，則經有所闕。是賈氏得劉本，亦傳附經也。"《癸巳類稿》卷二。愚案此亦《左氏》本與《春秋》各别，牽引出於劉歆之一證。

又《癸巳存稿》云："《後漢書·鄭興傳》云：晚善《左氏春秋》，從劉歆講正大義，劉歆美其才，使撰條例章句訓詁。子衆從父受《左氏春秋》，作《春秋難記》原注：謂設難而通之。《條例》，又受詔作《春秋删》十九篇。《賈逵傳》云：父徽，從劉歆受《左氏春秋》，有《左氏條例》二十一篇。逵悉傳父業。建初時，條奏云：永平中，逵言《左氏》與圖讖合者，先帝不遺芻蕘，省納臣言，寫其傳詁，藏之祕書；則永平中上疏，上《左氏傳》、《國語解詁》五十一篇：《左氏傳解詁》三十，《國語解詁》二十一也。《鄭興傳》云：賈逵自傳其父業，故有鄭、賈之學。《陳元傳》云：父欽，習《左氏春秋》，事黎陽賈護，與劉歆同時，而别自名家。元少傳父業，爲之訓詁。是鄭、賈、陳三家不同。《蜀志·尹默傳》云：專精《左氏春秋》，自劉歆條例，鄭衆、賈逵父子、陳元、服虔注説，咸略誦述，不復案本。是鄭、賈條例，但各著簡札，實俱爲劉歆條例也。《後漢書·儒林傳》云：穎容著《春秋左氏條例》五萬餘言。杜預《左傳集解序》云：潁子嚴者，亦復名家。是條例有劉、穎不同。訓詁劉、陳、服不同，賈逵爲劉學，今雜見服虔《左傳注》，多與賈異，職是故也。條例自爲卷數，訓詁則賈爲三十篇，附經傳下，杜承用之，服則不然也。"《癸巳存稿》卷一。愚案條例雖原於劉歆，然撰述實由鄭興，至賈徽乃勒成二十一卷。劉歆最初所撰者，未必不羼入《左氏》本文也。

〔二四二〕　左氏不傳春秋下

左氏不傳《春秋》，漢博士之言，既無可疑矣。乃《序疏》引陳沈文阿之説，謂"《嚴氏春秋》引《觀周篇》，云孔子將脩《春秋》，與左邱明乘如周，觀書於周史，歸而脩《春秋》之經，邱明爲之傳，共爲表裏"。《癸巳類稿》謂《觀周》爲《孔子家語》篇名，引於漢人，信爲周時孔氏之書在《藝文志》者，非今人所傳王肅本。殊不知所謂《嚴氏春秋》者，其可信與否已殊不可知，而此説之是否果出《嚴氏春秋》，亦復無可究詰也。古代簡策繁重，一國之史，史官所藏，能有幾何，已難質言，況於徧藏各國之史乎？《史記·六國表》曰：《詩》《書》所以復見者，多藏人家，人當作民，此乃唐人避諱字，後人改之未盡者。而《史記》獨藏周室，以故滅。此"周室"二字,該諸侯之國言,乃古人言語,以偏概全之例,非謂各國之史,皆藏於周室也。百二十國之書,豈衰周所能容,況《史記・孔子世家》,記孔子行事略備,脩《春秋》之前,豈嘗有如周之事乎?

《漢書・藝文志》云:"左邱明,魯太史。"此乃因其著書而億測之,猶古言倉頡造字,又言三王無文,遂妄言倉頡爲黄帝史官也。詳見予所撰《中國文字變遷考》。理初乃信其自有世官,不能居孔氏之門,然則獨能曠其職守,與孔子乘以如周乎?況古者官人以世,左邱明果爲魯太史,何以其行事絶無可考?父子祖孫之事,亦曾不一見乎?

俞氏又引《太平御覽・學部》載《桓譚新論》云:"《左氏傳》於經,猶衣之表裏,相持而成。經而無傳,使聖人閉門思之,十年不能得也。"《癸巳類稿》卷二。相爲表裏之言,與《嚴氏春秋》同,皆不似東漢人語。何者?如前條所言,則東漢人殊不以《左氏》之記事爲貴,而轉欲依附《公》、《穀》,造立條例,以自託於經也。

原刊《光華大學半月刊》,一九三六年出版

〔二四三〕 左國異同

《左氏》、《國語》二書,大體相似,而又多違異。黄池之會,哀公十三年。《左氏》云先晉,而《吴語》云先吴,與《公羊》同。《疏》云:"經據魯史策書,傳採魯之簡牘。魯之所書,必是依實。《國語》之書,當國所記,或可曲筆直己,辭有抑揚,故與《左傳》異者多矣。鄭玄云:不可以《國語》亂周公所定法。傅玄云:《國語》非丘明所作,凡有共説一事,而二文不同,必《國語》虚而《左傳》實,其言相反,不可强合也。"《左氏》成公十六年《疏》:"先賢或以爲《國語》非丘明所作,爲其或有與傳不同故也。"疏家回護之辭,不足深論;果如所言,《公羊》亦據《吴語》乎?姚姬傳謂《左氏》於三晉之祖,多諱其惡而溢稱其美,又善於論兵謀,其書於魏氏事,造飾尤多,謂其源流誠與吴起有關。近人章太炎,據《韓非・外儲説右上》吴起衛左氏中人也,謂《左氏春秋》以地名,猶《齊》、《魯》、《韓詩》之比。見所著《春秋左傳讀》。錢賓四云:"《説苑》魏文侯問元年於吴子,此吴起傳《春秋》之證;魏襄王冢之《師春》,即採《左氏》,可見《左氏》書與魏之關係;又左丘失明,或自子夏誤傳。"見所著《先秦諸子繫年考辨・吴起傳左氏春秋考》。其推論可謂精矣。然則黄池之會,《國語》所記,或反較得實,《左氏》乃晉人諱飾之辭也;猶漢高祖平城之圍,所以得脱者,世莫得而言也。

溢美之談，諱飾之辭，各國皆有之；然著《左氏》、《國語》等書者，則亦如其辭而録之耳，非必有意代爲造作也。姚姬傳云："吴起始事魏，卒仕楚，故傳言晉、楚事尤詳。"劉向《别録》："左丘明傳曾申，申傳吴起，起傳其子期，期傳楚人鐸椒。"而《史記·十二諸侯年表》，謂"鐸椒爲楚威王傅，爲王不能盡觀《春秋》，採取成敗，卒四十章，爲《鐸氏微》"；則《左氏》之曾傳於楚，亦若可信。然其書多右晉而左楚，且田氏與晉、楚何與？而公子完之奔齊，《左氏》侈陳懿氏之卜，周史之筮，莊公二十二年。殊不減卜偃盈數大名之論。辛廖《屯》固《比》入之占，閔公元年。則知《左氏》多載晉、楚之事，稱美三晉之先，亦其所據者則然耳，非必著書者有意爲之也。

〔二四四〕　讀　楚　辭

《惜往日》："乘騏驥以馳騁兮，無轡銜而自載。乘氾泭以下流兮，無舟楫而自備。背法度而心治兮，辟與此其無異。"案《楚辭》上稱帝嚳，下道齊桓，中述湯、武，所言皆北方事。《天問》説宇宙開闢，亦與諸子書同。此言釋法度而心治，且作法家語矣。足見先秦學術，實無南北之分也。

《九辯》云："慕詩人之遺風兮，願托志乎素餐。"不知後人所改邪，抑宋玉辭本如此？

〔二四五〕　讀山海經偶記

《山海經》一書，説多荒怪，不待言矣。然其所舉人物，實多有其人；其所載事跡，亦間與經傳相合；何也？蓋此書多載神話，而其所謂神話者，實多以事實爲據，非由虚構也。涉獵偶及，輒書所見，惜乎未暇精治也。二十六年三月十九日燈下。

《大荒西經》云："大荒之中，有山名曰日月。山，天樞也。吴姖郝氏《箋疏》云：《藏經》本作姬。案此與下"山名曰嘘"，《藏經》本山作上，恐均係億改。天門，日月所入。有神，人面無臂，兩足反屬於頭。山名曰嘘。《箋疏》云："山當爲上，字之譌。《藏經》本作上。"案作上則當屬上句讀，不合古書語法。山字當誤，然作上恐未是也。顓頊生老童，老童生重及黎。帝令重獻上天，令黎邛下地。下地是生噎。處于西極，以行日月星辰之行次。"郝氏《箋疏》云："下地是生噎，語難曉。《海内經》云：后土生噎鳴，此經似與相涉，而文有闕奪，遂不復可讀。"案噎似嘘之譌，即無臂之神之名也。經又云:“有人名曰吴回。奇左,是無右臂。”又云:“大荒之中,有山,名曰大荒之山,日月所入。有人焉,三面,是顓頊之子,三面一臂。郭《注》:“無左臂也。”三面之人不死。是謂大荒之野。”案《説文·了部》:“了,尥也。从子,無臂,象形。”“孑,無右臂也。从了乚,象形。”“孓,無左臂也。从了亅,象形。”人豈有無臂及奇左右者?此三文蓋專爲神所作也。《國語·楚語》:“昭王問於觀射父曰:《周書》所謂重黎實使天地不通者,何也?若無然,民將能登天乎?對曰:非此之謂也。古者民神不雜。及少昊之衰也,九黎亂德,民神雜糅,不可方物。顓頊受之。乃命南正重司天以屬神,命火正黎司地以屬民;使復舊常,無相侵瀆,是謂絶地天通。其後三苗復九黎之德,堯復育重黎之後不忘舊者,使復典之,以至於夏、商。故重黎氏世叙天地,而别其分主者也。其在周,程伯休父其後也。當宣王時,失其官守而爲司馬氏。寵神其祖,以取威於民,曰:重寔上天,黎寔下地。遭世之亂,而莫之能御也。不然,夫天地成而不變,何比之有?”“重寔上天,黎寔下地”,即《山海經》所謂“令重獻上天,令黎邛下地”也。韋《注》云:“言重能舉上天,黎能抑下地,令相遠,故不復通也。”郭《注》云:“獻、邛,義未詳。”疑亦舉、抑之意。

《大荒東經》云:“東海之外大壑,少昊之國。少昊孺帝顓頊於此。”頗與《楚語》少昊之衰顓頊受之之説相會。《大荒南經》云:“有季禺之國,顓頊之子,食黍。”又云:“有國曰顓頊,生伯服,食黍。”《大荒西經》云:“有國名曰淑士,顓頊之子。”《大荒北經》云:“有叔歜國,顓頊之子,黍食。”又云:“西北海外,流沙之東,有國曰中輻。”《箋疏》云“《藏經》本作輪”,亦恐誤,或億改。此皆雅記無徵。然《海内經》云:“黄帝妻雷祖,生昌意。昌意降處若水,生韓流。韓流擢首、謹耳、人面、豕喙、麟身、渠股、豚止。取淖子曰阿女,生帝顓頊。”則與繫世頗相會矣。郭《注》引《竹書》云:“昌意降居若水,産帝乾荒。乾荒即韓流也,生帝顓頊。”又引《世本》云:“顓頊母,濁山氏之子,名昌僕。”郝氏《箋疏》云:“《大戴禮·帝繫篇》云:昌意取於蜀山氏之子,謂之昌僕氏,産顓頊。郭引《世本》作濁山氏,濁蜀古字通,濁又通淖,是淖子即蜀山子也。”又云:“《竹書》帝乾荒,蓋即帝顓頊也。此經又有韓流生顓頊,與《竹書》及《大戴禮》、《史記》皆不合,當在闕疑。郭氏欲以此經附合《竹書》,恐非也。”愚案《竹書》雖出附會,亦多有根據。韓流、乾荒,蓋因形近而譌。《大戴》顓頊世系,實奪一代也。

《海外北經》云:“務隅之山,帝顓頊葬於陽,九嬪葬於陰。”《海内東經》云:“漢水出鮒魚之山,帝顓頊葬於陽,九嬪葬於陰。”《大荒北經》云:“東北海之外，大荒之中，河水之間，附禺之山，帝顓頊與九嬪葬焉。"《箋疏》云："《北堂書鈔》九十二卷引，漢水作濮水。水在東郡濮陽，正顓頊所葬。"亦《山經》不誣之證。

《海外南經》云："狄山，帝堯葬於陽，帝嚳葬於陰，爰有熊羆文虎蜼豹離朱視肉吁咽。文王皆葬其所。"文王之上，蓋有奪文。郭《注》云："帝王冢墓，皆有定處，而《山海經》往往復見之者，蓋以聖人久於其位，仁化廣及，恩洽鳥獸，至於殂亡，四海若喪考妣，無思不哀，故絶域殊俗之人，聞天子崩，各自立坐而祭醊哭泣，起土爲冢，是以所在有焉。亦猶漢氏諸遠郡國，皆有天子廟，此其遺象也。"案古所謂天子者，豈能令諸侯之國皆爲作原廟乎？况古豈有虚爲冢之事也？蓋神話之爲物也，不盡虚誣，而又非確鑿。回紇之亡也，其人自述：謂由唐以金蓮公主，女其葛勵的斤；因以詭謀，壞其福山之石，以致災異屢見，民弗安居。見《元史・亦都護傳》，《傳》本虞集《高昌王世勳碑》。其言荒矣。然金蓮公主，固非無其人；福山亦非無其地，古代繆悠之傳説，亦若是則已矣。前王不忘，其事跡則非所審諦也。隨其播遷之所至，而皆指其所見之地以實之，則無墟非其所都，無臺非其所遊，無邱陵非其冢墓之所在矣。

《檀弓》言"舜葬於蒼梧之野"，《史記・五帝本紀》則云："崩於蒼梧之野，葬於江南九疑，是爲零陵。"《山海經・海内南經》云："蒼梧之山，帝舜葬於陽，帝丹朱葬於陰。"《海内東經》云："湘水，出舜葬東南陬，西環之，入洞庭下。"《大荒南經》云："南海之中，有氾天之山，赤水窮焉。赤水之東，有蒼梧之野，舜與叔均之所葬也。"《海内經》云："南方蒼梧之丘，蒼梧之淵。其中有九嶷，舜之所葬，在長沙零陵界中。"案《孟子》言"舜生於諸馮，遷於負夏，卒於鳴條，東夷之人也"，《離婁》下。安得葬長沙零陵界？《吕覽・安死》云："舜葬於紀市。"《御覽》引《尸子》云："舜西教乎七戎，道死，葬於南己。"據郝《疏》轉引。己即紀，則蒼梧、九疑，蓋後來附會之説也。《海外南經》云："狄山，帝堯葬於陽，帝嚳葬於陰。"《大荒南經》云："帝堯、帝嚳、帝舜葬於岳山。"嚳、堯、舜葬處相近，頗合事情。郝《疏》云："《墨子》云：堯北教乎八狄，道死，葬蛩山之陰。此經狄山，蓋狄中之山。"説亦近理，《山經》固衆説并存也。《海外東經》又云："蹉丘在東海，兩山夾丘，上有樹木。一曰嗟丘，一曰百果所在，在堯葬東。"舜東夷之人，東夷南蠻，實係一族，故舜事流傳於南方者甚多。《中山經》云："洞庭之山，帝之二女居之。是嘗游於江淵。澧、沅之風，交瀟湘之淵，是在九江之間。出入必以飄風暴雨。"郭《注》云："天帝之二女，而處江爲神，即《列仙傳》江妃二女也。《離騷・九歌》所謂湘夫人稱帝子者是也。而《河圖玉版》曰：湘夫人者，帝堯女也。秦始皇浮江，至湘山，逢大風，而問博士，湘君何神？博士曰：聞之：堯二女，舜妃也，死而葬此。《列女傳》曰：二女死於江湘之間，俗謂爲湘君。鄭司農亦以舜妃爲湘君。説者皆以舜陟方而死，二妃從之，俱溺死於湘江，遂號爲湘夫人。按《九歌》，湘君、湘夫人自是二神。江湘之有夫人，猶河洛之有虙妃也，安得謂之堯女？且既謂之堯女，安得復總云湘君哉？《禮記》曰：舜葬蒼梧，二妃不從，明二妃生不從征，死不從葬。原其致繆之由，由乎俱以帝女爲名，名實相亂，莫矯其失；習非勝是，終古不悟，可悲矣！"案《中山經》又云："姑媱之山，帝女死焉。其名曰女尸。化爲䔄草。"又云："宣山。其上有桑焉，大五十尺，其枝四衢，其葉大尺餘，赤理、黄華、青柎，名曰帝女之桑。"郝氏《箋疏》云："《文選·别賦》：惜瑶草之徒芳。李善《注》引宋玉《高唐賦》曰：我帝之季女，名曰瑶姬，未行而亡，封於巫山之臺，精魂爲草，實爲靈芝。今《高唐賦》無之。又注《高唐賦》引《襄陽》《耆舊傳》云：赤帝女曰瑶姬。《水經》江水東過巫縣南《注》云：巫山帝女居焉。"合此諸文觀之，而舜葬蒼梧之説所由來，概可見矣。舜之葬處，自當以《吕覽》、《尸子》、《墨子》、《大荒南經》之説爲確。其地當名曰己，亦曰南紀；以山言之，則曰岳山，曰狄山，曰蛩山，距鳴條不遠也。

《山海經》中，屢見帝俊之名，郭《注》以爲即帝舜，恐未然也。案《大荒東經》云："有中容之國。帝俊生中容。"又云："有司幽之國。帝俊生晏龍，晏龍生司幽。"又云："有白民之國。帝俊生帝鴻，帝鴻生白民。"又云："有黑齒之國。帝俊生黑齒。"又云："有五采之鳥，相鄉棄沙。惟帝俊下友。帝下兩壇，采鳥是司。"《大荒南經》云："大荒之中，有不庭之山，榮水窮焉。有人三身。帝俊妻娥皇，生此三身之國。姚姓，黍食，使四鳥。"又云："有襄山，又有重陰之山。有人食獸，曰季釐。帝俊生季釐，故曰季釐之國。有緡淵。少昊生倍伐，倍伐降處緡淵。有水四方，名曰俊壇。"又云："東南海之外，甘水之間，有羲和之國。有女子，名曰羲和。方日浴於甘淵。羲和者，帝俊之妻，生十日。"《大荒西經》云："有西周之國，姬姓，食穀。有人方耕，名曰叔均。帝俊生后稷。后稷降以百穀。稷之弟曰台璽，生叔均。叔均是代其父及稷播百穀，始作耕。"《大荒北經》云："衛丘今本與上"皆出於山"句錯，作"皆出衛於山丘"，依郝校訂正。方員三百里。丘南，帝俊竹林在焉，大可爲舟。"《海内經》云："帝俊生禺號，禺號生淫梁，淫梁生番禺，是始爲舟。番禺生奚仲，奚仲生吉光，吉光是始以木爲車。少皞生般，般是始爲弓矢。帝俊賜羿彤弓素矰，以扶下國，羿是始去恤下地之百艱。帝俊生晏龍，晏龍是始爲琴瑟。帝俊有子八人，是始爲歌舞。帝俊生三身，三身生義均。義均，是始爲巧倕，是始作下民百巧。后稷是播百穀。稷之孫曰叔均，是始作牛耕。"郭《注》云："俊亦舜字，假借音也。"未知何據。案帝舜之名，《山海經》亦屢見。且《大荒南經》云："有淵四方，四隅皆達。北屬黑水，南屬大荒。北旁名曰少和之淵，南旁名曰從淵，舜之所浴也。"文承"帝俊妻娥皇"云云。《山經》叙次，固多錯亂，然謂帝俊與帝舜一人，求諸經文，實無左證。郝氏以《初學記》九卷引《帝王世紀》云"帝嚳生而神異，自言其名曰夋"；又經言"帝俊生后稷"，疑爲帝嚳。又以《左氏》文公十八年，高陽氏才子八人，内有中容；而經於"帝俊竹林"之下，又言"竹南有赤澤水，名曰封淵；有三桑無枝。丘西有沈淵，顓頊所浴"；疑爲顓頊。又以經言"帝俊生帝鴻"，賈逵《左氏注》以帝鴻爲黄帝，因擬之少典。又以《大荒東經》言"黄帝生禺虢"，禺虢即禺號，而擬之黄帝。亦以三身姚姓，而擬之帝舜。卒乃謂經所言帝俊非一人。古以多人之事，附諸一人，誠所不免；然《山經》雖荒，他古書未必遂無譌誤，舉他書所載事跡，謂《山經》所言者即其人，似亦未安。要之帝俊必隆古之盛王，惜其事他無可考也。

原刊《光華大學半月刊》第五卷第九期，一九三七年五月十日出版

〔二四六〕 諺爲俗語

《大學》：故諺有之。《章句》曰：諺，俗語也。《説文》曰：諺，傳言也。或以朱注爲非。其實不然，《詩・終風》：寤言不寐，願言則嚏。鄭《箋》曰：言我願思也。嚏讀爲不敢嚏咳之嚏。我其憂悼而不能寐，汝思我心，如是我則嚏也。今俗人嚏云人道我，此古之遺語也。《正義》曰：稱俗人云者，以俗之所傳，有驗於事，可以取之。《左傳》每引諺曰：詩稱人亦有言，是古有用俗之驗。蓋傳言多出於俗人，俗語傳言之訓，亦可并行而不悖也。

〔二四七〕 洪範庶民惟星解

《洪範》曰："王省惟歲，卿士惟月，師尹惟日，庶民惟星。"説此者但以爲王與卿士、師尹各有職守，民情有好惡而已，而不知其中隱藏一段古代之宗教哲學也。

《論衡・命義》篇曰："列宿吉凶，國有禍福；衆星推移，人有盛衰。人之有吉凶，猶歲之有豐耗。子夏曰死生有命，富貴在天，不曰死生在天，富貴有命

者,何則?死生者無象在天,以性爲主,稟得堅强之性,則氣渥厚而體堅强,堅强則壽命長,壽命長則不夭死;稟性軟弱者,氣少泊而性羸窳,羸窳則壽命短,短則早死。故言有命,命則性也。至於富貴,所稟猶性。所稟之氣,得衆星之精。衆星在天,天有其象。得富貴象則富貴,得貧賤象則貧賤,故曰在天。在天如何?天有百官,有衆星。天施氣而衆星布精。天所施氣,衆星之氣在其中矣。人稟氣而生,含氣而長,得貴則貴,得賤則賤;貴或秩有高下,富或貲有多少,皆星位尊卑小大之所授也。天有王良、造父,人亦有之,稟受其氣,故巧於御。"《抱朴子·辯問》篇曰:"仙經以爲諸得仙者,皆其受命偶直神仙之氣,自然所稟,故胞胎之中,已含信道之性;及其有識,則心好其事,必遭明師而得其法;不然,則不信不求,求亦不得也。《玉鈐》云:主命原曰,人之吉凶脩短,於結胎受氣之日,皆上得列宿之精,其直聖宿則聖,直賢宿則賢,直文宿則文,直武宿則武,直貴宿則貴,直富宿則富,直賤宿則賤,直貧宿則貧,直壽宿則壽,直仙宿則仙。又有神仙聖人之宿,有治世聖人之宿,有兼二聖之宿;有貴而不富之宿,有富而不貴之宿,有兼富貴之宿;有先富後貧之宿,有先貴後賤之宿,有兼貧賤之宿;有富貴不終之宿,有忠孝之宿,有凶惡之宿:如此不可具載。其較略如此。"案謂星與人有關係,各國古多有之,中國亦然。《漢書·天文志》云:"星者,金之散氣,其本曰人。"《史記·天官書》同。今殿本誤作本曰火。此古天官家言也。星之行各有次舍,是之謂辰。《小弁》之詩曰:"天之生我,我辰安在?"鄭《箋》曰:"此言我生所直之辰,安所在乎?謂六物之吉凶。"《疏》曰:"昭七年《左傳》:晉侯謂伯瑕曰:何謂六物?對曰:歲、時、日、月、星、辰是謂也。服虔以爲歲,星之神也,左行於地,十二歲而一周;時,四時也;日,十日也;月,十二月也;星,二十八宿也;辰,十二辰也:是爲六物也。"此世人以所生年、月、日、時,推盛衰禍福之原也。俗猶有所謂"數星宿"者,推得某星爲己所稟,盛衰禍福,由是可知,尤與古人謂人稟列宿之精相合。蓋古謂"凡有形於地者,必有象於天",《論衡》語。星之數甚多,實與萬民相似,故以爲人之本也。

以上論古以人秉星精而生

然則人君之生宜秉日,人臣宜秉月。古人謂"月臣道,日君道"《詩·十月之交》毛《傳》由此。《左氏》成公十六年:"吕錡夢射月,中之。占之曰:姬姓,日也。異姓,月也。"夫餘之俗,多爲殷遺,而《魏書·高句麗傳》,言其先出於夫餘,先祖朱蒙。朱蒙母河伯女,爲夫餘王閉於室中,爲日所照,引身避之,日影又逐。既而有孕,生一卵,大如五升。夫餘王棄之與犬,犬不食;棄之與豕,豕又不食；棄之於路，牛馬避之；後棄之野，衆鳥以毛茹之。夫餘王割剖之，不能破，遂還其母。其母以物裹之，置於暖處，有一男，破殼而出。及其長也，字之曰朱蒙。夫餘人謀殺之。朱蒙東南走，中道遇一大水，欲濟無梁。夫餘人追之甚急。朱蒙告水曰：我是日子，河伯外孫，今日逃走，追兵垂及，如何得濟？於是魚鼈并浮，爲之成橋，朱蒙得渡，魚鼈乃解，追騎不得渡。案此傳説，由來甚久。《三國・魏志・烏丸鮮卑東夷傳注》引《魏略》曰："舊志又言，昔北方有高離之國者，其王者侍婢有身，王欲殺之，婢云：有氣如雞子來下我，故有身。後生子，王捐之於溷中，猪以喙嘘之，徙至馬閑，馬以氣嘘之，不死。王疑，以爲天子也，乃令其母收畜之，名曰東明。東明善射，王恐奪其國也，欲殺之。東明走，南至施掩水，以弓擊水，魚鼈浮爲橋，東明得渡，魚鼈乃解散，追兵不得渡。東明因都王夫餘之地。"高離即高句麗。夫餘實出高句麗，非高句麗出於夫餘也。《魏略》所引舊志及《魏書》之言，其本是一，顯而易見。一云有氣如雞子來下，一云日光逐照者，傳説移譯，不能無譌，其言正可互相參證。

《湯誓》曰："時日曷喪？予及女皆亡。"《尚書大傳》曰："桀云：天之有日，猶吾之有民。日有亡哉？日亡，吾亦亡矣。"此即《白虎通義・五行》篇"君有衆民法天有衆星"之説，然則三代之君，悉有自託於日之事。郊之祭也，大報天而主日，《禮記・郊特牲》。不聞其主五帝坐星也。竊疑古之王者自稱天子，乃自謂感日之精而生；感大微五帝之精，乃漢人附會之説，非其朔也。《禮記・大傳》鄭《注》："王者之先祖，皆感大微五帝之精以生。"案《史記・天官書》："南宫掖門内六星，諸侯。其内五星，五帝坐。"《索隱》："《詩含神霧》云五精星坐，其東蒼帝坐，神名靈威仰，精爲青龍之類是也。"《公羊》宣公三年《解詁》："上帝，五帝。在大微之中，迭生子孫，更王天下。"《疏》引《感精符》云："蒼帝之始，二十八世。滅蒼者翼也，彼《注》云：堯翼之星，精在南方，其色赤。滅翼者斗《注》云：舜斗之星，精在中央，其色黄。滅斗者參《注》云：禹參之星，精在西方，其色白。滅參者虚《注》云：湯虚之星，精在北方，其色黑。滅虚者房《注》云：文王房星之精在東方，其色青。"案房星之精，星之二字誤倒。此皆讖緯既盛後之説。《詩・邶風・柏舟箋疏》引《孝經讖》曰"兄日姊月"，乃王者感五帝之精既行後之説，非古義也。

《生民》之詩曰"履帝武敏歆"；《閟宫》之詩曰"赫赫姜嫄，其德不回，上帝是依"；《玄鳥》之詩曰"天命玄鳥，降而生商"；《長發》之詩曰"有娀方將，帝立子生商"；此經文明言感生者。所感之帝，果何人哉？《左氏》昭公元年，子産言："當武王邑姜方娠大叔，夢帝謂己：余命而子曰虞，將與之唐，屬諸參，而蕃育其子孫。"此言帝而不言感。《國語・周語》：内史過曰："昔昭王娶於房，曰房后，實有爽德，協於丹朱，丹朱馮身以儀之，生穆王焉。"此言感矣，而非天也。《左氏》宣公三年："初，鄭文公有賤妾曰燕姞，夢天使與己蘭，曰：余爲伯儋。余，而祖也，以是爲而子。”《史記·趙世家》：“趙簡子疾，五日不知人，大夫皆懼。醫扁鵲視之，出，董安于問。扁鵲曰：血脈治也，而何怪？在昔秦繆公嘗如此，七日而寤。寤之日，告公孫支與子輿曰：我之帝所，甚樂。吾所以久者，適有學也。帝告我：晉國將大亂，五世不安；其後將霸，未老而死；霸者之子且令而國男女無别。公孫支書而藏之，秦讖於是出矣。獻公之亂，文公之霸，而襄公敗秦師於殽而歸縱淫，此子之所聞。今主君之疾與之同，不出三日，疾必間，間必有言也。居二日半，簡子寤，語大夫曰：我之帝所，甚樂，與百神游於鈞天，廣樂九奏萬舞，不類三代之樂，其聲動人心。有一熊欲來援我，帝命我射之，中熊，熊死。又有一羆來，我又射之，中羆，羆死。帝甚喜，賜我二笥，皆有副。吾見兒在帝側。帝屬我一翟犬，曰：及而子之壯也，以賜之。帝告我：晉國且世衰，七世而亡；嬴姓將大敗周人於范魁之西，而亦不能有也。今余思虞舜之勳，適余將以其胄女孟姚配而七世之孫。董安于受言而書藏之，以扁鵲言告簡子，簡子賜扁鵲田四萬畝。以上《扁鵲列傳》略同。他日，簡子出，有人當道，辟之不去。從者怒，將刃之。當道者曰：吾欲有謁於主君。從者以聞。簡子召之，曰：譆，吾有所見子晰也。當道者曰：屏左右，願有謁。簡子屏人。當道者曰：主君之疾，臣在帝側。簡子曰：然，有之。子之見我，我何爲？當道者曰：帝令主君射熊與羆，皆死。簡子曰：是，且何也？當道者曰：晉國且有大難，主君首之。帝令主君滅二卿，夫熊與羆，皆其祖也。簡子曰：帝賜我二笥，皆有副，何也？當道者曰：主君之子，將克二國於翟，皆子姓也。簡子曰：吾見兒在帝側，帝屬我一翟犬，曰及而子之長以賜之。夫兒何謂？以賜翟犬？當道者曰：兒，主君之子也；翟犬者，代之先也。主君之子，且必有代。及主君之後嗣，且有革政而胡服，并二國於翟。簡子問其姓，而延之以官。當道者曰：臣野人，致帝命耳。遂不見。簡子書藏之府。異日，姑布子卿見簡子，簡子徧召諸子相之。子卿曰：無爲將軍者。簡子曰：趙氏其滅乎？子卿曰：吾嘗見一子於路，殆君之子也。簡子召子毋卹。毋卹至，則子卿起，曰：此真將軍矣。簡子曰：此其母賤，翟婢也，奚道貴哉？子卿曰：天所授，雖賤必貴。自是之後，簡子盡召諸子與語，毋卹最賢。簡子乃告諸子曰：吾藏寶符於常山上，先得者賞。諸子馳之常山上求，無所得。毋卹還，曰：已得符矣。簡子曰：奏之。毋卹曰：從常山上臨代，代可取也。簡子於是知毋卹果賢，乃廢太子伯魯，而以毋卹爲太子。”此事與《左氏》、《國語》，殊可參稽。觀此，知有國有家者，其先皆列於帝側，其降生皆由天命；且不必其爲人，熊也，羆也，犬也，蘭也，無所不可，殆圖騰之遺跡歟？然則狄爲犬種，羌爲羊種，貉爲豸種，閩、蠻爲蟲種，亦不必其爲賤視誣詆之辭矣。《趙世家》又云："中衍人面鳥噣，降佐殷帝大戊。"又霍太山神朱書，言伉王赤黑，龍面而鳥噣。此皆神，非人也。古記述古帝王形狀，多與人殊，以此。《詩》"惟嶽降神，生甫及申"，初義亦當如此。《禮記·孔子閒居》以神氣爲風霆，恐非其朔也。亦有爲人鬼之類者，如丹朱是也。此皆不足以言天子。爲天子者，必當爲天之所感。《韓非子·外儲説左上》云："趙主父令工施鉤梯而緣潘吾，刻疏人跡其上，廣三尺，長五尺，而勒之曰：主父嘗遊於此。秦昭王令工施鉤梯而上華山，以松柏之心爲博箭，長八尺，棊長八寸，而勒之曰：昭王嘗與天神博於此矣。"案《史記·殷本紀》："帝武乙無道，爲偶人，謂之天神，與之博，令人爲行。天神不勝，乃僇辱之。"合三事觀之，知姜嫄之所感，必天神也。秦與殷之先，皆云呑隕卵而生，與徐偃王、句麗、夫餘傳説相類。徐偃王事，見《後漢書·東夷傳注》引《博物志》。《魏略》引舊志，謂有氣如雞子下降，而《魏書》言日光逐照，則鳥卵殆太陽之精，古固云日中有鳥也。凡此，皆爲親受氣於天者，故曰天子。然天一而已，不聞其有五也。不寧惟是。《左氏》僖公十年："晉侯改葬共大子。秋，狐突適下國，遇大子。大子使登僕，而告之曰：夷吾無禮，余得請於帝矣。將以晉畀秦，秦將祀余。對曰：臣聞之，神不歆非類，民不祀非族，君祀無乃殄乎？且民何罪，失刑乏祀？君其圖之。君曰：諾。吾將復請。七日，新城西偏，將有巫者而見我焉。許之，遂不見。及期而往，告之曰：帝許我罰有罪矣，敝於韓。"成公十年："晉侯夢大厲，被髮及地，搏膺而踊曰：殺余孫，不義，余得請於帝矣。"是凡有國有家者，其先祖皆列於帝庭，時得請於帝以行誅賞也。《詩下武》曰："三后在天。"《書·盤庚》曰："高后丕乃崇降罪疾。""先后丕降與女罪疾。"又曰："乃祖先父，丕乃告我高后曰：作丕刑於朕孫。"《召誥》曰："天既遐終大邦殷之命，兹殷多先哲王在天。"皆此義。《金滕》册祝曰："若爾三王，是有丕子之責於天，以旦代某之身。"是有國有家者之先，不徒身列帝庭，且或有負子之責也。秦、楚盟誓，昭告昊天上帝、秦三公、楚三王，《左氏》成公十一年。豈徒然哉？然亦一上帝而已，不聞其有五也。不寧惟是。《皇矣》之詩曰"皇矣上帝，臨下有赫，監觀四方，求民之莫"；《正月》之詩曰"有皇上帝，伊誰云憎"，亦但云上帝而已，不云有五帝也。故知感生之説，自古有之，而其屬諸大微五帝，則五德終始之説既昌，乃因人生上秉列星之精而附會之，而非其朔也。

《禮器》曰："因名山以升中於天，因吉土以饗帝於郊。升中於天而鳳皇降，龜龍假；饗帝於郊而風雨節，寒暑時。"此爲天、帝分言，明見經典者。昊天上帝及五帝之祀，見於《周官》；《周官》之制，多與《管子》相合；其闕者後人以《考工記》補之，亦齊地之書。知《周官》爲齊學，正五德終始之説道源之地也。

然秦襄公時已祠五帝，是時齊學必未能行於秦，則謂五帝之名，肇自五德終始之説既立之後者自非。然言五帝是一事，謂感生乃稟五帝之精又是一事，二者固不可相混也。惟秦時五帝，僅以方色爲稱，至讖緯之説既出，乃有靈威仰、赤熛怒、含樞紐、白招拒、汁光紀等名。《正月》之詩曰："燎之方揚，寧或滅之？"鄭《箋》曰："火田爲燎。燎之方盛之時，炎熾熛怒，寧有能滅息之者？言無有也。"可見熛怒爲漢時語，靈威仰等名，必漢人所造作矣。

以上論感生初義當爲感日之精感大微五帝之精乃後起之説

古者天與人甚邇，人受命於天，爲數見不鮮之事，可爲天使者尤多。《趙世家》又云：知伯率韓、魏攻趙，趙襄子奔保晉陽。"原過從，後。至於王澤，見三人，自帶以上可見，自帶以下不可見。與原過竹二節，莫通，曰：爲我以是遺趙毋卹。原過既至，以告襄子。襄子齊三日，親自剖竹，有朱書曰：趙毋卹，余霍太山山陽侯天使也。三月丙戌，余將使女反滅知氏，女亦立我百邑，余將賜女林胡之地。至於後世，且有伉王，赤黑，龍面而鳥噣，鬢麋髭頾，大膺大胸，脩下而馮，左衽界乘，奄有河宗，至於休溷諸貉，南伐晉别，北滅黑姑。襄子再拜，受三神之令。"《墨子·明鬼下篇》曰："昔者鄭穆公，孫詒讓《閒詁》曰：當作秦穆公。當晝日中，處乎廟。有神入門而左，鳥身，素服三絶，面狀正方。鄭穆公見之，乃恐懼奔。神曰：無懼。帝享女明德，使予錫女壽十年有九，使若國家蕃昌，子孫茂無失。鄭穆公再拜稽首曰：敢問神名。曰：予爲句芒。"此神之身降臨焉者也。夢謂伯儵者，人之先也。見於襄子者，野人也。《管子·輕重丁》曰："龍鬬於馬謂之陽，牛山之陰。管子入復於桓公曰：天使使者臨君之郊，請使大夫初飭宋本作飾。顧千里云："初疑袀之誤。"左右玄服。天之使者乎？天下聞之曰：神哉齊桓公，天使使者臨其郊！不待舉兵而朝者八諸侯。"則動物亦可爲之。《國語·周語》内史過對周惠王曰："昔夏之興也，融降於崇山；其亡也，回禄信於聆隧。商之興也，檮杌次於丕山；其亡也，夷羊在牧。周之興也，鸑鷟鳴於岐山；其衰也，杜伯射王於鄗。是皆明神之志者也。"韋《注》曰："融，祝融也。回禄，火神。"是句芒、陽侯之類也。又曰："檮杌，鮌也。"是伯儵之類也。又曰："夷羊，神獸。鸑鷟，鳳之别名也。"是龍之類也。玄鳥其鸑鷟之儔邪？大人其句芒、陽侯之類邪？不寧惟是。由管子之言推之，則《左氏》昭公十九年龍鬬於鄭時門之外洧淵，亦可云天使也，是以"國人請爲禜焉"。自杜伯射王言之，則晉侯所夢大厲，亦可謂之天使也。《史記·秦始皇本紀》：三十六年，"秋，使者從關東夜過華陰平舒道，有人持璧遮使者曰：爲吾遺滈池君。

因言曰：今年祖龍死。使者問其故，因忽不見，置其璧去。使者奉璧具以聞。始皇默然，良久曰：山鬼固不過知一歲事也。退言曰：祖龍者，人之先也。"此亦霍山神之類，始皇惡其不祥，乃謂爲山鬼耳。《左氏》成公五年：趙嬰夢天使謂己："祭余，余福女。"使問諸士貞伯。士貞伯曰："不識也。"則奉使之神，或見於故記，可訪諸博物君子矣。邑姜夢帝謂己；《皇矣》之詩，屢言帝謂；或亦此類，不必其身自命之也。然親承帝命，如秦穆公、趙簡子者亦有之。萬章曰："天與之者，諄諄然命之乎？"古蓋自有此説，非作《孟子》者漫爲是設問之辭也。

以上推論古所謂天使

〔二四八〕 作洪範之年

《書序》："武王勝殷，殺受，立武庚，以箕子歸，作《洪範》。"《正義》："《書傳》云：武王釋箕子之囚；箕子不忍周之釋，走之朝鮮；武王聞之，因以朝鮮封之。箕子既受周之封，不得無臣禮，故於十三祀來朝。武王因其朝，而問《洪範》。案此《序》云：勝殷，以箕子歸，明既釋其囚，即以歸之。疑作"即以之歸"。不令其走去而後來朝也。又朝鮮去周路將萬里；聞其所在，然後封之；受封乃朝，必歷年矣；不得仍在十三祀也。《宋世家》云：既作《洪範》，武王乃封箕子於朝鮮，得其實也。案周初朝鮮不在秦漢時朝鮮之地，予别有考。《史記》謂文王受命七年而崩；後二年，即受命之九年，武王觀兵於孟津；又二年而克紂；受命十一年。又二年而崩；受命十三年。《書》所謂惟十有三祀者，在克紂之後二年。即朝鮮相去萬里，聞而封之，既封而箕子來朝，亦無不及之理；況乎朝鮮之相去，本不甚遠邪？《正義》所云，蓋從《漢志》之説，謂文王受命九年而崩，再期而伐紂，還歸，二年而後克之，則克殷即在十三年。而又謂朝鮮去周萬里，則宜乎其聞其走而封之，既封而後來朝之不相及矣。然《漢志》、《書傳》，本兩家之説，不能據此以駁彼也。《史記・宋世家》云："武王既克殷，訪問箕子。"下即録《洪範》之文。既具，乃曰："於是武王乃封箕子於朝鮮，而不臣也。其後箕子朝周"云云。蓋但述其事，而未嘗次其先後，《正義》據以駁《大傳》，鑿矣。

原刊《光華大學半月刊》，一九三六年出版

〔二四九〕 禮記表記

《禮記・表記》："子曰：無欲而好仁者，無畏而惡不仁者，天下一人而已矣。是故君子議道自己，而置法以民。”此言衆不可不以賞罰使也，與法家之意同。又曰：“仁有三，與仁同功而異情。與仁同功，其仁未可知也；與人同過，然後其仁可知也；仁者安仁，知者利仁，畏罪者强仁。”與仁同功，謂觀其行跡，異情，則誅其心也。《春秋》誅意不誅事，故與仁同功者，聖人不以仁與之，寧取夫與仁同過者也。以賞罰使民，不過一時之計而已。語其極，則必人人皆能志仁而後可。此又儒家之意與道家相通者也。

《表記》又曰：“子曰：仁之難成久矣，惟君子能之。是故君子不以其所能者病人，不以人之所不能者愧人；是故聖人之制行也，不制以己，使民有所勸勉愧恥以行其言。”此言“置法以民”之又一義，然亦小康以下之教也。若大同之世，則蕩蕩平平，無奇節懿行之可言矣。《老子》曰：“六親不和，有孝慈；國家昏亂，有忠臣。”

〔二五〇〕 人生始化曰魄、既生魄、陽曰魂解

問曰：《禮記·祭義》曰：“宰我曰：吾聞鬼神之名，不知其所謂。子曰：氣也者，神之盛也；魄也者，鬼之盛也。衆生必死，死必歸土。骨肉斃於下，陰爲野土。其氣發揚於上爲昭明，焄蒿悽愴，此百物之精也，神之著也。”案《禮運》曰：“體魄則降，知氣在上。”知、晢一字，《説文解字》曰：“晢，昭晢，明也。”《易·繫辭傳》曰：“乾以易知。”又曰：“通乎晝夜之道而知。”明知氣即此所謂昭明之氣。延陵季子適齊，於其反也，其長子死，葬於嬴博之間。既封，左袒，右還其封，且號者三，曰：“骨肉歸復於土，命也，若魂氣，則無不之也，無不之也。”而遂行。《檀弓》。古不墓祭，而葬曰虞，弗忍一日離也。明形魄爲無知也。乃孔子又曰：“合鬼與神，教之至也。因物之精，制爲之極，明命鬼神，以爲黔首則。二端既立，報以二禮：建設朝事，燔燎羶薌，見以蕭光，以報氣也。薦黍稷，羞肝肺首心，見間以俠甒，加以鬱鬯，以報魄也。”《祭義》。《禮運》曰：“君與夫人交獻，以嘉魂魄。”《郊特牲》曰：“魂氣歸於天，形魄歸於地，故祭，求諸陰陽之義也。”《左氏》襄公二十九年：“裨諶曰：天又除之，奪伯有魄。”昭公七年：“子産適晉，趙景子問焉，曰：伯有猶能爲鬼乎？子産曰：能。人生始化曰魄，既生魄，陽曰魂。用物精多，則魂魄强，是以有精爽，至於神明。匹夫匹婦强死，其魂魄猶能馮依於人以爲淫厲。況良霄，我先君穆公之胄，子良之孫，子耳之子，敝邑之卿，從政三世矣；鄭雖無腆，抑諺曰蕞爾國，而三世執其政柄，其用物也弘矣，其取精也多矣，其族又大，所馮厚矣，而强死，能爲鬼，不亦宜

乎？”又二十五年，樂祁曰：“心之精爽，是謂魂魄，魂魄去之，何以能久？”鄭氏注《祭義》曰：“氣謂噓吸出入者也，耳目之聰明爲魄。”杜氏注《左氏》曰：“魄，形也。陽，神氣也。”《疏》曰：“人稟五常以生，感陰陽以靈。有身體之質，名之曰形。有噓吸之動，謂之爲氣。形氣合而爲用，知力以此而强，故得成爲人也。人之生也，始變化爲形，形之靈者，名之曰魄也。既生魄矣，魄内自有陽氣，氣之神者，名之曰魂也。魂魄神靈之名，本從形氣而有，形氣既殊，魂魄亦異，附形之靈爲魄，附氣之神爲魂也。附形之靈者，謂初生之時，耳目心識，手足運動，啼呼爲聲，此則魄之靈也。附氣之神者，謂精神性識，漸有所知，此則附氣之神也。是魄在於前，而魂在於後，故云既生魄，陽曰魂。魂魄雖俱是性靈，但魄識少而魂識多。《孝經説》曰：魄，白也。魂，蕓也。白，明白也。蕓，蕓動也。形有體質，取明白爲名；氣惟噓吸，取蕓動爲義。”一似魄亦有知者何？

應問者曰：以形魄爲有知，非古義也。古之人以人稟天地之氣而生，而其有知則由於天氣。《樂記》曰：“地氣上齊，天氣下降，陰陽相摩，天地相蕩；鼓之以雷霆，奮之以風雨，動之以四時，煖之以日月，而百化興焉。”《管子》曰：“凡人之生也，天出其精，地出其形，合此以爲人。”《内業》。《淮南王書》曰：“天氣爲魂，地氣爲魄。”《主術》。此皆明言人合天地之氣以生者。其言有知專屬天氣者，《吕覽》曰：“所謂死者，無有所以知，復其未生也。”《貴生》。人之死也，形魄不猶在乎？《論衡》曰：“人之夢，占者謂之魂行。”《紀妖》。夫夢與死，固古人所以信形神之二之兩大端也。《禮運》曰：“人者，其天地之德，陰陽之交，鬼神之會，五行之秀氣也。”神屬陽，天之德，鬼屬陰，地之德也，鬼又何知之有？

《禮記·孔子閒居》曰：“天有四時，春秋冬夏，風雨霜露，無非教也。地載神氣，神氣風霆，風霆流形，庶物露生，無非教也。”又引《詩》曰：“嵩高惟嶽，峻極於天；惟嶽降神，生甫及申。”明嶽所降之神，即風雨霜露之類。故《郊特牲》曰：“天子大社，必受霜露風雨，以達天地之氣也。”此即《管子》所謂天出其精者。《莊子》曰：“察其始而本無生；非徒無生也，而本無形；非徒無形也，而本無氣。雜乎芒芴之閒，變而有氣，氣變而有形，形變而有生，今又變而之死，是相與爲春秋冬夏四時行也。”《至樂》。此即孔子所謂發揚於上爲昭明，百物之精，神之著者。《易》姚氏《注》曰：“陽稱精。”虞氏曰：“乾爲精。”《春秋繁露》曰：“氣之清者爲精。”皆可見其專指天氣。所以稱之爲精者，《禮器》曰：“德産之致也精微。”鄭《注》：“致，密也。”此即今之緻字。《荀子·非相》：“文而致實。”《詩·假樂箋》曰：“成王立朝之威儀，致密無所失。”義皆同。《爾雅·釋言》：“賜，密也。”郭《注》曰：“謂緻密。”字作緻。《公羊》莊公十年：“觕者曰侵，精者曰伐。”《解詁》：“觕，麤也。精，猶精密也。"《老子》曰:"窈兮冥兮,其中有精,其精甚真。"此真字與闐同訓。《淮南王書》曰:"二陰一陽成氣二,二陽一陰成氣三。"高《注》曰:"陰麤觕,故得氣少;陽精微,故得氣多。"《天文》。《韓非·難四》:"事以微巧成,以疏拙敗。"疏與微爲對詞。蓋因風雨霜露,而設想陽氣之極微,因其極微,乃設想其致密也。物最小之分子,古人設想其爲糝粒形,稱之曰氣。氣之大小亦無定。《説文·皮部》:"皰,面生氣也";"皯,面黑氣也";皆形質兼具者。《氣部》:"氣,雲氣也",則有形而無質矣。《莊子·秋水》曰"至精無形",無形者亦不可不謂之氣也。《吕覽·至忠》曰"惡聞忠言,此自伐之精者也",言其爲禍隱伏而不可見,亦無形之義也。其爲物既極微,故能生動飛揚,無乎不在。《吕覽》曰:"何以説天道之圜也?精氣一上一下,圜周復雜,無所稽留,故曰天道圜。"《圜道》。又《大樂》曰:"太一出兩儀,兩儀出陰陽。陰陽變化,一上一下,合而成章。渾渾沌沌,離則復合,合則復離,是謂天常。"義同。又曰:"精氣之集也,必有入也:集於羽鳥,與爲飛揚;集於走獸,與爲流行;集於珠玉,與爲精朗;集於樹木,與爲茂長;集於聖人,與爲敻明。精氣之來也,因輕而揚之,因走而行之,因美而良之,因長而養之,因智而明之。流水不腐,户樞不螻,動也,形氣亦然。形不動則精不流,精不流則氣鬱。氣鬱,處頭則爲腫、爲風,處耳則爲挶、爲聾,處目則爲㬅、爲盲,處鼻則爲鼽、爲窒,處腹則爲張、爲疛,處足則爲痿、爲蹷。"《盡數》。精氣之變動不居如此,故《易·繫辭傳》稱其德曰"惟神也,故不疾而速,不行而至";曰"神無方而易無體";曰"利用出入,民咸用之謂之神"。又曰"知變化之道者,其知神之所爲乎",又曰"陰陽不測之謂神"。

《定之方中》之詩曰:"星言夙駕。"《韓詩》曰:"星,精也。"《史記·天官書》:"天精而見景星。"《集解》引孟康曰:"精,明也。"《索隱》引韋昭曰:"精,謂清朗。"《漢書》作暒,亦作甠。郭璞注《三蒼》曰:"暒,雨止無雲也。"此即今之晴字,從日從星。《説文·夕部》:"姓,雨而夜除星見也。"與甠皆暒之或體,蓋從星省聲,非從生也。然則古言晴者,或曰星,或曰精,此可見星精一字。古謂星主人民,實由其謂天之精氣生人也,參看《庶民惟星解》。暒者星之分别文,晴者精之後起字。知精有光明之義,即所謂知氣也。故《管子》曰:"知氣和則生物從。"《幼官》。孔子曰:"清明在躬,志氣如神,耆欲將至,有開必先。"《孔子閒居》。此知氣之在人者,以其變動不居也,故其爲用亦有微妙不可測者焉。《管子》曰:"善氣迎人,親於弟兄。惡氣迎人,害於戎兵。不言之聲,疾於雷鼓。心氣之形,明於日月,察於父母。"《内業》。《吕覽》曰:"攻者砥礪五兵,侈衣美食,發且有日矣,所被攻者不樂,非或聞之也,神者先告也。身在乎秦,所親愛在於齊,死,而志氣不安,精或往來也。"《精通》。不徒人也,《左氏》莊公十四年:"初,内蛇與外蛇鬬於鄭南門中，内蛇死，六年而厲公人。公聞之，問於申繻曰：猶有妖乎？對曰：人之所忌，其氣燄以取之，妖猶人興也。猶同由。人無釁焉，妖不自作。”則人與物之間，亦有感應之理矣。《易》曰：“寂然不動，感而遂通天下之故，非天下之至神，其孰能與於此？”《繫辭傳》。謂此也。《樂記》曰：“易、直、子、諒之心生則樂，樂則安，安則久，久則天，天則神。”《管子》曰：“賞不足以勸善，刑不足以懲過。氣意得而天下服，心意定而天下聽。摶氣如神，萬物備存。能摶乎？能一乎？能無卜筮而知吉凶乎？能止乎？能已乎？能勿求諸人而得諸己乎？思之思之，又重思之。思之而不通，鬼神得通之。非鬼神之力也，精氣之極也。”《内業》。《吕覽》曰：“無以害其天則知精，知精則知神。”《論人》。《孟子》曰：“聖而不可知之之謂神。”《告子》下。《荀子》曰：“盡善浹洽之謂神。”《儒效》。則脩爲之效也，凡以神之變化無方也。

《中庸》曰：“鬼神之爲德，其盛矣乎？視之而不見，聽之而不聞，體物而不可遺。《注》：“體猶生也，可猶所也，不有所遺，言萬物無不以鬼神之氣生也。”使天下之人，齊明盛服，以承祭祀，洋洋乎，如在其上，如在其左右。”此雖言鬼，實但指神。鬼神并稱，乃浹句圓文之例耳。《左氏》襄公二十年：寧惠子謂悼子曰：“猶有鬼神，吾有餒而已，不來食矣。”同此。《郊特牲》曰：“直祭祝於主，索祭祝於祊。不知神之所在。於彼乎？於此乎？或諸遠人乎？”即如在其上，如在其左右之義也。《左氏》宣公四年：子文曰：“鬼猶求食。若敖氏之鬼，不其餒而？”此雖言鬼，意實指神。乃對文則别、散文則通之例。定公五年：“吴師居麇。子期將焚之。子西曰：父兄親暴骨焉，不能收，又焚之，不可。子期曰：國亡矣，死者若有知也，可以歆舊祀，豈憚焚之？”明享禋祀者，乃魂神而非體魄也。《荀子》曰：“葬埋，敬藏其形也；祭祀，敬事其神也。”《禮論》。亦以二者分言。

《易》曰：“同聲相應，同氣相求。水流濕，火就燥；雲從龍，風從虎，聖人作而萬物覩。本乎天者親上，本乎地者親下，則各從其類也。”《文言》。案《大戴記曾子天圓》曰：“天之所生上首，地之所生下首。”即《易》所謂本乎天者親上，本乎地者親下也。上首謂動物，下首謂植物也。《荀子》曰：“水火有氣而無生，草木有生而無知，禽獸有知而無義。”《王制》。亦知專屬天氣之證。

以上論古以魂神爲有知形魄爲無知

子産言人生始化曰魄，既生魄，陽曰魂，一似魂魄之生分先後者，於理殊不可通，劉炫即疑之，見《疏》。是何也？曰：魂不能離魄而存，理極易見，然自邃古以來，習以形神爲二久矣，不能驟更，乃謂魂必藉魄以爲養，形榮而後神全焉，故曰：用物精多則魂魄强，是以有精爽，至於神明。此魂魄二字，但當言魄；曰魂魄者，亦浹句圓文之例也。下文“其魂魄猶能馮依於人以爲淫厲”，則當但言魂。《管子》曰：“凡物之精，此則爲生。下生五穀，上爲列星。流於天地之間，謂之鬼神。藏於胸中，謂之聖人。”《内業》。此言精氣之集於人也。又曰：“定心在中，耳目聰明，四枝堅固，可以爲精舍。”又曰：“敬除其舍，精將自來。精想思之，寧念治之，嚴容畏敬，精將至定。”又曰：“凡食之道，大充傷而形不臧，大攝骨枯而血沍。充攝之閒，此謂和成，精之所舍，而知之所生。”同上。案《内業》多醫家言，可與《吕覽・盡數》參看。又曰：“怠倦者不及，無廣者疑神。”廣同曠，疑同凝。此言人治其身心，以全神氣之道也。神之全係於形之榮如此，用物精多則魂魄强，理固然矣。人之死也，魂神還於太虚，而失其所以爲人，猶之骨肉歸復於土。然形魄既强，則有暫時凝集不散者，是則能馮依於人以爲淫厲。故子産曰：“鬼有所歸，乃不爲厲。”《疏》引鄭箴《膏肓》曰：“厲者，陰陽之氣相乘不和之名，《尚書五行傳》六厲是也。人死，體魄則降，知氣在上。有尚德者，附和氣而興利。孟夏之月，令雩祀百辟、卿士有益於民者，由此也。爲厲者因害氣而施災，故謂之厲鬼。《月令》：民多厲疾，《五行傳》有御六厲之禮；《禮》：天子立七祀有大厲，諸侯立五祀有國厲；欲以安鬼神，弭其害也。”所以使之有所歸也。然魂魄雖强，亦久而必散。《樂記》曰：“幽則有鬼神。”《注》曰：“《五帝德》説黄帝德曰死而民畏其神百年，《春秋傳》曰若敖氏之鬼；然則聖人之精氣謂之神，賢知之精氣謂之鬼。”案此亦對文則别，散文則通之例耳，鄭妄生分别，實非是。《五帝德》説黄帝德，又曰亡而民用其教百年。曰亡，則其神已無存矣，《管子》所謂“源泉有竭，鬼神有歇”也。《輕重丁》。神歇則徒爲鬼矣。《祭法》述天子、諸侯、大夫、適士、官師、庶士、庶人之制，或去墠爲鬼，或去壇爲鬼，或去王考爲鬼，或死曰鬼。曰鬼，明其神不復存焉；其或遲或速，則用物有弘纖，取精有多少也。雖有久暫之殊，語其極蓋無不散者，故《祭法》又曰大凡物生於天地之間者皆曰命，其物死曰折，人死曰鬼也。

《左疏》以神靈分屬魂魄，説本《曾子天圓》。《天圓》曰：“陽之精氣曰神，陰之精氣曰靈。”此亦隨意分别言之，不謂靈有所知。《詩》《靈臺》毛《傳》曰：“神之精明者稱靈。”則又以靈屬陽氣矣。《禮記・聘義》：“氣如白虹，天也。精神見於山川，地也。”《注》曰：“精神，亦謂精氣也。虹，天氣也。山川，地所以通氣也。”此即《禮運》所謂“地秉陰，竅於山川者。”彼《注》云：“竅，孔也。言地持陰氣，出内於山川。”則地亦以精氣言之矣。古書用字，意義多歧，非如今日科學家之謹嚴，不容過於拘泥也。

《續漢書·五行志》引《五行傳》曰："皇之不極，是謂不建，時則有下人伐上之痾。"《注》曰："鄭玄曰：夏侯勝説：伐宜爲代。書亦或作代。陰陽之神曰精氣，情性之神曰魂魄。君行不由常，侜張無度，則是魂魄傷也。皇極氣失之病也。天於不中之人，恒耆其毒，增以爲病，將以開賢代之也。《春秋》所謂奪伯有魄者是也。不名病者，病不著於身體也。"《注》又曰："注《五行志》稱鄭玄曰：皆出注《大傳》。"此除引《左氏》外，説當略本夏侯。既曰魂魄傷，又曰病不著於身體，明魂魄傷之魄字，亦并舉以圓文；奪伯有魄之魄，則實當言魂；所謂氣失之病也。

以上論古謂魂神藉形魄而强

《洪範》五行之次："一曰水，二曰火，三曰木，四曰金，五曰土。"《周書·小開武》篇亦曰："五行：一黑位水，二赤位火，三蒼位木，四白位金，五黄位土。"二説符會，必非偶然。《左氏》昭公二十五年："用其五行。"杜《注》云："金、木、水、火、土。"《疏》云："《洪範》以生數爲次。《大禹謨》説六府云水、火、金、木、土、穀，五行之次與《洪範》異者，以相刻爲次也。此《注》言金、木、水、火、土者，隨便而言之，不以義爲次也。"案僞《大禹謨》之文，實本於《禮運》之水、火、金、木、飲食，似亦隨便言之。今人言語，猶恒曰金、木、水、火、土，其次亦無義也。《洪範》、《周書》，明著其次，自不得援以爲例。《洪範疏》曰："萬物之本，有生於無，著生於微，及其成形，亦以微著爲漸；五行先後，亦以微著爲次。五行之體，水最微爲一，火漸著爲二，木形實爲三，金體固爲四，土質大爲五。"《月令疏》云：水體最微；火比於水，嚴厲著見；木比火象有體質；金比木其體堅剛；土載四行，又廣大。水、火次前，金、木次後，自無間然；木、金、土之次，説亦可通；水有質，顧居前；火無質，顧居後；何也？讀《管子·水地》之篇，則知其故矣。《水地》曰："水具材也。案此即《左氏》襄公二十七年子罕曰"天生五材，民并用之"之"材"，言火、木、金、土，其初皆爲水也。無不滿，無不居也。集於天地，而藏於萬物，産於金石，集於諸生，故曰水神。集於草木，根得其度，華得其數，實得其量。鳥獸得之，形體肥大，羽毛豐茂，文理明著。萬物莫不盡其幾，反其常者，水之内度適也。"幾者物之微，猶今言最小分子。《莊子·至樂》曰"種有幾。得水則爲㡭。得水土之際，則爲鼃蠙之衣。生於陵屯，則爲陵舄。陵舄得鬱棲，則爲烏足。烏足之根爲蠐螬，其葉爲胡蝶。胡蝶胥也，化而爲蟲，生於竈下，其狀若脱，其名爲鴝掇。鴝掇千日爲鳥，其名爲乾餘骨。乾餘骨之沫爲斯彌。斯彌爲食醯。頤輅生乎食醯。黄軦生乎九猷。瞀芮生乎腐蠸。羊奚比乎不箰。久竹生青寧。青寧生程。程生馬。馬生人。人又反入於幾。萬物皆出於幾，皆入於幾。"此文雖難曲釋，大意尚有可知，蓋謂物以最小分子始，亦以最小分子終。終則復始、無待於言。自“得水則爲鼃”至“馬生人”，蓋《管子》所謂“盡其幾”者；其“反入於幾”，則《管子》所謂“反其常也”。常同尚，同上。物之出於幾，其情狀果何如乎？《水地》篇曰：“人，水也。男女精氣合而水流形，三月如咀。咀者何？曰五味。五味者何？曰五藏。酸主脾，鹹主肺，辛主腎，苦主肝，甘主心。五藏已具，而後生肉。脾生膈，肺生骨，腎生腦，肝生革，心生肉。五肉已具，而後發爲九竅。脾發爲鼻，肝發爲目，腎發爲耳，肺發爲口，心發爲下竅。五月而成，十月而生。生而目視、耳聽、心慮。”氣者生物之本，《大戴記・文王官人》曰：“氣初生物。”《周書・官人》同。《樂記》：“氣衰則生物不遂。”《管子・樞言》：“有氣則生，無氣則死，生者以其氣。”氣合而水流形，故五行之次，以水爲首也。《公羊》隱公元年《疏》引《春秋説》云：“元者端也，氣泉。”《注》云：“元爲氣之始，如水之有泉。”此即《莊子・大宗師》所謂“氣母”。《易・乾卦・彖辭》曰：“雲行雨施，品物流形。”《姤》之《彖辭》曰：“天地相遇，品物咸章。”《論衡・雷虚》篇曰：“説雨者以爲天施氣，氣渥爲雨。”皆以氣爲生物之本，而其初變則爲水也。沮者沮洳之義。氣無味，凝而爲水若沮洳，則有味矣。五味者何曰五藏，蓋謂具五味之水，成五藏之形，又繼此而生五肉，此皆子産所謂始化曰魄；發爲九竅，則其所謂陽曰魂也。《左氏》昭公元年，醫和曰：“天有六氣，降生五味，發爲五色，徵爲五聲。”二十五年，子大叔述子産之言曰：“則天之明，因地之性，生其六氣，用其五行。氣爲五味，發爲五色，章爲五聲。”《大戴記・文王官人》曰：“氣初生物，物生有聲。”義亦如此。昭公九年，屠蒯曰：“味以行氣，氣以實志，志以定言。”《大戴記・四代》篇：子曰：“食爲味，味爲氣，氣爲志。”此則形魄既成之後，取物以爲養也。形者重濁之質，當以重濁養之；氣者輕清之質，當以輕清養之；故曰“凡飲，養陽氣也；凡食，養陰氣也”。輕清之至，則其所以養之者，亦且無形，故曰“至敬不饗味而貴氣臭”。有虞氏之祭尚用氣，殷人尚聲，周人尚臭也。《郊特牲》。《管子》曰：“精存自生，其外安榮，内藏以爲泉原。浩然和平，以爲氣淵。淵之不涸，四體乃固。泉之不竭，九竅遂通。”《内業》。此即所謂“味以行氣，氣以實志”者，皆魂必藉魄以爲養之義也。

《吕覽・大樂》曰：“萬物所出，造於太一，化於陰陽。萌芽始震，凝凔以形。”畢校曰：“《御覽》作萌芽始厥，凝寒以刑。《注》：厥，動也。字書無凔字。”案凔者水之寒，古人隨義異文，字書固不能盡載。萌芽始動，而凝凔以形，蓋亦精氣合而水流形之意。《洪範》庶徵：曰雨，曰暘，曰燠，曰寒，曰風。《疏》云：“昭元年《左傳》云：天有六氣，陰、陽、風、雨、晦、明也。”以彼六氣，校此五氣：雨、暘、風，文與彼同；彼言晦、明，此言寒、燠，則晦是寒也，明是燠也，惟彼陰於此無所當耳。《五行傳》説五事致此五氣云："貌之不恭，是謂不肅，厥罰恒雨，惟金沴木"；"言之不從，是謂不乂，厥罰恒暘，惟木沴金"；"視之不明，是謂不悊，厥罰恒燠，惟木沴火"；"聽之不聰，是謂不謀，厥罰恒寒，惟火沴水"；"思之不睿，是謂不聖，厥罰恒風，惟木、金、水、火沴土"。如彼《五行傳》言，是雨屬木，暘屬金，燠屬火，寒屬水，風屬土。鄭云："雨，木氣也，春始施生，故木氣爲雨。暘，金氣也，秋物成而堅，故金氣爲暘。燠，火氣也。寒，水氣也。風，土氣也。凡氣非風不行，猶金、木、水、火非土不處，故土氣爲風。六氣有陰；五事休咎，皆不致陰。"《五行傳》又曰："皇之不極，厥罰常陰，是陰氣不由五事，别自屬皇極也。"《左氏》"降生五味"，杜《注》謂"皆由陰、陽、風、雨而生"，《疏》曰："是陰、陽、風、雨、晦、明，合雜共生五味。若先儒以爲雨爲木味，風爲土味，晦爲水味，明爲火味，陽爲金味，而陰氣屬天，不爲五味之主，此杜所不用也。"案陰氣屬天，不主五味，即其不由五事，别屬皇極之義。《管子》曰："準也者，五量之宗也；素也者，五色之質也；淡也者，五味之中也。"《水地》。淡之爲味，蓋在流形之始，未逮如沮之時。然已非氣矣。《吕覽》特造凓字，明其爲水之寒，而非氣之寒也。

以上論古以氣爲生物之本氣始凝爲水五行所以首水

《禮運》曰："是故夫政，必本於天，殽以降命，命降於社之謂殽地。"鄭《注》曰"殽天之氣，以下教令"，以殽爲效法之義，恐非。"殽以降命"以下數語，蓋言天事而非人事。殽，雜也。凡物之生，皆由天命，天命一也，而所生之物萬殊，故曰殽。《易》曰："乾道變化，各正性命。"《乾彖辭》。《樂記》曰："方以類聚，物以羣分，則性命不同矣。"《大戴記・本命》曰："分於道謂之命，形於一謂之性，化於陰陽，象形而發謂之生。"皆殽以降命之義。《吕覽》曰："何以説地道之方也？萬物殊類殊形，皆有分職，不能相爲，故曰地道方。"《圜道》。《大戴記・禮三本》曰："天地者生之本也；先祖者，類之本也。"《荀子・禮論》同。《郊特牲》曰："萬物本乎天，人本乎祖。"萬物本乎天，以其生皆由天命也；類各本乎其祖，則以命降地而殽也。凡象形而發之物，無能相爲者，獨神物不然。《論衡》曰："天地之間，恍惚無形，寒暑、風雨之氣乃爲神。今龍有形，有形則行，行則食，食則物之性也。天地之性，有形體之類，能行食之物，不得爲神。"《龍虚》。其説則是矣，而不知古之所謂龍者，非如是也。《管子・水地》篇曰："龍生於水，被五色而游，故神。欲小則化如蠶蠋，欲大則藏於天下，欲尚則陵於雲氣，欲下則入於深泉；變化無日，上下無時，謂之神。"又曰："水之精麤濁蹇，能存而不能亡者，生人與玉；伏闇能存而亡者，蓍龜與龍；或世見或不見者，蝺與慶忌。"然則物固有仍能變化者，豈以其得天氣獨多故邪？《大戴記·易本命》曰："食氣者，神明而壽；不食者，不死而神。"其謂是邪？古言龍，有以爲神明能變化者，《管子》此篇是也；有以爲有形體、能飲食者，《大戴記·曾子天圓》、《易本命》之説是也。二説互異，各不相妨。《論衡》又曰："神者，恍惚無形，出入無門，上下無垠，故謂之神。今雷公有形，雷聲有器，安得爲神？"《雷虛》。此亦可以闢漢人所畫之雷，而不可以闢古人之所謂雷者也。《淮南·天文》云："天地之襲精爲陰陽，陰陽之專精爲四時，四時之散精爲萬物。"萬物成於四時之散精，此其類之所以雜也。

以上論古謂形魄不能變化惟神物不然

《易觀》之《象辭》曰："聖人以神道設教，而天下服矣。"世或以是爲愚民之術，此大繆也。道者，物之所由生，故曰"分於道謂之命"。《管子·四時》曰："道生天地。"《繫辭傳》曰："一陰一陽之謂道，繼之者善也，成之者性也。"天地絪緼，男女搆精，此所謂"一陰一陽之謂道"；自水之流形，至於九竅之發，皆"繼之者善"之事；十月而生，則所謂"成之者性"也。追原生物之功而至於天地，崇高玄遠，其爲用本可敬畏；而逝者如斯，不舍晝夜，一受其成形，不亡以待盡，其爲用，又有足使人感喟者焉。《祭義》曰："因物之精，制爲之極，明命鬼神，以爲黔首則，百衆以畏，萬民以服。聖人以是爲未足也，築爲宫室，設爲宗祧，以別親疏遠邇，教民反古復始，不忘其所由生也。衆之服自此，故聽且速也。"此正神道設教之義。《檀弓》曰："魯人有周豐也者，哀公執摯請見之，而曰：不可。公曰：我其已夫！使人問焉，曰：有虞氏未施信於民而民信之，夏后氏未施敬於民而民敬之，何施而得斯於民也？對曰：墟墓之閒，未施哀於民而民哀，社稷宗廟之中，未施敬於民而民敬，殷人作誓而民始畔，周人作會而民始疑。苟無禮義忠信誠慤之心以涖之，雖固結之，民其不解乎？"此神道設教之效也。《禮器》曰："天道至教，聖人至德。廟堂之上，罍尊在阼，犧尊在西；廟堂之下，縣鼓在西，應鼓在東。君在阼，夫人在房；大明生於東，月生於西。此陰陽之分，夫婦之位也。君西酌犧象，夫人東酌罍尊，禮交動乎上，樂交應乎下，和之至也。"致中和，天地位焉，萬物育焉，本天道以教和，亦神道設教之意也，而豈有愚民之意哉？

以上論神道設教之義

〔二五一〕 龍

乾卦之取象於龍，何也？曰：讀《管子》水地之篇，則可以知其故矣。《水地》曰：地者，萬物之本原，諸生之根菀也。美惡賢不肖愚俊之所生也。水者，地之血氣，如筋脈之通流者也。故曰：水具材也，水集於玉，而九德出焉，凝蹇而爲人，而九竅五慮出焉，此乃其精也。精麤濁蹇，能存而不能亡者也。伏暗能存而能亡者，蓍龜與龍是也。龜出於水，發之於火，於是爲萬物先，爲禍福正。龍生於水，被五色而游，故神。欲小則化爲蠶蠋，欲大則藏於天下，欲上則凌於雲氣，欲下則入於深泉，變化無日，上下無時，謂之神。龜與龍，伏暗而能存能亡者也。或世見或不世見者，生蟡與慶忌，故涸澤數百歲，谷之不徙，水之不絶者生慶忌。慶忌者，其狀若人，其長四寸，衣黄衣，冠黄冠，戴黄蓋，乘小馬，爲疾馳，以其名呼之，可使千里外一日反報，此涸澤之精也。涸川之精者生於蟡，蟡者，一頭而兩身，其形若蛇，其長八尺，以其名呼之，可以取魚鱉，此涸川水之精也。是以水之精麤濁蹇，能存而不能亡者，生人與玉；伏闇能存而亡者，蓍龜與龍；或世見或不見者，蟡與慶忌：是則管子將水所生物，分爲三類也。今人多好考龍如何物，然則蟡與慶忌，亦可考其如何物乎？

《淮南子·地形》曰：正土之氣也，御乎埃天，埃天五百歲生缺，缺五百歲生黄埃，黄埃五百歲生黄澒，黄澒五百歲生黄金，黄金千歲生黄龍，黄龍入藏生黄泉，黄泉之埃，上爲黄雲，陰陽相薄爲雷，激揚爲電，上者就下，流水就通，而合於黄海。偏土之氣，御乎清天，清天八百歲生青曾，青曾八百歲生青澒，青澒八百歲生青金，青金八百歲生青龍，青龍入藏生青泉，青泉之埃，上爲青雲，陰陽相薄爲雷，激揚爲電，上者就下，流水就通，而合於青海。壯土之氣，御於赤天，赤天七百歲生赤丹，赤丹七百歲生赤澒，赤澒七百歲生赤金，赤金千歲生赤龍，赤龍入藏生赤泉，赤泉之埃，上爲赤雲，陰陽相薄爲雷，激揚爲電，上者就下，流水就通，而合於赤海。弱土之氣，御於白天，白天九百歲生白礜，白礜九百歲生白澒，白澒九百歲生白金，白金千歲生白龍，白龍入藏生白泉，白泉之埃，上爲白雲，陰陽相薄爲雷，激揚爲電，上者就下，流水就通，而合於白海。牝土之氣，御於玄天，玄天六百歲生玄砥，玄砥六百歲生玄澒，玄澒六百歲生玄金，玄金千歲生玄龍，玄龍入藏生玄泉，玄泉之埃，上爲玄雲，陰陽相薄爲雷，激揚爲電，上者就下，流水就通，而合於玄海。説雖荒怪，然其大意，乃謂地氣上昇；與天相接，久而生金，由金生龍，由龍生泉，再上升而爲雲，雲下降而爲雨，雨匯流而成海，與《管子》以水地爲萬物之本，亦覺消息相通也。

《易·繫辭》曰：龍蛇之蟄，以存身也。古所謂龍者，果爲何物，雖不可知，然必爲蛇類，古書恒以龍蛇并言。《管子·樞言》曰：一龍一蛇，一日五化之謂周，似以變化時爲龍，不變化時爲蛇。是謂龍能蟄也。文言曰：雲從龍，是亦謂龍能乘風雲而上天也。《論衡·龍虚篇》曰：盛夏之時，雷電擊折樹木，發壞室屋，俗謂天取龍，謂龍藏於樹木之中，匿於室屋之間也。雷電擊折樹木，發壞室屋，則龍見於外，龍見，雷取以昇天，世無愚智賢不肖，皆以爲然。又曰：世俗之言，亦有緣也。短書言龍無尺木，無以昇天。又曰昇天，又曰尺木，謂龍從木中昇天也。案藏於樹木之中，匿於室屋之間，是即所謂蟄也。因雷電而昇天，是即《易》所謂雲從龍也。然則自先秦至漢，人心之所謂龍，迄未嘗變也，且驗仲任龍虚之篇，彼時世俗之言，與今人亦無大異，知傳説之難改。然則古之所謂龍者，其亦即後世愚夫愚婦之所謂龍歟？此乃雷雨之時所見，本無所謂龍，然古人迷惑，見一小物謂爲能變者甚多，雷雨之時，見名之曰龍，及乎晴霽，乃指類於蛇，小如蠶蝎之物以當之，事所可有，安可究詰，必欲索之於今之動物學中，則惑矣。世俗多謂狐能變幻，雖古昔亦然。謂今之所謂狐者，不足以當古短書之狐，而必别求其物以實之，其亦可乎？

〔二五二〕帝

吴清卿《字説》，謂“帝皇之帝，與根柢之柢，原即一字。初但作▽作▼，後乃作帝”。其説憑字形推測，未知信否。然上帝之帝，古確有根柢之義。《周書·周祝》：“危言不干德曰正，正及神人曰極，世之能極曰帝。”《淮南·詮言》：“四海之内，莫不繫統，故曰帝也。”是也。又《周官·地官》泉府《釋文》，抵音帝，亦可見柢帝之同音。

〔二五三〕磌　然

《公羊》僖公十六年，“聞其磌然，視之則石，察之則五”。《釋文》：“磌然，之人反；又大年反；聲響也。一音芳君反。本或作砰，八耕反。”《穀梁注》引《公羊》之辭，《疏》曰：“磌字，《説文》、《玉篇》、《字林》等無其字，學士多讀爲砰。據《公羊》古本，并爲磌字。張揖讀爲磌，是石聲之類，不知出何書也。"《校勘記》引《經義雜記》曰："今《玉篇》有磌字，云音響也，蓋孫强等增加。《廣雅》四《釋詁》：砰，普耕反，聲也，而無磌字。楊云張揖讀爲磌，是古本《廣雅》有磌矣。《五經文字》：磌，之人反，又大年反，聲響也，見《春秋傳》。"案八耕反與芳君反，同聲異韻，乃學士以當時狀聲之辭讀《公羊》，非其本字也。《公羊》本字，自當作磌，楊《疏》謂古本皆如此，又《廣雅》本有磌字，可見。此磌然，即《孟子》"填然鼓之"之"填然"；《梁惠王》上。因其爲石聲，故易土旁爲石旁耳。《楊疏》"張揖讀爲磌"，疑當作讀爲填。填然，蓋狀重物相擊，實而不浮之聲。古真字本訓充實，不作誠僞之誠解，故闐字從真得聲。今讀真爲之人反，闐爲大年反，古無是别也。《老子》曰："窈兮冥兮，其中有精，其精甚真。"即充實之義。若依今人用法，則當作闐。《莊子》之真人亦然，故謂其"入水不濡，入火不爇"也。見《大宗師》篇。又《天下》篇"關尹老聃乎？古之博大真人哉"，亦此意。觀上文言"堅則毁矣，鋭則挫矣"可知。《玉藻》"色容顛顛"，"盛氣顛實揚休"，又以顛爲之。

〔二五四〕 稽古同天

俞理初曰："《詩·玄鳥正義》引《尚書緯》云：曰若稽古帝堯，稽，同也；古，天也。《三國志》、《書正義》均詆鄭氏信緯，以人繫天，於義無取；且云：古之爲天，經無此訓；不悟《詩》云古帝命武、湯，正是經訓古爲天。"《癸巳類稿·光被四表格於上下古文説》。愚案《周書·周祝》："天爲古，地爲久，察彼萬物名於始。"此古書明言天爲古者。《管子·任法》曰："法不一，則有國者不祥；國更立法以典民，則祥。故曰：法者，不可恒也，存亡治亂之所從出，聖君所以爲天下大儀也，君臣上下貴賤皆發焉。故曰：法，古之法也。"《韓非子·定法》曰："韓者，晉之别國也。晉之故法未息，而韓之新法又生；先君之令未收，而後君之令又下。"所謂法不一者也。故國必不免於是，故貴更之，故曰不可恒。不可恒而曰古之法，則其所謂古者，非謂年代久遠，亦訓天耳。《祭義》曰："以事天地、山川、社稷、先古。"先古即天古，乃複語。蓋天地之道，悠久無疆，故天可訓之以古。而天，顛也，本有最上之義，時之尚者則古矣。故言古者亦可言天也。《尹告》曰："惟尹躬天見於西邑夏。"《禮記·緇衣》引。鄭《注》讀天爲先，可證。

〔二五五〕 獵　較

《孟子·萬章》下篇:"魯人獵較,孔子亦獵較,獵較猶可,而況受其賜乎?"《注》云:"獵較者,田獵相較,奪禽獸,得之以祭,時俗所尚,以爲吉祥。孔子不違而從之,所以小同於世也。"田獵縱不能教讓,豈有相奪之禮?相奪乃大亂之道,孔子焉得從之?趙《注》似近億説。予謂獵較,即漢人所謂校獵。《漢書注》云:"校獵者,大爲闌校以遮禽獸而獵取也。"《成帝紀》元延二年。有盡物之意,非天子不合圍,諸侯不掩羣之義;故充類至義之盡,謂之盜也。

〔二五六〕 上　國

《左氏》昭公二十七年:"吴子欲因楚喪而伐之。使公子掩餘、公子燭庸帥師圍潛,使延州來季子聘於上國。吴公子光曰:此時也,弗可失也。告鱄設諸曰:上國有言曰:不索何獲?我王嗣也,吾欲求之。"《疏》曰:"賈逵云:上國,中國也。服虔云:上國,謂上古之國,賢士所言也。此猶如上文聘於上國,則賈言是也。"案以成公七年"通吴於上國"之文言之,亦賈説是也。然昔人引古語者甚多,引同時列國之言者甚少。蠻夷引中國之言,亦不少概見。蓋載籍所傳者,多非其人之言,實執筆者以其意爲之辭耳。聘於上國之文,服虔豈不之見?必以上古之國釋之者,夫固别有見地也。竊疑《左氏》記事,雖有依據,其文則多經傳者潤飾。創通《左氏》者,多西漢末葉人,如劉歆、鄭興輩,於古書未必能真解。或見上國有言之文,誤解上國爲中國,因遂施之季札之聘,巫臣之通耳。要之《左氏》記事,大致可資參證,然其釋經處必出妄説,其文字亦多非故書之舊,則不可不知也。

〔二五七〕 女稱君亦稱君子

馮雲伯《十三經詁答問》云:"問《碩人》無使君勞,《毛傳》:大夫未退,君聽朝於路寢,夫人聽内事於正寢,大夫退然後罷。是君勞似兼夫人言之,何也?曰:此君字當專指夫人言。《列女傳》:君者,謂女君也。引此,是《魯詩》説。鶉奔我以爲君,《毛傳》:君,國小君,蓋夫人自稱曰小君也。"愚案《碩人》毛《傳》,意或亦專指夫人;兼言君者,連類及之耳。古書固多如此也。又案俞理初《癸巳類稿》云：《喪服傳》云：君子子者，貴人之子也。此君子當屬母，即《詩·都人士》云彼君子女謂之尹吉者，以求之者必爲適妻故也。卷三。然則君與君子，皆男女之通稱矣。君者，羣也。能理一羣之事者，斯謂之君，固無分於男女。抑古者男有男事，女有女事，如今原始部族，往往戰守之事屬之男，弓矢戈矛之類，亦爲男子所有，凡爲戰守而結合之團體惟男子主之，女子不與焉。至於種植烹飪，緝績裁縫，治理居處，撫育孩幼，則皆女子主之，男子不與，其物亦皆女子所有，故家屬於女子也。此所謂男子治外，女子治内，而非如小康之世，所謂深宫固門，閽寺守之，男不入，女不出者也。小康之世之婦人，所治者悉爲家事，而家爲男子之所有，則亦無産之奴隸而已矣。

〔二五八〕 札

《周官》大司徒："大荒大札，則令邦國移民，通財，舍禁，弛力，薄征，緩刑。"《注》："大荒，大凶年也；大札，大疫病也。"司市："國凶荒札喪，則市無征而作布。"司關："國凶札，則無關門之征。"《注》："鄭司農云：凶，謂凶年饑荒也；札，謂疾疫死亡也；越人謂死爲札。《春秋》傳曰：札瘥夭昏。"《疏》曰："上注札爲疫病，此司農以札爲死，則札因病而死，義得兩兼，是以引越人謂死爲札也。云《春秋傳》者，昭十九年《左氏》云：鄭駟偃卒，其父兄立子瑕。子産曰：寡君之二三臣，札瘥夭昏。《注》云：大死曰札，小疫曰瘥，短折曰夭，未名曰昏。又《洪範》云：六極，一曰凶短折。《注》曰：未齔曰凶，未冠曰短，未昏曰折，并無正文，望《經》爲説耳。引《春秋》者，證札爲大疫也。"案司徒職所謂大荒，即司市所謂凶荒，司關所謂凶；其所謂大札，即司市所謂札喪，司關所謂札；辭有單複，義無同異。《司徒注》但云疫病，乃辭不具，非謂未致死亡；《疏》謂義得兩兼，誤也。札、折，疑即一語。《禮記·祭法》："大凡生於天地之間者皆曰命，其萬物死皆曰折，人死曰鬼。"《注》："折，棄敗之言也。"蓋指秋時草木黄落言之，秋冬萬物皆死，總稱爲折，不復分别其名。萬物死其數甚多，因引申爲人死甚多之稱；死亡甚多者，固惟疫病足以致之也。

〔二五九〕 易抱龜南面

《祭義》："昔者聖人建陰陽天地之情，立以爲易。易抱龜南面，天子卷冕北面，雖有明知之心，必進斷其志焉；示不敢專，以尊天也。”《注》：“易，官名。《周禮》曰大卜，大卜主三兆三易三夢之占。”案《周官·春官》占人：“掌占龜，以八簭占八頌。”《左氏》僖公十五年，秦伯伐晉，卜徒父筮之，其卦遇《蠱》。則古者卜筮之職，蓋不甚分。《少牢饋食禮》：“史朝服，左執筮，右抽上韇，兼與筮執之，東面受命於主人。”《疏》云：“《雜記》：大夫士筮，亦云史練冠長衣。”今案《左氏》莊公二十二年：“周史有以《周易》見陳侯。”襄公九年：“穆姜薨於東宫，始往而筮之，遇《艮》之八；史曰：是謂《艮》之《隨》，《隨》其出也，君必速出。”是史亦知筮也。《荀子·王制》：“相陰陽，占祲兆，鑽龜陳卦，主攘擇五卜，知其吉凶妖祥，傴巫跛擊之事也。”《注》：“五卜，《洪範》所謂曰雨、曰霽、曰蒙、曰驛、曰尅。擊讀爲覡，男巫也。”其説當，則巫覡亦通於卜筮矣。蓋其術并非甚難也。

〔二六〇〕三兆三易

《周官·春官》：大卜，掌三兆三易之法。《注》引杜子春云：“玉兆，帝顓頊之兆；瓦兆，帝堯之兆；原兆，有周之兆。”又云：“《連山》宓犧，《歸藏》黄帝。”《疏》引“趙商問：杜子春何由知之？鄭答云：此數者非，無明文，改之無據，故著子春説而已，近師皆以爲夏、殷、周。鄭既爲此説，故《易贊》云：夏曰《連山》，殷曰《歸藏》。又注《禮運》云：其書存者有《歸藏》。如是，玉兆爲夏，瓦兆爲殷可知，是皆從近師之説也。”案《史記·自序》云：“齊、楚、秦、趙爲日者各有俗，所用欲循觀其大旨，作《日者列傳》。”又云：“三王不同龜，四夷各異卜，然各以決吉凶，略闚其要，作《龜策列傳》。”則古者卜筮之法蓋甚多，今不可見者，以二傳皆非原文也。以爲夏、殷、周與黄帝、顓頊、帝堯，皇甫謐又以爲夏人因炎帝曰《連山》，殷人因黄帝曰《歸藏》，見《疏》引。同一無據而已。孔子之宋而得《坤乾》，經有明文；然以《坤乾》即《歸藏》，亦無確據。

《士冠禮疏》云：“案《洪範》云：七稽疑，擇建立卜筮人，三人占，從二人之言；又案《尚書·金縢》云：乃卜三龜，一習吉。則天子諸侯卜時，三龜并用，於玉、瓦、原，三人各占一兆也。筮時，《連山》、《歸藏》、《周易》，亦三易并用；夏、殷以不變者爲占，《周易》以變者爲占，亦三人各占一易。卜筮皆三占從二。三者，三吉爲大吉，一凶爲小吉，三凶爲大凶，一吉爲小凶。案《士喪禮》筮宅：卒筮，執卦以示命筮者，命筮者受視，反之東面，旅占。《注》云：旅，衆也；反與其屬共占之，謂掌《連山》、《歸藏》、《周易》者。又卜葬日云：

占者三人在其南。《注》云：占者三人，掌玉兆、瓦兆、原兆者也。少牢大夫禮亦云三人占。鄭既云反與其屬共占之，則鄭意大夫卜筮，同用一龜一易，三人共占之矣。其用一龜一易，則三代顒用，不專一代。故《春秋緯演孔圖》云：孔子脩《春秋》，九月而成。卜之，得《陽豫》之卦。宋均注云：《陽豫》，夏、殷之卦名，故今《周易》無文，是孔子用異代之筮，則大夫卜筮，皆不常據一代者也。"今案三占從二，自當以三人共用一龜一易爲説；若各異其術，則所據不同，何以相正。《曲禮》曰"卜筮不過三"，又曰"卜筮不相襲"，《表記》亦曰："卜筮不相襲也。"所以不過三者，懼其多則惑，不相襲者亦然。晉獻公欲以驪姬爲夫人，卜筮并用。《左氏》僖公四年。文公欲納襄王，既卜之，又筮之，同上二十五年。皆非正法也。《周官·春官》簭人云："凡國之大事，先簭而後卜。"《周官》，戰國時書，蓋亦末世惑亂之俗，非周代之正法。至《洪範》卜筮并用者，則又以其時代較早，信教之念甚深，未可援以爲解也。

〔二六一〕　史記日者龜策列傳

《史記·日者》、《龜策》二傳，今皆已亡，無由知其所言如何。今本《日者傳》載司馬季主事，姑勿論其爲諷諭之作，與數術無涉，即謂有涉，季主亦卜徒，正宜入《龜策傳》。至《龜策傳》則僅載褚先生所得於大卜官者，皆記事，非記人，劉知幾譏其全爲志體，當與八書等列。《史通》。後世所謂史例，誠非可以議古人，然《史記》各類傳，亦多列前人行事，則知原文若存，必不但記卜筮之法。《自序》云："齊、楚、秦、趙爲日者各有俗，所用欲循觀其大旨，作《日者列傳》。三王不同龜，四夷各異卜，然各以決吉凶，略闚其要，作《龜策列傳》。"則《日者傳》當記齊、楚、秦、趙四國，《龜策傳》則上本三代，旁及四夷，各載其法俗與其人之行事也。然則二傳何以立別乎？曰：《龜策傳》當專記卜筮，《日者傳》則兼苞諸數術之家，特以日者爲名耳。案古有卜筮日之俗，《禮記·曲禮》曰："卜筮者，先聖王之所以使民信時日。"似時日即該於卜筮之中，不得別爲一技矣。然《表記》曰："子言之：昔三代明王，皆事天地之神明，無非卜筮之用，不敢以其私褻事上帝，是故不犯日月，不違卜筮。"又曰："子曰：君子敬則用祭器，是以不廢日月，不違龜筮，以敬事其君長。"又曰："子曰：齊戒以事鬼神，擇日月以見君，恐民之不敬也。"皆以時日與卜筮并言。《墨子·貴義》曰："子墨子北之齊，遇日者。日者曰：帝以今日殺黑龍於北方，而先生之色黑，不可以北。"此時日自有吉凶，非爲龜筮者所能知也。褚先生曰："臣爲郎時，與太卜待詔爲郎者同署,言曰:孝武帝時,聚會占家問之,某日可取婦乎?五行家曰可,堪輿家曰不可,建除家曰不吉,叢辰家曰大凶,曆家曰小凶,天人家曰小吉,太乙家曰大吉。"可見凡諸數術之家,無不知有時日。蓋龜筮之義,一以占其事之可行與否,一以占其事當行於何時。占人最重卜,而筮次之,決事之可行與否,大抵以此二者爲主,故其後言決嫌疑定猶豫者,遂皆稱之曰龜筮;其實所用者,不必定此二術,特古人言語多以偏概全耳。決其事之可行與不者,既簡稱之曰龜筮矣,決其當行於何時者,乃總稱之曰時日,以與龜筮相對,其實定時日者,亦未必不用龜筮也。故以龜策、日者對立爲二名,及舉諸數術之家所最重者,特立爲一篇,餘則并爲一篇,其事皆當沿之自古也。古人著書,每舉文繁事重者列爲專篇,餘則合并爲一。如李悝《法經》,《盗》、《賊》、《網》、《捕》,各列專篇,餘則總爲《雜篇》。又如仲景著書,《傷寒》列爲專篇,餘則總稱雜病皆是。

《孟嘗君列傳》曰:"田嬰有子四十餘人,其賤妾有子名文。文以五月五日生,嬰告其母曰:勿舉也。其母竊舉生之。及長,其母因兄弟而見其子文於田嬰,田嬰怒其母曰:吾令若去此子,而敢生之,何也?文頓首,因曰:君所以不舉五月子者,何故?嬰曰:五月子者,長與户齊,將不利其父母。"此俗以生年月日定吉凶禍福之本。《論衡·偶會》曰"世曰:男女早死者,夫賊妻,妻害夫",亦此俗也。此皆時日之自有吉凶者也。知之當有一技。《論衡》又曰:"世謂宅有吉凶,徙有歲月。"此則趨避由人,可決之以卜筮者矣。《小弁》之詩曰:"天之生我,我辰安在?"《箋》曰:"此言我生所值之辰,安所在乎?謂六物之吉凶。"《疏》曰:"歲、時、日、月、星、辰也。"然則不惟卜筮日之俗,由來甚古,即以生年月日定吉凶,亦三代前既有之矣。

〔二六二〕 神嗜飲食

古人最嗜飲食,故遂以己之心度於神。《左氏》一書,所載當時士大夫務民之義之論,可謂多矣。然隨侯曰:"吾牲牷肥腯,粢盛豐備,何則不信?"桓公六年。虞公曰:"吾享祀豐潔,神必據我。"僖公五年。猶可見習俗之相沿焉。趙嬰之放於齊也,"夢天使謂己:祭余,余福女。使問諸士貞伯,貞伯曰:不識也。既而告其人曰:神福仁而禍淫,淫而無罰,福也。祭其得亡乎?祭之之明日而亡。"成公五年。是雖持福仁禍淫之論者,亦未嘗謂祭不可以獲福也。《墨子》言《天志》,言《明鬼》,亦持福仁禍淫之論者也。然《天志下》云:"楚王食於楚四竟之内,故愛楚之人;越王食於越,故愛越之人;今天兼天下而食焉,我以此知其兼愛天下之人也。"亦不覺露出祭可獲福之舊見解矣。《明鬼下》曰:"昔者宋文君鮑之時,有臣曰祏觀辜,固嘗從事於厲。祩子杖揖出,與言曰:觀辜,是何珪璧之不滿度量,酒醴粢盛之不净潔也,犧牲之不全肥,春秋冬夏選失時,豈女爲之與?意鮑爲之與?觀辜曰:鮑幼弱,在荷繈之中,鮑何與識焉,官臣觀辜特爲之。祩子舉揖而槀之,殪之壇上。"則更明目張膽,以飲食罪過生人矣。墨子此説,自言出於宋之《春秋》,可見當時流俗,持此等見解者之多也。

觀於祏觀辜之事,則知《史記・魯世家》謂成王少時病,周公揃其爪,沈之河,以祝於神,曰"王少未有識,姦神命者乃旦也",不足怪矣。《金縢》册祝之辭,曰"爾之許我,我其以璧與珪,歸俟爾命;爾不許我,我乃屏璧與珪",儼然有要挾之意。亦以人固蘄神佑,神亦恃人以飲食之也。不孝有三,無後爲大,即由於此。而微子以殷民攘竊神祇之犧牷牲用爲大罪,更不足怪矣。

《楚茨》一詩,皆言古人祭祀之事,而曰:"神嗜飲食,卜爾百福。"又曰:"神嗜飲食,使君壽考。"此真古人之見解與?《左氏》諸書所載務民之義之論,乃當時先知先覺者之見解,而非其時人人之見解也。

論者將曰:惟飲食之求,且以己意度於神,何其鄙也。而不知好貨財,貪飲食,其鄙一也。抑人孰不好飲食?不過古者貨財少,人之所以縱其欲者不多,故多好飲食。後世則聲色貨利,所以眩惑之者益紛。汲汲皇皇,惟恐不及。而奪利必先奪權,又益之以夸者之死權,遂致并其嗜飲食之本性而失之耳。今以餅餌、黄金與人,小人必取餅餌,成人必取黄金。可謂小兒貪而成人廉,成人仁而小兒鄙輿?夫好貨財非徒以爲飲食也,然未嘗不欲飲食也。固有朱門酒肉臭,坐視途有凍死骨,而莫之肯饉者矣。而孰與野人鄙夫。祭祀之餘,會聚親戚鄰里,欣然醉飽,而惠且及於過客也。而猶鄙古人,何也?然私貨財者,豈必其皆得飲食哉?固又有挾金玉錦綉而爲道殣者矣。此又小兒争餅餌者之所哀也。

〔二六三〕 神　仙　家

天下事無可全誣人者。《史記・封禪書》言:"秦文公獲若石,於陳倉北阪城祠之。其神或歲不至,或歲數來,來也常以夜,光輝若流星,從東南來集於祠城,則若雄雞,其聲殷云,野雞夜雊。"而劉向言:"陳寶祠,自秦文公至今,七百餘歲矣。漢興,世世常來,光色赤黄,長四五丈,直祠而息,音聲砰隱,野雞皆雊。每見雍,太祝祠以太牢,遣候者乘一乘傳馳詣行在所,以爲福祥。高祖時五來，文帝二十六來，武帝七十五來，宣帝二十五來，初元元年以來，亦二十來。”《漢書·郊祀志》。此自然之象，衆目共覩，非可虛誣。然則漢武帝以正月上辛用事甘泉圜丘，使童男女七十人俱歌，昏祠至明，夜常有神光如流星止集於祠壇，天子自竹宫而望拜，百官侍祠者數百人，皆肅然動心焉。《漢書·禮樂志》。此亦非可虛誣。故知迷信之事，覩其事而不知其理者多矣，謂其絶無依據，則必不然。知此則可與論神仙家之原起焉。

《左氏》昭公二十年載齊景公問晏子之辭曰：“古而無死，其樂何如?”古無爲不死之説者，景公爲神仙家所惑，蓋又在威、昭、燕昭之前矣。《漢書·天文志》，望氣之術，有察海旁蜃氣者；又云：“雲氣各象其山川人民所聚積。”蓋後亦知倒景之理，然其初則不之知，誠以爲空虛之中有人焉。誠以爲人可乘雲氣而遨遊。《楚辭》中所表見者，皆此思想也。夫如是故方士必起於燕齊之間，而三神山必在海中也。

乙帙　秦　漢

〔二六四〕　太　上　皇

秦始皇稱皇帝，追尊莊襄王爲太上皇，漢高祖亦尊其父曰太上皇，後世遂爲故事。案薄昭予淮南厲王書曰："今大王不察古今之所以安國便事，而欲以親戚之意望於太上，不可得也。"如淳曰："太上，天子也。"然則"太上"二字，實無更尊於天子之意。《史記・高祖本紀集解》引蔡邕曰："不言帝，非天子也。"《三國志・王肅傳》："山陽公薨，肅上疏曰：漢總帝皇之號，號曰皇帝。有別稱帝，無別稱皇，則皇是其差輕者也。故當高祖之時，土無二王，其父見在而使稱皇，明非二王之嫌也。況今以贈終，可使稱皇以配其謚。"則天子之父，稱號與天子之別，在獨稱皇，不在太上二字。秦始皇尊其父曰皇，不曰皇帝者，亦以帝乃盡并六國後之稱，莊襄王固無實也。秦去謚法，不可追尊之爲莊襄皇，一皇字又不成辭，乃以"太上"二字妃之耳。古最高者，率曰太上，如《禮記》言"太上貴德"，《左氏》言"太上有立德"，司馬遷言"太上不辱先"是也。師古曰："太上，極尊之稱也。天子之父，故號曰皇；不預治國，故不言帝。"其説是也。又曰"皇，君也"，則非是。古君爲一國之主，王爲衆所歸往之稱。皇則本無其語，乃帝稱既作之後，欲名更蚤於五帝之君，而無其辭；乃以自字妃王，取始王天下之義，而造此字耳。見《三皇五帝》條。

〔二六五〕　焚　書　上①

《史記・秦始皇本紀》載李斯焚書之議曰："若有欲學法令，以吏爲師。"《集解》引徐廣曰："一無法令二字。"案《李斯傳》無之，則無之者，是也。"法

① 曾改題爲《秦焚書上》。

令"二字，蓋注語，溷入正文。其爲史公原文，抑後人羼入，未敢定；然要無背於李斯本意。論者或謂秦實未嘗廢學，所謂吏者，即博士也，則又誤矣。秦惟惡人以古非今，故欲燔《詩》、《書》；若仍許博士傳授，則其燔之，爲無謂矣。斯之奏，明言"士則學習法律辟禁"，《斯傳》言："始皇可其議，收去《詩》、《書》百家之語，以愚百姓。使天下無以古非今，明法度，定律令，皆以始皇起。"其許民傳習者，不得出於法令以外可知。

《始皇本紀》載斯議，但言"《詩》、《書》百家語"，而《斯傳》曰："臣請諸有文學《詩》、《書》百家語者，蠲除去之。"文學蓋與《詩》、《書》百家語同爲經籍之通稱。古者文字用少，凡民蓋多不通知。其略知之者，亦僅以供眼前記事達意之用。書之較古，或涵義較深者，即非其所能讀，能從事於此者，則謂之文學之士，其學即謂之文學，其書因亦被文學之稱，孔門四科中文學，即是物也。後世各種學問，皆用文字，故文學不能成爲一種學問之名。古代學問，用文字者少，不用文字者多，則即其用文字者而名之曰文學，亦勢使然也。《易·繫辭傳》曰："上古結繩而治，後世聖人易之以書契，百官以治，萬民以察。"《九家易注》曰："百官以書治職，萬民以契明其事。"案此釋書契二字最確；獄吏僅知當世之法律禁辟，則以書治職之類也。項羽曰："書足以記名姓而已"，此猶今略識文字之人，僅能記帳、作書函、寫券契，則以契明事之類也；文字通常之用，不過如此。用以載道、記大事、前人以之垂後，後人以之識古，本非人人所能，今日猶然，況古昔乎？《論語》子曰："行有餘力，則以學文。"所學者即以供通常之用，非游夏所通之文學也。然則所謂文學士者，即通知古今，而不僅囿於當世法律辟禁之人矣。《紀》又載始皇之語曰："吾前收天下書不中用者，盡去之。悉召文學方術士甚衆，欲以興太平。方士欲練以求奇藥。""欲以致太平"上，蓋有奪文，此五字指文學言。焚其書而用其人者，特采取其謀議，用舍之權在我，若聽其私相傳授，則學者多，而非上之所建立者衆，主勢降乎上，黨與成乎下矣，此始皇、李斯之所深惡也，而惡得聽之？故若有欲學法令之"法令"二字，是否史公原文不可知，而其無背於當日焚書之意，則可斷也。

焚書之議，不外乎欲齊一衆論。夫欲齊一衆論者，不獨始皇、李斯也，董仲舒對策曰："春秋大一統者，天地之常經，古今之通誼也。今師異道，人異論，百家殊方，指意不同，是以上亡以持一統；法制數變，下不知所守。臣愚以爲諸不在六藝之科，孔子之術者，皆絶其道，勿使并進。邪辟之説滅息，然後統紀可一，而法度可明，民知所從矣。"與李斯議何異？特斯欲一之以當世之法律辟禁，而仲舒則欲一之以孔子之道耳。孔子之道，非吏之所知，欲以此一天下，自不得不用通知古今之博士。始皇令民以吏爲師，而漢武獨爲五經博士置弟子，其所以教民者異，其使之必出於一則同矣。

莊子曰："藏舟於山，夜半，有力者負之而走。"甚矣，世變之不可達也。世事日新，而人之所知，恒域於古，其所斟酌損益，以爲可措之當世者，皆其鑒於已往而云然者也，而世事則已潛移矣。人之所爲，終不能與時勢盡合以此。李斯論當時之弊，謂“語皆道古以害今，飾虚言以亂實”；又謂“五帝不相復，三代不相襲，各以治，非其相反，時變異也”。而謂淳于越曰：“越言乃三代之事，何足法也”，善矣。抑此法家之公言，非斯一人之私言也：雖儒家亦惡處士横議。而曰三王之道若循環，終而復始，則亦惡夫道古以害今，飾虚言以亂實者矣。然而斯之所爲，則欲復古政教不分、官師合一之舊者也。雖董仲舒亦曷嘗不願之哉？未能致耳。亦何以異於淳于越乎？卻行而笑人之北，豈不悲哉？

李斯之負謗久矣，仲舒昔人稱之，今亦以其抑黜百家爲罪狀，其實立言各以其時，不必相非也。後人生於專制已久，思想已統一之世，但患在上者之威權過大，在下者之錮蔽過深，不察時勢之異，乃皆奮筆以詆李斯、仲舒，其實思想錮蔽固有弊，思想太披猖亦有弊。今也遇人於路，刺而殺之，則司敗將執而致諸辟，雖途之人，亦莫之哀也，是以莫敢刺人而殺之也。若斯世之風氣，十里五里而不同，有殺人於國門之外者，或訾其暴，或譽其勇，司敗執而戮之，則或聚徒而篡之，而是邦也，不可以一朝居矣。此墨翟所以有尚同之論也，非獨儒法也，一異道與異論，固晚周、秦、漢之世，人人之所同欲也。

原刊《光華大學半月刊》第一卷第六期，一九三三年三月二十日出版

〔二六六〕 焚　書　下[①]

李斯議焚書之奏曰：“所不去者，醫藥、卜筮、種樹之書。”《斯傳》同。則當時所不焚者，以此爲限。此不及政治，不得藉以是古非今者也。乃《論衡·書解》謂“秦確無道，不燔諸子，諸子尺書，文篇俱在”。趙岐《孟子題辭》亦謂“秦焚書，其書號爲諸子，故篇籍得不泯絶”。王肅《家語後序》又云：“李斯焚書，《家語》與諸子同列，故不見滅。”

近人因謂秦之焚書，限於六藝，六藝爲古文，諸子書皆今文，故有秦廢棄古文之説。案此説非也，果如所言，“百家語”三字何指？仲任雖有特見，而於史事甚疏，往往摭拾野言，信爲實在，觀其論羣經傳授，語多誣妄可知。其所謂秦人燔書，不及諸子者，蓋亦流俗相傳之説，而仲任誤采之。流俗所謂諸子，即醫藥、卜筮、種樹之書，而非《漢志·諸子略》之所著也。邠卿、子雍誤皆與仲任同，亦見

① 曾改題爲《秦焚書下》。

漢人論事之疏矣。

衛宏《古文奇字序》云："秦改古文，以爲篆隸，國人多誹謗。秦患天下不從，而召諸生，至者皆拜爲郎，凡七百人。又密令冬月種瓜於驪山硎谷之中温處，瓜實，乃使人上書曰：瓜冬有實。有詔天下博士諸生説之，人人各異，則皆使往視之，而爲伏機。諸生方相論難，因發機從上填之以土，皆終命也。"《書疏序》。《漢書·儒林傳注》引略同，而作詔定《古文官書序》。《隋志·小學類》：《古文官書》一卷，後漢議郎衛敬仲撰，蓋其書一名《古文奇字》也。其説之不經，真堪發笑，乃引之以序詔定之書。劉歆之《讓太常博士》曰："信口説而背傳記，是未師而非往古。"坑儒之事，明見《太史公書》，敬仲熟視無睹，乃引此齊東野人之言，其信末世之口説，而背往古之《史記》，抑何其更甚於博士也？衛宏爲古學名家，其言如此，亦何怪王充之本不專精，趙岐之稍爲固陋、語見阮元《十三經注疏校勘記》。王肅之有意作僞者乎？

原刊《光華大學半月刊》第一卷第六期，一九三三年三月二十日出版

〔二六七〕 李　斯[①]

蘇子瞻以李斯之亂天下，蔽罪於荀卿。姚姬傳又謂斯未嘗以其學事秦。蘇氏之意，蓋深疾夫高談異論者，而以是風之；姚氏之言，則爲委曲變化，以從世好者發，意皆不在古人也。若但就其言而揚榷之，則姚氏之論，較近情實。

李斯學於荀卿，史公謂其"知六藝之歸"。其行事，則《史記》本傳敘述最得其要。《史記》言始皇聽斯計："陰遣謀士，賫持金玉，以遊説諸侯。諸侯名士。可下以財者，厚遺結之；不肯者利劍刺之；離其君臣之計，秦王乃使良將隨其後。"此其併天下之功也。併天下之後，斯爲丞相，事之犖犖大者，蓋有八端：夷郡縣城一，銷兵刃二，廢封建三，去詩書四，同文書五，治離宫别館六，巡守七，攘四夷八也。斯之説秦王曰："今諸侯服秦，譬若郡縣，夫以秦之強。大王之賢，由竈上騷除，足以滅諸侯，成帝業，爲天下一統，此萬世之一時也。今怠而不急就，諸侯復强，相聚約從，雖有黄帝之賢，不能并也。"一統蓋斯之素志，一統固儒家之義也。夷郡縣城，銷兵刃，廢封建，同文書，皆所以成一統，即與儒家之旨不背。去《詩》《書》百家語，若甚相背，實所以復三代政教相合、官師不分之舊。巡守所以鎮撫四方，攘夷狄亦所以安中國。所最不可解者爲營宫室。然王者當備制度，亦儒家所不廢。始皇特失之侈，此或始皇所自焉。

① 又題《論李斯》。

至大營驪山，復作阿房，則趙高實爲之，斯且嘗進諫矣。然則秦之暴，斯固不能無罪，亦當薄乎云爾。視斯爲助桀爲虐之流，則過矣。斯從獄中上書曰：“臣爲丞相，治民三十餘年矣。逮秦地之狹隘，先王之時，秦地不過千里，兵數十萬，臣盡薄材，謹奉法令，陰行謀臣，資之金玉，使遊説諸侯；陰修甲兵，飾政教，官鬥士，尊功臣，盛其爵禄，故終以脅韓弱魏，破燕、趙，夷齊、楚，卒兼六國，虜其王，立秦爲天子，罪一矣。地非不廣，又北逐胡貉，南定百越，以見秦之強，罪二矣。尊大臣，盛其爵位，以固其親，罪三矣。立社稷，修宗廟，以明主之賢，罪四矣。更剋畫，平斗斛度量文章，佈之天下，以樹秦之名，罪五矣。治馳道，興遊觀，以見主之得意，罪六矣。緩刑罰，薄賦斂，以遂主得衆之心，萬民戴主，死而不忘，罪七矣。”其所謂罪一者，即秦取天下之事；二即攘四夷；三、四《史記》未之及；五爲同文書之類；六即治離宫别館也。趙高之譎李斯也，曰：“關東羣盜多，今上急發繇，治阿房宫，聚狗馬無用之物，臣欲諫，爲位賤，此真君侯之事，君何不見？”李斯曰：“固也，吾欲言之久矣。今時上不坐朝廷，上居深宫，吾有所言者，不可傳也。欲見無間。”於是趙高許爲李斯侯二世，而斯與去疾、劫卒以此死。斯居囹圄，猶曰：“凡古聖王飲食有節，車器有數，宫室有度，出令造事，加費而無益於民利者禁，故能長久治安。今大爲宫室，厚賦天下，不愛其費，吾必見寇至咸陽，麋鹿遊於朝也。”可見斯治宫室，不過以備制度，而奢泰非其本心矣。秦之酷，實不如後世所言之甚。且六國之時，所以用其民者，曷嘗不極其力，特史不盡傳耳。秦之刑罰，雖較後世爲急，賦斂雖較後世爲重，安知較之六國，不見其緩且薄哉？況於秦之所行，非皆斯之意乎？《史記》云：“人皆以斯極忠而被五刑死。”鄒陽上梁王書亦曰：“李斯竭忠，胡亥極刑。”固非無由也。李由告歸咸陽，李斯置酒於家，百官長皆前爲壽，門廷車騎以千數。李斯喟然而嘆曰：嗟乎！吾聞之荀卿曰：“物禁太盛。夫斯乃上蔡布衣，閭巷之黔首，上不知其駑下，遂擢至此。當今人臣之位，無居臣上者，可謂富貴極矣。物極則衰，吾未知所税駕也。”惓惓不忘其師之言，至與中子俱執，要斬咸陽市：顧其子曰：“吾欲與若復牽黄犬俱出上蔡東門逐狡兔，豈可得乎？”蓋其微時，嘗有是事。猶斯旨也。故斯生平學術，實未有以大異乎荀卿。古者學有專門，誦習之書少，而其體驗也深。先人之言，有終身不忘者，勢使然也。其論督責一書，專欲明申、韓之術，修商君之法，乃爲阿意求容，二世責斯之説，蓋皆趙高之言。高以此責斯，蓋正觀其能曲從與否，斯乃棄所學而阿之也。以此疑斯之學術，則又過矣。

斯之被禍，全誤於全軀保禄位之私。儒家之道，難進而易退，捨生而取義，而斯之辭荀卿也，曰：“詬莫大於卑賤，而悲莫甚於窮困。久處卑賤之位，困苦之地，非世而惡利，自托於無爲，此非士之情也。”其夙志如此。趙高賤人，學亦必出斯下，何足動斯；然斯竟爲所誑者，則長子“即位，必用蒙恬爲丞相，君侯終不懷通侯之印歸於鄉里”。“君聽臣之計，即長有封侯，世世稱孤，必有喬松之壽，孔墨之智。今釋此不從，禍及子孫”等語，有以動其心耳。斯非不知忠臣孝子之義，而曰：“嗟乎！獨遭亂世，既以不能死，安托命哉！”遂卒聽高，則非高之能誤斯，而斯自誤也。好生惡死，人之恒情，人亦孰不欲富貴，然求生而適以得死，求富貴而適以召危亡，以斯之智而猶如此，而安於義命。亦不必常得死與貧賤也。故知死亡貧苦，不以避而免，富貴老壽，不以求而得，君子所以浩然安於義命也。

原刊《光華大學半月刊》第三卷第三期，一九三四年十一月十日出版

〔二六八〕 二　世[①]

秦之亡也，二世有罪焉爾乎？抑亦勢已處於無可如何，而不足爲二世咎乎？曰：二世，昏愚之主也。秦之亡，固勢處必然。二世即賢明，亦終不可免。然無二世，其亡必不若是其速也。《始皇本紀》："二世皇帝元年，年二十一。"其後别出《秦紀》，則曰"二世生十二年而立。"統觀二世所爲，固不似年長之人，亦不似成童之子。二世逾年改元，立時正二十歲。"十二"二字，蓋二十之倒誤也？

二世之昏愚，有可見者數事。趙高之謀害李斯也，謂斯曰："關東羣盜多，今上急發繇治阿房宫，聚狗馬無用之物，此真君侯之事，君何不見？李斯曰：固也，吾欲言之久矣。今時上不坐朝廷，吾有所言者，不可傳也。欲見無間。"高乃曰："君誠能諫，請爲君侯上間語君。"於是待二世方燕樂，使告丞相，上方間，可奏事。丞相至宫門上謁，如此者三，二世怒曰："吾嘗多閑日，丞相不來，吾方燕私，丞相輒來請事，丞相豈少我哉？且固我哉？"此純然童騃耽於逸樂，不能自克之情。獨不知己方燕私，丞相何以輒知之乎？真所謂猶有童心者矣，一也。二世既怒李斯，趙高乃乘間進讒，謂"丞相長男李由爲三川守，楚盜陳勝等皆丞相傍縣之子，以故楚盜公行，過三川，城守不肯擊。高聞其文書相往來"云云。夫斯之在秦，富貴極矣。當時遊士，惟富貴之求，而不復知有鄉里舊矣。趙高之言，其爲誣罔，顯而易見。而二世竟不能察，二也。斯之短高也，二世恐斯殺之，乃私告高。證以漢文帝與申屠嘉、鄧通之事，可見當時相權之重，即可見當時相位之尊。使宦者案丞相，乃當時必不容有之事，而二世竟以斯屬高。斯從獄中上書，高使吏棄去不奏，又使其客詐爲御史謁者侍中，更往覆訊斯，此在後世君權積重之世，固不足怪。其在當時，真乃非常之事。二世亦絶不能察，顧曰："微趙君，幾爲丞相所賣。"及斯死，竟拜高爲丞相。閹

① 又題《論二世》。

人弄權，前此或有之。與士大夫齒者，曾有之乎？及竟使之總攬百揆，是全不知有故事也。二世嘗從趙高學斷獄矣，試問所學何事，三也。扶蘇既死，二世與蒙恬安能相容？有兵力可畏者蒙恬，非扶蘇也。而二世聞扶蘇死，即欲釋恬，是直未知何者爲憂患，豈獨慮患之疏而已？四也。《本紀》云：二世夢白虎嚙殺其左驂馬，卜曰："涇水爲祟。"二世乃齋於望夷宮，欲祠涇，沈四白馬。《李斯傳》云："高自知權重，乃獻鹿，謂之馬。二世問左右：此乃鹿也？左右皆曰：馬也。二世驚，自以爲惑，乃召大卜令封之。大卜曰：陛下春秋郊祀，奉宗廟鬼神，齋戒不明，故至於此。可依盛德而明齋戒。於是乃入上林齋戒，日遊弋獵。有人行入上林中，二世自射殺之。趙高教其女婿咸陽令閻樂劾不知何人賊殺人移上林。高乃諫二世曰：天子無故賊殺不辜人，此上帝之禁也，鬼神不享，天且降殃，當遠避宮以禳之。二世乃出居望夷之宮。"二説未知孰是？要之不離乎禨祥巫祝者近是。二世之死，《斯傳》謂"趙高詐詔衛士，令士皆素服，持兵内鄉，入告二世曰：山東羣盜兵大至。二世上觀而見之，恐懼。高即因劫令自殺"。《本紀》則云："使郎中令徐廣曰：一云郎中令趙成。案成，高之弟。爲内應。詐爲有大賊，令樂召吏發卒追劫，二世自殺。"蓋皆居望夷宮使然，五也。斯之短高也，二世曰："朕少失先人，無所識知，不習治民，而君又老，朕非屬趙君，當誰任哉？且趙君爲人，精廉强力，下知人情，上能適朕，君其勿疑！"其不識不知，惟高是賴之情形如見。高之惑二世，蓋全以逸樂中其心，故其責李斯曰："吾願肆志廣樂，長享天下而無害，爲之奈何？"有此一念，乃不得不殘殺能與己抗者，高乃教之嚴法刻刑，令有罪者相坐，滅大臣而遠骨肉。貧者富之，賤者貴之，盡除先帝故臣，更置己所親信。而高得藉以立威。有此一念，乃慮人窺見其短長，高乃教以天子稱朕，固不聞聲，錮之禁中，而高得藉以擅權。有此一念，乃得導之以泰侈，而作阿房，治馳道，外撫四夷，一切并起，賦役不得不益重，刑罪不得不愈酷矣。不惟此也，殺機一動，則雖無害於己之人，亦或肆殘賊焉以爲快。漢諸帝之死，皆出宮人令得嫁。蓋自古相傳之法，而二世謂先帝後宮非有子者，出焉不宜，皆令從死。葬始皇，既已下，或言工匠爲機藏，皆知之，藏重，即洩。大事畢，已藏，閉中羨，下外羨，門盡閉，工匠藏者無複出。此等豈始皇之世所有哉？況於李斯乎？蓋皆趙高爲之。多殺以威下，使莫敢出氣也。而二世之從之如景響，甚矣其昏愚也。

專制之世，君主之知愚賢否，於國家之治亂安危，所繫甚大。往史載君主之性行，多不如臣下之詳。秦、漢之世，史乘尚近傳説，往往故甚其辭。亡秦之罪，一切歸諸趙高，而二世之爲何如人，遂因之不顯，亦論史者之闕也。故畧説其狀如上。

原刊《光華大學半月刊》第三卷第三期，一九三四年十一月十日出版

〔二六九〕華　夏

漢族之稱，起於劉邦有天下之後。近人或謂王朝之號，不宜爲民族之名。吾族正名，當云華夏。案《書》曰："蠻夷猾夏。"《堯典》，今本分爲《舜典》。《左氏》曰："戎狄豺狼，諸夏親昵。"閔元年。又曰："裔不謀夏，夷不亂華。"定十年。又載戎於駒支對晉人之言曰："我諸戎飲食衣服，不與華同。"襄十四年。《論語》曰："夷狄之有君，不如諸夏之亡也。"《八佾》。《説文》亦曰："夏，中國之人也。"則華夏確係吾族舊名。然二字音近義同，竊疑仍是一語，二字連用，則所謂復語也。"裔不謀夏，夷不亂華"二語，意同辭異，古書往往有之，可看俞氏樾《古書疑義舉例》。以《列子》黄帝夢遊華胥，附會爲漢族故壤，未免失之虚誣。夏爲禹有天下之號，夏水亦即漢水下流。禹興西羌，《史記·六國表》。漢中或其舊國，則以此爲吾族稱號，亦與借資劉漢相同。且炎劉不祀，已越千年。漢字用爲民族之名，久已不關朝號。如唐時稱漢、蕃，清時稱滿、漢；民國肇建，則有漢、滿、蒙、回、藏五族共和之説是也。此等豈容追改。夏族二字，舊無此辭，而華族嫌與貴族混。或稱中華民族，詞既累重，而與中華國民而稱爲一民族者，仍復相淆。

〔二七〇〕淮南王

漢人之重復仇，觀淮南王事可以知之。審食其之於厲王母，特未能争於吕后耳，非有意殺之也；而厲王處心積慮，必致之死。王安躬行仁義，通達道術，必非利天下者。史言王入朝，武安侯迎之，爲言上無太子而王喜；此乃武安姦詐，欲以此自結，而非王有利天下之心也。後王欲舉事，諸使道從長安來，言上無男，漢不治，即喜；言漢廷治，上有男，即怒，以爲妄言，亦以如此則易爲變，非利天下也。抑此二者或傳言之妄，而史從而書之，不然，王豈輕躁淺露若是？要之王無利天下之心，則可決矣。吴王濞宗室最長，蓄反謀數十年，豈能北面朝安者？安果有利天下之心，濞之舉兵，何爲欲應之乎？《史記》云安時時怨、望厲王死，欲畔逆；《漢書》云江淮間多輕薄，以厲王遷死感激安。此蓋安謀反之由，他皆不足信也。安之謀反也，女陵爲中詗長安；太子屏其妃弗愛，王后亦與計謀；其敗也，豪桀誅者數千人；其名臣則有伍被、左吴、趙賢、

朱驕如等，君臣上下，同力一心。王聞伍被言反之難，曰："男子之所死者，一言耳。"其決如此。雷被告太子而不發，莊芷《漢書》作嚴正。告之而又不發，太子念事不成，則自殺以爲後圖，其審慎强毅又如此，皆復仇之大義，有以感激其心也。其所以能君臣上下，同力一心者，抑又王之意氣慷慨，孝思出於至誠，有以感激之也。不特此也，衡山之謀叛，史言其與淮南不相能，恐爲所并；又言淮南西發兵，則欲定江淮間有之。且衡山畏淮南兼并，何難發一使，以淮南反謀告漢朝，而招致賓客，求壯士，作輣車鏃矢，自陷於罪戾乎？史又言元朔六年，衡山王過淮南，淮南王乃昆弟語，除前隙，約束反具。夫二國之隙已數十年，豈有能除之一旦，遽共約束爲反謀者？衡山之志，蓋亦淮南之志也。淮南、衡山之志如此，而敗其謀者，乃以辟陽侯孫，亦以懷復仇之念故也。甚矣漢人之重復仇也！

淮南王曰："吴何知反？漢將一日過成皋者四十餘人。今我令樓緩要成皋之口，周被下潁川兵塞轘轅、伊闕之道，陳定發南陽兵守武關，河南太守獨有洛陽耳，何足憂？"善哉謀乎！吴王蚤歲冠軍，白頭舉事，然有桓將軍、田禄伯、周丘弗能用，兵徒屯聚而西，無他奇道，蓋仍年少椎鋒，徒知積金錢，招亡命耳，非有大略也。王又曰："天下勞苦有間矣，諸侯頗有失行，皆自疑。我舉兵西鄉，必有應者；無應，即還略衡山。"被又教以南收衡山以擊廬江，有尋陽之船，守下雉之城，結九江之浦，絶豫章之口，强弩臨江而守，以禁南郡之下，東收江都、會稽，南通勁越，屈强江淮間，其策畫之周又如此。以上均見《漢書·伍被傳》。使其舉兵，其輕剽或不逮吴王，必不如吴王之可以一戰覆也。漢亦危矣哉！然安終於無成者，則羣臣近幸素能使衆者皆前繫詔獄實爲之。否則公孫弘說下之如發蒙，大將軍衛青亦僅和柔自守，伍被譽大將軍之言，乃漢廷獄辭，非其實也。漢之爲漢，未可知也。

《漢書·梅福傳》：福上書曰："孝武皇帝好忠諫，説至言，出爵不待廉茂，慶賜不須顯功；是以天下布衣，各厲志竭精，以赴闕庭自衒鬻者，不可勝數。漢家得賢，於此爲盛。使孝武皇帝聽用其計，升平可致。於是積尸暴骨，快心胡越，故淮南王安緣間而起。所以計慮不成而謀議泄者，以豪賢聚於本朝，故其大臣勢陵不敢和從也。"云武帝時有可緣之間，是矣。云豪賢聚於漢朝，有以折淮南之謀，則福飾辭以悟時主耳，非其實也。不然，淮南之謀，豈久而始泄哉？且伍被之徒爲王謀者，可謂至矣，何勢陵不敢和從之有？

原刊《光華大學半月刊》第三卷第四期，
一九三四年十一月二十五日出版

〔二七一〕項羽將才

世皆以項羽之善戰，爲曠古所希，其實非也。羽固善戰，亦不過歷代善戰者之一耳，謂其有以大過於人，固不然也。羽之戰功，爲世所艷稱者有三：一巨鹿之戰，一彭城陷後，釋齊還攻漢軍，一垓下之潰圍南出也。垓下潰圍，乃一戰將之事，優爲之者甚多，事極易見。巨鹿之戰固剽鋭，然此戰在二世二年十二月，章邯至三年七月乃降，其間相距尚半年，羽初未能一戰即使邯潰不成軍也。邯之降楚，其真相不可知。《項羽本紀》言：邯軍棘原，羽軍漳南，相持未戰，秦軍數卻，二世使人讓邯，邯恐，使長史欣請事，至咸陽，留司馬門三日，趙高不見，有不信之心。欣恐，還走其軍，不敢出故道。高果使人追之，不及。欣至軍，報曰：趙高用事於中，下無可爲者。今戰，能勝，高必疾妒吾功，不能勝，不免於死，願將軍孰計之。此説固不必實。高果疑邯，于欣必加禮敬矣。然賈生過秦，言邯以三軍要市於外，巨鹿之戰以前，邯軍看似常勝，然迄不能定東方，閲時久則耗損多，陳餘遺邯書，謂其所亡失以十萬數，説必不虚；加以巨鹿之戰，一敗塗地，秦法嚴，迄不易將，安知其無要市之事？要市者其孰能信之？楚、漢間事，多出傳言，頗類平話，誠不可信。然所傳情節可笑者，未必其事遂不實。如《史記》述沛公至鴻門見項王之事，其恢詭何以異於《三國演義》？然謂是時，沛公與項王不相猜疑，得乎？要之，趙高之不信，章邯之要市，皆爲理所可有，亦即爲勢所必至。然則邯之降楚，乃秦之自潰，而非楚能竟定關東也。兵鋒剽鋭，北不逮南，以南方論，楚又不逮吴越，觀春秋時事可知。楚自頃襄王以降，秦兵日肆蠶食，楚迄不能抗，然猶借東地以立國者久之。其時吴越之地，文明程度太低，故不能終與秦抗。至於項氏用江東之衆，則以文明程度較高之人之訓練節制，用文明程度較低之人之輕悍敢死，忠樸從令矣，其孰能禦之？項梁起東阿，西北至定陶，再破秦軍，以及羽巨鹿之戰，彭城之役，垓下之潰圍，皆是物也。亦安知項燕之破李信，所用者無江東之衆哉？此豈羽之力乎？羽以漢二年四月，破漢軍於彭城，漢王即退屯滎陽。明年四月，羽乃急攻。漢王使紀信詐降而遁去，其間凡歷一年，楚固未嘗急攻，然漢亦嘗敗楚於滎陽南京、索間，楚以故不能過滎陽而西，則初亦未嘗不思深入，不獲，乃改而急攻也。《高祖本紀》云：漢王之出滎陽，入關收兵，欲復東。袁生説漢王出武關，項羽必引兵南走，王深壁，令滎陽、成皋間且得休，使韓信等輯河北趙地，連燕、齊，君王乃復走滎陽，如此，則楚所備者多，力分；漢得休，復與之戰，破楚必矣。漢王從其計，出軍宛、葉間，與黥布行收兵，項羽聞漢王在宛，果引兵南，漢堅壁不與戰。是時彭越渡睢水，與項聲、薛公戰下邳、彭城，大破楚軍，項羽乃引兵東擊彭越，漢王亦引兵北軍成皋。當漢王之去滎陽，爲楚計者，當急破其城，否則亦留兵圍之，而疾行入據洛陽，則關中震動，漢即據之，亦無以定齊、燕，漢王南據宛、葉，復何能爲？吴王濞之反也，桓將軍説之曰：吴多步兵，步兵利險，漢多車騎，車騎利平地，願大王所過城邑不下，直棄去，疾西據洛陽武庫，食敖倉粟，阻山河之險，以令諸侯，雖毋入關，天下固已定矣。其説是也。洛陽固可衛秦中以制東方，東方强國據之，亦可距塞秦使不得出。周之東遷，晉、鄭焉依，秦猶不能肆志於洛，況於逕以一强國據洛陽之地乎？然則云漢王聽袁生之説而南行，而項羽從之，殆非實録。實則滎陽、成皋間，爲漢兵力所萃，項羽度不能破，又不敢軼之而西，乃變計思避實擊虚，南窺武關，而漢王乃亦南行以禦之耳。以彭城之役，漢高喪敗之烈，而聚兵滎陽、成皋之間，項羽竟爲所塞而不能越，可謂之善戰乎？

〔二七二〕漢都關中

世皆以背關懷楚，爲項羽之所以亡，此乃爲漢人成説所誤，在今日，知其非者漸多矣，然猶以漢都關中，爲高祖之遠見長策，亦非也。《史記·劉敬列傳》載：敬説高祖之辭曰："秦地被山帶河，四塞以爲固，卒然有急，百萬之衆可具也。"其説似善矣。然後高祖使敬往匈奴結和親之約，敬從匈奴來，因言匈奴河南白羊、樓煩王，去長安近者七百里，輕騎一日一夜可以至秦中。秦中新破，少民，地肥饒，可益實。夫諸侯初起時，非齊諸田、楚昭、屈、景莫能興，今陛下都關中，實少人，北近胡寇，東有六國之族，宗强，一日有變，陛下亦未得高枕而卧也。臣願陛下徙齊諸田、楚昭、屈、景、燕、趙、韓、魏後，及豪傑名家居關中，無事可以備胡，諸侯有變，亦足率以東伐，此强本弱末之術也。上曰：善。乃使敬徙所言關中十餘萬口。然則曩所謂卒然有急，百萬之衆可具者，將安從而具之乎？漢初諸政皆與秦異，獨其從劉敬説徙六國後，及豪傑名家，則與秦徙天下豪富於咸陽同。然則秦中人少，殆非因其新破？抑秦本地廣人希，故得招來三晉之人任耕，而使秦人任戰，則其患寡，殆自戰國以來，至漢初而未有改也。何以守位曰人？何以聚人曰財？秦果何所恃而能兼并六國哉？則自東周以來，六國地日廣，人日多，益富且强，而其荒淫亦益甚，而秦居瘠土，其政事較整飭，《荀子·强國篇》所言，可以復按，夫固人事，而非地與民之資之獨異於其餘諸國也。天下大勢，實在東方，此秦始皇滅六國後，所以頻歲東遊，即二世初立時亦然。楚懷王以空名稱義帝，而項羽爲霸王，正猶周天子以空名稱王，政由五霸，夫安得不居彭城？漢王所以背戏下約與項王争者，亦曰不能鬱鬱久居巴蜀、漢中耳，而安得如史家所言，關中本最善之地，爲諸將所共歆羡，故在出兵之初，懷王已指是立約；而楚之不居關中，亦徒以秦宫室殘破，其本意未嘗不歆羡之，至以此怨懷王不肯令與沛公俱西入關而北救趙，後天下約哉？漢所以都關中者？其在東方，本無根柢，非如項氏之世爲楚將，項氏尚爲齊、趙之叛所苦，而況漢王？於楚尚爾，楚之外，更何地可以即安？獨關中則據之已數年，治理之方麤具，故遂因而用之，所謂非擇而取之，不得已也。西都之策，發自劉敬，而成於張良，良之言曰：關中之地，諸侯安定，河渭漕挽天下，西給京師。諸侯有變，順流而下，足以委輸。使其本居東方富庶之地，何待漕挽以自給？如其東方皆叛，徒恃河渭之順流，亦何益哉？漢王既滅項氏，仍歲勞於東方，有叛者必自討之，亦猶秦皇之志也。高祖之滅項氏無足稱，兩雄相争，固必有一勝一負，獨其滅項氏之後，頻歲馳驅東方，并起諸雄，皆爲所翦滅，使封建復歸於郡縣，雖世運爲之，而其乘機亦可謂敏矣。此無他，知天下之大勢在東方，馳驅於東方，猶戰於敵境，安居關中，則待人之來攻矣。東方所以爲大勢所繫，以其富庶也。東方定，高祖亦無禄矣。使其更在位數年，亦安知其不爲東遷之計哉？

〔二七三〕 楚釋漢擊齊

楚漢相争，漢卒成而楚卒敗，其道或多端，然漢嘗一入彭城，後雖敗退，終據滎陽、成皋，楚迄不能下，而漢之後路安定，且可使韓信下齊、趙，彭越擾梁地，以犄楚後，要其大焉者也。然謂漢王夙有覆楚之計則非也。《項羽本紀》言：羽聞漢王皆已并關中，且東；齊、趙叛之，大怒。乃以故吴令鄭昌爲韓王以距漢，漢使張良徇韓，乃遺項王書曰：漢王失職，欲得關中，如約即止，不敢東。又以齊、梁反，書遺羽曰：齊欲與趙并滅楚。楚以此故無西意而北擊齊。論者皆以此爲楚之失策，爲漢所欺，其實非也。漢之降申陽，使韓太尉信降鄭昌，在其二年十月。十一月，立信爲韓王。漢王還歸，都櫟陽。至三月，乃復出兵，降魏王豹，虜殷王卬，劫五諸侯兵東伐楚。其間相距凡三閲月，蓋聞項羽不能定齊地而然？然則張良謂漢王欲得關中即止，殆非虚語。《高祖本紀》云：漢王之國，項王使卒三萬人從，楚與諸侯之慕從者數萬人，從杜南入蝕中，去輒燒絶棧道，以備諸侯盜兵襲之，亦示項羽無東意。當是時，項羽安知漢王之欲東？使其知之，相王時何不置諸東方，地近易制御，乃置之巴蜀、漢中，成鞭長莫及之勢哉？漢王所以敢并三秦者，亦以關中距東方遠，項羽不易再至。韓信故襄王孽孫，王諸韓，距楚爲有辭也。且漢王果欲東，安有燒棧道自絶其路之理？《淮陰侯列傳》載其説漢王之辭，謂秦民怨三秦王，痛入骨髓，無不欲得大王王秦，今大王舉而東，三秦可傳檄而定。此附會之辭，非實録。漢王以其元年四月就國，五月即出襲雍。章邯蓋出不意，故敗走。然猶據廢丘。司馬欣、董翳至八月乃降。章邯則明年六月，漢王自彭城敗歸，引水灌廢丘，乃自殺。然則謂三秦可傳檄而定者安在也？情勢如此，漢王豈能以一身孤居秦民之上？其燒棧道蓋所以防楚諸侯人附從者之逃亡？抑或以詐三秦王而還襲之也。漢王之入彭城，收其貨寶美人，日置酒高會，此豈入咸陽，封府庫，還軍霸上者之所爲？而爲之者，所謂思東歸之士，所願固不過如此，既至其地，則不可抑止矣。此等兵，可以千里而襲人乎？漢王亦豈不知之？而猶冒險爲之，而亦足以害楚，況乎齊、趙之怨深而地近者哉？安得不釋漢而先以齊爲事也？

〔二七四〕 楚將龍且

酈食其説齊王，言項羽非項氏莫得用事；陳平亦言：項王不信人，其所任愛，非諸項，即妻之昆弟；此項羽之所以敗也。《史記·項羽本紀》言：項王聞淮陰侯已舉河北，破齊、趙，且欲擊楚，乃使龍且往擊之。淮陰侯與戰，騎將灌嬰擊之，大破楚軍，殺龍且。《漢書·高帝紀》略同。《項籍傳》則云：羽使從兄子項它爲大將，龍且爲裨將救齊。《史記·曹相國世家》云：從韓信擊龍且軍於上假密，大破之，斬龍且，虜其將軍周蘭。《漢書·曹參傳》作亞將周蘭。《史記·灌嬰列傳》亦以周蘭爲亞將，《漢書》同。師古曰：亞將，次將也。然則龍且乃末將耳。諸文所以多言龍且者，蓋以其爲名將，當時人争指目之，而不數項它及周蘭也。龍且乃破淮南之人，其勁悍可知。陳平又稱爲骨鯁之臣，使項王專任之，韓信或不易得志於齊邪？

〔二七五〕 以賈人爲將

《史記·高祖本紀》：趙高已殺二世，使人來，欲約分王關中。沛公以爲詐，乃用張良計，使酈生、陸賈往説秦將，啖以利，因襲攻武關，破之。《留侯世家》言沛公欲以兵二萬人擊秦嶢下軍，良說曰：秦兵尚强，未可輕，臣聞其將屠者子，賈豎易動以利，願沛公且留壁，使人先行，爲五萬人具食，益張旗幟諸山上爲疑兵，令酈食其持重寶啖秦將。秦將果叛，欲連和俱西襲咸陽。《高祖本紀》又言其擊陳豨，聞豨將皆故賈人也，上曰：吾知所以與之矣。乃多以金啖豨將，豨將多降者。夫秦、漢時之輕賈人亦甚矣，安得以之爲將？以之爲將，人心安能服之？蓋當時習以賈人爲好利之徒，人有好利者則稱之曰賈豎云耳，非真賈人也。

〔二七六〕　漢世食客之多

《後漢書・吴漢傳》：家貧，給事縣爲亭長。王莽末，以賓客犯法亡命。一亭長而猶有賓客，可見漢時寄食者之多。

所謂賓客者，不能自食，常從人寄食之謂也。韓信數從其下鄉南昌亭長寄食。數月。亭長妻患之，乃晨炊蓐食。食時，信往，不爲具食。信亦知其意，怒，竟絶去。使亭長妻而不晨炊蓐食，信不怒而絶去，南昌亭長，亦一吴漢也。樓護有故人吕公，無子歸護。護身與吕公、妻與吕嫗同食。及護家居，妻子頗厭吕公。護聞之，流涕，責其妻子曰："吕公以故舊窮老，託身於我，義所當奉。"遂養吕公終身。使樓護而聽其妻子，則亦一南昌亭長也。灌夫食客日數十百人。鄭太知天下將亂，陰交結豪桀，有田四百頃，而食常不足。戴良曾祖父遵，食客常三四百人。知寄食於人之事，漢世甚多。其時去古近，貨力爲己之風猶未如後世之甚也。

《白虎通義》曰：友飢爲之減飡，友寒爲之不重裘。盡人而以朋友之道待之，勢弗能給也。然《詩》云：呦呦鹿鳴，食野之蘋。説者曰：鹿鳴興於獸，而君子大之取，其得食而相呼也。(《淮南・泰族》)可以人而不如獸乎？杜甫之詩曰：所來爲宗族，亦不爲盤飧。《史記・十二諸侯年表》曰：仁義陵遲，鹿鳴刺焉。豈爲飲食哉？中以好之欲飲食之朋友之道也。得食而不相呼，朋友之道盡矣。君臣猶朋友也，得食而不相呼，君臣之道薄矣。是以詩人刺之也。《易》曰：何以守位曰仁，何以聚人曰財。理財正辭，禁民爲非曰義。夫君子者，豈徒能飲食之而已矣。然較之使饑餓於我土地者，何如夫延陵、孟嘗、春申、信陵之徒，亦徒能飲食人而已矣。而士猶歸之，以其猶有君人之一德也。

〔二七七〕 兒寬阿世

《史記・封禪書》言：齊桓公欲封禪，管仲以爲不可，而不可窮以辭，乃設之以事。其事固不必實，然可見古之言封禪者，皆以爲非真天下太平，則不可妄舉其事也。秦漢之世，儒者已不能諍其君以封禪之不可，然議禮恒不能決，可見其於事仍不肯苟焉而已。秦始皇以儒生議各乖異，難施用而絀之，此始皇之侈也。乃司馬相如遺書頌功德，言符瑞足以封泰山，漢武以問兒寬，而寬對曰：使羣臣得人自盡，終莫能成。惟天子建中和之極，兼總條貫，金聲而玉振之，以順成天慶，垂萬世之基。上然之，乃自制儀，采儒術以文焉。然則封禪之議，啓之者相如，成之者寬也。相如逢君之惡，寬則長君之惡者也。抑寬之言，何其與始皇專己欲速之心，若合符節也？得不謂之曲學阿世邪？

〔二七八〕 遊俠郭解

郭解之得也，窮治所犯，爲解所殺，皆在赦前。軹有儒生，侍使者坐。客譽郭解，生曰：郭解專以奸犯公法，何謂賢？解客聞，殺此生，斷其舌。吏以此責解，解實不知殺者。殺者亦竟絶，莫知爲誰。吏奏解無罪。公孫弘議曰：解布衣，爲任俠行權，以睚眦殺人。解雖弗知，此罪甚於解知殺之。當大逆無道。遂族郭解。弘之議，乃謂弗知罪甚於知，則其果知與否，可以勿問，非謂解真不知也。史言解少時陰賊，慨不快意，身所殺甚衆。年長，更折節爲儉，以德報怨。然其陰賊著於心，卒發於睚眦如故云。則其多所賊殺，時人固皆知之，特莫能舉發之耳。窮治所犯，所殺皆在赦前；殺軹儒生者，解實不知；殺者亦竟絶，未必非吏爲之道地也。武夫雖獷悍，然能磊磊落落，則雖報怨過當，猶有可取。以直報怨，固非所望於此曹也。賊而曰陰，風斯下矣。然非陰險有心計者，固不能爲豪傑魁首。彼殺軹儒生者，豈中心説而誠服解哉？亦以是納交於解，而要譽於其徒黨耳。自與季路、仇牧，而心計之工，雖商賈有所不若，清夜自思，不亦有靦面目乎？此所謂遊俠者，所以終爲盜跖之居民間者邪？史公曰："朋黨宗强比周，設財役貧；豪暴侵陵孤弱，恣欲自快；遊俠亦醜之。余悲世俗不察其意，而猥以朱家、郭解等，令與暴豪之徒同類而共笑之也。"以吾觀之，則朱家、郭解，亦暴豪之工於術者耳。語曰：不知來，視諸往。

余則曰：不知古，鑒諸今。豈不見今之所謂朱家、郭解者？其立心與暴徒，何以别乎？古以儒、墨并稱，亦以儒俠并稱，明墨子之徒，原即世所謂遊俠。然閭巷之俠，儒、墨皆排擯不載；則俠之於墨，猶鄉原之於儒也。

客或譏原涉曰：子本吏二千石之世，結髮自脩，以行喪、推財、禮讓爲名。正復仇取仇，猶不失仁義；何故遂自放縱，爲輕俠之徒乎？當時輕俠之徒，有所賊殺，非爲仇讎可知。此其所以爲盜跖之居民間者邪？觀客之所言，而世人之視遊俠者可知矣。史言涉性略似郭解，外温仁謙讓，而内隱好殺。人之視己，如見其肺肝然。豈有誠於心而不形於外，真可以欺世者哉？

劇孟過袁盎，盎喜待之。安陵富人有謂盎曰："吾聞劇孟博徒，將軍何自通之？"盎曰："劇孟雖博徒；然母死，客送喪車千餘乘，此亦有過人者。且緩急人所有。夫一旦叩門，不以親爲解；不以在亡爲辭，天下所望者，獨季心、劇孟。今公陽從數騎，一旦有緩急，寧足恃乎？"徙豪富茂陵也，郭解家貧不中訾，吏恐不敢不徙，諸公送者出千餘萬。彼有緩急，豈待叩人之門户哉？鄭莊行千里不賫糧，斂客之財以養客，徒取諸彼以與此，雖鄙夫豈有愛焉？此足方季次、原憲乎？

子曰："吾未見剛者。"或對曰："申棖。"子曰："棖也欲，焉得剛？"故曰：志士不忘在溝壑，勇士不忘喪其元。今漢之所謂遊俠者，欲姦公法，則相與探丸爲彈：得赤丸者斫武吏，得黑者斫文吏，白者主治喪。死而不忘埋葬，可謂勇乎？然而千金之子，坐不垂堂，此爲郭解報仇者之所以多與？公孫弘則可謂知治矣。

〔二七九〕巧　　吏

漢宣帝號留意吏治，然所獎進者，王成、黄霸，皆作僞之徒也。《晉書·良吏傳》：王宏，"泰始初，爲汲郡太守，撫百姓如家，耕桑樹藝，屋宇阡陌，莫不躬自教示，曲盡事宜。"武帝下詔，稱其"督勸開荒，五千餘頃，而熟田常課，頃畝不減。比年普饑，人不足食，而宏郡界，獨無匱乏"，則合王成、黄霸爲一人矣。然俄遷衛尉、河南尹、大司農，無復能名，而暮年且以謬妄獲譏於世。今跡其所爲，"桎梏罪人，以泥墨塗面，置深坑中，餓不與食"；代劉毅爲司隸校尉，"檢察士庶，使車服異制，庶人不得衣紫絳及綺繡錦繢。帝常遣左右微行，觀察風俗，宏緣此復遣吏科檢婦人衵服，至褰發於路"，此亦黄霸之所爲耳。且使黄霸之事，而使張敞記之，其可發笑，必尤甚於今之《漢書》也。然而此等人之獲浮名者，至今猶不乏矣。

〔二八〇〕 漢吏治之弊

章帝元和二年詔曰："俗吏矯飾外貌，似是而非，揆之人事則悦耳，論之陰陽則傷化。安静之吏，悃愊無華，日計不足，月計有餘。如襄城令劉方，吏人同聲謂之不煩，雖未有他異，斯亦殆近之矣。夫以苛爲察，以刻爲明，以輕爲德，以重爲威，四者或興，則下有怨心。"案貢禹言漢世吏治之弊曰：習於計簿能欺上府者爲右職，勇猛操切苛暴者居大位。《漢書》本傳。左雄曰：謂殺害不辜爲威風，聚斂整辨爲賢能，以理已安民爲劣弱，以奉法循理爲不化。《後漢書》本傳。李固論吏治之弊曰：伏聞詔書務求寬博，疾惡嚴暴。而今長吏多殺伐致聲名者，必加遷賞；其存寬和、無黨援者，輒見斥逐。《後漢書》本傳。皆即章帝詔之所云也。蓋欲考績而不知其方，"觀政於亭傳，責成於期月"，亦左雄語。則求進者不得不苟飾外表急圖見功矣。當時所謂循吏若黄霸等，其所行亦未嘗非塗飾表面，特其所以塗飾之者異耳。然此等人卒少，而以殺戮立威者多，則又秦世吏治之餘敝也。

秦世吏治何以嚴酷邪？蓋吏之所行者有二：一民間固有之綱紀，後以國家之力維持之，雖已不如人民自治時之善，然其利害與人民之利害猶不甚相違，人民亦自能維持之，不待官以强力行之守之也，故其施政可寬。一則在上者有求人，其利害與人民適相反，如是則非以强力行之守之不可矣，如糜爛其民以戰之，刻剥其民以自奉皆是也。戰争愈烈，奢侈愈甚，則此等事愈多。吏治嚴急，殆六國之通弊，秦特其尤甚者耳。

蔣琬爲廣都長，先主因遊觀奄至，見琬衆事不理，時又沈醉，大怒，將加罪戮。諸葛亮請曰："蔣琬，社稷之器，非百里之才也。其爲政以安民爲本，不以脩飾爲先，願主公重加察之。"《三國・蜀志》本傳。駱統上疏孫權曰："方今長吏親民之職，惟以辨具爲能，取過目前之急，少復以恩惠爲治，副稱殿下天覆之仁，勤恤之德者。官民政俗，日以彫弊，漸以陵遲，勢不可久。"《三國・吴志》本傳。事荒廢而見稱，辨具而見斥者，辨具者徒脩飾，荒廢者乃實仁惠也。所以荒廢得爲仁惠者，以所謂辨具者不過以國之所求民所不利者，强力而推行之耳，此繭絲保障之異也。夫欲保障其民，則有時不得不距國家之政令，若隄防之於洪水矣。

馬貴與言：自孝文策鼂錯之後，賢良方正，皆承親策；至孝昭年幼未即政，無親策之事，乃詔有司，問以民所疾苦，所議者鹽鐵均輸榷酤，皆當時大事，令建議之臣，與之反覆詰難，講究罷行之宜。又謂漢武帝之於董仲舒也，意有未盡，則再策之，三策之；晉武帝之於摯虞、阮种也亦然。《文獻通考・選舉考》。今案淮南王安受詔作《離騷傳》；河間獻王亦對詔策所問三十餘事；安帝永初二年詔謂："間令公卿郡國舉賢良方正，而所對皆循尚浮言，無卓爾異聞。其百僚及郡國吏人，有道術明習災異陰陽之度璇璣之數者，各使指變以聞。二千石長吏明以詔書，博衍幽隱，朕將親覽，待以不次，冀獲嘉謀，以承天誡。"順帝陽嘉三年，河南三輔大旱，五穀災傷，亦以周舉才學優深，特加策問。《後漢書・周舉傳》。可見策問之始，實非疑其人之冒濫而思有以考試之，乃誠以其人爲賢能而咨詢之也。然章帝建初五年詔引建武詔書曰："堯試臣以職，不直以言語筆札。"則時之重言語筆札也久矣。人人面問，事煩而難行，故終必又偏重筆札。《漢書・尹翁歸傳》：田延年召翁歸辭問，甚奇其對，除補卒史。師古注："爲文辭而問之。"此亦策之類也。然則即守相之試其下，亦有不能盡用語言者矣。葛洪言格言不吐庸人之口，高文不墮頑夫之筆。此自今日文辭冒濫之世觀之，或疑其不實，然亦由衡鑒者之無識。言爲心聲，誠不可掩。苟司衡文之責者，誠爲學識超羣之士，亦未嘗不可衡其文而知其人也。特以觀其人之志識趣向則有餘，欲知應變之才，則終須試之以事耳。

〔二八一〕　官南方者之貪

古稱不寶遠物，斯言似易而實難；蓋見紛華靡麗而不説者，惟味道之腴者能然，固非所語於人人也。儒家之貴恭儉至矣，然其稱孝，曰"以天下養"。《孟子・萬章》上。所謂以天下養者，則三牲魚臘，極四海九州之美味而已，非寶遠物而何？

西域、南海，皆異物之所自來也，而貿遷往來，水便於陸，故南琛之至尤早。《史記・貨殖列傳》言番禺爲珠璣、犀、瑇瑁、果、布之湊，此語必非指漢時，可見陸梁之地未開，蠻夷賈船，已有來至交、廣者矣。趙佗以翠鳥、紫貝、生翠、孔雀遺漢朝，越繇王閩侯亦以荃、葛、珠璣、犀角、羽翠遺江都王建，其寶愛之情可想。職是故，宦於南方者，遂多貪墨之徒。湘成侯益昌，坐爲九真太守盜使人出賣犀、奴婢，臧百萬以上，不道，誅；《漢書・景武昭宣元成功臣表》。張恢爲交阯太守，坐臧千金，徵還伏法，《後漢書・鍾離意傳》。皆是物矣。《後漢書·循吏傳》：孟嘗，“遷合浦太守。郡不産穀實，而海出珠寶，與交阯比境，常通商販，貿糴糧食。先時宰守并多貪穢，詭人采求，不知紀極，珠遂漸徙於交阯郡界。於是行旅不至，人物無資，貧者死餓於道。”《賈琮傳》云：“舊交阯土多珍産，明璣、翠羽、犀、象、瑇瑁、異香、美木之屬，莫不自出。前後刺史率多無清行，上承權貴，下積私賂，財計盈給，輒復求見遷代，故吏民怨叛。中平元年，交阯屯兵反，執刺史及合浦太守，自稱柱天將軍。靈帝特敕三府精選能吏，有司舉琮爲交阯刺史。琮到部，訊其反狀，咸言賦斂過重，百姓莫不空單，京師遥遠，告冤無所，民不聊生自活，故聚爲盜賊。”其闇無天日，可見一斑。珠崖、儋耳二郡，率數歲一反，《後漢書·南蠻傳》。蓋有由也。《馬援傳》云：“初，援在交阯，常餌薏苡實，用能輕身省欲，以勝瘴氣。南方薏苡實大，援欲以爲種，軍還，載之一車，時人以爲南土珍怪，權貴皆望之。援時方有寵，故莫以聞。及卒後，有上書譖之者，以爲前所載還，皆明珠文犀。”《吴祐傳》：“父恢爲南海太守，祐年十二，隨從到官。恢欲殺青簡以寫經書，祐諫曰：今大人踰越五嶺，遠在海濱，其俗誠陋，然舊多珍怪，上爲國家所疑，下爲權戚所望。此書若成，則載之兼兩。昔馬援以薏苡興謗，王陽以衣囊徼名，嫌疑之間，誠先賢所慎也。恢乃止。”觀此二事，可見權貴之涎於南産。《三國·吴志·孫權傳》建安二十五年《注》引《江表傳》云：“是歲，魏文帝遣使求雀頭香、大貝、明珠、象牙、犀角、瑇瑁、孔雀、翡翠、鬬鴨、長鳴雞。羣臣奏曰：荆、揚二州，貢有常典，魏所求珍玩之物，非禮也，宜勿與。權曰：彼在諒闇之中，而所求若此，甯可與言禮哉？皆具以與之。”蓋其求之之切如此。晉武帝幸王濟宅，供饌悉貯琉璃器中。《晉書·王濟傳》。時石崇與王愷、羊琇之徒，以奢靡相尚。武帝每助愷，嘗以珊瑚樹賜之，高三尺許，枝柯扶疏，世所罕比。愷以示崇，崇便以鐵如意擊之，應手而碎。愷既惋惜，又以爲嫉己之寶，聲色方厲。崇曰：不足多恨，今還卿。乃命左右悉取珊瑚樹，有高三四尺者六七株，條榦絶俗，光采耀目，如愷比者甚衆。《晉書·石崇傳》。琉璃、珊瑚，非來自西域，則必出於南海。合魏文帝之事觀之，知當時勳戚之家，能致南琛者，亦必不少也。

交、廣而外，益州亦爲異物所自來。張騫在大夏，見邛竹杖，蜀布，問曰：安得此？大夏國人曰：吾賈人往市之身毒。其後武帝使騫發間使以求大夏，其北方閉氐、莋，南方閉嶲、昆明，終莫得通，然聞其西可千餘里，有乘象國，名曰滇越，而蜀賈間出物者或至焉。《漢書·張騫傳》。此自今緬甸通雲南之道，邛竹杖、蜀布，蓋即由是而入身毒。哀牢至荒陋，而《傳》述其物産，乃有光珠、虎魄、水精、瑠璃、軻蟲、蚌珠、孔雀、翡翠、犀、象，又有梧桐木華，績以爲布，皆海外之珍也。葛亮南征，軍資所出，國以富饒，其所取資，蓋不僅蠻中土物矣。《後漢書·朱暉傳》載張林上言，欲因交阯、益州上計吏往來市珍寶，收采其利，武帝時所謂均輸者也。其視之，一如宋人之視香藥寶貨矣。

安南爲中國郡縣踰千載，至宋而失之，明又復之，然其隸版圖，不及二十載也。五口通商之役，爲近世四夷交侵之始，其事固爲曠古之變局，非昔日馭夷之策所能弭，然其致變之由，官吏之貪求，不得謂非其一，古事之傳於後者希，觀於近世之事，而其情形可以想見也。知今古之同符，又知禍患之來，非一朝一夕之故矣。

原刊一九四九年四月八日《東南日報》

〔二八二〕 資格用人之始

資格用人，始於北魏崔亮，乃爲應付武夫起見，人皆知之矣；然其事，實不始於此。《後漢書·董卓傳》言李傕、郭汜、樊稠皆開府，與三公合爲六府，皆參選舉。《注》引《獻帝起居注》曰："傕等各欲用其所舉，若一違之，便忿憤恚怒。主者患之，乃以次第用其所舉，先從傕起，汜次之，稠次之；三公所舉，終不見用。"此雖與崔亮"以停解日月爲斷"異，然其用意則一也。

〔二八三〕 漢不守秦制

《漢書·百官公卿表》云："大率十里一亭，亭有長。十亭一鄉，鄉有三老、有秩、嗇夫、遊徼……縣大率方百里，其民稠則減，稀則曠，鄉、亭亦如之，皆秦制也。列侯所食縣曰國，皇太后、皇后、公主所食曰邑，有蠻夷曰道。凡縣、道、國、邑千五百八十七，鄉六千六百二十二，亭二萬九千六百三十五。"案縣方百里，爲方十里者十，當有十鄉，鄉有十亭，則千五百八十七縣，當得萬五千八百七十鄉，十五萬八千七百亭。表所載鄉亭之數，去此甚遠，豈皆以民稀故乎？案《續漢志》注引應劭《漢官》云：三邊始發，武皇帝所開，縣户數百而或爲令。荆揚江南七郡，唯有臨湘、南昌、吴三令耳。及南陽穰中，土沃民稠，四五萬户而爲長。蓋漢之不能守秦制久矣，官以治事，事生於有人，隨人户多少而置官，於理最得，而漢之不能守舊制如此知。

〔二八四〕 漢世選舉之弊

《漢書·何武傳》云："武爲郡吏時，事太守何壽。壽知武有宰相器，以其同姓故，厚之。後壽爲大司農，其兄子爲廬江長史。時武爲揚州刺史。奏事在邸，壽兄子適在長安，壽爲具，召武弟顯及故人楊覆衆等；酒酣，見其兄子，曰：此子揚州長史，材能駑下，未嘗省見。顯等甚慙，退以謂武。武曰：刺史古之方伯，上所委任，一州表率也，職在進善退惡。吏治行有茂異，民有隱逸，乃當召見，不可有所私問。顯、覆衆强之，不得已，召見，賜卮酒。歲中，廬江太守舉之。"師古曰："終得武之力助也。"夫終得武之力助，則不可謂之大公也。《後漢書·第五倫傳》："或問倫曰：公有私乎？對曰：昔人有與吾千里馬者，吾雖不受，然三公有所選舉，心不能忘，而亦終不用也。"倫之峻峭，蓋無可疑。既不受其馬，而猶不能忘者，則其時習以選舉爲報，已成習俗也。亦可見積弊之深矣。

〔二八五〕 漢 末 名 士

東漢之末，士之矯僞極矣。何武爲京兆尹，舉方正，所舉者召見，槃辟雅拜，有司以爲詭衆虚僞，武坐左遷。《漢書·何武傳》。而趙壹舉郡上計，到京師，司徒袁逢受計，計吏數百人，皆拜伏庭中，壹獨長揖而已。既出，往造河南尹羊陟，不得見。壹以公卿中非陟無足以託名者，乃日往到門，陟自强許通，尚卧未起，壹逕入上堂，遂前臨之，舉聲哭。西還，道經弘農，過候太守皇甫規。門者不即通，壹遂遁去。《後漢書·文苑傳》。其詭衆虚僞，視何武所舉者何如？使有紀綱，必蒙大戮。郡守且當坐選舉不實之罪，而逢等方共獎借之，爲之延譽，其時所謂名士者，尚可問哉！

《後漢書·符融傳》云："漢中晉文經、梁國黄子艾，并恃其才智，炫曜上京，卧託養疾，無所通接。洛中士大夫好事者，承其聲名，坐門問疾，猶不得見。三公所辟召者，輒以詢訪之，隨所臧否，以爲與奪。融察其非真，乃到太學，并見李膺，曰：二子行業無聞，以豪桀自置，遂使公卿問疾，王臣坐門。融恐其小道破義，空譽違實，特宜察焉。膺然之。二人自是名論漸衰，賓徒稍省，旬日之間，慙歎逃去。"夫趙壹逃去，而皇甫規追書以謝，已異矣；乃至三公辟召，訪諸晉、黄，豈不甚哉！徐幹言：“桓靈之世，自公卿大夫，州牧郡守，王事不恤，賓客爲務，冠蓋填門，儒服塞道，饑不暇餐，倦不獲已，殷殷沄沄，俾夜作晝；下及小司，列城墨綬，莫不相商以得人，自矜以下士。星言夙駕，送往迎來，亭傳常滿，吏卒傳問，炬火夜行，閽寺不閉，把臂捩腕，扣天矢誓，推託恩好，不較輕重；文書委於官曹，繫囚積於囹圄，而不皇省也。詳察其爲也，非欲憂國恤民，謀道講德也，徒營己治私，求勢逐利而已。”《中論·譴交》。蓋既結黨連羣，則或能有所輕重，於是或倚之求進取，或則懼其謗毁，故其勢至於如此也。卒之求食者多，禄位有限，求度者十一未能得，身没他邦，長幼不歸，父母懷煢獨之思，室人抱《東山》之哀，親戚隔絶，閨門分離，無罪無辜，亡命是效，亦《譴交》篇語。亦何爲哉！此九品中正之制，所以不得不繼之而起也。

黄允以儁才知名，司徒袁隗欲爲從女求姻，見允而歎曰：得壻如是，足矣。允聞而黜遣其妻夏侯氏。婦謂姑曰：今當見棄，方與黄氏長辭，乞一會親屬，以展離訣之情。於是大集賓客三百餘人，婦中坐攘袂，數允隱匿穢惡十五事，言畢，登車而去。允以此廢於世。《郭太傳》。李充家貧，兄弟六人，同食遞衣，妻竊謂充曰：今貧居如此，難以久安，妾有私財，願思分異。充僞酬之曰：如欲别居，當醖酒具會，請呼鄉里内外，共議其事。婦從充，置酒燕客，充於坐中前跪白母曰：此婦無狀，而教充離間母兄，罪合遣斥。便呵叱其婦，逐令出門，婦銜涕而去。《獨行傳》。此兩事可以參觀。夫不聽其婦可也，僞酬之而顯逐之，又何爲乎？《記》曰：不可怒子放婦出而不表禮焉。充後爲博士，所行如此，豈無隱慝哉？其婦不起而數之，何也？人固有强弱乎？夫好名之士之得名，非必人人皆心服之也，固有劫於勢，不得發口言者。使其人而其時而未合敗，雖數其罪百五十事，猶無傷也。何者？衆人固戢戢如羊，雖心知善惡，口不能言也。然則若黄允者，沽名之才，則有之矣，劫衆之術，猶未工也，能不爲李充所笑乎？

李充後遭母喪，行服墓次，人有盗其墓樹者，充手自殺之。此大辟之罪也，而太守魯平請署功曹。延平中，詔公卿、中二千石各舉隱士大儒，務取高行，以勸後進，特徵充爲博士。時魯平亦爲博士，每與集會，常歎服焉。遷侍中。大將軍鄧騭貴戚傾時，無所下借，以充高節，每卑敬之。知當時之所謂高節者，如此而已。豈特以薄屋爲高，藿食爲清邪？仲長統語，見本傳。

魯平之請充署功曹也，充不就，平怒，乃援充以捐溝中，因謫署縣都亭長，似過矣。不特此也，公孫述之於譙玄、李業，皆以死脅之，於王皓、王嘉，則繫其妻子；業、皓、嘉竟以是死，皎并累及家屬，亦見《獨行傳》。似尤過矣。然橋玄賢者，召姜岐爲吏不就，勅吏逼之，曰：岐若不至，趣嫁其母。則亦有激而然也。觀迫之者之激，而知爲之者之僞也。

蜀漢先主薄許靖不用，法正説曰：天下有獲虚譽而無其實者，許靖是也。然人不可户説，靖之浮稱，播流四海，若其不禮，人以主公爲賤賢也；宜加敬重，以眩遠近。先主乃厚待靖。《三國志·法正傳》。此虚名之士所以獲處也。大抵欲養望者，不宜身任事，當多以虚譽奬進人；必審其人實不能自立，乃從而貶議之，亦所謂推亡固存之道也。如是，則黨與多，而仇怨我者，皆焉能爲有無之人也，則名譽可以長保，而權利可以獲處矣。權豪穢惡，當與之疏，以免譏議。至其人懷忿，實欲相讎，則又宜下之，所謂勿以虚名受實禍也。苟其虚譽隆洽，私黨衆多，人自莫我訾議，我固不難設辭以自解也。故陳寔、郭泰、徐穉、申屠蟠，皆術之最工者也。若黄允、晉文經、黄子艾者則下矣。允何以敗？以耆利冒進太甚也。文經、子艾何以敗？以矯激太甚，據非所據也。大抵好立名者當遠利；於聲勢貨財，必能勿亟取，然後名高而不危。故雖矯僞之士，亦不能令廢自克之功也。

孔融之稱盛憲也，曰："天下譚士，依以揚聲。"又曰："今之少年，喜謗前輩，或能譏平孝章，孝章要爲有天下大名，九牧之民，所共稱歎。"《三國·吴志·孫韶傳注》引《會稽典録》。亦何慙於許靖哉？然終已不免，則所遇者之異也。少年喜謗前輩，何也？曰：不謗人，不足以立名。故立虚譽者多危，欲圖保之，亦非易也。亦勞日矣，拙也。

名高易招嫉忌，故多危。荀爽就謁李膺，因爲其御，既還，喜曰：今日乃得御李君矣。郭泰行陳梁間，遇雨，巾一角墊，時人乃故折巾一角，以爲林宗巾。膺以聲名自高，士有被其容接者，名爲登龍門。泰名顯，士争歸之，載刺常盈車。其爲衆所歸附，指目同而禍福異者，膺持風裁，而泰不爲危言覈論也。故真能免患者必鄉原。袁閎不脩異操，致名當時；見《王龔傳》。法真逃名而名隨，避名而名追；見《逸民傳》。皆術之最工者也。

史叔賓少有盛名，後以論議阿枉敗。《郭太傳》。所謂論議阿枉者，扶翼所不當扶翼之人，未知推亡固存之道者也。然此等人必猶顧念私交，未肯落阱下石，故其人實未必大惡。若乃見私黨之將敗，從而攻之，以冀自免，或且徼利焉，則又叔賓之徒所不忍爲矣。或曰：凡人説話不可太切實；平時説話太落邊際，至緩急時，更欲改變則難矣。故處世之道，莫如模棱兩可，貌似慷慨激昂，而實不著邊際，以狂狷之行，飾鄉原之心，此處世之術之最工者也。叔賓之不克自拔於阿枉，亦其平時議論，太落邊際故與？

何以誣人？曰：莫如闇昧不明之事。非必謂帷薄之不脩也。門以内事，世之所重，而其真僞，則非門以外人所得悉也。以是立名，以是造謗，術至工矣。許武舉爲孝廉，以二弟晏、普未顯，欲令成名，乃割財産以爲三分，武自取肥田廣宅、奴婢强者，二弟所得，并悉劣少。鄉人皆稱弟克讓而鄙武貪婪，晏等以此并得選舉。武乃會宗親，泣曰：吾爲兄不肖，盜聲竊位，二弟年長，未豫榮禄，所以求得分財，自取大譏；今理産所增，三倍於前，悉以推二弟，一無所留。於是郡中翕然，遠近稱之。《循吏·許荆傳》。高鳳名聲著聞，太守連召請，恐不得免；自言本巫家，不應爲吏，又詐與寡嫂訟田，遂不仕。《逸民傳》。駱秀被門庭之謗，衆論狐疑，賴有謝淵，乃得證明。《三國·吴志·陸遜傳注》引《會稽典禄》。則其事也。許靖與從弟劭俱知名，而私情不協。劭爲郡功曹，排擯靖不得齒叙，以馬磨自給。《三國志·許靖傳》。靖豈默然受謗之士？所以難於自明者，蓋亦以謗之者爲門内人也。張劭之喪，至壙將窆，柩不肯進，范式執引，於是乃前。《後漢書·獨行傳》。有是理乎？會葬千人，縱爲所蔽，執紼者豈不知其情，猶莫能發其覆也，況於門以内事哉！

陳蕃年十五，閑處一室，庭宇蕪穢，父友候之，謂曰：孺子何不洒掃以待賓客？蕃曰：大丈夫處世，當掃除天下，安事一室乎！爲豫章太守，性方峻，不接賓客，士民亦畏其高。徵爲尚書令，送者不出郭門。蕃喪妻，鄉人畢至，惟許子將不往，曰：仲舉性峻，峻則少通，故不造也。《陳蕃傳》并《注》。此猶白日出而鬼魅匿形也。《易》曰：誣善之人其辭遊，失其守者其辭屈。結黨造作聲譽之人，必畏嚴氣正性之士。

謝甄、邊讓，并善談論，共候林宗，未嘗不連日達夜。符融每見李膺，幅巾奮褎，談辭如雲。《郭太傳》。此《易》所謂躁人之辭多也。仇覽與融同郡，入太學，又與融比宇；融賓客盈室，覽常自守，不與融言。融謂曰：今京師英雄四集，志士交結之秋，雖務經學，守之何固？覽正色曰：天子脩設太學，豈但使人遊談其中！高揖而去，不復與言。後融以告郭林宗，林宗與融齎刺就房謁之，遂請留宿。林宗嗟歎，下牀爲拜。《循吏傳》。覽其陳仲舉之儔乎？符融雖爲所拒，猶能屈己下之，林宗亦爲下拜，此又二人之所以能獲盛名也。何者？嚴氣正性之人，容或持正論不阿，造次之間，爲所敗也；先爲之下，則敵寡矣。故盛名之下，必無骨鯁之士。

《三國·魏志·杜畿傳注》引《杜氏新書》曰："杜恕少與馮翊李豐俱爲父任，總角相善。及各成人，豐砥礪名行以要世譽，而恕誕節直意，與豐殊趣。豐竟馳名一時，京師之士多爲之遊説。而當路者或以豐名過其實，而恕被褐懷玉也。

由是爲豐所不善。恕亦任其自然,不力行以合時。豐以顯仕朝廷,恕猶居家自若。"明知其名過其實,而仍畀之膴仕者,毛羽既豐矣,爲之遊説者既衆矣,孰肯逆輿情爲國家正選拔哉?即爲遊説者,寧不知其非實,然拔茅茹以其彙征,所謂以同利爲朋也。《潛夫論·實貢篇》曰:"志道者少與,逐俗者多儔,是以朋黨用私,背實趨華。其貢士者,不復依其質幹,準其才行,但虚造聲譽,妄生羽毛。"《後漢書·王符傳》。聲譽可以虚造,况其人本能矯情僞飾者乎?

《實貢篇》又曰:"略計所舉,歲且二百。覽察其狀,則德侔顔、冉;詳覈厥能,則鮮及中人。夫士者貴其用也,不必求備。故四友雖美,能不相兼;三仁齊致,事不一節。今使貢士必覈其實,其有小疵,勿强衣飾,出處默語,各因其方,則蕭、曹、周、韓之倫,何足不致,吴、鄧、梁、竇之屬,企踵可待。"諸葛恪與陸遜書曰:"君子不求備於一人,自孔氏門徒,大數三千,其見異者七十二人,然猶各有所短,師辟由喭,賜不受命,豈況下此而無所闕?加以當今取士,宜寬於往古,何者?時務從横,而善人單少,國家職司,常苦不充。苟令性不邪惡,志在陳力,便可獎就,騁其所任。若於小小宜適,私行不足,皆宜闊略,不足縷責。"《三國·吴志·諸葛恪傳》。觀此,知當時選舉之弊,全在才不覈其所長,德則務於求備。才不覈其所長,故無能者得以濫竽;德則務於求備,則真率者寡得自全,此選政之所以大壞,風俗之所以日偷也。恪又曰:"自漢末以來,中國士大夫如許子將輩,所以更相謗訕,或至於禍,原其本起,非爲大讎,惟坐克己不能盡如禮,而責人專以正義。夫己不如禮,則人不服;責人以正義,則人不堪。内不服其行,外不堪其責,則不得不相怨。相怨一生,則小人得容其間。得容其間,則三至之言,浸潤之譖,紛錯交至,雖使至明至親者處之,猶難以自定,況已爲隙,且未能明者乎?是故張、陳至於血刃,蕭、朱不終其好,本由於此而已。夫不舍小過,纖微相責,久乃至於家户爲怨,一國無復全行之士也。"然則當時以行取人,而行之所以難全,又正因造謗者多故也。杜恕、李豐,總角之交,後更不善,其去張、陳、蕭、朱亦無幾矣,危哉!即許劭,亦幸其終處廣陵、豫章,而未嘗與許靖同客蜀也。法正入蜀,爲州邑俱僑客者所謗無行,志意不得,及爲蜀郡太守,擅殺毁傷己者數人。太史公曰:"怨毒之於人甚矣哉!"《史記·伍子胥列傳》。其本皆以求名而已。凡求名者,未有不實爲利者也。故曰:"放於利而行,多怨。"

《後漢書·荀彧傳》:"父緄,畏憚宦官,爲彧取中常侍唐衡女。彧以少有才名,故得免於譏議。"《三國志·彧傳注》引《典略》曰:"衡欲以女妻汝南傅公明,公明不娶,轉以與彧。父緄慕衡勢,爲彧娶之。彧爲論者所譏。"裴氏辯之曰:"案《漢紀》云唐衡以桓帝延熹七年死,計彧於時年始二歲,則彧婚之日,衡没久矣,慕勢之言爲不然也。"魏文帝非苟作者,而其言舛誤如此,悠悠之説,尚可信哉?《後漢書·郭太傳》曰:太名聞天下,"後之好事,或附益增張,故多華辭不經,又類卜相之書。今録其章章效於事者,著之篇末。"觀其所録,亦無以徵其必信也。夫史之不可信久矣,亦曷嘗不多載虚譽?觀其多載虚譽,又知名聞天下之徒,事之醜惡不傳者衆也。

《太傳》所録,太之所拔擢者,非賤人,則惡人也。人倫之鑒,未必全無,然亦以太聲勢既盛,故所拔擢,易於成名也。丁諝出於役伍,張秉生於庶民,吴粲、殷禮起乎微賤,顧邵皆拔而友之,爲立聲譽,事亦由此。《三國·吴志·顧雍傳》。太史公曰:"閭巷之人,欲砥行立名者,非附青雲之士,惡能施於後世哉?"《史記·伯夷列傳》。豈獨施於後世爲然,此植黨要名之事,所以不絶於世與!

顧亭林訾魏武帝崇奬跅弛之士,於是權詐迭進,姦逆萌生。謂經術之治,節義之防,光武、明、章數世爲之而未足;毁方敗常之俗,孟德一人變之而有餘。《日知録·兩漢風俗》。亭林欲敬教善俗,其心良苦。然所論史事,則全非其真。漢武帝元封五年,詔曰:"蓋有非常之功,必待非常之人,故馬或奔踶而致千里,士或有負俗之累而立功名。夫泛駕之馬,跅弛之士,亦在御之而已。其令州郡察吏民有茂材異等,可爲將相及使絶國者。"《漢書》《本紀》。魏武建安十五年春、十九年十二月、二十二年八月令,意與此全同,所求者皆非常之才也。古之用人,必由鄉舉,鄉里之評,率本行實,此固《周官》六德六行之舊,然徒能得束身自好之士,不能得才足濟變之人也,且亦不能無矯飾。故揚雄自序云不脩廉隅以徼名當世;虞延不拘小節,則無鄉曲之譽;杜篤不脩小節,亦不爲鄉人所禮。《史記·淮陰侯列傳》云:"始爲布衣時,貧無行,不得推擇爲吏。"所謂無行,亦不過不能脩飾,以要世譽,非必有惡行爲鄉里所患苦也。太史公《報任安書》,亦自言長無鄉曲之譽。若太史公者,豈猶不足任使與?郡國廉孝,歲以百計,若漢武帝、魏太祖所求非常之才,不知天下能得一二人否?安能變及風俗?亭林言:"董昭太和之疏,已謂當今年少,不復以學問爲本,專更以交遊爲業;國士不以孝弟清脩爲首,乃以趨勢求利爲先;至正始之際,而一二浮誕之徒,騁其知識,蔑周、孔之書,習老、莊之教,風俗又爲之一變。"昭之所言,乃漢末奔競之俗,黨禍起時,太學中久如此矣,於魏武之令乎何與?而習老、莊而蔑周、孔,亦與奔競之俗何涉哉?

鄉舉里選所以不可行於後世者,非徒曰俗夸詐,而誠俗不可究詰也。乃其所舉之人,本不足以治當世之事□者。

〔二八六〕 附　庸

《漢書·高惠高后文功臣表》:"陸量侯須無,詔以爲列諸侯,自置吏令長,受令長沙王。"案此以其地遠,爲天子號令所不及故也。古之附庸亦必有如此情形者。

〔二八七〕 計相主計

《史記·張丞相列傳》:"好書律曆。秦時爲御史,主柱下方書。燕王臧荼反,高祖往擊之,蒼以代相從攻臧荼有功,以六年中封爲北平侯,食邑千二百户。遷爲計相,一月,更以列侯爲主計四歲。是時蕭何爲相國,而張蒼乃自秦時爲柱下史,明習天下圖書計籍。蒼又善用算律曆,故令蒼以列侯居相府,領主郡國上計者。"《漢書》同。略有删字,乃鈔胥所節,不足爲異同也。凡《史》《漢》辭句異同皆如此。《高祖功臣年表》云"爲計相四歲",《漢書·高惠高后文功臣表》同,不云更爲主計,則蒼居相府時,仍居計相之職也。計相即御史,《漢書·宣帝紀》:黄龍元年,詔御史察計簿,其證。《表注》引如淳曰:"計相,官名,但知計會。"《傳注》引如淳釋主計曰:"以其所主,因以爲官號,與計相同。時所卒立,非久施也。"師古曰:"去計相之名,更號主計。"皆以爲特設之官,非也。

〔二八八〕 入財者得補郎

《史記·平準書》:"所忠言:世家子弟富人,或鬥雞走狗馬,弋獵博戲,亂齊民。乃徵諸犯令,相引數千人,命曰株送徒。入財者得補郎,郎選衰矣。"《漢書·食貨志》同。如淳曰:"諸坐博戲事決爲徒者,能入錢得補郎也。"師古曰:"言被牽引者爲其根株所送,當充徒役,而能入財者,即當補郎。"皆以入財者得補郎,即指株送徒言之。然或别爲句,與上文不相蒙也。

〔二八九〕 漢時珠玉之價

昔人説經,每以當時之事爲況。此無以見經義之必然,特頗可考作注者之時之情形耳。如《周官》司市思次介次，鄭《注》云：思次若今市亭也，介次市亭之屬别小者也。司農則云：思，辭也；次，市中候樓也。趙注孟子之滕館於上宫，曰：上宫，樓也；孟子舍止賓客所館之樓上也。作《周官》時市中是否有候樓，孟子時樓上是否可舍止，皆有可疑。然漢時市中有候樓，樓上可舍止，則於此可見矣。肆長職云：各掌其肆之政令，陳其貨賄，名相近者相遠也，實相近者相爾也；而平正之。鄭司農云：謂若珠玉之屬，俱名爲珠，俱名爲玉；而賈或百萬，或數萬，恐農夫愚民見欺，故别異，令相遠。價值百萬或數萬之物，安得爲農夫愚民所求，擬不於倫，真堪發噱。然漢時珠玉之價，則於此可見也。又案《史記・平準書》顔異言：今王侯朝賀以蒼璧，直數千，而其皮薦反四十萬，本末不相稱。則漢世之璧，固有直僅數千者。

原刊《中華文史論叢》第一輯，一九八三年二月出版

〔二九〇〕 漢人不重黄金

《後漢書・西羌傳》：漢陽人杜琦，及弟季貢，同郡王信等，與羌通謀，聚衆入上邽城。詔購募得琦首者，封列侯，賜錢百萬。羌、胡斬琦者，賜金百斤，銀二百斤。漢世黄金一斤值錢萬，則金百斤恰與錢百萬相當，羌、胡無封侯之賞，故嬴銀二百斤也。夫使漢人果重黄金，詔書何難亦以金百斤爲購。案漢世賜外夷，罕用錢者。《漢書・韓安國傳》：安國言漢遣劉敬，奉金千斤，以結和親。《匈奴傳》：昭帝時屬國千長義渠王騎士射殺犁汙王，賜黄金二百斤。建平四年，烏珠留單于上書，願朝五年，漢初弗許，以揚雄諫，召還使者，更報單于書許之，賜繒帛五十匹，黄金十斤。王莽拜右犁汙王咸爲孝單于，賜黄金千斤，雜繒千匹。《莽傳》同。咸子助爲順單于，賜黄金五百斤。《烏孫傳》：楚主與漢使謀，擊傷狂王，漢遣中郎將張遵持醫藥治狂王，賜金二十斤。小昆彌烏就屠死，子拊離代立，爲弟日貳所殺，漢遣使者立拊離子安日爲小昆彌，日貳亡，阻康居。漢徙己校屯姑墨，欲候便討焉。安日使姑墨匿等三人詐亡從日貳，刺殺之，都護廉褒賜姑墨匿等金人二十斤。《後漢書・南匈奴傳》：南單于比遣子入侍，賜黄金錦綉，繒布萬匹，絮萬斤。單于歲盡，輒遣奉奏送侍子入朝，元正朝賀，拜祠陵廟畢，漢乃遣單于使，令謁者將送，賜采繒千匹，錦四端，金十斤。建武二十七年，北單于使詣武威求和親，漢遣以雜繒五百匹，又賜獻馬左骨都侯、右谷蠡王雜繒各四百匹。《倭傳》：漢賜卑彌呼白絹五十匹，金八兩。《西南夷傳》：哀牢王類牢反，邪龍縣昆明夷鹵承等應募，率種人與諸郡兵

破斬之,賜鹵承帛萬匹。除前漢時呼韓邪來朝,賜黄金二十斤,錢二十萬;《後書・鮮卑傳》言:鮮卑大人,皆來歸附,并詣遼東受賞賜,青、徐二州,給錢歲二億七千萬爲常外,無以錢賜外夷者。蓋呼韓邪身入漢地,有所貿易,可以用錢;《鮮卑傳》所云,則以錢供經費,非以之賜蠻夷也。《袁安傳》:安奏封事,言漢故事,供給南單于費直歲億九十餘萬,西域歲七千四百八十萬,亦以是計經費,非逕以之畀蠻夷。蓋錢在胡地無所用,即與漢人互市有用,以爲賜亦慮重賫。而在漢地,則金又無所用之也。知此,則知黄金本非平民所好矣。

或言《漢書・趙充國傳》:天子告諸羌人,犯法者能相捕斬,除其罪。斬大豪有罪者一人,賜錢四十萬,中豪十五萬,下豪二萬,大男三千,女子及老小千錢。又以其所捕妻子財物盡與之。明賜羌人亦以錢,而購杜琦以金銀,足見其以金爲貴重也。然羌人在塞内久,或在塞上,可以用錢。後漢則兼募羌、胡,胡者,西域胡人,其地固行金銀之錢,故以金銀爲購耳。此又見在漢地者之不重金銀也。

原刊《中華文史論叢》第一輯,一九八三年二月出版

〔二九一〕　漢聘皇后金

《漢書・王莽傳》:有司奏故事,聘皇后黄金二萬斤,爲錢二萬萬。而《後漢書・杜喬傳》,謂桓帝將納梁冀妹,冀欲令以厚禮迎之,喬據執舊典,不聽。注云:於是悉依惠帝故事,聘黄金一萬斤。則漢初皇后聘金止萬斤,后乃增至二萬也。莽以杜陵女史氏爲皇后,聘黄金三萬斤。莽之作事,固恒較前人爲侈。

《後漢書・獻穆曹皇后紀》:建安十八年,操進三女憲、節、華爲夫人,聘以束帛玄纁五萬匹。《三國魏志・武帝紀》注引《獻帝起居注》云:使賫璧帛玄纁絹五萬匹之鄴納聘。則未嘗用金。蓋後漢時金已少於前漢,獻帝當喪亂之時,多金尤不易致故也。

原刊《中華文史論叢》第一輯,一九八三年二月出版

〔二九二〕　漢武以酷法行幣

歷代泉幣之值,與其物不相稱者,莫如漢武帝之皮幣。紙幣又當别論。觀顔異譏其王侯朝賀以蒼璧值數千,而其皮薦反四十萬可知。職是故,不得不以

酷法行之。《漢書·王子侯表》：建成侯拾，元鼎二年，坐使行人奉璧皮薦賀元年十月不會免是也。不獨皮幣，他泉幣亦然。《高惠高后文功臣表》：曲成侯皇柔，元鼎二年，坐爲汝南太守，知民不用赤側錢爲賦，爲鬼薪；鄲侯仲居，元鼎二年，坐爲大常收赤側錢不收，完爲城旦；《百官公卿表》：元鼎三年，鄲侯周仲居爲大常，坐不收赤側錢收行錢論。師古曰：赤側當收而不收，乃收見行之錢也。慎陽侯買，元狩五年，坐鑄白金棄市是也。《酷吏義縱傳》曰：是時趙禹、張湯爲九卿矣，然其治尚寬，輔法而行，縱以鷹擊毛鷙爲治。後會更五銖錢白金起，民爲姦，京師尤甚，乃以縱爲右内史，王温舒爲中尉。武帝之於行錢，則可謂盡其法矣，其如終不可行何？故曰：下令於流水之原。

原刊《中華文史論叢》第一輯，一九八三年二月出版

〔二九三〕皮　幣

《聘禮》：庭實，皮則攝之，毛在内。鄭《注》：皮，虎豹之皮。凡君於臣，臣於君，麋鹿皮可也。《禮》又云：勞者禮辭，賓揖先入，勞者從之，乘皮設。《注》曰：皮，麋鹿皮也。《禮》又云：凡庭實隨入，左先，皮馬相間可也。《注》云：間猶代也。土物有宜，君子不以所無爲禮。畜獸同類，可以相代。《疏》：《郊特牲》云：虎豹之皮，示服猛也。文無所屬，則天子諸侯皆得用之，此聘使爲君行之，故知皮是虎豹之皮也。《齊語》云：桓公知諸侯歸己，令諸侯輕其幣，用麋鹿皮，非其正也。臣聘君，降於享天子，法用麋鹿皮。當國有馬，而無虎豹皮，則用馬。或有虎豹皮，并有馬，則以皮爲主而用皮也。案聘使用幣，詳見《管子書》；《疏》徒引《國語》，殊未盡。《管子·大匡》曰：諸侯之禮，令齊以豹皮往，小侯以鹿皮報；齊以馬往，小侯以犬報。《小匡》曰：桓公知諸侯之歸己也，故使輕其幣而重其禮。故使天下諸侯以疲馬犬羊爲幣，齊以良馬報。諸侯以縷帛布鹿皮四分以爲幣，齊以文錦虎豹皮報。《霸形》曰：君何不發虎豹之皮文錦以使諸侯，令諸侯以縵帛鹿皮報。《揆度》曰：令諸侯之子將委質者，皆以雙武之皮，卿大夫豹飾，列大夫豹幨。然則皮以虎爲貴，豹次之，鹿爲下；畜以馬爲貴，犬、羊爲賤。又《郊特牲》曰：羅氏致鹿與女。《樂記》曰：大輅者，天子之車也。龍旗九旒，天子之旌也。青黑緣者，天子之寶龜也。從之以牛羊之羣，則所以贈諸侯也。則鹿亦可以生者爲贈；而犬、羊之外，并可用牛。

原刊《中華文史論叢》第一輯，一九八三年二月出版

〔二九四〕 商賈以幣變易積貨逐利

錢所以易物也，挾錢則百物可得，故人争求之。然遇變亂時，物不可必得，則復賤錢而貴物，以錢實無用也。每逢世亂或幣制變易時，物價必貴；人第知爲物之貴，而不知實錢之賤也。《漢書・食貨志》言：漢鑄莢錢，而不軌逐利之民，畜積餘贏，以稽市物，痛騰躍，米至石萬錢，馬至匹百金。“稽市物”，即今所謂屯積也。漢武時，商賈以幣之變，多積貨逐利，亦由於此。

“痛騰躍”三字殊不辭。晉灼曰：痛，甚也。言計市物賤，豫益畜之，物貴而出賣，故使物甚騰躍也。師古曰：今書本痛字或作踴者，誤耳。踴騰一也，不當重累言之。然則騰躍獨不重累乎？《史記・平準書》此數語作物踴騰，糶米至石萬錢，馬一匹則百金。《集解》曰：晉灼曰：踴，甚也，言計市物賤而豫益稸之也，物貴而出賣，故使物甚騰也。《漢書》糶字作躍。《索隱》曰：如淳曰：踴騰，猶低昂也。低昂者，乍貴乍賤也。《漢書》糶字作躍者，謂物踴貴而價起，有如物之騰躍而起也。案《集解》引晉灼語無躍字，而如淳逕釋踴騰，則《漢書》引晉灼語有躍字者，其爲原文與否，殊未可知。痛，甚也。訓詁既不精確，“痛騰躍”三字之不辭，亦豈師古所不知？則今之《漢書》注，難保非後人改易也。竊疑：《漢書》原文當作：物踴騰，糶至石萬錢，馬至匹百金。今本奪物字，衍米字，又妄改糶爲躍；即《史記》亦衍米字也。《索隱》云：糶者出賣之名。意謂該米及馬言。然穀物之外，古人罕稱出賣爲糶，其説亦非也。

原刊《中華文史論叢》第一輯，一九八三年二月出版

〔二九五〕 居 邊 而 富

《漢書・貨殖傳》言：塞之斥也，唯橋姚以致馬千匹，牛倍之，羊萬，粟以萬鍾計。《後漢書・馬援傳》：援亡命北地遇赦，因留牧畜，賓客多歸附者，遂役屬數百家，轉游隴、漢間，因處田牧，至有牛、馬、羊數千頭，穀萬斛。此固由其人材力殊絶，亦以邊地遺利多，資本少，法禁寬故也。烏氏倮獻遺戎王，戎王十倍其價予畜，此豈以力致之邪？卓氏求致臨邛，程鄭山東遷虜，皆以財雄於蜀，亦其類也。《漢書・叙傳》言：始皇之末，班壹避地樓煩，致馬牛羊數千羣。值漢初定，與民無禁，當孝惠、高后時，以財雄邊，出入弋獵，旌旗鼓吹。然則卓氏射獵之樂，擬於人君，亦以蜀與民無禁故與？周漢之間，故賤商也，然子

貢結駟連騎，以聘享諸侯，所至國君，無不分庭與之抗禮。秦始皇令烏氏倮比封君，以時與列臣朝請。客巴寡婦，爲築女懷清臺。孔氏連騎遊諸侯，因通商賈之利，有遊閑公子之名，亦得謂之賤商與？或曰：此特以商爲業耳，其人固士君子之流也。然刁閑之奴，有連車騎交守相者，亦得謂其人固士君子之流邪？大同之治雲遥，小康之世武力把持之局亦去，人之地位實由財力爲之。雖奴虜，苟饒於財，吾未見人不願與交接者也。巴寡婦能以財自衛，則亦可以財陵轢人。班壹富而民慕之，北方多以壹爲字者。則民惟知豪富之慕矣，此政教之所由廢與！

廉范世在邊，廣田地，積財粟，悉以振宗族朋友。史稱其以氣俠立名，振危急，赴險阨，有足壯者，然依倚竇憲，以此爲世所譏，蓋習於雄豪，未知禮義也。

原刊《中華文史論叢》第一輯，一九八三年二月出版

〔二九六〕 牢　　盆

《史記·平準書》：孔僅、東郭咸陽言願募民自給費，因官器作煮鹽，官與牢盆。蘇林曰：牢，價直也，今世人言顧手牢。《史記·索隱》引下多盆字。衍。如淳曰：牢，廪食也，古者名廪爲牢；盆，煮鹽盆也。《索隱》引樂彦云：牢乃盆名。案牢者養牲之室，蓋引申爲凡室之稱。咸陽之法，蓋猶宋趙開之"隔釀"，官給房屋器具，令民就其所煮鹽，外此則皆爲私煮矣。

《鹽鐵論·復古篇》：大夫言：往者豪强大家，得管山海之利，采鐵石鼓鑄，煮鹽，一家聚衆或至千餘人，大抵盡放流人民也。遠去鄉里，棄墳墓，依倚大家，聚深山窮澤之中，成姦僞之業，遂朋黨之權，其輕爲非亦大矣。《刺權篇》言：鼓金煮鹽，其勢必深居幽谷，人民所罕至。姦猾交通山海之際，恐生大姦。大農鹽鐵丞孔僅等上請願募民自給費，因縣官器煮鹽，予用，以杜浮僞之路。此亦令就官場之一因。用即庸，當時庸有官給庸資之事。然顧手牢之語，恐未必可以釋《史記》也；樂彦説更非。

原刊《中華文史論叢》第一輯，一九八三年二月出版

〔二九七〕 疇　　官

《漢書·高帝紀》：二年五月，蕭何發關中老弱未傅者悉詣軍。《注》引如淳曰：律：年二十三，傅之疇官，各從其父疇學之。高不滿六尺二寸以下爲罷

癃。案《國語·齊語》述管子作内政寄軍令曰：五家爲軌，故五人爲伍，軌長帥之。十軌爲里，故五十人爲小戎，里有司帥之。四里爲連，故二百人爲卒，連長帥之。十連爲鄉，故二千人爲旅，鄉良人帥之。五鄉一帥，故萬人爲一軍，五鄉之帥帥之。内教既成，令勿使遷徙。伍之人，祭祀同福，死喪相恤，禍災共之。人與人相疇，家與家相疇。世同居，少同游。故夜戰聲相聞，足以不乖；晝戰目相見，足以相識，其歡欣足以相死。居同樂，行同和，死同哀。是故守則同固，戰則同强。然則所謂疇官者，即軌長、里有司、連長、鄉良人、軍帥也。《國語》又曰：政既成，罷士無伍，罷女無家。無伍，即莫與相疇之謂也。不滿六尺二寸，乃體格不及，律免其從軍者。

如淳此注，專以軍制言。其注《律曆志》"疇人子孫分散"，則云：家業世世相傳爲疇。則各從其父疇學之者，初不限於軍事，而疇之義亦遂不限於并世。蓋疇之義本爲匹爲類，然古者士之子恒爲士，工之子恒爲工，商之子恒爲商，農之子恒爲農：業既世而不遷，則子孫所與爲匹類者，自與父祖無異，故疇又引申爲世業之稱也。

原刊《中華文史論叢》第一輯，一九八三年二月出版

〔二九八〕　盜摩錢質取鋊

《史記·平準書》：姦或盜摩錢裏取鎔。《漢書·食貨志》作盜摩錢質而取鋊。如淳曰：錢一面有文，一面幕，幕爲質。民盜摩漫面而取其鋊，以更鑄作錢也。臣瓚曰：許慎云：鋊，銅屑也。摩錢漫面，以取其屑，更以鑄錢，《西京黄圖叙》曰民摩錢取屑是也。然則質即裏，亦即幕也。漫幕一語，以其無文，故謂之幕。幕可摩取，此後世之錢，所以兩面有文也。鎔冶器法，非其義。《史記》原文亦當作鋊，傳寫誤。《集解》引徐廣曰音容，非也。

《平準書》又云：有司請鑄五銖錢，周郭其下，令不可摩取鎔。《漢書》作周郭其質，令不可得摩取鋊。鎔字亦《史記》誤，質字疑當依《史記》作下，謂錢之四邊也。

原刊《中華文史論叢》第一輯，一九八三年二月出版

〔二九九〕　處 亂 之 道

《後漢書·淳于恭傳》："初遭賊寇，百姓莫事農桑，恭常獨力田耕，鄉人

止之。曰：時方淆亂，死生未分，何空自苦爲？恭曰：縱我不得，他人何傷？墾耨不輟。"此不分人我，故無利害之見；無利害之見，則償利矣。《劉般傳》："轉側兵革中，西行上隴，遂流至武威，般雖尚少，而篤志脩行，講論不怠；母及諸舅以爲身寄絶域，死生未必，不宜苦精若此，數以曉般，般猶不改其業。"此則性之所好，以此爲樂，正可忘尤，焉知其苦？知此者，可以處亂離矣。

〔三〇〇〕商者不農

《後漢書·文苑傳》：黄香，"遷魏郡太守。郡舊有内外園田，常與人分種，收穀歲數千斛。香曰：《田令》商者不農；《王制》仕者不耕，伐冰食禄之人，不與百姓争利。乃悉以賦人，課令耕種。"案漢武帝時公卿上算緡之法，曰賈人有市籍者，及其家屬，皆無得名田。哀帝時師丹之法，賈人亦不得名田爲吏。則禁止兼并之法，漢世自有存者，特不能行耳。

〔三〇一〕漢世振貸

時愈近古，則振濟之出於官者愈多，以距公産之世較近，公家之財産較多也。漢時之振貸即然。《漢書·元帝紀》：初元元年，詔以三輔、太常、郡國公田及苑可省者振業貧民，貲不滿千錢者賦貸種、食。師古注曰："賦，給與之也。貸，假也。"給與者不須還；假則須償還者也，然時亦豁免之，如永光四年詔所貸貧民勿收責是也。昭帝元鳳三年，詔三年以前所振貸，非丞相御史所請，邊郡受牛者勿收責，則豁免又有等差。又有與逋租賦并免者，如武帝元封元年詔，謂民田租逋賦貸已除；成帝建始三年詔諸逋租賦所振貸勿收是也。其貸與舍，皆以財産多寡爲差。初元元年賦貸，以貲不滿千錢爲率；鴻嘉四年，詔被災害什四以上，民貲不滿三萬，勿出租賦，逋貸未入皆勿收是也。河平四年，遣光禄大夫博士嘉等十一人行舉瀕河之郡水所毁傷、困乏不能自存者財振貸。師古曰："財與裁同，謂量其等差而振貸之。"所謂量其等差者，蓋不徒計所毁傷，亦并計其貲産矣。永光元年，詔無田者皆假之，貸種、食如貧民。所謂貧民，亦當按貲産定之也。

所振貸者多實物，故神爵元年詔謂所振貸物勿收也。文帝二年，開藉田，詔貸種食未入、入未備者皆赦之。始元二年，詔往年災害多，今年蠶麥傷，所振貸種、食勿收責。地節三年，三月，詔云：前下詔，假公田，貸種、食；十月，詔流民還歸者，假公田，貸種、食。種、食蓋所貸之兩大端。《後漢書・章帝紀》：永平十八年，牛疫，京師及三州大旱，詔勿收兖、豫、徐州田租芻稾，其以見穀振給貧人。謂既勿收，又有以振給之，非謂當時之振給，不以穀而以財貨也。武帝徙貧民於關以西，及充朔方以南新秦中，七十餘萬口，衣食皆仰給縣官。數歲，貸與産業，使者分部護，冠蓋相望，費以億計。《漢書・食貨志》。所賦貸者必甚廣，然非常典。

章帝建初元年，詔三州郡國："方春東作，恐人稍受廩，往來煩劇，或妨耕農；其各實覈，尤貧者計所貸并與之。"此亦賦與貸有别之證。貸蓋皆并與，賦則稍受者也。和帝永元五年詔："去秋麥入少，恐民食不足，其上尤貧不能自給者户口人數。往者郡國上貧民，以衣履釜鬵爲貲，而豪右得其饒利。詔書實覈，欲有以益之，而長吏不能躬親，反更徵召會聚，令失農作。若復有犯者，二千石先坐。"徵召會聚，弊更甚於往來稍受。計貲而及於衣履釜鬵，其弊亦與後世之推排、通檢等矣。

順帝永和六年，詔假民有貲者户錢一千。此蓋特異之事。假民以錢者，兩《漢書》僅此一見。所假轉以有貲爲限，失振貸之意矣。豈計其能償邪？《金史・世宗紀》：大定二十一年，三月，上初聞薊、平、灤等州民乏食，命有司發粟糶之，貧不能糴或貸之。有司以貸貧民恐不能償，止貸有户籍者。上至長春宫聞之，更遣人閲實振貸。以監察御史石抹元禮、鄭達卿不糾舉，各笞四十，前所遣官皆論罪。閏月，漁陽令夾谷移里罕、司候判官劉居漸以被命振貸，止給富户，各削三官。通州刺史郭邦傑總其事，奪俸三月。蓋無貲者本有振貸之法，著爲常典，故此不之及也。

假貸本意，必非所以取息也，然其後則有因以爲利者。武帝時，令民得畜邊縣，官假馬母，三歲而歸，及息十一；後又著令，令封君以下至三百石吏以上，差出牡馬天下亭，亭有畜字馬，歲課息十一，《漢書・食貨志》。是矣。畜牧簡易，苟使官吏無他誅求，雖取其息，或猶未爲大害，若以農業之耕耘收穫，手胼足胝，而其貸之也，亦振救之意少而取息之意多，則其弊之所及，有不忍言者矣。

漢世富人，亦有能助官假貸者。《武帝紀》：元狩三年，遣謁者勸有水災郡種麥，舉吏民能假貸貧民者以名聞。《食貨志》云：募豪富人相假貸。蓋特奏名以歆動之也。《宣帝紀》：本始四年，丞相以下至都官令丞上書入穀，輸長安倉，助貸貧民者，得毋用傳。此猶後世之義振。《後漢書・桓帝紀》：永壽元年，司隸、冀州饑，人相食。勑州郡振給貧弱。若王侯吏民有積穀者，一切貣得十分之三，以助稟貸；其百姓吏民以見錢雇直，王侯須新租乃償。此則官貸之於豪富，以濟貧民，頗有後世公債之意矣。延熹四年，減公卿以下奉，貣王侯半租。五年，假公卿以下奉，又换王侯租以助軍糧，出濯龍中藏錢還之。事亦相類。

〔三〇二〕 漢士大夫散財振施

讓爵、讓産、散財、振施之事，以漢世爲最多。讓爵、讓産，事僅在一家之中，無足深論，今略論其散財、振施之事。

《後漢書·朱暉傳》：同縣張堪素有名稱。嘗於太學見暉，甚重之，接以友道，乃把暉臂曰：欲以妻子託朱生。暉以堪先達，舉手未敢對。自後不復相見。堪卒，暉聞其妻子貧困，乃自往候視，厚振贍之。暉又與同郡陳揖交善。揖早卒，有遺腹子友，暉嘗哀之。及司徒桓虞爲南陽太守，召暉子駢爲吏，暉辭駢而薦友。《三國·蜀志·張裔傳》：少與犍爲楊恭友善。恭早死，遺孤未數歲，裔迎留，與分屋而居，事恭母如母。恭之子息長大，爲之娶婦，買田宅産業，使立門户。《張嶷傳》：得疾困篤，家素貧匱。廣漢太守蜀郡何祗，名爲通厚。嶷夙與疏闊，乃自轝詣祗，託以治疾。祗傾財醫療，數年除愈。《吴志·陸瑁傳》：少好學篤義。陳國陳融、陳留濮陽逸、沛郡蔣纂、廣陵袁迪等，皆單貧有志，就瑁遊處。瑁割少分甘，與同豐約。及同郡徐原，爰居會稽，素不相識，臨死遺書，託以孤弱，瑁爲起立墳墓，收導其子。此皆施諸知故者也。《後漢書·伏湛傳》：更始立，以爲平原太守。時倉卒兵起，天下驚擾，而湛獨晏然，教授不廢。謂妻子曰：一穀不登，國君徹膳。今民皆飢，奈何獨飽？乃共食麤糲，悉分俸禄，以振鄉里，來客者百餘家。《黨錮傳》：張儉，獻帝初，百姓饑荒，而儉資計差温，乃傾竭財産，與邑里共之，賴其存者以百數。《三國·魏志·常林傳》：避地上黨，耕種山阿。當時旱蝗，林獨豐收，盡呼比鄰，升斗分之。《吴志·陳武傳》：仁厚好施，鄉里遠方客多依託之。《駱統傳》：時饑荒，鄉里及遠方客多有困乏，統爲之飲食衰少。姊問其故。統曰：士大夫糟糠不足，我何心獨飽？姊曰：誠如是，何不告我？乃以私粟與統，又以告母，母亦賢之，遂使分施。此則及於衆庶矣。而同遭喪亂者，其情爲尤切。《三國·魏志·管寧傳注》引《傅子》，言每所居，姻親、知舊、鄰里有困窮者，家儲雖不盈儋石，必分以贍救之。《王朗傳》：雖流移窮困，朝不謀夕，而收卹親舊，分多割少，行義甚著。《楊俊傳》：以兵亂方起，而河内處四達之衢，必爲戰場，乃扶持老弱，詣京密山間，同行者百餘家。俊振濟貧乏，通共有無。宗族、知故，爲人所略作奴僕者凡六家，俊皆傾財贖之。轉避地并州。本郡王象，少孤特，爲人僕隸，年十七八，見使牧羊，而私讀書，因被箠楚。俊嘉其才質，即贖象著家，聘娶立屋，然後與别。《趙儼傳》：避亂荆州，與杜襲、繁欽通財同計，合爲一家。《蜀志・許靖傳》：奔揚州。許貢、王朗與有舊故，往保焉。靖收恤親里，經紀振贍，出於仁厚。孫策東渡江，皆走交州，以避其難。靖身坐岸邊，先載附從，疏親悉發，乃從後去。袁徽寄寓交州，與荀彧書，言許文休自流宕以來，與羣士相隨，每有患急，常先人後己，與九族中外，同其飢寒。其紀綱同類，仁恕惻怛，皆有效事，不能復一二陳之。《吴志・全琮傳》：父柔，嘗使琮齎米數千斛到吴，有所市易。琮至，皆散用，空船而還。柔大怒。琮頓首曰：愚以所市非急，而士大夫方有倒縣之患，故便振贍，不及啓報。是時中州士人避亂而南，依琮居者以百數，琮傾家給濟，與共有無。凡此，皆在流離轉徙之中，益敦睦婣任卹之行者也。《後漢書・獨行傳》：劉翊，"黄巾賊起，郡縣饑荒。翊救給乏絶，資其食者數百人。鄉族貧者，死亡則爲具殯葬，嫠獨則助營妻娶。獻帝遷都西京，翊舉上計掾。是時寇賊興起，道路隔絶，使驛稀有達者。翊夜行晝伏，乃到長安。詔書嘉其忠勤，特拜議郎，遷陳留太守。翊散所握珍玩，惟餘車馬，自載東歸。出關數百里，見士大夫病亡道次，翊以馬易棺，脱衣斂之。又逢知故困餒於路，不忍委去，因殺所駕牛，以救其乏。衆人止之，翊曰：視没不救，非志士也。遂俱餓死。"此固不必逆知其死，然其易至於不濟，則亦至易見矣。而曾不爲身豪髮計留，不亦造次顛沛必於是乎？《劉虞傳》：虞爲幽州牧，青、徐士庶避黄巾之難歸之者百餘萬口，皆收視温恤，爲立産業，流民皆忘其遷徙。此非居高位有大權者不能。若平民，則如魚之相煦以沫耳。然流離轉徙之中，藉是而獲濟者多矣。

楊惲受父財五百萬，及身封侯，皆以分宗族。後母無子，財亦數百萬，死皆與惲，惲盡復分後母昆弟。再受訾千餘萬，皆以分施。郇越，附《王貢兩龔鮑傳》。散其先人訾千餘萬，以分施九族、州里。馬援亡命北地，因留牧畜，賓客多歸附者，遂役屬數百家。轉游隴、漢間，因處田牧，至有牛馬羊數千頭，穀數萬斛。既而歎曰：凡殖貨財産，貴其能施振也，否則守錢虜耳。乃盡散以班昆弟、故舊。樊梵，宏孫。悉推財物二千萬與孤兄子。荀愔，資財千萬，父越卒，悉散與九族。見周燮等傳首。种暠，父爲定陶令，有財三千萬，父卒，悉以振卹宗族及邑里之貧者。折像，有貲財二億，家僮八百人，周施親疏。至終，家無餘貲。《方術傳》。此等能施，似以其富。然如范遷，有宅數畝，田不過一頃，而推與兄子，四子無立錐之地，見《郭丹傳》。則仁義之附，亦匪以其富矣。要不可謂非一時風氣所鼓蕩也。

此其故何哉？曰：去封建之世近，士之好名，甚於其好利，故能施者較多，而其事亦易傳於後耳。王符嘗譏當時之人，“疏骨肉而親便辟，薄知友而厚犬馬。寧見貫朽千萬，而不忍貸人一錢；情知積粟腐倉，而不忍貸人一斗。骨肉怨望於家，細人謗讟於道。”《潛夫論·貴忠》。與史所言之風氣適相反，何哉？王朗“嘗譏世俗有好施之名，而不卹窮賤”，《三國志》本傳《注》引《魏略》。一人之所爲，固可自其兩面觀之也。要之封建之世養士之習未盡亡耳。然則受之者當何如？曰：以所識窮乏得我之情爲之，是嗟來之食也。然其謝也可食，雖曾子亦言之矣。要之當以免死爲限耳。蔡茂素與竇融善，避難歸之，每所餉給，計口取足，是其道也。

散施蓋亦有爲免禍之計者。《晉書·氾騰傳》言其歎曰：“生於亂世，貴而能貧，乃可以免。”散家財五十萬，以施宗族。吴明徹，侯景寇京師，天下大亂。明徹有粟麥三千餘斛，而鄰里飢餒。乃白諸兄曰：“當今草竊，人不圖久，奈何有此而不與鄉家共之?”於是計口平分，同其豐儉。皆其事也。此亦不必亂世。《後漢書·周黨傳》言其家産千金，少孤，爲宗人所養，而遇之不以理，及長，又不還其財；黨詣鄉、縣訟，主乃歸之，既而散與宗族，悉免遣奴婢。蓋訟雖勝，其地仍不可居也。

〔三〇三〕 并耕而食，饔飧而治

觀於後世，有可以知古者。許行曰：“賢者與民并耕而食，饔飧而治。”論者或以爲誕而不可信，然烏桓大人以下，各自畜牧治産，不相徭役，《三國志·烏丸傳注》引《魏書》，《後漢書》襲之。即并耕而食，饔飧而治也。不特此也，田疇之隱徐無山也，百姓歸之五千餘家。“疇謂其父老曰：諸君不以疇不肖，遠來相就。衆成都邑，而莫相統一，恐非久安之道，願擇賢長者以爲之主。皆曰：善。同僉推疇。疇乃爲約束，相殺傷、犯盜、諍訟之法，法重者至死，其次抵罪，二十餘條。又制爲婚姻嫁娶之禮，興舉學校講授之業，班行其衆，衆者便之。”《三國魏志》本傳。可謂能爲君矣。然《先賢行狀》載太祖表論疇功曰：“耕而後食。”《先賢行狀》又言：“王烈避地遼東，躬秉農器，編於四民，而東域之人，奉之若君。”此亦所謂“并耕而食，饔飧而治”者也。太祖表又言“人民化從，咸共資奉”，則後或不復躬耕。此“勞心者治人，勞力者治於人，治於人者食人，治人者食於人”之漸。

〔三〇四〕 古者官爲民造屋之事甚多

古者官爲民造屋之事甚多。晁錯之論移民也，曰："古之徙遠方以實曠虚也；相其陰陽之和，嘗其水泉之味，審其土地之宜，觀其草木之饒；然後營邑立城，制里割宅，通田作之道，正阡陌之界；先爲築室，家有一堂二内，門户之閉，置器物焉。民至有所居，作有所用。"一堂二内，即今三開間之屋，中爲堂，左右爲室者也。《漢書·平帝紀》：元始二年，罷安定呼池苑，以爲安民縣。起官寺，市里。募徙貧民，縣次給食。至徙所，賜田宅，什器，假與犁、牛、種、食，又起五里於長安城中。宅二百區，以居貧民。民疾疫者，舍空邸第，爲置醫藥。安民縣之所營者新邑，長安中之所起者，則所以改良舊都市者也。又有不由官營，官特唱率人民爲之者。《後漢書·鍾離意傳》《注》引《東觀漢記》曰：意在堂邑，爲政愛利。初到縣市無屋。意出俸錢，率人作屋。人賫茅竹，或持林木，争赴趨作，浹日而成。所營雖陋，其程功則可謂速矣。房屋之適於居住與否，實視所處之地，及其占地充足與否，不在其材料之貴重也。此猶行古之道也。魏晉而後，政事日以苟簡，并此等事而亦罕聞矣。

古人之所以易於營建也有故。古者建屋之地曰廛。記言市廛而不税，謂徒收其地租；許行之滕也，踵其君門，乞受一廛；可見地之皆在官。《漢書·高帝紀》：十二年，賜列侯第，《注》引孟康曰："有甲乙次第，故云第"，可見室屋之在官者亦不少。

〔三〇五〕 王 莽 六 筦

王莽設六筦之令。《後漢書·隗囂傳注》云：謂酤酒、賣鹽、鐵器、鑄錢、名山大澤，此謂六也。案《漢書·食貨志》，莽下詔曰："夫鹽，食肴之將；酒，百藥之長，嘉會之好；鐵，田農之本；名山大澤，饒衍之藏；五均賒貸，百姓所取平，邛以給澹；錢布銅冶，通行有無，備民用也。此六者，非編户齊民所能家作，必邛於市。雖貴數倍，不得不買。豪民富賈，即要貧弱。先聖知其然也，故斡之。"則《後書·注》奪五均賒貸。錢布銅冶，他本錢皆訛鐵；惟閩本作錢，據《後書·注》，則閩本是也。

〔三〇六〕甘　棠

古今人不必不相及也，所處之境相類，則其所行者自亦相類矣。詩言：曾孫來止，以其婦子，饁彼南畝，田畯之喜。與金昭肅皇后所爲極相類。《三國志·杜畿傳》注引《魏略》言：孟康爲弘農太守，時出案行，皆豫勑督郵平水，不得令屬官遣人探候，脩設曲敬，又不欲煩損吏民，常豫勑吏卒，行各持鎌，所在自刈馬草，不止亭傳，露宿樹下，又所從常不過十餘人，郡帶道路，其諸過賓客，自非公法，無所出給，若知舊造之，自出於家，此雖甘棠之美不逮也。

〔三〇七〕斛制之本[①]

凡量皆口大而下小，惟斛不然。以量之多少，繫乎其表面之平與不平。而表面平否，幾微之差，極難辨别。口小，則因表面之不平以致羨不足者小也。此制定於宣和時，足見趙宋國勢雖弱，厘定制度，自有其度越前人之處。然《齊書·陸澄傳》言："竟陵王子良得古器，小口方腹而底平，可將七八升，以問澄。澄曰：此名服匿，單于以與蘇武。子良後詳視器底有字，仿佛可識，如澄所言。"南北朝人説古物多不確，陸澄之言，未必可信。然小口之器，世固有之，則由此可見。惟其器不甚通行，齊時幾已絶跡，故子良稱爲古器也。豈以其不可出入，不爲豪强駔賈所利，故稍微以至於絶歟。

〔三〇八〕除　關

《史記·魏其武安侯列傳》："魏其、武安俱好儒術，推轂趙綰爲御史大夫，王臧爲郎中令。迎魯申公，欲設明堂，令列侯就國，除關。"《索隱》曰："謂除關門之税也。"

案《索隱》之言非也。漢世關門，不聞有税，惟以稽察出入耳。《漢書·武帝紀》：太初四年，使弘農都尉治武關，税出入者，以給關吏卒食。自此以前，未聞有税出入者之事也。

文帝十二年，除關毋用傳。至景帝四年乃復置諸關，用傳出入。文帝之

---

① 曾改題爲《斛制》。

舉，當時頌爲仁政。晁錯對策，美其通關去塞。路温舒亦稱其通關梁，一遠近。魏其、武安之舉蓋亦欲如是。孟子稱關譏而不征，而漢人乃以不譏爲仁政。一統之規模固非分立時所能想見也。

〔三〇九〕 橋梁邊版

《漢書・文帝紀》：二年五月，“詔曰：古之治天下，朝有進善之旌，誹謗之木。”服虔曰：“堯作之橋梁交午柱頭也。”應劭曰：“橋梁邊版，所以書政治之愆失也，至秦去之，今乃復施也。”師古曰：“應説是也。”師古蓋目擊其制，故以應説爲是。此蓋所以爲障，防墮落，交午柱頭，意亦如此，本非所以書政治愆失也，後乃因而書之耳。

〔三一〇〕 飛　行　術

飛行，人之所願也。雖不能遂，然不能禁人不試之。《漢書・王莽傳》：莽募有奇技術可攻匈奴者，“或言能飛，一日千里，可窺匈奴。莽輒試之。取大鳥翮爲兩翼，頭與身皆着毛，通引環紐，飛數百步墮。”大鳥翮非倉卒可得，能飛數百步墮，亦不易。可見其人必習之有素。

《隋書・刑法志》：北齊文宣帝“嘗幸金鳳臺，受佛戒，多召死囚，編籧篨爲翅，命之飛下，謂之放生，墜皆致死，帝視以爲歡笑。”文宣雖殘虐，當時亦必有獲免者，故以放生爲名，而於受佛戒時行之。《北史》云：元世哲從弟黄頭，文宣使與諸囚自金鳳臺各乘紙鴟以飛，獨能飛至紫陌，仍付御史獄，乃餓殺之。即飛行者不死之證。

自金鳳臺至紫陌，蓋不翅數百步矣，足見人非必不可飛，此其所以有試爲之者歟。“一日千里”，蓋傳者夸侈之辭，其人自詭，或亦曰數百千步耳。此原不能如今日之空軍，擲炸彈以擊敵，然當時亦無今之高射炮等，能攻空中之人，以此窺敵，固有餘矣。知一日千里之爲語增，則其人初非誕謾也。

原刊一九四六年天津《民國日報》副刊“史與地”

〔三一一〕 漢人多從母姓

《廿二史劄記》言“漢皇子未封者，多以母姓爲稱”，舉衛太子、史皇孫爲例。實則其以母姓爲稱，與其封不封無涉。館陶公主以爲竇太后女，號竇太主。見《漢書·東方朔傳》。豈其身無封號邪？元帝稱許太子，見《外戚·孝宣王皇后傳》。淮南太子亦稱蓼太子，見《伍被傳》。蓋時俗語言如此。景帝子王者十三人，其母五人，《史記》謂之《五宗世家》。《索隱》説，《後漢書·竇融傳注》同。此猶黄帝二十五子，得姓者十四人，顯係子從母姓餘習。《漢書·外戚侯表》，有扶柳侯吕平，以皇太后姊長姁子侯。師古曰："平既吕氏所生，不當姓吕。蓋史家惟記母族。"《史表》作昌平，昌蓋誤字。趙氏所舉，有滕公曾孫頗，尚平陽公主，主隨外家姓，號孫公主。故滕公子孫，更爲孫氏。此非從母姓，乃改氏以示其爲皇室之所自出耳，氏固可隨意改易也。

獻帝，靈帝母自養之，號曰董侯。此以祖母姓爲姓也。然少帝養於史道人家，號曰史侯。則獻帝亦非以祖母姓爲姓，而以所養之家之姓爲號爾。漢人視姓無甚不可改易，以姓所以本其所自生，是時已無可知，氏則本可隨意自立也。必欲求其姓者，則有如京房推律定姓之法，轉非依父祖以來之稱號所可得也。

《景十三王傳》言：膠東康王寄，於上最親。師古曰："寄母王夫人，即王皇后之妹，於上爲從母，故寄於諸兄弟之中又更親也。此下有常山王云天子爲最親，其義亦同。"《五宗世家》之名，已足顯母弟親於異母，此更推廣之而及於從母。知禮家雖以父母何算譏野人，而言情亦卒莫能外矣，此尚文之所以不如反質也。

《三國·蜀志·簡雍傳注》：或曰："雍本姓耿，幽州人語謂耿爲簡，遂隨音變之。"《吴志·是儀傳》："本姓氏，初爲縣吏，後仕郡，郡相孔融嘲儀，言氏字民無上，可改爲是，乃遂改焉。"是姓亦可隨音易字。以其本非姓，無關係也。徐衆議之。見《是儀傳注》。《魏志·管寧傳注》引《傅子》，言寧以衰亂之時多妄變氏族者，著《氏姓論》以原本世系。其説未知如何，度亦不過如《潛夫志》之所論耳。

〔三一二〕 漢世昏姻多出自願

《左氏》昭公元年："鄭徐吾犯之妹美，公孫楚聘之矣，公孫黑又使强委禽焉。犯請於二子，請使女擇焉。"此固一時免患之計，然亦可見古昏姻固許男女自擇。《公羊》之非鄫季姬，乃謂其不待父母之命，媒妁之言，而逕使鄫子來請己，有背男不親求女不親許之義耳，僖十四年。非謂嫁娶可全由父母主之也。

漢世猶知此義。《後漢書·宋弘傳》:"帝光武姊湖陽公主新寡,帝與共論朝臣,微觀其意。主曰:宋公威容德器,羣臣莫及。帝曰:方且圖之。後弘被引見,帝令主坐屏風後,因謂弘曰:諺言貴易交,富易妻,人情乎?弘曰:臣聞貧賤之知不可忘,糟糠之妻不下堂。帝顧謂主曰:事不諧矣。"是雖以帝王之尊,至於昏姻,亦曲從本人之意也。《三國·魏志·陳思王傳注》引《魏略》言:太祖欲以愛女妻丁儀,以問五官將。五官將曰:女人觀貌,而正禮目不便,誠恐愛女未必悦也。以爲不如與伏波子楙。太祖從之。此雖未嘗問諸本人,然亦可謂曲體本人之意矣。

〔三一三〕　漢時嫁娶之年

古之欲蕃育其民者,大抵冀嫁娶之早。漢惠帝六年令:女子年十五以上至三十不嫁,五算《漢書》本紀。是也。王吉言世俗嫁娶太早,未知爲人父母之道而有子,是以教化不明,而民多夭,《漢書·王吉傳》。其言固是一理。然知爲父母之道與否,由於教化之廢興;民之夭壽,繫乎生計之舒蹙,不盡由於嫁娶之遲早也。漢時嫁娶之年可考者:班昭十四而適曹氏,見其所作《女誡》;陸績女鬱生,十三而適張白,見《三國·吴志·績傳注》;皆較惠帝之令爲早。蓋時俗固尚早婚,惟貧人不及者,乃有待於法令之迫促耳。然則欲蕃育人民,而徒立法以迫之,亦非計之善者也。

劉攽曰:"予謂女子五算,亦不頓謫之,自十五至三十爲五等,每等加一算也。"此説頗近凴億。攽蓋疑自十五至三十,罪謫之不當相同耳。予謂自十五至三十,爲生育之年,故不嫁者罪謫之。三十以上,生育之力稍減,故不嫁者又不罪也。

〔三一四〕　漢時男女交際之廢

《記》曰:"陽侯殺繆侯而竊其夫人,故大饗廢夫人之禮。"然則男女交際,古本自由,至後世乃稍因争色而致廢墜也。漢高祖十二年,還過沛,置酒沛宫,沛父老諸母故人日樂飲極驩,道舊故爲笑樂。光武建武十七年,幸章陵,脩園廟,祠舊宅,觀田廬,置酒作樂,賞賜。時宗室諸母因酣悦,相與語曰:"文叔少時謹信,與人不款曲,唯直柔耳,今乃能如此!"安帝延光三年,祀孔子及七十二弟子於闕里,自魯相、令、丞、尉及孔氏親屬、婦女、諸生悉會。此古大聚會時男女皆與之證。《三國·魏志·王粲傳注》引《典略》，言太子嘗請諸文學，酒酣坐歡，命夫人甄氏出拜；又引《吴質别傳》，言帝嘗召質及曹休歡會，命郭后出見質等，帝曰："卿仰諦視之。"其至親如此。《衛臻傳》言夏侯惇爲陳留太守，舉臻計吏，命婦出宴；《吴志·孫策傳注》引《吴録》：策母謂策：王晟與汝父，有升堂見妻之分。然則司馬德操造龐德公，逕入其室，呼其妻子作黍，《蜀志·龐統傳注》引《襄陽記》。亦不足怪矣。《蜀志·劉琰傳》："琰妻胡氏入賀太后，太后特令留胡氏，經月乃出。胡氏有美色，琰疑其與後主有私，呼卒五百撾胡，至於以履搏面，而後棄遣。胡具以告言琰，琰坐下獄。有司議曰：卒非撾妻之人，面非受履之地。琰竟棄市。自是大臣妻母朝慶遂絶。"此亦陽侯殺繆侯而竊其夫人之類也。

〔三一五〕 妻死不娶

《漢書·王吉傳》：子駿，妻死不復娶，或問之，駿曰："德非曾參，子非華元，亦何敢娶？"《三國·吴志·孫權傳》黄武四年《注》引《吴書》言：陳化妻早亡，以古事爲鑒，乃不復娶。權聞而貴之，以其年壯，勑宗正妻以宗室女，化固辭以疾。似乎懲羹而吹齏矣。然世固有後妻疾前妻之子而殺之如龐參者，見《後漢書》本傳。則王駿、陳化之所爲，亦有所不得已邪？孔子曰人之性，本不獨親其親，不獨子其子也。而必使之各親其親，各子其子焉，親於此，則不親於彼矣；子於此，則不子於彼矣。相生也，而相殺之機伏焉矣，安得不戈矛起於骨肉之間，肝腦塗於蕭牆之内邪？《諸葛瑾傳注》引《吴書》，言瑾妻死不改娶，有所愛妾，生子不舉。蓋亦慮變起庭闈。然生子不舉，則是先犯殺人之罪矣。拘儒以爲所謂家庭者，是以爲人相生養之地也，而不知人之死於其中者不知凡幾也。"人皆曰予知，驅而納諸罟擭陷阱之中而莫之知辟也"，《禮記·中庸》。哀哉！

〔三一六〕 出妻改嫁上

漢人於出妻及改嫁，視之初不甚重。然屢易妻亦究非美事。故光武帝降赤眉，稱其酋帥有三善：攻破城邑，周徧天下，本故妻婦，無所改易，其一。《後漢書·劉盆子傳》。而馮衍亦自傷有去兩婦之名也。本傳《注》引衍與宣孟書。光武欲以湖陽公主妻宋弘，謂曰："諺言貴易交，富易妻，人情乎？"弘曰："臣聞貧賤之知不可忘，糟糠之妻不下堂。"《後漢書·宋弘傳》。此或以漢世尚主非易，爲此託辭。參看《漢尚主之法》條。然其言，則固先貧賤後富貴不去之義矣。鮑永事後母至孝，妻嘗於母前叱狗，即去之。李充家貧，兄弟六人，同食遞衣。妻竊謂充曰："今貧居如此，難以久安，妾有私財，願思分異。"充僞酬之曰："如欲别居，當醖酒具會，請呼鄉里内外，共議其事。"婦從充，置酒燕客，充於坐中前跪白母曰："此婦無狀，而教充離間母兄，罪合遣斥。"便呵叱其婦，逐令出門，婦銜涕而去。《後漢書·李充傳》。皆矯激以立名，非人情之正也。子曰："聽訟吾猶人也，必也使無訟乎！無情者不得盡其辭，大畏民志，此謂知本。"《禮記·大學》。苟使聽訟者而皆能大畏民志如充者，固在所必誅，而如永者亦清議所必斥矣。

《後漢書·應奉傳注》引《汝南記》曰："華仲妻奉曾祖父順，字華仲。本是汝南鄧元義前妻也。元義父伯考爲尚書僕射，元義還鄉里，妻留事姑，甚謹，姑憎之，幽閉空室，節其食飲，羸露日困，妻終無怨言。後伯考怪而問之，時義子朗年數歲，言母不病，但苦飢耳。伯考流涕曰：何意親姑，反爲此禍？因遣歸家。更嫁爲華仲妻。仲爲將作大匠，妻乘朝車出，元義於路旁觀之，謂人曰：此我故婦，非有他過，家夫人遇之實酷，本自相貴。其子朗時爲郎，母與書皆不答，與衣裳輒燒之。母不以介意，意欲見之，乃至親家李氏堂上，令人以他詞請朗。朗至，見母，再拜涕泣，因起出。母追謂之曰：我幾死，自爲汝家所棄，我何罪過，乃如此邪？因此遂絶也。"朗之不答其母，蓋不欲彰其王母之過。猶《春秋》不以父命辭王父命之義。然《春秋》之義，乃爲有國家者，統緒不可以二，統二則事權不一，而禍將延於下民爾，非以人情論也。以人情論，母固親於王母，雖以此絶其王母可矣。元義憐其故婦，而白其母之過於路人，若違内大惡諱之義者。然是非者天下之公。孟子曰："名之曰幽厲，雖孝子慈孫，百世不能改也。"《離婁》上。夫欲改之者，孝子慈孫之心；不能改者，天下之公義也。元義之母既盡人知之矣，雖欲諱之，又可得乎？抑豈可因爲母諱而誣其妻乎？緘口不言，固無不可，然情之至而不能已於言，亦君子之所不誅也，不得繩以爲親隱之義。

《三國·魏志·劉曄傳》："父普，母脩，産涣及曄。涣九歲，曄七歲，而母病困。臨終，戒涣、曄以普之侍人有諂害之性，身死之後，懼必亂家；汝長大能除之，則吾無恨矣。曄年十三，謂兄涣曰：亡母之言，可以行矣。涣曰：那可爾！曄即入室殺侍者，逕出拜墓。"漢人重復讎，云"懼必亂家"，飾辭；此必曄之母有深怒積怨於侍者耳。王母固不可殺，然以曄之所爲揆之，鄧朗絶其王母，亦無譏焉。

〔三一七〕 出妻改嫁下

漢人不諱改嫁，故雖皇帝後宫，亦恒出之。《漢書·文帝紀》：十二年二月，出孝惠皇帝後宫美人，令得嫁；帝崩，遺詔歸夫人以下至少使。景帝崩，亦出宫人歸其家，復終身。《成帝紀》：永始四年，出杜陵諸未嘗御者歸家。《哀帝紀》：綏和二年，掖庭宫人年三十以下出嫁之。平帝之崩也，詔曰："皇帝仁惠，無不顧哀，每疾一發，氣輒上逆，害於言語，故不及有遺詔。其出媵妾皆歸家得嫁，如孝文時故事。"《漢書·平帝紀》。景帝稱文帝之德曰："除宫刑，出美人，重絶人之世也。"《漢書·景帝紀》。鼂錯對策，亦以後宫出嫁爲美談，誠厭於人心也。秦始皇之死也，二世曰："先帝後宫非有子者，出焉不宜，皆令從死。"《史記·秦始皇本紀》。此秦人之暴政，何足法，而霍光厚葬武帝，且皆以後宫女置於園陵，見《貢禹傳》。所謂不學無術，宦官宫妾之孝也。

魏文帝之爲人不足取，然能自爲終制，革漢人厚葬之習則賢。疾篤，即遣後宫淑媛、昭儀已下歸其家，尤漢帝之所不及矣。有學問者，畢竟不徒然也。

張敞條奏昌邑王曰："臣敞前書言昌邑哀王歌舞者張脩等十人無子，又非姬，但良人，無官名，王薨當罷歸；太傅豹等擅留，以爲哀王園中人，所不當得爲，請罷歸。故王聞之曰：中人守園，疾者當勿治，相殺傷者當勿法，欲令亟死，太守奈何而欲罷之？"《漢書·武五子傳》。不知誠賀言邪？抑敞故誣之而實欲保全之也？使其誠然，則其心乃侔於秦二世，其見廢也宜矣。而霍光之所爲，亦昌邑太傅之所爲也。文、景再世之仁政，而光一舉壞之，不學無術者之不可以爲國如此。

漢人不諱改嫁，故亦不諱取再嫁之女。谷永勸成帝益納宜子婦人，毋避嘗字，是也。《漢書·谷永傳》。王章攻王鳳，引羌胡殺首子爲言，見《元后傳》。乃欲文致鳳罪耳，非當時之通義也。魏文帝甄皇后，本袁紹中子熙妻；孫權徐夫人，初適同郡陸尚，皆其證。後漢桓帝鄧皇后，母宣，初適鄧香，生后，改嫁梁紀，后隨母居，亦冒姓梁氏，則再醮婦之女也。

《吴志》孫壹降魏，魏以故主芳貴人邢氏妻之，此後宫之改適者也。弘農王之見殺也，謂妻唐姬曰："卿王者妃，勢不復爲吏民妻，自愛。"則謂尊卑之不敵耳，非謂不可改嫁。故其歸鄉里，其父猶欲嫁之，姬誓不許。及李傕破長安，遣兵鈔關東，略得姬，傕欲妻之，固不聽，亦以傕之不足偶也。抑古之貞婦，不於尋常之時而每於存亡之際，此固意氣感激，亦以存亡所繫，平時固無所用之也。曹爽從弟文叔早死，妻夏侯文寧女，名令女，居止常依爽。及爽被誅，曹氏盡死。令女叔父上書與曹氏絶婚，强迎令女歸。文寧使諷之，令女以刀斷鼻，血流滿牀席。或謂之曰："人生世間，如輕塵棲弱草耳，何至辛苦乃爾！且夫家夷滅已盡，守此欲誰爲哉？"令女曰："聞仁者不以盛衰改節，義者不以存亡易心，曹氏前盛之時，尚欲保終，況今衰亡，何忍棄之！"《爽傳注》引皇甫謐《列女傳》。彼其視衰亡時之不可棄背，尤甚於盛時也。語曰："疾風知勁草，世亂識忠臣。"草木無知，不能以疾風而自奮。人則不然，愈危亡，愈激厲於忠義。此忠臣義士之所以史不絶書，而倫紀之所以維持於不敝也。古今中外，忠臣孝子，義夫節婦，其所守者不同，其爲不肯相背負則一也。唐姬之誓死，其亦以此乎？陸績女鬱生，適同郡張白，侍廟三月，婦禮未卒，白遭罹家禍，遷死異郡。鬱生抗聲昭節，義形於色，冠蓋交横，誓而不許。見《吴志·陸績傳注》引《姚信集》信表文。

漢季婚配，頗重門第。魏氏三世立賤，棧潛抗疏以諫，孫盛著爲譏評，無論矣。文德郭皇后外親劉斐與他國爲婚，后聞之，勑曰："諸親戚嫁娶，自當與鄉里門户匹敵者，不得因勢，强與他方人婚也。"《三國·魏志·后妃傳》。蓋鄉里難得高門，外方差易，故劉斐於是求之耳，而后猶以爲戒，則知昏嫁視門户甚重。弘農王屬付唐姬，蓋亦以此也。

《蜀志·後主張皇后傳注》引《漢晉春秋》曰："魏以蜀宫人賜諸將之無妻者，李昭儀曰：我不能二三屈辱。乃自殺。"此蓋以國亡感慨，然亦以録賜等於强配，非其所願故也。古者昏嫁，本由官主，故《周官》有媒氏之官，《管子》有合獨之政。見《入國》篇。降逮漢世，遺意猶存。淮南異國中民家有女者，以待游士而妻之，見《漢書·地理志》。此即《吴越春秋》謂句踐以寡婦淫佚過犯，皆輸山上，士有憂思者，令游山上，以喜其意，實仍官爲婚配之制耳。合男女之法，秦漢而後，平時已不復存，然至變動時猶行之。《漢書·王莽傳》：民犯鑄錢，伍人相坐，没入爲官奴婢，傳詣鍾官，以十萬數；到者易其夫婦，愁苦死者什六七。地皇二年。所謂易其夫婦者，非謂其夫婦本相保而故易之，亦其既已離散，而更爲之擇配耳。三國之世，録奪婦女以配戰士之事乃極多。《魏志·明帝紀》青龍三年《注》引《魏略》，言是時録奪士女前已嫁爲吏民妻者，還以配士，既聽以生口自贖，又簡選其有姿色者内之掖庭。太子舍人張茂上書諫，言："詔書聽得以生口年紀、顔色與妻相當者自代，故富者則傾家盡産，貧者舉假貸貰，貴買生口以贖其妻；縣官以配士爲名而實内之掖庭，其醜惡者乃出與士。得婦者未必有懽心，而失妻者必有憂色。"其弊至於如此。然《杜畿傳》言畿在河東十六年，文帝即王位，徵爲尚書，《注》引《魏略》言："初畿在郡，被書録寡婦。是時他郡或有已自相配嫁，依書皆録奪，啼哭道路。畿但取寡者，故所送少；及趙儼代畿而所送多。文帝問畿，畿對曰：臣前所録皆亡者妻，今儼送生人婦也。帝及左右顧而失色。”則明帝所行雖弊，而其事實不始於明帝。《文德郭皇后傳》言：“后姊子孟武還鄉里，求小妻，后止之。遂勑諸家曰：今世婦女少，當配將士，不得因緣取以爲妾也。宜各自慎，毋爲罰首。”《吴志·孫皓傳》元興元年《注》引《江表傳》言：“皓初立，發優詔，恤士民，開倉廩，振貧乏，科出宫女以配無妻，禽獸擾於苑者皆放之。當時翕然稱爲明主。”《陸凱傳》言：凱上疏曰：“伏聞織絡及諸徒坐，乃有千數，願陛下料出賦嫁，給與無妻者。”又疏言：“先帝愛民過於嬰孩，民無妻者以妾妻之。”而韓綜謀叛，且盡以親戚姑姊嫁將吏，所幸婢妾賜親近，以市恩。《韓當傳注》引《吴書》。則録士女以配將士，實爲當時通行之政。其行之雖弊，固猶自古者合獨之政來也。然其行之則不能無弊矣。《張温傳注》引《文士傳》言：“温姊妹三人皆有節行，爲温事，已嫁者皆見録奪。其仲妹先適顧承，官以許嫁丁氏，成婚有日，遂飲藥而死。”蓋婚姻必出自願，官爲許嫁，不能合於本人之意審矣。李昭儀之自殺，或亦以此歟？《後漢書·獨行劉翊傳》云：“黄巾賊起，郡縣饑荒，翊救給乏絶，死亡則爲具殯葬，嫠獨則助營妻娶。”可見古人雖當亂離之世，未嘗不行合獨之政。特不當由官一切行之，不顧本人之願不耳。《魏志·鍾繇傳》：子毓，曹爽既誅，“入爲侍史中丞、侍中廷尉。聽君父已没，臣子得爲理謗，及士爲侯，其妻不復配嫁，毓所創也。”配嫁固非仁政，爲侯則其妻可免，亦以尊卑之不敵也。殿本《攷證》云《太平御覽》作不復改嫁。此後人不知古事而妄改之。天子媵妾猶可嫁，況侯之妻邪？鄧香爲名族，其妻不諱改嫁。孫權步夫人生二女，長曰魯班，字大虎，前配周瑜子循，後配全琮。少曰魯育，字小虎，前配朱據，後配劉纂。二女在當時爲帝女，亦不諱改嫁，下此者更不可勝數。如李密祖父爲朱提太守，父早亡。母何氏亦更適人。見《蜀志·楊戲傳注》引《華陽國志》。

貞婦二字，昉見《禮記·喪服四制》，蓋漢人語也。其見於法令者，《漢書·宣帝紀》神爵四年，賜潁川貞婦順女帛。《平帝紀》元始元年，復貞婦鄉一人。

《史記·張耳陳餘列傳》：“張耳嘗亡命游外黄，外黄富人女甚美，嫁庸奴，亡其夫，去抵父客。《漢書》作“庸奴其夫，亡邸父客”。父客素知張耳，乃謂女曰：必欲求賢夫，從張耳。女聽，乃卒爲請決，嫁之張耳。”是則欲離婚者，亦必須有居間之人。

漢世宫人出嫁，略無限制，惟不得適諸國。見《後漢書·孝明八王傳》。

《後漢書·方術傳》：謝夷吾舉孝廉，爲壽張令。《注》引《謝承書》曰：“縣人女子張雨，早喪父母，年五十，不肯嫁，留養孤弟二人，教其學問，各得通經。雨皆爲聘娶，皆成善士。夷吾薦於州府，使各選舉，表復雨門户。”張雨之所以不嫁，亦以遭家不造也。

合男女之政，漢世雖不行，然儒者仍知其義，揚雄《校獵賦》“儕男女使莫違”，《長楊賦》“婚姻以時，男女莫違”，是也。

〔三一八〕 漢 世 妾 稱

妻之外，女子共居處者，古稱妾媵，後世則但稱妾；以古有媵，後世則無之也。然妾謂女子執事之得接於君者，則必有執事之女子然後稱，否則其不合，亦與媵等矣。故漢人稱妻以外共居處之女子，名目頗多，無曰妾者。

《史記·齊悼惠王世家》：“高祖長庶男也。其母外婦也，曰曹氏。”外婦，謂不處家中也。然不稱外婦者非必皆處家庭之中，如《漢書·枚乘傳》言：“乘在梁時，娶皋母爲小妻。乘之東歸也，皋母不肯隨乘。”明其亦不處家中也。小妻之稱，漢時最爲通行。《孔光傳》言：淳于長坐大逆誅，長小妻迺始等六人皆以長事未發覺時棄去，或更嫁；《後漢書·趙孝王良傳》：玄孫乾，趙相奏其居父喪，私娉小妻；《竇融傳》：女弟爲大司空王邑小妻；《梁節王暢傳》：暢上疏謝，言臣暢小妻三十七人，其無子者願還本家，是也。亦曰傍妻。《漢書·元后傳》言其父禁多取傍妻，是也。亦曰下妻。《王莽傳》：始建國二年十一月，立國將軍建奏“今月癸酉，不知何一男子遮臣建車前，自稱漢氏劉子輿，成帝下妻子也”；《後漢書·光武帝紀》：建武七年五月，“詔吏人遭饑亂及爲青徐賊所略爲奴婢下妻，欲去留者，恣聽之，敢拘制不還，以賣人法從事”；十三年十二月，“詔益州民自八年以來被略爲奴婢者，皆一切免爲庶民；或依託爲人下妻，欲去者，恣聽之；敢拘留者，比青徐二州以略人法從事”，是也。《方術傳》：樊英：“潁川陳寔少從英學，嘗有疾，妻遣婢拜問，英下牀答拜。寔怪而問之，英曰：妻，齊也，共奉祭祀，禮無不答。”則妻之稱實不可妄用。然字之義多端，妻固有齊義，亦有共居處之義，漢人於妻，蓋專取其後一義爾。《禮記》“聘則爲妻，奔則爲妾”，然《後漢書·趙孝王傳》，於其取小妻亦稱聘，此聘字亦僅爲娶義爾。

《後漢書·明帝紀》：中元二年四月，詔：“邊人遭亂爲内郡人妻，在（中元元年四月）己卯赦前，一切遣還邊，恣其所樂。”此與建武七年及十三年之詔同，不曰下妻而逕曰妻，蓋所依託之人，亦有本無妻者；或閭閻之間，妻妾之位，不能盡依禮法分别也。《酷吏傳》：黄昌，“遷蜀郡太守。初昌爲州書佐，其婦歸寧，遇賊被獲，遂流轉入蜀爲人妻；其子犯事，乃詣昌自訟。昌疑母不類蜀人，因問所由，對曰：妾本會稽餘姚戴次公女，州書佐黄昌妻也。妾嘗歸家，爲賊所略，遂至於此。昌驚，呼前謂曰：何以識黄昌邪？對曰：昌左足心有黑子，嘗自言當爲二千石。昌乃出足示之，因相持悲泣，還爲夫婦。”更嫁既生子長大，與故夫不相識，而猶得還者，以其本被略，非所欲，以法律人情論，均不得視同嫁娶也。

許皇后姊爲淳于長小妻，竇融女弟亦爲王邑小妻，見融本傳。則漢人不甚以小妻爲諱。

〔三一九〕 取女不專爲淫欲[①]

《後漢書·周舉傳》：舉對策言：“豎宦之人，虚以形勢，威侮良家，取女閉之，至有白首歿無配偶，逆於天心。”《宦者傳》言四侯之横，亦云“多取良人美女以爲姬妾，皆珍飾華侈，擬則宫人”。蓋當時貴戚專横，取女閉之者甚多。取女閉之，原不過以供執事由之僕役之逾侈，本未必盡爲淫欲也。

〔三二〇〕 適 庶 之 别

漢人雖不禁娶妾，然適庶之别頗嚴。《漢書·外戚恩澤侯表》：孔鄉侯傅晏，“元壽二年，坐亂妻妾位免，徙合浦”是也。《三國·魏志·鍾會傳注》引《魏氏春秋》言：“會母見寵於繇，繇爲之出其夫人。卞太后以爲言，文帝詔繇復之。繇恚憤，將引鴆，弗獲，餐椒致噤，帝乃止。”雖幸免於罰，然亦危矣。孫權謝夫人，權母吴，爲權聘以爲妃，愛幸有寵。後權納姑孫徐氏，欲令謝下之，而謝不肯。《三國·吴志·妃嬪傳》。則雖人主，亦不能得之於其妃匹也。

適子庶子，地位亦頗不同。《後漢書·王符傳》言：“安定俗鄙庶孽，而符無外家，爲鄉人所賤。自和、安之後，世務游宦，當塗者更相薦引，而符獨耿介不同於俗，以此遂不得升進。”《公孫瓚傳》：“家世二千石，以母賤，爲郡小吏。”《三國志·瓚傳注》引《典略》載瓚表袁紹罪狀，有云：“《春秋》之義，子以母貴。紹母親爲婢使，紹實微賤，不可以爲人後，以義不宜，乃據豐隆之重任，忝辱王

① 曾改題爲《取女閉之》。

爵,損辱袁宗。”是正適之與庶孽,進取之途,大有殊異也。以財産論亦然。《漢書·景十三王傳》言:常山憲王舜,有不愛姬生長男棁,雅不以爲子數,不分與財物。太子代立,又不收恤棁。《衛青傳》言:青少時歸其父,父使牧羊。民母之子皆奴畜之,不以爲兄弟數。則貴族與民間皆然矣。

〔三二一〕 禁以異姓爲後

《三國·蜀志·衛繼傳》:“父爲縣功曹。繼爲兒時,與兄弟隨父游戲庭寺中,縣長蜀郡成都張君無子,數命功曹呼其子省弄,甚憐愛之。張因言宴之間,語功曹欲乞繼,功曹即許之,遂養爲子。”時法禁以異姓爲後,故復爲衛氏。案《劉封傳》:“封本羅侯寇氏之子,長沙劉氏之甥也。先主至荆州,以未有繼嗣,養封爲子。”《吴志·朱然傳》云:“然,治姊子也,本姓施氏。初治未有子,然年十三,乃啓策乞以爲嗣。”劉備、朱治,皆一國之君,而不諱乞人爲嗣,則當時風俗,於親生子及養子,實不甚歧視。《魏志·曹爽傳注》引皇甫謐《列女傳》言:爽誅,其從弟文叔妻夏侯令女,不肯與曹氏絶婚,至於以刀斷鼻。司馬宣王聞而嘉之,聽使乞子字養,爲曹氏後。乞子字養必得許可者,以曹氏當誅戮之餘也。朱治乞子爲後必請於孫策者,亦以其有爵禄也。民間乞子爲後與否,本不與公家事,安可得而盡禁邪?父母之恩,不在生而在養。朱然爲治行喪竟,乞復本姓,孫權不許。蓋以鞠育之恩,不可負也。然然乞復本姓,必猶在行喪之後。《漢書·韓安國傳》:“語曰:雖有親父,安知不爲虎?雖有親兄,安知不爲狼?”此所生不必有恩之證。

父母之恩,固不在生而在養,父之於子也亦然。今之人盡有依倚既久,親其所養,轉過於所生者。同居則恩生焉,隔絶則意自睽,人之性則然也。故不獨親其親,不獨子其子,人之性本然也。各親其親,各子其子,非人性之本然,社會之組織,實爲之也。

漢世非立異姓之議,蓋頗盛。故孟達與劉封書,譏其棄父母而爲人後非禮。朱然乞復本姓不許,五鳳中其子績卒表還施氏也。又蜀馬忠,少養外家,姓狐名篤,後乃復姓改名。王平本養外家何氏,後復姓王。觀漢人隨母姓者之多,此蓋所以救其弊。

灌夫父張孟,爲灌嬰舍人,得幸,因進之,至二千石,故蒙灌氏姓爲灌孟。張燕,本姓褚,黄巾起,聚合少年爲羣盜。張牛角亦起與燕合,燕推牛角爲帥。牛角且死,令衆奉燕,燕因改姓張。此固或憑藉其權勢,有所利而爲之,亦未嘗無感恩之念也，養焉而去之薄矣。

《漢書・宣帝紀》：元康三年，“封(張)賀所子弟子侍中中郎將彭祖爲陽都侯。”師古曰：“所子者，言養弟子以爲子。”《三國・魏志・后妃傳》：“明帝愛女淑薨，取(甄)后亡從孫黄與合葬，追封黄列侯，以夫人郭氏從弟德爲之後，承甄氏姓。”此尚不足以言所子，然襲封亦無禁忌。魏明帝始詔諸侯入奉大統，不得尊其所生。見《紀》太和三年。其於宗法甚重，然其所爲如此，可見當時俗，於異姓爲後，并不禁忌也。《三國・魏志》：文聘薨，子岱先亡，養子休嗣。

《後漢書・皇后紀》：“桓帝鄧皇后，和熹皇后從兄子鄧香之女也。母宣，初適香，生后，改嫁梁紀。后少孤，隨母爲居，因冒姓梁氏。梁冀誅，立爲后，帝惡梁氏，改姓爲薄。永興四年，有司奏后本郎中鄧香之女，不宜改易他姓，乃復爲鄧氏。”當時雖惡梁氏而欲改之，然初不亟亟於復本姓也，此亦漢人不甚重視本宗之證。

〔三二二〕探　籌

《後漢書・胡廣傳》：順帝欲立皇后，而貴人有寵者四人，莫知所建議，欲探籌以神定選。廣與尚書郭虔、史敞上疏諫，乃止。探籌立后，後世必以爲怪談，然彼固曰以覘神意。古之立君者，年鈞以德，德鈞則卜。《左氏》昭公二十六年，王子朝告諸侯之辭。楚共王無冢適，有寵子五人，無適立焉。乃大有事於羣望，而祈曰：“請神擇於五人者，使主社稷。”乃徧以璧見於羣望曰：當璧而拜者，神所立也。誰敢違之？《左氏》昭公十三年。此等事後世亦必以爲至愚，行之亦不足以服人，然在爾時，固曰聽於神，非以爲聽於物也；神之意，可見於龜也，而何不可見於籌？可見於當璧而拜也，而何不可見於探籌而得？此等處皆漢俗近古使然，不足異也。

〔三二三〕漢尚主之法

自昔男權昌盛以來，女子之臣伏於男子久矣。然女子苟别有憑藉，則男子亦有反爲所制者，歷代公主之驕横，即其一端也。漢世尚主之法，王吉、荀爽、荀悦皆非之。吉之言曰：“漢家列侯尚公主，諸侯則國人承翁主，使男事女，夫詘於婦，逆陰陽之位，故多女亂。”《漢書・王吉傳》。爽之言曰：“漢承秦法，設尚主之儀，以妻制夫，以卑臨尊，違乾坤之道，失陽唱之義。”悦亦言“以陰乘陽違天，以婦陵夫違人"。《後漢書·荀爽荀悦傳》。此固不免拘墟之見，然此特帝王家事，於國計民生所關實小，而諸儒亟以爲言者，蓋當時之公主，實有驕縱不可制馭者在也。趙甌北《廿二史劄記》，以館陶公主寵董偃，鄂邑公主通丁外人，譏當時淫逸之甚。卷三。其實此并在寡居之後。若班始尚清河孝王女陰城公主，貴驕淫亂，與嬖人居帷中，而召始入，使伏牀下者，方之蔑矣。始以積怒，拔刃殺主。始，班超孫，事見《超傳》。又光武女酈邑公主，適新陽侯世子陰豐，亦爲所害。後漢一代之中，公主被殺之禍再見，豈偶然哉！光武欲以湖陽公主妻宋弘，弘拒之曰："貧賤之知不可忘，糟糠之妻不下堂。"《後漢書·宋弘傳》。其論固正矣，安知非逆知尚主之難，乃爲是以拒之邪？楊琁兄喬爲尚書，容儀偉麗，數上言政事。桓帝愛其才貌，詔妻以公主，喬固辭，不聽，遂閉口不食，七日而死。見《後漢書·楊琁傳》。欲尚主而至以死拒，知其中必有大不得已之故矣。

陰豐，《明帝紀》云自殺，永平二年。《后紀》云誅死，《陰識傳》亦云被誅。蓋被誅而後自殺也。《陰識傳》云："父母當坐，皆自殺，國除。帝以舅氏故，不極其刑。"云不極其刑者，班始要斬，同産皆棄市。《順帝紀》永建五年及《班超傳》。豐獲自殺，同産不坐，蓋即所謂"不極其刑"也。漢趙王友以諸吕女爲后，弗愛，愛他姬。諸吕女怒，去，讒之太后。太后召趙王幽之，以餓死。《漢書·高五王傳》。夏侯尚有愛妾嬖幸，寵奪適室；適室，曹氏女也，文帝遣人絞殺之。《三國·魏志·夏侯尚傳》。與大族爲耦者，其生命岌岌乎不可保矣。

公主驕縱，特其□□[①]之咎，王吉、荀爽、荀悦等皆以制度爲言者，蓋漢承秦法，公主亦立家；尚公主及承翁主者，皆不啻贅婿，故爽、悦并引堯女釐降、帝乙歸妹、王姬嫁齊爲言也。此女系之世，女權所以必張於男系之世。

〔三二四〕　王莽妃匹無二

三夫人，九嬪，二十七世婦，八十一御妻，首見《禮記·昏義》；《昏義》者，《士昏禮》之傳，安得忽言天子之禮。《三國·魏志·王朗傳》：朗上疏言："《周禮》六宫内官百二十人，而諸經常説，咸以十二爲限。"知此爲古周禮説，莽造之，以爲其和嬪美御之張本者也。《蜀志·董允傳》："後主常欲采擇以充後宫，允以爲古者天子后妃之數不過十二，今嬪嬙已具，不宜增益，終執不聽。"知爾時《周禮》之説，猶未盛行。然張竦爲陳崇草奏，稱莽功德，云妃匹無二，則莽非溺於色者。其立和

① 原稿缺字。

嬪美御之制，亦徒欲誇盛大而越前人而已。其信方士爲淫樂，蓋亦非以縱淫，而信其可以致神仙也。大抵溺於舊説，而不察情實，爲莽一生受病之根。

又案：言天子娶十二，已非經説之朔。蓋漢人以爲天子不當與諸侯同而增之；原其朔，則亦一取九女而已。古天子、諸侯，本無大别也。漢儒經説，亦有仍主九女之制者，如杜欽、谷永皆是。

〔三二五〕北　邙

明帝制上陵之禮，魚豢非之，以爲甚違古不墓祭之義。蔡邕雖以爲不可省，然其初亦以爲古不墓祭，謂爲可損也。《後漢書·公孫瓚傳》言："瓚舉上計吏，太守劉君坐事，檻車徵，官法不聽吏下親近，瓚乃改容服，詐稱侍卒，身執徒養，御車到洛陽。太守當徙日南，瓚具豚酒於北芒上，祭辭先人，酹觴祝曰：昔爲人子，今爲人臣，當詣日南；日南多瘴氣，恐或不還，便當長辭墳塋。慷慨悲泣，再拜而去，觀者莫不歎息。"《三國志》同。瓚遼西令支人，安得有墳墓在北邙？蓋時人墓祭者多，瓚乃亦於此祭其先耳；則又甚於墓祭者矣。

漢之有北邙也，猶晉之有九原也。蓋所謂擇不食之地而葬焉者也。《易》曰："古之葬者，厚衣之以薪，葬之中野，不封不樹。"蓋古之葬其親者，如是而已。後世乃葬之於山，一以求高燥，一亦以其爲不食之地，難見毁壞。凡以求其永久而已。然《三國·吴志·孫晧傳》寶鼎元年《注》引《漢晉春秋》云："初望氣者云荆州有王氣破揚州而建業宫不利，故晧徙武昌，遣使者發民掘荆州界大臣名家冢與山岡連者以厭之。"則雖葬於山，亦有不得保其棺者矣，可爲謀永久者戒也。

《諸葛恪傳》曰："建業南有長陵，名曰石子岡，葬者依焉。"此猶洛陽之有北邙也，故至漢世，葬者尚多於山擇不食之地。

〔三二六〕醫療貴人有四難

《後漢書·方術傳》郭玉，"和帝時爲太醫丞，多有效應；帝奇之，仍試令嬖臣美手腕者與女子雜處帷中，使玉各診一手，問所疾苦。玉曰：左陽右陰，脈有男女，狀若異人，臣疑其故。帝歎息稱善。"此故不難知也。又曰："玉仁愛不矜，雖貧賤厮養，必盡其心力，而醫療貴人，時或不愈；帝乃令貴人羸服變處，一鍼即差。召玉詰問其狀，對曰：醫之爲言意也，腠理至微，隨氣用巧，針石之間，豪芒即乖。神存於心手之際，可得解而不可得言也。夫貴者處尊高以臨臣，臣懷怖懾以承之，其爲療也，有四難焉：自用意而不任臣，一難也；將身不謹，二難也；骨節不强，不能使藥，三難也；好逸惡勞，四難也。鍼有分寸，時有破漏，重以恐懼之心，加以裁慎之志，臣意且猶不盡，何有於病哉？此其所爲不愈也。帝善其對。"此對則不盡實，要之貴人身弱，貧賤者身强，其真原因也。

〔三二七〕 執 金 吾

執金吾，應劭曰："吾者，禦也。掌執金革，以禦非常。"師古曰："金吾，鳥名也，主辟不祥。天子出行，職主先導，以禦非常，故執此鳥之象，因以名官。"案應説是也。《古今注》曰："金吾，亦棒也，以銅爲之，黄金塗兩末。御史大夫、司隸校尉亦得執焉。御史、校尉、郡守、都尉、縣長之類，皆以木爲吾。"蓋有金吾，有木吾，金吾或象鳥以爲飾，非取義於鳥也。

〔三二八〕 漢初賞軍功之厚

《漢書·高帝紀》：六年，"上已封大功臣三十餘人，其餘争功，未得行封。上居南宫，從復道上，見諸將往往耦語，以問張良。良曰：陛下與此屬共取天下，今已爲天子，而所封皆故人所愛，所誅皆平生仇怨。今軍吏計功，以天下爲不足用徧封，而恐以過失及誅，故相聚謀反耳。"此事見《史記·留侯世家》，蓋所謂留侯語者，不必實。然當時必有此等情勢，乃能附會爲此言，則仍可考漢初情事也。封賞即厚，何至舉天下不足徧，讀者不能無惑。案五年詔，軍吏卒七大夫以上，皆令食邑，十二年詔曰："其有功者上致之王，次爲列侯，下乃食邑。"即此所謂七大夫以上也。則漢初之食邑者多矣，此其所以云計天下不足徧歟？

秦漢之際，封有三等：一、當時之所謂王，漢初封地大者幾侔於戰國時之七國，此沿自楚漢之際，實亦遠襲戰國而來；項籍之分封，固頗復七國時之舊規模也。二、當時所謂列侯者，大率以縣爲國，此如戰國時穰侯、文信侯之類。在古爲大國之封，在戰國時則爲□□①矣。又次則七大夫食邑之類，所謂封君也。張良難酈食其封六國之後曰："天下游士離親戚、棄墳墓、去故舊從陛下游者，徒欲

① 原稿缺字。

日夜望咫尺之地。"《史記·留侯世家》。所望者亦此七大夫食邑之類而已，非敢望列侯之封也。

五年詔又曰："七大夫、公乘以上，皆高爵也。諸侯子及從軍歸者甚多高爵，吾數詔吏先與田宅，及所當求於吏者亟與。爵或人君，上所尊禮，久立吏前，曾不爲決，甚亡謂也。異日秦民爵公大夫以上，令丞與亢禮；今吾於爵非輕也，吏獨安取此！且法以有功勞行田宅，今小吏未嘗從軍者多滿，而有功者顧不得，背公立私，守尉長吏教訓甚不善，其令諸吏善遇高爵，稱吾意。"師古曰："爵高有國邑者，則自君其人，故云或人君也。"《續漢書·百官志》云：列侯"功大者食縣，小者食鄉亭，得臣其所食吏民"。據此詔觀之，則有人君之尊者，正不止於列侯矣。法既以有功勞行田宅矣，而五年五月詔曰："諸侯子在關中者復之十二歲，其歸者半之。"《史記》作"其歸者復之六歲，食之一歲"。十一年六月，"令士卒從入蜀漢關中者，皆復終身。"十二年詔："入蜀漢定三秦者，皆世世復。"漢初之於從軍者，可謂甚厚矣。此等疑皆頗襲秦故，可見秦人厲戰之道也，然平民之儋負則因此而加重矣。十二年詔曰："吾於天下賢士功臣，可謂亡負矣。其有不義背天子擅起兵者，與天下共伐誅之。"此可見當時浮動者之衆。以沙中者爲謀反，雖不必實，然亦可見當時自有此等情勢也。

〔三二九〕　漢世猶用銅兵

《日知録》言："古者以銅爲兵。戰國至秦，攻争紛亂，銅不充用，以鐵足之；是故銅兵轉少，鐵兵轉多。漸染遷流，遂成風俗。鐵工比肩，銅工稍絶。二漢之世，愈見其微。"其説是矣。然漢世銅之在官者，猶遠較後世爲多。賈誼説漢文收銅勿令布。設使銅布民間，亦如後世，此策豈可行，而誼亦安得作是想乎？即此一端觀之，而銅在官之多可見矣。張良爲鐵椎以擊秦皇；而淮南王自袖金椎以椎辟陽侯，金椎者，銅椎也；然則民間得銅不易，貴人固多有之。民間之兵，或以鐵爲之，貴人之兵，則猶多以銅爲之也。賈山《至言》言秦爲馳道，隱以金椎。此則形容之語，築道者未必能用銅椎也。故服虔以鐵椎釋之。

古代兵器，多由官收藏，至戰時然後給之，漢世猶有此意，各地多有武庫。《漢書·成帝紀》：建始元年，"立故河間王弟上郡庫令良爲王。"《注》引如淳曰："《漢官》：北邊郡庫，官之兵器所藏，故置令。"《食貨志》言武帝時邊兵不足，益以武庫工官兵器。所謂邊兵，當即藏於此等庫中也。田千秋子爲雒陽武庫令，見《魏相傳》。《後漢書·方術·楊由傳》：廣柔縣蠻夷反，郡發庫兵擊之。則後漢時猶是如此矣。《三國·魏志·徐邈傳》：邈爲涼州刺史，以漸收斂民間私仗，藏之府庫。作亂者多盜庫兵。成帝陽朔三年潁川鐵官徒申屠聖等，鴻嘉三年廣漢男子鄭躬等，永始三年山陽鐵官徒蘇令等，平帝元始三年陽陵任横等作亂，皆盜庫兵。見《本紀》。永始三年樊并作亂，亦取庫兵。見《天文志》及《五行志》，鄭躬事亦見《五行志》。戾太子之叛，出武庫兵；燕剌王詐言武帝時受詔領庫兵，見《武五子傳》。《後漢書・梁統傳》：統言隴西北地西河之賊，越州度郡，萬里交結，攻取庫兵，劫略吏人。《後漢書・羌傳》言永初元年羌叛："時羌歸附既久，無復器甲，或持竹竿木枝以代戈矛，或負板案以爲楯，或執銅鏡以象兵。"則揭竿斬木，非賈生過甚之辭。知秦漢之世，民間兵器尚不多，故秦皇欲銷天下之兵，公孫弘欲禁民挾弓弩，見《吾丘壽王傳》。而王莽亦禁民挾弩鎧也。《莽傳》始建國二年。然民間亦非遂無軍械，吕母散家財買兵弩，亦見《莽傳》。《後漢書・劉盆子傳》云：買刀劍。光武起兵時市兵弩。見《後漢書・本紀》。此等民間兵器，當皆以鐵爲之；在官者或猶兼以銅，燕剌王旦賦斂銅鐵作甲兵其證。見《漢書・武五子傳》。

漢世外夷，不甚能用鐵，觀西域之鑄鐵器及它兵器，由漢亡卒之教可知也。見《西域傳》。故律：胡市吏民不得持兵器及鐵出關，《汲黯傳注》引應劭説。然《後漢書・鮮卑傳》蔡邕言"關塞不嚴，禁網多漏，精金良鐵，皆爲賊有"，則亦具文而已矣。

《三國・魏志・牽招傳》："年十餘歲，詣同縣樂隱受學。後隱爲車騎將軍何苗長史，招隨卒業。直京都亂，苗、隱見害，招俱與隱門生史路等觸蹈鋒刃，共殯斂隱屍，送喪還歸。道遇寇鈔，路等悉皆散走。賊欲斫棺取釘，招垂淚請赦。賊義之，乃釋而去。"賊欲斫棺取釘，蓋亦欲以爲兵也。可見民間銅鐵之乏。

内地禁民藏兵器，邊垂則又欲令民藏兵器。《後漢書・陸康傳》："除高成令。縣在邊垂，舊制，令户一人具弓弩以備不虞，不得行來。"是其事。

〔三三〇〕 漢武用將

賈生謂匈奴之衆，不過漢一大縣；中行説、桑弘羊謂匈奴之衆，不當漢之一郡。其辭非誣，予既著之《匈奴人口》條矣。王恢之策匈奴也，曰："臣聞全代之時，北有强胡之敵，内連中國之兵，然尚得養老長幼，種樹以時，倉廪常實，匈奴不輕侵也。今以陛下之威，海内爲一，天下同任"，是爲"萬倍之資，遣百分之一以攻匈奴，譬猶以强弩射且潰之癰也"，《漢書・韓安國傳》。非虚詞也。然武帝用兵匈奴，至於海内疲弊，而匈奴卒不可滅者，其故何也？是則其用人行政，必有不能不負其責者矣。

漢武之大攻匈奴，莫如元狩四年之役。是役也，出塞者官及私馬凡十四萬匹，入塞不滿三萬匹，漢自是遂以馬少，不復能大出擊匈奴矣。果戰争之死亡至於如此乎？李陵以步卒五千出塞，及其敗也，士尚餘三千人，脱至塞者四百餘人。而貳師之再攻大宛，出敦煌者六萬人，牛十萬，馬三萬匹；軍還，入玉門者萬餘人，馬千餘匹而已。史稱“後行非乏食，戰死不甚多，而將吏貪，不愛士卒，侵牟之，以此物故者衆”。《漢書·李廣利傳》。然則元狩四年之役，馬亡失之多，可推而知矣。以貳師之事比例之，其士卒之亡失又可知，史莫之傳也。史稱霍去病“少而侍中，貴，不省士。其從軍，天子爲遣太官齎數十乘，既還，重車餘棄粱肉，而士有飢者。其在塞外，卒乏糧，或不能自振，而驃騎尚穿域蹋鞠。事多此類”。《史記·衛將軍驃騎列傳》。此士馬喪亡之所以多也。李廣之將兵也：“乏絶之處，見水，士卒不盡飲，廣不近水；士卒不盡食，廣不嘗食。”《史記·李將軍列傳》。使如廣者將，士卒有喪亡至此者乎？史又言：“諸宿將所將士馬兵，不如驃騎；驃騎所將常選，然亦敢深入；常與壯騎先其大軍，軍亦有天幸，未嘗困絶也。”《史記·衛將軍驃騎列傳》。夫其所以未嘗困絶者，以其所將常選，而每出皆爲大舉，匈奴避其鋒不敢嬰耳。使亦如李廣等居一郡，恐蚤爲虜所生得矣。史又云：“天子嘗欲教之孫吴兵法，對曰：顧方略何如耳，不至學古兵法。”同上。此其所以敢深入，既不如李廣之遠斥候，亦不如程不識之正部曲行伍營陳也；其不困絶，誠天幸而已。使此等人將，幾於棄其師矣，貳師之歿匈奴是也。

太史公曰：“予睹李將軍悛悛如鄙人，口不能道辭。及死之日，天下知與不知，皆爲盡哀。彼其忠實心誠信於士大夫也？諺曰：桃李不言，下自成蹊。此言雖小，可以諭大也。”《史記·李將軍列傳》。又言：“驃騎將軍爲人少言不泄。”《史記·衛將軍驃騎列傳》。夫其少言，非其沈毅，乃其本不能言。其不泄也，非其重厚，乃其本無所知，不知有何事可泄也。此非予之厚誣古人，所謂貴不省士者，固多如此，予見亦多矣。荀子論爲將之道曰：“可殺而不可使處不完，可殺而不可使擊不勝，可殺而不可使欺百姓。”故曰：“受命於主而行三軍，三軍既定，則主不能喜，敵不能怒。”《議兵》。故將非以從令爲貴也。而史謂大將軍（衛青）“以和柔自媚於上”，此所謂容悦於其君者也。此等人而可使將乎？李廣之殺霸陵尉，暴矣；然武夫之暴也。元朔六年，衛青之出定襄也，“蘇建盡亡其軍，獨以身得亡去，自歸大將軍。大將軍問其罪正閎、長史安、議郎周霸等：建當云何？霸曰：自大將軍出，未嘗斬裨將。今建棄軍，可斬以明將軍之威。閎、安曰：不然。兵法：小敵之堅，大敵之禽也。今建以數千當單于數萬，力戰一日餘，士盡，不敢有二心，自歸；自歸而斬之，是示後無反意也。不當斬。大將軍曰：青幸得以肺腑待罪行間，不患無威，而霸説我以明威，甚失臣意。

且使臣職雖當斬將，以臣之尊寵而不敢自擅專誅於境外，而具歸天子，天子自裁之，於是以見爲人臣不敢專權，不亦可乎？軍吏皆曰：善。遂囚建詣行在所。"《史記·衛將軍驃騎列傳》。夫青之不殺蘇建是也。其所以不殺蘇建者，則非也。果如所言，信賞必罰何？且既不敢專擅矣，何以擅徙李廣部也？元狩四年之出也，《李將軍列傳》云："廣數自請行，天子以爲老，弗許；良久乃許之，以爲前將軍。既出塞，青捕虜，知單于所居，乃自以精兵走之，而令廣并于右將軍軍，出東道。廣自請。大將軍青亦陰受上誡，以爲李廣老，數奇，毋令當單于，恐不得所欲。"故弗之許。夫既以爲李廣老，數奇，何爲以爲前將軍？則天子以爲老弗許之語，不足信也。青時以公孫敖新失侯，欲使與俱當單于耳。《衛將軍驃騎列傳》云："元狩四年春，上令大將軍青、驃騎將軍去病將各五萬騎，步兵轉者踵軍數十萬，而敢力戰深入之士皆屬驃騎。驃騎始爲出定襄，當單于。捕虜言單于東，乃更令驃騎出代郡，令大將軍出定襄。"然則上本不令大將軍當單于，而烏得有毋令李廣當單于之誡？上本不令青當單于，而青知單于所居，乃徙李廣也而自以精兵走之，是違上命而要功也，可無誅乎？而天子不之責。李敢怨青之恨其父，擊傷之，驃騎又射殺敢，而上又爲之諱，此豈似能將將者邪？

《李將軍列傳》言陵之降，"李氏名敗，而隴西之士居門下者皆用爲恥焉"；其《報任安書》亦云"李陵生降，隤其家聲"。以李廣之含冤負屈，而陵猶願心爲漢武效力。及其敗也，漢不哀其無救，而又收族其家，可謂此之謂寇讎矣，而其門下與友人猶以爲媿。知漢承封建餘習，士之效忠於其君者，無一而非愚忠也。有此士氣，豈唯一匈奴可平？雖平十匈奴大宛，中國之損失猶未至如元狩、太初兩役之甚也。而武帝專任椒房之親以敗之。夏侯勝之議武帝也，曰："雖有攘四夷廣土斥境之功，亡德澤於民。"《漢書·夏侯勝傳》。惡知夫武帝之失，不在其思拓境土，而别有所在乎？

《詩》曰："瑣瑣姻婭，則無膴仕。"《小雅·節南山》。吾嘗見民國初年以來，武人之所任者，非其嬖倖，則其亂黨，然後歎漢世之任衛青、霍去病、公孫敖、李廣利，前後如出一轍；而衛青和柔自媚，則又以姻戚而兼嬖幸者也。《史記·佞幸·李延年傳》言：李延年之後，"内寵嬖臣大抵外戚之家，然不足數也。衛青、霍去病亦以外戚貴幸，然頗用材能自進。"則當時之視衛、霍，本以爲佞幸之流。夫用法貴於無私。漢武之析狄山，責功效矣。然李陵欲自當一隊，則億其惡屬貳師；路博德羞爲陵後距，則疑陵教其上書；司馬遷盛言李陵之功，則又疑其欲沮貳師，爲陵遊説；皆所謂逆詐億不信者也。惟公生明，豈有逆詐億不信而能先覺者乎？然既有私其姻戚矣，焉能無逆信哉？

李陵雖生降，然其非畏死偷生，而欲得其當以報漢，此人人之所可信者也。然卒不獲收其效者，則收族其家，爲世大僇，君臣之義已絶矣。子思曰："毋爲戎首，不亦善乎？又何反服之禮之有？"《禮記·檀弓》。李陵之於漢，厚於子胥之於楚矣，此蓋民族不同爲之，非漢君之能得此於陵也。卒之爲匈奴深謀者衛律也，李延年之所薦也；舉大軍以降匈奴者貳師也，親李夫人之兄也，姻婭之效何如哉？

《史記·淮南衡山列傳》：淮南王謂伍被曰："山東即有兵，漢必使大將軍將而制山東，公以爲大將軍何如人也？"被曰："被所善者黄義，從大將軍擊匈奴，還，告被曰：大將軍遇士大夫有禮，於士卒有恩，衆皆樂爲之用；騎上下山若蜚，材幹絶人。被以爲材能如此，數將習兵，未易當也。及謁者曹梁使長安來，言大將軍號令明，當敵勇敢，常爲士卒先。休舍，穿井未通，須士卒盡得水，乃敢飲；軍罷，卒盡已渡河，乃渡；皇太后所賜金帛，盡以賜軍吏；雖古名將弗過也。"此被自首之詞，多引漢美，以求苟免；抑被烈士，未必出此，或漢人改易之，以爲信然，則謬矣。《汲鄭列傳》曰："淮南王謀反，憚黯，曰：好直諫，守節死義，難惑以非，至如説丞相弘，如發蒙振落耳。"此亦漢人附會之辭。公孫丞相之高節，决非策士所能動也。

《漢書·衛霍傳贊》曰："蘇建嘗説責大將軍至尊重，而天下之賢士大夫無稱焉；願將軍觀古名將所招選者，勉之哉！青謝曰：自魏其、武安之厚賓客，天子嘗切齒。彼親待士大夫，招賢黜不肖者，人主之柄也。人臣奉法遵職而已，何與招士？票騎亦方此意，爲將如此。"此與伍被言大將軍遇士大夫有禮者，適相反矣。

〔三三一〕塞　　路

《漢書·高惠高后文功臣表》：河陵頃侯郭亭"以塞路入漢"。師古曰："塞路者，主遮塞要路，以備敵寇也。"案遮塞要路，必有所據以爲守。《武帝紀》太初三年《注》："師古曰：漢制：每塞要處别築爲城，置人鎮守謂之候城，此即障也。"蓋即主塞路之將所守。《表》又云：東武貞侯郭蒙"入漢爲城將"。師古曰："城將，將築城之兵也。"南安嚴侯宣虎"以重將破臧荼"。師古曰："重將者，主將領輜重也。"則當時之兵，各有所主，故臨時築城，不以爲難也。《表》又云：厭次侯爰類"以慎將元年從起留"。師古曰："以謹慎爲將也。"案此説恐非是。慎將，蓋亦别有職守，今不可考矣。

要路必有塞，而塞不必其當要路。《匈奴傳》言王恢爲馬邑之權，匈奴絶和親，攻當路塞，則塞之當路者也。

〔三三二〕 山澤堡塢

古之爲盗者，率多保據山澤。賈山言秦羣盗滿山；嚴安言秦窮山通谷，豪士并起；其見於史者：桓楚亡在澤中；高祖隱芒碭山澤間；彭越常漁巨野澤中爲盗；黥布論輸驪山，率其曹耦亡之江中爲羣盗；陳餘不得封王，亦與其麾下數百人之河上澤中漁獵，皆是。漢高帝五年五月詔曰："民前或相聚保山澤，不書名數。今天下已定，令各歸其縣，復故爵田宅。"案《後漢書・劉玄傳》言："王莽末，南方饑饉，人庶羣入野澤，掘鳧茈而食之，更相侵奪。新市人王匡、王鳳爲平理諍訟，遂推爲渠帥，衆數百人。於是諸亡命馬武、王常、成丹等往從之；共攻離鄉聚，藏於緑林中。數月間至七八千人。"則其初原不過相聚求食，其後人多勢衆，乃乘機爲盗。若聚衆不多，或無渠帥，則亦始終爲良民矣。此武陵所以有桃花之源也。然觀漢高帝之詔，則其入山澤，不過爲暫時之計。此亂世隱居山澤者雖多，而至治平即復出。山澤之地，終不得開闢，蓋人之力猶未足以語於此也。

《漢書・武帝紀》：天漢二年，"泰山、琅邪羣盗徐教等阻山攻城，道路不通。遣直指使者暴勝之等衣繡衣杖斧，分部逐捕。刺史郡守以下皆伏誅。"《王尊傳》："南山羣盗傰宗等數百人爲吏民害，拜故弘農太守傅剛爲校尉，將跡射士千人逐捕，歲餘不能禽。"《蕭望之傳》："鄠名賊梁子政阻山爲害，久不伏辜。"又言："哀帝時，南郡江中多盗賊。"《儒林傳》：東門雲爲荆州刺史，"坐爲江賊拜辱命，下獄誅。"則爲羣盗者，猶是以山澤爲依阻之所。然至前後漢間，則人民頗有能結營壘自固者：《後漢書・劉盆子傳》言赤眉入長安城，"三輔郡縣營長遣使貢獻，兵士輒剽奪之。又數虜暴吏民百姓保壁，由是皆復固守。"《郭伋傳》言："更始新立，三輔連被兵寇，百姓震駭，强宗右姓各擁衆保營，莫肯先附。"《樊宏傳》言："宏與宗家親屬作營壍自守，老弱歸之者千餘家。"《馮魴傳》言："王莽末，四方潰畔，魴乃聚賓客，招豪桀，作營壍，以待所歸。"《第五倫傳》言："王莽末，盗賊起，宗族閭里争往附之。倫乃依險固，築營壁，有賊，輒奮厲其衆，引强持滿以拒之。銅馬、赤眉之屬前後數十輩，皆不能下。"《酷吏・李章傳》言："光武即位，拜陽平令。時趙魏豪右往往屯聚，清河大姓趙綱遂於縣界起塢壁，繕甲兵，爲在所害。"《儒林傳・孫堪》："王莽末，兵革并起，宗族老弱在營保間，堪常力戰陷敵，無所回避。數被創刃，宗族賴之，郡中咸服其義勇。"《文苑傳》夏恭："王莽末，盜賊縱横，攻没郡縣。恭以恩信爲衆所附，擁兵固守，獨安全。"此等結營壘自保之事，前此似罕所見。豈莽末亂勢盛，故民之圖自保者亦力邪？

《三國・魏志・許褚傳》："漢末，聚少年及宗族數千家，共堅壁以禦寇。"當時北方山賊亦多，然此等保據自固者尚不少也。

至保據山澤爲盜賊者，莽末亦自非無之。如《後漢書・侯霸傳》言："王莽初，遷隨宰。縣界曠遠，濱帶江湖，而亡命者多爲寇盜。霸到，即案誅豪猾，分捕山賊，縣中清静。"《郭伋傳》言："潁川盜賊羣起，徵拜潁川太守。召見辭謁，帝勞之曰：君雖精於追捕，而山道險阸，自鬬當一士耳，深宜慎之。伋到郡，招懷山賊，陽夏趙宏、襄城召吴等數百人，皆束手詣伋降，悉遣歸附農。"是也。

《史記・田儋列傳》："田横與其徒屬五百餘人入海，居島中。高帝聞之，以爲田横兄弟本定齊，齊人賢者多附焉；今在海中，不收，後恐爲亂；迺使使赦田横罪而召之。"此所謂爲亂者，蓋慮其招引郡縣，再圖割據，非慮其爲海盜也。《後漢書・劉盆子傳》言："吕母入海中，招合亡命，還攻破海曲。"此爲據海島爲盜之始。其後遂稍多。安帝永初中，有海賊張伯路等；詳見《法雄傳》。順帝陽嘉元年，又有海賊曾旌。法雄之討伯路也，"赦詔到，賊猶以軍甲未解，不敢歸降。御史中丞王宗召刺史太守共議，皆以爲當遂擊之。雄曰：賊若乘船浮海，深入遠島，攻之未易也。及有赦令，可且罷兵，以慰誘其心，勢必解散，然後圖之，可不戰而定也。宗善其言。即罷兵，賊聞大喜，乃還所略人。而東萊郡兵獨未解甲，賊復驚恐，遁走遼東，止海島上。五年春，乏食，復抄東萊間。雄率郡兵擊破之。賊逃還遼東，遼東人李久等共斬平之。於是州界清静。"

〔三三三〕山　越

山越爲患，起於靈帝建寧中。《後漢書・本紀》：建寧二年九月，丹陽山越賊圍太守陳夤，夤擊破之。至後漢之末，而其勢大盛。孫吴諸將，無不嘗有事於山越者。《三國・吴志・孫權傳》：黄武五年，置東安郡，以全琮爲太守，平討山越。據琮本傳，則前此已嘗爲奮威校尉，授兵數千人，以討山越矣。權徐夫人兄矯，以討平山越，拜偏將軍。孫賁，袁術嘗表領豫州刺史，轉丹陽都尉，行征虜將軍，討平山越。顧雍孫承，爲吴郡西部都尉，與諸葛恪等共平山越。黄蓋，諸山越不賓，有寇難之縣，輒用爲守長，又遷丹陽都尉，抑强扶弱，山越懷附。韓當，領樂安長，山越畏服。蔣欽，嘗爲討越中郎將。陳武庶子表，嘉禾三年，諸葛恪領丹陽太守，討平山越，以表領新安都尉，與恪參勢。董襲，嘗拜威越校尉。凌統父操，守永平長，平治山越。朱治，丹陽故鄣人也，年向老，思戀土風，自表屯故鄣，鎮撫山越。吾粲與吕岱討平山越。均見《吴志》本傳。徐陵子平，諸葛恪爲丹陽太守，以平威重思慮，可與效力，請平爲丞，見《虞翻傳注》引《會稽典録》。以上皆明言其爲山越者。其不明言爲山越，而實與山越同者，則不可勝舉。如《周泰傳》云："策入會稽，署别部司馬，授兵。權愛其爲人，請以自給。策討六縣山賊，權住宣城，使士自衛，不能千人，意尚忽略，不治圍落，而山賊數千人卒至。權始得上馬，而賊鋒刃已交於左右，或斫中馬鞍，衆莫能自定。惟泰奮擊，投身衛權，膽氣倍人，左右由泰并能就戰。賊既解散，身被十二創，良久乃蘇。"《周魴傳》云："賊帥董嗣負阻劫鈔，豫章、臨川并受其害。吾粲、唐咨嘗以三千兵攻守，連月不能拔。魴表乞罷兵，得以便宜從事。魴遣間諜，授以方策，誘狙殺嗣。嗣弟怖懼，詣武昌降於陸遜，乞出平地，自改爲善，由是數郡無復憂惕。"《鍾離牧傳》云："建安、鄱陽、新都三郡山民作亂，出牧爲監軍使者，討平之。賊帥黄亂、常俱等出其部伍，以充兵役。"《陸凱傳》云：弟胤，"爲交州刺史、安南校尉。賊帥百餘人，民五萬餘家，深幽不羈，莫不稽顙，交域清泰。就加安南將軍，復討蒼梧建陵賊，破之，前後出兵八千餘人，以充軍用。"此等雖或言賊，或言民，實與言越者無别。以其皆與越雜處，而越已爲其所化也。見後。張温、陸遜、賀齊、諸葛恪，特其尤佼佼者耳。山越所據，亘會稽、吴郡、丹陽、豫章、廬陵、新都、鄱陽，幾盡江東西境。《孫權傳》："策薨，以事授權。是時惟有會稽、吴郡、丹陽、豫章、廬陵，然深險之地猶未盡從。權乃分部諸將，鎮撫山越，討不從命。"《諸葛恪傳》："恪求官丹陽，衆議以丹陽地勢險阻，與吴郡、會稽、新都、鄱陽四郡鄰接，周旋數千里，山谷萬重"云云。案江南本皆越地，越皆山居，故其蟠結之區，實尚不止此。特僻遠之地，不必其皆爲患；即爲患亦無關大局，不如此諸郡者處吴腹心之地，故史不甚及之耳。是時南北交争，無不思藉以爲用。孫策之逐袁胤也，袁術深怨之，乃陰遣間使，齎印綬與丹陽宗帥陵陽祖郎，使激動山越，圖共攻策。見《孫輔傳注》引《江表傳》。太史慈之遁蕪湖也，亡入山中，稱丹陽太守。已而進駐涇縣，立屯府，大爲山越所附。是孫策未定江東時，與之争衡者，莫不引山越爲助也。策之將東渡也，周瑜將兵迎之。及入曲阿，走劉繇，策衆已數萬。乃謂瑜曰："吾以此衆取吴會、平山越已足。卿還鎮丹陽。"孫權代策，即分部諸將，鎮撫山越，討不從命。是孫氏未定江東時，視山越爲勁敵；及其既定江東，仍兢兢以山越爲重也。不特此也，孫權訪世務於陸遜，遜建議："山寇舊惡，依阻深地。夫腹心未平，難以圖遠。"而權之遣張温使蜀也，亦曰："若山越都除，便欲大構於丕。"其欲親征公孫淵也，陸瑁疏諫，謂"使天誅稽於朔野，山虜乘間而起，恐非萬安之長慮"。則當江東久定之後，仍隱然若一敵國矣。以上所引，皆見《吴志》各本傳。無怪曹公以印綬授丹陽賊帥，使扇動山越，爲作内應也。見《陸遜傳》。而吴人亦即思藉是以譎敵。《周魴傳》云："爲鄱陽太守，被命密求山中舊族名帥爲北敵所聞知者，令譎挑曹休。"魴雖謂民帥不足仗任，事或漏泄，遣親人齎牋七條以誘休；然其三曰："今此郡民，雖外名降首，而故在山草，看伺空隙，欲復爲亂，爲亂之日，魴命訖矣。"當時山越之强，可以想見。宜乎張温、陸遜、諸葛恪之徒，咸欲取其衆以强兵也。《遜傳》云：部伍東三郡，强者爲兵，羸者補户，得精卒數萬人。《恪傳》：自詭三年可得甲士四萬，其後歲期人數，皆如本規。《温傳》：孫權下令罪狀温曰："聞曹丕出自淮、泗，故豫敕温有急便出，而温悉内諸將，佈於深山，被命不至。”然駱統表理温曰：“計其送兵，以比許晏，數之多少，温不減之，用之强羸，温不下之，至於遲速，温不後之，故得及秋冬之月，赴有警之期。”則温所出兵，已不爲少矣。夫老弱婦女，數必倍蓰於壯丁。遜得精卒數萬，恪得甲士四萬，則總計人數，當各得二三十萬。然《陳武傳》言武庶子表，領新安都尉，與恪參勢，在官三年，廣開降納，得兵萬餘人，則此等參佐之徒所得之衆，又在主將所得之外。《遜傳》言遜建議：“克敵寧亂，非衆不濟。”主大部伍，取其精鋭，而《周瑜傳注》引《江表傳》，載黄蓋欺曹公之辭曰：“用江東六郡山越之人，以當中國百萬之衆。”則吴之用山越爲兵，由來舊矣。可見所謂山越者，不徒其人果勁，即其數亦非寡弱也。夫越之由來亦舊矣。乃終兩漢之世，寂寂無聞，至於漢魏之間，忽爲州郡所患苦、割據者所倚恃如此，何哉？曰：此非越之驟盛，乃皆亂世，民依阻山谷，與越相雜耳。其所居者雖越地，其人固多華夏也。何以言之？案《後漢書·循吏·衛颯傳》曰：“遷桂陽太守。先是含洭、湞陽、曲江三縣，越之故地，武帝平之，内屬桂陽。民居深山，濱谿谷，習其風土，不出田租。去郡遠者，或且千里。吏事往來，輒發民乘船，名曰傳役。每一吏出，徭及數家，百姓苦之。颯乃鑿山通道，五百餘里，列亭傳，置郵驛，於是役省勞息，姦吏杜絶。流民稍還，漸成聚邑，使輸租賦，同之平民。”云“習其風土”，則其本非越人審矣。諸葛恪之求官丹陽也，衆議以丹陽地勢險阻，“逋亡宿惡，咸共逃竄。”駱統之理張温也，亦曰：“宿惡之民，放逸山險，則爲勁寇，將置平土，則爲健兵。”夫曰“逋亡”，曰“宿惡”，固皆中國人也。《賀齊傳》曰：“守剡長。縣吏斯從，輕俠爲姦，齊欲治之，主簿諫曰：從，縣大族，山越所附，今日治之，明日寇至。齊聞大怒，便立斬從。從族黨遂相糾合，衆千餘人，舉兵攻縣。齊率吏民，開城門突擊，大破之，威震山越。”又曰：“王朗奔東治，侯官長商升爲朗起兵。策遣永寧長韓晏領南部都尉，將兵討升，以齊爲永寧長。晏爲升所敗，齊又代晏領都尉事。升畏齊威名，遣使乞盟。齊因告喻，爲陳禍福，升遂送上印綬，出舍求降。賊帥張雅、詹强等不願升降，反共殺升。賊盛兵少，未足以討，齊住軍息兵。雅與女壻何雄爭勢兩乖，齊令越人因事交構，遂致疑隙，阻兵相圖。齊乃進討，一戰大破雅，强黨震懼，率衆出降。”夫能附中國之大族以爲亂，且能交構於兩帥之間，其名爲越而實非越，尤可概見。周魴被命，密求山中舊族名帥以譎曹休，則并有舊族入居山中者。蓋山深林密之地，政教及之甚難。然各地方皆有窮困之民，能勞苦力作者，此輩往往能深入險阻，與異族雜處。初必主强客弱，久則踵至者漸多，土雖瘠薄，然所占必較廣；山居既習儉樸，又交易之間，多能朘夷人以自利，則致富易而生齒日繁。又以文化程度較高，夷人或從而師長之。久之，遂不覺主客之易位。又久之，則變夷而爲華矣。此三國時山越之盛，所以徒患其阻兵，而不聞以其服左衽而言侏離爲患；一徙置平地，遂無異於齊民也。使其服左衽而言侏離，則與華夏相去甚遠，固不能爲中國益，亦不能爲中國患矣。然則三國時之山越，所以能使吴之君臣旰食者，正以其漸即於華，名爲越而實非越故。前此史志所以不之及者，以此輩本皆安分良民，蟄居深山窮谷之中，與郡縣及齊民，干係皆少，無事可紀也。此時所以忽爲郡縣患者，則以政綱頹弛，逋逃宿惡，乘間恣行故耳。亦以世亂，阻山險自保者多，故其衆驟盛而勢驟張也。然溯其元始，固皆勤苦能事生産之民，荒徼之逐漸開闢，異族之漸即華風，皆此輩之力也。

古書簡略，古人許多經論，往往埋没不見，是在善讀書者深思之。諸葛恪之求官丹陽以出山民也，衆議咸以爲難。以爲"丹陽地勢險阻，與吴郡、會稽、新都、鄱陽四郡鄰接，周旋數千里，山谷萬重，其幽邃民人，未嘗入城邑，對長吏，皆仗兵野逸，白首於林莽。逋亡宿惡，咸共逃竄。山出銅鐵，自鑄甲兵。俗好武習戰，高尚氣力，其升山赴險，抵突叢棘，若魚之走淵，猨狖之騰木也。時觀間隙，出爲寇盜。每致兵征伐，尋其窟藏。其戰則蠭至，敗則鳥竄，自前世以來，不能羈也。"即恪父瑾聞之，亦以事終不逮，歎曰："恪不大興吾家，將大赤吾族也！"而恪盛陳其必捷。其後山民相攜而出，歲期人數，皆如本規。恪爲丹陽太守，討山越，事在孫權嘉禾三年八月；其平山越事畢，北屯廬江，在六年十月。見《權傳》。問其方略，則曰"移書四郡屬城長吏，令各保其疆界，明立部伍，其從化平民，悉令屯居。乃分納諸將，羅兵幽阻，但繕藩籬，不與交鋒，候其穀稼將熟，輒縱兵芟刈，使無遺種"而已。讀之，亦似平平無奇者。然以分據之兵，衛屯聚之民，當好武習戰必死之寇，至於三年，而能使將不驕惰，兵不挫衄，民不被掠；且山民當饑窮之時，必不惜出其所有，以易穀食，而恪能使"平民屯居，略無所入"；其令行禁止，豈易事哉？恪之治山越，德意或不如清世之傅鼐，其威略則有過之矣。

《後漢書・抗徐傳》附《度尚傳》。曰："試守宣城長，悉移深林遠藪椎髻鳥語之人，置於縣下。由是境内無復盜賊。"此所謂"盜賊"，即山越之流也。古人入夷狄者，大率椎髻，不足爲異。云"鳥語"則必不然。果皆鳥語，安能徙置縣下。徐所徙，蓋亦華人之入越地者耳。《後漢書》措辭，徒講藻采，不顧事實，難免子玄妄飾之譏矣。

《史記・秦始皇本紀》：三十三年，"發諸嘗逋亡人、贅壻、賈人略取陸梁地。"《正義》曰："嶺南之人多處山陸，其性强梁，故曰陸梁。"案《爾雅・釋地》："高平曰陸。"而春秋時晉有高梁之虚，楚沈諸梁字子高，則梁亦有高義。疑"陸梁"是複語，《正義》分疏未當也。華陽之地稱梁州，蓋亦以其高而名之。

《太康地記》曰:“梁州,言西方金剛之氣强梁,故名。”《爾雅·釋地釋文》引。亦近望文生義。蜀以所處僻遠,不習戰鬬,故其風氣最弱。讀司馬相如《喻巴蜀檄》可知,何强梁之有?

亂離之世,民率保據山險,初不必百越之地而後然。特越地山谷深阻,爲患尤深,而平之亦較難耳。《魏志·吕虔傳》:“領泰山太守。郡接山海,世亂,聞民人多藏竄。袁紹所置中郎將郭祖、公孫犢等數十輩,保山爲寇,百姓苦之。虔將家兵到郡,開恩信,祖等黨屬皆降服,諸山中亡匿者盡出安土業。簡其强者補戰士,泰山由是遂有精兵,冠名州郡。”此所謂亡匿山中者,亦南方山越之類也。又《杜襲傳》:“領丞相長史,隨太祖到漢中討張魯。太祖還,拜襲駙馬都尉,留督漢中軍事。綏懷開道,百姓自樂出徙洛、鄴者,八萬餘口。”云樂出,則其初亦必亡匿山谷矣。

山越當三國時大致平定,然未嘗遂無遺落也。《晉書·杜預傳》:平吴還鎮,“攻破山夷”。山夷即山越也。《陶侃傳》:屯夏口。“時天下饑荒,山夷多斷江劫掠。侃令諸將詐作商船以誘之。劫果至,生獲數人,是西陽王羕左右。侃即遣兵逼羕,令出向賊,侃整陳於釣臺爲後繼。羕縛送帳下二十人,侃斬之。自是水陸肅清,流亡者歸之盈路,侃竭資振給焉。又立夷市於郡東,大收其利。”夫至藩王左右雜處其中,且能詣郡與華人交市,其非深林遠藪、椎結鳥語之徒明矣。永嘉喪亂以來,北方人民,亦多亡匿山谷者,以其與胡人雜處也,亦稱爲山胡;迄南北朝,未能大定,亦山越之類也。

《隋書·蘇孝慈傳》:“桂林山越相聚爲亂,詔孝慈爲行軍總管擊平之。”《北史》同。《唐書·裴休傳》:“父肅,貞元時爲浙東觀察使。劇賊栗隍,誘山越爲亂,陷州縣。肅引州兵破禽之,自記《平賊》一篇上之,德宗嘉美。”《舊唐書·王播傳》:弟起,起子龜,咸通十四年,“轉越州刺史、浙東團練觀察使。屬徐泗之亂,江淮盜起。山越亂,攻郡,爲賊所害。”又《盧鈞傳》:“爲廣州刺史、嶺南節度使。山越服其德義,令不嚴而人化。”此等山越,未必魏晉屯聚之遺,特史襲舊名名之耳。然其與華人相雜,則前後如出一轍。《舊書》言盧鈞之刺廣州也,先是土人與蠻僚雜居,昏娶相通,吏或撓之,相誘爲亂。鈞至,立法,俾華夷異處,昏娶不通;蠻人不得立田宅。由是徼外肅清,而不相犯焉。三國時之山越,乃華人入居越地,此則越人出居華境,其事殊,然其互相依倚,致成寇患則一也。一時之禁令,豈能遏兩族之交關,久而漸弛,可以推想,凡此等,皆足考民族同化之跡也。

原刊《光華大學半月刊》第二卷第九期,一九三四年六月三日出版

〔三三四〕 閩越民復出

《史記・東越列傳》：東越平後，“天子曰：東越狹，多阻；閩越悍，數反覆；詔軍吏皆將其民徙處江淮間，東越地遂虚。”案此所謂虚者，亦謂虚其城邑耳；若謂悉其人而徙之，更無一人之遺，自爲事理所無。《宋書・州郡志》云：“建安太守，本閩越，秦立爲閩中郡。漢武帝世，閩越反，滅之，徙其民於江淮間，虚其地。後有遁逃山谷者頗出，立爲冶縣。”其説當有所據，足補前史之闕。

〔三三五〕 秦漢文法之學①

秦漢之世，法學亦有專門傳授。李斯請欲學法令，以吏爲師；後漢樊準上疏：請復召郡國書佐，使讀律令；魏明帝時，衛覬奏：“九章之律，自古所傳，斷定刑罪，其意微妙。百里長吏，皆宜知律。請置律博士，轉相教授，事遂施行。”此官學也。郭躬父弘習小杜律，躬少傳父業，講授徒衆常數百人，此私學也。路温舒求爲獄小吏，因學律令；嚴延年父爲丞相掾，延年少學法律丞相府；此學之於官者也。于定國少學法于父；王霸世好文法；郭躬少傳父業，子晊亦明法律；弟子鎮少脩家業，鎮子禎亦以能法律至廷尉；鎮弟子禧少明習家業；陳寵曾祖父咸，成哀間以律令爲尚書，寵明習家業，寵子忠亦明習法律；鍾皓世善刑律；此傳之於家者也。文翁選郡縣小吏開敏有材者張叔等十餘人，遣詣京師，受業博士，或學律令；元后父禁，少學法律于長安；則留學異地者也。黄霸少學律令；梁統性剛毅而好法律；不知其爲師承，然其決非無所師承可知。張皓徵拜廷尉，雖非法家，而留心刑獄，數與尚書辨正疑獄，多以詳當見從；王涣少好俠，尚氣力，數通剽輕少年，晚而改節，敦儒學，習《尚書》，讀律令，略舉大義；此又仕而後學，晚而好學者矣。當時國家於文吏，亦頗重用。史言“郭氏自弘後數世皆傳法律，子孫至公者一人，廷尉七人，侯者三人，刺史、二千石、侍中、中郎將者二十餘人，侍御史、正、監、平者甚衆”，《後漢書・郭躬傳》。幾於官有世功，族有世業矣。又言“吴雄季高以明法律，斷獄平，起自孤宦，致位司徒”，同上。此則以孤寒特擢者也。然其時儒學日見隆重，故法家之

---

① 曾改題爲《秦漢法律之學》。

地盤，卒漸爲儒家所奪。

以儒家篡法家之統者，莫如以《春秋》折獄。應劭删定律令爲《漢儀》，其奏之之辭曰："故膠東相董仲舒老病致仕；朝廷每有政議，數遣廷尉張湯親至陋巷，問其得失。於是作《春秋決獄》二百三十二事，動以經對，言之詳矣。"此爲儒家之羼入法學之大宗。《漢書·藝文志·春秋》家有"《公羊董仲舒治獄》十六篇"，當即是書。劭自言："撰具《律本章句》、《尚書舊事》、《廷尉板令》、《決事比例》、《司徒都目》、《五曹詔書》及《春秋斷獄》，凡二百五十篇。蠲去復重，爲之節文。"則仲舒之議，業已與律、令及比并編。後來魏晉脩律，攙入其中者，必不少矣。公孫弘"少時爲薛獄吏，年四十餘，乃學《春秋》雜説"。史稱其"習文法吏事，而又緣飾以儒術"。吕步舒持斧鉞治淮南獄，以《春秋》誼顓斷於外，不請，既還奏事。上皆是之。《漢書·五行志》。張湯決大獄，欲傅古義，乃請博士弟子治《尚書》、《春秋》補廷尉史，亭疑法。《史記·酷吏列傳》。《漢書·兒寬傳》："寬以射策爲掌故，功次，補廷尉文學卒史。時張湯爲廷尉，廷尉府盡用文史法律之吏，而寬以儒生在其間，見謂不習事，不署曹，除爲從史，之北地，視畜數年。還至府，上畜簿，會廷尉時有疑奏，已再見卻矣，掾史莫知所爲，寬爲言其意。掾史因使寬爲奏，奏成，讀之，皆服，以白廷尉湯。湯大驚，召寬與語，乃奇其材，以爲掾。上寬所作奏，即時得可。異日，湯見上。問曰：前奏非俗吏所及，誰爲之者？湯言兒寬。上曰：吾固聞之久矣。湯由是鄉學，以寬爲奏讞掾，以古法義決疑獄，甚重之。"何敞"遷汝南太守。立春日，嘗召督郵還府，分遣儒術大吏案行屬縣，顯孝悌有義行者。及舉冤獄，以《春秋》義斷之"。《後漢書》本傳。"諸官司有所患疾，欲增重科防，以檢御臣下，澤每曰：宜依禮、律。"《三國·吴志·闞澤傳》。皆儒術羼入法學之證。當時之爲學者，亦多如此。路温舒又受《春秋》，通大義；于定國迎師學《春秋》，身執經北面備弟子禮；丙吉本起獄法小吏，後學《詩禮》，皆通大義；王霸父爲郡決曹掾，霸亦少爲獄吏，嘗慷慨不樂吏職，其父奇之，遣西學長安；郭禧兼好儒學；陳寵雖傳法律，而兼通經書；陳球少涉儒學，善律令；張翼高祖父浩兼治律、《春秋》；皆其事。梁統欲改正王嘉所改舊律，三公廷尉以爲不宜，統請口對尚書，言"願陛下采擇賢臣孔光、師丹等議"；則儒生之議爲法家所重，舊矣。《後漢書·儒林傳》：何休"以《春秋》駮漢事六百餘條，妙得《公羊》本意；服虔又以《左傳》駮何休之所駮漢事六十條"。則當時儒家之内，又有分門，亦可謂盛矣。

〔三三六〕 漢文帝除宫刑

漢景帝元年詔曰："孝文皇帝臨天下，……除宫刑，出美人，重絶人之世也。"《史記》作肉刑，辭異意同。上文已有去肉刑語，王先謙《漢書補注》："《史記》作除肉刑，與上復出，自是傳寫誤改。且下云重絶人世，知非謂肉刑也。"案此恐後人以爲言除肉刑不切而改之，古人於此等處，不甚計較。除宫刑與除肉刑既係一事，即上言肉，下言宫，亦不能謂其不犯復也。鼂錯對策，亦美文帝"除去陰刑"，則文帝確有除宫刑之事。崔浩《漢律序》云"文帝除肉刑而宫不易"，《史記・孝文本紀索隱》引。誤矣。其所以致誤者，《漢書・孝文本紀》云："除肉刑法，語在《刑法志》。"而《刑法志》載張蒼等議，但云"當黥者髡鉗爲城旦舂，當劓者笞三百，當斬左止者笞五百，當斬右止、及殺人先自告、及吏坐受賕枉法、守縣官財物而即盜之、已論命復有笞罪者，皆棄市"，而不及宫。孟康遂釋文帝令中"今法有肉刑三"之語曰："黥、劓二，刖左右趾合一，凡三也。"其實令云"斷支體"當指斬止，"刻肌膚"當指黥、劓，云"終身不息"則指宫也。《三國志・鍾繇傳》：繇上疏云："若今蔽獄之時，訊問三槐、九棘、羣吏、萬民，使如孝景之令，其當棄市，欲斬右趾者許之。其黥、劓、左趾、宫刑者，自如孝文，易以髡、笞。"則孝文亦以髡、笞易宫刑，而《漢志》不之及，其疏漏殊可異也。

宫刑既廢而復用，蓋所以代死刑。景帝中四年秋，"死罪欲腐者許之"，其始也。《後漢書・明帝紀》永平八年："詔三公募郡國中都官死罪繫囚，減罪一等，勿笞，詣度遼將軍營，屯朔方、五原之邊縣。其大逆無道殊死者，一切募下蠶室。"《章帝紀》元和元年詔："郡國中都官繫囚減死一等，勿笞，詣邊縣；其犯殊死，一切募下蠶室；其女子宫。"章和元年："詔郡國中都官繫囚減死罪一等，詣金城戍；犯殊死者，一切募下蠶室；其女子宫。"《和帝紀》永元八年："詔郡國中都官繫囚減死一等，詣敦煌戍；其犯大逆，募下蠶室；其女子宫。"蓋犯凡死罪者減一等，而全其肢體。大逆無道殊死者，不可與之同科，故又加以宫割耳。《明帝紀》永平十六年："詔令郡國中都官死罪繫囚減死罪一等，勿笞，詣軍營，屯朔方、敦煌；妻子自隨，父母同産欲求從者，恣聽之；女子嫁爲人妻，勿與俱。謀反大逆無道，不用此書。"王朗駁鍾繇之議："以爲繇欲輕減大辟之條，以增益刖刑之數，此即起偃爲竪，化尸爲人矣。然臣之愚，猶有未合微異之意。夫五刑之屬，著在科律，自有減死一等之法，不死即爲減。施行已久，不待遠假斧鑿於彼肉刑，然後有罪次也。"而不知科律之或任減死，或又假於斧鑿者，固自有其等差也。繇傳言"太祖下令，使平議死刑可宫割者"，則仍係欲以之代死刑。

《漢書・外戚傳》：孝宣許皇后父廣漢，從武帝上甘泉，誤取他郎鞍以被其馬。發覺，吏劾從行而盜，當死。有詔募下蠶室。孟康曰："死罪囚欲就宫者聽之。"則以宫恕死，由來已久。《傳》又云：孝武鉤弋趙倢伃，"其父坐法宫刑爲中黄門"；太史公亦下腐刑。此等皆非大逆無道殊死之屬；蓋初行時，但以宥凡死者，至後漢時乃分等差也。

〔三三七〕 法令煩苛之弊

法令之煩，莫甚於漢時。蓋以六篇之法不足於用，而令甲及比等紛然并起也。煩苛之弊，衆皆知其爲酷吏因緣上下其手，所欲活則傅生議，所欲陷則予死比。然又有出於此之外者。《後漢書・杜林傳》：建武十四年羣臣上言宜增科禁，詔下公卿，林奏曰："夫人情挫辱，則義節之風損；法防繁多，則苟免之行興。大漢初興，詳覽失得，故破矩爲圓，斲彫爲樸，蠲除苛政，更立疏網。海内歡欣，人懷寬德。及至其後，漸以滋章。吹毛索疵，詆欺無限。果桃菜茹之饋，集以成臧；小事無妨於義，以爲大戮。故國無廉士，家無完行。至於法不能禁，令不能止。上下相遁，爲敝彌深。臣愚以爲宜如舊制，不合翻移。"帝從之。則當時政俗之弊，固由爲吏者之苛，亦由法令如牛毛，有以爲其所藉手。漢人議論，多疾武帝以後法令滋章，亦有以也。

當時州郡造設苛禁，亦爲煩擾之一端。《漢書・宣帝紀》五鳳二年詔言："今郡國二千石或擅爲苛禁，禁民嫁娶不得具酒食相賀召。"《後漢書・質帝紀》本初元年詔："頃者州郡輕慢憲防，競逞殘暴，造設科條，陷入無罪。"亦煩擾之一端也。

〔三三八〕 古代法律不强求統一

記稱"君子行禮，不求變俗"。蓋各地方之人，各有其生活；生活不同，風俗自不同；風俗不同，則其所謂犯罪者自異，固不宜强使一律也。南粤請内屬，漢爲除其故黥劓刑，用漢法。《漢書》本傳。《後漢書・馬援傳》言："援條奏越律與漢律駁者十餘事，與越人申明舊制以約束之，自後駱越奉行馬將軍故事。"是漢舊本不以漢律强行之越，即馬援亦爲特别以治之也。此猶曰異族也。《三國志・何夔傳》："遷長廣太守。是時太祖始制新科下州郡，又收租税綿絹。夔以郡初立，近以師旅之後，不可卒繩以法，乃上言曰：自喪亂已來，民人失所，今雖小安，然服教日淺。所下新科，皆以明罰勑法，齊一大化也。所領六縣，疆域初定，加以饑饉，若一切齊以科禁，恐或有不從教者。有不從教者不得不誅，則非觀民設教隨時之意也。先王辨九服之賦以殊遠近，制三典之刑以平治亂，愚以爲此郡宜依遠域新邦之典，其民間小事，使長吏臨時隨宜，上不背正法，下以順百姓之心。比及三年，民安其業，然後齊之以法，則無所不至矣。太祖從其言。”蓋不顧其俗之適宜與否，而一切斷之，原非適宜於義禮之事，特以後世之所謂法者，已失弼教之意，而徒能責之以强從。上責民以强從，則民也將及脣而責上之所施之不一。於是不復顧其適宜與否，而徒求其形式之齊。此本非□□□□[①]之事，刑法所以寖不爲人所服以此也。廢法而揆之於義，固非今所能行，然今之所謂法者，實爲不厭人心之物，則亦不可以不知也。

〔三三九〕賣首級

俗有所謂宰白鴨者，謂貧困之人，得富人若干錢，則自賣生命，代承死罪是也。《後漢書·劉瑜傳》：瑜上書陳事，言民愁鬱結，起入賊黨，官輒興兵，誅討其罪。貧困之民，或有賣其首級，以要酬賞。則漢世已有之矣。亦可哀矣。

〔三四〇〕西　域

中國所謂西域者，本僅指今天山南路之地言之。故曰：南北有大山，北爲今天山。南爲今新疆省沙漠以南之山脈。入甘肅，即祁連山。中央有河，今塔里木河。東則接漢，阸以玉門在今甘肅敦煌縣西百五十里。陽關。今敦煌縣西百三十里，玉門之南。西則限以葱嶺也。自武帝服烏孫，破大宛，後漢時，甘英部將之跡，且西抵條支，則西域二字之範圍，遂愈擴愈廣矣。拓跋魏時，分西域爲四域：自葱嶺以東，流沙以西爲一域，即今天山南路，漢最初所謂西域也；葱嶺以西，海曲以東爲一域，則今波斯、阿富汗之地，所謂伊蘭高原也；者舌以南，月氏以北爲一域，則今咸海以東，阿母河以北，北抵今西伯利亞西南境；兩海之間，水澤以南爲一域，則今咸海里海間地也。元時之花剌子模，地皆在今葱嶺以西。《元史》亦以西域國稱之。又歷代所謂犂軒、拂菻、大秦者，即歐洲之羅馬。前史亦并列西域傳

① 原稿缺字。

中,則雖謂中國古代所謂西域,包今歐羅巴全洲言之。亦無不可矣。羅馬盛時,幾於統一歐洲。蓋西域二字,其西方并無界限也。

其通西域之道,漢時本分爲二。自玉門陽關,涉鄯善,傍南山北,波河西行,玉莎車,爲南道。南道西逾葱嶺,則出大月氏、安息。自車師前王庭,隨北山,波河西行,至疏勒,爲北道。北道西逾葱嶺,則出大宛、康居、奄蔡。後魏時,更爲四道:自玉門度流沙,西行二千里,至鄯善爲一道。北行者,二千二百里至車師,爲一道。從莎車西行,百里至葱嶺,葱嶺西千三百里至伽倍,爲一道。自莎車西南,五百里至葱嶺,葱嶺西南千三百里至波路,爲一道。實則第一第二兩道,仍即漢所謂南北道。第三第四兩道,則漢所謂南道逾葱嶺,西出大月氏、安息者耳。嗣後歷代與西域諸國之交通,其大體亦恒不外此也。

原刊《瀋陽高師周刊》,一九二二年出版

〔三四一〕崑崙考

崑崙有二,《史記·大宛列傳》:"漢使窮河源,河源出于闐。其山多玉石,采來。天子案古圖書,名河所出山曰崑崙云。"此今于闐河上源之山,一也。《禹貢》:"織皮:崑崙、析支、渠搜,西戎即叙。"《釋文》引馬云:"崑崙,在臨羌西。"《漢志》金城郡臨羌有崑崙山祠,敦煌郡廣至有崑崙障。《太平御覽·地部》引崔鴻《十六國春秋》:"酒泉太守馬岌上言:酒泉南山,即崑崙之體也。"地望并合。《周書·王會解》:"正西崑崙,請令以丹青白旄紕罽爲獻。"旄,犛牛尾。紕,《説文》:"氐人纚也。"纚,"西胡毳布也。"犛牛正出甘肅、青海,物産亦符。析支,馬云:"在河關西。"《水經·河水注》:"司馬彪曰:西羌者,自析支以西,濱於河首,左右居也。河水屈而東北流,經析支之地,是爲河曲矣。"《後漢書·西羌傳》亦曰:"河關之西南,濱於賜支,至乎河首,緜地千里。"《禹貢》叙述之次,蓋自西而東。渠搜雖無可考,《涼土異物志》:"渠搜國,在大宛北界。"《隋書·西域傳》:"鏺汗國,都葱嶺之西五百餘里,古渠搜國也。"地里并不合。度必更在析支之東,故《漢志》朔方郡有渠搜縣,蓋其種落遷徙所居邪?蔣氏廷錫説。見《尚書地理今釋》。析支在河曲,而崑崙更在其西,則必在今黄河上源矣,二也。《書疏》引鄭玄云:"衣皮之民,居此崑崙、析支、渠搜三山之野者,皆西戎也。"又申之曰:"鄭以崑崙爲山,謂别有崑崙之山,非河所出者也。"《山海經·海内西經》:"海内崑崙之墟在西北,河水出東北隅。"郭《注》亦曰:"言海内者,明海外復有崑崙山。"一似此兩崑崙者必不可合矣。然予謂以于闐河源之山爲崑崙,實漢人之誤,非其實也。水性就下，天山南路，地勢實低於黄河上源，且其地多沙漠，巨川下流，悉成湖泊；每得潛行南出，更爲大河之源。漢使於西域形勢，蓋本無所知，徒聞大河來自西方，西行驟覩巨川，遂以爲河源在是。漢武不知其誑，遽案古圖書，而以河所出之崑崙名之。蓋漢使謬以非河爲河，漢武遂誤以非河所出之山爲河所出之山矣。太史公曰："《禹本紀》言河出崑崙。崑崙，其高二千五百餘里，日月所相避隱爲光明也。其上有醴泉、瑶池。今自張騫使大夏之後也，窮河源，惡睹《本紀》所謂崑崙者乎？故言九州山川，《尚書》近之矣。至《禹本紀》、《山海經》所有怪物，余不敢言之也。"《禹本紀》等荒怪之説，自不足信。然其所託，實今河源所出之崑崙。史公據于闐河源之山以斥之，其斥之則是，其所以斥之者則非也。《太史公書》，止於麟止。此篇多元狩後本，實非史公作也。《爾雅》"河出崑崙墟"，雖不言崑崙所在，然又云："西方之美者，有崑崙墟之球琳琅玕焉。"《淮南・地形訓》作西北方。《禹貢》崑崙之戎，實隸雍州；而雍州之貢，有球琳琅玕。可知《爾雅》河所出之崑崙，即其產球琳琅玕之崑崙，亦即《禹貢》之崑崙矣。《淮南・地形訓》："河水出崑崙東北陬，貫渤海，入禹所導積石山。"《海内西經》則云："西南又入渤海，又出海外，入禹所導積石山。"《説文》："河水出敦煌塞外崑崙山，發源注海。"所謂海、渤海者，蓋指今札陵、鄂陵等泊，所據仍係舊説。《水經》謂"河水入渤海，又出海外，南至積石山下，又南入蔥嶺，出于闐國，又東注蒲昌海"，則誤合舊説與漢人之説爲一矣。以山言之則如彼，以河言之則如此。然則河源所在，古人本不誤，而漢之君臣自誤之也。《周官・大宗伯》，"以黄琮禮地。"鄭注："此禮地以夏至，謂神在昆侖者也。"《典瑞》："兩圭有邸，以祀地旅四望。"鄭注："祀地，謂所祀於北郊，神州之神。"疏："案《河圖・括地象》，昆侖東南萬五千里，神州是也。"案鄭氏之説，蓋出緯候，故疏引《河圖・括地象》爲證。江、淮、河、濟，古稱四瀆。漢族被跡，先在北方。北方之水，惟河爲大。記曰："三王之祭川也，皆先河而後海。或源也，或委也，此之謂務本。"《大司樂》注謂："禘大祭地祇，則主昆侖。"昆侖爲河源所在，故古人嚴祀之與？

原刊《光華大學半月刊》第二卷第四期，
一九三三年十一月二十五日出版

〔三四二〕 匈奴古名

匈奴在古代，蓋與漢族雜居大河流域，其名稱：或曰獫狁，亦作玁狁。或曰獯鬻，獯亦作熏作葷，鬻亦作粥。或曰匈奴，皆一音之異譯。《史記索隱》："應劭《風俗通》曰：殷時曰獯粥，改曰匈奴。又曰匈奴，葷粥其别名。"《詩・采薇》毛傳："玁狁，北狄也。"《箋》云："北狄，匈奴也。"《吕覽・審爲篇》高注："狄人，獫允，今之匈奴。"案伊尹四方令逕作匈奴。又案《史記》："唐虞以上,有山戎、獫狁、葷粥。"葷粥兩字,蓋係自注,史公非不知其爲一音之轉也。又稱昆夷、畎夷、串夷,則胡字之音轉耳。昆,又作混,作緄。畎,亦作犬。又作昆戎,犬戎。《詩·皇矣》:"串夷載路。"鄭《箋》:"串夷,即混夷。"《正義》:"書傳作畎夷,蓋犬混聲相近,後世而作字異耳。或作犬夷,犬即畎字之省也。"案《詩·采薇》序疏引《尚書大傳》注:"犬夷,昆夷也。"《史記·匈奴列傳》:"周西伯昌伐畎夷氏。"又"自隴以西,有緜諸、緄戎。"《索隱》、《正義》皆引"韋昭曰:《春秋》以爲犬戎",足徵此諸字皆一音異譯。《索隱》又引《山海經》云:"黄帝生苗,苗生龍,龍生融,融生吾,吾生并明,并明生白,白生犬,犬有二牡,是爲犬戎。"又云:"有人面獸身,名犬夷。"則附會字義矣。狄、貉、蠻、閩等字,其初或以爲種族所自生。故《説文》有犬種、豸、蟲種之説。然其後則只爲稱號,不含此等意義。至於犬戎之犬,則確係音譯,諸家之説可徵也。昆夷、獫狁係一種人,猶漢時既稱匈奴,亦稱胡也。《孟子》:"文王事昆夷","大王事獯粥",乃變文言之耳。《詩序》:"文王之時,西有昆夷之患,北有玁狁之難",竟以爲兩族人,誤矣。《出車》之詩曰:"赫赫南仲,玁狁于襄。"又曰:"赫赫南仲,薄伐西戎。"又曰:"赫赫南仲,玁狁于夷。"玁狁在西北,可稱戎,亦可稱狄,《詩》取協韵也。《箋》云:"時亦伐西戎。獨言平玁狁者,玁狁大,故以爲始,以爲終",已不免拘滯。序析玁狁、昆戎而二之,益鑿矣。

〔三四三〕 匈奴不諱名而無姓字

《史記·匈奴列傳》:"其俗有名不諱而無姓字。"《漢書》無"姓"字。《集解》:"駰案《漢書》曰:單于姓攣鞮氏。"意以《史記》謂匈奴無姓爲非。此乃誤會。疑《漢書》亦本有"姓"字,而爲淺人所删也。攣鞮氏蓋庶姓,非正姓。《史記》下文又云:"諸大臣皆世官,呼衍氏,蘭氏,其後有須卜氏,此三姓其貴種也。"此"姓"字爲庶姓;"有名不諱而無姓字"之姓,自爲正姓;辭同義異,古人不以爲嫌,不拘拘於立别,或自下注腳也。無姓,自謂無姬、姜、姚、姒之倫,非謂無晉重、魯申之類也。

古人著書,有所本者,大抵直録其辭,不加更定,《史記·陳涉世家》,謂其子孫至今血食,而《漢書·涉傳》,沿襲其文,是其一例。《史通·因襲篇》譏之,實由未知古書文例也。今《史》、《漢》辭句同異,非傳寫譌誤,即妄人改易,而爲鈔胥所删節者尤多,《漢書》虚字,恒較《史記》爲少以此。以自唐以前,《漢書》傳習較廣,謄寫亦煩也。其元文,恐當與《史記》無異。後人顧據今本,以談馬、班文字異同,亦可笑矣。

原刊《國學論衡》第五期上,一九三五年六月三十日出版

〔三四四〕 匈 奴 官 制

匈奴官制,《史記》曰:"置左右賢王,左右谷蠡王,左右大將,左右大都尉,

左右大當户，左右骨都侯。匈奴謂賢曰屠耆，故常以太子爲左屠耆王。自如左右賢王以下至當户，大者萬騎，小者數千，凡二十四長，立號曰萬騎。諸大臣皆世官。呼衍氏，蘭氏，其後有須卜氏，此三姓其貴種也。諸左方王將居東方，直上谷，以往者東接穢貉、朝鮮；右方王將居西方，直上郡，以西接月氏、氐、羌；而單于之庭直代、雲中：各有分地，逐水草移徙。而左右賢王、左右谷蠡王最爲大國。左右骨都侯輔政。諸二十四長亦各自置千長、百長、什長、裨小王、相封、都尉、當户、且渠之屬。"《匈奴列傳》。《後漢書》曰："其大臣貴者左賢王，次左谷蠡王，次右賢王，次右谷蠡王，謂之四角；次左右日逐王，次左右温禺鞮王，次左右漸將王，是爲六角；皆單于子弟次第當爲單于者也。異姓大臣左右骨都侯，次左右尸逐骨都侯，其餘日逐、且渠、當户諸官號，各以權力優劣、部衆多少爲高下次第焉。單于姓虚連題。異姓有呼衍氏、須卜氏、丘林氏、蘭氏，四姓爲國中名族，常與單于婚姻。呼衍氏爲左，蘭氏、須卜氏爲右，主斷獄聽訟，當決輕重，口白單于，無文書簿領焉。"《南匈奴列傳》。《晉書》曰："其國號有左賢王、右賢王、左奕蠡王、右奕蠡王、左於陸王、右於陸王、左漸尚王、右漸尚王、左朔方王、右朔方王、左獨鹿王、右獨鹿王、左顯禄王、右顯禄王、左安樂王、右安樂王，凡十六等，皆用單于親子弟也。其左賢王最貴，唯太子得居之。其四姓有呼延氏、卜氏、蘭氏、喬氏。而呼延氏最貴，則有左日逐、右日逐，世爲輔相；卜氏則有左沮渠、右沮渠；蘭氏則有左當户、右當户；喬氏則有左都侯、右都侯。又有車陽、沮渠、餘地諸雜號，猶中國百官也。"《四夷列傳》。

三書看似互異，實仍大致相同。《史記》云"自左右賢王至當户，大者萬騎，小者數千"；又云"各有分地，而左右賢王、左右谷蠡王最爲大國"；此匈奴同姓封建之制也。云"左右骨都侯輔政"，明其不在封建之列。然又云"凡二十四長，立號曰萬騎"；又云"二十四長皆各自置千長、百長、什長、相邦"；王静庵《觀堂集林》，有《匈奴相邦印跋》，謂即《史記》之相封，乃漢人避高祖諱改，其説是也。匈奴官名，有與中國同者，亦有與中國異者。予初謂其可與漢制相比附者，則漢人代以中國官名；其不能相比附者，則譯其音。然匈奴與中國同文之説如確，則其官名，或本有與中國同者，相邦是其一證。然則王與侯，或亦匈奴本有此封爵也。同姓皆封王，而異姓封侯，亦可見匈奴之制，厚於同姓。蓋野蠻部落皆然。明其皆有衆與土者。則封建之世，諸部皆有土有民，《晉書》云："北狄以部落爲類，其入居塞者，凡十九種，皆有部落，不相雜錯。"特非王室所樹爲藩屏者耳。《晉書・劉元海載記》：僭位後，"宗室以親疏爲等，悉封郡縣王；異姓以勳謀爲差，皆封郡縣公侯。"蓋猶沿舊制。《劉曜載記》："置左右賢王已下，皆以胡、羯、鮮卑、氐、羌豪桀爲之。"則意存撫納矣。《史記》云"左右骨都侯輔政"；《後漢書》云"呼衍氏爲左，蘭氏、須卜氏爲右，主斷獄聽訟，當決輕重"；

二者即是一事，淺演之國，政與刑，常相附麗也。《晉書》云左日逐、右日逐世爲輔相，亦即此職。異姓貴者呼衍氏、蘭氏最早，須卜氏次之，丘林氏又次之。卜氏蓋即須卜氏，喬氏蓋即丘林氏。四者雖并稱貴種，然輔政即聽訟之職，似祇《史記》所謂骨都侯即《晉書》所謂日逐者有之。匈奴之制，蓋以同姓居外，異姓居内，亦可謂以同姓主兵，異姓主政也。四角六角，次第當爲單于，蓋呼韓邪以後之制。烏珠留單于時，左賢王數死，以其號不祥，更曰護于，然其後當次立者，仍稱左賢王，則係一時之制，或彼中雖稱護于，中國人仍以舊名書之也？

太子號稱賢王，則匈奴之法，似係擇賢而立者。然觀左大將之讓位於狐鹿姑，及呼韓邪顓渠閼氏與大閼氏之相讓，則匈奴之法，亦係立嫡立長，立賢蓋其初制也。

〔三四五〕　匈奴人口

賈生謂匈奴之衆，不過漢一大縣，論者多以爲疏。然《史記·匈奴列傳》載中行説之言，謂匈奴人衆，不能當漢之一郡。《鹽鐵論·論功篇》載大夫之言，亦謂匈奴不當漢家之巨郡。三説符會，則賈生之言，非夸誕也。南部之克北部也，領户三萬四千，口二十三萬七千三百，勝兵五萬一百七十。則匈奴户餘六口；而勝兵之數，居其口數四之一强。與《新書·匈奴篇》五口而出介卒一人之説合。蓋一夫上父母，下妻子，老弱婦女，皆不能操兵，故其比例如此也。《後漢書》載屈蘭儲卑胡都須等五十八部之降也，口二十萬，勝兵八千人，則僅當口數二十五之一。左部胡之叛，逢侯還入朔方塞也，勝兵四千人，弱小萬餘口，則又當十之六。蓋喪亂之際，壯丁或以争鬬而多死亡，老弱或以不能自建而多轉死，見虜略，不能以常例繩也。然則欲知匈奴口數，取其丁壯之數，以五乘之，即得矣。《史記·匈奴列傳》曰“士力能彎弓，盡爲甲騎”，此即《後漢書》所謂勝兵者。又曰“自左右賢王以下至當户，大者萬餘騎，小者數千。凡二十四長，立號曰萬騎”，則匈奴丁壯，尚不足二十四萬。又曰“冒頓控弦之士三十餘萬”，蓋其自號之虚辭，或并其所服從之北夷計之也。今即以匈奴丁壯之數爲二十四萬，以五乘之，不過百二十萬；更謂其所謂口者，婦女不與焉，其數當與男子相等，亦不過二百四十萬耳。漢郡户口，汝南最盛，户餘四十六萬，口幾二百六十萬。漢世口錢重，口數不得無隱匿，其實或尚不止此。謂匈奴人衆，不能當漢之一郡，信矣。

《新書》曰：“竊料匈奴控弦大率六萬騎。五口而出介卒一人，五六三十，此即户口三十萬耳。"《匈奴》。此其不過一大縣之説所由來，爲數未免太少。或但計單于所屬，未及左右方王將邪？匈奴兵數，見於《史》、《漢》者，冒頓之圍高帝於白登最盛，《史記》云四十萬騎，《漢書》云三十餘萬騎，《匈奴列傳》。《史記·劉敬傳》云："當是時，冒頓爲單于，兵强，控弦三十萬。"《漢書》作四十萬，此與《匈奴列傳》上文，皆舉匈奴全國兵數。冒頓即欲大舉，豈能掃境内而至平城邪？果如是，斷非匿其壯士肥牛馬，遂能誤漢使使以爲可擊矣。《韓王信傳》云："匈奴使左右賢王將萬餘騎與王黄等屯廣武以南。"此其偏師之數；單于自將大舉，度亦不過萬餘人至數萬人耳。蓋其自號之虚數。其後單于自將，衆率在十萬左右；分兵侵掠，則自萬騎至三萬騎；且鞮侯以前類然。孝文十四年，老上單于入朝那蕭關十四萬騎。後六年，軍臣入上郡、雲中各三萬騎。聶翁壹誘軍臣，軍臣以十萬騎入武州塞。後六年，以二萬騎入，殺遼西太守。伊稚斜既立，以數萬騎入殺代郡太守恭。明年，又入代郡、定襄、上郡，各三萬騎。元朔五年，以萬騎入代郡。越二年，以萬人入上谷。其明年，入右北平、定襄各數萬騎。浞野侯之没，匈奴以八萬騎圍之。天漢四年，貳師等之出，單于以十萬騎待余吾水南。征和三年，貳師等再出，匈奴使大將與李陵將三萬餘騎追漢軍，至浚稽山；又使大將偃渠與左右呼知王將二萬餘騎，要漢兵於天山。使右大都尉與衛律將五千騎，要擊漢兵於夫羊句山狹。貳師深入要功，度郅居水。左賢王、左大將將二萬騎與漢軍戰，軍還，單于又自將五萬騎遮擊之。壺衍鞮、虚閭權渠之世，其衆似少衰，分兵多不逾萬，少裁數千。壺衍鞮立四歲，發左右部二萬騎爲四隊，并入邊爲寇，是隊五千人也。明年，復遣九千騎屯受降城，其右賢王、犂汙王又以四千騎分三隊入日勒、屋蘭、番和，則隊千餘人耳。明年，以三千騎入五原，又以數萬騎南旁塞獵，行攻塞外亭障，略取吏民去。所謂數萬騎，不知可信否。時漢得匈奴降者，言烏桓嘗發先單于冢，匈奴怨之，方發二萬騎擊烏桓，則傳聞不審之辭。是時烏桓尚弱，匈奴擊之，不必用二萬騎也。本始二年，單于自將擊烏孫，不過萬騎。虚閭權渠立，欲與漢和，左大且渠害之，請與呼盧訾各將萬騎南旁塞獵，時又發兩屯各萬騎以備漢，雖稍盛，亦無復前此數萬之衆。時匈奴已稍西徙，然遣左右大將屯田右地，欲以侵迫烏孫西域，不過各萬餘騎；其遣左右奥鞬與左大將擊漢之田車師者，則各六千騎耳；後又遣兵擊丁令，亦不過萬騎。惟元康四年虚閭權渠旁塞獵，史稱其將十餘萬騎，蓋亦虚辭，不足信。然諸單于之相争也，呼韓邪發左地兵四五萬人，以擊握衍朐鞮。屠耆以數萬人襲呼韓邪；呼韓邪既敗，又使左奥鞬王、烏藉都尉各將二萬騎屯東方以備之。其後烏藉、呼揭、車犂各自立，烏藉、車犂皆敗走，與呼揭合，兵四萬人。烏藉、呼揭皆去單于號，并力尊輔車犂。屠耆以四萬騎西擊之。又使左大將、都尉將四萬騎分屯東方，以備呼韓邪。呼韓邪、屠耆之戰，屠耆兵六萬，呼韓邪兵可四萬。是擁衆相争者，尚自二三萬至七八萬，而史云呼韓邪復都單于庭，衆裁數萬人者，以烏厲屈父子既降漢，閏振又自立，分崩離析，衆不盡統於單于也。《漢書·宣帝紀》五鳳三年詔曰："匈奴虚閭權渠單于請求和親，病死。右賢王屠耆堂代立。骨肉大臣立虚閭權渠單于子爲呼韓邪單于，擊殺屠耆堂，諸王并自立，分爲五單于，更相攻擊，死者以萬數，畜産大耗什八九，人民飢餓，相燔燒以求食，因大乖亂。單于閼氏子孫昆弟及呼遬累單于、名王、右伊秩訾、且渠、當户以下，將衆五萬餘人來降。”匈奴是時，死亡及降中國者蓋甚衆。呼韓邪之敗，伊利目收其餘兵，及屠耆餘兵，裁數千人，微矣。追郅支并之，兵五萬餘。則郅支之衆，本餘四萬，合諸紛争者之衆，亦數十萬矣。其分部人數可考者：渾邪王殺休屠王，并其衆降漢，凡四萬餘人，號十萬；《建元以來侯者年表》，《漯陰侯》：以匈奴渾邪王將衆十萬降侯。《衛將軍驃騎傳》云：“降者數萬，號稱十萬。”日逐王先賢撣之降漢，衆數萬騎；《漢書·宣帝紀》云：“人衆萬餘。”烏厲屈父子降漢，衆亦數萬人；惟閏振所主，裁五六百騎，則喪亂之際，非其常也。呼韓邪歸漢後，左伊秩訾以讒懼誅，將其衆千餘人降漢。又《漢書·西域傳》：“元帝時置戊己校尉，屯田車師前王庭。是時匈奴東蒲類王兹力支將人衆千七百餘人降都護。”亦承喪亂之後，或故小部也。秦漢時用兵，習爲虚號，以自張大，匈奴或亦染此習。又漢家文告，亦有虚辭，張敵軍，正所以夸功伐，視威武也。匈奴號稱十萬騎者，衆當數萬；號數萬者當萬騎；號萬騎者當數千。《史記》所書，或即其自號之虚辭，或係實數，不一律。《史記》云：“自左右賢王以下至當户，大者萬餘騎，小者數千。”蓋其以數萬騎或萬騎入寇者，乃其諸王將舉部以行；而單于自將，常在十萬；則其六萬之衆所立之虚號也。馬邑之役，王恢言三萬衆不能與單于敵，蓋其三萬亦虚號。不然，以恢之勇，未必不能以一敵二也。《漢書·蘇武傳》：衛律謂武：“律歸匈奴，幸蒙大恩，賜號稱王，擁衆數萬。”以五口出介卒一人率之，律所統亦當近萬騎也。吾故疑《新書》之言，爲就單于直屬之衆計之也。使所疑而確，則二十四長之外，又有單于自統之衆六萬騎，其數適得三十萬，與《史記》冒頓控弦之士三十萬之説合。以五乘之，匈奴口數，當得百五十萬；謂婦女在其外，則當得三百萬；亦尚不敵漢之一郡也。而況乎謂匈奴口數，不計婦女，無徵而又遠於事情也？故知賈生、中行説、桑弘羊之言，非夸誕也。古書記事之辭，多有不盡可信者。《史記·李牧傳》謂牧破殺匈奴十餘萬騎。夫至冒頓而匈奴最强大，控弦之士，不過三十萬，安得當牧之時見殺者乃如是其衆邪？此亦當時文告之虚辭也。

《史記》、《兩漢書》述匈奴之衆，曰騎若干與衆若干者異。騎即《後漢書》所謂勝兵，《史記》所謂力能彎弓之士，衆則合老弱婦女言之也。南單于比之降也，斂所主南邊八部，衆四五萬人。事在建武二十三年，自此下距章和二年屯屠何之求并北庭，凡四十二年，匈奴之衆當大盛，而其年屯屠何上言：願發國中及諸部故胡新降精兵，遣左谷蠡王師子等將萬騎出朔方，左賢王安國等將萬騎出居延，臣將餘兵萬人屯五原、朔方塞。則是時南單于之兵，合諸部及新降，不過三萬。明年漢兵之出朔方，南單于以三萬騎偕，蓋傾國以行矣。以五口出介卒一人率之，是時匈奴口數，當得十五萬。其來降時，兵當劣近萬人。而史云北單于遣萬騎擊之，見其衆不敢進者，以其斂衆嚴備，非謂衆寡不相侔也。北單于裁遣萬人者，蓋亦以比傾所有之衆，兵不過萬餘，不料其遽能盡斂之而厚集其力也，則已爲以衆擊寡矣。比之既降也，遣弟左賢王莫擊北單于弟奥鞬左賢王，獲之，又破北單于，并得其衆，合萬餘人；北部奥鞬骨都侯與右骨都侯又率衆三萬餘人來歸。雖奥鞬左賢王及南部五骨都侯旋叛而北，衆亦合三萬餘人，然未幾，五骨都侯子復將其衆三千人歸南部。永平二年，護于丘又率衆千餘人南降。建初元年，皐林温禺犢王還居涿邪山，南單于遣輕騎與緣邊郡及烏桓兵出塞擊之，又降三四千人。八年，北部三木樓訾大人稽留斯等又率三萬八千人款五原塞。元和二年，南單于令師子將輕騎出塞，掩擊北虜，復斬獲千人。是時北部危亂，斬殺降虜，度尚有不盡見於史者，然優留單于之死，章和元年。屈蘭儲卑胡都須等五十八部來降，口尚二十萬。而史猶云"時北虜大亂，加以飢蝗，降者前後而至"，則南北分張之際，北部之衆，實遠盛於南。據此以推，則自呼韓邪降漢之後，休養生息，至於建武之時，其衆之盛，必當不減冒頓。莽世之叛，史言其歷告左右部都尉、諸邊王，入塞寇盜，大輩萬餘，中輩數千，少者數百。蓋以其居近塞，而漢是時緣邊無備，不必大衆然後可以爲寇，故千百騎亦相率而來，而非其衆之不逮盛時也。以是時中國之凋敝，安能禦之？内徙幽并邊人，固其宜矣。然則匈奴之分裂，誠後漢之天幸也。

北部之分崩，其衆歸中國者多，歸南部者顧少。是時南部兵數，都三萬騎；以五口出介卒一人率之，口數當十五萬。而永元二年，史言南部克獲納降，黨衆最盛，口數不過二十三萬餘，勝兵五萬餘耳。然則北部之衆，爲所得者，不足十萬也。永元六年，師子立爲單于，新降胡驚動，叛者十五部二十餘萬人。則此數年之中，又續有降獲。然較諸稽留斯之款塞，屈蘭儲卑胡之來降，則已微矣。不懷其同種，而甘自託於上邦，又以知賈生五餌之謀，不徒處士之大言，少年之鋭氣也。

原刊《國學論衡》第五期上，一九三五年六月三十日出版

〔三四六〕　匈奴風俗

匈奴風俗，與中國相類者極多，此亦其出於夏桀之一旁證也。《史記》謂匈奴之俗，歲正月諸長少會單于庭，祠；五月大會龍城，祭其先、天地、鬼神；秋大會蹛林，課校人畜計。《後漢書》稱其俗："歲有三龍祠，常以正月、五月、九月戊日祭天神。"合二書觀之，則此三會，皆祭天地鬼神。《史記》又曰："單于朝出營，拜日之始生，夕拜月。"此即朝日夕月之禮，皆極與中國類。猶得曰天地日月先祖鬼神，爲凡民族所同尊，不必受之中國也。從古北族無稱其君曰

天子者，皆曰汗。汗，大也。蓋譯其音則曰汗，譯其意則曰大人。而匈奴獨稱其君曰撐犂孤塗單于。撐犂，天也；孤塗，子也；單于，廣大之貌也；言其象天單于然也。老上遺漢書，自稱“天地所生日月所置匈奴大單于”；狐鹿姑遺漢書，亦曰“胡者天之驕子也”，謂非中國之法得乎？韓昌、張猛之送呼韓邪出塞也，見單于民衆益盛，塞下禽獸盡，單于足以自衛，不畏郅支；聞其大臣多勸單于北歸者，恐北去後難約束，即與爲盟約，曰：“自今以來，漢與匈奴，合爲一家，世世毋得相詐相攻。有竊盜者，相報，行其誅，償其物；有寇，發兵相助。漢與匈奴敢先背約者，受天不祥，令其世世子孫盡如盟。”儼然見古者束牲載書之辭焉。董仲舒謂如匈奴者，非可説以仁義也，獨可説以厚利，結之於天耳。故與之厚利以没其意，與盟於天以堅其約，非偶然也。夫盟誓，亦中國之古俗也。不特此也，月上戊己，祭天神以戊日；其圍高帝於平城也，其騎，西方盡白，東方盡駹，北方盡驪，南方盡騂；此五行干支之説，決不能謂爲偶合。夫五行，固出於夏者也。尤足見淳維胄裔之説，不盡虚誣矣。

貳師之降也，“衛律害其寵。會母閼氏病，律飭胡巫言：先單于怒曰：胡故時祠兵，常言得貳師以社，今何故不用？遂屠貳師以祠。”《漢書·匈奴列傳》。案以人爲犧，中國亦有此俗。《左氏》僖公三十三年，“孟明曰：君之惠，不以累臣釁鼓。”則古固有以俘釁鼓者。豈匈奴之祠兵而許以人爲犧，亦其類邪？又匈奴之法，漢使不去節，不黥面，不得入穹廬，則以黥爲戮，亦與中國同。

古謂地道尊右，故以右爲尚；又天子之立，左聖、鄉仁、右義、背藏，《禮記·鄉飲酒義》。而匈奴，其坐長左而北向，適與中國相反。然此等風俗，中國本不能畫一，君子行禮，不求變俗，固未嘗不脩其國之故而慎行之也，不得以小異而疑其大同也。

匈奴之俗，持以與中國尚文之世校，誠若不相容；而返諸尚質之世，則有若合符節者。其送死，有棺椁金銀衣裳，而無封樹喪服，此古者不封不樹、喪期無數之俗也。有名不諱而無字；幼名、冠字、五十以伯仲、死謚，本乃周道也；《史記》曰：“冒頓死，子稽粥立，號曰老上單于。”徐廣曰：“一云稽粥第二單于，自後皆以第别之。”《匈奴列傳》。老上其號，稽粥其名，直斥之曰稽粥，即所謂有名不諱者。而自稽粥之後，皆以第計，則即嬴政所謂朕爲始皇帝，後世以數計者，得毋中國未有謚之世，亦有此法邪。

《左氏》成公十六年，晉郤至謂楚有六間，陳不違晦其一，《注》曰：“晦，月終，陰之盡，故兵家以爲忌。”又昭公二十三年，“戊辰晦，戰于雞父。”《注》曰：“七月二十九日。違兵忌晦戰，擊楚所不意。”《史記》謂匈奴常隨月盛壯以攻戰，月虧則退兵，亦中國古法也。又曰“利則進，不利則退，不羞遁走”，此則與中國異。然勇者不得獨進，怯者不得獨退，乃行陳既嚴後事，其初争戰類似田獵時，則亦人人自爲趨利而已。孫卿譏齊人隆技擊，若飛鳥然，傾側反覆無日，表海大風，蓋猶未能免此也，而何譏於匈奴？

《記》曰：“虞夏之質，殷周之文，至矣。虞夏之文，不勝其質；殷周之質，不勝其文。”《表記》。哀公問於周豐曰：“有虞氏未施信於民，而民信之；夏后氏未施敬於民，而民敬之；何施而得斯於民也？”《檀弓》下。夏人尚忠，其風氣之誠樸，可以想見。《史記》稱匈奴“獄久者不過十日，一國之囚不過數人”；中行説稱匈奴“急則人習騎射，寬則人樂無事，其約束輕，易行也。君臣簡易，一國之政猶一身也”，孰與夫宫室冠帶之國，上下相蒙，法令滋章，盜賊多有哉？“虞、夏之道，寡怨於民；殷、周之道，不勝其敝”，《表記》。蓋自古患之矣。此豈淳維之後皆能率乃先古以填撫其民哉？其奉生者薄，則其社會之組織簡，而俗隨之以淳也。維内和輯，乃能强圉於外。匈奴以不當漢一大縣之衆，而能與中國抗衡，非偶然矣。

原刊《國學論衡》第五期上，一九三五年六月三十日出版

〔三四七〕 匈奴文字

《羅馬史》謂匈奴西徙後，有文字，有詩詞歌詠；當時羅馬有通匈奴文者，匈奴亦有通拉丁文者；惜後世無傳焉。見《元史譯文證補》。夫匈奴之文字，果何所受之哉？當時西域諸國，或書革旁行爲書記，匈奴殆通西域後師受之，亦如回紇文字，受諸大食邪？非也。匈奴之服西域，事在孝文三四年間，前此，久與漢書疏相往還矣。漢遺單于書以尺一寸牘，中行説令單于遺漢書以尺二寸牘，及印封皆令廣大長，是其作書之具，實與中國同。從來北狄書疏，辭意類中國者，莫匈奴若，初未問其出於譯人之潤飾也。中行説教單于左右疏記，以計識其人衆畜牧。必先有文字，疏記乃有可施；《史記》謂其“無文書，以言語爲約束”，固非謂其無文字也。創制文字，實爲大業，縱乏史記，十口不得無傳，中國之稱倉頡是也。謂其受諸西域，則元之八思巴；即因而用之，亦元之塔塔統阿也；不得無問於中國。然則《漢書》於安息，明著其“書革旁行爲書記”，於匈奴，獨不及其文字，何哉？《西域傳》曰：“自且末以往，有異乃記。”記其與中國異，而略其與中國同者，當時史法則然，《匈奴傳》亦循此例焉爾。

日逐王之求内附，使漢人郭衡奉地圖來，則匈奴并有地圖矣。此必漢人

之降匈奴者爲之，然亦必匈奴文字，與中國同，乃可以其圖來上；可見匈奴於中國文字，用之頗廣，較之中行説教以疏記之時，不可同日語矣。或曰：安知非求附時使郭衡輩爲之邪？曰：不然。《漢書·元帝紀》：建昭四年正月，以誅郅支單于告祠郊廟，赦天下。羣臣上壽置酒，以其圖書示後宫貴人。《注》引服虔曰："討郅支之圖書也。"又引或説曰："單于土地山川之形書也。"師古曰："或説非。"以日逐王之事觀之，則或説是矣。討郅支之圖書，何足爲異，何必以示後宫貴人？且圖山川形勢來上者，大抵皆有關兵謀。陳湯之誅郅支，由於矯詔，及其上聞，事已大定矣，安用圖地形來上？以事理揆之，亦知服説之非，或説爲是也。或曰：郅支喪敗之餘，安能攜圖書而去，此必康居物，西域胡所爲也。是又不然。匈奴雖隨畜轉移，亦未嘗無輜重。馬邑之權，王恢主擊匈奴輜重，以單于兵多，弗敢擊，獲罪；元朔二年，天子褒車騎將軍曰："車輜畜産，畢收爲鹵"；元狩二年褒票騎將軍曰："輜重人衆，懾慴者弗取"；四年，大將軍、票騎將軍兵大出，趙信爲單于謀，悉遠北其輜重，以精兵待幕北；見《史記·衛將軍票騎列傳》。《匈奴列傳》：貳師之出，匈奴悉遠其累重於余吾水北，而單于以十萬騎待水南。皆匈奴軍行有輜重之證。《周官》大史，大遷國，抱法而前；而終古、向摯、屠黍之流知國之將亡，則奉圖籍而出奔；見《吕覽·先識》。其事皆可互證。所以三代雖亡，治法猶存，官人百吏，持之以取禄秩也。《荀子·榮辱》。西域胡書，豈後宫貴人所能識？此正匈奴用中國文字之鐵證，而亦其治法有類中國之鐵證矣。

《説文》控字下曰："匈奴引弓曰控弦。"《一切經音義》引作"匈奴謂引弓曰控弦"，是也，今本蓋奪謂字。又一引匈奴作突厥。漢時無突厥，必誤也。然則匈奴言語，亦有與中國同者矣。

《觀堂集林》有《匈奴相邦印跋》，曰："匈奴相邦玉印，藏皖中黄氏。形制文字，均類先秦，當是戰國、秦、漢之物。考六國執政均稱相邦，秦有相邦吕不韋，見戈文。魏有相邦建信侯。見劍文。今觀此印，知匈奴亦然。史作相國，蓋避漢高帝諱改。《史記·大將軍票騎列傳》，屢言獲匈奴相國都尉；而《匈奴列傳》記匈奴官制，但著左右賢王以下二十四長而不舉其目，又言二十四長，亦各自置千長、百長、十長、裨小王、相封、都尉、當户、且渠之屬。相封即相邦，易邦爲封，亦避高帝諱耳。"此印若真，亦匈奴與中國同文之一證也。

原刊《國學論衡》第五期上，一九三五年六月三十日出版

〔三四八〕匈奴龍庭

匈奴逐水草移徙，無城郭常處。然壺衍鞮之衰也，由左賢王、右谷蠡王之

不會龍城；而醢落尸逐鞮之將叛，史亦謂其庭會稀闊；則正月、五月、九月之會所繫至巨。舜、禹之立，以朝覲訟獄之歸，而《史記·殷本紀》言殷之盛衰以諸侯來朝與否爲徵，知朝覲之禮，固不待有宫室城郭之世而後重矣。匈奴之大，蓋自冒頓以來，史但言其庭直代、雲中而未嘗詳言所在；朔方之建，匈奴遂棄漠南，新庭所在，史亦未言其地，誠憾事也。

今案冒頓之庭當在今大同以北之大青山中。何以知之？蒙恬之斥逐匈奴也，匈奴單于曰頭曼。頭曼不勝秦，北徙。史不言其所居。然侯應議罷邊塞事曰："北邊塞至遼東，外有陰山，東西千餘里，草木茂盛，多禽獸，本冒頓單于依阻其中，治作弓矢，來出爲寇，是其苑囿也。"《漢書·匈奴列傳》。冒頓弑父，龍庭未聞徙地，則頭曼棄河南後，必即居陰山中矣。本居河南，平夷無險，至是蓋依山爲阻。秦之亂，適戍邊者皆去，匈奴得寬；後稍度河南，與中國界於故塞。時，北方游牧之族，在匈奴之東者爲東胡，西爲月氏，北爲丁令。冒頓單于皆擊破之。又南并樓煩、白羊王。白羊王，在河南。《漢書》云："諸左王將居東方，直上谷，以東接濊貉、朝鮮；右王將居西方，直上郡，以西接氐、羌；而單于庭直代、雲中。"《匈奴列傳》。匈奴蓋至是始盡有漠南北之地。冒頓子老上單于又擊服西域，置僮僕都尉，居焉耆、危須間。賦税諸國，取富給焉。孝文三年，右賢王入居河南爲寇。其明年，單于遺漢書曰："今以少吏之敗約，故罰右賢王，使至西方求月氏擊之。以天之福，吏卒良，馬力强，以滅夷月氏，盡斬殺降下定之。樓蘭、烏孫、呼揭及其旁二十六國，皆已爲匈奴。"則匈奴之服西域，在孝文三四年間。而匈奴之國勢，遂臻於極盛。

漢初對匈奴，亦嘗用兵。已而被圍於平城，今山西大同縣。不利，乃用劉敬策，妻以宗室女，與和親。蓋以海内初平，不能用兵，欲以是徐臣之也。高后、文、景之世，守和親之策不變。然匈奴和親不能堅，時入邊殺掠。漢但發兵防之而已。是時當匈奴冒頓、老上、軍臣之世，爲匈奴全盛之時。武帝即位，用王恢策，設馬邑之權，以誘軍臣單于。軍臣覺之而去。匈奴自是絶和親，攻當路塞，數入盜邊。然尚樂關市，耆漢財物，漢亦通關市不絶以中之。元光元年，漢始發兵出擊。自後元朔二年、五年、六年、元狩三年，仍歲大舉。而元朔二年之役，衛青取河南，置朔方郡；在今鄂爾多斯右翼後旗，黄河西岸。漢既築朔方，遂繕蒙恬所爲塞，因河爲固。元狩二年，渾邪王殺休屠王降漢；漢通西域之道自此開，羌、胡之交關自此絶。匈奴受創尤巨。於是伊稚斜單于，軍臣之弟，繼軍臣立。用漢降人趙信計，本胡小王，降漢，封爲翕侯。敗没，又降胡。益北絶幕。欲誘疲漢兵，徼極而取之。元狩四年，漢發十萬騎，私負從馬凡十四萬匹，糧重不與焉。使衛青、霍去病中分兵。青出定襄，今山西右玉縣。至寘顔山趙信城。去病出代，封狼居胥，禪於姑衍，臨瀚海而還。自是匈奴遠遁，而漠南無王庭。漢渡河自朔方以西至令居，今甘肅平番縣。往往通渠，置田官，吏卒五六萬人，稍蠶食，地接匈奴以北矣。

伊稚斜單于後，再傳而至兒單于。兒單于之立，當武帝元封六年。自兒單于以後，益徙而西北。左方兵直雲中，右方兵直酒泉、敦煌。龍庭所在，史亦不詳。而以兵事覈之，則距余吾水至近。天漢四年，貳師之出，且鞮侯單于悉遠其累重於余吾水北，而自以兵十萬待水南。征和二年，聞漢兵大出，左賢王驅其人民，渡余吾水六七里，居兜銜山。壺衍鞮單于時，漢生得甌脱王。匈奴恐以爲導襲之，即北橋余吾，令可渡。《山海經》："北鮮之山，鮮水出焉。北流注於余吾。""北鮮"二字，疑鮮卑之倒誤。余吾，仙娥，一音之轉。頗疑今色楞格河，古時本名鮮水；即鮮卑水，或譯名但取上一音，或奪卑字。而拜哈勒湖，則名余吾；後乃貤其所注之湖之名，以名其水也。本始二年，五原之兵，出塞八百餘里，而至丹余吾水。丹余吾，當係余吾衆源之一，或其支流。以道里計之，亦當在今色楞格河流域也。古山水多以種族名，而北族如匈奴、纖犂等古皆近塞，後乃播遷而出塞外。北徼山水與内地戎狄同名，理所可有。《公羊》成公元年："王師敗績於貿戎。"《左氏》作茅戎，而云"敗績於徐吾氏"。徐吾即余吾也。杜《注》云："茅戎之别也。"説蓋不誤。戎狄遷徙，習爲故常，自春秋至前漢，閲時久矣，古之貿戎播遷而至漠北，亦理所可有。然則余吾水，或貿戎之别薦居之所耶？遐哉尚矣，弗可得而考矣！兒單于四傳而至壺衍鞮單于。宣帝本始二年，匈奴欲掠烏孫，烏孫公主來求救。漢發五將軍十餘萬衆，出塞各二千餘里以擊之。匈奴聞之，驅畜産遠遁。是以五將少所得，而校尉常惠護烏孫兵，入自西方，獲三萬九千餘級；馬、牛、驢、贏、橐駞五萬餘匹，羊六十餘萬頭。《烏孫傳》云"烏孫皆自取所虜獲"，則此數未必確實。然匈奴之所損，必甚多也。匈奴民衆死傷，及遁逃死亡者，不可勝數。其冬，單于自將攻烏孫，頗有所得。欲還，會大雨雪，人畜凍死，還者不及什一。於是丁令攻其北，烏桓入其東，烏孫擊其西，凡三國所殺數萬級；馬數萬匹，牛羊甚衆。匈奴大虚弱，諸國羈屬者皆瓦解，滋欲鄉和親，然尚未肯屈服於漢也。其後匈奴内亂，五單于争立。呼韓邪盡并諸單于，又爲新立之郅支單于所敗。乃於甘露元年，款五原塞降漢。三年，入朝。郅支北擊烏揭，降之，發其兵，西破堅昆，北降丁令。并三國之衆，留都堅昆。《三國志注》引《魏略》：匈奴單于庭，在安習水上，當係指此時言之。安習水，今額爾齊斯河也。後殺漢使谷吉，自以負漢；又聞呼韓邪日强，恐襲之，欲遠去。會康居數爲烏孫所困，使迎郅支居東邊，欲并力取烏孫以立之。郅支大悦，引而西。康居王甚尊敬之，妻以女。郅支數借兵擊破烏孫。烏孫西邊空虚不居者且千里。郅支驟勝而驕，殺康居王女，又役康居之民爲築城。元帝建昭三年，西域副都護陳湯矯制，發諸國及車師、戊己校尉屯田兵攻殺之。傳首京師。北方積年之大敵，至是稱戡定焉。

匈奴之弱，實由失漠南。侯應《罷邊塞議》謂"邊長老言，匈奴失陰山之後，過之未嘗不哭也”。據《漢書・匈奴傳》：元封六年冬，匈奴大雨雪，畜多飢寒死；誅貳師後，連雨雪數月，畜産死，人民疫病，穀稼不熟；本始二年，單于自將擊烏孫，欲還，會天大雨雪，一日深丈餘，人民畜産凍死，還者不能什一；虛閭權渠單于之立，匈奴飢，人民畜産死十六七。蓋三十七年之間，大變之見於中國史者四矣，度尚有較小，爲中國史所不載者也。

〔三四九〕　頭曼北徙及復度河南之年

《史記・匈奴列傳》云：“秦滅六國，始皇帝使蒙恬將十萬之衆北擊胡，悉收河南地。因河爲塞，築四十四縣，城臨河，徙適戍以充之。而通直道，自九原至雲陽，因邊山險壍谿谷，可繕者治之。起臨洮至遼東萬餘里。又度河據陽山北假中。當是之時，東胡强而月氏盛。匈奴單于曰頭曼，頭曼不勝秦，北徙。十餘年而蒙恬死，諸侯畔秦，中國擾亂，諸秦所徙適戍邊者皆復去；於是匈奴得寬，復稍度河南與中國界於故塞。”蒙恬擊匈奴，據《始皇本紀》，事在三十二、三十三年，上距秦滅六國已六年，下距蒙恬之死僅四年耳，安得云十餘年？然則《匈奴列傳》蓋辜較言之，誤以頭曼北徙，自秦滅六國時起計；抑或頭曼北徙，實在蒙恬出擊之先，史但承蒙恬事叙之，而未詳其年歲，二者必居一於是矣。《高祖紀》：塞王欣、翟王翳降後，繕治河上塞。廢丘降、章邯自殺後，又興關内卒乘塞。是時楚漢相持方急，漢方發關中老弱未傅者悉詣軍；又關中大饑，米斛萬錢，人相食，令民就食蜀漢；非萬不得已，必不肯分兵守邊。疑匈奴之復度河南，與中國界於故塞，當在是時也。

〔三五〇〕　頭　曼　城

《漢書・地理志》：五原郡稒陽縣，北出石門障得光禄城，又西北得支就城，又西北得頭曼城。王先謙《漢書補注》云：“蓋即冒頓父所築。”案衛律爲壺衍鞮單于謀，穿井築城，治樓以藏穀，與秦人守之。漢兵至，無奈我何。或曰：胡人不能守城，是遺漢糧也。衛律於是止。《匈奴傳》。安得當頭曼時已能築城而居乎？即築之，將誰與守？此蓋胡語偶同，或後人築城，知其地爲頭曼故居，因以名之，必非頭曼所築也。

貳師之出塞也，追北至范夫人城。應劭曰：“本漢將築此城。將亡，其妻率餘衆完保之，因以爲名。”張晏曰：“范氏能胡詛者。”范氏事跡，當有可考，特應劭、張晏均未詳言之耳。然則謂爲漢人所築，必非億度之辭。漢人築城於胡中，以其能守城也，故能完其餘衆。郅支之築城，已在徙西域後矣，猶不能守，而爲陳湯所破，況頭曼時乎？

〔三五一〕　優留單于非真單于

《後漢書·南匈奴傳》：元和二年，"時北虜衰耗，黨衆離畔，南部攻其前，丁零寇其後，鮮卑擊其左，西域侵其右，不復自立，乃遠引而去。章和元年，鮮卑入左地，擊北匈奴，大破之，斬優留單于。二年，七月，南單于上言：孝章皇帝聖思遠慮，遂欲見成就，故令烏桓、鮮卑討北虜，斬單于首級，破壞其國。今所新降虛渠等詣臣自言：去歲三月中發虜庭，北單于創刈南兵，又畏丁令、鮮卑，遯逃遠去，依安侯河西。今年正月，骨都侯等復共立單于異母兄右賢王爲單于，其人以兄弟爭立，并各離散。"《魯恭傳》：和帝初立，議遣竇憲與耿秉擊匈奴，恭上疏諫，言"今匈奴爲鮮卑所殺，遠臧於史侯河西，去塞數千里"。史侯河當即安侯河。安、史字音不同，未知孰誤。觀南單于之言，北單于遁逃之年，即鮮卑殺優留之歲，極似此遁逃之北單于，爲繼優留之後者。然建武二十五年，史已言南單于遣兵擊破北單于，北單于震怖，卻地千里。其後二十七年，北單于遣使詣武威求和親。明帝末，北虜寇鈔邊郡，河西城門晝閉。元和元年，武威太守孟雲上言北單于復願與吏人合市，詔書聽雲遣譯使迎呼慰納之。北單于乃遣大且渠伊莫訾王等驅牛馬萬餘頭來，與漢賈客交易。是北庭久在河西塞外，而最近武威。魯恭所謂去塞數千里者，蓋指河西諸郡邊塞言之。鮮卑轉徙而據匈奴之地，事在永元三年耿夔大破之之後，安得當章和元年已能入其左地，殺其單于乎？然則是年所入，仍是匈奴未西徙時之左地；南單于謂北單于遁逃遠去，自指建武二十五年以後、元和二年以前之事言之，非指章和元年之事。《後漢書》蓋於南單于之言，有所删節，而未求其文義之安；"去歲三月中發虜庭"，與"北單于創刈"云云，元文實不相接而誤連之，遂若右賢王繼優留而立，其實不然也。《宋均傳》：章和二年，鮮卑擊破北匈奴，而南單于乘此請兵北伐，因欲還歸舊庭。均族子意上疏曰："臣察鮮卑侵伐匈奴，正是利其鈔掠；及歸功聖朝，實由貪得重賞。今若聽南虜還都北庭，則不得不禁制鮮卑。鮮卑外失暴掠之願，内無功勞之賞，豺狼貪婪，必爲邊患。"然則優留或實非單于，鮮卑妄言之以冒功，未可知也。又《陳禪傳》：禪以永寧二年，"左轉爲玄菟候城障尉。既行，會北匈奴入遼東，追拜禪遼東太守。胡憚其威强，退還數百里。禪不加兵，但使吏卒往曉慰之。單于隨使還郡。禪於學行禮，爲説道義，以感化之。單于懷服，遺以胡中珍寶而去。”是時遼東塞外，安得有單于？蓋北虜舊部與西方隔絶，將衆者遂以此自號耳。優留單于，或亦其類也。《袁安傳》：北單于爲耿夔所破，遁走烏孫，竇憲上立降者左鹿蠡王阿佟。安言“烏桓、鮮卑新殺北單于，今立其弟，則二虜懷怨”。然則優留單于，乃阿佟之兄也。又案南單于僅云北單于創刈南兵，又畏丁令、鮮卑，不云西域攻之。匈奴未西徙時，雖衰亂，西域諸國，似未必能攻其右。且西域果攻其右，匈奴復安得西徙乎？《後漢書》記元和二年事，恐亦不免雜采舊文而不諦也。

〔三五二〕五　餌

賈生五餌之説，謂車服以壞其目，飲食以壞其口，音聲以壞其耳，宮室以壞其腹，榮寵之以壞其心。不過以中國侈靡之俗，誘惑蠻夷無知之人耳。乃曰：關市屠沽者，賣飯食者，美臛炙膹者，物各一二百人，則胡人著於長城之下矣。是王將强北之，必攻其王矣。以匈奴之飢，飯羹啗膹炙，嘽滫、多飲酒，其亡竭可立而待也。賜大而愈飢，多財而愈困，遠期五歲、近期三年之内，匈奴亡矣。《新書·匈奴》。夫率其子弟，攻其父母，民之親我歡若父母，其好我芬若椒蘭，反顧其上則若灼黥仇讎，此孟子、孫卿之所想望，充類至義之盡之言，雖三代征伐未能竟其義、如其文者也。乃賈生欲以晏安爲鴆毒，不用兵刃而亡人之國，何其侈哉！豈非處士之大言，少年之鋭氣乎？然《史記》所載，以匈奴降王、相、歸義、屬國之屬侯者，惠、景間十人，安陵侯子軍，垣侯賜，遒侯隆强，容成侯唯徐盧，易侯僕黥，范陽侯代，翕侯邯鄲，弓高侯韓頹當、韓王信孽子，襄城侯韓嬰、信太子之子，亞谷侯它父、故燕王盧綰子，傳云綰孫。建元以來二十有四。翕侯趙信，持裝侯樂，親陽侯月氏，若陽侯猛，涉安侯於單，昌武侯趙安稽，襄成侯無龍，潦侯煖訾，宜冠侯高不識，煇渠侯僕多，下麾侯呼毒尼，漯陰侯渾邪，煇渠侯扁訾，河綦侯烏犂，常樂侯稠雕，壯侯復陸支，衆利侯伊即軒，湘成侯敞屠洛，散侯董荼吾，臧馬侯延年，瞭侯次公，昆侯渠復累，騏侯駒幾，梁期侯任破胡。又秺侯金日磾，都城侯金安上，見《補表》。其見於《漢書·景武昭宣元成功臣表》者又四人。開陵侯成娩，歸德侯先賢撣，信成侯王定，義陽侯厲温敦。以兵敗復降匈奴者，僅一趙信；謀反入匈奴誅者，親陽、若陽二侯；屬國降胡亡入匈奴者，元帝初元元年上郡萬餘人耳。見《紀》。不特此也，漢武即位，通關市以饒給匈奴，而匈奴自單于以下皆親漢，往來長城下，以此幾墮馬邑之權，然猶樂關市，嗜漢財物。渾邪王之降也，賈人與市長安中，坐當死者五百餘人，汲黯譏武帝虚府庫賞賜，發良民侍養，若奉驕子。《黯傳》。夫武帝之厚撫降人，出於侈靡，欲誇視中國富厚者，容或有之；抑憚匈奴之强，而所以奉之者轉厚，亦在所不免；然謂其絶無以此爲餌之意，亦未必然也。然則賈生之策，漢雖不盡行，亦未嘗全不見用矣。

老子曰："化而欲作，吾將填之以無名之樸。"通觀五千言，以侈靡爲致亂之原，而責上之人躬履儉素，以填静其民者甚至。夫民日接於紛華靡麗，而曰上之人躬履儉素，遂能使其下薄太牢之享而甘茹其粟，其説似近於迂。然而野蠻之族，與文明之族接，習於侈靡，終致喪亡者，有不自其上之人始者乎？蓋文明民族之所優，野蠻民族之所乏者，有利用厚生之事焉，有紛華靡麗之事焉。利用厚生之事，有益於民生，無害於風俗，苟能采人之所長，以補己之所短，未見其於野蠻民族爲有害；不徒無害，且使其民日臻於樂利，益進於文明，寖至與上國方駕焉。惟侈靡之事，則誠所謂賜大而愈飢，多財而愈困者，惑而溺之，未有不以敗亡隨其後者也。夫使上之人誠能躬履儉素，日計其國人而訓之；而又能操刑法以齊其下，飲食衣服，不軌於正者必誅；如是，則其民之慕效文明之族者，必利用厚生之事，而非紛華靡麗之爲；民日進於富厚文明，受交隣之益而不受其害，夫孰能挾晏安爲鴆毒，而以是爲餌？然而野蠻之族與文明之族遇，爲凡民之表率者，無不惟紛華靡麗之悦，而下之人遂靡然從風，率一國之人，惰於作業，而貪於飲食，冒於貨賄，不徒兵力不敵中國如匈奴者，終至滅亡也；即其乘中國衰亂，爲封豕長蛇，薦食上國者，亦終以此自斃。其事至淺也，其理至明也，而往古來今，前車覆而後車繼，不待人之驅，而自入於罟擭陷阱，豈不哀哉！匈奴之攻戰，斬首虜，賜一卮酒，酒之貴重可知。然秫糵有待於漢之贈遺，此亦飲食可以壞其口之一證。以是爲賜，上之人不翅明示漢物之可貴矣。

然而勿謂秦無人也。中行説之説老上單于也，曰："匈奴人衆不能當漢之一郡，然所以强者，以衣食異，無仰於漢也。今單于變俗好漢物，漢物不過什二，則匈奴盡歸於漢矣。"何其所言與賈生如出一口也？其爲單于畫曰："其得漢繒絮，以馳草棘中，衣袴皆裂敝，以示不如旃裘之完善也。得漢食物，皆去之，以示不如湩酪之便美也。"何其計之深而慮之遠也？而惜乎單于之不能用也。然而楊惲之折中書謁者令曰："冒頓單于得漢美食好物，謂之殠惡。"《漢書·惲傳》。則冒頓固嘗行之矣。此其所以能盡服從北夷，而南與中國爲敵國與？

原刊《國學論衡》第五期上，一九三五年六月三十日出版

〔三五三〕蕭望之[①]

惟不足於中者，乃欲炫耀於外。呼韓邪之來朝也，詔有司議其儀，咸曰：宜如諸侯王，位次諸侯王下。蕭望之獨以爲單于非正朔所加，故稱敵國，宜待以不臣之禮，位在諸侯王上。宣帝從之。詔曰："教化所不施，不及以政。"此從《望之傳》。《本紀》作"禮所不施"。而望之之言曰："使匈奴後嗣卒有鳥竄鼠伏，闕於朝享，不爲叛臣。"大哉言乎！中國之於外夷，固有教化之之責，己則不能教，而欲責臣禮於人，是猶未嘗傳道授業而欲責人北面稱弟子也，悪也！卒之彼之稱臣服從者，屈於力也，不則商賈利賞賜也；力所不及，利所不存，遂欲抗顔與我爲敵國。鄉以得其臣爲榮者，至此遂以失其臣爲辱，則何如望之之議，謂"外夷稽首稱藩，中國讓而不臣"之爲謙尊而光，卑而不可踰哉？使后世而知此義也，西人東來之初，可省却許多無謂之争論，又不但此也。蠻夷猾夏，劉聰至責晋帝青衣行酒，而金元之屬，至欲侈然而臣我，雖契丹猶争歲幣之爲貢爲納，皆我之侈然，欲臣畜人，有以教猱升木也。使中國常皇然曰：我雖文明乎，曾未能教導汝，我用愧於厥，以我與汝敵國也。其敢靦顔而臣子乎？彼外夷習見文明人之如此也，將習爲謙讓之不暇，安所取敖慢之態哉？故曰：謙尊而光，卑而不可踰。故曰：戒之，戒之，出乎爾者，反乎爾者也。故曰：言悖而出者，亦悖而入。夫謙尊而光，而侈然自大者之爲可笑而亡謂也，其理至易喻也。然惟漢世能行之。無他，當是時中國盛强，足於中不待炫耀於外也。然則不能自强而唯争虚文以爲榮，其爲榮也，亦僅矣。然宣帝賜單于印璽與天子同，見《漢書·食貨志》。何損於漢天子之豪末哉？

匈奴之亂也，議者多欲因其壞亂舉兵滅之；望之獨引《春秋》不伐喪之義，謂宜遣使者弔問，輔其微弱，救其災患，四夷聞之，咸貴中國之仁義。如遂蒙恩得復其位，必稱臣服從，此德之盛也。斯議也，論者必以爲迂，然因外夷之壞亂而舉兵滅之，唐太宗之於突厥、薛延陁，則嘗行之矣，曾何補於默啜之寇盜，更何益於中葉後回紇之驕横哉？觀東西漢之世，兩呼韓邪之後戢戢鄉化，而唐世恒以六胡州旰食，而知尚德不觀兵之效矣。特難爲淺慮者道耳。

---

① 曾改題《蕭望之對匈奴之議論》。

〔三五四〕 全代制匈奴策

蘇子瞻之策西夏曰：靈武之所以不可取者，非數郡之能抗吾中國；吾中國自困而不能舉也。其所以自困而不能舉者，以不生不息之財，養不耕不戰之兵，塊然如巨人之病膇，非不枵然大矣，而手足不能以自舉。欲去是疾也，則莫若捐秦以委之；使秦人斷然如戰國之世，不待中國之援，而中國亦未始有秦者。有戰國之全利，而無戰國之患，則夏人舉矣。《對制科策》。王恢之策匈奴曰："臣聞全代之時，北有强胡之敵，内連中國之兵，然尚得養老長幼，種樹以時，倉廩常實，匈奴不輕侵也。"《漢書·韓安國傳》。恢數爲邊吏，習胡事，又去戰國之世近，其言必非無據；然則非敵國外患之足慮，有敵國外患而我無以待之之足慮。

〔三五五〕 分　　地

讀史者多謂耕稼之民，始重土地；游牧之民，則可以時時遷徙；誤也。游牧之民之遷徙，亦出於不得已耳，故亦極重分地。《史記·匈奴列傳》曰："逐水草遷徙，毋城郭常處耕田之業，然亦各有分地。"又曰："諸左方王將居東方，直上谷，以往者東接穢貉、朝鮮，右方王將居西方，直上郡，以西接月氏、氐、羌，而單于之庭直代、雲中：各有分地，逐水草移徙。"其證也。彼其所謂遷徙者，固皆在分地之内耳。分地之制，惟遼世最嚴。故當其盛時，北方最爲安定。以凡部族皆能保其分地，莫相侵犯，則變動無從起耳。《遼史·營衛志》引舊志曰："契丹之初，草居野次，靡有定所，至涅里，始制部族，各有分地。"非謂前此遂無定居，乃其所居之地，無法令以保鄣之，不能視爲分地耳。

〔三五六〕 秦始皇築長城

秦始皇帝築長城，譽之者以爲立萬古夷夏之防，毁之者以爲不足禦侵略，皆不察情實之談也。《史記·匈奴列傳》曰："士力能彎弓，盡爲甲騎。"又曰："自左右賢王以下至當户，大者萬餘騎，小者數千。凡二十四長，立號曰萬騎。"則匈奴壯丁，尚不足二十四萬。《史記》又云：冒頓"控弦之士三十萬"，蓋其自號之虚詞也。《新書·匈奴篇》曰："竊料匈奴控弦，大率六萬騎，五口而出介卒一人，五六三十，此即户口三十萬耳。"此則其數太少。或賈生所計，非匈奴全國之衆。南部之并北部也，領户三萬四千，口二十三萬七千三百，勝兵五萬一百十七人。所謂勝兵，即力能彎弓之士也。然則匈奴壯丁，居其民數五之一弱。與賈生五口而出介卒一人之説合。今即以匈奴兵數爲二十四萬，以五乘之，其口數亦不過百二十萬耳。賈生謂匈奴之衆，不當漢千石大縣；中行説謂匈奴人衆，不能當漢之一郡，非虚詞也。冒頓盡服從北夷時，口數如此，頭曼以前當何如？《史記》曰："自隴以西，有綿諸、緄戎，翟豲之戎。岐梁山、涇、漆以北，有義渠、大荔、烏氏、朐衍之戎。而晉北有林胡、樓煩之戎，燕北有東胡、山戎，各分散居谿谷，自有君長；往往而聚者，百有餘戎，然莫能相一。"頭曼以前之匈奴，則亦如此而已。此等小部落，大興師征之，則遁逃伏匿，不可得而誅也；師還則寇鈔又起；留卒戍守，則勞費不貲；故惟有築長城以防之。長城非起始皇，戰國時，秦、趙、燕三國，即皆有之。皆所以防此等小部落之寇鈔者也。齊之南亦有長城，齊之南爲淮夷，亦小部落，能爲寇鈔者也。若所鄰者爲習於戰陳之國，則有雲梯隧道之攻，雖小而堅如偪陽，猶懼不守，況延袤至千百里乎？然則長城之築，所以省戍役，防寇鈔，休兵而息民也。本不以禦大敵。若戰國秦時之匈奴，亦如冒頓，控弦數十萬，入塞者輒千萬騎，所以禦之者，自别有策矣。謂足立萬古夷夏之防，幾全不察漢後匈奴、鮮卑、突厥之事，瞽孰甚焉。責其勞民而不足立夷夏之防，其論異，其不察史事同也。

〔三五七〕 秦平南越上①

《秦始皇本紀》："三十三年，發諸嘗逋亡人、贅壻、賈人，略取陸梁地，爲桂林、象郡、南海，以適遣戍。""三十四年，適治獄吏不直者，築長城及南越地。"《六國表》略同。其所戍及所築，皆即所略取之地，非中國與陸梁間之通道也，而《集解》引徐廣曰"五十萬人守五嶺"，疏矣。

徐廣之言，蓋本於《淮南子》。《淮南子·人間訓》曰：秦皇"利越之犀角、象齒、翡翠、珠璣，乃使尉屠睢發卒五十萬，爲五軍：一軍塞鐔城之領，一軍守九嶷之塞，一軍處番禺之都，一軍守南野之界，一軍結餘干之水，三年不解甲弛弩，使監禄無以轉饟。又以卒鑿渠而通糧道，以與越人戰。殺西嘔君譯吁宋，而越人皆入叢薄中，與禽獸處，莫肯爲秦虜。相置桀駿以爲將，而夜攻秦

---

① 曾改題爲《秦營南方上》。

人，大破之。殺尉屠睢，伏尸流血數十萬，乃發謫戍以備之”。案此事亦見淮南王《諫伐閩越書》，《漢書・嚴助傳》。而無發卒五十萬之語。《漢書・嚴安傳》載安上書，則謂秦使尉屠睢將樓船之士，南攻百越，既敗，乃使尉佗將卒以戍越，《史記・淮南王傳》伍被諫王之辭，又謂秦“使尉佗踰五嶺攻百越，尉佗知中國勞極，止王不來”。今案尉佗本傳，佗在秦時僅爲龍川令，及任囂病且死，召佗，被佗書，行南海尉事，佗乃因以自王，安有將兵征戍之事？更安得當秦始皇時，即止王不來乎？發卒與謫發大異；且略地遣戍，同在一年，即適築亦在其明年，安有所謂三年不解甲弛弩者？古載籍少，《史記》又非民間所有，稱説行事，率多傳聞不審之辭。淮南諫書，自言聞諸長老，明非信史。嚴安、伍被之辭，蓋亦其類。徐廣不察，率爾援據；且繆以淮南所言發卒之數爲《史記》所云謫戍之數，亦疏矣。

淮南王諫伐閩越之辭曰：“不習南方地形者，多以越爲人衆兵强，能難邊城。淮南全國之時，多爲邊吏，臣竊聞之，與中國異。限以高山，人跡所絶，車道不通，天地所以隔外内也，其入中國，必下領水，領水之山峭峻，漂石破舟，不可以大船載食糧下也。越人欲爲變，必先田餘干界中，積食糧，迺入伐材治船。邊城守候誠謹，越人有入伐材者，輒收捕，焚其積聚，雖百越，奈邊城何？”此雖言閩越，南越亦無以異，即有喪敗，安用發大兵爲備乎？兵有利鈍，戰無百勝，當時用兵南越，天時地利，皆非所宜，偏師喪敗，事所可有，然以大體言之，則三郡之開，闢地萬里，越人固未嘗敢以一矢相加遺，安用局促守五嶺乎？使一敗而至於據嶺以守，則三郡之不屬秦久矣，何以陳勝既起，任囂猶能挈南海以授趙佗；而佗既行尉事，南海猶多秦吏，而待佗稍以法誅之邪？見佗本傳。《陳餘傳》載武臣等説諸縣豪桀之辭，謂秦南有五嶺之戍。蓋漢通南越，嶺道有五，故爲此辭者云爾，非必武臣當時，語本如此。《佗傳》言佗檄横浦、陽山、湟谿絶道聚兵以守，則似秦與南越往來，惟有三道耳。

漢武帝之通夜郎也，拜唐蒙爲中郎將，將千人，食重萬餘人。《史記・西南夷傳》。王莽之擊益州也，發天水、隴西騎士，廣漢、巴、蜀、犍爲吏民十萬人，轉輸者合二十萬。猶以軍糧前後不相及，致士卒飢疫，三歲餘死者數萬，見《漢書・西南夷傳》。知當時南方，道路艱阻，運饟者恒倍蓰於士卒。始皇若發五十萬人以攻越，疲於道路者，不將逾百萬乎？又淮南諫書，言“自漢初定已來，七十二年，吴越人相攻擊者不可勝數”；而《史記・東越列傳》：閩越圍東甌，東甌告急天子，天子問太尉田蚡，蚡對亦曰“越人相攻擊固其常”；《漢書・高帝紀》十一年詔亦曰“粤人之俗，好相攻擊”；知當時越人，尚分散爲衆小部落，此其所以有百越之稱也，安用發大兵攻之？彼亦豈能聚大兵來攻，而待發大兵以守乎？

秦所遣謫戍之數，雖不可考，然必不能甚多，故任囂告趙佗，謂“頗有中國人相輔”；《佗傳》。而陸賈説佗，亦謂“王衆不過數十萬，皆蠻夷”也。《史記・賈傳》。《漢書・兩粤傳》載佗《報文帝書》，言“西有西甌，其衆半羸，南面稱王；東有閩粤，其衆數千人，亦稱王；西北有長沙，其半蠻夷，亦稱王”。羸當作嬴，《史記》作其西甄駱裸國，師古曰：“羸，謂劣弱也。”竟未一考《史記》，疏矣。“其衆數千人”，《史記》作“千人衆”。東甌之降也，其衆四萬餘，《史記・漢興以來將相名臣年表》：建元三年，“東甌王廣武侯望率其屬四萬餘人來降，處廬江郡。”閩越强於東甌，衆不得較東甌爲少。知佗於西甌、閩粤、長沙，皆以中國之衆，與蠻夷分别言之。陸生所謂衆數十萬者，必不苞中國人矣。漢高帝之王尉佗也，詔曰：“前時秦徙中縣之民南方三郡，使與百粤雜處。會天下誅秦，南海尉佗居南方，長治之，甚有文理，中縣人以故不耗減。”《漢書・高帝本紀》十一年。則佗自王後，中國人在南方者，初無所損。而陸生不之及者，其數微，不足計也。知秦時所謫，其數必不能多矣。

《史記》所謂築越地者，蓋謂築城郭宫室也。中縣民初至，必不能處深山林叢，勢不能不築宫室以居，城郭以守。然則秦人之徙中縣民，其意雖欲使與越雜處以化之，實仍自爲聚落，故其數不耗減易知也。長沙開闢最久，蓋猶不免焉，而閩越無論矣，故尉佗於此，并以中國人與蠻夷分言之也。

漢人引秦事以譏切當世者甚多，而皆莫如鼂錯之審。錯之論守備邊塞也，曰：“臣聞秦時，北攻胡貉，築塞河上；南攻揚粤，置戍卒焉。夫胡貉之地，積陰之處也，木皮三寸，冰厚六尺，食肉而飲酪，其人密理，鳥獸毳毛，其性能寒。揚粤之地，少陰多陽，其人疏理，鳥獸希毛，其性能暑。秦之戍卒不能其水土，戍者死於邊，輸者僨於道。秦民見行，如往棄市，因以謫發之，名曰謫戍，先發吏有謫及贅壻、賈人，後以嘗有市籍者，又後以大父母、父母嘗有市籍者，後入閭，取其左。”此即《史記》所謂發諸嘗逋亡人、贅壻、賈人，適治獄吏不直者也。然錯之言曰：“臣聞古之徙遠方以實廣虚也，相其陰陽之和，嘗其水泉之味，審其土地之宜，觀其草木之饒；然後營邑立城，製里割宅，通田作之道，正阡陌之界。先爲築室，家有一堂二内，門户之閉，置器物焉，民至有所居，作有所用，此民所以輕去故鄉而勸之新邑也。”秦之徙民，其慮之雖不能如是之備，然其適築越地，蓋猶存此意焉。錯又言：人情非有匹敵，則不能久安其處，故亡夫若妻者，欲縣官買予之。今案伍被言：尉佗止王南越，使人上書，求女無夫家者三萬人，以爲士卒衣補，秦始皇帝可其萬五千人。被言不諦，説已見前。然傳聞之辭，雖不盡實，亦不能全屬子虚。果若所言，則秦之徙民，得古之遺意者多矣，其迫而徙之雖虐，而既徙之後，固未嘗不深慮之而力衛之也。此其所以三郡之地，能永爲中國之土歟？

當時居越中者，中國人雖少，而越人之數，則初非寡弱。尉佗報文帝書，自稱帶甲百萬有餘。今案《漢書・地理志》，漢所開九郡，除珠崖、儋耳外，其餘七郡，口數餘百三十萬；而珠崖、儋耳，户亦二萬三千餘，見於《賈捐之傳》。然則百萬雖虚辭，而淮南王謂越甲卒不下數十萬；吴王濞遺諸侯書，謂"寡人素事南越三十餘年，其王君不辭分其卒以隨寡人，可得三十餘萬"，《史記》本傳。則非誇飾之語矣。唐蒙謂"夜郎所有精兵，可得十餘萬"。案《漢志》，犍爲郡口四十八萬九千，牂柯郡口十五萬三千，則其辭亦不虚。《史記・西南夷列傳》謂"滇小邑"，又謂滇王"其衆數萬人"；又《建元以來侯者年表》：湘成侯監居翁，"以南越桂林監，聞漢兵破番禺，諭甌駱兵四十餘萬降侯"，知南方文化程度雖低，生齒數實不弱，蓋由氣暖而地腴使然。秦所徙中縣民，區區介居其間，而能化之以漸，使即華風，而未嘗自同於劗髮文身之俗，亦可謂難矣。抑秦之所以使之者，固自有其道，而後人過秦之論，有不盡可信者歟？

〔三五八〕 秦平南越下①

《史記・南越尉佗列傳》："秦時已并天下，略定揚越，置桂林、南海、象郡，以謫徙民，與越雜處十三歲。"《集解》引徐廣曰："秦并天下，至二世元年十三年。并天下八歲，乃平越地，至二世元年六年耳。"案此所謂略定揚越者，乃指秦滅楚後，平江南之地言之，即秦所置會稽郡地，而非桂林、南海、象郡之地也。《楚世家》及《六國表》，皆謂秦始皇二十三年，王翦擊破楚軍，殺項燕；二十四年，虜其王負芻，而《秦始皇本紀》則云：二十三年，王翦虜荆王，秦王游至郢陳。荆將項燕立昌平君爲荆王，反秦於淮南。二十四年，王翦、蒙武攻荆，破荆軍，昌平君死，項燕遂自殺。二十五年，王翦遂定荆江南地，降越君，置會稽郡。其記負芻之虜，早於《表》及《世家》一年；而立昌平君及定江南地事，則《表》及《世家》無之。今案《表》既記負芻於始皇二十四年見虜，而於二十五年又

① 曾改題爲《秦營南方下》。

云秦滅楚，蓋指昌平君之亡；而《王翦傳》亦謂翦殺項燕後歲餘，乃虜荆王，與《表》及《世家》合；則《秦本紀》之記事，實誤移上一年，如此，則王翦定江南地，降越君，當在二十六年，正秦并天下之歲；至二世元年，正十三年也。會稽與桂林、南海、象郡之置，雖相距八年，然二者同爲揚越之地，事實相因，故史原其始而言之耳。

項燕之死，《項羽本紀》亦與《六國表》及《世家》同，而《始皇本紀》獨相違異，未知孰是。案軍中奏報，往往不實。竊疑《表》及《世家》均沿戰後奏報之辭。當時謂燕已死，而不知其實生。《始皇本紀》獨記立昌平君事，乃遂删此語也。至《項羽本紀》則因燕與翦戰敗而死，與爲翦所戮無異，乃遂羼言之，古人固多如此。然昌平君之反，則固當確有其事。《表》及《世家》，皆謂考烈王二十二年，“徙都壽春，命曰郢”。此即《本紀》“秦王游至郢陳”之郢，《世家》云：“王翦、蒙武遂破楚國，虜楚王負芻，滅楚，名爲郡。”楚國亦指壽春言之，蓋即其地以立郡治。《本紀》記江南之定，在昌平君死後一年；《王翦傳》亦云：“竟平荆地爲郡縣，因南征百越之君。”則知平荆地與征百越，自屬兩事。蓋虜負芻之時，秦人雖破壽春，兵力實尚僅及淮北也，然則昌平君所據，必爲淮南無疑，徐廣曰：“淮一作江。”作江者恐非矣。

《尉佗傳》云：“自尉佗初王後，五世，九十三歲，而國亡焉。”初王，謂佗自立爲南越武王，别於漢十一年遣陸賈立佗爲南越王言之也。其時在高帝五年，距二世元年，又七年矣。

〔三五九〕 趙 佗 年 壽

《史記・南越尉佗列傳》：“至建元四年卒。佗孫胡爲南越王。”《漢書》無卒字。案無之者是也。《集解》引徐廣曰：“皇甫謐曰：越王趙佗以建元四年卒，爾時漢興七十年，佗蓋百歲矣。”此謐之穿鑿。篇末言“自尉佗初王，後五世九十三歲而國亡焉”，則佗之子亦嘗爲王。佗卒子繼之年不可知，其子卒而胡繼，則在建元四年。以事理推之，未始不可補“佗卒子繼立”五字。然《史記》不之補者，古人之慎也。皇甫謐不考始末，遽以佗卒在建元四年，謬矣。凡謐之言，固多如此。《史記》蓋本無卒字，如謐者億補之也。

《禮記・曲禮》：“大夫七十而致事；若不得謝，則必賜之几杖，行役，以婦人適四方乘安車，自稱曰老夫。”文帝元年，佗報謝之書，業已自稱老夫；縱謂其時僅餘六十，至建元四年亦四十四歲矣。況佗書謂老夫處粤四十九年，佗報書未必溯未居官時事，然則佗當令龍川乃至粤，其時年必踰弱冠，則報謝年必踰七十也。又四十四年，則當百十餘歲，長壽者固非無有，然踰百歲者究罕。佗果至百十餘歲，安得漢人絶無齒及者，故知佗必不卒於建元四年也。

〔三六〇〕頭　蘭

《史記·西南夷列傳》："南越反，上使馳義侯因犍爲發南夷兵。且蘭君恐遠行，旁國虜其老弱，乃與其衆反，殺使者及犍爲太守。漢乃發巴蜀罪人嘗擊南越者八校尉擊破之。會越已破，漢八校尉不下，即引兵還，行誅頭蘭。頭蘭，常隔滇道者也。"頭蘭，《索隱》云："即且蘭也。"案《漢書》作且蘭，而無"頭蘭常隔滇道者也"句，此鈔《漢書》者，以頭蘭即且蘭而誤節也。若頭蘭即且蘭，則殺使者及犍爲太守之罪大，隔滇道之罪小，此時誅之，必不以數其小罪矣。破且蘭者，巴蜀罪人也。破頭蘭者，八校尉也。《漢書》"嘗擊南粤者"作"當擊南粤者"，"擊破之"作"擊之"，似以兩軍爲一，亦誤。蓋又因既誤頭蘭且蘭爲一而億改也。故知展轉傳鈔，其誤多矣。

〔三六一〕夜郎侯見殺

《後漢書·西南夷夜郎傳》云："初有女子浣於遯水，有三節大竹流入足間，聞其中有號聲，剖竹視之，得一男兒，歸而養之。及長，有才武，自立爲夜郎侯，以竹爲姓。武帝元鼎六年，平南夷，爲牂柯郡，夜郎侯迎降。天子賜其王印綬，後遂殺之。夷獠咸以竹王非血氣所生，甚重之，求爲立後。牂柯太守吴霸以聞，天子乃封其三子爲侯。死，配食其父。今夜郎縣有竹王三郎神是也。"案《史記》言"西南夷君長以百數，獨夜郎、滇受王印"，似不至遽殺之。《漢書》言成帝河平中，夜郎王興與鉤町王禹、漏卧侯俞相攻擊，漢遣使和解，不聽。乃以陳立爲牂柯太守。立因行縣，召斬興。《後漢書》所謂後遂殺之，疑指此。當時仍封其三子爲侯，則其胤嗣初未嘗絶。然《後漢書》言公孫述時，牂柯大姓龍、傅、尹、董氏與郡功曹謝暹保境爲漢，而不及夜郎侯，則封爵雖存，亦已無足重輕矣。

〔三六二〕倉海君

《史記·留侯世家》："良嘗學禮淮陽，東見倉海君。"《集解》引如淳曰："秦郡縣無倉海。或曰東夷君長。"案或説是也。《越世家》言：無彊之亡也，"諸族子争立，或爲王，或爲君，濱於江南海上，服朝於楚。後七世，至閩君摇，佐諸侯平秦。漢高帝復以摇爲越王，以奉越後。"《東越列傳》曰："閩越王無諸及越東海王摇，其先，皆越王句踐之後也。秦已并天下，皆廢爲君長，以其地爲閩中郡。及諸侯畔秦，無諸、摇率越歸鄱陽令吴芮，從諸侯滅秦。當是之時，項籍主命，弗王，以故不附楚。漢擊項籍，無諸、摇率越人佐漢。漢五年，復立無諸爲閩越王，王閩中故地。孝惠三年，舉高帝時越功，曰閩君摇功多，其民便附，乃立摇爲東海王。"曰"或爲王，或爲君"；曰"皆廢爲君長"；曰"弗王，以故不附"；曰"復以摇爲越王"；"復立無諸爲閩越王"；則王之與君，尊卑迴判。蓋能號令他部落者爲王，獨自臣其部落者爲君。今之土司，皆有其所蒞之民，皆君也；其桀黠者，嘗覬兼主他部落，則欲爲王者也。《記》曰："天無二日，民無二王"，此言號令不可不出於一。然號令所加，亦其部落之酋長耳；若其部民，則固一聽命於其君，而王者之政令，初不之及。故各部落各有酋長，初無害於王者之治，惟不當與王者争發號施令之權耳，此秦之立閩中郡，所以必廢無諸、摇爲君長也，無諸、摇蓋皆《越世家》所謂"或爲王"者，故漢之王之，《史記》皆言復也。《魏略・西戎傳》，謂氐"今雖都統於郡國，然故自有王侯在其墟落間"。《三國・魏志・烏丸鮮卑東夷傳注》引。此王侯爲虚名，其爲君則實矣，何害於治？衛貶號曰君，而最後亡，由此也。然則始皇時，淮陽以東，得有東夷君長，亦固其所。晉灼以倉海君爲海神，説近怪迂，猶知君非凡人之稱；師古謂當時賢者之號，則誤矣。賢者雖有才德，非有土、子民，則不稱君。師古蓋誤謂下文"得力士"云云，與上相屬，以爲必賢者而後能知奇士，故謂良既見之，因而求得力士，而不知《史》、《漢》此文，初不與上相屬也。良之見倉海君，未知其所爲。然必非徒求一力士。或欲用其徒衆以報秦，如吴芮之用越人邪？

謂倉海君爲東夷君長，是也，而姚察謂即武帝時所置倉海郡，則又非。"東見倉海君"，與下"得力士"云云，不必相屬，而與上"學禮淮陽"，則必相屬。所謂東者，自淮陽而東也。若武帝時之蒼海郡，則因薉君之降而置者也。《漢書・武帝紀》元朔元年。《平準書》言"彭吴賈滅朝鮮，置倉海之郡"；《漢書・食貨志》作"彭吴穿濊貉、朝鮮，置滄海郡"。宣帝詔丞相御史，亦言武帝"東定薉貉，朝鮮"，《漢書・夏侯勝傳》。皆與朝鮮并舉，安得在淮陽之東邪？

閩越王郢之誅也，詔曰："郢等首惡，獨無諸孫繇君丑不與謀焉。""乃使中郎將立丑爲越繇王。餘善已殺郢，威行於國，國民多屬，竊自立爲王，繇王不能矯其衆持正。天子聞之，爲餘善不足復興師，曰：餘善數與郢謀亂，而後首誅郢，師得不勞。因立餘善爲東越王，與繇王并處。"《史記・東越列傳》。丑未王時已稱君，可見其自有部屬；而餘善所謂國民多屬者，則繇爲王後所當矯正之衆也，不歸繇而歸餘善，則繇雖王，實仍君而已矣。

《史記·吴王濞傳》："發使遺諸侯書曰：寡人素事南越三十餘年。其王君皆不辭分其卒以隨寡人，又可得三十餘萬。""其王君"，《漢書》作"其王諸君"，蓋是。《史記》疑奪。王一也，而所屬之君則多矣。

《漢書·高帝紀》：五年，詔曰："故衡山王吴芮與子二人、兄子一人，從百粵之兵，以佐諸侯誅暴秦，有大功，諸侯立以爲王。項羽侵奪之地，謂之番君。其以長沙、豫章、象郡、桂林、南海立番君芮爲長沙王。"又曰："故粵王亡諸世奉粵祀。秦侵奪其地，使其社稷不得血食。諸侯伐秦，亡諸身帥閩中兵以佐滅秦。項羽廢而弗立。今以爲閩粵王，王閩中地，勿使失職。"稱亡諸爲故粵王，可知《史記》所謂"廢爲君長"者，即奪其王位之謂；而項羽奪吴芮地，而仍謂之番君，亦即所謂廢爲君長者也。

原刊《光華大學半月刊》第二卷第八期，一九三四年四月十五日出版

〔三六三〕 倭　人　國

《後漢書·鮮卑傳》：言檀石槐"種衆日多，田畜射獵不足給食。檀石槐乃自徇行，見烏集秦水，廣從數百里，水停不流；其中有魚，不能得之。聞倭人善綱捕，於是東擊倭人國，得千餘家，徙置秦水上，令捕魚以助糧食"。案烏集即今言窩集；烏集秦水，謂烏集中有水名秦也；其爲何水不可知。然鮮卑東界，僅接夫餘、穢貉，安得越海而伐日本，則此所謂倭者必非日本也。蓋倭乃種族之稱，日本雖倭人，倭人不僅於日本。此倭人國，必倭族分支早近於東北窩集者也。

《東夷傳》言：馬韓"其南界近倭，亦有文身者"；弁辰"其國近倭，故頗有文身者"。文身即倭人，此亦倭人不限於日本地方之一證。東北諸族烏桓、鮮卑及濊貉等，實皆自南而北，予别有考。如東北亦有倭人，則深足證予倭爲嵎夷之説之確矣。《後漢書》之語，實本《魏書》，見《三國·魏志·鮮卑傳注》引。烏集秦水作烏侯秦水，倭人國作汗國。又云："至於今，烏侯秦水上有汗人數百户。"烏侯似即烏洛侯之異譯，其地在那河西南，見《舊唐書·室韋傳》。那河即今嫩江。

〔三六四〕 鮮　　卑

鮮卑出於東胡，讀史者無異詞。近人或曰："通古斯 Tungus 者，東胡之音

轉也。不譯爲東胡，而譯爲通古斯，則何不稱孔子曰可夫沙士也？”竊有疑焉。《後漢書》曰：“烏桓者，本東胡也。漢初，匈奴冒頓滅其國，餘類保烏桓山，因以爲號焉。”“鮮卑者，亦東胡之支也。别依鮮卑山，故因號焉。”《三國志注》引《魏書》略同，蓋《後漢書》所本也。然則東胡之亡，衆分爲二。烏桓、鮮卑大小當略相等。顧鮮卑部落，自漢以後，緜延不絶，而烏桓自魏武柳城一捷，遂不復見於史，僅《唐書》所載，有一極小部落曰烏丸，亦作古丸，在烏羅渾之北。《遼史·太祖紀》，詔撒剌討烏丸。穆宗時，烏丸叛，蓋即此烏丸也。然其微已甚矣。烏桓當漢時，徧布五郡塞外，豈有柳城一捷，所餘僅此之理？《通考》云：西晉王浚爲幽州牧，有烏桓單于審登；前燕慕容儁時，有烏桓單于薛雲；後燕慕容盛時，有烏桓渠帥莫賀咄科勃。亦其微已甚，不足數也。何耶？案拓跋氏之先實來自西伯利亞。别有一條考之。《魏書》謂其國有大鮮卑山。希臘、羅馬古史，謂裏海以西，黑海之北，古有辛卑爾族居之。故今黑海北境，有辛卑爾古城；黑海峽口，初名辛卑峽；而俄人稱烏拉嶺一帶曰西悉畢爾。《元史譯文證補·西域古地考·康居奄蔡》。辛卑爾即鮮卑也。此豈東胡滅後餘衆所居邪？抑鮮卑山自歐、亞之界，緜亘滿、蒙之間也？烏桓鮮卑二山，以地里核之，當即今蘇克蘇魯、索岳爾濟等山。案《史記·匈奴列傳索隱》引服虔曰：“東胡，在匈奴東，故曰東胡。”《後漢書·烏桓傳》：“氏姓無常，以大人健者名字爲姓。”《索隱》又引《續漢書》曰：“桓以之名，烏號爲姓。”此八字或有譌誤，然大意可見。然則東胡者，吾國人貤匈奴之名以名之，而加一方位以爲别，猶稱西域諸國曰西胡爾，非譯名也。烏桓蓋彼族大人健者之名姓，乃分部之專號，非全族之通稱。彼族本名，舍鮮卑莫屬矣。此族古代，蓋自歐、亞之界，蔓延於匈奴之北及其東。實在丁令之北。其所居之地，皆以種人之名名之。故裏、黑海，烏拉嶺，西伯利亞及滿、蒙之間，其名不謀而合也。《史記》以東胡、山戎分言。《索隱》引服虔曰：“山戎，蓋今鮮卑。”又曰：“東胡，烏丸之先，後爲鮮卑。”又引胡廣曰：“鮮卑，東胡别種。”則烏桓、鮮卑雖大同，似有小别。

近人或又云：鮮卑，即《禹貢》之析支。説頗可通。然惟據音譯推度，未能詳列證據。予昔嘗爲之補證，曰：“析支者，河曲之地，羌人居之，所謂河曲羌也。《後漢書·西羌傳注》引應劭。羌與鮮卑習俗固有極相類者。羌俗氏姓無常，或以父名母姓爲種號，則母有姓父無姓可知。烏桓亦氏姓無常，以大人健者名氏爲姓。又怒則殺其父兄，而終不害其母，以母有族類，父兄無相讎報故也。一也。羌俗父死則妻後母，兄亡則納釐嫂。烏桓亦妻後母，報寡嫂。二也。羌以戰死爲吉利，病終爲不祥。烏桓俗亦貴兵死。三也。此皆鮮卑與河曲羌同族之證也。”由今思之，此等習俗，蠻族類然，用爲證據，未免專輒。且如匈奴父死妻其後母，兄弟死，皆取其妻妻之，復可云與羌及鮮卑同祖邪？然此説雖不足用，而鮮卑出於析支，其説仍有可立者。《禹貢》析支與渠搜并舉，則二族地必相近。《漢志》朔方郡有渠搜縣，蔣廷錫謂後世種落遷徙，説頗近之。《管子·輕重戊》篇："桓公問於管子曰：代國之出何有？管子對曰：代之出，狐白之皮。公其貴買之。代人必去其本，而居山林之中。離枝聞之，必侵其北。"離枝即析支，是析支在代北也。《大匡》篇："桓公乃北伐令支，斬孤竹，遇山戎。"《小匡》篇："北伐山戎，制泠支，斬孤竹。"又曰："北至於孤竹、山戎、濊貉，拘秦夏。"令支，泠支，亦即析支。《漢志》：遼西郡，令支，有孤竹城。地在今河北遷安縣。是析支在今河北境矣。濊貉者，即《詩·韓奕》之追貊。陳氏奐説，見所撰《詩毛氏傳疏》。未知信否。予謂追未必即濊，然追貊之貊，必即濊貉之貉也。《詩》曰："王錫韓侯，其追其貊。"鄭以韓在韓城，追貊爲雍州北面之國。又曰："其後追也，貉也，爲玁狁所逼，稍稍東遷。"説頗可信。予别有考。渠搜者，《禹貢》析支之鄰國，而漢時跡在朔方；濊貉者，周時地在離枝之東，而其後居今東三省境；然則自夏至周，青海至於遼東，種落殆有一大遷徙。離枝、渠搜，何事自今青海遷至雍、冀之北不可知。若濊貉之走遼東西，鮮卑之處今蒙古東境，則殆爲匈奴所逼也。又燕將秦開，襲破東胡，燕因置上谷、漁陽、右北平、遼西、遼東五郡。此五郡者，其初亦必離枝、濊貉諸族所雜居矣。《後漢書·烏桓傳》："若亡畔，爲大人所捕者，邑落不得受之，皆走逐於雍狂之地，沙漠之中。其土多蝮蛇，在丁令西南，烏孫東北焉。"丁令所居，北去匈奴庭安習水七千里，南去車師五千里，見《史記索隱》引《魏略》。安習水，今額爾齊斯河；烏孫則今伊犂地也。烏桓區區，流放罪人，安得如是之遠？得毋居西方時，故以是爲流放罪人之地，東遷後猶沿其法邪？然則吐谷渾附陰山踰隴而入青海，非拓新疆，乃歸故國矣。此説雖似穿鑿，然析支、渠搜、濊貉同有遷徙之跡，則亦殊非偶然也。又肅慎古代，亦不在今吉林境。予别有考。

寫於一九三四年四月前

〔三六五〕 西夜、子合

《後漢書·西域傳》云："《漢書》中誤云西夜、子合是一國，今各自有王。"案《前書·西域傳》云："西夜國王號子合王，治呼犍谷。"《後書》"西夜國一名漂沙"，"子合國居呼犍谷"。《前書》西夜國户三百五十，口四千，勝兵千人。《後書》則户二千五百，口萬餘，勝兵三千人。而子合國户口勝兵之數與《前書》西夜同。然則《後書》之子合是《前書》之西夜；而《後書》之西夜，則新立之國，此所謂稍分者也。

〔三六六〕徐　　福

黄公度《日本國志・國統志注》云:“《梁書》言日本自稱爲吴泰伯後,相傳亦稱爲徐福後,彼國紀載,本以此爲榮。其後學者漸染宋學,喜言國體。寬文中,作《日本通鑑》,源光國駁議曰:謂泰伯後,是以我爲附庸國也。遂削之。賴襄作《政紀》,并秦人徐福來,亦屏而不書。余謂泰伯之後本無所據,殆以日本斷髮文身,俗類句吴,故有此譌傳歟?至徐福之事,見於《三國志》、《後漢書・倭國傳》,意必建武通使時,其使臣所自言。《史記》稱燕、齊遣使求仙,所謂白銀宫闕,員嶠方壺,蓋即今日本地。君房方士習聞其説,故有男女渡海之請,其志固不在小。今紀伊國有徐福祠,熊野山有徐福墓,其明徵也。日本傳國重器三:曰劍,曰鏡,曰璽,皆秦制也。君曰尊,臣曰命,曰大夫,曰將軍,又周秦語也。自稱神國,立教首重敬神;國之大事,莫先於祭;有罪則誦禊詞以自洗濯,又方士之術也。崇神立國,始有規模,計徐福東渡,已及百年矣。當時主政者,非其子孫殆其徒黨歟?至日本稱神武開基,蓋當周末,然考神武至崇神,中更九代,無事足紀,或者神武亦追王之辭乎?”予謂徐福之事,果係彼使臣自言,史家安得不明記之?重器爲秦制,稱謂爲周秦間語,不必方士所傳。敬神之俗,野人皆同,更不必出於方士。謂日本之地早爲中國所知,方士習聞其説,因有渡海之請,説頗近之。

然徐福之漂流,必未能至日本。《三國・吴志》:孫權黄龍二年,“遣將軍衛温、諸葛直將甲士萬人浮海求夷洲及亶洲。亶洲在海中,長老傳言秦始皇帝遣方士徐福,將童男童女數千人入海,求蓬萊神山及仙藥,止此洲不還,世相承,有數萬家。其上人民,時有至會稽貨布;會稽東縣人海行,亦有遭風流移至亶洲者。所在絶遠,卒不可得至,但得夷洲數千人還。”傳説至能使國家爲發大兵,必非絶無根據。度必略有道里鄉方,及沿途所經島嶼,故能循之求得夷洲;而還時亦但云亶洲所在絶遠,不可得至,而不云無其地也。而其將數千人還,尤有足資尋索者,何則?謂爲誇功示信,或以饜時主好奇之心,偕數人若數十人已足,不必至數千人也。然則此數千人殆本華人,而温等乃拔之以還歟?此説如確,則亶洲之有華人,亦必非虚語矣。然其是否徐福,了無徵驗,而其地尤不能爲日本。日本之通中國,蓋自漢武滅朝鮮以來,距是歲三百三十八年矣。日本情形,中國必知之已稔,其地果有徐福所將童男女之後,中國豈得不知?且日本通使南朝,實始晉末;泰始初尚朝貢北方,三國時未能通南方可知。即謂不然,偶或一至則可,又安能時至會稽貨布邪?

漢之未通西域也,而邛竹杖、蜀布,業已先至其地;即以海道論,《史記·貨殖列傳》謂南海爲珠璣、犀、瑇瑁、果、布之湊,即後世西、南洋物也,則秦漢未并南越時,中國與西、南洋久相往來矣。是知民間之交通,必先於政府。謂日本通使南朝之前,南方人民與日絶無往還,非其實也。然必不能如北方之多。蓋是時航海,皆依傍海岸而行,觀《三國志》所述自帶方人倭之路可知。是時南方至日者,非冒險之估客,則執迷之方士耳,徒侣必不能多。北方則不然。其時族制未頽,奴客尤衆,移徙之際,往往相將;而自後漢末年,每每大亂,至於五胡雲擾,人民之流離轉徙者實多,往往相率而行,自成一部,此細讀後漢至南北朝之史可知。田疇能訓練其民,爲故主報讎,爲中國攘斥夷狄;管寧、邴原輩,所將皆流亡之徒,猶能立綱陳紀,足食之後,繼以教化,職是之故。章太炎亟稱此時之士材力絶人,非唐宋後所有,則欲知人而不論其世矣。知此,則知東史所紀華人入日者,皆稱爲某某部,儼然古者之族有世業,以氏名官,必非虚誣。又是時華人入日者,類多自託華胄:如弓月君,或謂秦始皇五世孫,或謂十三世孫;阿知使主,或謂漢靈帝三世孫,或謂四世孫;《姓氏録》所記,又有吴王夫差、漢高祖、光武、齊王肥、蓋寬饒之裔,亦與是時風氣相合。此等語必非日人所能造作,日人本亦無庸造作也。文化懸殊,則此方中庸之材,入彼即能開物成務,此自古以來,遐方開闢,所以必用中原之士,而亦我華人之大有造於倭者矣。

〔三六七〕　交阯嫁娶之俗

《後漢書·循吏傳》任延:"爲九真太守。駱越之民無嫁娶禮法,各因淫好,無適對匹,不識父子之性,夫婦之道。延乃移書屬縣,各使男年二十至五十,女年十五至四十,皆以年齒相配。其貧無禮聘,令長吏以下各省奉禄,以振助之。同時相娶者二千餘人。其産子者,始知種姓。咸曰:使我有是子者,任君也。多名子爲任。初,平帝時,漢中錫光爲交阯太守,教導民夷,漸以禮義,化聲侔於延。領南華風,始於二守焉。"《三國·吴志·薛綜傳》載綜上疏言:"漢武帝誅吕嘉,開九郡,設交阯刺史以鎮監之。山川長遠,習俗不齊;言語同異,重譯乃通;民如禽獸,長幼無别;椎結徒跣,貫頭左衽;長吏之設,雖有若無。自斯以來,頗徙中國罪人雜居其間,稍使學書,麤知言語,使驛往來,觀見禮化。及後錫光爲交阯,任延爲九真太守,乃教其耕犂,使之冠履；爲設媒官，始知聘娶；建立學校，導之經義。由此已降，四百餘年，頗有似類。自臣昔客始至之時，珠崖除州縣嫁娶，皆須八月引户，人民集會之時，男女自相可適，乃爲夫妻，父母不能止。交阯糜泠、九真都龐二縣，皆兄死弟妻其嫂，世以此爲俗，長吏恣聽，不能禁制。”云男女自相可適，乃爲夫妻，則非無適對匹，安得産子不知種姓？種姓依母，本不依父也。云除州縣外嫁娶皆如此，則延之教，僅行於州縣之間。蓋中國人之徙居其地者，初同其俗，後乃因教導而獲改也。貧無禮聘，須長吏以下省奉振助，則非不知嫁娶禮法，乃貧無以行禮，不得不自同於蠻俗耳。故知往史傳言，多失其實。

〔三六八〕高　離

《後漢書·東夷列傳》夫餘云：“初，北夷索離國王出行，其侍兒於後姙身。王還，欲殺之。侍兒曰：前見天上有氣，大如雞子，來降我，因以有身。王囚之，後遂生男。王令置於豕牢，豕以口氣嘘之，不死。復徙於馬蘭，馬亦如之。王以爲神，乃聽母收養，名曰東明。東明長而善射，王忌其猛，復欲殺之。東明奔走，南至掩淲水，以弓擊水，魚鼈皆聚浮水上，東明乘之得度，因至夫餘而王之焉。”此文本於《魏略》，見《三國志·烏桓鮮卑東夷傳注》引，索離作高離，《梁書》作櫜離。掩淲水作施掩水。《後漢書注》云：“索或作櫜。”《通典》作櫜。案此與《魏書》所述高句麗始祖朱蒙緣起，明係一事。《魏書》謂高句麗出於夫餘，乃因夫餘受封中國較高句麗爲早云然，其實高句麗緣起，不必後於夫餘也。《永樂大王碑記》：“乙未歲，王以碑麗不貢，整旅往討。”碑麗疑即《魏略》之高離；《後漢書》索離，實高離之誤。《注》云“索或作櫜”，則又櫜之誤也。《永樂大王碑》述鄒牟緣起，亦與此略同，鄒牟即朱蒙也。所臨水作掩刊，則《志注》引《魏略》誤，當從《後漢書》。

〔三六九〕卑　彌　呼

魏時通中國之倭女王卑彌呼，昔人謂即神功皇后，今人則謂不然。此説也，日人頗樂聞之，因日人甚諱其曾臣事中國也。然無論卑彌呼爲神功皇后與否，漢魏時自達於中朝者，必日本之共主，而非其小侯，則無足疑，亦不能諱也。

日本之通中國始於漢。《漢書·地理志》云：“樂浪海中有倭人，分爲百餘國,以歲時來獻。"《後漢書·東夷傳》云:"倭在韓東南大海中,依山島爲居。凡百餘國。自武帝滅朝鮮,使驛當作譯。通於漢者三十許國。"《三國·魏志·東夷傳》云:"倭人在帶方東南大海之中,依山島爲國邑。舊百餘國,漢時有朝見者,今使譯所通三十國。"帶方即樂浪,公孫康所分。可見自漢至魏,倭人之隸屬不變。此其僅通於郡縣者也。《魏志》云:從郡至倭,循海岸水行,歷韓國,乍南乍東,到其北岸狗邪韓國,七千餘里,始度一海,千餘里至對馬國。又南,渡一海千餘里,名曰瀚海,至一大國。又渡一海,千餘里至末盧國。東南陸行五百里,到伊都國。東南至奴國百里。東行至不彌國百里。南至投馬國,水行二十日。南至邪馬臺國,女王之所都,水行十日,陸行一月。自女王國以北,其户數道里可得略載,其餘旁國,遠絶,不可得詳。次有斯馬國,次有已百支國,次有伊邪國,次有都支國,次有彌奴國,次有好古都國,次有不呼國,次有姐奴國,次有對蘇國,次有蘇奴國,次有呼邑國,次有華奴蘇奴國,次有鬼國,次有爲吾國,次有鬼奴國,次有邪馬國,次有躬臣國,次有巴利國,次有支維國,次有烏奴國,次有奴國。此女王境界所盡。其南有狗奴國,男子爲王,不屬女王。所述國名,適得三十,當即使譯所通。其初朝見之國,蓋尚不逮此數。故《國志·魏書》以今字别之。《漢志》云"分爲百餘國,以歲時來獻",一似百餘國皆來獻;《後漢書》云"自武帝滅朝鮮,使驛通於漢者三十許國",一似三十許國一時俱通者;其措詞,皆不如《國志》之審矣。三十國使譯所通,故《魏志》能舉其名,其餘則自漢至魏,皆但能知其共有若干國而已,不能道其詳也。

倭人之自達中國,始於後漢。《後漢書》云:"建武中元二年,倭奴國奉貢朝賀,使人自稱大夫,倭國之極南界也。光武賜以印綬。安帝永初元年,倭國王帥升等獻生口百六十人,願請見。桓、靈間,倭國大亂,更相攻伐,歷年無主,有一女子,名曰卑彌呼,年長不嫁,事鬼神道,能以妖惑衆,於是共立爲王。"《三國志》云:"其國本亦以男子爲王,住七八十年,倭國亂,相攻伐歷年,乃共立一女子爲王,名曰卑彌呼。"建武中元二年,下距桓帝建和元年九十年,靈帝建寧元年一百十一年,與所謂住七八十年,更相攻伐歷年者,數略相合。然則《國志》所謂本亦以男子爲王,住七八十年者,乃即自其奉貢之年計之,而非謂倭之有王,始於是時也。此所謂王者,豈即倭奴國之君與?《國志》述諸國之名,當自北而南,而《後漢書》云倭奴爲倭國之極南界;又以彌奴、姐奴、蘇奴、華奴蘇奴、鬼奴、烏奴例之,奴國之名,亦甚似倭奴國之奪。然建武時倭國南界,與女王南界,是否相符,殊難質言;而《後漢書》於帥升稱爲倭國王,於倭奴則無王稱,又似本無王號者,故倭奴是否日本共主,究難斷定也。至帥升則不然矣。日本木宫泰彦作《中日交通史》,引其國博士内籐氏之説云:"北宋本《通典》有倭面土國王師升;日本古本《後漢書》有倭面土國王師升、倭面國王師升;異稱《日本傳》引《通典》,有倭面土地王師升;蓋本作倭面土國王,後省稱倭面國王,又省爲倭國王,或誤爲倭面土地王。倭面土當讀爲ヤマト,即大和國。"其説頗允。《後漢書》稱大倭王居邪馬臺國,邪馬臺似亦ヤマト譯音。《國志》云:"自女王國以北,特置一大率,檢察諸國,諸國畏憚之,常治伊都國。"伊都與倭奴,似亦同音異譯。竊疑邪馬臺,倭奴,乃諸國中之强者,而邪馬臺之勢尤張,故早有王稱。大亂之後,更晉爲大倭王,而伊都則爲大率治所也。四夷之或通於中朝,或僅達郡縣,實因緣事勢,非出偶然。蓋通中朝者,路遠而費多,僻陋之邦,或力不能勝,或亦本無此願,而中朝於外國之使,送迎亦頗勞費,非好大喜功之主,未有務於招致者。古附庸之不達於天子,蓋亦以此也。邪馬臺倭奴之能自達,豈偶然哉?《三國志》又言:"王遣使詣京都、帶方郡,諸韓國及郡使倭國,皆臨津搜露,傳送文書賜遺之物詣女王,不得差錯。"則倭人之通中華,實頗利其賞賜,安有藩屬小國,敢冒大倭王之名而自通者乎?

《三國志》又云:"卑彌呼以死,更立男王,國中不服,更相誅殺,當時殺千餘人。復立卑彌呼宗女壹與,年十三爲王,國中遂定。"案《漢書·地理志》言:"齊地,始桓公兄襄公淫亂,姑姊妹不嫁。於是令國中民家長女不得嫁,名曰巫兒,爲家主祠。嫁者不利其家,民至今以爲俗。"以此俗之成,歸諸齊君,其不足信,自不待論。卑彌呼年長不嫁,能事鬼神,正巫兒之俗也。亦足證倭人即嵎夷,嵎夷本在山東之説矣。見《嵎夷》條。《國志》又謂卑彌呼"有男弟共治國",此又今社會學家所謂舅權也。足見日本之有女主,乃其社會使然,而非偶然之事矣。如是,則日本女主,必不止卑彌呼、壹與二人。木宫泰彦云《記紀》有神功皇后征新羅事,酷類小説,原不能視爲信史。然西曆四稘後半,日人兵陵新羅,則事確有之。案《廣開土王陵碑》云:"辛卯,倭渡海,破百殘、新羅,己亥,百殘違誓,與倭通。新羅使白倭人滿國境。庚子,遣救新羅,倭退。甲辰,倭入帶方界。"百殘即百濟。辛卯爲晉武帝太元十六年,己亥爲安帝隆安三年,庚子四年,甲辰爲元興三年,上距魏明帝景初二年卑彌呼遣使之歲,百五十餘年矣。以卑彌呼爲神功皇后,年歲相距,誠未免太遥。然日本,高麗,皆本無史籍,其古史皆依傍我國之史爲之,年代安足徵信?碑文年月,雖若可信,然日本是時與新羅有兵争,不能謂其兵争之僅在是時也。故卑彌呼究爲神功皇后與否，誠衹能置諸存疑之列，然謂其非倭人之大長，則必不可矣。

木宫泰彦釋帶方郡至邪馬臺之路云："狗邪韓國即迦羅。對馬國即對馬。一大國，宜據《北史・倭國傳》改一支，即壹岐。末盧國即肥前之松浦。伊都國即筑前之怡土。奴國即筑前之儺。不彌國即筑前之宇瀰，投馬國即筑後之三豬。"黄公度《日本國志・鄰交志注》云："日本天明四年，筑前那珂郡人掘地，得一石室，上覆巨石，下以小石爲柱。中有金印一，蛇紐方寸，文曰漢委奴國王。予嘗於博覽會中親見之。日本學者皆曰：那珂郡古爲怡土縣。《日本仲哀紀》所謂伊都縣主，即《魏志》所謂伊都國也。上古國造百三十餘國，在九州者分十九國，在四海者分爲十國。《漢書・地理志》：倭人分爲百餘國。《三國志》：倭人舊邑百餘國，漢時有朝見者，今使譯所通三十國。二書所謂百餘國，與《國造本紀》相符，所謂三十國，蓋指九州四海之地，地在日本西南海濱，距朝鮮最近。此委奴國意必古伊都縣主，或國造之所爲，并非王室之所遣。其曰委奴，譯音無定字云。余因考《魏志》云：到伊都國，世有王，皆統屬女王國，郡使往來常所駐。《後漢書》云：委奴國，倭國之極南界也。又云：其大倭王居邪馬臺國。邪馬臺即大和之譯音，崇神時蓋已都於大和矣。謂委奴國非其王室，此語不誣。"予案日史所言，恐正依傍中史，以此證中史之不誤，恐不足信。黄氏之説，與余説頗相合，正足證并卑彌呼而指爲小侯非王室者，衹是日人褊淺之見也。

〔三七〇〕 儒術之興上

自梁任公以周、秦之際，爲中國學術最盛之時；謂漢武罷黜百家，表章六經，實爲衰機所由肇；又謂歷代帝王尊崇儒術，乃以儒家有尊君之義，用以便其專制之私。而世之論者，多襲其説，實則不衷情實之談也。儒術之興，乃事勢所必至，漢武特適逢其會耳。

當秦、漢之世，欲求致治，勢不能不圖更化。秦人權使其士，虜使其民，内峻威刑，外勤戰鬥。□□□□世，不得不然，而非謂可以此致治也。《紀》載始皇之語曰："吾前收天下書不中用者盡去之，悉召文學方術士，甚衆，欲以興太平，方士欲練以求奇藥。""欲以興太平"上，蓋有奪文。此五字指文學言。致太平責文學，練奇藥資方士，皆始皇所謂在不中用之外者也。文學者，通知古今而不囿於當世法律辟禁之士。見《焚書上》條。叔孫通以文學徵，待詔博士；數歲，陳勝起，二世召博士諸儒生問，而通之對諛，賜帛二十疋，衣一襲，拜爲博士。則當時博士，蓋即文學之士爲之。秦博士多儒生，見下條。則所謂文學者，其學術亦可知矣。然則始皇非不欲用儒也，未及用而誹謗之事遽起，案問御史既希旨，諸生又傳相告引，遂至所阬者幾五百人耳。然原其初意，固與漢武無以異也。使天假之年，獲見海内平治，如漢文、景之時者，亦未必不終用儒生，成武帝之業也。

孔子論政，先富後教。孟子曰："無恒産而有恒心者，惟士爲能。若民，則無恒産，因無恒心；苟無恒心，放辟邪侈，無不爲矣。是故明君制民之産，必使仰足以事父母；俯足以畜妻子；樂歲終身飽，凶年免於死亡，然後驅而之善，故民之從之也輕。"《管子》曰："倉廩實而知禮節，衣食足而知榮辱。"《王制》曰："食節事時，民咸安其居。樂事勸功，尊君親上，然後興學。"凡古之言教化，無不如此者。叔孫通之使徵魯儒生也，有兩生不肯行，曰："禮樂，積德百年而後可興也。今天下初定，死者未葬，傷者未起，公所爲不合古。"猶守舊説也。《漢書·禮樂志》曰："世祖受命中興，撥亂反正，改定京師於土中。即位三十年，四夷賓服，百姓家給，政教清明，乃營立明堂辟雍。"又曰："今海内更始，民人歸本，户口歲息，平其刑辟，牧以賢良，至於家給，既庶且富；則須庠序禮樂之教化矣。……今大漢繼周，久曠大儀，未有立禮成樂，此賈誼、仲舒、王吉、劉向之徒，所爲發憤而增歎也。"仍是此等議論。漢代改正朔易服色之論，必起於文帝之時，以此。秦皇初并天下，日不暇給，其廣徵文學，而未能遽就其事，其無足怪。然以視漢之高帝，則規模弘遠矣。

漢興文治，蓋有三時：酈生謁高祖，高祖問使者曰："何如人也？"使者曰："狀貌類大儒，衣儒衣，冠側注。"高祖即不肯見。酈生更其辭，然後得入。陸賈前説稱《詩》、《書》，高祖曰："乃公居馬上得之，安事《詩》、《書》。"客冠儒冠來者，高祖輒解其冠，溲溺其中。叔孫通乃從所好，服短衣楚製。通從儒生弟子百餘人，然無所言進，專言諸故羣盜壯士進之。及高祖苦羣臣拔劍擊柱，通乃説之以起朝儀；高祖猶曰："得毋難乎？"又曰："可試爲之。令易知，度吾所能行者爲之。"通爲之月餘，請上試觀。上即觀，曰："吾能爲此。"乃令羣臣習肄，其所謂禮者可知矣。陸生之折高祖曰："馬上得之，寧可以馬上治之乎？且湯、武逆取而以順守之，文武并用，長久之術也。"蓋以利害動之，高祖乃曰："試爲我著秦所以失天下，吾所以得之者何？及古成敗之國。"陸生乃麤述存亡之徵，凡著十二篇。自來能應事機者，不必其明於理。高祖之麤野，豈足以語興亡之故？其所著者亦可知矣。今《新語》係僞書，然真者即存，亦必甚淺俗。《絳侯世家》云："勃不好文學，每召諸生説士，東鄉坐而責之，趣爲我語。"《陸賈傳》：賈謂陳平曰："臣嘗欲謂太尉絳侯，絳侯與我戲，易吾言。"張良遊俠，蕭、曹刀筆史，韓信徒能校兵書，張蒼稱於書無所不讀，亦府史之材耳，安足以知文學？蓋漢初之將相大臣又如此。而其時亦正死者未葬，傷者未起，其無意於言教化也固宜。孝惠、高后之時，民務稼穡，衣食滋殖。及文帝之立，而情勢稍變矣。《史記·禮書》曰："孝文即位，有司議欲定儀禮；孝文好道家之學，以爲繁禮飾貌，無益於治，躬化謂何耳，故罷去之。"與《賈生傳》所云"賈生以爲漢興至孝文二十餘年，天下和洽，當改正朔，易服色，法制度，定官名，興禮樂，乃悉草具其事。孝文帝初即位，謙讓未遑"者合。然《傳》又曰："天子議以爲賈生任公卿之位，絳、灌、東陽侯、馮敬之屬盡害之，乃短賈生，於是天子後亦疏之，不用其議。"觀公孫臣之進用，則賈生危見任爲公卿不誣。蓋道家之義，特不容妄事紛更，原不謂當束手一事不爲也。《漢書·禮樂志》亦云："天子説焉，而大臣絳、灌之屬害之，故其議遂寢。"《鼂錯傳》曰："太子善錯計策，袁盎諸大功臣多不好錯。"又云："景帝即位，以錯爲内史。法令多所更定，丞相申屠嘉心弗便。""遷爲御史大夫，請諸侯之罪過，削其地，收其枝郡。奏上，上令公卿列侯宗室集議，莫敢難。獨竇嬰争之，由此與錯有隙。"錯之死，論者皆謂袁盎爲之。其實盎疏遬，非竇嬰不得見；而錯之誅，距盎之説已十餘日矣，度其間必更有進讒於景帝者，特史弗傳耳。然則殺錯者非盎，實漢朝之大臣也。故錯之被陷，誼之見排，一也。特所遭之時不同，故一止於遷謫；一遂至於殺身耳。然則高、惠之世，本無意於更化者也；文、景則有意焉，而爲武力功臣所沮者也；丁斯時也，必此等沮撓之人盡去，而又得一好大喜功之主，舉前世謙讓未遑者，悉不讓而爲之，而後更化之事可成，武帝則其人也。武帝之世，則其時也。其能就前人所未就之業，宜哉。然其事，則固始皇以來之所共願也，未之逮耳。

〔三七一〕 儒術之興中

博士，《漢書·百官公卿表》曰"秦官"，而沈約《宋書志》謂六國時往往有博士。案《史記·循吏傳》："公儀休者，魯博士也。以高第爲魯相。"《龜策列傳》：宋元王時，神龜爲豫且所得，見夢，召博士衛平而問焉。《漢書·賈山傳》："祖父袪，故魏王時博士弟子也。"則約之言是也。草昧之世，無所興作，服官但循成法，固無取通知古今；稍進文明，即不容爾。博聞强識之士，遂爲世之所貴。子産以博物君子，見稱於晉；而楚靈王亦誇倚相能讀《三墳》、《五典》、《八索》、《九丘》；則是物也。春秋時，猶僅就博聞者而問焉，徵故實於史氏；至戰國，遂廣羅道術之士，以備諮詢，亦理勢然矣。班《表》之説，蓋謂漢之博士，沿襲嬴秦，原不謂博士之官，爲秦人所創置也。孔鮒爲陳涉博士，漢高亦以叔孫通爲博士。當戎馬倥偬之際，不廢是官，則亦頗重之矣。

博士雖無重權，然議禮制度考文，由之而定；其於顯庸創制之朝，所係實重。觀其治何家之學，而其時之所尚可知矣。叔孫通、伏生皆儒者，衆所共知。博士之議帝號也，曰："古有天皇，有地皇，有泰皇；泰皇最貴。"天皇、地皇、泰皇者，《尚書大傳》曰：遂人以火紀，火，太陽也，陽尊，故託遂皇於天；宓戲以人事紀，故託戲皇於人；神農悉地力，種穀疏，故託農皇於地。泰即大，大與人古字相通。泰皇，蓋人皇傳寫之譌。參看拙撰《三皇五帝考》。淳于越之諫始皇也，曰："臣聞殷、周之王千餘歲，封子弟功臣，自爲枝輔；今陛下有海内，而子弟爲匹夫，卒有田常六卿之臣，無輔拂，何以相救哉？事不師古，而能長久者，非所聞也。"陳勝之起也，二世召博士諸儒生問，博士諸生三十餘人前曰："人臣無將，將即反，罪死無赦。"觀其所言，而其所學可知矣。《漢書・京房傳》，房弟子姚平曰："昔秦時，趙高用事，有正先者，非刺高而死，高威自成。"孟康曰："姓正，名先，秦博士也。"高之學近法家，當時儒法二家，相譏頗甚，得毋先亦儒家者流與？《梅福傳》："夫叔孫先非不忠也。"師古曰："先猶先生也。"則正先未必名先。始皇之阬儒生也，扶蘇諫曰："諸生皆誦法孔子。"則嬴秦之廷，齊、魯之士爲不少矣。

《始皇本紀》：三十六年，使博士爲仙真人詩；三十七年，夢與海神戰，問占夢博士。或有以此二事，疑當時博士，雜有方士巫祝之流者。然《紀》又言二世三年，夢白虎齧其左驂馬，殺之，召問占夢；則三十七年之"占夢博士"四字不連讀，乃始皇并問此兩官，而非博士以占夢爲職也。至使爲仙真人詩，則以其閑於文學耳。漢世郊廟之歌，有定自匡衡者矣；亦雜有神仙家言，豈得謂稚圭爲方士之流與？

侯生、盧生謂始皇專任獄吏，博士雖七十人，特備員弗用。然帝號之定，實采博士之議；淳于越之言雖不見用，且引起焚書之禍，當時亦曾下其議；而所焚之書，以非博士官所職爲限，則其責博士以通古今如故也。始皇之封禪也，《史記・封禪書》記其事曰："徵從齊、魯之儒生，博士七十人，至乎泰山下。諸儒生或議曰：古者封禪，爲蒲車，惡傷山之土石草木。掃地而祭，席用葅秸，言其易遵也。始皇聞此議各乖異，難施用，由此絀儒生；而遂除車道，上自泰山陽至巔，立石頌秦始皇帝德，明其得封也。從陰道下，禪於梁父，其禮頗采大祝之祀雍上帝所用，而封藏皆祕之，世不得而記也。始皇之上泰山，中阪，遇暴風雨，休於大樹下；諸儒生既絀，不得與用於封事之禮，聞始皇遇風雨，則譏之。"頗采者,不盡采之辭;絀即不與於封事之謂;雖不從其人,實未嘗盡廢其議,故《本紀》紀此事,仍云"與魯儒生議封禪望祭山川之事"。且齊、魯之儒生雖絀,博士七十人,未必不從上山也。漢武之封禪也,《封禪書》記其事曰:"天子既聞公孫卿及方士之言,欲放黄帝,以上接神仙人蓬萊士,高世比德於九皇,而頗采儒術以文之。羣儒既已不能辨明封禪事,又牽拘於《詩》、《書》古文而不能騁;上爲封禪祠器,示羣儒,羣儒或曰不與古同,徐偃又曰太常諸生行禮不如魯善,周霸屬圖封禪事,於是上絀偃、霸,而盡罷諸儒不用。"封禪自後世觀之,誠爲秕政,然秦、漢之世,則視之甚重;秦皇、漢武,其不專任儒亦等耳。

《漢書·藝文志》:《高祖》十三篇,高祖與大臣述古語及詔策也;《孝文傳》十一篇,文帝所稱及詔策。今觀《史》、《漢》,兩帝詔策,多粹然儒者之言。文帝除肉刑一詔,原本《書傳》,尤能行經義以除秕政;詔策如此,他所稱述可知,知儒術之興,實不自武帝始矣。

〔三七二〕 儒術之興下

然則漢人議論,無事不引秦爲鑑戒;而夷考其實,其所行者,實乃異世而同揆,是何也?曰:此事勢之不得不然,而生其時者,亦遂莫知其然而然也。世之治也,必有待於民之自善,而不容專恃夫刑驅勢迫。此本非難解之義,夫豈始皇、李斯所不知。董仲舒之言曰:"周之末世,大爲亡道;秦繼其後,又益甚之,習俗薄惡,民人抵冒;今漢繼秦之後,雖欲治之,無可奈何。法出而姦生,令下而詐起。辟之琴瑟,不調甚者,必解而更張之,乃可鼓也;爲政而不行甚者,必變而更化之,乃可理也。"此豈仲舒一人之言哉?趣過目前,而不暇爲久遠之圖者,庸或慮不及此。始皇固非其人,苟一念夫致治清濁之原,而苟爲子孫帝王萬世之計,更化之圖,有必不容緩者矣。更化之事,固非儒家莫能爲。此則始皇之所志,所以與漢儒之所唱導者,异世而同揆也。

漢儒之言更化,其道有二:曰立大學以教於國;曰設庠序以化於邑。古大學與明堂合一,制禮作樂之事皆出焉,漢人固頗行之矣。然與人民實無涉也,故訖無成效可見。至於庠序之化,則終漢世未之能行,故雖以東京大學之盛,而班固之徒,猶蹙然於教化之未興也。《漢書·禮樂志》曰:"世祖受命中興,撥亂反正,改定京師於土中。即位三十年,四夷賓服,百姓家給,政教清明,乃營立明堂辟雍。顯宗即位,躬行其禮,宗祀光武皇帝於明堂,養三老五更於辟雍。威儀既盛美矣,然德化未流洽者,禮樂未具,羣下無所誦說，而庠序尚未設之故也。"

然則庠序而果徧設，漢儒所謂教化之具者而果畢張，風俗遂可以美善矣乎？曰：難言之矣。《漢書·地理志》曰："文翁爲蜀守，教民讀書法令，未能篤信道德，反以好文刺譏，貴慕權勢；及司馬相如游宦京師諸侯，以文辭顯於世，鄉黨慕循其跡。後有王褒、嚴遵、揚雄之徒，文章冠天下。由文翁唱其教，相如爲之師。"庠序學校之教，其效可睹矣。大史公曰："夏之政忠，忠之敝，小人以野；故殷人承之以敬，敬之敝，小人以鬼；故周人承之以文，文之敝，小人以僿。故救僿莫若以忠，三王之道若迴圈，終而複始。"周秦之際，可謂文敝矣，秦政不改，反酷刑法，豈不繆乎？以酷刑法爲反於忠者，董仲舒曰："秦師申商之法，行韓非之說，誅名而不察實。爲善者不必免；而犯惡者未必刑，是以百官皆飾空言虛辭而不顧實，是其義也，好文刺譏，習爲雕蟲，飾其鞶帨，其不顧實，無乃愈甚。"然則漢儒之所爲，自謂能救僿以忠，實乃以水濟水也。

漢儒所謂教化者，不足以治天下，讀張敞奏黄霸之語，最可見之。霸之治郡，先爲人民籌生計，繼乃教以孝弟貞廉之行；徒觀其跡，真所謂先富後教者。而敞之奏曰："澆淳散樸，有名無實，甚者爲妖。"又曰："假令京師先行讓畔異路，道不拾遺，其實亡益廉貪貞淫之行，而以僞先天下，固未可也。即諸侯先行之，僞聲軼於京師，非細事也。"其深惡痛絶之，至於如此。觀於王莽之以僞率天下，而卒至於大亂，然後歎敞之見之卓矣。莽之所爲，即所謂以僞先天下，甚者爲妖者耳。

然則如敞之所言，謂漢家承敝通變，造起律令，即以勸善禁姦者，其說果是矣乎？曰：又非也。王吉之言曰："今俗吏所以牧民者，非有禮義科指，可世世通行者也。以意穿鑿，各取一切，是以詐僞萌生，刑罰無極，質樸日消，恩愛寖薄。"觀漢世法令之支離滅裂，蓋不能不以其言爲然。而敞謂足勸善禁姦，誣矣。賈誼之言曰："今漢承秦之敝俗，廢禮誼，捐廉恥。今其甚者殺父兄，盜者取廟器，而大臣特以簿書不報期會爲故；至於風俗流溢，恬而不怪，以爲是適然耳。"夫移風易俗，使天下回心而鄉道，類非俗吏之所能爲也。觀於漢世大臣之無遠慮，爲吏者多沿亡秦之失，徒藉刑殺以立威，蓋又不能不以其言爲然。而敞以爲但令貴臣，明飭長吏守丞，歸告二千石，奉法令從事，遂足爲治。得毋當時之二千石，皆非俗吏乎？何言之易也！五穀不熟，不如荑稗，張敞之稗，或愈於黄霸之秕，以爲嘉穀則誤矣。

任法既不足止姦；崇儒又適以長僞；則將何適而可？曰：言治必以教化爲本，教化必以禮樂爲先，此不易之理也。獨惜儒家之言教化者，皆未知禮樂之情耳。《記》曰："大樂與天地同和，大禮與天地同節。和者，樂之情也；節者，禮之情也。"然非謂吾陳禮樂於此，而民遂能和，而民遂知節也。欲民之能和，必先去其争攘之心，消其愁怨之念；欲民之知節，必先禁其放蕩之行，祛其鄙吝之情。民蹙然無以遂其生，又强陵弱衆暴寡而莫之能正，不强圉即無以自衛；而欲陳樂以和之，難矣。富家一食之費，罄貧民終歲之糧，弗能均也。睦淵任卹之風邈，而民不得不厚自封殖，雖有數世温飽之計，猶懷不可終日之尤，弗能化也。而欲立禮以節之，難矣。此制禮作樂，所以必在功成治定之後也。功未成，治未定，曷嘗不以前代之禮樂化其民。然所以成其功定其治者，必當别有作爲，不能舞幹羽以格有苗，寫《孝經》以安反側，審矣。滿堂而飲酒，一人鄉隅而悲泣，則四坐爲之不樂；人心之欣戚，豈不以其境哉？班固之言曰："今海内更始，民人歸本，户口歲息，平其刑辟，牧以賢良，至於家給，既庶且富，則須庠序禮樂之教化矣。"然而史遷言武帝之初，衆庶街巷有馬，阡陌之間成羣，守閭閻者食粱肉，爲吏者長子孫。而董仲舒言貧民常衣牛馬之衣，食犬彘之食。雖遷，亦謂役財驕溢，或至并兼。夫苟家給人足，又何并兼之有？則知太倉之粟，陳陳相因，都鄙廩庾盡滿，非人人得而食之矣。以此而言庠序禮樂，不亦難乎？故曰："禮云禮云，玉帛云乎哉？樂云樂云，鐘鼓云乎哉？"而林放問禮之本，子曰：大哉問！

不特此也。禮也者，因時世人情，爲之節文者也；然則非節文人者也，君子行禮，不求變俗，以此，夫異世之禮之不可以强齊，猶異地之禮之不可以强一也。劉向之言曰："爲其俎豆筦絃之間小不備，因是絶而不爲，是去小不備而就大不備，或莫甚焉。"固也，抑且愈備而愈不能行；何也？愈備，則其去人生日用愈遠，非復因時世人情，爲之節文之義矣。夫禮之初，始諸飲食，其燔黍而捭豚，汙尊而抔飲，蕢桴而土鼓，猶若可以致其敬於鬼神；然而後聖有作，脩火之利，以炮以燔，以亨以炙，以爲醴酪，初不沿燔黍捭豚汙尊抔飲之舊，何則？世殊則事異，人之情不存焉。叔孫生之制朝儀也，高祖曰："令易知，度吾所能行者爲之。"然則爲民制禮樂者，不當度民之所易知、所能行者乎？故曰：禮也者，義之實也。協諸義而協，則禮雖先王未之有，可以義起也。漢儒日言禮樂教化，而其所從事者，非陳諸廟堂之上，人民不見不聞，則拘牽於俎豆筦絃之間，徒陳古而不與今合；以此化民，得乎？故曰：知禮樂之情者能作；識禮樂之文者能述；作者之謂聖，述者之謂明。又曰：禮之所尊，尊其義也。失其義，陳其數，祝史之事也；拘牽於俎豆筦絃之間，而猶弗能備，則求爲祝史而未能逮也；將以化民，不亦難乎？

《史記·禮書》曰："今上即位，招致儒術之士，令共定儀，十餘年不就。或言古者太平，萬民和喜，瑞應辨至。乃采風俗，定制作。"定制作必采風俗，此即因時世人情爲之節文之義；禮樂之必須制作以此。不然，何不沿前代之舊乎？爲此言者，不知何人，其所陳則古義也。與魯兩生之言，皆令人望古而遥集也。爲此言者，不知何人，其所陳則古義也。

《禮書》又曰："上聞之，制詔御史曰：蓋受命而王，各有所由興；謂因民而作，追俗爲制也。議者咸稱太古，百姓何望？漢亦一家之事，典法不傳，謂子孫何？化隆者閎博，治淺者褊狹，可不勉與？乃以太初之元，改正朔，易服色，封泰山，定宗廟百官之儀，以爲典常，垂之於後云。"制詔所陳，亦古義也，獨惜改正朔易服色等事，皆與民無涉耳。

論後世之禮樂不切於民生者，以《唐志》之言爲最著明：《志》曰："由三代而上，治出於一，而禮樂達於天下；由三代而下，治出於二，而禮樂爲虚名。古者宫室車輿以爲居，衣裳冕弁以爲服，尊爵俎豆以爲器，金石絲竹以爲樂，以適郊廟，以臨朝廷，以事神而治民。其歲時聚會，以爲朝覲聘問；懽欣交接，以爲射鄉食饗；合衆興事，以爲師田學校；下至里閭田畝，吉凶哀樂，凡民之事，莫不一出於禮。由之以教其民，爲孝慈友弟忠信仁義者，常不出於居處動作、衣服飲食之間。蓋其朝夕從事者，無非乎此也，此所謂治出於一。而禮樂達天下，使天下安習而行之，不知所以遷善遠罪而成俗也。及三代已亡，遭秦變古，後之有天下者，自天子百官名號位序，國家制度，宫車服器，一切用秦。其間雖有欲治之主，思所改作，不能超然遠復三代之上，而牽其時俗，稍即以損益，大抵安於苟簡而已。其朝夕從事，則以簿書獄訟兵食爲急，曰：此爲政也，所以治民。至於三代禮樂，具其名物，而藏於有司，時出而用之郊廟朝廷，曰：此爲禮也，所以教民。此所謂治出於二，而禮樂爲虚名。故自漢以來，史官所記，事物名數，降登揖讓拜俛伏興之節，皆有司之事耳。所謂禮之末節也。然用之郊廟朝廷，自搢紳大夫從事其間者，皆莫能曉習，而天下之人，至於老死，未嘗見也。况欲識禮樂之盛，曉然諭其意，而被其教化以成俗乎？"惟其不出於居處動作、衣服飲食之間，是以民至於老死而莫之見。歐氏不責後世之言禮樂者，不能即其時之居處動作、衣服飲食而爲之制，顧責其不能超然遠復三代之上。然則舉民之居處動作、衣服飲食，悉變而還之古乎？是猶有蓬之心也夫！然民之居處動作、衣服飲食，終不可無以治之，是則歐氏所謂簿書獄訟者也；其事固不容不急。張敞謂造起律令，即以勸善禁姦，亦謂此也。然古之所謂禮者，固將舉一世之民，而納之軌物；律令則徒能恐懼之，使之有所不敢爲而已。能治其身，不能治其心也。是以法出而姦生，令下而詐起也，謂其意亦在勸善禁姦，焉是矣，謂即足以勸善禁姦，焉誣矣。

清邵位西作《禮經通論》，謂古無以吉、凶、軍、賓、嘉爲五禮者；言吉與凶，謂居喪及免喪耳，無概以祭禮爲吉禮者。乃作《周官》者特創此目，以括王朝之禮，而非所語於天下之達禮也。天下之達禮，時曰喪、祭、射、鄉、冠、昏、朝、聘，邵氏謂《禮運》之喪祭射御冠昏朝聘，御爲鄉之誤。《禮經》十七篇其物，五禮則布列百司，具藏官府，若後世所謂禮書者，非可舉以教人。邵氏云："保氏以教國子，鄉官以教萬民者，雖曰五禮，以視宗伯所掌，必有詳略繁簡之分；亦猶德行道藝，《地官》、《春官》所載，不盡符同也。"終前漢之世，無傳《周官》者。其書之體，本諸司職掌，不可以名禮也。此亦由後世所謂禮書者，不切民生日用而悟人。然則朝廷之禮，不盡切於民生日用，舊矣。特古有喪、祭、射、鄉、冠、昏、朝、聘之達禮，後世則無之，各率其俗，而一治之以法耳。

夫言古禮而徒欲陳其數，漢世固未嘗無之。《史記·孔子世家》，言魯諸儒講禮，鄉飲大射於孔子冢。《儒林傳》云：高祖誅項籍，舉兵圍魯。魯中諸儒，尚講誦，習禮樂，弦歌之音不絕。史公亦鄉射鄒、嶧，《自序》。則鄒、魯之地，自周以來，禮樂未嘗絕也。其升於朝者，徐生善爲容，傳子至孫延、襄。及徐氏弟子公户滿意、桓生、單次，皆爲漢禮官大夫。《儒林傳》。《漢書·藝文志》云：制氏以雅樂聲律，世在樂官，頗能紀其鏗鏘鼓舞。又云：文帝時，得魏文侯樂人竇公。謂竇公逮事文侯，必無此理。蓋得魏國樂人之傳者耳。然《何武傳》言其從京兆尹，坐舉方正。所舉者召見，槃辟雅拜，有司以爲詭衆虚僞，左遷。夫獨非禮容乎哉？而《後漢書·劉昆傳》，言其"少習容禮。平帝時，受《施氏易》於沛人戴賓，能彈雅琴，知清角之操。王莽世教授，弟子恒五百餘人。每春秋饗射，常備列典儀。以素木瓠葉爲俎豆，桑弧蒿矢，以射菟首。每有行禮，縣宰輒率吏屬而觀之。王莽以昆多聚徒衆，私行大禮，有僭上心，乃繫昆及家屬於外黄獄。"則并有以此獲罪者矣。然則非無禮樂也，有禮樂而人之情不存焉，如禮何？如樂何？

《漢書·藝文志》有《雅歌詩》四篇，又有《雅琴趙氏》七篇，名定，勃海人，宣帝時丞相魏相所奏。《雅琴師氏》八篇，名中，東海人，傳言師曠後。《雅琴龍氏》九十九篇，名德，梁人。師古曰："劉向《別録》云亦魏相所奏也。與趙定俱召見待詔，後拜爲侍郎。"《後漢書·劉昆傳注》引《別録》曰："雅琴之意，事皆出龍德《諸琴雜事》中。"昆弟子五百餘人，不知所教授者，《施氏易》乎？雅琴乎？容禮乎？先漢儒者，教授數百千人者，數見不鮮。而王莽獨惡昆，則昆所教授，殆必兼及雅琴、容禮，亦如徐氏之有弟子也。然則自古相傳之禮樂，知之者實不獨一二人矣。《漢志》所載之書，今存者不及十一，而世必以爲古籍亡於秦火；三代之禮樂，漢世未嘗無存者，而世必謂周、秦之際，崩壞已盡，皆一概之談耳。《大戴記·投壺》：凡雅二十六篇。其八篇可歌，八篇廢不可歌。七篇《商》、《齊》，可歌也。三篇間歌。又較《漢志·雅歌》四篇爲多。案八篇可歌者，蓋謂《鹿鳴》、《貍首》、《鵲巢》、《采蘩》、《采蘋》、《伐檀》、《白駒》、《騶虞》也。有甲乙相與語，甲曰：今之人，徒襲外國之法律政事，而欲以爲治，不亦難乎？乙曰：今之人，若謂襲外國之法律政事而可以爲治，則可語矣。彼其意，以爲襲外國之法律政事，即爲治耳，不計其功效如何？但以有其事爲已足，漢後之言禮樂者，多有此病。

秦、漢之世，爲儒法遞嬗之會。《漢書·禮志》所載賈誼、董仲舒、王吉、劉向之言，儒家之義也。《循吏傳》所載張敞之奏，法家之義也。《元帝紀》言："（帝）壯大，柔仁好儒。見宣帝所用多文法吏，以刑名繩下，嘗侍燕，從容言陛下持刑大深，宜用儒生。宣帝作色曰：漢家自有制度，本以霸王道雜之，奈何純任德教，用周政乎？且俗儒不達時宜，好是古非今，使人眩於名實，不知所守，何足委任。乃歎曰：亂我家者，太子也。"所謂王道指儒，霸道指法。漢之治，自宣帝以後，實儒法雜。元帝以後，乃純於儒，然治反不逮者，飾虛文而不察其實也。王莽之虛僞，使後世之人失笑，稍深思之，或又以爲不近情理，疑其未必如是。不知當時自有此等風氣，蓋特其尤甚者耳。以飾虛文而不察實，故無以禁姦，而莽得以篡，莽得以篡，仍崇飾虛文，以爲足以爲治，故卒以召亡。

漢崇儒之主，莫過於武帝；其爲治，實亦儒法雜。一讀《鹽鐵論》，則知桑弘羊之所持，純爲法家之説矣。以武帝之儒法并用，而知吾始皇用儒之説之不虛也。

黄霸何如人也？曰：詐僞人也。霸本以豪傑役使徙雲陵，再入錢穀爲官，其饒於財可知。凡饒於財者，往往喜名譽。其治郡也，米鹽靡密，精力能推行之。凡能自精力者，又往往好名譽也。聞巫家女相當富貴，即娶爲妻，其熱中可見。霸少學律令，喜爲吏，其爲治，專恃司察之術，是儒其名而法其實也。其害安可勝窮！或問其害安在？曰：宣帝之稱揚霸也，曰獄或八年亡重罪囚，霸之治能至此乎？潁川俗夸奢，尚氣力，臧匿難制御，此可旦夕致乎？然則霸故縱舍之以爲名耳。縱舍姦民以爲名，民相安能至八年之久乎？或曰：以霸之善司察，固可以小安。然而如霸之所爲，不能毋多張條教於法令之外。條教繁，名實紊，賞罰無所施矣。此張敞之所深惡也。使無敞之奏，郡國皆承霸意爲之，有其煩碎，而無其司察之才；吏緣爲姦，而民無所措手足，莽末之大亂，必見於宣、元之世。王莽之所爲，意亦無惡於天下，所以致亂者，正坐名實紊而督責不施耳。然則宣帝所謂以霸王道雜之者，果爲治之要義乎？曰：真儒未有不察名實者。子曰："必也正名乎？名不正，則言不順；言不順，則事不成；事不成，則禮樂不興；禮樂不興，則刑罰不中；刑罰不中，則民無所措手足。"何其類申、商之言也？真法家亦必不棄教化。韓非之言曰："糟糠不飽者，不務粱肉；短褐不完者，不待文繡。"原不謂功成治定，猶當壞利去樂也。雖墨子之非樂，亦斯義也。故曰：九流之學，辟之水火，相滅亦相生也。自元帝至於新室之所爲，乃釋儒法之長而用其短，亡國敗家相隨屬，不足怪矣。夫人孰不欲釋其短而用其長，乃至釋其長而用其短，何也？曰：不誠無物，以僞率天下者，終必至於禍天下而還以自禍。

〔三七三〕　漢儒術盛衰上

《漢書》稱武帝初立，罷黜百家，表章六經；案此指建元元年，丞相綰奏罷賢良治申、商、韓非、蘇、張之言者言之。自此以後，利禄之途，遂爲儒家所專矣；此誠學術興替之一大關鍵也。然武帝是時年十七耳，雖非昏愚之主，亦未聞其天亶夙成。成童未幾，焉知儒術爲何事？不特此也，是年衛綰免，魏其侯爲相，武安侯爲太尉，推轂趙綰、王臧，迎魯申公，欲立明堂。二年，乃以趙綰請毋奏事太皇太后敗。夫二年請毋奏事太皇太后，則元年嘗奏事太皇太后可知。然則衛綰之奏，雖謂太后可之可，即魏其武安等之所爲，太后亦未嘗尼之也。又不特此也，建元五年，立五經博士，諸子傳記博士蓋自此罷。此實與罷賢良治申、商、韓非、蘇、張之言者同其功，其時太后亦未崩也。太后固好黄老言者，而其於儒術，優容之如此，何邪？

《史記・禮書》曰："至秦有天下，悉内六國禮儀，采擇其善。至於高祖，叔孫通頗有所增益減損，大抵皆襲秦故，自天子稱號，下至佐僚及宫室官名，少所變改。孝文即位，有司議欲定儀禮，孝文好道家之學，以爲繁禮飾貌，無益於治，躬化謂何耳，故罷去之。孝景時，御史大夫鼂錯，明於世務刑名，數干諫孝景曰：諸侯藩輔，臣子一例，古今之制也。今大國專治異政，不稟京師，恐不可傳後。孝景用其計，而六國叛逆，以錯首名，天子誅錯以解難。是後官者，養交安禄而已，莫敢復議。今上即位，招致儒術之士，令共定儀，十餘年不就。或言古者太平，萬民和喜，瑞應辨至，乃采風俗，定制作。上聞之，制詔御史曰：蓋受命而王，各有所由興。殊路而同歸，謂因民而作，追俗爲制也。議者咸稱太古，百姓何望？漢亦一家之事，典法不傳，謂子孫何？化隆者閎博，治淺者褊狹，可不勉與？乃以太初之元，改正朔，易服色，封泰山，定宗廟百官之儀，以爲典常，垂之於後云。”此漢自武帝以前制作之大略也。案文帝嘗一用公孫臣，并惑於新垣平，拜臣爲博士，與諸生草改曆服色事；又使博士諸生刺六經中作王制，謀議巡狩封禪事，其所爲與武帝何異？或曰：漢人迷信深，此黄龍見成紀爲之，然《賈生列傳》言：“生以爲漢興至孝文二十餘年，天下和洽，當改正朔，易服色，法制度，定官名，興禮樂，乃悉草具其事儀法，色上黄，數用五，爲官名，悉更秦之法。”帝雖謙讓未皇，然以爲生任公卿之位，絳、灌之屬短之，乃不用。然則謂帝之用公孫臣新垣平爲惑於黄龍之瑞，其本意以爲繁禮飾貌，無益於治者，億度之辭，非其實也。賈生《陳政事疏》，極言俗流失，政敗壞，而大臣特以簿書期會爲大故之失，與董生改絃更張之論，如出一轍；而賈山亦勸帝立明堂，造大學。然則制度當正，教化當興，乃當時論治者之公言，非一二人之私意也。夫欲改制度，興教化，固非儒家莫能爲，此所以衛綰、竇嬰、田蚡之所爲，後先一揆；竇太后雖好黄、老，而亦不之尼與？侯生、盧生之謗秦始皇而亡去也，始皇怒曰：“吾前收天下書不中用者盡去之，悉召文學方術士甚衆，欲以興太平，方士欲練以求奇藥。”興太平指文學言。《叔孫通列傳》云：“秦時以文學徵，待詔博士。”而伏生亦秦博士，則始皇所用，儒生正多。興太平亦必指改制度興教化言。始皇雖急法，特以天下初定，反側未絶，行此以事填壓。使其在位歲久，海内無虞，亦未必不能更易治法。然則改制度，興教化，又一統以後論治者之公言，并不待文、景之世也。然則儒術之興，乃時勢爲之，亦猶申、商、韓非、蘇秦、張儀之言，見用於戰國之世耳。或謂儒家明君臣之義，爲雄猜之主所利，故尊崇之以柔天下。夫儒家主尊君抑臣，不主尊君抑民也。苟欲一人爲剛，萬夫爲柔也，用儒家孰若用法家？且亦思漢世勸漢帝誰差天下，求索賢人，禪以帝位，而退自封百里者，誰家之學與？

漢武帝可謂隆儒之主與？曰不可。其初即位時事，乃衛綰、竇嬰、田蚡等所爲，非其所自爲也；其後爲五經博士，置弟子，議出公孫弘；此固由武帝能用弘，從其言；然終武帝之世，儒生見任用者，亦惟弘一人而已。張湯、趙禹，法家也，主父偃、朱買臣，從衡之士也，正衛綰之所欲罷也；改正朔，易服色，遲至太初元年，武帝在位既三十七年矣，苟有崇儒之心，何待是？蓋其封泰山，意在求神仙；其改正朔，亦惑於公孫卿迎日推策之説耳。《禮書》之訾叔孫通也，曰官名少所變改；賈生欲法制度，亦先定官名，議雖未行，然史稱諸律令所更定，及列侯悉就國，皆自賈生發之。其稱鼂錯改制，乃在削適諸侯，而趙綰、王臧,亦欲令列侯就國,除關,舉適諸竇宗室無節行者;然則漢儒言禮,皆重實政,非徒以飾耳目而已。乃武帝所謂定百官之儀者,則更印章以五字耳,見《封禪書》。今《禮書》序存而書亡,武帝所定之儀,已不可得見,度必瑣細無關宏旨,故書亡而其事亦亡,苟其不然,必有能言其略者矣。叔孫通之立朝儀也,徵魯諸生三十餘人,有兩生不肯行,曰"禮樂,積德百年而後可興也,今死者未葬,傷者未起";與《禮書》所載或人之言,如出一轍。禮者,因人情而爲之節文,故必採風俗,然後可定制作;至武帝所訾,所謂咸稱太古者,則欲大變末俗,以合於其所想望,雖若相反,其不肯苟焉實同;而武帝則徒欲速成而已,雖褊狹有所不恤,此可謂之知禮與?蓋其意本徒欲以飾耳目,而非有意於行實政也。《禮樂志》言世祖立明堂辟雍,顯宗即位,躬行其禮,威儀既盛美矣,然德化未流洽者,庠序未設之故。立明堂辟雍而不設庠序,即由其所興起,徒以飾耳目故,其事亦武帝爲之,可謂之隆儒之主與?《董仲舒傳》云:"自武帝初立,魏其、武安侯爲相而隆儒矣,及仲舒對策,推明孔氏,抑黜百家,立學校之官,州郡舉茂材孝廉,皆自仲舒發之。"而據《本紀》,則初令郡國舉孝廉在元光元年十一月,是歲五月,親策賢良,董仲舒、公孫弘等出焉。舉孝廉先於仲舒對策五月,則不得云自仲舒發之。《通鑑》乃繫仲舒對策於建元元年。《考異》云:"不知在何時,惟建元元年見於《紀》,故著之。"沈欽韓云:"仲舒本傳,孝景時爲博士,武帝即位,舉賢良文學,則其對策在建元元年無疑。又建元六年,遼東高廟災,高園便殿火,《五行志》仲舒對曰云云,本傳在廢爲中大夫時,居家推説其意,對策不得反在元光元年也。"《公孫弘傳》:"武帝初即位,弘年六十,以賢良徵。"《嚴助傳》:武帝善助對,擢助爲中大夫。則三人皆同歲。弘後爲博士免歸,元光五年復徵賢良,俱非元光元年事。《董仲舒傳》云:"武帝即位,舉賢良文學之士,前後百數,而仲舒以賢良對策焉。"云前後則非一次,安知其在建元元年?高廟災,高園便殿火,《志》云"對",而《傳》云仲舒居家推説其意,草藁未上,主父偃竊而奏之,則二者非一事。"推説其意",不論何時皆可,不必正在災時。《傳》云"先是",明仲舒乃推説行事,其事非在建元六年也。《公孫弘傳》:"武帝初即位,招賢良文學士,是時弘年六十,以賢良徵爲博士,使匈奴,還報,不合意,上怒,以爲不能,弘乃移病免歸。元光五年,復徵賢良文學,菑川國復推上弘,弘謝曰:前已嘗西,用不能罷,願更選。國人固推弘。"《史記·封禪書》言建元竇太后崩,其明年,徵文學之士公孫弘等,《漢書》無此四字,蓋鈔胥所删。則《傳》元光五年之五字,實爲元字之誤。《本紀》及《弘》、《仲舒傳》所載詔策,辭雖異而意則同,其爲一詔無疑也。《嚴助傳》云:"郡舉賢良,對策百餘人，武帝善助對，繇是獨擢助爲中大夫。"明諸人之對，皆不如助。然仲舒之對，天子異之，至於三策；弘，太常奏其第居下，天子擢爲第一，皆不至不如助，明其非同時舉也。然則《傳》云舉孝廉等事皆自仲舒發之，其辭亦不甚審矣。此亦見漢世之隆儒，出於運會之自然，而非必盡由於誰某也。

原刊一九四六年《益世報》

〔三七四〕　漢儒術盛衰下

儒術之興，既因實政，故其學於實用頗切。董仲舒在家，朝廷有大議，使使者及廷尉張湯就其家問之，而仲舒弟子吕步舒，實以《春秋》義治淮南獄，此儒術用諸刑法者也。許商以治《尚書》善爲算舉治河，此儒術用諸工程者也。王式爲昌邑王師，昌邑廢，羣臣皆下獄，使者責問：師何以無諫書？式對曰：以三百五篇諫，是以無諫書。《漢書·儒林傳》。而龔遂諫王，亦曰：大王誦《詩》三百五篇，人事浹，王道備，王所行，中《詩》一篇何等也？《昌邑王賀傳》。則《詩》又所以格君心之非，且該一切政事矣。蓋漢世法律未備，决事多據習俗，本義理，此經義所以可折獄。《禹貢》固徒陳行事，經説則未嘗不舉山川之勢，詳疏道之宜及度地居民之法，故明於是者可以治河。韓嬰、劉向有作，凡事無不引《詩》三百篇，牢籠天地，囊括古今，無所不備。見《讀詩拙言》，《東塾讀書記》稱之。陳蘭甫謂《孟子》及《禮記·坊記》、《中庸》、《表記》、《緇衣》、《大學》引《詩》，皆外傳體。蓋《詩》本謡辭，緣情託興，無所的指；然正以無所的指故，隨處可引申觸長，於事顧無所不苞焉；此《齊》、《韓詩》所以必取《春秋》，採雜説，而亦其所以能浹人事而備王道也，脩己治人，資焉無遺憾矣。職是之故，當時之治經者，率重實事而不齗齗於簡策，故其學有用而不煩。《漢書·藝文志》謂古之學者耕且養，三年而通一藝，三十而五經立。窮年不能究其學，累世不能盡其禮，實未足爲儒術病也。馮奉世年三十餘乃學《春秋》；兒寬帶經而鉏；朱買臣擔束薪，行且誦；并耕且養之證。東方朔上書云："三冬文史足用。"如淳曰：貧子冬日乃得學書。此正古者"十月事訖、教於校室"之遺規也。見《公羊》宣公十五年《解詁》。夫如是，則其學不得不止於"承其大體，玩經文"而已，安得有"碎義逃難，便辭巧説，破壞形體"之誚哉？碎義逃難、便辭巧説之始，蓋欲以矜流俗，立聲譽，取利禄，其害實先中於心術，而學術乃受其病也。

今古文之學，相疾如仇讎，人皆病劉歆爲始作俑者矣，然非歆之罪也；異端之起，今文師實自召之。夏侯勝非夏侯建爲章句小儒，破壞大道；建亦非勝爲學疏略，難以應敵。以應敵爲務，即所謂逃難也，務於逃難，自不得不有取於碎義矣。建師事勝及歐陽高，左右采獲，又從五經諸儒問與《尚書》相出入者，牽引以次章句，具文飾説，即所謂便辭巧説也。此實破壞家法之原。公孫禄劾國師公顛倒五經，毁師法，令學士疑惑，見《王莽傳》。特加厲焉而已。《漢志》述當時之弊，"説五字之文，至二三萬言"，注引桓譚《新論》，謂秦近君説《堯典》，篇目兩字之説至十餘萬言，但説"曰若稽古"三萬言。《儒林傳》：秦恭延君，學出小夏侯，增師法至百萬言。延君、近君蓋一人。《贊》云："自武帝立五經博士，開弟子員，訖於元始，百有餘年，傳業者寖盛，枝葉蕃滋，一經説至百餘萬言，大師衆至千餘人。"劉歆《移太常博士》，言"往者綴學之士，分文析字，煩言碎辭，學者罷老且不能究其一藝"，則如是者必不止小夏侯一家。務博聞而不思闕疑，廣徵異書，亦固其所。故謂古學家之弊，今學家實啓之也。劉歆之訾今學，曰："信口説而背傳記，是末師而非往古。"此二語，實爲古學致弊之由。蓋口説自古相傳，雖出末師，淵源有自，積古相傳之精義存焉。而傳記徒有其書，憑後人之億見以説之，自不如積古相傳之説之精也。然古學之重傳記，亦可謂今學家激成之，何者？務博聞而不廣考異書，馮億爲説，其可疾，自又甚於多讀書而不知其義者也。故曰：古學之弊，今學家實啓之也。

道一而已，循誦先儒之説可見，博考異説亦可見也。劉歆之學，略見於《五行》、《藝文志》。其是非姑勿論，要不能謂爲不博通，而何以後來馬、鄭諸儒，支離滅裂，其説且有恒人能見其非者？蓋爲學必先有所見，有所見，則以他人之説證吾説可也，以他人之説訂吾説亦可；若本無所見，徒思左右採獲，以譁世取寵而已，則於他人之説，且不能解，徒以己意曲説之，支離滅裂，復安可免？此與不考異説而妄以己意曲解者亦等耳。夫熟精義理，而證以身所涉歷，與博考書傳，藉萬事以證明一理，實爲爲學之兩途，今古學實由之，本可相輔而行；乃其後各得其弊如此，則學者多意不在學，而徒志於利禄故也。故曰"人能弘道，非道弘人"。

《後漢書·徐防傳》，防上疏曰："臣聞《詩》、《書》、《禮》、《樂》，定自孔子；發明章句，始於子夏。其後諸家分析，各有異説。漢承亂秦，經典廢絶，本文略存，或無章句。收拾闕遺，建立明經，博徵儒術，開置太學。孔聖既遠，微旨將絶，故立博士十有四家，設甲乙之科，以勉勸學者，所以示人好惡，改敝就善者也。伏見太學試博士弟子，皆以意説，不脩家法，私相容隱，開生姦路。每有策試，輒興諍訟，論議紛錯，互相是非。孔子稱述而不作，又曰吾猶及史之闕文，疾史有所不知而不肯闕也。今不依章句，妄生穿鑿，以遵師爲非義，意説爲得理，輕侮道術，寖以成俗,誠非詔書實選本意。改薄從忠,三世常道,專精務本,儒學所先。臣以爲博士及甲乙策試,宜從其家章句,開五十難以試之,解釋多者爲上第,引文明者爲高説;若不依先師,義有相伐,皆正以爲非。”東京十四博士,大體皆今學也,此亦破碎之弊今學實自啓之之證。

或曰:今學之弊,則既聞命矣,其書之傳於後者,皆終始條貫,末係本明,絶無支離破碎之弊,其故何也?曰:此由今學家之説,皆已不傳,所傳者皆其删繁提要之説故也。章帝建初四年詔,引中元元年詔書,以五經章句煩多,議欲減省;至永平元年,長水校尉儵奏言,先帝大業,當以時施行。於是有白虎觀之會,帝親稱制臨決,如孝宣石渠故事。其書之傳於今者,則《白虎通義》是也。《楊終傳》:“終言宣帝博徵羣儒,論定五經於石渠閣。方今天下少事,學者得成其業,而章句之徒,破壞大體;宜如石渠故事,永爲後世則。於是詔諸儒於白虎觀論考同異焉。”當時之宗旨可知,安得有支離破碎之説存於其間乎?石渠之議,《梁丘易》、《大小夏侯尚書》、《穀梁春秋》以立;章帝亦令羣儒選高才生受《左氏》、《穀梁春秋》、《古文尚書》、《毛詩》。本欲删繁就簡,乃更益滋異説,何也?則以異説既興,不可卒泯,又不可一切正之,不得不廣存之也。故曰:古學之分争,今學實自啓之也。

章句始自子夏,後人或疑其説。然無足疑也。此章句即口説,不必有書。故防又謂“本文略存,或無章句”也。申公傳《詩》,疑者則闕勿傳,即防説之證。丁寬作《易説》三萬言,訓故,舉大義而已,後人謂之小章句。大小蓋以多少言之,知後來《易》説,亦漸繁滋矣。《三國志·劉表傳注》引《英雄記》,言表開立學官,博求儒士,使綦毋闓、宋忠等撰《五經章句》,謂之《後定》。《荀彧傳注》引《彧别傳》,亦言彧説太祖“集天下大才通儒,考論六經,刊定傳記,存古今之學,除其煩重”,足見訂定章句,在當時實不容緩。《後漢書·桓榮傳》:榮受朱普學章句四十萬言,浮辭繁長,多過其實;及榮入授顯宗,減爲二十三萬言;榮子郁復删省,定成十二萬言,由是有《桓君大小太常章句》。張霸以樊儵删《嚴氏春秋》,猶多繁辭,乃減定爲二十萬言,更名《張氏學》。以删省而更名,則知前此以增益而更名者尤多也。《鄭玄傳論》曰:“經有數家,家有數説,章句多者,或乃百餘萬言,學徒勞而少功,後生疑而莫正。鄭玄括囊大典,網羅衆家,删裁繁誣,刊改漏失,自是學者,略知所歸。”玄之學所以風行一時,亦以其能删繁就簡而已。

王充作《超奇篇》,力言通人貴於儒生。其所謂通人,非徒兼通五經,博綜衆説而已;必也如《漢志》雜家之學,所謂兼儒墨,合名法者乎?然即一家之學,亦貴博通。《後漢書·宋弘傳》:"帝嘗問弘通博之士,弘薦沛國桓譚,才學洽聞,幾及楊雄、劉向父子。"夫楊雄、劉向父子,固皆不姝姝暖暖於一先生之言者也。然學有通博,有雜博。多聞而有以貫之,通博也;支離矛盾,雜博也。《鄭玄傳》云:袁紹遣使要玄。"紹客多豪俊,并有才説,見玄儒者,未以通人許之,競設異端,百家互起。玄依方辯對,咸出問表。皆得所未聞,莫不嗟服。"以玄爲儒生而輕之,即王充儒生不如通人之説也。如玄者,可以附於通人之列乎?觀其書之支離矛盾,而其所謂博者可知矣,蓋雜博也。

漢時所謂不守章句者,如谷永、《永傳》云:永於經書,汎爲疏達,與杜欽、杜鄴略等,不能洽浹如劉向父子及楊雄也。楊雄、《雄傳》云:不爲章句,訓詁通而已,博覽無所不見。班固、《固傳》云:所學無常師,不爲章句,舉大義而已。王充《充傳》云:好博覽而不守章句。等,皆較通博之士也。亦有近於事功者,如馬援是也。《援傳》云:意不能守章句。於此,見章句之學,既不免於固陋,又無益於神智,宜乎儒術極盛之時,即其衰替之會也。

原刊一九四六年《益世報》

〔三七五〕立憲古誼

今世所謂君主立憲者,政有闕失,則由相臣任其責,君不任責,此其緣起亦甚古。漢世災異策免三公則是也。何以知此爲立憲政治之原也?曰尸其事者任其責,此天下之通義也。所謂謀人之軍旅,敗則死之;謀人之邦邑,危則亡之也。未有能違之者也。君者,尸一國之事者也;國政敗壞,君安得不任其責?廢之,殺之,宜也。"舊夫餘俗,水旱不調,五穀不孰,輒歸咎於王,或言當易,或言當殺",《三國志·夫餘傳》。此政治最初之義也。然君或不任職,而別有任職者代之,則政事闕失,自當由實尸其事者任其責。周公請代成王之辭曰:王少未有識,姦神命者,乃旦也,此義也。契丹八部,嘗推一大人,建旗鼓而聽命焉。至其歲久,或其國有災疾而畜牧衰,則八部聚議,以旗鼓立其次而代之。舊以爲此建旗鼓者即八部之共主,其實不然,予別有考。國有疾疫而畜牧衰,建旗鼓者任其咎,而共主不與焉,則以其實不任事也。日本爭奪,迄在幕府,其天皇不與焉,亦以此。又主其事者,威權既大,地位日尊,動摇之不易,則擿罰其輔弼者事亦可有。賈生曰:"古者大臣,坐罷軟不勝任者,不謂罷軟,曰下官不職。"此在後來,但爲君待其臣之禮。其初,或亦以其人不易動摇而責其左右,猶商君以太子不可刑而刑其傅黥其師也。古小國見誅於大國,則殺其大臣以説,義亦同此。

〔三七六〕 民主古義①

天下非人君所私有，義莫明於西漢，至東漢則稍以湮晦矣。眭弘因大石自立，僵柳復起，謂當有從匹夫爲天子者。使友人内官長賜上書，言："漢帝宜誰差天下，求索賢人，襢以帝位，而退自封百里。"此爲專制之世，絶無僅有之事。《漢書》稱弘説曰："先師董仲舒有言，雖有繼體守文之君，不害聖人之受命。"又稱弘"從嬴公受《春秋》"。《漢書》本傳。嬴公者，仲舒弟子也。見《儒林傳》。漢人好言易姓革命者，非欲徒取諸彼以與此，其意乃欲於政事大有所改革。故凡言根本改變者，未有不於革易之論，而效忠於一姓者也。通觀漢人言論自明。息夫躬雖未言革易，然其欲大施改革固亦與眭弘等同，而史亦言其治《春秋》；則昌言革易，爲《春秋》家之大義矣。然蓋寬饒"引《韓氏易傳》，言五帝官天下，三王家天下，家以傳子，官以傳賢，若四時之運，功成者去，不得其人，則不居其位。"《漢書》本傳。而《五行志》引《京房易傳》，亦曰："復崩，來無咎。自上下者爲崩，厥應泰山之石顛而下，聖人受命人君虜。"又曰："石立如人，庶士爲天下雄。立於山同姓，平地異姓，立於水聖人，於澤小人。"與眭弘之言，若合符節，則《易》、《春秋》義同也。此二經，蓋聖人言性與天道之書，雖子貢亦不得而聞歟？然猶不止此。

《説苑·至公篇》曰："秦始皇帝既吞天下，乃召羣臣而議曰：古者五帝禪賢，三王世繼，孰是？將爲之。博士七十人未對，鮑白令之對曰：天下官，則讓賢是也；天下家，則世繼是也；故五帝以天下爲官，三王以天下爲家。秦始皇帝仰天而歎曰：吾德出於五帝，吾將官天下，誰可使代我後者？鮑白令之對曰：陛下行桀紂之道，欲爲五帝之禪？非陛下所能行也。秦始皇帝大怒曰：令之前。若何以言我行桀紂之道也？趣説之。不解則死。令之對曰：臣請説之。陛下築臺干雲，宫殿五里，建千石之鍾，萬石之虡，婦女連百，倡優累千；興作驪山宫室，至雍，相繼不絶。所以自奉者，殫天下，竭民力，偏駁自私，不能以及人；陛下所謂自營僅存之主也，何暇比德五帝，欲官天下哉？始皇暗然，無以應之，面有慚色。久之曰：令之之言，乃令衆醜我。遂罷謀，無禪意也。"謂秦皇欲官天下，自繫寄託之辭；然官天下之義，爲漢世儒者所常道，則可見矣。曰"行桀紂之道"，奈何"欲爲五帝之禪"。曰"自營僅存之主"，言以

---

① 原題《西漢官天下之義》。

若所爲，危亡將至，繼嗣之謀，非所及也。然則“誰差天下，求索賢人，嬗以帝位，而退自封百里”，則可免於死亡之禍。以是匡君，是爲愛君也。

或曰：安知眭弘非求媚霍光，教之以篡乎？聞此言而知自危，殺眭弘以免禍，此非不學無術者所及也。昭帝之崩也，“羣臣議所立，咸持廣陵王。郎有上書言：周太王廢太伯，立王季；文王舍伯邑考，立武王；惟在所宜，雖廢長立少可也，廣陵王不可以承宗廟。言合光意，擢爲九江太守。”《漢書·霍光傳》。光則何所忌憚？縱不敢篡弑，必不因此而殺弘矣。孝宣即位，眭弘子爲郎，當亦光所爲，蓋又借以自圓其立孝宣之説者也。足徵光於弘言無所忌，然則光之殺之者何也？曰：光本不知大體，既下之廷尉，則從其所議耳。宣帝下蓋寬饒書，中二千石執金吾議：以爲寬饒指意欲求禮，大逆不道。鄭昌傷其爲文吏所抵挫，上書訟之。弘之死，則猶之寬饒耳。

《漢書·儒林傳》：“（韓）嬰推詩人之意，而作《内·外傳》數萬言，其語頗與齊、魯間殊，然歸一也。”“韓生亦以《易》授人，推《易》意而爲之傳。燕、趙間好詩，故其《易》微，惟韓氏自傳之。”“孝宣時，涿郡韓生其後也。以《易》徵，待詔殿中。曰：所受《易》，即先太傅所傳也。”“司隸校尉蓋寬饒，本受《易》於孟喜，見涿韓生説《易》而好之，即更從受焉。”案《太平御覽》卷百五十九引《韓詩外傳》：“有五帝官天下，三王家天下之語。”知《儒林傳》之説不誣。又《儒林傳》：轅固與黄生争論：“黄生曰：湯、武非受命，乃殺也。固曰：不然。夫桀、紂荒亂，天下之心，皆歸湯、武。湯、武因天下之心，而誅桀、紂，桀、紂之民弗爲使而歸湯、武。湯、武不得已而立，非受命爲何？”此正合於官天下之義。知謂《韓詩》與齊、魯間殊，而其歸一，亦不誣也。李尋治《尚書》，獨好《洪範》災異，又學天文月令陰陽，而亦好賀良之説。《漢書》本傳。知昌言革易，爲漢五經家之通義矣。

谷永對災異曰：“臣聞天生蒸民，不能相治，爲立王者以統理之。方制海内，非爲天子，列土封疆，非爲諸侯，皆以爲民也。垂三統，列三正，去無道，開有德，不私一姓，明天下乃天下之天下，非一人之天下也。”勸成帝急復益納宜子婦人，毋避嘗字，曰推法言之，陛下得繼嗣於微賤之間，乃反爲福。後宫女史使令有直意者，廣求於微賤之間，以遇天所開右。《漢書》本傳。雖未昌言革易，然亦已寓革易之意矣。

學術恒隨風氣爲轉移，衆所不知之義，一二人安得獨知之？即或知之，亦只可深自緘祕耳，安得昌言於衆？今觀漢世，儒家之昌言革易，無所忌憚如此，知此義猶未湮晦也。諸侯將相之欲尊漢王爲皇帝也，漢王曰：“吾聞帝賢者有也。空言虚語，非所守也。吾不敢當帝位。"《史記》本紀。漢高不學之人，非知儒家之義者也。孝文元年，有司請立太子。上曰："朕既不德，上帝神明未歆享，天下人民，未有嗛志。今縱不能博求天下賢聖有德之人而禪天下焉，而曰豫建太子，是重吾不德也，謂天下何？其安之。有司曰：豫建太子，所以重宗廟社稷，不忘天下也。上曰：楚王，季父也，春秋高，閱天下之義理多矣，明於國家之大體。吴王於朕，兄也，惠仁以好德。淮南王，弟也，秉德以陪朕。豈爲不豫哉？諸侯王宗室昆弟，有功臣，多賢及有德義者，若舉有德以陪朕之不能終，是社稷之靈，天下之福也。今不選舉焉，而曰必子，人其以朕爲忘賢有德者而專於子，非所以憂天下也。朕甚不取也。"《史記》本紀。雖爲虚辭，然天下非人君私有之義，固明白言之矣。

李云以帝欲不諦之語見殺，魏明帝問王肅，猶曰是何得不死？《三國・魏志・王肅傳》。知自東漢以來，忌諱稍深矣。東漢時昌言大改革者亦少。惟郎顗條便宜，"欲大蠲法令、官名、稱號、輿服、器械，事有所更，變大爲小，去奢就儉。"猶有西京賈、董、翼奉之遺風。官天下之義之湮晦，蓋自新、漢間始。古言立君，本有二義：一曰立君所以爲民，一則曰聖人無父，感天而生，以自神其種姓。王莽專言符瑞，造圖讖，神授之義日昌，而民視、民聽之義稍晦矣。或曰：郅惲上書王莽，勸其歸政劉氏，退就臣位。莽以其據經讖，難即害之。收繫須冬，會赦得出。若是乎圖讖之不專便於篡竊也？不知此乃惲或惲之子孫造以媚漢，或自誇其祖父之言。楊厚祖父春卿爲公孫述將，漢兵平蜀，自殺。而厚傳亦曰：春卿臨命，戒子統曰："吾綈袠中有先祖所傳祕記，爲漢家用。爾其修之。"有是理邪？

不龜手之藥一也，或以封，或不免於洴澼絖，則其所以用之者異也。雖有繼體守文之君，不害聖人之受命。眭弘以之勸漢帝禪位賢者，而許芝勸魏代漢，亦曰："《春秋大傳》曰：周公何以不之魯？蓋以爲雖有繼體守文之君，不害聖人受命而王。周公反政，《尸子》以爲孔子非之，以爲周公不聖，不爲兆民也。"輔國將軍等百二十人之奏，亦曰孔子曰："周公其爲不聖乎？以天下讓。是天地日月輕去萬物也。"《三國・魏志・文帝紀注》引《獻帝傳》。猶是語也。略加添改造作，而其意遂大異。

信夫！君主世襲之制，開基之主，起自草野，角羣雄而臣之，險阻艱難備嘗之矣，民之情僞盡知之矣，其措置自可較省。一二傳後，生於深宫之中，長於阿保之手，民生利病非所知也，故書雅記非所習也，而又奉以驕奢淫逸之資，肆其言莫予違之欲，雖有中駟，亦爲下材，非其人特愚，勢使然也。賈生曰:"事有召禍,法有起姦。"此之謂也。此理也,仲長統昌言之,《理亂篇》言之晰矣。

〔三七七〕 賈誼過秦論

賈生過秦之論,流俗每分爲三篇,以"秦孝公據殽函之固"至"仁義不施而攻守之勢異也"爲上篇,"秦并海内兼諸侯"至"是二世之過也"爲中篇,"秦并兼諸侯山東三十餘郡"至"故曠日持久而社稷安矣"爲下篇,非也。此文當以俗所謂下篇者爲上篇,其所謂上中者則并不可分爲二篇。俗所謂上篇者,即申説其所謂下篇中"秦地被山帶河"云云之意,其中篇之首至"名號顯美功業長久",所以過始皇,"今秦二世立"以下過二世,亦申其所謂下篇者"三主失道"之意耳。子嬰之失則第一篇已具之,故不再申説。蓋秦三主之過,實以始皇、二世爲大,故下不再申説,然其論則因之亡而起其意,已具於第一篇中也。篇中之論有重要未能盡意處,别爲篇補之,可以此文爲法。

原刊《光華大學半月刊》,一九三六年出版

〔三七八〕 新語採詩讖

今之《新語》,決爲僞書,然亦間有所本,蓋雜採古書爲之也。《後漢書·張衡傳》云:"凡讖皆以爲黄帝伐蚩尤,而《詩讖》獨以爲蚩尤敗,然後堯受命。"今《新語·思務》篇有"堯承蚩尤之失"語。蓋採《詩讖》或其他原本《詩讖》之書也。

原刊《光華大學半月刊》,一九三六年出版

〔三七九〕 申　公

《史記·儒林傳》云:"申公者,魯人也。高祖過魯,申公以弟子從師入見高祖於南宫。吕太后時,申公游學長安,與劉郢同師。"《漢書》則云:"申公,魯人也,少與楚元王交,俱事齊人浮丘伯受《詩》。漢興,高祖過魯,申公以弟子從師入見於魯南宫。吕太后時,浮丘伯在長安,楚元王遣子郢即夷王。與申公俱卒學。"於是高祖過魯時,申公所從入見之師,本不知爲何人者,變爲浮丘伯。而申公之僅與夷王同師者,亦一變而與其父同學矣。案申公以武帝建元元年被徵時，年八十餘；則當秦焚書時，不過十歲左右。當高祖過魯時，約及弱冠。玩《史記·儒林傳》之言，申公自此以前，蓋未出鄉里。《漢書·楚元王傳》曰："少時嘗與魯穆生、白生、申公俱受《詩》於浮丘伯，伯者，孫卿門人也；及秦焚書，各别去。"高祖崩年五十三，當秦燒書時三十二；元王若少高祖五年，亦已二十有七，與十歲左右之童子，比肩事師，恐未必然也。《鹽鐵論·毁學篇》：大夫曰："昔李斯與包丘子俱事荀卿；既而李斯入秦，遂取三公，據萬乘之權，以制海内，功侔伊、望，名巨太山；而包丘子不免於甕牖蒿廬，如潦歲之鼃，口非不衆也，然卒死於溝壑而已。"文學曰："包丘子飯麻蓬藜，脩道白屋之下，樂其志，安之於廣厦芻豢，無赫赫之勢，亦無戚戚之憂。"雖美刺不同，而其謂浮丘伯未嘗富貴則一。争名者於朝，争利者於市，使其游於長安，安得如此？且元王既尊寵穆生、白生、申公矣，獨不能厚禮迎致其師乎？然則謂高后時浮丘伯在長安，恐又子虚烏有之談也。《楚元王傳》又云："申公始爲《詩傳》，號《魯詩》。元王亦次之《詩傳》，號曰《元王詩》，世或有之。"元王果有《詩》，不容不登於中祕，《藝文志》何緣無之？且或即有也，古未聞有以"或有"二字連用者，則此語或恐并非《漢書》元文也。

《史記·儒林傳》云："自魯商瞿受《易》孔子，孔子卒，商瞿傳《易》六世至齊人田何。"蓋自商瞿以後，雖能言其傳授世數，其名字則已不能具舉也。而《漢書》忽爲補出橋庇子庸、馯臂子弓、周醜子家、孫虞子乘四家，果其有之，《史記》何爲不言乎？言羣經傳授源流者，大率愈後而愈詳，而其説亦愈不可信。故知《史記》所謂"言《詩》：於魯則申培公，於齊則轅固生，於燕則韓太傅；言《尚書》：自濟南伏生；言《禮》：自魯高堂生；言《易》：自菑川田生；言《春秋》：於齊魯自胡毋生，於趙自董仲舒"者，乃漢初最蚤可溯之大師，自此以前，能言之者罕矣。

《史記·儒林傳》又云："申公弟子爲博士者十餘人。孔安國至臨淮太守，周霸至膠西内史，夏寬至城陽内史，碭魯賜至東海太守，蘭陵繆生至長沙内史，徐偃爲膠西中尉，鄒人闕門慶忌爲膠東内史，其治官民皆有廉節，稱其學。""爲博士者十餘人"句，未知是否冒下文諸人言之。然《孔子世家》言"安國爲今皇帝博士，至臨淮太守"，則安國之嘗爲博士審矣。叙《尚書》處言"伏生教濟南張生及歐陽生。歐陽生教千乘兒寬。兒寬既通《尚書》，以文學應郡舉，詣博士受業，受業孔安國"，其所受者係《詩》，可知也。下文又云："張生亦爲博士。而伏生孫以治《尚書》徵，不能明也。自此之後，魯周霸、孔安國、雒陽賈嘉頗能言尚書事。"《漢書》無"孔安國"三字，此語之爲妄人沾綴可知矣。《索隱》云："繆音亡救反。繆氏出蘭陵。一音穆。所謂穆生，爲楚元王所禮也。"一音以下，必舊説，而《索隱》引之。如此説，則穆生實申公弟子，非申公同學。一説當有所據，惜乎其詳不可得聞也。

〔三八〇〕　何邵公爲學海

《東塾讀書記》云："《公羊》宣十五年《傳》云：什一行而頌聲作。何《注》言聖人制井田之法，遂及於出兵車，選父老里正，女功緝績，求詩造士，凡六七百言，蓋薈萃古書而貫串之；所謂學海，於此可見一斑。"愚按此段何《注》與《漢書·食貨志》立説略同。特所引事實，一用今文説，一用古文説耳。然則此非何君所自爲，乃經師成説，何君從而述之。《漢志》所本者同，特以所誦習之禮制，易經師舊説耳。此亦可見古學家剽竊今學之一斑。

〔三八一〕　漢興三雍太學

《漢書·禮樂志》云："成帝時，犍爲郡於水濱得古磬十六枚。劉向因是説上：宜興辟雍，設庠序，陳禮樂，隆雅頌之聲，盛揖遜之容，以風化天下。成帝以向言下公卿議。會向病卒。丞相、大司空奏請立辟雍。《何武傳》："成帝欲脩辟雍，通三公官，即改御史大夫爲大司空，武更爲大司空。"案行長安城南。營表未作，遭成帝崩，羣臣引以定謚。及王莽爲宰衡，欲耀衆庶，遂興辟雍，因以篡位。"《平帝紀》：元始四年，"安漢公奏立明堂、辟雍。"《蕭望之傳》：望之子由，"爲陳留太守。元始中，作明堂、辟雍，大朝諸侯，徵爲大鴻臚。會病，不及賓贊，還歸故官。"《王莽傳》："莽奏起明堂、辟雍、靈臺，爲學者築舍萬區。"説皆相合。《文獻通考·學校考》謂"據《禮樂志》，辟雍王莽時方立。然武帝封泰山，還登明堂，兒寬上壽曰：間者聖統廢絶，陛下發憤，祖立明堂、辟雍。河間獻王來朝，獻雅樂，對三雍宫。《注》曰：三雍，明堂、辟雍、靈臺也。則似已立於武帝時。何也？蓋古者明堂、辟雍，共爲一所。武帝時封泰山，濟南人公玉帶上黄帝時明堂圖，上令奉高作明堂汶上，如帶圖，脩封時以祠太一、五帝。蓋兒寬時爲御史大夫，從祠東封，還登明堂上壽，所言如此，則所指者疑此明堂。意河間獻王所對之地，亦是其處。"案《獻王傳》云"對三雍宫及詔策所問三十餘事"；而《藝文志》有"河間獻王《對上下三雍宫》三篇"；則《通鑑》胡《注》謂爲"對三雍宫之制度，非召對於三雍宫"者，其説自是。武帝"登封泰山，降坐明堂"，見於《本紀》。《郊祀志》亦云："天子從禪還，坐明堂，羣臣更上壽。"然《紀》至元封二年秋，乃書"作明堂於泰山下"。五年，冬，南巡守。三月，"還至泰山，增封。祠高祖於明堂，以配上帝。"《郊祀志》云："四月，至奉高，脩封焉。初，天子封泰山，泰山東北阯古時有明堂處，處險不敞。上欲治明堂奉高旁，未曉其制度。濟南人公玉帶上黄帝時明堂圖。明堂中有一殿，四面無壁，以茅蓋，通水，水環宫垣，爲復道。上有樓，從西南入，名曰崑崙。天子從之入，以拜祀上帝焉。於是上令奉高作明堂汶上，如帶圖。及是歲脩封，則祠泰一、五帝於明堂上坐，合高皇帝祠坐對之。祠后土於下房，以二十太牢。天子從崑崙道入，始拜明堂，如郊禮。畢，尞堂下。"觀此，知臣瓚謂元封元年所坐，即泰山東北址古明堂處，明年秋乃作明堂，其説良是。是時明堂猶未作，而云"祖立明堂、辟雍"者，謂其意欲建立耳，不可泥也。明堂、辟雍是一，漢世更無明文。武帝營立辟雍，亦别無記載。其作明堂，則明白無疑。《地理志》：琅邪郡不其，"有泰一、仙人祠九所及明堂，武帝所起。"則武帝所作明堂，尚不止奉高一處。然言禮樂者皆不之及，蓋以其用方士言所爲，非如儒者所謂陳禮樂以風化天下者也。馬氏又云："徐天麟《西漢會要》言：《三輔黄圖》，漢辟雍在長安西北七里。恐即王莽所立。又言大學亦在長安西北七里，有市、有獄，豈即辟雍邪？或别一所邪？"案元始之前，既無辟雍，《黄圖》所言，自即王莽所立。《莽傳》爲學者築舍，明與起辟雍分言，二者自不得是一。蓋其營建適在一地耳。馬氏又云："鮑宣下獄，博士弟子王咸舉旛大學下，曰：欲救鮑司隸者集此下。諸生會者千餘人。此亦西都已立大學之證，當考。"案公孫弘請置博士弟子曰："古者政教未洽，不備其禮，請因舊官而興焉。"見《史記·儒林傳》。則當時確未有學舍。其後員數日廣，勢非博士舊官所能容，必有其受學之所，即其所而稱爲大學，於理極順。至於專爲學者築舍，則元始之前，必無其事，果其有之，言者必不得不及也。然則西漢三雍及大學之營建，皆在其大命將訖之年，實新朝之初政矣。若後漢則營建甚早。《後書·光武紀》：建武四年，"初起大學"。《儒林傳》在五年，蓋四年起，五年成也。又《紀》：中元元年，"初起明堂、靈臺、辟雍。"《傳》云"初建三雍"。《傳》又云："明帝即位，親行其禮。坐明堂而朝羣后。登靈臺以望雲物。袒割辟雍之上，尊養三老、五更。饗射禮畢，帝正坐自講，諸儒執經問難於前。冠帶縉紳之人，圜橋門而觀聽者，蓋億萬計。"事在永平二年，見《本紀》及《續書·禮儀志》。《翟酺傳》：酺於順帝時上書，言"明帝時辟雍始成，欲毁大學，大尉趙熹以爲大學、辟雍，皆宜兼存，故并傳至今"。足見當時，於風化天下之具，務求其備。然劉向之説成帝,實兼以庠序爲言;安漢公之興學,亦兼及郡國鄉黨;《平帝紀》:元始三年,安漢公奏立學官。郡、國曰學,縣、道、邑、侯國曰校,校、學置五經師一人。鄉曰庠,聚曰序,序、庠置《孝經》師一人。事未必能盡行,然立法之意,則固無所偏廢也。而光武、明、章,於此曾未留意,則自漢人觀之,終不免於逐末而忘本也。讀《漢書·禮樂志》可見。三雍、大學,於古蓋皆是一,後乃逐漸分離。然至其時,則古意已湮,亦未必徧設矣。《孟子·梁惠王》下:"齊宣王問曰:人皆謂我毁明堂。毁諸?已乎?"於舊有者尚欲毁之,遑論新建?至漢世,乃畢分而畢建。蓋物力豐而粉飾升平之事隨之而盛也。然亦終於爲粉飾升平之事而已矣。

王莽奏立明堂、辟雍,使劉歆等四人治之,事在元始五年,見《紀》,亦見《歆傳》。四人者,歆與平晏、孔永、孫遷也,見《外戚恩澤侯表》。其成也,羣臣奏頌莽功德,曰:"明堂、辟雍,墮廢千載莫能興。"見《莽傳》。足見漢人於武帝所爲,莫或齒數也。

〔三八二〕　私家教授之盛不始東漢

趙甌北《陔餘叢考》卷十六言:"漢時受學者,皆赴京師。蓋遭秦滅學,天下既無書籍,又少師儒;郡國雖已立學,然經義之專門名家,惟太學爲盛;故士無有不游太學者。及東漢中葉以後,學成而歸者,各教授門徒,每一宿儒,門下著録者至千百人,由是學徧天下矣。"此説頗爲失考。疏廣家居教授,學者自遠方至。贛遂教授數百人。見《朱博傳》。翟方進西至京師受經,積十餘年,經學明習,徒衆日廣。其子宣,居長安教授,諸生滿堂。皆前漢時事。許商門人林吉,王莽時爲九卿,自表上師冢,大夫、博士、郎、吏爲許氏學者,各從門人會,車數百兩。《儒林傳》。聲氣之廣,無異東京。吴章,弟子千餘人,莽以爲惡人黨,皆當禁錮。《云敞傳》。劉昆,弟子五百餘人。每春秋饗射,常備列典儀,縣宰輒率吏屬而觀之;莽以昆多聚徒衆,私行大禮,有僭上心,乃繫昆及家屬於外黄獄。《後漢書·儒林傳》。則又後漢黨錮之先聲矣。《後漢書·王良傳》:王莽時稱病不出,教授諸生千餘人。《儒林傳》:洼丹,王莽時避世教授,徒衆數百人。又周澤,隱居教授,門徒常數百人;甄宇,講授嘗數百人;覈其時,亦當在莽世。此僅舉易見者數事,若細覈之,《後書》所載私家教授門徒之多,在西漢末若新世者,必尚不止此數也;而東漢中葉以前,更無論矣。《漢書·儒林傳贊》云:"自武帝立五經博士,開弟子員,設科射策,勸以官禄,訖於元始,百有餘年,傳業者寖盛,大師衆至千餘人。"此固先漢時事。

《史記·儒林傳》云："秦時焚書，伏生壁藏之。其後兵大起，流亡。漢定，伏生求其書，亡數十篇，獨得二十九篇，即以教於齊、魯之間。"云伏生壁藏其書，後獨求得二十九篇，説不足信，云其教於齊、魯之間則真。《傳》又云："言《詩》，於魯則申培公，於齊則轅固生，於燕則韓太傅。言《尚書》，自濟南伏生。言《禮》，自魯高堂生。言《易》，自菑川田生。言春秋，於齊、魯自胡毋生，於趙自董仲舒。"此尤漢初事，爲博士之學所從出，皆私學也。安得謂遭秦滅學，天下既無書籍，又少師儒乎？胡毋生爲景帝博士，年老，歸教於齊，齊之言《春秋》者宗之。雖爲博士，教授固私家之業。董仲舒，孝景時爲博士，弟子傳以久次相受業，其時未爲博士置弟子，仲舒之教授，亦私家之業也。安得云士無不游太學乎？陳平家貧，兄伯，常耕田，縱平使游學。楚元王與魯穆生、白生，申公俱受詩於浮丘伯，及秦焚書，乃各别去。叔孫通之降漢，從弟子百餘人。然則孔子弟子三千，孟子後車數十乘、從者數百人之風，蓋自東周至秦，未之有改。秦之焚書，漢之興學，實皆受民間風氣之鼓動而不自知耳。惟好學之風盛，故覺其足忌，乃欲焚《詩》、《書》，禁私學。

〔三八三〕　講學者不親授

漢世大師，所教授之弟子甚多。《後漢書·儒林傳》言："精廬暫建，贏糧動有千百；其耆名高義，開門授徒者，編牒不下萬人。"皆據事實而言，非億説也。《後漢書》所載諸儒受業者之多，不可徧舉。大抵千人爲及門者之數，萬人則編牒者之數。如牟長，自爲博士及在河内，諸生講學常有千餘人，著録前後萬人；蔡玄，門徒常千人，其著録者萬六千人是也。《黨錮傳》：景毅子顧，爲李膺門徒，而未有録牒，故不及於譴，毅乃慨然曰：本謂膺賢，遣子師之，豈可以漏奪名籍苟安而已？遂自表免歸。此即《儒林傳》所謂編牒，其人不必親至門下也。職是故，其指授必不能徧及。《史記·儒林傳》：董仲舒"下帷講誦，弟子傳以久次相受業，或莫見其面蓋三年"。下文云"董仲舒不觀於舍園"，此八字蓋當時成語。《史記》照録之，不加删改，其時之人行文之例然也。《漢書》删改作"不窺園"三字，蓋鈔胥所爲。世遂以"蓋三年"三字下屬，而董仲舒三年不窺園，成爲衆所熟知之故實矣。《漢書·孔光傳》言：光"自爲尚書，止不教授。後爲卿時，會門下大生，講問疑難，舉大義"。《翟方進傳》言：方進候伺胡常大都授時，遣門下諸生至常所問大義疑難。《後漢書·馬融傳》言："融弟子以次相傳，鮮有入其室者。"《鄭玄傳》云："融門徒四百餘人，升堂進者五十餘生。融素驕貴。玄在門下三年不得見。乃使高業弟子傳授於玄。間或大會諸生，不過講正大義。"皆是物也。此風至後世亦未嘗改。《晉書·隱逸傳》：楊軻，"養徒數百。雖受業門徒，非入室弟子,莫得親言。所欲論授,須旁無雜人,授入室弟子,令遞相宣授”,即其一事。蓋勢有不給也。職是故,隸學籍者雖多,居門下者并不甚衆。《後漢書·儒林程曾傳》,言會稽顧奉等數百人常居門下,則爲罕有之事矣。雖官學亦如此。博士弟子初置,員五十人。此太常所選。郡、國、縣、道、邑之民得詣太常受業如弟子者在外。《漢書·儒林傳》云:“昭帝時,舉賢良文學,增博士弟子員滿百人。宣帝末,增倍之。元帝好儒,能通一經者皆復。數年,以用度不足,更爲設員千人。《元帝紀》:初元五年,博士弟子毋置員,以廣學者。永光三年,冬,復鹽鐵官、博士弟子員。以用度不足,民多復除,無以給中外徭役。郡國置五經百石卒史。成帝末,或言孔子布衣,養徒三千人,今天子太學弟子少。於是增弟子員三千人。歲餘,復如故。平帝時,王莽秉政,增元士之子得受業如弟子,勿以爲員。歲課甲科四十人爲郎中,乙科二十人爲太子舍人,丙科四十人補文學掌故云。”《史記·儒林傳索隱》引如淳云:“《漢儀》:弟子射策,甲科百人補郎中,乙科二百人補太子舍人,皆秩比二百石;次郡國文學,秩百石。”與《漢書》之説異。博士弟子員數可考者如此:其中自以成帝時爲最多,亦不過三千人。《後漢書·翟酺傳》:酺於順帝時上言:“孝文皇帝始置一經博士,武帝大合天下之書,而孝宣論六經於石渠,學者滋盛,弟子萬數。”蓋非專指一時,然其數之多,則三倍於成帝盛時而不止矣。《後漢書·儒林傳》云:“光武中興,愛好經術。未及下車,而先訪儒雅,采求闕文,補綴漏逸。先是四方學士,多懷挾圖書,遁逃林藪,自是莫不抱負墳策,雲會京師。於是立五經博士,各以家法教授。”似其時之生徒,必不能少。而范升於建武四年沮立《費》、《左》,乃言“雖設學官而無弟子”,此猶可云博士初立故爾,而翟酺亦言大學頹廢,至爲園採芻牧之處。然則太學之虚實,全與弟子員數之多少無涉。蓋員數祇是員數,隸籍者可以不來,而觀翟方進遣門下諸生詣胡常,則知素無學籍者,亦未始不可臨時來集也。要之與傳習之關係,實甚淺也。

然則此等大師,從之何益?居其門下者,得毋皆仰慕虚名,甚或借資聲氣乎?此在後來,誠爲習見之事,然師道初立時,必不容如此。蓋由爲學之道,先後不同也。《漢書·藝文志》曰:“古之學者耕且養,三年而通一藝,存其大體,玩經文而已。是故用日少而畜德多,三十而五經立也。後世經傳既已乖離,博學者又不思多聞闕疑之義,而務碎義逃難。説五字之文,至於二三萬言。後進彌以馳逐。故幼童而守一藝,白首而後能言。安其所習,毁所不見,終以自蔽。此學者之大患也。”朱買臣常艾薪樵,賣以給食,擔束薪,行且誦書;匡衡時行賃作,帶經而鉏,休息輒讀誦;皆所謂耕且養者:存其大體之學,固如是而可爲,其從師,亦誠於都授時往問大義疑難而足矣。碎義逃難之學,則其勢不能如此。《三國・吴志・程秉傳注》引《吴録》,言徵崇"好尚者從學,所教不過數人輒止,欲令其業必有成也",蓋勢不得不如是也。至此而猶守馬融之驕貴,則師之者除借資聲氣而外,别無他益,不過爲其虚名所眩而已。

大會都講,可以要名譽,可以廣聲氣,於學則無益也。然而可以要名譽,可以廣聲氣,故講學者恒喜爲之。魏、晉以後,所講者自儒而兼及於玄、佛,此風未之有改;宋、明之世,理學聿興,所講者又與二氏立異,此風亦未之有改也。會集者多,則人心易奮。故有如陸子講"君子喻於義"一章,使聽者感激泣下者。然此非陸子不能。不能而猶爲之,則亦以要名譽、廣聲氣而已。唐甄嘗譏之曰:"升五尺之座,坐虎豹之皮,環而聽之者百千人。在堂下者望而不見;負壁者、及階者見而不聞;在尋丈之間者,聞而不知;在左右、前後者,知而不得。是之謂觀講。衆觀而已,何益之有?"《潛書講學》。

《南齊書・高逸傳》:沈驎士,隱居餘不吴差山,講經教授,從學者數十百人,各營屋宇,依止其側。此亦所謂常居門下者也。其數,大概不過如是耳。

〔三八四〕　漢世向學者多孤寒之士

漢世向學者,頗多孤寒之士。公孫弘初牧豕海上。兒寬詣博士受業,貧無資用,常爲弟子都養,及時時間行庸賃,以給衣食。匡衡世農夫,至衡好學,庸作以共資用。承宫,少孤,年八歲,爲人牧豕;鄉里有徐子盛者,以《春秋經》授諸生數百人,宫過息廬下,樂其業,因就聽經,遂請留門下,爲諸生拾薪。桓榮,少學長安,習《歐陽尚書》,事博士九江朱普;貧窶無資,常客傭以自給。公沙穆游太學,無資糧,乃變服客傭,爲吴祐賃舂。庾乘,少給縣庭爲門士,郭林宗見而拔之,勸游學宫,遂爲諸生傭。《後漢書・黨錮傳》。衛颯,家貧,好學問,隨師無糧,常傭以自給。此等皆古所謂耕且養,亦今所謂工讀者。翟方進西至京師受經,後母憐其幼,隨之長安,織屨以給。王章學長安,獨與妻居,章疾病,卧牛衣中。則又有家屬相隨作苦者。王吉少時學問,居長安。東家有大棗樹,垂吉庭中。吉婦取棗以啖吉。吉後知之,乃去婦。東家聞而欲伐其樹,鄰里共止之。因固請吉,令還婦。則漢時游學者,多有家室相隨。光武之長安受《尚書》,資用乏,與同舍生合錢買驢,令從者僦以給諸公費,《本紀》《注》引《東觀記》。已非貧生所敢望矣。苦學者不必皆有所成,然究易於成就。自後漢崇儒重道,明帝既爲功臣子孫、四姓末屬别立校舍;質帝時,梁太后又詔大將軍下至六百石,皆遣子入學;於是貴游子弟,羼入學校之中,勢不得不"章句漸疏多以浮華相尚"矣。《後漢書・儒林傳》。故凡事之衰機，即伏於其極盛之時也。

〔三八五〕 游　　學

《後漢書·儒林傳論》曰："自光武中年以後，干戈稍戢，專事經學，自是其風世篤焉。其服儒衣，稱先王，游庠序，聚橫塾者，蓋佈之於邦域矣。"此風實尚不待後漢。《漢書·儒林傳》言："自武帝立五經博士，開弟子員，設科射策，勸以官禄，訖於元始，百有餘年，傳業者寖盛，大師衆至千餘人。"必不能皆在一地也。如是，向學者似不待遠求，然又言"經生所處，不遠千里之路"，何也？讀《三國志·邴原傳注》所引《原别傳》而知其故矣。

《原别傳》曰："原十一而喪父。家貧。鄰有書舍，原過其旁而泣。師問曰：童子何悲？原曰：孤者易傷，貧者易感。夫書者必皆具有父兄者，一則羨其不孤，二者羨其得學，心中惻然而爲涕零也。師亦哀原之言而爲之泣，曰：欲書可耳。答曰：無錢資。師曰：童子苟有志，我徒相教，不求資也。於是遂就書。一冬之間，誦《孝經》、《論語》。及長，欲遠游學，詣安丘孫崧。崧辭焉。曰：君鄉里鄭君，君知之乎？原答曰：然。崧曰：鄭君學覽古今，博文强識，鉤深致遠，誠學者之師模也。君乃舍之，躡屣千里，所謂以鄭爲東家丘者也。君似不知，而曰然者何？原曰：先生之説，誠可謂苦藥良鍼矣，然猶未達僕之微趣也。人各有志，所規不同。故乃有登山而采玉者，有入海而采珠者。豈可謂登山者不知海之深，入海者不知山之高哉？君謂僕以鄭爲東家丘，君以僕爲西家愚夫邪？崧辭謝焉。又曰：兗、豫之士，吾多所識，未有若君者。當以書相分。原重其意，難辭之，持書而别。原心以爲求師啓學，志高者通，非若交游待分而成也，書何爲哉？乃藏書於家而行。原舊能飲酒，自行之後，八九年間，酒不向口，單步負笈，苦身持力。至陳留則師韓子助，潁川則宗陳仲弓，汝南則交范孟博，涿郡則親盧子幹。歸，以書還孫崧，解不致書之意。"古言知，猶今言相識。云"君似不知而曰然"，猶今言君實不識鄭君，而冒充相識，其辭慢矣，而原答之甚遜。夫崧之學，豈必愈於鄭玄？原舍玄而求之，殆先見拒於玄？玄所以拒之者，交結之士，聲氣宜廣，鄉里中人，不足以相扶翼。抑方望謝隗囂之書曰："以望異域之人，疵瑕未露，欲先崇郭隗，想望樂毅。"《後漢書·隗囂傳》。鄉里中人，庸或知我疵瑕，不相推奉，此亦遠游之士之所以好遠游也。孫崧作書相分，而原不用者，知既相違，書必泛泛，投亦無益，不如擱置也。抑誰知原果藏之於家，抑攜以行而未投乎？務交結之士，其言可盡信哉？羈旅八九年，酒不向口，其苦身持力，則可謂難矣。晉世之趙至，其事最可與原參觀。見《晉書・文苑傳》。至而有成即原，原而不遂即至也，亦可哀矣。

交結亦非一術。《後漢書・文苑傳》：高彪爲諸生，游太學，有雅才而訥於言。嘗從馬融，欲訪大義。融疾不獲見。乃覆刺遺融書，譏其養疴傲士。融省書慚，追還之。彪逝而不顧。彪之見拒於融，猶邴原之不獲於鄭玄，且見拒於孫崧也。原遜辭以答崧，而彪盛氣以陵融者？彪時在太學，聲氣已廣，不憚融矣。融之追還之，蓋亦以此。彪遂不顧者，知嫌隙已搆，更下之亦無益也。《循吏傳》：王涣署仇覽爲主簿，已而謝遣之，使入太學。同郡符融有高名，與覽比宇，賓客盈室。覽常自守，不與融言。融觀其容止，心獨奇之，乃謂曰：與先生同郡壤，鄰房牖。今京師英雄四集，志士交結之秋。雖務經學，守之何固？覽乃正色曰：天子脩設太學，豈但使人游談其中？高揖而去，不復與言。後融以告郭林宗。林宗因與融齎刺就房謁之，遂請留宿。林宗嗟歎，下牀爲拜。覽所以不與融親者，亢厲亦交結之一術也。融終下之，且與林宗俱，其交結之術，可謂異曲而同工矣。覽之見知於王涣，以其爲蒲亭長，勸人生業，爲制科令。陳元母告元不孝，覽不罪元，親到元家，與其母子飲，爲陳人倫孝行。其事絶類黄霸，豈悃愊之士也？其亢厲，亦豈其本志乎？魯丕居大學，"性深沈好學，孳孳不倦。遂杜絶交游，不答候問之禮。"此或真爲己之學，然"士友以此少之"矣。丕、恭弟，見《後漢書・恭傳》。

《晉書・儒林・氾毓傳》言：當時"隱逸之士，劉兆、徐苗等，皆務教授，惟毓不蓄門人，清静自守"。《隋書・隱逸・徐則傳》："幼沈静，寡嗜欲。受業於周弘正，善三玄，精於議論，聲擅都邑。則歎曰：名者，實之賓也，吾其爲賓乎？遂杖策入縉雲山。後學數百人，苦請教授，則謝而遣之。"觀此二事，彌可知學者所以好游之故矣。

游學二字，昉見《史記・春申君列傳》，曰"游學博聞"，蓋謂其因游學所以能博聞也。學術初興，散佈未廣，受業者不免拘墟，故雖極精深，而闕廣大，言之似通，行之實窒，非有君人南面之學，無以用之。及雜家興，"兼儒、墨，合名、法，知國體之有此，見王治之無不貫"，而此弊祛矣。故雜家之興，實學術之一大變也，此惟游學可以致之，故游學實於學術大有裨益者也。然古之游學，所以求博聞，及漢世，學術既一於儒矣，離鄉背井，所聞亦不過如此，而其好遊反甚於古人。此則又使人驚歎於事勢之遷流，有非拘於常理所能測度者矣。

〔三八六〕　夏侯勝、桓榮

《後漢書·桓榮傳》曰："榮少學長安。貧窶無資，常客傭以自給，而精力不倦。王莽敗，天下亂。榮抱其經書，與弟子逃匿山谷。雖常飢困，而講論不輟。建武十九年，年六十餘，始辟大司徒府。授太子經。二十八年，爲太子少傅。賜以輜車乘馬。榮大會諸生，陳其車馬、印綬，曰：今日所蒙，稽古之力也，可不勉哉？三十年，拜爲太常。榮初遭倉卒，與族人桓元卿同飢厄。而榮講誦不息。元卿嗤榮曰：但自苦氣力，何時復施用乎？榮笑不應。及爲太常，元卿歎曰：我農家子，豈意學之爲利，乃至是哉？"此事最爲論者所嗤鄙，以爲當時爲學之所願，乃如此也？然《漢書·夏侯勝傳》言："勝每講授，常謂諸生曰：士病不明經術，經術苟明，其取青紫，如俛拾地芥耳。"其言與桓榮亦何以異？然其議武帝廟樂，謂其亡德澤於民，不宜立，訟言詔書不可用。侃侃直節，何其賢也？豈徒志於富貴者而能如是哉？事何可以一端論也？人之爲學，爲榮利計者，固或不免。然能有所成就者，後必稍易其初志，不然，未有能有所成就者也，亦且終不能久持之。以予所見，無不如此者。然則桓榮之不棄所學，謂其徒爲垂老之榮利計，亦淺之乎測丈夫矣。

〔三八七〕　漢世豪傑多能讀書

《廿二史劄記》有《東漢功臣多近儒》一條，歷舉光武功臣，多習儒術，與其《漢初布衣卿相之局》一條并觀，可見世變之亟矣。然其所言，猶有未盡者。《後漢書·順陽懷侯傳》云：伯升嘗與俱學長安，習《尚書》、《春秋》。《陰識傳》：伯升起兵時，識游學長安。聞之，委業而歸，率子弟、宗族、賓客千餘人往詣伯升。是伯升與其徒黨，皆曾讀書也。《朱暉傳》：光武與暉父岑俱學長安，有舊故。及即位，求問岑，時已卒，乃召暉拜爲郎。暉尋以病去，卒業太學。則光武同學有舊故者，又不獨一嚴光矣。諸將中蓋以鄧禹、賈復學業爲最優，故最能偃武脩文。然《李通傳》言：光武征討四方，常令通居守京師，鎮撫百姓。脩宫室，起學官。此又賢於蕭何之徒能籌畫兵餉。後漢營建太學之早，通其與有力乎？《鄧禹傳》言：禹有子十三人，各使守一藝。藝蓋謂經藝。故和熹亦能通經；訓不好文學，乃爲禹所非也。《馬武傳》：帝與功臣諸侯燕語，從容言曰：諸卿不遭際會，自度爵禄何所至乎？鄧禹先對曰：臣少嘗學問，可郡文學博士。亦可見禹於經藝頗優。

《後書·儒林傳贊》稱美儒學之功,謂後漢所以衰敝而能多歷年所者,皆學之效。乍觀之,似不免阿私所好。然細思之,設使何進所召,非董卓而爲張温、皇甫嵩,後漢之禍,何遽至此乎?諸葛亮鞠躬盡瘁,人人知其忠誠矣。即魏武帝,建安十五年十二月己亥令,何一語非出自肺腑?引蒙恬以自方,明雖死不敢負漢,意氣感激之士,讀之能無愴然流涕乎?梁太祖之功業,曷嘗能過魏武帝,而汲汲謀篡如不及,人之度量相越,豈不遠哉?予嘗謂:魏武帝之不肯篡漢,漢世儒學盛行之效也。近世湘淮諸將之不能覆清,自宋以來理學盛行之效也。其事之是非利害,難以一言定,要其因果,則如此耳。

抑漢世儒學,能戢梟雄之心,以澹干戈之禍者,尚不僅於魏武帝、諸葛武侯見之也。當時跅弛之士蓋多矣!魏朗,嘗白日操刃,爲兄報讎縣中。後亡命陳國,從博士郤仲信遊。又詣太學受五經。《後漢書·黨錮傳》。徐庶,少好任俠、擊劍。爲人報讎。後更折節學問。《三國志·諸葛亮傳注》引《魏略》。何顒友人虞偉高,有父讎未報,而篤病將終。顒往候之,偉高泣而訴。顒感其義,爲復讎,以頭醊其墓。後爲宦官所陷,亡匿汝南間。所至皆親其豪傑。袁紹慕之,私與往來,結爲奔走之友。是時黨事起,天下多罹其難。顒嘗私入洛陽,從紹計議。其窮困閉戹者,爲求援救,以濟其患。有被掩捕者,則廣設權計,使得逃隱。後又與荀爽、王允等共謀董卓。《後書·黨錮傳》。此等皆大俠者流也。使無名教以範圍之,玄黄龍戰之際,又惡知其所至乎?多一顧念名義之人,即少一裂冠毁冕之人;多一不忍殺人之人,即少一横行無忌之人。文教之維持世運,其功,誠有不可見而又不容盡没者耳。

〔三八八〕　東漢諸將與儒學

生民之禍,無酷於兵。觀秦、漢間之事可知矣。新、漢之際,戰争猶酷於秦、漢之間,然後漢諸將,則頗有不嗜殺人者,此不可謂非儒學之功也。光武之遣馮異代鄧禹也,敕之曰:“諸將非不健鬭,然好虜掠。卿本能馭吏士,念自脩敕,無爲郡縣所苦。”岑彭破荆門,長驅武陽,持軍整齊,秋毫無犯。陳俊爲琅邪太守,專征青徐,檢制軍吏,不與郡縣相干。百姓歌之,銚期自爲將,有所降下,未嘗虜掠。祭遵制御士心,不越法度,所在吏民,不知有軍。李忠與任光同奉世祖,從攻下屬縣。至苦陘,世祖會諸將,問所得財物,惟忠獨無所掠。

朱祐將兵多受降,以克定城邑爲本,不存首級之功;又禁制士卒,不得虜掠百姓,軍人多以此怨之。三數將率之不嗜殺人,於九州顛覆之禍,固亦所補甚微,然此不得不歸諸教化之功。馮異者,好讀書,通《左氏春秋》、《孫子兵法》。祭遵少好經書。朱祐初學長安。岑彭、陳俊、任光史雖不言其學業,然彭王莽時守本縣長,俊少爲郡吏,任光爲鄉嗇夫,郡縣吏,而李忠又以好禮脩整稱,王莽時爲新博屬長。漢世吏人亦多儒者,銚期父卒服喪三年,其非不讀書尤可知矣。《祭遵傳》云:"嘗爲部吏所侵,結客殺之。初,縣中以其柔也,既而皆憚焉。"《任光傳》云:"少忠厚,爲鄉吏所愛。"其非無行之徒可知。職是故,諸將私行,亦多脩飭,如祭遵"爲人廉約小心,克己奉公;賞賜輒盡與士卒,家無餘財;身衣韋褲布被,夫人裳不加緣。""臨死遺誡:牛車載喪,薄葬洛陽。問以家事,終無所言。"遵從弟彤,"在遼東幾三十年,衣無兼副"是也。寇恂不與賈復鬬,馮異每所止舍,諸將并坐論功,異常獨屏大樹下,軍中號曰大樹將軍。此固藺相如、魯仲連之所優爲,然在彼輩或以天資特高,在儒者則爲庸行矣。故知教化之功不可盡誣也。

光武與功臣諸侯燕語,從容言曰:"諸卿不遭際會,自度爵禄,何所至乎?"鄧禹先對曰:"臣少嘗學問,可郡文學博士。"見《馬武傳》。可知當時諸將,非必以武功自見者。功成之後,尚能敦行脩學,居官亦多能撫循人民,興起教化,非偶然也。如寇恂爲汝南太守,脩鄉校,教生徒,聘能爲《左氏春秋》者,親受學焉。經明行脩,名重朝廷。賈復知光武欲偃干戈,脩文德,乃與鄧禹并剽甲兵,敦儒學。祭遵爲將軍,取士皆用儒術,對酒設樂,必雅歌投壺。又建爲孔子立後,奏置五經大夫。李忠爲丹陽太守,起學校,習禮容,春秋鄉飲,選用明經,皆是。光武雖不任功臣,而高密、固始、膠東三侯,嘗與公卿參議國家大事,亦見其人非盡武夫也。

〔三八九〕郡國文學

漢世郡國文學之職,於教育頗有關係。諸葛豐及翟方進父翟公,皆嘗爲郡文學。匡衡調補平原文學,學者多上書薦衡,"經明,當世少雙。今爲文學就官,京師後進,皆欲從衡平原,衡不宜在遠方。"可見當時文學,頗有名人爲之。《三國志·杜畿傳注》引《魏略》,言畿爲河東太守,署樂詳爲文學祭酒,使教後進,河東學業大興。《倉慈傳注》引《魏略》,言令狐邵爲弘農太守,是時郡無知經者,乃歷問諸吏,有欲遠行就師,輒假遣,令詣河東就樂詳學,經麤明乃還。因設文學。由是弘農學業轉興。皆文學舉職之效也。

〔三九〇〕 傳、説、記[①]

六經皆古籍，而孔子取以立教，則又自有其義。孔子之義，不必盡與古義合，而不能謂其物不本之於古。其物雖本之於古，而孔子自别有其義。儒家所重者，孔子之義，非自古相傳之典籍也。此兩義各不相妨。故儒家之尊孔子，曰："賢於堯舜遠矣。"曰："自生民以來，未有孔子。"《孟子·公孫丑》上。而孔子則謙言"述而不作，信而好古"；《論語·述而》。即推尊孔子者，亦未嘗不以"祖述堯舜，憲章文武"爲言也。《禮記·中庸》。若如崇信今文者之説，謂六經皆孔子所作，前無所承，則孔子何不作一條理明備之書，而必爲此散無友紀之物？又何解於六經文字，古近不同，顯然不出一手，并顯然非出一時乎？若如崇信古學者之言，謂六經皆自古相傳之物，孔子之功，止於抱遺訂墜；而其所闡明，亦不過古先聖王相傳之道，初未嘗别有所得；則馬、鄭之精密，豈不真勝於孔子之麤疏乎？其説必不可通矣。

惟六經僅相傳古籍，而孔門所重，在於孔子之義。故經之本文，并不較與經相輔而行之物爲重；不徒不較重，抑且無相輔而行之物，而經竟爲無謂之書矣。

與經相輔而行者，大略有三：傳、説、記是也。《漢書·河間獻王傳》曰："獻王所得書，皆經、傳、説、記，七十子之徒所論。"蓋傳、説、記三者，皆與經相輔而行，孔門所傳之書，大略可分此四類也。

傳、説二者，實即一物；不過其出較先，久著竹帛者，則謂之傳；其出較後，猶存口耳者，則謂之説耳。陳氏澧曰："《荀子》曰：《國風》之好色也，其傳曰：盈其欲而不愆其止，其誠可比於金石，其聲可内於宗廟。《大略》。據此，則周時《國風》已有傳矣。《韓詩外傳》亦屢稱傳曰。《史記·三代世表》，褚先生曰：《詩傳》曰：湯之先爲契，無父而生。此皆不知何時之傳也。"《東塾讀書記》六。陳氏所引，實皆孔門《詩傳》，謂不知何時之傳者誤也。然孔子以前，《詩》確已自有傳，《史記·伯夷列傳》引《軼詩傳》是也。以此推之，《孔子世家》稱孔子序《書傳》，書傳二字，蓋平舉之辭？孔子序《書》，蓋或取其本文，或取傳者之辭。故二十八篇，文義顯分古近也。如《金縢》亦記周公之辭，其文義遠較《大誥》等篇爲平近。古代文字用少，書策流傳，義率存於口説，其説即謂之傳。凡古書，莫不有傳

① 原題《六經之傳説記》。

與之相輔而行，其物既由來甚舊，而與其所傳之書，又如輔車相依，不可闕一；故古人引用，二者多不甚立别，而傳遂或與其所傳之書，并合爲一焉。漢人引據經傳，不别者甚多，崔氏適《春秋復始》論之甚詳，今更略舉數證。《孟子·萬章》一篇論舜事最多，後人多欲以補《舜典》；然《尚書》二十八篇爲備，實不應有《舜典》。而完廩、浚井等事，亦見《史記·五帝本紀》。《五帝本紀》多同伏生《書傳》。蓋孟子、史公，同用孔門《書》説也。以此推之，《滕文公》篇引《書》曰"若藥不瞑眩，厥疾不瘳"，《論語·爲政》引《書》曰"孝乎惟孝"，亦皆《書傳》文矣。《説文·旻部》敻下引《商書》曰："高宗夢得説，使百工敻求，得之傅巖。"語見《書序》，蓋《書傳》文，而作序者竊取之。"差以豪釐，繆以千里"，見《易·繫辭》。《繫辭釋文》云王肅本有傳字。案《太史公自序》述其父談《論六家要旨》，引《繫辭》"一致而百慮，同歸而殊塗"，謂之《易·大傳》，則王肅本是也。然《自序》又引"豪釐"、"千里"二語，稱"《易》曰"，《大戴·保傅》、《小戴·經解》亦然。此漢人引用經傳不别之證。故諸家之《易·繫辭》下或無傳字也。○《孟子·梁惠王》下："《詩》云：王赫斯怒，爰整其旅，以遏徂莒，以篤周祜，以對於天下。此文王之勇也。文王一怒而安天下之民。《書》曰：天降下民，作之君，作之師，惟曰其助上帝，寵之四方，有罪無罪，惟我在，天下曷敢有越厥志？一人衡行於天下，武王恥之。此武王之勇也。而武王亦一怒而安天下之民。""此文王之勇也"，"此武王之勇也"，句法相同。自此以上，皆當爲《詩書》之辭。然"一人衡行於天下，武王恥之"，實爲後人稱述武王之語。《孟子》所引，蓋亦《書傳》文也。○傳之爲物甚古，故又可以有傳。《論語》邢疏："漢武帝謂東方朔云：《傳》曰：時然後言，人不厭其言。又成帝賜翟方進策書云：《傳》曰：高而不危，所以長守貴也。是漢世通謂《論語·孝經》爲傳。"然《漢志》，《魯論》有《傳》十九篇，《孝經》亦有《雜傳》四篇。蓋對孔子手定之書言，則《論語》、《孝經》皆爲傳；對傳《論語》、《孝經》者言，則《論語》、《孝經》亦經比也。○傳之名不一。或謂之義，如《禮記·冠義》以下六篇是也。或謂之解，如《管子》之《明法解》、《韓非子》之《解老》是也。《禮記》之《經解》，蓋通解諸經之旨，與《明法解》、《解老》等專解一篇者，體例異而旨趣同，故亦謂之解也。《墨子·經説》，體制亦與傳同，而謂之説，尤傳與説本爲一物之證。○《孟子·梁惠王》上對齊宣王之問曰："仲尼之徒無道桓文之事者，是以後世無傳焉。"下篇：齊宣王問曰："文王之囿方七十里，有諸？"孟子對曰："於傳有之。"《管子·宙合》曰："宙合有橐天地，其義不傳。"此所謂傳，并即經傳之傳也。《明法解》與所解者析爲兩篇；《宙合》篇前列大綱，後乃申釋其義，則經傳合居一簡，古書如此者甚多。今所傳《易·繫辭》下無傳字，亦不能議其脱也。

《公羊》曰："定、哀多微辭，主人習其讀而問其傳，則未知己之有罪焉爾。"定公元年。古代文字用少，雖著之傳，其辭仍甚簡略，而又不能無所隱諱。若此，則不得不有藉於説明矣。《漢書·蔡義傳》："詔求能爲《韓詩》者，徵義待詔，久不進見。義上疏曰：臣山東草萊之人，行能亡所比，容貌不及衆，然而不棄人倫者，竊以聞道於先師，自託於經術也。願賜清閒之燕，得盡精思於前。上召見義，説《詩》，甚説之。"又《儒林傳》："兒寬初見武帝，語經學。"上曰："吾始以《尚書》爲樸學，弗好。樸即《老子》"樸散而爲器"之樸。《淮南·精神注》："樸，猶質也。"所謂木不斲不成器也。此可見經而無傳，傳而無説，即成爲無謂之物。及聞寬説，可觀，乃從寬問一篇。"并可見漢世傳經，精義皆存於説，漢儒所由以背師説爲大戒也。凡説，率至漢師始著竹帛。以前此未著竹帛，故至漢世仍謂之說也。夏侯勝“受詔撰《尚書論語說》”；《漢書》本傳。“劉向校書，考《易說》，以爲諸家《易說》，皆祖田何、楊叔、丁將軍，大義略同，惟京氏爲異黨；焦延壽獨得隱士之說，託之孟氏，不相與同”，《儒林傳》。是也。《漢書·王莽傳》：莽上奏曰：“殷爵三等，有其說，無其文。”又羣臣請安漢公居攝如天子之奏曰：“《書》曰：我嗣事子孫，大不克共上下，遏失前人光，在家，不知命不易，天應棐諶，乃亡隊命，《說》曰：周公服天子之冕，南面而朝羣臣，發號施令，常稱王命，召公賢人，不知聖人之意，故不說也。”然則說可引據，亦同於傳。蓋傳即先師之說，說而著之竹帛，亦即與傳無異耳。漢人爲學，必貴師傳，正以此故。劉歆等首唱異說，其所以攻擊今文師者，實在“信口說而背傳記，是末師而非往古”《漢書·楚元王傳》附《歆傳》。兩語；而古學家之學，遠不逮今文師者，亦實以此。以其奮數人之私智，以求之傳記，斷不能如歷世相傳之說之精也。公孫禄劾歆“傎倒《五經》，毁師法”，《莽傳》。毁師法，即背師說也。

傳附庸於經，記與經則爲同類之物，二者皆古書也。記之本義，蓋謂史籍。《公羊》僖公二年，宫之奇諫曰：“《記》曰：脣亡則齒寒。”《解詁》：“記，史記也。”史記二字，爲漢時史籍之通稱，猶今言歷史也。《韓非子·忠孝》：“《記》曰：舜見瞽瞍，其容造焉。孔子曰：當是時也，危哉，天下岌岌。”此語亦見《孟子·萬章》上篇，咸丘蒙以問孟子，孟子斥爲齊東野人之語，古亦稱史記爲語，可爲《解詁》之證。記字所苞甚廣，宫之奇、咸丘蒙所引，蓋記言之史，小說家之流；其記典禮者，則今所謂《禮記》是也。《記》與《禮》實非異物，故古人引《禮》者或稱《記》，引《記》者亦或稱《禮》。《詩·采蘩箋》引《少牢饋食禮》稱《禮記》，《聘禮注》引《聘義》作《聘禮》，又《論衡·祭意》引《禮記·祭法》皆稱《禮》。○《禮記》中《投壺》、《奔喪》，鄭謂皆同《逸禮》，而《曲禮》首句即曰“《曲禮》曰”，可見《禮》與《記》之無别也。今《儀禮》十七篇，惟《士相見》、《大射》、《少牢饋食》、《有司徹》四篇無記。宋儒熊氏朋來之說。凡記皆記經所不備，兼記經外遠古之言。鄭注《燕禮》云：“後世衰微，幽、厲尤甚，《禮樂》之書，稍稍廢棄，蓋自爾之後有記乎？”《士冠禮疏》。《文王世子》引《世子之記》，鄭《注》曰：“世子之禮亡，言此存其記。”蓋著之竹帛之時，有司猶能陳其數；或雖官失其守，而私家猶能舉其本末，如孺悲學《士喪禮》於孔子。則謂之《禮》；而不然者，則謂之《記》耳。記之爲物甚古，故亦自有傳；《士冠禮疏》：“《喪服記》，子夏爲之作傳，不應自造還自解之。《記》當在子夏之前，孔子之時，未知是誰所録。”案古書多有傳說，已見前，《記》之《傳》，或孔門録是《記》者爲之，或本有而録是《記》者并録之，俱未可定也。而《禮記》又多引舊記也。如《文王世子》引《世子之記》。又引《記》曰“虞、夏、商、周，有師保，有疑丞”云云。

《祭統》引《記》曰"齊者不樂"，又引《記》曰"嘗之日，發公室"云云皆是。

傳説同類，記以補經不備，傳則附麗於經，故與經相輔而行之書，亦總稱爲傳記，如劉歆《移太常博士》所言是也。《河間獻王傳》，并稱經傳説記，傳蓋指古書固有之傳而言，如前所引《軼詩傳》及孔子所序之《書傳》是。其孔門所爲之傳，蓋苞括於説中。

大義存於傳，不存於經，試舉一事爲徵。《堯典》究有何義？試讀《孟子·萬章》上篇，則禪讓之大義存焉。夷考伏生《書傳》、《史記·五帝本紀》，説皆與孟子同，蓋同用孔門書説也。此等處，今人必謂伏生襲孟子，史公又襲伏生。殊不知古代簡策流傳甚難，古人又守其師説甚固，異家之説，多不肯用，安得互相勦襲，如此之易？史公説堯舜禪讓，固同《孟子》矣，而其説伊尹，即以割烹要湯爲正説，與《孟子》正相反。何又忽焉立異乎？可見其説禪讓事，乃與《孟子》所本者同，而非即用《孟子》矣。○經義并有儒家失傳，存於他家書中者。《吕覽》多儒家言，予别有考。今《尚書甘誓》，徒讀其本文，亦絶無意義。苟與《吕覽·先己》參看，則知孔子之序是篇，蓋取退而脩德之意矣。傳不足以盡義，而必有待於説，試亦引一事爲徵。王魯，新周，故宋，非《春秋》之大義乎？然《公羊》無其文也，非《繁露》其孰能明之？《三代改制質文》篇。案亦見《史記·孔子世家》。又《樂動聲義》有"先魯後殷新周故宋"之文，見《文選》潘安仁《笙賦注》。古人爲學，所以貴師承也。後人率重經而輕傳、説，其實二者皆漢初先師所傳。若信今文，則先師既不僞經，豈肯僞傳？若信古文，則今古文經，所異惟在文字，今文經正以得古文經而彌見其可信。經可信，傳、説之可信亦因可見矣。或又謂經爲古籍，據以考證古事，必較傳爲足據。殊不知孔門之經，雖係古籍，其文字未必一仍其舊。試觀《堯典》、《禹貢》，文字反較殷《盤》、周《誥》爲平易可知。而古籍之口耳相傳，歷久而不失其辭者，亦未必不存於傳、説、記之中也。然則欲考古事者，偏重經文，亦未必遂得矣。《史記·孔子世家》："孔子在位，聽訟文辭，有可與人共者，不獨有也；至於爲《春秋》，筆則筆，削則削，子夏之徒不能贊一辭。"《公羊》昭十二年《疏》引《春秋説》云："孔子作《春秋》，一萬八千字，九月而書成，以授游、夏之徒，游、夏之徒不能改一字。"然則相傳以爲筆削皆出孔子者，惟《春秋》一經。餘則删定之旨或出孔子，其文辭必非孔子所手定也。即游、夏不能改一字，亦以有關大義者爲限，若於義無關，則文字之出入，古人初不深計。不獨文字，即事物亦有不甚計較者。吕不韋聚賓客著書，既成，佈咸陽市門，縣千金其上，延諸侯游士賓客有能增損一字者予千金。高誘《注》多摘其誤，謂揚子雲恨不及其時車載其金。殊不知不韋所求，亦在能糾正其義。若事物之誤，無緣舉當時游士賓客，不及一揚子雲也。子雲既沾沾自喜，高誘又津津樂道，此其所以適成爲子雲及高氏之見也。

翼經之作，見於《漢志》者：曰外傳，曰雜傳，蓋摭拾前世之傳爲之。《漢書·儒林傳》："韓嬰推詩人之意，而作《内外傳》數萬言。"又曰："韓生亦以《易》授人，推《易》意而爲之傳。"一似其傳皆自爲之者。然《韓詩外傳》見存，大抵徵引成文，蓋必出自前人，乃可謂之傳也。曰傳記，曰傳説，則合傳與記、説爲一書者也。曰説義，蓋説之二名。曰雜記，則記之雜者也。曰故，曰解故，以去古遠，故古言有待訓釋，此蓋漢世始有。曰訓傳，則兼訓釋古言及傳二者也。《毛傳》釋字義處爲詁訓。閒有引成文者，如《小弁》、《緜》之引《孟子》，《行葦》之引《射義》，《瞻卬》之引《祭義》，《閟宫》之引孟仲子，則所謂傳也。

《漢志·春秋》有《左氏微》二篇，又有《鐸氏微》三篇、《張氏微》十篇、《虞氏微傳》二篇。微，蓋即"定哀多微辭"之微；亦即劉歆《移太常博士》所謂"夫子没而微言絶"者也。定哀之閒，辭雖微，義則具存於先師之口説，何絶之有？易世之後，忌諱不存，舉而筆之於書，則即所謂傳也，安用别立微之名乎？今《左氏》具存，解經處極少，且無大義，安有微言？張氏不知何人。鐸氏，《注》曰："楚太傅鐸椒。"虞氏，《注》曰："趙相虞卿。"《史記·十二諸侯年表》曰："鐸椒爲楚威王傅，爲王不能盡觀《春秋》，采取成敗，卒四十章，爲《鐸氏微》。趙孝成王時，其相虞卿，上采《春秋》，下觀近世，亦著八篇，爲《虞氏春秋》。"二書與孔子之《春秋》何涉？鐸氏之書自名《微》，非其書之外，别有所謂微者在也。今乃舉左氏、張氏、虞氏之書而皆爲之微，虞氏且兼爲之傳，其爲妄人所託，不問可知。猶之附麗於經者爲傳、説，補經之不備者爲記，本無所謂緯，而漢末妄人，乃集合傳、説、記之屬，而别立一緯之名也。要之多立名目以自張，而排斥異己而已。故與經相輔而行之書，實盡於傳、説、記三者也。

傳、説、記三者，自以説爲最可貴，讀前文自見。漢世所謂説者，蓋皆存於章句之中。章句之多者，輒數十百萬言，而《漢書》述當時儒學之盛，謂一經説至百萬餘言，《儒林傳》。可知章句之即説。枝葉繁滋，誠不免碎義逃難、博而寡要之失；然積古相傳之精義，則於此存焉。鄭玄釋《春秋運斗樞》云："孔子雖有盛德，不敢顯然改先王之法，以教授於世，陰書於緯，以傳後王。"《王制正義》。古代簡策繁重，既已筆之於書，夫復安能自祕？其爲竊今文家口授傳指之語而失其實，不問可知。《文選》劉歆《移太常博士注》："《論語讖》曰：子夏六十四人。共撰仲尼微言。"此造緯者之自道也。然緯之名目雖妄，而其爲物，則固爲今文經説之薈萃；使其具存，其價值當尚在《白虎通義》之上也；乃以與讖相雜，盡付一炬，亦可哀矣。

原刊《光華大學半月刊》第一卷第四期，一九三二年十二月五日出版

〔三九一〕 詩無作義

事有古今異者，亦有古今同者。古今異者，後人或不知其異，而即以當日之情形，測度古人；古今同者，則又不知其同，而妄生穿鑿。可謂其失惟鈞矣。

古之詩，與後世之謡辭相似者也，其原多出於勞人思婦，矢口所陳，或託物而起興，或感事而陳辭。其辭不必無所因，而既成之後，十口相傳，又不能無所改易。故必欲問詩之作者爲何人，其作之爲何事，不徒在後世不可得，即起古人於九原而問之，亦將茫然無以對。何也？其作者本不可知，至於何爲而作，則作者亦不自知也。三家説《詩》，知本義者極少，即由於此。今所傳《小序》，乃無一詩不知其何爲而作；而其所爲作，且無一不由於政治；幾若勞人思婦，無不知政治之得失者。夫古者謂陳詩可觀民風，抑且可知政治之得失者，以風俗之善惡，與政治之得失相關也；非謂勞人思婦，無一不深知政治，明乎其得失，且知其與風俗之關係也。所謂《小雅》譏己之得失，其流及上也。《雅》且如此，而況於《風》。若如今之《詩序》，則《風雅》何别焉？故今之《詩序》，不必問其所言者如何，但觀其詩之皆能得其本義一端，即知其不可信矣。

《詩》有誦義，無作義，有以此爲攻擊今學之言者。《漢書・藝文志》，謂齊韓《詩》或取《春秋》，采雜説，咸非其本義是也。陳蘭甫辨之云："今本《韓詩外傳》，有元至正十五年錢惟善《序》云：斷章取義，有合於孔門商賜言《詩》之旨。澧案《孟子》云：憂心悄悄，愠於羣小，孔子也；亦外傳之體。《禮記・坊記》、《中庸》、《表記》、《緇衣》、《大學》引《詩》者，尤多似外傳。蓋孔門學《詩》者皆如此。其於詩義，洽熟於心，凡讀古書，論古人古事，皆與詩義相觸發，非後儒所能及。西漢經學，惟《詩》有《毛氏》、《韓氏》兩家之書，傳至今日，讀者得知古人内傳、外傳之體；乃天之未喪斯文也。《直齋書録解題》云：《韓詩外傳》，多記雜説，不專解《詩》，果當時本書否？杭堇浦云：董生《繁露》、韓嬰《外傳》，偭背經旨，敷列雜説，是謂畔經；此則不知内外傳之體矣。"其自注云："韓非有《解老篇》，復有《喻老篇》，引古事以明之，即外傳之體。其《解老》即内傳也。"《東塾讀書記》卷六。愚案：觀此，即可知此體由來之古，所謂詩義洽熟於心。凡讀古書，論古人古事，皆與詩義相觸發者，古簡籍少而誦之專精之世，凡書皆然，正不獨《詩》；抑古之誦《詩》者皆然，亦不獨孔門之言《詩》者也。古人會聚，多賦《詩》以見志，即其一證。

陳蘭甫又云："《毛傳》有述古事，如《韓詩外傳》之體者；如《素冠傳》子夏閔子騫三年喪畢見夫子一節，《小弁傳》高子曰小弁小人之詩也一節，《巷伯傳》昔者顔叔子獨處於室一節，《緜傳》古公處豳一節，虞芮之君相與争田一節，《行葦傳》孔子射於矍相之圃一節，皆外傳之體。《定之方中傳》建邦能命龜一節，雖非述古事，然因經文卜云其吉一語，而連及九能，亦外傳之體也。"同上。然則《韓詩外傳》乃《毛詩》家所不能爲耳，非其所不欲爲也。

〔三九二〕　毛詩傳授之誣

羣經傳授源流，有極不可信者。劉歆云："先師皆起於建元之間。"經學之淵源，必不始此；然先師名字之可記識者，則始於此矣。言羣經之傳授者，當以《史記》、《兩漢書》、《儒林傳》、《藝文志》。《隋書》、《經籍志》。《經典釋文》《叙録》。爲大宗。前人記識，偶有遺落，而後人從而補之，原非必不可有之事。然前人所遺落，何至如是之多，而其所補者，又多無徵不信，齟齬難通，其不免於億造附益可知。君子觀於此，而知信史之難得矣。

《史記·儒林傳》曰："言《詩》，於魯則申培公，於齊則轅固生，於燕則韓太傅；言《尚書》，自濟南伏生；言《禮》，自魯高堂生；言《易》，自菑川田生；言《春秋》，於齊、魯自胡毋生，於趙自董仲舒。"此其源流，皆確實可據，而其人之行事，亦確有可徵者也。至《漢書》，則已有不盡然者。

《史記》云"言《詩》於魯則申培公"，非謂申培公之學，無所受之也，其名氏不復傳也；故但曰"吕太后時，申公游學長安，與劉郢同師"而已。而《漢書》補出浮丘伯之名，《儒林傳》曰：申公與楚元王交，俱事齊人浮丘伯。吕太后時，浮丘伯在長安，元王遣子郢與申公俱卒業。《元王傳》曰：少時，嘗與魯繆生、白生、申公，俱受《詩》浮丘伯；伯，孫卿門人。及秦焚書，各别去。郢之名，則作郢客。浮丘伯之行事，既無可考；元王賢王，果曾與申公同師，史公無緣不知；知之，無緣置之而獨言其子。然則申公與元王同師，或因與其子同師而傳譌。而繆生、白生嘗與元王同學，或又因其與申公爲同功一體之臣而傅會也。此説如確，則浮丘伯之名，可信與否，亦有不可知者矣。然此尚僅有可疑而已。乃如《毛詩》，《漢志》云："又有毛公之學，自謂子夏所傳，而河間獻王好之，未得立。"自謂者，無徵之辭；好之，亦僅好之而已。乃《詩譜》云："魯人大毛公爲《訓詁傳》，河間獻王得而獻之，以小毛公爲博士。"分毛公爲大小，固已未知所據；而易好之爲獻之，則諸言河間獻書者，何以不及《毛詩》；而劉歆校書中祕，亦何以但稱無師説之《逸禮》、《古文尚書》、《周官》、《左氏》，而不及有《詁訓傳》之《毛詩》乎？鄭氏但言毛公有二，未舉其名也。《後漢書·儒林傳》曰："趙人毛長傳《詩》，是爲《毛詩》。"毛長者，大毛公乎？小毛公乎？何以易魯而爲趙也？《隋志》："《毛詩》二十卷，漢河間太守毛萇撰。"又易長而爲萇，且變趙人爲河間太守，總不知其何據。陸璣云："孔子删《詩》授卜商，商爲之序，以授魯人曾申，申授魏人李克，克授魯人孟仲子，孟仲子授根牟子，根牟子授趙人荀卿，荀卿授魯國毛亨，毛亨作《訓詁傳》，以傳趙國毛萇。時人謂亨爲大毛公，萇爲小毛公。"璣與鄭玄，相去極近，《毛詩》果出子夏，乃聖門高弟，荀卿則六國名儒，豈容置而不言？稱人不舉名字，但用當時稱號，漢人類然，如伏生名勝，始見《後漢書·伏湛傳》，《史》、《漢》皆但作伏生是。案此等有可信者，亦有不可信者。如伏氏世傳儒業，行事衆所共知，先祖之名，後昆自不容虚構；乃如遥遥華胄，信否難徵，欲以譜牒之具存，顯示胤裔之非僞，則名字爵里，或謂往史所不詳，轉非後人所能共信矣。而於邑里頗重，果大毛公魯人，小毛公趙人，康成豈得不加别白也？《釋文》以此爲一説，又引徐整云："子夏授高行子，高行子授薛倉子，薛倉子授帛妙子，帛妙子授河間人大毛公，毛公爲《詩故訓傳》於家，以授趙人小毛公，小毛公爲河間獻王博士。"整亦三國吴人，説之乖異又如此。而所舉人名，又無一有行事可徵驗者，安得不令人疑而不信乎？

原刊《光華大學半月刊》第二卷第六期，一九三四年三月十五日出版

〔三九三〕 詩　序　上

《詩序》辯説，最爲紛歧。若知漢時所謂古學者，皆摭拾傳記爲之；其所謂出於某某者，大抵附會依託，不可信據，則亦無疑於此矣。

《詩序》誰作，宋以後説多憑億測，無可徵驗，即亦無從辯論。其爲古説者有三：鄭氏《詩譜》，謂《大序》子夏作，《小序》子夏、毛公合作，一也；《正義》引沈重説。王肅《家語注》，以爲子夏作，二也；《後漢書·儒林傳》：以爲衛宏作，三也。宏與鄭、王，相去甚近，《序》果宏作，鄭、王無緣不知；然《序》有鄭注而無鄭箋，實爲出於《毛傳》以後之確證。其文平近諧婉，且不類西漢人作，更無論先秦矣。鄭、王何至并此而不能辨？然一以爲逕出子夏，一以爲兼出毛公，何也？古人云某書某作，不必其人親著竹帛，特推所自來耳。《序》出子夏、毛公，蓋古學家舊説，其著之竹帛，實始衛宏。鄭、王皆本所自來，故以子夏、毛公爲言耳。《隋志》謂"子夏所創，毛公及衛宏又加潤益"，蓋古學家成説，非苟爲調停之辭也。鄭、王、范曄皆言之不具耳。然《序》實古學家采綴古書所爲，不惟非子夏，亦必不出毛公也。鄭樵云："漢世文字，未有引《詩序》者，惟黄初四年，有曹共公遠君子近小人之語，蓋宏之《序》至是始行也。"此説甚是，可爲《詩序》晚出之確證。

《詩》之《大小序》，亦爲聚訟之一端。有就《關雎》一序，分爲大小者；有就各詩，分析其首句爲《小序》，下爲《大序》者。《釋文》引舊説云："起至用之邦國焉，名《關雎序》，謂之《小序》；自風風也，訖末，名爲《大序》。"朱子作《詩序辯説》，以詩者志之所之至也爲《大序》，餘爲《關雎小序》。以初句爲子夏作，説出成伯嶼。蘇轍《詩集傳》，衹存首句，餘皆删。程大昌《考

古編》,亦以首語爲古序,續申者爲衛宏語。案魏源《詩古微》論三家《詩》亦有序,頗允。諸家所引《韓詩》,如《關雎》刺時也,《芣苢》傷夫有惡疾也等,皆與《詩序》首語一例。張揖習《齊詩》,《上林賦注》:"《伐檀》,刺賢者不遇也。"亦同。蓋作序者依三家體例爲之也。《隋志·史部》論簿録之語曰:"孔子删書,别爲之序,各陳作者所由。韓毛二《詩》,亦皆相類。"案《舊唐志》:《韓詩》二十卷,卜商序,韓嬰撰。《韓詩翼要》十卷,卜商撰。《毛詩集序》二卷,卜商撰。《新書志》:《韓詩》,卜商序,韓嬰注,二十二卷,又《外傳》十卷,《卜商集序》二卷,又《翼要》十卷。《翼要》當屬《毛詩》。《舊書》韓字蓋衍。韓、毛之序,體例相同,觀《隋志》之言可見。《翼要》則竊疑其放《外傳》也。雖無以知其必然,然《關雎》之序,非僅説《關雎》一詩;而各序首句及其下文,顯有斧鑿痕跡,則無可疑也。予謂《大小序》之分,大體當從朱熹之説,自起至"用之邦國焉"爲《小序》,專序《關雎》一詩。"風風也"至"詩之至也"爲《大序》,總論全詩之義。"然則關雎麟趾"以下,介於《大》、《小序》之間,蓋論全詩之義既竟,專論《周南》、《召南》,又迴合至《關雎》一篇者也。《大》、《小序》之名,蓋傳此序者所立,而非作此序者胸中先有此區别。故以其義論之,則一篇之中,兼苞專論《關雎》、統論詩義及《二南》兩端;以其文言之,則又一氣相承,不能分割也。蓋作《詩序》者,以論全詩及《二南》之語,合諸《關雎序》中,後人欲加分别,乃立大小之名也。此序最可見古學家之説係摭拾傳記而成。

此序統論詩義者,自"風風也"至"教以化之",論風之義;"詩者志之所之"至"移風俗",論詩及樂;"故詩有六義焉"至"六曰頌",論六義;"上以風化下"至"詩之至也",論風、雅、頌。論詩及樂者,取諸《樂記》;論六義者,取諸《周官》;餘與論《二南》及《關雎》一詩者,蓋取諸三家。而其文又有奪佚。且《詩》止《風》、《雅》、《頌》三體,而《序》云詩有六義,乃生賦、比、興究爲詩篇異體,抑詩文異辭之疑。康成最喜牽合《周官》,乃謂孔子録《詩》,已合風雅頌中,難可摘别。并謂《七月》一詩,備有三體,以牽合《周官》籥章之文。於是疑竇叢生,殊不知作《詩序》者,不過見《周官》即漫采之,初未計及《周官》六詩之説,與《詩經》風、雅、頌之體不能相容也。古學家之説多如此。後來彌縫漸密,初出時則極羸略,如鄭衆以《書序》之《周官》,即今謂之《周禮》之《周官》,篇卷多少,文體異同,皆不顧慮,真可發一大噱。以《風》、大小《雅》、《頌》爲四始,無論如何彌縫,其説終不可通。《史記·孔子世家》曰:"《關雎》之亂,以爲《風》始,《鹿鳴》爲《小雅》始,《文王》爲《大雅》始,《清廟》爲《頌》始。"《詩序》云:"《關雎》,《風》之始也。"説實與《史記》同。《雅》、《頌》安得獨異。然則是謂四始之上,明有奪文;而鄭即隨其奪而曲説之也。《史記》之説,蓋出《魯詩》。《漢書·匡衡傳》,衡上疏曰:"孔子論《詩》,以《關雎》爲始。"則《齊詩》説亦不異。《詩疏》引《汜歷樞》曰:"《大明》在亥,水始也;《四牡》在寅,木始也;《嘉魚》在巳,火始也;《鴻雁》在申,金始也。"此别一説,讖緯之文,不盡可信,然亦不以《風》、《大小雅》、《頌》爲四始也。《曲禮》之"若夫坐如尸,立如齊",據《大戴記·曾子事父母》,明有奪文。而鄭引《左氏》是謂我非夫,讀夫爲如字。亦其隨文曲釋之一證。自敬仲至康成,中間未更喪亂,《詩序》不應更有奪佚,故知《詩序》之作,確在敬仲以前,特與毛義亦不盡合,如《静女》。可決其與《毛傳》非一家言耳。

《漢志》云:"魯申公爲《詩》訓詁,齊轅固生、燕韓生皆爲之傳。或取《春秋》,采雜説,咸非其本義;與不得已,《魯》最爲近之。"此古學家之誣辭,以此攻擊三家,殊不足信;三家遺説,陳氏父子所輯,大抵相同。其原同,其流自不得異也。《史記·儒林傳》曰:"韓生推詩之意而爲《内外傳》數萬言,其語頗與齊、魯閒殊,其歸一也。"燕與齊、魯如此,齊魯之間更不待論矣。然夫子自道則真矣。今所傳《詩序》,《鴟鴞》出《金縢》,《北山》同《孟子》,《都人士》同《禮記·緇衣》,《那》同《國語·魯語》,此外同《荀子》者尤多;其無書可見者,則有《高子》,《絲衣序》引之;皆所謂取《春秋》采雜説者也。《詩》三百五篇,從無異説,《詩序》忽多出《南陔》、《白華》、《華黍》、《由庚》、《崇丘》、《由儀》六篇,蓋即采自《鄉飲酒禮》及《燕禮》,三家無《都人士》首章,而毛有之,蓋即據《緇衣》以補之也。鄭漁仲曰:"毛公時,《左傳》、《孟子》、《國語》、《儀禮》未盛,而先與之合。世人未知《毛傳》之密,故俱從三家。及諸書出而證之,諸儒得以考其異同得失。長者出而短者自廢,故皆舍三家而宗毛。"惡知夫毛之與諸書合,正以其出較晚,故所采皆漢時見存之書;三家口説流傳,未著竹帛,故其淵源雖舊,轉若無徵不信邪?朱熹曰:"其初有齊魯韓氏之説,并傳於世,讀者知其出於後人之手,不盡信也。其後三家之傳又絶,而毛説孤行,則其牴牾之跡,無復可見。此序遂若詩人先所命題,詩反因序而作,於是讀者轉相尊信,無敢擬議;至於有所不通,則必委曲遷就,穿鑿而附合之。寧使經之本文,繚戾破碎,不成文理,而終不忍明以《小序》爲出於漢儒也。"其説較漁仲爲允矣。

世同則俗同,俗同則人之心思相類,故彼此之意,易於推測而知,雖復託諸比興,不翅矢口而陳,此陳詩之所以可觀民風也。何休《公羊解詁》曰:"男女有所怨恨,相從而歌,飢者歌其食,勞者歌其事,男年六十、女年五十無子者,官衣食之,使之民間求詩,鄉移於邑,邑移於國,國以聞於天子。故王者不出牖户,盡知天下所苦,不下堂而知四方。"宣公十五年。《漢書·食貨志》略同,蓋出《齊詩》。《詩序》曰:"國史明乎得失之跡,傷人倫之廢,哀刑政之苛,吟詠情性,以風其上,達於事變,而懷其舊俗者也。故變風,發乎情,止乎禮義。發乎情,民之性也;止乎禮義,先王之澤也。"亦以風詩爲出自民間,故知《詩序》之説,多采自三家也。此詩之六義也。三家於詩,有如《芣苢》、《柏舟》等篇,能得其本事者,必非鄉壁虚造,必也有所受之。自古學家爲之,而勞人思婦之辭，皆變爲士夫之作；歌其食歌其事者，皆變爲刺譏朝政矣。如此，則《風》、《雅》何别乎？善乎朱熹之言之也，曰：“詩之文意事類，可以思而得；其時世名氏，不可以强而推。今乃不然，不知其時者，必强以爲某王某公；不知其人者，必强以爲某甲某乙；於是傅會書史，依託名謚，鑿空妄語，以誑後人。且如《柏舟》，不知其不得於夫，而以爲不遇於君，此則失矣。然有所不及而不自欺，則亦未至於大害理也。今乃斷然以爲衛頃公之時，則其欺罔之罪，不可掩矣。蓋其偶見此詩，冠於三衛變風之首，是以求之春秋之前。而《史記》所書，莊、桓以上，衛之諸君，事皆無可考者，謚亦無甚惡者，獨頃公有賂王請命之事，其謚又爲甄心動懼之名，如漢諸王，必其嘗以罪謫，然後加以此謚，以是意其必有棄賢用佞之失，而遂以此詩予之也。”其於作序者采摭古書穿鑿傅會之情，可謂洞燭無遺矣。芣苢，馬舄；馬舄，車前，《爾雅》亦無異説。而王肅引《周書・王會》云：“芣苢如李，出於西戎。”王基駁云：“《王會》所記雜物奇獸，皆四夷遠國，各齎土地異物，以爲貢贄，非周南婦人所得采。”見《疏》。其説允矣。要而言之，見古書即采摭之，而不顧其合於理不合於理，合於事不合於事而已。凡古學家之説，大抵如此逐漸造成者也。

原刊《光華大學半月刊》第二卷第十期，一九三四年六月十八日出版

〔三九四〕 詩　序　下

儒生或不免錮蔽，而非儒生又不可以言經。何者？各種學問，皆自有其條例，非治之者不能知；不治其學，而聞其言，願者河漢之，輕者非笑之矣。王仲任以能説一經者爲儒生，博覽古今者爲通人，謂儒生不如通人，《論衡・超奇》。固也。如仲任者，可以謂之通人矣乎！讀《論衡》者蓋無異辭，即吾亦無異辭也。然其論經學則多繆，由經學自有條例，仲任不能知也。今日博聞之士，其達識固多逾於專門科學之家，然不可以言科學也，視此。

《論衡・謝短》：“問《詩》家曰：詩作何帝王時也？彼將曰：周衰而詩作，蓋康王時也。康王德缺於房，大臣刺晏，故詩作。夫文、武之隆，貴在成、康，康王未衰，詩安得作？周非一王，何知其康王也？二王之末皆衰，夏、殷衰時，詩何不作？《尚書》曰詩言志，歌永言，此時已有詩也，斷取周以來而謂興於周。古者采詩，詩有文也，今詩無書，何知非秦燔五經，詩獨無餘札也？”此處當有譌誤，其大意則可知。蓋謂古已有詩，安知非爲秦所燔？今乃僅餘周詩，安得據見存之詩，而謂詩作於康王時也？案此乃不解儒生之言而誤駁。《詩》家言詩作康王，元據孔門所傳三百五篇言之，猶《春

秋》家所謂託始，本不謂人之能作詩，始於康王時也。不然，《詩》家皆不知《堯典》邪？案采綴古書，曲加傅會，而曰某詩在某王某公時，則不可信。至於口説流傳，則其初必有依據，若必以“周非一王，何知其康王”詰之，則竹帛亦人所著，所著亦本見聞，亦將一一詰之曰“何以知其然”乎？《列女傳》曰：“自古聖王，必有妃匹。妃匹正則興，不正則亂。夏之興也以塗山，亡也以妺喜；殷之興也以有娎，亡也以妲己；周之興也以太姒，亡也以褒姒。周之康王，夫人晏出朝，《關雎》豫見，思得淑女以妃君子。夫雎鳩之鳥，猶未嘗見乘居而匹處也。”説與匡衡正匹妃之《疏》同。曰“豫見”，則防其漸耳；元不謂當康王之身而大衰也。陳古刺今，所刺者今之衰，所陳者無妨其爲古之美。《詩序》改“思得淑女”之“思”爲“樂”，可與改“金根”爲“金銀”者媲美矣。

《毛傳》云：“雎鳩，王雎也，鳥摯而有别。后妃説樂君子之德，無不和諧，又不淫其色，慎固幽深，若雎鳩之有别焉；然後可以風化天下。”義亦與三家同。而不淫其色之語，又爲《序》之所采，知《序》固雜采羣書爲之也。然失其意者多矣。

“哀窈窕”之“哀”字，乃愛憐之義。魏、晉間人，多如此用；漢人用者尚少，先秦更無論矣。惟《墨子·備梯》，子墨子甚哀之，係如此用。然漢人寫定古書，於字句之出入，不甚計較，此等處，難保非寫者所定也。知《序》之著於竹帛，必在東漢時也。然鄭讀爲衷，則非。《詩序》筆法，有極平近者，如“然則《關雎》麟趾之化，王者之風”，此等承接之法，便非西漢人所有。試與《史記·封禪書》“然則怪迂阿諛苟合之士興”相較，便見其用字同而文氣不同。又如“華落”、“色衰”等，亦非西漢人語，著之竹帛者係衛宏，殆無可疑也。

如《論衡·謝短》之説，則今學家謂三百五篇皆周詩。案辯《商頌》非商詩者，如《詩古微·商頌魯韓發微》爲最精。予舊撰《鬼方考》，可相參證。《漢書·藝文志》：“孔子純取周詩，上采殷，下取魯，凡三百五篇。”數語之間，自相矛盾。“上采殷下取魯”六字，蓋後人記識之語，溷入本文者也。魏氏曰：“《左氏》季札觀周樂，爲之歌《頌》，曰：美哉，盛德之所同也！杜《注》：《頌》有殷、魯，故曰盛德之所同。若非皆周世所作，何以季札觀樂，統之《周頌》中乎？”案古人記事，不甚精密，季札觀樂，立夫子正樂之前，而十五《國風》及《雅》《頌》，均與今詩同者，《春官·大師疏》引鄭衆《左氏注》，謂傳家據已定録之，是也。《詩譜序疏》引服虔説同。此亦孔子純取周詩之一證。

商與宋雙聲，魏氏所列證據備矣。尚漏《左》僖二十二年天之棄商久矣一條。雙聲字本可通用，魏氏謂魯定公諱宋，孔子改宋爲商則非。古諱之之字，取同義而異聲，不取同聲而異形也。《宋世家》以《商頌》爲正考父美襄公之作，《孔子世家》孟僖子言正考父佐戴、武、宣，戴、襄相距百十六年，宣、襄相距亦七十九年，且正考父生孔父嘉，殤公時死華督之難，與襄公必不相及。魏氏釋難，殊近强辭。年代人地名之舛譌，乃古書所恒有，不必曲爲之説，亦不得以此而疑三家之説也。

原刊《光華大學半月刊》第二卷第十期，一九三四年六月十八日出版

〔三九五〕　左氏自相牴牾，詩序襲之

古學家之説，大抵采綴古書而成，然初不甚密，以古書本多牴牾處也。淺者不加詳考，以爲信而有徵，悮矣。《詩序》曰："有女同車，刺忽也；鄭人刺忽之不昏於齊。太子忽嘗有功於齊，齊侯請妻之，齊女賢而不取，卒以無大國之助，至於見逐，故國人刺之。"齊人請妻鄭忽，而忽不欲，見《左氏》桓公六年及十一年，此《序》之所本也。然其後誘執祭仲，要以立突者，宋也。桓公十一年。立突而責賂，魯人平之，不可，於是助突伐宋。十二年。而鄭以紀、魯及齊與宋、衛、燕戰。十三年。又會魯於曹，使弟語來脩曹之會；而齊與宋、蔡、衛、陳伐鄭，十四年。突出忽入；魯會宋、衛、陳納突，不克，十五年。又會宋、蔡、衛於曹而伐之；十六年。昭公見弒，十七年。齊殺高渠彌。十八年。是始終黨突者魯，立以求賂者宋，附和之者曹、衛、蔡、燕；齊則始終助忽也，安在其無大國之助乎？蓋《左氏》自相牴牾，作《詩序》者，亦不暇詳察而采之也。桓六年，以齊侯欲妻忽者即文姜，尤誤。鄭亦沿之，已見《疏》駁。

原刊《光華大學半月刊》第三卷第一期，一九三四年十月十日出版

〔三九六〕　毛詩訓詁之誤

《毛詩》稱《訓詁傳》，不徒其傳不足信也，即訓詁亦有誤者。皮鹿門《詩經通論》曰："或謂大毛公六國時人，安見不比三家更古。曰：毛公六國時人，并無明文可徵；且《毛傳》實有不可信者。丕顯二字，屢見《詩》、《書》，《毛傳》於《文王》有周不顯曰：不顯，顯也。又於不顯亦世曰：不世顯德乎。是其意以不字爲語詞，爲反言；不知不顯即丕顯也。不顯亦世，即丕顯弈世也；不顯不時，即丕顯丕承，《清廟》之不顯不承，正丕顯丕承之證也。《卷阿》伴奂爾游矣，伴奂疊韻，連文爲義，與下優游一例，即《皇矣》之畔援，顔注《漢書》引《詩》，正作畔换，亦即《閔予小子》之判换，所謂美惡不嫌同辭也。《毛傳》乃云廣大有文章貌，是其意分伴奂爲兩義，伴訓廣大，奂訓有文章，不知下句優游，

何以解之。毛何不分優游爲兩義乎？《正義》據孔晁引孔子曰：奂乎其無文章，伴乎其無涯際。孔晁，王肅之徒。其所引即《孔叢》、《家語》之類，王肅僞作，必非聖言。《蕩》曾是强御，强御亦二字連文爲義，《左氏》昭元年《傳》曰强御已甚，十二年《傳》曰吾軍帥强御，皆二字連文。《繁露·必仁且智》篇曰：其强足以覆過，其御足以犯難。《史記集解》引《牧誓》鄭《注》曰：强御，猶强暴也。强御，即《爾雅·釋天》之强圉。漢《石門頌》倒其文曰綏億衙强，惟其義同，故可倒用。《毛傳》乃曰：强，梁；御，善也。不知二字連文，而望文生義，豈六國時人之書乎？"案雙聲即重言而異其韻者，其字雖變，其意則一，故可合用，亦可分用，如《老子》之忽兮恍兮是也。孔晁所引，伴奂分言，正見其與優游一例。皮氏斥爲王肅僞作，似非；然《毛傳》訓詁之誤，則百口無以自解矣。又案《莊子·秋水》：何貴何賤，是謂反衍。《釋文》云：本亦作畔衍；《文選·蜀都賦注》引司馬作叛衍，云：叛衍，猶漫衍也，此亦即伴奂異字。

原刊《光華大學半月刊》第二卷第六期，一九三四年三月十五日出版

〔三九七〕 太 誓 後 得

今之《尚書》，爲伏生所有者，凡二十八篇。《漢書·楚元王傳注》引臣瓚曰："當時學者，謂《尚書》惟有二十八篇，不知本存百篇也。"與今所傳之數合。然《史記·儒林傳》，謂伏生得二十九篇，以教於齊、魯之間。《論衡·正説》曰："説《尚書》者，或以爲本百兩篇，後遭秦燔《詩》、《書》，遺在者二十九篇。"又曰："或説《尚書》二十九篇者，法北斗七宿也。四七二十八篇，其一曰斗矣。"又曰："或説曰：孔子更選二十九篇，二十九篇獨有法也。"《論衡》所謂儒生，皆指博士之徒，此篇所正之説，即爲博士學者之説，皆今學家言也，而其數皆二十九；《漢書·藝文志》：《尚書經》二十九卷，大小夏侯二家。歐陽《經》三十二卷；其《章句》，則歐陽三十一卷，大小夏侯各二十九卷；《解詁》，大小夏侯二十九篇；彌復睽異，何也？曰：《史記·儒林傳》之文，蓋後人所竄。《歐陽經》三十二卷，汲古閣本作二十二，字皆有譌，《左海經辨》曰："閻若璩《古文尚書疏證》、惠棟《古文尚書考》、王鳴盛《尚書後案》并引《漢志》作《歐陽經》三十一卷。予徧檢武英殿本、明南北監本、汪文盛本，皆作三十二卷，惟汲古閣本作二十二卷，上'二'字誤脱一筆。《玉海》卷三十七引《漢志》，正作《歐陽經》三十二卷。"當作三十一，與其章句同。伏生經二十八，而大小夏侯二十九，歐陽三十一者，益後得《太誓》，歐陽析爲三，而大小夏侯合爲一，譌竄之《儒林傳》及《論衡》，皆據後來之卷數言之，故與伏生所傳之數不合也。此

增出之一篇，陳恭甫欲以《書序》當之，自非，王伯申辯之甚悉；然以《太誓》爲伏生所固有，則非也。請得而辨正之。

王氏之説，不外二端：曰《史記》、《漢書》皆未及《太誓》後得事；曰諸家徵引在向、歆所謂後得之前者甚多而已。案古人著書，體例麤略，往往偏據一端，不復更加考核。班氏《藝文志》，大抵根據《七略》；其《儒林傳》，則根據《史公書》，而益以後來之事，其所據者，適皆未及《太誓》後得事，班氏亦遂仍之，而未更加蒐補，此等蓋古人所時有矣。至《史記》述伏生事，則全係古學既興後之竄言，其爲後人竄入，更無疑義。斷不能據之，以爲伏生之《書》本有二十九篇之證也。

古人麤略，大抵於年月日人地名等爲最甚。諸家説《太誓》後得，年代不同，即其一證。《別録》言武帝末，見下。馬融惟言後得，不知何時得之，見《泰誓疏》。獻帝建安十四年，黄門侍郎房宏等説云："宣帝本始元年，河内女子有壞老子屋，得古文《泰誓》三篇"，與《論衡》之説略同，見《書序疏》。《書序疏》曰："《漢書》婁敬説高祖云：武王伐紂，不期而會孟津之上者八百諸侯，僞《泰誓》有此文，不知其本出何書也？武帝時，董仲舒對策云：《書》曰：白魚入於王舟，有火入於王屋，流爲烏。周公曰：復哉復哉！今引其文，是武帝之時，已得之矣。"其見解實即王氏所本。然如《尚書》篇卷總數，及其中有一篇爲後得等，則犖犖大端，不容有誤；即欲作僞欺人者，於此等處，亦必不容妄造。故知古書不容輕信，又不容過疑；要在分別觀之，逐一加以審覈也。《正説》又曰："孝宣皇帝之時，河内女子發老屋，得逸《易》、《禮》、《尚書》各一篇，奏之。宣帝下示博士。然後《易》、《禮》、《尚書》，各益一篇，而《尚書》二十九篇始定矣。"云《易》、《禮》各益一篇，誣；河内女子得書，事非誣罔，以後得《太誓》確有其物也。《易》、《禮》，蓋如竇公獻書，與當時已有者復。云《尚書》益一篇，則不誤也。《書序疏》云："《史記》及《儒林傳》皆云：伏生獨得二十九篇，以教齊、魯。案馬融云：《泰誓》後得。鄭玄《書論》亦云民間得《泰誓》。《別録》曰：武帝末，民有得《泰誓》書於壁内者，獻之。與博士，使讀説之。數月，皆起，傳以教人。則《泰誓》非伏生所傳，而言二十九篇者，以司馬遷在武帝之世，見《泰誓》出而得行，入於伏生所傳内，故爲史總之，并云伏生所出，不復曲别分析云民間所得。其實得時，不與伏生所傳同也。"《左氏疏》云："自秦焚《詩》、《書》，漢初求之，《尚書》惟得二十八篇。故太常孔臧與孔安國書云：《尚書》二十八篇，前世以爲放二十八宿，都不知《尚書》有百篇也。在後又得僞《太誓》一篇，通爲二十九篇。漢、魏以來，未立於學官。"襄公三十一年。疏家不知《史記》之文爲後人所竄，當時無考證之學，其無足怪。然所引馬融、鄭玄皆漢人；《別録》不盡信，亦不盡誣；孔臧與安國書，自系僞物。《史記·儒林傳索隱》載其辭曰："舊《書》潛於壁室，欻爾復出，古訓復申。臧聞《尚書》二十八篇，取象二十八宿，何圖乃有百篇邪？知以今文讎古隸篆，推科斗，以定五十餘篇，并爲之傳也。"與《僞孔傳序》係出一手，顯然可見。然亦可證臧時《書》止二十八篇，故僞造臧書者，不云二十九也。疏家之説，亦有傳授，小節時有譌誤，大端不容虛誣，正與傳注家言同。固不容以後人之億見，疑自古相傳之事實也。

然則何解於漢人徵引《太誓》者，多在後得之前乎？曰：此由古人經傳不别，後得以前，《太誓》固不存於經，然未嘗不見於傳也。請更進申其説。

《書序疏》曰："鄭作《書論》，依《尚書緯》云：孔子求書，得黄帝玄孫帝魁之書，迄於秦穆公，凡三千二百四十篇。斷遠取近，定可爲世法者百二十篇。以百二篇爲《尚書》，十八篇爲《中候》。"百二篇之説，蓋因張霸僞書，流傳民間而起；《論衡·正説》："孝成皇帝時，徵爲古文《尚書》學。東海張霸案百篇之序，空造百兩之篇，獻之成帝。帝出祕百篇以校之，皆不相應，於是下霸於吏。吏白霸罪當至死。成帝高其才而不誅，亦惜其文而不滅，故百兩之篇，傳在世間者，傳見之人則謂《尚書》本有百兩篇矣。"《佚文》亦云："成帝奇霸之才，赦其辠，亦不滅其經，故《百二篇尚書》傳在民間。"三千二百四十篇，則因《詩》三千餘篇之説而附會；見《史記·孔子世家》，後人多疑之。然《正説》亦云："《詩經》舊時亦數千篇，孔子删去復重，正而存三百篇。"《史記》亦云："去其重，取可施於禮義。"苟從"去其重""删去復重"兩語著想，即可知其言之不誣。歷代郊廟歌辭，固多相沿不改者。郊廟且然，況於餘事？後世且然，況於古代？此其全首相復者也。又不論歌謡，辭句往往彼此相襲，雖全篇不同，而一章或數句則無異，古樂府及今日流傳人口者皆然。論者多以佚《詩》散見古書者不多，而疑三千餘篇之説不可信；知此，則知古詩一篇，可化爲數十百篇，以盈三千之數不難矣。○《書》者，古記言之史，稍文明之國皆有之，如《大學》引《楚書》，《左氏》昭公二十八年司馬叔游引《鄭書》是也。孔子周流列國，所見庸或甚多，然謂數至三千，於理終難盡信；況云求而得之，益可決爲虛説矣。皆不足信。然使古之所謂《書》者，二十八篇之外，别無形跡，則此等説亦必無自而生。今佚《書》之散見古書者固多，即見於伏生《書傳》者，亦自不乏，此則百二篇及三千二百四十篇等説所由來也。

古人立言，大抵不甚精審，而又好爲附會，故其説愈晚出者，則其失真愈甚。史公著書，迄於麟止，當經學初興之日，今文家之曲説未興，況於古學家之淫辭乎？故其言多可信據。《孔子世家》曰："追跡三代之禮，序《書傳》，上紀唐、虞之際，下至秦繆，編次其事。曰：夏禮，吾能言之，杞不足徵也；殷禮，吾能言之，宋不足徵也；足，則吾能徵之矣。觀夏、殷所損益，曰：後雖百世可知也，以一文一質。周監二代，郁郁乎文哉！吾從周。故《書傳》、《禮記》自孔氏。"據此，知《書傳》、《禮記》爲同物。《禮記》備載三代之禮，不止於取以爲教之十七篇，則《書傳》亦多存古事，不限於取以爲教之二十八篇可知矣。此佚《書》之名，所以多見於《書傳》中也。

傳之體，自古有之，别見《傳説記》條。《孔子世家》所謂“序《書傳》”者，蓋與後來之《書傳》非同物。序《書傳》之《書》，謂自古所傳記言之史；其傳，則自古相傳，與此書并行之物。此皆在孔子之前，而孔子序之；自孔子序之之後，則儒家所謂《書》者，乃孔子取以爲教之二十八篇；所謂傳者，則弟子傳此二十八篇者之辭也。古經傳不甚立别。今二十八篇，文義有極簡質，類古史官所記者；亦有極平易，類東周後人所爲者。蓋孔子之於二十八篇，不徒取其經，而兼取其傳。所取以爲教者，雖止於二十八篇，而誦説所及，未嘗以二十八篇爲限。其經傳兼采，亦如其所序之二十八篇也。此則佚《書》之所以多見於《書傳》中也。知此，則無疑於漢人徵引《太誓》，多在後得之先矣。

漢人最重師法；師所不傳，弟子必不敢妄益；而歐陽、夏侯皆以後得之書，附於本經之内，何也？曰：此由其與傳相出入也。諸家所引《太誓》，多在後得之前，而其文亦見伏生《書傳》，王氏《述聞》已備徵之。如予説，《太誓》必非伏生所有，則諸家所引，謂其非本《書傳》，不可得矣。逸十六篇，絶無師説，馬、鄭即不爲作注，況歐陽、夏侯乎？其能傳以教人，正以其與傳相出入故也。《左》襄三十一年《疏》云：“今《尚書・太誓》謂漢、魏諸儒馬融、鄭玄、王肅所注也。”馬融固不信此《太誓》者，而亦爲之作注，以其有師説故也。

《僞泰誓疏》引：“馬融《書序》曰：《泰誓》後得，案其文，似若淺露。又云：八百諸侯，不召自來，不期同時，不謀同辭，及火復於上至於王屋，流爲鵰，五至，以穀俱來。舉火神怪，得無在子所不語中乎？又《春秋》引《泰誓》曰：民之所欲，天必從之。《國語》引《泰誓》曰：朕夢協朕卜，襲於休祥，戎商必克。《孟子》引《泰誓》曰：我武維揚，侵於之疆，取彼凶殘，我伐用張，於湯有光。孫卿引《泰誓》曰：獨夫受。《禮記》引《泰誓》曰：予克受，非予武，惟朕文考無罪。受克予，非朕文考有罪，惟予小子無良。今文《泰誓》，皆無此語，吾見《書傳》多矣，所引《泰誓》而不在《泰誓》者甚多，弗復悉記，略舉五事以明之，亦可知矣。”此難甚强，而王氏於此，一語不及，然則伏生造僞書以欺人邪？抑爲僞書所欺也？必知孔子序《書》，雜取經傳，孔門所謂傳者亦然；孔門所傳之經，既爲孔子所序，篇帙或較完具；傳則隨意徵引，首尾大抵不完；然後知古書所引《太誓》，多不在後得《太誓》中之由也。造僞書者，必求諸所徵引俱在，以爲其書非僞之徵，東晉晚出古文正然，漢時後得《太誓》則否，正可以此決其非僞矣。

傳既兼存古書，則後得《泰誓》，似宜附之於傳，不宜以之益經，而三家皆入之本經之内，《孟子・滕文公》趙《注》：“今之《尚書・泰誓》，後得以充學。”案《漢志》不别著録，即其附入本經之一證。豈以其爲宣帝詔下故乎？果然，亦難免曲學阿世之譏矣。

古學家《書》有百篇之説，固今學家有以啓之也。然《左疏》謂後得《太誓》，未立學官，則雖傳以教人，視之究與本經有别，終見今文師之矜慎矣。

馬融譏後得《太誓》在子所不語中，頗可見孔子序《書》去取之由。孟子曰："吾於《武成》，取二三策而已矣。"《武成》固亦不在二十八篇内也。

《宋書禮志》載魏高堂隆改朔議，引《書》"若稽古帝舜曰重華，建皇授政改朔"，《御覽·皇王部》引《尚書中候考河命》略同。《新學僞經考》謂此爲劉歆僞造之《舜典》。予謂緯書多用今文，此文蓋亦出《書傳》也。

〔三九八〕　漢人説尚書傳授之誣

漢人於史事，尚未知覈實，故所述羣經授受源流，多不可信；而於《尚書》，野言尤多。《史記·儒林傳》云："秦時焚書，伏生壁藏之。其後兵大起，流亡。漢定，伏生求其書，亡數十篇，獨得二十九篇，即以教於齊、魯之間。學者由是頗能言《尚書》。諸山東大師，無不涉《尚書》以教矣。"又曰："孔氏有古文《尚書》，而安國以今文讀之，因以起其家。逸《書》得十餘篇。蓋《尚書》滋多於是矣。"壁藏之信否，及安國有無《古文尚書》，别見《孔壁得書》條。古人學問，率由口耳相傳，罕著竹帛，伏生何至專恃本經，亡其書即無以爲教？獨得二十九篇，即祇能以二十九篇教邪？古人傳經，最重師説，經傳皆散無友紀，師説則自有條理，非可襲取其偏端也。頗能言即涉以教，此乃後世餖飣之學，剽竊之爲，古人豈其若是？《史記》此文，其爲妄人所竄無疑矣。

漢初傳經，皆重義理；至古學興，乃一變而重文字；於是野言又因之而興。衛宏《詔定古文尚書序》云："伏生老，不能正言；言不可曉也。使其女傳言教錯。齊人語多與潁川異，錯所不知者，凡十二三，略以其意屬讀而已。"《漢書·儒林傳注》引。《舊唐志》：《詔定古文官書》一卷，衛宏撰。《新唐志》又作《詔定古文字書》。古言知，猶今言識。云不知，是指文字言，意謂書本古文，因其不能正言，故錯不能盡識也。殊不知漢初文字，與先秦極爲相近；詳見予所撰《中國文字變遷考》。伏生藏書，晁錯斷無不識之理；即謂不識，而伏生以《尚書》教，已非一日，豈并别寫一本而不能？至晁錯奉詔往受時，猶出壁藏之本以授之邪？衛宏之言，適自暴其爲以意附會而已。因古學家謂今文經字多譌，而伏生壁藏，必爲先秦古文也，於是有失其本經，口以傳授之説，《僞書》之《僞孔安國傳序》是也，此説與伏生求得二十九篇之説，又不相容。疏家乃謂初實壁内得之，以教齊、魯，傳教既久，誦文則熟，至其末年，因其習誦，或亦目暗，至年九十，晁錯往受之時，不執經而口授之，以資調停。輾轉附會，委曲彌縫，合而觀之，真可發一大噱。

晁錯受書伏生，既見《史記》本傳，又見《儒林傳》，當非虚辭，然其措辭，皆不審諦。《儒林傳》云："孝文帝時，欲求能治《尚書》者，天下無有。乃聞伏生能治。"本傳云："孝文帝時，天下無治《尚書》者，獨聞濟南伏生故秦博士，治《尚書》，年九十餘，老不可徵，乃詔太常使人往受之。太常遣錯受《尚書》伏生所。"此所云"天下無有"，"天下無治《尚書》者"，乃謂漢朝求之他方，皆未得其人，而獨聞濟南有伏生也。天下豈真無儒？漢朝自不聞耳。山東之儒，豈止伏生一人？舉尊宿，故言伏生耳。不云漢人不聞，而云天下無有；不云治《尚書》者伏生最爲大師，而云獨聞濟南伏生。後人之誤會，皆此等疏略之辭啓之也。

晁錯雖受《尚書》於伏生，不聞其更有所授。《史公》云"晁錯明申商"，《自序》。則錯於《尚書》，時承命往受，錯實非治《尚書》者也。而《論衡》云"晁錯傳於兒寬"，《正説》。恐亦附會之辭。《後漢書·何敞傳》："祖比干，學《尚書》於晁錯。"子孫述其父祖，亦多增飾之語，不必信也。如韋孟《諷諫詩》，實其子孫所託，即其一例。

〔三九九〕 孔壁得書

孔壁得書一役，姑勿論其信否，而其輾轉傳述，互相乖異，已足見漢人附會之一端。案此事見於《漢書》者，爲《藝文志》及《楚元王傳》、《景十三王傳》。《藝文志》所著録者：《尚書古文經》四十六卷，《禮古經》五十六卷，《春秋古經》十二篇，《論語》古二十一篇，《孝經古孔氏》一篇。《志》曰："《古文尚書》者，出孔子壁中。武帝末，魯共王壞孔子宅，欲以廣其宫，而得《古文尚書》，及《禮》、《記》、《論語》、《孝經》凡數十篇，皆古字也。共王往入其宅，聞鼓琴瑟鐘磬之音，於是懼，乃止不壞。孔安國者，孔子後也，悉得其書，以考二十九篇，得多十六篇。安國獻之。遭巫蠱事，未列於學官。劉向以中古文校歐陽、大小夏侯三家經文，《酒誥》脱簡一，《召誥》脱簡二。率簡二十五字者，脱亦二十五字；簡二十二字者，脱亦二十二字。文字異者七百有餘。脱字數十。"又云："《禮古經》者，出於魯淹中，及孔氏，學七十當作十七。篇文相似，多三十九篇。及《明堂陰陽》，《王史氏記》。"於《論語》云："出孔子壁中。兩《子張》。"於《孝經》云："漢興，長孫氏、博士江翁、少府后蒼、諫大夫翼奉、安昌侯張禹傳之，各自名家。經文皆同。惟孔氏壁中古文爲異。"《志》又云："'父母生之，續莫大焉'、'故親生之膝下'，諸家説不安處，古文字讀皆異。"此可見造古文者，以諸家説爲不安而改之，亦古文經不足信之一證也。《楚元王傳》劉歆《移太常博士》曰："及魯共王壞孔子宅，欲以爲宫，而得古文於壞壁之中。《逸禮》有三十九，疑當作三十有九。《書》十六篇。天漢之後，孔安國獻之，遭巫蠱倉卒之難，未及施行。及《春秋左氏》，丘明所脩，皆古文舊書，多者二十餘通，臧於祕府，伏而未發。孝成皇帝閔學殘文缺，稍離其真，乃陳發祕臧，校理舊文；得此三事，以考學官所傳，經或脱簡，傳或間編。"歆所言《逸禮》及《書》，篇數與《志》合。所異者，無《明堂陰陽》、《王史氏記》；歆但言"經或脱簡，傳或間編"，而《志》明言所脱簡數字數而已。《漢志》云《書》"凡百篇"，又云"孔安國悉得其書，以考二十九篇，得多十六篇"；則孔壁之《書》，百篇完具。《禮古經》及《明堂陰陽》、《王史氏記》，《漢志》之意，謂出孔壁者幾何未能定，見下。今姑不列；而《書》百篇，加《論語》、《孝經》，已百二十二篇矣。簡策繁重，孔壁安能容之？見下。竊疑《書》有百篇之説，劉歆時尚未有；而《班志》又據後人之説，以改《七略》元文也。脱簡、間編，理所可有，然謂簡二十五字者，脱亦二十五字，簡二十二字者，脱亦二十二字，則爲理所必無。果如此，文義豈復可解？此全係古學既興後，輾轉增飾，不顧事理之辭，向、歆皆通人，必不作此不通之論也。知此必非《七略》元文，或并非《班志》元文矣。不知經有奪文，而即隨文爲説，漢人亦有之。如《詩序》以《關雎》爲《風》始，義實同於三家，下文"是謂四始"之上有奪文。鄭答張逸遂以《風》、《小雅》、《大雅》、《頌》爲四始，即其一事。然此惟專據書本，而又博而不精者，乃有是弊。今文師學有淵源，必無是也。○《史記·儒林傳》：兒寬之學出於歐陽生。《漢書》則兼出孔安國。歐陽生子又受業於寬。寬弟子蕳卿，則夏侯勝之師也。然則安國之《書》，歐陽、夏侯亦當聞之。即謂逸十六篇，以無師説不傳，豈并脱簡脱字，亦不爲補足邪？抑安國祇考逸《書》，而於不逸者，訖未校讎，直待至劉向邪？《史記·五宗世家》：共王以孝景前三年徙爲魯王，二十六年卒。其卒，當在武帝元光五年，前於麟止者八年。《世家》言王好治宫室苑囿狗馬，接徙爲魯王言之；下又云季年好音，則共王好治宫室，尚非季年事，壞壁得書，當在景帝之世矣。而《史記》於此，一語不及，殊可疑也。《漢書·景十三王傳》，叙共王事，略同《史記》。下又歷叙其後嗣。既訖，乃曰："恭王初好治宫室，壞孔子舊宅，以廣其宫，聞鐘磬琴瑟之聲，遂不敢復壞，於其壁中得古文經傳。"沾綴之跡既顯，而又語焉不詳；而其辭又與《藝文志》如出一口，恐係後人據《藝文志》作此約略之辭，綴於傳末，亦非班氏元文也。何者？使此文爲班氏所著，則當云事見《藝文志》，以便讀者互考；若非班氏所著，則作此傳者，與作《藝文志》者，兩不相謀，當紀其詳，不容作此約略之辭矣。若謂《傳》本詳載，班氏以其與《藝文志》複而删之，則并此約略之辭，亦可不著也。故知此非班氏元文也。後人此等記識之語，溷入古書中者甚多，詳見拙撰《章句論》。

《漢書》而外，載得古經事者，又有《説文解字序》及《論衡》。《序》曰：“壁中書者，魯恭王壞孔子宅，而得《禮》、《記》、《尚書》、《春秋》、《論語》、《孝經》，又北平侯張蒼獻《春秋左氏傳》。”此《禮》、《記》及《藝文志》之《禮》、《記》二字，皆當分讀，《禮》指《禮古經》，《記》指《明堂陰陽》及《王史氏記》也。或本作禮，禮記，而奪一禮字。然則許説與《藝文志》合。惟《左氏》，劉歆及《藝文志》皆不言所自來，而許謂獻自張蒼，未知所據耳。《論衡·佚文》曰：“孝武皇帝封弟爲魯恭王。恭王壞孔子宅以爲宫，得佚《尚書》百篇，《禮》三百，《春秋》三十篇，《論語》二十一篇。闓疑當作聞。絃歌之聲，懼，復封塗。上言武帝。武帝遣吏發取。古經《論語》，此時皆出。經傳也，而有闓疑亦當作聞。絃歌之聲，文當興於漢，喜樂得闓之祥也。當傳於漢，寢藏牆壁之中。恭王闓之，聖王感動，絃歌之象。此則古文不當掩，漢俟以爲符也。孝成皇帝讀《百篇尚書》，博士郎吏莫能曉知。徵天下能爲《尚書》者，東海張霸通《左氏春秋》，案《百篇序》，以《左氏》訓詁造作《百二篇》。具成奏上。成帝出祕《尚書》以考校之，無一字相應者。成帝下霸於吏。吏當器辜大不謹敬。成帝奇霸之才，赦其辜，亦不滅其經，故《百二尚書》傳在民間。”《正説》曰：“蓋《尚書》本百篇，孔子以授也。遭秦用李斯之議，燔燒五經。濟南伏生抱百篇藏於山中。孝景皇帝時，始存《尚書》。伏生已出山中。景帝遣晁錯往，從受《尚書》二十餘篇。伏生老死，《書》殘不竟。晁錯傳於兒寬。至孝宣皇帝之時，河内女子發老屋，得逸《易》、《禮》、《尚書》各一篇，奏之。宣帝下示博士。然後《易》、《禮》、《尚書》各益一篇，而《尚書》二十九篇始定矣。至孝景帝時。魯恭王壞孔子教授堂以爲殿。得《百篇尚書》於牆壁中。武帝使使者取視，莫能讀者，遂祕於中，外不得見。至孝成皇帝時，徵爲古文《尚書》學。東海張霸案百篇之序，空造百兩之篇。獻之成帝。帝出祕百篇以校之，皆不相應。於是下霸於吏，吏白霸罪當至死。成帝高其才而不誅，亦惜其文而不滅，故百兩之篇，傳在世間者。傳見之人，則謂《尚書》本有百兩篇矣。”此可見《書》有百篇之説所自來。又曰：“説《論》疑奪語字。者皆知説文解語而已，不知《論語》本幾何篇。……至武帝發取孔子壁中古文，得二十一篇，《齊》、《魯》二，《河間》九篇。三十篇。此文疑有奪誤。《漢志》：“《論語》古二十一篇。出孔子壁中。兩《子張》。”如淳曰：“分《堯曰》篇後子張問何如可以從政以下爲篇，名曰《從政》。”《齊》二十二篇。多《問王》、《知道》。如淳曰：“《問王》、《知道》皆篇名也。”《魯》二十篇。如《志》及如淳説，則《古論》篇數多於《魯論》，而實未嘗異；《齊論》則多二篇。則此文“齊魯二”之“魯”字當衍，三十篇當作三十二篇。否則《河間》九篇當作《河間》七篇。或“《齊》《魯》二”之“二”字衍，亦如下文作《齊》《魯》《河間》九篇。至昭帝女此字疑誤。讀二十一篇。宣帝下太常博士，時尚稱書難曉，名之曰傳，後更隸寫以傳誦。初，孔子孫孔安國以教魯人扶卿，官至荆州刺史，始曰《論語》。今時稱《論語》二十篇，又失《齊》、《魯》、《河間》九篇。本三十篇，分佈亡失，或二十一篇。目或多或少，文讚或是或誤。”《案書》曰：“《春秋左氏傳》者，蓋出孔子壁中。孝武皇帝時，魯共王壞孔子教授堂以爲宫，得佚《春秋》三十篇，《左氏傳》也。”仲任言《禮》，篇目又增於舊。《書》有百篇，《漢志》未云皆出孔壁，此始鑿言之；并言伏生抱百篇藏於山中。劉歆及《漢志》皆云孔安國得書，此云武帝使使取視，遂祕於中，外不得見。《左氏春秋》，劉歆、《漢志》皆不言所自來，《許序》言獻自張蒼，此并云得自孔壁。犖犖大端，互相違異如此。

孔壁得書，事有極可疑者。《史記·孔子世家》云：“孔子葬魯城北泗上。弟子及魯人，往從冢而家者，百有餘室，因命曰孔里。魯世世相傳，以歲時奉祠孔子冢。而諸儒亦講禮鄉飲大射於孔子冢。孔子冢大一頃，故所居堂，弟子内，後世因廟，藏孔子衣冠琴車書。至於漢，二百餘年不絶。高皇帝過魯，以太牢祠焉。諸侯卿相至，常先謁，然後從政。”史公自言：“適魯，觀仲尼廟堂車服禮器，諸生以時習禮其家，余祗回留之，不能去云。”《自序》亦云：“觀孔子之遺風，鄉射鄒、嶧。”《後漢書·鮑永傳》：拜魯郡太守。“孔子闕里無故荆棘自除，從講堂至於里門。乃會人衆，脩鄉射之禮，請(董憲别帥彭)豐等共會觀視，手格殺豐等。”《東平憲王傳》：“分陰太后器服，特賜蒼及琅邪王京書曰：今魯國孔氏尚有仲尼車輿冠履，明德盛者，光靈遠也。”蓋聖人之居，聲靈赫濯如此。共王即荒淫，安敢遽壞其室？且齊、魯者，漢時文學之都會也，言文學者必稱焉；學問之士，尤多出焉。孔子宅果見壞，必多有及其事者，其文當散見諸處；不當先漢之世，劉歆而外，更無一人齒及也。《景十三王傳》不足信，已見前。《藝文志》本《七略》，《七略》出於歆《移太常博士》，更明係歆語矣。夫孔子冢大一頃，非宅大一頃也。一頃之地，蓋百有餘室皆在焉。古之授宅者，二畝半在田，二畝半在邑；在田曰廬，在邑曰里。弟子及魯人從冢而家者，以孔里爲名，蓋亦邑居之制。百有餘室，僅大一頃，蓋室不逮一畝矣。後世地狹人稠，固不得盡如古制也。然孔子故居，及諸儒講禮鄉飲大射之處，占地亦必不能甚廣可知。古卿大夫之室，前爲寢，後爲房；民居則一堂二内。見晁錯《論募民徙塞下書》。《史記》稱孔子之居曰故所居堂，弟子内，蓋謂孔氏子弟，非受業之弟子也。頗於民居相近，其占地不能甚廣又可知。能藏書幾何？《史記·儒林傳》曰“高皇帝誅項籍，舉兵圍魯，魯中諸儒，尚講誦，習禮樂，絃歌之音不絶”，則秦亡而儒業即復；《傳》又云“漢興，然後諸儒始得脩其經藝，講習大射鄉飲之禮”，尚係遼緩言之。孔鮒爲陳王涉博士，死於陳下，而鮒弟子襄，爲孝惠皇帝博士。自陳涉之起，至孝惠之立，凡十有六年；至其崩，亦二十有二年耳；爲博士官，年不能甚少，鮒之死，襄必已有知識矣，壁中之書，孔氏所藏與？襄等不應不知；非孔氏所藏與？以魯儒業之盛，中絶之時之暫，與知其事之人，不應無一存者；安待共王發之哉？《史記》云"故所居堂"，而《論衡》言"孔子教授堂"，語亦不合。疑漢世魯中諸儒，自有講堂，即《後漢書·鮑永傳》所言者，初未必孔子教授之所，而仲任又以意言之也。升堂聞絲竹之聲，語已近怪，至謂古文不當掩，而漢俟以爲符，則更媚世之談矣。明孔壁得書之説，與讖緯荒怪之言同時并出也。

劉歆云："天漢之後，孔安國獻之。"安國之年，實不能及天漢，前人已有論者。年月舛誤，古人時有，原不能據此以定歆説之僞，然歆之無真知灼見，則於此可見矣。至《論衡》之言，則其年代事跡，舛誤更甚，更不足據。近人或以充持論覈實而信其説，然持論覈實是一事，審於史實又是一事。充持論誠多覈實，而説史實則多野言。使其生於今日，可以爲哲學家，可以爲科學家，不能爲史學家也。

怪迂之談，託之安國，并不自東晉始。鄭玄《書贊》曰："我先師棘子下生安國，亦好此學。衛、賈、馬二三君子之業，則雅才好博，既宣之矣。"《書堯典疏》引。此東漢之古學家，自託於安國也。亦并不自東漢始。《漢書》述《古文尚書》之學始於孔安國，傳之都尉朝，以至庸生，《後漢書·儒林傳》作庸譚。即劉歆《移太常博士》所謂"魯國桓公、趙國貫公、膠東庸生之遺學，與此同"者也。庸生之《尚書》，傳之胡常；常又傳《穀梁春秋》於瑕丘江公；與江公三傳弟子尹更始之子咸，同受《左氏》於更始；更始之學，出於貫公之子長卿；長卿之學，傳自其父；又受《毛詩》於毛公，傳之賈延年，以及徐敖；而敖又授《尚書》於胡常者也。敖之書，傳之王璜；璜則受《古文易》於費直。古文授受，輾轉皆出此數人，而其世代又多不讎，謂其學有師承，得乎？《後漢書·儒林傳》謂孔僖世傳《古文尚書》，亦不足信。

劉歆所謂魯國桓公者，蓋徐生之弟子。《史記·儒林傳》曰："諸學者多言《禮》，而魯高堂生最。本《禮》，固自孔子時而其經不具。及至秦焚書，書散亡益多。於今獨有《士禮》，高堂生能言之；而魯徐生善爲容。孝文帝時，徐生以容爲禮官大夫。傳子至孫徐延、徐襄。襄，其天姿善爲容，不能通《禮經》。延頗能，未善也。襄以容爲漢禮官大夫，至廣陵内史。延及徐氏弟子公户滿意、桓生、單次皆嘗爲漢禮官大夫。而瑕丘蕭奮以《禮》爲淮陽太守。是後能言《禮》爲容者，由徐氏焉。"桓生蓋亦頗能通《禮經》而未善者，故西漢人數經師者不之及。則知《史記·儒林傳》所列八家，言《詩》，於魯則申培公，於齊則轅固生，於燕則韓太傅。言《尚書》，自濟南伏生。言《禮》，自魯高堂生。言《易》，自菑川田生。言《春秋》，於齊、魯自胡毋生，於趙自董仲舒。皆當時第一流學者也。而劉歆乃援彼頗通而未善者以自助，抑何其下喬而入幽乎？

漢初傳經，本重大義，至古學出，乃斤斤於文字之間，然其所以自侈者，亦不過謂今經或有譌奪，如所謂文字異者七百有餘、脱字數十而已。至東漢，乃有以古書之字，爲時人所不識者，如《論衡》謂共王得《百篇尚書》，武帝使使者取視，莫能讀者；成帝讀《百篇尚書》，博士郎吏，莫能曉知，是也。《尚書·僞孔傳序》，謂"科斗書廢已久，時人無能知者"，説本於此。

《後漢書·陳寵傳》："曾祖父咸，成哀間以律令爲尚書。平帝時，王莽輔政，乞骸骨去。及莽篡位，召咸，謝病不肯應。三子參、豐、欽皆在位，乃悉令解官。其後莽復徵咸，遂稱病篤。於是乃收斂其家律令書文，皆壁藏之。"則壁藏《詩》、《書》，漢世確有其事。孔壁得書，伏生壁藏，蓋皆因此而附會也。然觀其説之誕謾不中情實，而其爲附會可知矣。秦焚書之令曰："有敢偶語《詩》、《書》棄市，以古非今者族，吏見知不舉者與同罪。"其誅甚重，而令下三十日不燒，不過黥爲城旦而已。秦法雖酷，行於山東如何，殊不可知。以當時愛尚藝文者之多，豈盡能奉令維謹？官吏亦豈能真按户窮索？《史記·六國表》曰："《詩》、《書》所以復見者，多藏人家。"明當時不燒者實不少，此實録也。《漢志》言《詩》遭秦而全者，"以其諷誦，不獨在竹帛故也"。一似凡在竹帛，無不燒毁者，則想像之談矣。《漢志》所載書，五百九十六家，萬三千二百六十九卷，雖有漢人所撰，要以出於先秦者爲多，豈皆有人壁藏之歟？抑皆諷誦，不獨在竹帛歟？則知壁藏《詩》、《書》，秦漢間雖有其事，而書之存則不盡由此，抑不由此者正多也。而後人附會，一若孔壁得書，於經籍有絶續存亡之關係者，則皆《論衡》所謂語增而已。仲任詰難經生，不遺餘力，而於古學家附會傳譌之説，初不深思，亦可謂知二五而不知一十矣。

或曰：古人於年月日人地名等，時有錯誤，至於事之大體，則遞相傳述，必不容全屬子虚，子不既言之乎？見《太誓後得》條。孔壁得書，果云烏有，劉歆安得造作譌言，以誣博士；而博士亦何不據事以折之乎？不知古人於史實，不甚措意；不獨博士聞劉歆之言，不知考校孔壁得書果有其事與否；即劉歆，亦或誤采傳譌附會之説，而未之深思也。何者？歆而欲立《逸禮》及《古文尚書》，逕以其爲中祕之藏，主張立之可矣，何必造作譌言，授人以攻擊之柄？況於中祕書非歆所獨見；書之來歷，亦斷非歆所獨聞；歆即欲造作譌言，曾與校讎者，豈肯皆扶同徇隱？然則孔壁得書，必固有是説，而非歆所造作明矣。然則爲是説者，果有真知灼見歟？曰：無之。王仲任，漢世之通人也，而其説史事，紕繆之端，不可勝指。可知學問之事，隨世益密，求史事之覈實，尚非漢人所知也。當日校讎中祕之士，其才知豈能遠踰於仲任？漢世中祕之書，蓋或得之於魯。壁藏《詩》、《書》，秦漢間既有此事，魯國自亦有其人。既有壁藏《詩》、《書》之人，自當有壞壁得書之事。魯共王好治宮室，或亦嘗壞人之室以廣其宮。至於曾否得書，恐必難於究詰。何則？如前所説，謂共王壞孔壁而得古書，有種種不可信者在也。然市三成虎，豈復可以情理求？一人爲附會之辭，後人更彌縫其闕，則初不知爲何書者，後可鑿言之曰《逸禮》與《書》；初不知爲何人者，後可確指之曰魯共王；初不知爲誰氏之宮者，後可故神之曰孔子之宅；初不知其何由入中祕者，後可億度之曰安國獻之；初猶知爲億度，後竟以爲事實矣。此非厚誣古人，觀於孔壁得書之説之首尾衡決；以及《論衡》述及史事之紕繆百出；固使人不能不作此想也。劉歆殆爲是等説所欺歟？南海康氏《新學僞經考》，以一切僞説，悉爲劉歆一人所造，不徒證以史實而不合，即衡以情理，亦必不然，宜乎近人之攻之也。然遂以當時之古學家爲能實事求是，其欲建立古學，純出於欲廣道術之公心，則恐又不合於事實。果能實事求是，則古學家所立之説，不應多支離滅裂之談；果盡出於欲廣道術之公心，則亦不必與人争立學矣。《漢志》曰："《禮古經》者，出於魯淹中，及孔氏，學七十篇文相似，多三十九篇。"劉敞曰："學七十篇，當作與十七篇。五十六除十七，正多三十九也。"案七十之當爲十七，更無疑義，而學字當爲與字，是否則尚有可疑。如敞説，當於"及孔氏"斷句，《禮古經》兼出淹中孔氏；作學字，則當於魯淹中斷句，《禮古經》專出淹中矣。《隋書·經籍志》曰："又有古經出於淹中。而河間獻王好古愛學，收集餘燼，得而獻之，合五十六篇。"初未及於孔氏。《釋文叙録》引《六藝論》曰："後得孔氏壁中河間獻王古文《禮》五十六篇，《記》百三十一篇，《周禮》六篇。"既兼言《記》，亦無以斷劉氏之意，謂《禮古經》必兼出孔氏也。此亦漢世所謂古經不必出於孔壁之一證。

〔四〇〇〕百　兩　篇

張霸《百兩篇》，據《論衡·佚文》、《正説》，見《孔壁》條。其爲僞書無疑。然觀《漢書·儒林傳》，則又有不然者。《儒林傳》曰："世所傳《百兩篇》者，出東萊張霸。分析，合二十九篇，以爲數十。又采《左氏傳》、《書序》爲作首尾，凡百二篇。篇或數簡，文意淺陋。成帝時，求其古文者，霸以能爲《百兩》徵。以中書校之,非是。霸辭受父,父有弟子尉氏樊并。時太中大夫平當、侍御史周敞勸上存之。後樊并謀反,乃黜其書。”《論衡》云:成帝徵能爲古文者,而霸造《百二篇》奏之,是有成帝之徵,而後有霸之造;《漢書》云:成帝求古文,而霸以能爲《百兩》徵,則霸之能爲《百兩》,在成帝求之之前。觀霸書之黜,由樊并之謀,則霸受父之辭,似非虚語,其不讎一矣。《論衡》云:霸案《百篇》之序,以《左氏》訓詁造作;又云:推精思,作經百篇;是百篇皆出霸僞造,而以《書序》爲依據,如今人之按題作文字者然。而《漢書》云:“分析,合二十九篇,以爲數十。”則《百兩篇》中,同於今文書者,已有數十篇矣,安得云皆係僞造?其不讎二矣。案《百篇》之叙而作書,叙當在於書之外;采《書叙》以作首尾,叙亦入於書之中;其不讎三矣。“文意淺陋”者,文指文字言,蓋謂所用多漢時俗語,不應爾雅,以《左氏》訓詁爲之,安得如此?其不讎四矣。“求其古文”者,“其”字當指《尚書》言,謂已有今文,又求古文也。若如《論衡》之言,成帝已有《古文尚書》矣,但當求能通其讀者耳,安得云“求其古文”乎?且既有祕《百篇尚書》,則霸書之僞,一言可決,平當、周敞,何爲勸上存之?而成帝亦安得惜其書而不滅乎?孟喜改師法則弗用;王莽時,諸古學皆立,公孫禄猶劾劉歆愼倒五經,毁師法;師法如此,況於僞造經文乎?云以中書校之,此中書明非《尚書》。蓋成帝之所求,與霸之所能爲,實非一物;特以世無能爲《古文尚書》之人,而《百兩篇》亦《書》之類,故姑以是應詔;而成帝亦出祕府所藏《尚書》一類之書以校之也。《古文尚書》,蓋漢世實無其物,而《尚書》一類之書,在二十九篇之外者正多,雖非孔門之書,要是先秦舊籍,故平當、周敞,勸上存之也。若皆據《左氏》、《書叙》僞造,則既有《左氏》、《書叙》矣,復安取此亂苗之莠?豈亦如後世尊信東晉晚出古文之徒,明知其爲采拾綴合之作,猶欲過而存之邪?故霸之書,無所謂僞也。何也?云非《古文尚書》,則霸本未嘗云能爲《古文尚書》;云其書爲億造,古無是物,則孟堅初無是言,乃仲任之妄説也。而仲任謂漢祕府有《百篇古文尚書》,更不待辯而知其妄矣。

然則當時以校《百兩篇》之中書,果何書與?案《漢志·六藝略·書》家,有《周書》七十一篇。《注》曰:“周史記”,師古曰:“劉向云:周時誥誓號令也。蓋孔子所論百篇之餘也。”當時以校《百兩篇》者,疑即此物。何者?既云中書,《七略》應有其目,而《漢志》自此之外,更無《尚書》之類也。七十一加二十九,適百篇,疑《書》有百篇之説既興,曾以此當《尚書》。《漢書·律曆志》載《武成》,即《周書》之《世俘解》,是其一證。若析二十九篇中之《泰誓》爲三,則適百兩篇矣,豈當時校霸書者,雖以其書爲非是,而又竊取其百兩之説,因以祕府所有七十一篇，合博士所傳之三十一篇當之與？《尚書璇璣鈐》云："孔子求書，得黄帝玄孫帝魁之書，迄於秦穆公，凡三千二百四十篇。定可以爲世法者百二十篇。以百二篇爲《尚書》，十八篇爲《中候》。"案今《尚書》析《顧命》爲《康王之誥》，鄭康成已然。又逸十六篇，亦有《益稷》，此未必今之《益稷》，然或析《益稷》於《皋陶謨》，亦有所本。則二十八篇，當得三十；加後得《泰誓》三篇爲三十三；合《周書》七十一篇爲一百四；更加逸十六篇則百二十矣。又今《周書》雖有七十一篇之目，存者實祇四十二篇。而康成之《書》於二十九篇，分《盤庚》爲三，析《康王之誥》於《顧命》，又分《泰誓》爲三，爲三十四。於所謂逸十六篇者，又分《九共》爲九，共五十八。五十八加四十二，亦適百篇。《書序》尚不足信，而況《周書》。豈今《周書》之序，實後人據《漢志》篇數妄作，而康成之《書》，嘗合見存之《周書》，爲漢古學家所謂百篇之《書》者，而東晉晚出古文之篇數，亦以此爲本與？書闕有間，誠難質言，然其數之巧合，實不能使人無疑也。抑祕府既有此七十一篇，覽觀者以爲《尚書》之類，因與《書》有百篇之説，而更求能爲之者於民間與？書闕有間，誠難質言，然當時以校《百兩篇》者，則似非此書莫屬。即此外更有他書，相校不讎，亦不能定霸書之僞。以此相校不讎，初不能定霸書之僞。何則？孔門所傳之《書》，雖止二十八篇，而自古相傳《尚書》一類之書，則其數正多，固不能謂止孔門所傳之二十八篇，并不能謂止漢祕府所藏之七十一篇也。然則張霸之書而存，雖非《尚書》之倫，亦必《周書》之類；簡編既佚，辭句罕存，實可惜矣。

《論衡》謂張霸"次序篇句，依倚事類，有似真是"，亦足爲其書非僞之徵。何者？云次序篇句，是故有此篇句而次序之；云依倚事類，亦是故有其文，而援古書記事，與相比附；皆非僞造之謂也。《漢書》所謂采《左氏》、《書叙》，爲作首尾者，蓋即依倚事類之謂。蓋霸之書，亦誥誓號令之倫，而采《左氏》、《書叙》，以備其事之本末耳。

然謂采《左氏》爲作首尾則可，謂采《書叙》則殊有可疑。《法言·問神》曰："或曰：《易》損其一也，雖惷知闕焉，至《書》之不備過半矣，而習者不知，惜乎《書序》之不如《易》也。曰：彼數也，可數焉故也。如《書序》，雖孔子亦末如之何矣。"此設辭以明《書序》之不如《易》，非真謂《易》有所損也。見《原易》條。然今之《書序》，非子雲時所有，則觀於此而可明。何則？苟有如今之《書序》者，按序之名，以求《書》之闕，亦惷者能之也，何至雖孔子亦末如之何乎？今之《書序》，子雲且未之見，而況張霸？而況張霸之父？然則所謂張霸采《書序》者，非《書序》采張霸，則作今之《書序》者，與張霸同采古書耳。謂霸采今百篇之序，乃必無之理也。謂據此而造僞書，更不俟論矣。

《問神》又曰："昔之説《書》者序以百，而《酒誥》之篇俄空焉，今亡夫！"此非謂《書》亡《酒誥》之篇，乃謂當時所謂《書序》者，無《酒誥》之序也。此亦今《書序》非子雲時所有之證。

《問神》又曰:“虞夏之書渾渾爾,商書灝灝爾,周書噩噩爾。下周者其書誰乎?”此言書之所闕,在於春秋以後也。孟子曰:“三代之得天下也以仁,其失天下也以不仁。”又曰:“王者之跡息而《詩》亡,《詩》亡然後《春秋》作。”自春秋以後,儒家皆以周爲已亡矣。今二十八篇,出於春秋之後者,僅《文侯之命》、《秦誓》二篇。即《周書》可確指爲記春秋後事者,亦惟《太子晉》一篇。不應三代以前書多存,春秋以後書反佚。張霸書可采《左氏》爲作首尾,其多春秋後物可知。《漢書》謂其文意淺陋,豈以其書多春秋後文字,持與三代文字相較而云然邪?《論衡》謂其以《左氏》訓詁造作,可知其文實與《左氏》相類也?此説與前不讎之四矛盾,姑并存之。

疑晚出古文者曰:今文多艱澀,而古文反平易,伏生倍文暗誦,乃偏得其所難;安國考定於科斗古書錯亂之餘,反專得其所易。此亦可證《尚書》二十八篇爲備之説。何者?《書》苟真有百篇,其中必更有春秋後物,伏生不應都不省記也。

張霸之學,爲今學乎?爲古學乎?曰:古學也。古代簡牘用少,學問皆存於口耳,故經或脱簡,傳或間編,皆非所計;漢今學家尚如此。《金縢》不記周公之死,而今學家知雷風之變爲周公死後事,明經有脱簡也。《禮記》傳自小戴,而《郊特牲》他篇錯入最多,《玉藻》本篇失次特甚,此傳或間編,今學家初不錯意之證。《公羊》昭公十二年:“齊納北燕伯於陽。伯於陽者何?公子陽生也。子曰:我乃知之矣。在側者曰:子苟知之,何以不革?曰:如爾所不知何。”不改舊文,而但存其真於口説,蓋自古相傳之法也。古學則本無師傳,全係據書本考校而得,故於文字之異同,篇章之先後、離合,最爲斤斤。康成注《儀禮》,兼存今古文。又其注經,有讀爲、讀若等例,皆其注意文字之證。其注《郊特牲》、《玉藻》等,於篇章之先後離合,亦所究心。鄭箋《詩》改字,《毛傳》則否。《毛傳》早出,古學尚未行也。又今學家之説,皆傳之自古,流異源同,故雖分爲數家,大體仍相一致。觀三家《詩》可見。古學家之説,由於各自研求,故彼此不能相同,前後亦復相異。張霸析二十九篇爲數十,即其更定篇章;《論衡》所謂“次序篇句”。采《左氏》爲其書作首尾,是據傳記立説;《論衡》所謂“依倚事類”。《詩序》之作,全用此法,參看《詩序》條。其所用者,皆古學家之法也。成、哀而後,古學稍行,而霸書獨以樊并謀反見黜,亦可謂有幸有不幸矣。

《論衡·感類》曰:“天之欲令成王以天子之禮葬周公,以公有聖德,有王功。伊尹,天所宜彰也,伊尹死時,天何以不爲雷雨?應曰:以《百兩篇》曰:伊尹死,大霧三日。”《論衡》此篇,所駁擊者爲儒者,儒者即今學家也。然則張霸之書,今學家亦引以立説矣。蓋亦視爲後得《太誓》之論,不以爲僞也。

“勸上存之”之存,師古釋爲立其學,非也。存與黜爲對辭。黜者,不充祕府之謂,故《漢志》無霸書。然其書自在民間,故《儒林傳》謂之世所傳也。然則漢世古書，不爲祕府所有者，正自不乏，後人於書之不見《漢志》者，輒疑爲僞物，亦過矣。

平當者，林尊弟子，尊事歐陽高；其學，實伏生之適傳也，而勸存張霸之書；而後漢儒者，亦引霸書爲説。然則今學家於傳記，曷嘗不博采？惡有如劉歆所謂"專己守殘，黨同門，妬道真"者乎？蓋口説者，自古相傳之説也，雖出末師，而淵源有自；傳記者，徒有其書者也，其書雖古，解釋之引用之者，皆出後人，安知不誤？故以傳記證口説可也，信傳記而背口説不可也。信口説而背傳記，非是末師而非往古，正以末師雖出末世，而其説自古；傳記雖出往古，而説此傳記者，實起於末世耳。諸儒所以篤信口説者，非恐其説之見破，乃自古相傳之師法，不容爲妄人所毁也，安得詆爲私意？而劉歆必欲破之以爲快，正見其無從善服義之公心耳。

《梁書·劉顯傳》："任昉嘗得一篇缺簡書，文字零落，歷示諸人，莫能識者，顯云：是《古文尚書》所删逸篇。昉檢《周書》，果如其説。"此亦昔人以《周書》爲《尚書》之餘之一證也。

原刊《光華大學半月刊》第二卷第九期，一九三四年六月三日出版

〔四〇一〕　僞古文尚書有本於荀子者

《荀子·解蔽》引《道經》曰："人心之危，道心之微，危微之幾，惟明君子而後能知之。"其爲僞《古文尚書·大禹謨》"人心惟危，道心惟微"所本，人皆知之矣。然尚不止此，《堯問》篇："堯問於舜曰：我欲致天下，爲之奈何？對曰：執一無失，行微無怠，忠信無倦，而天下自來。執一如天地，行微如日月，忠誠盛於内，賁於外，形於四海，天下其在一隅邪，夫有何足致也？"此即《僞書》"惟精惟一"四字所本。更采《論語·堯曰》篇"允執其中"之語以益之，乃成十六字也。古書凡此等處，無不韻者，而此十六字無韻，足見其爲雜湊而成也。《荀子》此篇下節，"其在中蘬之言也，曰：諸侯自爲得師者王，得友者霸，得疑者存，自爲謀而莫己若者亡"，亦爲《僞書》所本，《仲虺之誥》："能自得師者王，謂人莫己若者亡。"即其切近之一證。

行微，《注》曰"行細微之事也"；行微如日月，《注》曰"日月之行，人所不見，似於細微"，恐非。古言日月，皆取其明，取其東西相從而已，未有取人不見其行爲喻者。《詩·十月之交》"彼月而微，此日而微"，《箋》曰："微，謂不明也。"《廣雅·釋詁》四："微，明也。"古多反訓，此微字，亦當以明爲義。

〔四〇二〕　馬鄭序周官之謬

漢世今文之學盛行。大學諸生,至於三萬,豈盡高材絶學之士;王充等譏之,宜也。然古學家之鄙陋,似尤有甚焉者。

《周官》制度,多不與羣經合,故武帝以爲瀆亂不驗;何休亦以爲六國陰謀之書,其説是也。乃馬融、鄭玄等尊而信之,玄更以此與《儀禮》、《禮記》并列爲《三禮》。《周官》與《儀禮》、《禮記》各自爲書,本不容互相牽合。鄭必欲以《周官》爲經禮,《儀禮》爲典禮,於是彼此牽合而異説生。案《儀禮》之名,昉見《後漢書·鄭玄傳》,玄注經引《禮經》,尚皆舉篇名,不云《儀禮》。《儀禮》之名,蓋後人因《中庸》"禮儀三千"之文而立。然其名不始自鄭,其原實出於鄭也。三百三千,特舉成數,見其相什,如《甫刑》言五刑之屬三千,而《吕覽·孝行覽》云刑三百,見弘綱之十倍於細目耳,不能求其事以實之也。鄭注《禮器》曰:"經禮謂《周禮》,其官三百六十。"其穿鑿附會甚矣。《明堂位》言有虞氏官五十,夏后官百,殷二百,周三百。《注》云:"周之六卿,其屬各六十,則周三百六十官也。此云三百者,《記》時《冬官》亡矣。"更可發一噱。《禮記正義序》曰:"《周禮》見於經籍,其名異者,見有七處:《孝經説》云'禮經三百',一也;《禮器》云'經禮三百',二也;《中庸》云'禮儀三百',三也;《春秋説》云'禮經三百',四也;《禮説》云'有正經三百',五也;《周官外題》謂爲《周禮》,六也;《漢書·藝文志》云'《周官經》六篇',七也。其《儀禮》之别,亦有七處而有五名:一則《孝經説》、《春秋》及《中庸》并云'威儀三千';二則《禮器》云'曲禮三千';三則《禮説》云'動儀三千';四則謂爲《儀禮》;五則《漢書·藝文志》謂《儀禮》爲《古禮經》。"案謂《儀禮》爲《古禮經》,不知何以能爲《儀禮》是曲禮非經禮之證。《漢志》"禮經三百,威儀三千",《注》引韋昭曰:"《周禮》三百六十官也。三百,舉成數也。"同鄭説。又引臣瓚曰:"禮經三百,謂冠昏吉凶,《周禮》三百,是官名也。"則駁鄭説者也。《論衡·謝短》曰:"古禮三百,威儀三千;刑亦正刑三百,科條三千。出於禮,入於刑;禮之所去,刑之所取;故其多少,同一數也。"此相承舊説也。可以見《周官》當經禮之非。經記制度,不與《周官》合者,輒目爲夏、殷禮,或擠爲霸制,而其説之齟齬不可通者多矣。《論衡·謝短》又曰:"問禮家曰:前孔子時,周已制禮,殷禮夏禮凡三王因時損益,篇有多少,文有增減,不知今禮,周乎?殷、夏也?彼必以漢承周,將曰周禮。"此今學家以經記所陳,多爲周禮之證。又曰:"夫周禮六典,又六轉,六六三十六,三百六十,是以周官三百六十也。案今《禮》不見六典,無三百六十官;又不見天子,天子禮廢何時?豈秦滅之哉?"此亦據《周官》以疑禮經,然不以《周官》即爲禮經也。制度之變,必隨時勢。今文五等之封,大者不過百里;《周官》乃至五百里,其書所述爲六國時制,即此一端,較然甚明。乃必以爲周公致太平之書,《周官·天官》鄭《註》:"周公居攝而作六典之職,謂之《周禮》。營邑於土中。七年,致政成王,以此禮授之,使居雒邑,治天下。"又《賈疏序》引《鄭序》曰:"斯道也,文、武所以綱紀周國,君臨天下,周公定之,致隆平龍鳳之瑞。"則其識不如何邵公遠矣。

馬融之言,尤爲可笑。《賈疏序》引融《傳》云:"秦自孝公已下,用商君之法，其政酷烈，與《周官》相反，故始皇禁挾書，特疾惡，欲絶滅之，搜求焚燒之獨悉，是以隱藏百年。孝武帝始除挾書之律，開獻書之路，既出於山巖屋壁，復入於祕府，五家之儒，莫得見焉。至孝成皇帝，達才通人劉向子歆校理祕書，始得列序，著於録略"云云。一派野言，竟似於前此史記，茫然無覩者。《孟子》曰："諸侯惡其害己也，而皆去其籍。"謂於故典不加保重，非謂有意毀棄。且此語初不指秦，秦人焚書，大抵嚴於官而略於民，故曰："《詩》、《書》所以復見者，多藏人家；當作民家，蓋唐人避諱所改。而史記獨藏周室，以故滅。"《史記·六國表》。此詩、書二字，苞一切書籍言；周室二字，亦苞凡諸侯之國。乃古人言語，以偏概全之例。明當時民間之書，不焚者甚多，何嘗有搜求之事。且與秦政相反者，豈獨《周官》而已。除挾書之律乃惠帝，而以爲孝武；命劉向校書乃哀帝，而以爲孝成；蓋因武帝開獻書之路，孝成命劉歆校書，而溷言之，不復分别。此等處古人類然，不足爲怪。然云五家之儒莫得而見，則癡言矣。《史記·封禪書》云："上與公卿諸生議封禪。封禪用希曠絶，莫知其儀禮；而羣儒采《封禪》、《尚書》、《周官》、《王制》之望祀射牛事。"此所謂《封禪》者，即《漢志》之《古封禪羣祀》，與《尚書》、《周官》、《王制》皆書名。林孝存謂武帝知《周官》末世瀆亂不驗之書，蓋由於此。然則武帝時，羣儒久見《周官》矣。況河間獻王又采《周官》作《樂記》乎！安得謂出於山巖屋壁，復入祕府哉？鄭衆以《書序》之《周官》，與《周官經》即爲一物，篇卷之多少，文體之異同，茫然莫辨，更可發一大噱。

融《傳》又云"時衆儒并出，共排以爲非是；惟歆獨識，其年尚幼，務在廣覽博觀，又多鋭精於《春秋》；末年，乃知其周公致太平之跡，跡具在斯。奈遭天下倉卒，兵革并起，疾疫喪荒，弟子死喪，徒有里人河南緱氏杜子春尚在；永平之初，年且九十，家於南山，能通其讀，頗識其説，鄭衆、賈逵往受業焉。衆、逵洪雅博聞，又以經書記轉當作傳。相證明爲解"云云。此説卻近得實。歆請立《左氏》、《逸禮》、《古文尚書》，事在哀帝建平元年，時尚未以《周官》爲言。《漢紀》言歆以《周官經》六篇爲《周禮》，此書蓋自此始稱《周禮》，前此亦稱《周禮》，則後人據後書之。奏以爲禮經，置博士，則在王莽時矣。《後漢書·鄭興傳》，言興晚善《左氏傳》，天鳳中，將門人從劉歆講正大義；歆美興才，使撰條例章句訓詁，及校《三統曆》。又言興明《周官》，而不言其出於歆，而學出於歆之杜子春，不過能通其讀，頗識其説；則歆於是書，實未嘗有所發明也。康南海顧指其書爲歆僞造，誣矣。然古學本無傳授，皆由好事者附會其説，則觀於此而益明也。

古文經果有其物與否，事殊可疑，觀《孔壁得書》一條可知。然今文家同有其書，所異惟在文字者可疑；若别有其書者，轉不容子虛烏有。如《左氏》解經處雖僞，敘事處自真也。《周官》於諸經，有離有合。不合者，或合於《記》及諸子，如《禮記》之《内則》、《燕義》，《大戴記》之《盛德》、《千乘》、《文王官人》、《朝事》，《管子》，《司馬法》等。其非僞造可知。以《考工記》補《周官》，體製既不相類，制度亦復牴牾，如遂人、匠人。果出僞造，何不并《冬官》僞之乎？

《考工記》曰："不微至，無以爲戚速也。"《注》："齊人有名疾爲戚者，《春秋傳》曰：蓋以操之爲已戚矣。"又曰："輸已卑，則於馬終古登阤也。"《注》："齊人之言終古，猶言常也。"《考工記》蓋齊人所傳。司空掌度地居民，不掌工事，云以補《冬官》，繆也。蓋與餘五篇同述官制，故附之其後耳。《周官》多與《管子》合，或亦齊地學者之書與？《史記》言太公極技巧，《貨殖列傳》。豈故太公之法而《管子》述之與？弗可考矣。

原刊《光華大學半月刊》第二卷第七期，一九三四年四月一日出版

〔四〇三〕 論二戴記上

大、小戴《禮記》，《漢志》皆無之，而有《記》百三十一篇。《注》曰："七十子後學者所記也。"《六藝論》云："後得孔氏壁中河間獻王古文《禮》五十六篇，《記》百三十一篇，《周禮》六篇。其十七篇，與高堂生所傳同，而字多異。其十七篇外，則《逸禮》是也。""今《禮》行於世者，戴德、戴聖之學也。戴德傳《記》八十五篇，則《大戴禮》是也；戴聖傳《禮》四十九篇，則此《禮記》是也。"《釋文·敘録》及《曲禮疏》。《釋文·敘録》引劉向《别録》曰："《古文記》二百四篇。"又引陳邵《周禮論敘》曰："戴德删《古禮》二百四篇爲八十五篇，謂之《大戴禮》；戴聖删《大戴禮》四十九篇，謂之《小戴禮》。後漢馬融、盧植考諸家同異，附戴聖篇章，去其繁重及所敘略，而行於世，即今之《禮記》是也。鄭玄亦依盧、馬之本而注焉。"《隋書·經籍志》云："漢初河間獻王得仲尼弟子及後學者所記百三十一篇，獻之，時亦無傳之者；至劉向校録經籍，檢得百三十篇，向因第而敘之。而又得《明堂陰陽記》三十三篇，《孔子三朝記》七篇，王氏史氏《記》二十一篇，《樂記》二十三篇，凡五種，合二百十四篇。戴德删其煩重，合而記之，爲八十五篇，謂之《大戴記》；而戴聖又删大戴之書爲四十六篇，謂之《小戴記》。漢末馬融遂傳小戴之學。融又足《月令》一篇，《明堂位》一篇，《樂記》一篇，合四十九篇。而鄭玄受業於融，又爲之注。"今案四十六加八十五，正百三十一，此即《漢志》所謂七十子後學所記者。《隋志》云"仲尼弟子及後學者所記"，語

即本此。《六藝論》後人删引，多非元文，所謂得自孔氏壁中河間獻王者，衹指古文《禮》及《周禮》，不該百三十一篇。而《隋志》以百三十一篇亦獻王所得，實誤。《漢志》云："《禮古經》者，出於魯淹中，及孔氏，學七十篇當作十七篇。文相似，多三十九篇。及《明堂陰陽》、《王史氏記》。"今案《漢志·禮》家所著録者：《曲臺后倉》，即《儒林傳》所謂后氏《曲臺記》者，爲漢師所撰；《中庸説》、《明堂陰陽説》皆説；《周官經》、《周官傳》，别爲一家；《軍禮司馬法》，班氏所入；《封禪議對》、《漢封禪羣祀》、《議奏》，注曰"石渠"。亦漢時物。惟《古封禪羣祀》，蓋亦古記之倫。《史記·封禪書》云："羣儒采《封禪》、《尚書》、《周官》、《王制》之望祀射牛事。"所謂《封禪》，蓋即《漢志·古封禪羣祀》中《封禪》之篇也。《古封禪羣祀》二十二篇，合《記》百三十一篇，《明堂陰陽》三十三篇，《王史氏》二十一篇，凡二百七。《小戴記》中：《曲禮》、《檀弓》、《雜記》皆分上下，故或云四十九，或云四十六。若以爲四十六，則《記》百三十一篇，實百二十八。此《别録》所謂《古文記》二百四篇者，然其中之百二十八篇，實今學也。《明堂陰陽》、《王史氏記》、《古封禪羣祀》，蓋非二戴所有。陳邵云"戴德删《古禮》二百四篇爲八十五篇"，實誤。《隋志叙》之劉向叙録後，則誤益甚矣。二戴在武宣間，何由删向所叙録之書耶？《漢志》言百三十一篇，而《隋志》云劉向檢得百三十篇，亦不合。或云：《禮記·喪服四制疏》云《别録》無此文，此實劉向所檢得者少一篇之證，其説可謂巧矣。然《漢志》原出於向，何以仍作百三十一篇耶？竊疑此無異故，直是奪一"一"字，而後人妄改下文都數以就之耳。《别録》雖不足信，亦必略有據依，不能全僞；釋《别録》之文，自以仍從《漢志》條貫爲是。《樂記》，《漢志》在《樂》家，《孔子三朝記》在《論語》家，《隋志》妄相牽引，非是。陳恭甫曲爲之説曰："《樂記》二十三篇，其十一篇已具百三十一篇《記》中，除之，故爲二百四篇。《孔子三朝記》亦重出；不除者，篇名不同故也。"然則向、歆校書，但閲篇目耶？可謂進退失據矣。戴東原云："孔穎達《義疏》於《樂記》云：按《别録》：《禮記》四十九篇。《後漢書·橋玄傳》：七世祖仁著《禮記章句》四十九篇，號曰橋君學。仁即班固所謂小戴授梁人橋仁季卿者也。劉橋所見，篇數已爲四十有九，不待融足三篇甚明。康成受學於融，其《六藝論》亦但曰戴聖傳《禮》四十九篇。作《隋志》者，徒謂大戴闕篇，即小戴所録，而尚多三篇，遂聊歸之融耳。"陳恭甫亦云："《曹褒傳》：父充持《慶氏禮》。褒又傳《禮記》四十九篇，教授諸生千餘人，慶氏學遂行於世。然則褒所受於慶普之《禮記》亦四十九篇也。二戴、慶氏，皆后蒼弟子，惡得謂小戴删大戴之書邪？《釋文叙録》云：劉向《别録》有四十九篇，其篇次與今《禮記》同，然則謂融足三篇者妄矣。”戴陳之説均見《左海經辨》。今案橋仁受學小戴，而著《禮記章句》四十九篇，此正四十九篇出於小戴之證。《後漢書》云：曹充持《慶氏禮》，作章句辯難，於是有慶氏學。褒結髪傳充業，作《通義》十二篇，《演經雜論》百二十篇。又傳《禮記》四十九篇，教授諸生千餘人。慶氏學遂行於世。其中除“又傳《禮記》四十九篇”八字外，皆指禮經言之。慶氏之學，與二戴同出后倉。十七篇三家所同，而《禮記》爲二戴所獨，四十九篇又小戴所獨，故加又字以别之。《史記·五帝本紀贊》云：“孔子所傳《宰予問五帝德》及《帝繫姓》，儒者或不傳。”今二篇皆在《大戴禮記》中。云儒者或不傳，此即二戴以外不必皆傳《禮記》之證。陳氏謂褒所傳四十九篇，亦出慶氏，誤矣。《隋志》：《禮記》十卷，漢中郎將盧植注。《舊唐志》：《禮記》二十卷，盧植注。《新唐志》：盧植注《小戴禮記》二十卷。《儒林·元行沖傳》載《釋疑論》云：《小戴》行於漢末，馬融爲傳，盧植合二十九篇而爲之解，世所不傳。則《隋志》謂馬融、盧植更定是書，鄭玄依盧、馬之本而作注，必有所本。盧、馬曾去其繁重，及所叙略，故雖益三篇，篇數仍爲四十九，安得謂其以《大戴》闕篇，即《小戴》所録，而尚多三篇，乃聊以歸之乎？《釋文·别録》有四十九篇，篇次與今同外，又有“名爲他家書，拾撰所取，不可謂之《小戴禮》”十六字，陳氏删去未引，則其説亦未確也。《四庫書目提要》云：“鄭玄爲馬融弟子，使三篇果融所增，玄不容不知，豈有以四十九篇屬於戴聖之理。況融所傳者乃《周禮》，若小戴之學，一授橋仁，一授楊榮。後傳其學者，有劉祐、高誘、鄭玄、盧植，融絶不預其授受，又何從而增三篇乎？”不知古人言語麤略，《考工記》實後人所補，而康成於《周官》亦逕云河間獻王得六篇，安保其於《禮記》源流，言之必悉？兩漢學者，兼通諸經者甚多，史傳安能盡載？況融之更定《禮記》，實與盧植共之乎？康成依盧、馬之本作注，説亦見於《禮記疏》，必非無據之談也。要之《記》百三十一篇，實爲今學，大戴傳其八十五，小戴傳其四十六，無所謂大戴删《古記》，小戴删大戴也。《漢志》蓋正合大小戴之所傳而著之耳。

原刊《群雅月刊》第一集第五、六卷，一九四〇年出版

〔四〇四〕 論二戴記中

陳恭甫又云：“魏張揖《上廣雅表》曰：周公著《爾雅》一篇。爰暨帝劉，魯人叔孫通撰置禮記，文不違古。稚讓之言，必有所據。”因謂“百三十一篇之記，第之者劉向，得之者獻王，而輯之者叔孫通”；“《爾雅》爲通所采，當在《大戴記》中”，其説尤誤。揖表曰：“昔在周公，纘述唐虞，宗翼文武，剋定四海，勤

相成王，踐祚理政，日昃不食，坐而待旦，德化宣流。越裳徠貢，嘉禾貫桑。六年制禮，以導天下。著《爾雅》一篇，以釋其意義，傳於後嗣。歷載五百，墳典散落，惟《爾雅》恒存。《禮三朝記》：哀公曰：寡人欲學小辨，以觀於政，其可乎？孔子曰：《爾雅》以觀於古，足以辯言矣。《春秋元命苞》言子夏問夫子作《春秋》，不以初哉首基爲始何？是以知周公所造也。率斯以降，越絶六國，越踰秦楚，爰暨帝劉，魯人叔孫通撰置禮記，文不違古。今俗所傳三篇《爾雅》，或言仲尼所增，或言子夏所益，或言叔孫通所補，或言沛郡梁文所考，皆解家所說。先師口傳，既無正驗，聖人所言，是故疑不能明也。"《表》意乃極言文字之當雅，而稱叔孫通撰置禮記，能不違雅耳。絶無今之《禮記》爲通所輯之意。古言典禮事者皆謂之記，不獨古事，即當世之事亦然。《大戴記・公冠》篇載漢昭祝辭其證。《史記・禮書》云："秦有天下，悉内六國禮儀，采擇其善，雖不合聖制，其尊君抑臣，朝廷濟濟，依古以來。至於高祖，光有四海，叔孫通頗有所增益減損，大抵皆襲秦故。"《自序》云："漢興，蕭何次律令，韓信申軍法，張蒼爲章程，叔孫通定禮儀。"《漢書・禮樂志》曰："今叔孫通所撰禮儀，與律令同録，藏於理官。"此即揖所謂撰置禮記者。其所撰皆秦所擇六國舊文，增益減損，不過頗有而已。其文自然近古，故張揖稱其不違，舉爲辭尚爾雅之證也。揖明言俗所傳三篇《爾雅》，或言叔孫通所補，絶不言通嘗置之《禮記》中。安得節取數語，而生曲說乎？《禮記》果通所撰，漢朝何由復失之，而有待於河間獻王得之乎？

陳氏又引臧在東之言曰："《白虎通・三綱六紀》篇引《禮親屬記》，見《爾雅・釋親》；《孟子》帝館甥於貳室趙岐《注》引《禮記》，亦《釋親》文；《風俗通・聲音》篇引《禮・樂記》，乃《釋樂》文；《公羊》宣十二年《注》引《禮》，乃《釋水》文；則《禮記》中有《爾雅》之文矣。"夫古書文辭，互相出入者何限，安得摭拾之，爲《禮記》中有《爾雅》之證？果若所言，佚《詩》佚《書》在《記》中者不乏，又可謂其皆在《禮記》中乎？

原刊《群雅月刊》第一集第五、六卷，一九四〇年出版

〔四〇五〕 論二戴記下

今之《禮記》，見疑爲秦時書者三篇，《王制》、《月令》、《樂記》是也。予初以《王制》有古者周尺之語，疑爲漢人作；由今思之，殆不其然。古書多後人附益誠然。然有有意作僞者，有偶然記識者，要當觀其大體，不得泥於一端也。二戴《記》撰次之意，今不可見。觀其大體，似係專取故書。《樂記》二十三篇，

入《小戴記》者十一，餘十二篇，《正義》具存其目，其末篇曰《竇公》，明係漢時事，見下。《禮記》即不之取。《樂記》予雖信爲馬融所附，然融有增益，亦必依據舊例，一也。《荀子・樂論》，大同《禮記・樂記》，而多闢《墨子》語，蓋後人所增；可證馬融所益，乃較古之本，二也。《史記・封禪書》：文帝"使博士諸生刺六經中作《王制》，謀議巡守封禪事"。盧植疑《王制》以此，然《索隱》引《别録》云文帝所造書，有《本制》、《兵制》、《服制》篇，明與今《禮記》中之《王制》不符。今《王制》言巡守者皆《書傳》，言封禪事者無之。或曰：柴於岱宗即封禪；然則封禪五歲一舉，安得云曠絶莫知其儀耶？《繁露・郊祀對》引《王制》曰"祭天地之牛繭栗，宗廟之牛握，賓客之牛尺"；《郊祭》引《王制》曰"喪者不祭，惟祭天爲越紼而行事"，皆與今《禮記》之《王制》同，足徵故有其書。《正義》云："《王制》之作，蓋在秦漢之際。知者，案下文云有正聽之。鄭云漢有正平，承秦所制。又有古者以周尺之言，今以周尺之語，則知是周亡之後也。秦昭王亡周，故鄭答臨碩云：孟子當赧王之際，《王制》之作，復在其後。"然鄭駁《異義》云："《周禮》是周公之制，《王制》是孔子之後大賢所記先王之事。"則似又以爲孔子嫡傳者。凡鄭説固多如是，不足辨也。

《月令》，蔡邕、王肅并云周公所作，《釋文》。蓋以其見於《周書》云然，其説誠不足據。然邕《明堂月令論》云：《周書》七十一篇，而《月令》第五十三。秦相吕不韋著書，取《月令》爲紀號；淮南王安亦取以爲第四篇，改名曰《時則》。偏見之徒，或云吕不韋作，或云淮南，皆非也。其説自允。鄭《目録》云：《月令》"本《吕氏春秋・十二月紀》之首章，以《禮》家好事，抄合之，後人因題之名曰《禮記》"。杜預《釋例》曰："《月令》之書，出自吕不韋。其意欲爲秦制，非古典也。"《左氏》桓公六年《疏》引。則昧其原本矣。鄭云"其中官名時事，多不合周法"。《疏》云："周無大尉，惟秦官有大尉，而此《月令》云乃命大尉，是官名不合周法。"又云："秦以十月建亥爲歲首，而《月令》云爲來歲授朔日，即是九月爲歲終，十月爲授朔，此是時不合周法。"又自難之曰："秦始皇十二年，吕不韋死。二十六年并天下，然後以十月爲歲首。歲首用十月時，不韋已死十五年。"又自解之曰："秦文公獲黑龍，以爲水瑞，何怪未平天下前，不以十月爲歲首乎？"案始皇之改年始，《史記・本紀》明記其事，在二十六年并天下之後。《封禪書》亦曰："秦始皇既并天下而帝，或曰：黄帝得土德，黄龍地螾見；夏得木德，青龍止於郊，草木暢茂；殷得金德，銀自山溢；周得火德，有赤烏之符；今秦變周，水德之時。昔秦文公出獵獲黑龍，此其水德之瑞。於是秦更名河曰德水，以冬十月爲年首，色上黑，度以六爲名，音上大吕，事統上法。"又曰："自齊威、宣之時，騶子之徒，論著終始五德之運；及秦帝而齊人奏之，故始皇采用之。”然則終始五德，說實出於東方；以黑龍爲水瑞，乃後來附會之辭。安得鑿空謂秦未平天下前，即以十月爲歲首乎？乃命大尉，《吕覽》作大封，以今言道古事，古人多有其例，然則大尉二字，蓋傳者所改；授朔亦或傳者移之九月，要不得以是偏端，疑全篇皆爲秦人所作也。言《月令》者，是篇及《吕覽》、《淮南》而外，尚有《管子》之《幼官》及《輕重己》，雖不密合，大要所本者同。《周書·月令》已亡，而《時則》記二十四氣之應，與《禮記》、《月令》皆合。竊疑是篇乃合《月令》、《時訓》兩家之言而成。《疏》又以服色車旗，并依時色，與《周官》六冕等不合，而疑其非周法。不知其所據實較《周官》爲古。魯恭言“《月令》周世所造，而所據皆夏之時”，《後漢書》本傳。其說實最平允也。

《漢書·藝文志》云：“武帝時，河間獻王好儒，與毛生等共采《周官》及諸子言樂者，以作《樂記》。”“其内史丞王定傳之，以授常山王禹。禹，成帝時爲謁者，數言其義，獻二十四卷記。劉向校書，得《樂記》二十三篇，與禹不同。”《疏》云：“劉向所校二十三篇，著於《别録》，今《樂記》所斷取十一篇。”案《史記·樂書》亡，張守節云：褚先生取《樂記》補之，其文全與《樂記》同。則十一篇之自爲一篇舊矣。《禮記疏》亦云：“《别録·禮記》四十九篇，《樂記》第十九，則《樂記》十一篇入《禮記》，在劉向前。至劉向爲《别録》時，更載所入《樂記》十一篇，又載餘十二篇，總爲二十三篇。”《義疏》又云：《樂記》者，公孫尼子次撰也。此語未知何出，要必有所本。亡篇十二，《季札》第十八，疑即《左氏》所載季札觀樂事；《竇公》第二十，疑即《漢志》孝文時得魏文侯樂人竇公事。《白虎通義·禮樂》篇引《樂記》曰“聲成文謂之音，知而樂謂之樂”，在今《禮記·樂記》中；又引曰“土曰壎竹曰管”云云，陳卓人《疏證》疑出《樂器》第十三；亡篇之可考者如此。《志》又言竇公獻其書，乃《周官·大司樂》章，疑即所謂河間獻王采《周官》者。《樂記疏》云：“此卷所出，解者不同，今且申鄭旨釋之。”則《樂記》所出，說有多端，必不止一公孫尼子。此亦所謂采諸子者。竊疑王禹之二十四卷，與劉向之二十三篇，亦第小有乖異。正惟大體相同，故可以互勘而著其不同也。然則《樂記》十一篇，乃自古相傳之物；其十二篇，則河間獻王等采摭古籍而成，正不能并十一篇亦疑爲漢人所作矣。

原刊《群雅月刊》第一集第五、六卷，一九四〇年出版

〔四〇六〕　論爾雅誰作

鄭康成《駁五經異義》曰：“《爾雅》者，孔子門人所作，以釋六藝之文。”張

揖《進廣雅表》曰："周公著《爾雅》一篇。今俗所傳三篇，或言仲尼所增，或言子夏所益，或言叔孫通所補，或言沛郡梁文所考，皆解家所説。先師口傳，既無正驗，聖人所言，是故疑不能明也。"今案《爾雅》之文有明出秦漢後者，如《釋魚》"鱊鮬、鱖鯞"，《注》云："江東呼爲妾魚。"《疏》引《説文》云："鯪魚出樂浪潘國。""魵鰕"，《注》云："出穢邪頭國，見《吕氏字林》。"《疏》云："案《説文》亦云。"《釋鳥》"鵽鳩、寇雉"，《注》云："出北方沙漠地。""翠鷸"，《注》云："生鬱林。"《疏》云："樊光云：出交州。"《釋獸》"貙獌似貍"，《注》云："今山東呼貙虎之大者爲貙豻。"《疏》云："《字林》云：豻，胡地野狗。""狻麑，如虦貓，食虎豹"，《注》云："即師子也，出西域。"《釋畜》"騊駼，馬"，《疏》云："《字林》云：北狄良馬也。"此等或尚非叔孫通所知，安得云周、孔及孔門弟子。蓋古言"作"者與今異，今人言作，多指纂集之人；古則推原其所自出。以《爾雅》之文或同《周官》，昔以《周官》爲周公之書，則以爲周公作；以其多釋五經；則指爲孔子作；或言孔子門人，又或以子夏列文學之科而鑿指之。云出叔孫通者，以其爲漢制禮，亦未必有何依據也。惟梁文或爲纂集之一人耳。

凡備檢閱之書，往往遞有增益；《神農本草經》其證。《四庫書目提要》言《爾雅》所取，及於《莊》、《列》、《尸》、《管》、《吕》諸子，《國語》、《楚辭》、《山海經》、《穆天子傳》。《爾雅》固未必爲釋此等書作，《穆天子傳》尤爲晚出僞書，不能在《爾雅》前，然亦可見其采摭之博。《提要》又引曹粹中《放齋詩説》，謂《爾雅》毛公以前，其文猶略，至康成時則加詳，亦其書成甚晚之證。解家以一篇爲周公作，餘則或言仲尼，或言子夏，或言叔孫通，或言梁文，固不足信。然其中有一篇最古，餘爲後來所增益，則或當不誣。趙岐《孟子題辭》，言孝文時，《爾雅》亦置博士，未知信否？然平帝元始五年，嘗徵通《爾雅》者，則民間固有通其學者矣。通其學必有其書，今之《爾雅》，蓋此等人所纂集也。

原刊《群雅月刊》第一集第三卷，一九四〇年六月一日出版

〔四〇七〕釋爾雅

"爾雅"二字，昔人多釋爲近正，非其朔也。夏、雅一字，爾雅蓋即近夏。古重楚夏之別，是以《論語》記子所雅言，詩書執禮；而孟子斥許行爲南蠻鴃舌之人。其後南北大通，楚夏之殊稍泯，而去古漸遠，古訓轉覺難通。於是正與不正，初致謹於語言者，後漸致謹於文字。而正與不正之別，始以近夏與否爲準者，繼乃以近古與否爲準矣。《史記・樂書》曰："今上即位，作十九章，通一

經之士，不能獨知其辭，皆集會五經家，相與共誦講習之，乃能通知其意，多爾雅之文。"《儒林傳》公孫弘請置博士弟子曰："詔書律令下者，明天人分際，通古今之義，文章爾雅，訓辭深厚，恩施甚美；小吏淺聞，不能究宣，無以明布諭下。"《漢書·王莽傳》："班符命四十二篇於天下，其文爾雅依託，皆爲作説。"皆爾雅之辭近古，而義不易通之證。古本不可稱雅，所以稱近古爲爾雅者，以爾雅二字，習用既久，已變爲近正之義。當時文字，以古爲正，遂從而襲用之耳。以近古釋當時之所謂爾雅，原不爲過。然雅字本無古義，亦無正義，要不得不分別言之也。《大戴禮記·小辨》篇，孔子謂哀公曰："爾雅以觀於古，足以辨言矣。"此以近古爲爾雅最早者，恐亦漢人語也。

原刊《群雅月刊》第一集第三卷，一九四〇年六月一日出版

〔四〇八〕 圖 讖 一

張衡言夏侯勝、眭孟之徒，以道術立名，其所述著，無讖一言。劉向父子領校祕書，閱定九流，亦無讖録。成、哀之後，乃始聞之。《後漢書》本傳。後人因以爲讖始西京之末，非也。讖緯相附，始於西京之末，若徒論讖，則其所由來者舊矣。《説文·言部》："讖，驗也。有徵驗之書。"《竹部》："籤，驗也。"二字音義皆同，即今所謂豫言也。《史記·趙世家》叙秦繆公夢之帝所事，曰："秦讖於是出矣。"《扁鵲列傳》作"策"。《屈原賈生列傳》：賈生賦服鳥曰："發書占之兮，策言其度。"《漢書》作"讖"。作"讖"者蓋是，此正所謂豫言也。《淮南王書·説山》曰："六畜生多耳目者不祥，讖書著之。"《漢書·王莽傳》：莽在平帝時，"徵天下通一藝教授十一人以上，及有逸《禮》，古《書》、《毛詩》、《周官》、《爾雅》、天文、圖讖、鍾律、月令、兵法、《史篇》文字，通知其意者，皆詣公車。"史言其"網羅天下異能之士，至者前後千數"，足見民間固有其書，又有通其學者。今俗所謂求籤，實即求讖，乃古之遺言也。特世莫知籤讖同字，遂昧其本義爾。

〔四〇九〕 圖讖二

然則所謂讖者，亦家人言耳，無與於國家興亡之大也。有國有家者，偶或以此自神，則亦如閭里之小知者之所爲，所言者特一姓之事，未有謂能知歷代興亡，帝王統緒者。其有之，則自西京之末始也。

《吕覽·觀表》曰："事與國皆有徵。聖人上知千歲，下知千歲，非意之也，

蓋有自云也。緑圖幡薄，從此生矣。”緑圖八字，適在篇末，究爲《吕覽》原文，抑出後人沾綴，未可定。即謂爲原文，亦謂能通乎其道，若孔子言殷因於夏，周因於殷，禮所損益可知，其或繼周者雖百世可知耳，固不謂能知國家興替。《淮南·俶真訓》曰：“洛出丹書，河出緑圖，故許由、方回、善卷、披衣，得達其道。”亦僅言遭遇盛世，故大道昌明，不謂其道出自圖書也。《人間訓》曰：“秦王挾録圖，見其傳曰：亡秦者胡也。”作録不作緑。《史記·秦始皇本紀》盧生奏録圖書同。緑圖、録圖，未必是一。亡秦者胡，亦傳録圖者之言，非録圖之文也。乃《論衡·實知》，以“亡秦者胡”爲河圖之文；鄭玄以爲“《河圖》《洛書》，龜龍銜負而出。如《中候》所説：龍馬銜甲，赤文緑色，甲似龜背，袤廣九尺，上有列宿斗正之度，帝王録紀興亡之數”；《論語·子罕·鳳鳥不至章疏》引。則始以圖書爲自有所云矣，此則新莽等之所爲也。

《王莽傳》：“長平館西岸崩，邕涇水不流，毁而北行。遣大司空王邑行視，還奏狀，羣臣上壽，以爲《河圖》所謂以土填水，匈奴滅亡之祥也。”此爲徵引《河圖》之文之始，至後漢而變本加厲矣。《隋書·經籍志》曰：“《河圖》九篇，《洛書》六篇，云自黄帝至周文王所受本文。又别有三十篇，云自初起至於孔子九聖之所增演，以廣其意。又有《七經緯》三十六篇，并云孔子所作，并前合爲八十一篇。”案鄭注《易·大傳》“河出圖，洛出書”曰：“河以通乾出天苞，洛以流坤吐地符。河龍圖發，洛龜書感。《河圖》有九篇，《洛書》有六篇。”《正義》引。《後漢書·張衡傳注》引《衡集》上事曰：“《河洛》五九，《六藝》四九，謂八十一篇也。”即《隋志》之説也。《續漢書·祭祀志》載光武封禪刻石文曰：“皇帝惟慎《河圖》、《雒書》正文。秦相李斯燔《詩》、《書》，樂崩禮壞。建武元年以前，文書散亡，舊典不具，不能明經文，以章句細微相況。八十一篇，明者爲驗。又其十卷，皆不昭晳。子貢欲去告朔之餼羊，子曰：賜也，爾愛其羊，我愛其禮。後有聖人正失誤。”是八十一篇之説，實後漢初所造。《後漢書·尹敏傳》：光武令校圖讖，蠲去崔發所爲王莽著録次比。《儒林傳》：薛漢，建武初爲博士，受詔校定圖讖。蓋光武之所欲去者，即其所謂十卷皆不昭晳者也。張衡曰：王莽篡位，漢世大禍，八十篇何爲不戒？又云：《河洛·六藝》，篇録已定，後人皮傅，無所容篡；桓譚言：今諸巧慧小才伎數之人，增益圖書，矯稱讖記；《後漢書》本傳。王充曰：神怪之言，皆在讖記，所表皆效。孔子條暢增益，以表神怪。或後人詐記，以明效驗，《論衡·實知》篇。又《雷虚》篇曰：“圖出於河，書出於洛，《河圖》、《洛書》，天地所爲，人讀知之。”其《自然》篇，亦極論圖書自成之理。皆不敢逕以八十一篇爲僞，以其爲後漢初所敕定也。然則讖記出自圖書之説，實王莽造之，而光武成之也，亦可謂矯誣矣。《説文》曰："河雒所出書曰讖。"亦東漢人之言。

《王莽傳》言卜者王況爲莽魏成大尹李焉造作讖書十餘萬言。況謂焉曰："君姓李，李音徵，徵，火也，當爲漢輔。"而《後漢書·李通傳》，謂通父守，初事劉歆，好星曆讖記。通素聞守説讖云：劉氏復興，李氏爲輔。《光武紀》謂通等以是説光武，光武乃與定謀。《竇融傳》：隗囂使辯士張玄游説河西。融等召豪傑及諸太守計議。其中智者皆曰："漢承堯運，歷數延長，今皇帝姓號，見於圖書。自前世博物道術之士谷子雲、夏賀良等，建明漢有再受命之符，言之久矣。故劉子駿改易名字，冀應其占。及莽末，道士西門君惠言劉秀當爲天子，遂謀立子駿。事覺，被殺。出謂百姓觀者曰：劉秀真汝主也。皆近事暴著，智者所共見也。"而《鄧晨傳》曰："王莽末，光武嘗與兄伯升及晨俱之宛，與穰人蔡少公等讌語。少公頗學圖讖，言劉秀當爲天子。或曰：是國師公劉秀乎？光武戲曰：何用知非僕邪？"强華所奉《赤伏符》亦曰："劉秀發兵捕不道，四夷雲集龍鬬野，四七之際火爲主。"見《光武紀》。《續漢書·祭祀志》載光武祭告天地文則曰："劉秀發兵捕不道，卯金脩德爲天子。"莽末之讖，悉若爲漢所造，有是理乎？《公孫述傳》言："述亦好爲符命、鬼神、瑞應之事，妄引讖記。"然又曰："述夢有人語之曰：八厶子系，十二爲期。覺，謂其妻曰：雖貴而祚短，若何？"使此言真出於述，安得漏泄於外？然則莽末之讖，究出於誰，亦殊難言之矣。劉揚造作讖記曰："赤九之後，瘿揚爲主。"《後漢書·耿純傳》。新城山賊張滿既執，歎曰："讖文誤我。"《後漢書·祭遵傳》。然則是時信讖者極多，此後漢君臣，所以相與造作。徒事造作，猶恐不足以自神，乃皆託之於敵也。光武以讖文用孫咸、王梁，見《後漢書·王梁》及《景丹傳》。又謂二十八將，上應二十八宿，見《朱祐》等《傳贊》。《馮異傳》載永初六年詔曰："元功二十八將，讖記有徵。"成敗雖殊，其智，則亦劉揚、張滿之智而已矣。

〔四一〇〕圖　讖　三

《續漢書·祭祀志》："建武三十年，二月，羣臣上言：即位三十年，宜封禪泰山。詔書曰：即位三十年，百姓怨氣滿腹，吾誰欺，欺天乎？曾謂泰山不如林放，何事汙七十二代之編録？桓公欲封，管仲非之。若郡縣遠遣吏上壽，盛稱虚美，必髡，兼令屯田。"從此羣臣不敢復言，善矣。然又云："三十二年，正月，上齊，夜讀《河圖會昌符》，曰：赤劉之九，會命岱宗。不慎克用，何益於承？

誠善用之，姦僞不萌。感此文，乃詔梁松等復案索《河》《雒》讖文言九世封禪事者。松等列奏，乃許焉。”豈至此頓忘“百姓怨氣滿腹”之言乎？《河》《雒》讖文，果誰所造，豈有躬造之而躬自信之者哉？然則光武之東封，亦欲藉是以鎮厭東方，并以眩耀愚俗耳。《後漢書・張純傳》言南單于、烏桓降後，純案七經讖，請立辟雍，及封泰山，遂起明堂、靈臺、辟雍，宣布圖讖於天下，蓋亦以眩耀愚俗也。《本紀》建武十七年《注》引《東觀記》曰“上以日食避正殿，讀圖讖多，御坐廡下淺露，中風發疾”，吾誰欺？欺天乎？

《後漢書・桓譚傳》言光武信讖，多以決定嫌疑。譚上疏，請屏羣小之曲説，述五經之正義。帝省奏不説。其後有詔會議靈臺所處，帝謂譚曰：吾欲讖決之，何如？譚復極言讖之非經。帝大怒曰桓譚非聖無法，將下斬之。譚叩頭流血，良久乃得解。《鄭興傳》曰：“帝嘗問興郊祀事。曰：吾欲以讖斷之，何如？興對曰：臣不爲讖。帝怒曰：卿之不爲讖，非之邪？興惶恐曰：臣於書，有所未學，而無所非也。帝意乃解。興數言政事，依經守義，文章温雅，然以不善讖故，不能任。”光武之信讖，似誠篤矣。然《儒林傳》：尹敏言讖書非聖人所作，帝不納。敏因其闕文增之曰：君無口，爲漢輔。帝見而怪之，召敏問其故。敏對曰：臣見前人增損圖書，敢不自量，竊幸萬一。帝深非之。雖亦以此沈滯，然竟不罪。與其所以遇桓譚者，寬嚴迥不侔矣。然則帝之於譚，亦本惡其質直，而借事以摧挫之耳。鄭興、尹敏之不大用，亦未必以其不信讖也。夫上以誠求，則下以誠應；不誠，未有能以誠報之者也。《郅惲傳》言惲上書王莽，據圖録，言漢歷久長，勸莽更就臣位。莽大怒，而以惲據經讖，難即害之，繫獄須冬，會赦得出。夫莽自遣趙并驗治符命以來，甄尋、王奇、劉棻等且紛紛遭難矣，而何有於惲？《楊厚傳》言厚祖父春卿“善圖讖學，爲公孫述將。漢兵平蜀，春卿自殺，臨命，戒子統曰：吾綈袠中有先祖所傳祕記，爲漢家用，爾其脩之。”既知祕記之爲漢，何以復爲述將？既自殺以徇述矣，又戒其子爲漢，天下有是理乎？楊厚爲後漢言圖讖之大宗，《後漢書・儒林傳》言任安從厚學圖讖。《方術傳》：“董扶少遊大學，與鄉人任安齊名，俱事同郡楊厚學圖讖。”《三國蜀志二牧傳注》引陳壽《益部耆舊傳》曰：“董扶事楊厚，究極圖讖。”《周羣傳》曰：“少學術於楊厚，名亞董扶、任安。”杜微、杜瓊，皆受學於安。《季漢輔臣贊》曰：“何彦英事安，與杜瓊同師，援引圖讖，勸先帝即尊位。”而其詐諼如此，以術馭天下者，其所得果如何哉？

〔四一一〕圖　讖　四

讖，自古所有也；讖緯相附，則王莽之所爲也。《申鑒・俗嫌》曰：“世稱緯書，仲尼之作也，臣悦叔父故司空爽辯之，蓋發其僞也。有起於中興之前，終、張之徒之作乎？或曰：雜。曰：以己雜仲尼乎？以仲尼雜己乎？若彼者，以仲尼雜己而已。然則可謂八十一篇非仲尼之作矣。或曰：燔諸？曰：仲尼之作則否，有取焉，曷其燔。"讖雖妖妄，緯則多存經説，後人卒不忍棄者以此。荀悦之言，早盡之矣。讖緯相符，誠足亂經，亦由欲以所行託之於古。以己所行託之於古，則亦欲有所爲耳。其愚而誕可笑，其苦心仍可諒也。後世之造讖者，猶有之乎？若光武即徒爲身謀而已，與張滿輩何異？然自此，讖遂爲作亂者之所資，視爲禁物矣。《後漢書・竇融傳》，融上書言臣融有子年十五，朝夕教道以經藝，不令得觀天文讖記。《三國・魏志・常林傳注》引《魏略》云：吉茂，建安二十二年，坐其宗人吉本等起事被收。先是科禁内學及兵書，而茂皆有，匿不送官。及其被收，不知當坐本等，顧謂其左右曰：我坐書也。

〔四一二〕 圖　讖　五

讖之原安在？曰：在社會之迷信。張衡曰："永元中，清河宋景遂以曆紀推言水災，而僞稱洞視玉版。或者至於棄家業，入山林。"《後漢書・張衡傳》。可見時人信讖之深。《後漢書・翟酺傳》："尚書有缺，詔將大夫六百石以上試對政事、天文、道術，以高第者補之。酺自恃能高，而忌故太史令孫懿，恐其先用，乃往候懿。既坐，言無所及，惟涕泣流連。懿怪而問之，酺曰：圖書有漢賊孫登，將以才智，爲中官所害；觀君表相，似當應之；酺受恩接，悽愴君之禍耳。懿憂懼，移病不試。由是酺對第一，拜尚書。"懿非愚夫，而亦爲酺所懾者，人之心力，有以相熏，衆所共信之事，雖堅强明智者，或亦不免爲其所移。三至之讒，正同此理，固非酺之能誑懿也。《論衡・實知》曰："儒者論聖人，以爲前知千歲，後知萬世，有獨見之明，獨聽之聰。事來則名，不學自知，不問自曉，故稱聖則神矣，若蓍龜之知吉凶。"此又讖之所以託諸仲尼歟？

〔四一三〕 圖　讖　六

讖爲王莽所造，固也；然世或以劉歆爲王莽之黨，因以爲讖出於歆，則誣。張衡謂劉向父子領校祕書，閲定九流，亦無讖録，《後漢書・張衡傳》。足以明之矣。《漢書・五行志》曰："劉歆以爲虙犧氏繼天而王，受《河圖》，則而畫之，八卦是也。禹治洪水，賜《雒書》，法而陳之，《洪範》是也。初一日五行云云六十五字，皆《雒書》本文。”歆之所謂《河圖》、《雒書》者如此，安有所謂“列宿斗正之度，帝王録紀興亡之數”者乎？李守初事劉歆，未知信否。即以爲信，亦不能決守所説讖爲歆所造。《蘇竟傳》曰：王莽時，與劉歆等共典校書。延岑護軍鄧仲況擁兵據南陽陰縣爲寇，而劉歆兄子龔爲其謀主。竟時在南陽，與龔書曉之曰：“走昔以摩研編削之才，與國師公從事出入，校定祕書。”亦僅言歆曾從事校書，不謂下文“孔丘祕經，爲漢赤制”等語爲歆所造也。《莽傳》言：甄豐、劉歆、王舜爲莽腹心，倡導在位，褒揚功德；安漢、宰衡之號，及封莽母、兩子、兄子，皆豐等所共謀，而豐、舜、歆亦受其賜，并富貴矣，非復欲令莽居攝也。居攝之萌，出於泉陵侯劉慶、前煇光謝囂、長安令田終術。莽羽翼已成，意欲稱攝；豐等承順其意，莽輒復封舜、歆兩子及豐孫。豐等爵位已盛，心意既滿，又實畏漢宗室、天下豪傑；而疏遠欲進者，并作符命，莽遂據以即真，舜、歆内懼而已。其後争爲符命封侯，其不爲者，相戲曰：獨無天帝除書乎？司命陳崇白莽曰：此開姦臣作福之路，而亂天命，宜絶其原。莽亦厭之。遂使尚書大夫趙并驗治，非五威將帥所班，皆下獄。而豐子尋作符命，言新室當分陝，立二伯，以豐爲右伯，莽即從之。豐未行，尋復作符命，言黄皇室主爲尋之妻，莽因是發怒，收捕尋。尋亡，豐自殺。尋隨方士入華山，歲餘，捕得，辭連歆子棻、棻弟泳、大司空邑弟奇，及歆門人丁隆等，牽引公卿黨親列侯以下，死者數百人。均見《王莽傳》。莽之篡漢，意蓋欲有所爲，歆等之輔之亦以此。既欲大有所爲，勢非至於即真不止；謂歆等既已富貴，遂不欲莽即真，此淺之乎測丈夫之言也。然以此證歆等之不爲讖，則可信矣。張衡言：“聖人明審律曆，以定吉凶，重之以卜筮，雜之以九宫。或觀星辰逆順，寒燠所由，或察龜策之占，巫覡之言，其所因者，非一術也。”又言：“律曆、卦候、九宫、風角，數有徵效，世莫肯學，而競稱不占之書。”《後漢書·張衡傳》。足見讖皆不學無術者所爲，使劉歆等爲之，有如是其陋者邪？

成、哀以後所謂讖者，大體有二：一附會字形，如王莽以錢文有金刀，改爲貨泉，或以貨泉爲白水真人，是也。一曲解文義，如張邯稱説符命，謂《易》言“服戎於莽，升其高陵，三歲不興”，莽，皇帝之名；升謂劉伯升；高陵謂高陵侯子翟義；言劉升、翟義爲伏戎之兵於新皇帝之世，猶殄滅不興，是也。劉歆乃好古文者。古文條例，是爲六書。讖之附會字形者，莫不與六書相背，歆安得信之？范增述南公之言曰：“楚雖三户，亡秦必楚”，語意本明。蘇林、臣瓚，亦皆隨語氣釋之。乃服虔以三户爲津名，孟康謂“南公知秦亡必於三户，故出此言。後項羽果渡三户津破章邯軍，降章邯，秦遂亡”。然則“雖”字何解？豈不可發一大噱？曾是劉歆等而爲此邪？讖文之體，蓋放古之謠辭爲之。《史記·三代世表》褚先生述方士考功之言曰："《黄帝終始傳》曰：漢興百有餘年，有人不短不長，出白燕之鄉，持天下之政，時有嬰兒主，卻行車。"即其體。足徵讖不始於成、哀，特成、哀後始盛耳。此猶今日之新詩，爲人之所能爲，亦足徵其爲家人言也。"亡秦者胡"等語，乃約舉讖意，非讖本文。

〔四一四〕 圖　讖　七

讖非劉歆等所爲，固矣。好古學者，又以是爲今文師咎，則其説益誣。爲是説者，乃以緯多用今文説，而讖文荒怪。今文師好言陰陽災異，亦或鄰於荒怪耳。不知緯之所以用今文説者，乃以成、哀之際，古文初興，説尚未出；至於陰陽災異，則與讖絶非一物。《漢書》總叙推言陰陽災異者曰：孝武時有董仲舒、夏侯始昌，昭、宣則眭孟、夏侯勝，元、成則京房、翼奉、劉向、谷永，哀、平則李尋、田終術。《眭》、《兩夏侯》、《京》、《翼》、《李傳》。今其言具存，曷嘗有如讖之矯誣者邪？尹敏建武二年，亦上疏陳《洪範》消災之術，亦得以敏爲信讖者邪？

《隋書·經籍志》曰："漢時，詔東平王蒼正五經章句，皆命從讖。俗儒趨時，益爲其學，篇卷第目，轉加增廣。言五經者，皆憑讖爲説。惟孔安國、毛公、王璜、賈逵之徒獨非之，相承以爲妖妄，亂中庸之典。故因漢魯恭王、河間獻王所得古文，參而考之，以成其義，謂之古學。當世之儒，又非毁之，竟不得行。"此所謂孔安國者，即《尚書》之《僞孔傳》，可以勿論。《毛詩》究出何人，不可知。若如《漢志》之説，謂河間獻王好之，則其時讖尚未興，何緣以爲妖妄？云因恭王、獻王所得，參而考之，以成其義，明古文之説，皆出臆造，非有師承也。然賈逵明引讖文，争立《左氏》，亦得謂之非讖者邪？今文師信讖者誠不乏，然如鄭玄，名爲兼通今古文，而實偏於古，今其經注引讖者即極多，安得專咎今文師乎？以緯書多用今文説而咎今文，則《毛傳》皇天、昊天、旻天之義，亦見《尚書帝命驗》，又得以《毛傳》爲妖妄邪？

〔四一五〕 太史公書亡篇

補《太史公書》是一事，續《太史公書》是一事，後人就《太史公書》有所附益，又是一事。三者不可相殽。

《後漢書·班彪傳》，載彪作《後傳略論》，言司馬遷作本紀、世家、列傳、書、表，凡百三十篇，而十篇缺焉。《漢書·藝文志》：《太史公書》百三十篇，十篇有録無書；本傳同。張晏曰："遷殁之後，亡《景紀》、《武紀》、《禮書》、《樂書》、《兵書》、《漢興以來將相年表》、《日者列傳》、《三王世家》、《龜策列傳》、《傅靳列傳》。元、成之間，褚先生補缺，作《武帝紀》、《三王世家》、《龜策》、《日者傳》，言辭鄙陋，非遷本意也。"此就百三十篇中所缺者補之，所謂補《太史公書》者也。

《彪傳》又云："武帝時，司馬遷著《史記》，自太初以後，闕而不録。後好事者頗或綴集時事，然多鄙俗，不足以踵繼其書。"《注》："好事者，謂揚雄、劉歆、陽城衡、褚少孫、史孝山之徒也。"《漢書·張湯傳贊》："馮商稱張湯之先與留侯同祖，而司馬遷不言，故闕焉。"如淳曰："班固《目録》：馮商，長安人。成帝時，以能屬書，待詔金馬門，受詔續《太史公書》十餘篇。"師古曰："劉歆《七略》云：商，陽陵人。治《易》，事五鹿充宗。能屬文，博通强記，與孟柳俱待詔。頗序列傳，未卒，會病死。"《藝文志注》同。"事五鹿充宗"下，多"後事劉向"四字。《藝文志注》引韋昭曰："馮商受詔續《太史公》十餘篇，在班彪《别録》。"説與如淳同，而《漢志》列商所續《太史公》僅七篇，蓋餘篇因病未卒邪？然無論其爲七篇抑十餘篇，要必在百三十篇之外，此所謂續《太史公書》者也。

張晏言褚少孫補遷書僅四篇，而今所缺十篇俱在，則補遷書者不止一人。然遂謂揚雄、劉歆、陽城衡、史孝山之徒爲之，則又非也。雄等所爲，蓋皆續而非補；而此十篇，亦有可云補，有不可云補者。何則？苟其言補，雖不能必得遷意，要必與遷書體例相同。而如今之所爲，鈔《封禪書》以充《武紀》，鈔《荀子》、《戴記》以當《禮書》、《樂書》，皆與遷書體例，截然不合也。張晏言褚先生所補，言辭鄙陋，而如今之所補，則《武紀》用《封禪書》，即遷所自爲；《三王世家》全録策文；《日者傳》載司馬季主之辭；《龜策傳》載太卜所傳龜策卜事；其辭皆非褚氏所爲，何鄙陋之有？且《武紀》即取《封禪書》，是鈔本書之此篇以補彼篇也，《武紀》完，《封禪書》又缺矣，有是理乎？故知今此四篇，又非褚少孫之舊也。

然則《史記》中不出談、遷處，果何人所爲邪？曰：古書爲後人所亂者甚多，而其亂之也，亦各不同。有本書既缺，他有所采以補之，而其所采大致與本書合者，如今《史記》之《景紀》、《傅靳列傳》、《漢興以來將相年表》是也。此三篇體例最與元書合。《景紀》，《索隱》云以班書補之。今檢其文，與班書絶不同，可知補《史記》者必别有所受之也。有所采雖未必合，而體例與元書相符者，若《律書》、《三王世家》、

《日者》、《龜策》兩傳是也。顔師古謂《史記自序》，有《律書》無《兵書》，以駁張晏，誤也。《律書》即《兵書》，昔人已言之矣。亦有全不相干者，則《武紀》、《禮》、《樂》二書是矣。此其意蓋本不在補，特取略有關涉之事，鈔附以備觀覽而已。雖附元書篇中，元書仍不可不謂之缺也。有附録而無元文，亦無補之之文。然今《禮書》、《樂書》中鈔《荀子》、《戴記》處，雖止可謂之附録，而自此以前一節，則與元書體例，尚無不合，豈此一節爲褚少孫所補，而其餘則好事者之爲之與？《樂書》篇末又有"太史公曰"云云，亦割《禮論》之文。

張晏謂《史記》所缺十篇，而今存者亦皆有"太史公曰"字。論者因謂《史記》實未嘗缺，而訾少孫之補爲亡謂，《十七史商榷》。此又非也。太史公三字，蓋非獨談、遷，凡居是官者，皆以之自稱焉。劉知幾謂馬遷既殁，太史之署，非復記言之司，此特以大校言之，安知居其位者，遂一無所述哉？且如今《司馬相如傳贊》，采及揚雄之語，豈談、遷所能爲，然亦著"太史公曰"字。此等苟非居是官者之自稱，則衹可謂鈔他書以續補《史記》者妄益之，然觀"褚先生曰"字，皆未嘗改，則知妄以他人之辭，託諸談、遷者尚不多，非談、遷所能言之"太史公曰"，自以釋爲居是官者之自稱爲較安也。

《史記》中有褚先生之辭者，不止張晏所舉四篇。如《三代世表》、《建元以來侯者年表》是也。然晏不云此諸篇爲褚所補，則知晏所謂補者，乃元書全佚，他有所采以充之，而非如此諸篇，於元書之後，有所沾綴也。諸篇中涉及麟止後事者，大抵皆此類耳。此皆衹可謂之附益，既不可云補，亦不足言續也。

《自叙》曰："三子之王，文辭可觀，作《三王世家》。"今《三王世家》亦載太史公之言曰："封立三王，天子恭讓，羣臣守義，文辭爛然，甚可觀也，是以附之世家。"其言如出一口。似乎遷之元書，爲不亡矣。然又載褚先生之言曰："臣幸得以文學爲侍郎，好覽觀太史公之列傳。傳中稱《三王世家》，文辭可觀。求其世家，終不能得。竊從長老好故事者，取其封策書，編列其事而傳之，令後世得觀賢主之指意。"今此篇所列策文，在"太史公曰"以前者，蓋即褚先生得諸長老者也。然則"太史公曰"以下之語，何自而來？豈其所序之事及辭已亡，而論贊之語獨存與？蓋史遷之書，私書也，其意欲藏之名山，傳之其人，而其後祖述宣布，實由其外孫揚惲。見遷本傳。《楊敞傳》云："惲始讀外祖《太史公記》，頗爲《春秋》。"此乃民間之物，不必爲侍郎而後得觀。褚先生所覽觀之太史公列傳，其所謂太史公者，實非遷也。今觀其辭又曰："王者疆土建國，封立子弟，所以褒親親，序骨肉，尊先祖，貴支體，廣同姓於天下也，是以形勢强而王室安。自古至今，所由來久矣，非有異也，故弗論著也。"此語若出談、遷，則自漢興以來同姓王侯，皆不當列表；而自楚元王以下，宗室受封者，亦不當著於世家矣；有是理乎？列者，序列；古書之序，恒與其書别行。褚少孫既云覽觀太史公之列傳，又云求《三王世家》弗能得，則此所謂列傳者，乃諸篇之序録，如今《史記》中之《自叙》，而非如《史記》中之列傳序列行事者也。今《史記》諸篇中系諸太史公之辭，竊疑此類當尚不乏，特無從一一别白；而此篇"太史公曰"以下之辭，其非出於談、遷，則昭然可覩矣。《禮書》、《樂書》既亡，而篇首仍有系諸太史公之語，蓋亦此類。故知張晏之言，必非無據也。知晏之言有據，則知張守節舉《禮書》、《樂書》等非史公元文者，司馬貞舉《建元以來侯者年表》四十五國、《曆書》太始、征和以下，悉以爲褚先生所補者之非矣。

《三國·魏志·王肅傳》載明帝問肅曰："司馬遷以受刑之故，内懷隱切，著《史記》非貶孝武，令人切齒。"對曰："司馬遷記事，不虚美，不隱惡。劉向、揚雄服其善叙事，有良史之才，謂之實録。漢武帝聞其述《史記》，取孝景及己本紀覽之，於是大怒，削而投之。於今此兩紀有録無書。後遭李陵事，遂下遷蠶室。此爲隱切在孝武，而不在於史遷也。"案遷《報任少卿書》，極言所以隱忍苟活，實爲《史記》之未成，則其著書，實在遭李陵事後，而不在其前，安得有武帝因讀本紀隱切，乃下遷蠶室之事？故昔人於肅説，多不之信也。或曰：著書是一事，成書又是一事。遷書之成，在遭李陵事後；其從事論著，當在繼父爲太史之年，安得謂景、武二紀，遭陵事時必無草創乎？此説可通。然古人輕事重言，往往設辭悟主，不必實有其事。孔融之"想當然耳"，是其明證。《魏志》載肅諫疏及李雲不當死、史遷非隱切之對，意固美其直諫，非嘉其博聞。據明帝問，遷著書自在遭陵事後，肅之言似不能據爲事實也。然景、武兩紀，有録無書，則非虚辭，又可見張晏之説之確矣。

原刊《光華大學半月刊》第三卷第六期，一九三五年出版

〔四一六〕　淮南王書無中篇

《漢書·淮南王傳》言其"招致賓客方術之士數千人，作爲《内書》二十一篇，《外書》甚衆；又有《中篇》八卷，言神仙黄白之術，亦二十餘萬言"。"又有"以下十九字，必後人竄入。中即内也，《藝文志·雜家》有《淮南内》二十一篇，即今所傳《淮南王書》；又有《外》三十三篇。王既招致方術之士甚衆，未必無言神仙黄白事者，當在此中，不當别有《中篇》也。《楚元王傳》言宣帝復興神

仙方術之事，而淮南有《枕中》、《鴻寶》、《苑祕》書，書言神仙使鬼物爲金之術，及鄒衍《重道延命方》，世人莫見；而更生父德，武帝時治淮南獄，得其書，更生幼而讀誦，以爲奇，獻之，言黄金可成；上令典尚方鑄作事，費甚多，方不驗，上乃下更生吏。劉奉世曰：德待詔丞相府，年三十餘，始元二年事也。淮南事元朔六年，是時德甫數歲。案《郊祀志》亦言更生獻淮南《枕中》、《洪寶》、《苑祕》之方，而不言其出於德。然則謂其出於德，乃後人附會之語，而孟堅誤采之也。劉向雖信其書，不必信其出於淮南王也。

《藝文志·易》家有《淮南道訓》二篇，《注》云"淮南王安聘明《易》者九人號九師法"，疑即今《淮南王書》中之《原道訓》。《内書》中此二篇專言《易》，餘則不純於儒，故向、歆入之雜家。師古曰：《内篇》論道，《外篇》雜説。以《内篇》爲純論道者，亦非也。

〔四一七〕 讀 論 衡

凡一時代中人，其思想必相類。王仲任《論衡》一書，近人盛稱之，以爲能破斥迷信矣，然其時之人之見解，類於仲任者實不少，讀其書《訂鬼》之篇而可知也。

此書列舉時人論鬼之説，凡得八家：一曰人病則憂懼，憂懼見鬼出。譬之伯樂相馬，顧玩所見，無非馬者；庖丁學解牛三年，不見生牛，所見皆死牛。謂思念存想，自見異物。又謂精念存想，或泄於目，或泄於口，或泄於耳。泄於目，目見其形；泄於耳，耳聞其聲；泄於口，口言其事。是則不徒見鬼者不足信，其耳有所聞，或口言其事者，亦皆非實有其物矣。二曰目光與卧亂。所謂卧者，謂氣倦精盡，妄有所見。立此説者，謂之反照，謂其與夢相似。又謂狂者之見鬼物亦然。三曰鬼者人所見得病之氣。其氣象人形而見。氣皆純於天，天文垂象於上，其氣降而生物。本有象於天，則其降下有形於地，此即《易》在天成象在地成形之説。如此説，則形與氣實爲一物。又謂衆星之體，爲人與鳥獸，故見人與鳥獸之形。案古稱庶民惟星，蓋實謂其降而爲人，讀《庶民惟星》條可知。可見此説實衍古哲學之緒也。四曰鬼者老物之精，亦或未老性能變化。五曰鬼者本生於人，時不成人，變化而去。引顓頊有三子，生而死，去爲疫鬼爲證。故鬼神有形體，能立樹，與人相見，非陰陽浮遊之氣若雲煙者所能爲。六曰鬼者甲乙之神。甲乙者天之别氣，其形象人。庚辛報甲乙，故病人且死，殺鬼之至者爲庚辛之神。何以效之？以甲乙日病者，其死生之期，常在庚辛之日也。七曰鬼者物也，與人無異，常在四邊之外，往來中國，與人雜。天地生物，有人若鳥獸，其生凶物亦有似人象鳥獸者。凶禍之家，或見蜚尸，或見走凶，或見人形，三者皆鬼也。而人或謂之鬼，或謂之凶，或謂之魅，或謂之魑。說螭者謂之龍，魅亦龍類，龍不常見，故鬼亦時見時匿，然皆生存實有，非虛無象之類。引《山海經》鬼門萬鬼所出入，神荼鬱壘主閱領萬鬼，執其惡害者以食虎。謂可食之物無空虛者以明之。八曰鬼在百怪之中，太陽之氣中傷人謂之毒，變化謂之妖。妖怪能象人之形，亦能象人之聲，故言有妖，聲有妖，文有妖。妖象人之形，毒象人之兵，毒中人則死，微者即爲腓。杜伯之厲爲妖，其弓矢則毒也。妖或施其毒不見其體，或見其形不施其毒。見其形不施其毒者，如晉太子申生是，不能爲害。施其毒不見其體，則凡受其害，而不知其由者，皆是也。言有妖，如童謡；聲有妖，如濮水琴聲，紂郊鬼哭；文有妖，爲文書之怪。人含氣亦爲妖，如巫之類；是巫之辭，無所因據，故同於聲氣自立、音聲自變也。又博徵諸事以明之，曰火氣恍惚，故妖象存亡。龍，陽物也，故時變化。鬼時藏時見，故知其爲陽氣。陽色赤，故世人見鬼色盡純朱。案此漢人與今異。蜚凶之類爲火光，止集樹木，枝葉枯死。問妖何以能象人形？則曰：太陽之氣，天氣也，天能生人之體，故能象人之容。問何以時見時隱？則曰：陰氣爲骨肉，陽氣爲精神。人之生也，陰陽氣具。精氣爲知，案《禮運》“體魄則降，知氣在上”之知字如此解。此亦可見當時之立說者多本古哲學。骨肉爲强，合錯相持，故能常見而不滅亡。太陽之氣，盛而無陰，故徒能爲象，不能爲形；一見恍惚，輒復滅亡也。此說爲仲任所取，故其《言毒》篇亦謂毒爲太陽之熱氣，人不堪任。《紀妖》篇論張良遇老父得《太公兵法》事曰：《太公兵法》，氣象之也。氣象生人之形，則亦能象太公之書。亦與此說相符會也。八說自今日觀之，當以第一二說爲較合。然仲任不之取。欲取第一說者，則以第一二說以鬼爲無其物。第三說至第八說則不然。仲任宗旨同於形法之家，凡事必求諸物質，故就後六說中擇其推論最博者而取之也。

立論必據事物。有所據之事物是而推論誤者，亦有所據之事物本不足信者。如第五說謂顓頊之子去爲疫鬼；第六說謂甲乙日病者，死生之期皆在庚辛之日；第七說謂神荼鬱壘閱領萬鬼，執以食虎是也。然誤信事實，亦有仍由推論之不精者：《紀妖》篇論張良得兵法事，設問曰：“氣無刀筆，何以爲文？”而答之曰：“魯惠公夫人仲子，生而有文在其掌，曰爲魯夫人；晉唐叔虞文在其手曰虞；魯成季友文在其手曰友。三文之書，性自然；老父之書，氣自成也。”因謂“太公釣得巨魚，刳魚得書，云吕尚封齊；武王得白魚，喉下文曰以予發，蓋不虛矣。因此復原《河圖》、《洛書》言興衰存亡，帝王際會，審有其文矣。”姑無論此等事之不足信，即以爲可信，而兵法必著於簡策，亦與文在其手、喉下有文者，非同類也。蓋時習以此等事爲實有，故賢者亦有所蔽而不能自拔耳。《言毒》篇謂毒中人若火灼，信有其事矣。曰人或爲蝮所中，割肉置地焦沸，火氣之驗，則未必然也。又曰："他物之氣入人鼻目，不能疾痛。火煙入鼻，鼻疾；入目，目痛；火氣有烈也。""盛夏暴行，暑暍而死，熱極爲毒也。人疾行汗出，對爐汗出，鄉日亦汗出，疾温病者亦汗出，四者異事而皆汗出，困同熱等，火日之變也。"説雖未盡然，所據之事自確。又曰"太陽之地，人民促急，促急之人，口舌爲毒。故楚越之人，促急捷疾，與人談言，口唾射人，則人脤胎腫而爲創。南郡極熱之地，其人祝樹樹枯，唾鳥鳥墜"，則并所據之事而亦不確矣。天下之事物多矣，安能一一目驗？其所依據，必有得之於人者。市三成虎，明者不能盡知其誣，此乃無可如何之事，不宜妄以後人之見議論古人也。此亦一時代中人見解所以相類之故。

唯物之家，視精神亦有其質。《漢書・藝文志》駁形法家之論曰："形與氣相首尾，亦有有其形而無其氣，有其氣而無其形，此精微之獨異也。"此不謂氣非質，特其形不可見耳。仲任之論亦如此。故《論死》篇謂"形須氣而成，氣須形而知"。有形無氣則爲死物，火滅光消而燭在，看似初無所損，然粟米棄出則囊橐無復堅强之形矣，此形須氣之説也。有氣無形則不能成物，譬猶天下無獨然之火，其偶見者，則所謂妖也。人"受命於天，稟氣於元，與物無異"。語見《辨祟》篇。其所以異者，以稟五常之氣。五常之氣，必舍於五藏。故五藏有病，則人荒忽，荒忽則愚癡，此今心理本於生理之説也。氣之生人，猶水之爲冰。冰解爲水，人死復神。人之氣與天地之氣是一非二，正猶盎中之水與盎破後流於地上之水非二，此説恍聞横渠之説，實即《易》所謂"精氣爲物，游魂爲變"爾。游魂之質必極微弱，仲任譬之卵未爲雞時，其質澒溶如水。害人者必以筋力，徒以精氣加人，猶口氣射人之面，雖賁育不能害人。此仲任所以斷定鬼之不能爲害也。以上所引皆見《論死》篇。

人之所以生者精氣，而能爲精氣者血脈，亦見《論死》篇。仲任謂人之壽夭、强弱、知愚、賢不肖，咸視乎其稟賦。《初稟》篇謂王命定於懷妊，猶卵殼孕而雌雄生，日月至而骨節强，强則雄自率將雌，是其義也。《無形》篇謂壽夭由形，形不可變化，命不可減加；譬諸囊貯粟米，損益粟米，囊亦增減。是故天不能增減人之年，猶之人不能損益苞瓜之汁，令其形如故也。儒家三命之説：曰正命，謂稟吉而得吉者也；曰隨命，行善而得善，行惡而得惡者也；曰遭命，行善得惡者也。仲任駁之，别立三命三性之説：以至百而死者爲正命，五十而死者爲隨命，初稟氣時遭凶惡者爲遭命，稟五常之性者爲正性，隨父母之性者爲隨性，遭得惡物象之者爲遭性。必别立新説者，所以破命隨操行而至之説。《命義》篇所謂“操行善惡者性也，禍福吉凶者命也”。所以必攻命隨操行而至之説者，則以遇不遇無關於才不才，累害自外不由内也。此義《逢遇》、《累害》二篇明之。此等議論，每爲迂儒好談勸戒者所深訾；然賢不肖渾淆，使賢者蒙不白之冤，而不肖者獲不虞之譽，不可也。治亂在時不在行，觀《治期》篇所論可知。世俗不知，則使明知之主虚受其責矣。又不獨此也，論罪者貴略跡而原心，賢賢者獨不當如此乎？《定賢》篇立觀善心之義曰：有善心，雖貧賤困窮功不成而效不立猶爲賢。又曰：治不謀功，要所用者是；行不責效，期所爲者正。此則不徒一洗成敗論人之見，亦且暗契董生“正其誼不謀其利，明其道不計其功”之説矣。其論命義之説，謂命不可勉，時不可力，知者歸之於天，故坦蕩恬忽。此亦儒家無入不自得之義也。故真見是非未有不有裨於道德者，問佞人何以不爲賢，曰：夫佞與賢者同材，佞以情自敗；偷盜與田商同知，盜以欲自劾也。《答佞》篇。此豈徒持福善禍淫之空論所能範圍驅策哉？

性與命之别，性以知德言，命以體格言。《命義》篇所謂死生壽夭之命，《氣壽》篇所謂强弱壽夭之命皆命；《命義》篇所謂貴賤貧富之命則性也。此皆原於稟賦。其繫於遭逢者，則仲任不謂之命，謂之禄，謂之遭遇，謂之幸偶。禄者，今人所謂命運，仲任謂之盛衰興廢；如國君或生於國家鼎盛之時，或生於國勢衰頹之日；人或生於鐘鳴鼎食之家，或爲蓽門圭竇之子是也。遭遇者，謂遇非常之變，歷陽之都一夕沈而爲湖，長平之阬四十萬同時死其事，《氣壽》、《刺孟》兩篇所謂所當觸值之命。幸偶者，一人之遭遇，遭禍福爲幸不幸，觸賞罰爲偶不偶，蓋以自然之利害，或雖人所爲而出於無意者爲禍福，人有意加諸吾者爲賞罰也。合此四者，而人所遭之幸不幸定焉。四者或俱善，或俱惡，其或善或惡者，則視其力之大小以定吉凶，如所謂國命勝人命，壽命勝禄命是也。其意義自較三命舊説爲周帀。仲任論命之説，通觀《命禄》、《氣壽》、《幸偶》、《命義》、《無形》、《偶會》、《骨相》、《初稟》諸篇。

《齊世》一篇力闢古勝於今之説，《宣漢》、《恢國》、《驗符》、《須頌》力言今勝於古，看似無意義，然法家之所以不法古始，則正自此義來也。今能覈實與否，於自然現象與社會現象同。覈實於自然現象者，形法之家也；覈實於社會現象者，名法之家也。仲任宗旨於此最近。

然社會現象殆不可與自然現象等量而齊觀者，自然現象今古殆少變更，社會現象則不然矣。《齊世》篇闢上世之人侗長佼好堅强老壽之説，謂天不變易，氣不改更，俱稟元氣，形體何故不同？是矣。然古人沖愉恬淡，又少傳染之病，易於老壽；後世反是，則事之不可誣者也。而仲任亦不謂然，則傎矣。仲任又謂人生一世，壽至百歲；生爲十歲兒時，所見地上之物，生死改易者多，至於百歲所見諸物，無以異也。百歲之間，足以卜筮，此其致誤之由也。

迷信之家，視神如人，謂萬事皆神爲之，而其所謂神爲之者，則猶之人之爲之也。此固繆妄可笑。歸諸自然是矣。觀《論衡》，綜覈名實之法，近於法家。所得結論，近於道家。《譴告》篇謂黄、老二家論説天道得其實矣，《自然》篇謂説合於人事，不入於道德，從道不從事，雖違儒家之説，合黄、老之義也。可見其宗旨所在。然舉理之不可通者，亦槩以自然説之，則大開方便之門，亦一弱點也。仲任等皆未免此病。

仲任等之解釋鬼妖，雖未能將世俗之迷信根本否認，然卒能下“國將亡，妖見，其亡，非妖也；人將死，鬼來，其死，非鬼也；亡國者，兵也；殺人者，病也”之結論。則於死亡之原因，辨之甚覈。對於摧破迷信，已大有功。大抵仲任論事，最致謹於因果之關係，其《偶會》篇曰：“世謂秋氣擊殺穀草，此言失實。夫物以春生夏長，秋而熟老，適自枯死，陰氣適盛，與之會遇。何以驗之？物有秋不死者，生性未極也。人生百歲而終，物生一歲而死，死謂陰氣殺之，人終觸何氣而亡？夜月光盡，不可以作，人力亦倦，欲壹休息；晝日光明，人卧亦覺，力亦復足。非天以日作之，以夜息之也，作與日相應，息與夜相得也。”

〔四一八〕 大人見臨洮

秦大人見臨洮，漢人以爲災異，引之以説長狄；然《漢書・陳勝項籍傳注》引《三輔黄圖》言金人之銘曰：“皇帝二十六年，初兼天下，改諸侯爲郡縣，一法律，同度量，大人來見臨洮，其長五丈，足跡六尺。”則當時實以爲祥瑞也。

〔四一九〕 論漢人行序之説

《後漢書・皇甫嵩傳》，謂張角譌言“蒼天已死，黄天當立”。案以相生之序言之，當云赤天已死；以相勝之序言之，當云白天已死。以黄代蒼，五行家無此説也。疑角本云赤天已死，當時奏報者諱之，乃改爲蒼天。《靈帝紀》云：角自稱黄天。其部師三十六萬皆著黄巾。《續漢書・五行志注》引《物理論》曰：黄巾被服純黄，不將尺兵，肩長衣，翔行舒步，所至郡縣無不從。

五德終始，説出鄒子。其遺文不可得見。惟《文選》沈休文《齊故安陸昭王碑》李善注引《鄒子》曰：五德從所不勝，虞土、夏木、殷金、周火。左思《魏都賦》注引《七略》，亦曰鄒子終始五德，從所不勝，土德爲始，木德繼之，金德次之，火德次之，水德次之。其説當有所本。《吕覽・應同》，以黄帝爲土德，禹爲木德，湯爲金德，文王爲火德。《淮南・齊俗》，言有虞氏祀中霤，服尚黄；夏后氏祀户，服尚青；殷人祀門，服尚白；周人祀竈，服尚赤。《史記・封禪書》曰："秦始皇既并天下而帝，或曰：黄帝得土德，黄龍地螾見；夏得木德，青龍止於郊，草木暢茂；殷得金德，銀自山溢；周得火德，有赤烏之符。今秦變周，水德之時。昔秦文公出獵，獲黑龍，此其水德之瑞。"皆鄒子之説也。其後賈誼、公孫臣、兒寬、司馬遷皆仍之。至劉向父子乃一變，見下。而王莽行焉，光武因之。自此以後，公孫述引《援神契》曰：西太守，乙卯金。謂西方太守而乙絶卯金也。五德之運，黄承赤而白繼黄，金據西方爲白德，而代王氏，得其正序。《後漢書・公孫述傳》。李雲憂國將危，心不能忍，乃露布上書，移副三府，曰：高祖受命，至今三百六十四歲，君期一周，當有黄精代見，姓陳、項、虞、田、許氏，不可令此人居太尉、太傅典兵之官。《李雲傳》。耿包密白袁紹曰：赤德衰盡，袁爲黄胤，宜順天意。《袁紹傳》。袁術以袁氏出陳，爲舜後，以黄代赤，德運之次，遂有僭逆之謀。《袁術傳》。熹平末，黄龍見譙，橋玄問單颺：此何祥也？颺曰：其國當有王者興，不及五十年，龍當復見，此其應也。魏郡人殷登密記之。至建安二十五年春，黄龍復見譙，其冬，魏受禪。見《後漢書・方術・單颺傳》。案亦見《三國・魏文帝紀》。皆相生之説也。即草澤之夫，亦以是爲號召，桓帝建和二年，長平陳景自號"黄帝子"是也。《桓帝紀》。此從監本。宋本黄作皇。案皇、黄古通。後漢之世，學士論行序，仍主相勝之説者，惟一王充；見《論衡・驗符》篇。草澤舉兵，仍以舊説號召者，惟沖帝永嘉元年，歷陽賊華孟自稱"黑帝"耳。見《本紀》，亦見《滕撫傳》。然則後漢之世，相生之説，遠勝於相勝。光武政事多反王莽，惟行序之説仍之者，亦取其爲衆所共喻也。張角乃不學無術之徒，胥動浮言，不遇意圖扇惑，安得更有新説？故知張角"蒼天已死"之蒼，必本作赤而爲漢人所改也。

易相勝爲相生，説雖成於劉向，而實始於甘忠可。王莽稱假皇帝之奏，引哀帝建平二年改元易號之事，曰"案其本事，甘忠可、夏賀良讖書臧蘭臺"，《漢書・王莽傳》。而其增益漏刻，亦與賀良等同，其證也。哀帝號陳聖劉太平皇帝，陳即田，田即土，蓋謂帝雖姓劉，所行者實土德耳。劉向父子絶忠可、賀良之説，而其行序之説，顧與之同，亦可見忠可、賀良之説，非無足取矣。案《史記・封禪書》曰"秦襄公既侯，居西垂，自以主少昊之神，作西畤，祠白帝"，其後"櫟陽雨金,秦獻公自以爲得金瑞,故作畦畤櫟陽,而祀白帝";此乃傅會之辭。漢高祖二年,"東擊項籍而還入關,問故秦時上帝祠何帝也?對曰:四帝,有白、青、黄、赤帝之祠。高祖曰:吾聞天有五帝,而有四,何也?莫知其説。於是高祖曰:吾知之矣,乃待我而具五也。乃立黑帝祠,命曰北畤。"高帝時尚莫知祠不具五之説,而謂秦當襄獻時,已自以爲金運,其説寧可信乎?《封禪書》又曰:"自齊威宣之時,騶子之徒論著終始五德之運,及秦帝而齊人奏之,故始皇采用之。"則五德終始之説,實來自東方;秦自吕不韋集賓客著書以前,固當無所知也。忠可齊人,然則五德相生相勝之説,皆起於東方矣。

《史記·孟荀列傳》言鄒衍,"深觀陰陽消息,而作怪迂之變,《終始》、《大聖》之篇十餘萬言。其語閎大不經,必先驗小物,推而大之,至於無垠。先序今以上至黄帝,學者所共術,大并世盛衰,因載其禨祥度制,推而遠之,至天地未生,窈冥不可考而原也。"《吕覽》言五德始於黄帝,實爲説出鄒子之徵。以此推之,則顓頊木,帝嚳金,堯火,而虞爲土德,中闕水德。豈鄒子之説,五帝同德,至夏乃以木代土邪?或曰:《漢書·律曆志》曰:"祭典曰:共工氏伯九域。言雖有水德,在火木之間,非其序也。任知刑以强,故伯而不王。秦以水德,在周漢木火之間。周人遷其行序,故《易》不載。"然《周書·史記》言共工自賢,唐氏亡之。《淮南·本經》曰:"共工振滔洪水以薄空桑。舜乃使禹疏三江五湖,闢伊闕,道廛澗。"《荀子·議兵》曰:"禹伐共工。"《戰國·秦策》載蘇秦之言同。《成相》曰:"禹有功,抑下鴻,辟除民害逐共工。"禹治水在舜攝政時,此即《書》所謂舜流共工於幽州,亦即《周書》所謂唐氏亡之也。然則唐虞之間,實有一共工其人。《管子·揆度》曰:"共工之王,水處十之七,陸處十之三,乘天勢以隘制天下。"知以共工爲伯而不王,説實始於向、歆。《漢志》所引祭典,今見《禮記·祭法》、《國語·魯語》,蓋皆向、歆之説既出後改定之文,非古文如此也。此説亦可通。若如此説,則古帝王相承之序,與《大戴記·五帝德》及《史記·五帝本紀》不合。予因之有疑焉。《太史公自序》曰:"卒述陶唐以來,至於麟止,自黄帝始。"既曰陶唐以來,又曰自黄帝始,未免自相矛盾。《五帝本紀贊》文義支離,其經後人竄改,殆無疑義,然其中當頗有元文。《贊》曰:"學者多稱五帝,尚矣。然《尚書》獨載堯以來;而百家言黄帝,其文不雅馴,薦紳先生難言之。孔子所傳《宰予問五帝德》及《帝繫姓》,儒者或不傳。"此數語當係史遷元文。疑遷書本紀第一篇不稱五帝,始自陶唐,後人以《五帝德》之文附益之,乃并其名而易之也。抑《大戴記》無傳授,先儒多不之信,又安知非向、歆之説既行後,或人加以竄易者邪?王莽下書曰:"夫三皇象春,五帝象夏，三王象秋，五伯象冬。皇王，德運也；伯者，繼空續乏以成曆數，故其道駁。”《王莽傳》。此説尚未擯霸者使不得列於行序，然已啓其端。更進一步，即可替共工而以舜承堯，閏嬴秦而以漢繼周矣。可見向、歆之説，亦自甘忠可、夏賀良以來，逐漸增改而成者也。《漢書·藝文志·諸子略·陰陽家》，有《鄒子終始》五十六篇，當即《史記》所謂《終始》之篇。其《大聖》篇則不可知矣。《史記·孝文本紀》言公孫臣上書，陳終始五德事。《漢書·律曆志》言丞相屬寶、長安單安國、安陵桮育治《終始》，蓋皆治鄒子之學者。褚先生補《三代世表》曰：“《黄帝終始傳》曰：漢興百有餘年，有人不短不長，出白燕之鄉，持天下之政。時有嬰兒主，卻行車。臣爲郎時，與方士考功會旗亭下，爲臣言。”方士説雖怪妄，亦附會鄒子之書，知鄒子之學在西京流布甚廣也。

《漢書·郊祀志贊》曰：“漢興之初，庶事草創，惟一叔孫生略定朝廷之儀。若乃正朔、服色、郊望之事，數世猶未章焉。至於孝文，始以夏郊。而張蒼據水德，公孫臣、賈誼更以爲土德，卒不能明。孝武之世，文章爲盛。太初改制，而兒寬、司馬遷等，猶從臣、誼之言，服色數度，遂順黄德。彼以五德之傳從所不勝，秦在水德，故謂漢據土而克之。劉向父子以爲帝出於震，故包羲氏始受木德，其後以母傳子，終而復始，自神農、黄帝下歷唐、虞、三代，而漢得火焉。故高祖始起，神母夜號，著赤帝之符，旗章遂赤，自得天統矣。昔共工氏以水德間於木火，與秦同運，非其次序，故皆不永。”《高帝紀贊》曰：“劉向云戰國時劉氏自秦獲於魏。秦滅魏，遷大梁，都於豐。故周市説雍齒曰：豐，故梁徙也。是以頌高祖云：漢帝本系，出自唐帝。降及於周，在秦作劉。涉魏而東，遂爲豐公。”此可見以共工與秦爲不當行序，漢爲火德，系出唐堯，説實成於向、歆。《眭弘傳》弘謂“漢家堯後”，疑其文出後人，非弘本語。

《史記·高祖本紀》：高祖夜經豐西澤中，拔劍擊斬蛇。“後人來至蛇所，有一老嫗夜哭。人問何哭？嫗曰：人殺吾子，故哭之。人曰：嫗子何爲見殺？嫗曰：吾子，白帝子也，化爲蛇，當道，今爲赤帝子斬之，故哭。”又云：高祖立爲沛公，“祠黄帝，祭蚩尤於沛庭，而釁鼓。旗幟皆赤，由所殺蛇白帝子，殺者赤帝子，故上赤。”此中“由所殺蛇白帝子”以下十五字，決爲後人增竄。其餘爲史公元文與否未敢定。然即有此説，亦係尋常謡言，未必與行序有關也。應劭説此，謂秦祠白帝爲金德，而漢以火德滅之，於行序之説可通。《索隱》引《春秋合誠圖》曰：“水神哭，子褒敗。”“宋均以爲高祖斬白蛇而神母哭，則此母水精也。”則以秦爲水德。聞水克火，不聞火克水，於理爲不可通矣。劉向父子於此未能彌縫，亦一闕失也。

《高祖紀》又曰："其先劉媪嘗息大澤之陂，夢與神遇。是時雷電晦冥，太公往視，則見交龍於其上。"但云交龍而已，不言爲何色。夏賀良言赤精子之讖。應劭曰高祖感赤龍而生，自謂赤帝之精，賀良等因是作此讖文，始以龍爲赤色，與行序有關，此亦後來所增益也。然亦可見向、歆之説，實與賀良等同。

原刊《群雅月刊》第一集第一卷，一九四〇年四月一日出版

〔四二〇〕竇　　公

《漢書・藝文志》："六國之君，魏文侯最爲好古，孝文時，得其樂人竇公。"《注》引桓譚《新論》云："竇公年百八十歲，兩目皆盲，文帝奇之，問曰：何因至此？對曰：臣年十三失明，父母哀其不及衆技，教鼓琴，臣導引無所服餌。"案此神仙家之妄託也。竇公之傳出於魏文侯之樂人，非身事魏文侯；猶扁鵲上治虢太子，下逮趙簡子、齊桓侯，同蒙扁鵲之號，實非一人也。故曰"或在齊，或在趙"。自魏文侯至漢文帝，亦不止百八十歲，神仙家之技，故止於此。

〔四二一〕禁巫祠道中

《漢書・武帝紀》："天漢二年，秋，止禁巫祠道中者。"《注》：文穎曰："始漢家於道中祠，排禍咎，移之於行人百姓，以其不經，今止之也。"師古曰："文説非也。祕祝移過，文帝久已除之。今此總禁百姓巫覡於道中祠祭者耳。"案漢家若無此事，文穎豈得妄説？則師古之言非也，此與祕祝移過，并非一事。祕祝移過，蓋如熒惑守心，而子韋欲移諸相，移諸民，移諸歲；赤雲夾日飛，而周太史謂可移諸將相之類。使宋景、楚昭聽之，官司必有職其事者，非行諸道中者也。禮以正俗，然人心未變，則有仍棄禮而徇俗者。《王嘉傳》：嘉奏封事言："董賢母病，長安廚給祠具，道中過者皆飲食。"如淳曰："禱於道中，故行人皆得飲食。"此即所謂巫祠道中者。幸相行之，安保皇室之不出此乎？《潛夫論・巫列》篇曰："人有爵位，鬼神有尊卑。巫覡之語，小人所畏；及民間繕治，微蔑小禁；本非天王所當憚。舊時京師，不防動功，造禁以來，吉祥應瑞，子孫昌熾，不能過前。且以君畏臣，以上需下，則必示弱而取陵，殆非致福之招也。"然則漢世祠祭禁忌，同於民間習俗者多矣，又安必巫祠道中之獨不然乎？故知文穎之言，必有所據也。

〔四二二〕 賽與塞

《後漢書·宦者傳》:“先是瑀等陰於明堂中禱皇天曰:竇氏無道,請皇天輔皇帝誅之,令事必成,天下得寧。既誅武等,詔令大官給塞具。”《注》:“塞,報祠也。音蘇代反。字當爲賽,通用。”案此乃塞字之長短言耳。

〔四二三〕 黄老君

道家之學,與神仙家之言,相去亦遠矣,而後世并爲一談,何也?曰:道家之學,託諸黄帝,而老子傳之,世遂以黄、老并稱,方士崇奉黄帝,耳熟黄、老之名,遂自附於老子耳。

曷言乎道家之學,託諸黄帝,而老子傳之也?案《老子書》辭義最古;全書皆三四言韻語,一也。間有散句,乃後來所加。書中但有牝牡雌雄字,無男女字,稱名特異,二也。全書之義,女權皆優於男權,三也。此必非東周後人所能爲,蓋自古相傳之辭,至老子乃著之竹帛者耳。其辭出於誰某不可知,然必託之黄帝,故漢人恒以黄、老并稱。今《列子書·天瑞》篇引《黄帝書》二條,黄帝之言一條,《力命》篇亦引《黄帝書》一條。《天瑞》篇所引,有一條與《老子書》同,其餘亦極相類。《列子》雖僞物,亦多采摭古籍而成,非盡僞造也。故知道家言必自古即託之黄帝者也。

曷言乎方士耳熟黄、老之名,遂自附於老子也?《三國志·張魯傳注》引《典略》,謂張脩使人爲姦令祭酒,主以《老子》五千文,使都習。夫張脩之道與老子何涉?此誠令人大惑不解者也。讀《後漢書》之《桓帝紀》,乃恍然矣。《紀》云:延熹八年正月,遣中常侍左悺之苦縣祠老子。十一月,使中常侍管霸之苦縣祠老子。九年七月,祠黄、老於濯龍宫。《論》曰:前史稱桓帝好音樂,善鼓琴,飾芳林而考濯龍之宫,設華蓋以祠浮屠、老子,斯將所謂聽於神者乎?注:前史,謂《東觀記》也。《襄楷傳》:楷上疏曰:聞宫中立黄、老、浮屠之祠。此道清虚,貴尚無爲;好生惡殺,省欲去奢。今陛下嗜欲不去,殺罰過理,既乖其道,豈獲其祚哉?或言老子入夷狄爲浮屠;浮屠不三宿桑下,不欲久生恩愛,精之至也;天神遺以好女,浮屠曰:此但革囊盛血,遂不眄之。其守一如此,乃能成道。今陛下淫女豔婦,極天下之麗;甘肥飲美,單天下之味;奈何欲如黄、老乎?又《楚王英傳》:晚節更喜黄、老學,爲浮屠齊戒祭祀。永平八年,詔令天下死罪皆入縑贖。英遣郎中令奉黄縑白紈各三十匹詣國相，國相以聞。詔報曰：楚王誦黄、老之微言，尚浮屠之仁慈。潔齊三月，與神爲誓。何嫌何疑，當有悔吝？其還贖，以助伊蒲塞、桑門之盛饌。然則是時，黄、老、浮屠，轇葛不清舊矣。然《續漢書·祭祀志》曰："桓帝即位十八年，好神仙事。延熹八年，初使中常侍之陳國苦縣祠老子。九年，親祠老子於濯龍。文罽爲壇飾，淳金釦器，華蓋之坐，用郊天樂也。"此與《後漢書》所紀同，而濯龍之祠，《紀》言黄、老，《志》但言老子，則除苦縣爲老子鄉里，故特祠之之外，《三國·魏志·倉慈傳注》曰："案《孔氏譜》：孔乂字元儁，孔子之後。曾祖疇，字元矩，陳相。漢桓帝立老子廟於苦縣之賴鄉，畫孔子像於壁；疇爲陳相，立孔子碑於像前，今見存。"疑老子廟成於延熹八年，故特祠之也。其餘皆當兼祠黄、老。八年一年之中，而遣祠老子者再，則其祠黄帝必甚數，必不止九年一祭。史特記九年之祭者，以其禮獨隆耳。《東觀記》考濯龍與祠老子對舉，則濯龍之祠，所重當在黄帝。其因黄帝而牽及老子之跡，猶隱然可見也。《三國·魏志·武帝紀》：建安二十五年，王崩於洛陽。《注》引《世語》曰：太祖自漢中至洛陽，起建始殿，伐濯龍祠而樹血出。《曹瞞傳》曰：王使工蘇越徙美梨。掘之，根傷，盡出血。越白狀，王躬自視而惡之，以爲不祥，還，遂寢疾。則濯龍實爲妖妄之府，至漢末，猶有此等妖言也。黄帝無書，而老子有五千文，故張脩使其下習之耳。其取五千文，蓋特取其爲老子之書，而非取其書中之義。抑其所取者，亦方士神巫之所謂老子，非道術之士之所謂老子也。《後漢書·逸民傳》曰：矯慎，少學黄、老，隱遁山谷，仰慕松、喬道引之術。汝南吴蒼遺書曰：蓋聞黄、老之言，乘虚入冥，藏身遠遁。亦有理國養人，施於爲政。至如登山絶跡，神不著其證，人不覩其驗。吾欲先生，從其可者，於意何如？此道術之士，隱遁之流，神仙之家，并自託於老子之證。仲長統《卜居論》曰："安神閨房，思老氏之玄虚；呼吸精和，求至人之彷彿。"亦以老子與神仙家并稱。漢世方士，雖多以飛昇遐舉爲言，然其道實雜而多端。言登山絶跡者可以自託於老子，固不能禁祠祭巫鬼者不之託。抑言他道者可自黄帝而及老子，又不能禁祠祭巫鬼者不因此而及彼也。此黄、老所由以道術之名，一變而爲神巫方士之祖也。

《後漢書·陳愍王寵傳》：景平二年，國相師遷，追奏前相魏愔，與寵共祭天神，希冀非幸，罪至不道。檻車傳送愔、遷詣北寺詔獄。愔辭，與王共祭黄老君，求長生福而已，無他冀幸。劉攽《刊誤》曰：黄老君不成文，當云黄帝、老君。《刊誤補遺》曰：《真誥》云：大洞之道，至精至妙，是守素真人之經。昔中央黄老君祕此經，世不知也。則道家又自有黄老君。《真誥》未必可信，中央黄老君似指天神言之，正合遷之所奏。然遷以誣告獲罪，足徵愔與愍王所祭，實非《真誥》所云。云求長生福，所祀者蓋亦方士所謂黄、老也。黄老君固不成文，增一帝字，黄帝二字，則成文矣，老君何人乎？蓋方士之譾陋者，初不問黄、老爲誰，貿然於其下加一君字耳。史言黄、老道者甚多，乍觀之固似成文，然果以黄爲黄帝，老爲老子，其道又豈可奉祀者邪？

《後漢書·循吏傳》云：延熹中，桓帝事黄、老道，悉毁諸房祀。惟特詔密縣存故太傅卓茂廟，洛陽留王涣祠焉。又《欒巴傳》云：好道。再遷豫章太守。郡土多山川鬼怪，小人嘗破資産以祈禱。巴素有道術，能役鬼神。乃悉毁諸房祀，翦理姦誣。於是妖異自消。百姓始頗爲懼，終皆安之。《三國·魏志·武帝紀注》引《魏書》，言太祖擊黄巾時，黄巾移之書曰：昔在濟南，毁壞神壇，其道乃與中黄大乙同，似若知道，今更迷惑。《後漢書·皇甫嵩傳》言張角奉事黄、老道，則角與桓帝，所事正同，即欒巴之所好，恐亦不外乎此也。《三國志·張魯傳》言魯以鬼道教民，大都與黄巾相似。魯之治，頗留意於人民生計，豈倡此道者以淫祀無福，妄耗民財，思有以革除之，乃爲是以毒攻毒之計與？然桓帝則必非能知此義者也。

觀於桓帝、欒巴、楚王、陳王、張角、張魯等所奉，而後漢之世所謂黄、老者可知已。然竊疑其猶不始此。《史記·儒林傳》曰：孝景不任儒者，而竇太后又好黄、老之術，故諸博士具官待問，未有進者。《魏其武安侯列傳》言：太后好黄、老之言，而魏其、武安、趙綰、王臧等務隆推儒術，貶道家言，是以竇太后滋不説魏其等。竇太后多與政事，助梁王以謀繼嗣，絶非知足知止之人。《儒林傳》又曰："竇太后好《老子書》，召轅固生問《老子書》。固曰：此是家人言耳。太后怒曰：安得司空城旦書乎？乃使固入圈刺豕。景帝知太后怒而固直言無罪，乃假固利兵；下圈刺豕，正中其心，一刺，豕應手而倒。太后默然，無以復罪，罷之。"太后所問，果爲今《老子書》，固雖不好道，豈得目爲家人言？疑太后所問《老子書》，亦有巫鬼之辭，羼雜其中矣。怒而使之刺豕，理亦殊不可解。豈其所謂家人言者，有刺豕之戒，而固不之信，乃以是困之與？然則《老子書》之爲人所附會也舊矣。

《後漢書·獨行傳》云："向詡，性卓詭不倫。恒讀《老子》，狀如學道；又似狂生，好被髮著絳綃頭。徵拜侍中。會張角作亂，詡上便宜，頗譏刺左右，不欲國家興兵；但遣將於河上北向讀《孝經》，賊自當消滅。中常侍張讓讒詡：不欲令國家命將出師，疑與角同心，欲爲内應。收送黄門北寺獄，殺之。"案《三國·吴志·孫策傳注》引《江表傳》，言策欲殺于吉，諸將連名陳乞。策曰："昔南陽張津爲交州刺史，舍前聖典訓，廢漢家法律，嘗著絳帕頭，鼓琴燒香，讀邪俗道書，云以助化，卒爲南夷所殺。此甚無益，諸君但未悟耳。"《注》考桓王前亡，張津後死，謂策以此曉譬諸將，自不可信。然特託之於策爲誣，述張津事必非虚語。詡好著絳綃頭，津則著絳帕頭；詡欲讀《孝經》以滅賊，津則讀道書以助化，其所爲亦頗相類。抑張角譌言蒼天已死，黄天當立，無論從相生相勝之説，黄皆不得代蒼，蓋本言赤天已死，漢人奏報諱之，乃改赤爲蒼。《靈帝紀》曰："巨鹿人張角自稱黄天，其部師三十六萬，皆著黄巾。"《續漢書・五行志注》引《物理論》曰："黄巾被服純黄，不將尺兵，肩長衣，翔行舒步，所至郡縣無不從。"夫其著黄巾者，以黄天既立也。然則向詡著絳綃頭，張津著絳帕頭者，漢行猶未改也。角之起也，殺人以祠天，亦見《皇甫嵩傳》。此東夷用人之舊，而被髪亦東夷之俗。然則張讓疑向詡與角同心，不爲無因。謂其欲爲角内應固誣，而詡所好之道，是否即張角所事之黄、老道，則殊難斷其不然矣。又《三國・魏志・管寧傳注》引《魏略》曰："寒貧者，本姓石，字德林，安定人也。建安初，客三輔。是時長安有宿儒欒文博者，門徒數千，德林亦就學，始精《詩》、《書》。後好内事，於衆輩中最玄默。至十六年，關中亂，南入漢中。不治産業，不畜妻孥，常讀《老子》五千文及諸内書，晝夜吟詠。"此人所信何道，亦殊可疑，而與向詡皆常讀《老子》，此又老子爲邪教牽引之一證矣。

《論衡・道虚》篇曰："世或以老子之道，爲可以度世。恬淡無欲，養精愛氣。夫人以精神爲壽命，精神不傷，則壽命長而不死。老子行之，踰百，度世爲真人矣。"此亦神仙家附會老子之一證。

〔四二四〕　黄老、老莊、老易

漢代雖儒學專行，然諸子之學傳授仍不絶，其中道家之學尤盛。老莊雖同隸道家，其宗旨實不同，老子之學，主於以柔克剛，仍是鬭争求勝之術。莊子則觀大化之無常，齊是非，泯欣厭，委心任運而已。《漢志》道家闡發老子者，有鄰氏、傅氏、徐氏、劉向四家，闡發莊周者無一焉。前條所引列傳中治道家之學者，亦僅嚴君平云，依老子嚴周之旨著書，班嗣云：貴老嚴之術，其報桓生書，亦盛稱嚴子耳。知其時莊周之説，遠不如老子之盛也。然老氏之學，實無隱居自樂之意，莊生則有之。前條所引治黄老諸家，多有自甘隱遁者，恐未嘗不兼取莊周也。此已開晉代風氣之先矣。

以老子之言，與其謂近於莊，無寧謂近於易，故玄學諸家多以老易并稱，范升向長皆兼治老易，亦魏晉之先河也。

《三國志・秦宓傳》古樸曰：嚴君平見黄老，作《指歸》，《指歸》蓋君平所著書名。

〔四二五〕 讀漢書札記一

天下事無可全欺人者。人之必死，衆目所共見也。以不死誑人，其術拙矣。然時人信之甚篤，蓋亦有由。淫祀之廢也，成帝以問劉向。向言："陳寶祠自秦文公至今七百餘歲矣，漢興世世常來。光色赤黄，長四五丈，直祠而息，音聲砰隱，野雞皆雊。每見雍太祝祠以太牢，遣候者乘乘傳馳詣行在所，以爲福祥。高祖時五來，文帝二十六來，武帝七十五來，宣帝二十五來，初元元年以來亦二十來。"此衆目昭見之事，非可虚誑。蓋自然之象，爲淺知者所不能解，乃附會爲神怪。其説誣，其象則不虚也。神仙之説，蓋因海上蜃氣而起，故有登遐倒景諸説，而其所謂三神山者，必在海中，而方士亦必起於燕、齊耳。

《史記・封禪書》曰："三神山者，其傳在勃海中，去人不遠。患且至，則船風引而去。蓋嘗有至者，諸仙人及不死之藥皆在焉。其物禽獸盡白，而黄金銀爲宫闕。未至，望之如雲。及到，三神山反居水下。臨之，風輒引去，終莫能至云。"《漢書・郊祀志》：谷永述當時言神仙者之説，謂能"遥同遥。興輕遐舉，登遐倒景，覽觀縣圃，浮游蓬萊"。司馬相如《大人賦》曰："世有大人兮，在於中州。宅彌萬里兮，曾不足以少留。悲世俗之迫隘兮，朅輕舉而遠遊。垂絳幡之素蜺兮，載雲氣而上浮。"皆可見神仙之説初興，由蜃氣附會之跡。

神仙家之説，不外四端：一曰求神仙，二曰練奇藥，三曰導引，四曰御女。練藥，導引，御女，皆與醫藥相關。《漢志》神仙家，與醫經，經方，房中同列方技，蓋由於此。然奇藥不必自練，亦可求之於神仙。《史記・封禪書》：三神山嘗有至者，諸仙人及不死之藥皆在焉；又謂始皇"南至湘山，遂登會稽，并海上，冀遇海中三神山之奇藥"是也。《史記・淮南王傳》：伍被言：秦使徐福入海。"還爲僞辭曰：臣見海中大神，言曰：汝西王之使邪？臣答曰：然。汝何求？曰：願請延年益壽藥。神曰：汝秦王之禮薄，得觀而不得取。"尤顯而可見。此與自行練藥者，蓋各爲一派。

服食與練藥，又有不同。練藥必有待於練，服食則自然之物也。《後漢書注》引《漢武内傳》，謂封君達初服黄連五十餘年，郤儉多食茯苓，魏武能餌野葛是也。《華佗傳》云："樊阿從佗求方可服食益於人者，佗授以漆葉青黏散。"《注》引《佗别傳》曰："本出於迷入山者，見仙人服之，以告佗。"此神仙家言與醫家相出入者。

導引之術，亦由來甚久。《莊子》已有熊經鳥申之言。《漢書·王吉傳》吉諫昌邑王遊獵曰："休則俯仰屈申以利形，進退步趨以實下，吸新吐故以練臧，專意積精以適神，於以養生，豈不長哉！"王褒《聖主得賢臣頌》曰："何必偃仰屈信若彭祖，呴噓呼吸如喬松。"崔實《政論》曰："夫熊經鳥伸，雖延歷之術，非傷寒之理；呼吸吐納，雖度紀之道，非續骨之膏。"仲長統《卜居論》曰："呼吸精和，求至人之方佛。"皆導引之術也。《華佗傳》："佗語吳普曰：古之仙者爲導引之事，熊經鴟顧，引挽要體，動諸關節，以求難老。吾有一術，名五禽之戲：一曰虎，二曰鹿，三曰熊，四曰猨，五曰鳥，亦以除疾，兼利蹏足，以當導引。"則導引又醫家及神仙家之所共也。

《後漢書》言普行五禽之法，年九十餘，耳目聰明，齒牙完堅，此行規則運動之效，首見於史者。注引《佗别傳》曰："普從佗學，微得其方。魏明帝呼之，使爲禽戲，普以年老，手足不能相及，麤以其法語諸醫。普今年將九十，耳不聾，目不冥，牙齒完堅，飲食無損。"云手足不能相及，蓋其戲即今所傳《八段錦》中所謂"兩手攀足固腎要"者。《後書注》曰："熊經，若熊之攀枝自懸也。鴟顧，身不動而回顧也。"云若攀枝自懸，則未必真有物可攀，亦不必其真自懸。竊疑《八段錦》中所謂"兩手托天理三焦"，即古所謂熊經者。身不動而回顧，其爲《八段錦》中之"五勞七傷望後瞧"，無疑義矣。《後漢書》又云："泠壽光行容成公御婦人法，常屈頸鷮息，鬚髮盡白，而色理如三四十時。王真年且百歲，視之面有光澤，似未五十者。自云：周流登五岳名山；悉能行胎息、胎食之方。漱舌下泉咽之。不絶房室。注引《漢武内傳》："王真習閉氣而吞之，名曰胎息。習漱舌下泉而咽之，名曰胎食。真行之，斷穀二百餘日，肉色光美，力并數人。"又引《抱朴子》曰："胎息者，能不以鼻口噓翕，如在胎之中。"孟節能含棗核不食，可至五年十年。又能結氣不息，狀若死人，可至百日半年。"胎食、胎息，即今所謂吞津及河車般運之術。静之至，自可不食較久。二百餘日或有之，云五年十年，則欺人之談也。不息若死，亦其息至微耳。魏文帝《典論》曰："甘陵甘始，名善行氣，老而少容。始來，衆人無不鴟視狼顧，呼吸吐納。軍祭酒弘農董芬，爲之過差，氣閉不通，良久乃蘇。"蓋導引宜順自然，又必行之有序，而與日常起居動作，亦無不有關係。山林枯槁之士，與夫專以此爲事者，其所行，固非尋常之人所能效耳。

房中，神仙，《漢志》各爲一家，其後御女，亦爲神仙中之一派。蓋房中本醫家支流，神仙亦與醫家關係甚密耳。《後漢書·方術傳》言甘始、東郭延年、封君達三人，率能行容成御婦人術。又泠壽光，亦行容成御婦人法。魏文帝《典論》謂："廬江左慈，知補導之術。慈到，衆人競受其術。至寺人嚴峻，往從問受。奄豎真無事於斯，人之逐聲，乃至於是。"此并《漢志》所謂房中之傳。

《史記・張丞相列傳》言:"妻妾以百數,嘗孕者不復幸。"蓋亦其術。此尚與神仙無涉。《漢書・王莽傳》:莽以郎陽成脩言。黄帝以百二十女致神仙。因備和嬪、美御,與方士驗方術,縱淫樂。則房中、神仙合爲一家矣。

寫於一九三三年十月前

〔四二六〕　讀漢書札記二

道家之説,與方士本不相干。然張脩、于吉等,不惟竊其言,抑且竊其書以立教,一若奉爲先聖先師,而自視爲其支流餘裔者。案張脩使人爲姦令祭酒,祭酒主以《老子》五千文使都習,見《三國志・張魯傳》注引《典略》。于吉有《太平清領經》,見《後漢書・襄楷傳》注引《太平經・帝王》篇,有"元氣有三名:太陽、太陰、中和";"人有三名:父、母、子"之語。蓋竊老子"一生二,二生三,三生萬物","負陰而抱陽,沖氣以爲和"之説者也。何哉?予謂方士之取老子,非取其言,而取其人;其所以取其人,則因道家之學,以黄、老并稱;神仙家亦奉黄帝。黄、老連稱,既爲世所習熟,則因黄帝而附會老子,於事爲甚便耳。

《後漢書・襄楷傳》:楷上書言:聞宫中立黄、老、浮屠之祠。《桓帝紀》延熹九年,七月,庚午,祠黄、老於濯龍宫,蓋即楷所斥。先是八年,正月,遣中常侍左悺之苦縣祠老子。十一月,使中常侍管霸之苦縣祠老子,所以但祠老子者,以之苦縣之故,一歲中遣祠老子至再。則祠黄、老之事,史不及書者多矣。《續書・祭祀志》:"桓帝即位十八年,好神仙事。延熹八年,初使中常侍之陳國苦縣祠老子。九年,親祠老子於濯龍。文罽爲壇,飾淳金釦器,設華蓋之坐,用郊天樂也。"此與《後書》帝紀所言同事。而九年之祠,《紀》言黄老,《志》但言老子。《紀》又曰:"前史稱桓帝好音樂,善鼓笙。飾芳林而考濯龍之宫,設華蓋以祠浮圖、老子,斯將所謂聽於神乎!"注:"前史謂《東觀記》也。"以考濯龍與祠老子對言,則濯龍之祠,所重蓋在黄帝。黄帝無書,而老子有五千文在。治符咒治病者且取之,而後此之以哲理緣飾其教者,不必論矣。《典略》言張脩之法略與張角同,而《後漢書・皇甫嵩傳》言張角奉祀黄、老道,此張脩之使人都習《老子》,爲由黄帝而及之鐵證也。楷之疏曰:"聞宫中立黄、老、浮屠之祠。此道清虚,貴尚無爲;好生惡殺,省欲去奢。今陛下嗜欲不去,殺罰過理。既乖其道,豈獲其祚哉!或言老子入夷狄爲浮屠。浮屠不三宿桑下,不欲久生恩愛,精之至也。天神遺以好女,浮屠曰:此但革囊盛血。遂不眄之。其守一如此,乃能成道。今陛下淫女艷婦,極天下之麗;甘肥飲美,單天下之味;奈何欲如黄、老乎?"此所謂老子之道,全與道家不合,蓋方士所附會也。《楚王英傳》:"晚節更喜黄、老，學爲浮屠齋戒祭祀。永平八年，詔令天下死罪皆入縑贖。英遣郎中令奉黄縑白紈三十匹詣國相。國相以聞。詔報曰：楚王誦黄老之微言，尚浮屠之仁慈，潔齋三月，與神爲誓。何嫌何疑，當有悔吝？其還贖，以助伊蒲塞桑門之盛饌。"此所謂黄老學者，亦非九流之道家，乃方士所附會也。然則黄老、神仙、浮屠三者，其轇葛不清舊矣，而桓帝亦沿前人之波而逐其流耳。

又不獨淫昏之君主藩輔然也，枯槁之士亦有之。《後漢書·逸民傳》：矯慎，少好黄老，隱遯山谷，因穴爲室，仰慕松、喬導引之術。汝南吴蒼遺書曰："蓋聞黄、老之言，乘虚入冥，藏身遠遁；亦有理國養人，施於爲政。至如登山絶跡，神不著其證，人不睹其驗。吾欲先生從其可者，於意何如？"此風以治道家之黄、老，絶神仙家所託之黄、老也。仲長統《卜居論》曰："安神閨房，思老氏之玄虚。呼吸精和，求至人之仿佛。"亦以道家與神仙家之言并稱。

又《陳愍王寵傳》："熹平二年，國相師遷追奏前相魏愔與寵共祭天神，希冀非幸，罪至不道。檻車傳送愔、遷詣北寺詔獄。使中常侍王酺與尚書令、侍御史雜考。愔辭與王共祭黄老君，求長生福而已，無它冀幸。"劉攽《刊誤》曰："黄老君不成文，當云黄帝老君。"《刊誤補遺》曰："《真誥》云：大洞之道，至精至妙，是守素真人之經。昔中央黄老君祕此經，世不知也。則道家又自有黄老君。"案言中央黄老君，似指天神中之黄帝，則正實師遷所奏。而當時遷以誣告其王誅死，足見《後漢書》所云，非《真誥》所載，貢父之説，爲不誤也。或《後漢書》衍君字。

寫於一九三三年十月前

〔四二七〕于吉神書

《後漢書·襄楷傳》：延熹九年，楷自家詣闕上疏，有云："臣前上琅邪宫崇受于吉神書，不合明聽。"十餘日，復上書曰："前者宫崇所獻神書，專以奉天地、順五行爲本，亦有興國廣嗣之術；其文易曉，參同經典；而順帝不行，故國胤不興；孝沖、孝質，頻世短祚。"《傳》曰："初順帝時，琅邪宫崇詣闕上其師于吉於曲陽泉水上所得神書百七十卷，皆縹白素朱介，青首朱目，號《太平清領書》。其言以陰陽五行爲宗，而多巫覡雜語。有司奏崇所上妖妄不經，乃收藏之，後張角頗有其書焉。"此文頗相矛盾。楷前疏明言自上，何後疏又云宫崇獻神書而順帝不行邪？疏云其文參同經典，而傳謂其多巫覡雜語，亦又不讎。楷前疏臣前上云云十六字，語意未完，且與上下文皆不銜接；後疏，前者宫崇云云五十二字，盡删之，於文義亦無所闕；蓋作史者於成文每多删并，當時必有僞爲楷文，稱揚于吉神書者，范氏不察，誤合之於楷疏也。

于吉爲孫策所殺，見《三國・吴志・策傳注》引《江表傳》。《後漢書・楷傳注》亦引之，而其文不全。《注》又引《志林》曰："初順帝時，琅邪宫崇詣闕上師于吉所得神書於曲陽泉水上，白素朱界，號《太平青領道》，凡百餘卷。順帝至建安中，五六十歲，于吉是時近已百年，年在耄悼，禮不加刑。又天子巡狩，問百年者，就而見之。敬齒以親愛，聖王之至教也。吉罪不及死，而暴加酷刑，是乃謬誅，非所以爲美也。"記于吉書與《後漢書》略同，而卷數互異，似是書卷帙，後來又有增加。自稱百歲，乃方士誣罔之辭，吉安能授宫崇於五六十歲之前，又惑吴人於五六十歲之後？古書卷帙率少；又縑帛價貴，無論其爲百餘卷抑百七十卷，皆不易造作。然則謂吉以是書授崇，崇以是書上順帝，恐皆子虚烏有之談也。《後漢書注》曰："神書即今道家《太平經》也；其經以甲乙丙丁戊己庚辛壬癸爲部，每部一十七卷。"恐即造作是書者，妄託之於宫崇、于吉，并附會之於襄楷耳。于吉之死，《三國志注》又引《搜神記》，與《江表傳》大相逕庭。又《江表傳》記策語謂："昔南陽張津爲交州刺史，舍前聖典訓，廢漢家法律，常著絳帕頭，鼓琴燒香，讀邪俗道書，云以助化，卒爲南夷所殺。"而《志林》推考桓王前亡，張津後死。裴氏案太康八年廣州大中正王範上《交廣二州春秋》，亦謂建安六年，張津猶爲交州牧。孫策死於建安五年。足見此等記載之不足憑矣。范氏書雜采之，又安可信邪？

襄楷事跡，亦見《三國・魏志・武帝紀注》引《九州春秋》。云陳蕃子逸與術士平原襄楷會於冀州刺史王芬坐，楷曰：天文不利宦者，黄門、常侍當族滅矣。逸喜。芬曰：若然者，芬願驅除。於是與許攸等結謀。欲因靈帝北巡行廢立。據其所記，則楷仍《後漢書》所稱善天文陰陽之術者耳。楷兩疏皆端人正士之言，陳蕃舉其方正，鄉里宗之，中平中，與荀爽、鄭玄俱以博士徵，豈信于吉神書者邪？

《楷傳》言："書上，即召詣尚書問狀。楷曰：臣聞古者本無宦官。武帝末，春秋高，數遊後宫，始置之耳，後稍見任。至於順帝，遂益繁熾。今陛下爵之，十倍於前。至今無繼嗣者，豈獨好之而使之然乎？尚書上其對，詔下有司處正。尚書承旨奏曰：宦者之官，非近世所置，漢初張澤爲大謁者，佐絳侯誅諸吕；孝文使趙談參乘，而子孫昌盛；楷不正辭理，指陳要務，而析言破律，違背經蓺，假借星宿，僞託神靈，造合私意，誣上罔事，請下司隸，正楷罪法，收送洛陽獄。帝以楷言雖激切，然皆天文恒象之數，故不誅。猶司寇論刑。"案《漢書・成帝紀》：建始四年，春，罷中書宦官。《注》引臣瓚曰："漢初中人有中謁者令，孝武加中謁者令爲中書謁者令，置僕射。宣帝時，任中書官弘恭爲令，石顯爲僕射。元帝即位數年，恭死，顯代爲中書令，專權用事。至成帝，乃罷其官。"《百官公卿表》記成帝建始四年更名中書謁者令爲中謁者令,而不記武帝加中謁者令爲中書謁者令之事,然《蕭望之傳》言,望之以爲中書政本,宜以賢明之選,自武帝遊宴後庭,故用宦者,非國舊制,則瓚言確有所據。武帝所用,乃中書宦官,而非宦官始自武帝。宦官實自古所有,楷不應并此不知。且宫崇之書,順帝時有司既奏其妖妄不經矣,楷果嘗上其書,豈得云所言皆天文恒象之數邪?《楷傳》之不足信,愈可見矣。

〔四二八〕　太平道、五斗米道

《三國·魏志·張魯傳》:"祖父陵,客蜀,學道鵠鳴山中,造作道書以惑百姓。從受道者出五斗米,故世號米賊。陵死,子衡行其道。衡死,魯復行之。益州牧劉焉以魯爲督義司馬,與别部司馬張脩將兵擊漢中太守蘇固,魯遂襲脩殺之,奪其衆。《後漢書·劉焉傳》曰:"與别部司馬張脩將兵掩殺漢中太守蘇固,斷絶斜谷,殺使者。魯既得漢中,遂復殺張脩而并其衆。"案《靈帝紀》:中平元年,"秋七月,巴郡妖巫張脩反,寇郡縣。"《注》引劉艾《紀》曰:"時巴郡巫人張脩療病,愈者雇以五斗米,號爲五斗米師。"則脩先嘗反叛,後乃降於焉。焉死,子璋代立,以魯不順,盡殺魯母家室。魯遂據漢中,以鬼道教民,自號師君。其來學道者,初皆名鬼卒。受本道已信,號祭酒。各領部衆,多者爲治頭大祭酒。皆教以誠信,不欺詐,有病,自首其過。大都與黄巾相似。諸祭酒皆作義舍,如今之亭傳。又置義米肉,縣於義舍,行路者量腹取足;若過多,鬼道輒病之。犯法者,三原,然後乃行刑。不置長吏,皆以祭酒爲治,民夷便樂之。雄據巴、漢垂三十年。"《注》引《典略》曰:"熹平中,妖賊大起,三輔有駱曜。光和中,東方有張角,漢中有張脩。駱曜教民緬匿法,角爲太平道,脩爲五斗米道。太平道者,師持九節杖爲符祝,教病人叩頭思過,因以符水飲之;得病或日淺而愈者,則云此人信道;其或不愈,則爲不信道。脩法略與角同,加施静室,使病者處其中思過。又使人爲姦令祭酒,祭酒主以《老子》五千文,使都習,號爲《後漢書注》引無此字。姦令。爲鬼吏,主爲病者請禱。請禱之法,書病人姓名,説服罪之意。作書三通:其一上之天,著山上;其一埋之地;其一沈之水;謂之三官手書。使病者家出米五斗,以爲常,故號曰五斗米師。實無益於治病,但爲淫妄,然小人昏愚,競共事之。後角被誅,脩亦亡。及魯在漢中,因其民信行脩業,遂增飾之。教使作義舍,以米肉置其中以止行人;又教使自隱,有小過者,當治道百步,則罪除;又依月令,春夏禁殺,又禁酒。流移寄在其地者,不敢不奉。"《後漢書·劉焉傳》及《注》引《典略》均略同。裴松之云:“張脩應是張衡,非《典略》之失,則傳寫之誤。”案此言誤也。魯之教既云因脩而增飾之,安得又云受諸父祖?脩之事跡,信而有徵。陵、衡若父子相傳,其道不爲不久,何以《典論》數“妖賊”不之及?且陵、衡之道,果行之何地乎?行之漢中歟,何以漢中人但知有脩?行之蜀中歟,何以蜀中轉不聞有是法也?疑魯增飾脩法,諱所自出,自謂受諸父祖,傳者誤信之,承祚亦誤采之耳。《蜀志·二牧傳》、《後漢書·劉焉傳》均云魯母挾鬼道,出入焉家,不云其父。疑魯之左道,幼即受諸其母,故能增飾脩法也。

魯,沛國豐人,則是東方人也,何以陵學道於蜀?此亦可疑之一端。或曰:流移訪道,事所恒有。《三國志》謂魯之道大都與黄巾相似,正足徵其原出東方,謂其傳自父祖,或不誣也。然魯之道,實與角并不相似;角言蒼天已死,黄天當立。《後漢書·皇甫嵩傳》。自稱“黄天泰平”。《三國志·孫堅傳》。蒼天疑當作赤天,漢人諱而改之。然則角所依託者,實當時五德終始之説,而脩則於天之外兼事地水,可謂絶不相蒙。《後漢書·皇甫嵩傳》云:角遣弟子八人,使於四方,以善道教化天下。《孫堅傳》云:託有神靈,遣八使以善道教化天下。青、徐、幽、冀、荆、揚、兖、豫八州之人,莫不畢應。遂置三十六方,方猶將軍號也,大方萬餘人,小者六七千,各立渠帥。及其事露,則馳敕諸方,一時俱起。《楊震傳》言:角等執左道,稱大賢,以誑燿百姓,天下襁負歸之。震孫賜,時在司徒,召掾劉陶告曰:張角等遭赦不悔,而稍益滋蔓;今若下州郡捕討,恐更騷擾,速成其患。且欲切勅刺史二千石:簡别流人,各護歸本郡,以孤弱其黨,然後誅其渠帥,可不勞而定,何如?陶對曰:此孫子所謂不戰而屈人之兵,廟勝之術也。賜遂上書言之,會去位,事留中。後帝徙南宫,閲録故事,得賜所上張角奏,及前侍講注籍,乃感悟,下詔封賜臨晉侯,邑千五百户。《抱朴子·道意》篇言:張角、柳根、王歆、李申之徒,錢帛山積,富踰王公,縱肆奢淫,侈服玉食,伎妾盈室,管絃成列,刺客死士,爲其致用,威傾邦君,勢陵有司,亡命逋逃,用爲窟藪。然則角乃漢時所謂豪桀大猾之流,專以誑誘流移爲事。而魯則脩其政教,頗有與民相保之規。《典略》云:流移在其地者,不敢不奉,明其道本行諸土著。魯之敗也,左右欲悉燒寶貨倉庫,魯曰:本欲歸命國家,而意未達。今之走,避鋭鋒,非有惡意。寶貨倉庫,國家之有。遂封藏而去。其本無覬覦非分之心審矣,安得與角之欲代漢而興者同日語邪?符咒治病,左道所同,以是而謂脩之法與角相類,亦見卵而求時夜者流也。或曰:角奉黄、老道,而魯使人習《老子》五千文,此亦其相類之一端也。然黄、老道爲時人信奉已久,故角與魯皆從而依附之,亦不足爲其相類之證也。别見《黄老君》條。